Gesetz über die

Zwangsversteigerung

und die

Zwangsverwaltung

vom 24. März 1897

Mit besonderer Berücksichtigung der bayerischen Ausführungsbestimmungen und mit Beispielen

Erläutert von

Anton Steiner
Landgerichtsdirektor in Nürnberg

4. neubearbeitete Auflage

1929
München, Berlin und Leipzig
J. Schweitzer Verlag (Arthur Sellier)

Printed in Germany

Druck von Dr. F. P. Datterer & Cie., Freising-München

Vorwort zur 4. Auflage.

Die vorliegende Neubearbeitung stand, abgesehen von dem durch Rechtsprechung und Schrifttum neu geschaffenen Stoff, hauptsächlich unter dem Zeichen der Erweiterung der Zuständigkeit des Bayerischen Notariats auf dem Gebiete des Zwangsversteigerungsrechtes und unter dem der Aufwertungsgesetzgebung.

Die prozessualen Änderungen, die das Gesetz vom 2. Febr. 1921 (GVBl. 29) mit sich gebracht hatte, sind bei der Erläuterung der einzelnen Bestimmungen des ZVG. behandelt und bei § 13 EG. zusammenhängend besprochen.

Aus den bekannten Rangschwierigkeiten des Aufwertungsrechtes, aus denen ein völlig befriedigender Ausweg noch nicht gefunden ist, habe ich im Anhang zu §§ 44 und 114 durch Darstellung in möglichst einfachen Beispielen einen Wegweiser zu geben versucht. Ich hoffe, daß der Praxis damit gedient ist.

An der Bestimmung des Buches für den Handgebrauch, vornehmlich in Bayern, die auch den Umfang der Erläuterungen bedingte, ist festgehalten.

Für die mir aus der Praxis zugegangenen vielfachen Anregungen spreche ich wiederum meinen verbindlichsten Dank aus.

Nürnberg, im August 1929.

Der Verfasser.

Inhaltsverzeichnis.

Seite

Verzeichnis der häufigeren Abkürzungen

(abgesehen von den ohnehin bekannten, lediglich nach den Namen der Verfasser angeführten Werke über das Bürgerliche, Zivilprozeß- und Konkurs-Recht).

Begr. = Motive zu dem (I) Entwurfe des ZPG. von 1889 (erste Lesung Guttentag 1889).

D. = Denkschrift zu dem (II.) Entwurfe eines ZVG. und eines EGzZVG (zweite Lesung; Hahn-Mugdan Mot. Bd. V).

E. I = Entwurf des ZVG. von 1889 (erste Lesung; Guttentag 1889).

KBer. = Bericht der 16. Kommission des Reichstags über den Entwurf des ZVG und des EGzZVG. v. 22. 2. 1897 (Hahn-Mugdan Mot. Bd. V).

G. = Grundstück.

GBA. = Grundbuchamt.

GBBez. = Grundbuchbezirk.

GG. = Gütergemeinschaft.

g. G. = geringstes Gebot.

Gl. = Gläubiger.

Sch. = Schuldner

Altmann = Das RGes. über die ZwV. u. ZwVerw., Erläut. v. Dr. Paul Altmann.

Becher, LZR. = Becher, das rechtsrh.-bayer. Landeszivilrecht u. Landeszivilprozeßrecht.

Becher, Mat. = Becher, die gesamten Materialien zu den das BGB. u. seine Nebengesetze betr. bayer. Gesetzen.

Betzinger-Mainhard = Handbuch der Liegenschaftsvollstreckung f. Baden von B. Betzinger u. L. Mainhard (2. Auflage).

Böhm-Klein = Komm. z. Bayer. Ausführungsgesetz z. BGB. v. F. Böhm u. M. Klein.

Breit = Der Grundbuchrang und seine Probleme von Dr. Max Breit.

Drescher = Die ZwV. zum Zwecke der Aufhebung der Gemeinschaft an einem Grundstück v. A. Drescher.

Fischer-Schäfer = Die Gesetzgebung, betr. die ZwVollstr. in das unbew. Vermögen im Reich u. in Preußen, bearb. v. Dr. O. Fischer u. Dr. L. Schäfer (2. Aufl.).

Freund = Die ZwVollstr. in Grundstücke, system. dargestellt v. J. Freund (3. Aufl.).

Fromm = Das Zubehör in der ZwV. eines Grundstücks v. Dr. Leo Fromm.

Günther = Gesetz über die ZwV. u. ZwVerw., erläutert v. J. Günther.

Henle = Das Gesetz über die ZwV. u. ZwVerw. erläutert v. Eugen Henle (4. Aufl.).

Henle-Schneider = Die bayer. Ausführungsgesetze z. BGB. v. W. v. Henle u. H. v. Schneider (2. Aufl.).

Jaeckel-Güthe = Jaeckels Komm. z. ZVG., bearb. in 5. Aufl. v. Dr. Georg Güthe.

Kaisenberg-Dennler = Komm. z. bayer. Notariatsgesetze v. Heinrich Kaisenberg, fortges. v. Dr. Wilh. Dennler. 1907.

Koch = Gesetz, die Überleitung v. Hypotheken betr., v. 15. 5. 1906, erläutert v. Dr. J. B. Koch.

Kretzschmar = Das RGes. über die ZwV. u. ZwVerw., system. dargestellt v. Ferd. Kretzschmar.

Lehmer-Weitze = Die Kostengesetzg. Bayerns u. des Reichs, verf. v. Joseph Lehmer u. Friedrich Weitze.

Meyer KG.	=	Bayer Kosten- und Stempelges., erl. v Hans Meyer.
Niedner	=	Gesetz über die ZwV. u. ZwVerw, bearbeitet v. Alex. Niedner.
Ortenau-Henle	=	Komm. zur Bayer. Subhastationsordnung, v. W. v. Henle (3. Aufl.).
Peiser	=	Die ZwVerwaltung von Grundstücken v. H. Peiser (2. Aufl.).
v. d. Pfordten	=	Komm. zu dem Gesetz über die ZwV. u. ZwVerw. v. Th. v. d. Pfordten.
v. d. Pfordten, AG.	=	Die bayer. Ausführungsvorschriften zum Gesetz über die ZwV. u. Zw.-Verw v. Th. v. d. Pfordten, Anhangband z. Komm.
Reinhard	=	Das ZwVersteigerungsgesetz, Komm. v. Paul Reinhard.
Reinhard-Müller	=	6. Aufl., erl. v. Dr. Paul Reinhard u. Hans Müller.
RGRK.	=	Das Bürgerl. Gesetzbuch mit bes. Berücksicht. der Rechtspr. des Reichsgerichts, erl. von Reichsgerichtsräten.
Rodewald	=	Das Nießbrauchsrecht an Grundstücken in der ZwV. u. ZwVerw. Von Dr. W. Rodewald.
Roth-Becher, BZR.	=	Bayer. Zivilrecht v. Paul v. Roth u. H. Becher.
Samter	=	Handbuch zum Verfahren der ZwV. u. ZwVerw. v. M. K. Samter.
Schmitt	=	Bayer. Notariatsgebührenordnung, erl. v. Hermann Schmitt (2. Aufl.).
Schöller	=	Die ZwV u. ZwVerw. von Grundstücken im Wege der ZwVollstr. v. Dr. W. Schöller.
Wenz-Wagner	=	Handbuch für die ZwV. u. ZwVerw, v. P. Wenz u. J. Wagner (5. Aufl.).
Wolff	=	Das RGes. über die ZwV. u. ZwVerw., erl. v. Dr. Th. Wolff (3. Aufl.).

AG.	=	Ausführungsgesetz.
BayGVollzGebO.	=	Bayr. Landesgebührenordnung f. Gerichtsvollzieher v. 18. 2. 1924 (GVBl. 58).
BayKG.	=	Bayerisches Kosten- u. Stempelgesetz v. 16. 2. 21 (GVBl. 134, 182), 22. 1. u. 10. 24 (GVBl. 9, 209).
BayNotV.	=	Mitteilungen des Bayr. Notarvereins.
BNotZ.	=	Zeitschrift für das Notariat, die freiw. Gerichtsb. u. das Grundbuchwesen in Bayern.
BayObLG.	=	Sammlung von Entscheidungen des Bayer. Obersten Landesgerichts in Zivilsachen u. des Notariatsdisziplinarhofs (neue Folge ab 1901).
BayRAGebO.	=	Bay. Gebührenordnung für Rechtsanwälte v. 26. 3. 02 (GVBl. 133), 28. 3. 19 (GVBl. 128), 12. 10. 21 (GVBl. 521), 29. 12. 23 (GVBl. 415).
BZfR.	=	Zeitschrift für Rechtspflege in Bayern.
BGB.	=	Bürgerliches Gesetzbuch.
BlfRA.	=	Dr. J. A. Seufferts Blätter für Rechtsanwendung in Bayern.
DA.	=	Dienstanweisung für die Grundbuchämter r. d. Rh. vom 27. 2. 05 (JMBl. 221), ergänzt durch Bek. v. 30. 11. 25 (JMBl. 103).
DJZ.	=	Deutsche Juristenzeitung.
EG.	=	Einführungsgesetz.
FGG.	=	Gesetz über die Angelegenheiten der freiwilligen Gerichtsbarkeit.
GBO.	=	Grundbuchordnung.
GKG.	=	Reichsgerichtskostengesetz i. d. F. v. 5. 7. 27 (RGBl. I 152).
GruchBeitr.	=	Beiträge zur Erläuterung des deutschen Rechts, begründet von Dr. J. A. Gruchot.
GVBl.	=	Gesetz- u. Verordnungsblatt.
GSchrGeschA.	=	Geschäftsanweisung für die Gerichtsschreibereien v. 2. 3. 10 (JMBl. 253), 22. 5. 24 (JMBl. 21), 3. 7. 25 (JMBl. 52).
GVollzDA.	=	Dienstvorschriften für die Gerichtsvollzieher v. 28. 12. 99 (JMBl. 1133) und 2. 3. 10 (JMBl. 231).
GVollzGeschA.	=	Geschäftsanweisung für die Gerichtsvollzieher v. 28. 4. 00 (JMBl. 621), 2. 3. 10 (JMBl. 231), 22. 5. 24 (JMBl. 45), 17. 6. 25 (JMBl. 51).
HGB.	=	Handelsgesetzbuch.
HypG.	=	Hypothekengesetz.
HRR.	=	Höchstrichterl. Rechtsprechung, herausgeg. v. Friedrichs, Feisenberger u. Mugdan.
JDR.	=	Neumann, Jahrbuch des Deutschen Rechts.
JFG.	=	Jahrbuch für Entsch. in Angeleg. der freiw. Gerichtsb. u. des Grundbuchrechts, herausgeg. v. Ring (Forts. des KGJ.).

IheringsJ.	= Iherings Jahrbuch für Dogmatik des bürgerl. Rechts.
JMBek.	= Justizministerialbekanntmachung.
JMBl.	= Justizministerialblatt
JW.	= Juristische Wochenschrift.
KGBl.	= Blätter für Rechtspflege im Bezirke des Kammergerichts
KGJ.	= Jahrbuch für Entscheidungen des Kammergerichts i. S. der freiw. G., herausgeg. von Johow u. Ring (Forts.: JFG).
KO.	= Konkursordnung.
LZ.	= Leipziger Zeitschrift für Deutsches Recht.
Mot.	= Motive.
NotG.	= Notariatsgesetz v. 9. 6. 99 (GVBl. 137), 22. 5. 25 (GVBl. 151).
NotGebO.	= Notariatsgebührenordnung v. 19. 5. 26 (JMBl. 321).
NotGeschO.	= Notariatsgeschäftsordnung v. 30. 10. 13 (JMBl. 231).
Nov.	= Novelle z. Bayer. Subhastationsordnung v. 29. 5. 86 (GVBl. 239).
OLG.	= Rechtsprechung der Oberlandesgerichte, herausgeg. v. Mugdan u. Falkmann.
RJA.	= Entscheidungen in Angelegenheiten der freiwilligen Gerichtsbarkeit und des Grundbuchrechts. Zusammengestellt vom Reichsjustizamt.
RRAGebO.	= Reichsgebührenordnung für Rechtsanwälte v. 5. 7. 27 (RGBl. I 125, 162).
Recht	= Das Recht, Rundschau für den deutschen Juristenstand.
RG.	= Entscheidungen des Reichsgerichts in Zivilsachen.
RGSt.	= Entscheidungen des Reichsgerichts in Strafsachen.
RGBl.	= Reichsgesetzblatt.
Ring	= Die Rechtsprechung in Aufwertungssachen, herausgeg. v. Ring.
SächsA.	= Sächsisches Archiv für Rechtspflege.
SeuffA.	= J. A. Seufferts Archiv für Entscheidungen der obersten Gerichte.
SO.	= Subhastationsordnung.
StGB.	= Reichsstrafgesetzbuch.
StPO.	= Reichsstrafprozeßordnung.
ÜB.	= Bayer. Gesetz, Übergangsvorschriften zum Bürgerlichen Gesetzbuch betr.
VO.	= Verordnung.
WarnRspr.	= Warneyer, Jahrbuch der Entscheidungen.
WarnErgBd.	= Warneyer, Ergänzungsband, enth. die Rechtsprechung des Reichsgerichts auf dem Gebiet des Zivilrechts.
ZBlFG	= Zentralblatt für freiwillige Gerichtsbarkeit u. Notariat, sowie Zwangsversteigerung.
ZPO.	= Zivilprozeßordnung.
ZVG.	= Zwangsversteigerungs- und Zwangsverwaltungsgesetz.
ZZP.	= Zeitschrift für deutschen Zivilprozeß.

Nachträge und Berichtigungen.

1. Zu S. 2 Abs. 1 a. E.: Für die ZwVollstr. in deutsche G. u. GRechte ist deutsches Recht maßgebend (BayObLG. 28, 815).
2. Zu S. 9 Abs. 2 a. E.: Vgl. RG. 124, 22 über Begriff, Wesen, Mängel der Zustellung.
3. Zu S. 11 Anm. 5: Nachträgl. Beschaffung des Duldungstitels ist unwirksam (BZfR. 1929, 196).
4. Zu S. 28 Anm. c a. E.: Die Bestimmung des gemeinsch. Gerichts wirkt für alle betreib. Gl. (JW. 1929, 887 u. Reinhard daselbst).
5. Zu S. 36 Abs. 1 u. 2: Näheres v. Marth BZfR. 1929, 237, 269, Krafft BNotV. 1929, 207.
6. Zu S. 37 Anm. 2 Abs. 3: über die Frage, ob weitere Beschw. gg. die Entsch. des LG. zulässig ist, s. JW. 1929, 2000 u. Arnheim daselbst).
7. Zu S. 40 Anm. b: Ohne Anmeldung ist auch Beteiligte die Bank f. Industrie-Oblig. (§ 4 DurchfVO. v. 20. 7. 28 RGBl. II 533).
8. Zu S. 44 Zeile 2 v. o.: A. M. auch JW. 1929, 787.
9. Zu S. 44 Zeile 4 v. u.: ZwVersteig. statt ZivVersteig.
10. Zu S. 48 Anm. 2 A: Lidlohn statt Liedlohn.
11. Zu S. 50 Fußn. 7: Nun 13. DurchfVO. IndBelG. (RGBl. 1928 II 533) u. 10. u. 11. DurchfVO. AufwG. (RGBl. 1928 II 648, 1929 II 32).
12. Zu S. 55 Fußn. 31 Zeile 2 v. u.: Fußn. 7 statt Fußn. 6.
 " " " " 7 v. u.: A. 3 A c statt A. 3 A b.
13. Zu S. 67 Anm. 2 a: Zwischen Zeile 2 u. 3 ist einzufügen: „auch die Anspr. aus aufzuwertenden Rechten (Hyp., Grund- u. Rentenschuld,".
14. Zu S. 107 Fußn. 3 Zeile 9: Abw. auch Stillschweig JW. 1929, 1950.
15. Zu S. 108 Fußn. 4 e a. E.: Die Frage ist ferner verneint in JW. 1929, 1676 u. 2371.
16. Zu S. 112 Anm. 2 Abs. 4: S. auch RG. 125, 24, SeuffA. 82, 190.
17. Zu S. 139 Anm. α Zeile 8: Hinter „3. HypGl." ist das Wort „gegenüber" einzufügen.
18. Zu S. 139 Fußn. 7 Zeile 3: Anh. 3 statt A. VII 3.
19. Zu S. 148 Abs. 3: § 6 II AufwG. kommt auch einer in der bez. Zeit bestellten EigentGSchuld nicht zugute (Ring 4, 753).
20. Zu S. 151 Zeile 1 v. o. hinter 1329: JW. 1929, 1996, Laves daselbst 2620.
 " " " 3 v. o.: S. auch RG. 124, 203, JW. 1929, 2511 (Verbrauch der Rangbefugnis durch eine Vormerkung).
 " " Anm. b Zeile 3 v. u.: S. auch Ring 4, 358, HRR. 1929 Nr. 1252.
21. Zu S. 157 Zeile 4 v. o.: Rentenbankrenten statt Rentenbanknoten.
22. Zu S. 168 Fußn. 1 Zeile 7: S. aber BayObLG. 28 A 637.
23. Zu S. 190 A. 3 Zeile 6: S. auch BayObLG. 28 A 607.
24. Zu S. 191 Fußn. 3 a. E.: Ferner BayObLG. 28 A 472, 524, 607.
25. Zu S. 201 Anm. 1 a. E.: § 57 a enthält eine gesetzl. VerstBedingung, die dem Ersteher die Gewähr dafür gibt, daß er von der Miet- u. Pachtlast frei wird (RG. 124, 195).
26. Zu S. 203 Anm. 4 Abs. 3: Hinter RG. 89, 178 ist zu setzen: anders bei Versteig. eines realen Teils des G. (RG. 124, 195, JW. 1929, 1974).
27. Zu S. 204 Anm. 6: Die BayPachtschutzO. v. 19. 9. 25 tritt am 31. 3. 30 außer Kraft (VO. v. 30. 8. 29 GVBl. 119).

28. Zu S. 224 Zeile 2 v. o.: einem statt einen.
" " " 4 v. o.: 835 statt 830.

29. Zu S. 228 Anm. 4: Keine besondere NotGebühr f. Durchführung der Verw. nach § 94 (BayObLG. 28 A 604, BNotV. 1929, 109; s. S. 290 Fußn. 4).

30. Zu S. 242 § 73 Abs. 2: Verkündung statt Verkündigung.

31. Zu S. 245 Abs. 2 a. E.: Zahlung bzw. Vorlage der Nachweise müssen beurkundet werden (§§ 78, 80, JW. 1929, 1670).

32. Zu S. 258 A. 3 e a. E.: auch nicht für die der bestehenbleib. Hyp. zugrunde liegende persönl. Ford. (Ring 4, 691).

33. Zu S. 275 A. 1 Zeile 10: Der Ersteher ist nicht Rechtsnachfolger aus einem Urteil, das nur Ansprüche (z. B. über nicht eingetrag. Zinsen) aus einer durch den Zuschlag erloschenen Hyp. betrifft (BZfR. 1929, 277).

34. Zu S. 280 Fußn. 2 Zeile 11: Hinter JW. 1929, 715 ist zu setzen: auch Stillschweig JW. 1929, 1950.

35. Zu S. 312 Zeile 7 v. u.: § 37 Nr. 4 statt § 34 Nr. 4.

36. Zu S. 324 unten, 325 oben: S. auch JW. 1929, 1959, BayObLG. 28 A 554.

37. Zu S. 335 oben Zeile 1 u. 2: Ebenso Ring 4, 356 = HRR. 1929 Nr. 1252.
" " Fußn. 3 Zeile 4 v. u.: Hinter 1928, 1346 ist zu setzen: HRR. 1929 Nr. 1515.

38. Zu S. 336 Fußn. 5 Zeile 2: Ebenso BZfR. 1929, 277.

39. Zu S. 343 Zeile 1 v. o.: Notariat statt Richter.

40. Zu S. 479 Anm. 1 b u. Fußn. 7: Fischereirechte, die vor 1. 4. 09 Grunddienstbarkeiten waren, haben den Schutz des § 9 I EG., Art. 27 BayAG. nicht durch Art. 15 FischGes. eingebüßt; eine dem § 25 ErbbVO. entsprech. ausdrückl. Bestimmung erschien wohl in Art. 14 V FischGes. deshalb nicht notwendig, weil diese Fischereirechte im Gegensatz zum ErbbR. schon bisher eine Ausnahmestellung einnahmen.

Einleitung.

I. Entstehung u. Änderung des Gesetzes, Verhältnis zur ZPO., Zweck.

1. a) Die ZPO. vom 30. 1. 77 hatte, abges. von einigen Bestimmungen über Zuständigkeit u. das Verf. bei den mit der Liegenschaftsvollstr. zusammenhängenden Rechts- u. besonders VerteilStreitigkeiten, die Regelung des Verf. der ZwVollstr. wegen Geldforderungen in das unbewegl. Vermögen vollständig der Landesgesetzgebung überlassen. Dagegen ergab sich aus der einheitl. Ordnung des Liegenschaftsrechtes des BGB. auch die Notwendigkeit einer reichsgesetzl. Gestaltung des Rechtes der LiegenschVollstr.

Zufolge Beschl. des Bundesrats v. 14. 6. 88 wurde gleichzeitig mit dem 1. Entw. eines bürgerl. Gesetzbuches auch der Entwurf eines „Gesetzes, betr. die Zwangsvollstreckung in das unbewegliche Vermögen" hergestellt, der nebst der beigegeb. Begründung veröffentlicht ist (amtl. Ausgabe bei J. Guttentag in Berlin, 1889). Gegenstand dieses 1. Entw. war aber nur die ZwVersteig. u. ZwVerw., nicht die Eintragung von ZwHyp.

Nachdem der Entw., ebenso wie ders. zum BGB., im Reichsjustizamte einer Neubearbeitung u. sodann der Beratung u. Beschlußfassung des Bundesrats unterzogen war, gelangte er am 12. 12. 96 als „Entwurf eines Gesetzes über die Zwangsversteigerung und die Zwangsverwaltung" u. „Einführungsgesetzes" hierzu mit einer erläuternden Denkschrift an den Reichstag.

Der durch die Beschl. des Reichstags nach Maßgabe der Anträge der Beratungskommission abgeänderte 2. Entw. des Ges. wurde am 8. 3. 97 angenommen u. erhielt am 18. 3. 97 die Zustimmung des Bundesrats; am 24. 3. 97 wurden die Gesetze vom Kaiser unterzeichnet u. im RGBl. S. 97 ff. u. 135 ff. veröffentlicht (Fass. v. 20. 5. 98, RGBl. S. 713).

Das ZVG. trat für Grundstücke (= G.) u. die diesen gleichgestellten Berechtigungen gemäß §§ 1, 15 EG. hierzu für jeden GBBezirk mit dem Zeitpunkt in Kraft, in dem das GBuch überhaupt für angelegt erklärt wurde.

Im nachstehenden ist in der Regel nur der 1. Entwurf nebst Begründung (nach Guttentag), sowie die Denkschrift zum 2. Entwurf nebst Kommissionsbericht (nach Hahn-Mugdan, Mot. Bd. V) angeführt.

b) Seitdem hat das ZVG. (u. die ZPO.) mancherlei Abänderungen u. Ergänzungen erfahren, zunächst durch RG. v. 8. 6. 15 (RGBl. 327) z. Einschränkung der Verfüg. über Miet- u. Pachtzinsford. (s. §§ 57, 57 a, b, 183), sodann durch die Gesetze u. Verordnungen der Kriegs- u. Nachkriegszeit. Erstere sind zum größten Teil aufgehoben und gegenstandslos geworden (vgl. Stein-Jonas Fußn. 102 a Vorb. vor § 704, Stillschweig JW. 1925, 750); die letzteren betreffen hauptsächl. das Währungs-, Reparations-, Siedlungs- u. Aufwertungsrecht (vgl. § 9 Fußn. 3 b, § 10 Fußn. 5 ff.). Hieher gehört endlich noch das für private Hochseekabel geltende Kabelpfandgesetz v. 31. 3. 25 (RGBl. I 37).

2. Das ZVG. regelt in der Hauptsache — von §§ 172 bis 184 abgesehen — das Verf., in dem die zwangsweise Befriedigung einer Geldford. (Anspr. auf Zahlung einer bestimmten Geldsumme an den Gl.) aus dem unbewegl. Vermögen eines Schuldners (mittels Versteig. oder Verw.) zu erfolgen hat. Die Zw.-Vollstr. zur Erwirkung der Herausgabe solchen Vermögens erfolgt dagegen nach §§ 885, 886 ZPO., diej. in einen Anspr., der eine unbewegl. Sache betrifft, nach § 848 ZPO.

Die prozessualen Vorschriften des ZVG. bilden einen Bestandteil der ZPO., in die sie bei § 869 einzufügen sind; sie schließen sich hier an die in §§ 864 ff. durch die

Nov. vom 17. 5. 98 neugeschaff. allg. Bestimm. über die ZwVollstr. in das unbewegl. Vermögen an. Die Regelung des Stoffes in einem besond. Gesetze neben der ZPO. ist also nur eine äußerliche (BZfR. 1929, 78). Soweit es nicht besond. Bestimm. enthält, sind daher in dem von ihm geregelten Verf. die Vorschr. der ZPO. anzuwenden. Dies gilt z. B. hinsichtl. der Ausschließung u. Ablehnung der Gerichtspersonen (wegen des Notars s. Art. 25 Abs. 4 Bayr. AG. v. 2. 2. 21, GVBl. 29), der Partei- u. Prozeßfähigkeit, der Prozeßvollmacht (s. aber § 15 A. 3 c), des Armenrechts [1]), der Wiedereinsetzung in den vor. Stand wegen Versäumung von Notfristen, des Verf. vor den Amtsgerichten (also kein Anwaltszwang), der freigestellten mündl. Verhandlung (Beweisverf., Eid; vgl. unten V 5), der allg. Bestimm. über die ZwVollstr. (§§ 704 bis 802 ZPO.; RG. 70, 402; 73, 195). Keine Anwendung auf die ZwVollstr. in G. findet § 836 ZPO. (GruchBeitr. 57, 727).

Der materiell-rechtliche Inhalt des Gesetzes dient zur Ausführung und Ergänzung der Bestimmungen des BGB. [2]), hauptsächl. des HypRechtes.

3. Das Gesetz findet, obwohl es zunächst dem Bedürfnisse des HypGl. gerecht werden will, in gleicher Weise bei der Verwirklichung des dingl., wie persönl. Anspruchs Anwendung.

Ersterer kann regelmäßig nur nach Maßgabe des gegenw. Gesetzes verfolgt werden (§§ 1147 mit 1107, 1192, 1200 BGB. u. 866, 869. 870 ZPO., RG. 56. 322); eine Ausnahme besteht lediglich für den Fall, daß der Eigent. des G. nach Eintritt der Fälligkeit des dingl. gesich. Anspr. eine anderweitige Befriedigungsart (Privatverkauf, Vermietung bzw. Verpachtung und dergl.) mit dem Berechtigten vereinbart (§ 1149 BGB.; BayObLG. 3, 683; RG. 92, 101).

Der Gläubiger (= Gl.) kann sich zur Sicherung seines Anspr. (wenn dieser über 500 RM beträgt oder wertbeständig ist) neben ZwVersteig. u. ZwVerw. (s. § 21 A. 1) auch der Zwangshyp. bedienen (§§ 866, 867, 932 ZPO., § 14 EntlVO. v. 22. 12. 23, §§ 421 ff. DA.) [3]).

Bei der **ZwVersteigerung** wird das Recht des Gl. auf Befriedigung aus dem G. mittels Umsetzung des letzteren in Geld, bei der **ZwVerwaltung** mittels Verwertung der Einkünfte verwirklicht. Auch diese beiden VollstreckMaßregeln sind nunmehr nebeneinander (vgl. Vorb. 2 zu § 1) anwendbar (nicht nur in verschiedene G. usw. u. auch wegen der näml. Forderung; wegen des persönl. Anspr. kann der Gl. nach seiner Wahl außerdem noch mit Fahrnisvollstr. [4]) vorgehen). Die Beschränkung des § 803 Abs. 1 S. 2 ZPO. gilt nicht für die Liegenschaftsvollstr. (Stein-Jonas § 803 III, Jaeckel-Güthe Vorbem. 26).

---

[1]) Vgl. Art. 2 NotGebO., Lehmer BNotV. 1926, 465, BZfR. 1929, 78.

[2]) „Die ImmobiliarZwVollstr. hängt nicht bloß in ihren Voraussetzungen, sondern auch in ihren Wirkungen eng mit den sachl. Vorschr. des LiegenschRechtes zusammen; das gilt namentlich von der ZwVersteig., deren Zweck regelmäßig nur durch Vernichtung bestehender u. durch Begründung neuer Rechte am G. sich erreichen läßt." Denkschr. S. 34.

[3]) Vgl. Stein-Jonas §§ 866 II, 867 V 2. — Die Frage dagegen, ob für die näml. Ford. 2 Hyp. bestehen können, ist bestritten (vgl. Staudinger-Kober § 1113 I 5 h, Grützmann JW. 1923, 267); bejaht in OLG. 12, 282 (2 Vertragshyp. an 1 G.), BayObLG. 15, 530 (vertragsm. Sich.- neben Zwangshyp.); verneint in RG. 70, 245 (keine Verkehrs- neben vertragsm. SichHyp.), OLG. 44, 173 (keine 2 Arresthyp.), BayObLG. 16 A 6, KGJ. 44, 285, RJA. 12, 269; 14, 223 (keine Zwangs- neben Verkehrshyp.; anders bei verschied. G. u. für den Ausfall RG. 98, 106; 122, 327), BayObLG. 28 A 328 (grundsätzl. keine Bestellung zweier selbst. Hyp. an 1 G. für die näml. Ford., wohl aber Einzelhyp. für bestimmte Forderungsteile); besonders ist streitig, ob 2 Höchstbetragshyp. für den näml. Forderungskreis zulässig sind (vgl. Staudinger-Kober § 1190 A. 2 d, Pünjer JW. 1921, 1342), verneint in OLG. 35, 334 u. a., bejaht nun für den Fall, daß die 2. Höchstbetragshyp. nur für den, den bereits eingetrag. Höchstbetrag übersteig. Betrag bestellt ist (RG. 118, 162, JW. 1928, 501, 895, BayObLG. 28 A 328). — Über Zwangshyp. neben Fahrnispfandrecht s. ZBlFG. 12, 500, Hyp. u. Pfandrecht an einem GrundstRecht OLG. 45, 230, Zwangshyp. neben ZwVerst. ZBlFG. 13, 377. — Über den maßgeb. Rang s. § 11 A. 3 A c u. § 16 Fußn. 1.

[4]) Abw.: Wolff § 1 A. 2 a. Der Gl. kann, wenn ein Bedürfnis hierzu besteht, jederzeit eine zweite vollstreckb. Ausfertigung des VollstrTitels erlangen (Jaeckel-Güthe Vorb. 16, Stein-Jonas § 733 I, GSchrGeschA. §§ 109 Abs. 3, 112). Über Erstattungsfähigkeit der Kosten der 2. Ausfert. s. OLG. 39, 40.

Die §§ 172—184 ZVG. betreffen Fälle, in denen zwar eine zwangsweise Versteig. u. Verw. von Liegenschaften, aber zu anderen Zwecken, als zur Befriedigung einer Geldford. stattfindet.

II. Allgemeine Voraussetzungen der Liegenschaftsvollstreckung.

Die Einleitung der ZwVersteig. u. ZwVerw. setzt, da die allg. Bestimmungen der §§ 704—802 ZPO. hier gleichfalls Anwendung zu finden haben, voraus:

1. A. einen **vollstreckb. Schuldtitel** (Ausfertigung s. 2), der die Verpflichtung zur Leistung einer bestimmten Geldsumme (abw. bei wertbeständigen Schuldtiteln) an den Gl. (gleichgültig, ob die Leistungspflicht persönl. oder dingl. Natur ist) oder nur die Haftung hierfür (Duldung der ZwVollstr.) ausspricht [1]). Hierher gehören [2]):

a) die Endurteile (§§ 704; 300, 301; 302 Abs. 3, 540 Abs. 3, 599 Abs. 3 ZPO.); ausländ. Urteile in den Fällen der §§ 722, 723, 328 ZPO.;

b) die in § 794 ZPO. bez. Schuldtitel: Vergleiche, Beschlüsse, Urkunden (§ 795) [3]); Vollstreckungsbefehle (§ 700; weg. des arbeitsgerichtl. Verf. s. Stein-Jonas § 699 VI, JW. 1928, 221);

c) einstw. Verfügungen (§ 936 ZPO., Stein-Jonas § 938 IV 2), Schiedssprüche (§ 1042 ZPO., auch Vergleiche nach § 1044 a ZPO.); die Arrestbefehle kommen weg. § 932 ZPO. für die ZwVerst. u. -Verw. nicht in Betracht;

d) die Schuldtitel anderer Reichsgesetze (insbes. der KO., VglO., StPO., des Genossensch.-, Patent-, ArbeitsGG., MieterSchG., PachtschO., AufwertG., RAO., RVersO.; auch die Entsch. nach §§ 7, 93, 132, 133 ZVG.);

e) die auf Grund des § 801 ZPO. mit Art. 4—8, 127, 139, 220, 221 BayAG. ZPO., Art. 52 Abs. 2 BayAG.ZVG. zugelassenen landesrechtl. Schuldtitel (z. B. vollstreckb. Ausstandsverzeichnis, Beschl. in Fideikommißsachen VO. v. 23. 1. 24 GVBl. 27), insbes. die HypUrkunden (d. h. Urkunden über die Bestellung einer Hyp., BayObLG. 8, 47).

Die Vollstreckbarkeit der letzteren (die zum Teil abw. von der ZPO. geregelt ist, vgl. unten Fußn. 6, 12, 14) ist, soweit sie nicht zugleich dem § 794 Nr. 5 ZPO. genügen, nur bezügl. derj. Hyp. unberührt geblieben, die schon z. Z. der Anlegung des Grundbuchs bestanden, u. davon abhängig, daß die Hyp. z. Z. des VollstrAntrags noch eingetragen ist („besteht"). Nach GBuchanlegung errichtete notarielle HypUrkunden sind nur vollstreckbar, wenn sich der Schuldner (= Sch.) in dieser der sof. ZwVollstr. unterworfen hat (Art. 189 EG., 166 Abs. 2, 177 BayAG.BGB., VIII EG. z. Ges. betr. Änd. der ZPO. v. 17. 5. 98) [4]). Die Unterwerfungsklausel ist auch bei der EigentGrundschuld zulässig (HRR. 1928, 2318).

Die auf Papiermark lautenden Schuldtitel kommen für die Zw.-Vollstr. in der Regel nicht mehr in Frage. Zur Vollstr. des AufwertAnspr. ist eine Ergänzung des Schuldtitels erforderlich; letztere kann erfolgen durch Urteil (Vergleich) des ProzeßG. (Mügel S. 397), Entsch. der (Vergleich vor

---

[1]) Über den Unterschied zwischen Leistungs- u. Duldungstitel s. RG. 89, 361; 93, 236. Der persönl. VollstrTitel wird durch Eintragg. einer SichHyp. für die persönl. Forderung nicht zum dingl. Schuldtitel, s. § 16 Fußn. 1.

[2]) Vgl. die Aufzählung in § 52 GVollzGeschA., §§ 114 ff. GSchrGeschA., § 426 DA.; ferner Falkmann S. 23 ff.

[3]) Vgl. Busch ZBlFG. 12, 693 ff. u. 17, 329: „Das Recht der Hypothekschuldurkunde" (insbes. Kündigung 12, 773; 17, 336; kassatorische Klausel 779, Geltendmachung des Anspruchs 806, Vollstreckung 811 ff.).

[4]) Vgl. Neumiller: „Die ZwVollstr. aus bayr. HypBriefen" (BZfR. 09, 141, 157) u. Kriener: „Die vollstreckb. HypUrkunden in Bayern" (BZfR. 1915, 257 ff., insbes. über Kündigung u. Rechtsnachfolge). Über Vollstr. aus landesrechtl. Schuldtiteln in anderen deutschen Ländern s. RG. 35, 360, BZfR. 1912, 155, 185. Über Erteilung der vollstreckb. Ausfert. durch den Notar s. BNotZ. 1914, 112, BayObLG. 27 A. 16, BZfR. 1928, 56; Dittrich BZfR. 1914, 321, Josef BNotV. 1926, 347, Binder BNotV. 1927, 210, 330, Hieber BNotV. 1928, 8 ff., 68 ff., 71, Daimer, Wiesinger ebenda 213, 344).

der) AufwStelle (§ 75 Abs. 1 S. 2 AufwG.; s. Mügel S. 397, Cammerer BNotV. 1926, 28, Rößner BayZ. 1926, 233, Nadler S. 164), Vereinbarung in einer Urk. gem. §§ 794 Nr. 5, 800 ZPO. oder durch vollstreckb. Ausfertigung auf Grund der Eintrag. des AufwBetrags (Art. 24 DurchfVO. z. AufwG., vgl. JW. 1928, 1890, Nadler S. 116 ff.).

Über wertbeständige Schuldtitel s. § 10 Fußn. 25.

B. **Besonderheiten**[5]) gelten für die ZwVollstr. gegen **Eheleute** (für die Ehefrau: s. unten 3a a. E.):

a) Beim gesetzl. Güterstande nach BGB. (von dem im Zweifel auszugehen ist), sowie bei der Errungensch.- u. Fahrnisgemeinsch. ist zur Vollstr. in das eingebrachte Gut (Grundstück) der Frau außer dem Schuldtitel gegen sie noch der Duldungstitel gegen den Mann, d. h. eine der oben A a—e bez. Urkunden, durch die die Verpflichtung des Mannes zur Duldung dieser Vollstr. festgestellt ist, erforderlich (§§ 739, 794 Abs. 2 ZPO.). Diese Verpfl. kann auch im Urkunden- u. Wechselprozeß sowie im MahnVerf. festgestellt werden. Beide Eheleute sind dann VollstrSch. (Stein-Jonas § 739 III), im Sinne des § 17 ZVG. aber nur die Frau. Verurteilung des Mannes als Gesamtschuldner genügt jedoch nicht (Stein-Jonas § 739 II 1, OLG. 29, 172; 42, 33; a. M. Falkmann 182, Wolff § 17 A. 6 d; s. auch Recht 1921, 168, GruchBeitr. 53, 1055). Über die Frage, ob der Duldungstitel auf dem Wege der §§ 800, 727, 742 ZPO. beschafft werden kann, s. BayObLG. 1, 447; 16 B 34; JMBl. 09, 510; JW. 1916, 1444 ff.; 1918, 498; BZfR. 1914, 321 gegen Stein-Jonas § 727 II 2 b.

Eine Ausnahme von der Regel des § 739 ZPO. gilt für den Fall, daß die Frau selbständig ein Erwerbsgeschäft betreibt (§ 741 ZPO.); Erwerbsgeschäft ist jede, auch z. B. künstlerische, wissenschaftliche, auf Erwerb gerichtete regelmäßige Tätigkeit. Ein etwaiger Einspruch des Mannes gegen den Geschäftsbetrieb oder Widerruf (§ 741 Halbsatz 2 ZPO.) ist vom Mann im Wege der Einwendungen (§ 766 ZPO.), sein materieller Widerspruch durch Klage (§§ 771, 774 ZPO.) geltend zu machen (Stein-Jonas § 741 II).

Eine weitere Ausnahme gilt gemäß § 801 ZPO., Art. 127 ff. BayAG. hierzu für die bayer. Hyp.-Urkunden[6]).

Ist der gesetzl. Güterstand erst nach Rechtshängigkeit eingetreten, so genügt Umschreibung der gg. die Frau erteilten VollstrKlausel (§ 742 ZPO.).

Nach Beendigung des gesetzl. Güterstandes (§§ 1418—1420, 1426, 1436 BGB.) tritt Gütertrennung ein, so daß § 739 ZPO. nicht mehr zutrifft (OLG. 29, 174).

Die Vollstr. in Vorbehaltsgut der Frau (§§ 1365—1371 BGB.) erfolgt auf Grund eines gegen sie allein gericht. Schuldtitels.

Ist dem Gerichte nichts anderes bekannt u. weist der Gl. nicht nach, daß die schuldn. Eheleute nicht im gesetzl. Güterstande leben oder daß obige Aus-

[5]) Vgl. Dürr BZfR. 09, 443 ff. „Anordnung der ZwVerst. u. -Verw. unter Berücksichtigung des ehel. Güterrechts"; Krafft BZfR. 1912, 271 ff. „Stellung des Ehemanns im ZwVerstVerfahren" u. JW. 1913, 559; Becker „Vollstr. gg. die Ehefrau als Ersteherin" JW. 1916, 1444; ferner über Vollstreckbarkeit der HypUrk. in das eingebr. Gut s. Bek. v. 6. 11. 09 JMBl. 510, Zuziehung der Eheleute zum ZwVollstrVerf. Bek. v. 9. 2. 23 GVBl. 44.

[6]) Zur Vollstr. aus diesen ist Duldungstitel u. Duldungsklausel nicht erforderlich, wenn die Hyp. während des Güterstandes der Verw. u. Nutznießung, der Errungenschafts- oder Fahrnisgemeinsch. oder während eines in solchen übergeleiteten Güterstandes von der Frau mit Zustimmung des Mannes bestellt u. diese in der gleichen oder in einer öffentl. oder öffentl. begl. Urkunde nachträgl. beurkundet wurde; anders, wenn die Frau die Hyp. vor Eintritt des Güterstandes bestellt oder das G. vor dieser Zeit mit der Hyp. belastet erworben oder das belastete G. erst während des Bestehens des Güterstandes erworben hat (BayObLG. im JMBl. 09, 510; abw. KG. in ZBlFG. 14, 592, das den Vermerk des § 800 Abs. 1 ZPO. über Zulässigkeit der Vollstr. gegen den jeweil. Eigent. für ausreichend hält, wenn nach der Eintrag. des Vermerks eine Ehefrau das G. erwirbt; vgl. hiezu BZfR. 09, 445, JW. 1916, 1444; 1918, 498). Über Bewertung der dingl. Unterwerfung s. BNotZ. 1910, 174 u. 176.

nahmen vorliegen oder daß der VollstrGegenstand Vorbehaltsgut der Frau ist, so ist der VollstrAntrag gegen die Ehefrau beim Mangel des Duldungstitels abzuweisen; im Falle der Nichtbeachtung: §§ 766, 771 ZPO. (Stein-Jonas § 739 IV; Zuschlagsversagung, Haftung des VollstrRichters, Heilung des Mangels, s. OLG. 38, 144, BNotZ. 1916, 352 u. unten 5).

b) Beim Güterstande der allg. Gütergemeinsch., Errungenschafts- oder Fahrnisgemeinsch. des BGB. ist zur Vollstr. in das Gesamtgut (d. h. hier die hierzu gehörigen Grundstücke) ein Schuldtitel (oben A a—e) gegen den Ehemann erforderlich u. genügend (§ 740 ZPO.), auch wenn die Frau als Miteigent. eingetragen ist (§§ 17 A. 6 a. E., 146). Der Mann ist dann im Verf. gegen das Gesamtgut auch allein der VollstrSch. (Fischer-Schäfer S. 33). Zur Unterwerfung unter die sof. ZwVollstr. nach § 800 ZPO. ist die Zustimmung der Frau nicht erforderlich (BayObLG. 14, 499; bestr., s. Güthe-Triebel § 34 A. 20). Ist ein G., das nicht Vorbehaltsgut ist, auf den Namen der Frau eingetragen, so ist vor LiegenschVollstr. die Berichtigung des GBuchs durch den Gl. herbeizuführen (§§ 14, 40, 48 GBO.; Güthe-Triebel GBO. § 14 A. 11 ff.; Meikel GBO. § 14 A. 2 b).

Ausnahmsweise genügt auch zur LiegenschVollstr. in das Gesamtgut ein Schuldtitel gegen die Frau, wenn sie selbständig ein Erwerbsgeschäft betreibt (§ 741 ZPO., vgl. a), vorausgesetzt, daß sie allein als Eigent. im GBuch eingetragen ist; sind die Eheleute oder der Mann eingetragen, so ist wegen §§ 17, 146 ZVG. auch ein Titel (VollstrKlausel) gegen diesen erforderlich (Fischer-Schäfer S. 34, Stein-Jonas § 741 III, v. d. Pfordten S. 60; a. M. Wolff § 17 A. 7, BZfR. 09, 447).

Sind die unter b bez. Güterstände erst nach Rechtshängigkeit eingetreten, so genügt Umschreibung der gegen die Frau erteilten VollstrKlausel (abges. von der ErrungenschGemeinsch., die einen Duldungstitel gegen den Mann erfordert, § 742 Abs. 2 ZPO., Stein-Jonas Fußn. 3, 4).

Nach Beendigung der GG. (§§ 1436, 1468 ff., 1482 ff., 1508 ff., 1542 ff., 1549 BGB.) ist bis zur Auseinandersetz. ein Titel gegen beide Eheleute erforderlich, u. zwar ein Schuld- bzw. Duldungstitel, je nachdem beide oder nur der eine Teil persönl. Sch. ist (§§ 743, 744 ZPO.; RG. 89, 361). Beide sind dann VollstrSch. (OLG. 5, 291); als Eigent. braucht aber nur der zur Leistung Verurteilte eingetragen zu sein (§§ 17, 146; ebenso Jaeckel-Güthe § 17 A. 7; teilw. a. M. Dürr BZfR. 09, 467).

In Vorbehaltsgut der Frau (§§ 1440, 1441, 1526, 1555 BGB.) wird nur auf Grund eines gegen sie allein gericht. Schuldtitels vollstreckt; wegen ihres eingebr. Gutes bei Errungensch.- u. Fahrnisgemeinsch. gilt wieder § 739 u. § 742 Abs. 1 ZPO.; zur Vollstr. in Vorbehalts- oder eingebr. Gut des Mannes (§§ 1440, 1520 ff., 1550 ff. BGB.) ist ein Schuldtitel gegen ihn allein erforderlich.

c) Im Falle der nach dem Tode des einen Ehegatten fortges. Gütergemeinsch. (§§ 1483 ff., 1557 BGB.) ist zur Vollstr. in das Gesamtgut ein Schuldtitel gegen den überleb. Ehegatten erforderlich u. genügend (§ 745 ZPO.), auch wenn dieser Titel schon vor dem Eintritte der fortges. GG. entstanden war; wird die GG. vom Manne fortgesetzt, so ist ein Schuldtitel gegen die verstorb. Frau zur Vollstr. in das Gesamtgut ungeeignet (liegt aber der Fall des § 742 ZPO. vor, so ist die Erteilung der Rechtsnachfolgeklausel gegen den Mann möglich); wird sie aber von der Frau fortgesetzt, so genügt der gegen sie oder den verstorb. Mann entstand. Schuldtitel u. es bedarf letzterenfalls nur der Erteilung der Rechtsnachfolgeklausel gegen die Frau (Fischer-Schäfer S. 35). Ist das G. auf den Namen des verstorb. Ehemannes eingetragen, so bedarf es zur Vollstr. der GBuchbericht. auf den Namen der überleb. Ehefrau u. der anteilsberecht. Abkömmlinge (Wolff § 17 A. 6 c, Jaeckel-Güthe § 17 A. 4, Dürr BZfR. 09, 467; vgl. § 17 A. 3 u. 6 a).

Nach Beendigung der fortges. GG. (§§ 1492—1496, 1508, 1509 BGB.) gilt bis zur Auseinandersetzung dasselbe, wie nach Beendigung der allg. GG. (s. b; § 745 Abs. 2 ZPO.), nur treten an die Stelle des Ehemannes der überleb. Ehegatte, an die Stelle der Ehefrau die anteilsberecht. Abkömmlinge.

d) **Vollstr.** in den Anteil der Teilhaber der allg. u. fortges. GG., der Errungensch.- u. Fahrnisgemeinsch. ist bis zur Beendigung der GG. ausgeschlossen (§ 860 ZPO., Stein-Jonas A. I, BZfR. 1926, 146 gegen BayObLG. 8, 142); nachher ist Pfändung des Anteils am Gesamtgut zulässig (§ 860 Abs. 2 ZPO.) u. damit auch die Herbeiführung der Teilungsversteig. hinsichtl. eines zum Gesamtgut gehörigen Grundstücks (nicht Anteilsversteig., s. § 180 A. 2 b, § 181 A. 1 c).

e) Im Falle der Gütertrennung erfolgt die Vollstr. in das Vermögen des Mannes auf Grund eines gegen ihn gericht. Schuldtitels, in das der Frau nur auf Grund eines gegen sie gericht. Schuldtitels (OLG. 29, 174). Zur ZwVerw. eines G. der Frau kann aber noch ein Duldungstitel gegen den Mann erforderlich sein, wenn er den Besitz inne hat (§ 146 A. 4, § 147 A. 2).

C. Über Vollstr. zugunsten der Ehefrau s. A. 3 a a. E.

2. eine vollstreckbare, d. h. mit der **Vollstreckungsklausel** der §§ 724, 725 ZPO. (nicht Rechtskraftszeugnis § 706) versehene Ausfertigung des Schuld- u. Duldungstitels. Ausnahmen[7]): §§ 795 a, 796, 929, 936 ZPO. für KostenfestsetzBeschlüsse, die nach § 105 auf das Urteil gesetzt sind, für Vollstr.- u. Arrestbefehle[8]) u. einstw. Verfügungen, wenn keine Rechtsnachfolge eingetreten ist; Art. 139 BayAG. z. ZPO. mit 47 ÜB. u. § 801 ZPO. für Ewiggeldbriefe; auch § 16 A. 4 für gewisse VollstrAnträge.

Das VollstrG. (Notariat) hat nicht zu prüfen, ob die VollstrKlausel zu Recht erteilt, sondern nur ob sie formell richtig ist (z. B. den Vorschr. der §§ 724 Abs. 2, 725, 727 Abs. 2, 730 Abs. 3, 733 Abs. 4 ZPO. entspricht, insbes. von dem zuständigen Beamten erteilt ist; OLG. 17, 335; BNotZ. 1914, 212; ZBlFG. 11, 35). Über die Zuständigkeit zur Erteilung der VollstrKlausel s. §§ 724 Abs. 2, 795, 797 Abs. 2, 801 ZPO., Art. 4 ff., 130, 132 Abs. 2 BayAG. z. ZPO., 44, 45 NotG., 288 NotGeschO. und oben Fußn. 4. Das BeschwerdeG. ist zur Erteilung niemals zuständig (SeuffA. 69, 170). Über die Form der VollstrKlauseln s. Stein-Jonas § 725, BZfR. 1914, 321, BNotZ. 1920, 94.

3. den Nachweis der in §§ 750—752, 798 ZPO. **für den Beginn der Vollstr. vorgeschr. Förmlichkeiten:**

a) namentl. Bezeichnung des Gläubigers u. Schuldners im Schuldtitel oder in der VollstrKlausel (§§ 750 Abs. 1, 795, 801 ZPO.). Als Sch.[9]) muß bei der Liegenschaftsvollstr. in der Regel der im GBuch eingetrag. Eigentümer bezeichnet sein (§§ 17, 146, 147, 164 ZVG., §§ 40, 41 GBO.). Über Beginn der Vollstr. s. unter b.

Lautet der Titel oder die Klausel auf die Firma eines Einzelkaufmanns, so kann die Vollstr. nur erfolgen, wenn der Inhaber der Firma durch Vorlage eines Zeugnisses des RegisterR. nachgewiesen ist und von der Rechtshängigkeit des Prozesses bis zur Vollstr. eine Änderung der Inhaberschaft nicht stattgefunden hat; andernfalls ist Ergänzung der Klausel bzw. Rechtsnachfolgeklausel erforderlich (Stein-Jonas §§ 50 III 2, 727 IV; BayObLG. 14, 434; BlfRA. 77, 126; OLG. 23, 206; JW. 1913, 116; 1927, 1716; LZ. 1914, 501; vgl. RG. 66, 416).

Bei Vollstr. in das Vermögen einer Gesellschaft des BGB. muß der Schuldtitel (Klausel) gegen alle Gesellschafter lauten (§ 736 ZPO.); nur diese können, weil die Gesellschaft des BGB. selbst unter ihrem Namen Rechte nicht erwerben kann, als Eigent. bzw. Berechtigte im GBuch eingetragen sein (§ 48 GBO., § 272 DA.). Da dem einzelnen Gesellschafter auch Anteile an den Vermögensbestandteilen der Gesellschaft nicht zustehen, kommt ein gegen den einzelnen Gesellschafter laut. Titel für die LiegenschVollstr. in Gesellschaftsvermögen überhaupt nicht in Betracht (§ 859 ZPO., Stein-Jonas § 736 I; wegen der Teilungsverst. s. § 180 A. 2). Ist einer der im Schuldtitel (Klausel) bez. Gesellschafter ausgeschieden, während die Gesellschaft fortgesetzt wird (§§ 736—738 BGB.), so ist vor Liegenschaftsvollstr. (soweit nicht Eigenbesitz der Gesellschaft genügt, §§ 147,

---

7) Hierher auch § 483 Abs. 1 StPO., vgl. Löwe-Hellweg hierzu u. zu § 495.

8) Arrestbefehle kommen für das ZVG. nicht in Betracht (§ 932 ZPO.).

9) Personenwechsel nach dem Beginn der Vollstr. s. unter 3 b α u. § 26.

164 ZVG.) die Berichtigung des GBuchs erforderlich, zu der der Ausgeschiedene seine Zustimmung geben muß (§§ 17, 146 ZVG., §§ 14, 22 GBO., § 894 ZPO., § 894 BGB., § 272 DA., Fischer-Schäfer 28); ist ein neuer Gesellschafter eingetreten, aber noch nicht im GBuch eingetragen, so ist nicht nur ein Schuldtitel (Klausel) auch gegen den neuen Gesellschafter, sondern auch vorh. GBuchbericht.[10]) notwendig (vgl. Planck BGB. § 736 A. 2, Staudinger § 736 II b, Meikel GBO. § 20 A. 2 f, Stein-Jonas § 736 I, RG. 65, 231; 68, 412).

Zur Vollstr. in das Vermögen eines nicht rechtsfäh. Vereins genügt ein gegen den Verein ergang. Urteil (§ 735 ZPO.), obwohl als Eigent. von Grundstücken oder Inhaber von Rechten eines solchen Vereins nur die Mitglieder eingetragen werden können (§ 54 BGB., § 48 GBO., § 273 DA., Meikel GBO. § 48 A. 6 e, Staudinger § 54 VII 3 c). Die unter dem Namen des Vereins zusammengefaßten Mitglieder sind trotz ihrer Gesamthaftung nicht VollstrSch.; auf sie braucht daher auch bei der Liegenschaftsvollstr. nicht der Schuldtitel (Klausel) zu lauten (Stein-Jonas § 735 II, § 423 DA.; a. M. Fischer-Schäfer 27, 110). Lautet der Titel gegen die einzelnen Mitglieder (was zur Vollstr. in Vereinsvermögen ebenfalls genügt, § 736 ZPO.), so gilt für den Fall des Ausscheidens eines Mitglieds (bei Fortbestand des Vereins) u. des Eintritts eines neuen das oben bei der Gesellschaft Gesagte (Planck § 54 A. 3 g, k, l, Staudinger A. VII 5).

Der rechtsfähige Verein (§§ 21—23 BGB.) ist jurist. Person; Grundstücke u. Rechte werden auf seinen Namen eingetragen (§ 266 DA.); in sein Vermögen kann nur auf Grund eines gegen ihn laut. Schuldtitels (Klausel) vollstreckt werden.

Zur ZwVollstr. in das Vermögen einer off. Handelsges. (Kommanditges.) ist ein gegen die Gesellschaft laut. Schuldtitel (Klausel) erforderlich; aus einem solchen Titel findet dagegen die ZwVollstr. nicht in das Privatvermögen der einzelnen Gesellschafter statt (§§ 124, 129 Abs. 4, 161 Abs. 2 HGB.; Stein-Jonas § 727 Fußn. 6); auch zur Vollstr. gegen die off. HG. aus einem gegen den Einzelkaufmann ergang. Urteil bedarf es der Rechtsnachfolgeklausel (§§ 727, 729 Abs. 2 ZPO., LZ. 1919, 1032). Ein Wechsel in der Person der Gesellschafter ist auf die ZwVollstr. gegen die Gesellschaft ohne Einfluß (Stein-Jonas § 736 III); im Falle der Auflösung gilt die Gesellschaft als fortbestehend, solange noch Gesellschaftsvermögen vorhanden ist (§ 158 HGB., Falkmann 178). Dasselbe gilt auch für die Liquidation, die nur bewirkt, daß an Stelle der Gesellschafter die Liquidatoren als Vertreter der Gesellsch. treten. Ob Grundstücke u. Rechte an solchen GesellschVermögen sind, muß sich aus dem GBuch ergeben, wo sie entweder auf die Firma der off. HG. oder auf den Namen der Gesellschafter mit dem das GesellschVerh. bezeichnenden Zusatz eingetragen werden (§ 265 Abs. 2 DA.). Bei Auflösung der off. HG. ist Auflassung ihrer G. an die Gesellschafter erforderlich; dagegen geht bei Übernahme des Geschäfts u. der Aktiven u. Passiven der off. HG. durch einen der Gesellschafter das Eigentum an den GesellschGrundstücken auch ohne Auflassung mit über (RG. 65, 227; 68, 410; BayObLG. 11, 405; 12, 291; 14, 192; 17 B 40; 18 B 60; 22 A 106 gg. RJA. 9, 71, 193, 220, OLG. 9, 254, 255; vgl. Meikel GBO. § 20 A. 2 g). Solange im GBuch aber noch die off. HG. als Eigent. eingetragen ist, kann nicht auf Grund eines gegen die Firma des nunmehrigen Alleininhabers laut. Schuldtitels vollstreckt werden (Bay. ObLG. 14, 434); es ist vielmehr GBuchbericht. nötig; ist letztere aber schon erfolgt u. lautet der Schuldtitel noch auf die off. HG., so ist Rechtsnachfolgeklausel erforderlich (§§ 727, 729 Abs. 2 ZPO.).

Die Vollstr. in das Vermögen der übr. Handelsgesellschaften sowie der Genossenschaften erfolgt auf Grund eines gegen ihre Firma laut. Schuldtitels.

Der gesetzl. Vertreter einer nicht prozeßfähigen Partei (Minderjährige, Bevormundete, juristische Person usw.; vgl. Stein-Jonas § 51 V)

---

[10]) Anders, wenn man, wie z. B. Fischer-Schäfer 28 Auflassung an den neuen Gesellschafter für erforderlich hält.

braucht im Schuldtitel (Klausel) nicht bezeichnet zu sein. Ist die nicht prozeßfähige Person Gläubigerin, so hat der Vertreter bei Einreich. des Vollstr.-Antrags nur seine VertretBefugnis nachzuweisen; ist sie Schuldnerin, so bedarf es (wenn nicht Rechtsnachfolge eingetreten ist) nur der Zustellung des Schuldtitels an den Vertreter (s. unter b).

Das *elterl. Nutznießungsrecht* (§§ 1649, 1685, 1686 BGB.) hindert die Vollstr. in ein G. des minderj. *Kindes nicht* (§ 746 ZPO.); auch bei der ZwVerw. ist außer dem Schuldtitel gegen das Kind ein Titel gegen den Gewalthaber (als Besitzer) nicht erforderlich (§ 146 A. 4).

Soweit der Minderjährige geschäftsfähig ist (§§ 112, 113 BGB.), ist er auch prozeßfähig (§ 52 ZPO.).

Lautet der Schuldtitel auf eine (prozeßfähige) *Ehefrau als Gläubigerin* (§ 52 Abs. 2 ZPO.; vgl. oben 1 B), so muß sie selbst den Vollstr.-Antrag stellen, wenn sie in Gütertrennung lebt oder einen zum Vorbehaltsgut gehör. Anspruch verfolgt. Beim gesetzl. Güterstand ist in der Regel die Zustimmung des Mannes erforderlich (§§ 1395 ff., 1400, 1405, 1407 BGB.); es kann aber auch der Ehemann als Verw. des eingebr. Guts der Frau (§ 1380 BGB.) den Antrag in eig. Namen stellen; nur wenn der Anspruch der Frau schon vor Eintritt des Güterstandes rechtshängig war, bedarf der Ehemann zur Verfolgung des Anspr. der Rechtsnachfolgeklausel (§§ 742, 727 ZPO.). Beim Güterstande der all. GG. ist die Frau nur ausnahmsweise zum VollstrAntrag hinsichtlich eines zum Gesamtgut gehör. Anspr. befugt (§§ 1449, 1450, 1452, 1454 BGB.); der Ehemann aber bedarf zum Titel der Frau der Rechtsnachfolgeklausel (§§ 742, 727 ZPO.). Gleiches gilt bezüglich eines zum Gesamtgut der Errungensch.- u. Fahrnisgemeinsch. gehör. Anspruchs (§§ 1519 Abs. 2, 1527, 1549 BGB.); hinsichtlich des eingebr. Gutes gilt dasselbe wie beim gesetzl. Güterstande (§§ 1525 Abs. 2, 1550 Abs. 2 BGB.). Vgl. Falkmann 169, Stein-Jonas § 52 IV, V.

b) die *Zustellung* des Schuldtitels (sowie des etwaigen Duldungstitels), der Rechtsnachfolgeklausel u. der nach § 726 Abs. 1 ZPO. erteilten, in der Regel *weiteren* VollstrKlausel, der Urkunden, auf Grund deren diese erteilt worden ist, je in begl. Abschrift (§§ 750 Abs. 1 u. 2, 795, 801 ZPO., Art. 134 BayAG. z. ZPO.; *Abweichung*: §§ 799, 800 ZPO.; wegen der gemeindl. Ausstandsverzeichnisse s. BZfR. 1914, 268; über weitere Ausnahmen s. § 16 A. 4).

Die *Zustellung* hat an die im Titel (bzw. weit. Klausel) bez. Partei (s. a) zu geschehen, für Prozeßunfähige an den gesetzl. Vertreter, bei gerichtl. Urkunden (Urteil, Vergleich usw.) an den dort genannten Prozeßbevollm. (§§ 176, 313 Nr. 1; abw. § 177 ZPO.). Auch die Zustellung durch den Sch. an den Gl. genügt (Stein-Jonas § 750 III, OLG. 25, 155). Die Zustellung kann aber nur zwischen VollstrGl. u. -Sch. rechtswirksam vorgenommen werden, nicht durch oder an einen Dritten (BayObLG. 15, 536). Genügt (wie z. B. bei der Gütergemeinsch. § 740 ZPO.; vgl. oben II 1 B) der Schuldtitel gegen eine Person zur Vollstr. in gemeinschaftl. Vermögen, so bedarf es nur der Zustellung an diese Person allein (Falkmann 151). Die Zustellung (auch die an den Ehemann im Fall des § 739 ZPO., BNotZ. 1916, 352) muß *vor* Anordnung[11]) der ZwVerst. bzw. -Verw. erfolgt sein, also mit Einreich. des VollstrAntrags nachgewiesen werden. Bei KostenfestsBeschlüssen, die nicht auf das Urteil gesetzt sind, u. Urkunden des § 794 Nr. 5 ZPO. (auch[12]) bei den nach Art. 127 ff. BayAG. ZPO. vollstreckb. Hyp.- u. Ewiggeldbriefen) muß nun zwischen Zustellung (des Titels, der weit. VollstrKlausel u. der Urkunden des § 750 II ZPO., OLG. 25, 153) u. VollstrBeginn[11]) *eine Woche* liegen (§§ 222, 798 ZPO., § 187

[11]) Die ZwVollstr. beginnt mit der Anordnung der ZwVerst. bzw. -Verw., nicht erst mit der Zustellung des Beschlusses (Stein-Jonas Vorbem. VII 1, 2 vor § 704 ZPO., Falkmann 150, Jaeckel-Güthe § 16 A. 38).

[12]) Ebenso BZfR. 1915, 261; die Anwendbarkeit des § 798 ZPO. auf die altrechtl. HypUrkunden ergibt sich aus Art. 136 BayAGZPO., dessen Verweisung für den Fall des Mangels einer von § 798 abweich. landesrechtl. Vorschrift sich auf die jeweils geltende Fassung der ZPO. bezieht (vgl. JMBl. 09, 510 u. § 1 Abs. 2 RGes. v. 17. 5. 98 RGBl. 342 u. GVollzGeschA. § 64). Vgl. wegen § 799 ZPO. unten Fußn. 14.

Abs. 1 BGB.; ungerechnet die Sonn- u. Feiertage, Stein-Jonas § 798 II, RG. 83, 336, GVollzGeschA. § 64). Nur die Zustellung des Nachweises der SicherhLeistung kann gleichzeitig mit der Vollstr. erfolgen (§ 751 Abs. 2 ZPO.). Nach § 299 Abs. 4 RAbgO. ist bei Vollstr. gleichfalls eine Frist von einer Woche einzuhalten.

Der Nachweis der Zustellung ist in der Regel durch Zustell.-Urkunde des ZustellBeamten (GVollz., Postbeamten, GWachtm.) zu führen (§§ 190, 195 Abs. 2, 212 ZPO.); Ausnahmen: § 198 (Zustell. von Anwalt zu Anwalt), § 199 (im Auslande), § 203 ZPO. (öffentl. Zustellung)[13]. Daß die Zustellung vorschriftsgemäß erfolgt ist, kann jedoch bei Verlust der ZustellUrkunde auch in anderer Weise (z. B. durch eine im PfändProt. des GVollz. oder in einem anderen VollstrAkt enthaltene Feststellung) bewiesen werden (Falkmann 152). Im übr. s. § 3 ZVG. A. 2.

Eine den Schuldtitel ergänzende, in der Regel weitere Vollstr.-Klausel ist notwendig (vgl. GSchrGeschA. §§ 110 ff., EntlBek. v. 5. 5. 21 JMBl. 37 § 1 I Nr. 6):

α) bei Rechtsnachfolge auf der Gläubiger- oder Schuldnerseite. Die hierher gehör. Fälle betreffen die Vollstr. für u. gegen den Sonder- wie Gesamtnachfolger (§§ 727, 729 ZPO.), den Nacherben (§ 728 Abs. 1), den TestVollstr. (§ 749), den Nießbraucher eines Vermögens oder einer Erbschaft (§ 738), den Ehegatten bei Änderung des Güterstandes (§§ 742, 744, 745 Abs. 2; Umschreibung der DuldKlausel nach Scheidung JW. 1922, 1532). Vgl. auch oben unter a. Über RechtsnachfKlausel für den PfändGläubiger, Ersteher u. gegen Nießbraucher s. ZBlFG. 11, 40; 13, 533; BlfRA. 75, 529; 77, 216; OLG. 25, 264; 26, 88; Recht 09 Nr. 1518.

Die weit. Klausel ist ferner erforderlich zur Vollstr. eines gegenüber dem TestVollstr. ergang. Urteils für u. gegen den Erben (§ 728 Abs. 2 ZPO.), bei Konkurs-, Nachlaß- u. ZwVerw. (nicht Nachlaßpflegschaft der §§ 1960, 1961 BGB.). Vgl. Stein-Jonas § 727 III, BlfRA. 71, 490, RG. 53, 8, § 23 A. 4. Über RechtsnachfKlausel gegen Konkurs- u. ZwVerw. s. auch OLG. 23, 204; 35, 113; für Gemeinsch. OAG. 16, 322; 25, 219; gg. Gemeinsch. JW. 1928, 1155.

Eine Rechtsnachfolge liegt nicht vor, wenn der Titel auf den gesetzl. Vertreter (auch Nachlaßpfleger der §§ 1960, 1961 BGB.) lautet u. nun gegen oder für den Vertretenen vollstreckt werden soll (Stein-Jonas § 727 I 3).

Über Vollstr. in den Nachlaß s. noch §§ 747—749, 778, 779 ZPO., § 17 ZVG. Über Umschreibung der Klausel im Falle des Personenwechsels nach Beginn der Vollstr. s. Stein-Jonas § 750 I, abw. OLG. 26, 380.

β) bei Eintritt der Bedingung, von welcher die Vollstr. des Titels abhängt (§ 726 Abs. 1 ZPO.), insbes. im Falle der Kündigung u. der Vorleistung des Gl. (§ 322 Abs. 2, 3, § 274 Abs. 2, §§ 293 ff. BGB.). Über Fälligkeit der AufwertAnspr. s. §§ 25, 28, 68 AufwG.

Die Kündigungserklärung braucht nicht in öffentl. oder öffentl. beglaub. Urkunde enthalten sein; Zustellung einer Privaturkunde durch den Gerichtsvollz. genügt (§ 167 Abs. 2 ZPO., BayObLG. 27 A 16, JW. 1927, 1661, BNotV. 1928, 71). Dasselbe gilt bzgl. des Nachweises des Annahmeverzugs (Stein-Jonas § 726 V).

Die Abhängigkeit der Vollstr. vom Eintritt eines Kalendertages, sowie von der Leistung einer Sicherheit gehört nicht hierher; diese Voraussetzungen sind auf die Erteilung der Klausel ohne Einfluß, weil sie vom VollstrBeamten ohne weiteres geprüft werden können (§§ 726 Abs. 1, 751 ZPO., s. unten c, d). Das gleiche gilt vom Nachweis der Befriedig. oder des Annahmeverzugs bei Verurteilung zu einer

[13]) Zuständig zur Bewilligung der öffentl. Zustellung notarieller Urkunden ist das Amtsgericht, in dessen Bezirk der Notar oder die verwahrende Behörde ihren Amtssitz haben (§ 797 Abs. 3 ZPO., OLG. 37, 112, Stein-Jonas § 797 Fußn. 24).

Leistung *Zug um Zug*, außer wenn die dem Sch. oblieg. Leistung in der Abgabe einer Willenserklärung besteht (§§ 726 Abs. 2, 756, 765, 894 ZPO.; Stein-Jonas § 726 III, IV, § 894 IV); der Nachweis ist ebenfalls erst dem VollstrBeamten zu erbringen (s. unten e). Auch bei *alternativen Leistungen* ist die Klausel ohne weiteres zu erteilen; der Sch. ist mit seinen Einwendungen aus dem Wahlrecht auf § 767 ZPO. beschränkt (RG. 27, 382, Stein-Jonas § 726 II 3, Bem. III vor § 803).

Nicht hierher gehört endlich der Fall der *kassator.* (Verfall-, Verwirkungs-) *Klausel*, d. h. des Eintritts der Fälligkeit einer Ford. (der Hauptsache, des Restes) bei Nichtzahlung oder nicht rechtzeitiger Zahlung von Zinsen, Teilbeträgen. Hier obliegt nicht dem Gl. der Beweis der Nichtzahlung; die VollstrKlausel ist ohne weiteres zu erteilen u. es dem Sch. zu überlassen, die Nichtfälligkeit zu beweisen u. nach § 775 Nr. 4, 5, 767, 769 ZPO. geltend zu machen (Stein-Jonas § 726 II 2, RG. 41, 220, BayObLG. 9, 78, LZ. 1914, 1015). Über die Wirkung der Verfallklausel auf den *Aufwert*Betrag u. dessen Zinsen s. RG. 121, 51, JW. 1928, 1797, BZfR. 1928, 281, Ring 3, 710. In der Richtung gg. den *Ersteher* kann jedoch die Klausel nur auf Grund Anmeldung (§ 52 Abs. 2) geltend gemacht werden. Über Erteilung der vollstreckb. Ausfertigg. durch die *Notare* s. auch oben II 1 Fußn. 4.

Handelt es sich nun um Vollstr. auf Grund einer RechtsnachfKlausel oder einer gemäß § 726 Abs. 1 ZPO. erteilten VollstrKlausel — jene wird in der Regel nicht die erste, sondern eine *weitere* auf dem Titel befindliche Klausel sein —, so muß der urkundl. ZustellNachweis ergeben, daß nicht nur der Schuld-(Duldungs-)Titel, sondern *auch diese Klauseln zugestellt* sind.

Und sind diese — was aus ihrem Inhalt ersichtlich sein muß — auf Grund einer öffentl. oder öffentl. begl. Urkunde erteilt (§§ 726 Abs. 1, 727 Abs. 1, 730 ZPO.; Gegensatz: Offenkundigkeit bei Gericht, § 727 Abs. 2 ZPO.), so muß *auch eine Abschrift dieser Urkunden* (z. B. Kündigungserklärung mit ZustNachweis) *zugestellt* sein (§ 750 Abs. 2 ZPO.). Dagegen bedarf es nicht der Zustellung der nach § 797 Abs. 3 ZPO. erteilten Ermächtigung oder der Anordnung nach § 733 ZPO. (OLG. 25, 264; s. auch EntlBek. v. 5. 5. 21 JMBl. 37 § 1 I Nr. 6).

Ausnahmsweise ist die *Zustellung* der die *Rechtsnachfolge* nachweis. Urkunden *nicht erforderlich* bei der im GBuch eingetrag. Rechtsnachfolge des Gl. oder Eigent. in den Fällen der §§ 799, 800 ZPO., Art. 127, 134, 136 BayAG. z. ZPO.[14]), der §§ 132, 133 ZVG. (bes. Wiederversteig.) u. §§ 929 Abs. 3, 936 ZPO. (Arrest u. einstw. Verfüg.).

Ist auf Erteilung der Klausel *geklagt* (§ 731 ZPO.), so ersetzt die Zustellung des hierauf ergang. Urteils die der Klausel.

Die *Zustellung* der Klausel (soweit nach § 750 Abs. 2 ZPO. erforderlich), sowie der vorbez. Urkunden erfolgt in der gleichen Weise, wie die des Titels selbst; ist dieser bereits zugestellt, so genügt nachträgl. Zustellung der Klausel u. der Urkunden.

c) *Ablauf des Kalendertages* (§ 751 Abs. 1 ZPO.), wenn nach dem Inhalte des Schuldtitels die Geltendmach. des Anspr. von dem Eintritt eines kalendermäßig zu bestimmenden Tages abhängig ist (z. B. bei Vollstr. wegen Zinsen, Kapitalsteilbeträgen, Unterhaltsanspr.). Vgl. §§ 187 ff., 193 BGB.; OLG. 7, 323, KGJ. 52, 125.

Der Eintritt eines nicht nach dem Kalender zu bestimm. Ereignisses ist nicht vom VollstrBeamten, sondern vor Erteilung der Klausel festzustellen (vgl. oben Bem. b β).

---

[14]) Wg. Anwendbarkeit des §§ 799 ZPO. auf *altrechtl.* HypUrkunden s. BZfR. 1910, 202; BlfRA. 1911, 123 u. oben Fußn. 12 zu § 798 ZPO.; auf Urk. über *wertbeständ.* Hyp. s. Cammerer BZfR. 1923, 226. — Als Rechtsnachfolge i. S. des § 800 ZPO. ist auch der eingetrag. *Nießbrauch* anzusehen (OLG. 25, 264, BlfRA. 72, 332). *Nicht* anwendbar ist § 800 ZPO. auf *Reallasten* (auch Erbbauzins) u. *Schiffspfand*, vgl. Stein-Jonas § 800 A. I 1.

d) Nachweis der Sicherheitsleistung u. seine Zustellung (§ 751 Abs. 2 ZPO.).

Ein Postschein über Absendung des Betrages an die Hinterleg.-Stelle genügt nicht, vielmehr ist Bestätigung der HinterlegStelle u. Zustellung der Bestät. erforderlich. Die Klausel, die nach Rechtskraft die Vollstr. ohne SicherhLeistung gestattet, bedarf nicht der Zustellung. Bei Wertpapieren ist § 234 Abs. 3 BGB. zu beachten (OLG. 41, 33). Über Zustellung der Bürgschaftsurkunde s. JW. 1927, 2452, Stein-Jonas § 751 II 2.

e) Nachweis der Befriedig. des Sch. bzw. des Annahmeverzugs (§§ 294 ff. BGB.) bei Leistungen Zug um Zug (§§ 274, 322 BGB.) u. Zustellung dieses Nachweises (§§ 765, 756 ZPO.), der nur durch öffentl. oder öffentl. begl. Urkunden (z. B. GVollzProt.) geführt werden kann.

Leistung Zug um Zug liegt nicht vor in den Fällen, in denen der Sch. nur gegen Auslieferung einer Urkunde (z. B. Wechsels Art. 39 WO., HypBriefs §§ 1144, 1192, 1200 BGB., LöschBewilligung § 1267, Quittung § 368 BGB.) zu leisten verpflichtet ist. Diese Urkunden brauchen dem Vollstr.-Antrag an das Gericht nicht beigefügt[15] zu sein (sie sind nur vor der Ausführung des TeilPlans beizubringen, §§ 117, 126, 127 ZVG.).

f) Anzeige an die Militärbehörde bei Vollstr. gegen einen Angehörigen der Wehrmacht (§ 752 ZPO.; vgl. Stein-Jonas hiezu, Falkmann 162).

4. **Unzulässig** ist die ZwVollstr. der Gerichte wegen persönl. Anspr. gegen Fiskus[16], Gemeinden u. unter ihrer Leitung steh. Körperschaften u. Stiftungen (§ 15 EG., Art. 9 BayAG. z. ZPO.). Die ZwVersteig. eines Grundstücks insbes. ist unzulässig, wenn ein der Veräußerung entgegensteh. Recht vorhanden ist (z. B. HeimstGes. v. 10. 5. 20 § 20 I, VerglO. v. 5. 7. 27 §§ 32, 34; s. §§ 9 Nr. 2, 28 A. 2 ZVG.), ferner wegen einer auf Grund des BayKostG. (Art. 186) ausgesprochenen Geld- oder Ordnungsstrafe gegen einen Deutschen ohne dessen Zustimmung.

5. Ein **Mangel der** 1—4 bezeichneten **Voraussetzungen** bewirkt Ungültigkeit der VollstrMaßregel (§§ 33, 83 Nr. 6, 100 ZVG.). Die Verletzung der §§ 739, 750 bis 752, 798 ZPO. insbes. bewirkt Zuschlagsversagung, Nichtigkeit der ZwangsHyp. (keine EigentHyp. OLG. 41, 36, 153), Haftung des VollstrBeamten. Verzicht auf die Rüge des Mangels u. nachträgl. Heilung ist nur zwischen Gl. u. Sch. wirksam, nicht im Verh. zu Dritten, denen gegenüber ein materielles Pfandrecht u. ein Recht auf Befriedigung (§ 10[5]) durch einen unwirksamen VollstrAkt nicht erlangt werden kann (RG. 20, 435; 25, 370; 56, 215; 83, 336; OLG. 25, 198). Durch Nachholung der fehl. VollstrVoraussetzungen der §§ 750 ff. ZPO. wird jedoch die VollstrMaßregel (wenn sie noch fortbesteht) vom Zeitpunkt der Nachholung an, vorbehaltl. inzwischen erworbener Rechte Dritter, wirksam (Stein-Jonas §§ 750 I, 739 Fußn. 43, 751 III, 752 Fußn. 8, 798 III, OLG. 35, 115, KGJ. 34 A, 323; vollständige Nichtigkeit u. Unheilbarkeit wird u. a. angenommen in OLG. 31, 89; 37, 161; 41, 33). Über die Wirkung anderer prozessualer Verstöße s. unten IV a. A. u. IV 4 b a. E.

III. Gegenstände der Liegenschaftsvollstreckung.

1. **Grundstücke** (d. h. abgegrenzte Teile des Erdkörpers, § 905 BGB.), die gemäß § 3 GBO. im GBuch eingetragen[1] sind (§ 17 ZVG., § 1 EG.) — G., für die gemäß § 4 GBO. ein gemeinschaftl. GBuchblatt angelegt wird, behalten ihre rechtl. Selbständigkeit. Im Falle der Vereinigung u. Zuschreibung nach § 5 GBO. bilden die bis dahin selbständigen G. ein einheitl. Ganzes[2], das nur zu-

---

[15] A. M. Stein-Jonas § 726 Fußn. 36.

[16] Vgl. Gareis BlfRA. 70, 308, Dittmann BZfR. 1923, 228, Diemayr ebenda 245 u. 1924, 137.

[1] Über den Begriff des selbständ. Grundstücks s. RG. 68, 25; 84, 270; JW. 1910, 60; über die Bedeutung der Eintrag. hinsichtl. des Umfangs des G. s. RG. 57, 200; 68, 25; 73, 125; 77, 33; Recht 18 Nr. 523; SeuffA. 70, 191. Vgl. § 90 A. 3 a.

[2] Über Vereinigung nach früh. bayr. Recht s. § 18 A. 1 a. E.; über Verbindung von G. mit grundstücksgl. Rechten u. von letzteren miteinander vgl. Planck § 890 A. 3 a, Staudinger-Kober II e, Hölder-Rosenberg II 1, Güthe-Triebel GBO. § 5 A. 3 ff.

sammen belastet, veräußert, vom persönl. Gl. in Beschlag genommen werden kann. Dagegen können Vereinigung u. Zuschreibung die Rechte des HypGl. (der beide nicht verhindern kann, KJA. 12, 156, ZBlFG. 14, 127, OLG. 39, 222) auf Verfolgung seiner Anspr. aus dem ihm haft. G. bzw. Grundstücksteile nicht beeinträchtigen (§ 1131 BGB., Jaeckel-Güthe § 16 A. 7, OLG. 39, 221)[3]. Im übr. können reelle Grundstücksteile erst nach Anlegung eines besond. GBuchblatts Gegenstand des Verf. sein. Vgl. Fischer-Schäfer S. 81, Jaeckel-Güthe § 15 A. 7, Wolff § 1 A. 3 a; ferner §§ 2, 18 ZVG. Über Bestandteile des G. s. IV 1.

In Gebäude, die auf fremdem Grund u. Boden stehen, ist ZwVerst. unzulässig (§ 95 BGB.; Vollstr. nach § 857 ZPO., OLG. 2, 354; vgl. § 90 Fußn. 3). Wegen des ErbbRechts als BeschlagnGegenstand s. unten 3 a; über dessen Verbindung mit dem Eigentum vgl. Glaß-Scheidt, ErbbR. S. 18, 99, Kober § 2 A. 7 f.

2. Bruchteile (ideelle Anteile) von G. in den zwei Fällen des § 864 Abs. 2 ZPO. Mehrere Miteigent. besitzen im Zweifel zu gleichen Anteilen (§ 742 BGB.; vgl. § 48 GBO., §§ 269 ff., 348 DA.), soweit sie nicht Gesamthänder sind (§ 741 BGB., Gesellschaft, Erbengemeinsch., ehel. Gütergemeinsch., Gemeinsch. nach Art. 164 EG.BGB.); solange die Gemeinsch. zur gesamten Hand besteht, gibt es keine Anteile der Teilhaber an den Grundstücken[4] der Gesamtheit (§§ 859, 860 ZPO.); in solche vermeintl. Anteile ist daher ZwVollstr. unzulässig (OLG. 2, 27; 7, 354, LZ. 1915, 1339, BayObLG. 19 A S. 9), eine Hyp. an solchem Anteil nichtig (RG. 88, 22; LZ. 1918, 1261).

Die Größe der Bruchteile muß sich (ziffermäßig, auch bei Eheleuten)[5] aus dem GBuch ergeben, wenn in einzelne der Bruchteile vollstreckt werden will. Die Hyp., die auf dem ganzen G. lasten, sind bei Versteig. eines Anteils wie Gesamthyp. zu behandeln (vgl. § 44 A. II 2 b, § 91 A. 4 a, Staudinger-Kober § 1132 I 4).

Die ZwVollstr. in das ganze G. auf Grund eines nur den Bruchteil desselben umfass. Anspr. zu betreiben gestattet das ZVG. nicht mehr; auch nicht, wenn die gesondert belasteten Bruchteile sich später in einer Hand vereinigt hatten. (Über das Zusammentreffen der Grundstücks- u. Bruchteilsverst. für verschiedene Anspr. s. § 27 A. 1). Anderseits ist eine ZwVollstr. in Anteile unzulässig, die sich in einer Hand vereinigt haben, wenn die 2. Bedingung des § 864 Abs. 2 ZPO. nicht gegeben (z. B. der früh. Anteil unbelastet oder der betreib. Teil ein persönl. Gl.) ist, vgl. DJZ. 04, 162, 546.

Zulässig ist dagegen auch die ZwVollstr. in den Anteil eines Miteigentümers auf Grund eines nur auf dem ganzen G. haftenden Rechtes, gleichgültig, ob das Recht von einem Alleineigent. oder von allen Miteigent. bestellt war (RG. 20, 270; 90, 154; GruchBeitr. 55, 670; Stillschweig JW. 1914, 7; BZfR. 1914, 92; BNotZ. 07, 187; 1914, 281; Ring 2, 833; Jaeckel-Güthe Vorbem. 4, § 16 A. 8, § 112 A. 2; Stein-Jonas § 864 II 1)[6].

---

[3]) Wird solchenfalls nur ein Teil der auf einem GBuchblatte vorgetrag. Grundstücke beschlagnahmt, so wird der Versteig.-(Verw.-)Vermerk hierauf zu beschränken u. die Vereinigung (Zuschreibung) erst bei GBuchberichtigung aufzuheben sein. Vgl. §§ 227, 307, 360, 374, 379 Abs. 4 DA. Wird das Verf. aber von einem GesamthypGl. betrieben, so sind im VerteilVerf. die verschieden belasteten Teile so zu behandeln, wie wenn mehrere Grundstücke vorlägen (OLG. 12, 145). Über den Einfluß der Vereinigung u. Zuschreibung, Abtrennung u. Vermessung auf die Wiedereintragung gelöschter AufwertHyp. s. Drescher BZfR. 1926, 117.

[4]) Pfändung wie Verpfänd. des Anteils am Nachlaß können aber gleichwohl wie eine VerfügBeschr. des Teilhabers bei den einzelnen, zum Nachlaß gehörigen Grundstücken eingetragen werden (vgl. § 181 Fußn. 4). Die ZwVerst. gegen einen Gesamthänder wäre unzulässig, da das Recht der übrigen der Veräußerung entgegensteht (§§ 9, 28).

[5]) Trotz der Vermutung nach § 742 BGB.; der VollstrGl. hat daher nötigenfalls die vorh. Berichtigung des GBuchs durch Eintrag. der Größe der Anteile herbeizuführen (§§ 14, 22, 48 GBO.) u. die hierzu erforderl. Belege (z. B. vom NachlaßG., Notar) im Wege der §§ 792, 896 ZPO. zu beschaffen. Das VollstrG. selbst kann die Eintrag. der Anteile nicht herbeiführen (BayObLG. 3, 687; 4, 707; 5, 179; 6, 716; vgl. § 19 A. 3 b, Jaeckel-Güthe § 15 A. 8, § 17 A. 2). — Über Bezeichnung der Anteile in Prozenten s OLG. 40, 60.

[6]) Bestritten; vgl. die sehr beachtl. Ausführungen von Levy in GruchBeitr. 59, 87, 104 ff., 896 (der einheitl. Hyp. hafte nur das G., nicht die Anteile, wenn die Hyp. nicht auch

Mit der Vollstr. in das ganze G., wie in einen Bruchteil ist nicht die Teilungsversteig. der §§ 180 ff. zu verwechseln.

Wie die ZwVollstr. in Bruchteile von G. erfolgt auch diej. in das Stockwerkseigentum (Herbergsrecht, Geschoßeigentum, Art. 131, 182 EG.BGB., Art. 12 ÜB.). Darnach ist zwar Anteilsversteig. zulässig, die TeilungszwVersteig. (§§ 180 ff.) aber ausgeschlossen [7]). Steht das Eigentum an einem Stockwerk mehreren (z. B. Erben) gemeinsch. zu, so ist die Vollstr. in einzelne Anteile am Stockwerkseigentum vor der Auseinandersetzung unzulässig (§§ 859, 860 ZPO.). Durch bloßes Zusammentreffen mehrerer Stockwerksrechte in einer Hand tritt keine Verschmelzung zu einem einheitl. Stockwerkseigentum ein (BNotZ. 1911, 61, ZBlFG. 12, 28).

3. Berechtigungen, für welche die sich auf Grundstücke bezieh. Vorschr. gelten (§§ 864, 870 Abs. 1 ZPO.). Hierzu gehören

a) nach Reichsrecht: die Erbbaurechte (§ 1017 BGB., Art. 184 EG. hierzu; §§ 11, 24, 28, 31, 38 ErbbVO. v. 15. 1. 19 RGBl. 72) [8]); über vor 1900 entstand. ErbbR. s. BayObLG. 14, 254;

b) nach bayer. Recht: das Bergwerkseigentum u. die unbewegl. Kuxe (Gewerkschaftsanteile des ält. Bergrechtes) gemäß Art. 67 EG.BGB., 157 Nr. III u. Nr. XIX BayAG. hierzu, 44, 45, 286 des BergG. v. 13. 8. 10./17. 8. 18/10. 10. 19 (nicht zu verwechseln mit dem Grundeigentum der Gewerkschaft, Art. 46 BergG., JW. 1925, 1880); das Fischereirecht (Art. 69 EG.BGB., 1 BayAG. hierzu, 9—16, 112 FischereiG. v. 15. 8. 08, 207 des WasserG. v. 23. 3. 07) [9]); die Realgewerbeberechtigungen (z. B. Apotheker-, Kaminkehrer-, Brennerei-, Wirtschafts-, Wasenmeister-, Lebzeltergerechtsame, Art. 74 EG.BGB., 1 BayAG. hierzu) [10]); die Nutzungsrechte der in Art. 164 EG.BGB. genannten Verbände (z. B. Kommunbraurechte) [11]); endlich die nach Art. 19 Abs. 2 des Ges. v. 1. 7. 98 über das LiegenschRecht in der Pfalz an einzelnen Räumen eines Gebäudes bestehenden Rechte — die 4 letztgenannten Gattungen jedoch nur unter der Voraussetzung, daß sie nicht mit dem Grundstückseigentum verbunden (radiziert) sind (§ 96 BGB.; s. unten IV 1 a).

Diese selbständigen (nicht radizierten) Berechtigungen erhalten teils von Amts wegen, teils auf Antrag ein GBuchblatt (§§ 7, 20, 22 Abs. 2, 84

---

an diesen bestellt sei); siehe auch OLG. 25, 255, BayObLG. 7, 95, RG. 94, 154, Meikel GBO. § 49 A. 2a u. im Recht 1914, 346, ferner unten § 44 A. II 3b, § 50 A. 3c, § 63 A. 1a, § 64 A. 2; §§ 91, 112, 122, 172, 175, 180. — Über SichHyp. am versteig. Bruchteil s. § 128 A. 2a; über Erstreckung der Hyp. auf den neuerworb. Bruchteil RG. 68, 79.

7) Henle-Schneider BayAG.BGB. S. 454 ff. (zu Art. 42, 43 ÜB.), Staudinger-Kober § 1010 A. 3; § 397 DA.

8) Begr. s. BNotZ. 1919, 81; vgl. auch LZ. 1919, 306 ff., 580, 1005; GruchBeitr. 63, 657 ff.; 65, 31 ff. Über entspr. Anwendung der Grundstücksvorschr. auf das ErbbR. s. RG. 108, 70, Kober § 11 A. I 1; über die dingl. Rechte am ErbbR. vgl. Glaß-Scheidt § 11 A. 5; Kober A. I 2c. Über Eintrag. des ErbbR. unter Bezugnahme auf die EintragBewill. s. JMBek. v. 10. 7. 20, 8. 6. 21 JMBl. 171/97, Kober § 14 II 2b.

9) Henle-Schneider a. a. O. S. 4; Kupfer: „Die selbst. bayr. Fischereirechte", BayNotZ. 1910, 405 ff.; vgl. SeuffA. 67, 271; zum Begriff des dingl. FischereiR. des gemeinen R. s. BNotZ. 1920, 152, JW. 01, 41; über Sichelschlag- u. Streurecht s. Schmitt BNotZ. 1914, 101.

10) Henle-Schneider a. a. O.; Böhm-Klein S. 15, 16. Vgl. BayHypG. §§ 22, 120 u. §§ 195, 221 DA.; Schmitt BayNotZ. 1913, 334 (Gemeinderechte), ferner RG. 83, 200 (Abdeckereigerechtsame); BayObLG. 9, 638 (Apothekergerechtsame); BZfR. 1914, 72, BayObLG. 14, 643, BNotZ. 1914, 27 (Erwerb u. Eintragung des Realrechts); BayObLG. 13, 322 u. BlfRA. 77, 558 (Erlöschen der Realgewerbeberechtigungen durch Nichtausübung); BayObLG. 20 A 197, Döllinger Samml. 14, 1500 RegBl. 1809 S. 1947 (Begriff u. Begründung des radizierten Gewerberechts, insbes. Tafern-, Brauerei-, Mühlen-, Schmiederechts); BayObLG. 20 A 461 (Neuentstehung seit 1825 ausgeschlossen).

11) Über Käsküchengemeinschaften des Allgäus u. ähnl. Verbände (Körperschafts- oder Gesamthandseigentum) s. Schmitt, BNotZ. 1913, 19, 148; über Alpengenossenschaften BlfRA. 70, 647, BZfR. 05, 453; über Schäfereigenoss. BayObLG. 27 A 9.

GBO., Art. 17, 18 BayAG. hierzu)[12]). Ihre *Eintrag. ist Voraussetzung der Vollstr.* (vgl. RIA. 5, 202, BayObLG. 14, 643). Die übr. in § 3 BayHypG. genannten Rechte gelten nicht mehr als unbewegl. Sachen (vgl. Art. 61 ÜB.BGB., Henle-Schneider S. 493). Die mit dem Eigentum verbund. Rechte (z. B. auf dem Gemeindeverbande beruhende Gemeindenutzungsrechte) können kein selbständiges G.-Buchblatt erhalten (BayObLG. 7, 3 ff., DA. § 221, BNotZ. 1913, 334, Meikel GBO. § 8 A. 3 b.

4. **Schiffe**, die im Schiffsregister eingetragen sind (s. § 162, ausländische § 171); die ZwVollstr. ist aber nur durch ZwVersteig. (nicht ZwVerw. oder Eintrag. einer SichHyp.) zulässig (§ 870 Abs. 2 ZPO.). Vgl. §§ 858, 864 ZPO. — **Hochseekabel** s. Kabelpfandges. v. 31. 3. 25 RGBl. I 37.

5. **Die nach § 865 ZPO. der Hyp. bzw. dem Schiffspfandrecht unterliegenden Gegenstände**, nämlich Erzeugnisse u. Bestandteile, Zubehör, Miet- u. Pachtzinsen, die aus einem mit dem Eigentum am G. verbund. Rechte entspringenden, wiederkehr. Leistungen, endlich VersichGelder u. gewisse EntschädAnspr. (s. unten IV). Diese Gegenstände werden jedoch nur in dem in §§ 1120—1130 bzw. 1265 BGB. bez. Umfange von einer eingeleiteten Liegenschaftsvollstr. mit umfaßt; vorher ist in beschränkter Weise Fahrnisvollstr. zulässig (§ 865 Abs. 2 ZPO.). Innerh. der Liegenschaftsvollstr. ist wiederum der Einfluß der Versteig.- u. der VerwBeschlagnahme ein verschiedener (so daß z. B. Miet- u. Pachtzinsen nur von der letzteren ergriffen werden), vgl. §§ 20, 21, 148, 162 ZVG. u. unten IV.

IV. Verhältnis zwischen Fahrnis- u. Liegenschaftsvollstreckung.

Wenn die ZPO. auch die Liegenschaftsvollstr. neben dem G. auf eine Reihe anderer, von der Hyp. mitergriff. Gegenstände ausgedehnt hat, so sind diese doch nicht ohne weiteres einer Fahrnisvollstr. (durch die dingl. wie persönl. Gl.) entzogen. Diese ist vielmehr in verschied. Umfange teils vor Einleitung der Liegenschaftsvollstr., teils auch nach Anordnung der *ZwVersteig.*, zulässig, u. soweit sie gemäß § 865 Abs. 2 ZPO. *unzulässig* ist, schlechthin *nichtig* (RG. 59, 88; 60, 73, OLG. 22, 412; 26, 408; abw. Stein-Jonas § 865 Fußn. 54, vgl. oben II 5 u. unten 4 b a. E.). Erst die *ZwVerwaltung* ermöglicht die volle Ausnützung der der hypothekarischen Haftung unterworf. Vermögensteile des Sch. zugunsten seiner Gl.

1. a) Was zunächst die mit dem G. (Bruchteilen, grundstücksgleichen Berechtigungen, Schiffen) fest verbund. *wesentl.* **Bestandteile** — vgl. die *Beispiele* zu § 21 A. 2 A — angeht, so können sie *nicht* Gegenstand einer Fahrnisvollstr. sein, weil sie in dingl. Beziehung an dem rechtl. Schicksal der Hauptsache teilnehmen (§§ 93, 94, 946, 953 BGB., § 864 ZPO.). Im Falle der Belastung des G. mit einem (neuzeitl.) *ErbbR.* sind *dessen* wesentl. Bestandteile (z. B. das Bauwerk, Pflanzen) nicht Bestandteile des G.; die Haftung des Bauwerks für die Belastungen des G. erlischt mit der Eintrag. des ErbbR. u. lebt erst mit dessen Erlöschen wieder auf; das bei Bestellung des (neuzeitl.) ErbbR. bereits bestehende Gebäude wird zwar ebenfalls wesentl. Bestandteil des ErbbR., bleibt aber Eigentum des GEigentümers (bestr.; s. Kober ErbbR. § 1 A. 5 d; RGRK. § 12 A. 2 der VO.); beim Erlöschen des ErbbR. wird das Bauwerk Eigentum des GEigentümers (§ 12 ErbbVO. v. 15. 1. 19).

Von den *unwesentl.* Bestandteilen können die zugeschr. G. (§§ 890 Abs. 2, 1131 BGB.) schon ihrer Natur nach, die Rechte des § 96 BGB. — Grunddienstbarkeit[1]), subjektiv dingl. Vorkaufsrecht, Reallast, Überbau- u. Notwegrechte, Heimfalls-

---

[12]) Becher Mat. VI, 18, 19, 124—126; §§ 132 Nr. 1, 195, 221 DA. — Dagegen kann ein radiziertes Gewerberecht nur mit distriktspolizeil. Genehmigung auf ein anderes Anwesen übertragen werden (Art. 4 Nr. 5 des GewG. v. 11. 9. 1825); solange dies nicht geschehen ist, bleibt das Recht auf dem bish. Anwesen ruhen, auch wenn es bei dessen Verkauf nicht mitverkauft wurde. Die Eintrag. im Grund- oder Hyp.-Buch ist ohne Bedeutung. Der öffentl. Glaube des GBuchs erstreckt sich nicht auf das Vorhandensein des G. u. eines Bestandteil-Rechtes (BayObLG. 8, 530, BZfR. 08, 46; 09, 73, BlfRA. 73, 239).

[1]) Vgl. RG. 93, 73. — Über *Kellerrecht* als Grunddienstbarkeit s. SeuffA. 70, 99, auch RG. 56, 258, als superfiziarisches Recht s. BNotZ. 1915, 146, BayObLG. 22 A 270; über *Kommunmauerrecht* s. § 90 Fußn. 2.

recht des Grundeigent. beim ErbbR., Erbbauzinsrecht (BGB. §§ 1018; 1094 Abs. 2, 1103 Abs. 1; 1105 Abs. 2, 1110; 912 ff., sowie ErbbVO. § 2 Nr. 4 u. § 9 Abs. 2 S. 2; vgl. § 340 DA.) — weil nicht übertragbar, sondern dem jeweiligen GEigentümer zustehend, für eine Fahrnisvollstr. nicht in Betracht kommen. Dasselbe gilt von den mit einem G. verbund. (radizierten) subjektiv dingl. NutzRechten sowie den Gemeinderechten, wenn sie auf dem Gemeindeverbande beruhen (vgl. oben III 3 b); ebenso ist das Recht auf Benützung eines Kommunbrauhauses[2]) Bestandteil im Sinne des § 96 BGB., wenn es den Eigentümern bestimmter G. als solchen zusteht (BZfR. 07, 390, BayObLG. 8, 155). Einer etwaigen Pfändung der Rechte des § 96 BGB. könnte im Wege des § 766 ZPO. begegnet werden (Stein-Jonas § 864 I 2 c).

Bei den letztgen. Rechten ist der Anspr. auf die einzelne Leistung zu unterscheiden, die in Ansehung der Vollstr. der gleichen Beurteilung, wie Miet- u. Pachtzinsford. unterliegen (§§ 1126 BGB., 21 Abs. 2, 148 ZVG., Fischer-Schäfer 123, 125, 130). Eine Abweichung besteht für die noch nicht fällige ErbbZinsleistung, die der selbständ. Übertragung (Pfändung, Verpfändung), wie das Recht selbst entzogen ist; im Falle der ZwVerst. des G. erwirbt ihn der Ersteher mit dem Zuschlag (§ 9 II S. 2 ErbbVO.; vgl. § 1111 Abs. 2 BGB.).

Nicht zu den selbständ. Rechten des § 96 BGB. gehört das Jagdrecht des Eigent.; es ist nur eine einzelne der aus dem Eigentum herzuleit. Nutzungsbefugnisse (daher von Verst.- u. VerwBeschlagnahme sowie Zuschlag ohne weiteres mitumfaßt) u. nicht pfändbar[3]).

Auch der Rangvorbehalt (§ 881 Abs. 4 BGB., § 7 AufwG.) ist eine solche mit dem Eigentum verbundene Befugnis, die nicht selbständig Gegenstand der Zw.-Vollstr. sein kann (s. § 23 Fußn. 4); ebenso die SchweizFrankenEigentGrundschuld (Art. 12 Abs. 3 SchweizZusAbk. v. 25. 3. 23 RGBl. II 288; s. § 23 Fußn. 4 a).

b) Eine **Ausnahmestellung** unter den Bestandteilen des G. nehmen die noch **ungetrennten**, hängenden u. steh. **Früchte** (Feldfrüchte, Gemüse, Obst; nicht: schlagbares Holz, Torf, Mineralien) ein; sie können, obwohl unbewegl. Sachen (§ 94 BGB.), frühestens ein Monat vor der gewöhnl. Reifezeit gemäß §§ 803 ff. ZPO., also wie bewegl. Sachen, für persönl. wie dingl. Anspr. gepfändet werden, solange sie nicht im Wege der Liegenschaftsvollstr. (ZwVerst. oder -Verw.; für den Konkursfall gilt § 14 KO.) beschlagnahmt u. soweit sie nicht zur ordnungsm. Fortführung der Wirtschaft erforderlich sind oder Zubehör sein würden (§§ 810, 865 Abs. 2, 811 Nr. 4, 813 ZPO., § 98 Nr. 2 BGB.; GVollzGeschA. §§ 136 ff., Stein-Jonas § 810 I 2). Die Versteig. noch ungetrennter Früchte ist jedoch erst nach der Reife zulässig § 824 ZPO.). Das Pfandrecht entsteht mit der Pfändung, nicht erst (wie das gesetzl. Pfandrecht des Verpächters nach § 585 BGB.) mit der Trennung der Früchte (OLG. 13, 203; bestr., s. Stein-Jonas § 810 Fußn. 4).

Der an sich zulässigen Pfändung solcher Früchte können aber die in § 10 ZVG. bezeichneten Realberechtigten (auch der persönl. BeschlagnGl. des § 10[5]) im Wege des § 771 ZPO. widersprechen, falls ihr Anspr. bei der ZwVollstr. in das G. selbst dem Anspr. des PfändGl. vorgeht (§ 810 Abs. 2 ZPO.). Es kann also z. B. der HypGl. 2. Ranges nicht der Pfändung der Früchte durch den 1. HypGl. entgegentreten. Einem persönl. PfändGl. geht der persönl. BeschlagnGl. selbst dann vor, wenn dieser die Beschlagnahme des G. erst nach der Pfändung der Früchte erwirkt hat (§ 10 Nr. 5, Fischer-Schäfer 95, Stein-Jonas § 810 IV 2; vgl. auch unten Fußn. 10). Maßgebend für das Rangverhältnis im Sinne des § 810 Abs. 2 ZPO. ist § 10 (auch Art. 23 BayAG.), nicht § 155 Abs. 2 ZVG. (Stein-Jonas a. a. O.). Das Widerspruchsrecht steht auch dem Verwalter zu, wenn die ZwVerw. zugunsten eines besser berechtigten RealGl. des § 10 ZVG. angeordnet ist (§ 152, Peiser 89, Fischer-Schäfer 95, Jaeckel-Güthe Vorbem. 23); der Sch. kann nicht widersprechen, auch wenn er eine vorgehende Eigentümerhyp. hat (Wolff § 20 A. 6 c, Jaeckel-Güthe a. a. O.).

---

[2]) Anders das Malzkontingent einer Brauerei; es ist nicht mit dem Eigentum verbunden, frei veräußerlich u. pfändbar (BayObLG. 21 A 21).

[3]) Behr, BayJagdges. S. 35, 69; vgl. RG. 70, 73. Dagegen ist das Jagdausübungsrecht des Eigentümers (Art. 2 Jagdges.) pfändbar. Über Verpachtung desselben s. § 57 A. 2, § 152 A. 3; Staudinger § 581 A. I 1 c. In Bayern kann das Jagdrecht auf fremden G. auch nicht als dingl. Belastung (beschr. persönl. Dienstb.) bestellt werden (Pollwein BayJagdges. S. 29, Staudinger § 1090 I 2 i).

Wohl aber kann der Pfändung in der Richtung gegen den GEigentümer ein gemäß §§ 954—957 BGB. Nutzungs- u. Aneignungsberechtigter (auch Pächter) auf Grund Gewahrsams gemäß § 766 mit § 809 ZPO., auf Grund dingl. Rechtes oder Besitzes auch gemäß § 771 ZPO. entgegentreten (Stein-Jonas §§ 771 II, 810 II).

Neben dem Widerspruchsrechte des § 810 Abs. 2 (§ 771) ZPO. steht den Realberechtigten des § 10 ZVG., soweit ihr Recht dem des PfändGl. vorgeht, auch der Anspr. auf vorzugsweise Befriedigung aus dem Erlöse der in der Richtung gegen den GEigentümer gepfändeten ungetrennten Früchte gemäß § 805 ZPO. zu (Stein-Jonas § 810 IV 2; über das gesetzl. Pfandrecht des Verpächters s. Stein-Jonas § 810 II, BlfRA. 78, 174). Das Inventarpfandrecht des Ges. v. 9. 7. 26 (RGBl. I 399) ergreift nicht die nicht zum Zubehör gehör. Früchte (Stein-Jonas § 805 II 3).

Endlich können sich die Realberechtigten, der Sch. u. der ZwVerw. des Rechtsbehelfes aus § 766 ZPO. bedienen, wenn die Pfändung gegen § 810 Abs. 1, § 811 Nr. 4 ZPO. verstößt.

Nach der Beschlagn. (ZwVerst. oder -Verw.) ist die Pfändung stehender Früchte unzulässig, wenn das G. nicht im Besitz eines Pächters ist (§§ 21 Abs. 1, 148 Abs. 1 ZVG., 864 ZPO., Rechtsbehelf der Beteiligten: § 766 ZPO.); hieran ändert auch das dem Sch. in der ZwVerst. gemäß § 23 Abs. 2, § 24 verbleib. beschränkte Verfügungs- u. Benützungsrecht nichts (Stein-Jonas § 810 IV).

Erfolgte die Beschlagnahme erst nach der Trennung der gepfändeten Früchte, so werden diese, soweit sie nicht Zubehör sind, nur von der ZwVerw. ergriffen, unbeschadet des PfändPfandrechts u. der Rechte der RealGl. (§§ 21 Abs. 1, 148 ZVG.); auf die Versteigerung der getrennten Früchte findet dann § 772 ZPO. Anwendung. Über Pfändung nach der Trennung s. 3; soweit getrennte Früchte Zubehöre sind, unterliegen sie den Regeln über Zubehör (s. 2).

c) Eine Fahrnisvollstr. in ungetrennte Früchte von der in § 810 ZPO. bezeichneten Art ist nicht bloß in der Richtung gegen den Eigent. des G., sondern auch gegen den **NutzBerechtigten als Schuldner** zulässig.

α) Da die Beschlagn. das Recht des **Pächters** auf den Fruchtgenuß nicht berührt (§§ 956, 1120 BGB., 21 Abs. 3, 148, 152 Abs. 2 ZVG.), an Stelle der Früchte vielmehr die Pachtsumme den RealGl. haftet (§ 148 mit § 21 Abs. 2), so hindert nicht einmal die Einleitung der Liegenschaftsvollstr. gegen den GEigent. eine Pfändung der dem Pächter gebühr. Früchte zugunsten seiner Gl. u. die Realberechtigten können ihr nicht widersprechen (OLG. 13, 203). Über die Beschränkung des Rechtes des Pächters auf die ordnungsgemäß gewonnenen Früchte vgl. § 24 Fußn. 2.

β) **Wird** dagegen die Fruchtziehung von einem **dinglich** Berechtigten (z. B. auf Grund ErbbR.[4]), Nießbrauchs oder einer beschr. persönl. Dienstbarkeit, § 954 BGB.) ausgeübt, so hat der im Rang vorgeh. Realberechtigte des § 10 ZVG. die aus §§ 810 Abs. 2, 771 u. 805 (nicht 766) ZPO. sich ergeb. Rechte gegenüber einer Pfändung durch die Gl. des ihm nachgeh. NutzBerechtigten (Stein-Jonas § 810 IV 2; Gruch. Beitr. 49, 541). Steht der Realberechtigte aber dem NutzBerechtigten im Range nach, so ändert auch eine zugunsten des ersteren eingeleitete ZwVollstr. in das G. nichts an der Fahrnisvollstr. Der GBeschlagn. unterliegen die Früchte nur, wenn das Recht des NutzBerechtigten dem des BeschlagnGl. nachgeht; nach erfolgter Beschlagnahme ist die Pfändung der Früchte durch einen Gl. des dem BeschlagnGl. nachsteh. NutzBerechtigten gemäß § 23 ZVG. unwirksam. Soweit der NutzBerechtigte anderen Gl. weichen muß, gilt dasselbe von demj., der seine Rechte auf den Fruchtgenuß erst von jenem ableitet (z. B. Pächter des Nießbrauchs, Jaeckel-Güthe § 21 A. 4, Fischer-Schäfer 96).

Weg. der Vollstr. in getrennte Früchte s. 3 a.

2. a) Die **Zubehörstücke** des G. (vgl. Altmann, BZfR. 1906, 305; ferner § 21 A. 2 B u. Beispiele) können, soweit sie nach § 1120 BGB. der HypHaftung[5])

---

[4]) Über die Nutzungsrechte, die mit dem ErbbR. verbunden werden können, vgl. Glaß-Scheidt, Erbbaurecht S. 3, 9, 26, 107, 121, Kober § 11 I 2 b.

[5]) Zubehörstücke, die nicht Eigentum des GEigentümers sind (z. B. die des Pächters), können auch nicht von dem Dritten freiwillig der Hyp. unterstellt u. dadurch einer Pfändung entzogen werden (RG. 63, 371); sie sind unpfändbar (für die Gl. des Sch.), sobald sie durch den Zuschlag in das Eigentum des Erstehers übergegangen sind (§§ 55 Abs. 2, 90 Abs. 2, Jaeckel-Güthe Vorbem. 21). Über Pfändbarkeit von Zubehör, das nicht mitversteigert wurde, s. § 65 A. 2 a. Über Miteigentum am Zubehör s. § 21 A. 2 B a.

unterliegen, auch vor Einleitung der LiegenschVollstr. nicht gesondert gepfändet oder mit Arrest belegt werden, auch nicht vom RealGl. (§§ 865 Abs. 2 S. 1, 811 Nr. 4 ZPO. mit §§ 97, 98 BGB., vgl. § 134 GVollzGeschA.). Auch die Pfändung des Anspr. des Sch. gegen Dritte auf Herausgabe von Zubehörstücken ist unzulässig (OLG. 37, 202).

Eine Sonderverwertung des Zubehörs zum Nachteil der AbsondBerechtigten ist auch dem KVerwalter nicht gestattet (RG. 69, 85; OLG. 4, 368; 19, 151; 37, 212; bestr., vgl. § 173 Fußn. 1, Jaeckel-Güthe Vorbem. 21).

Die Unzulässigkeit[6]) einer etwaigen Fahrnisvollstr. in Zubehörstücke kann gemäß § 766 ZPO. vom Sch., ZwVerw. u. allen Realberechtigten des § 10 ZVG. geltend gemacht werden; an einem etwaigen Sondererlös steht den letzteren ein Recht auf vorzugsweise Befriedigung auch dann zu, wenn ihr Recht jünger als dasj. des PfändGl. ist (§ 805 ZPO., vgl. oben 1 b); auch die Widerspruchsklage des § 771 ZPO. steht dem Realberechtigten offen (RG. 55, 208; 63, 371; 69, 93; BZfR. 1925, 295; abw. Stein-Jonas § 865 V) u., soweit das Recht des Widersprechenden nicht erst durch die Beschlagn. begründet wurde (§ 10 Nr. 1, 5 ZVG.), nicht von vorh. Beschlagnahme abhängig (RG. 59, 91, 92).

b) Trotz Unzulässigkeit der Fahrnisvollstr. in GZubehör **erwirbt der Ersteher** in der FahrnisVersteig. **freies Eigentum**, wenn Versteig. und Entfernung (Wegschaffung) des Zubehörs vom G. noch vor der Beschlagn. (zum Zweck der ZwVerst. wie -Verw.) erfolgt sind, selbst wenn jener in Ansehung der Realrechte nicht in gutem Glauben war (§ 1121 Abs. 1 BGB., Planck § 1121 A. 4; über den Zeitpunkt der Wirksamkeit der Beschlagn. s. §§ 22, 27, 151 ZVG.); Beschlagn. im Sinne der §§ 1121 ff. BGB. ist auch die Pfändung auf Grund dingl. Schuldtitels, s. Fußn. 9.

Dagegen bleibt trotz etwaiger Fahrnisvollstr. das Zubehör (solange es diese Eigenschaft noch hat, § 1122 Abs. 2 BGB.) hypothekarisch verhaftet u. damit der nachfolg. Beschlagn. unterworfen (§§ 20 Abs. 2, 146, 148 ZVG., 1120, 1121 BGB.), nicht nur, wenn die Fahrnisversteig. u. die Entfernung des Zubehörs vom G. erst nach der Beschlagn. vor sich gehen würde, sondern auch, wenn letztere zwischen Fahrnisversteig. u. Entfernung oder zwischen Entfernung u. Fahrnisversteig. erfolgte und wenn in ersterem Falle im Zeitpunkte der Entfernung, im letzteren im Zeitpunkte der Fahrnisversteig. die Beschlagn. bereits im GBuch eingetragen oder sie oder der Versteig.- bzw. VerwAntrag dem Erwerber bekannt war oder doch nur infolge grober Fahrlässigkeit unbekannt geblieben ist (§ 23 Abs. 2 ZVG., Planck a. a. O.).

Zu beachten ist, daß sich dem Erwerber von Zubehörstücken gegenüber auf die Beschlagn. nur berufen kann, wer diese erwirkt hat (§ 23 ZVG.), nur im Fall der GVersteig. auch der Ersteher (§§ 55, 90 ZVG.), ferner daß die Beschlagn. in verschiedener Weise wirksam wird, je nachdem sie in Form der Einleitung des Liegenschaftsverf. oder des Beitritts erfolgt (§§ 22, 27, 151 ZVG.).

Hat der Ersteher in der Fahrnisversteig. des Zubehörs, weil die HypHaftung erloschen, freies Eigentum erlangt, u. kann das Vorzugs- bzw. Widerspruchsrecht nach §§ 805, 771 ZPO. nicht mehr am Erlös geltend gemacht werden, weil dieser an den PfändGl. ausgeliefert wurde, so sind die Realberechtigten des § 10 ZVG. auf den BereichAnspr. gegen den PfändGl. beschränkt (Stein-Jonas § 865 V).

3. a) **Vom Boden getrennte Erzeugnisse** (u. getrennte Bestandteile)[7]) unterliegen der Fahrnisvollstr. (des persönl., wie RealGl.) gem. §§ 865 Abs. 2, 811 Nr. 4 ZPO.

---

[6]) Die Unzulässigkeit bewirkt Nichtigkeit (RG. 59, 91, OLG. 26, 408; a. M. Stein-Jonas § 865 V). Trotz Unzulässigkeit der Pfändung ist aber strafbarer Pfandbruch möglich (JW. 1927, 2465). Über Abhängigkeit der Anschlußpfändung von der Gültigkeit der Erstpfändung u. über Wiederherstellung einer zu Unrecht aufgehobenen Pfändung s. Stein-Jonas § 766 III 6, § 826 III u. unten § 95 Fußn. 4.

[7]) Getrennte Erzeugnisse u. Bestandteile, die bereits durch Verarbeitung der Rohstoffe eine wirtschaftl. Selbständigkeit erlangt haben (§ 950 BGB.), wie z. B. Ziegelsteine, Branntwein, Spiritus, Rübenzucker, unterliegen (wenn sie nicht Zubehör sind) nicht mehr der hypoth. Haftung u. daher auch nicht der Beschlagn. (OLG. 14, 10, 105, 106 ff.; vgl. auch BZfR. 06. 21 u. § 21 Fußn. 3). Über Verarbeitung der Erzeugnisse nach der Versteig.-Beschlagn. s. §§ 23, 24.

α) soweit sie mit der Trennung in das Eigentum eines Pächters oder NutzBerechtigten fielen (§§ 954—957, 1120 BGB.; s. unten b),

β) im übr., wenn sie nicht Zubehör sind oder vom Eigent. oder Eigenbesitzer innerh. der Grenzen ordnungsm. Wirtschaft getrennt u. vor der Beschlagn. vom G. nicht nur zu vorübergeh. Zwecken (auch für den PfändGl.) entfernt oder ihre Zubehöreigenschaft vor der Beschlagn. innerh. der Grenzen ordnungsm. Wirtschaft aufgehoben wurde (§ 1122 BGB.).

Sie können dagegen nach der GBeschlagnahme insoweit nicht mehr Gegenstand einer Fahrnisvollstr. sein, als sie nach §§ 1120 ff. BGB. von der Hyp. u. damit von der Beschlagn. ergriffen werden (§ 865 Abs. 2 ZPO., Rechtsbehelf: § 766 ZPO.; Beschlagn. im Sinne der §§ 1121—1124 BGB. ist auch die Pfändung auf Grund dingl. Schuldtitels, s. unten Fußn. 9). Diese Wirkung hat aber die Einleitung der ZwVersteig. von dem in §§ 22, 27 ZVG. bez. Zeitpunkte ab bei getr. land- u. forstwirtschaftl. Erzeugnissen nur, soweit solche Zubehöreigenschaft haben (§§ 21 Abs. 1 ZVG., 98 Nr. 2 BGB., 811 Nr. 4 ZPO.), während die übr. getr. land- u. forstwirtschaftl. Erzeugnisse nur der Beschlagn. in der ZwVerw. unterliegen (§§ 20 Abs. 2, 21, 148, 151 ZVG.).

Die nicht land- u. forstwirtschaftl. Früchte, die vom Boden getrennt sind (Ausbeute an Sand, Steinen, Lehm, Tonerde, Torf, Mineralwasser, Abbruchsgegenstände u. dgl., § 99 BGB.) werden dagegen, soweit sie der Hyp. haften (§§ 1120 ff. BGB.), auch von der VersteigBeschlagn. ergriffen.

Gegen eine vor der so gestalteten Beschlagn. erfolgte, zulässige Fahrnisvollstr. in getr. Erzeugnisse (u. frühere Bestandteile) in der Richtung geg. Eigent. oder Eigenbesitzer (s. oben β) können die Realberechtigten weder im Wege des § 766 noch des § 771 ZPO. einschreiten (auch nicht durch einstw. Verf., SeuffArch. 56, 225); die dem Pfänd.-Gl. vorgeh. bzw. älteren Realberechtigten können jedoch ihr Vorzugsrecht am Fahrniserlös im Wege des § 805 ZPO. auch ohne Beschlagn. klageweise geltend machen (immer vorausgesetzt, daß sich ihr Realrecht hierauf erstreckt, also insbes. nicht nach §§ 1121, 1122 BGB. untergegangen ist, vgl. RG. 46, 174; OLG. 15, 168; ferner LZ. 1911, 315 über Versteig. durch den GVollz. auf Betreiben des KVerw.), wie sie auch, falls sie ebenfalls Pfändung erwirkt haben, im VerteilVerf. der §§ 872 ff. ZPO. die Berücksichtigung ihres Vorzugsrechtes im TeilPlane beanspruchen können (Stein-Jonas §§ 865 IV, 874 I ZPO., Fischer-Schäfer 96). Nach Beendigung der Fahrnisvollstr. sind sie auf den BereichAnspr. gegen den PfändGl. beschränkt.

Eine nach zulässiger Pfändung erfolgte Beschlagn. (der oben bez. Art) ergreift aber gleichzeitig auch die gepfändeten, getr. Erzeugnisse u. Bestandteile; denn die Pfändung allein (ohne Veräußerung) hebt die HypHaftung auch nicht bei Wegschaffung der Pfandsachen auf (Stein-Jonas § 865 I, IV; Jaeckel-Güthe Vorbem. 17; Fischer-Schäfer 96). Zwar wird durch die nachträgl. Beschlagn. die Fahrnisversteig. in der ZwVerw. nicht gehindert; aber die GVersteig. erstreckt sich gemäß §§ 55 Abs. 1, 90 Abs. 2 ZVG. auch auf die (noch nicht versteigerte) Ausbeute (vom Boden getr. Bestandteile), so daß hier eine Sonderversteig. nur gemäß § 65 ZVG. zulässig ist. Hieraus folgt, daß in dem GVersteigVerf. der PfändGl. seine Rechte gemäß § 37 Nr. 4 ZVG. rechtzeitig anmelden muß, wenn er bei der LiegenschErlösverteilung nicht den übr. Rechten nachgesetzt werden will (§ 110 ZVG., Stein-Jonas § 865 IV). Der nach Befriedigung des PfändGl. verbleib. Überschuß gehört auch in der ZwVerw. zur LiegenschMasse (§ 1247 BGB.).

b) Hinsichtl. der Pfändung getr. Erzeugnisse u. sonstiger getr. Bestandteile in der Richtung gegen den **Pächter** (s. a α) gilt das zu 1 c Bemerkte; der Pächter wird mit der Trennung Eigentümer gemäß § 956 BGB.; weder Hyp. noch Beschlagn. hat einen Einfluß auf diesen Erwerb (§ 1120 BGB., §§ 21 Abs. 3, 148, 152 Abs. 2 ZVG.). Ebenso verhält es sich mit dem Eigentumserwerb des **dingl. NutzBerechtigten** hinsichtl. der getr. Früchte (anders 1 c), da § 1120 BGB. auch hier zutrifft (so Planck § 1120 A. 2 b, OLG. 14, 104, HRR. 1, 221 bestr.).

4. **Miet- u. Pachtzinsforderungen**[8]) des Eigent. (auch des Miteigent., vgl. § 152 A. 4) unterliegen der Fahrnisvollstr. (für persönl., wie dingl. Berechtigte)

---

[8]) Hierzu RG. vom 8. 6. 15 (RGBl. 327) zur Einschränkung der Verfüg. über Miet- u. Pachtzinsford. (Änderung der §§ 573, 574, 1123, 1124 BGB., 57, 183 ZVG., 21 KO.;

a) soweit sie gem. § 1123 Abs. 2 BGB. von der hypothek. Haftung überhaupt befreit sind (§ 865 Abs. 1 ZPO.); dies sind also diej. Miet- u. Pachtzinsen, die mehr als ein Jahr von der Fälligkeit an rückständig sind, ohne daß ihre Beschlagn. (durch Fahrnisvollstr.[9]), wie Pfändung, Arrest, einstw. Verfüg. oder durch ZwVerw.) zugunsten des HypGl. erfolgte; vertragsmäßig voraus zu entricht. Miet- u. Pachtzinsen sind von der hypoth. Haftung frei, soweit sie auf das z. Zt. ihrer Beschlagn. (wie vor) laufende KalVierteljahr treffen; erfolgt die Beschlagn. der Miet- u. Pachtzinsen zugunsten des HypGl. innerh. des letzten halben Monats eines KalVierteljahrs, so erstreckt sich diese Befreiung auch auf den Zins für das folg. KalVierteljahr;

b) solange nicht die ZwVerwaltung des G. eingeleitet ist (§ 865 Abs. 2 ZPO.). Die Pfändung der unter a bez., über ein Jahr fälligen Ford. ist aber auch dann zulässig, wenn ZwVerw. eingeleitet ist.

Die Beschlagn. zum Zwecke der ZwVersteig. hindert die Pfändung von Miet- u. Pachtzinsen überhaupt nicht (§ 21 Abs. 2 ZVG.; s. aber auch § 57 b).

a) Einer **vor Einleitung der ZwVerw.** (Zeitpunkt: §§ 22, 151) erwirkten Pfändung kann der HypGl. auch dann nicht widersprechen, wenn er nachher die ZwVerw. betreibt (OLG. 10, 122), das erlangte Pfandrecht an den Miet- u. Pachtzinsford. geht vielmehr auch einem älteren[10]) HypRecht vor (§ 1124 Abs. 1 S. 2 BGB.; Staudinger-Kober §§ 1123 I 5 c, 1124 II 1 b; OLG. 10, 122; 12, 69; RG. 52, 138; 58, 185; 59, 177; 76, 118; 93, 121). Gleichgültig ist es, ob es sich um vorauszahlbare oder nachträgl. zu entricht. Beträge handelt. Nur soweit zur Befriedigung des PfändGl. der gepfändete Miet- u. Pachtzins nicht erforderlich ist, gebührt der Überschuß — vorausgesetzt, daß er von der hypoth. Haftung erfaßt worden war — der Zw.-VerwMasse.

Das Pfandrecht erstreckt sich jedoch bei nachfolg. ZwVerw. nicht auf eine spätere Zeit, als das z. Zt. des Eintritts der Wirksamkeit (§§ 22, 27, 151 ZVG.) der Zw.-Verw. laufende KalVierteljahr (§ 1124 Abs. 2 BGB.); erfolgt die Beschlagn. innerh. des letzten halben Monats eines KalVierteljahrs, so ist die Pfändung auch insoweit wirksam, als sie sich auf den Zins für das folg. KalVierteljahr bezieht. Hinsichtl. des auf eine spätere Zeit „treffenden" Betrags der Miet- u. Pachtzinsen ist die Pfändung den dingl.[11]) Berechtigten gegenüber unwirksam; diese Unwirk-

---

vgl. Vorbem. zu §§ 57 ff. u. § 148 A. 1 d). — Die durch die WohnZwangswirtschaft herbeigeführte Unpfändbarkeit der Mieten ist als beseitigt anzusehen (JW. 1928, 736, 2562).

[9]) Unter „Beschlagnahme" durch den HypGl. im Sinne der §§ 1121—1124 BGB. ist nur diej. ZwVollstr. verstanden, die auf Grund seines dingl. Anspr. erfolgt. Diese Zw.-Vollstr. kann auch Fahrnisvollstr. sein (OLG. 14, 109; RG. 76, 116; 80, 316; 81, 146; 88, 101; 103, 138); nach Konkurseröffnung ist aber dem HypGl. nur noch Beschlagn. durch ZwVerw. u. einstw. Verfüg., nicht Pfändung, möglich (RG. 52, 138, OLG. 10, 419; 15, 285; Recht 1914 Nr. 811; Stillschweig JW. 1917, 895; bestr. s. Stein-Jonas vor § 704 Fußn. 86); für das Vergleichsverfahren (§§ 32, 34 VerglO.) wird dagegen das Gegenteil anzunehmen sein.

[10]) Dagegen geht das ältere Nießbrauchsrecht dem jüngeren Hyp.- u. PfändPfandrechte bezügl. der Miet- u. Pachtzinsen vor (SeuffA. 62, 463; BlfRA. 72, 328 ff., Staudinger-Kober § 1124 II 1 b d); ebenso das PfändPfandrecht des rangälteren HypGl. an den Miet- u. Pachtzinsen gegenüber dem jüngeren Nießbrauchrecht (RG. 81, 147; 93, 121; 101, 5; Recht 1915 Nr. 2542). Über Pfändung der Mietzinsen durch den Nießbraucher s. RG. 64, 415. Beim Streit dinglicher Gl. über das Vorrecht der Mietzinspfändung entscheidet nicht die Reihenfolge der Pfändungen, sondern die Rangfolge der dingl. Rechte (ZBlFG. 19, 126); doch kann auf Grund des § 1124 BGB. die ältere Vorausverfügung (§ 57 b) des rangschlechteren HypGl. wenigstens für das z. Z. der Beschlagn. laufende (u. geg. Falls folg.) KalVierteljahr wirksam sein (OLG. 39, 251). Über das Verhältnis der Mietzinspfändung für den besseren zu der nachfolg. Beschlagnahme für den schlechteren HypGl. s. Stillschweig JW. 1915, 379, auch 1927, 861. Im übr. s. § 148 Fußn. 2.

[11]) Ihnen ist zufolge § 865 Abs. 1 ZPO. nach Einleitung der ZwVerw. auch der persönl. BeschlagnGl. gleichzustellen (Staudinger-Kober § 1123 I 5 c a. E., Stillschweig JW. 1927, 861 u. 2583 gg. KG. daselbst). Allerdings ist dieser dann in der Lage, das (ältere) Mietzinspfandrecht für die Dauer der Beschlagnahme, soweit sie über den in § 1124 Abs. 2 BGB. bez. Zeitraum hinausgeht, unwirksam zu machen u. dadurch u. U. eine

samkeit kann vom ZwVerw. u. allen RealGl. (nicht bloß dem betreib. Gl.) im Wege des § 771 u. des § 766 ZPO. geltend gemacht werden, sie fällt aber weg, wenn die Beschlagn. endet (Stein-Jonas § 865 IV a. E.; Staudinger-Kober § 1124 II 1 b; RG. 64, 420, Recht 1920 Nr. 2169). Soweit die Pfändung „unwirksam" ist, dient der Miet- u. Pachtzinsbetrag in erster Linie zur Befriedigung der RealGl. des § 155 (10) ZVG.; die Beschlagn. kommt also auch demj. zugute, der das Verf. nicht betreibt, ebenso wie der VersteigErlös unter alle RealGl. verteilt wird.

Aber auch die nach vorstehendem den RealGl. gegenüber unwirksame Pfändung behält ihre Bedeutung insofern, als sie ein Recht auf den zur Befriedigung der RealGl. nicht erforderl. Betrag der Miet- u. Pachtzinsen gewährt. Dieses Recht ist vom PfändGl. in der ZwVerw. nach §§ 9 Nr. 2, 37 Nr. 4 ZVG. geltend zu machen.

Über Anfechtbarkeit einer wirksamen Pfändung der Miet- u. Pachtzinsen s. LZ. 1909, 422, 838, JW. 1917, 478, § 6 AnfechtG.

b) **Nach Anordnung der ZwVerw.** (Zeitpunkt: §§ 22, 27, 151) ist die Pfändung[12]) des von der hyp. Haftung ergriff. (§ 1123 Abs. 2 BGB.) Miet- u. Pachtzinses ausgeschlossen, rechtl. unmöglich (§ 865 Abs. 2 ZPO., OLG. 26, 408, RG. 59, 88; abw. OLG. 27, 215). Die Unzulässigkeit kann vom Sch., Verw. u. allen RealGl. des § 155 ZVG. geltend gemacht werden (§ 766 ZPO.; DJZ. 07, 975, Recht 07, 1211). Den letzteren steht auch die Widerspruchsklage des § 771 ZPO. offen (abw. Stein-Jonas § 865 V).

An der Unzulässigkeit dieser Pfändung ändert auch ein nach § 845 ZPO. der Anordnung der ZwVerw. vorausgeg. ZahlVerbot nichts (Stein-Jonas § 865 III; RG. 59, 92); ein PfändBeschluß könnte auch nicht mehr in Ansehung des Miet- u. Pachtzinses für die in § 1124 Abs. 2 BGB. bez. Zeiträume erfolgen; ebensowenig ist eine Pfändung für den Fall der Wiederaufheb. der Beschlagn. zulässig (OLG. 26, 408, Salomon ZBlFG. 16, 249).

Die Unzulässigkeit (Nichtigkeit, RG. 59, 91, OLG. 26, 408; abw. Stein-Jonas § 865 V) ist eine absolute, sie hat nicht bloß relative Wirkung, wie die Beschlagn. nach § 20; es kann sich auf sie auch derj. dingl. Berechtigte berufen, der selbst nicht die ZwVerw. betreibt (ebenso Stein-Jonas a. a. O.).

c) Vgl. über das **Verhältnis** des PfändGl. **zum Ersteher** § 57 b u. **im übrigen** die Anm. zu §§ 148, 151 ZVG. u. § 15 EG.

5. Für die Fahrnisvollstr. in **Anspr. auf wiederkehr. Leistungen** aus einem mit dem Eigentum am G. verbund. Rechte (s. oben 1 a) gilt im wesentl. das nämliche, wie bei Miet- u. Pachtzinsford. (§ 1126 BGB., §§ 21 Abs. 2, 148 ZVG.; vgl. oben 4 u. wegen der Abweichung beim Erbbauzins oben IV 1 a). Die Begrenzung der Befreiung nach § 1123 Abs. 2 S. 2 BGB. bei der Vorauszahlung entfällt aber (Staudinger-Kober § 1126 A. 2 b) u. hinsichtl. der Wirksamkeit der Pfändung gegenüber der (Verw.-)Beschlagn. entscheidet, abw. von § 1124 Abs. 2 BGB., nicht der Zeitraum, für den die Leistungen geschuldet werden, sondern der Zeitpunkt der Fälligkeit (§ 1126 S. 3 BGB.). Eine wiederkehr. Leistung, die erst 3 Monate nach der VerwBeschlagn. fällig wird, gehört also trotz früherer Pfändung in die Verw.-Masse. Das Recht selbst (auf die noch nicht fälligen Leistungen) ist als Bestandteil des G. der Fahrnisvollstr. entzogen.

6. Forderungen aus Versicherungen des Eigent. oder Eigenbesitzers für Gegenstände die der Hyp. unterliegen (Grundstück, vom G. getrennte Erzeugnisse u. sonstige Bestandteile, Zubehör, §§ 1127, 1120 BGB., nicht bei Schiffen, § 1265 BGB.), sind nur noch in beschränktem Maße der Fahrnisvollstr. unterworfen; sie gehören zur LiegenschMasse, soweit der versich. Gegenstand dazu gehörte u. nicht wiederhergestellt oder ersetzt ist, u. soweit sie nicht von der HypHaftung frei geworden sind (§§ 1127 ff. BGB., Art. 75 EG.; die landesgesetzl. Vorschr. auf dem Gebiete des

---

Befriedigung zu erlangen, die er durch Fahrnisvollstr. nicht erhalten könnte. Aber die gleiche Folge ist auch für die Pfändung der natürl. Früchte ausdrücklich in § 810 Abs. 2 ZPO. angeordnet. Der Grund ist der nämliche: die ZPO. will alle Früchte möglichst der Immobiliarmasse zugute kommen lassen (Stein-Jonas § 811 Fußn. 28; vgl. oben 1 b).

[12]) Über die Frage, ob nach Anordnung der ZwVerw. Abtretung u. Verpfändung der Mietzinsen mit Wirksamkeit über den Zuschlag hinaus möglich ist s. ZBlFG. 16, 249, OLG. 26, 408 (verneinend), OLG. 27, 214 (bejahend), sowie § 57 b A. 2 b.

ImmobilienversichWesens, d. h. über die Feuer-, Hagel-, Glas-, Sturm- und Wasserleitungsschäden Versich. sind durch § 192 VersichVG. vom 30. 5. 08, RGBl. 263 bzw. Art. 2 EG. hiezu aufrecht erhalten, Staudinger-Keidel EG. Art. 75 A. 3 c).

A. a) Nach erfolgter GBeschlagn. (Wirksamkeit gegenüber dem Versicherer: § 22 Abs. 2) ist eine Pfändung von VersichFord., die den HypGl. haften, durch § 865 Abs. 2 S. 2 ZPO. gänzlich ausgeschlossen. Rechtsbehelf: § 766 ZPO. Zu beachten ist wieder, daß diese BeschlagnWirkung gegenüber VersichFord. für getrennte land- u. forstwirtsch. Erzeugnisse u. für solche, die nicht Zubehör sind, nur die Verwaltungsanordnung hat (§§ 148, 21 Abs. 1 ZVG.).

b) Auch vor der GBeschlagnahme können solche VersichFord., soweit sie sich auf unpfändb. Sachen beziehen (also z. B. auf Zubehörstücke oder Bestandteile, wie Schaufenster, steh. Früchte), nur für solche Gl. gepfändet werden, die dem VersichNehmer zum Ersatze der zerstörten oder beschädigten Sachen andere Sachen geliefert haben (§ 851 Abs. 1 ZPO. mit § 15 VersVG. v. 30. 5. 08, Recht 1912, 197 ff.). Die Unzulässigkeit der Pfändung geltend zu machen (§ 766 ZPO.) ist hier in der Regel Sache des Sch. Soweit die Ford. nicht EntschädFord. ist, kann sie unbeschränkt gepfändet werden (z. B. der Prämienrückzahlungsanspr.). Vgl. Recht 08, 682 ff.

Eine ähnl. PfändBeschränkung enthält § 98 des VersVG. für den Fall derj. Versich. von Gebäuden gegen Feuersgefahr, die gemäß Art. 9 des BrandversG. (s. c) nicht bei der staatl. VersichAnstalt genommen werden kann (vgl. Recht 08, 692 ff.).

c) Unpfändbar, weil unübertragbar (§ 851 Abs. 1 ZPO., Art. 75 EG. BGB., § 192 Abs. 1 VersichVG., Art. 2 EG. hiezu) sind die EntschädAnspr. aus der staatl. Gebäudebrandversich., außer wenn die Verwendung der VersichSumme zu anderen Zwecken, als zur Wiederherstellung des Gebäudes u. seiner Zugehörungen genehmigt worden ist (Art. 38 ff., 43 BrandversG. v. 3. 4. 75 in d. F. v. 14. 8. 23 GVBl. 265)[13]) u. aus der staatl. Hagelversich. (Art. 10 des G. v. 23. 4. 10 GVBl. 179 mit GVBl. 1918, 369; 1923, 268; 1928, 199).

Dagegen sind die Anspr. aus der Viehversich. (Art. 7 Abs. 3 G. v. 23. 4. 10 GVBl. 187 mit GVBl. 1923, 268, 376) nur unpfändbar, soweit unpfändbares Vieh, insbes. also Zubehör versichert ist u. nicht die Ausnahme des § 15 VersVG. (s. oben b) vorliegt, im übr. also pfändbar[14]).

d) Liegt der Fall des § 1130 BGB. vor, so ist eine Pfändung der Versich.-Ford., soweit sie nicht nach Bem. a—c gesetzl. ausgeschlossen ist, zwar zulässig (z. B. bei Versich. eines Gebäudes gegen ÜberschwemmGefahr), aber in der Regel wirkungslos, da der PfändGl. die VersichBestimmungen, nach denen nur zum Zwecke[15]) der Wiederherstellung des versich. Gegenstandes die Auszahlung zu erfolgen braucht, gegen sich gelten lassen muß (§ 851 Abs. 2 ZPO., §§ 399, 135 BGB.).

Ist aber die Wiederherstellung mit anderen Geldern erfolgt, so ist die Pfändung, weil die Haftung der VersichFord. für die Hyp. gemäß § 1127 Abs. 2 BGB. erloschen ist, voll wirksam (vgl. Fischer-Schäfer 92; Turnau-

---

[13]) Vgl. Henle-Schneider BayAG.BGB. Art. 164 A. 9; Hauck BrandversG. Art. 39 A. 6, Art. 41 A. 9, Art. 43 A. 1; Stör BlfRA. 68, 309 ff.; ferner das zur Ergänzung erlassene BaunotversichGes. v. 8. 4. 20/14. 8. 23 GVBl. 99/267 und das Ges. v. 28. 7. 27 GVBl. 265 über die Aufwertung der BrandversichEntsch.

[14]) Denn § 15 VersVG. gehört nicht zu den in § 192 Abs. 2 daselbst erwähnten Beschränkungen der Vertragsfreiheit; er enthält vielmehr eine prozeß-, nicht rein privatrechtl. Vorschrift (OLG. Nürnberg v. 14. 5. 28 BeschwR. Nr. 355/28, BZfR. 1928, 259, Hager-Bruck VersV. Vorbem. Nr. 16 S. 7, § 15 A. 1, § 49 A. 9; Gerhard-Hagen VersV. Begr. zu § 187, Schneider VersV. § 192 Abs. 2 S. 521; a. M. 3. Aufl. u. Thelemann-Schmitt ViehVers. S. 2, 25).

[15]) Die Bedeutung des § 1130 BGB. ist bestritten. Der Schwerpunkt liegt aber, wie Reinbeck „Die Haftung der VersichForderung“ S. 127 ausführt, in der Zweckbestimmung der VersichFord., nicht darin, daß der VersichNehmer als alleiniger EmpfBerechtigter bestimmt werden kann (a. M. Staudinger-Kober § 1130 A. 1 f, Stör BlfRA. 68, 310, Jaeckel-Güthe § 21 A. 10).

Förster, LiegenschR. 52 ff.; Reinbeck „Die Haftung der VersichFord." 135, 136; Stör, BlfRA. 68, 309 ff.).

B. Soweit nun nach vorstehendem die wirksame Pfändung einer auch dem HypGl. haftenden VersichFord. in Frage kommen kann, ist hinsichtl. des Verhältnisses zw. Pfandrecht u. Hyp. zu unterscheiden zw. Gebäudeversich. u. Versich. anderer Gegenstände (Feuer-, Hagel-, Vieh-, Schadensversich.).

a) Bei der **Gebäudeversicherung** hat der HypGl., solange die hypothek. Haftung der VersichFord. nicht erloschen ist, ein gesetzl. Pfandrecht (§ 1128 II BGB.), das er gegenüber einer wirksamen späteren Pfändung zugunsten eines persönl. oder ihm im Rang nachfolg. HypGl. im Wege des § 771 ZPO. (§ 37 Nr. 4 ZVG.) geltend machen kann (Staudinger-Kober § 1128 A. 1a, b β, Gundlach JW. 1913, 411, Reinhard-Müller § 20 A. 8d). Seine Geltendmachung ist nicht davon abhängig, daß der HypGl. rechtzeitig gemäß § 1128 BGB. Widerspruch gegen eine Zahlung an den PfändGl. erhoben hat (Planck § 1128 A. 3a, Staudinger-Kober § 1128 A. 2d, OLG. 14, 110). Haben mehrere dingl. Berechtigte Pfändung erwirkt (was zulässig ist, obwohl sie bereits ein gesetzl. Pfandrecht an der Ford. haben), so richtet sich der Rang der PfändPfandrechte nach dem Range der Hyp. Der jüngere HypGl. erlangt auch durch die von ihm erwirkte VerwBeschlagn. kein Vorzugsrecht gegenüber dem älteren PfändPfandGl.

b) Gegenüber der (wirksamen) Pfändung der Ford. aus einer **Versicherung anderer Gegenstände** (als Gebäude) haben die HypGl. weder ein Widerspruchs- noch ein Vorzugsrecht auch nicht, wenn die VersichSumme erst nach der Beschlagn. fällig wird; das PfändPfandrecht geht den RealGl. vor (§§ 1129 mit 1124 Abs. 1 BGB., Fischer-Schäfer 97, Planck § 1129 A. 2, Staudinger-Kober § 1129 A. 1; Gundlach JW. 1913, 412). Die nachfolg Beschlagn. berührt die vorher erfolgte Pfändung nicht.

7. **Entschädigungsforderungen** (des Eigent.) **anderer Art**, z. B. aus §§ 276, 823 ff. BGB., ebenso der Ablösungsanspr. für den Anbau an eine Kommunmauer (vgl. BZfR. 1914, 292) unterliegen unbeschränkt der Fahrnisvollstr. Eine Ausnahme besteht nur für diej. im Fall der Enteignung, der Beschädigung durch Bergbau (s. § 21 A. 2 C) u. gewisser kriegswirtschaftl. Maßnahmen (BRVO. v. 11. 4. 18, RGBl. 183)[16].

V. Hauptgrundsätze.

1. **Amtsbetrieb.** Das auf Antrag eines Gl. eingeleitete Verf. wird von Amts wegen bis zur Befriedigung (soweit diese möglich) durchgeführt, solange nicht ein gesetzl. Grund zur Aufhebung bzw. Einstellung des Verf. vorliegt (Begr. 101, vgl. § 31) u. soweit nicht das Gesetz zu einzelnen Maßregeln besondere Anträge verlangt. Die ZwVersteig. erfolgt öffentlich durch das Gericht (Beamten, Notar), die ZwVerw. unter Aufsicht dieser Organe.

Der Gl., der zur Herbeiführung seiner Befriedigung ZwVerst. oder -Verw. betreibt, verfolgt zwar sein privates Recht; aber die Form, in der dies geschehen kann, bestimmt das Prozeßrecht. Dieses betraut mit der Durchführung der Befriedigung den Richter (VersteigBeamten § 13 EG.ZVG.), der hierbei eine öffentl. Aufgabe zu erfüllen hat u. seine Tätigkeit nicht von einem privaten Auftrag ableitet, der nicht bloß das Interesse des Antragstellers, sondern auch der übr. Beteiligten, einschl. des Sch. wahrzunehmen verpflichtet ist (Bay.-ObLG. 15, 665).

2. **Deckungsgrundsatz.** Durch die ZwVersteig. eines G. (grundstücksgl. Rechtes) werden die dem Anspruch des betreib. Gl. vorgehenden Rechte nicht berührt (§ 44), weil „das dingl. Recht die Sache selbst ergreift, den Berechtigten also auch gegen alle ihm nachteil. Verfügungen des Eigent. über die Sache, wie gegen die Geltendmach. von Rechten sichert, die später vom Eigent. oder gegen ihn begründet werden" (Begr. 111).

---

[16]) Anspr. auf den Übernahmepreis für enteignete u. den Veräußerungspreis für entfernte oder veräußerte Zubehörstücke u. Bestandteile, sowie auf Vergütung für Betriebseinstellung werden von der Hyp. usw. u. der ZwVerst. u. -Verw.-Beschlagn. in ähnl. Weise wie die VersichFord. erfaßt. Über das Nähere s. Stillschweig JW. 1918, 465 ff.; 1925, 750 Anm.

Der Zuschlag erfolgt daher nicht, wie bei der Fahrnisversteig., für jedes beliebige Gebot, sondern nur für ein solches, das diese vorgehenden Anspr. (u. außerdem die Kosten des Verf.) deckt (geringstes Gebot). Das geringste (zulässige) Gebot setzt sich zusammen aus

a) einem bar zu zahl. Teil (nicht zu verwechseln mit dem Bargebot, das auch den bar zu zahl. Teil des Meistgebots umfaßt, § 49);
b) den bestehenbleib. Rechten.

Anderseits kann der Zuschlag erteilt werden, sobald das g. G. erreicht ist; er muß erteilt werden, wenn (trotz entsprech. Aufford.) nicht mehr geboten wird, ohne Rücksicht darauf, ob die übr. Gl. oder der betreib. Teil selbst Deckung aus dem Erlös erhalten oder nicht, oder ob der Wertsbetrag des VersteigGegenstandes erreicht ist.

Indem das Gesetz den bar zu zahl. Teil des g. G. bestimmt u. vorschreibt, daß die den übrigen Teil desselben bildenden Rechte bestehen bleiben, wird zum Ausdruck gebracht, daß die Inhaber dieser letzteren (von besonders vereinb. VersteigBedingungen abges., § 59) nicht Barzahlung beanspruchen können, ja sogar nicht einseitig (ohne Zustimmung der dadurch Beeinträchtigten u. des Sch., § 59 A. 2 b) auf Berücksichtigung im g. G. (also auf Bestehenbleiben ihres Rechtes) verzichten dürfen. Dies auch dann nicht, wenn der betr. Anspruch bereits fällig ist[1]). „Denn die Fälligkeit gibt dem Gl. nur das Recht der Beitreibung seines Anspr., nicht aber das Recht, in dem von einem Dritten betrieb. Verf. befriedigt zu werden" (Begr. 113). Die Einhaltung des gesetzlich vorgeschrieb. g. G. dient also nicht nur zum Schutze der dem Betreibenden vorgeh. Rechte, sondern auch des Sch.

Der Deckungsgrundsatz findet keine Anwendung bei der Versteig. von Schiffen (§ 169; s. aber § 182 Abs. 3). Seine Durchführung erfährt Abweichungen in den besond. Fällen der §§ 174, 179, 182. Über die zur Durchführung des Deckungsgrundsatzes geschaffene Rangordnung der Rechte s. §§ 10 ff.

3. Übernahmegrundsatz. Hinsichtl. der bestehenbleib. Rechte wird der Ersteher mit dem Zuschlage dingl. Sch.; er muß vermöge der dingl. Eigenschaft dieser Rechte als Eigent. ohne weiteres die ZwVollstr. in das G. dulden (§ 53).

Außerdem tritt der Ersteher in Ansehung der bestehenbleib. Hyp., Grund- u. Rentenschulden auch in das persönl. Schuldverhältnis dann ein, wenn der Vollstr.-Sch. für die Schuld persönl. gehaftet hatte (bei Grund- u. Rentenschulden nach § 53 Abs. 2). Letzterer wird von seiner Verbindlichkeit befreit, wenn u. soweit der Gl. die Schuldübernahme genehmigt, u. bleibt, soweit dies nicht geschehen, neben dem Ersteher als Gesamtschuldner verhaftet.

Die übr. Lasten, die der Ersteher mit dem Erwerbe des G. auch persönl. auf sich nimmt, sieht das Gesetz als seine eignen, nicht als diej. des Sch. an (§ 1108 BGB., § 56 ZVG.).

Der mit dem Übernahmegrundsatz zusammenhängende Anrechnungsgrundsatz der BayGO., nach dem die in das g. G. fall. Kapitalsbeträge auf den Strichschilling angerechnet wurden, ist beseitigt. Das g. G. besteht also nicht mehr in einer Summe, in der jene Kapitalsbeträge eingerechnet sind (RG. 59, 272); vielmehr bilden diese auch äußerlich einen besonderen Bestandteil des g. G. (im weiteren Sinne der VersteigBedingungen). Das Gebot des Bieters bedeutet nicht (wie beim Kaufvertrag) den Preis für das unbelastete, sondern für das belastete Grundstück. Werden also für ein Grundstück, auf dem eine Hyp. zu 1000 Mk. stehen bleiben soll, 2000 Mk. geboten, so hat der Bieter in Wirklichkeit 3000 Mk. aufzuwenden. Die bestehen bleib. Rechte werden auch nicht bei der Verteilung bestimmt; sie müssen vielmehr schon bestimmt sein, wenn das Ausgebot erfolgt (RG. a. a. O.).

4. Umwandlungsgrundsatz (Surrogationsprinzip). Infolge der Versteig. erlöschen sämtl. Rechte am G. (samt den auf ihnen last. Rechten, RG. 60, 224), soweit[2]) sie nicht nach den im Zuschlagsbeschluß enthalt. VersteigBedingungen oder nach Vereinbarung mit dem Ersteher bestehen bleiben (s. auch § 52 Abs. 2 ZVG. u. § 9 EG., Art. 27 BayAG. ZVG.), u. verwandeln sich in (dingl.) Vorzugsrechte am Erlös,

---

[1]) Vorbehaltl. der sich aus § 54 ergebenden Wirksamkeit eines außerhalb des Verf. geltend zu mach. Fälligkeitsgrundes.

[2]) Ob sie zu Unrecht als bestehenbleibend in den VersteigBedingungen aufgeführt oder weggelassen wurden, ist nach Rechtskraft des Zuschlags jeder Nachprüfung entzogen (§ 90 A. 1).

der an die Stelle des Grundstücks getreten ist u. dem VollstrSch. eigentümlich gebührt (Begr. 263ff., vgl. § 90 A. 4, § 92).

Dieses Vorzugsrecht haftet zwar auch am ganzen VersteigErlös; inwieweit die Umwandlung jedoch nicht nur den Gegenstand, sondern auch Wesen u. Inhalt des Rechtes verändert, ist bestritten; die Vorschr. über die Hyp., Grund- u. Rentenschuld können jedenfalls auf das Recht am Erlös nur insoweit übertragen werden, als sie nicht das G. als Gegenstand der Rechte zur Voraussetzung haben (RG. 55, 260; 60, 253, 254; vgl. aber 69, 251; 71, 404; 75, 313; 78, 70; 88, 301; BayObLG. 4, 506).

Soweit der Erlös reicht, werden die Vorzugsrechte nach Maßgabe ihres Ranges (§§ 10—14, s. § 91 A. 2) befriedigt u. der Rest dem VollstrSch.[3]) ausgeantwortet; ist der VerstErlös nicht bezahlt, so setzen sich die dingl. Rechte an der auf Bezahlung des Erlöses gerichteten Ford. des VollstrSch. gegen den Ersteher fort. Dies gilt auch bezügl. der Rechte an den mitversteig. Gegenständen (§§ 20, 21, 55), während an den nicht versteig. alle Rechte, insbes. auch die HypRechte, die in Ansehung der Hauptsache (des G. usw.) durch den Zuschlag erloschen sind, unberührt bleiben.

Der UmwandlGrundsatz ist in §§ 10, 37 Nr. 5, 92, 109, 110, 118, 128 anerkannt, wenn auch nicht förmlich zum Ausdruck gebracht.

5. Der **Grundsatz der freigestellten mündlichen Verhandlung.** Die Vorschrift des § 764 ZPO., daß die Entsch. des VollstrG. bei Anordnung von VollstrMaßregeln u. Mitwirkung zu solchen ohne vorgäng. mündl. Verhandl. erfolgen können, gilt auch für das Verf. nach dem ZVG. (auch vor dem VersteigBeamten). Soweit mündl. Verhandl. (sei es kraft besond. Vorschrift, wie im Versteig.- oder VerteilTermin, sei es auf Grund besond. Anordnung) stattfindet, ist nicht das Parteivorbringen allein Grundlage der Entsch.; diese ergeht vielmehr auf Grund des in den Akten enthalt., von den Parteien oder dem Richter (VersteigBeamten) auf Antrag oder von Amts wegen beigeschafften u. zum Gegenstand der Verhandl. gemachten Prozeßstoffes (Stein-Jonas Vorb. III vor § 128).

Es erfolgen daher weder Ladungen im Parteibetrieb, noch von Amts wegen, sondern lediglich Zustellungen; das Ausbleiben der Parteien (Beteiligten) hindert nicht die Entsch.; ein Beweisangebot ist (soweit nicht Besonderes, z. B. Glaubhaftm., vorgeschr.) nicht erforderlich. Die Beweisaufnahme selbst untersteht den Vorschr. der ZPO.; es sind alle Beweismittel derselben zulässig, auch Eideszuschiebung, wie Auferlegung des richterl. Eides (durch Beschluß, statt Urteil; vgl. RG. 50, 368; 54, 311; Stein-Jonas § 128 V Falkmann 311 ff.; abw. Recht 1913, 587); der Notar ist jedoch zur Abnahme von Zeugen- u. Parteieiden nicht zuständig (s. § 74 Fußn. 1).

Die Entsch., die auf Grund mündl. Verhandl. ergehen, werden verkündet, nicht zugestellt (§ 329 Abs. 1 ZPO.). Die Zustellung ist jedoch notwendig, um die Beschwerdefrist in Lauf zu setzen (§§ 793, 577 Abs. 2 ZPO., Stein-Jonas § 312 II) u. erfolgt im ZwVersteig.- u. -VerwVerf. in der Regel von Amts wegen (§ 3 ZVG.).

---

[3]) Er kann sowohl als Eigentümer, als auch als EigentümergrundschuldGl. Anspruch auf den Erlös haben (abw. OLG. 15, 288, 289).

Gesetz
über
die Zwangsversteigerung und die Zwangsverwaltung.

Vom 24. 3. 1897 (Fassung v. 20. 5. 1898 mit Änderung v. 8. 6. 15).

(RGBl. 1898 S. 713; 1915, 325.)

Erster Abschnitt.

Zwangsversteigerung und Zwangsverwaltung von Grundstücken im Wege der Zwangsvollstreckung.

Erster Titel.

Allgemeine Vorschriften.

Vorbemerkung.

1. Arten der Liegenschaftszwangsvollstreckung. Die ZwVollstr. in das unbewegl. Vermögen wegen Geldforderungen erfolgt (Grundbuchanlegung vorausgesetzt, Art. 186, 189 EG.BGB., § 1 EG.ZVG.) nach den Vorschr. der §§ 864 ff. ZPO. Hiernach vollzieht sich die Vollstr. in Grundstücke (= G.) sowie in Berechtigungen, für welche die sich auf G. beziehenden Bestimmungen gelten (s. § 870 Abs. 1 ZPO.):

a) durch Eintrag. einer SichHyp. für die Ford. unter den Beschränk. des § 866 Abs. 3 ZPO.;
b) durch ZwVersteigerung;
c) durch ZwVerwaltung.

Die beiden letzteren Arten sind durch das ZVG. geregelt. Bei dessen Anwendung greifen die Bestimmungen der ZPO. in gleicher Weise Platz, wie wenn es ein Bestandteil derselben wäre (Begr. 71; vgl. Einl. I 2).

2. Verhältnis zw. ZwVersteigerung u. -Verwaltung. Abw. vom früh. bayer. Recht sind die beiden in § 1 bez. VollstrMaßregeln bei G. gleichzeitig u. zur Befriedigung der näml. Forderung zulässig. Denn die VersteigBeschlagn. ergreift nicht den ganzen Nutzwert des G. (§ 866 Abs. 2 ZPO., §§ 21, 23, 148 ZVG.). Beim Eintritt der VersteigBeschlagn. wird ein etwa bereits schweb. ZwVerwVerf. nicht eingestellt u. bei Zurücknahme des VersteigAntrages bleibt die ZwVerw. unberührt u. umgekehrt[1]). Auch die Befriedig. der betreib. Gl. (= Gläubiger), die nach Maßgabe der §§ 10 ff. u. 155, 156 geschieht, hat in beiden Verf. durch getrennte Verteilung zu erfolgen (s. §§ 107 A. 2, 156 A. 5, 161 A. 2 b). Ein Einfluß des einen auf das andere Verf. ergibt sich nur aus §§ 10 Ziff. 1, 13 Abs. 3 u. 77 Abs. 2. Eine Beschränkung besteht aber insofern, als bei schweb. Zw.-

---

[1]) Es ist nicht erforderlich, im Beschluß ersichtlich zu machen, daß beide VollstrMaßregeln für die gleiche Forderung eingeleitet werden. Noch weniger kommt dies in den in das GBuch einzutragenden Vermerken zum Ausdruck.

Verwalt. die Versteig. nur auf Grund eines Rechtes durchgesetzt werden kann, das vor der VerwBeschlagn. entstanden ist oder wenn die Zustimmung des besser Berechtigten nachgewiesen wird (§ 772 ZPO. mit §§ 23, 146 ff. ZVG.)[2]. Im Falle der gleichzeitigen Anhängigkeit beider Maßregeln endigt die ZwVerw. mit der Verkündung des Zuschlags an den Ersteher des G., sofern nicht der Zuschlag rechtskräftig wieder aufgehoben wird; die Aufhebung des ZwVerwVerfahrens erfolgt jedoch gemäß § 161.

§ 1.

Für die Zwangsversteigerung und die Zwangsverwaltung eines Grundstücks ist als Vollstreckungsgericht das Amtsgericht zuständig, in dessen Bezirke das Grundstück belegen ist.

E. I § 6; Begr. (= Begründung) 88; D. 34, 35; KBer. Nr. 58.

§ 2.

Ist das Grundstück in den Bezirken verschiedener Amtsgerichte belegen oder ist es mit Rücksicht auf die Grenzen der Bezirke ungewiß, welches Gericht zuständig ist, so hat das zunächst höhere Gericht eines der Amtsgerichte zum Vollstreckungsgerichte zu bestellen; die Vorschriften des § 37 der Zivilprozeßordnung finden entsprechende Anwendung.

Die gleiche Anordnung kann getroffen werden, wenn die Zwangsversteigerung oder die Zwangsverwaltung mehrerer Grundstücke in demselben Verfahren zulässig ist und die Grundstücke in den Bezirken verschiedener Amtsgerichte belegen sind. Von der Anordnung soll das zum Vollstreckungsgerichte bestellte Gericht die übrigen Gerichte in Kenntnis setzen.

E. I §§ 7, 25 Abs. 2; Begr. 88, 121; D. 34, 35; KBer. Nr. 58.

Zuständigkeit.

1. Die ZwVollstr. in das unbewegl. Vermögen gehört in der Regel zur **sachlichen Zuständigkeit** der Amtsgerichte bzw. Notariate, §§ 753, 764 ZPO., § 15 ZVG., § 13 EG., Art. 25 BayAG.ZVG. (Fassung v. 2. 2. 21 GVBl. 29). Ausnahme: § 6 VII RentenbankVO. v. 15. 10. 23 RGBl. I 963.

Für das Verfahren sind daher die Vorschr. der ZPO. über das Verf. vor den Amtsgerichten entspr. anzuwenden, soweit das ZVG. nichts anderes bestimmt (vgl. Einl. I 2).

Die in §§ 1, 2 (früher §§ 755 Abs. 1, 756 ZPO.) für ZwVersteig. u. Zw.-Verw. geregelte **örtliche Zuständigkeit** ist eine ausschließliche (§§ 802, 24, 40 Abs. 2 ZPO.); diese Zuständigkeitsbestimmung gilt nicht nur für Grundstücke (Anteile), sondern ist auch hinsichtl. der Berechtigungen, für welche die sich auf G. beziehenden Vorschriften gelten (Bergwerkseigentum, unbewegl. Kuxe, Erbbaurechte, Fischereirechte, Realgewerbeberechtigungen u. Nutzungsrechte) gemäß § 870 Abs. 1 ZPO. entspr. anzuwenden (Begr. 88; Art. 17, 18 BayAG.-GBO.)[3].

---

[2]) Vgl. Jaeckel-Güthe A. 27 vor § 1, Stein-Jonas § 772 II; abw. Fischer-Schäfer § 866 A. 5; s. unten § 28 A. 2.

[3]) Vgl. Becher Mat. VI 18, 19. — Zuständig ist das AG., in dessen Bezirk die Berechtigung ausgeübt wird. In welchem GBuch das Recht eingetragen ist, ist gleichgültig.

Maßgebend für die örtl. Zuständigkeit ist der Zeitpunkt der Anordnung der Beschlagn., spätere Änderung des Gerichtsbezirks u. Zuteilung des G. zu einem andern Bezirk ohne Einfluß (BZfR. 1913, 89, BNotZ. 1913, 107).

Bzgl. der Schiffe s. § 163.

Die Zuständigkeit ist von Amts wegen zu prüfen (Stein-Jonas §§ 38, 39 ZPO.), auch vom BeschwG. (§ 100 III). Unzuständigkeit des mit der Sache befaßten Gerichts (Notariats) macht dessen Verf. ungültig, ist also ein Grund zur Ablehnung des VollstrAntrags, Aufhebung des Verf. von Amts wegen, Versagung des Zuschlags (§§ 15, 33, 83 Nr. 6) u. zur Aufhebung des erteilten, noch nicht rechtskr. Zuschlags. Die Unzuständigkeit ist daher, wenn sie dem Gerichte entgangen ist, auch vom Notariat, das diesfalls seine Tätigkeit ablehnen muß, zu berücksichtigen, da das Notariat nicht lediglich Beauftragter des Gerichts ist, sondern hinsichtl. der auf die Versteig. bezügl. Amtshandlungen an die Stelle des VollstrG. tritt (§ 13 EG. u. Art. 25 BayAG., BZfR. 1921, 109)[4]). Der Mangel könnte auch nicht durch nachträgl. Zuständigkeitsbestimmung u. nicht durch eine Genehmigung sämtl. Beteiligter geheilt werden[5]).

2. Bestellung des örtl. zuständigen Gerichts. Die Vorschr. des § 2, der sich wie § 1 nur auf Grundstücke (Anteile) u. Berechtigungen, die ein Blatt im GBuch erhalten können, bezieht, entspricht dem aufgehob. § 756 ZPO.

a) Der Fall, in dem sich ein G. in den Bezirk mehrerer AmtsG. erstreckt (§ 2 Abs. 1) ist auch dann gegeben, wenn eine Vereinigung oder Zuschreibung von G. gemäß § 890 Abs. 1, 2 BGB. erfolgt ist (BayObLG. 27 A 212; a. M. Binder BNotB. 1929, 29). Die in Art. 5 u. 6 BayAG.GBO. für die Bestimmung des GBAmtes maßgebende Zuständigkeitsvorschrift ist aber nicht für das ZwVersteig.- u. VerwVerf. bindend (Jaeckel-Güthe A. 5). Das bestellte gemeinsame VollstrG. bleibt auch zuständig, wenn die Zuständigkeit des einen GBuchAmtes (z. B. infolge Abschreibung) sich ändert.

b) Nach dem Ermessen des höh. Gerichts kann von der in Abs. 1 vorgeschr. Anordnung auch Gebrauch gemacht werden, wenn das Verf. mehrere, in verschied. AGBezirken gelegene G. betrifft u. die Voraussetzungen des § 18 gegeben sind (§ 2 Abs. 2); sie ist insbes. auch in den Fällen der §§ 172, 175 zur Erzielung eines Gesamtausgebotes zulässig (Jaeckel-Güthe A. 7).

c) Außer den in § 2 aufgeführten Fällen erfolgt eine Bestimmung des zust. Gerichtes durch das zunächst höhere Gericht auch in den Fällen des § 36 Nr. 1, 5, 6 ZPO. (RG. 44, 394; 54, 206).

3. Anordnung des höheren Gerichtes. Voraussetzung ist:

a) im Falle des § 2 Abs. 1 ein Gesuch (§ 37 ZPO.), so daß das angegangene Gericht, wenn es seine Unzuständigkeit erkennt, nicht von Amts wegen die Bestimmung des zust. Gerichtes herbeizuführen braucht (vgl. Recht 1914

---

[4]) Vgl. Becher Mat. VI, 25, 26. Wenn der Notar die Durchführung des Verf. (insbes. Anberaumung des VersteigTermins) verweigert, steht dem betreib. Gl. (abges. von der u. U. gegeb. Dienstaufsichtsbeschwerde) das Recht zu, Abhilfe beim VollstrG. gemäß § 13 Abs. 2 EG. nachzusuchen. Die hierauf ergehende Entsch. des VollstrG. ist für das Notariat bindend (s. § 79 A. 3). Die Nachprüfung der Zuständigkeit kann aber, wenn dies im Wege des § 13 Abs. 2 EG. noch nicht geschehen war, auch gelegentlich der Zuschlagsentsch. erfolgen u. zur Versagung des Zuschlags Anlaß geben (§§ 79, 100 Abs. 3).

[5]) Er kann also bis zur Rechtskraft des Zuschlags von jedem Beteiligten geltend gemacht werden (Erinnerung, sof. Beschwerde, Zuschlagsanfechtung, §§ 95, 96 ZVG. § 13 Abs. 2 EG.). Über die Frage der Heilung im Falle des § 2 s. Fußn. 6.

Nr. 281, Reinhard-Müller A. 2, Jaeckel-Güthe A. 9), sondern die Eröffnung des Verf. ablehnen, bzw. dieses wieder einstellen kann (unter Bestimmung einer Frist zur Beibringung der Entsch. des höh. Gerichtes) [6]).

Erkennt das VollstrG. (Notariat) die Notwendigkeit der Bestimmung des zust. durch das höh. Gericht erst nach dem Schluß der Versteig., so ist § 33 anzuwenden. Die Entsch. des VollstrG. unterliegt der sof. Beschwerde, die des Notariats zunächst der Erinnerung nach § 13 II EG., Art. 25 BayAG. §§ 95, 96 ZVG.

Antragsberechtigt sind zunächst der beitreib. Gl. u. Sch., dann aber auch die übr. Beteiligten des § 9 (überw. Meinung).

Die rechtl. Bedeutung der Entsch. des höh. G. ist bestr. (vgl. Jaeckel-Güthe A. 11); nach überw. Meinung gehört sie zum VollstrVerf. [7]), so daß der Antrag an die allg. Voraussetzungen der ZwVollstr. gebunden, also insbes. von der Zustellung des VollstrTitels (§§ 750 ff., 765 ZPO.) abhängig ist. Er ist an keine Form geknüpft; Anwaltszwang findet nicht statt; Vollmacht ist nachzuweisen (§ 88 Abs. 2 ZPO.). Die Ablehnung der Bestimmung des zust. Gerichts ist (soweit nicht vom OLG. oder im obersten Rechtszug entschieden ist, s. § 567 Abs. 3 ZPO.) mit sof. Beschwerde anfechtbar (bestr.; weitere Beschwerde: § 568 Abs. 2 ZPO.), die Bestimmung eines gemeinschaftl. VollstrG. unanfechtbar (§ 95 ZVG., § 37 ZPO.; OLG: 15, 289) [8]).

b) In den Fällen des § 2 II ZVG. u. § 36 Nr. 1, 5, 6 ZPO. kann nach überwieg. Meinung (s. Jaeckel-Güthe A. 9, Reinhard-Müller A. 2) die Anregung zur Entsch. des höh. Gerichts auch von einem Beteiligten oder vom VollstrG. (Notariat) ausgehen.

c) Die Bestellung des gemeinschaftl. VollstrG. (dieses bestimmt erst das zuständ. Notariat, BZfR. 1921, 109) ist auch nach Anordnung des Verf. seitens eines oder der mehreren Gerichte noch zulässig (OLG. 15, 289 für den Fall des § 18), insbes. auch erst auf Antrag eines beitretenden Gl. (§ 27); ist aber das gemeinschaftl. Gericht bereits bestimmt, so bedarf es im Falle des Beitritts keiner nochmaligen Bestimmung (ebenso Wolff § 2 A. 3a, a. M. JDR. 3, 291, Jaeckel-Güthe § 2 A. 4).

---

[6]) Z. B. wenn sich aus dem GBuch ergibt, daß einem G. ein in einem anderen AGBezirke gelegenes G. zugeschrieben ist. Vgl. auch Recht 03 Nr. 2392, wo im VollstrAntrage wegen mehrerer solcher G. zugleich ein Gesuch nach § 37 ZPO. erblickt wird. — Ist der Mangel der Zuständigkeitsbestimmung ein Grund zur Aufhebung oder nur zur Einstellung des Verf., d. h. ist er nachträglich heilbar oder bewirkt er absolute Nichtigkeit? Im Falle des § 890 BGB. wird nicht selten der Mangel der Zuständigkeitsbestimmung erst vom Notar erkannt. Wird dann nachträgl. das bisher schon tätig gewordene VollstrG. als zuständig bestimmt, so ist eine Wiederholung des Beschlagn.-(Beitritts-)Beschl., die Löschung u. Wiedereintragung des VerstVermerks nicht nötig; maßgebend i. S. der §§ 10, 13, 22, 66 bleibt die ursprüngl. Beschlagn., vorbehaltl. der inzwischen erworb. Rechte Dritter (z. B. eingetrag. Eigentumswechsel, Auflassungsvormerkung, Zwangshyp.), ähnlich, wie in den Fällen der §§ 750—752 ZPO. (vgl. Stein-Jonas §§ 750 I, 752 A. 8, OLG. 35, 115 f.; 37, 163, KGJ. 34 A 323). Wird der Mangel erst nach Bestimmung des VerstTermins erkannt, so ist dieser aufzuheben u. nach § 43 zu verfahren. Vgl. Binder BNotV. 1929, 27.

[7]) Gleichgültig, ob sie vor oder erst nach dem Antrag auf ZwVerst. oder -Verw. herbeigeführt wird (vgl. OLG. 15, 289).

[8]) Wie, wenn versehentl. nacheinander zwei Amtsgerichte als zuständig bestimmt wurden u. daraufhin beide die ZwVerst. (-Verw.) angeordnet hatten? Man wird die zuerst wirksam gewordene Beschlagn. (§ 22) als allein gültig betrachten müssen; es können deshalb u. U. die Beschlüsse beider Gerichte teilweise wirksam sein, nämlich jeweils hinsichtl. des in seinem Bezirk gelegenen Grundstückes.

4. Höheres Gericht. Zuständig zur Anordnung nach § 2 ist das gemeinschaftliche höh. Gericht: Landgericht bzw. Oberlandesgericht, im letzten Rechtszug das Oberste Landesgericht, bzw. im Falle des § 9 EG.ZPO. das Reichsgericht (vgl. § 2 Abs. 5 DA.).

5. Die **Mitteilung an die übr. Gerichte** ist nur ordnungshalber vorgeschrieben (vgl. § 40 Abs. 1 S. 2).

6. Gebühren. Das Verf. vor dem Obergericht ist gebührenfrei (vgl. § 47 Nr. 3 RGKG. a. F., Art. 7, 9 BayKG., Jonas GKG. Vorb. 2 vor § 8); Anwaltsgebühr: Art. 5, 17, 18, 25 BayRAGebO. v. 26. 3. 02 (GVBl. 133, Begr. s. JMBl. 441 ff.) mit VO. v. 28. 3. 19 (GVBl. 128) u. 29. 12. 23 (GVBl. 415); Notariatsgebühr des früher zust. Not. s. Schmitt NotGebO. Art. 52 A. 2.

§ 3.

Die Zustellungen erfolgen von Amts wegen.

E. I § 16 Satz 1; Begr. 101; D. 38; KBer. 2.

Zustellungen.

1. Grundsatz. Als wesentl. Hilfsmittel des Amtsbetriebs ist zur Beschleunigung des Verf. u. der gleichmäßigen Wahrung der Rechte aller Beteiligten die Zustellung von Amts wegen (seitens des Gerichts wie Notariats) vorgeschrieben. Eine auf Betreiben eines Beteiligten erfolgte Zustellung ist daher unwirksam, sie könnte keine nach dem Gesetz an die Zustellung geknüpfte Frist in Lauf setzen[1]). Für den Beschwerderechtszug gelten §§ 96, 103, 104 (s. § 103 A. 1).

2. Welche Beschlüsse u. Verfüg. zuzustellen sind u. an wen, bestimmt das Gesetz selbst. **Die Ausführung der Zustellungen** erfolgt durch den Urkundsbeamten der Geschäftsstelle (bzw. Notariat, Art. 25 Abs. 2 BayAG.) nach den Vorschr. der §§ 166 ff., 208—213 ZPO., soweit nicht in §§ 4—7 ZVG. abw. Bestimmungen getroffen sind.

Hierbei ist besonders zu berücksichtigen, daß nach §§ 81, 176, 178, 208 ZPO. an die Prozeßbevollmächtigten des Gläubigers, wie des Schuldners zuzustellen ist. Jeder im Verf. Beteiligte kann sich durch einen Prozeßbevollm.[2]) vertreten lassen (Anzeige durch den Vertretenen formlos, in der Regel auf dem Wege des § 80 Abs. 1 ZPO.). Zum Nachweis der Vollmachtserteilung genügt der Vermerk in den amtsgerichtl. Urteilen u. Beschlüssen (vgl. §§ 88 Abs. 2, 313 Nr. 1 ZPO., JW. 1916, 658). Wohnt der Prozeßbevollm. außerhalb des Gerichtsbezirks, so gilt § 4; ist sein Wohnort nicht bekannt, § 6. Stellt der Gl. selbst den Antrag auf ZwVersteig. oder -Verw., so erfolgt die Zustellung an ihn persönlich; anders, wenn er neben seinem Bevollm. tätig wird u. erst im Laufe des Verf. mit eigenen Erklärungen u. Anträgen auftritt (was selbstverständl. zulässig ist, § 78 Abs. 1 ZPO.); hier sind Zustellungen trotzdem solange an seinen Prozeßbevollm. zu richten, als nicht die Vollmacht widerrufen ist (§ 87 Abs. 1 ZPO.; BayObLG. 12, 801).

---

[1]) Anders Entw. I § 16 S. 2. — Die Kosten einer von den Beteiligten besonders bewirkten Zustellung gehören daher nicht zu den Kosten des Verfahrens (§ 109).

[2]) Vertritt der Prozeßbevollm. mehrere Beteiligte im Verf., so genügt zur Wirksamkeit die Zustellung eines Stückes der zuzustell. Urkunde. Dieses muß aber dann erkennen lassen, für welche Personen es bestimmt ist. Der Prozeßbevollm. kann jedoch für jeden Auftraggeber ein Stück verlangen. Die Prozeßvollmacht ermächtigt in der Regel zur Vollstr. wegen Kapital, Zinsen u. Kosten (BayObLG. 18 B 152).

Hat ein Beteiligter einen ZustellBevollm. bestellt (z. B. beim GBAmt §§ 5, 19 Abs. 2), so ist diesem zuzustellen; eine Zustellung an den Beteiligten selbst ist aber nicht ungültig (§§ 4, 5).

Für die Zustellung an Generalbevollm. u. Prokuristen gilt § 173 ZPO. (wie an den Beteiligten selbst, OLG. 30, 129); an Militärpersonen (nicht: Offiziere, MilBeamte im OffRang, Gendarmerie, Schutzpolizei, Zivilbeamte der MilVerw.) § 172 ZPO. (s. auch § 201; Stein-Jonas § 172 A. I, JW. 1917, 57, 297; 1919, 460)[3]. Für nicht prozeßfähige Personen (§ 52 ZPO.) erfolgt Zustellung an den gesetzl. Vertreter[4]), bei Interessengegensatz an den zu bestell. Pfleger (§ 1909 BGB., vgl. BayObLG. 4, 378), für Behörden, Gemeinden, Körperschaften, sowie Vereine, die als solche klagen und verklagt werden können, an den Vorsteher (§ 171 ZPO., für Gemeinden an den Bürgermeister, für Bezirke an den BezAmtsvorstand, Art. 16 GdeO., 6 III BezO.; vgl. § 6 Abs. 3 ZVG.). Ehefrauen sind prozeßfähig (§ 52 Abs. 2 ZPO.), an sie muß daher jedenfalls Zustellung erfolgen (über Namensänderung s. OLG. 22, 410; über Vereinbarung der Gütertrennung im Laufe des Verf. s. BayObLG. 12, 801); Zustellung an den Mann (mit Rücksicht auf sein eigenes Recht am Vermögen der Frau) hat zu erfolgen beim gesetzl. Güterstand u. bei Gütergemeinschaft (vgl. Einl. II 1 B, § 8, § 9 A. 2a, § 17 A. 1); zuzustellen ist an ihn das gleiche Schriftstück, wie an die Frau (Jaeckel-Güthe A. 6; a. M. Krafft BZfR. 1912, 274).

Wegen der Zustellung an den Schuldner s. § 8.

Die Ausführung der Zustell. von Amts wegen ist im Vollzuge der §§ 208—213 ZPO. eingehend geregelt in JMBek. v. 2. 3. 10 (JMBl. 195 ff.) mit 22. 5. 24 (JMBl. 44); vgl. § 1 JMBek. v. 31. 3. 05 (JMBl. 587, auch 1921, 102).

Die Zustellung besteht, wenn eine Ausfertigung zugestellt werden soll, in deren Übergabe, in den übr. Fällen in der Übergabe einer vom Urkundsbeamten beglaub. Abschrift des zuzustell. Schriftstücks (§§ 170, 208 ZPO., § 5 JMBek.). Sie kann erfolgen nach Ermessen des UBeamten durch GWachtmeister (GVollzieher) oder Post (§ 211 ZPO., §§ 6, 7 JMBek.), im Falle des § 4 ZVG. auch durch Aufgabe zur Post (§ 7 JMBek.). Über die aufzunehm. ZustellUrkunden s. §§ 11, 14, 29, 33, 35, 37 JMBek. Im Falle der Zustellung durch die Post oder mittels Aufgabe zur Post kann sich der UBeamte der Hilfe des GWachtmeisters nur in beschränkter Weise bedienen (§ 36, 38—40 JMBek.).

Entsprech. gilt für die vom Notariat nach Art. 25 Abs. 2 BayAG. v. 2. 2. 21 (GVBl. 29) vorzunehm. Zustellung, § 302 NotGeschO. (JMBl. 1913, 231 ff.) mit JMBek. v. 31. 3. 05, 30. 3. 21 u. 3. 1. 28 (JMBl. 587/33/11).

Für die richtige Ausführung der Zustell. ist der UBeamte (Notar) verantwortlich; er bestimmt insbes., ob durch den GWachtm. oder durch die Post zugestellt werden soll (vgl. §§ 4, 7 Abs. 3, 12 JMBek. v. 2. 3. 10). Die Feststellung des Kreises der Beteiligten (u. ihrer Vertreter) ist jedoch Sache des Richters (Notars); ebenso die Bestimmung, ob Zustellung durch Aufgabe zur Post (§ 4) gewählt oder nach § 6 verfahren werden soll

---

[3]) Die KriegsVO. v. 22. 12. 15 (RGBl. 833) galt nur für das früh. aktive Heer (u. Marine).

[4]) Die Zustellung an die nicht prozeßfähige Person oder einen unrichtigen gesetzl. Vertreter ist völlig wirkungslos (Stein-Jonas § 171 IV; Ortmann ZZP. 48, 437). Dies muß auch dann gelten, wenn der Mangel der Prozeßfähigkeit nicht bekannt war; denn dem nicht prozeßfähigen Beteiligten ist überhaupt nicht zugestellt, wenn die Zustellung an ihn selbst erfolgt (ebenso Stein-Jonas a. a. O., Wolff § 6 A. 13, Jaeckel-Güthe § 43 A. 2; a. M. OLG. 16, 334). Die Zustellung an den prozeßunfäh. VollstrSch. kann auch nach dem Zuschlag (u. ohne Rücksicht auf Weiterveräußerung durch den Ersteher) durch Erinnerung nach § 13 II EG. u. sodann Beschwerde geg. den Zuschlagsbeschluß geltend gemacht werden (§§ 43 Abs. 2, 83 Nr. 1, 100, Recht 09 Nr. 1040). Die nach gültiger Zustellung eintret. Prozeßunfähigkeit ist natürlich ohne Einfluß auf die erstere.

(Jaeckel-Güthe A. 4, Wolff A. 3, Reinhard-Müller A. 4). Unrichtige Zustell. u. deren Nichtbeachtung können die Schadensersatzpflicht des UBeamten, Richters oder Notars auf Grund der §§ 839, 840 BGB. (Art. 60, 61 BayAG., Art. 126 BayNotG.) nach sich ziehen [5]).

3. Zustellungsmängel (Folge: Versagung des Zuschlags § 83 Nr. 1, 7, Nichtbeginn der Beschwerdefrist, BNotZ. 1918, 213) sind in gewissen Fällen heilbar (vgl. § 84 ZVG. u. §§ 187, 208 ZPO., wobei jedoch zu beachten ist, daß letztere Bestimmungen nur auf Ladungen u. Terminsbekanntmachungen [6]) u. nur, soweit sie eine Verletzung der Vorschriften über die Ersatzzustellung betreffen, anwendbar sind). Ein Verzicht auf die Rüge eines ZustellMangels ist aber nach allg. prozessualen Grundsätzen nicht vor dem Eintritt der Verletzung zulässig [7]) u. auch nachher nur, soweit es sich nicht um eine im öffentl. Interesse aufgestellte Verfahrensvorschrift (z. B. die Einhaltung einer Notfrist) handelt. Vgl. § 144 A. 6.

4. Gebühren. Die Zustell. von Amts wegen durch die Post sind gebührenfrei; für unmittelb. Zustell. durch den Justizwachtmeister wird die doppelte Fern-Briefgebühr, für Zustell. im Ausland u. die Bekanntm. bei öffentl. Zustellung werden nur die baren Auslagen erhoben (§ 73 RGKG., Art. 5, 7, 31—34 BayKG., Art. 69, 80, 85, 86 NotGebO. v. 19. 5. 26 JMBl. 321, 29. 4. 27 GVBl. 127, Bek. v. 21. 1. 19 JMBl. 29, VO. v. 3. 9. 21 GVBl. 456, Bek. v. 4. 8. 23 GVBl. 252). Über Erhebung, Verrechnung u. Prüfung der Kosten bei den Notaren u. Gerichten s. VollzBek. v. 20. 6. 15 (RGBl. 174 ff.), 11. 10. 21, StA. Nr. 238.

§ 4.

Wohnt derjenige, welchem zugestellt werden soll, weder am Orte noch im Bezirke des Vollstreckungsgerichts, so kann die Zustellung durch Aufgabe zur Post erfolgen, solange nicht die Bestellung eines daselbst wohnhaften Prozeßbevollmächtigten oder Zustellungsbevollmächtigten dem Gericht angezeigt ist. Die Postsendung muß mit der Bezeichnung „Einschreiben" versehen werden.

E. I § 18; Begr. 103, 104; D. 36; RBer. 3.

Aufgabe zur Post.

1. Bedeutung der Vorschrift. Sie enthält eine Abweichung von §§ 174, 175 ZPO., ist nicht zwingend u. schließt eine nach den Vorschriften der ZPO. ordnungsmäßig erfolgte Zustellung nicht aus (weshalb z. B. eine solche im Ausland oder mittels Ersuchschr. an die Kommandobehörde nach §§ 201, 202 ZPO. nicht unzulässig ist, BZfR. 1918, 278, OLG.

[5]) Z. B. wenn der Anordnungsbeschluß dem Sch. im Wege der §§ 4—7 (entgegen § 8) zugestellt wurde, der Notar trotzdem VersteigTermin anberaumte u. infolge des Mangels der Zuschlag versagt oder aufgehoben werden mußte (JW. 07, 828) oder wenn infolge unrichtiger Zustellung ein Beteiligter keine Kenntnis vom Versteig- oder VerteilTermin erhält oder wenn GBuchberichtigung herbeigeführt wird, obwohl der Zuschlagsbeschluß mangels richtiger Zustellung an die Beteiligten noch nicht rechtskräftig geworden war (vgl. auch OLG. 27, 213; LZ. 1916, 816). Der Richter wie der Notar hat daher die Pflicht, die richtige Ausführung der Zustellungen zu überwachen u. rechtzeitig vor allen wichtigen Beschlüssen u. Verfüg. (Terminsanberaumung, Zuschlagserteilung, GBuchberichtigung) nachzuprüfen (s. § 36 A. 1, § 41 A. 3, § 43 A. 2). Vgl. über Haftpflicht der (Rechtsanwälte u.) Notare JW. 1919, 641 ff., 907, 964; 1920, 420, 533, 746; ZBlFG. 21, 180, 308; 22, 173; über die Verpflichtung, die ZustUrkunden sofort zu den Akten zu bringen, s. JMBek. v. 3. 1. 28 (JMBl. 11), RG. 105, 422.

[6]) Enthält das zuzustellende Schriftstück, z. B. die Terminsbestimmung der §§ 36 ff. noch andere Mitteilungen, so ist ein etwaiger ZustellMangel auf dem Wege der §§ 187, 208 ZPO. nicht heilbar (Reinhard-Müller A. 5).

[7]) Vgl. Stein-Jonas zu § 295 ZPO.

31, 171). Anderseits ist die Zustellung nach § 4, die mit der Aufgabe zur Post als bewirkt gilt, auch dann gültig, wenn die Sendung zu Verlust geht, als unbestellbar zurückkommt (§ 175 Abs. 1 S. 3 ZPO., s. aber § 6 Abs. 2 ZVG.), gleichviel aus welchem Grunde (Wegzug, auch ins Ausland[1]), unbek. Aufenthalt, Tod; s. § 6 A. 1a).

2. Die **Zulässigkeit** der Aufgabe zur Post erfordert, daß zur Zeit der Anordnung der Zustellung die Voraussetz. des § 4 sich aus den Akten ergeben, also Person u. Wohnort des ZustellEmpfängers bekannt sind (vgl. §§ 5, 6). Nachträgl. Ermittlung der Anschrift hat nur Bedeutung für die späteren Zustellungen; ebenso eine nachträgl. Mitteilung des Todes des Empfängers. Hat der Beteiligte (auch Ersteher, Meistbietender, Verwalter), dem zugestellt werden soll, einen Prozeßbevollm. ernannt, so kann nur an diesen gültig zugestellt werden (s. § 3 A. 2); für die Anwendung des § 4 kommt es daher nur auf des letzteren Wohnung an, wie auch diesfalls nur er gültig einen ZustellBevollm. benennen kann (zu den Vollstr.- oder GrBuchakten). Statt an den ZustellBevollm. kann stets wirksam auch seinem Auftraggeber (Partei, Prozeßbevollm.) zugestellt werden, nur nicht in der Form des § 4. Ist ein Generalbevollm. (Prokurist) bestellt, so ist zwar eine gewöhnl. Zustellung an ihn zulässig u. gültig (§ 173 ZPO.), eine solche nach § 4 aber nur, wenn die Voraussetz. hierzu in der Person der Partei selbst vorliegen (bestr.; s. Jaeckel-Güthe § 4 A. 1). Die Benennung der Bevollm. kann formlos geschehen, vom Vertreter jedoch nur unter Nachweis der Vollmacht (Aufforderung nach § 174 Abs. 1 ZPO. ist nicht erforderlich). Diese kann auch dem Gericht (Notariat) nach § 5 oder durch Einsicht anderer Akten zur Kenntnis kommen; zur Einsicht in solche Akten ist es aber nicht verpflichtet (OLG. 22, 410, Reinhard-Müller A. 3).

3. Die **Anordnung** der vereinfachten Zustellung hat der Richter (Notar) zu treffen (s. § 3 A. 2). Die Ausführung der Aufgabe zur Post erfolgt mittelst „Einschreiben" u. ist zu den Akten zu vermerken (§ 213 ZPO.). Über die Tätigkeit des Urkundsbeamten bzw. Notars hierbei s. § 3 A. 2, über Beseitigung von ZustellMängeln u. deren Folgen s. § 3 A. 2, 3.

4. § 4 findet Anwendung auch bei Zustell. an den im Ausland wohnh. Gl. einer Hyp. in ausländ. Währung, solange kein im Inland wohnh. ZustellBevollm. vorhanden ist (§ 2 VO. v. 13. 2. 20, RGBl. 231; Reinhard, Einfluß S. 206). Dagegen ist § 4 **unanwendbar** bei Zustellung des Beschlagn.- u. Beitrittsbeschl. an den VollstrSchuldner (§ 8; JMBek. v. 31. 3. 05 § 1 Abs. 2).

§ 5.

Die Bestellung eines Zustellungsbevollmächtigten bei dem Grundbuchamte gilt auch für das Verfahren des Vollstreckungsgerichts, sofern sie diesem bekannt geworden ist.

E. I § 19; Begr. 104. 105; D. 36; KBer. 4.

Zustellungsbevollmächtigte.

1. Bestellung. Sie kann erfolgen durch formlose Anzeige zu den Vollstr.-Akten; der anzeigende Bevollmächtigte muß Vollmacht nachweisen. Die beim

[1]) Einer Zustellung in das Ausland nach den gewöhnl. Vorschriften (vgl. JMBek. v. 8. u. 10. 5. 07, JMBl. 127, 159, 184, v. 8. 4. 11, JMBl. 113, 314 mit JMBl. 1913, 70; 1917, 93; 1921, 147; 1924, 105; 1927, 3) bedarf es nur dem Schuldner gegenüber im Falle des § 8. Besetztes deutsches Gebiet steht dem Ausland nicht gleich (SeuffA. 74, 168).

GBA. bestellten ZustellBevollm. (nicht zu verwechseln mit dem Prozeßbevollm. u. dem ZustellVertreter der §§ 6, 7) gelten als solche auch für das VollstrVerf., soweit sie dem VollstrG. (Notariat) mitgeteilt oder sonst amtlich bekannt geworden sind, soweit deren Vollmacht nicht ausdrücklich (etwa auf den Verkehr mit dem GBA.) beschränkt worden ist u. soweit nicht § 8 in Frage kommt. Die Mitteilungen des GBAmtes sind an das Notariat zu machen bzw. weiterzuleiten (§ 2 Bek. v. 30. 3. 21 JMBl. 33).

Die Bestellung kann nur durch denj. geschehen, an den zuzustellen ist, im Falle der §§ 176, 178 ZPO. also nur durch den Prozeßbevollm. (Fischer-Schäfer 138, Jaeckel-Güthe § 5 A. 3); sie ist insbes. vorgeschrieben für die Valutahyp. eines im Auslande wohnenden Gl. (s. § 4 A. 4).

Durch die Anzeige eines ZustellBevollm. wird die Zustellung an den Vollmachtgeber nicht ausgeschlossen, wohl aber die Aufgabe zur Post (§ 4).

Der Widerruf der Bestellung muß zu den VollstrAkten erfolgen, da eine nachträgl. Mitteilung desselben durch das GBA. nicht vorgeschrieben ist (§ 9 A. 3); durch den Tod oder die Geschäftsunfähigkeit des Vollmachtgebers wird im Zweifel die ZustellVollmacht nicht berührt (Fischer-Schäfer 138).

2. Mitteilung an das Notariat (bzw. VollstrG.). Vgl. § 19 Abs. 2. Ist sie unterblieben u. diesem (bzw. dem Notariat) die Aufstellung eines ZustellBevollm. beim GBA. auch auf andere Weise (durch Einsicht der GBuchanlagen, Mitteilung seitens Dritter) amtlich nicht bekannt geworden, so ist eine an den Beteiligten selbst (bzw. seinen Prozeßbevollm.) ordnungsgemäß (wenn auch in der Form des § 4 u. erfolglos) betätigte Zustellung gültig (Jaeckel-Güthe A. 4). Dagegen ist die auf Grund einer unrichtigen Mitteilung des GBAmtes erfolgte Zustellung ungültig (OLG. 4, 375; Jaeckel-Güthe A. 5). Für den Schaden, den der Beteiligte durch die unrichtige Zustellung erleidet, kann der GBRichter verantwortlich sein.

Ebenso ist die Zustellung ungültig, wenn sie im Widerspruche mit dem Inhalte der VollstrAkten erfolgt (z. B. auf einem Irrtum des Notariats (VollstrG.) beruht).

3. Über die Folgen der **ungültigen Zustellung** s. §§ 43 Abs. 2, 83 Abs. 1, 84 u. § 3 A. 2, 3.

§ 6.

Ist der Wohnort desjenigen, welchem zugestellt werden soll, dem Vollstreckungsgerichte nicht bekannt, so hat das Gericht einen Zustellungsvertreter zu bestellen.

Das Gleiche gilt, wenn im Falle der Zustellung durch Aufgabe zur Post die Postsendung als unbestellbar zurückkommt. Die zurückgekommene Sendung soll dem Zustellungsvertreter ausgehändigt werden.

Statt der Bestellung eines Vertreters genügt es, wenn die Zustellung für nicht prozeßfähige Personen an die Vormundschaftsbehörde, für juristische Personen oder für Vereine, die als solche klagen und verklagt werden können an die Aufsichtsbehörde angeordnet wird.

E. I §§ 20, 23; Begr. 105, 106, 108, 199; D. 36; KBer. 3, 5.

Zustellungsvertreter.

1. Voraussetzungen der Bestellung. a) Die Vorschrift in Abs. 1 verbietet behufs Beschleun. des Verf. die nach §§ 203 ff. ZPO. zulässige öffentl. Zustellung (Ausnahme § 8), weicht aber insoferne von diesen Bestimmungen ab, als sie nur bei unbekanntem Wohnort (nicht Aufenthalt) des ZustellEmpfängers anwendbar ist u. es nur auf die Unkenntnis des VollstrG. (Notariats), nicht des Urkundsbeamten der Geschäftsstelle ankommt. Es genügt also, wenn ein ZustellBevollm. (§ 5) nicht bekannt u. der Wohnort des Beteiligten (bzw. seines gesetzl. Vertreters, Prozeßbevollm.) nicht aus den VollstrAkten ersichtlich ist; zu letzteren gehören die Mitteilungen des GBAmts nach § 19 Abs. 2. Nachforschungen in anderen Gerichtsakten oder bei der Polizeibehörde braucht der VollstrRichter (Notar) nicht vorzunehmen; sie dürfen aber versucht werden, soweit dadurch das Verf. nicht ungebührlich verzögert (z. B. die Einhaltung von Fristen unmöglich) wird. Ist zwar der Wohnort, nicht aber die Wohnung (Straße, Hausnummer) bekannt, so sind weitere Ermittlungen der Wohnung notwendig, bis feststeht, daß der Wohnort unbekannt geworden ist [1]). Ist der Wohnort dem VollstrRichter (Notar) bekannt, gleichviel woher er diese Kenntnis schöpfte, so findet § 6 keine Anwendung.

Der Fall des Abs. 1 ist auch gegeben, wenn dem VollstrGerichte (Notariat) die Person des ZustEmpfängers unbekannt ist, z. B. wenn der Beteiligte (auch Ersteher, Meistbiet.) gestorben ist u. die Erben (allenfalls deren Vertreter) noch nicht ermittelt u. ausgewiesen (durch Erbschein, Verfügung von Todes wegen mit Eröffnungsprotokoll) oder ihrem Namen oder Wohnort nach nicht bekannt sind, gleichgültig, ob der Tod vor oder nach der ersten Zustellung erfolgt ist (ZBlFG. 4, 416; 7, 491) [2]). Wenn einem Beteiligten zur Vertretung im Verf. ein Pfleger zu bestellen wäre (§§ 1795, 1796, 1909, 1911, 1913 BGB., 50 FGG.), ist bis zur Aufstellung desselben einem ZustellVertr. oder dem VormGerichte (Abs. 3) zuzustellen (s. aber § 8). Ist über eine Hyp. (Grund-, Rentenschuld) ein Brief erteilt, so gilt wie sonst als derj., welchem zugestellt werden soll, der zuletzt ausweisl. der Abschrift des GBBlattes als Gl. im GBuch Eingetragene, bis sich der Inhaber der Hyp. nach § 9 Nr. 2 meldet (Jaeckel-Güthe A. 1 a).

Über Tod des Schuldners s. § 8.

b) Gemäß Abs. 2 ist weiterhin ein ZustellVertr. zu bestellen, wenn im Falle des § 4 die Postsendung als unbestellbar zurückkommt, obwohl die Zustellung selbst mit der Aufgabe zur Post als bewirkt gilt (§ 175 Abs. 1 Satz 3 ZPO.). Diese ist daher nicht an den ZustellVertr. zu wiederholen; dagegen können weitere Zustellungen wirksam nur an ihn (nicht mehr durch Aufgabe zur Post an den Beteiligten) erfolgen, bis dessen Wohnort ermittelt ist (§ 7 Abs. 1). Die Aushändigung der Postsendung an den ZustellVertr. soll die Ermittlung des Beteiligten erleichtern; die Unterlassung der Aushändigung hat keinerlei Folgen in Ansehung des Verf.

---

[1]) Wenn der Post-Vermerk der zurückgelangten Sendung ersehen läßt, daß die Zustellung in der angegebenen „Wohnung" nicht erfolgen konnte, so kann zwar die nach § 4 erfolgte Zustellung gültig sein (weil z. B. nach Aktenlage die benützte Anschrift richtig war); aber für weitere Zustellungen ist nunmehr zu untersuchen, ob § 4 oder § 6 anzuwenden ist (bestr., vgl. Wolff A. 2, Jaeckel-Güthe A. 1 a).

[2]) Ist der Tod schon vor der Zustellung eingetreten, so ist diese unwirksam, auch wenn der Tod dem Gericht (Notariat) unbekannt blieb (Wolff § 6 A. 5; vgl. auch § 8); über den Einfluß der ungültigen Zustellung auf die Versteig. s. § 3 Fußn. 4, § 41 A. 1, OLG. 27, 213.

2. Die **Bestellung** des ZustellVertr. unter Entscheidung über die Voraussetzungen (durch Beschluß, der ihm von Amts wegen zuzustellen ist) erfolgt nun in der Regel durch das Notariat (Art. 25 BayAG. v. 2. 2. 21 GVBl. 29, Bek. v. 30. 3. 21 JMBl. 33 § 3). Für das VollstrG. kann ein Anlaß zur Bestellung wohl nur dann vorkommen, wenn der Verbindungs-, Aufhebungs- oder Einstellungsbeschluß dem Sch. nicht zugestellt werden kann (§ 8).

Dem Notariat (VollstrG.) ist auch die Auswahl der Person überlassen (Rechtsanwälte, Urkundsbeamte, GVollzieher; § 2 JMBek. v. 31. 3. 05, JMBl. 588). Es kann auch ein nicht im Bezirke des VollstrG. wohnender ZustellVertr. aufgestellt u. ihm nach § 4 zugestellt werden. Eine Pflicht zur Annahme der Vertretung besteht nicht (Jaeckel-Güthe A. 3).

3. Über **Rechte** u. **Pflichten** des ZustVertr. s. § 7.

4. Die nach Abs. 3 (wahlweise) zulässige **Zustellung an die Vormundschafts- u. Aufsichtsbehörde** ersetzt nur die Bestellung eines ZustellVertr., darf also nicht erfolgen, solange die Zustellung an den gesetzl. Vertreter bzw. Vorstand (Prozeßbevollm.) möglich ist (§ 171 ZPO.). Sie ist unmöglich, wenn dieser nach Namen oder Wohnort unbekannt ist[3]); ebenso wenn die jurist. Person usw. nicht mehr vorhanden ist. Ob eine Vormundschaft oder Pflegschaft schon anhängig ist oder nicht, ist gleichgültig; ebenso ob der gesetzl. Vertreter gem. §§ 181, 1795 BGB. behindert ist[4]). Die Zustellung nach Abs. 3 ist selbstverst. ausgeschlossen, wenn eine Aufsichtsbehörde nicht vorhanden ist, ferner wenn an einen Prozeßbevollm. zugestellt werden muß.

Die Zustellung an eine prozeßunfähige Person ist ungültig (vgl. § 3 Fußn. 4). Die Ungültigkeit kann bis zur Rechtskraft des Zuschlags gerügt werden (§ 83 Nr. 1); der Mangel ist durch Zustimmung des Vertreters heilbar (§ 43 Abs. 2). Eine erst nach ordnungsm. Zustellung eintret. Prozeßunfähigkeit ist auf erstere ohne Einfluß u. nur bei weit. Zustellung zu beachten.

Über Prozeßunfähigkeit s. §§ 52, 53 ZPO., 104, 106—115 BGB., Art. 95 Abs. 2 EG. hierzu; über Vereine, die als solche klagen und verklagt werden können, d. h. die rechtsfähigen, s. §§ 50 Abs. 2, 54, 735 ZPO., 21—23 BGB., Art. 10, 65—67, 69, 75, 83, 113, 164—167 EG. hierzu.

Ordnet das Notariat (VollstrG.) die Zustellung nach Abs. 3 an, so ist die Zustellung (falls sie nicht gemäß § 4 mit § 175 Abs. 1 ZPO. schon mit der Aufgabe zur Post bewirkt war) nicht schon mit der Anordnung, sondern erst mit der Ausführung als bewirkt anzusehen (Jaeckel-Güthe A. 14). Die Vorm.- oder Aufsichtsbehörde hat das zugestellte Schriftstück dem Vertreter zu übermitteln, allenfalls solchen aufzustellen u. das Notariat (VollstrG.) zu verständigen; nach Aufstellung des Vertreters (Pflegers) haben weitere Zustellungen natürlich nur an ihn (nicht die Behörde) zu erfolgen (§ 7).

5. Unter **Aufsichtsbehörde** des Abs. 3 ist die nach öffentl. Rechte sich bestimmende staatl. Aufsichtsbeh., soweit vorhanden, zu verstehen, nicht etwa „ein statutarisch eingesetzter Aufsichtsrat oder die Registerbehörde" (Begr. 109).

---

[3]) Bei Zustellungen an jurist. Personen usw. braucht der Name des Vertreters bzw. Vorstehers in der Anschrift nicht genannt zu werden; diesen zu ermitteln ist Sache des zustellenden Beamten (Begr. 109, Stein-Jonas § 171 IV, Jaeckel-Güthe A. 13).

[4]) RG. 69, 303; OLG. 7, 427, Stein-Jonas § 171 I; a. M. Jaeckel-Güthe A. 8, s. aber 14, Reinhard-Müller A. 3a.

In Bayern unterstehen der Staatsaufsicht außer den Ortsgemeinden, Städten, Bezirken u. Kreisen die Stiftungen, soweit nicht stiftungsgemäß etwas anderes gilt. Zuständige Aufsichtsbeh. ist das Bezirksamt bzw. die Kreisregierung, K. d. J. (GdeO. v. 17. 10. 27 GVBl. 293, Art. 59, 62 Abs. 4, 127, 129; BezO. Art. 32, 45; KreisO. Art. 42).

Die reinen Privatstiftungen unterstehen in Bayern nicht der Staatsaufsicht (Seydel BStaatsr. II 725 N. 12, Art. 6 BayAG. BGB., Henle-Schneider 20). Die vorm. militär. Stiftungen sind nun dem Minist. d. Äuß. unterstellt (VO. v. 30. 6. 22, GVBl. 361).

Die Verwaltung des örtl. Kirchenvermögens (örtl. Kirchenstiftungs-, Kirchengemeinde- u. Pfründevermögen) der 3 öffentl. (d. h. der kath., prot. u. reform.) Glaubensgesellschaften ist z. B. noch der Aufsicht der Bezirksämter, in unmittelb. Städten derj. der Kreisreg., K. d. J., unterworfen (Art. 73 ff., 103, 112 der KGemO. v. 24. 9. 12, GVBl. 911, § 25 Abs. 2 VerfU., Kihn BZfR. 1924, 252, Kratzer VerfU. § 18 A. 4 b).

Die Vereine unterliegen keiner Staatsaufsicht; ihre Tätigkeit bewegt sich, auch wenn sie sich mit öffentl. Angelegenheiten befassen, ausschließl. auf dem Gebiet der privaten Handlungsfreiheit; die der Vereins- u. Versammlungsfreiheit gezogenen polizeil. Beschränkungen ändern hieran nichts, ebensowenig die Befugnis der staatl. Behörden, einem Vereine die Rechtsfähigkeit zu entziehen (§§ 43, 44 BGB., Art. 4 BayAG. hierzu). Vgl. Jaeckel-Güthe A. 12 gegen Wolff A. 15.

Ein staatl. Aufsichtsrecht liegt auch dann nicht vor, wenn jurist. Personen nur hinsichtl. ihrer Begründung an behördl. Entscheidungen (Genehmigung) gebunden sind (z. B. die Wassergenossensch., Art. 110 ff., 118, 135 BayWassG. v. 23. 3. 07 u. 30. 12. 22).

6. Eine besondere Gebühr für die Bestellung des ZustellVertr. wird nicht erhoben (v. Schmidt BayKG. Art. 9 A. 1; Meyer ebenda); über die Gebühr des Rechtsanwalts als ZustellVertr. s. § 7 A. 2.

7. Ausnahme von § 6 s. § 8.

§ 7.

An den Zustellungsvertreter erfolgen die Zustellungen, solange derjenige, welchem zugestellt werden soll, nicht ermittelt ist.

Der Zustellungsvertreter ist zur Ermittlung und Benachrichtigung des Vertretenen verpflichtet. Er kann von diesem eine Vergütung für seine Tätigkeit und Ersatz seiner Auslagen fordern. Über die Vergütung und die Erstattung der Auslagen entscheidet das Vollstreckungsgericht.

Für die Erstattung der Auslagen haftet der Gläubiger soweit der Zustellungsvertreter von dem Vertretenen Ersatz nicht zu erlangen vermag; die dem Gläubiger zur Last fallenden Auslagen gehören zu den Kosten der die Befriedigung aus dem Grundstücke bezweckenden Rechtsverfolgung.

E. I §§ 22; Begr. 107, 108; D. 36; KBer. 6.

Aufgabe des Zustellungsvertreters. Auslagen.

1. Pflichten. Der ZustVertr. hat die Aufgabe, die Zustellungen[1]) für den Vertretenen in Empfang zu nehmen, dessen Wohnort (bzw. Person, Erben) zu ermitteln u. dem Gerichte (Notariat) bekannt zu geben sowie dem Ermittelten die zugestellten Schriftstücke auszuhändigen. Eine weitere Vertretung des Beteiligten im Verf. steht ihm nicht zu[2]).

---

[1]) Die bereits nach § 4 wirksam erfolgte Zustellung braucht nicht wiederholt zu werden (§ 6 Abs. 2 S. 2).

[2]) Er kann z. B. kein Rechtsmittel für den Vertretenen einlegen (ZBlFG. 8, 386; a. M. DJZ. 12, 6), auch keine Verfahrensmängel genehmigen oder auf ein Recht verzichten (Wolff § 7 A. 1). Es kann ihm aber auch die Ermittlung des Berechtigten nach § 135 übertragen werden (Wolff § 135 A. 5).

An ihn ist in der gewöhnl. Weise (auch gemäß § 4) zuzustellen, bis dem VollstrG. (Notariat) der Wohnort des Vertretenen (Prozeß-, ZustellBevollm., § 4 A. 2), sei es durch diesen oder durch den ZustellVertr. bekannt wird. Dies ist ihm eintretendenfalls vom Gerichte (Notariat) mitzuteilen, da hiermit seine Vertretung erlischt (Jaeckel-Güthe A. 3, 5). Wird der Wohnort des ZustellVertr. selbst unbekannt, so ist dem Beteiligten ein neuer ZustellVertr. zu bestellen.

Der ZustellVertr. erhält zweckmäßig eine schriftl. Bestallung (Beschluß: § 6). Das Gericht (Notariat) hat die Tätigkeit des ZustellVertr. zu überwachen; es kann zwar nicht mit Strafen gegen ihn vorgehen, aber ihn entlassen. Die Gültigkeit der an ihn erfolgten Zustellungen wird aber nicht durch seine Untätigkeit beeinflußt. Diese kann ihn dem Vertretenen gegenüber schadensersatzpflichtig machen (ZBlFG. 7, 491).

2. Rechte. Der ZustellVertr. hat ein Recht auf Vergütung für seine Tätigkeit u. auf Ersatz seiner Auslagen (Porti, Schreibgebühren, Reisekosten) gegenüber dem Vertretenen. Die Vergütung kommt dem Vertreter auch zu, wenn er zu Unrecht bestellt war (LZ. 1915, 788). Der betreib. Gläubiger haftet nur an zweiter Stelle u. nur für die Auslagen des Vertreters. Beide haften jedoch persönlich, also auch, wenn ihre Forderungen nicht zum Zuge gekommen sind.

Über Höhe der Vergütung u. Angemessenheit der Auslagen entscheidet dem Vertretenen gegenüber das VollstrG. (Notariat, s. § 6 A. 2, BZfR. 1921, 111). Hierbei darf nicht bloß die gehabte Mühe, sondern auch das Ergebnis, sowie das Interesse des Vertretenen (Größe seiner Forderung) in Betracht gezogen werden (§§ 91, 105, 329 ZPO.). Eine Gebühr für den Rechtsanwalt als ZustellVertr. ist nicht bestimmt (Art. 4 Abs. 2 BayRAGebO., JMBl. 02, 457), daher nach freiem Ermessen festzusetzen.

Der Festsetzungsbeschluß ist von Amts wegen dem Vertreter u. Vertretenen, diesem nötigenfalls öffentl.[3]), zuzustellen, der des Notariats mit Erinnerung nach § 13 Abs. 2 EG., der des Gerichts mit sof. Beschwerde anfechtbar (§ 793 ZPO.; § 95 steht nicht entgegen)[4])u. gg. den Vertretenen vollstreckbar (§ 794 Nr. 3 ZPO.; nicht anwendbar ist wohl § 798, bestr.). Wegen seines Ersatzanspr. ist der ZustellVertr. nicht als Beteiligter im Verf. (§ 9) zu erachten, falls er nicht die Ford. des Vertretenen auf Grund FestsetzBeschl. gepfändet hat.

3. Die schließliche **Haftung** des betreib. Gl. für die Auslagen kann von dem ZustellVertr. nur im Klagewege geltend gemacht werden; mehrere Gl. haften als Gesamtschuldner (Jaeckel-Güthe A. 7). Wegen § 7 Abs. 3 Satz 2 wird der Gl. in der Regel ohne weiteres die Auslagen vergüten.

Der betreib. Gl. kann seinerseits **Ersatz** fordern von dem Vertretenen u. die ihm zur Last fallenden Auslagen gleichzeitig mit seiner Forderung gegenüber der Masse geltend machen, u. zwar auch schon vor der Zahlung (§§ 10 Abs. 2 u. 12 Nr. 1, Jaeckel-Güthe a. a. O.). Der Vertretene selbst wird in der Regel die für die Vertretung gemachten Aufwend. nicht vom Sch. ersetzt verlangen können, da er sie selbst verschuldete (Fischer-Schäfer 142, Jaeckel-Güthe A. 6).

---

[3]) Da der § 6 seinem Zwecke nach hierauf nicht zutrifft (Wolff § 7 A. 6).

[4]) Da es sich hier nicht um eine Entscheidung gegen den VollstrSch. handelt; ebenso Fischer-Schäfer 142, Jaeckel-Güthe A. 6, Reinhard-Müller A. 3; in BZfR. 1921, 111 oben ist versehentlich diese Entsch. des VollstrG. als endgültig bezeichnet.

4. Über den vom GBA. zu bestellenden ZustellVertr. für den Gl. einer schweiz. Geldhyp. s. VO. v. 21. 1. 25 (RGBl. II 16).

§ 8.

Die Vorschriften der §§ 4 bis 7 finden auf die an den Schuldner zu bewirkende Zustellung des Beschlusses, durch welchen die Zwangsvollstreckung angeordnet oder der Beitritt eines Gläubigers zugelassen wird, keine Anwendung.

E. I § 24 Abs. 1; Begr. 110; D. 36; KBer. 7.

Zustellung an Schuldner.

1. Die Ausnahmebestimmung des § 8, die neben § 3 die Anwendung der allg. Vorschr. der §§ 208—213 ZPO. u. damit insbes. derj. der §§ 199 ff. ZPO. bei der **Zustellung des Anordnungs- u. Beitrittsbeschlusses** an den **VollstrSchuldner** vorschreibt, gilt nicht für die sonstigen Zustellungen an ihn. Es können also sonstige Beschlüsse u. Verfüg. (insbes. auch im VerteilVerf.) im Falle des § 4 durch Aufgabe zur Post auch dem Schuldner (selbst ins Ausland, s. § 4 A. 1) u. im Falle des § 6 seinem ZustellVertr. zugestellt werden. Dagegen würde die Zustellung des Anordnungs- u. Beitrittsbeschlusses an den Sch. nach § 4 oder an einen nach § 6 für ihn bestellten ZustellVertr. die Versagung des Zuschlags u. Schadensersatzpflicht begründen (§§ 43 Abs. 2, 83 Nr. 1, 84; SeuffA. 62, 428; JW. 07, 828).

Im Falle des § 6 ZVG., wie § 203 ZPO. ist, wenn nicht Abwesenheitspflegschaft eingeleitet ist (§ 6 A. 1a), dem Sch. der Anordnungs- u. Beitrittsbeschluß im Wege der öffentl. Zustellung zuzustellen, wobei zu beachten ist, daß eine Einrückung in öffentl. Blätter auch bei der ersten Zustellung nicht mehr erforderlich ist (§§ 204 Abs. 2, 206 Abs. 2 ZPO.). Auch hier gilt der Grundsatz des § 3, so daß zur Anordnung der öffentl. Zustellung ein Parteiantrag nicht notwendig ist (Jaeckel-Güthe A. 2).

Beim gesetzl. Güterstand u. Vollstr. in eingebr. Frauengut ist wegen § 739 ZPO. auch der Ehemann als Schuldner anzusehen[1]). Dagegen ist der nach der Beschlagn. auftretende neue Eigentümer nicht Sch. (§ 9 A. 2a, § 26 A. 2a); ebensowenig derj. Miteigentümer bei der Anteilsversteig., gegen den sich nicht das Verf. richtet.

2. Tod des Schuldners. Im Sinne des § 779 ZPO. beginnt die ZwVollstr. (s. § 16 Abs. 2) mit der Anordnung, nicht erst mit dem Wirksamwerden (§ 22) der Beschlagnahme (bestr.; s. Stein-Jonas VII 2 vor § 704, a. M. Jaeckel-Güthe A. 3, 4 u. S. XVII).

Es ist daher, wenn der Sch. vor der Zustellung des Anordnungs- oder Beitrittsbeschlusses (aber nach Erlassung desselben) gestorben, nunmehr die ZwVollstr. gemäß § 779 Abs. 1 ZPO. ohne weiteres in den Nachlaß fortzusetzen

---

[1]) Bestr.; vgl. Einl. II 1 Ba, § 9 Fußn. 2. Erachtet man den Ehemann im Fall des § 739 ZPO. wg. § 17 ZVG. nicht als Schuldner u. daher auch nicht ohne weiteres als Beteiligten im Sinne des § 9, dann ist auch die Zustellung der Terminsbestimmungen (§§ 41, 105) an ihn nicht vorgeschrieben; letztere ist aber unentbehrlich, da seine Zuziehung sich im Termin als nötig erweisen kann (Jaeckel-Güthe § 3 A. 6, § 41 A. 1, § 59 A. 5, § 117 A. 3; Reinhard-Müller § 59 A. 2b, § 117 A. 3a; Krafft VZfR. 1912, 272; BayObLG. 12, 801). Jedenfalls ist Zustellung an ihn vom Beginn des Verfahrens an (§§ 22, 41, 43) dringend anzuraten.

u. künftig an die Erben (Nachlaßpfleger, TestVollstr.), nötigenfalls durch öffentl. Zustellung, zuzustellen. Ist deren Person unbekannt, so kann ihnen auf Antrag des betreib. Gl. das VollstrG. im Falle des § 779 Abs. 2 ZPO. einen einstw. besonderen Vertreter bestellen[2]); für spätere Zustellungen u. bis zur Bestellung des Sondervertreters würde die Aufstellung eines ZustellVertr. genügen.

Starb der Sch. vor Erlassung des Beschlusses, so richtet sich das Verf. gegen die Erben (Nachlaßpfleger, TestVollstr.), gegen die VollstrTitel vorliegen muß (§§ 727 ff., 750 Abs. 2 ZPO., § 17 ZVG.; s. Einl. II 3 b), sonst müßte das Verf. gegen den Sch. als unzulässig wieder aufgehoben werden.

Über Beitritt nach dem Tode des Sch. s. § 27 A. 1.

Wegen §§ 22, 23 ist die Feststellung des Zeitpunktes, in dem die Zustellung an den Sch. erfolgte, von großer Wichtigkeit (s. § 11 Fußn. 10). Der ZustellBeamte ist deshalb zur genauen Beurkundung dieses Zeitpunktes zu veranlassen.

§ 9.

In dem Verfahren gelten als Beteiligte, außer dem Gläubiger und dem Schuldner:

1. **diejenigen, für welche zur Zeit der Eintragung des Vollstreckungsvermerkes ein Recht im Grundbuch eingetragen oder durch Eintragung gesichert ist;**
2. **diejenigen, welche ein der Zwangsvollstreckung entgegenstehendes Recht, ein Recht an dem Grundstück oder an einem das Grundstück belastenden Rechte, einen Anspruch mit dem Rechte auf Befriedigung aus dem Grundstück oder ein Miet- oder Pachtrecht auf Grund dessen ihnen das Grundstück überlassen ist, bei dem Vollstreckungsgericht anmelden und auf Verlangen des Gerichts oder eines Beteiligten glaubhaft machen.**

E. I § 8; Begr. 88 ff., D. 36, KBer. 8.

Beteiligte.

1. Begriff. Unter den im ZwVersteig.- u. ZwVerwVerfahren beteiligten Personen sind im allg. diej. verstanden, ohne deren Zuziehung das Verf. (insbes. Versteig.- u. VerteilTermin) nicht stattfinden darf. Die Art ihrer Zuziehung u. Mitwirkung ist aber verschieden nach ihrer rechtl. Stellung u. dem Maß, in welchem das Verf. ihre Rechte beeinflußt. Das Gesetz unterscheidet 2 Hauptgruppen: diej. Beteiligten, die von Amts wegen, und solche, die erst nach Anmeldung u. Glaubhaftm. ihres Rechtes zugezogen werden.

2. Von Amts wegen sind als Beteiligte zuzuziehen:

a) die Parteien, nämlich der betreib. bzw. beigetretene **Gläubiger**, für den, der **Schuldner**, gegen den das Verf. (Versteig. oder Verw.) durchgeführt werden soll, §§ 15, 27, 17. (Der Realgl., der das Verf. nicht betreibt, wird vom ZVG. nicht als „Gläubiger" bezeichnet, DJZ. 1914, 1911).

Geht die Forderung des **Gläubigers** auf einen anderen über (infolge Erbschaft, Abtretung, Pfändung u. Überweisung), so kann zwar ihr früherer Inhaber

---

[2]) Ein solcher Antrag ist gemäß § 779 Abs. 1 ZPO. erst nach Beginn der ZwVollstr., also nach Anordnung der ZwVersteig. oder -Verw. (vgl. § 16 A. 5 u. Einl. II) zulässig, daher insbes. nicht behufs Ermöglichung der Zustellung des VollstrTitels zur Vorbereitung der Vollstreckung (§§ 727 ff., 749, 750 Abs. 2 ZPO.).

das Verf. nicht mehr weiter betreiben (Rechtsbehelf des Sch.: § 767 ZPO.), der neue aber erst nach Erwirkung u. Zustellung einer neuen VollstrKlausel (§§ 750 Abs. 2, 727 ZPO.; vgl. Einl. II 3 b *α*, § 27 A. 5); gleiches gilt für den KVerw. (s. § 23 A. 3) u. für den, dem eine Ford., auch Hyp., Grund-, Rentenschuld verpfändet ist (§§ 1275, 1282 BGB., Recht 09 Nr. 1518).

Schuldner im S. des ZVG. ist regelmäßig der als Eigentümer (bzw. Berechtigter des grundstücksgleichen Rechtes) Eingetragene oder sein Erbe (§ 17; Ausnahmen: §§ 133, 147, 164, 181 Abs. 3). Gegen ihn muß sich also der VollstrTitel richten (JW. 1924, 1264)[1]). Bei Vollstr. in einen Anteil sind die Eigentümer der anderen Anteile nicht Schuldner (s b); bei Vollstr. in eingebr. Frauengut ist auch der im gesetzl. Güterstand lebende Ehemann VollstrSch., also Partei, daher als Beteiligter anzusehen[2]).

Tritt nach der Beschlagn. ein Wechsel im Eigentum ein, so ist dies nach §§ 20, 23, 26 auf die Forts. des Verf. gegen den bish. VollstrSch. ohne Einfluß. Der neue Eigent. wird als Beteiligter erst nach Anmeldung u. allenfals. Glaubhaftm. (§ 9 Nr. 2) zugezogen (gleichviel ob er nachträgl. eingetragen wird oder nicht, s. A. 3). Das Verf. selbst kann der neue Eigent. nur nach § 771 ZPO. beseitigen. — Über Eigentumswechsel vor der Beschlagn. s. §§ 8, 26, 28.

b) Ohne Anmeldung sind auch Beteiligte: Die deutsche **Rentenbank** (Anschrift s. JMBl. 1927, 4) bzgl. der im RG. v. 15. 10. 23 (RGBl. I 963) bezeichneten Grundstücke (§ 42 AusfV. v. 14. 11. 23 RGBl. 1092); der Grundstückseigentümer bei Vollstr. in das **ErbbRecht** (§ 24 ErbbVO. v. 15. 1. 19 RGBl. 72).

c) Die zur Zeit der Eintragung des VollstrVermerks im GBuch **eingetragenen Berechtigten.** Hierunter sind verstanden:

α) Die Inhaber dingl. Rechte: Hypothek[3]), Grund- u. Rentenschuld (auch EigentGrundsch.); ErbbRecht (bei ZwVollstr. in dieses selbst auch der Grundstückseigentümer, s. oben b), Grunddienstbarkeit, Nießbrauch, beschr. persönl.

---

[1]) Ist der Eingetragene nicht der persönl. Sch., so kann der Gl. einer Hyp., Grund- u. Rentenschuld oder Reallast doch auf Grund VollstrTitels gegen den Eingetrag. in das G. vollstrecken; Sch. im Sinn des § 17 ZVG. ist lediglich der Eingetrag. bzw. sein Erbe (§§ 1148, 1192, 1200, 1107 BGB.), während der nicht eingetrag. persönl. Sch. in die Rolle des Widersprechenden (§ 771 ZPO.) gedrängt ist, der erst auf Anmeldung hin (§ 9 Nr. 2) Beteiligter wird. Es ist Sache des dingl. Gl., den persönl. Sch. nach § 1166 BGB. zu benachrichtigen, um sich den Rückgriff auf ihn zu sichern. — Soweit der Schuldner auch Gläubiger (einer Eigentümerhyp.) ist, gilt er u. ein etwaiger Pfändungsgl. als Beteiligter nur gemäß § 9 Nr. 1 bzw. 2. Der Gemeinschuldner kann bei Versteig. seines G. die Rechte eines Beteiligten nur ausüben (z. B. Beschwerde einlegen), wenn der KVerwalter es freigegeben hat (ZBlFG. 4, 355; 13, 413; Zustellung an den GSch. als Beteiligten zu Händen des KVerwalters verlangt OLG. 30, 107; über die Notwendigkeit der VollstrKlausel gegen den KVerw. s. Einl. II 3 b *α*, § 23 A. 3); in der ZwVerw. wird der GSch. als Beteiligter erachtet werden können (BZfR. 1913, 309).

[2]) Bestr.; vgl. Einl. II 1 B a, § 3 A. 2, § 8 A. 1, § 17 A. 1; ebenso Wenz-Wagner A. 3, a. M. Jaeckel-Güthe § 9 A. 2 und 3, § 17 A. 3 s. aber § 3 A. 6 u. § 41 A. 1; Reinhard-Müller A. 2 b, Krafft, BZfR. 1912, 271, Starck JW. 1913, 559; unentschieden OLG. 30, 113; vgl. JW. 09, 321; 1919, 594, OLG. 31, 89.

Nach Mot. 88 ff., 121, Denkschr. 36, 39 bestimmt sich der Begriff „Schuldner" nicht aus § 17, sondern aus den allg. Bestimmungen der ZPO.; diese aber läßt den Schuldtitel entscheiden (Stein-Jonas A. II 4 vor § 704, I vor § 735 u. § 739 A. III).

[3]) Bei Inhaberford. auch der Treuhänder (§§ 1187, 1189 BGB.); bei Briefhyp. gilt bis zur Anmeldung nach § 9 Nr. 2 der eingetrag. Berechtigte als Inhaber (ZBlFG. 11, 164); Fideikommißschulden, die früher nur in der FKMatrikel eingetragen wurden, gelten jetzt auch ohne Eintrag. als SichHyp. (s. Anm. 2, 3 zu Art. 34 BayAG.), während Lehenschulden, die nicht Hyp.- oder FKSchulden sind, nach § 9 Nr. 2 zu behandeln, also anzumelden sind (Becher Mat. VI. 33, 89, 146).

Dienstbarkeit, Reallast, Erbbauzinsrecht (§ 9 VO. v. 15. 1. 19), Miteigentum, dingl. Vorkaufsrecht nach §§ 1094, 1097 S. 2, 1098 Abs. 2 BGB.[3a]) u. 11, 14 RHeimstG. v. 10. 5. 20 (RG. 72, 385; 84, 107)[3b]), dingl. Wiederkaufs- (Rückkaufs-)Recht des gemeinen Rechts[4]), Pfandrecht oder Nießbrauch[5]) an einem eingetragenen Rechte

β) diej., deren (persönl. oder dingl.) Rechte durch Eintrag. einer Vormerkung (§§ 883 ff. BGB.), eines Widerspruchs (§§ 894, 899 BGB., 54 GBO.), einer VerfügBeschränkung oder eines VeräußVerbots (§§ 888, 892 ff. BGB., z. B. z. G. des Nacherben, TestVollstr., Heimstättenausgebers, vgl. § 28 A. 2) gesichert sind. Hierher gehören auch die BauGl. nach Eintrag. des Bauvermerks u. Anmeldung ihrer Ford. (RGes. v. 1. 6. 09 RGBl. 449, §§ 11 Abs. 2, 37 Abs. 1, 39 S. 3; in Bayern noch nicht in Geltung).

Einer Vorm. z. Sich. des Anspruchs auf Rückübertragung des Eigentums steht auch der Eigentumsvorbehalt alten Rechtes (Rückfallsrecht) gleich[6]).

Hinsichtlich der der Aufwertung unterliegenden gelöschten Rechte (§§ 14, 15, 20, 31 AufwG.) ist die Zuziehung des früh. Gläubigers durch JME. v. 7. 12. 25 Nr. 48842 angeordnet worden; diese entbindet den Gl. aber nicht von der Verpflicht. zur Anmeldung nach § 9 Nr. 2, wenn nicht z. Z. der Eintrag. des VollstrVermerks Wiedereintragung erfolgt oder Widerspruch eingetragen war (JW. 1926, 1037; 1927, 1035, OLG. 45, 13; Ring 1, 79, 213 f., 410). Gleiches gilt auch für den AufwAnspr. des Zedenten (§ 17 AufwG., Reinhard, Einfl. S. 106).

[3a]) Das nur für einen Verkaufsfall bestellte dingl. Vorkaufsrecht gewährt nicht die Stellung eines Beteiligten, da es nach §§ 512, 1098 S. 1 BGB. als nicht vorhanden gilt; ein etwaiger Ersatzanspr. wegen dolosen Zusammenwirkens des Eigent. u. betreib. Gl. (RGRK. § 512 A. 1) fällt daher nicht unter § 92 (s. dort Fußn. 2), ist vielmehr nur im Klagewege zu verfolgen.

[3b]) Das gesetzl. Vorkaufsrecht des RSiedlG. v. 11. 8. 19/7. 6. 23 (RGBl. 1429/I 364), das in Bayern der „Bayr. Siedlungs- u. Landbank, G. m. b. H. in München" zusteht (JMBek. v. 5. 9. 19 StAnz. Nr. 220, 16. 3. 25 GVBl. 96 f.) bedarf der Eintrag. nicht (§§ 5, 14); der Berechtigte wird daher erst durch Anmeldung Beteiligter nach § 9 Nr. 2 ZVG.; das Recht kann auch in der ZwVersteig. ausgeübt werden (§§ 11, 14; s. Breme ZBlFG. 22, 161, 208, Heß BayNotZ. 1921, 169), selbst wenn es nicht angemeldet u. übersehen wurde (Reinhard, Einfluß S. 174). Ebenso bedarf der Vorkaufsberechtigte des bay. GüterzertrG. v. 13. 8. 10 GVBl. 627 (Bek. v. 24. 8. 10 GVBl. 633) erst der Anmeldung nach § 9 Nr. 2 ZVG.

Dagegen ergibt sich das Wiederkaufsrecht der §§ 20, 21 RSiedlG. aus der Eintrag. (Reinhard a. a. O. S. 174, 208, Güthe Triebel S. 1946 ff., 2008); ebenso das Wiederkaufsrecht der §§ 19, 21 des RRayonG. v. 27. 5. 20 (RGBl. 697); auch die Beteiligung (u. damit das Vorkaufsrecht) des Heimstätten-Ausgebers (§§ 4, 11, 14, 25 RG. v. 10. 5. 20 RGBl. 962) ergibt sich aus seiner Eintragung.

Über Ausübung des Vorkaufsrechtes, relative Unwirksamkeit der Verfügungen des Verpflichteten u. Behandlung in der ZwVersteig., insbes. Ermittlung durch das Notariat s. BayObLG. 13, 573; 20 A 3; 21 A 305; OLG. 41, 31, Heß BNotZ. 1921, 169, Drescher BNotV. 1926, 208, Breme ZBlFG. 22, 171, 201, BZfR. 1922, 174, Recht 1924, 386, Flitner GruchBeitr. 67, 131, Reinhard, Einfluß S. 172, 176.

[4]) Vgl. Ortenau-Henle 220 ff., BZfR. 07, 20, Art. 189 EG.BGB. Staudinger-Kober Vorbem. vor § 1094. — Das GBG. kennt kein dingl. Kaufs- oder Verkaufsrecht (BlfRA. 08, 971, OLG. 17, 388, BayObLG. 24 A 70, Merten DRZ. 1928, 383); über Sicherung des schuldrechtl. Vorkaufsrechts durch Vormerkung s. BNotZ. 1910, 34, BZfR. 1922, 281; 1926, 155; RG. 104, 122; OLG. 45, 182, 201, BayObLG. 24 A 70, JW. 1927, 1432; über den Unterschied zwischen Vorkaufs- u. Wiederkaufsrecht s. BayObLG. 20 A 3, 23 A 67; 25 A 95, 390; BZfR. 1927, 11.

[5]) Kein vertragsmäß. Pfandrecht am Nießbrauch s. BlfRA. 1910, 719, Staudinger-Kober § 1059 A. 1, 2 c, f, § 1274 A. 2 c, 4; über Pfandrecht am Nacherbenrecht BayObLG. 14, 561, am Erbanteil eines Nacherben (Zulässigkeit der Eintrag.) RJA. 15, 222.

[6]) Art. 39 ÜB.BGB., Henle-Schneider 445 ff., DA. § 604; vgl. 37 A. 2 e.

Ob das Recht eingetrag. oder nur vorgemerkt ist, ist gleichgültig. (Die Vorm. des BGB. gewährt zwar das Recht der Beteiligung, sie schafft aber noch kein Recht am G. nach § 10 Nr. 4 u. gewährt einen BefriedigAnspruch erst nach Durchführung des einstw. gesicherten Rechtes; vgl. § 50 A. 3 B b).

Hinsichtlich der Tatsache der Eintragung entscheidet nur der Inhalt des GBuchs selbst, d. h. desj. GBuchBlatts, auf dem das zu versteig. G. eingetragen ist (§ 3 S. 2 GBO.), nicht der Inhalt der nach § 19 Abs. 2 mitgeteilten Abschrift des GBuchBlatts. Stimmen beide nicht überein, so kann der infolgedessen nicht zugezogene Beteiligte den Zuschlag anfechten (§§ 43 Abs. 2, 83 Nr. 1, 97, 100); ist eine Anfechtung des Zuschlags nicht mehr möglich, so kann eine Schadensersatzpflicht des Staates bzw. des GBRichters begründet sein (§ 12 GBO., § 839 BGB., Art. 77, 78 EG., 60, 61 BayAG. hierzu). Dieser ist nicht bloß für die Richtigkeit der in § 19 Abs. 2 erwähnten Mitteilungen, sondern auch für die Übereinstimmung der Abschrift des GBBlatts mit dem GBInhalte allein verantwortlich. Der VollstrR. (Notar) ist zur Einsicht des GBuchs nicht verpflichtet (im Falle des § 2 gar nicht in der Lage). Vgl. Jaeckel-Güthe A. 3.

d) Bei der **Schiffsversteig.** die in § 163 Abs. 3 bezeichneten Verbände, bei ZwVersteig. oder ZwVerw. eines **unbewegl. Kuxes** die Gewerkschaft[7]).

3. Eine Zuziehung anderer, nicht in Nr. 2 a—d aufgeführter Personen findet gemäß § 9 Nr. 2 nur **auf Grund vorheriger Anmeldung** statt. Bei Gericht einlaufende Anmeldungen sind an das Notariat weiterzugeben; eine Wirksamkeit kommt ihnen aber vor dem Einlauf beim letzteren nicht zu (Art. 25 BayAG.). Auch im Falle der Eintrag. eines Rechtes nach Eintrag. des VollstrVermerks ist die Anmeldung notwendig, da die etwaige nachträgl. Mitteilung der Eintrag. seitens des GBAmts kein Recht auf Zuziehung zum Verf. gibt[8]). Die Auszahlung des Erlöses darf jedoch nur an die wirklich Berechtigten erfolgen, auch wenn sie nicht angemeldet haben (§ 117, RG. 73, 298).

Die Anmeldung ist an keine Form und Zeit gebunden (OLG. 19, 193) u. kann jederzeit (auch noch im Beschwerde- u. VerteilVerf., §§ 97 Abs. 2, 110 ZVG., 13 Abs. 2 EG.) erfolgen; Vollmacht bzw. Berechtigung ist nachzuweisen; der Anmeldende hat aber das Verf. in demj. Abschnitt, in dem es sich z. Z. seiner Anmeldung befindet, auch gegen sich gelten zu lassen (Jaeckel-Güthe A. 9, Reinhard-Müller A. 6; teilw. abw. Wolff A. 2).

Fristen u. Folgen der Fristversäumung sind in § 37 Nr. 4, 5 mit § 45 festgesetzt, in welchen Fällen die Anmeldung nicht bloß Zuziehung zum Verf., sondern eine Berücksichtigung besonderer Art ermöglichen soll.

Außer der Anmeldung ist Glaubhaftmachung des angemeld. Rechtes auf Verlangen des Gerichts (Notariats) oder eines Beteiligten erforderlich. Von Amts wegen wird sie aber nur bei begründeten Zweifeln an dem Bestand des

---

[7]) Sie kann wegen der nach Art. 146 Abs. 2 des BergG. von den Kuxeigentümern zur Erfüllung der Verbindlichkeiten der Gewerkschaft u. zum Betriebe zu leistenden Beiträge als beteiligt erscheinen (s. Anm. zu Art. 40 BayAG.ZVG.).

[8]) Der nachträgl. eingetrag. Berechtigte kann sich also weder darauf verlassen, daß das GBA. dem VollstrG. (Notariat) von seinem Erwerb Mitteilung macht, noch daß letzteres ihn ohne Anmeldung zuziehen wird (vgl. oben Fußn. 3 a. E.). Andere dem VollstrG. (Notariat) zugehende Mitt. des GBA. (z. B. die ein bereits eingetragenes Recht betreffenden oder die durch § 20 der 2. DurchfVO. v. 5. 12. 24 zum IndBelG., RGBl. II 427, angeordneten Mitt. über die öffentl. Last) sind dagegen von Amtswegen zu berücksichtigen, soweit nicht §§ 37, 45 etwas anderes vorschreiben.

Rechtes verlangt werden. Das Verlangen kann jederzeit, auch nach vorh. Zuziehung des Betreffenden, gestellt werden, insbes. gegenüber etwaiger Antragstellung (z. B. §§ 59, 67; im VerteilVerf. s. § 114 A. I 2). Wird Glaubhaftm. verlangt, so wird, bis sie erfolgt oder auf sie verzichtet ist, die Anmeldung unberücksichtigt gelassen, ausgen. die Fälle der §§ 41 Abs. 3, 45 Abs. 2, 88 Satz 2, 105 Abs. 2. Deshalb kann auch derj., der mit der verlangten Glaubhaftm. im Rückstande ist, nicht von einem andern Glaubhaftm. verlangen (vgl. auch §§ 37, 38 A. 2d, § 45 A. 2, 3). Glaubhaftm. ist erlassen für die in § 14 VO. v. 12. 9. 27 (RGBl. I 299) zum AufwG. bezeichneten Zinsbeträge.

Über die Mittel zur Glaubhaftm. s. § 294 ZPO. (Beweiserhebung, die nicht sofort geschehen kann, ausgeschlossen; Bescheinigung des VollstrSch. kann genügen, ebenso Bestätigung der nachträgl. Eintragung in das GBuch, wie Bezugnahme auf die Akten u. Register des Gerichts am Sitz des Notariats (Fischer-Schäfer 146, Jaeckel-Güthe A. 11; eidesstattl. Versich., schriftl. oder mündl., kann auch dem Notar gegenüber abgegeben werden, Art. 3 NotG.). Durch Sicherh.-Leistung kann die Glaubhaftm. nicht ersetzt werden, wenn der Verlangende nicht zustimmt (Wolff A. 2).

Ob die Glaubhaftm. erfolgt ist, entscheidet das Gericht (Notariat); selbständige Beschwerde hiergegen ist ausgeschlossen (§§ 95, 96); gegenüber der Entsch. des Notars Erinnerung zulässig (ohne aufschieb. Wirkung, § 13 Abs. 2 EG., BZfR. 1921, 111). Nachholung der Glaubhaftm. u. Abänderung der Entsch. ist jederzeit zulässig (§§ 571, 577 Abs. 2 ZPO., § 97 Abs. 2 ZVG.), aber ohne Einfluß auf das vorangegang. Verf. Nichtberücksichtigung eines Beteiligten, dessen Recht als glaubhaft gemacht anzusehen gewesen wäre, oder ungerechtfert. Zulassung kann jedoch u. U. Versagung bzw. Aufhebung des Zuschlags begründen (§§ 43 Abs. 2, 83, 100); die Berücksichtigung des Rechtes u. die Unterlassung des Verlangens nach Glaubhaftm. schließen auch den Widerspruch gegen das zugelassene Recht im VerteilVerf. nicht aus (Jaeckel-Güthe A. 11).

4. Im Wege des § 9 Abs. 2 können Beteiligte werden:

a) wer ein **der ZwVollstr.** (des Gläubigers) **entgegenstehendes** (im Wege der §§ 771—774 ZPO. zu verfolgendes, dingl. oder persönl.) Recht hat; ein solches liegt vor, wenn die Veräußerung durch den Sch. sich dem Berechtigten gegenüber als rechtswidrig darstellen würde (RG. 116, 366; vgl. Stein-Jonas § 771 II, Reinhard GruchBeitr. 62, 319). Hierher gehören:

Das Recht eines Dritten am BeschlagnGegenstand u. seinen Zugehörungen: Eigentum[9]), Miteigentum, neuzeitl. ErbbRecht im Falle der §§ 5, 6, 8 VO. v. 15. 1. 19, Lehensrecht, Recht des FideikommGl. 1. Klasse im Falle des § 23 Abs. 3 VO. vom 26. 9. 19, GVBl. 647 (Unzner BZfR. 1920, 13); Recht des Erwerbers, PfandGl., Nießbrauchers an einer von der Beschlagn. betroffenen Forderung (an Miet- u. Pachtzins, Anspr. auf wiederkehr. Leistungen aus einem subj. dingl. Recht, VersichForderung)[10]); ferner

der Anspr. auf Herausgabe einer nicht dem Sch. gehörigen Sache (RG. 84, 216); Besitzrechte (bestr. s. Stein-Jonas § 771 II 1 b; a. M. auch OLG.

[9]) Nicht: Persönl. Verschaffungsansprüche z. B. des Käufers auf Eigentumsübertragung (Recht 1910 Nr. 977, RG. 84, 214). Über Miteigentum eines Dritten am Zubehör s. BZfR. 1912, 169.

[10]) Über Beteiligung auf Grund Pfandrechts an Miet- u. Pachtzinsforderung in der ZwVerw. s. § 156 Fußn. 1; Nießbrauch an derselben s. RG. 32, 290; 81, 150; 93, 121; 101, 5.

22, 408; 25, 248), insbes. **der Besitz des Käufers nach Auflassung u. Übergabe,** bis zum Zuschlag (RG. 116, 363; a. M. Ortmann JW. 1927, 1639);

Rechte aus einem Veräußerungsverbote (§ 772 ZPO., Beschlagnahme; s. § 28 A. 2);

Anfechtungsrecht innerh. u. außerh. des Konkurses (bestr.; s. Stein-Jonas § 771 II 1 c); Rechte des Nacherben (§ 773 ZPO., auch Fideikommißanwärters, §§ 1 ff., 8 Abs. 1 VO. v. 26. 9. 19 GVBl. 647, BayObLG. 25 A 21, Unzner BZfR. 1919, 401 f.), des Ehemannes (§ 774 ZPO.).

Das der ZwVollstr. entgegensteh. Recht ist im Wege der **Widerspruchsklage** (einst. Einstellung) zu verfolgen (§§ 771, 769 ZPO.; 37 Nr. 5; 52, 55, 83 Nr. 5, 91 ZVG.), soweit es nicht nach **§ 28 ZVG.** zu beachten ist.

Dagegen hindern nicht die ZwVollstr:

Nießbrauch (im Range vor dem BeschlagnGl.: §§ 44, 52; im Nachrange: §§ 92 Abs. 2, 121 ZVG.; in der ZwVerw. s. § 146 A. 4; vgl. aber §§ 737, 738 ZPO.), elterl. NutznießRecht (§ 1659 BGB., 746 ZPO.), Vorkaufsrecht (§§ 512, 1097, 1098 BGB.; s. oben Fußn. 3 b), Rückkaufsrecht alten Rechts (s. oben 2 c), durch Vormerkung nach § 883 u. Widerspruch nach § 899 BGB. geschützte Ansprüche (s. § 28 Fußn. 3, § 37 A. 2 e), Ansprüche auf Leistung, Recht des KVerwalters aus § 127 KO., Miet- u. Pachtrecht, Wegnahmerecht der §§ 258, 951 Abs. 2, 997 BGB. (RG. 63, 422, JW. 06, 541; a. M. Recht 06, 160; 07, 286, ZBlFG. 6, 1, 10; 7. 815), Zurückbehaltungsrecht des Besitzers nach § 1000 BGB. (RG. 68, 282, OLG. 8, 116 ZBlFG. 9, 207), Befriedigungsrecht nach § 1003 BGB. (RG. 71, 424), Wohnungsrecht nach § 1093 BGB. (JW. 1917, 741), BelastBeschränkung (Verschuldungsgrenze) des Ansiedl.-G.[10a]) v. 15. 7. 16 Art. 8, 12 (GVBl. 135, Schelhorn 364) u. des RHeimstG. v. 10. 5. 20 §§ 17, 18 (RGBl. 962; vgl. Pesl BZfR. 1920, 284, OLG. 44, 140), VerfügBeschränkung des ZwEnteigG. v. 17. 11. 37/13. 8. 10/9. 5. 18 Art. XII, XVI (Henle ZwEG. 2. Aufl. 69).

b) wer ein **Recht am Grundstück** (u. den von der Beschlagn. umfaßten bewegl. Sachen u. Forderungen) oder **an einem das G. belastenden Rechte** geltend macht, d. h. diej. dingl. Berechtigten, die entweder erst nach Eintrag des Vollstreckvermerks aus dem GBuch ersichtlich werden, z. B. der neue Gl. eines Rechtes (vgl. § 9 Nr. 1, oben A. 2 c u. § 10 Nr. 4) oder welche überhaupt nicht eingetragen zu werden brauchen. Als solche Rechte sind zu nennen:

Altrechtl. Grunddienstbarkeit (§§ 1018, 1090 BGB., § 9 EG., Art. 27 BayAG.); Recht auf Überbau- u. Notwegrente (§§ 912, 914, 917 BGB.); gesetzl. Vorkaufsrechte (s. oben Fußn. 3 b); nicht eingetrag. Grundschuld zur Förd. des Wohnungsbaues (VO. v. 15. 10. 24 GVBl. 207)[11]); die ohne Eintrag. entstehende SichHyp. des § 1287 BGB. u. § 848 Abs. 2 ZPO. (RG. 71, 431); die SichHyp. der FideikommGl. u. die Reallast der FKBeamten (§ 25, 32 VO. v. 26. 9. 19 GVBl. 647; s. Art. 34 BayAG. A. 3); Recht des nicht eingetrag. Inhabers[12]), Nießbrauchers oder PfandGl. von Hyp. u. Grundschulden (§ 1069,

---

[10a]) In Coburg eingeführt durch Ges. v. 18. 12. 20, VO. v. 25. 3. 21, Bek. v. 27. 4. 21 Ziff. 10 (GVBl. 498/132/307).

[11]) Hiezu VollzBek. v. 15. 10. 24, StA. 244 u. 10. 8. 25 GVBl. 233.

[12]) Vgl. oben Fußn. 3; beteiligt ist auch der HypZinsberechtigte (solange die Hyp. noch besteht, s. § 10 A. 4 c), sowie der durch Befriedigung eines Gl. kraft AblösRechtes Berechtigte (§ 1150 BGB.) u. der Bürge, der den Gl. bezahlt hat, wobei zu beachten ist, daß das AblösRecht auch schon vor der Einleitung der ZwVersteig. ausgeübt werden kann (Plank A. 1 zu § 1150 BGB.; vgl. 114 A. 2). Kein AblösRecht hat der AbtretEmpfänger von Mietzinsen (BZfR. 1912, 286). — Im Zweifelsfall ist sowohl der eingetrag. als der angemeld. Inhaber als Beteiligter zu behandeln (Fischer-Schäfer 146).

1117, 1154, 1155, 1273 BGB., § 837 ZPO.), Recht des Eigentümers oder Ersatzberechtigten auf die Hyp.[13]) (§§ 1143, 1163 ff., 1182 BGB.); Recht des Gl., der einen etwaigen Überschuß[14]) über den Erlös oder den Anspruch eines RealGl. auf den auf eine Hyp. usw. entfallenden Erlösteil nach dem Zuschlag gepfändet hat; zu Unrecht gelöschte, materiell fortbestehende Rechte (§ 894 BGB., RG. 88, 286; 94, 10), insbes. der Aufwertungsanspruch aus gelöschten u. abgetretenen Rechten (s. oben Fußn. 3). Ein bloßer HypTitel (vgl. § 648 BGB.) genügt natürlich nicht (Jaeckel-Güthe A. 5).

Nicht zu den dingl. Rechten gehört das Recht des Besitzers auf Befriedig. seines VerwendAnspruchs nach §§ 994 ff., 1003 BGB. (RG. 71, 424, ZBlFG. 13, 412; Jaeckel-Güthe A. 5), auch nicht die Rangbefugnis des Eigent. nach § 7 AufwG. (Ring 2, 415).

c) wem ein (persönl. oder öffentl.-rechtl.) Anspruch mit dem **Recht auf Befriedigung aus dem G.** (oder ein Pfand-, Nießbrauchs-Recht an einem solchen Anspruch zusteht. Diese Anspr. sind in § 10 Nr. 1—3 aufgeführt; insbes. gehören hierher die aus öffentl. Lasten[15]), auch die des IndBelGes. v. 30. 8. 24 (RGBl. II 257).

d) **Mieter und Pächter**, wenn ihnen das G. überlassen ist (§ 854 BGB.; siehe §§ 57, 59, 183 ZVG.). Nicht: Untermieter u. -pächter (Wolff A. 10, Jaeckel-Güthe A. 8). Die Ermittlung der Mieter u. Pächter erfolgt nunmehr auf Antrag des betreib. Gl. (§ 57 b, Bek. v. 31. 3. 05/27. 7. 15 § 2 b, s. Anhang).

5. Am Verf. nehmen noch andere Personen, wie der **Ersteher, zahlungspflichtige Dritte, Bieter, Verwalter** teil. Deren Zuziehung ist besonders geregelt (z. B. in §§ 88, 97, 151 ff.); sie sind nicht beteiligt im Sinne des § 9, da sie kein rechtl. Interesse an der Vollstr. haben; ebensowenig ein noch nicht eingetr. Käufer, der nicht Besitzer ist (s. oben A. 4 a u. Fußn. 1).

6. Die **Befugnisse der Beteiligten** u. die **Art ihrer Zuziehung** im Laufe des Verf. sind verschieden. In einzelnen Fällen beschränkt sich die Zuziehung auf besondere Arten derselben (z. B. auf die im VersteigTermine anwesenden, § 63 Abs. 5; diej., deren Rechte beeinträchtigt würden, § 59 Abs. 1). Aber auch ohne ausdrückl. Beschränkung des Kreises der Beteiligten wird nach dem Zwecke einzelner Vorschr. der Ausschluß Nichtinteressierter anzunehmen sein, z. B. der Mieter u. Pächter bei der Erlösverteil., §§ 115, 144 (Jaeckel-Güthe A. 1; Fischer-Schäfer 145, 448).

---

[13]) Die Pfändung des BerichtAnspruchs, der dem Eigentümer oder Ersatzberechtigten gegen den HypGl. zusteht, verschafft ebensowenig die Stellung eines Beteiligten, wie die Pfändung der Eigentümerhyp. ohne Eintragung der Pfändung bzw. Aushändigung des Briefs (OLG. 6, 134, 403; 7, 315, Recht 04, 191, 501; 05, 72; ZZP. 33, 79 ff.; vgl. auch § 50 Anh. I).

[14]) Recht am Ersatz (Surrogat) des G. (vgl. unten § 115 A. 3 a). Über die Form dieser Pfändung s. § 107 A. 5, über die Pfändung der Eigentümerhyp. § 50 Anh. I; über das Aneignungsrecht des Fiskus bei herrenlosen Grundstücken JW. 1922, 1379.

[15]) Daher ist die Zustellung an Steuer- u. Gemeindebehörden, Kaminkehrer usw. vor Anmeldung nicht mehr erforderlich, ihre Unterlassung ohne Nachteil für das Verf. Durch § 6 JMBek. v. 31. 3. 05 (JMBl. 589) u. 2. 11. 05 (JMBl. 828) ist jedoch der Notar angehalten, diesen Behörden durch Übersendung einer Abschrift der Terminsbestimm. Mitteilung zu machen. Die Auslagen hierfür gehören zu den Kosten des Verf. (abw. BNotZ. 02, 46). Unterlassung dieser Mitt. kann SchadensEPflicht des Notars begründen (GruchBeitr. 63, 481).

§ 10.

Ein Recht auf Befriedigung aus dem Grundstücke gewähren nach folgender Rangordnung, bei gleichem Range nach dem Verhältnis ihrer Beträge:

1. der Anspruch eines die Zwangsverwaltung betreibenden Gläubigers auf Ersatz seiner Ausgaben zur Erhaltung oder nötigen Verbesserung des Grundstücks, im Falle der Zwangsversteigerung jedoch nur, wenn die Verwaltung bis zum Zuschlage fortdauert und die Ausgaben nicht aus den Nutzungen des Grundstücks erstattet werden können;
2. bei einem land- oder forstwirtschaftlichen Grundstücke die Ansprüche der zur Bewirtschaftung des Grundstücks oder zum Betrieb eines mit dem Grundstück verbundenen land- oder forstwirtschaftlichen Nebengewerbes angenommenen, in einem Dienst- oder Arbeitsverhältnisse stehenden Personen, insbesondere des Gesindes, der Wirtschafts- und Forstbeamten, auf Lohn, Kostgeld und andere Bezüge wegen der laufenden und der aus dem letzten Jahre rückständigen Beträge;
3. die Ansprüche auf Entrichtung der öffentlichen Lasten des Grundstücks wegen der laufenden und der aus den letzten zwei Jahren rückständigen Beträge;
4. die Ansprüche aus Rechten an dem Grundstücke, soweit sie nicht infolge der Beschlagnahme dem Gläubiger gegenüber unwirksam sind, die Ansprüche auf wiederkehrende Leistungen jedoch, mit Einschluß derjenigen, welche als Zuschlag zu den Zinsen behufs allmählicher Kapitalstilgung zu entrichten sind, nur wegen der laufenden und der aus den letzten zwei Jahren rückständigen Beträge;
5. der Anspruch des Gläubigers, soweit er nicht in einer der vorhergehenden Klassen zu befriedigen ist;
6. die Ansprüche der vierten Klasse, soweit sie infolge der Beschlagnahme dem Gläubiger gegenüber unwirksam sind;
7. die Ansprüche der dritten Klasse wegen der älteren Rückstände;
8. die Ansprüche der vierten Klasse wegen der älteren Rückstände.

Das Recht auf Befriedigung aus dem Grundstücke besteht auch für die Kosten der Kündigung und der die Befriedigung aus dem Grundstücke bezweckenden Rechtsverfolgung.

E. I §§ 9—12, 15, 153, 236; Begr. 90ff., 100, 284, 368; D. 36, 37; KBer. 9—13.

Rechte auf Befriedigung aus dem Grundstück; Rangordnung.

Allgemeines. In Anlehnung an § 47 KO. werden in § 10 diej. Anspr. aufgezählt, denen reichsges. ein Recht auf (vorzugsweise) Befriedigung a u s dem G. zukommt (zu unterscheiden von den Anspr. aus einem Recht a m G., Nr. 4), u. in Verbindung mit §§ 11—13 die Reihenfolge bestimmt, in der diese Anspr. zu befriedigen sind. Ergänzend kommen hierzu die auf Grund der Vorbehalte der §§ 2—4 des EG.ZVG. aufrecht erhaltenen landesrechtl. Bestimmungen (Art. 34 ff., 37 ff. BayAG.).

Diese Vorschriften bilden die Grundlage für die Bestimmung des geringsten Gebots (§§ 44ff.) sowie für die Verteilung des VersteigErlöses (§§ 109 Abs. 2, 112ff.) u. der VerwÜberschüsse (§§ 155ff.). Die Befriedigung der Gl. der 8 Klassen des § 10 erfolgt in der Weise, daß die Anspr. einer späteren Klasse erst berücksichtigt werden, wenn diej. der vorhergehenden zum Zuge gekommen sind. Hierbei ist zu beachten, daß die **Kosten** des Verf. vorweg (also vor der ersten Klasse) zu decken sind (§§ 44 Abs. 1, 109, 155) u. daß eine Rangverschiebung infolge verspäteter Anmeldung oder Glaubhaftm. eines Anspr. eintreten kann (§ 37 Nr. 4, § 45). Innerh. derselben Klasse können Anspr. wieder verschiedenen Rang einnehmen (§ 11); auch hier schließt der bessere Rang den schlechteren aus. Bei Gleichrang innerh. der näml. Klasse erfolgt Befriedigung nach dem Verhältnis der Forderungsbeträge, falls die verfügb. Masse für die Klasse nicht ausreicht.

Eine von §§ 10ff. abweich. Berücksichtigung von Anspr. bei der Verteilung des Erlöses oder der Einkünfte u. eine abweich. Rangordnung aufzustellen ist auch der Landesgesetzgebung nur im Rahmen der §§ 2—4ff. EG. möglich (RG. 71, 424); im übr. ist die Berücksichtigung eines Anspr., der kein Recht auf Befriedigung aus dem G. gewährt (insbes. die Aufnahme in den Teilungsplan), ausgeschlossen (SeuffA. 66, 124, ZBlFG. 12. 672). Auch durch Vereinbarung der im VersteigTermin anwesenden Beteiligten kann einem persönl. Gl. (z. B. Pächter oder Besitzer für seine Aufwendungen) kein Recht auf Befriedigung aus dem Erlöse eingeräumt werden (RG. 71, 424, ZBlFG. 13, 412); wohl aber, wenn sämtliche Beteiligten zustimmen (BZfR. 08, 171).

Die Bestimm. der §§ 10—14 gelten auch in den bes. Fällen der §§ 172, 176, 180, finden aber auf die ZwVerst. von Schiffen nur insoweit Anwendung, als sie den BeschlagnGl. betreffen (vgl. § 163 A. 5).

1. Das Vorrecht der **ersten Klasse** steht dem Gl. zu, der die ZwVerwaltung betrieben hat (oder dem ZwVerwVerf. beigetreten ist) hinsichtl. des Ersatzes gewisser VerwAusgaben. Voraussetzung ist:

a) daß die Ausgaben für die Erhaltung oder nötige Verbesserung des G. gemacht wurden; hierzu gehören z. B. VersichBeiträge, soweit sie auf das G. u. die Gegenstände Bezug haben, auf die sich die Beschlagn. erstreckt (Gebäude-, Feuer-, Hagel-, Viehversich., auch für notwendige Haftpflichtversich. des Verw., Jaeckel-Güthe § 152 A. 1), die Kosten einer zur Abwendung von Verschlecht. angeordneten ZwVerw., einschl. der Vergütung für diesen Verw.[1]), notwendige Instandsetzungskosten, Kosten der Vervollständigung eines Neubaues (OLG. 15, 25, 28; BZfR. 08, 479), der Fertigstellung vermietb. Räume (Recht 08, 279, ZBlFG. 9, 469, SeuffA. 63, 254; 64, 252), Kosten der Aussaat, der Unterhaltung von Gesinde u. Vieh, soweit ohne diesen Aufwand eine Entwertung des G. zu befürchten wäre; nicht erforderlich ist, daß hierdurch ein dauernder Vorteil, eine Bereicherung der RealGl. erzielt wurde, doch müssen die Aufwendungen eine Werterhöhung, die auch den RealGl. zugute kommt, zur Folge gehabt haben; die Gefahr des Mißerfolgs trägt der betreib. Gl.[2]).

b) daß die Ausgaben tatsächlich zu genanntem Zweck verwendet wurden; im Falle von Vorschußleistungen an den Verw. obliegt dem Gl. die Beweislast hinsichtl. der tatsächl. Verwendung der Vorschüsse (RG. 25, 227; 41, 325, OLG. 19, 179).

---

[1]) Nicht hierher gehören die Kosten einer lediglich zur Befriedigung des Gl. betrieb. ZwVerw., einschl. der Vergütung für einen solchen Verwalter; sie fallen, soweit nicht die Nutzungen ausreichen (§ 155), dem Gl. zur Last u. können von ihm im ZwVersteigVerfahren nur als Kosten der Rechtsverfolgung neben seinem Anspruch geltend gemacht werden (RG 25, 230, OLG. 6, 441).

[2]) Vgl. RG. 17, 273; 25, 222ff.; 41, 325; 73, 397; OLG. 15, 28; Jaeckel-Güthe A. 3, Reinhard-Müller A. 2. Ob die Ausgaben zur Erreichung des Endzweckes, den der betreib. Gl. mit der ZwVerw. erstrebte (Befriedigung seiner Ford.) auch wirklich notwendig waren, ist gleichgültig (Recht 1916 Nr. 2154).

c) im Falle der ZwVersteig., daß die Verw. bis zum Zuschlag dauerte (auch wenn sie von einem anderen als dem das Vorrecht geltend machenden Gl. fortgesetzt wurde) und daß die Ausgaben nicht aus den Nutzungen des G. erstattet werden können (§§ 155 ff.); der Grund, warum sie nicht aus den Nutzungen Deckung finden können, ist gleichgültig (vgl. oben Fußn. 2).

Anderen Personen, als dem die ZwVerw. betreib. (oder beigetr.) Gläubiger steht das Vorrecht der 1. Klasse nicht zu, weder einem Gl., der nicht die ZwVerw. betreibt, der z. B. die Sequestration (s. § 146 A. 2) erwirkt hatte (auch wenn er tatsächl. Auslagen gemacht hat, welche der Masse zugute kommen), noch dem Verwalter selbst (vgl. §§ 93 Abs. 2, 109), noch dem Ersteher (SeuffA. 68, 427), noch einem Bauhandwerker (Wolff A. 7 a). Eine gerichtl. Genehmigung von Aufwendungen ist bedeutungslos (Fischer-Schäfer 149). Die Kosten der gemäß § 25 ZVG. u. §§ 1134 Abs. 2, 1135 BGB., 938 Abs. 2 ZPO. außerhalb eines ZwVerwVerf. angeordneten SichMaßregeln gehören ebenfalls nur zu den Kosten der Rechtsverfolgung, welche gemäß §§ 10 Abs. 2, 12 Nr. 1 einzusetzen sind (OLG. 38, 70; vgl. RG. 72, 333, Jaeckel-Güthe A. 3 u. Berichtigung S. XVIII). Nicht hierher gehören ferner die Kosten der nach § 94 angeordneten Verw., welche auf Rechnung des Erstehers geführt wird (Jaeckel-Güthe A. 6, Fischer-Schäfer 149), sowie die Kosten der Bewachung u. Verwahrung des Schiffes (§ 165, RG. 97, 61).

Der Anspr. des § 10 Nr. 1 (ebenso wie der hierauf treffende Betrag der Kosten des Abs. 2, der dieses Vorrecht mitgenießt, nicht der Zinsen, BZfR. 1921, 212, JW. 1247, GruchBeitr. 65, 598) ist gemäß § 9 Nr. 2, 37 Nr. 4, 45 Abs. 1 anzumelden u., falls der Gl. nicht gleichzeitig die ZwVersteig. betrieben hat, auf Verlangen des die ZwVersteig. Betreibenden glaubhaft zu machen (vgl. OLG. 15, 26). Folgen nicht rechtzeitiger Anmeldung: §§ 37 Nr. 4, 110, 114. Im ZwVerwVerf. wird ein Anspr. nach § 10 Nr. 1 gemäß § 155 Abs. 2 gedeckt.

Die Staatskasse haftet niemals für derartige Anspr. (OLG. 2, 239). Der Ersteher wird durch Aufwendungen Dritter auf die Sache vor der Versteig. nicht bereichert (RG. 97, 61). Werden VerwAusgaben zu Unrecht aus der Versteig.-Masse bezahlt, so kann der persönl. Sch. gegenüber dem ausgefallenen HypGl. einwenden, daß er den Ausfall durch Unterlassung des Widerspruchs selbst verschuldet hat (§ 254 BGB., OLG. 38, 70). Ob dem Vorrecht Nr. 1 der Schutz des § 823 BGB. zukommt, ist fraglich; es ist kein Recht am G. (a. M. OLG. 28, 233).

2 A. Das Vorrecht der 2. Klasse, des **„Liedlohns"** (= Leutelohn, RG. 120, 301) ist reichsges. auf die ZwVersteig. u. -Verw. land- oder forstwirtsch. G. beschränkt (vgl. § 61 Nr. 1 KO.). Der Antrag, das Vorrecht auf die Anspr. der Bauarbeiter auszudehnen, wurde abgelehnt (KBer. 11).

a) Erforderlich ist, daß der Berechtigte zur Bewirtsch. des beschlagn. G. oder zum Betrieb eines damit verbund. land- oder forstwirtsch. Nebengewerbes (nicht zu persönl. Dienstleistungen) angenommen war (nicht: Dreschmasch.-Besitzer, ZBlFG. 17, 185 oder Tierarzt, Jaeckel-Güthe A. 10, Reinhard-Müller A. 3). Ein Nebengewerbe liegt dann vor, wenn die ihm dienenden gewerbl. Anlagen in einem derartigen Verhältnis zum Gute stehen, daß der Betrieb der ersteren allein oder doch hauptsächlich auf die Erzeugnisse des letzteren angewiesen ist, z. B. Brauereien, Käsereien, Zuckerfabriken, Sägewerke, Mühlen, Ziegeleien (vgl. OLG. 6, 233, ZBlFG. 5, 93). Ist der Arbeiter außer für den Wirtschaftsbetrieb noch für andere Zwecke (Familie, Handwerk) eingestellt, so ist nur ein Teil des Lohns bevorrechtigt[3]).

---

[3]) Wenn ein einzelnes, zu einem land- oder forstwirtsch. Besitz gehöriges G. der ZwVollstr. unterworfen wird, der Dienstbote oder Arbeiter aber nicht nur zur Bewirtsch.

Gleichgültig ist, ob die Dienste dem Schuldner (nach der Beschlagn. gemäß § 24) oder seinem Rechtsvorgänger bzw. -nachfolger geleistet wurden, wenn der Berechtigte nur von demj. in Dienst genommen wurde, der z. B. der Arbeitsleistung der Eigentümer des G. war (kein Vorrecht, wenn der Berechtigte von einem Gl. eingestellt wurde, OLG. 14, 202). Nicht notwendig ist auch, daß das Dienst- oder Arbeitsverh. z. B. der Beschlagn. oder des Zuschlags noch bestand, ebensowenig, daß der Dienstlohn eingeklagt wurde (Jaeckel-Güthe A. 13, Wolff § 10 A. 8 d).

Das Arbeits- oder Dienstverh. braucht nicht mit einer persönl. Unterordnung unter den Arbeitgeber verbunden oder dauernd zu sein (vgl. LohnbeschlagnGes. v. 21. 6. 69); es genügt wirtsch. u. rechtl. Abhängigkeit (vgl. RG. 120, 302); die Dienste brauchen auch nicht von dem Arbeiter persönl. geleistet zu werden, wenn er sie gesetzl. oder vertragsmäßig durch andere leisten kann (Wolff § 10 A. 8 b, Fischer-Schäfer 150).

b) Die Dienste müssen dem land- oder forstwirtsch. Betrieb dienen. Ihnen stehen gemäß Art. 38 Abs. 1 BayAG. die zum Betrieb eines Bergwerks geleisteten Dienste gleich (Recht auf vorzugsweise Befriedigung aus dem Bergwerk, Becher Mat. VI, 35).

Ob die Dienstleistungen rein körperliche oder höherer Art (kaufmännische, technische u. dgl.), begründet keinen Unterschied (Henle § 10 A. 8).

c) Das Vorrecht genießen alle Anspr. auf Gegenleistungen, mögen diese in Geld oder in Natur, wie Kost, Wohnung u. dgl. gewährt werden (auch VersichBeiträge), für geleistete oder zur Verfügung gestellte Dienste, auch für solche, die aus Verschulden des Dienstherrn nicht geleistet werden konnten; nicht aber SchadensEAnspr., z. B. nach §§ 627 Abs. 2 Satz 2, 628 Abs. 2 BGB., Art. 26 BayAG. hierzu (Reinhard-Müller A. 3).

d) Bevorzugt sind nur die laufenden Anspr. (nicht aus dem lauf. Jahre) u. diej. aus dem letzten Jahre, s. § 13; ältere Rückstände sind überhaupt nicht aus dem G. zu befriedigen. Das Vorrecht geht durch Stundung der Bezüge nicht verloren, wohl aber durch Umwandlung des Schuldverh. gemäß § 364 BGB. (Wolff A. 8 i); es erstreckt sich auch auf die hieher treff. Kosten des Abs. 2 u. ist nicht an die Person, sondern an den Anspruch geknüpft, geht also im Falle der Ablösung (§ 268 BGB.) auch auf einen nachsteh. Beteiligten über (LZ. 1914, 1848, GruchBeitr. 52, 922, s. § 12 A. 2).

e) Die Lohnanspr. müssen angemeldet u. nötigenfalls glaubhaft gemacht werden (§ 9 Nr. 2, § 37 Nr. 4, §§ 45, 110, 114).

f) Über die Befriedigung dieser Anspr. während der Dauer der ZwVerwaltung s. § 155 A. 3 a.

2 B. Zwischen der 2. u. 3. Klasse stehen die Anspr. nach Art. 146 Abs. 2 BergG. (Art. 39 Abs. 1 BayAG., vgl. oben § 9 A. 2 d, § 2 EG.).

3. Das Vorrecht der 3. **Klasse** nehmen die **öffentl. Lasten** des G. u. grundstücksgleichen Rechtes ein (samt den hierauf treff. Kosten des Abs. 2). Sie sind (soweit nicht gesetzl. anderes bestimmt) nicht eintragungsfähig (OLG. 16, 163). Grundabgaben, Real- u. sonstige, dem jeweiligen Grundstücksbesitzer als solchem oblieg. Lasten, die nicht öffentl. Lasten sind, gehören nunmehr in die 4. Klasse.

Die Last kann auch in einer einmaligen[4]) Leistung bestehen (RG. 56, 398; 65, 4; 83, 89; 86, 357; ZBlFG. 9, 407); wegen des zeitl. Umfangs

---

des betreff. G., sondern des ganzen Guts eingestellt wurde, oder, wenn das Nebengewerbe, in welchem der Arbeiter tätig ist, dem ganzen Gute dient, aber nur ein einzelnes G. beschlagnahmt wird, ist ebenfalls eine verhältnismäßige Teilung der Bezüge vorzunehmen (Fischer-Schäfer 150, v. d. Pfordten 42, Jaeckel-Güthe A. 9; a. M. Wolff A. 8 f.). Es fehlt freilich an einem bestimmten Teilungsmaßstab (Größe, Wert der G., Arbeitsleistung?).

[4]) Eine solche einmalige Leistung wird dagegen nicht aus der ZwVerwaltMasse befriedigt (§ 155 Abs. 2).

des Vorrechtes s. § 13 u. die 7. Kl. (die KriegsVO. v. 22. 4. 15 RGBl. 235 u. 12. 7. 17 RGBl. 604 sind aufgehoben, RGBl. 1924 I 663; wg. des Landesrechts s. § 4 EG. A. 3). Durch Vereinbarung kann das Vorrecht nicht auf weitere Rückstände ausgedehnt werden (Recht 1913 Nr. 2508). Gleichgültig ist, ob die Lasten auf die Besitzzeit des Sch. oder des Vorgängers treffen (s. dagegen § 56 S. 2). Anmeldung u. Glaubhaftmachung s. § 9 A. 4c.

A. **Reichsrechtl.** sind zu öffentl. Grundstückslasten erklärt:

a) Der Reichsnotzins (§ 33 RNotopfG. v. 31. 12. 19 RGBl. 2189, 6. 7. 21 RGBl. 838), der auf Antrag des Eigent. als öffentl. Last in des GBuch eingetragen werden konnte (vgl. Güthe-Triebel S. 1924); er hat aber durch § 41 VermStG. v. 8. 4. 22 (RGBl. 335), Art. XIX § 4 der 2. StNotVO. v. 19. 12. 23 seine Bedeutung verloren (Reinhard, Einfl. S. 15).

b) Die als Grundschuld bezeichnete Belastung der dauernd land-, forstwirtsch. oder gärtnerischen Zwecken dienenden G. zu Gunsten der deutschen Rentenbank[5]).

Sie lautet auf Goldmark u. wird vom Finanzamt durch Grundschuldbescheid festgesetzt (§ 4 DurchfVO.LiquG.), beträgt 5% des Wehrbeitrags (§ 1 DurchfVO.), bedarf zur Entstehung u. Wirksamkeit gg. Dritte nicht der Eintrag. in das GBuch u. ist unkündbar (§ 6 RBVO., § 4 LiquG.), nicht mehr ablösbar (§ 20 DurchfVO.), geht nicht auf den Eigent. über u. allen andern Lasten[6]), auch dem Reichsnotzins (s. a) u. dem ErbbR. (mit Ausnahme der Schweizer FGrundsch.) im Range vor (§ 6 RBVO.), bleibt im Falle der ZwVerst. bestehen, auch wenn sie (das Kapital) nicht angemeldet u. im g. G. nicht berücksichtigt ist (§ 4 LiquG.).

Für die ZwVollstr. kommen nur die lauf. u. bis 2 Jahre rückständ. Zinsen u. Tilgungsbeträge in Betracht; sie sind in Reichsmark zu entrichten (§ 19 DurchfVO.) u. bedürfen der Anmeldung (§§ 37 Nr. 4, 110, 114 ZVG.).

c) Die öff. Last des Industriebelastungs- u. Aufbringungsges. v. 30. 8. 24 (RGBl. II 257, 269)[7]) an den zum Betriebsvermögen eines belasteten[8]) Unternehmers gehörigen G. (u. grundstücksgleichen Rechten).

Sie dient der Sicherung der dem Unternehmer oblieg. Aufbringungspflicht, die in Form von Zinsen u. Tilgungsbeträgen zu leisten ist (s. Neu-Umlegung v. 29. 12. 27 RGBl. 1928 II 1; § 7 Belastungsbescheid). Auf diese Last finden einzelne Bestimmungen über die Hyp. (nämlich §§ 1120—1137, 1148, 1150) entspr. Anwendung. Sie geht auch § 41 Ind.-BelG. ebenfalls allen andern Rechten (mit Ausnahme der Schweizer FGrundsch.) im Range vor (d. h. in Klasse 3 des § 10 ZVG., s. §§ 47, 48 IndBelG., § 21 DurchfVO. v. 4. 12. 25 RGBl. II 1135), bedarf nicht der Eintrag.[9]) in das GBuch, ist durch Rück-

[5]) RBVO. v. 15. 10. 23 RGBl. I 963 mit AusfB. v. 14. 11. u. 17. 12. 23 RGBl. I 1092, 1243; LiquGes. v. 30. 8. 24 RGBl. II 252 mit DurchfVO. v. 31. 1. 25 RGBl. II 29. Vgl. JW. 1926, 1031; 1927, 260, 1371; im übr. De Boor, die deutsche Rentenbank u. das Privatrecht; ferner Wünschmann JW. 1924, 120, Stillschweig JW. 1924, 124; 1925, 128; Cammerer BZfR. 1924, 3, Reinhard, Einfluß S. 181 ff., Staudinger-Kober § 1191 VII.

[6]) Hierunter sind nur die eigentl. Grundstückslasten gemeint; der RBGrundschuld gehen also auch die Anspr. der Nr. 1 u. 2 des § 10 ZVG. vor (Reinhard Einfluß S. 185; a. M. Stillschweig, Staudinger a. a. O.).

[7]) Hiezu 12 DurchfVO.IndBelG. (RGBl. 1924 II 421 bis 1928 II 47) u. 9 DurchfVO.-AufbrG. (RGBl. 1925 II 971—1928 II 495). Näh. s. Komm.IndBel.- u. AufbrG. von Geiler, Reichard (auch GruchBeitr. 67, 609), Keichel u. a., JW. 1925, 105, Reinhard Einfluß S. 187 ff., Staudinger-Kober § 1113 II 7.

[8]) Über die Ausdehnung der Lasten auf Grundstücke (u. gleichgestellte Rechte), die nach Inkrafttreten des IndBelGes. zu dem belasteten Betrieb hinzukommen oder zum Betriebsvermögen eines erst nachträgl. der IndBel. unterworfenen Unternehmers gehören, s. Reinhard, JW. 1926, 1313.

[9]) Diese erfolgt nur auf Antrag der Bank f. IndObl. (in der 2. Abt., die Eigentümergrundsch. in der 3. Abt.); Näheres s. 2. DurchfVO.IndBelG. v. 5. 12. 24 (RGBl. II 427), JMBek. v. 14. 2. 25 (JMBl. 25), 8. DurchfVO. v. 27. 4. 26 (RGBl. II 251).

kauf der Obligationen ablösbar (§§ 57ff. IndBelG.); fällt sie fort, so kann der Eigent. innerh. 3 Monate eine Grundschuld für sich im Vorrang eintragen lassen (§ 64 IndBelG.); die Last bleibt im Falle der ZwVerst. bestehen, auch wenn sie nicht angemeldet und nicht im g. G. berücksichtigt ist (JW. 1928, 2646).

Für die ZwVollstr. kommen auch hier nur die lauf. u. rückständ. Zinsen u. Tilgungsbeträge in Betracht, letztere genießen (abw. v. § 10 Nr. 7) den Vorrang, auch wenn sie länger als 2 Jahre rückständig sind (§ 46 IndBelG., § 21 der 2. DurchfVO. z. AufbrGes.) [10]; die Leistungen bedürfen, wenn die Belastung nicht eingetragen ist, der Anmeldung (§§ 37 Nr. 4, 110, 114 ZVG.).

B. Welche öffentl. Lasten dinglicher Natur, also als Lasten des G. anzusehen sind, bestimmt sich im übr. nach den **Landesgesetzen** (Begr. 93, KBer. 12, Recht 1914 Nr. 1629, 3056); landesrechtl. kann ferner bestimmt werden, daß gewisse öffentl. Lasten anderen im Range vorgehen (§ 4 Abs. 1 EG.; eine solche Bestimmung ist in Bayern nicht getroffen [11]); der Vorbehalt des § 4 Abs. 2 EG. ist gegenstandslos).

Als solche öffentl. Lasten des G. sind in **Bayern** anerkannt (Becher Mat. VI, 23):

a) nach Art. 122 BayAG.BGB. alle Leistungen, die auf Grund eines Rechtsverh. des öffentl. Rechtes von dem Grundstück zu entrichten sind. Ausgeschlossen sind dadurch die auf einem bürgerlichrechtl. Titel beruh. u. die dem Verpflichteten persönlich oblieg. Leistungen.

Dagegen gehören hierher (vgl. Beiblatt S. 271 z. JMBl. 1917) die auf das G. treffenden Grund- u. Haussteuern, Kreis-, Bezirks- u. Gemeindeumlagen [12], einschl. Grundwertabgaben [13]) u. Hauszinssteuern (Geldentwertungs- u. Wohnungsbauzuschlag) [14], die Beiträge für die öffentl. (nicht private) Brand- u. Hagelversich. (Art. 71 Abs. 2 BrandversichG., Art. 4 HagelversichG.) u. für die landwirtsch. Unfallversich. (Art. 23 BayAG.RVersichO.) [15]. Unter Steuern in diesem Sinne sind nicht Gewerbe-, Umsatz- [15a]), Einkommen-, Kapitalrenten-, Stempel-, Wertzuwachs-, Erbschaftssteuern zu verstehen; ebensowenig Kir-

---

Die Entstehung eines Rangvorbehalts des Eigent. nach § 7 AufwG. ist hinter der IndBel. ausgeschlossen; ob auch hinter einem der IndBel. nachfolg. aufgewerteten Recht ist streitig (JW. 1926, 1782; 1927, 1014, Mügel § 7 A. 5b, Neukirch § 7 A. 9).

[10]) Soweit es sich aber um die Aufbringungspflicht eines nicht belasteten Unternehmers handelt, liegt eine dingliche Last nicht vor (Reinhard, JW. 1926, 1313; Einfluß S. 189).

[11]) Becher Mat. VI, 23 zu Art. 23, 24 BayAG.ZVG.

[12]) Auch Quartierlasten, soweit sie auf das G. entfallen. — Über die an die Gemeinde, Staats- u. Ablöskasse zu zahlenden Bodenzinse (öffentl. Last, Art. 3 Ges. v. 10. 8. 04 GVBl. 297) s. unten zu § 3 EG.

[13]) Sie werden von unbebauten, nicht dauernd für land-, forstwirtsch. oder gärtnerischen Zwecke dienenden Grundflächen erhoben, Art. 6 Ges. v. 30. 6. 21 (GVBl. 361) mit Bek. v. 17. 9. 21 (GVBl. 477), 4. 12. 23 (388), 2. 3. 28 (38).

[14]) Zuschläge zur Haussteuer zum Ausgleich der Geldentwertung u. zur Förderung des Wohnungsbaus bei bebauten G., §§ 26 ff. der 3. StNotVO. v. 14. 2. 24 (RGBl. 74) BayVO. v. 31. 3. 24 (GVBl. 133) D u. F, geändert 23. 6. 26 (StAnz. 143) mit Bek. v. 23. 6. 26 (GVBl. 333), ferner § 7 Abs. 3 RMieterges. v. 14. 2. 28 (RGBl. I 38); vgl. Wassertrüdinger BZfR. 1925, 388; über die Rechtsnatur dieser Zuschläge als öffentl. Last s. JW. 1927, 1275, 1930, Reinhard-Müller A. 4, Gutmann BNotV. 1927, 481; a. M. Binder dort 1928, 19.

[15]) A. M. 2. Aufl.; vgl. Kreß BNotZ. 1916, 362, Bek. v. 3. 11. 17 Beibl. z. JMBl. S. 271).

[15a]) Auch soweit Steuern u. Abgaben sich auf den Betrieb eines auf dem G. ausgeübten Unternehmens gründen (wie Umsatz-, Tabak-, Salz-, Bier-, Gewerbesteuer)

chenumlagen[16]), Forstgefälle (insbes. Holzgelder)[17]), Handelskammerbeiträge[17a]), Beiträge z. Ortskrankenkasse, z. Unfall- u. InvalVersich. (vgl. dagegen § 61 Nr. 2 KO.; wg. der landwirtsch. UnfallV. s. oben), Staats- u. Notariatsgebühren für den Erwerb des G. (insbes. Grunderwerbssteuer nebst Zuschlägen für Länder u. Gemeinden) oder für Übernahmeerklärungen (§ 144) u. HypBestellungen, da diese sämtlich den Verpflichteten persönlich treffen.

Ob als öffentl. Lasten auch die Abgaben für die Benützung von Gemeindeanstalten (wie Kanalbau- u. Straßenkostenbeiträge, Abwässereinleitungs-, Straßen- u. Grubenreinigungs-, Kehrichtabfuhr-, Anerkennungsgebühren, Abgaben für Gas- u. Wasserleitung, elektrische Beleuchtungsanlagen) erachtet werden können, ist zweifelhaft (Ortenau-Henle 383, v. d. Pfordten AG. S. 3; vgl. Henle-Schneider 192, Böhm-Klein 186; Bay. VerwG. 10, 281; 12, 63; 17, 200; 23, 201).

Diese letztgen. Leistungen gehören, „falls für sie hinsichtl. ihrer Voraussetzungen, ihres Anfalls u. ihrer Höhe bestimmte, ein für allemal maßgebende, für die Beteiligten im wesentl. gleichförmige Grundsätze bestehen", zu den öffentl. Abgaben im Sinne des Art. 40 der früh. Gemeindeordnung; da es „sich um Gegenleistungen für eine von der Gemeinde zugunsten eines bestimmten Anwesens gewährte Befugnis handelt, so stellen sie sich als Ausfluß einer auf öffentl. Rechte beruhenden Verpflichtung dar, welche bis zu ihrer Erfüllung mit dem Besitz des Anwesens verbunden ist". Da sie somit als eine dem „Besitzer" als solchem obliegende Last angesehen werden konnten, wurde ihnen schon früher vielfach das Vorrecht der öffentl. Lasten (Art. 108 Nr. 1 SO.) zugestanden. Die Begründung zu Art. 23, 24 AG. erwähnt diese Abgaben nicht (Becher Mat. VI, 23, 77). Aberkannt ist die Eigenschaft der „öffentl. Abgaben" im Sinne des § 61 Nr. 2 KO. den von einer Gemeinde für die Lieferung von Strom erhobenen „Gebühren", soweit die Stromlieferung aus der gemeindl. Beleuchtungsanstalt nicht dem öffentl. Interesse u. allg. Wohl dient, sondern sich als gewinnbringendes Unternehmen der Gemeinde darstellt, mit deren Benützung kein öffentl.-rechtl. Zwang verbunden ist (BZfR. 05, 132). Ebenso SächsA. 08, 247, ZBlFG. 9, 471, RG. 83, 206 (Gebühren für Gas, Kanalbau, elektr. Kraft), OLG. 31, 193; 35, 204 (Wasserzins, Kanalgebühren). Dagegen sind Kanalbenützungsgebühren u. Kanalanschlußkosten mit Rücksicht auf das betr. Gebührenstatut als öffentl. Lasten anerkannt in OLG. 33, 161. Über Straßenanliegerbeiträge u. Kanalbaukosten nach preuß. R. s. RG. 83, 87, JW. 1922, 807 u. Jaeckel-Güthe A. c zu Art. 1 pr.AG.ZVG.

b) die Beiträge zu den Ausgaben der öffentl. Wassergenossenschaften (Art. 124 WassG. v. 23. 3. 07), die Teilrenten, welche für ein einer solchen Genossenschaft gewährtes Darlehen der Landeskulturrentenanstalt

---

lasten sie nicht auf dem Grundstück als solchem. Auch aus § 96 RAbgO. kann ein Vorrecht für Rückstände nicht hergeleitet werden. Die Beteiligten werden aber im VerstTermin darüber aufzuklären sein, daß der Ersteher persönlich für sie haftet, vgl. § 56 A. 5 a. E.

[16]) RelGesStGes. v. 1. 8. 23 (GVBl. 351) u. 27. 6. 27 (GVBl. 223) Art. 5, 8 mit Ges. zum Konkordat usw. 15. 1. 25 (GVBl. S. 53, Art. 10 § 5, S. 61 Art. 20). — Auch die Kirchtrachten (Läutgarben u. ähnl. Reichnisse) gehören nicht zu den auf dem G. als solchem haftenden Lasten, wenn sie auf dem Pfarrverband beruhen (Heitzer BZfR. 1920, 292). Sie können aber Reallasten (4. Klasse) sein, die auf bürgerl. Rechtstiteln beruhen u. vom Pfarrverband unabhängig sind, sei es, daß sie von vorneherein als Reallasten begründet oder daß sie durch Rechtsgeschäft in solche verwandelt wurden (BayObLG. 8, 87, 236; BlfRA. 72, 444, 751; BZfR. 07, 195; 1910, 343, 453; 1920, 40, 293; 1927, 127; Langheinrich KGdeO. Art. 85 A. 2; vgl. auch Art. 12 Abs. 5, 85 Abs. 2, 3; 112 Abs. 3 KGemeindeO. v. 24. 9. 12 u. Ortenau-Henle 383 Note 3).

Kirchenbaulasten der KGemeindemitglieder sind überhaupt nicht öffentl.-rechtl. Natur (BZfR. 05, 157); darüber, ob Reallast vorliegen kann, s. BayObLG. 24 A 291, Staudinger § 1105 A. II a; über Patronats- u. Zehentbaulast s. Heitzer BZfR. 1920, 316; über Komplexlasten BayObLG. 27 A 138.

[17]) Heitzer, BZfR. 1921, 167, 287.

[17a]) VO. v. 25. 2. 08 (GVBl. 69), 12. 9. 26 (GVBl. 523) §§ 11, 21.

auf die Grundstücke der einzelnen Genossen verteilt sind (Art. 9 Abs. 2 Nr. 3 Landeskulturrentenges. v. 21. 4. 84 in d. F. v. 31. 12. 23 GVBl. 411 u. 27. 11. 24 GVBl. 235), die Nutzungsgebühren u. Instandhaltungsbeiträge nach Art. 73, 89 WassG. v. 23. 3. 07; die Abmarkungskosten, soweit sie dem Eigent. zur Last fallen (Art. 25 Abs. 4 des AbmG. v. 30. 6. 00); die Beiträge des Werkbesitzers zur Knappschafts- u. Krankenkasse nach Art. 38 Abs. 2 BayAG.

c) nach Art. 23 BayAG. bei einem landwirtsch. G. die Beiträge für die öffentl. Versicherung des zum Zubehör gehörenden Viehs (Viehversich.-Ges. v. 23. 4. 10 GVBl. 179, 23. 7. 18 GVBl. 373 Art. 10), ferner

die Kaminkehrerlöhne bei einem mit Gebäude verseh. G. Das Vorzugsrecht des Kaminkehrers beschränkt sich auf den Erlös der von ihm bedienten Gebäulichkeiten [18]).

d) Das Vorrecht des Ararial- u. Lokalmalzaufschlags nach Art. 24 BayAG. ist seit Einführung des RBierstG. weggefallen (RGBl. 1919, 599; 1923 I 557, 563; 1925 I 244) u. damit auch die Zuziehung des Hauptzollamtes (JMBl. 1905, 587 § 6, 1910, 172). Ob der Ersteher auf Grund Erwerbs des Unternehmens für die Biersteuer haftet, ist nach § 96 RAbgO. zu beurteilen (vgl. § 9 Bek. v. 11. 6. 27 GVBl. 200 u. unten § 56 Fußn. 5).

4. Die 4. Klasse umfaßt nur die **dinglichen Rechte am Grundstück** (samt den Kosten des Abs. 2), auch die nicht im GBuch eingetragenen (z. B. eine zu Unrecht gelöschte Hyp.; auch Aufwertungsanspr., s. § 9 Fußn. 3 a. E. Vgl. die 5., 6. u. 8. Klasse).

a) Die dingl. Rechte des § 10 Nr. 4 sind

α) solche, die ein Recht auf Befriedigung aus dem Grundstück [19]) gewähren: Hyp.-, Grund- u. Rentenschuld, Reallast, Erbbzinsrecht §§ 1105, 1107, 1113, 1147, 1191, 1199, 1200 BGB., § 9 VO. v. 15. 1. 19 RGBl. 72 über das ErbbRecht; auch Eigentümerhyp.- u. -grundschuld u. die neuzeitl. Rechte, wie Schweizer Frankengrundschuld [20]) Grundschuld zur Förderung des Wohnungsbaus [21]), Reichsnotopferhyp. [22]), Hyp.- u. Grundschuld in ausländischer Wäh-

---

[18]) Vgl. VO. v. 27. 2. 69, Becher Mat. VI, 77 ff., 133 ff. JMBl. 1910, 172.

[19]) Die Leistungen, die aus dem Grundstück zu entrichten sind, werden vom BGB. unter dem Begriff „Lasten“ zusammengefaßt; hierzu gehören nicht die Belastungen zugunsten Dritter, die nur das Eigentums- u. Verfügungsrecht einschränken, wie Nießbrauch, Dienstbarkeiten, dingliche Vorkaufsrechte (JW. 07, 669).

[20]) RG. v. 9. 12. 20 (RGBl. 2023) u. 23. 6. 23 (RGBl. II 284), betr. die Abkommen z. Schutze der Schweizer Gl. mit AusfVO. RGBl. 1923 II 291, 410; 1924 II 40, 145; 1925 II 16; diese Grundschuld geht allen Rechten vor, die der GoldHyp., an deren Stelle sie trat, nachgingen.

[21]) 3. StNotVO. v. 14. 2. 24 (RGBl. 74) §§ 29, 58, FinAusglGes. v. 10. 8. 25 (RGBl. I 254) Art. II, BayVO. v. 15. 10. 24 (GVBl. 207) u. 10. 8. 25 (GVBl. 233); diese Grundschuld an Grundstücken, auf denen mit Beihilfen aus öffentl. Mitteln Gebäude errichtet wurden, z. B. des Staats oder der Gemeinde bedarf nicht der Eintragung (wird aber nun regelmäßig eingetragen sein), ist in 20 Jahresraten zu tilgen (Eigent. kann die GSch. oder den Rest auf einmal zahlen) u. geht allen bisherigen „Belastungen“ (der Klasse 4 des § 10, mit Ausnahme der Schweizer FrGSch.) im Range vor; über die gleichfalls vorgehende Rentenbankgrundschuld u. Industriebelastung s. oben Klasse 3 A b u. c. Vgl. Reinhard Einfluß S. 16, 209, 219; a. M. Gutmann BNotB. 1927, 481, der diese Grundschuld in die 3. Klasse einreiht; sie ist aber nicht als öffentliche Last erklärt, tritt vielmehr an die Stelle der Geldentwertungsabgabe (s. oben Fußn. 14) u. der nicht wertbeständigen Beihilfehypotheken. Wenn die Grundsch. nicht eingetragen ist, bedürfen auch die laufenden Tilgungsbeträge der Anmeldung (§§ 37 Nr. 4, 110, 114 ZVG.).

[22]) RNotopferG. v. 31. 12. 19 (RGBl. 2189), 6. 7. 21 (RGBl. 838) § 36 mit Notopf.-HypVO. v. 15. 11. 21 (RGBl. 1359) u. § 41 VermStG. v. 8. 4. 22 (RGBl. 335); die Notopferhyp. geht allen privatrechtl Lasten (der Klasse 4 des § 10, mit Ausnahme der

rung[23]), wertbeständige Hyp.[24]), SichHyp. aus wertbest. Schuldtiteln[25]), Heimstättenhyp.- u. grundschuld[26]);

β) teils solche, die, wie ErbbR.[27]), Grund- u. persönl. Dienstbarkeit, Nießbrauch, dingl. Vorkaufsrecht im Falle des § 1097 S. 2 BGB., Wiederkaufsrecht des RSiedlG. (s. § 9 Fußn. 3 b), Vorrecht auf Erneuerung des ErbbR. (§ 31 VO. v. 15. 1. 19), nicht auf Leistungen von vertretbaren Sachen gerichtet sind, aber einen Anspruch auf Ersatz des Wertes gewähren, falls sie durch den Zuschlag untergehen (§§ 52, 91, 92). Vgl. § 9 Abs. 1, 2 EG., Art. 27 BayAG.

Über die durch Vormerkung u. Widerspruch gesicherten Rechte s. § 48, über die Auflassungs-Vormerkung § 37 A. 2 e, über den Bauvermerk z. Sich. der BauGl. § 11, 22, 23 RG. v. 1. 6. 09 (RGBl. 449).

Über die Behandlung der Hyp. des früh. bayr.[28]) Rechtes s. Art. 192 EG.BGB. u. die Bem. zu § 50. Die nach früh. Rechte vorgemerkten Hyp. genossen das näml. Vorzugsrecht wie die eingetragenen[29]). Ewiggelder waren wie Rentenschulden zu behandeln (Art. 47 ÜB.BGB., § 609 DA.).

Nicht dingl. Natur ist das Befriedigungsrecht des Besitzers wegen Verwendungen in das G. (§ 1003 BGB.; RG. 71, 424, ZBlFG. 13, 414); ebensowenig das Zurückbehaltungsrecht nach § 1000 BGB. (§ 93 Abs. 2 ZVG., Staudinger-Kober § 1000 A. 1).

Keine dingl. Belastung des G. ist der Rangvorbehalt (§ 881 BGB., § 7 AufwG.)[30]).

SchweizFrGSch., Fußn. 20) im Range vor. Erlischt die Ford., so entsteht keine Eigent.-GrSchuld (§ 36 VI Ges., § 39 I VermStGes.). Vgl. Reinhard, Einfluß S. 15, 209.

[23]) VO. v. 13. 2. 20 (RGBl. 231) §§ 5 ff., AusfBek. v. 16. 5. 22 (GVBl. 293) mit Vorschr. über Bekanntgabe in der Terminsbestimm., Behandlung der Hyp. im VerstTermin, bei Verteilung u. in der ZwVerw.

[24]) Ges. v. 23. 6. 23 (RGBl. I 407) §§ 4 ff., 2. 2. 28 (RGBl. I 11) mit VO. v. 29. 6., 5. 10., 2. u. 6. 11. 23 (RGBl. I 482, 933, 1075, 1082) u. 17. 4. 24 (RGBl. I 415) mit Vorschr. über die Behandlung der Hyp. (wie Fußn. 23); s. auch Ges. v. 2. 2. 28 (RGBl. I 11) betr. die vor dem 1. 1. 28 eingetr. Dollar- u. GMHyp.

[25]) EntlVO. v. 22. 12. 23 (RGBl. I 1239), 17. 4. u. 13. 5. 24 (RGBl. I 415, 552), 27. 6. 24 (RGBl. I 660); diese Zwangshyp. ist entweder eine wertbeständige SichHyp. (Fußn. 24) oder eine Höchstbetragshyp. (vgl. Stein-Jonas Anh. zu §§ 313 u. 945, BZfR. 1926, 160, BayObLG. 23 A 81). Hierher gehören auch Schuldtitel, die auf „Indexmark" lauten (JW. 1929, 120).

[26]) RG. v. 10. 5. 20 (RGBl. 962) §§ 17 ff.; die HeimstättenHyp. u. -GSchuld erlischt mit der persönl. Schuld u. wird nicht EigentümerGrSch.

[27]) Das ErbbRecht (anders Erbbauzinsrecht) kann nunmehr nur an 1. Stelle unter den dingl. Rechten bestellt werden u. bleibt bei Versteig. des belasteten G. bestehen (VO. v. 15. 1. 19 §§ 10, 25; wg. der Eintragung s. JMBl. 1920, 171; 1921, 97); Rechte, die der Eintrag. nicht bedürfen (s. § 9 A. 4 b), ferner WohnungsbauGSch., Notopferhyp., RentenbankGrSch., Industriebelastung können vorgehen; auch die Heimstätteneigenschaft (RG. v. 10. 5. 20 § 5) u. die Aufstellung eines TestVollstreckers hindern die Bestellung des ErbbR. zur ersten Rangstelle nicht, ebensowenig das Recht des Nacherben, wenn er der Bestellung des ErbbR. zugestimmt hat (VO. v. 7. 10. 19 GVBl. 691; vgl. Glaß-Scheidt, ErbbR. § 10 A. 3); erlischt es durch Zeitablauf, so tritt an seine Stelle u. mit seinem Rang ohne Eintragung die Entschädigungsforderung des EBerechtigten für das Bauwerk (allenfalls belastet mit der am ER. bestandenen Hyp.-, Grund-, Rentenschuld, Reallast; §§ 28, 29 VO. v. 15. 1. 19).

[28]) Becher Mat. VI, 27; DA. § 605.

[29]) Gilt auch für HypVormerkungen nach der Beschlagn. (Bay ObLG. 2, 10). Über Beseitigung der Vormerkung s. §§ 886, 887 BGB., Art. 57 ÜB. hierzu, Art. 57 BayAG.-ZVG., Becher Mat. VI, 22; DA. § 606.

[30]) Vielmehr ein mit dem Eigentum am G. verbundenes Recht, nicht übertragbar u. nicht pfändbar; Ausübung nach der Beschlagn. ist dem betreib. Gl. gegenüber unwirksam;

b) Das Vorrecht der 4. Klasse ist nur soweit gegeben, als nicht das dingl. Recht infolge der Beschlagn. dem betreib. Gl. gegenüber unwirksam ist; dies ist der Fall, wenn es erst nach Eintrag. des VollstrVermerks oder unter Kenntnis der Beschlagn. erworben bzw., soweit es der Eintrag. bedurfte, eingetragen (durch Vormerkung gesichert) wurde (vgl. §§ 873, 878, 879, 1115 BGB., § 23 u. § 9 Nr. 2 ZVG.). Geschah letzteres zwar nach Beginn der Wirksamkeit der Beschlagn., aber vor der Eintrag. des VollstrVermerks, so ist das Recht doch in die 4. Klasse einzusetzen, bis der betreib. Gl. im Klagewege sein Vorrecht hat feststellen lassen; umgekehrt ist das zu Unrecht nach Eintrag. des VollstrVermerks eingetrag. Recht in die 6. Klasse einzureihen, bis der Berechtigte gegen den betreib. Gl. sein Vorrecht (durch Klage, § 771 ZPO.) erstritten hat (vgl. § 23 A. 2 A a, c).

Ein zu Unrecht gelöschtes Recht bedarf zur Wirksamkeit gegenüber dem betreib. Gl. (da dieser sich nicht auf § 892 BGB. berufen kann) nicht der Eintragung eines Widerspruchs (§ 9 Fußn. 3 a. E., § 11 A. 3); bis zur Anmeldung (§ 9 Nr. 2) oder Berichtigung des GBuchs ist aber nur dessen Inhalt maßgebend, ebenso wie wenn ein Recht zu Unrecht eingetragen ist.

Da das durch die Beschlagn. begründete VeräußVerbot nur zugunsten des jeweils betreib. Gl. wirkt, so kann der Erwerb eines Rechtes am Gr. nach der Beschlagn., aber vor dem Beitritt eines weiteren Gl. (Zustellung des Beitrittsbeschl.) diesem gegenüber wirksam sein (vgl. §§ 20, 23 u. unten Bem. 6).

c) Die Anspr. auf wiederkehr. Leistungen aus dingl. Rechten (Zinsen, Renten, Altenteilsbezüge, Tilgungsbeträge; gleichgültig ob Nebenleistungen oder Hauptansprüche)[31]) werden an 4. Stelle nur in beschränktem Umfang befriedigt, nämlich nur die lauf. u. nicht länger als 2 Jahre rückständigen (vgl. § 13). Diese Beschränkung gilt selbstverstdl. nicht für solche wiederkehr. Leistungen, für die eine eigene SichHyp. eingetragen ist (Höchstbetragshyp. § 1190 BGB.). Die älteren Rückstände gehören in die 8. Klasse, auch wenn sie abgetreten oder an einen AblösBerechtigten übergegangen sind (RG. 91, 297). Über vertragsm. u. gesetzl. Zinsen s. § 12 A. 3.

Über die Notwendigkeit der Anmeldung s. §§ 37 Nr. 4, 45 Abs. 2, 110, 114 Abs. 2 mit § 13; über die Endtermine § 47.

Verzinsl. Hyp., welche zur Zeit des Inkrafttretens des GBRechts bereits bestehen, sind als gewöhnl. Buchhyp. im Sinne des BGB. (§§ 1113 ff.) zu beurteilen, ihr Inhalt d. h. die Gesamtheit der Befugnisse u. Verpflichtungen

---

geht mit dem Eigentum auf den Ersteher über (Staudinger-Kober § 881 A. II 2, Planck A. 5, RGRK. A. 7, Reinhard Einfl. S. 61, 65, Wolff JW. 1926, 690; Ring 1. SH. 24; 2, 415; JW. 1907, 703; 1928, 1346; abw. Jaeckel-Güthe § 45 A. 8, Mügel § 7 A. 2, 17).

[31]) Die Tilgungsbeträge (Annuitäten) sind Kapitalsteile, keine den Zinsen ähnliche Nebenleistung (BayObLG. 3, 640, RG. 54, 88; 89, 131; 91, 299; 104, 72; RJA. 3, 137; BlfRA. 72, 676; vgl. auch § 12 Nr. 2). In Ansehung der nach Inkrafttreten des GBRechts getilgten Annuitäten steht die Hyp. in der 4. Kl. dem Eigentümer (als Grundsch.) zu, gleichgültig, ob die Zahlung vor oder nach der Beschlagn. erfolgte u. ob u. wie lange sie jemals rückständig waren (vgl. § 50 A. 3 A b). Soweit nicht getilgte Amortisationsraten im g. G. zu berücksichtigen sind, sind sie bar zu zahlen (§§ 12 Nr. 2, 49); da sie aber Kapitalsteile darstellen, erlischt insoweit die Hyp. mit der Zahlung aus dem G. (§ 1181 BGB., Jaeckel-Güthe A. 18, Fischer-Schäfer 155, DJZ. 05, 977, GruchBeitr. 49, 767, Iherings Jahrb. 58, 323, 384). Abw. gilt nur für den sog. Tilgungsfonds gewisser Kreditinstitute (Jaeckel-Güthe a. a. O. u. unten § 50 Fußn. 6). Die Heimstättenhyp. u. -GSchuld dagegen erlischt durch Tilgung der Schuld (s. oben Fußn. 26).

der Vertragsteile, einschl. des Zinsenvorrechts, also nach neuem Recht zu bemessen (Art. 192 EG.BGB., Henle-Schneider 475).

Die Anspr. auf Nebenleistungen behalten ihren Rang auch im Falle der Abtretung, Pfändung, Verpfändung (BZfR. 07, 212; vgl. § 12 A. 2, § 114 A. II 2). Diesen unterliegen rückständige, wie künftige Zinsen, auch das Zinsrecht[32]) als solches (§§ 1158, 1159 BGB.). Abtretung, Pfändung, Verpfändung von Rückständen an Nebenleistungen u. Kosten u. deren Rangverhältnis bedürfen nicht der Eintragung (§ 1159 BGB., RG. 88, 163); bei künftig fällig werdenden Zinsen einer Briefhyp. ist Briefübergabe notwendig (LZ. 1916, 461, RG. 74, 83). Das dingl. Recht für HypZinsen (auch für abgetretene) erlischt mit der Löschung der Hyp. für die Kapitalford., ohne daß ein Berichtigungsanspruch gegeben ist (OLG. 15, 336, ZBlFG. 7, 540, 842, SeuffA. 61, 460). Über Zinsgenuß des Eigentümers an der Hyp. seiner Frau auf seinem Grundstück s. OLG. 34, 216.

Im Falle der Ablösung eines Anspruchs auf Nebenleistungen ist für das Rangverhältnis § 268 Abs. 3 BGB. zu beachten (vgl. § 12 A. 2); nicht ablösungsberechtigt ist der, dem nur die Mietzinsen abgetreten sind (BayNotZ. 1912, 267). Über Zinsenzahlung durch den Nießbraucher s. OLG. 26, 91, RG. 100, 157.

Wegen der einzelnen Leistungen aus Reallasten alten Rechts s. Art. 46 ÜB.BGB. (Henle-Schneider 467; DA. § 610).

d) In der 4. Klasse kommen zwar auch Eigentümerhyp.-, -grund- u. -rentenschuld zur Befriedigung, jedoch Zinsen, Kosten usw. (für Eigentümer wie Pfändgl., RG. 60, 359) nur unter den aus §§ 1177, 1178, 1192, 1197 Abs. 2, 1200 BGB. sich ergebenden Beschränkungen (Wolff A. 10 b, Jaeckel-Güthe A. 15, Reinhard-Müller A. 5 b). Entspr. gilt für den Erbbauzins bei Vereinigung des ErbbR. mit dem Eigentum (Glaß-Scheidt § 9 V).

e) Das Rangverhältnis aller in der 4. Klasse zu befriedigenden Rechte unter sich regelt § 11; jedoch haben die Schweizer Frankengrundschuld, die Grundschuld für Wohnungsbau u. die Reichsnotopferhyp. Vorrang vor den übrigen, auch vor dem Erbbaurecht; s. oben Fußn. 20—22; die Reihenfolge der Anspr. aus dem näml. Recht regelt § 12.

5. An 5. Stelle steht der Anspr. des **betreibenden** (beigetr.) Gl. an Haupt- u. Nebensache (ohne zeitl. Beschränkung).

Der das Verfahren (der ZwVersteig., nicht -verwaltung) betreib. persönl. Gl. wird hiernach so behandelt, als wenn für seine ganze Ford. an der (z. Z. der Beschlagn.) letzten Stelle eine Hyp. im GrBuch eingetragen wäre (obwohl er kein Recht am G. erwirbt). Er geht infolgedessen den Ansprüchen der HypGl. auf ältere Rückstände (8. Kl.) vor.

Insoferne die Forderung des Gl. an sich einer der Kl. 1—4 angehört — ob auf Grund eines dingl. Rechtes die Vollstr. betrieben wird, wird sich in der Regel aus dem VollstrTitel ergeben[33]) —, behält sie dieses Vorrecht.

[32]) Über Abtretbarkeit u. Pfändbarkeit des HypZinsrechtes, Vorbehalt desselben bei Abtretung der Hyp. für die Hauptford. vgl. RG. 74, 78; 86, 218, Recht 1919 Nr. 17, JW. 1912, 505 ff., LZ. 1920, 284; Vorrangseinräumung für Zinsrückstände s. RG. 88, 160; Abtretung derselben an den Nießbraucher des G. s. RG. 100, 155.

[33]) Ob ein Urteil über den persönl. Anspruch, der dinglich gesichert ist, genügt, z. B. ein Wechselurteil, um den Rang einer für die Wechselsumme haftenden Höchstbetragshyp. geltend machen zu können, ist sehr bestritten (vgl. § 16 Fußn. 1).

Seine älteren als zweijähr. Ansprüche auf wiederkehr. Leistungen stehen jedoch (soweit sie nicht durch eigene SichHyp. gesichert sind) in der 5. Kl. Seine Kostenforderungen sind auf die entspr. Klassen zu verteilen. Mehrere persönl. BeschlagnGl. haben unter sich Rang nach § 11 Abs. 2.

6. In die 6. **Klasse** gehören Anspr. aus dingl. Rechten am Grundstück (4. Klasse), welche dem betreib. Gläubiger (5. Kl.) gegenüber **unwirksam** sind, weil sie erst nach der Beschlagn. begründet wurden (§§ 20, 23 ZVG., 135, 136 BGB.). Sie sind anzumelden u. auf Verlangen glaubhaft zu machen, auch wenn sie eingetragen sind (§ 9 Nr. 2). Sie können dem ersten BeschlagnGl. nach-, einem später beigetretenen aber vorgehen; letzteres auch, wenn die erste Beschlagn. nicht aufgehoben wird (vgl. oben A. 4b). Insoweit kann von einem rangähnlichen Verhältnis zwischen Beschlagn. u. Grundstücksrechten gesprochen werden (vgl. Güthe GBO. § 46 A. 4, 13, Rosenberg BGB. Vorbem. IV 1 b β vor § 879).

Gegenüber Anspr. der 1., 2. oder 3. Kl. kann ein Vorrecht der 6. Kl. nicht in Frage kommen, auch wenn erstere nach der Beschlagn. erst entstanden sind.

7. An 7. **Stelle** stehen die älteren als zweijähr. **Rückstände öffentl. Lasten** (Ausnahme bei Industriebelastung s. oben 3 A c), an 8. **Stelle** die älteren **Rückstände** wiederkehr. Leistungen **aus dingl. Rechten**, soweit nicht für diese älteren Rückstände gemäß §§ 1184, 1113 Abs. 2, 1190 BGB. eigene SichHyp. eingetragen sind (4. Kl.) oder Beschlagnahme erwirkt ist (5. Kl.). Sie sind anzumelden, brauchen aber nicht glaubhaft gemacht zu werden (§ 9 Nr. 2, § 45 Abs. 2).

Die Geltendmach. etwaiger Verjährung solcher Ansprüche (§§ 197, 223 Abs. 3, 902 Abs. 1 BGB.) kann nur im VerteilVerf. im Wege des Widerspruchs (§ 115) geschehen; von Amts wegen kann die Verjährung nicht, weder bei Feststellung des g. G., noch bei der Verteilung berücksichtigt werden. Widerspruch gegen verjährte Ansprüche können auch andere Beteiligte als der Sch. erheben, da er nicht begründet zu werden braucht; aber durchdringen kann mit der VerjährEinrede nur der Sch. (§ 222 Abs. 1 BGB., Stillschweig JW. 1921, 1341, Staudinger-Kober § 1118 I 1 c). Die Verjährung kann auch gegenüber vollstreckb. Rückständen aus wiederkehr. Leistungen geltend gemacht werden (§ 218 Abs. 1 u. 2 BGB.).

Ältere, über 1 Jahr hinausgeh. Rückstände der 2. Kl. (Liedlöhne) genießen kein Vorzugsrecht, sie sind überhaupt nicht aus dem G. zu befriedigen.

8. Gemäß § 10 Abs. 2 teilen in allen Klassen (nicht nur bei Hyp., Grund- u. Rentenschuld nach §§ 1118, 1192, 1200 BGB. u. insbes. auch in der 5. Kl.) die **Kosten der Kündigung u. der** die Befriedigung aus dem G. bezweckenden **Rechtsverfolgung** den Rang des Hauptanspruchs. Bezügl. der Zinsen u. anderen Nebenleistungen s. § 12. Dort ist auch die Rangordnung dieser Ansprüche untereinander geregelt.

Nicht unter Abs. 2 fall. Kosten müssen durch SichHyp. (4. Kl.) bzw. Beschlagnahme (5. Kl.) gesichert sein, falls sie Deckung aus dem VerstErlös finden sollen. Anderseits haftet auch bei HöchstbetragsHyp. das G. für die Kosten des Abs. 2 über den Höchstbetrag hinaus, während die Zinsen in diesen einzurechnen sind (RG. 90, 171). Nur die Kosten selbst, nicht auch Verzugszinsen aus Kostenbeträgen (§§ 288, 291 BGB.) können nach Abs. 2 geltend gemacht werden.

Die Kosten müssen notwendig oder zweckmäßig gewesen sein (§§ 91, 788 ZPO., Falkmann 354 ff., RGRK. § 1118 A. 5). Hat der Beteiligte die Kündigung durch einen Rechtsanwalt vornehmen lassen, so kann ein höh. Betrag als derj., den die Kündigung durch den GVollz. gekostet haben würde, der Masse gegenüber nicht geltend gemacht werden, also vor allem keine Anwaltsgebühr[34]); wohl aber die Kosten der Beglaubigung u. Zustellung s. Einl. II 3 b β).

Von den Kosten der Rechtsverfolgung sind nur diej. bevorzugt, die auf die erstrebte Befriedigung aus dem Grundstücke oder den nach §§ 1120 ff. BGB. mithaftenden Gegenständen erwachsen sind, d. h. für alle Maßnahmen, die geboten erscheinen, um die Befriedigung aus dem G. (oder jenen Gegenständen) zu erzielen, also

a) die Kosten der dingl. Klage[35]) (auch Urkundenprozeß u. Mahnverfahren, §§ 592, 688 ZPO.), auch der Klage geg. den Ehemann der Eigentümerin gem. § 739 ZPO. (SächsA. 08, 441) u. einer unbegründeten VollstrGegenklage des Sch. (SeuffA. 62, 124);

dagegen nicht: die Kosten einer Maßregel zur Erhaltung des G. (§§ 1133—1135 BGB., RG. 72, 332, OLG. 18, 163; 38, 71; bestr. s. Planck § 1118 A. 2 b, auch oben § 10 Nr. 1), eines Widerspruchsprozesses des betreib. Gl. gegen Dritte (OLG. 25, 247), der ZwVerwaltung zu Sicherungszwecken, wenn ihr eine ZwVersteig. nicht gefolgt ist (DJZ. 1910, 425), der persönl. (schuldrechtl.) Klage des Real- wie persönl. Gl. (RG. 90, 172; vgl. oben § 16 A. 3), insbes. nicht der Klage auf Bewilligg. einer Eintragg. (§§ 894, 895 ZPO., Staudinger-Kober § 1118 I 3 d).

b) Die Kosten der ZwVollstr. in das G. (§ 1147 BGB.), soweit sie nicht unnötig waren, also des Vollstr.-Titels, insbes. einer notariellen Schuldurkunde mit Zustellg. (auch Kosten der Sicherh.-Leistung, z. B. Bankbürgschaft, JW. 1928, 2152, 2159), der Einleitung des ZwVersteig.- u. VerwVerf., des Beitritts, der Vertretung eines Beteiligten im Verf., Versteig.- u. VerteilTermin[36]), auch wenn das Verf. von einem andern betrieben u. wieder aufgehoben wurde (Jaeckel-Güthe A. 25, Josef ZBlFG. 22, 399), der persönl. Teilnahme (Zeitversäumnis- u. Reisekosten), des ZustellVertreters im Falle des § 7 Abs. 3 S. 2, der SichMaßregeln im Falle des § 25, des Arrestes u. einstw. Verfügg. hinsichtl. des G., einer ergebnislos verlaufenen ZwVersteig. des G.;

dagegen nicht: Kosten eines zurückgenommenen Antrags auf Liegenschaftsvollstr., einer fruchtlosen Fahrnisvollstr.[37]), der Eintragg. der Vertragshyp. (SeuffA. 66, 124, Staudinger-Kober § 1118 III), der Zwangseintragg. (§ 867 Abs. 1 ZPO.), der Berichtigung des GBuchs auf Antrag des Berechtigten im Falle des § 14 GBO.

Zur Geltendmachung (Anmeldung, Glaubhaftmach. § 9 Nr. 2, § 37 Nr. 4, § 45 A. 2 b) der bevorzugten Kosten ist ein Schuldtitel (Kostenfestsetz-Be-

---

[34]) BayObLG. 2, 904, Wolff § 10 A. 6 a, Staudinger-Kober § 1118 I 2, Planck § 1118 A. 2 c; a. M. Reinhard-Müller A. 9, BuschZBlFG. 12, 821.

[35]) Die Kosten der hypothek. Klage können auch dann verlangt werden, wenn der Eigentümer den HypAnspruch sofort anerkannt hat (BlfRA. 06, 398, 405; OLG. 13, 102; bestr., s. Staudinger-Kober § 1147 III 1, Fuchs JW. 1916, 238, LZ. 1920, 844).

[36]) Über die Anwaltsgebühren für die Vertretung im Verf. s. BayObLG. 2, 905, Recht 02, 232 u. § 15 A. 6. Eine besondere Gebühr für Empfang u. Ablieferung von Geldern des Beteiligten (RG. 22, 323, OLG. 14, 164) kann nach Art. 17 Abs. 1 Nr. 2 der BayRAGebO. nicht mehr beanspr. werden. Der Prozeßbevollmächtigte des Berechtigten, dessen Recht bestehen bleibt, kann im VerteilVerf. eine Gebühr nur aus dem in den Teilungsplan einzustellenden bar zu zahlenden Betrag verlangen (OLG. 15, 36, BlfRA. 72, 195).

[37]) Der Zurücknahme des Antrags steht auch die Aufhebung des Verf. nach § 31 Abs. 2 gleich; hierbei kann es keinen Unterschied begründen, wenn die Einstellung auf einer vom Sch. nachgesuchten Stundung beruht.

schluß) nicht erforderlich[38]). Soweit sie der betreib. Gl. ersetzt verlangt, unterliegen sie als VollstrKosten der Prüfung des Gerichts bzw. Notariats nach §§ 788, 91 ZPO. (OLG. 15, 35). Die diesbezügl. Entsch. unterliegt der sof. Beschwerde (§ 793 ZPO.); falls sie nicht im BeschlagnBeschluß ergangen ist, kann sie aber dem VollstrG. gegenüber nur mittels Beschwerde gegen den Zuschlagsbeschluß (§ 95), im übr. nur mittels Erinnerung nach § 13 Abs. 2 EG. bzw. Beschwerde gegen den TeilPlan (§ 113 A. 3) angefochten werden; Erinnerung bzw. Beschwerde gegen den Zuschlagsbeschluß ist zulässig, wenn das Meistgebot nicht ausreicht, um den abgestrich. Betrag mit zu decken; der entgegen der Anmeldung nicht in den Teilungsplan eingestellte Kostenbetrag des betreib. Teils ist nach §§ 115, 124 zu behandeln, wie wenn er mit Widerspruch belegt worden wäre[39]).

Die Kosten der nicht betreib. (vorgehenden) Berechtigten sind bei Feststellung des g. G. zu berücksichtigen, wenn sie rechtzeitig angemeldet u. auf Verlangen des betreib. Gl. glaubhaft gemacht wurden (§ 45 Abs. 1). Ihre endgültige Feststellung erfolgt im VerteilPlan, nötigenfalls auf Grund Widerspruchs eines Beteiligten im Klagewege. In den Plan sind sie auf Verlangen des Berechtigten, auch wenn sie offensichtlich unbegründet sind, einzustellen[40]) da sonst die Anmeldung selbst als Widerspruch behandelt werden müßte; bei Widerspruch ist nach §§ 115, 124 zu verfahren (bedingte Verteilung, Hinterlegung).

Ist dem betreib. Gl. das Armenrecht bewilligt, so kann die Staatskasse die Gebühren u. Kosten, soweit sie unter § 10 Abs. 2 fallen (für Anordnungs- u. Beitrittsbeschluß, Zwangshyp.), anmelden (Jaeckel-Güthe A. 25 a. E.)[41]).

Wegen der auf das Verfahren treffenden Gerichtskosten s. § 109.

9. Das in § 10 gewährte Vorrecht einer Ford. steht auch dem Einzel-**Rechtsnachfolger** zu, welcher sie im Wege der Abtretung, Pfändung u. Überweisung oder kraft Gesetzes (z. B. durch Ablösung nach §§ 268, 401, 412 BGB. erworben hat (vgl. oben 4c). Die auf die Rechtsnachfolge des Gl. selbst erwachsenen Kosten (für Abtretung, Pfändung u. Überweisung, Erwirkung der weiteren VollstrKlausel, Zustellung derselben u. dgl.) sind dagegen nicht aus dem G. zu erstatten.

10. Über die Rangordnung bei Versteig. eingetragener **Schiffe** s. § 163 A. 5.

§ 11.

Sind Ansprüche aus verschiedenen Rechten nach § 10 Nr. 4, 6 oder 8 in derselben Klasse zu befriedigen, so ist für sie das Rangverhältnis maßgebend, welches unter den Rechten besteht.

In der fünften Klasse geht unter mehreren Ansprüchen derjenige vor, für welchen die Beschlagnahme früher erfolgt ist.

E. I § 10; Begr. 97, 98; D. 37, 38; KBer. 13.

[38]) Der Gl. kann sie aber nach § 103 ZPO. durch das ProzeßG. festsetzen lassen (RG. 85, 132).

[39]) Kretzschmar BlfRA. 72, 193, SeuffA. 62, 171; abw. Jaeckel-Güthe A. 25, Reinhard-Müller A. 9 a. E.

[40]) Nach OLG. 15, 36 = SeuffA. 62, 171 hätte der VollstrR. (Notar) auch die Kosten des nicht betreib. Teils festzusetzen (sof. Beschwerde gegen die Festsetzung nach § 793 ZPO., nicht Widerspruch).

[41]) Bei nicht ausreichender Masse ist aber die Ford. des Gl. vor der Staatskasse zu decken (Folg. aus § 125 ZPO., ebenso GVollzDA. v. 28.12.99 JMBl. 1133 § 63 f.; mißverstdl. BayNotZ. 1911, 452).

Rangordnung innerhalb derselben Klasse.

1. Allgemeines. Nicht alle Ansprüche, die gemeinsam einer der in § 10 aufgestellten Klassen angehören, haben gleichen Rang, so daß gemäß § 10 Abs. 1 Befriedigung nach dem Verhältnis ihrer Beträge eintreten könnte; dies trifft vielmehr (abgesehen von der Rentenbankgrundschuld u. Industriebelastung, s. § 10 A. 3 A b, c) nur für die 1., 2., 3. u. 7. Kl. zu, da hier weder reichs- noch landesrechtl. eine verschiedene Rangordnung aufgestellt ist[1]). Dagegen besteht für die Ansprüche innerhalb der 4., 5., 6. u. 8. Kl. des § 10 noch eine besondere Rangordnung.

In der 5. Klasse entscheidet die Zeit der Wirksamkeit der Beschlagn. (§ 22) — Ausnahme: Art. 48 BayAG (Bergwerke usw.) —, in der 4., 6. u. 8. Kl. das materielle Recht.

2. Für die zur Zeit der Grundbuchanlegung besteh. dingl. Rechte am G. u. an solchen Rechten bestimmt sich das Rangverhältnis gemäß Art. 184, 186, 187, 189 EG.BGB., Art. 2 EG.ZVG. nach dem bisher. Recht (Planck A. 7, 9 zu Art. 189 EG.).

a) Hiernach richtet sich der Rang der altrechtl. Hyp. nach dem Tag (Zeitfolge) der Eintrag. (Vormerkung)[2]) oder der anderweitigen Vereinbarung. Ohne letztere genießen die am gleichen Tag eingetrag. Hyp. gleichen Rang (BayHypG. §§ 1, 23, 30, 60; BayObLG. 16, 379; n. F. 2, 186; 3, 1079; 5, 419).

An gleicher Stelle mit dem Kapital, falls dieses als verzinslich im GBuche eingetragen ist, gelangen aber nicht bloß, wie nach § 42 BayHypG., die Zinsen des zur Zeit der ersten Beschlagn. lauf. u. des vorausgegang. Jahres zur Befriedigung, sondern es hat auch bei altrechtl. Hyp. gemäß Art. 184, 192 EG.BGB. die Bestimmung des § 10 Nr. 4 zur Anwendung zu kommen (vgl. oben § 10 A. 4 c).

über die Regelung der Rangverhältnisse bei Darlehen der Landeskulturrentenanstalt s. Art. 118 EG., 170 BayAG.BGB.

b) Bei den übr., unter die 4., 6. u. 8. Kl. fallenden altrechtl. Grundstücksbelastungen ist zu beachten, daß sie nicht durch Eintrag. entstanden, daß eine solche überhaupt nur Rechtswirkungen gegenüber den HypGl. (nicht anderen Realgl.) äußerte (§ 22 HypG.) u. daß gewisse Belastungen auch den HypGl. gegenüber ohne Eintragung wirksam waren (§ 22 Nr. 5 HypG.). Letztere sind die Grunddienstbarkeiten u. die Grundgefälle des Staates u. der Ablösungskasse nebst den an deren Stelle getretenen Leistungen (s. Ortenau-Henle 213 Note 4, Schmitt BayNotZ. 1913, 66, JMBl. 1886, 186; über die Aufhebung der Bodenzinse zur Staats- und Grundrentenablösungskasse s. § 3 EG. A. 2).

Diese staatl. Grundgefälle usw. bedürfen auch jetzt nicht der Eintragung (Art. 128 BayAG.BGB., 27 Abs. 2 BayAG.ZVG.), gehen den Hyp. im Range vor (Art. 184 EG. BGB., 108 Nr. 1, 151 Nr. 1 BayGO., 141 BayAG.BGB., Henle-Schneider 211) u. unterliegen der Behandlung nach § 9 Abs. 2 EG.ZVG., nach welchem sie u. U. einem älteren dingl. Recht weichen müßten.

Die zur Zeit der GBuchanlegung besteh. Grunddienstbarkeiten bedürfen gleichfalls auch jetzt noch nicht der Eintragung (Art. 27 Abs. 2 BayAG.ZVG. mit § 9 EG.ZVG., Art. 187 EG.BGB., Art. 10 und 44 ÜB.BGB., § 613 DA., Henle-Schneider 405 ff., 470); unrichtige Eintragung schadet dem Berechtigten nicht (vgl. RG. 62, 99; 93, 63). Zur Wirksamkeit gegenüber den HypGl. bedurften dagegen schon nach § 22 Nr. 5 des HypG. der Eintrag. alle nicht dort ausgenommenen dingl. Rechte, insbes. die sonstigen Grundabgaben des Staates oder der Privaten (Ortenau-Henle 214, Art. 141, 150, 151, 153, 163, 170 BayAG.BGB.) u. die Altenteilsrechte (Art. 27 Abs. 1 BayAG. mit § 9 Abs. 2 EG.; vgl. Art. 32—48, 85 BayAG., 48, 116—118 ÜB.BGB., § 605 Abs. 3 DA.). Auch die persönl. Dienstbarkeiten sind mit ihrem Inhalt u. Rang bestehen geblieben (Art. 184 mit 187 EG.BGB., §§ 23, 25 HypG. mit Nov. v. 20. 12. 03); Unterlassung ihrer Eintrag. hat eben-

[1]) Begr. zu Art. 24 u. 25 des Entw. des BayAG.; Becher Mat. VI, 23.

[2]) Über HypVormerkungen vgl. Regelsberger BayHypR. § 67, Ortenau-Henle 111, 386; Art. 192 EG.BGB., 57 ÜB. z. BGB., 22 BayAG.GBO.; auch § 10 A. 4 a.

falls nicht den Verlust des Rechtes u. Ranges zur Folge, sondern bewirkt nur, daß der Berechtigte den öffentl. Glauben des GBuchs gegen sich gelten lassen muß [3]).

Soweit derartige Rechte eingetragen sind u. die Feststellung ihres Ranges im Verf. (bei Feststellung des g. G., der VersteigBedingungen, der Verteilung) erforderlich wird, entscheidet die Eintragung; die Geltendmach. eines anderen Rangverhältnisses (z. B. einem HypGl. gegenüber, dem der öffentl. Glaube des HypBuchs — §§ 25, 26 HypG. — nicht zur Seite steht) ist der prozeßrichterl. Entsch. zu überlassen.

Soweit sie aber der Eintrag. nicht bedurften, ist für die Feststell. des Rangverhältnisses zwischen Hyp. u. solchen Rechten auch im Verf. nach dem ZVG. kein Raum; es muß vielmehr, wenn Streit besteht, gesondert zum Austrag gebracht werden (BayObLG. 1, 22; vgl. §§ 90, 91 ZVG. u. 9 EG. hierzu).

c) über Rangabtretung s. HypG. §§ 62, 151; Rangeinräumung [4]) u. Rangvorbehalt HypG. §§ 84, 150, 158 mit Nov. v. 20. 12. 03 Art. I Nr. 14; Art. 11 Abs. 2 Nov. z. BayGO. u. Art. 58, 59 ÜB.BGB. Änderungen des Rangverhältnisses, die nach GBuchanlegung vorgenommen werden, unterliegen auch hinsichtl. der in diesem Zeitpunkt besteh. Rechte den Vorschr. des BGB. u. der GBO. (Art. 189, 192 EG.BGB.). Dagegen bleiben die aus §§ 84, 150 HypG. vor GBuchanlegung erworb. Rechte den in diesem Zeitpunkt besteh. Hyp. gegenüber unberührt (Henle-Schneider 485 ff.; §§ 607, 608 DA.).

Rangeinräumung u. Rangvorbehalt können nach der Beschlagn. nicht mehr zum Nachteil des betreib. Teils ausgeübt werden (Henle-Schneider 486); über ihre Wirksamkeit gegenüber Eintrag. auf Grund gesetzl. HypTitel u. VollstrHyp. vgl. Henle-Schneider a. a. O., BayObLG. 14, 368; n. F. 9, 75.

3. Der Rang der nach dem Zeitpunkt, in welchem das GBuch als angelegt anzusehen ist, begründeten dingl. Rechte bestimmt sich

a) nach den für einzelne Fälle besteh. Sondervorschriften: (für Überbau- u. Notwegrente §§ 914, 917 BGB.; Zuschreibung eines G. § 1131 Abs. 2 BGB.; Ablösung §§ 268, 1150 BGB.; Bauhyp. §§ 29, 32 ff. RG. v. 1. 6. 09 RGBl. 449; Vorkaufsrecht des RSiedlGes. s. § 9 Fußn. 3 b; ErbbauRVO. v. 15. 1. 19 RGBl. 72 §§ 10, 25, 28; Rentenbankgrundsch. u. Industriebelastung s. § 10 A. 3 A b, c; Schweizer FrGrundsch., Wohnungsbaugrundsch., NotopferHyp. s. § 10 Fußn. 20, 21, 22; Aufwertung s. § 44 Anh.

b) im übr. nach §§ 879 bis 881, 883 BGB. [5]), also

A. a) für Rechte, die in derselben Abt. des GBuchs eingetragen sind, nach der Reihenfolge der Eintragungen; entscheidend ist die räumliche [6]) Aufeinanderfolge, nicht Nummern- oder Zeitfolge;

b) für Rechte, die in verschied. Abteilungen eingetragen sind, nach der Zeit der Eintragungen, wobei solche vom gleichen Tage gleichen Rang genießen;

c) im Falle anderweitiger Regelung des Rangverhältnisses nach der diesbezügl. Eintragung (vgl. §§ 281—288 DA.).

Die Eintrag. in einer Abt. erfolgen nach der Zeitfolge der Anträge; bei gleichzeitig gestellten Anträgen muß der Gleichrang vermerkt sein (§§ 13 Abs. 1

---

[3]) Henle, Grundbuchanlegung 67, 68, 173; Planck, EG. Art. 184 A. 2, 186 A. 3 c; BlfRA. 36, 20; 38, 284.

[4]) Über Rangeinräumung bei altrechtl. Annuitätenhyp. s. BayObLG. 13, 360.

[5]) Vgl. zum Folgenden: §§ 281—288 DA.; Planck § 879 A. 5, 6, Staudinger-Kober § 879 B, Güthe in JW. 1912, 609 ff., insbes. über Eintrag. ohne Zeitangabe, im Widerspruch mit den Eintragungsunterlagen oder mit dem Recht selbst.

[6]) Mehrere selbständige, in der näml. Abt. u. unter der näml. Nummer eingetragene, räumlich aufeinanderfolg. Rechte haben also nicht Gleichrang (wenn dieser nicht vermerkt ist); Turnau-Förster § 879 BGB. A. II a, Planck A. 1, Staudinger-Kober A. B III c, RGRK. A. 4, DA. §§ 282, 283, Muster hiezu S. 400; a. M. Dernburg, Sachenrecht § 216 A. 3, Güthe-Triebel GBO. § 46 A. 5, Rosenberg § 879 A. I 4.

Satz 2, 46 Abs. 1 GBO.)[7]). Werden mehrere Eintrag., die nicht gleichzeitig beantragt sind, in verschied. Abt. unter dem gleichen Tage bewirkt, so ist im GBuch zu vermerken, daß die später beantragte Eintrag. der früher beantragten im Range nachsteht (§ 46 Abs. 2 GBO.), widrigenfalls Gleichrang besteht.

Werden mehrere Eintrag. beantragt, durch die dasselbe Recht betroffen wird, so darf die später beantr. Eintragung nicht vor der Erledigung des früher gestellten Antrags erfolgen, erforderlichenfalls ist zugunsten des früher gestellten Antrags eine Vormerkung oder ein Widerspruch einzutragen (§§ 17, 18, 76 GBO., § 65 DA.). In letzterem Fall bestimmt sich der Rang des Rechtes nach der Eintr. der Vormerkung (§ 883 Abs. 3 BGB.); der Widerspruch hat dagegen keinen Einfluß auf den Rang des gesich. Rechtes, dieser richtet sich nach der Zeit der Entstehung bzw. ersten Eintr. des letzteren. Das durch Vormerkung gesich. Recht geht also dem persönl. BeschlagnGl. vor, auch wenn es erst nach dem VersteigVermerk endgültig eingetragen ist (OLG. 17, 352); ausgen. ist aber die Zwangs- u. Arresthyp., für die § 883 Abs. 1, 3 BGB. nicht gilt; diese entstehen vielmehr erst mit der Eintragung (RJA. 10, 231, RG. 84, 280, OLG. 15, 232); ob ihr Rang durch eine Vormerkung nach § 18 Abs. 2 GBO. gesichert werden kann, ist zweifelhaft (RG. 85, 167; bejahend BayObLG. 24 A 11; vgl. Güthe-Triebel § 18 A. 14, 46, Stein-Jonas § 867 III 5, Staudinger-Kober § 883 II B 1 f.)[7a]).

Nach der Eintrag. richtet sich auch der Rang der Belastungen der Rechte, soweit sie durch Eintrag. entstehen (Nießbrauch, Pfandrecht an Hyp. usw.); in der näml. Abt. entscheidet die räumliche Aufeinanderfolge (bestr.; s. OLG. 45, 200, RGRK. § 879 A. 2, Staudinger-Kober § 879 V 2, Planck A. 5, 7 d). Über mehrfache Pfändung einer BriefHyp. s. BlfRA. 72, 670, OLG. 15, 11; über Behandlung des Rangstreits im VertVerf. § 115 A. 3 a.

Bestehen für die näml. Ford. zwei Hyp. verschied. Rangs (s. Einl. I 3 Fußn. 3), so ist der bessere maßgebend. Wird die Forderung bezahlt, so fallen beide Hyp. dem Bezahlenden (§ 1164 BGB.) bzw. dem Eigentümer (§ 1163) zu. Überträgt der Gl. die Ford., so gehen beide Hyp. auf den neuen Gl. über (SeuffA. 61, 404).

Im Falle einer Zuschreibung (§ 890 Abs. 2 BGB.) ist zu beachten, daß die Rechte am zugeschr. G. denen des Hauptgrundstücks im Range vorgehen (§§ 1131, 1107, 1192, 1200 BGB.). Die bloße Vereinigung (§ 890 Abs. 1 BGB.) ändert an der Belastung nichts; die Hyp. usw. des Hauptgrundstücks ergreifen nicht diej. des damit vereinigten G.

---

[7]) Der beim GBuchAmt eingehende Eintrag.Antrag ist mit einem die Zeit des Eingangs genau angebenden Vermerk zu versehen; für die Beurkundung dieses Zeitpunkts ist auch der Urkundsbeamte zuständig (Art. 3 BayAG.GBO., §§ 10, 32, 33, 35 DA.). — Über den Rang einer Eintrag., bei der die Zeitangabe fehlt, s. Güthe-Triebel § 45 A. 6, JW. 1912, 611. — Eintrag.Anträge, die mit der gleichen Post einlaufen, gelten als gleichzeitig angebracht (Achilles-Strecker 195; vgl. § 34 DA.); über gleichzeitige Anträge betr. Zwangshyp., Auflassung, Vertragshyp. s. Meikel § 17 A. 2 c, Güthe-Triebel Vorbem. 103 vor § 13, § 17 A. 6, § 19 A. 35, § 46 A. 8 ff., BNotZ. 1913, 283; über Zusammentreffen mit Beschlagnahme s. § 23 A. 2 A c, mit Konkurs § 23 A. 3.

[7a]) Wird der Arrestbefehl aufgehoben, so fällt die Arresthyp. dem Eigentümer zu (§§ 932 Abs. 2, 868 ZPO.); Abwendung der Vollstr. des Aufhebungsurteils durch Sicherheit ändert daran nichts, wenn dieses unbedingt lautet (JFG. 5, 321). Aufhebung des Arrestbefehls nach Erlangung eines vollstreckb. Schuldtitels beeinflußt den Rang des Arrestpfandrechts (RG. 121, 349, JW. 1928, 2713; 1929, 591); jedoch nur wenn der Gl. noch nicht die Umschreibung der Arresthyp. in eine gewöhnl. SichHyp. herbeigeführt hatte.

Eine andere als aus den Eintragungen im GBuch ersichtl. Rangordnung hat das VollstrG. (Notariat), falls nicht alle hierbei Beteiligten einig sind, nicht zu berücksichtigen; der Widersprechende ist auf den Klageweg verwiesen (Jaeckel-Güthe A. 2; vgl. §§ 894, 899 BGB.); maßgebend für den Rang ist immer die Eintragung (wenn einmal vollzogen), nicht der Eingang der Anträge (OLG. 31, 301; 38, 8; RG. 57, 278; 60, 392). Ein versehentl. gelöschtes dingl. Recht behält seinen Rang, auch der Beschlagn., nicht aber dem gutgl., rechtsgeschäftl. Erwerb gegenüber (§§ 892, 894, 899 BGB., 19, 22, 54 GBO.; s. § 114 Fußn. 6); ob dies auch für eine zu Unrecht gelöschte Vormerkung (Widerspruch, VerfBeschränkung) gilt, ist bestr. (Güthe-Triebel § 22 A. 7, § 25 A. 31, Staudinger-Kober § 886 II c); über die Behandlung des Widerspruchs gg. den Rang eines im g. G. berücksichtigten Rechtes s. § 50 A. 3 B b.

Der Rang der Rechte, die auch nach GBAnlegung zur Entstehung der Eintragung nicht bedürfen (z. B. die SichHyp. nach §§ 1287 BGB., 848 Abs. 2 ZPO.), bestimmt sich, vorbehaltlich der Wirkung des öffentl. Glaubens, nach dem Zeitpunkt der Entstehung (Güthe-Triebel GBO. § 46 A. 4; vgl. oben 2 b).

B. Eine **Änderung des Rangverhältnisses**[8]) kann gemäß § 880 BGB. auch nachträglich u. ohne Rücksicht auf die Beschlagn. (s. § 23 A. 2 A) erfolgen; ist die Änderung eingetragen, so behält das vorgetret. Recht den ihm eingeräumten Rang ohne Rücksicht auf das spätere, durch Rechtsgeschäft bedingte Schicksal des zurückgetretenen (anders z. B. bei Erlöschen eines zurückgetret. Nießbrauchs durch Tod). Fällt aber die Rangänderung oder das vorgetret. Recht weg, so nimmt das zurückgetret. seinen alten Rang wieder ein (HRR. 1, 40, RGRK. § 880 A. 2).

Einer Zustimmung der ZwischenGl. bedarf es nicht, sie haben weder Vorteile noch Nachteile von der Rangänderung; sie ist aber auch ihnen gegenüber ebenso wirksam, wie eine andere Verfügung über das zurückgetret. Recht (§ 880 Abs. 5 BGB., BayObLG. 7, 469). Ist der Betrag des vortret. Rechtes größer, als der des zurücktretenden, so nimmt der Rest die alte Stelle des vortret. vor dem zurücktretenden ein; ist er kleiner, so bleibt der Rest des zurücktr. an seiner alten Stelle vor dem Zwischenrecht, aber nach dem vortretenden (vorbehaltl. besonderer Regelung).

Für den dingl. Umfang einer bewill. Vorrechtseinräumung ist die Willenseinigung der Vertragsteile — vorbehaltl. gutgl. Rechtserwerbs — auch dann maßgebend, wenn die Einigung nicht vollständig eingetragen ist (RG. 59, 313; 61, 37). Zur Änderung des Ranges einer Zinsrückstandshyp. bedarf es nicht der Eintrag. u. Zustimmung des Eigentümers (RG. 88, 160).

Im übr. s. wegen des g. G. § 44 A. V; weg. der Verteilung § 114 A. III.

C. Das Rangverhältnis wird ferner beeinflußt durch den vom Eigent. nach § 881 BGB. (auch § 7 AufwGes.) ausgeübten **Rangvorbehalt**. Auch hier erfahren die inzwischen liegenden, ohne entspr. Vorbehalt eingetrag. Rechte (z. B.

[8]) Über das Wesen des Ranges als einer Eigenschaft des Rechtes u. eines selbständigen wirtschaftl. Gutes (Vorwegbefriedigungsrecht) vgl. Planck § 880 II 1, Rosenberg Vorbem. I vor § 879; Staudinger-Kober § 880 II; Fischer-Schäfer 159; über das Wesen der Rangänderung s. Planck a. a. O., Rosenberg § 880 A. IV, RGRK. A. 2, ferner Breit Grundbuchrang u. s. Probleme; über das Verhältnis der VerfügBeschränkungen untereinander u. zu den Grundstücksrechten s. Rosenberg Vorbem. IV 1 b β vor § 879, § 880 A. I 2.

die ZwHyp.) durch die Rangverschiebung (Ausübung des Rangvorbehalts) keine Beeinträchtigung, während anderseits das zurücktret. (mit dem Vorbehalt belastete) Recht gegen eine über den Umfang des Vorbehalts hinausgehende Zurücksetzung geschützt wird. Der Rangvorbehalt gehört zu den, dem jeweiligen Eigent. zusteh. Rechten (§ 96 BGB., RJA. 11, 67[9]); nach der Beschlagn. ist die Ausübung des Rangvorbehalts dem BeschlagnGl. gegenüber unwirksam (§ 23 A. 2 A u. Fußn. 4). Im übr. s. § 44 A. VI.

Bis zur Grundbuchanlegung finden auf die Rangänderung die bisher. Vorschrift. Anwendung (Art. 184, 186, 189 EG.BGB., s. oben A. 2 c).

4. Der Rang mehrerer (persönl.) **BeschlagnForderungen** richtet sich gemäß § 11 Abs. 2 nach dem Zeitpunkte der Wirksamkeit der Beschlagn. (Zustellung, Eingang beim GBuchAmt §§ 22, 27; Abweichung: Art. 48 BayAG. für die gerichtl. Versteig. von Bergw. u. unbewegl. Kuxen). Dies gilt nun auch für mehrere Beschlagnahmen vom gleichen Tag; Beschlagnahmen, die gleichzeitig wirksam werden[10]), genießen gleichen Rang. Mehrere gleichzeitige BeschlagnAnträge müssen in einem Beschluß erledigt werden, damit dieser für alle gleichzeitig wirksam wird (Jaeckel-Güthe A. 5). Ein Beitrittsbeschluß kann (infolge früherer Zustellung) auch vor dem BeschlagnBeschluß wirksam werden (§ 27). Zwischen mehreren BeschlagnForderungen können noch andere Rechte stehen (vgl. § 10 A. 6). Wird die Beschlagn. auf Grund eines dingl. Rechtes betrieben, so nimmt die BeschlagnForderung natürlich den Rang des letzteren ein (4. Klasse); entspr. gilt für die Anspr. der 1.—3. Kl.; für die ZwVerw. s. § 155 A. 5. Über Rang einer aufgehob. u. wieder hergestellten Beschlagn. s. § 95 Fußn. 4.

§ 12.

Die Ansprüche aus einem und demselben Rechte haben untereinander folgende Rangordnung:

1. **die Ansprüche auf Ersatz der im § 10 Abs. 2 bezeichneten Kosten;**
2. **die Ansprüche auf wiederkehrende Leistungen und andere Nebenleistungen;**
3. **der Hauptanspruch.**

E. I § 13; Begr. 98; D. 37, 38; RBer. —.

Rangordnung der Ansprüche aus dem gleichen Rechte.

1. Voraussetzung der Vorschrift. Vgl. §§ 367 BGB., 48, 62 KO. Der § 12 hat hauptsächl. Bedeutung für den Fall der Unzulänglichkeit der Masse zur Deckung der ganzen Post (vgl. BZfR. 1915, 14) u. setzt voraus, daß für die mehreren Anspr. auch ein Recht auf Befriedigung aus dem G. gewährt ist, sowie, daß die Anspr. aus demselben Recht nicht verschiedenen Klassen u. Rangordnungen (§§ 10, 11) angehören.

---

9) Übertrag., Pfändg., Verpfändg. ausgeschlossen (RG. 117, 426, Staudinger-Kober § 881 II 2 c, Planck A. 5, RGRK. A. 3, Rosenberg A. IV 3); die vorbehaltene Befugnis des Eigentümers geht auf den Ersteher über, wenn das mit dem Vorbehalt eingetrag. Recht nicht durch den Zuschlag erlischt (s. § 10 Fußn. 30).

10) Wenn sich z. B. bei Zustellungen vom gleichen Tag die Zeit der Zustellung nicht feststellen läßt (Jaeckel-Güthe A. 5, Reinhard-Müller A. 2, Fischer-Schäfer 165).

2. Inhaber der Anspr. Ob sie einem oder verschiedenen Gl. zustehen, ist gleichgültig; steht eine Hyp. mehreren zu (hat z. B. der HypGl. nach §§ 1154, 1159 BGB. seine Zinsen einem Dritten übertragen oder bei Übertragung der Hyp. an den Dritten sich das Zinsgenußrecht vorbehalten, RG. 86, 218; 88, 160)[1]), so können sie natürlich auch eine vom § 12 abweich. Rangordnung vereinbaren, so daß der Hauptanspruch in das g. G. aufzunehmen ist, wenn der Dritte im Nachrang nach demselben aus rückständigen Zinsen das Verf. betreibt; Recht 07, 551; JW. 1913, 178, 417).

Im Falle der Ablösung kann die im § 12 bestimmte Rangordnung nicht zum Nachteil des Gl. (des näml. Rechtes) selbst geltend gemacht werden (§§ 268 Abs. 3, 1150, 774 BGB., BlfRA. 74, 77 ff., 83; JW. 1913, 718); der Ablösende macht aber den Übergang der Hyp. dann nicht zum Nachteil des HypGl. geltend, wenn dieser nur wegen einer anderen ihm zusteh. Hyp. nicht volle Befriedigung aus dem G. erhält; die Bevorzugung des ursprüngl. Gl. einer teilweise abgelösten Ford. beschränkt sich daher auf den Restbetrag dieser Ford.[2]). Betreibt also der AblösBerechtigte (z. B. Bürge) das Verf. wegen der bezahlten rückst. Zinsen, so ist der Hauptanspruch in das g. G. aufzunehmen (s. oben). Durch eine Rangänderung wird das AblösRecht des Zwischenberechtigten nicht berührt (JW. 1913, 1147, Recht 1913 Nr. 3252).

Wenn sich wieder mehrere Berechtigte in die Ansprüche Nr. 1 oder 2 oder 3 teilen, so stehen sie im Gleichrang (Jaeckel-Güthe A. 2, 3).

Im übr. vgl. § 10 A. 2 A d, 4 c, § 75 A. 3, 4.

3. Über die **Kosten** s. § 10 A. 8. Zu den **Nebenleistungen** der Nr. 2 gehören z. B. die eingetragenen Zinsen (§ 1115 BGB.), die gesetzl., Verzugs- u. Strafzinsen (§§ 1118 mit 197, 246, 288, 289, 291; 1146 BGB.; Jaeckel-Güthe § 13 A. 3, § 114 A. 8)[3]), die wiederkehr. Leistungen aus Rentenschulden u. Reallasten (Leibgeding u. dgl.), Tilgungsbeträge)[4]). Der § 12 gilt auch für die mehr als 2 Jahre rückst. Nebenleistungen der 8. Kl. des § 10 (Jaeckel-Güthe A. 3 gegen Wolff A. 4). Unter dem **Hauptanspruch** ist Kapital, Ablösungssumme (z. B. §§ 1199, 1200 BGB., Art. 85 BayAG. hierzu), oder Wert des Rechtes selbst (§ 92) zu verstehen (Reinhard-Müller A. 4, Jaeckel-Güthe A. 4).

---

[1]) Über Abtretung u. Pfändung künftig fällig werdender Zinsen aus einer BriefHyp. s. LZ. 1916, 461, 462. Zur Änderung des Ranges der ZinsrückstandsHyp. bedarf es nicht der Eintrag. u. Zustimmung des Eigent. (RG. 88, 160; vgl. RJA. 12, 145 u. § 10 A. 4 c).

[2]) RG. 76, 195; 82, 133; BayObLG. 17 A, 3; JW. 1913, 643, 1147; 1914, 916; 1918, 129; a. M. JW. 1917, 844, Güthe-Triebel GBO. § 22 A. 22; vgl. auch LZ. 1914, 1848. § 268 ist auch auf Schuldverh. anwendbar, die vor 1900 entstanden sind (BayObLG. 17 A, 3; auch die hier offen gelassene Frage, ob der ablösende den Rang der RestHyp. geltend machen kann, wenn zugunsten der weiteren selbständ. Hyp. eine LöschVormerkung nach § 1179 BGB. bei der zum Teil abgelösten Hyp. eingetragen ist, wird mit RG. 82, 137 zu bejahen sein; denn die LöschVorm. wirkt nicht gegen den Ablösenden, da dieser die abgelöste Hyp. nicht durch eine Verfüg. des Eigent. erwirbt, vgl. § 50 Anh. II. — Auch der Ersteher hat ein AblösRecht zum Schutze seines Eigentums vor Rechtskraft des Zuschlags (OLG. 42, 40). — Über Ausübung des AblösRechtes vor Beginn der ZwVollstr. s. BZfR. 1920, 329, SeuffA. 76, 36, nach Beginn der Versteig. s. § 75.

[3]) Verzugszinsen können auch aus unverzinsl. Hyp. u. Grundsch., sowie aus der Ablösungssumme bei Rentenschulden verlangt werden (RGRK. § 1146 A. 1, 3; Binder Bay.-NotZ. 1928, 23).

[4]) Obwohl diese sich als Kapitalstilgung darstellen, erscheinen sie doch im Sinne des § 12 als Nebenleistung (nicht aber im Sinne des § 1178 Abs. 1 S. 1 BGB.; vgl. § 10 A. 4 c Fußn. 31).

§ 13.

Die laufenden Beträge wiederkehrender Leistungen nehmen ihren Anfang von dem letzten Fälligkeitstermine vor der Beschlagnahme des Grundstücks; die Rückstände werden von demselben Zeitpunkte zurückgerechnet.

Fehlt es innerhalb der letzten zwei Jahre an einem Fälligkeitstermine, so entscheidet die Zeit der Beschlagnahme.

Liegen mehrere Beschlagnahmen vor, so ist die erste maßgebend. Bei der Zwangsversteigerung gilt, wenn bis zur Beschlagnahme eine Zwangsverwaltung fortgedauert hat, die für diese bewirkte Beschlagnahme als die erste.

E. I § 14; Begr. 99, 100; D. 37; KBer. —.

Abgrenzung laufender und rückständiger Beträge.

1. **Die Unterscheidung** zwischen **lauf. u. rückst. Beträgen** wiederkehr. Leistungen ist wichtig bei Bestimmung des Ranges (§ 10), Feststellung des g. G. (§§ 45, 47, 49), Verteilung (§§ 114, 155, 156). Maßgebend ist für den Beginn der lauf. Beträge im Falle des Abs. 1 der Fälligkeitstermin, des Abs. 2 der Zeitpunkt der Wirksamkeit der Beschlagnahme (§§ 22 mit 146, 151 Abs. 2; OLG. 39, 81), im Falle des Abs. 3 der Zeitpunkt der ersten (Versteig.-, allenf. Verw.-) Beschlagn. (auch wenn diese wieder aufgehoben u. das Verfahren auf Grund Beitritts fortgeführt wurde). Abs. 2 ist insbes. auf die gesetzl. (Verzugs-) Zinsen, auch die der SichHyp. des § 128, anzuwenden (Jaeckel-Güthe A. 3, RG. 46, 75; 70, 69, GruchBeitr. 55, 472).

Endpunkt der lauf. Beträge ist der Tag des Zuschlags (bzw. Zahltag, § 47 A. 2); § 47 gilt nur für die Bestimmung des g. G.

Rückständig ist im allg. eine Leistung, wenn der Termin für ihre Fälligkeit (vgl. § 608 BGB.) vorübergegangen ist, ohne daß der Anspruch auf sie getilgt oder erloschen ist; im Sinne des § 13 ist die Leistung rückständig, wenn sie für die Zeit bis zu dem für den Beginn der lauf. Beträge maßgeb. Zeitpunkt zu entrichten war u. der Anspruch auf sie noch nicht getilgt ist; der etwaige Gläubigerwechsel ist ohne Bedeutung (RG. 91, 301).

§ 13 kommt auch zur Anwendung, wenn nur lauf. oder nur rückst. Leistungen in Frage stehen, letzteres z. B. wenn das Dienstverhältnis des nach § 10 Nr. 2 Berechtigten schon vor der Beschlagn. beendigt war.

Beispiele:

a) Letzter Fälligkeitstermin der Anspr. aus § 10 Nr. 2 war der 31. 3. 04; die auf die Zeit vom 1. 4. 03 bis 31. 3. 04 treffenden[1]) Beträge sind rückständig, alle späteren „laufend" (auch wenn sie während des Verf. wieder „fällig" werden).

b) Ein Anspruch nach § 10 Nr. 3 war vor der am 3. 2. 04 erfolgten ersten Beschlagn. zum letzenmal am 2. 2. 02 fällig gewesen: Der auf die Zeit vom 3. 2. 02 bis 2. 2. 04 treffende Teil des Anspruchs ist „rückständig" (obwohl noch nicht „fällig") u. gehört ebenso wie der auf die Zeit vom 3. 2. 04 an treffende in die 3. Kl., während die auf die Zeit vor dem 3. 2. 02 entfall. Beträge als ältere Rückstände in die 7. Kl. einzureihen sind.

---

[1]) Nicht: während dieser Zeit fällig gewordenen Beträge (Begr. a. a. O.; Fischer-Schäfer 167, Jaeckel-Güthe A. 5; RG. 91, 297; JW. 1917, 528, 762 gegen JW. 1917, 652).

2. § 13 gilt entspr. auch für **öffentl. Lasten**, die **nicht in wiederkehr.** Leistungen bestehen (§ 10 Nr. 3); ist eine solche innerh. der letzten 2 Jahre vor der Beschlagn. fällig geworden, so gehört sie also noch in die Kl. 3, nicht 7 des § 10; sie bedarf der Anmeldung (§ 45) u. fällt dem Ersteher (nicht der Masse) zur Last, wenn sie erst **nach** dem Zuschlag fällig wird (§ 56; Jaeckel-Güthe A. 4; vgl. § 155 Fußn. 2).

§ 14.

Ansprüche von unbestimmtem Betrage gelten als aufschiebend bedingt durch die Feststellung des Betrags.

E. I §§ 71 Abs. 1 Satz 2, 160 Abs. 2, 161 Abs. 3; Begr. 174, 294, 295; D. 38; KBer. 14.

Unbestimmte Beträge.

1. § 14 stellt den **Grundsatz** auf, daß Anspr. von unbestimmtem Betrag im Verfahren (bei Bestimmung des g. G.: §§ 45, 46, 48, 50 Abs. 2 Nr. 1, § 51; bei der **Verteilung**: §§ 119, 120, 125) bis zu ihrer Feststellung als **bedingt** behandelt werden, obwohl sie unbedingt sind.

2. Unter § 14 fallen:

a) Solche Anspr., deren **Geldbetrag nicht** aus dem GBuch **ersichtlich**, daher anzumelden u. glaubhaft zu machen (§§ 45, 46) ist; hierher gehören Reallasten, Schiffspfandrechte, §§ 4 ff., 31, 32 AufwG.), wenn der AufwBetrag noch nicht eingetragen oder gg. ihn ein Widerspruch des Eigent. (§ 8 Abs. 2, § 16 Abs. 3 AufwG.) eingetragen ist u. nicht der Nachweis rechtskr. oder vergleichsweiser Feststellung (§§ 69, 71, 75 AufwG.) erbracht wird[1]); ferner der den AufwBetrag der Hyp. übersteig. Teil der Grundschuld oder die Ersatzgrundsch. i. S. des § 22 II DurchfVO. z. AufwNov. PapierMHyp. mit **Goldklausel**[2]) sind den aufzuwertenden gleich zu behandeln.

b) Solche Anspr., welche **überhaupt nicht auf eine Geldleistung gerichtet** sind (z. B. **einzelne** Reallast-, Auszugsleistungen, Liedlohnforderungen, soweit sie Naturalien zum Gegenstand haben; vgl. § 46 u. unten 3 c).

c) Die Anspr. aus einem Höchstbetragspfandrecht am Schiffe (§ 1271 BGB.), da hierfür nicht die Vorschr. über die Eigentümerhyp. gelten; sie sind nach §§ 119, 120 (162, 169) zu behandeln (Jaeckel-Güthe A. 4).

3. Dagegen **fallen nicht unter § 14:**

a) **bestrittene** Anspr. (§ 115);

b) **betagte unverzinsl.** Anspr., deren Fälligkeitstermin **ungewiß** ist; sie gelten nur für das VerteilVerf. als aufschiebend bedingt (§ 111); über ihre Behandlung bei Festst. des g. G. s. § 48 A. 2.

---

[1]) Die Einigung der Beteiligten kann auch in öffentl. Urkunde (Protokoll des VollstrG., Notars) erklärt werden. Ist z. G. des AufwGl. ein Widerspruch vor dem VerstVermerk eingetragen, dann bedarf auch das noch nicht eingetr. AufwRecht nicht der Anmeldung (§ 48). Vgl. Reinhard, Einfluß S. 99 ff., 211 ff.

[2]) Die Goldklausel war im Zweifel als bloße Goldmünzklausel, nicht als Goldwertklausel (Kursgarantieklausel) gemeint (RG. 101, 145; 107, 370, 402; 108, 181; 121, 110; JW. 1928, 1810, Ring 1, 412; 3, 450, 452; 4, 185, 187); da Goldmünzen derzeit nicht im Umlauf sind, liegt eine gewöhnl. Markschuld vor (§ 245 BGB.), die aufzuwerten ist (RG. 107, 402; Mügel § 4 A. 10, Reinhard, Einfluß S. 5).

c) **Altenteils-, Unterhaltsansprüche**[3]) u. ähnliche bis zum Eintritte eines unbest. oder ungewissen Ereignisses (Tod, Verheiratung) fortbesteh. Rechte, wenn sie bestimmte **Geldleistungen** zum Gegenstand haben (KBer. 14). Fallen sie ins g. G., so findet § 51 zwar Anwendung, wenn sie schon **vor** dem Zuschlag erloschen waren (§ 50 Abs. 1), nicht aber, wie bei anderen bedingten Rechten, wenn sie **nach** dem Zuschlag erlöschen. Letzterenfalls kommt der Vorteil dem Ersteher zugute (§ 56). Erlöschen sie **durch** den Zuschlag, weil sie nicht gesetzl. oder vertragsm. bestehen zu bleiben haben, so ist, falls sie nicht ausgefallen, der Wertsersatz nach §§ 92, 121 zu leisten.

d) Die **Sicherungs- u. Höchstbetragshyp.** der §§ 1184 ff., 1190 BGB., Art. 192 Abs. 1 S. 2 EG. hierzu (§§ 923, 866 ZPO.), da hierbei nicht der Geldbetrag der Belastung, sondern nur die Person des Berechtigten (Gl. oder Eigent.) ungewiß ist (OLG. 16, 333). Soweit sie nicht erschöpft (valutiert) sind, findet kein Aufrücken der NachGl. statt, wobei es gleichgültig ist, ob die Hyp. ins g. G. aufgenommen ist oder nicht. Als Berechtigter im Sinne des § 1163 Abs. 1 BGB. erscheint entweder der Eigent. z. Z. der Entstehung (Eintragung) der Hyp. oder des Erlöschens der Ford. (RG. 55, 217; 78, 404). Die Höchsthyp. steht, **solange die Ford. noch nicht festgestellt** u. insbes. solange das zugrunde lieg. Kreditverhältnis noch nicht beendigt ist, zunächst (als auflösend bedingte, vorläufige Grundsch.) dem Eigent. zu u. wird vom Gl. erst erworben, wenn u. soweit die Ford. zur Entstehung gelangt u. festgestellt wird (RG. 75, 245; 78, 404; 97, 226, GruchBeitr. 58, 665, BayObLG. 23 A 90; 28 A 1). Im übr., insbes. auch über die **altrechtl.** Zinsen- u. Kostenkaution s. § 50 A. 3, § 119 A. 2 b. Zu den SichHyp. zählen auch die unter dem alten Recht **vorgemerkten** Zwangs- u. ArrestHyp.[4]). Das Höchstbetragspfandrecht am **Schiffe** (§ 1271 BGB.) ist jedoch ein durch die Feststell. der Ford. bedingtes Recht (s. oben 2 c).

e) Anspr. aus **wertbeständ.** oder in **ausländ.** Währung eingetrag. Hyp., Grund- u. Rentensch. (einschl. der Schweizer FrGSchuld); deren Geldbetrag in Reichswährung ist im Termin festzustellen[5]).

---

[3]) Der Anspr. aus dem Leibrentenvertrag ist ein einheitl. Recht, nicht eine Mehrheit einzelner selbständiger Anspr. mit aufeinanderfolg. Fälligkeitsterminen, sondern ein Ford.-Recht mit auflösender Bedingung, ein betagtes Recht auf fortlauf. Leistungen (RG. 67, 204; 68, 342).

[4]) Art. 57 BayAG., Becher Mat. VI, 38, § 606 DA. u. A. 3 b zu § 50.

[5]) VO. v. 23. 6. 23 RGBl. I 407 §§ 4 ff. mit 29. 6. 23 RGBl. I 482; 13. 2. 20 RGBl. 231 §§ 6 ff.; EntlVO. v. 13. 5. 24 RGBl. I 552 mit AusfVO. v. 27. 6. 24 RGBl. I 660 u. BayBek. v. 7. 1. 24 StA. Nr. 7. Vgl. oben § 10 Fußn. 20, 23—25. Über **Goldhyp.** mit Schwankungsklausel s. BayObLG. 27 A 269.

Zweiter Titel.

Zwangsversteigerung.

I. Anordnung der Versteigerung.

§ 15.

Die Zwangsversteigerung eines Grundstücks wird von dem Vollstreckungsgericht auf Antrag angeordnet.

E. I § 25; Begr. 121; D. 38; KBer. 15.

Versteigerungsantrag und -beschluß.

1. Zuständig zur Anordnung der ZwVersteig. (u. -Verw., § 146) ist ausschließlich das nach §§ 1, 2 zuständige Amtsgericht. Die Anordnung ergeht durch Beschluß; ist sie bereits erfolgt, so wird nur die Zulassung des Beitritts ausgesprochen (§ 27). Im Falle der Abweisung der beantr. Anordnung kann diese das BeschwerdeG. (s. unten A. 5) selbst beschließen u. das weitere Verfahren (Eintrag. des VersteigVermerks) dem VollstrG. überlassen (§ 575 ZPO.). Die Anordnung der ZwVersteig. (u. -Verw.) kann landesgesetzlich keiner anderen Behörde übertragen werden (Art. 13 Abs. 1 EG., 25 Abs. 1 BayAG. v. 2. 2. 21 GVBl. 29).

2. Allgemeine Voraussetzung der Anordnung der ZwVersteig. (u. -Verw.) ist die Zulässigkeit der ZwVollstr. (s. Einl. II, insbes. II 5).

Die die ZwVollstr. beschränkenden allg. Bestimmungen zugunsten der Kriegsteilnehmer sind gegenstandslos (VO. v. 22. 12. 20 RGBl. 2162, 8. 7. 24 RGBl. I 663), die HypVO. (über Geltendmachung v. Hyp. usw.) v. 8. 6. 16 RGBl. 454 ist aufgehoben (VO. v. 18. 7. 25 RGBl. I 154). Über die VO. über die Folgen nicht rechtz. Zahlung u. Bew. von Zahlungsfristen s. Vorb. 5 vor § 28.

3. Besondere Voraussetzung ist ein Antrag, dessen Inhalt § 16 bestimmt (weg. des VollstrTitels s. auch § 16 A. 4) u. die Eintragung des Schuldners im GBuch, § 17.

a) Der Antrag kann vom Gl. selbst, seinem Prozeßbevollm. unter Vollm.-Vorlage, von dem gesetzl. Vertreter einer nicht prozeßfähigen Partei mit dem Nachweis der VertrMacht (§§ 56, 78, 80, 84, 88 Abs. 2 ZPO.) schriftlich oder zu Protokoll eines amtsgerichtl. Urkundsbeamten gestellt werden. Der Antrag unterbricht die Verjährung (§ 209 Nr. 5 BGB., Stillschweig JW. 1921, 1341).

b) Einer besond. Ermächtigung bedarf der Vormund eines Miteigentümers im Falle des § 181 Abs. 2. Die im gesetzl. Güterstand leb. Ehefrau bedarf in der Regel der Genehmigung des Mannes, wenn sie ein zum eingebr. Gut gehöriges Recht am G. verfolgt, das gemäß § 44 dem Ausfall ausgesetzt ist (§§ 1395, 1401, 1405, 1407 BGB., Jaeckel-Güthe A. 4). Im übr. s. über Antrags- u. Vertretungsbefugnis des Vormunds u. Pflegers §§ 1821, 1822, 1915 BGB.; mehrerer Vormünder u. TestVollstr. §§ 1797, 1798, 2224 BGB.; mehrerer Vorstandsmitglieder oder Liqu. eines Vereins §§ 26, 28—30, 48 BGB.; einer Stiftung §§ 85, 86 BGB.; Aktienges. §§ 232, 298 HGB.; eingetr. Genoss. §§ 25, 29, 85 GenossG.; mehrerer Geschäftsführer u. Liqu. einer Ges. m. beschr. H. §§ 35, 68 GmbHG.; des Vorstands einer Innung § 97 b GenO.; der Gesellschafter u. Liqu. der off. HG. u. KommGes. §§ 125, 161 Abs. 2, 170, 320 Abs. 2; 150, 153, 331 HGB.; der Teilhaber einer Gesellsch. des bürgerl. Rechts §§ 709 ff. BGB.; einer Gemeinschaft § 744 BGB.; der Miterben §§ 2038, 2040 BGB. Über die erforderl. Zustimmung des GEigentümers zur ZwVerst. des Erbbaurechts s. § 28 Fußn. 4.

c) Die Prozeßvollmacht ermächtigt zur Vertretung bei allen im Laufe des Verfahrens zur Befriedigung des Gl. nötigen Rechtshandlungen; nicht: zum Empfang von Geldern u. Quittungsleistung (§ 81 ZPO.), zur Abgabe von Geboten und Erklärungen hierüber (§§ 71 Abs. 2, 81 Abs. 2, 3 ZVG., Reinhard I, 111, Fischer-Schäfer 170, BayObLG. 18 B 152). Der (von Amts wegen zu prüfende) Nachweis der Vollmacht (VertrMacht gesetzl. Vertreter) kann durch Bezugnahme auf die beim VollstrG. (Notariat) befindl. Akten ersetzt werden (§ 80 Abs. 1 ZPO.). Bei landgerichtl. Urteilen genügt der Vermerk der Vertretung nicht (§ 88 Abs. 2 ZPO., JW. 1916, 658), wohl aber eine ausdrückl. Bestätigung des Urkundsbeamten, daß sich die Vollmacht beim Prozeßakt befindet (abw. Jaeckel-Güthe A. 5).

4. Die **Anordnung** der Versteig. erfolgt durch Beschluß, in der Regel ohne mündl. Verhandlung u. Gehör des Schuldners (§ 764 Abs. 3, vgl. § 834 ZPO.). Der Beschluß wird, wie der Antrag (§ 16), die Parteien, den Anspruch des Gl., den VollstrTitel, das Grundstück, die Anordnung der ZwVersteig. u. die Bestimmung des Notariats (Art. 25 Abs. 1 BayAG., § 1 AusfBek. v. 30. 3. 21 JMBl. 33) zu enthalten haben. Zustellung des Beschl.: §§ 3 ff., 8, 22, 27; nunmehr auf Antrag des Gl. auch an Mieter u. Pächter, die durch den GVollz., GWachtm. oder Gemeindebehörde zu ermitteln sind, durch das Notariat unter Belehrung über die Bedeutung der Beschlagn. (§ 57 b, Bek. v. 31. 3. 05/ 27. 7. 15 § 2 a, b, s. Anhang u. § 3 Bek. v. 2. 2. 21 JMBl. 34); bei ZwVollstr. in einen Anteil ist der Beschluß den nichtschuldnerischen Miteigentümern nicht zuzustellen; ebensowenig dem neuen Eigentümer des § 26. Weitere Mitteilungen: Art. 34, 43, 44 AG.

Mehrere gleichzeitige Anträge sind, wenn sie alle begründet sind, in einem Beschluß zu erledigen (§ 11 A. 4).

Mit der Erlassung der Anordnung „beginnt" zwar die ZwVollstr. (§ 16 Abs. 2; vgl. Einl. II Fußn. 11), nicht aber die Wirksamkeit der Beschlagn. (§ 22; vgl. BlfRA. 72, 1060); wurde ein Antrag zur Ergänzung zurückgestellt (was, wie nach § 18 GBO. unter Fristsetzung geschehen kann), so begründet er kein Vorzugsrecht (§§ 10 Nr. 5, 11 Abs. 2) gegenüber den inzwischen einlauf. vollständigen Anträgen (OLG. 6, 433).

Über nachträgl. Bestimmung eines anderen Notariats als Versteig.-Behörde s. § 4 Bek. v. 30. 3. 21 (JMBl. 33).

5. **Rechtsbehelfe** gg. die Entsch. des VollstrG. Gegen die (vollständige oder teilweise) Abweisung des Antrags (sowie gg. den, die Beschlagn. nach Einwendung des Sch. wieder aufhebenden Beschluß des VollstrG., BZfR. 1925, 248, OLG. 31, 100) steht dem Antragsteller die sof. Beschwerde (§ 793 ZPO., § 95 ZVG.), gegen die Anordnung dem Sch. teils sof. Beschwerde nach § 95 ZVG., § 793 ZPO., teils Einwendungen nach § 766 ZPO., § 28 ZVG. (soweit sie sich nicht gegen die Zulässigkeit der VollstrKlausel, §§ 732, 768, gegen den Anspruch selbst, § 767 ZPO., richten), Dritten aber nur der

Klageweg nach § 771 ZPO.[1]) zu. Die Zulässigkeit der sof. Beschwerde des Sch. wird aber überwiegend davon abhängig gemacht, daß er vor der Anordnung gehört worden ist; andernfalls ist er zunächst auf die Einwendungen beschränkt[2]). Das VollstrG. selbst ist, sobald der Anordnungsbeschluß wirksam geworden ist, zu einer Abänderung desselben (Aufhebung) von Amts wegen nicht befugt (§ 577 Abs. 3 ZPO.; Ausnahme: § 28); über einstw. Einstellung u. Aufhebung s. Vorbem. vor § 28, ferner §§ 29 ff.

Sehr bestritten ist die Frage, welcher Rechtsbehelf dem Sch. gg. den Anordnungsbeschl. des BeschwerdeG. zusteht (JW. 1921, 421); letzteres wird daher zweckmäßig vom § 575 ZPO. Gebrauch machen, wenn es die Beschlagnahme anordnen will. Im Falle der Aufhebung des BeschlagnBeschl. empfiehlt es sich, stets die Vollziehung bis zur Rechtskraft auszusetzen (s. § 95 Fußn. 4 a. E.).

Einwendungen gg. Anspr. aus dem IndustrieBelG. u. der RentenbankVO. sind bei den Finanzbehörden nach den Vorschr. der RAbgO. u. Art. VII, VIII der 3. StNotVO. zu verfolgen; die Gerichte sind an deren Feststellungen, soweit sie die Belastung betreffen, gebunden[3]).

6. Anwaltsgebühr für Antrag: Art. 5, 17, 18, 25 BayRAGebO. v. 26. 3. 02 (GVBl. 133, Begr. JMBl. 441 ff.) mit VO. v. 29. 12. 23 (GVBl. 415) Art. 4. Anrechnung ders. auf die Gebühr für Antrag auf Eintrag. einer ZwHyp.: Art. 27 Abs. 3; InformGebühr: Art. 6 Abs. 4, 5 mit Art. 25; bei den in ausländ. Währung eingetr. Rechten ist der jeweilige Kurswert in Reichswährung zugrunde zu legen (§ 12 VO. v. 13. 2. 20, RGBl. 231). — Die Gebühr gehört zu den Kosten des § 10 Abs. 2.

§ 16.

Der Antrag soll das Grundstück, den Eigentümer, den Anspruch und den vollstreckbaren Titel bezeichnen.

Die für den Beginn der Zwangsvollstreckung erforderlichen Urkunden sind dem Antrage beizufügen.

E. I §§ 28, 29; Begr. 124—127; D. 38; KBer. —.

Inhalt des Versteigerungsantrags.

1. Was das **Grundstück** (grundstücksgl. Berechtigung) angeht, so versteht es sich von selbst, daß sie genügend deutlich bezeichnet werden müssen. Es liegt im Interesse des Antragstellers, Zweifel über die Wesensgleichheit des G. von vorneherein auszuschließen, um nicht zurückgewiesen oder zur Ergänzung veranlaßt zu werden, die mit einem Rangverlust (§ 11 Abs. 2, § 15 A. 4) verbunden sein kann (vgl. § 28 GBO.).

Besondere Deutlichkeit ist am Platz, wenn mehrere G. auf einem GB.-Blatt vorgetragen sind u. der Antrag sich nicht auf sämtliche bezieht (§§ 4, 87

---

[1]) Die Widerspruchsklage nach § 772 ZPO. ist nicht gegeben, wenn die ZwVollstr. zugunsten eines im Rang vorgehenden Rechtes betrieben wird, BZfR. 1911, 26, Stein-Jonas § 772 A. II, Reinhard-Müller A. 3 c).

[2]) RG. 25, 368, SeuffA. 43, 116, OLG. 11, 320; 16, 335; 19, 193 ff.; 20, 386; ZBlFG. 7, 491; BZfR. 09, 469; Jaeckel-Güthe § 28 A. 7 ff., § 95 A. 2, Fischer-Schäfer 342, Stein-Jonas Vorbem. VI 3 vor § 704; a. M. OLG. 15, 292, SeuffA. 63, 169; 72, 1059 u. a.

[3]) §§ 10, 11 AusfV.IndBelG. v. 28. 10. 24 RGBl. II 421, § 1 AusfV. v. 5. 12. 25 RGBl. II 1156, §§ 6 ff. AufbrG. RGBl. II 269 bzw. §§ 31, 32 AusfV.RVBO. v. 14. 11. 23 RGBl. I 1092 (Reinhard-Müller A. 4 d).

Satz 2 GBO.; vgl. Einl. III); diesfalls ist mindestens die Angabe der (Plan-) Nummer des G. (§ 2 Abs. 2 GBO.) erforderlich.

Bei Beschlagnahme eines Anteils des G. ist der Bruchteil zu bezeichnen (vgl. Einl. III 2 u. § 17 A. 1). Die Vermutung des § 742 BGB. ist für den GBVerkehr ohne Bedeutung; ergibt sich die Größe der Anteile nicht aus dem GBuch, so ist vor der Beschlagnahme die Berichtigung des GBuchs auf Grund Nachweises der für die Entstehung des Gemeinsch.-Verhältnisses maßgebenden Tatsachen herbeizuführen oder nur Pfändung u. Überweisung des Anteils am GemeinschVermögen möglich (OLG. 2, 4 u. 87, ebenso v. d. Pfordten S. 55, Jaeckel-Güthe A. 8). Der Gl., welchem das ganze G. haftet, kann, wie jeder andere, auch in den Bruchteil die Vollstr. betreiben (Einl. III 2).

Bei Widerspruch zw. Antrag u. Eintragung ist der Antrag entweder berichtigen zu lassen oder zurückzuweisen. Die Bezugnahme auf das GBuch (§ 17 Abs. 2) ersetzt die richtige Angabe des G. nicht (Jaeckel-Güthe A. 8).

2. Hinsichtl. des **Eigentümers** müssen sich Antrag, Schuldtitel (Vollstr.-Klausel) u. Eintragung im GBuch decken, soweit es nicht genügt, daß der Schuldner Erbe des eingetragenen Eigentümers ist (§§ 9, 17 ZVG., § 750 Abs. 1 ZPO.). Ausnahmen: §§ 133, 147, 164, 181 Abs. 3. Vgl. Einl. II 3, § 9 A. 2 a u. § 17.

3. Der **Anspruch** braucht nicht auf einem eingetragenen Rechte zu beruhen, er kann auch ein persönlicher sein (vgl. § 794 Nr. 5 ZPO.). Die dingl. oder persönl. Natur des Anspr. u. damit der Rang des Antragstellers (§ 10 A. 5, §§ 11, 44) ergibt sich in der Regel aus dem Schuldtitel[1]). Bei bloß dingl. Anspr. kann natürlich nur Befriedigung aus demj. G. gesucht werden, welches für den Anspr. dingl. haftet. Über Rechtsnachfolge auf der Gläubigerseite s. § 9 A. 2 a.

Der Anspr. muß aber eine Geldforderung zum Gegenstand haben; einen solchen Anspr. gewähren von den dingl. Rechten nur Hyp., Grund- u. Ren-

---

[1]) Es ist bestr., ob zur Geltendmach. des Rangs eines eingetr. Rechtes im Verf. u. insbes. bei Feststellung des g. G. (§ 44) auch der Nachweis bzw. das Anerkenntnis genügt, daß die vollstreckbare persönl. Ford. dem eingetrag. Rechte zugrunde liegt; nach überwieg. Meinung ist aber erforderlich, daß der VollstrTitel (Urteilssatz) erkennen läßt, daß der dingl. Anspr. verfolgt wird. Die Vollstr. eines dingl. Rechtes setzt also einen eben dieses Recht feststellenden Titel voraus (Beschlagn. im Sinne der §§ 1121 ff. BGB., OLG. 14, 110, RG. 76, 116; 81, 149) u. der HypGl. kann den Rang seiner Hyp. bei Bildung des g. G. nur dann in Anspruch nehmen, wenn er die Versteig. auf Grund dingl. Schuldtitels betreibt; die Hyp. ist nur ein dingl. Recht u. stellt keinen schuldrechtl. (Leistungs-) Anspruch gegen den Eigent. dar (RG. 93, 236); seine Verurteilung zur Leistung schlechthin (statt zur Duldung der Vollstr. in das oder Leistung aus dem Grundstück) ist also Feststellung der persönl. Ford.; der HypGl., der nur letztere vollstreckbar gemacht hat, kann sich auch durch den Nachweis der Gleichheit der Ford. mit der Hyp. die Rechtsstellung des dingl. Gl. nicht verschaffen, seine Hyp. ist also, wenn nicht ein besser berechtigter Gl. ebenfalls das Verf. betreibt, im g. G. zu berücksichtigen (s. § 44 A. III a, b, ferner RG. 76, 116, SeuffA. 69, 340, ZBlFG. 3, 429; 5, 720; OLG. 18, 167; 30, 121, Recht 1910, 363; 1918 Nr. 1373, Jaeckel-Güthe § 16 A. 11, Reinhard-Müller A. 4, Stillschweig JW. 1916, 314 gegen Wolff § 10 A. 6 b, Fischer-Schäfer 79, 212, Recht 1910, 654 ff.; Gutmann BNotB. 1926, 359 u. OLG. Breslau JW. 1928, 739 [ZwHyp. soll genügen]; das RG. hat die Frage noch nicht endgültig entschieden, s. LZ. 1914, 1557, wo die nachträgl. Feststell. der Übereinstimmung von Hyp. u. Ford. für zulässig erklärt ist). Auch für das Konkursverf. ist die Frage bestritten s. Jäger KO. § 14 A. 9, Recht 04, 590, 620, Fischer-Schäfer § 23 A. 5. Über Fassung des Urteilssatzes über den persönl. u. dingl. Anspr. s. Brons, Stillschweig JW. 1922, 213.

tenschuld u. Reallast; ein Anspr. auf Herausgabe einer bestimmten Sache (Münzen, Wertpapiere) ist kein Geldanspruch. Dagegen genügt es, wenn die Forderung wahlweise auf eine Geldzahlung gerichtet ist (§ 264 Abs. 1 BGB., Jaeckel-Güthe A. 10).

Anzugeben ist außerdem der Grund u. Betrag des Anspr. u. dessen Ausscheidung nach Haupt- u. Nebensache. Die Höhe der Forderung muß sich aus dem VollstrTitel ergeben (a. M. BZfR. 1925, 208 betr. Papiermarkford.), auch bei Urteilen auf Grund des AnfechtGes. (Hartmann-Meikel 275). Bei wertbeständigen oder Anspr. in ausländ. Währung braucht der Antrag die Umrechnung in Reichswährung noch nicht zu enthalten (s. oben § 14 A. 3e; Reinhard-Müller A. 5). Prozeßkosten sind durch Festsetz.-Beschluß zu belegen; die durch etwaige frühere Vollstr. erwachsenen, erstattungsfähigen (§ 91 ZPO.) Kosten sind glaubhaft zu machen (§§ 105 Abs. 3, 788 ZPO.); für nicht glaubhaft gemachte oder nicht erstattungsfähige VollstrKosten ist die Beschlagnahme abzulehnen (vgl. § 10 A. 8). Für die weiter entsteh. Kosten (die nur im Umfange des § 9 Abs. 2 aus dem G. zu befriedigen sind) ist die Beschränkung auf einen Anschlag unzulässig; sie sind vielmehr erst im VerteilVerfahren anzumelden u. in den TeilPlan einzusetzen.

4. Der **Vollstreckungstitel** u. die übr., für den Beginn (§ 15 A. 4 a. E.) der Vollstr. erforderl. Urkunden (s. Einl. II) sind nicht nur zu bezeichnen, sondern beizufügen. Wurde der VollstrTitel im Laufe des Verfahrens zurückgegeben, so ist die Vornahme weiterer VollstrHandlungen (z. B. Terminsanberaumung) von der Wiedervorlage abhängig (vgl. Reinhard I, 19, Wolff § 1 A. 2). Beizufügen ist allenfalls auch ein Zeugnis des GBAmts über die Eigentumseintragung (§ 17 Abs. 2).

Ersetzt wird der VollstrTitel durch den VerstAntrag der Rentenbank (§ 6 VO. v. 15. 10. 23 RGBl. I 963), der Bank f. Industrieobl. (§ 46 IndBelG. v. 30. 8. 24 RGBl. II 257), des Finanzamtes, soweit auf Grund der RAbgO. vollstreckt wird. Mit dem VollstrTitel entfällt auch die VollstrKlausel u. die Zustellung[2]). Eine weitere Ausnahme gilt für Bergwerke (Art. 45, 46 Abs. 1 BayAG.; letzterer schreibt auch die Zustellung des Antrags usw., aber mit dem Beschluß vor).

5. Die Angabe der **VersteigBedingungen**, des Ortes, der Zeit u. der Art der Versteig. (§ 37) kann jederzeit nachgeholt werden. Die Vorlage eines Steuerkatasterauszugs (§ 5 EG.) ist in Bayern nicht verlangt. Dagegen ist die Beischaffung des Auszugs dem Notariat zur Pflicht gemacht (§ 3 JMBek. v. 31. 3. 05 JMBl. 588).

§ 17.

Die Zwangsversteigerung darf nur angeordnet werden, wenn der Schuldner als Eigentümer des Grundstücks eingetragen oder wenn er Erbe des eingetragenen Eigentümers ist.

---

[2]) Die vorherige Zustellung des Antrags halten Reinhard-Müller A. 5 (auch Reinhard, Einfluß S. 214) im Hinblick auf § 46 II IndBelG. für erforderlich. Aber das Beitreibungsverf. der RAbgO. (das entspr. auch für Anspr. aus dem IndBelGes. u. der RBVO. gilt, §§ 10, 11 DurchfVO. v. 28. 10. 24 RGBl. II 421, § 6 AufbrG. v. 30. 8. 24 RGBl. II 269, § 31 AusfVO. v. 14. 11. 23 RGBl. I 1092) bedarf nicht des VollstrTitels, weil die Gerichte die Vollstreckbarkeit nicht zu prüfen haben, u. der Zustellung des Antrags nicht, weil dem Sch. vorher das Leistungsgebot zugestellt wird (§§ 299 Abs. 4, 345 Abs. 2, 4 RAbgO., §§ 9, 11, 12, 41, 42 ff., 47, 48 BeitrO. v. 23. 6. 23 RMinBl. 595).

Die Eintragung ist durch ein Zeugnis des Grundbuchamts nachzuweisen. Ist das Vollstreckungsgericht zugleich das Grundbuchamt, so genügt statt des Zeugnisses die Bezugnahme auf das Grundbuch.

Die Erbfolge ist durch Urkunden glaubhaft zu machen, sofern sie nicht bei dem Gericht offenkundig ist.

E. I §§ 26, 29; Begr. 121, 127; D. 39; RBer. —.

Besondere Voraussetzung der Versteigerungsanordnung.

1. Eintragung[1]) **des Eigentums** des persönl., wie dingl. Schuldners (d. h. desj., der lt. des Schuldtitels mit seinem Vermögen oder Grundstück zu leisten oder zu dulden hat)[2]) im GBuch ist — neben den sonst. Voraussetzungen, insbes. den in § 16 genannten — unerläßliche Vorbedingung der Anordnung der ZwVersteig.

Ausnahmefälle: Herrenlosigkeit des Gr. (§ 928 BGB., §§ 787 mit 58 ZPO.)[3]), Anfechtung der Auflassung (§§ 7, 9 AnfechtG., 29 ff. KO., s. A. 4), Wiederversteig. § 133, ZwVerw. § 147, Schiffe § 164, TeilungsVersteig. § 181.

Nichtbeachtung begründet Aufhebung des Verfahrens u. Versagung des Zuschlags (§§ 28, 83 Nr. 6, 84); Heilung des Mangels durch Nachholung der Eintragung ist nur möglich, wenn der (nicht eingetr.) Sch. schon z. B. der Anordnung des Verf. Eigent. war (Jaeckel-Güthe A. 1, Reinhard-Müller A. 1; bestr.)

Wie nur der materiell-rechtl. Schuldner als Eigent. eingetragen zu sein braucht (nicht der Ehemann im Falle des § 739 ZPO., nicht der KVerwalter, OLG. 35, 113, nicht TestVollstrecker oder ein anderer Vertreter kraft Amtes), so kann auch nur der im GBuch eingetr. Eigent. bzw. sein Erbe Schuldner im VersteigVerf. sein (vgl. aber § 9 A. 2a). Zugunsten des Gl. gilt die Vermutung[4]), daß dem Eingetragenen auch das Eigentum zusteht (§§ 891 Abs. 1, 1148 BGB., Begr. a. a. O.); die Erklärung des Eingetr., daß er nicht der Eigentümer sei, ist unbeachtlich (BayObLG. 15, 631, Recht 1919 Nr. 74) u. der wirkliche (nicht eingetr.) Eigentümer ist auf den Weg der Widerspruchsklage (§§ 771,

---

[1]) Eine gemäß § 883 BGB. eingetr. Auflassungsvormerkung genügt nicht. Gegen den VormBerechtigten als Schuldner kann nicht die Versteig. angeordnet werden (BZfR. 06, 346); gegen den eingetr. Eigentümer nimmt diesfalls die Vollstr. zwar ihren Fortgang, aber, wenn die Vormerkung dem betreib. Teil im Rang vorgeht, nur vorbehaltl. des durch die Vormerkung geschützten Rechtes (vgl. § 26 A. 3, § 28 Fußn. 3, § 37 A. 2e).

[2]) Das bloß dingl. Recht (Hyp. usw.) gewährt keinen schuldrechtl. Anspruch auf Leistung, wenngleich auch der HypGl., der nur aus dem dingl. Recht vollstrecken will, einen VollstrTitel gegen den Eigentümer braucht (RG. 93, 236). Ob außer der Verurteilung des eigentl. Schuldners noch ein Titel gegen einen der Beteiligten (Ehemann, Leibzüchter u. a.) erforderlich ist, bestimmt sich nach materiellem Recht (vgl. Einl. II 1 B, § 8, Fußn. 1, § 9 A. 2a).

[3]) Die Vollstr. in ein herrenloses G. ist weg. einer persönl. Forderung nicht möglich, da das G. nicht mehr zum Vermögen des persönl. Verpflichteten gehört (Staudinger § 928 II e, Planck A. 7. RGRK. A. 1); der Vertreter übt nur die Schuldnerrolle aus gegenüber der Verfolgung des dingl. Rechtes (Reinhard-Müller A. 5). Über die Kosten des Vertreters s. Aubele BayNotZ. 1916, 1.

[4]) Über die Tragweite der Vermutung nach § 891 BGB. vgl. RG. 56, 58, ZBlFG. 5, 35, 679, Recht 1919 Nr. 74 u. Fußn. 5.

769 ZPO., siehe § 37 Nr. 5)[5]) verwiesen; das VollstrG. hat von Amts wegen nur aus dem GBuch ersichtliche, der Vollstr. entgegensteh. Hindernisse zu berücksichtigen (z. B. Eintrag. eines neuen Eigentümers nach Anordnung der Versteig., aber vor Wirksamkeit der Beschlagn., §§ 28, 83 Nr. 5).

2. Ist der VollstrSch., obwohl Eigentümer, nicht als solcher eingetragen (z. B. bei Scheinauflassung, nicht rechtsgeschäftl. Erwerb, z. B. §§ 1438, 1485 BGB., Mangel der Genehmigung der VerwBehörde, der Einigung bei Auflassung), so ist auf Grund des VollstrTitels zunächst die **Berichtigung**[5a]) **des GBuchs** herbeizuführen (§§ 14, 22 Abs. 2 GBO., 124 Abs. 4 DA., 256, 792, 894, 896 ZPO.). Falls die zur Berichtigung erforderlichen Unterlagen dem Gl. fehlen, kann Pfändung u. Überweisung des BerichtAnspr. (§§ 857, 836 Abs. 3 ZPO.) notwendig sein.[6]). Die hierdurch veranlaßten Kosten fallen unter § 10 Abs. 2 (vgl. § 10 A. 8; OLG. 37, 170). Erwirbt der KVerwalter ein G., so ist der GSch. als Eigentümer einzutragen (BayOLG. 8, 240).

Die Berichtigung ist auch in den Fällen zulässig, in welchen die Eintragung einer SichHyp. nicht verlangt werden könnte (§ 866 Abs. 3 ZPO., ZBlFG. 5, 69), oder in welchen nur die Verpflichtung des Sch. zur Duldung der ZwVollstr. in das G. ausgesprochen ist (Fischer-Schäfer 172, Jaeckel-Güthe A. 2, OLG. 8, 152).

Hat der VollstrSch. nur einen schuldrechtl. Anspr. auf Übertrag. des Eigentums an einem G. (§ 313 BGB.) oder auf Eintrag. als Eigent. auf Grund bereits erfolgter Auflassung (SeuffA. 61, 422), so ist zunächst die Pfändung des Anspruchs (nötigenfalls arrestweise) notwendig. Über die Ausführung der Pfändung s. §§ 828, 829, 835, 846, 848 mit 894 ZPO.; vgl. Güthe-Triebel GBO. § 14 A. 4.

Die vorh. Berichtigung des GBuchs ist auch notwendig, wenn der dingl. Gl. ausnahmsweise nicht gegen den jeweils eingetr. Eigent. vorgehen wollte. Da er sein dingl. Recht gegen jeden Eigent. verfolgen kann (§ 1148 BGB.), so braucht er in der Richtung gegen den eingetr. nur auf Duldung der ZwVollstr. in das G. zu klagen, in den Fällen des § 800 ZPO., Art. 127 BayAG.ZPO. nur die Umstellung u. Zustellung der VollstrKlausel herbeizuführen (§§ 727, 750 Abs. 2 ZPO.). Es ist aber nach der Versteig. kein nochmaliges Verf. gg. den Subhastaten möglich (§ 132 Fußn. 1a).

3. Die Berichtigung ist dagegen nicht erforderlich, wenn der VollstrSch. auf Grund **Erbfalls** Eigentümer geworden ist. Hier genügt Eintr. des Erblassers als Eigent. u. Glaubhaftmachung der Erbfolge (sofern sie nicht ohnedies gerichtsbekannt ist), die jedoch nur durch Urkunden erfolgen kann, aber auch durch geeignete Privaturkunden, z. B. Privattestament mit Unterschriftsbestätigung (§ 294 ZPO., abw. von § 36 Abs. 1 GBO.). Die Mittel zur Glaubhaftm.

---

[5]) Im Wege der Einwendungen nach § 766 ZPO. kann der wirkliche Eigentümer auch dem persönl. Gl. gegenüber nicht seine Rechte verfolgen (a. M. Fischer-Schäfer 172 mit Berufung auf § 1148 BGB.; vgl. Stein-Jonas § 766 IV 3, § 771 VII 1); die Vermutung des § 891 gilt auch zugunsten des persönl. Gl. (OLG. 8, 186; Rosenberg § 891 A. III 4 b).

[5a]) Über die Rechtslage zw. Auflassung u. GBBerichtigung bei Nichtigkeit des Kaufvertrags, Belastung des G. durch den Bucheigentümer u. Beseitigung derselben s. Hoche JW. 1926, 1787 u. DRZ. 1928, 255, Elsaß JW. 1926, 2355.

[6]) OLG. 8, 152; 14, 185. Über Zulässigkeit u. Wirkung der Pfändung u. Überweisung des BerichtAnspr., sowie die Eintragungsfähigkeit der Pfändung s. § 50 Anh. I.

hat der Gl. zu beschaffen (§ 792 ZPO., keine Beweisaufnahme, Aktenerholung u. dgl.). Gleiches gilt vom Erbeserben. Im Falle des Nachlaßkonkurses bedarf es weder der Eintragung der Erben noch des KVerwalters (OLG. 35, 113). Dagegen ist § 17 nicht anwendbar auf den Fall der fortges. Gütergemeinsch. (OLG. 14, 202, Wolff A. 6, Jaeckel-Güthe A. 4, Reinhard-Müller A. 7b; bestr., vgl. § 41 GBO.). Es ist also, wenn der Mann gestorben ist, vorh. GBBerichtig. durch Eintrag. der Ehefrau u. Abkömmlinge als Miteigentümer kraft fortges. GG. erforderlich (vgl. unten 6a).

Ist der Sch. nur Miterbe des eingetr. Eigentümers, so ist bis zur Auseinandersetzung die ZwVollstr. in seinen (künftigen) Anteil am G. unzulässig, auch wenn die Größe des Nachlaßbruchteils eingetragen ist (Pfändung u. Überweisung des Anteils am Nachlaß, §§ 859 Abs. 2, 747 ZPO., 2033 Abs. 2, 2040 Abs. 1, 2042 BGB.; s. Einl. III 2); dagegen ist die Beschlagnahme gegen die sämtl. Miterben ohne deren Eintragung zulässig, wenn nur ein gegen alle lautender VollstrTitel vorliegt (§ 747 ZPO.; anders § 41 Abs. 1 GBO., vgl. Güthe-Triebel A. 15 Abs. 2).

4. Bei Vollstr. eines auf Grund des **AnfechtGes.** oder im AnfechtProzeß des KVerwalters ergangenen Duldungsurteils erscheint der AnfechtGegner als VollstrSch., welcher den AnfechtKläger aus dem G. zu befriedigen hat; eine Wiedereintragung des persönl. Sch. ist weder zulässig (da er nicht mehr Eigentum besitzt), noch nötig[7]); anders bei Anfechtung nach §§ 119, 123 BGB.

5. Die Vollstr. in den **Anteil** eines Miteigentümers (die gemäß § 864 Abs. 2 ZPO. zulässig ist, BayObLG. 6, 714) setzt die Eintragung der Anteilsgröße voraus (OLG. 14, 185). Die auf dem ganzen G. eingetr. Hyp. sind als Gesamthyp. zu behandeln, also, wenn sie dem betreib. Gl. vorgehen, zum ganzen Betrag im g. G. zu berücksichtigen (vgl. § 91 A. 4).

6. Bei einer Vollstr. gegen eine **Ehefrau** als eingetr. Eigentümerin sind die §§ 739—745 ZPO. zu beachten (vgl. hierzu Einl. II 1 B, Jaeckel-Güthe A. 3 ff.; BlfRA. 63, 497; 66, 259; 69, 231 ff.).

a) Im Falle des § 739 ZPO. genügt nicht die Verurteilung des Mannes als Gesamtsch., wohl aber eine nach § 794 Nr. 5 ZPO. errichtete Urkunde, in der sich der Mann der sof. ZwVollstr. in das eingebr. Gut unterwirft u. die mit der VollstrKlausel versehen ist[8]); als Eigentümerin kann nur die Frau eingetragen sein, wenn das G. zu ihrem eingebr. Gut gehört (vgl. § 264 DA.). Im Falle des § 740 ZPO. genügt zwar ein VollstrTitel gegen den Mann u. dessen alleinige Eintragung; aber vor Anordnung der ZwVersteig. (u. -Verw.) gegen die

---

[7]) RG. 56, 142; 67, 20; 71, 176, BayObLG. 24 A 124; Hartmann-Meikel 236, Fischer-Schäfer 173; abw. Jäger KO. § 37 A. 14, Jaeckel-Güthe A. 9 für den Fall der Konkursanfechtung. Über anfechtbare Auflassung von Bruchteilen vgl. DJZ. 04, 162, 546, JW. 1921, 758, OLG. 42, 38, BayObLG. a. a. O. Über Sicherung des AnfechtAnspr. (Vormerkung bzw. Widerspruch, Veräußerungsverbot) s. RG. 67, 39, JW. 1921, 533, 1359; 1922, 214; 1923, 743 ff.; im übr. Staudinger § 883 II B 1 g; Planck A. 1 b Abs. 2, RGRK. A. 2 Abs. 1, Rosenberg A. III 1 b. Bei anfechtbarer HypBestellung geht der AnfAnspr. nicht auf Duldung der ZwVollstr. in die Hyp., noch weniger auf Abtretung, sondern auf Auszahlung des auf die Hyp. entfallenden VerstErlöses, u. U. auf Wertersatz (JW. 1928, 1346).

[8]) Bei der ZwVollstr. aus bayer. Hypothekurkunden, welche gemäß § 801 ZPO., Art. 127 ff. BayAG. hierzu abw. vom Reichsrecht geregelt ist, findet § 739 ZPO. nur beschränkt Anwendung (Einl. II 1 B Fußn. 6).

allein eingetr. Frau ist Berichtigung des GBuchs notwendig. Ausnahme von §§ 739, 740 s. § 741 ZPO.

Treten die Güterstände der §§ 739, 740 ZPO. erst nach Rechtshängigkeit eines Rechtsstreits der Frau ein, so bedarf es (abges. von der ErrungenschGemeinsch., die einen Duldungstitel gg. den Mann erfordert) in der Richtung gegen den Mann nur der Erteilung einer weiteren VollstrKlausel (§ 742 ZPO.), im Falle des § 742 Abs. 2 jedoch, wie in dem des § 740 ZPO., noch der GBBerichtigung.

Im Falle der allg. u. fortges. GGemeinsch., der Errungensch.- u. Fahrnisgemeinsch. bedarf es nach §§ 740, 745 Abs. 1 ZPO. zur Zw.-Vollstr. nur eines Urteils (Schuldtitels) gegen den Mann bzw. gegen den überleb. Ehegatten, ohne Rücksicht darauf, ob die Ehefrau bzw. die Abkömmlinge im GBuche gleichfalls eingetragen sind; denn den Gl. gegenüber gilt der Mann bzw. überleb. Ehegatte als Alleineigent. des Gesamtguts (wg. der GBBericht. s. aber oben 3).

b) Für die Vollstr. nach Beendigung der GGemeinsch. gelten §§ 743, 744, der fortges. GGemeinsch. § 745 Abs. 2 ZPO.

7. Der Nachweis der Eigentumseintragung kann nur durch ein Zeugnis des GBAmtes geliefert werden. Es ist vom GBRichter (§ 1 GBO., Art. 1, 2 AG. hierzu, §§ 1, 3, 9, 10 DA.) auszustellen u. besteht in einem, die jüngsten Eintragungen in Titel u. erster Abt. enthaltenden Auszug des GBBlatts (§§ 550, 551 mit 24, 25 DA.).

Ausnahmen: § 17 Abs. 2 Satz 2, welche Bestimm. jedoch nicht von Einhaltung des § 16 entbindet, u. Abs. 3, wo Glaubhaftmachung genügt.

8. Gerichtsgebühr für den VersteigBeschluß (einschl. der Entsch. über Einwendungen gg. ihn): Art. 7, 8 BayKG. v. 16. 2. 21 (GVBl. 134); sie gehört zu den Kosten des § 10 Abs. 2; im Falle der Antragszurücknahme vor der Entsch. entfällt die Gebühr (Art. 7 BayKG., § 29 RGKG.; Meyer Art. 7 A. 5); Wertberechnung: § 15 RGKG.; Gebühren- u. Auslagenvorschuß: Art. 14 BayKG. In diesen Vorschuß[9]) sind auch die Gebühren des Notariats (Art. 52 Abs. 1 NotGebO.) u. dessen Auslagen, insbes. für öffentl. Bekanntmach. einzurechnen (v. Schmidt A. 2—4, Ziff. 5 III VollzBek. v. 20. 6. 15 GVBl. 156).

§ 18.

Die Zwangsversteigerung mehrerer Grundstücke kann in demselben Verfahren erfolgen, wenn sie entweder wegen einer Forderung gegen denselben Schuldner oder wegen eines an jedem der Grundstücke bestehenden Rechtes betrieben wird.

E. I § 32; Begr. 130; D. 39; KBer. 16.

Verbindung mehrerer Versteigerungen.

1. Versteig. mehrerer Grundstücke in einem Verfahren. In der Regel ist jedes G. Gegenstand eines besonderen Verfahrens, d. h. jeder räumlich abge-

[9]) Die Gebühr für den Verst.- u. Beitritts-Beschluß hebt regelmäßig das Gericht ein, alles andere, insbes. die Vorschußerhebung ist Sache des Notariats (Meyer Art. 8 BayKG. A. 7, BayNotV. 1928, 249, JMBek. v. 11. 10. 21 StA. 238; unrichtig Frank BayNotV. 1928, 83). Dagegen kann auch die Vornahme einzelner Maßnahmen, die mit Auslagen verbunden sind, nur dann von vorheriger Einzahlung eines Vorschusses dieser Auslagen abhängig gemacht werden, wenn zur Vornahme gerade dieser Amtshandlung ein Antrag erforderlich ist (Art. 7, 14 BayKG. mit § 84 RGKG., Art. VI Nov. hiezu v. 21. 12. 22,

grenzte Teil der Erdoberfläche, der auf einem besonderen GBBlatt für sich allein oder auf einem gemeinschaftl. GBBlatt unter einer besonderen Nummer im Verzeichnisse der G. gebucht ist (RG. 84, 270; Meikel GBO. § 3 A. 2a), auch Bruchteil (vgl. Einl. III 1 u. 2).

Eine Verbindung ist aber (Grundbuchrecht für sämtl. G. vorausgesetzt, BlfRA. 71, 419) zulässig:

a) für persönl. Forderungen, wenn mehrere G. (Bruchteile) des näml. Schuldners versteigert werden sollen; gleichgültig ist, ob mehrere Gl. oder mehrere Ford. in Frage kommen (letzteres bestr., vgl. Reinhard-Müller A. 1, Jaeckel-Güthe A. 1) [1]); unzulässig ist die Verbindung, wenn nur der dingl. Anspruch verfolgt wird u. der Fall b nicht vorliegt (z. B. wenn auf Grund bloßen Duldungstitels wegen der Hyp. I in das eine u. wegen der Hyp. II in ein anderes G. des näml. Eigent. vollstreckt wird), sowie wenn es sich um eine persönl. Gesamtschuld mehrerer Eigentümer (z. B. des Hauptschuldners u. des Bürgen) handelt;

b) wenn das Verf. wegen des näml., auf jedem der G. lastenden dingl. Rechtes (Hyp., Grund- oder Rentenschuld, Reallast) betrieben wird; gleichgültig ist die Anzahl der Eigent. oder der VollstrTitel.

Unzulässig ist hier die Verb., wenn zwar eine Gesamtbelastung vorhanden ist, aber aus ihr nicht das Verf. betrieben wird (Jaeckel-Güthe A. 1, Wolff, Recht 1911, 214).

Ein G. bilden die nach altem HypRecht auf einem Blatt nach der Absicht des Eigent. als „Gutskomplex" vorgetragenen u. insbes. mit einer gemeinschaftl. Hyp. belasteten Grundstücke (BayObLG. 1, 227; 5, 430; 6, 492; 8, 526; 12, 543; 14, 342; BlfRA. 70, 225; 71, 131; 73, 332; 74, 270, BZfR. 08, 46). In solchen Fällen bedarf es also nicht erst der Verb., ebensowenig wie bei Vereinigung u. Zuschreibung nach § 890 BGB., § 5 GBO.

2. Die Anordnung der **Verbindung** kann auf Antrag des Gl. [2]) oder eines Beteiligten (z. B. eines beitretenden GesamthypGl.), oder von Amts wegen

---

Jonas § 84 A. 1; so auch Ziff. 29 III VollzB. v. 20. 6. 15 GVBl. 156). Die Erlassung der Terminsbest. erfordert keinen solchen Antrag (§ 35 A.), ist vielmehr von Amts wegen vorzunehmen (LG. Nürnberg v. 13. 3. 28 BeschwR. 163/28, das jedoch die Anwendbarkeit des § 84 RKG. neben § 14 BayKG. überhaupt verneint; a. M. Endter, Dittmar, Reger, Binder BayNotB. 1925, 169; 1928, 15, 81; 1929, 27). Dagegen ist es zulässig, das weitere Verf. einstw. einzustellen, wenn der Gl. es absichtl. unterläßt, den verlangten Vorschuß einzuzahlen (BayNotB. 1928, 248; vgl. § 30 Fußn. 1, § 36 A. 3).

[1]) Zweck der Verb. ist Kostenersparung, Vereinfachung, Meidung von Verwirrungen, Erzielung eines höh. VersteigErlöses, Ermöglichung von Gesamtausgeboten (z. B. im F. der Überbauung mit einem gemeinsch. Gebäude, vgl. § 90 Fußn. 2. Die Befriedigung mehrerer Ford. in dem näml. Verfahren bereitet aber keine Schwierigkeiten, wenn im übr. die Verhältnisse einfach gelagert sind, was ja aus dem GBuch ersichtlich ist. Wenn allerdings der Gl. für jede seiner Ford. ein anderes G. in Anspruch nimmt, wird selten das Bedürfnis nach einer Verb. vorhanden sein (vgl. Recht 1911, 214).

[2]) Ein solcher Antrag ist ohne weiteres in dem Antrage auf ZwVersteig. mehrerer G. enthalten u. erfordert eine Entscheidung darüber, ob ein gemeinsch. Verfahren eingeleitet werden kann oder nicht (z. B. wenn der KVerw. mehrere G. nach § 172, der Nachlaßverwalter nach § 175 versteigern lassen will; ZBlFG. 3, 154, Recht 04, 506). Die Anordnung der Verb. kann in einem besonderen Beschluß oder in dem gemeinsch., die mehreren G. umfassenden BeschlagnBeschluß zum Ausdruck kommen. Da in Bayern die GBuchblattabschr. unmittelbar an das Notariat geleitet wird (§ 19 A. 3d), sollte der VollstrR., bevor er einen solchen gemeinschaftl. Beschluß erläßt, das GBuch einsehen u. in den oben 1a bez. Fällen die Verbindung ablehnen (also getrennte Verfahren anordnen), wenn die G. verschieden belastet u. nicht triftige Gründe für die Verbindung vorhanden sind. Er erleichtert dadurch wesentlich das Verfahren des Notariats.

erfolgen, auch im Laufe des Verfahrens. Kein Recht auf Verb. Sie erfolgt durch das Gericht (nicht Notar § 13 EG.ZVG.) u. ist abzulehnen, wenn eine Verwirrung zu besorgen ist oder für das bish. Verfahren eine erhebliche Verzögerung u. Benachteiligung einzelner Beteiligter eintreten würde. Eine Aufhebung der einmal zulässigerweise angeordneten Verb. ist unstatthaft (außer im Beschwerdeweg), da hierdurch in die durch §§ 63, 64 geschaffene Rechtsstellung der Beteiligten eingegriffen würde und eine dem § 150 ZPO. entsprechende Vorschrift fehlt (Fischer-Schäfer S. 174, v. d. Pfordten A. 3; a. M. Jaeckel-Güthe A. 3, Reinhard-Müller A. 2). Liegen die G. in verschied. Gerichtsbezirken, so hat das nach § 2 Abs. 2 zuständige höhere Gericht auch über die Verb. zu entscheiden.

3. Rechtsbehelfe. Gegen die Anordnung der Verb. steht jedem Beteiligten die Einwendung nach § 766 ZPO. u. hierauf die sof. Beschwerde (§§ 95 ZVG., 793 ZPO.) zu, letztere ohne weiteres dem Antragsteller bei Ablehnung seines VerbindAntrags [3]). Eine Anfechtung des Zuschlags mit der Begründung, die Verb. sei unzulässigerweise erfolgt oder wieder aufgehoben worden, findet nicht statt, da die Versteig. selbst nicht unzulässig war (§ 83 Nr. 6, § 100; Wolff § 18 A. 6, v. d. Pfordten A. 5, Jaeckel-Güthe A. 4).

4. Über die **Wirkung** der Verb. s. §§ 63, 64 (Versteig.), 112, 122 (Verteilung); über Zusammentreffen der Versteig. eines **Bruchteils** mit der des ganzen Grundstücks u. über den **Beitritt** zum Verfahren s. § 27 A. 2; über Verbindung bei Verst. auf Antrag des **KVerwalters** s. § 172, eines **Nachlaß**grundstücks s. § 176, bei **Teilungsversteig.** s. § 180.

5. Eine besondere **Gerichtsgebühr** wird für die Anordnung der Verbindung nicht erhoben (vgl. v. Schmidt A. 1 zu Art. 9 BayKG.). Die **Anwaltsgebühr** kann nur dann besonders verlangt werden, wenn sich die Tätigkeit auf den Antrag auf Verbindung beschränkt hat (Art. 17, 25 BayRAGebO., JMBl. 02, 458, 469).

§ 19.

Ordnet das Gericht die Zwangsversteigerung an, so hat es zugleich das Grundbuchamt um Eintragung dieser Anordnung in das Grundbuch zu ersuchen.

Das Grundbuchamt hat nach der Eintragung des Versteigerungsvermerkes dem Gericht eine beglaubigte Abschrift des Grundbuchblatts und der Urkunden, auf welche im Grundbuche Bezug genommen wird, zu erteilen, die bei ihm bestellten Zustellungsbevollmächtigten zu bezeichnen und Nachricht zu geben, was ihm über Wohnort und Wohnung der eingetragenen Beteiligten und deren Vertreter bekannt ist. Statt der Erteilung einer beglaubigten Abschrift der Urkunden genügt die Beifügung der Grundakten oder der Urkunden.

E. I § 33; Begr. 131; D. 39; KBer. 17.

Mitwirkung des Grundbuchamtes.

1. Zweck der Vorschr. ist Sicherung der Wirksamkeit der Beschlagnahme zum Schutze des betreib. Gl. (vgl. §§ 22, 23 ZVG., § 135 BGB.).

2. Ersuchen an das GBA., Versteigerungsvermerk. Gleichzeitig mit der Anordnung der Versteig. (vor Zustellung des Beschlusses) ist das GBA. zu ersuchen,

[3]) Sof. Beschwerde gegen die Anordnung der Verb. wird für zulässig erachtet von OLG. 15, 30, SeuffA. 62, 378, ZBlFG. 8, 387; gg. den die Verb. ablehn. Beschluß will OLG. 15, 29 die Beschwerde ausschließen, weil die Verb. überhaupt keine Entscheidung über die „Anordnung" der Versteig. (§ 95) enthalte. Im übr. s. § 15 A. 4.

in das GBuch auch einzutragen, daß „die ZwVersteig. angeordnet ist" (nicht die Beschlagn.; denn diese ist nur Folge der Anordnung u. kann schon vor der Eintrag. eingetreten sein, § 22). Um die Mitteilungen nach Abs. 2 braucht nicht mehr ersucht zu werden. Das Ersuchen kann mit dem Beschluß verbunden sein, es enthält aber nur die genaue Bezeichnung des G. (§ 137 mit § 129 DA.); die Parteien u. die BeschlagnFord. werden nicht mitgeteilt u. eingetragen[1]), da der VerstVermerk den Zweck hat, auch zugunsten späterer BeschlagnGl. zu wirken (der VerstVermerk wird daher nicht gelöscht, wenn vor Aufhebung der Beschlagn. zugunsten des ersten der Beitritt eines zweiten Gl. erfolgt, ZBlFG. 18, 161; vgl. § 27 Abs. 1 Satz 2). Gleichzeitig wird dem GBA. das mit der Verst. betraute Notariat mitgeteilt (§ 1 AusfBek. v. 30. 3. 21 JMBl. 33). Das Ersuchen ist auch dann notwendig, wenn der VollstrRichter gleichzeitig GBBeamter ist. Es ist zu den GBAnlagen zu nehmen (§§ 129, 139 DA.).

Über die Wirkung der Eintragung s. § 22, über die Löschung §§ 34, 130, 145, über Vermerk bei der ZwVerw. § 146.

3. Tätigkeit des GBA.

a) Eingangsvermerk. Zunächst ist der Eingang des Ersuchschr. genau nach Tag, Stunde u. Minute zu vermerken (§ 13 GBO., Art. 3 BayAG. hierzu, §§ 32 ff. DA.). Maßgebend ist der Zeitpunkt, in dem das Ersuchen dem zur Beurkundung des Eingangs zuständigen Richter bzw. Urkundsbeamten (Art. 3 Abs. 1 BayAG.GBO., §§ 3, 10 DA., mit JMBek. v. 5. 5. 21 JMBl. 37) vorgelegt wird; mehrere gleichzeitig vorgelegte Anträge sind als gleichzeitig eingegangen zu behandeln (§ 34 DA.). Ist der VollstrR. gleichzeitig GBBeamter, so ist der Eingangsvermerk unmittelbar nach Unterzeichnung des Beschlusses u. des Ersuchens zu beurkunden (v. d. Pfordten 64).

b) Prüfung u. Entsch. Das GBA. hat dem Ersuchen zu entsprechen, wenn dieses formell in Ordnung ist, ohne in eine sachl. Prüfung desselben einzugehen (§ 39 GBO., §§ 41, 53 ff., 139 DA.; OLG. 11, 321, ZBlFG. 6, 575; 8, 127; RJA. 9, 130). Das Ersuchen muß z. B. abgelehnt werden, wenn das ersuch. Gericht unzuständig (§§ 1, 2) oder das G. nicht richtig bezeichnet ist, so daß begründete Zweifel über die Wesensgleichheit desselben möglich sind (§ 28 GBO., §§ 137, 139 Abs. 2 DA.) oder wenn ein Anteil am G. beschlagnahmt werden soll, der nicht ziffermäßig, entgegen der Vorschrift des § 48 GBO., aus dem GBuch ersichtlich ist (OLG. 7, 368, BZfR. 05, 495, BayObLG. 6, 714, vgl. oben Einl. III, 2; a. M. ZBlFG. 8, 127, BlfRA. 72, 604, OLG. 15, 30, welche die Beseitigung dieses als sachlich angesehenen Mangels gemäß § 28 dem VollstrR. überlassen wollen). Das Ersuchen darf dagegen nicht abgelehnt werden, wenn sich aus dem GBuch rechtl. Hindernisse für die Versteig. (z. B. Veräußerungsverbot[2]), Eigentumswechsel)[3]) ergeben; deren Bedeutung zu würdigen,

---

[1]) Während sonst, auch bei VeräußVerboten, die Eintragung des Berechtigten notwendig ist (vgl. § 253 DA., BlfRA. 78, 334).

[2]) Auch der Konkursvermerk kann nicht hindern, da dem GBAmt weder mitgeteilt wird, ob die Versteig. von einem persönl. oder dingl. Gl. oder vom KVerwalter beantragt wurde, noch auch in allen Fällen bekannt sein kann, ob die Versteig. nicht trotz KEröffnung (z. B. wegen früherer Zustellung § 22) zulässig ist (Wolff A. 3, Jaeckel-Güthe § 23 A. 12, Reinhard-Müller § 20 A. 2, BlfRA. 76, 96; Güthe-Triebel GBO. Vorbem. 75 vor § 13; vgl. 23 A. 3 u. über die Bedeutung des KVermerks für den GBVerkehr BayObLG. 7, 484, RJA. 8, 47, OLG. 14, 72, SächsA. 06, 483, 492, 494).

[3]) Das Ersuchen kann auch nicht abgelehnt werden, wenn der Sch. gestorben u. der Erbe noch nicht eingetragen ist (Recht 06, 1205; vgl. § 26 A. 3).

ist Sache des VollstrR. (§ 28, § 23 A. 2 A). In geeigneten Fällen ist statt sof. Ablehnung eine Zwischenverfügung zu erlassen u. der Rang der Beschlagn. durch Eintragung eines Widerspruchs zugunsten des betreib. Teils zu sichern (§ 18 Abs. 1, 2 GBO., §§ 892, 894, 899 BGB., Jaeckel-Güthe A. 3, Wolff § 22 A. 4).

c) Beschwerde gg. Ablehnung der Eintr. Wird das Ersuchen abgelehnt (gänzlich oder vorläufig), so ist der Beschluß dem VollstrG. zuzuleiten, welchem das Beschwerderecht zusteht (neben dem betreib. Gl.), auch wenn die GBAbteilung demselben Gerichte angehört (ZBlFG. 5, 223, BayZfR. 05, 495, OLG. 6, 437; 15, 30: BayObLG. 6, 716, RJA. 9, 130). Auf den ablehnenden Bescheid kann sich das VollstrG. entweder zu einer Wiederholung seines Ersuchens oder zur Aufhebung des VersteigBeschl. (wogegen dem Gl. sof. Beschwerde zusteht) oder zur Beschwerde entschließen. Es kann aber auch gemäß § 28 seinen Beschluß aufrecht erhalten u. dem Gl. eine Frist zur Beseitigung des Bescheides des GBA. gewähren, in welchem Falle der BeschlagnBeschluß zwar wirksam wird (durch Zustellung), aber bis zur Eintrag. des VerstVermerks des Schutzes des § 23 Abs. 2 S. 2 entbehrt (wenn nicht vom GBA. nach § 18 Abs. 2 GBO. verfahren wurde). — Die Eintragung des VerstVermerks ist nicht mit Beschwerde (§§ 54, 71 GBO.) anfechtbar (nur die VersteigAnordnung, BZfR. 06, 421).

d) Nach Eintragung des Vermerks ist diese dem Eigentümer u. dem VollstrG., dem Notariat dagegen unter Bestätigung des Zeitpunkts des Eingangs des Ersuchens (§ 22) gleichzeitig mit den Mitteilungen nach Abs. 2 bekannt zu machen (§§ 56, 62 DA., § 2 AusfBek. v. 30. 3. 21 JMBl. 33). Zu letzteren gehört eine vom GBR. (Art. 12 BayAG.GBO., §§ 3, 9, 10 DA.) begl. Abschrift des Grundbuchblattes d. h. desj. Blattes, auf welchem das beschlagnahmte G. eingetragen ist (§ 3 Satz 2 GBO., §§ 544 ff. DA.). In diese Abschrift sind auch die der Aufwertung unterliegenden gelöschten Rechte aufzunehmen; den Gl. dieser Rechte ist die Eintragung des VerstVermerks mitzuteilen (JMBl. v. 7. 12. 25 Nr. 48842; s. § 9 Fußn. 3). Wegen der Haftung für die Richtigkeit der Abschriften s. § 9 A. 2 c.

Über die übr. in Abs. 2 bezeichneten, nach Beendigung des Verf. an das GBA. zurückzugebenden Urkunden (GBAnlagen, Anmeldungen des Inhabers von BriefHyp., Angaben des Wohnortes u. der Wohnung der Beteiligten, der ZustellBevollm. u. dgl.) vgl. §§ 874, 885 Abs. 2, 1115 BGB., § 9 JMBek. v. 31. 3. 05, § 548 Abs. 2 DA.

Über die Wohnung der Beteiligten u. die ZustellBevollm. s. §§ 4, 5; über nachträgl. Mitteilungen, die aber die Anmeldung nach § 37 Nr. 4, § 45 nicht ersetzen, s. § 9 Fußn. 8; hiezu gehören auch die Mitt. über Eintragungen, die die öffentl. Last des JndBelGes. betreffen (§ 20 DurchfVO. v. 5. 12. 24 RGBl. II 427, Reinhard-Müller A. 4); über Mitt. des Vollstr.-Vermerks an das Bauschöffenamt s. §§ 11, 39 RG. v. 1. 6. 09, RGBl. 449.

Über Löschung des VerstVermerks s. §§ 34, 130.

4. Die Eintrag. des ZwVersteig.- (u. Verw.-) Vermerks ist in Bayern gebührenpflichtig: Art. 106, 107 BayKG. (v. Schmidt Art. 18 A. 1, Lehmer BNotZ. 1918, 269). Die Gebühr ist aus dem Anwesenswert zu berechnen (BayObLG. 22 A 203) u. gehört zu den Kosten des § 10 Abs. 2; letzteres gilt auch von der Gebühr für die nach § 19 Abs. 2 zu fertigenden Abschriften (Art. 48, 113 BayKG.).

§ 20.

Der Beschluß, durch welchen die Zwangsversteigerung angeordnet wird, gilt zugunsten des Gläubigers als Beschlagnahme des Grundstücks.

Die Beschlagnahme umfaßt auch diejenigen Gegenstände, auf welche sich bei einem Grundstücke die Hypothek erstreckt.

E. I §§ 35, 36 Abs. 1; Begr. 133—135; D. 39; KBer. —.

§ 21.

Die Beschlagnahme umfaßt land- und forstwirtschaftliche Erzeugnisse des Grundstücks sowie die Forderung aus einer Versicherung solcher Erzeugnisse nur, soweit die Erzeugnisse noch mit dem Boden verbunden oder soweit sie Zubehör des Grundstücks sind.

Die Beschlagnahme umfaßt nicht die Miet- und Pachtzinsforderungen sowie die Ansprüche aus einem mit dem Eigentum an dem Grundstücke verbundenen Rechte auf wiederkehrende Leistungen.

Das Recht eines Pächters auf den Fruchtgenuß wird von der Beschlagnahme nicht berührt.

E. I § 36 Abs. 2, 3; Begr. 135; D. 39, 40; KBer. 18.

Wirkungen u. Umfang der Beschlagnahme.

1. **Wirkung** der VerstAnordnung. Das Verf. bezweckt nur die Befried. des betreib. (u. beitret.) Gl. (die Berücksichtigung anderer Personen ist nur eine Folge der mögl. Einwirkungen des Zuschlags auf deren Rechte, SächsA. 1910, 478). Die VerstAnordnung (ebenso Beitrittsbeschl. § 27 Abs. 2, VerwAnordnung § 146) begründet daher

a) ein Recht des betreib. (u. beitret.) Gl. auf Befriedigung aus dem G. nach der sich aus §§ 10—12 ergebenden Rangordnung, kein dingl. Recht (Pfandrecht, Hyp.) am G. selbst (OLG. 4, 375; 5, 321). Dem betreib. Teil (wenn er kein dingl. Recht hat) steht daher z. B. nicht das Ablösungsrecht des § 268 BGB. zu (Jaeckel-Güthe § 23 A. 13); ebensowenig der Schutz des § 892 BGB.; auch die Eintr. eines Widerspruchs gegen den Vermerk ist unzulässig (ZBlFG. 4, 352). Das Recht aus der Beschlagnahme ist ein Anhängsel der Forderung u. teilt deren rechtl. Schicksal (vgl. § 27 A. 5). — Die Beschlagn. ist aber trotzdem auch für dingl. Anspr. um deswillen von größter Bedeutung, weil die dingl. Haftung derj. Gegenstände, auf welche sich die Hyp. usw. erstreckt, erst mit der Beschlagn. durch den RealGl. in die Erscheinung tritt (§§ 1121 ff. BGB., Reinhard-Müller § 20 A. 1, OLG. 18, 165). — Über das AbsondRecht des BeschlagnGl. im Konkurs s. § 23 A. 3.

b) ein VeräußVerbot zugunsten des betreib. Teils (§§ 23, 24, 26), auch des beitret. (§ 27 Abs. 2), ohne daß dies im Beschlusse ausgesprochen zu werden braucht.

Die Beschlagn. wirkt dagegen insbes. nicht zugunsten der RealGl., die nicht selbst das Verfahren betreiben (diese können also eine Verfügung gegen das VeräußVerbot nicht als unwirksam behandeln, § 23), u. hindert nicht die Eintragung eines neuen Erwerbers (Jaeckel-Güthe § 23 A. 3, GruchBeitr. 48, 475, 476);

insoferne sie jedoch die Grundlage der Versteig. bildet, erzeugt sie auch Wirkungen für den Ersteher (§§ 55, 93).

Zeitpunkt der Wirksamkeit: § 22.

2. Umfang der Beschlagnahme; vgl. Einl. IV. Gemäß § 865 ZPO., §§ 20 Abs. 2, 21 ZVG. ergreift die VersteigBeschlagn. (anders: VerwBeschlagnahme, § 148):

A) das Grundstück (Bruchteil s. Einl. III 2, GruchBeitr. 59, 881) mit seinen wesentl. u. nicht wesentl. Bestandteilen[1][2]), insbes. mit den noch nicht getrennten Erzeugnissen (§§ 93—96) u. zugeschr. G. (§§ 890 Abs. 2, 1131 BGB.). Die subjektiv dingl. Rechte des § 96 BGB. werden auch ohne Eintragung auf dem berechtigten G. von der Beschlagn. u. auch ohne ausdrückl. Erwähnung im Zuschlagsbeschluß von der Versteig. mitergriffen (ZBlFG. 6, 355; SeuffA. 70,

---

[1]) Über Gebäude als GBestandteile vgl. OLG. 6, 211, JW. 07, 301, RG. 61, 192; als bewegl. Sachen nach § 95 BGB., die trotz fester Verbindung Zubehör des Nachbargrundstückes sein können: SeuffA. 60, 1, RG. 55, 284; 59, 20, JW. 03, 119; beim Erlöschen des ErbbR. des § 1012 BGB.: SeuffA. 70, 456; beim Erlöschen des neuzeitl. ErbbR.: § 12 VO. v. 15.1.19 (Glaß-Scheidt, ErbbR. § 12 XII). Über die Bestandteilseigenschaft einer Kommunmauer s. § 90 A. 4, des Überbaus s. RG. 83, 143.

[2]) Von großer Bedeutung ist wegen § 55 Abs. 2 die Frage der Bestandteilseigenschaft bewegl. Sachen, besonders von Maschinen, da solche häufig unter Eigentumsvorbehalt geliefert werden (dieser Vorbehalt ist bei wesentl. Bestandteilen im S. des § 93 BGB. ebenso wirkungslos, wie die Herbeiführung der Einstellung der ZwVollstr. nach § 37 Nr. 5 ZVG., u. hindert nicht den Eigentumserwerb des GEigentümers u. Erstehers, da an wesentl. Bestandteilen Sondereigentum nicht bestehen kann; RG. 58, 341; 62, 410; 74, 203; 94, 129; OLG. 25, 250).

Bewegl. Sachen, insbes. Maschinen, welche infolge körperl. Verbindung mit Grundstück, Gebäude oder Gebäudeteilen ihre Selbständigkeit — im Gegensatz zum Zubehör — verloren haben, sind als wesentl. Bestandteile eines Grundstücks (Gebäudes) zu erachten, wenn u. solange sie der Auffassung des Verkehrs entspr. eine Sache mit dem G. (Gebäude) bilden; Maschinen erscheinen dagegen nur als Zubehör im Sinne des § 98 BGB., wenn sie nicht Sachteile des Gebäudes, sondern Teile einer Fabrikanlage, eines wirtschaftl. Ganzen u. als solche selbständ. bewegl. Sachen geblieben sind oder wenn das Gebäude nach Entfernung der Maschinen ohne wesentl. Umbau auch zu anderen Zwecken benützt werden kann.

Vgl. RG. 50, 241; 63, 171, 307, 416; 67, 30; 69, 117, 150; 87, 45 BayObLG. 2, 872; 3, 159, 653; 5, 122, 318; 6, 157; JW. 05, 387; 07, 128; 09, 130, 159; 1911, 574; GruchBeitr. 57, 897; 61, 918; ZBlFG. 66, 585; 7, 663; 8, 370, 569, 662; DJZ. 06, 45; 07, 509; GoldschmidtZeitschr. 69, 141 ff.

Über den Begriff der Einfügung von Sachen in ein Gebäude vgl. RG. 56, 290; 62, 251, 406; 63, 416; ZBlFG. 14, 678; JW. 05, 3; 1911, 574; Recht 1915 Nr. 815; OLG. 12, 6; 28, 15. Die Beseitigung von Mauerwerk zwecks Herausnahme von Maschinen enthält keine Zerstörung im Sinne des § 93 BGB. (Recht 1913 Nr. 461, BZfR. 1914, 99; JW. 1914, 238). Über vorübergehende Zweckbestimmung seitens Mieter, Pächter, dinglich Berechtigter: OLG. 5, 76; 7, 350; 14, 108; RG. 55, 284; 59, 20; 62, 410; 63, 416; 66, 88; 106, 46; 109, 128; BlfRA. 72, 312; LZ. 1914, 1026; 1915, 212, GruchBeitr. 59, 108, JW. 1923, 790.

Als Bestandteile wurden z. B. erachtet: Aufzug eines Hotels (RG. 90, 198, JW. 1917, 707); Badeeinrichtung, Warmwasser- u. Gasleitung (SächsA. 07, 129, ZBlFG. 8, 163; 11, 771; 20, 97; OLG. 39, 121; 42, 255 s. aber auch unten Fußn. 3); Dachgebälk (OLG. 12, 6, RG. 62, 248, 251, JW. 06, 104); Dampfkessel (OLG. 4, 204, JW. 05, 387, RG. 60, 421; vgl. aber OLG. 8, 419; 14, 108, RG. 51, 272; 56, 290); elektrische Kraftübertragungs- u. Beleuchtungsanlage, Leitungsnetz (RG. 58, 338; 63, 416; 67, 232; OLG. 12, 8, ZBlFG. 7, 34 [nicht: Akkumulatorenbatterie eines Elektrizitätswerks RG. 56, 288, Gleisanlage einer Fabrik, Röhrenleitungen einer Gasanstalt OLG. 28, 18, ZBlFG. 14, 678, Recht 1915 Nr. 1920, RG. 83, 67; Leitungsnetz außerhalb des Grundstückes RG. 83, 67;

99; nicht die dem Sch. nur für seine Person eingeräumten Rechte, Recht 1910 Nr. 2883; vgl. auch Einl. IV 1 u. unten b).

Entscheidend für die Frage der HypHaftung ist der Zeitpunkt der Beschlagn.; spätere Trennung der Erzeugnisse u. Bestandteile ändert daran nichts (Ausnahme: Trennung durch Pächter u. Verfügung nach § 23 Abs. 1 S. 2); die Beschlagnahme ergreift aber auch die nachher hinzugekommenen Bestandteile (§ 946 BGB., RG. 53, 350, Jaeckel-Güthe A. 2, Wolff § 20 A. 5).

Beim neuzeitl. ErbbR. gilt jetzt auch das bei seiner Entstehung vorh. Bauwerk als dessen wesentl. Bestandteil bis zu seinem Erlöschen; das Bauwerk haftet mit der Entstehung des ErbbR. nur noch für dessen Belastungen, nicht mehr für die des G. (§§ 12, 34 VO. v. 15. 1. 19, anders § 1017 BGB.; vgl. Einl. IV 1 a). Über Teilung des ErbbR. s. OLG. 39, 230.

Ausgenommen sind

a) von der Verst.- u. VerwBeschlagnahme: die dem Pächter gebühr. (auch noch nicht vom Boden getrennten) Früchte (§§ 94, 99 BGB., 20 Abs. 2, 21 Abs. 3, 152 Abs. 2 ZVG., 1120 BGB.); auch der Pächter ist aber an die Grenzen einer ordnungsm. Wirtschaft gebunden (§ 24 Fußn. 2); die dem dingl. NutzBerechtigten gebühr. Erzeugnisse u. sonst. Bestandteile unterliegen dagegen der Beschlagnahme zugunsten eines im Rang vorgehenden Gl. Vgl. Einl. IV 1 c;

b) von der VerstBeschlagnahme die Anspr. auf wiederkehr. Leistungen, die aus einem mit dem Eigentum am G. verbundenen Recht (§§ 96 mit 1018, 1094 Abs. 2, 1103, 1105 Abs. 2, 1110 BGB.) entspringen u. die nach § 1126 BGB. nur dem RealGl. haften (§ 21 Abs. 2); sie werden jedoch von der ZwVerw. erfaßt (§ 148); das Recht selbst geht als GBestandteil mit dem Zuschlag auf den Ersteher über. Vgl. Einl. IV 5.

B) die Zubehörstücke[3]), die vom G. zur Zeit der Beschlagn. (§ 22) getrennten Erzeugnisse u. sonstigen Bestandteile (§§ 97, 98, 99, 1120 BGB.). Vgl. Einl. IV 2, 3.

87, 43, s. unter „Zubehör"; Gobelins eines Schlosses LZ. 1919, 857]; Fenster, Türen, Rollläden (OLG. 6, 215; 15, 325; 28, 15; BZfR. 1911, 23; JW. 05, 3; SächsA. 07, 161, ZBlFG. 6, 426; 7, 740; 8, 164, 265; 14, 679; dagegen bei vorübergehender Einfügung: Recht 1915 Nr. 815 [nicht: Heizkörperverkleidungen SeuffA. 1919, 19]; Lokomobile, Motor, Sauggasanlage, Sägewerk (RG. 62, 406, 410; 63, 171, 307, ZBlFG. 8, 38, 264; JW. 06, 189, 418, 541; 07, 217; 1912, 128; OLG. 12, 9); Maschinen einer Fabrik für Bau- u. Möbeltischlerei OLG. 8, 413 [dagegen: BayObLG. 6, 157, OLG. 12, 11; 28, 16]; Mühlsteine, Mahlzylinder, Sägegatter eines Mühl- u. Sägewerks Recht 08, 646 [dagegen Turbinenanlage Warn. 1913 Nr. 145]; Öfen u. Herde (SächsA. 07, 160; 08, 142; BayObLG. 18, 101; Recht 1917 Nr. 1762; OLG. 22, 120); Schnellpresse u. Setzmaschine einer Druckerei ZBlFG. 7, 395, 538 [dagegen: OLG. 6, 270, ZBlFG. 7, 652, 740, RG. 67, 30, JW. 07, 128; 08, 322; Recht 1916 Nr. 383, 384]; Vollgatter eines Dampfsägewerks (BZfR. 07, 283); Wellblechgebäude (Recht 08, 223; JW. 08, 295); Windmühle (GruchBeitr. 56, 798).

[3]) **Als Zubehör des Grundstücks wurden angesehen:**

Die Einrichtung einer Apotheke: Recht 1915 Nr. 6 (nicht Waren), GruchBeitr. 54, 132, JW. 1915, 1033, BayObLG. 13, 154 (nicht Geschäftswert, der weder Bestandteil noch Zubehör, sondern nur eine Eigenschaft des Anwesens ist); — eines Bankgebäudes:

Über verarbeitete Erzeugnisse u. Bestandteile s. Einl. IV 3 a.

Ausgenommen sind

a) von der Verst.- u. VerwBeschlagnahme: Zubehörstücke, die nicht in das Eigentum des VollstrSch., vor oder nach der Beschlagn., gelangten (§ 1120 BGB., z. B. die vom Eigenbesitzer angeschafften, LZ. 1918, 1290)

oder die gemäß §§ 1121, 1122 BGB. aus der HypHaftung wieder frei wurden, d. h.

α) diej., welche vor der Beschlagn. veräußert und aus dem G. entfernt wurden (OLG. 35, 190), ferner

β) solche, welche vor der Beschlagn. veräußert u. nach derselben gutgläubig vom Erwerber entfernt wurden, sowie

γ) diej., deren Zubehöreigenschaft innerhalb der Grenzen einer ordnungsm. Wirtschaft vor der Verst.- oder VerwBeschlagnahme oder nach der VerstBeschlagn. (§§ 23, 24, 148 Abs. 1 S. 2)

BZfR. 1925, 295, JW. 1925, 1924; — einer Brauerei: BZfR. 1914, 99, JW. 1914, 238, LZ. 1918, 341 (Biertanks, Fässer, Gärbottiche), BayObLG. 5, 85, SeuffA. 67, 258 (Versandgefäße, Bierflaschen, Tische, Stühle), OLG. 6, 213 (Bierwagen), RG. 47, 262 (Pferde der Bierfuhrwerke), ZBlFG. 14, 679 (Pfannen, Pumpen, Transmission), nicht Biervorräte, s. unten; — Druckerei: s. oben Fußn. 2 unter „Bestandteil"; — Elektrizitätswerk: RG. 83, 67; 87, 43; WarnRspr. 1918, 233, HRR. 1, 1182 (Leitungsnetz außerh. des Grundstücks); — Fuhrgeschäft: JW. 1917, 708, LZ. 1917, 970, BlfRA. 78, 68 (Pferde, Wagen, Geschirre), Fuhr- u. Speditionsgeschäft: OLG. 15, 310; Meierei: SeuffA. 63, 133; Ziegelei: Recht 08, 614; Fuhrpark einer Glashütte: JW. 07, 703; dagegen: SeuffA. 61, 221, BZfR. 06, 338, OLG. 2, 342 (Wagen u. Pferd einer Fleischerei); — Gastwirtschaft und Hotel: OLG. 2, 499 (Klavier, Stühle, Kronleuchter), OLG. 5, 78; 6, 212, (Büffet, Billard, Tische, Stühle, Klavier, Musikautomat), 15, 308 (Wage), 24, 249 (Klavier, Automaten), 27, 177 (Möbel), 28, 17 (Beleuchtungsanlage, Motor, Dynamo), ZBlFG. 18, 256 (Klavier), SeuffA. 74, 19 (Heizkörperverkleidung), RG. 47, 197 (Gondeln auf benachbartem Teich); dagegen: OLG. 4, 204 (Musikautomat); — Fabrik: RG. 69, 150, Recht 1912 Nr. 546 (Gasmotor); BZfR. 1926, 13 (Kontoreinrichtung); RG. 66, 356; 84, 284; JW. 1927, 2643 (Materialreserve); RG. 77, 36; 86, 330 (Brennmaterialien, Kohlen); s. aber unten: — Gärtnerei: OLG. 3, 234 (Dekorationspflanzen); — Heil- und Pflegeanstalt: ZBlFG. 7, 51, 539 (Inventar); — Holzsägewerk: RG. 69, 85 (Einrichtung, Pferde); — Landgut: OLG. 2, 342; 3, 235; 22, 125; 35, 135 (Vieh), 8, 419 (künstl. Dünger), 15, 326 (Geflügel); 8, 417, Recht 08, 533 (Feldbahn); BlfRA. 76, 543, BZfR. 1929, 45 (Heu, Stroh, Haber, Heizmaterial); OLG. 27, 176, ZBlFG. 18, 256 (Kühe u. Pferde); JW. 1928, 746 (Kraftwagen); — Molkerei: RG. 77, 241 (Mastschweine); — Mühle: Recht 1913 Nr. 1558 (Turbinenanlage); — Pension: Recht 07, 243, ZBlFG. 7, 539, 8, 35 (Inventar); — Schlächterei: OLG. 15, 326 (Hack-, Füllmaschinen), 24, 247 (Ladeneinrichtung); dagegen OLG. 2, 342 (Wagen u. Pferd); — Schlosserei und Schmiede: OLG. 12, 10; 17, 196; ZBlFG. 8, 612 (Amboß, Bohrmaschine, Werkzeuge); — Schneidsäge mit Tischlerei: BZfR. 1910, 102 (Transmissionsanlage); — Schreinerei: BlfRA. 77, 561 (Bandsäge, Maschinen); — Wohnhaus: OLG. 2, 340 (Ampeln, Badeöfen, Badewannen; vgl. OLG. 39, 121), 7, 347 (Herd, Klingel, Ofen); OLG. 14, 8, ZBlFG. 6, 639; 7, 320, Recht 07, 371; 1917 Nr. 1763 (elektr. Beleuchtungsanlage, Maschine, Leitung, Schaltapparate, Lüster, Glühlampen); BZfR. 07, 23 (Gasuhren); Recht 1911, 580, BZfR. 1922, 202 (Kohlenvorräte eines Hauses mit Zentralheizung); OLG. 42, 255 (Torf, auch wenn er auf fremdem G. lagert); SeuffA. 74, 278 (Linoleumbelag); dagegen: SeuffA. 76, 313, BZfR. 1923, 147 (gemietete Gasuhr u. elektr. Zähler sind weder Bestandteile, noch Zubehör); — Ziegelei: RG. 77, 36, OLG. 14, 9 (Kohlenvorräte; s. aber unten); Recht 08, 614 (Pferd und Wagen).

Nicht als Zubehör sind erachtet: Baumaterialien, Rohstoffvorräte (OLG. 4, 21; 14, 12, 13; 15, 325; SeuffA. 66, 220, JW. 99, 56, BZfR. 1913, 177; a. M. OLG. 8, 419; 13, 313, RG. 84, 284); Holzvorräte einer Möbelfabrik (RG. 86, 326, Recht 07, 1128, ZBlFG. 8, 361); Vorräte an Bier, Malz, Hopfen, Wein, Spirituosen, Zigarren, Mehl (BayObLG. 5, 85; SeuffA. 65, 305; 67, 257); Apothekerwaren (Recht 1915 Nr. 6); Ziegeleifabrikate (OLG.

aufgehoben worden ist[4]); vgl. § 926 BGB. (ZBlFG. 12, 199, 675; SeuffA. 66, 26; GruchBeitr. 55, 974, BZfR. 1929, 45).

Soweit es nach § 1121 Abs. 2 BGB. auf den guten Glauben des Erwerbers ankommt, tritt an die Stelle der Kenntnis der Hyp. die Kenntnis des VerstAntrags oder der Beschlagn., sowie die Tatsache der Eintrag. des VerstVermerks (§ 23 Abs. 2).

Sind Zubehörstücke, auf die sich die Hyp. erstreckt, veräußert, aber nicht entfernt, so hat der Erwerber (auch der Ansteigerer in der Fahrnisvollstr.) kein der Veräußerung entgegensteh. Recht nach § 37 Nr. 5 (Recht 1915 Nr. 1430, OLG. 4, 373).

Ausgenommen von der Beschlagn. sind auch Zubehörstücke, die nur im Miteigentum des Sch. stehen (Wolff § 20 A. 5c, OLG. 10, 61, DJZ. 05, 223, Ziegler BZfR. 1912, 169), ferner solche, welche schon vor Begründung der Hyp. (hier: dem Wirksamwerden der Beschlagn.) mit dingl. Wirkung vom Eigent. veräußert, aber gemäß § 930 BGB. auf dem G. geblieben sind; letztere haften nur, solange sie nicht vom G. entfernt sind, den vorher begründeten Hyp. (Recht 07 Nr. 1039, 1911 Nr. 513, 1918 Nr. 863, OLG. 18, 164; 26, 139, SeuffA. 66, 29).

Dagegen ergreift die Beschlagn. auch die nach derselben hinzukommenden Zubehörstücke (RG. 53, 350, Jaeckel-Güthe A. 2).

Durch Parteivereinbarung können fremde Zubehörstücke nicht von vorneherein der HypHaftung unterworfen werden (RG. 63, 371).

Über Einfluß der ZwVerst. auf **Zubehörstücke Dritter** u. deren Ausschluß von der Versteig. s. § 55 Abs. 2, § 37 Nr. 5; über Heimstätten-Zubehör s. §§ 8, 13 RHeimstG. v. 10. 5. 20 RG.-Bl. 962).

b) von der Verst.- u. VerwBeschlagnahme sind weiter ausgenommen: die gemäß §§ 954—957 BGB. mit der Trennung in das Eigentum eines anderen als des VollstrSch. oder Eigenbesitzers des G. (z. B. des Nießbrauchers, Dienstbarkeitsberechtigten, Pächters) gelangten (§ 1120 BGB.) oder gemäß §§ 1121, 1122 BGB. wieder

---

14, 10, 105, 106; SeuffA. 62, 130; Recht 07, 373, ZBlFG. 22, 233); noch nicht eingefügte Türen u. Fenster (OLG. 15, 325; 22, 120, 121); Maschinen einer erst im Bau begriffenen Fabrik (RG. 89, 61, JW. 1917, 100, Recht 1917 Nr. 5); Ladeneinrichtung einer Materialwarenhandlung (SächsA. 06, 557, ZBlFG. 6, 776; 7, 493); zum Verkauf bestimmte Bäume einer Baumschule (RG. 66, 88, SächsA. 07, 107, 129; ZBlFG. 6, 576; 8, 164); die den persönl. Zwecken dienenden Pferde, Wagen, Automobile (ZBlFG. 7, 539, OLG. 13, 314); die Geschäftsbücher einer Fabrik (ZBlFG. 7, 628).

Geschäftszubehör ist in der Regel auch Grundstückszubehör, wenn das G. für einen gewerbl. Betrieb dauernd eingerichtet ist (Recht 1924 Nr. 936). Über Erzeugnisse von Pachtländereien als Zubehör des Hauptguts s. SeuffA. 75, 209, Arch. f. ziv. Pr. 1921, 428. Über Zubehörverhältnisse bei einem auf mehreren G. betriebenen Gewerbebetrieb s. BlfRA. 75, 583, BZfR. 1910, 404, OLG. 26, 140; 28, 19; über Freigabeerklärung des Gl. s. § 37 A. 2e.

[4]) Über die unter § 1121 BGB. fallenden Tatbestände s. Meiser BlfRA. 75, 555; über den Begriff „Veräußerung" s. Staudinger § 1121 II 1; über „Entfernen vom Grundstück" s. Recht 04, 162, GruchBeitr. 55, 654, JW. 1911, 46; über Zerlegung einer Einheitssache u. Entfernung einzelner ihrer Bestandteile s. LZ. 1920, 151; über Schadensersatzanspruch des ausgefallenen HypGl. wegen Entfernung von Zubehör s. RG. 73, 333, OLG. 26, 150, GruchBeitr. 55, 664.

von der HypHaftung oder gemäß § 23 Abs. 1 S. 2 ZVG. von der VerstBeschlagnahme (anders § 148 Abs. 1 S. 2) frei gewordenen Erzeugnisse u. sonstigen Bestandteile (Bäume, Pflanzen; Lehm, Ziegel, Sand, Kies, Steine, Abbruchmaterial; vgl. Röder, GruchBeitr. 49, 541). Gleichgültig ist hier, ob das NutzRecht dingl. oder nur persönl[5]) ist, dem Beschlagn.- oder HypGl. im Rang vor- oder nachgeht (OLG. 14, 104, HRR. 1, 221, Jaeckel-Güthe A. 6; bestr., vgl. Staudinger-Kober § 1120 II B 1 a β). Über gutgl. Erwerb s. unter a.

c) von der VerstBeschlagnahme sind auch ausgenommen: vom Boden getrennte land- u. forstwirtschaftl. Erzeugnisse (nicht sonstige Bestandteile), die nicht Zubehör sind (§§ 21 Abs. 1, 148 Abs. 1 S. 1 ZVG. mit § 98 BGB.; vgl. § 811 Nr. 4 ZPO.); gleichgültig ist, ob sie aus d. G. entfernt sind oder nicht u. ob sie vor oder nach der VerstBeschlagn. vom Boden getrennt wurden (z. B. Waldbäume, auch wenn sie nicht schlagreif waren; vgl. OLG. 11, 122, Recht 1910 Nr. 3071 u. § 24 A. 2).

d) von der VerstBeschlagnahme sind endlich ausgenommen: nach Art. 41 BayAG.ZVG. die bereits gewonnenen Bergwerksmineralien.

C) die Versicherungsgelder[6]) gemäß §§ 20 Abs. 2 ZVG., 1127 bis 1130 BGB., §§ 99 ff., 192 VersichVG. v. 30. 5. 08, Art. 2 EG. hiezu, für land- u. forstwirtschaftl. Erzeugnisse (§ 21 Abs. 1) jedoch nur, soweit diese selbst von der Beschlagn. erfaßt werden. Vgl. Bc u. Einl. IV 6.

Ist die HypHaftung erloschen (§§ 1127 Abs. 2, 1128, 1129 BGB.)[7]), so ist die VersichFord. auch von der Beschlagn. frei.

Ist nach den (gesetzl. oder vertragsm.) VersichBestimmungen der Versicherer nur zum Zwecke der Wiederherstellung des versich. Gegenstandes zu zahlen verpflichtet (§ 1130 BGB.), so ergreift zwar auch die VersteigBeschlagn. eine solche

---

Gegenstände, die zum Betrieb eines Gewerbes auf das G. gebracht u. dazu verwendet sind, können die Zubehöreigenschaft nicht durch einfache Vereinbarung der Parteien verlieren, sondern nur durch Aufhebung des räuml. Verhältnisses zum G. (Recht 07, 1128); die Trennung darf aber nicht lediglich vorübergehend sein (OLG. 6, 213).

Unwirtschaftl. Veräußerung u. Entfernung von Zubehör durch den KVerw. vor der Beschlagn. hebt das AbsondRecht der HypGl. am Erlös nicht auf (SeuffA. 63, 339; 71, 127, JW. 08, 518 u. 561, RG. 69, 85, LZ. 1912, 696; OLG. 37, 212; vgl. auch OLG. 26, 141 u. Jäger KO. § 4 A. 5, sowie unten § 23 A. 3; 173 Fußn. 1).

[5]) Über den Erwerb von Holz auf dem Stamm durch einen Käufer auf Grund Gestattung des Eigentümers s. RG. 72, 311; 78, 36; 109, 193, OLG. 11, 122, HRR. 1, 221.

[6]) Vgl. RG. 69, 316; 74, 108; 78, 24; 100, 89; 102, 350; JW. 1922, 221; GruchBeitr. 48, 1024; 61, 229; BNotZ. 1916, 205; BlfRA. 68, 309, 329; ZBlFG. 5, 139; 15, 504; 17, 340; Reinbeck, Haftung der VersichForderung S. 129 ff.

[7]) Z. B., wenn über die VersichSumme für Zubehörstücke oder Früchte (§ 1129 BGB.), bevor sie selbst in Beschlag genommen war, vom Eigentümer oder Verwalter im Konkurse desselben verfügt wurde (RG. 64, 28; ZBlFG. 8, 310, 391); das gleiche gilt für Bestandteile, die als bewegl. Sachen durch einen MobiliarVersichVertrag versichert wurden (RG. 69, 320).

Bei der Gebäudeversich. erlischt die HypHaftung der VersichFord. nicht schon durch Unterlassung des Widerspruchs gg. die Auszahlung, sondern erst durch diese selbst (§ 1128 BGB.).

VersichFord., so daß sie mitversteigert wird (§ 55; ZwVerw. s. § 148 A. 1 f); die Haftung für die Hyp. u. damit die BeschlagnWirkung erlischt aber mit der den VersichBestimm. entsprech., vor dem Zuschlag erfolgenden Zahlung an den Sch. (Fischer-Schäfer 92, SeuffA. 74, 313, Stör, BlfRA. 68, 330; bestr.)[8]. Auch im Falle der Verwirkung des VersichAnspr. des Eigent. (z. B. weg Brandstiftung, § 101 VersVG., Art. 44 ff. BayBrandVG.) unterliegt der Anspr. gg. den Versicherer der Beschlagn. (zu Gunsten der HypGl.) u. dem Zuschlag[9]).

Der VersichFord. steht auch die EntschädFord. im Falle der Enteignung u. der Beschädigung durch Bergbau gleich (Art. 52, 53, 67, 109 EG.BGB., JW. 08, 736, RG. 69, 248; a. M. JW. 09, 94; BayZwEnteignG. v. 17. 11. 37/9. 5. 18 u. AnsiedlZwEG. v. 28. 3. 19, VollzBek. v. 5. 9. 19 StA. Nr. 220, 16. 3. 25 GVBl. 96 mit Art. 139, 166 AG.BGB.; Art. 184, 189, 190 BayBergG. v. 13. 8. 10/17. 8. 18/10. 10. 19). Auch diese Ford. werden, wie die von der Beschlagn. ergriffenen VersichFord. gemäß §§ 55 Abs. 1, 90 Abs. 2 mitversteigert (RG. 43, 299; 69, 247, Staudinger-Kober § 1128 A. 1 b β; vgl. § 105 Fußn. 1). Hierher gehören auch die EntschädAnspr. für kriegswirtschaftl. Maßnahmen (s. Einl. IV 7). Dagegen unterliegen SchadensEAnspr. anderer Art (z. B. wg. unerlaubt. Handlung, vgl. RG. 103, 244) nicht der Hyp. u. Beschlagn. (Jaeckel-Güthe A. 10).

Über den Zeitpunkt der Wirksamkeit der Beschlagn. solcher Ford. s. § 22 Abs. 2; über ihre Pfändung s. Einl. IV, 6, 7.

Über die Haftung der VersichFord. vor Eintritt des VersichFalles vgl. Staudinger-Kober § 1128 A. 1.

3. Von der Beschlagn. in der ZwVersteig. werden weiterhin nicht ergriffen die **Miet- u. Pachtzinsford.** u. die Anspr. auf **wiederkehr**. Leistungen aus einem mit dem Eigentum am G. verbund. Recht (§§ 21 Abs. 2, 143), obwohl sie nach § 1123 BGB. dem RealGl. haften (vgl. Einl. IV 1 a, 4, 5, oben 2 A b u. § 57 b).

Von der VerstBeschlagn. werden unterschiedslos **wieder frei** alle bewegl. Sachen (Zubehör, getrennte Erzeugnisse u. getrennte sonstige Bestandteile), über die der VollstrSch. gem. § 23 Abs. 1, § 24 wirksam verfügen durfte (anders in der ZwVerw. s. 4). Dagegen erlischt die Haftung nicht schon durch eine nach § 65 erfolgte Ausnahme der Sachen von der GVersteig. (RG. 55, 415, Recht 1915 Nr. 199).

4. Soweit nun die VersteigBeschlagn. die HypHaftung nicht erschöpft, also Gegenstände der freien Verfüg. des VollstrSch. verbleiben, kann mit **Zw.-Verwaltung** (s. § 148) u. in beschränktem Umfang auch mit **FahrnisVollstr.** (§§ 810, 865 ZPO.; vgl. Einl. IV) vorgegangen werden.

5. Streitigkeiten über die Frage, ob ein Gegenstand von der Beschlagn. ergriffen wird, sind zwischen dem betr. Gl. u. VollstrSch. im Wege des § 766, vom Dritten (auch KVerwalter, JW. 1926, 2437) nach § 771 ZPO. auszu-

---

[8]) Der Sch. bleibt also im Falle des § 1130 BGB. während der VerstBeschlagn. empfangsberechtigt (RGRK. A. 3; bestr., s. Planck A. 5, Staudinger-Kober A. 1 f., Jaeckel-Güthe A. 10; vgl. auch § 24); der Gl., welcher die Verwendung der VersichGelder zur Wiederherstellung sicherstellen will, ist auf die VerwBeschlagn. (§ 148 Abs. 2, § 152 Abs. 1) angewiesen.

[9]) Bestr., s. RG. 100, 89; 102, 350, JW. 1921, 756; 1922, 221, 786; Hellweg JW. 1928, 545, Josef JW. 1928, 2428, Wüschmann JW. 1928, 3157; vgl. auch JW. 1928, 3177.

tragen (für die ZwVerw. s. § 152 A. 3c). Gegenüber der Mitversteig. von Zubehör hat der Sch. nicht die Einrede des Notbedarfs nach § 811 Nr. 5 ZPO. (OLG. 17, 196).

6. Über die Wirkungen des **Zuschlags** auf die BeschlagnGegenstände s. §§ 55, 56, 57, 90 Abs. 2, 93.

§ 22.

Die Beschlagnahme des Grundstücks wird mit dem Zeitpunkte wirksam, in welchem der Beschluß, durch den die Zwangsversteigerung angeordnet ist, dem Schuldner zugestellt wird. Sie wird auch wirksam mit dem Zeitpunkt, in welchem das Ersuchen um Eintragung des Versteigerungsvermerkes dem Grundbuchamte zugeht, sofern auf das Ersuchen die Eintragung demnächst erfolgt.

Erstreckt sich die Beschlagnahme auf eine Forderung, so hat das Gericht auf Antrag des Gläubigers dem Drittschuldner zu verbieten, an den Schuldner zu zahlen. Die Beschlagnahme wird dem Drittschuldner gegenüber erst mit dem Zeitpunkte wirksam, in welchem sie ihm bekannt oder das Zahlungsverbot ihm zugestellt wird. Die Vorschriften des § 845 der Zivilprozeßordnung finden entsprechende Anwendung.

E. I § 37; Begr. 136—138; D. 40, 41; KBer. —.

Bewirkung der Beschlagnahme.

1. Der **Zeitpunkt der Wirksamkeit** der Beschlagn. ist von Bedeutung für die Abgrenzung der lauf. u. rückständ. Beträge wiederkehr. Leistungen (§ 13) u. die Gültigkeit der Verfüg. des VollstrSch. gegenüber dem betreib. Gl. (§ 23).

2. Beginn. Die Beschlagn. wird in der Regel (Abs. 1) wirksam:

a) mit dem Zeitpunkte des Eingangs des Ersuchens um Eintr. der VersteigAnordnung (§ 19) beim GBA., soferne hierauf die Eintrag. wirklich erfolgt (auch, wenn eine Zwischenverf.[1]) nach § 18 Abs. 2 GBO. erlassen oder ein ablehnender Bescheid vom BeschwerdeG. aufgehoben wurde, s. § 95 Fußn. 4). Über Beurkundung des Eingangs s. § 19 A. 3a.

b) mit der nach §§ 8, 3 erfolgten Zustellung des Anordnungsbeschl. an den Sch. (Dieser Zeitpunkt ist nur maßgebend, wenn er vor dem zu a bezeichneten liegt). Der Antrag wird nicht mehr zugestellt (Ausnahme: s. § 16 A. 4).

Die Eintr. des VersteigVermerks wird bei Zustellung nicht abgewartet (erstere wird durch besonderes Ersuchschr. nach § 19 Abs. 1 herbeigeführt, § 2 Bek. v. 30. 3. 21 JMBl. 33, BayZfR. 1921, 110). Lediglich durch Zustellung tritt der Beitrittsbeschluß in Wirksamkeit (§ 27 Abs. 1 S. 2); erst von da an bestimmen sich die Wirkungen der Beschlagn. für den beitr. Gl. (OLG. 9, 139; 17, 352, BlfRA. 76, 711). Der ZustellBeamte ist wegen § 23 Abs. 2 zweckmäßig zur genauen Feststellung des Zeitpunktes der Zustellung (Stunde, Minute) zu veranlassen.

---

[1]) Diese u. nötigenfalls die Eintragung eines Widerspruchs zugunsten des Beschlagn.-Gl. ist für zulässig zu erachten, auch wenn die Person des letzteren dem GBAmt nicht mitgeteilt ist (vgl. § 19 A. 3 u Meikel GBO. § 18 A. 9b Fußn. 7). Durch die Zwischenverf. allein wird der Rang der Beschlagn. nicht gewahrt (RG. 57, 278, OLG. 38, 8).

c) Gegenüber dem *Drittschuldner* einer VersichFord. (Miet- u. Pachtzinsford. u. von Anspr. auf wiederkehr. Leistungen im Falle der ZwVerw., s. § 148 A. 1d—f, § 151 A. 1e) wird die Beschlagnahme *ausnahmsweise* (Abs. 2) erst wirksam, wenn der Versteig*Antrag* ihm bekannt (§ 23 Abs. 2 Satz 1) oder ein ZahlVerbot bzw. dessen Ankündigung (§ 845 ZPO.) zugestellt wurde (im Falle der *Ersatzzustellung* kommt es für die Frage der Wirksamkeit einer Zahlung an den Sch. darauf an, wann das Verbot zur Kenntnis des Drittsch. kam)[2]. Bis zu diesem Zeitpunkt (u. U. bis zu der wirklich erfolgten Beschlagn.) kann der Drittsch. mit befreiender Wirkung zahlen; für *Schuldner* u. *Dritte* (AbtretEmpfänger, PfändGl.) bleibt es jedoch bei der nach a, b bzw. 23 Abs. 2 Satz 1 u. 2 eintretenden Wirksamkeit der Beschlagnahme. Dem Drittsch. obliegt keine Erkundigungspflicht hinsichtl. der Beschlagn. (Jaeckel-Güthe A. 4, Fischer-Schäfer 181), ihm kann auch die Tatsache der Eintragung des Versteig.-Vermerks allein nicht schaden (§ 23 Abs. 2 Satz 2, § 892 BGB.).

3. Das **ZahlVerbot**[3]) ist nur auf *Antrag* des betreib. (beigetr.) Gl. (Zw.-Verw.: § 151 Abs. 3) vom *Notariat* (Art. 25 AG., JMBek. v. 30. 3. 21 § 3, BZfR. 1921, 109) zu erlassen u. von Amts wegen *zuzustellen* (nicht öffentlich, RG. 22, 408, Jaeckel-Güthe A. 3, Wolff A. 6, Stein-Jonas § 829 III 1, § 845 I 4; auch die Zustellung nach §§ 4—7 ist zu vermeiden). Es ist aber nicht unwirksam, wenn es ohne Antrag des Gl. ergeht; erfolgt es vor der Beschlagn., so wird es erst mit dieser selbst wirksam (Wolff A. 6, Jaeckel-Güthe A. 3; abw. Fischer-Schäfer 181).

Die *Ankündigung* des ZahlVerbots nach § 845 ZPO. ist Sache des Gl. u. vor dem VersteigAntrag zulässig u. wirksam. Zur Wahrung der Frist des § 845 ZPO. ist die rechtzeitige Zustellung des amtl. ZahlVerbots erforderlich, nicht bloß Erwirkung der Beschlagn. (Jaeckel-Güthe A. 5, Wolff A. 7).

An den Vorschriften der §§ 1128—1130 BGB. zugunsten des Realgl. ist durch § 22 Abs. 2 nichts geändert (v. d. Pfordten 74). Ihm gegenüber kann also z. B. eine Zahlung des Versicherers unwirksam sein, obwohl dieser den Versteig.-Antrag nicht gekannt, ein ZahlVerbot nicht erhalten hat.

4. Die BeschlagnWirkungen **erlöschen** mit der Zurücknahme des Antrags (§ 29), Aufhebung des Verfahrens (§§ 28, 86), nicht mit der einstw. Einstellung (§§ 30, 33, 86), vgl. §§ 28 A. 4, 29 A. 3, 90 A. 3; für den Fall des Zuschlags (§ 90) wird überwiegend die Fortdauer der BeschlagnWirkung des § 23 Abs. 2 S. 2 (Ausschluß gutgl. Erwerbs) bis zur Besitzerlangung des Erstehers (vgl. § 93) angenommen (Jaeckel-Güthe § 23 A. 10, Kretzschmar BlfRA. 76, 100, Reinhard-Müller A. 4).

Einzelne beschlagn. Gegenstände können von der Beschlagn. frei werden durch Veräußerung innerh. der Gr. einer ordnungsm. Wirtschaft (§ 23^{I} S. 2; dagegen § 148^{I} S. 2), gutgl. Erwerb (§ 23^{II}), Pfandfreigabe (§ 23 A. 2B, § 29 A. 1, § 37 A. 2e), Trennung land- u. forstw. Erzeugnisse v. Boden (§ 21 A. 2Bc, § 24 A. 2), Wiederherstell. oder Ersatz eines versich. Gegenstandes (§ 21 A. 2C).

Über *Wiederherstellung* der aufgehob. Beschlagn. s. § 95 Fußn. 4.

---

[2]) Recht 04, 501, SeuffA. 63, 79, OLG. 16, 303, RG. 87, 412, JW. 1916, 426; s. Stein-Jonas § 829 VII 1, JW. 1914, 721 (gegen 1914, 451); dagegen ist es im Verh. z. Ersteher gleichgültig, ob Mieter (Pächter) wirklich von der Beschlagn. Kenntnis erhalten s. § 57b Fußn. 4).

[3]) In Bayern überflüssig, soweit auf Antrag an Mieter u. Pächter Zustellung des BeschlagnBeschlusses nach § 2a Bek. v. 31. 3. 05/27. 7. 15 (JMBl. 58; s. Anhang) gegen ZustellNachweis erfolgt.

§ 23.

Die Beschlagnahme hat die Wirkung eines Veräußerungsverbots. Der Schuldner kann jedoch, wenn sich die Beschlagnahme auf bewegliche Sachen erstreckt, über einzelne Stücke innerhalb der Grenzen einer ordnungsmäßigen Wirtschaft auch dem Gläubiger gegenüber wirksam verfügen.

Kommt es bei einer gegen die Beschlagnahme verstoßenden Verfügung nach § 135 Abs. 2 des Bürgerlichen Gesetzbuchs darauf an, ob derjenige, zu dessen Gunsten verfügt wurde, die Beschlagnahme kannte, so steht die Kenntnis des Versteigerungsantrags einer Kenntnis der Beschlagnahme gleich. Die Beschlagnahme gilt auch in Ansehung der mithaftenden beweglichen Sachen als bekannt, sobald der Versteigerungsvermerk eingetragen ist.

E. I §§ 39, 40; Begr. 40—142; D. 41; RBer. —.

Beschlagnahmewirkung.

1. Die Beschlagn. erzeugt ein Befriedigungsrecht u. ein Veräußerungsverbot (vgl. §§ 20, 21 A. 2).

§ 23 beschäftigt sich mit der dem Anordnungsbeschl. zur Sich. des Erfolges des Verf. beigelegten Wirkung eines **relativen VeräußVerbots.**

a) Es bezieht sich nur auf die rechtl., nicht tatsächl. (s. aber § 24) Verfüg.-Befugnis des VollstrSch. hinsichtl. der von der Beschlagn. umfaßten Gegenstände u. hat nach §§ 136 mit 135 BGB. nur relative Kraft, d. h. der Sch. bleibt verfügungsberechtigt in Ansehung der beschlagn. Gegenstände; seine Verfüg. (d. h. Willenserklärungen, durch welche unmittelbar ein Recht übertragen, belastet, geändert oder aufgehoben wird) [1]) sind jedoch dem betreib. (bzw. beigetr.) Gl. — soweit sie dessen Ford. beeinträchtigen würden — unschädlich [2]), dagegen anderen, insbes. den übr. RealGl., gegenüber voll wirksam (GruchBeitr. 48, 380, 475); ja sie können dem ersten BeschlagnGl. gegenüber unwirksam, dem zweiten gegenüber aber wirksam sein (§ 22 A. 2); nur die Abgrenzung der lauf. u. rückst. Leistungen nach § 13 bewirkt die erste Beschlagn. für alle Beteiligten. Der Gl. kann die Unwirksamkeit auch nach der Versteig. (soweit die Beschlagn. noch wirksam ist) geltend machen, dagegen nicht mehr, wenn er nicht benachteiligt, z. B. durch das Meistgebot gedeckt ist (Jaeckel-Güthe A. 5; a. M. Reinhard-Müller A. 1 d); ebensowenig, wenn er der Verfüg. zugestimmt hat (§ 185 BGB., ZBlFG. 5, 615; vgl. BayObLG. 4, 820); diese Zustimmung kann natürlich nur bis zur Versteig. erteilt werden (§§ 55, 90, ZBlFG. 4, 291, Jaeckel-Güthe A. 2).

Über die Wirkung der Beschlagn. zugunsten des Erstehers vgl. 2 B C u. § 55 A. 2, § 90 A. 3, 4.

---

[1]) Diese der Verfügung eigene Wirkung tritt im GBVerkehr aber erst mit der Eintragung ein (RG. 113, 406, JW. 1926, 2621, OLG. 6, 209; 44, 68); auch die Bewilligg. der Eintr. einer Vormerkung ist, wenn die Eintragg. erfolgt, eine Verfügung im Sinne des § 893 BGB. (JW. 1927, 1413, 2846).

[2]) Über die strafrechtl. Folgen solcher Verfügungen s. § 137 StGB., BayObLG. Strafs. 5, 175.

Der rechtsgeschäftl. Verfüg. des Vollstr.-Sch. ist eine Verfüg. seiner Gl. im Wege der ZwVollstr. u. Arrestvollziehung gleichgestellt (§ 135 Abs. 1 Satz 2 BGB.; RG. 58, 181; 59, 177); nur der öffentl. Glaube des GBuchs kommt den letzteren nicht zugute (s. unten 2 A b u. über § 135 Abs. 2 BGB. besonders RG. 90, 340).

b) Der Grundsatz der Unwirksamkeit der dem BeschlagnGl. nachteiligen Verfüg. wird lediglich zugunsten des gutgl. (aber nur rechtsgeschäftl. Erwerbs eines) Dritten durchbrochen (Ausnahme hinsichtl. der Forderungen s. 2 C). Vom VeräußVerbot werden auch nur die Verfüg. des VollstrSch., nicht Dritter betroffen (GruchBeitr. 55, 974, Jaeckel-Güthe A. 3), so daß z. B. der gutgl. Dritte trotz Beschlagn. gemäß § 932 BGB. Eigentum an Zubehörstücken erwerben kann, die ein Gewährsmann des Sch. (Staudinger § 935 I 2 a) an ihn veräußert (u. vom G. entfernt) hat.

2. Unwirksam[3]) sind folgende, nach Wirksamkeit (§ 22) der Beschlagn. vorgenommenen „Verfügungen" (s. oben Fußn. 2):

A. a) in Ansehung des **Grundstücks**: Veräußerung (dingl. Vertrag, vgl. § 26) u. Belastung (s. § 10 Nr. 6), Erweiterung des Umfangs eines Rechts, auch Zinsenerhöhung (§§ 1119, 1192 Abs. 2 BGB., OLG. 26, 136; BayObLG. 14, 499, RJA. 17, 126), Ausübung eines Rangvorbehalts (§ 881 Abs. 4 BGB., § 7 AufwG.)[4]), Umwandlung einer Rentenschuld in eine Hyp. u. Kündigung der ersteren (RG. 86, 255), Umwandlung der inländ. Währung in ausländ. u. Änderung derselben (Valutahyp., VO. v. 13. 2. 20, RGBl. 231 §§ 1, 3), nachträgl. Eintragung der Goldklausel (RG. 50, 145; 101, 145, BayOb.-LG. 10, 90, OLG. 35, 330), JW. 1921, 499 ff.; 1922, 194; 1923, 126, 1048); ferner Eintr. von SichHyp., Vormerkungen, VerfügBeschränkungen im Wege der ZwVollstr. u. Arrestvollziehung (§§ 135 Abs. 1 Satz 2, 136 BGB.), Zuschreibung von G. (§ 890 Abs. 2 BGB., § 5 GBO.)[5]), Aufhebung von Rechten, die mit dem G. verbunden sind (§ 96 BGB.);

nicht aber: Geltendmachung, Übertragung, Pfändung u. Verpfändung von Eigentümerhyp. u. -grundschulden[5a]) (§§ 1163, 1177 BGB.; wegen Aufrech-

---

[3]) Wolff A. 4—6, Jaeckel-Güthe A. 3 ff., Fischer-Schäfer 182 ff., v. d. Pfordten 76 ff., ZBlFG. 8, 239 ff.; 10, 677 ff.; 12, 613 ff.; BlfRA. 75, 559 ff.; 76, 95 ff. Die vor der Beschlagn. geschlossenen Rechtsgeschäfte können nach allg. Rechtsgrundsätzen (§§ 116 ff. BGB.) oder auf Grund AnfGes. u. KonkO. anfechtbar sein (s. auch §§ 288, 49 StGB.).

[4]) Der Rangvorbehalt ist eine mit dem Eigentum verbundene, auf den Ersteher (wenn das damit belastete Recht bestehen bleibt, s. § 10 Fußn. 30, § 11 Fußn. 9, § 52 A. 2 a) übergehende Befugnis, die von der Beschlagn. an nicht zum Nachteil des betreib. Gl. ausgeübt werden kann, weil sie die Masse verringern würde (Fischer-Schäfer S. 160, 183; Jaeckel-Güthe § 11 A. 4 a. E. u. § 45 A. 8; Reinhard Müller § 20 A. 9 d, RGRK. § 881 A. 3, 7, JW. 07, 703; a. M. Wolff A. 4, vgl. auch JW. 1928, 1346, 1784.

[5]) Die Erklärung des Eigentümers nach § 890 Abs. 2 BGB. ist eine Verfügung nach § 135 BGB., da sie gemäß § 1131 Satz 1 BGB. die Hyp. usw. am Hauptgrundstück auf das zugeschr. G. ausdehnt (Planck § 890 A. 3 b, Meikel GBO. § 5 A. 2 d; KGJ. 36 A 193). Die bloße Vereinigung nach § 890 Abs. 1 BGB. ist dagegen keine „Verfügung" über das G., da die bish. Belastungen durch die Vereinigung nicht berührt werden. Die Eintragung des VersteigVermerks hindert die Eintr. der Zuschreibung u. Vereinigung nicht (§§ 314 Abs. 3, 333 Abs. 3 DA.).

[5a]) Die EigentFrankengrundsch. (Art. 7, 11, 12 SchweizZusAbk. v. 25. 3., 23. 6. 23 RGBl. II 284) ist dagegen wie der Rangvorbehalt (s. 4) ein mit d. Eigentum verbundenes Recht, geht also (anders als die gewöhnl. EigentHyp. u. -grundsch.) auf den Ersteher über;

nung s. § 117 A. 4), Empfangnahme des Entgelts für eingetr. Hyp. (Jaeckel-Güthe A. 3), Ausfüllung der Höchstbetragshyp. (§ 1190 BGB., OLG. 4, 194), Zustimmung zu einer Vorrechtseinräumung (§ 880 Abs. 5 BGB.), Umwandlung der Hyp. gemäß §§ 1116 Abs. 3, 1186 ,1187, 1195, 1198, 1199, 1203 BGB. (vgl. Rosenberg § 877 A. I 2d, II 5), Umwandlung der AufwHyp. u. Eintr. der Zusatzgrundsch. (§ 21 DurchfVO.AufwNov. v. 12. 9. 27, RGBl. I 299, Mügel S. 1265), Ersetzung der HypFord. durch eine andere (§ 1180 BGB.), Änderung der ZahlBestimmungen, des Höchstbetrags für den Werterſatz (s. § 92 A. 3), endgültige Eintrag. eines durch Vorm. oder Widerspruch nach § 18 Abs. 2, § 76 Abs. 1 GBO. gesicherten Rechtes (§ 878 BGB.), OLG. 17, 352, Jaeckel-Güthe A. 3), Unterwerfung unter die sof. ZwVollstr. nach § 800 ZPO. (BayObLG. 14, 499). Auch die Zustimmung zur Löschung einer Hyp. kann der Eigentümer ohne Rücksicht auf die Beschlagn. abgeben; denn diese ergreift nicht die Eigentümerhyp.

b) Mit der Versteig. tritt an die Stelle des G. der *Erlös* als Vermögenswert des VollstrSch. *Auch dieser Erlös unterliegt den BeschlagnWirkungen.* Der Sch. kann über ihn nicht zum Nachteil des betreib. Teils durch *Aufrechnung* verfügen, wie ihm dies hinsichtl. der übertrag. Forderung gegen den Ersteher möglich ist (vgl. § 117 A. 3).

c) Eine der vorbez., *unwirksamen rechtsgeschäftl.* Verfüg. des Sch. in Ansehung des *Grundstücks* muß jedoch der betreib. Teil *im Verh. zum Dritten* gegen sich gelten lassen, wenn in dem nach §§ 892 Abs. 2 mit 873, 878 BGB. für den dingl. Erwerb der Rechte am G. maßgeb. Zeitpunkte der VersteigVermerk noch nicht eingetragen war *und* (falls die Beschlagn. in jenem Zeitpunkt, obwohl noch nicht eingetragen, doch schon infolge Zustellung oder Eingangs des Ersuchens um Eintr. beim GBA. *wirksam* gewesen, § 22) der Dritte auch vom Versteig*Antrag* keine Kenntnis gehabt hatte (§§ 892 Abs. 1 BGB., 23 Abs. 2 ZVG.; vgl. ZZP. 45, 473 ff.). Ein Erwerb vor der Zustellung des Anordnungsbeschl. u. vor dem Eingang des EintragErsuchens ist wirksam, auch wenn er nach Stellung des Versteig*Antrags* erfolgte (Jaeckel-Güthe A. 6, 7); auch Kenntnis der Anordnung der Beschl. selbst ist gleichgültig, wenn der Erwerb vor ihrem Wirksamwerden sich vollzog (Jaeckel-Güthe § 22 A. 1) . Im Falle des *Beitritts* (§ 27), welcher nur durch Zustellung, nicht durch Eintrag. wirksam wird, kommt es auch nur auf die Kenntnis des VersteigAntrags an (Kenntnis von der Person oder dem Anspruch des Antragstellers ist nicht erforderlich). Unkenntnis aus Fahrlässigkeit steht der Kenntnis nicht gleich (anders bei bewegl. Sachen, § 932 Abs. 2 BGB.; s. B).

§§ 892, 873, 878 BGB. gelten nicht für den Erwerb, der sich durch ZwVollstr. u. auf Grund Gesetzes vollzieht. Für die Entstehung der *Zwangs-* u. *Arresthyp.* kommt es daher nur auf den Zeitpunkt ihrer Eintrag. (*nicht des Eingangs* des diesbzgl. EintragErsuchens) einerseits u. des Wirksamwerdens der Beschlagn. (Eingang u. Eintrag. oder Zustellung) anderseits, *nicht auf die Kenntnis* von letzterer an (RG. 84, 279; 90, 338; OLG. 15, 232; Planck § 878 A. 3)[6]).

---

die Beschränkung des Eigent. in der Verfügung über diese Grundschuld (die durch eine Treuhänderin verwaltet wird) ist in das GBuch einzutragen (Reinhard, Einfluß S. 10, Güthe-Triebel S. 1869, OLG. 44, 33).

[6]) Auch die Eintrag. einer Vormerk. nach § 18 Abs. 2 GBO. zugunsten der früher beantr. Zw.- u. Arresthyp. ändert hieran nichts, da auch § 883 Abs. 1, 3 BGB. für die

Eine *Einschränkung* der Wirkungen des *gutgl.* Erwerbs des G. enthält § 26 zugunsten der *dingl.* BeschlagnGl.

Beispiele:

α) Angenommen, die Beschlagn. wird *zuerst* durch Eintragung (§ 22 Abs. 1 Satz 2) wirksam; dann ist der Dritte, dem eine *Hyp.* an dem G. *bestellt* wird, im Erwerbe geschützt, wenn das Ersuchen um Eintr. des VersteigVermerks erst *nach* dem Antrag auf Eintr., der Hyp. *eingelaufen* ist (der Zeitpunkt der Eintr., z. B. nach vorh. Zwischenverf., ist gleichgültig, OLG. 17, 352; vgl. RG. 60, 394, BayObLG. 11, 397, Güthe-Triebel § 18 A. 28), auch wenn der HypGl. Kenntnis von dem VersteigAntrag hatte, oder wenn entgegen § 17 GBO. der VersteigVermerk vor der Hyp. eingetragen wurde[7]); ist aber das Ersuchen um Eintr. des VersteigVermerks vorher eingelaufen, so wird es gemäß § 17 GBO. auch vorher vollzogen, der Dritte steht also, weil aus dem GBuche die Beschlagn. ersichtlich, dem BeschlagnGl. nach; würde aber in letzterem Fall gegen § 17 GBO. verstoßen, der VersteigVermerk also später eingetragen als die Hyp., so wäre diese nur wirksam, wenn der HypGl. den VersteigAntrag zur Zeit des Eingangs des Antrags auf Eintr. der Hyp. nicht gekannt hätte (Jaeckel-Güthe A. 7, v. d. Pfordten 80).

β) Angenommen dagegen, die Beschlagn. wird *zuerst* durch Zustellung (§ 22 Abs. 1 Satz 1) wirksam: Dann ist obiger Dritte im Erwerbe geschützt nicht bloß, wenn seine Hyp. vor der Zustellung eingetragen wurde, sondern auch wenn vor der Zustellung der Antrag auf Eintr. der Hyp. beim GBAmt einging, nachher aber nur, wenn er den VersteigAntrag nicht kannte (vgl. OLG. 17, 352).

γ) Angenommen, es ging beim GBA. ein: am 9. 1. das Ersuchen um Eintr. des VerstVerm., am 10. 1. das Ersuchen um Eintr. einer *ZwHyp.* u. es erfolgte am 11. 1. die Eintr. des VerstVerm., am 12. 1. die Eintr. der ZwHyp., dann hat letztere Rang gem. § 10 Nr. 6 u. ist nicht im g. G. zu berücksichtigen. Das näml. gilt aber auch, wenn die ZwHyp. vor dem VerstVerm. eingetr. wurde, da die Beschlagn. schon am 9. 1. wirksam wurde (§ 22 Abs. 1 S. 2).

d) Wenn auch nach vorstehendem eine Verfügung dem betreib. Teile gegenüber *unwirksam* ist, so hat dies doch der *GBRichter nicht zu beachten* (abgesehen von irrigen Eintragungen, § 54 GBO., §§ 75, 131, 245, 246 DA.); denn die Beschlagn. ist *keine GBSperre*, wie die KEröffnung; der Eigentümer kann insbes. nach wie vor das G. auflassen u. belasten (OLG. 4, 161; anders beim Konkurs, RG. 71, 38; LZ. 1910, 938). Vom *VollstrR.* (Notariat) anderseits sind alle *vor*[8]) dem VersteigVermerk (im Falle des Beitritts: vor Zustellung des Beitrittsbeschl.) *eingetrag. Rechte*, wenn auch dem betreib. Teile gegenüber unwirksam, doch *als wirksam zu behandeln*, also ge-

---

ZwVollstr. nicht gilt (RG. 56, 11, RJA. 10, 231, Planck § 883 A. 1 a); ebensowenig aber auch der Umstand, daß wegen § 17 GBO. die *früher* beantr. Zw.- u. Arresthyp. vor dem *später* beantr. VersteigVermerk eingetragen u. daher im VollstrVerf. gemäß § 9 Nr. 1 zunächst als wirksam behandelt werden muß (Fischer-Schäfer 153). Die Zw.- u. Arresthyp. ist also dem BeschlagnGl. gegenüber immer unwirksam, wenn vor ihrer endgültigen Eintragung (wenn auch erst nach Eingang des Antrags auf Eintragung derselben) die Beschlagn. gemäß § 22 wirksam geworden ist.

[7]) Denn in dem nach § 878 BGB. maßgeb. Zeitpunkt bestand eine Beschlagn. auch noch nicht gemäß § 22 Abs. 1 Satz 2, weshalb es auf den guten oder bösen Glauben überhaupt nicht ankommt (Wolff A. 5); der Verstoß gegen § 17 GBO. ist aber gemäß § 878 BGB. ohne Nachteil für diesen HypGl.

[8]) Eine *gleichzeitig* mit dem VersteigVermerk eingetr. (weil gleichzeitig beantr.) Auflassung wird zur Fristsetzung nach § 28 ZVG. Veranlassung geben; ein gleichzeitig mit dem VersteigVermerk eingetr. Recht ist von Amts wegen (§ 9 Nr. 1) zu berücksichtigen, weil z. Z. der Eintr. des VollstrVermerks aus dem GBuch ersichtlich (vgl. 11 Fußn. 7).

mäß § 9 Nr. 1 von Amts wegen zu berücksichtigen u. nach § 10 Nr. 4 einzureihen (vgl. Fußn. 5), alle nachher eingetragenen als unwirksam (§ 10 Nr. 6), die erst auf Anmeldung (§ 9 Nr. 2) im Verf. berücksichtigt werden. Ein vor[8]) dem VersteigVermerk eingetr. Eigentumswechsel ist nach § 28, ein nach der Beschlagn. erfolgter nach § 26 zu behandeln (AuflassVorm., BZfR. 1929, 63). Im übr. ist die Unwirksamkeit v. betreib. Teil im Klagewege geltend zu machen. Den Beweis der Kenntnis der Beschlagn. hat der betreib. Teil zu führen, soferne nicht der VersteigVermerk bereits vor dem für den Erwerb des Dritten maßgeb. Zeitpunkte eingetragen war (Jaeckel-Güthe A. 6).

B. In Ansehung der von der Beschlagn. ergriffenen §§ 20, 21) **bewegl. Sachen** (insbes. Zubehör) ist unwirksam eine Verfügung (Veräußerung, Verpfändung, Nießbrauchsbestellung, §§ 929 ff., 1032, 1204 ff. BGB.)[9]) des VollstrSch., welche die Grenzen einer ordnungsm. Wirtschaft überschreitet (§ 23 Abs. 1 Satz 2, § 24; SeuffA. 67, 123). Jedoch ist auch hier der gute Glaube des Erwerbers geschützt (ZBlFG. 12, 199), wenn dieser in dem nach §§ 929—934, 936 BGB. für den Erwerb als maßgebend bestimmten Zeitpunkte weder die Beschlagn., noch den VersteigAntrag, noch die Überschreitung der Grenzen einer ordnungsmäß. Wirtschaft kannte oder bei einiger Sorgfalt (§ 932 Abs. 2 BGB.) kennen mußte; Unkenntnis aus grober Fahrlässigkeit steht hier (anders A c) der Kenntnis gleich; vorausgesetzt ist auch hier, daß in jenem Zeitpunkte die betr. Beschlagn. bereits wirksam war (§§ 22, 27); mit Eintr. des VersteigVermerks gilt auch hier die Beschlagn. als bekannt (§ 23 Abs. 2 S. 2); über die Fortwirkung dieser Vermutung über den Zuschlag hinaus s. § 22 A. 3.

Soweit die Verfüg. wirksam war — u. dies ist sie auch, wenn der betreib. Teil einzelne Gegenstände freigibt u. dann veräußern u. vom G. entfernen läßt, so daß sie auch von der Versteig. nicht mehr erfaßt werden (§ 185 BGB., § 55 Abs. 2 ZVG.; vgl. § 37 A. 2 e β, BayObLG. 4, 820, Recht 05, 589, ZBlFG. 5, 615) — fällt auch der Erlös (die Gegenleistung) nicht in die Masse (Fischer-Schäfer 183, Reinhard-Müller A. 3, Jaeckel-Güthe A. 4; a. M. v. d. Pfordten § 24 I 3, Wolff § 23 A. 6); soweit sie unwirksam war, kann der Real- wie betreib. Gl. (u. wegen §§ 1121, 1122 BGB., 55 ZwVG. auch der Ersteher[10]), nicht der Sch.) die Unwirksamkeit der Verfügung geltend machen u. die Zurückschaffung der Sachen, bzw. Schadensersatz verlangen (§§ 816 ff. BGB., RG. 69, 91; 70, 378; 73, 333, Recht 1911 Nr. 2379, SeuffA. 60, 480; 66, 322; 67, 123, LZ. 1915, 702; 1918, 1290).

Gegenüber einer Pfändung von Zubehör sind §§ 865 Abs. 2, 766, gegenüber einer Pfändung von anderen Sachen (z. B. Früchten § 810) sind §§ 865 Abs. 2, 771 ZPO. anzuwenden)[11]).

---

[9]) Unwirksam ist auch die Gestattung der Aneignung der Sache (§ 956 BGB.); § 957 BGB. findet keine Anwendung (Recht 09 Nr. 1372).

[10]) Ob der Ersteher Verfügungen, die gegen die Beschlagn. verstoßen, ohne weiteres als unwirksam behandeln kann, ist bestr. (vgl. § 57 A. 2). Es kommt auf den Inhalt des Zuschlagsbeschl. an. Vgl. Recht 09 Nr. 1041, 1911 Nr. 2380.

[11]) Werden bewegl. Sachen, die nicht Zubehör sind, gepfändet, so hat der RealGl., solange er nicht Beschlagn. erwirkt hat, nur das Vorzugsrecht nach § 805 ZPO. (vgl. Einl. IV).

Die VerfügBefugnis des VollstrSch. nach § 23 Abs. 1 Satz 2, § 24 ist ganz ausgeschlossen im Falle des § 25 u. § 148. Den Verfüg. des Sch. stehen diej. eines Eigentümers gleich, der Eigentum erst nach der Beschlagnahme erwarb (§ 26).

C. Über beschlagnahmte **Forderungen** kann der VollstrSch. oder sein Rechtsnachfolger (AbtretEmpfänger, PfändGl., § 135 Abs. 1 Satz 2 BGB.) von dem in § 22 Abs. 1 bezeichneten Zeitpunkt an nicht mehr wirksam verfügen (z. B. durch Abtretung, Einziehung, Verpfändung), während der Drittschuldner bis zu dem in § 22 Abs. 2 angegebenen Zeitpunkt wirksam zahlen kann. Der Erwerber der Ford. kann sich nicht auf seinen guten Glauben berufen (Fischer-Schäfer 185, v. d. Pfordten 82, Jaeckel-Güthe A. 8; abw. Wolff A. 5); wer eine beschlagnahmte Ford. eingezogen hat, ist zur Herausgabe des Empfangenen an die Masse bzw. Ersteher (§ 55) verpflichtet (§§ 816 ff. BGB.); hat der Drittsch., ohne im guten Glauben zu sein, an den VollstrSch. oder dessen Rechtsnachfolger gezahlt, so muß er nochmals zahlen (vgl. aber § 22 A. 2 C). Eine unwirksame Pfändung ist gemäß §§ 865 Abs. 2, 771 ZPO. zu bekämpfen.

3. a) Einfluß der **Konkurseröffnung**. Sie läßt ein vorher eingeleitetes ZwVersteig.- u. -VerwVerf. unberührt (§ 13 KO.) u. nimmt nur dem VollstrSch. das Verwalt.- u. VerfügRecht (§ 6 KO.). Die Beschlagn. erzeugt ein Absond.-Recht im Konkurs §§ 13, 47 KO., § 10 Nr. 5 ZVG.), vorausgesetzt, daß im Augenblicke der KEröffnung (§ 108 KO.) die Beschlagn. gemäß § 22 wirksam geworden war.

Ist die Beschlagn. des G. zugunsten einer persönl. Ford. bei KEröffnung noch nicht durch Zustellung wirksam gewesen, so kann sie dies auch nicht mehr werden, wenn der EintragAntrag vor der KEröffnung beim GBA. eingeht, aber erst nachher (z. B. weil die KE. nicht bekannt war) vollzogen wird; denn von der KEröffnung an steht die KMasse ausschl. zur Verfügung des KVerwalters (§§ 14, 15 KO.)[12]); diese Beschlagnahme ist deshalb nach § 28 (durch das VollstrG.) aufzuheben.

Über Veräußerung von Zubehör durch den KVerwalter s. § 21 Fußn. 4, § 173 Fußn. 1.

Auf die Verfolgung dingl. Anspr. hat die KEröffnung überhaupt keinen Einfluß; hierwegen kann die ZwVersteig. u. -Verw. vor wie nach KEröffnung eingeleitet u. durchgeführt werden (§§ 4, 47 KO.). Deshalb hindert der KVermerk nicht die Eintragung des VerstVermerks (s. § 19 Fußn. 2). Die Möglichkeit, im Falle der KEröffnung auch wegen betagter u. bedingter Ford. die Versteig. zu betreiben (Art. 169 BayGO.), gewährt das ZVG. nicht mehr; die sich hieraus wegen §§ 64, 153 KO. ergebende Unbilligkeit, welche den HypGl. dann trifft, wenn er den Ausfall seiner Ford. nicht rechtzeitig festzustellen vermag, sollte bei der Änderung der KO. beseitigt werden, was nicht geschehen ist (Begr. 359, Jaeger KO. §§ 14 A. 9, 153 A. 2, JW. 1916, 824; vgl. § 174 A. 1).

Ob der AbsondBerechtigte auch auf Grund eines persönl. Schuldtitels während des Konkurses die Beschlagn. erwirken kann, ist bestr., s. § 16 Fußn. 1.

---

[12]) RJA. 10, 231, RG. 71, 38; 84, 280; vgl. RJA. 10, 140, BayObLG. 11, 397, Jaeckel-Güthe A. 12, Wolff A. 2, Fischer-Schäfer 185, Jäger KO. § 13 A. 10, Bleyer § 4 A. 4, § 14 A. 5a; s. auch § 19 Fußn. 2. — Anders bei rechtsgeschäftl. Verfüg. des Gemeinsch. (§ 878 BGB., § 15 KO., RG. 51, 286; 71, 41, OLG. 45, 188).

Ob nach KEröffnung zur Einleit. des ZwVersteig.- u. -VerwVerf. die Zustellung des VollstrTitels an den KVerw. genügt oder eine neue VollstrKlausel gegen ihn erforderlich ist, ist bestr. (vgl. Jaeger KO. § 6 A. 35, § 14 A. 11). Nach RG. 53, 8 (vgl. auch OLG. 14, 161; 16, 322; 22, 359; 23, 204) ist Rechtsnachfolgeklausel gemäß §§ 727, 750 Abs. 2 ZPO. notwendig. Ist die Beschlagn. schon vor KEröffnung wirksam geworden, so bedarf es nicht der neuen Klausel u. auch nicht der Wiederholung der Zustellung des VollstrT. an den KVerw. An diesen haben aber von nun an alle Zustellungen während des Verf. zu erfolgen.

b) Die Eröffnung des **Vergleichsverfahrens** z. Abwendung des K. hindert jede Art von ZwVollstr. (auch Eintragung einer ZwHyp., Anordnung u. Durchf. der ZwVerst. u. -Verw., Vollziehung eines Arrests oder einstw. Verf., Pfändung nach Benachrichtigung gem. § 845 ZPO., auch Fortsetzung der Zw.-Vollstr.), aber nur soweit sie zugunsten der am Vergleichsverf. beteiligten u. ihnen gleichstehenden Gl. (nicht: Bevorrechtigte u. Absonderungsberechtigte) erfolgen soll (§§ 2, 3, 32, 34 VerglO. v. 5. 7. 27 RGBl. I 139); Nichtbeachtung bewirkt Nichtigkeit, insbes. der ZwHyp.; Rechtsbehelf: § 766 ZPO. (Kiesow VerglO. S. 256 ff., Cahn S. 207 ff., Bendix JW. 1928, 1847). Das Gericht kann VerfBeschränkungen, auch ein allg. VeräußVerbot, im Sinne der §§ 135, 136 BGB. erlassen (§§ 50 ff., 54, 55 VerglO.).

Die bei Eröffnung des VerglVerf. bereits anhängigen ZwVollstreckungen für die am Vergleichsverf. beteiligten Gl. sind einstw. einzustellen (§ 33 Abs. 1 VerglO., s. Vorb. 4 vor § 28).

§ 24.

Die Verwaltung und Benutzung des Grundstücks verbleibt dem Schuldner nur innerhalb der Grenzen einer ordnungsmäßigen Wirtschaft.

E. I § 88 Abs. 1; Begr. 138—140; D. 41; KBer. —.

Verwaltung und Benutzung während der Beschlagnahme.

1. Dem in § 23 behandelten VeräußVerbot hinsichtl. der von der Beschlagn. ergriff. Gegenstände steht die **Verwalt.- u. NutzBefugnis** gegenüber, welche dem VollstrSch. (neueingetretenen Eigentümer, § 26) im Rahmen einer ordnungsm. Wirtschaft so lange zusteht, als er nicht durch § 25 beschränkt oder ZwVerwaltung nach § 148 (149) angeordnet ist. Erst die letztere ergreift auch den Nutzwert des G.

Der Sch. verwaltet innerh. der Grenzen des § 24 mit § 23 Abs. 1 Satz 2 die BeschlagnGegenstände (nicht bloß das G. §§ 20, 21 A. 3) auf eigene Rechnung, nicht auf Rechnung der LiegenschMasse[1]), untersteht nicht der Aufsicht des Gl., hat keine Rechnung zu stellen, erhält für Verwendungen keinen Ersatz (Jaeckel-Güthe A. 2).

Er ist nicht verpflichtet, Verw. u. Bewirtschaftung weiter zu führen, u. ist nur schadensersatzpflichtig gegenüber dem Gl., wenn er die Grenzen einer ordnungsm. Wirtschaft überschreitet (§§ 823 ff. BGB., JW. 07, 332; vgl. auch

---

[1]) Der Überschuß aus einer ordnungsm. Wirtschaft fällt daher nicht in die Masse (vgl. § 23 A. 2 B). Gerade diese Überschüsse ebenfalls für die Gl. zu verwerten, ist Zweck der ZwVerwaltung (Reinhard-Müller A. 2, Jaeckel-Güthe A. 2; a. M. Wolff A. 5, v. d. Pfordten A. I 3).

§ 137 StGB., über Strafbarkeit der Wegnahme von Zubehör BayObLG. Straff. 5, 175, über Schadensersatzpflicht des Erwerbers u. anderer Beteiligten RG. 73, 333, Recht 1915 Nr. 1341, LZ. 1914, 1853; 1919, 1149). Diese Grenzen richten sich nach den tatsächl. Verhältnissen; es ist weder der Maßstab einer Musterwirtschaft anzulegen, noch die Notlage des Sch. zu berücksichtigen (Reinhard-Müller A. 2, Fischer-Schäfer 187).

Soweit die Verwaltung des Sch. zu unwirtschaftl. rechtl. Verfügungen geführt hat, sind sie dem betreib. Gl. gegenüber unwirksam (§ 23).

Für die Frage, ob die Entfernung von Zubehörstücken (vgl. § 21 A. 2 B a) den Regeln einer ordnungsm. Wirtschaft widerspricht, kommt es lediglich auf die Verhältnisse zur Zeit der Entfernung an (Recht 08, 539).

2. Zu den in § 24 gestatteten (tatsächl. u. rechtl.) **wirtschaftl. Maßnahmen** gehört besonders die Ausbeutung (z. B. eines Steinbruchs, Sand-, Lehmgrube) u. Fruchtziehung (durch die land- u. forstwirtschaftl.[2]) Erzeugnisse, soweit sie nicht Zubehör sind, von der VerstBeschlagnahme frei werden, s. § 21 A. 2 B c), die Verarbeitung des ausgebeuteten Rohmaterials (vgl. Einl. IV 3 a), Verpachtung u. Vermietung zu angemessenen Preisen[3]); nicht aber: Veräußerung von Zubehör zwecks Aufgabe der Bewirtschaftung (RG. 69, 88, SeuffA. 71, 127, BZfR. 1929, 45), Wegschaffung von Bestandteilen aus einem Neubau (RG. 73, 333), Einziehung von VersichFord. (ausgen. den Fall des § 1130 BGB., vgl. § 21 A. 2 C).

§ 25.

Ist zu besorgen, daß durch das Verhalten des Schuldners die ordnungsmäßige Wirtschaft gefährdet wird, so hat das Vollstreckungsgericht auf Antrag des Gläubigers die zur Abwendung der Gefährdung erforderlichen Maßregeln anzuordnen. Das Gericht kann die Maßregeln aufheben, wenn der zu deren Fortsetzung erforderliche Geldbetrag nicht vorgeschossen wird.

E. I § 38 Abs. 2; Begr. 189; D. 41; RBer. 19.

Weitere Anordnungen auf Grund der Beschlagnahme.

1. Die **Sicherungsmaßregeln**, die dem betreib. Gl. gegen die aus §§ 23 Abs. 1 Satz 2 u. 24 sich ergeb. Gefahr neben der ZwVerwaltung (§§ 148, 149) u. dem zugunsten des RealGl. vom ProzeßG. nach §§ 1134, 1135, 1192, 1200 BGB. zu gewährenden Schutz (einstw. Verfügung nach §§ 935 ff., 942 ZPO.) zu Gebote stehen (wahlweise, Jaeckel-Güthe A. 1), sind vom Notariat (Art. 25 BayAG., § 3 JMBek. v. 30. 3. 21 JMBl. 33) auf Antrag (des betreib. Gl., nicht anderer Beteiligten) nach freiem Ermessen anzuordnen. Der Antragsteller

[2]) Die Abholzung eines Waldgrundstücks u. der Verkauf steh. u. geschlagenen Holzes wird aber häufig die Grenzen einer ordnungsm. Wirtschaft überschreiten (Abhilfe im Wege des § 1134 BGB., §§ 935 ff. ZPO., §§ 25, 146 ZVG.); auch der Pächter ist an die Grenzen einer ordnungsm. Wirtschaft gebunden, die Veräußerung ordnungswidrig gezogener Früchte kann daher auch ihm untersagt werden (vgl. ZBlFG. 8, 391, SeuffA. 63, 66, § 25 A. 1). Über Erstreckung der Hyp., der Versteig.- u. VerwBeschlagn., der Versteig. auf die abgeholzten Bäume s. § 21 A. 2 B c, § 148 A. 1 b.

[3]) Auch bei Überschreitung der VerwBefugnis durch unwirtschaftl. Vermietung u. Verpachtung hat der Ersteher nur das Kündigungsrecht nach § 57, wenn nicht eine besondere VersteigBedingung nach § 59 aufgestellt ist; vgl. § 57 A. 2.

hat die die Gefährdung begründ. Tatsachen glaubhaft zu machen, z. B. Unterlassung der Aussaat, der Ernte, der Beaufsichtigung, der Versicherung (RG. 52, 295, Recht 04, Nr. 214); Abholzung, Zerstörung, Beiseiteschaffung, Verschleuderung von Zubehör; leichtsinnige Bewirtschaftung; unordentl. Lebenswandel u. dgl. Dringlichkeit ist nicht Voraussetzung der Anordnung des § 25, ebensowenig schuldh. Verhalten; es genügt daher auch Nichteinschreiten gegen einen unwirtschaftl. Pächter (§ 24 Fußn. 2, v. d. Pfordten § 25 A. II 6) oder Mangel an Betriebsmitteln (Fischer-Schäfer 188).

2. Arten. Die Vorbeugungsmaßregeln — es können im Wege des § 25 nur drohende Gefährdungen u. weiterer Schaden abgewendet, nicht bereits eingetretene Schädigungen gut gemacht werden (a. M. Jaeckel-Güthe A. 6) — können in Geboten u. Verboten einzelner Handlungen (Straf- auch Haftandrohung, vgl. SeuffA. 48, 477), in der vollst. oder teilweisen Entziehung der Verwaltung u. Benützung (Verwahrung, Bewachung)[1], oder in der Aufstellung eines Verwalters bestehen. Eine solche Verw. ist aber nicht mit derj. der §§ 146 ff. zu verwechseln; sie könnte sich nur auf die von der VersteigBeschlagn. ergriffenen Gegenstände (z. B. nicht auf Miet- u. Pachtzinsford.) beziehen; etwaige Überschüsse aus einer solchen Verw. würden (bis zum Zuschlag) dem VollstrSch. gebühren (vgl. § 24 Fußn. 1); durch den Zuschlag wird sie nicht beendigt, jedoch zweckmäßig in eine solche nach § 94 überzuführen sein (Jaeckel-Güthe A. 6).

3. Anordnung, Einwendungen, Vollstreckung. Der Beschluß des Notariats, durch den eine Maßregel nach § 25 angeordnet oder abgelehnt wird, ist zuzustellen (§§ 3 ff) u. durch Sch. bzw. Antragsteller mittels Anrufung der Entsch. des VollstrG. (§ 13 Abs. 2 EG.) anfechtbar. Die Entsch. des letzteren (die ohne mündl. Verh. ergehen kann) ist endgültig (§ 95); also hiegegen Beschwerde, Erinnerung nach § 766 ZPO., auch Widerspruch entspr. den §§ 924, 936 ZPO. ausgeschlossen (Jaeckel-Güthe A. 7, Reinhard-Müller A. 5); die Anordnung des Not. kann von ihm selbst abgeändert werden.

Die Anordnung des Notars ist keine Entsch. im Sinne der §§ 793, 794 Nr. 3 ZPO. (a. M. Betzinger-Meinhard § 7 S. 16, § 25 S. 46, § 13 EG. S. 255, die die Anordnung als mittelbar durch Beschwerde angreifbare Entsch. erachten), sondern Vollstreckungsakt, Einzelmaßregel des VollstrVerf. (sofort vollziehbar), wie der Beschluß nach §§ 15, 27 (Stein-Jonas § 766 I 2). Die Durchführung der Anordnung ist Sache des Notariats, das sich erforderlichen Falls dazu der Hilfe des GVollz. bedient (Jaeckel-Güthe A. 5, vgl. § 892 ZPO.). Der Beschluß bedarf nicht der VollstrKlausel (wie bei ZwVollstr. durch die Partei); die Ermächtigung des GVollz. bildet vielmehr der Auftrag, das Ersuchen um Vollzug; § 188 GVollzGeschA. ist entspr. anzuwenden (abw. BZfR. 1921, 111); doch wird in solchen Fällen ein Verwalter zu bestellen sein, dem das Weitere überlassen ist.

Dagegen ist die Entsch. des VollstrG. nach § 13 Abs. 2 EG. eine Entscheidung im Sinne der §§ 793, 794 Nr. 3 ZPO., obwohl Beschwerde durch § 95 ZVG. ausgeschlossen ist. Enthält sie erst die Anordnung nach § 25, so ist sie sofort vollstreckbar (Stein-Jonas § 894 V).

[1] Der Aufseher nimmt natürlich nicht die rechtl. Stellung eines Verwalters ein, hat lediglich die Anordnungen des Not. (VollstrG.) zu vollziehen, kann nicht für die Masse klagen oder verklagt werden (nicht abhanden gekommene Zubehörstücke herausverlangen oder auf Herausgabe belangt werden).

Abänderung, Aufhebung der Anordnung kann von einer Sicherheitsleistung des Sch. abhängig gemacht werden (Reinhard-Müller A. 2).

4. Die **Kosten** der Maßregeln genießen, selbst wenn sie in der Anordnung einer Verw. bestehen, nicht das Vorrecht des § 10 Nr. 1 oder § 109, sondern gehören zu den Kosten der Rechtsverfolgung des Antragstellers (§§ 10 Abs. 2, 12 Nr. 1; Jaeckel-Güthe A. 4; Fischer-Schäfer 188; Reinhard-Müller A. 3; abw. Wolff A. 12, v. d. Pfordten A. II 2). Zur Deckung der Kosten, einschließl. der Vergütung des Verw., kann (bei Erlaß der Anordnung oder später) ein Vorschuß gefordert, bei Nichteinzahlung die angeordnete Maßregel wieder aufgehoben werden (vgl. §§ 934 Abs. 2 ZPO., 161 Abs. 3 ZVG.; Jaeckel-Güthe A. 4, a. M. Fischer-Schäfer 188); weg. des Vorschusses für etwaige Auslagen des Notariats s. § 17 Fußn. 9.

5. Eine besondere **Gebühr** neben derj. der Art. 8, 9 BayKG. wird für die Anordnungen nach § 25 nicht erhoben (v. Schmidt BayKG. Art. 9 A. 1; Meyer ebenda); über die Gebühr des Rechtsanwalts für Antragstellung s. Art. 5, 8, 18, 25 BayRAGebO.

§ 26.

Ist die Zwangsversteigerung wegen des Anspruchs aus einem eingetragenen Rechte angeordnet, so hat eine nach der Beschlagnahme bewirkte Veräußerung des Grundstücks auf den Fortgang des Verfahrens gegen den Schuldner keinen Einfluß.

E. I § 41; Begr. 143, 144; KBer. —.

Einfluß der Veräußerung des Grundstücks.

1. § 26 regelt nur die (rechtsgeschäftl.) **Veräußerung** des G. **nach der Beschlagnahme.** Diese Veräußerung wäre gemäß § 23 ZVG. mit §§ 135, 136 BGB. dem betreib. Teil gegenüber wirksam, wenn zur Zeit des Eigentumswechsels (§ 892 Abs. 2 BGB.) weder die Beschlagn. aus dem GBuch ersichtlich, noch der VersteigAntrag (nach Eingang des Ersuchens um Eintr. des VersteigVermerks oder Zustellung) dem Erwerber bekannt war (§ 892 Abs. 1 BGB.). Eine Verfüg. über das G. enthält nur der dingl. Vertrag samt Eintrag., nicht die Einigung allein, auch nicht der schuldrechtl. Vertrag (§ 313 BGB.; Recht 04, 38—40).

Auf einen solchen gutgläub. Erwerb nimmt aber das Verf. nur in beschränktem Maße Rücksicht.

2. **Beschränkung** des Schutzes des guten Glaubens.

a) Seine Wirkung wird durch § 26 für den Fall ausgeschlossen, daß es sich um die (dingl.) Verfolgung eines **eingetragenen** Rechtes handelt. Ist also die Versteig. wegen des Anspr. aus einer Reallast, Hyp., Grund- oder Rentenschuld angeordnet u. dieser Beschluß gemäß § 22 Abs. 1 (durch Zustellung, bzw. Eingang beim GBAmt mit darauffolg. Eintrag.) wirksam geworden, so ist eine nachher erfolgte GVeräußerung (Eintrag. der Auflassung §§ 873, 925 BGB., § 20 GBO.), auch wenn der Erwerber im guten Glauben war (abw. von § 23), auf das Verf. ohne Einfluß (vgl. § 325 Abs. 3 ZPO.). Dieses wird vielmehr gegen den früh. Eigent. (ohne neue VollstrKl.) fortgesetzt u. der neu eingetretene als Beteiligter (von Amts wegen, wenn er vor dem VersteigVermerk — zwischen Zustellung u. Eintragung der Beschlagn. — eingetragen war, außerdem nur auf Anmeldung (§ 9) zum weiteren Verfahren (§§ 55, 67, 68) zugezogen. Der VersteigBeschluß selbst wird ihm, da er nicht VollstrSch. ist, nicht mehr zugestellt; für den Fall des Beitritts s. § 27 A. 1. Er kann, wenn er das eingetrag. Recht des betreib. Teils selbst (z. B. wegen Nichtigkeit) zu beseitigen imstande ist, die einstw. Einstellung des Verf. gemäß §§ 771, 769 ZPO., 37 Nr. 5 ZVG. herbeiführen (v. d. Pfordten 88, Jaeckel-Güthe A. 4).

b) Dagegen verbleibt es bei der Vorschrift des § 23, wenn das Verf. zugunsten einer **persönlichen** Forderung[1]) betrieben wird, d. h. der Eigentumswechsel nach Wirksamkeit (§ 22) der Beschlagn. begründet für den gutgl. Erwerber ein der ZwVollstr. entgegensteh. Recht, das gemäß §§ 771, 769 ZPO., 37 Nr. 5 ZVG. verfolgt werden kann, welches aber (abgesehen von prozeß- bzw. vollstreckungsrichterl. einstw. Einstellung) auf das Verfahren nur dann einen Einfluß hat, wenn der Eigentumswechsel vor dem VersteigVermerk eingetragen ist. Letzterenfalls ist nach § 28 zu verfahren u. dem Gl. zu überlassen, den neu eingetretenen Eigent. auf Duldung der ZwVollstr. in das G. zu verklagen (Jaeckel-Güthe A. 3, Wolff A. 1, Fischer-Schäfer 189, ZZP. 45, 478).

3. Rechtsähnl. Fälle der Veräußerung. § 26 ist auch gegeben, wenn nach Wirksamkeit der Beschlagn. die VollstrSchuldnerin **allg. Gütergemeinschaft** vereinbart (§§ 1434, 1438 BGB., 740 ZPO., Jaeckel-Güthe A. 1). Ebenso, wenn der neue Erwerber seinen Anspruch auf Eigentumsübertragung durch **Vormerkung** nach § 883 BGB. hatte sichern lassen; auch diese ist auf das von dem dingl., dem vorgemerkten Erwerber im Range vorgeh. Gl. betriebene Verf. ohne Einfluß; geht dagegen die AuflassVormerkung vor, so ist das Verf. nach § 28 aufzuheben (Zuschlag zu versagen, § 83 Nr. 5), wenn entweder das Eigentum des Erwerbers noch vor dem VersteigVermerk oder doch auf Grund der Vormerkung eingetragen worden ist (Fischer-Schäfer 190, Jaeckel-Güthe A. 2, Planck § 883 A. 3 d β, Staudinger-Kober A. V 6a, SeuffA. 67, 272, Meiser GruchBeitr. 57, 611 ff.).

Für den Fall **der Erbfolge** bestimmt § 779 ZPO., daß die ZwVollstr. fortgesetzt wird, wenn sie zur Zeit des Todes begonnen hatte (mit Erlassung des Anordnungsbeschl., s. § 8 A. 2). Aufgabe des G. (**Dereliktion**; § 928 Abs. 1 BGB.) fällt nicht unter § 26 (s. § 17 Fußn. 3), wohl aber Erwerb durch den Fiskus (§ 928 Abs. 2 BGB.). Nicht unter § 26 fällt endlich die **Enteignung** (s. § 56 A. 2; Reinhard-Müller A. 1 b).

4. Auf die **Veräußerung beschlagnahmter Forderungen u. bewegl. Sachen** bezieht sich § 26 nicht (vgl. § 23 A. 2 B, C).

5. Veräußerung **vor der Beschlagnahme** (also vor Eingang des Ers. um Eintr. des VerstVermerks beim GBAmt mit Eintragung, Zustellung, § 22) steht der ZwVollstr. immer entgegen; war der Eigentumswechsel nach Anordnung der Versteig., aber sowohl vor dem VersteigVermerke, als auch vor Zustellung eingetragen worden, so ist nach § 28 zu verfahren (Fristsetzung bei dingl., Aufhebung bei persönl. Anspruch des betreib Gl., Jaeckel-Güthe A. 2). Der betreib. Gl. muß einen VollstrTitel bzw. eine neue VollstrKl. gegen den Erwerber beschaffen u. zustellen (§§ 325, 727, 750 ZPO.), der persönl. Gl. (soweit möglich) das Verfahren von neuem beginnen (§ 17). War der Antrag auf Eintragung

[1]) Auch wenn diese dinglich, z. B. durch Hyp. (Zwangs-, Höchstbetragshyp.), gesichert ist, die Klage aber nicht die Befriedigung aus dem G. bezweckt hatte (bestr.; vgl. § 10 Fußn. 33 u. § 16 Fußn. 1).

des neuen Eigent. vor dem Erſ. um Eintragung des VerſtVermerks beim GBA. eingegangen (§ 878 BGB.), so wird in der Regel (§ 17 GBO.) der Eigentumswechsel auch vor dem VerſtVermerk eingetragen sein (§ 28).

6. Veräußerung vor Beitritt s. § 27 A. 1.

§ 27.

Wird nach der Anordnung der Zwangsversteigerung ein weiterer Antrag auf Zwangsversteigerung des Grundstücks gestellt, so erfolgt statt des Versteigerungsbeschlusses die Anordnung, daß der Beitritt des Antragstellers zu dem Verfahren zugelassen wird. Eine Eintragung dieser Anordnung in das Grundbuch findet nicht statt.

Der Gläubiger, dessen Beitritt zugelassen ist, hat dieselben Rechte, wie wenn auf seinen Antrag die Versteigerung angeordnet wäre.

E. I §§ 31, 40; Begr. 129, 130, 143; D. 41; KBer. —.

Beitritt.

1. Voraussetzungen. Jeder nach Anordnung der ZwVersteig. (Unterzeichnung des Beschl.) einlaufender VersteigAntrag ist, solange das Verf. schwebt, als **Beitrittsantrag** zu behandeln (gleichzeitig einlaufende erste Anträge sind in einem Beschluß zu erledigen). Der Antrag muß ebenfalls den §§ 16, 17 entsprechen; ist nach Anordnung des Verf. (u. vor Erlassung des Beitrittsbeschl.) ein neuer Eigent. eingetragen worden (§ 26), so ist dieser für den beitret. Gl. (auch wenn er schon wegen einer anderen Ford. das Verfahren betreibt)[1]) der Schuldner, gegen den sich sein VollstrTitel richten muß[2]). Ist der Vollstr.-Sch. nach Anordnung des Verf. gestorben, so richtet sich der Beitrittsantrag gegen die Erben (Nachlaßpfleger, TestVollstrecker), gegen die VollstrTitel (Klausel) vorliegen muß (§ 8).

Der weitere Antrag muß dasselbe Grundstück (bzw. den näml. Bruchteil) betreffen.

Ist die ZwVersteig. des ganzen G. angeordnet, so ist ein weiterer (nach § 864 Abs. 2 ZPO. zulässiger) Antrag wegen eines Bruchteils desselben durch Beitrittsbeschluß zu erledigen (in welchem Falle die Löschung des VersteigVermerks auf die übr. Anteile zu beschränken ist, wenn nur deren Beschlagn. wegfällt, Fischer-Schäfer 192, v. d. Pfordten A. 6). Geht umgekehrt die Anordnung der Bruchteilsversteig. voraus, so ist ein das ganze G. betreff. Antrag teils als Beitritt (nämlich in Ansehung des bereits beschlagn. Anteils), teils als selbständiger Antrag (hinsichtl. des anderen Anteils) zu behandeln, vorausgesetzt, daß der zweite Antragsteller dem ersten im Range nachgeht. (Denn in diesem Falle stünde einem selbständigen Verf. hinsichtl. des ganzen G. das zugunsten des besser berechtigten BeschlagnGl. bestehende VeräußVerbot nach § 772 ZPO., § 23 ZVG. entgegen. Wird die erste Beschlagn. aufgehoben, so ist das Verf. für den zweiten als einheitliches fortzusetzen, wenn § 864 Abs. 2 ZPO. nicht mehr gegeben ist.) Geht aber der zweite Gl., der die Versteig. des ganzen G. beantragt, dem ersten, auf dessen Be-

---

[1]) §§ 23, 26 stehen nicht entgegen. Denn die Wirkung der Beschlagn. (§ 23) ist nicht an die Person, sondern an die zu befriedigende Ford. des Gl. geknüpft; will dieser das Verf. auch wegen einer anderen Ford. betreiben, so setzt er nicht das wegen der ersten Ford. bereits eingeleitete fort (§ 26). Ebenso Jaeckel-Güthe A. 2.

[2]) Ist der Beitritt gegen den ursprüngl. Sch. zugelassen u. vor Zustellung des Beitrittsbeschlusses ein neuer Eigentümer eingetragen worden, so ist hinsichtlich des Beitritts nach § 28 zu verfahren, allenfalls der Zuschlag zu versagen, wenn die erste Beschlagn. wegfällt (Wolff § 27 A. 5, 8, BlfRA. 76, 711; vgl. oben A. 3).

treiben die Anteilsversteig. eingeleitet wurde, im Range vor, so braucht jener sich die Anteilsversteig., die zu einem Verf. nach § 63 führen müßte, nicht gefallen zu lassen, weshalb auf seinen Antrag die Versteig. des ganzen G. in einem selbständigen Verf. anzuordnen ist. Die Anteilsversteig. erledigt sich dann durch die Versteig. des Ganzen; findet jene aber eher statt als diese, so läuft der Ersteher des Anteils Gefahr, ihn wieder zu verlieren, wenn der zweite Gl. sein BeschlagnRecht gemäß §§ 37 Nr. 4, 54 ZVG. mit 325 Abs. 3 ZPO. rechtzeitig in der Anteilsversteig. angemeldet hat (Fischer-Schäfer 192, Jaeckel-Güthe A. 6, Recht 1912 Nr. 3502). Ob eine Verbindung der Verfahren angeordnet werden kann, richtet sich nach § 18; für den Fall der Gemeinschaftsteilung s. § 180 A. 4.

2. Zuständig zur Entscheidung über den Beitritt ist nur das VollstrG. (nicht Notariat, § 13 Abs. 1 EG.ZVG.). **Zulässig** ist der Beitritt bis zur Verkündung[3]) des Zuschlags (§§ 89, 90), auch während der Dauer der einstw. Einstellung[4]) des ersten Verfahrens, nicht mehr nach Aufhebung desselben (§§ 28ff., 86), letzterenfalls bis zur Rechtskraft des AufhebBeschlusses (bestr.; vgl. Jaeckel-Güthe A. 3, LZ. 09, 494, BlfRA. 76, 711; a. M. 3. Aufl.).

Auch der Beitretende[5]) ist betreib. Gläubiger im Sinne des ZVG. (DJZ. 1914, 1111); er ist von dem ersten BeschlagnGl. unabhängig. Wird der erste Antrag (nach Beitrittszulassung) zurückgenommen, so wird das Verf. für den beigetretenen fortgesetzt; der VersteigVermerk bleibt bestehen.

3. Der **Beschluß** ordnet lediglich die „Zulassung des Beitritts" an, hat im übr. denselben **Inhalt** wie der Anordnungsbeschluß (§ 15 A. 4) u. dieselben **Wirkungen** (Beschlagn., Vorzugsrecht, §§ 13, 21). Diese treten aber (da eine nochmalige Eintragung des VersteigVermerks nicht mehr stattfindet, soweit nicht die Verst. weiterer Anteile angeordnet ist, s. oben 1) erst mit der nach §§ 3, 8 erfolgenden Zustellung an den Sch. ein (OLG. 9, 139, BlfRA. 76, 711, Jaeckel-Güthe A. 5; a. M. Wolff A. 4; vgl. § 151 Abs. 2). Von diesem Zeitpunkt an (der zweckmäßig durch ZustellUrkunde genau festzulegen ist) wirkt auch der VersteigVermerk für den beigetr. Gl.; alle vor der Zustellung vorgenommenen Rechtshandlungen des Sch. in Ansehung des G. sind dem Beigetretenen gegenüber gültig (§§ 22, 23, 26 A. 5).

Eine neuerl. Bestimmung des Notariats als VerstBehörde findet nicht statt, ebensowenig eine Zustellung an den Erstbetreibenden; dagegen wird ein Ersuchen an das GBAmt nach § 19 Abs. 2 um weitere Mitteilungen über die nach dem VersteigVermerk erfolgten Eintragungen allgemein für notwendig erachtet (Jaeckel-Güthe A. 4, Reinhard-Müller A. 5).

4. Rechtsbehelfe. Gegen den Beitrittsbeschluß sind Einwendungen u. Beschwerde in gleicher Weise wie gegen den Anordnungsbeschluß zulässig (§ 15 A. 5).

---

[3]) Nicht bis zur Rechtskraft des Zuschlagsbeschlusses; denn der Eigentumsübergang infolge Zuschlags ist nicht von Eintragung oder Rechtskraft des Zuschlags abhängig und nicht aufschiebend bedingt (Fischer-Schäfer 191, Wolff A. 9; bestr.; wg. der Möglichkeit der Aufhebung des Zuschlagsbeschl. ist bis zur Rechtskraft die Aussetzung der Entsch. über den Beitritt zu empfehlen).

Sind Gegenstände von der Versteig. ausgenommen u. hinsichtlich ihrer das Verf. einstw. eingestellt, so ist der Beitritt zu diesem Verf. auch nach der Grundstücksversteig. noch zulässig (OLG. 33, 164).

[4]) Daß der Anordnungsbeschluß wegen Fristablaufs nach § 31 Abs. 2 vor dem Beitrittsbeschluß hätte aufgehoben, statt des letzteren also das Verfahren neu angeordnet werden sollen, ist für die Fortsetzung des Verfahrens auf Grund des Beitritts unschädlich. Ist aber die erste Beschlagn. aufgehoben, so ist ein etwaiger nachher erfolgender Beitrittsbeschluß ungültig.

[5]) Verwechslungen der Namen der betreib. Gl. können Schadensersatzpflicht des Richters (Notars) begründen (LZ. 1914, 1552).

Über den **Rang** mehrerer BeschlagnGl. s. §§ 10 Nr. 5, 11 Abs. 2, 13 Abs. 3; Einfluß auf die Feststellung des **geringsten Gebots**: §§ 43 Abs. 2, 44 Abs. 2; **Aktenabgabe** an das Notariat: § 36.

5. Kein Beitritt ist die **Fortsetzung** des Verf. **für den Rechtsnachfolger** des Gl.; mit der vollstreckb. Ford. gehen auf ihn auch die aus der Beschlagn. sich ergebenden Rechte über, ohne daß es eines besonderen Rechtsaktes, z. B. Übertragung, bedarf (§§ 401 Abs. 2, 268 Abs. 3, 1150, 1153 BGB., § 75 ZVG.; RG. 65, 418; Jaeckel-Güthe A. 1; a. M. Recht 08, 283)[6]. Voraussetzung[7]) der Forts. des Verf. ist aber Rechtsnachfolgeklausel u. Zustellung derselben u. der etwaigen Urkunden (§§ 727, 750 Abs. 2 ZPO., Falkmann 157, Recht 08, 283, Hartmann, ZBlFG. 22, 1). Die Fortsetzung wird zweckmäßig (nicht notwendig) durch einen Beschluß des VollstrG. (Not.) ausgesprochen, der aber keiner Eintragung fähig ist (vgl. § 31, Recht 08, 283).

6. Die **Gerichtsgebühr** ist dieselbe, wie für den Anordnungsbeschluß (Art. 8 BayKG.: v. Schmidt A. 1). Eine besondere **Notariatsgebühr** für die Durchführung des Beitritts fällt nicht an, auch wenn der ursprüngl. VerstAntrag zurückgenommen wird (BayObLG. 13, 756), wohl aber für wiederholte Terminsbest. (Schmitt NotGebO. Art. 52 A. 2). Die **Rechtsanwaltsgebühr** ist die gleiche, wie beim VersteigAntrag; hatte der Rechtsanwalt einen VersteigAntrag wegen der Hauptsache gestellt, so erhält er für den Beitrittsantrag wegen der Nebensache keine besondere Gebühr, die Werte der Ansprüche werden aber zusammengerechnet (Art. 17, 18 Abs. 1, 3 BayRAGebO., JMBl. 02, 471).

II. Aufhebung und einstweilige Einstellung des Verfahrens.

Vorbemerkung.

Die **Aufhebungs- u. Einstellungsgründe** sind teils **allgemeine**, teils **besondere**; erstere ergeben sich aus der ZPO. (§§ 707, 719, 732 Abs. 2, 766 bis 786, besonders 775, 776), letztere aus dem ZVG. (§§ 28—30, 31 Abs. 2, 75—77; § 83 Nr. 6 mit §§ 1, 2); dazu kommen noch die aus der Konkurs- u. Vergleichsordnung, dem Kriegsnot- u. Aufwertungsrecht (s. unten 4—6).

1. Hinsichtl. der **Zuständigkeit** ist zu beachten, daß das **Notariat** niemals über die **Aufhebung** des Verf. (d. h. der Vollstr. im ganzen oder bezgl. einzelner Gegenstände oder bezgl. einer Beschlagn.) zu **entscheiden** hat (13 EG., Art. 25 BayAG. v. 2. 2. 21). Dagegen ist es berufen zur Aufhebung **einzelner VollstrMaßregeln** (z. B. Aufhebung des VersteigTermins) sowie zur einstw. **Einstellung** des Verf., teils unter selbständiger Entsch. (z. B. §§ 30, 31, 75—77 ZVG., §§ 775 Nr. 3, 4, 5 mit 776 ZPO., auch im Falle der Eröffnung des Vergleichsverf., an dem der betreib. persönl. Gl. beteiligt ist, s. unten 4, auch § 29 A. 1), teils unter bloßer Vollziehung einer Entsch. des Vollstr.-, Beschwerde-, Prozeß-, oder VergleichsG. (z. B. §§ 775 Nr. 1, 2 mit 776; 572 Abs. 3, 577; 732 Abs. 2, 769 ZPO., § 33 Abs. 2 VerglO.). In den letzteren Fällen ist es **nicht** zu selbständiger Entsch. berufen (BZfR. 1921, 110). Das

---

[6]) Über entspr. Anwendung des § 401 BGB. auf die Sicherungsübertragung, die nach außen volles Gläubiger- u. Einziehungsrecht verschafft (RG. 59, 190; 92, 105) vgl. RG. 89, 195; 91, 12, 277.

[7]) Der VersteigTermin darf sonst nicht anberaumt, der Zuschlag nicht erteilt werden (§ 83 Nr. 6; vgl. auch § 43 Fußn. 3).

Notariat hat natürlich mit der Einstellung solange nichts zu tun, als es nicht mit der Sache gem. Art. 25 AG. befaßt ist.

Auch das VollstrG. ordnet die Aufhebung u. Einstellung des Verf. teils selbst an (z. B. §§ 766, 769 Abs. 2 ZPO., §§ 28, 29 ZVG.), teils ist es nur Vollzugsorgan des Prozeß-, Beschwerde- oder VergleichsG. (z. B. §§ 769 Abs. 1 S. 1, 572 Abs. 3, 577, 775 ZPO., § 33 Abs. 2 VerglO.).

2. Auch soweit lediglich die Entsch. des Prozeß-[1]), Beschwerde- oder VergleichsG. (über Aufhebung oder Einstellung) vollzogen wird, ist vom VollstrG. bzw. Notariat ein besonderer **Vollzugsbeschluß** zu erlassen (§§ 31 Abs. 2, 32 ZVG., § 775 Nr. 2 mit § 794 Nr. 3 ZPO.; RG. 70, 404), der der sof. Beschwerde nach § 95 (beim Notariat nach Erinnerung gem. § 13 Abs. 2 FG.) unterliegt. Dasselbe gilt vom Vollzug einer Entsch. des VollstrG. durch das Notariat im Falle des § 766 ZPO., wenn das VollstrG. über die Zulassung des BeschlagnBeschlusses[2])[3]) endgültig (vorbehaltl. der sof. Beschwerde) u. im Falle des § 769 Abs. 2 ZPO.[4]), in welchem es nur vorläufig (unter Fristsetzung) entschieden hat.

Der Vollzugsbeschl. selbst bedarf keiner besonderen Form (es genügt z. B. Eröffnung u. Feststellung im VersteigProtokoll, daß auf Grund der einstw. Einstellung ein Gegenstand von der Versteig. ausgeschlossen wird; RG. 70, 399, OLG. 8, 4; 25, 250, JW. 1910, 841; 1911, 229).

Zu beachten ist, daß nach dem Schluß der Versteig. das Verf. nicht mehr durch Aufhebung (auch nicht des Termins) oder einstw. Einstellung erledigt werden darf, sondern nur durch Zuschlagsversagung (§§ 33, 86).

3. Ein **besonderer Aufhebungsgrund** ergibt sich aus §§ 1, 2, 83 Nr. 6 im Falle der Unzuständigkeit des Gerichts.

In diesem, sowie in ähnl. Fällen, in denen ein wesentl. Mangel des Verf. der Forts. entgegensteht (z. B. Nichtzustellung des VollstrT.), kann zwar nicht sofort die Aufhebung des Verf. beschlossen werden (§ 577 Abs. 3 ZPO., vgl. § 15 A. 5), wohl aber in entspr. Anwendung des § 28 (OLG. 4, 375 Anm., ZBlFG. 5, 325) unter Fristsetzung zunächst die einstw. Einstellung bzw. (nach Schluß der Versteig.) die Versagung des Zuschlags u. sodann die Aufhebung nach Fristablauf.

Ähnlich wird zu verfahren sein in den im Gesetz nicht geregelten, vor dem Zuschlag eintret. Fällen des Untergangs oder der Enteignung des G. u. des Erlöschens des zu versteig. ErbbRechts durch Zeitablauf (vgl. § 56 A. 3, § 161 A. 1 f, §§ 24, 27 VO. v. 15. 1. 19). Daß an die Stelle des G. oder der Berechtigung eine Versich.- oder Entschäd.-Forderung tritt, die für die Belastungen weiter haftet (vgl. §§ 27—29 der ErbbVO.) ändert nichts an der Notwendigkeit der Einstellung u. Aufhebung des Verf.

4. Von **Konkurs-Eröffnung** an ist die Beschlagn. z. G. eines KGl. unzulässig (§§ 14, 15 KO.); sie ist auf Einwendung des KVerw. (§ 766 ZPO.) durch das VollstrG. aufzuheben (Jäger § 14 A. 1, Bleyer A. 5 a, Stein-Jonas Vorb. IV 3 vor § 704), nach Eintragung des KVermerks aber von Amts wegen gem. § 28 (s. § 23 A. 3 a).

Von Eröffnung des **Vergleichsverfahrens** an sind gem. § 33 Abs. 1 VerglO. v. 5. 7. 27 (RGBl. I 139) ZwVollstreckungen zugunsten der am VerglVerf. beteiligten u. ihnen gleichst. Gl. (jedoch nicht der Bevorrechtigten u. AbsondBerechtigten) einstw. einzustellen. Gemeint sind damit die einzelnen VollstrMaßregeln, nicht das VollstrVerf. (Kiesow VerglO. § 33 A. II 2), so daß zur Einstellung auch das Notariat zuständig ist. Die in § 33 Abs. 2 VerglO. vorgesehene Aufhebung der VollstrMaßregeln erfolgt durch das VergleichsG., dessen Entsch. durch das VollstrG. bzw. Notariat, entspr. dem § 775 ZPO. vollzogen wird.

---

[1]) Einstw. Einstellung durch einstw. Verfügung ist zulässig, wenn die Voraussetzungen für die einstw. Anordnung nicht gegeben sind (RG. 61, 361, OLG. 42, 35; Stein-Jonas A. VI 5 vor § 704).

[2]) Über Einwendungen des Sch. gegen die Anordnung des ZwVollstrVerf. s. § 15 Fußn. 1. Eine Aussetzung des ZwVollstrVerf. nach §§ 148 f. ZPO. ist unzulässig (bestr.; s. Stein-Jonas Vorbem. VI Fußn. 100 vor § 704).

[3]) In der Entsch., daß eine ZwVollstrMaßregel unzulässig sei, ist regelmäßig die Aufhebung zu erblicken, wenn nicht die Vollziehung ausgesetzt ist (RG. 84, 203).

[4]) § 769 Abs. 2 ZPO. ist in der Regel nur dann gegeben, wenn der Antragsteller bis zur Zuschlagsverkündung keine einstw. Entsch. des ProzeßG. zu erlangen vermag.

5. Kriegsnotrecht. Die noch aufrecht erhaltenen beiden VO. über gerichtl. Bewilligung von Zahlungsfristen u. über die Folgen nicht rechtzeitiger Zahlung einer Geldforderung v. 20. 5. 15, 8. 6. 16 (RGBl. 1915, 290 bzw. 292 u. 1916, 451 bzw. 452; vgl. Scholz JW. 1916, 923, Stillschweig JW. 1916, 473, Unger Recht 1916, 381, 448) ermöglichen auch dem VollstrG. (nicht Notariat) mit Rücksicht auf die Notlage des Sch. die zeitweise Einstellung der ZwVollstr. auf 3 bzw. 6 Monate; soweit sie Papiermarkforderungen betrafen, haben sie jedoch infolge der Geldentwertung ihre Bedeutung verloren (Stein-Jonas Fußn. 102 a vor § 704).

6. Aufwertungsrecht. Eine weitere Einstellungsmöglichkeit gewährt § 30 AufwG. (der an die Stelle der HypVO. v. 8. 6. 16 getreten ist) hinsichtl. eines der Zwangswirtschaft unterstehenden Grundstücks. Voraussetzung ist: daß der Anspr. eines AufwertungsGl. auf Zins- u. Tilgungsbeträge nicht befriedigt werden kann, weil Miet- u. Pachtzinszahlungen ausgeblieben sind; daß der Ausfall nicht durch anderweitige Vermietung oder Verpachtung rechtzeitig gedeckt werden kann u. daß die Einstellung zur Abwendung einer unbilligen Härte erforderlich erscheint. Zuständig ist das VollstrG. (nicht Notariat, § 13 Abs. 1 EG.; das Not. vollzieht den Gerichtsbeschl. gem. § 775² ZPO., vgl. BayNotZ. 1916, 428). Näh. s. Stillschweig 1925, 2185 u. die Komm. z. AufwG.

7. Die **Befriedigung** des Gl. ist an sich **kein Aufhebungsgrund** (s. § 29 A. 2; anders § 161 Abs. 2).

§ 28.

Wird dem Vollstreckungsgericht ein aus dem Grundbuch ersichtliches Recht bekannt, welches der ZwVersteigerung oder der Fortsetzung des Verfahrens entgegensteht, so hat das Gericht das Verfahren entweder sofort aufzuheben oder unter Bestimmung einer Frist, binnen welcher der Gläubiger die Hebung des Hindernisses nachzuweisen hat, einstweilen einzustellen. Im letzteren Falle ist das Verfahren nach dem Ablaufe der Frist aufzuheben, wenn nicht inzwischen der Nachweis erbracht ist.

E. §§ 34, 109 Abs. 2; Begr. 132, 222, 238; D. 42: KBer. —.

Entgegenstehende Rechte.

1. Allg. Die Notwendigkeit der Vorschrift des § 28 ergibt sich nicht nur aus der Möglichkeit, daß seit Ausstellung des Zeugnisses des GBAmts bis zur Eintrag. des VersteigVermerks (bzw. Wirksamkeit der Beschlagn.) Änderungen des GBInhalts erfolgt sein können, sondern auch aus dem Umstande, daß das GB-Amt die Zulässigkeit der Eintrag. des VersteigVermerks sachlich nicht zu prüfen berechtigt ist (vgl. § 19 A. 3b).

§ 28 ist eine Abweichung von § 577 Abs. 3 ZPO. sowie von §§ 771 ff. ZPO. u. rechtfertigt sich durch die Erwägung, daß über die aus dem GBuch ersichtliche Tatsache bei Anordnung der Beschlagn. eine Entsch. noch nicht getroffen wurde.

2. Die Aufhebung wegen entgegensteh. Rechte[1]) Dritter erfolgt dann von Amts wegen (ohne daß es eines Antrags des Dritten bedarf) u. durch das VollstrG., wenn ihm jene Rechte aus dem Grundbuch (nicht GBAnlagen), sei es im Wege des § 19 Abs. 2 (über das Notariat s. 3), oder der §§ 9, 37 Nr. 5 bekannt werden.

---

[1]) Vgl. hierzu: Peiser, Veräußerung nach der Beschlagn. u. vor Eintrag. des VersteigVermerks, ZZP. 45, 473 ff.

Zur Aufhebung nach § 28 gibt gegenüber dem BeschlagnBeschluß nur ein vor dem VersteigVermerk eingetrag.[2]) Recht, vor allem das Eigentum[3]) eines Dritten, Veranlassung (§ 9 A. 4a, § 23 A. 2 A a, § 26 A. 1—3). Hierher gehören auch VeräußVerbote[4]) (§§ 135, 136 BGB., 772 ZPO., z. B. Sequestration, allg. VeräußVerbot im Vergleichsverf. gegenüber den hieran be-

---

[2]) Auch ein zu Unrecht gelöschtes u. nach dem Vermerk wieder eingetrag. Recht (Fischer-Schäfer 193, Jaeckel-Güthe A. 3; nur rechtsgeschäftl. erworbene Zwischenrechte gehen vor, RJA. 16, 148; s. oben § 11 A. 3 A).

[3]) Eine Auflassungs-Vormerkung (zur Sich. des Anspr. auf Eigentumsübertragung, § 883 BGB.; auch zur Sich. eines persönl. Vor- oder Wiederverkaufsrechts möglich, RG. 69, 281; 104, 122) begründet, wie der Widerspruch (§ 899 BGB.) kein der Versteig. entgegensteh. Recht (§ 48), ist auch keine VerfügBeschr. im Sinne der §§ 878, 892 BGB. (RG. 113, 408) u. kein VeräußVerbot i. S. des § 772 ZPO. (Stein-Jonas A. I), erfordert also kein Verf. nach § 28 (bestr.), wohl aber der mit dem Range der Vormerkung (§ 883 Abs. 3 BGB.) eingetrag. Eigentumswechsel selbst (BZfR. 1925, 331, ferner 1929, 63; v. d. Pfordten 94, 108, Jaeckel-Güthe A. 2 u. § 48 A. 5, Staudinger-Kober (§ 883 IV 3 b, V 6 a, Planck A. 3 d β, RGRK. A. 12; teilw. abw. Reinhard Gruch-Beitr. 62, 319 ff., 339, Wolff Recht 1918, 48; vgl. § 26 A. 3, § 37 A. 2 e). Ebenso wie die AuflassVormerkung ist eine gem. § 18 Abs. 2 GBO. erfolgte Vormerkung z. G. des Auflassungsberechtigten zu behandeln (trotz ihrer sonstigen Verschiedenheit, vgl. RGRK. 883 A. 2, Staudinger-Kober § 888 V, BayObLG. 21 A 184). Wird der Eigentumswechsel im Rang der Vormerkung (vor dem VerstVermerk) eingetragen, so darf der VerstVermerk nicht vom GBA. von Amts wegen gelöscht werden (Recht 1923 Nr. 1264).

Auch die VerfügBeschränk. nach Art. XII, XVI ZwEnteignungsges. v. 17. 11. 37 wirkt nur wie eine AuflassVormerkung (Henle, ZwEG. 2. Aufl. S. 69, Hartmann ZwAtr. Art. 1 A. 1, Arch. f. ZR. 52, 173, Wehrmann BNotZ. 1914, 83, Binder BayNotV. 1928, 25).

Die Vormerkung eines Eigentümers nach altem Recht (§ 106 HypG.) ist bedeutungslos, weil dessen etwa entgegensteh. Rechte nicht aus dem GBuch ersichtlich sind; sie steht also der Beschlagn. in der Richtung gegen den eingetrag. (früheren) Eigentümer nicht entgegen (BZfR. 06, 346; vgl. § 17).

[4a]) Von den rechtsgeschäftl. VeräußVerboten können (vom ErbbRecht abgesehen) nur mehr die schon z. Z. des Inkrafttretens des BGB. bestandenen u. durch Art. 168 EG. BGB. aufrechterhalt. Verbote zugunsten der NichthypGl. in Betracht kommen, nachdem solche nach § 137 BGB. mit dingl. Wirkung gegen Dritte nicht mehr geschaffen werden können (Staudinger BGB. § 137 A. 2, § 892 IV 2 a γ), die früher entstandenen aber, soweit sie zugunsten eines HypGl. vereinbart waren, durch HypGNov. v. 20. 12. 03 Art. I Nr. 7, II Nr. 2 entspr. § 1136 BGB. beseitigt sind (BayObLG. 13, 146, BNotZ. 1912, 169, Staudinger-Kober § 1136 A. 7 b ff.).

Ob die erstgenannten überhaupt dingl. Wirkung äußern u. somit gegenüber der ZwVollstr. eine Berücksichtigung beanspruchen können, richtet sich nach dem vor 1900 gültigen materiellen Recht. (Bezüglich des Mangels der Form des Art. 14 NotG., sowie des Erfordernisses der Eintragung vgl. BZfR. 07, 20). Für das Gebiet des gem. Rechts wird die Dinglichkeit bejaht vom BayObLG. a. F. 11, 688; 16, 337; n. F. 13, 122 (verneint in BlfRA. 64, 353 ff.) für das des bay. LR. ferner bejaht vom BayObLG. n. F. 6, 219, für das Gebiet des preuß. Rechts für den Fall bejaht, daß das Verbot durch Eintrag. gesichert war (Förster-Eccius § 194, 24; Roth-Becher II Abt. 1, 186, Habicht 3. Aufl. 136—138, 256, Henle, Grundbuchanl. 151, 345 u. Verw.). Vgl. noch BayObLG. a. F. 4, 610; 5, 825; 6, 524; 8, 17.

[4b]) Dagegen kann (abw. von § 137 BGB.) in Ansehung des ErbbRechts zugunsten des GEigentümers ein Veräuß.- u. BelastVerbot vereinbart u. eingetragen werden, durch das eine ohne Zustimmung des GEigentümers vom ErbbBerechtigten vorgenommene Verfügung unwirksam wird (§§ 5, 6, 14 VO. v. 15. 1. 19 RGBl. 72; Ausnahme: solange das ErbbR. Heimstätte ist, § 26 Abs. 2); hieher gehören auch Anträge auf ZwVerst. (nicht Zw.-Verw.) des ErbbRechts, soweit sie nicht zugunsten des Eigentümers selbst oder einer mit seiner Zustimmung bestellten Hyp. (Grund-, Rentenschuld, Reallast) gestellt werden (§ 8 VO., Kretzschmar, neurechtl. ErbbRecht. S. 32 u. DJZ. 1920, 140, Staudinger-Kober ErbbR. § 8 A. 1 e u. 2 a, Reinhard Einfl. S. 168, 217; abw. Hagemann GruchBeitr. 65, 44, Rößner, BNotZ. 1920, 75); daß das VeräußVerbot nicht unter § 772 ZPO. fällt (s.

teiligten Gl., § 32, 53 VglO.; über VerwaltBeschlagn. s. Vorbem. 2 vor § 1); Lehenseigenschaft des G. (Art. 14 AG.GBO., s. unten Art. 34 AG. A. 4); Zugehörigkeit zu einer Vorerbschaft (§ 773 ZPO., Fideikommißeigenschaft §§ 8, 9 VO. v. 26. 9. 19 GVBl. 647); Heimstätteneigenschaft gegenüber persönl. BeschlagnGl. (unbeschadet der Beitreibung öffentl. Abgaben, §§ 4, 20 RHeimstG. v. 10. 5. 20, RGBl. 962), Konkurseröffnung gegenüber persönl. BeschlagnGl. (s. § 23 A. 3a u. Vorb. 4 vor § 28).

§ 28 ist auch anwendbar gegenüber dem Beitrittsbeschluß, wenn vor dessen Zustellung ein die Versteig. hinderndes Recht, insbes. ein neuer Eigentümer eingetragen wurde (§ 27 Fußn. 2 u. A. 3).

3. Verfahren u. Rechtsbehelfe. Die Anordnung nach § 28 erfolgt durch das VollstrG. (nicht Notariat[5]): § 13 EG., Art. 25 BayAG.) mittels **Beschlusses**, der zuzustellen ist (§§ 3, 32). Das Gericht hat die Wahl zwischen Aufhebung u. einstw. Einstellung; letztere wird in der Regel angewendet, wenn sich das Hindernis alsbald beseitigen läßt, erstere in der Regel bei entgegensteh. Eigentum Dritter (§ 26 A. 2, 3, 5); sie sind von einer SicherhLeistung nicht abhängig (Jaeckel-Güthe A. 4). Über die zu bestimmende Frist s. §§ 223—225 ZPO., 204 GVG.; statt der (zulässigen) Verlängerung keine einstw. Verfügung (OLG. 19, 180). Der geforderte Nachweis kann auch nach Ablauf der Frist bis zur Aufhebung erbracht werden; geschicht dies, so ist der EinstellBeschluß aufzuheben u. das Verfahren fortzusetzen.

Die Anordnung ist bis zum Schluß der Versteig. (also ohne Rücksicht auf die Rechtskraft des AnordnBeschl.) zulässig (vgl. §§ 33, 85, 86); nach derselben ist gemäß § 33 zu verfahren.

Gegen die einstw. Einstellung u. Aufhebung ist, wie bei Ablehnung des BeschlagnAntrags (vgl. § 15 A. 5) in der Regel sof. Beschwerde des betreib. (beitret.) Gl. zulässig (§ 95); ebenso seitens des Dritten gg. die Ablehnung der Aufhebung des Verf. u. gg. die Fortsetzung des Verf. (nach Aufhebung der einstw.

Glaß-Scheidt, ErbbRecht S. 65) hindert die Anwendung des § 28 nicht. Ist das Recht, aus dem in das ErbbR. vollstreckt wird, eingetragen, so ist weg. § 15 VO. anzunehmen, daß der GEigentümer der Belastung zugestimmt hatte; § 28 findet dann keine Anwendung, der GEigentümer ist auf § 37 Nr. 5 ZVG. angewiesen (Reinhard a. a. O.).

4c) Ist das VeräußVerbot eingetragen, so ist in allen Fällen nach § 28 zu verfahren, wenn es dem betreib. Teil vorgeht, u. nicht etwa (vom Fall des § 59 abgesehen) das Verbot als ein in das g. G. aufzunehmendes u. dem Ersteher gegenüber aufrecht bleibendes Recht zu behandeln.

4d) Eine nur in die Form eines VeräußVerbots gekleidete beschr. persönl. Dienstbarkeit, z. B. eine Bau- oder BenützBeschränkung (vgl. RG. 61, 338, RJA. 17, 152, BayObLG. 4, 748; 15, 89, BNotZ. 1914, 270; VerfügBeschränkung: BZfR. 1910, 258; 1912, 218; BNotZ. 1916, 133) ist dagegen wie jede andere Dienstbarkeit zu behandeln, erfordert also kein Verf. nach § 28.

4e) Wegen der VeräußVerbote nach § 6 KapAbfG. (RGBl. 1916, 680) u. § 77 RVersorgG. (RGBl. 1920, 989) u. der Frage, ob sie auch gegenüber voreingetrag. Rechten wirken, s. Koppmann BZfR. 1919, 348, Mayer BZfR. 1925, 207, OLG. 41, 152, RG. 105, 72, BayNotV. 1926, 487, BZfR. 1927, 122, JW. 1927, 2155, 2531; 1928, 530; 1929, 800; Wiesinger BayNotV. 1928, 39.

4f) Über Auflassungs- u. ErwerbsVerbote z. G. des Veräußerers bei nichtigem Kaufvertrag s. RG. 108, 331; 109, 354; 113, 403; 117, 287; 120, 118; JW. 1922, 782; 1923, 41; 1926, 262; 1927, 1927; 1928, 1396, 2462; über Zulässigkeit der Eintragung des Verbots vor Zustellung der einstw. Verfügung s. JW. 1928, 2466.

5) Das Notariat hat, da ihm die GBBlattabschrift unmittelbar vom GBAmte überschickt wird (§ 2 JMBek. v. 30. 3. 21) zur Prüfung der Frage, ob das Verf. fortzusetzen ist, die Akten dem Gerichte zurückzugeben (BZfR. 1921, 110).

Einstellung); im Falle der Forts. muß er sein Recht gem. § 37 Nr. 5 verfolgen. Der Sch. hat kein Recht auf Beobachtung des § 28 (BZfR. 1926, 179).

4. Wirkung. Im Falle der Aufhebung des Verf. nach § 28 erlischt die Beschlagn. mit dem Erlaß des AufhebBeschlusses (nicht mit Zustellung oder Rechtskraft, Jaeckel-Güthe § 23 A. 9, RG. 84, 200 gegen OLG. 30, 337, BlfRA. 76, 100); dieser wirkt dergestalt, daß die VersteigAnordnung (Beitritt) als nicht erlassen gilt. Die Beschlagn. lebt nicht wieder auf, wenn die VersteigAnordnung (Beitritt) im Beschwerdeweg wieder hergestellt wird (s. A. 5 a. E. u. § 95 Fußn. 4).

5. Mit der Aufhebung des Verf. ist (falls es nicht für einen anderen Gl. fortzusetzen ist), **die Löschung des VersteigVermerks** herbeizuführen (§ 34); sie kann jedoch gemäß § 572 Abs. 2 ZPO., wenn Beschwerde eingelegt ist, ausgesetzt werden. Infolge der Löschung des VersteigVermerks ist ein Erwerb von Rechten am G. bis zur Wiedereintragung möglich; denn in der Zwischenzeit ist das G. beschlagnahmefrei (RG. 84, 203, v. d. Pfordten 97; s. § 95 Fußn. 4).

6. Eine besondere **Gerichtsgebühr** wird für die Aufhebung des Verfahrens (auf Grund des ZVG.) nicht erhoben (v. Schmidt BayKG. Art. 9 A. 1); **Not.-Geb.** vor Bestimmung des VerstTermins: Art. 52 Abs. 2 NotGebO.

7. Die Aufhebung ist bei Fideikommissen u. Bergwerken dem FKGericht bzw. der Bergbehörde mitzuteilen (Art. 34 Abs. 2, 43 Abs. 1 AG.).

§ 29.

Das Verfahren ist aufzuheben, wenn der Versteigerungsantrag von dem Gläubiger zurückgenommen wird.

E. I §§ 42, 107: Begr. 144, 219; D. 42 KBer. —.

Antragszurücknahme.

1. Zweck, Zulässigkeit. Die Zurücknahme des Antrags beruht in der Regel auf der Befriedigung des betreib. Gl.; sie dient aber auch häufig zur Verhinderung des Zuschlags, wenn ein befriedigendes Gebot nicht erzielt wurde (RG. 89, 428). Die Aufhebung des Verf. infolge Zurücknahme des Antrags ist bis zur Erteilung (Verkündung) des Zuschlags[1]), also auch noch nach Schluß der Versteig. statthaft (§ 33).

Die Zurücknahme kann von jedem betreib. (beigetret.) Gl. oder seinem Bevollmächtigten formlos, auch mündlich im Versteig.- (oder VerkündTermine erklärt werden; die Erklärung ist vom Notar zu Protokoll zu nehmen u. dem Gericht zu übermitteln, nachdem er das VersteigVerf. für den Zurücknehmenden eingestellt (im F. des § 33 den Zuschlag versagt) hat. Wird sie vom Rechtsnachfolger des betreib. Teils erklärt, so ist nur die Rechtsnachfolge, nicht die Nachfolgeklausel (§ 27 A. 5) nachzuweisen. In der Mitteilung des Gl., daß er befriedigt sei, kann eine Zurücknahme liegen; im Zweifel ist aber § 30 anzuwenden (vgl. § 161 Abs. 2); ebenso bei einer Zurücknahme unter Vorbehalt. Als Zurücknahme gilt auch eine zweimalige EinstellBewilligung (§ 30). Über weitere Fälle angenommener Antragszurücknahme nach vorhergegangener Einstellung s. § 31 Abs. 2 und § 76 Abs. 2.

[1]) Mit dem Zuschlag ist der BeschlagnGegenstand nicht nur der Verfügung des Sch., sondern auch derj. des betreib. Teils entzogen; wird der Zuschlag im Beschwerdeweg aufgehoben u. ist das Verfahren fortzusetzen (§ 86), so ist auch die Zurücknahme des Antrags wieder möglich (Reinhard-Müller A. A 1 b).

2. Die **Wirkungen** der Beschlagn. (§ 10 Nr. 5, § 23; vgl. § 185 BGB.) **erlöschen** für den betreff. Gl. nicht erst mit der Aufhebung (wie § 28), sondern schon mit der Zurücknahme des Versteig.-(Beitritts-)Antrags d. h. mit dem Zeitpunkt, in dem die Zurücknahmeerklärung in den Einlauf des Gerichts (Notariats) [2]) gelangt oder vor ihm (oder Urkundsbeamten) erklärt wird (Jaeckel-Güthe A. 4; für die ZwVerwaltung bestr., s. OLG. 39, 79; 40, 426). Gleichgültig ist, wann sie zu den VollstrAkten gelangt; hat z. B. der Notar den Zuschlag erteilt, obwohl der Antrag gegenüber dem Gerichte bereits zurückgenommen war, so ist der Zuschlag der Erinnerung u. Beschwerde (§ 13 Abs. 2 EG., §§ 83 Nr. 6, 100 ZVG.) unterworfen; der Ersteher hat jedoch hierwegen kein Beschwerderecht (§ 100 Abs. 2; Jaeckel-Güthe A. 1, vgl. OLG. 16, 336). Wird nach dem Eingang der ZurücknErkl. des einzigen betreib. Gl. ein neuer Antrag gestellt, so ist dieser nicht als Beitritt zu behandeln (Wolff § 29 A. 3, Jaeckel-Güthe A. 4); indem das alte Verf. aufgehoben, der alte VerstVermerk gelöscht u. ein neuer eingetragen wird, gelangt die neue Beschlagn. nicht, wie beim Beitritt, allein durch Zustellung zur Wirksamkeit (§ 22). Ebenso ist zu verfahren, wenn bereits ein Beitrittsbeschluß erlassen, aber vor seiner Zustellung der erste Gl. seinen Antrag zurücknimmt (Recht 04, 226, OLG. 9, 139). Die Zurücknahme ist mit dem Eingang der Erklärung beim VollstrG. (Notariat) unwiderruflich (s. § 130 BGB., Jaeckel-Güthe A. 3), schließt aber die Erneuerung des VerstAntrags nicht aus (Reinhard-Müller A. A 1 c; s. unten 4).

3. Verfahren. Der AufhebBeschluß, zu dessen Erlassung das Notariat nicht zuständig ist (§ 13 EG.) u. der im Falle des § 29 nur feststellende Bedeutung hat, ist dem Gl. u. Sch. zuzustellen (§§ 3, 32) u. gleichzeitig (wenn das Verf. nicht von einem anderen Gl. weiter betrieben wird) um Löschung des Versteig.-Vermerks zu ersuchen (§ 34). Bei Zurücknahme nach der Versteig. u. Zuschlagsversagung (§ 33) erfolgt die Aufhebung durch das VollstrG. erst nach Eintritt der Rechtskraft (§ 86; s. § 33 A. 4).

Das Verf. wird jedoch nicht aufgehoben, wenn es von mehreren [3]) betrieben wird u. nicht alle ihre Anträge zurückgenommen haben. Diesfalls ergeht Beschluß, daß das Verf. nur, soweit die Versteig. oder der Beitritt für den einen Gl. angeordnet war, aufgehoben u. nunmehr für den andern **fortgesetzt** wird; auch dieser Beschluß ist (dem Sch. u. den betreib. Gl.) zuzustellen (soweit die Zurücknahme nicht im VerstTermin erfolgt u. nicht für einen anderen Gl. zum Zuschlag führt, s. § 33 A. 4); der VersteigVermerk bleibt bestehen. Stellt der zurückgetretene Gl. in dem für andere fortges. Verf. neuerl. VersteigAntrag, so bestimmt sich seine Rechtsstellung als betreib. Teil nach dem neuen Beitrittsbeschluß (Jaeckel-Güthe A. 3); vgl. auch Berolzheimer, BNotZ. 09, 246).

Der AufhebBeschluß ist mit sof. Beschwerde [4]) anfechtbar (§ 95), gegen den FortsBeschluß sind zunächst nur Einwendungen (nach § 766 ZPO.) zulässig. — Vgl. auch § 28 A. 4, 5.

---

[2]) Der Zeitpunkt des Eingangs ist auch vom Notariat auf den Schriftstücken zu beurkunden (vgl. § 272 NotGeschO.).

[3]) Jeder der betreib. Gl. kann seinen Antrag selbständig zurücknehmen u. dadurch ausscheiden, auch zwischen Versteig. u. Zuschlag (RG. 89, 429, OLG. 27, 211).

[4]) Einwendungen nach § 766 ZPO. sind seitens des Gl. auch dann nicht zulässig, wenn das Gericht irrtümlich den Fall des § 30 Abs. 1 Satz 2 für gegeben erachtet hat (§ 95; vgl. oben A. 1; denn die Aufhebung enthält zugleich die Ablehnung des VerstAntrags (§ 15 A. 5).

4. Beschränkte Zurücknahme. Diese u. die Aufhebung des Verf. kann sich auch auf einzelne Teile des BeschlagnGegenstandes (z. B. Zubehörstücke) beschränken (§ 55 Abs. 2, § 37 Nr. 5)[5]), muß aber nach Schluß der Versteig., da dann eine Änderung der VersteigBeding. ausgeschlossen ist, zur Versagung des ganzen Zuschlags führen (§ 33 A. 1). Eine solche teilweise Antragszurücknahme ist auch in der Pfandfreigabeerklärung des betreib. Teils zu erblicken, auf Grund deren das Verf. nur in Ansehung des freigegeb. Gegenstandes vom Notariat einstw. einzustellen u. sodann vom VollstrG. aufzuheben ist (OLG. 30, 95; vgl. Vorb. 1 vor § 28 u. A. 2e zu §§ 37, 38).

5. Über den Einfluß der Antragszurücknahme auf den VersteigTermin u. das geringste Gebot, insbes. bei mehreren betreib. Gl., s. § 43 A. 2, § 44 A. III b, e; auf die etwa schon abgegebenen Gebote: § 72 Abs. 3, auf die Zuschlagsentsch. (falls die Versteig. schon geschlossen war): § 33.

6. Über die Gerichts- u. NotGebühr s. § 28 A. 6.

§ 30.

Das Verfahren ist einstweilen einzustellen, wenn der Gläubiger die Einstellung bewilligt; ist die Einstellung erfolgt, so gilt eine neue Bewilligung als Rücknahme des Versteigerungsantrags.

Der Bewilligung der Einstellung steht es gleich, wenn von dem Gläubiger die Aufhebung des Versteigerungstermins bewilligt wird.

E. I § 108; Begr. 219, 220; D. 42; RBer. 20.

Einstweilige Einstellung auf Gläubigerantrag.

1. Die EinstellBewilligung seitens des betreib. (beigetret.) Gl. ist nunmehr nur einmal zulässig, u. zwar bis zur Verkündung des Zuschlags (§ 33, OLG. 2, 81). Sie darf überdies nicht die Dauer von 6 Monaten überschreiten (§ 31 Abs. 2), damit nicht durch Anwachsen der wiederkehr. Leistungen (§§ 10, 13) die nachsteh. Beteiligten geschädigt werden.

Die EinstellBewill. kann sich ebenso wie die Antragszurücknahme auf einzelne Teile des BeschlagnGegenstandes, besonders Zubehörstücke, beschränken (vgl. § 29 A. 4).

Sie ist an keine Form[1]) gebunden, kann auch in einer Stundungserklärung enthalten sein u. vom Sch. vorgelegt werden (§ 775 Nr. 4 ZPO.). Der Gl. kann seine Erklärung jederzeit ändern (§ 31 Abs. 1); ob er an sie gebunden ist (Stundungsvertrag), hat nicht das VollstrG. (Notariat) zu entscheiden (§§ 767, 769 ZPO.; Jaeckel-Güthe A. 2, Reinhard-Müller A. 1; a. M. Wolff A. 3).

Auch der Antrag des Gl. auf Aufhebung des VersteigTermins (Abs. 2) ist eine EinstellBewill., kann also nur einmal gestellt werden, auch wenn gleichzeitig die Anberaumung eines neuen Termins (Vertagung) verlangt wird, u. nur, wenn nicht bereits eine EinstellBewill. des näml. Gl. (mit Einstel-

---

[5]) RG. 89, 426; OLG. 19, 181, 183, 186; 27, 210; 30, 95; s. auch ZBP. 45, 35 ff., ZBlFG. 6, 214, BZfR. 06, 51, 89, 116, 205, 395; 07, 201; Recht 06, 65, 832; 07, 21. A. M. OLG. 8, 5; ZBlFG. 4, 291; 6, 214, Recht 07, 299; s. Jaeckel-Güthe A. 1.

[1]) Eine EinstellBewill. wurde z. B. in der Erklärung des Gl. gefunden, daß er einem Zuschlag bestimmter Art widerspreche (OLG. 2, 81).

lung) vorausgegangen ist. Als EinstellBewill. ist weiter auch der Antrag, die Anberaumung des VersteigTermins bis auf weiteres oder bis zu einem bestimmten Zeitpunkt (§ 31 A. 2) zu unterlassen, aufzufassen; denn damit will ein Ruhen des Verfahrens bezweckt werden (SeuffA. 56, 484); zulässig ist jedoch eine Vereinbarung zwischen Gl. u. Sch. über den VersteigTermin (§ 36 A. 3). EinstellBewill. über 6 Monate führt zunächst zur Einstellung; die Aufhebung erfolgt, da Fortsetzung jederzeit verlangt werden kann, erst nach Ablauf der Frist (Jaeckel-Güthe A. 2, Reinhard-Müller A. 1).

Jede zweite Bewilligung desselben Gl. führt zur Aufhebung des Verf. (§ 30 Abs. 1 Satz 2, § 29), gleichgültig, welchen Zeitraum die erste Bewill. umfaßt hatte, vorausgesetzt, daß nach der ersten Bewill. das Verf. gemäß § 31 Abs. 1 fortgesetzt worden war (Jaeckel-Güthe A. 3; Reinhard-Müller A. 4). Die Einstellung des Verf. aus anderen Gründen als infolge der Gläubigerbewill. ist an die Beschränkung der letzteren nicht gebunden.

2. Verfahren. Die einstw. Einstellung ist (ohne Zeitangabe) durch **Beschluß** auszusprechen (während der Dauer des eigentl. VersteigVerf. durch das Notariat, § 13 EG., Art. 25 BayAG.ZVG., nach Schluß der Versteig. durch Zuschlagsversag.-Beschluß, § 33); der Beschluß ist dem Gl. u. Sch. zuzustellen (§§ 3, 32) u. mit sof. Beschwerde (§ 95), derj. des Notariats zuerst mit der Erinnerung des § 13 Abs. 2 EG. anfechtbar; der Sch. ist in der Regel nicht beschwerdeberechtigt (§ 100 Abs. 2; vgl. OLG. 16, 336).

Mit der Einstellung ist die Wiedervorlage der Akten nach 6 Monaten zu verfügen (auch wenn über diese Zeit hinaus Stundung bewilligt war) u. dann nach § 31 zu verfahren. Wird die Aufhebung nötig, so sind vom Notariat die Akten an das Gericht zurückzuleiten. Ist der VersteigTermin anberaumt, so ist er abzusetzen u. dies zweckmäßig den Beteiligten mitzuteilen (formlos)[2]; dagegen findet eine Ausschreibung der Terminsaufhebung nicht mehr statt.

Im Falle der zweiten EinstellBewill. (§ 30 Abs. 1 Satz 2 u. Abs. 2) ist das zugunsten des betreff. Gl. betriebene Verf. vom VollstrG. (nicht Notariat) aufzuheben (§ 29).

Wird das Verfahren von mehreren betrieben, so ist die EinstellBewill. des einen (gleich der Zurücknahme des VersteigAntrags § 29 A. 3) auf das Verf. des andern ohne Einfluß; der Beschluß muß daher ersehen lassen, wessen Verf. eingestellt (bzw. aufgehoben oder im Falle des § 31 fortgesetzt) wird (ZBl.-FG. 6, 199, RG. 89, 429, SeuffA. 69, 423, OLG. 33, 165). Über den Einfluß der einstw. Einstellung auf den VersteigTermin u. das geringste Gebot s. §§ 33 A. 1, 43 A. 2, 44 A. III b, β, δ, ε, 66 A. 3.

Auch die Zurücknahme des VollstrTitels kann zu einer Einstellung führen, wenn er zur Forts. der Vollstr. (z. B. VersteigTerminsanberaumung) notwendig wäre, aber nicht wieder vorgelegt wird (vgl. GVollzGeschA. § 70, Jaeckel-Güthe § 15 A. 30); ebenso kann in dem Antrag, mit der Einhebung des Gebühren- u. Auslagenvorschusses weg. Teilzahlung durch den Sch. zuzuwarten, eine Stundungsbewilligung erblickt werden; auch böswillige Nichtzahlung des verlangten Auslagenvorschusses kann als Beweis dafür erachtet werden, daß der Gl. die Forts. u. Durchführung des Verf. nicht will (BNotZ. 1928, 248; s. § 17 Fußn. 9).

[2]) Mangels einer ausdrückl. Vorschrift kann aber aus der Unterlassung dieser Verständigung der Beteiligten eine Schadensersatzpflicht des VersteigBeamten nicht abgeleitet werden. Die Verständigung liegt auch im Interesse des Sch., der die den Beteiligten erwachsenden Kosten zu tragen hat.

3. Wirkung. Die einstw. Einstell. (nicht schon die Bewill., wie § 29) bewirkt im Gegensatz zur Aufhebung (§ 28 A. 4, 5, § 29 A. 3, 4) nur das Ruhen des Verf., also Unterlassung der Versteig. für den betreff. Gl., unter Aufrechterhaltung der Beschlagn., des VersteigVermerks u. der etwaigen SichMaßregeln (§ 776 ZPO.; SeuffA. 69, 421); abgegebene Gebote erlöschen (§ 72 Abs. 3). Das Verf. ruht, bis die Fortsetzung beantragt wird (§ 31 Abs. 1) oder die Aufhebung erfolgt (§§ 29, 30 Abs. 1 Satz 2, 31 Abs. 2); Beitritt während des Ruhens bewirkt Fortsetzung des Verf. zugunsten des Beitretenden (BZfR. 1910, 309).

4. Die (vom Sch. oder Dritten herbeigeführte) **Einstellung durch** das **Prozeß-** (Beschwerde-, Vergleichs-)**Gericht** (§§ 707, 719, 732, 769 ff. ZPO.), worüber Beschluß in Ausfertigung vorzulegen ist (§ 775 Nr. 2 ZPO.), bedarf in der Regel noch des Vollzugs durch einen eigenen (formlosen, RG. 70, 402) Beschluß des VollstrG. (Notariats); eine solche Einstellung erscheint aber natürlich nicht als eine vom Gl. bewilligte im Sinne des § 30; ebensowenig eine Einstellung durch das VollstrGericht (Notariat) aus anderen Gründen (z. B. auf Grund der §§ 28, 75, 76, 77 ZVG., §§ 766, 769 Abs. 2, 775, 776 ZPO.). Vgl. § 28 Vorbem. 2.

5. Eine besondere **Gerichtsgebühr** wird neben der des Art. 8, 9 BayKG. für den EinstellBeschluß nicht erhoben, nur für Einstellung nach der ZPO. (v. Schmidt A. 1 zu Art. 9; Mayer ebenda); dagegen erhält der **Notar** nunmehr eine bes. Gebühr für die auf Antrag vorgenommene Bestimmung eines weiteren VerstTermins (Art. 52 Abs. 1 S. 1 NotGebO.).

6. Über Einstellung auf Grund des **Kriegsnot- u. Aufwertungsrechts** s. Vorbem. 5, 6 vor § 28.

§ 31.

Im Falle einer einstweiligen Einstellung darf das Verfahren, soweit sich nicht aus dem Gesetz ein Anderes ergibt, nur auf Antrag des Gläubigers fortgesetzt werden.

Wird der Antrag nicht binnen sechs Monaten gestellt, so ist das Verfahren aufzuheben. Die Frist beginnt, wenn die Einstellung von dem Prozeßgericht angeordnet war, mit der Wiederaufhebung der Anordnung, in den übrigen Fällen mit der Einstellung des Verfahrens.

E. I §§ 110, 111; Begr. 223, 224; D. 42. 48; KBer. 21, 22.

Fortsetzung des Verfahrens.

1. Voraussetzungen der Fortsetzung. Das ZVG. verlangt zur Forts. eines einstw. eingestellten (nicht: aufgehobenen) Verf. regelmäßig einen Antrag des Gl., gleichgültig, ob die Einstellung bewilligt oder aus einem anderen Grund angeordnet war; ausgen. sind nur die Fälle des § 28 ZVG., § 769 Abs. 2 ZPO., in denen kraft besond. Vorschrift die ZwVollstr. von Amts wegen auf Grund Nachweises bzw. nach fruchtlosem Ablauf der gesetzten Frist fortzusetzen ist. Auch in den Fällen der §§ 75 ZVG., 775 Nr. 4, 5 ZPO. (Zahlung, Stundung) genügt ein FortsAntrag, vorbehaltl. der Rechtsbehelfe des Sch. (s. unten 4). Nur im Falle prozeßrichterl. Anordnung der Einstellung (§ 775 Nr. 1—3, auch § 766 ZPO.) bedarf es (von § 769 Abs. 2 abgesehen) noch einer die Forts. anordnenden oder die Einstellung außer Wirksamkeit setzenden richterl. Entsch. (Stein-Jonas § 775 IV, V, Reinhard-Müller A. 1, s. auch Fußn. 1). — Abw. geregelt ist der Fall des § 76.

2. Der **Fortsetzungsantrag** ist formlos, kann innerh. der 6 Monate des Abs. 2 jederzeit (auch im Falle der Stundung, s. § 30 A. 1) gestellt werden; während des eigentl. VersteigVerf. bei Gericht einlaufende FortsAnträge sind an das Notariat zu leiten. Die Forts. bezweckt auch ein Antrag auf Anberaumung eines neuen VersteigTermins, ebenso ein Beitrittsgesuch (BZfR. 1910, 309). Jeder von mehreren betreib. Gl. kann selbständig Forts. verlangen (über den Einfluß auf die Bildung des g. G. s. § 44 A. III b δ), der Rechtsnachfolger nur nach Beobachtung der §§ 727, 750 Abs. 2 ZPO. Ein Antrag ist auch im Falle der Bewilligung der Einstellung auf bestimmte Zeit notwendig; dieser kann aber gleichzeitig mit der EinstellBewill. gestellt werden (a. M. Jaeckel-Güthe A. 3, v. d. Pfordten 99). In der Bewill. der Einstellung auf bestimmte Zeit allein ist jedoch kein FortsAntrag enthalten.

3. Die **Frist** des Abs. 2 beginnt mit der Verkündung bzw. Zustellung (der Wiederaufhebung der EinstellAnordnung des ProzeßG.[1]) oder des EinstellBeschl. des VollstrG. oder Notariats) an den Gl., im Falle des § 33 mit § 86 mit der Rechtskraft des den Zuschlag versag. Beschlusses d. h. mit Ablauf der Erinnerungs- u. Beschwerdefrist (§ 98 ZVG., § 13 Abs. 2 EG.). Für die Berechnung der 6 Monate sind die §§ 187 Abs. 1, 188 Abs. 2, 3 BGB. u. 222 ZPO. maßgebend. Die Frist kann nur mit Zustimmung aller Beteiligten (wegen § 13) verlängert werden (Begr. 224, Jaeckel-Güthe A. 6; vgl. § 30 A. 1).

4. **Entscheidung** über die Fortsetzung. **Rechtsbehelf.** Die Forts. bedarf keiner Anordnung durch förmlichen Beschluß (in der Regel Terminsanberaumung, die wiederum den §§ 37ff., 43ff. genügen muß); der Forts. kann der Sch. gemäß § 766 (wenn er aber materielle Hinderungsgründe, z. B. vollständige Befriedigung des Gl. oder Stundungsvertrag behauptet, nach § 767) ZPO. widersprechen. Gegen die Forts., wie Ablehnung eines FortsAntrags ist sof. Beschwerde des Sch. bzw. betreib. Gl. zulässig (§ 95). Gegen die Verfügungen bzw. Entsch. des Notariats ist zunächst Erinnerung nach § 13 EG., Art. 25 BayAG. zu erheben.

5. Die **Aufhebung** nach Fristablauf erfolgt von Amts wegen (auch wenn der FortsAntrag nachgeholt worden wäre, Fischer-Schäfer 198) durch das VollstrG., zu welchem Zwecke das Notariat die Akten zurückzuleiten hat (bei mehreren Beschlagn. nur die auf die erloschene Beschlagn. bezügl. Aktenstücke, einschl. derj., welche die Aufhebung begründen). Der AufhebBeschluß ist, wenn er ohne Gehör des Gl. erfolgt ist, zunächst mit Erinnerung nach § 766 ZPO., die hierauf ergehende Entsch. mit sof. Beschwerde anfechtbar (§ 95, vgl. § 15 A. 5, Recht 05, 21). Nach Fristablauf kann nur ein neuer Versteig.- bzw. Beitrittsantrag gestellt werden.

6. **Gerichts- u. NotGebühr**: Wie § 30 A. 5.

§ 32.

Der Beschluß, durch welchen das Verfahren aufgehoben oder einstweilen eingestellt wird, ist dem Schuldner, dem Gläubiger und, wenn die Anordnung von einem Dritten beantragt war, auch diesem zuzustellen.

E. I § 146; Begr. 273; D. 42; RBer. —.

---

[1]) In den Fällen der §§ 707, 719 ZPO. mit der Verkündung des den Einspruch oder das Rechtsmittel zurückweisenden Urteils, auch wenn dieses nicht ausdrücklich die Einstellung aufhebt (RG. 42, 370, Fischer-Schäfer 198, Jaeckel-Güthe A. 5).

Zustellung des Aufhebungs- bzw. Einstellungsbeschlusses.

1. Weiteres Verfahren im Falle der Aufhebung u. Einstellung. § 32 schreibt allgemein **die Zustellung** des Aufheb.- bzw. EinstellBeschlusses des Vollstr.- (nicht Prozeß-)Gerichts u. des Notariats vor, auch wenn jener formlos verkündet wurde (RG. 70, 404, Reinhard-Müller A. 1, Jaeckel-Güthe A. 1). Die Zustellung ist Voraussetzung des Beginns des Fristenlaufs für die Erinnerung u. Beschwerde (§ 13 Abs. 2 EG., § 577 Abs. 2 ZPO.) u. auch dann notwendig, wenn das Verfahren von mehreren betrieben wird; Verzicht ist unzulässig (SteinJonas Vorb. IV vor § 166), Einlegung des Rechtsbehelfs aber vor Zustellung zulässig (Stein-Jonas § 577 II). Die Zustellung erfolgt gemäß §§ 3 ff. an den Sch. (nicht den Eigentümer des § 26, soweit er nicht seinerseits Sch. ist, § 27 A. 1) u. die betreib. Gläubiger, sowie etwaige Dritte, die die Aufhebung oder Einstellung verlangt haben (§ 28 ZVG., § 769 Abs. 2 ZPO.).

Kommt mit der Aufheb. oder Einstell. ein Termin in Wegfall, so ist dies zweckmäßig den übr. Beteiligten mitzuteilen (formlos, § 30 A. 2; Veröffentlich. nicht notwendig, § 39), im Falle der Aufheb. auch den Drittschuldnern des § 22 Abs. 2 (Jaeckel-Güthe A. 2). Weitere Mitteilungen s. Art. 34 Abs. 2, 43 Abs. 1 AG.; Löschung des VersteigVermerks im Falle der Aufheb. s. § 34.

Da die Aufhebung des Verf. immer Sache des VollstrG. ist, so sind während des eigentl. VersteigVerf. die dem Notariat zugeleiteten Akten zurückzugeben; die Mitteilung des Wegfalls eines bereits anberaumten VersteigTermins ist Sache des Notariats.

Die Ablehnung eines Aufh.- oder EinstAntrags ist, wenn nicht der Gegner gehört wurde, nur dem Antragsteller zuzustellen (Reinhard-Müller A. 2).

2. § 32 gilt nicht für den **Zuschlagversagungsbeschluß** (§§ 33, 86, 87, 98).

§ 33.

Nach dem Schlusse der Versteigerung darf, wenn ein Grund zur Aufhebung oder zur einstweiligen Einstellung des Verfahrens oder zur Aufhebung des Termins vorliegt, die Entscheidung nur durch Versagung des Zuschlags gegeben werden.

E. I §§ 109 Abs. 3, 122; Begr. 211, 222, 240; D. 43; KBer. —.

Einstellung u. Aufhebung nach Schluß der Versteigerung.

1. Grund der Vorschrift ist § 72 Abs. 3, nach welchem die gelegten Gebote durch den AufhebBeschluß (des VollstrG.) oder den EinstellBeschluß (des Notariats) erlöschen u. auch nicht mehr aufleben würden, wenn sich Aufhebung oder Einstellung als ungerechtfertigt herausstellen würden. Deshalb schreibt § 33 lediglich eine andere Art der Beschlußfassung vor, falls (irgend) ein Aufheb.- oder ein EinstellGrund nach dem (zu verkündenden) Schluß der Versteig. (§ 73) vor Verkündung des Zuschlags (sei es auch nur in Ansehung eines Teils[1]) der BeschlagnGegenstände, OLG. 6, 431; 19, 181) bekannt (erkannt) wird (vgl. §§ 37 Nr. 5, 79).

[1]) In solchen Fällen muß der Zuschlag hinsichtlich aller BeschlagnGegenstände, für die gemeinsame VersteigBedingungen aufgestellt sind u. die zusammen versteigert werden, versagt u. die Versteig. hinsichtlich der nicht von der Einstellung betroff. Sachen nach § 86 besonders fortgesetzt werden (vgl. § 29 A. 4, Jaeckel-Güthe A. 1, v. d. Pfordten 101, 156).

2. Durch die **Versagung** des Zuschlags (seitens des Gerichts oder Notariats, statt Erlassung eines Aufheb- oder EinstellBeschl. werden die Gebote bis zur Rechtskraft des VersagBeschl. aufrecht erhalten (§ 86), so daß das Vollstr.- bzw. BeschwG. noch den Zuschlag erteilen kann. Auch für das BeschwG. gilt § 33 (OLG. 35, 190). Der VersagBeschl. ist nur zu verkünden (§§ 87, 88), nicht nach § 32 zuzustellen; die Erinnerungs- bzw. Beschwerde-Frist (§ 13 Abs. 2 EG., § 96 ZVG.) beginnt mit der Verkündung (§ 98).

§ 33 ist auch anzuwenden, wenn von mehreren betreib. Gl. der im Rang vorgehende nach Schluß der Versteig. seinen Antrag zurücknimmt; diesfalls ist das Verf. unter neuerl. Feststellung des g. G. zu wiederholen (RG. 89, 426; s. JW. 1918, 500 u. § 29 A. 4); gleiches gilt, wenn der vorgehende Gl. die Einstellung bewilligt (§ 44 A. III b δ, ε).

Ist § 33 nicht befolgt worden, so sind die Gebote erloschen (§ 72 Abs. 3; Schadensersatzpflicht!) u. es erübrigt, wenn der Aufheb.- bzw. EinstellBeschluß als sachlich unbegründet im Beschwerdeweg aufgehoben wird, nichts als die Forts. des Verf. durch Anberaumung eines neuen Termins auf Antrag des Gl. (OLG. 35, 190, Jaeckel-Güthe A. 4).

Über die Rechtsbehelfe gegen den VersagBeschluß s. §§ 96 ff. ZVG., 13 Abs. 2 EG., Art. 25 BayAG.; über die Forts. des Verf. nach rechtskr. Versagung s. § 86.

3. Wird dem Notariat nach Schluß der Verst., aber vor Verkündung des Zuschlags eine Anordnung gem. **§ 769 Abs. 2 ZPO.** angelegt (s. unten 5), so empfiehlt es sich, die Verkündung der Zuschlagsentsch. über die gesetzte Frist hinaus (abw. v. § 87 Abs. 2) auszusetzen (Reinhard-Müller A. 3). Auf Monate hinaus kann freilich weder die Verkündung, noch die Entsch. aufgeschoben werden; im Falle des § 30 AufwG. bleibt also nichts übrig als die Einstellung (Stillschweig JW. 1918, 146).

4. Verfahren des Notariats. Weitere Schwierigkeiten ergeben sich aus § 13 Abs. 1 EG. mit § 86 ZVG., da die Aufhebung des Verf. dem VollstrG. vorbehalten ist, während die Einstellung auf Grund der Bestimmungen des ZVG. während des eigentl. VersteigVerf. zur Zuständigkeit des Notariats gehört (Art. 25 BayAG.). Fischer-Schäfer 572, Jaeckel-Güthe A. 2 zu § 13 EG., v. d. Pfordten 101, 574, Wolff § 13 EG. A. 3, OLG. 25, 260 vertreten die Meinung, daß die Versagung des Zuschlags aus einem AufhebGrund (§ 83 Nr. 5, 6) nur vom VollstrG. ausgesprochen werden könnte, weil das Notariat diesfalls gemäß § 86 zugleich über die Aufhebung entscheiden würde. Allein durch die Übertragung der Entsch. über den Zuschlag an die Notare ist auch in diesen Fällen nichts an der durch § 13 Abs. 1 EG. vorbehalt. Zuständigkeit des VollstrG. geändert; denn diesem verbleibt, auch wenn man die Versagung des Zuschlags wegen eines AufhebGrundes dem Notariat zuweist, die endgültige Entsch. darüber, ob ein AufhebGrund vorliegt u. das Verf. durch Löschung des Versteig.-Vermerks zu beendigen ist oder nicht (vgl. § 86 u. wegen OLG. 25, 260 § 76 Fußn. 3). Überdies stünde einer Versagung des Zuschlags durch das VollstrG. die Vorschrift des § 87 im Wege, da das Notariat nicht einfach ohne Entscheidung die Akten zurückgeben oder einen Termin zwecks Verkündung der Entsch. des

---

Wenn jedoch der Meistbietende mit der Versagung des Zuschlags hinsichtl. des Teils u. der Erteilung hinsichtl. der übr. Gegenstände einverstanden ist, besteht kein Grund zur Zuschlagsanfechtung (§§ 84, 100; Reinhard-Müller A. 5).

Gerichts anberaumen kann u. § 32 nicht Anwendung findet. So die Übung in Bayern. Vgl. v. d. Pfordten BZfR. 05, 211, Reinhard-Müller § 13 EG. A. 2.

Versagt das Notariat den Zuschlag, weil es einen Grund zur Aufhebung des Verf. für vorliegend erachtet (es spricht nicht die Aufhebung aus!), u. schließt sich das VollstrG. dieser Ansicht an, so muß es sich nur hüten, vor Rechtskraft des VersagBeschlusses (§ 86) die Aufhebung auch förmlich auszusprechen u. die Löschung des VersteigVermerks zu veranlassen.

Hält das Gericht einen AufhebGrund nicht für gegeben, so hat es die Akten wieder an das Notariat zu leiten u. es (wenn nötig) dem Gläubiger zu überlassen, die Forts. des Verf. zu beantragen (§ 31, § 86 A. 3) oder die Ablehnung derselben oder den Versag.-Beschluß im Wege des § 13 Abs. 2 EG.ZVG. zu bekämpfen (dadurch wird die von Jaeckel-Güthe § 13 EG. A. 2 befürchtete Unhaltbarkeit der Sachlage hintangehalten).

5. Unter der Aufhebung bzw. Einstellung ist auch in §§ 33, 72 Abs. 3 nicht die durch das **Prozeßgericht** angeordnete oder eine vom VollstrG. gemäß § 769 Abs. 2 ZPO.[2]) verfügte einstw. Einstellung verstanden, sondern die durch das VollstrG. (Notariat) zu betätigende Vollziehung dieser Beschlüsse. Erstere haben das Erlöschen der Gebote noch nicht zur Folge (Fischer-Schäfer 200; s. auch oben 3).

6. Eine besondere **Gerichtsgebühr** wird neben der des Art. 8, 9 BayKG. für den VersagBeschluß nicht erhoben (s. § 30 A. 5); **NotGebühr** für die Tätigkeit vor u. im VerstTermin: Art. 52 NotGebO.

§ 34.

Im Falle der Aufhebung des Verfahrens ist das Grundbuchamt um Löschung des Versteigerungsvermerkes zu ersuchen.

E. I § 146; Begr. 278; D. 43; KBer. —.

Löschung des Versteigerungsvermerks.

1. Das **Ersuchen um Löschung** des VersteigVermerks erfolgt durch das VollstrG. (§§ 1, 15, nicht Notariat) im Falle der Aufhebung (nicht Einstellung) des Verf. von Amts wegen gleichzeitig mit der Erlassung des AufhebBeschlusses, nicht erst nach Zustellung oder Rechtskraft desselben (§ 572 Abs. 1 ZPO.). Es steht aber nichts im Wege, in den Fällen, wo die Aufhebung nicht bewilligt ist, die Zustellung vorausgehen zu lassen, um dem Gl. vor der Löschung die Beschwerdeeinlegung zu ermöglichen (Wenz-Wagner A. zu § 34, Kretzschmar S. 71).

2. Aussetzung der Löschung, **Wiedereintragung** des VerstVermerks. Im Falle der Beschwerdeeinlegung kann das VollstrG. die noch nicht vollzogene Löschung aussetzen, das BeschwG. auch die Wiedereintragung einstw. anordnen (§ 572 Abs. 2, 3 ZPO.). Die Wiedereintragung hat aber keine rückwirkende Kraft, auch nicht die Wiederherstellung der Beschlagn. (s. § 95 Fußn. 4). Im Falle des § 86 mit § 33 darf die Löschung erst nach Rechtskraft des Versagungsbeschlusses erfolgen (s. § 33 A. 4).

3. Löschung. Das GBAmt hat kein sachl. Prüfungsrecht gegenüber dem Ersuchen (vgl. § 19 A. 3 b, § 39 GBO.); eine Löschung von Amts wegen oder auf Antrag einer Partei ohne Ersuchen seitens des VollstrG. ist ausgeschlossen

[2]) Da die einstw. Einstellung auf Grund des § 769 Abs. 2 ZPO. vom Notariat nicht angeordnet, nur vollzogen werden kann (Vorbem. vor § 28), müssen in Bayern die beiden Organe gesonderte Beschlüsse fassen (a. M. Jaeckel-Güthe A. 2).

(Jaeckel-Güthe A. 2, Recht 1923 Nr. 1264); im übr. s. § 55 GBO., § 290 DA. (Benachrichtigung des VollstrG. u. des Eigent., nicht des Gl., da dieser nicht aus dem GBuch ersichtlich ist).

Über die Löschung nach dem Zuschlag s. § 130.

Über Erlöschen der Wirkungen der Beschlagn. s. § 22 A. 3, § 28 A. 4, § 29 A. 2.

4. Weitere Tätigkeit des VollstrG. Der AufhBeschluß ist (in Ausfertigung) an das Notariat zu leiten, damit dieses die weiter erforderl. Maßregeln trifft (Aufh. der SichMaßregeln des § 25, Mitteil. an Mieter, Pächter, Drittschuldner, Verwalter, Forts. für andere betreib. Gl. unter etwaiger Änderung des g. G. u. dgl.).

5. Eine besondere **Gerichtsgebühr** wird neben der des Art. 8, 9 BayKG. für die Aufhebung des Verf. nicht erhoben (v. Schmidt A. 1 zu Art. 9), wohl aber für die Löschung (Art. 106, 107 BayKG.; Gegenstandswert: BayObLG. 22 A 203; gebührenfrei ist nach Art. 18 BayKG. nur die Eintrag. der Löschung auf Grund des § 130 ZVG.; abw. BNotZ. 1918, 268).

III. Bestimmung des Versteigerungstermins.

§ 35.

Die Versteigerung wird durch das Vollstreckungsgericht ausgeführt.

E. I § 43; Begr. 147; D. 43; KBer. —.

Zuständigkeit.

Die **Ausführung der Versteigerung** ist, wie die Anordnung (§ 19), reichsrechtlich Sache des VollstrG. (§ 1). Eine Ausnahme enthält § 65 für die Verwertung mithaftender bewegl. Sachen u. Forderungen (§§ 20, 21) u. § 13 EG., auf Grund dessen in **Bayern**, wie früher, die Ausführung der Versteig. dem **Notariat** übertragen ist (Art. 25 AG., § 1 Bek. v. 30. 3. 21 JMBl. 33).

Das Verf. der VersteigBehörde (das VersteigVerf. im engeren Sinn, §§ 35—89) ist ebenfalls Amtsbetrieb, soweit nicht das Gesetz ausdrücklich einen Antrag erfordert (§§ 31, 76, 77; vgl. Schmitt BNotZ. 1916, 26). Nach Erledigung des Verf. sind die Akten an das VollstrG. zurückzugeben (§ 5 Bek. v. 30. 3. 21 JMBl. 33).

Vgl. im übr. die Bem. zu § 13 EG.

§ 36.

Der Versteigerungstermin soll erst nach der Beschlagnahme des Grundstücks und nach dem Eingange der Mitteilungen des Grundbuchamts bestimmt werden.

Der Zeitraum zwischen der Anberaumung des Termins und dem Termin soll, wenn nicht besondere Gründe vorliegen, nicht mehr als sechs Monate betragen.

Der Termin kann nach dem Ermessen des Gerichts an der Gerichtsstelle oder an einem anderen Orte im Gerichtsbezirk abgehalten werden.

E. I § 43 Abs. 2, §§ 46, 47; Begr. 147, 148, 153; D. 43; KBer. —.

Terminsbestimmung.

1. Aktenabgabe an das Notariat. Nach Eingang der Mitteilung des GB.-Amts von der Eintrag. des VerstVermerks (§ 2 der Bek. v. 30. 3. 21) sind die Akten (falls kein EinstellAntrag vorliegt) unverzüglich an das Notariat zu leiten. Die Zustellung des Anordnungsbeschl. an den Sch. braucht (auch bei der Terminsbest.) nicht abgewartet zu werden, was besonders im Falle der öffentl. Zustellung wichtig ist (Fischer-Schäfer 202, Reinhard-Müller A. 2, BZfR. 1921, 110; a. M. Henle A. 2, 3, Jaeckel-Güthe A. 2).

Dagegen ist eine Terminsbest. zugunsten eines beigetret. Gl. von der erfolgten Zustellung des Beitrittsbeschl. abhängig, da erst hierdurch die weitere Beschlagn. wirksam wird (§ 22); zweckmäßig werden daher auch die Beitrittsakten erst nach Zustellung an das Notariat abgegeben.

Die Rechtskraft des Anordnungs- oder Beitrittsbeschl. ist keinesfalls Voraussetzung des weit. Verf.; dieses kann jedoch, falls Einwendungen oder Beschwerde erhoben wurden, ausgesetzt werden (§§ 766 Abs. 1, 572 Abs. 2, 3 ZPO.).

Zurückbehalten wird nur die Urschrift des Beschlusses, an das Notariat geleitet (wegen §§ 43, 44 Abs. 2) die Ausfertigung des Beschlusses mit Zustell.-Nachweis. Soferne dieser nicht gleichzeitig übermittelt werden kann, ist dies nachzuholen u. das Notariat von dem Hindernis zu verständigen, damit es bei der Terminsbest. hierauf Rücksicht nimmt (§ 43 Abs. 2); der Notar hat die Zustell.-Nachweise zu prüfen; denn die Richtigkeit der Zustellung an den Sch. ist Voraussetzung der Gültigkeit des weit. Verf.[1]) Etwa bei Gericht später einlaufende Anmeldungen oder sonstige Mitteilungen der Beteiligten (Prozeßvollmachten, Wohnungsanzeigen u. dgl.) sind gleichfalls an das Notariat zu überschicken.

2. Die **Anberaumung des VersteigTermins** erfolgt unmittelbar nach Empfang der Akten u. der Mitteilungen des GBAmts (§ 19 II ZVG., § 2 Bek. v. 30. 3. 21) durch Beschluß des Notariats. Inhalt: §§ 37, 38; Bekanntmachung: §§ 39, 40; Zustellung: § 41. Der Termin ist so anzusetzen, daß zwischen ihm u. der bewirkten Bekanntmach. eine **Frist** von 6 Wochen liegt (§§ 43 Abs. 1, 83 Nr. 7); die Höchstdauer von 6 Monaten soll nur ausnahmsweise (z. B. wenn zu einer gelegeneren Zeit die Erzielung eines höh. Erlöses erwartet werden darf oder mit Zustimmung der betreib. Gl. u. des Sch., vgl. §§ 31 Abs. 2, 30; OLG. 30, 94; 32, 289, JW. 1916, 614, Schmitt BNotZ. 1916, 24) überschritten werden; innerh. der 6 Monate ist der Termin unter billiger Ausgleichung der Interessen des Gl., wie des Sch. zu bestimmen; eine einseitige Rücksichtnahme auf die baldige Befriedigung des Gl. oder die Möglichkeit der Beschaffung von

---

1) Ist der Anordnungs- bzw. Beitrittsbeschl. nicht ordnungsgemäß zugestellt, so ist die Terminsbest. zu verweigern, u. U. aufzuheben, wenn die Zustellung durch das Gericht nicht rechtzeitig nachgeholt wird. Der Notar kann sich bei der Terminsbest. bzw. Durchführung der Versteig. nicht darauf berufen, daß die Zustellung des Anordnungs- u. Beitrittsbeschl. Sache des Gerichtes ist. Er würde für einen durch Nichtbeachtung einer unrichtigen Zustellung herbeigeführten Schaden samtverbindlich mit dem Richter u. Urkundsbeamten haften (JW. 07, 828, LZ. 1916, 816; vgl. § 3 Fußn. 5).

ZahlMitteln des Sch. ist unzulässig; also keine Hinausschiebung auf einseitigen Wunsch des Sch. (oder Zurückbehaltung der Akten durch das Gericht; a. M. Frank BayNotV. 1928, 83). Anderseits kann die Terminbest. auch nicht von der Einzahlung eines Auslagenvorschusses (Art. 14 BayKG.) abhängig gemacht werden (s. § 17 Fußn. 9). Über Stundung u. Vertagung s. § 30 A. 1, § 43 A. 4.

Als VersteigOrt braucht nicht mehr die Gemeinde der beleg. Sache, es kann auch nach pflichtgemäßem Ermessen des Notars dessen Amtssitz oder ein Ort im Bezirke des VollstrG. (nicht Landgerichtsbezirk), im Falle des § 2 im Bezirke des bestellten Amtsgerichtes gewählt werden (vgl. Art. 6 NotG. v. 9. 6. 99, §§ 19, 20 BayNotGeschO. v. 30. 10. 13 (JMBl. 231).

§ 36 enthält nur Ordnungsvorschriften; ihre Verletzung ist ohne Einfluß auf die Gültigkeit des Verf. (kein ZuschlagsversagGrund).

Weitere Ordnungsvorschr. enthält § 4 JMBek. v. 31. 3. 05 (JMBl. 589) für den Fall der Brandbeschädigung.

3. Rechtsbehelfe. Gegen die Terminsbest. (sowie deren Ablehnung) sind Erinnerungen gemäß § 13 Abs. 2 EG. (wie gegen das Verf. des GVollz.) zulässig, dagegen nicht gegen die hierauf erfolgende Entsch. des VollstrG., ebensowenig Beschwerde (außer, wenn der Beschluß die Einstellung, wie z. B. im Fall der Ablehnung oder die Anordnung der Forts. des Verf. enthält, §§ 28, 30, 31, 33 mit 95; OLG. 32, 289; 33, 171, BNotZ. 1918, 156). Die gemäß § 13 Abs. 2 EG. ergehende Entsch. des VollstrG. ist für das Notariat bindend (§ 79 A. 3). Über Dienstaufsichtsbeschwerde im Falle der Ablehnung der Terminsbest. s. Schmitt BNotZ. 1916, 24.

4. Vor dem VersteigTermin kann ein **Verständigungstermin** anberaumt werden (§ 62).

§ 37.

Die Terminsbestimmung muß enthalten:

1. **die Bezeichnung des Grundstücks;**
2. **Zeit und Ort des Versteigerungstermins;**
3. **die Angabe, daß die Versteigerung im Wege der Zwangsvollstreckung erfolgt;**
4. **die Aufforderung, Rechte, soweit sie zur Zeit der Eintragung des Versteigerungsvermerkes aus dem Grundbuche nicht ersichtlich waren, spätestens im Versteigerungstermine vor der Aufforderung zur Abgabe von Geboten anzumelden und, wenn der Gläubiger widerspricht, glaubhaft zu machen, widrigenfalls die Rechte bei der Feststellung des geringsten Gebots nicht berücksichtigt und bei der Verteilung des Versteigerungserlöses dem Anspruche des Gläubigers und den übrigen Rechten nachgesetzt werden würden;**
5. **die Aufforderung an diejenigen, welche ein der Versteigerung entgegenstehendes Recht haben, vor der Erteilung des Zuschlags die Aufhebung oder einstweilige Einstellung des Verfahrens herbeizu-**

führen, widrigenfalls für das Recht der Versteigerungserlös an die Stelle des versteigerten Gegenstandes treten würde.

§ 38.

Die Terminsbestimmung soll die Bezeichnung des zur Zeit der Eintragung des Versteigerungsvermerkes eingetragenen Eigentümers sowie die Angabe des Grundbuchblatts und der Größe des Grundstücks enthalten.

E. I §§ 44, 45; Begr. 149–152; D. 43; KBer. –.

Inhalt der Terminsbestimmung.

1. Zweck u. Bedeutung der §§ 37, 38.

Die Terminsbest. bezweckt durch Veröffentlichung u. Zustellg. diej., deren Rechte von der Versteig. berührt werden (vgl. § 37 Nr. 4, 5, § 90), sowie die Kauflustigen über Zeit u. Ort der Versteig. zu unterrichten. Diesem Zweck muß der Inhalt der Terminsbest. entsprechen. Im Interesse der Rechtssicherheit u. eines gleichmäßigen Verf. wurde er reichsrechtl. geregelt u. im Hinblick auf § 114 Nr. 3 des Entw. I (jetzt § 83 Nr. 7) in einen wesentl. u. nicht wesentl. Teil geschieden (Begr. 149, 150; D. 43).

Wesentlich ist der in § 37 bestimmte Inhalt, so daß ein Mangel die Notwendigkeit der Aufhebung des Termins u. die Versagung bzw. Aufhebung des Zuschlags begründet (§§ 43, 83 Nr. 7, 100 III); nicht wesentlich sind die in § 38 ZVG., § 6 EG. u. Art. 42 BayAG. vorgeschriebenen Angaben.

Nach § 5 VO. v. 13. 2. 20, RGBl. 321, über Hyp. u. Grundsch. in ausländ. Währung u. Art. 25 SchwZusAbk. v. 23. 6. 23, RGBl. II 284, über SchweizFr.-Grundschulden „muß" die Terminbest. auch die Angabe dieser Belastungen unter Bezeichnung der Währung enthalten. Hiedurch soll eine allgemeine Aufklärung vor dem Termin über jenes Recht (dessen Höhe vom Kurswert abhängig ist) erreicht werden. Mit Reinhard Einfluß S. 6, 218 (geg. Rößner BNotZ. 1920, 114 u. 3. Aufl.) ist anzunehmen, daß diese Bestimmungen nicht den wesentl. Inhalt der Terminsbest. erweitern sollen u. nur die Bedeutung von Ordnungsvorschr. im Sinne des § 38 haben.

Eine Verletzung des § 37 kann auch mit Zustimmung (§ 84) aller Beteiligten nicht geheilt werden, es müßte denn sein, daß nur die den Beteiligten zugestellte Terminsbest. fehlerhaft, die veröffentlichte dagegen in Ordnung wäre (Jaeckel-Güthe A. 1). Ob die Verletzung in einem für die Beteiligten wesentl. Punkte besteht oder nicht, ist gleichgültig. Ergänzungen u. Berichtigungen sind nur innerh. der Fristen des § 43 zulässig.

Soweit der Inhalt nicht wesentlich ist, hat ein Mangel oder eine Unrichtigkeit keine Folgen, wenn dadurch nicht die Terminsbest. selbst so unklar oder unverständl. wird, daß sie als unwirksam anzusehen ist (Jaeckel-Güthe A. 1, Reinhard-Müller A. 1).

Zweckmäßig, wenn auch nicht wesentlich, ist wegen § 37 Nr. 4 die Bekanntgabe des Zeitpunkts der Eintrag. des VersteigVermerks in der Terminsbest. (Jaeckel-Güthe A. 4). Dagegen werden nicht mehr in die Terminsbest. aufgenommen die VersteigBedingungen, insbes. nicht die im g. G. zu berücksichtigenden Hyp., die dingl. Lasten, sowie der Gl. u. seine Ford. (s. § 41 II)[1]).

---

[1]) Auch die früher in die Bekanntmach. aufgenommenen Bedingungen waren nur vorläufige Feststellungen, die im Termin häufige Änderungen erfuhren. Nunmehr sind alle Kauflustigen u. Beteiligten zur weiteren Aufklärung auf § 41 II, § 42 angewiesen.

2. Inhalt der Terminsbestimmung.

a) Das **Grundstück** (grundstückgleiche Recht, z. B. ErbbR., GruchBeitr. 65, 36) muß so bezeichnet sein, daß die Kauflustigen und Beteiligten über die Wesensgleichheit (Identität) desselben außer Zweifel sind (vgl. § 16); es wird in der Regel der Eintrag. im GBuch entsprechend bezeichnet werden nach Plan- bzw. Hausnummer, Steuergemeinde, Straße, Gattung; Eigentümer[2]), GBBlatt, Flächeninhalt (§ 38, vgl. jedoch § 56 S. 3); Bruchteil. Nicht aufgeführt werden die mit zu versteig. Gegenstände (§§ 20 II, 21, 55; vgl. aber Bem. e). Nach Ermessen des VersteigBeamten kann die Beschreibung noch durch andere Angaben ergänzt werden, insbes. im Falle von Veränderungen, die im GBuch noch nicht verlautbart sind; vgl. § 5 JMBek. v. 31. 3. 05 (JMBl. 589).

Über den Einfluß ungenauer Bezeichnung des G. auf den Eigentumserwerb durch Zuschlag s. RG. 57, 200; 72, 271, OLG. 22, 410 (Einl. III 1 u. § 90 A. 3, 4), über doppelte Eintragung des G. s. § 90 A. 3 a.

b) **Zeit** u. **Ort** des Termins sind nach Tag, Stunde, Amtsraum[3]) genau zu bezeichnen. Selbstverständlich ist die Angabe der **VersteigBehörde** (Notariats). Unrichtige oder mangelhafte Angaben müssen auch hier (wie oben) zur Terminsaufhebung bzw. Zuschlagsversagung führen (§§ 43 I, 83 Nr. 7, 84). Bei Verlegung des Amtsraums müssen ausreich. Maßregeln getroffen werden, durch die die Erschienenen die richtige Terminsstelle erfahren (OLG. 11, 124; 25, 262; 40, 425); die Maßregeln müssen gem. § 80 im Protokoll festgestellt werden, Aktenvermerk genügt nicht (JW. 1928, 2733).

c) Die Angabe der **Versteigerungsart** (zwecks ZwVollstr., auf Antrag des KVerwalters oder Erben, zwecks Aufhebung der Gemeinschaft) ist erforderlich, weil die Voraussetzungen u. Wirkungen dieser VersteigArten verschieden sind.

d) Die **Aufforderung zur Anmeldung** u. allenfalls. Glaubhaftm. **der dingl. Rechte** bezweckt, es allen Beteiligten zu ermöglichen, den zur Deckung der eigenen Anspr. erforderl. Betrag annähernd genau zu berechnen (RG. 76, 381, LZ. 1914, 1924).

α) Die Aufford. richtet sich daher an alle, denen Anspr. (nach Rang u. Umfang) zur Zeit der Eintrag. des VersteigVermerks nicht aus dem GBuch (nicht: Abschrift des GBBlattes) ersichtlich[4]) waren, z. B.

alle nachher eingetrag. Anspr. (§ 9 Nr. 2); zu Unrecht gelöschte Rechte, wenn sie nicht durch einen vorher eingetrag. Widerspruch gesichert sind (§ 48); Rechte, die ohne Eintrag. entstehen (SichHyp. nach § 1287 BGB., Entschädigungsford. nach § 28 Erbb.-RVO.); Anspr. aus § 10 Nr. 1—3; alle rückständigen[5]) wiederkehr. Leistungen, auch aus eingetrag. Rechten (§ 45 Abs. 2); Kosten[6]) u. andere Nebenforderungen

---

[2]) Im Falle der §§ 787 ZPO., 928 BGB. ist der letzte Eigent. u. die Tatsache der Aufgabe zu erwähnen (Reinhard-Müller § 38 A. 2, vgl. DJZ. 1914, 930); im Falle des § 180 sind alle Miteigentümer anzugeben.

[3]) Hinsichtl. des zu wählenden Amtsraums außerh. des Amtssitzes s. NotGeschO. v. 30. 10. 13 §§ 19, 20 (JMBl. 231).

[4]) Eine etwaige Mitteilung des GBAmts ersetzt die Anmeldung nicht.

[5]) Wie rückständ. Leistungen sind während der Übergangszeit auch die in §§ 1, 2, 6 Abs. 3 Aufw. Nov. v. 9. 7. 27 erwähnten Zinsen zu behandeln, also anzumelden, bedürfen aber nicht der Glaubhaftm.; der Zeitpunkt der Anmeldung u. die weitere Behandlung im anhäng. Verf. ist besonders geregelt (§§ 14, 16, 17 ff. DurchfVO. v. 12. 9. 27, Mügel S. 1259 ff., 1267, Daimer BayNotV. 1927, 435 ff.). Der Anmeldung bedarf auch der Anspr. des Gl. auf den Zwischenzins; ohne solche ist er von Amts wegen abzuziehen (Art. 22 DurchfVO. z. AufwG., JW. 1929, 152).

[6]) Über Festsetz. u. Berücksichtigung der Kosten vgl. § 10 A. 8. Die Kosten des Gerichts u. Notariats sind von Amts wegen zu berechnen (§§ 44, 109).

(§§ 10 II, 12); ein nicht eingetrag. u. nicht vorher durch Vormerkung oder Widerspr. gesicherter Vorrang (§ 45 A. 1b; Warn. 1910 Nr. 117)[6a]), Anspr. auf lauf. u. rückst. Beträge aus der Rentenbankgrundsch., der Industriebelastung u. nicht eingetrag. Wohnungsbaugrundsch. (s. § 10 A. 3 Ab, c u. Fußn. 21), der AufwAnspr. aus einer gelöschten oder auf einen anderen Gl. umgeschrieb. PapiermarkHyp., der nicht vor dem VersteigVermerk durch eingetrag. Widerspruch gesichert wurde (Reinhard, Einfluß S. 211 ff., 219, Mügel § 4 A. 6, JW. 1927, 1894), endlich in den Fällen der §§ 4—6 AufwNov. v. 9. 7. 27 der den AufwBetrag der Hyp. übersteigende Teil der Grundsch. oder die Ersatzgrundsch. nebst Zinsen, solange die Umwandlung der Hyp. in die Grundsch. noch nicht im GBuch eingetragen ist (§§ 22, 24 DurchfVO. v. 12. 9. 27, Mügel S. 1266, 1268, Daimer BayNotV. 1927, 441).

Auch Rechte an den von der Beschlagn. u. Versteig. ergriffenen mithaftenden bewegl. Gegenständen u. Forderungen bedürfen der Anmeldung (vgl. Einl. IV 1 ff. u. unten e). Gl. einer Kostenkaution alten Rechts sollen zur Angabe ihrer Nebenanspr. veranlaßt werden (JMBek. v. 15. 5. 06, JMBl. 74). Über Anmeldung der persönl. Haftung s. § 53 II, der Kündigung, Fälligkeit, Rechtshängigkeit s. § 54.

Werden mehrere G. in einem Verf. versteigert, so ist eine Anmeldung der auf die einzelnen G. treff. Rechte zwecks Bildung des Einzelmindestgebots (§ 63) zu veranlassen.

β) Der Anmeldung bedürfen nicht: die aus dem GBuch ersichtl. Rechte (einschl. AufwertAnsprüche hieraus); ferner solche, die der Eintrag. überhaupt nicht bedürfen, soweit daraus nicht Anspr. auf Barzahlung abgeleitet werden (§ 9 EG., Art. 27 BayAG.; Rentenbank-, Wohnungsbaugrundsch., Industriebelastung, s. oben α, Vorkaufsrecht des RSiedlG. s. § 9 Fußn. 3b); die Überbau- u. Notwegrenten (§ 52 Abs. 2); laufende wiederkehr. Leistungen aus eingetrag. (anders: aus gelöschten) Rechten (§§ 45 II, 46, 114 II); der Anspr. des betreib. bzw. eingetr. Gl., soweit er aus dem VersteigAntrag ersichtlich ist (§ 114); der Wertbetrag des Ersatzanspruchs für ein durch den Zuschlag erlöschendes, eingetrag. Recht (ErbbR., Dienstbarkeit, Reallast, Vorkaufsrecht, § 92 A. 3), auch wenn der Betrag nicht eingetragen ist[7]); endlich der Wert der wertbeständigen Hyp. u. die aus wertbeständigen Schuldtiteln beizutreib. Geldsumme[8]).

Da die Aufford. nicht dazu dient, zu ermitteln, wem ein Recht zusteht, bedarf es auch nicht der Anmeldung der Person des Berechtigten (z. B. des Eigentümers, AbtretEmpfängers, AblösBerechtigten, Bürgen, Nießbrauchers, PfandGl. einer BriefHyp.; vgl. § 126; RG. 77, 296, OLG. 14, 204; 20, 376).

γ) Die Anmeldung muß rechtzeitig, spätestens vor Aufford. zur Abgabe der Gebote (§ 66 Abs. 2) beim Notariat[9]) erfolgen u. ist auf Widerspruch des (betreib. oder beigetr.) Gl. glaubhaft zu machen (Ausnahme: § 45 II u. oben Fußn. 5). Der Widerspruch des Notariats u. anderer Beteiligter ist hier

---

[6a]) Der HypGl., der einem nicht zur Erstehung gelangten Recht den Vorrang eingeräumt hatte, braucht aber nicht anzumelden, daß er den Rang aus seiner alten Rangstelle geltend mache (RG. 122, 65).

[7]) Bestr.; wie hier: JW. 06, 122, Jaeckel-Güthe A. 8 u. § 110 A. 2, § 114 A. 10, Fischer-Schäfer 379, 396, Reinhard-Müller A. 5b; a. M. 3. Aufl., LZ. 1914, 1924, OLG. 35, 193. Nach der überw. Meinung genügt es, wenn der Ersatzbetrag noch im Verteil.-Termin angemeldet wird (§ 114, nicht § 110).

[8]) VO. v. 23. 6. 23 RGBl. I 407 §§ 4 ff.; EntlVO. v. 13. 5. 24 RGBl. I 552 §§ 15 ff. mit AusfVO. v. 27. 6. 24 RGBl. I 660 u. Bayr. Bek. v. 7. 1. 24 StAnz. Nr. 7.

[9]) Es ist eine Amtspflicht des Notars, den Zeitpunkt des Einlaufs der bei ihm eingehenden Schriftstücke zu beurkunden (vgl. § 272 NotGeschO.).

(anders § 9 Nr. 2) bedeutungslos. Der Anmeldung eines Aufwertungsanspr. (s. oben α) ist die Bescheinigung der AufwStelle nach §§ 16, 17 AufwG., Art. 126 DurchfVO. beizufügen (Reinhard-Müller A. 5 c β).

δ) Die Unterlassung rechtzeitiger Anmeldung bzw. Glaubhaftm. eines Rechtes hat (Androhung in der Terminsbest. vorausgesetzt, s. A. 1 u. § 110) zur Folge, daß dieses bei Feststellung des g. G. unberücksichtigt, also nicht bestehen bleibt (§ 45) u. nicht nur den im g. G. berücksichtigten Anspr. sondern auch denen des betreib. Teils u. den übr., eingetragenen oder rechtzeitig angemeldeten oder ohne Anmeldung zu berücksichtigenden Anspr. nachstehen muß (§§ 110, 114). Infolge unterlassener rechtzeitiger Anmeldung kommt das betr. Recht an letzter Stelle zu stehen, ohne daß es auf seinen Rang ankommt. Mehrere nicht rechtzeitig angemeldete Anspr. kommen nach ihrem Rang (§§ 10ff.), nicht nach der Zeit der etwaigen verspäteten Anmeldung zum Zuge (Wolff § 37 A. 5, Jaeckel-Güthe § 110 A. 4). Unter den „übrigen Rechten" sind nur rechtswirksam begründete, nicht solche zu verstehen, die zwar eingetragen, aber nicht zur Entstehung gelangt sind (RG. 122, 65, JW. 1929, 776).

Der Rangverlust ist endgültig u. begründet (anders § 37 Nr. 5) keine BereichKlage gegen den Begünstigten, falls das Recht infolgedessen ausgefallen ist[10]). Die Ausschließung nach § 37 Nr. 4 verliert ihre Kraft, wenn eine neue Aufford. zur Abgabe von Geboten (z. B. in einem neuem Termine) erfolgen muß u. bis dahin die Anmeldung erfolgt (Jaeckel-Güthe A. 11).

e α) Die **Aufford. z. Geltendmachung entgegenstehender Rechte**[11]) soll deren Erlöschen durch den Zuschlag (§§ 55, 91) vorbeugen, betrifft nicht nur das Eigentum, sondern alle Rechte, auf Grund deren die Herausgabe von dem Erwerber verlangt werden könnte, u. ergeht auch an denj., dessen Recht im GBuch eingetragen ist (für den Fall, daß darauf trotz § 28 keine Rücksicht genommen wurde u. eine Zuschlagsanfechtung auf Grund des § 83 Nr. 5, 6 nicht erfolgt).

Das der ZwVollstr. entgegensteh. Recht kann am Grundstück oder dessen Zubehör u. von der Beschlagn. ergriffenen bewegl. Gegenständen bestehen; es muß so beschaffen sein, daß mit ihm Aufhebung oder einstw. Einstellung des Verf. verlangt werden kann (Recht 03, 215, 468)[12]); die Einstellung oder Aufhebung kann sich auf das Zubehör usw. beschränken (vgl. § 29 A. 4); Erwerb von Zubehör ohne Entfernung vor der Beschlagn. gewährt kein Recht nach § 37 Nr. 5 (Recht 1915 Nr. 1430).

β) Über die entgegenst. Rechte im einzelnen s. § 9 A. 4 a, § 28 A. 2.

Ein durch Vormerkung nach § 883 BGB. gesich. Anspr. auf Auflassung des G. (Rückfallsrecht, Eigentumsvorbehalt nach Art. 39 ÜB. u. Art. 17 pfälz. LiegenschG.; vgl. § 604 DG., Henle-Schneider 446) hindert die ZwVersteig. nicht; geht die Vormerkung dem betreib. Teil vor, so bleibt sie bestehen u. ist dem Ersteher gegenüber geltend zu machen, andernfalls erlischt sie durch den

---

[10]) RG. 59, 266; 67, 380; 74, 205; 76, 379, JW. 1911, 781; 1927, 1894, HRR. 1928, 2270; 1929, 44, DJZ. 1911, 1091, OLG. 3, 337; 9, 140, ZBlFG. 4, 356, 718; Jaeckel-Güthe A. 12, Fischer-Schäfer 383, Reinhard-Müller A. 5 g; a. M. Recht 08, 599. Über den Fall nicht rechtzeit. Vorrangsanmeldung s. Warn. 1910 Nr. 117, RG. 122, 65; BZfR. 1929, 91.

[11]) Sie war in der BayHO. entbehrlich, da diese dem Ansteigerer nur soweit Eigentum übertrug, als es der bish. Eigentümer besessen hatte (BayObLG. 7, 82; 9, 154; n. F. 1, 22). — Nach § 90 vollzieht sich dagegen der Eigentumsübergang an den VersteigGegenständen (§ 55) ohne Rücksicht auf Eigentum u. guten Glauben des Sch. oder Erstehers.

[12]) Über die dem Gl. zustehende Einrede der Arglist im Widerspruchsprozeß s. RG. 70, 193.

Zuschlag (§ 52) u. der Berechtigte kann sich nur an den (nach Befriedigung der vorgehenden Gl. übrig bleibenden) Erlös halten (§§ 91, 92)[13].

Der durch Widerspruch gegen die Richtigkeit der Eigentümereintragung (§§ 894, 899 BGB.) gesich. Anspr. steht der Versteig. gleichfalls nicht entgegen, sondern nur das durch ihn gesich. Eigentum, das von § 37 Nr. 5 betroffen wird. Der Widerspruch ist gemäß §§ 44, 48 gleichfalls als bestehen bleibend zu behandeln, wenn er dem betreib. Teil vorgeht[14]; andernfalls erlischt er durch den Zuschlag u. kann nur noch dem Erlös gegenüber geltend gemacht werden.

Endlich wendet sich § 37 Nr. 5 nicht an den Erwerber einer Ford., die mit Wirksamkeit gegenüber der Beschlagn. aus dem Vermögen des Sch. ausgeschieden ist (Begr. 152, Fischer-Schäfer 207; vgl. aber § 37 Nr. 4).

γ) Die Geltendmachung der entgegensteh. Rechte durch den Dritten besteht nicht in der Anmeldung[14a] u. Glaubhaftmachung (hierdurch wird, wenn das Recht nicht schon eingetragen war, nur die Zuziehung zum Verf. erreicht, § 9 Nr. 2), sondern in der Herbeiführung der Aufhebung bzw. Einstellung des Verf. (OLG. 17, 357); sie ist auch im Falle des § 28 nötig, wenn sie das VollstrG. nicht von Amts wegen herbeigeführt hat (s. ε).

Diese Herbeiführung kann erfolgen:

$\alpha\alpha$) durch das ProzeßG., in dring. Fällen durch das VollstrG. (nicht Notariat, Becher Mat. VI, 25, BZfR. 1921, 110) gemäß §§ 771, 769, 770 ZPO.

Die einstw. Anordnung muß aber, um für das Verf. wirksam zu werden, spätestens vor Erteilung des Zuschlags (ZBlFG. 14, 18) gemäß §§ 775 Nr. 1, 776 ZPO. dem Notariat vorgelegt werden, das sodann auf Grund der Anordnung Beschluß zu fassen u. diesen zuzustellen bzw. (im Termin) zu verkünden (OLG. 25, 250), nötigenfalls nach § 33 zu verfahren hat (vgl. RG. 70, 403, 404 u. Vorm. zu § 28).

$\beta\beta$) durch das VollstrG. bzw. Notariat gemäß §§ 29, 30, wenn die betreib. Gl. in Ansehung des vom Dritten in Anspruch genomm. Gegenstandes den VersteigAntrag zurücknehmen bzw. die einstw. Einstellung bewilligen.

Aus § 37 Nr. 5, § 55 II folgt, daß Aufhebung u. Einstellung des Verf. auch hinsichtl. eines einzelnen BeschlagnGegenstandes (Zubehörstückes) erfolgen, d. h. dieser durch das VollstrG. (Notariat) von den Wirkungen des einheitl. VersteigVerf. ausgenommen werden kann (Wolff A. 6; abw. Jaeckel-Güthe A. 14 u. §§ 55 A. 7, die eine teilweise Aufhebung oder Einstellung nur hinsichtl. Zubehörstücke für zulässig halten; vgl. ZZP. 35, 87).

Der teilweisen Zurücknahme des VersteigAntrags steht die Pfandfreigabe der betreib. Gl. (insbes. auch von Grundstücksteilen), sowie ihr Aner-

[13]) ZBlFG. 4, 258; 5, 217, 258; 9, 528; 11, 746, BZfR. 08, 164, JW. 1910, 489, LZ. 1917, 804, SeuffA. 62, 126; 67, 272, Recht 04 Nr. 44; OLG. 13, 6; GruchBeitr. 57, 603, 789 f., Planck § 883 A. 3 d β, Rosenberg A. IV 3 c, Jaeckel-Güthe A. 14 u. § 48 A. 5; bestr., s. JheringsJ. 54, 118, JW. 1911, 559; 1914, 561 ff., Reinhard, GruchBeitr. 62, 319 ff., 337, Reinhard-Müller § 28 A. 3 c, § 37 A. 6 b, c. Über den Eigentumswechsel auf Grund der Vormerkung s. § 26 A. 3, § 28 Fußn. 3.

[14]) Gleichfalls bestr.; vgl. Jaeckel-Güthe A. 13 u. § 48 A. 5, Fischer-Schäfer 222, Reinhard-Müller § 28 A. 3 c, Recht 03, 593, JW. 1914, 564, BlfRA. 72, 523, GruchBeitr. 57, 602, 603 A. 8; 62, 326.

[14a]) Es ist dringend zu empfehlen, den Anmeldenden über § 37 Nr. 5 zu belehren, damit bestrittene Gegenstände spätestens im Termin von der Versteig. ausgenommen werden können.

kenntnis der besseren Rechte des Dritten gleich. Beide heben zwar die Wirksamkeit der Beschlagn. (nicht das dingl. Recht der RealGl.!) in Ansehung des freigegeb. Gegenstandes auf; dieser wird aber trotzdem von der Versteig. ergriffen (§§ 55 II, 59), wenn nicht auf Grund der Freigabeerklärung die Aufhebung oder einstw. Einstellung des Verf. beschlossen u. nachgewiesen ist (vgl. § 29 A. 4) [15]. Über schuldrechtl. Wirkung eines Anerkenntnisses des Erstehers s. Fußn. 17.

Arglistige Abhaltung des Dritten von der Herbeiführung der Einstellung begründet Schadensersatzpflicht (vgl. RG. 69, 280).

Die einstw. Einstellung des Verf. ist zwar auch nach Schluß der Versteig. bis zur Verkündung (nicht Rechtskraft) des Zuschlags noch zulässig, hat aber dann die Versagung des ganzen Zuschlags zur Folge (§ 33 A. 1, BZfR. 06, 117, OLG. 6, 430, ZBlFG. 6, 5; a. M. BZfR. 07, 201).

Falls das Verf. von mehreren Gl. betrieben wird, muß der Einstell.- bzw. AufhebBeschluß erkennen lassen, ob es gegen alle oder einzelne eingestellt bzw. aufgehoben ist (ZBlFG. 5, 193; 6, 199, OLG. 33, 164, SeuffA. 69, 423). Die Widerspruchsklage richtet sich nur gegen die betreib. Gl. (OLG. 15, 35); auch dann noch, wenn das G. unter ausdrücklicher Ausnahme eines angebl. wesentl. Bestandteils bereits versteigert ist (Recht 08, 676).

δ) Die rechtzeitige Herbeiführung der Aufhebung oder einstw. Einstellung des Verf. bewirkt, daß regelmäßig — über die Ausnahme bei wesentl. Bestandteilen s. § 21 Fußn. 2 — die ZwVersteig. sich nicht auf den hiervon betroff. Gegenstand erstreckt, der Ersteher also an diesem nicht Eigentum erlangt (§ 55) u. daß die Rechte der RealGl. daran nicht, wie am G., erlöschen (§§ 90, 91; Reinhard, Recht 07, 354, RG. 55, 414, OLG. 33, 164 u. 166). Daß die Versteig. sich auf jenen Gegenstand nicht erstreckt, muß im VersteigProtokoll (nicht notwendig im Zuschlagsbeschluß) zum Ausdruck kommen. (RG. 70, 399; vgl. § 82 A. 3 d). Versteig. von Gegenständen trotz vorgelegten Einstell.- bzw. AufhBeschl. führt auf Erinnerung u. Beschwerde des Dritten zur Aufhebung des ganzen Zuschlags (§ 83 Nr. 5, SeuffA. 62, 212, OLG. 15, 34). Doch wird ein Verzicht des Erstehers auf den Gegenstand u. Heilung des Mangels zuzulassen sein (Jaeckel-Güthe A. 14). Ungenügend wäre ein bloßer Vorbehalt [16] der Rechte des Dritten im Zuschlagsbeschluß (Jaeckel-Güthe A. 14, Wolff A. 6, RG. 67, 380, OLG. 8, 4, BZfR. 06, 90), sowie die bloße Anmeldung eines Eigentumsvorbehalts (auch dessen Kenntnis hindert nicht den Eigentumsübergang auf den Ersteher) [17]; JW. 08, 204, Recht 08, 310. Eine Versteig. jedoch unter der dem Zuschlagsbeschluß beigefügten Einschränkung, daß das Recht des Dritten an einzelnen Gegenständen gegenüber dem Ersteher bestehen bleibe, muß dieser gg. sich gelten lassen, wenn er den Zuschlag an-

---

[15]) Wolff § 37 A. 6, v. d. Pfordten 109, Reinhard-Müller A. 6 c, RG. 101, 120, BZfR. 06, 89, 116, 215, 419; 07, 201, ZBlFG. 3, 287; 5, 140; 6, 214; 7, 492; 8, 388; 12, 209, OLG. 8, 4; 19, 183; 30, 95, ZZP. 38, 131, SeuffA. 67, 380; 69, 297, Recht 07, 552, 586; abw. Jaeckel-Güthe A. 14, BZfR. 06, 205, Recht 07, 299. An die Freigabe bleibt der betreib. Gl. auch als Ersteher gebunden (BZfR. 07, 283).

[16]) Eine bedingte Versteig. (mit der Wirkung, daß der Eigentumsstreit zwischen dem Dritten u. dem Ersteher statt des betreib. Gl. auszufechten ist) würde im Wege des § 59 zu vereinbaren sein (vgl. BZfR. 06, 316, Jaeckel-Güthe A. 14).

[17]) Nur der Ersteher, der das Eigentum des Dritten vor der Versteig. anerkannt hat, ist aus dem Vertrage zur Herausgabe oder Leistung des Interesses verpflichtet (BZfR. 07, 283); arglistiges Abhalten von der Herbeiführung der Einstellung macht schadensersatzpflichtig (RG. 69, 277, s. auch 70, 193). Über das Wegnahmerecht vgl. § 9 A. 4a.

zufechten unterlassen hat, auch wenn das Recht nicht nach § 37 Nr. 5 geltend gemacht war (RG. 67, 380).

ε) Nicht rechtzeitige Herbeiführung der Aufhebung bzw. Einstellung des Verf. (trotz Aufford. in der Terminsbestimmung s. A. 1, 2a) hat zur Folge, daß sich der Berechtigte nicht mehr an das G. (u. mithaft. Gegenstände)[18]), sondern nur noch an den VersteigErlös halten kann (§§ 90, 91; nicht 92, RG. 88, 359, OLG. 19, 188; Reinhard GruchBeitr. 62, 331). Nur im Falle des § 28 kann er außerdem den Zuschlag anfechten (§§ 83 Nr. 5, 6 u. 100). Der Erlös tritt dergestalt an die Stelle des Grundstücks (des mithaft. Gegenstandes), daß an ihm das Recht im gleichen Umfang (also gg. alle Beteiligten, deren Rechte dem Drittberechtigten gegenüber unwirksam sind) geltend gemacht werden kann; zu diesem Zwecke ist u. U. eine Ausscheidung der Erlöse (für G., bewegl. Sachen, Forderungen) vorzunehmen (RG. 76, 212; 88, 351; OLG. 19, 189; 20 377; näheres s. § 55 A. 3); im VerteilVerf.[19]) ist das fragl. Recht nötigenfalls durch Widerspruch zu verfolgen (§§ 115, 119, 120, s. aber § 107 A. 2), ein Rangverhältnis mit den übr. Anspr. besteht nicht; soweit der Erlös einem Gl. zu Unrecht ausbezahlt wurde, ist diesem (nicht dem Ersteher) gegenüber die BereichKlage[20]) gegeben (§§ 812ff. BGB.); der betreib. Teil u. der Versteig.-Beamte können schadensersatzpflichtig[21]) sein (§§ 823, 839 BGB.). Der wahre Eigentümer des G., der sein Recht nicht rechtzeitig geltend gemacht hat, kann den ganzen Erlös herausverlangen, der nicht zur Befriedigung der ihm gegenüber wirksamen dingl. Rechte erforderlich ist (§ 92 A. 3, Reinhard-Müller § 37 A. 6e).

ζ) Wird die Einstellung des Verf. wieder aufgehoben (oder die nach § 769 Abs. 2 ZPO. gesetzte Frist nicht ausgenützt, OLG. 25, 251), so kann die Fortsetzung des Verf. nur auf Antrag des betreib. Teils erfolgen (§ 31); ohne solche Forts. erstreckt sich die Versteig. nicht auf diej. Gegenstände, hinsichtl. deren das Verf. eingestellt war. Die Forts. der Versteig. von Zubehör ist auch nach der Grundstücksversteig. zulässig; die am G. erlosch. HypRechte dauern an den von der Versteig. ausgenommenen Gegenständen fort (RG. 55, 414, Bay.-ObLG. 1, 39, OGL. 3, 337; 33, 164, 166; SeuffA. 61, 483; 69, 421); der Erlös ist zur VersteigMasse zu nehmen u. mit ihr (allenfalls getrennt an die bei der Hauptverteilung ausgefall. Gl.) zu verteilen; ist der betreib. Teil durch die Versteig. der Hauptsache befriedigt, so ist die Beschlagn. in Ansehung der abgesond. Gegenstände erloschen; über die fernere Geltendmachung der dingl. Rechte an solchen Gegenständen s. § 65 A. 1a, § 91 A. 2).

3. **Weitere Anmeldungen** sind vorgeschrieben in § 53 Abs. 2 (persönl. Haftung), § 54 (Fälligkeit, Rechtshängigkeit).

4. **Rechtsanwaltsgebühr** f. Anmeldung s. Art. 5, 17, 25 BayRAGebO. (Merzbacher Art. 25 A. 1b).

---

[18]) Dem Besitzer von Zubehörstücken bleibt auch kein Zurückbehaltungsrecht (LZ. 1918, 341, OLG. 33, 166).

[19]) Auch eine Befriedigung durch außeramtl. Teilung (§§ 143, 144) ist möglich, wenn der Anspruch des Dritten auf Herausgabe eines Erlösteils dem Grund u. Betrag nach allseits anerkannt wird (BZfR. 06, 329, Recht 07, 558).

[20]) RG. 76, 213, JW. 06, 15; 1911, 661, Recht 02, 235, 1910 Nr. 2282, SächsA. 08, 482, OLG. 19, 188; 22, 408, Wolff § 37 A. 6, Jaeckel-Güthe A. 15.

[21]) Auch den Dritten kann ein Verschulden treffen, wenn er es unterläßt, den ihm durch Versteig. seiner Sachen drohenden Schaden durch rechtzeitigen EinstellAntrag abzuwenden (BlfRA. 07, 365, BZfR. 07, 273).

§ 39.

Die Terminsbestimmung muß durch einmalige Einrückung in das für Bekanntmachungen des Gerichts bestimmte Blatt öffentlich bekannt gemacht werden.

Hat das Grundstück nur einen geringen Wert, so kann das Gericht anordnen, daß die Einrückung unterbleibt; in diesem Falle muß die Bekanntmachung dadurch erfolgen, daß die Terminsbestimmung in der Gemeinde, in deren Bezirke das Grundstück belegen ist, an die für amtliche Bekanntmachungen bestimmte Stelle angeheftet wird.

E. I §§ 48, 49; Begr. 153—155; D. 43, 44; RBer. —.

Bekanntmachung der Terminsbestimmung durch Einrückung oder Anheftung.

1. Die §§ 39—41 enthalten Vorschriften über die Art, wie die ZwVersteig. zur Kenntnis gebracht wird; § 43 schreibt vor, wie lange vor dem Termin dies zu geschehen hat. **Die Einhaltung des § 39 ist eine wesentliche Voraussetzung** der Gültigkeit des Verf. Nichteinhaltung bedingt Verlegung des VersteigTermins, Versagung bzw. Aufhebung des Zuschlags (§§ 43 I, 83 Nr. 7, 100 III).

Ob die Bekanntm. der Terminsbest. nach Abs. 1 oder 2 zu erfolgen hat, hat der VersteigBeamte nach freiem Ermessen zu entscheiden; ein förmlicher, zuzustellender Beschluß hierüber ist zwar nicht erforderlich die Anordnung nach Abs. 2 jedoch aktenmäßig niederzulegen (Wolff A. 1, Jaeckel-Güthe A. 4). Ist aus den Akten, falls von Abs. 2 Gebrauch gemacht wurde, nicht ersichtlich, warum dies geschah, so ist das Verf. ungültig, nicht aber, wenn sich der Notar über den Wert getäuscht u. deshalb den Abs. 2 für anwendbar erklärt hat (Wolff a. a. O.). Die Beteiligten können gegen die Anordnung nach Abs. 2 oder deren Ablehnung Abhilfe beim VollstrG. nachsuchen; der Beschluß des letzteren ist endgültig; Zuschlagsanfechtung kann hierauf nicht gestützt werden (§ 13 EG., Art. 25 Bay.-AG., § 95 ZVG., Jaeckel-Güthe A. 4, Reinhard-Müller A. 3).

2. Die Bekanntm. der Terminsbest.[1]) erfolgt (auch nach Vertagung) ihrem **ganzen Inhalte** nach. Vgl. JMBek. v. 31. 3. 05 § 7 Abs. 1. Die einzelnen Bekanntm. (u. Zustellungen) müssen inhaltl. im wesentl. übereinstimmen; verschiedene Angaben über Gegenstand, Ort oder Zeit der Versteig. würden die Terminsbest. unwirksam (§ 43 I) machen (vgl. § 37 A. 2).

3. Veröffentlichung durch die Zeitung. Sie hat mindestens einmal (§ 40 Abs. 2) in dem für die Bekanntm. des (Vollstr.-)Gerichts bestimmten Blatte (JMBl. 1879, 362) zu erfolgen u. muß mindestens 6 Wochen vor dem Termine bewirkt sein (§ 43 I). Mangels besonderer Vorschrift darf sie als bewirkt angesehen werden mit dem Tage der Ausgabe der betr. Zeitungsnummer (Jaeckel-Güthe A. 2, Fischer-Schäfer 208, Reinhard-Müller A. 2). Letztere ist zu den Akten zu bringen (JMBek. v. 31. 3. 05 § 7 II). Im Falle des § 2 genügt die Bekanntm. durch das Amtsblatt des bestellten VollstrG.

4. Veröffentlichung durch Anheftung. Sie „soll" nunmehr in Bayern in allen Fällen (also auch im Falle des Abs. 1 u. der Aufhebung u. Neubestim-

[1]) Veröffentlicht wird nur die Terminsbestimmung; die Aufhebung eines Termins braucht lediglich gemäß § 32 zugestellt zu werden (vgl. § 30 A. 2).

mung des Termins) stattfinden (§ 7 EG., Art. 26, 55 BayAG.), ist aber wesentlich nur im Falle des Abs. 2, in welchem keine Einrückung erfolgt. Die Anheftung an die Gemeindetafel wird nicht durch die nach § 40 ordnungshalber vorgeschriebene Anheftung an die Gerichtstafel ersetzt.

Werden gleichzeitig mehrere, in verschiedenen Gemeinden gelegene G. versteigert, so ist die Anheftung in jeder dieser Gemeinden vorzunehmen (Reinhard-Müller A. 3).

Sie erfolgt auf Grund Veranlassung des Notariats durch den Gerichtswachtmeister[2]) oder den GVollzieher[3]), welche über die erfolgte Anheftung eine Bestätigung zu erteilen haben (GVollzGeschA. §§ 43, 186, 188, JMBl. 00, 621; 1910, 231; vgl. § 7 EG.).

Mit der Anheftung ist im Falle des § 39 II die Bekanntm. im Sinne des § 43 I bewirkt; von diesem Zeitpunkte an läuft also, wenn nicht nach § 39 I verfahren wird, die sechswöchentl. VersteigFrist. Eine Zeitdauer für den Aushang ist nicht vorgeschrieben. Eine öffentl. Bekanntm. läge jedoch nicht vor, wenn die Terminsbest. unmittelbar nach der Anheftung wieder abgenommen würde. Deshalb ist es zweckmäßig, um Anheftung bis kurz vor dem Termine zu ersuchen. Ist jedoch die Anheftung bescheinigt, so ist bis zum Beweis des Gegenteils anzunehmen, daß die Terminsbest. genügend lange angeheftet war (Wolff A. 6).

Die Bescheinigung der Anheftung ist zu den Akten zu bringen. Die Anheftung kann aber auch auf andere Weise bewiesen werden (Jaeckel-Güthe A. 4).

Ist das G. einem Gemeindebezirk überhaupt nicht einverleibt, so wird wegen der Größe u. des Wertes auch der Fall des § 39 II nicht vorliegen.

5. Die **Kosten** der Bekanntm. bilden einen Teil der Kosten des Verf. (§ 109). Wegen des Vorschusses s. § 17 Fußn. 7. Eine besondere NotariatsGebühr für die Bekanntm. der Terminsbest. fällt nicht an, wohl aber Schreibgebühr (BayObLG. 14, 471; 16 B 29, Schmidt NotGebO. Art. 52 A. 2, Art. 84 A. 1).

§ 40.

Die Terminsbestimmung soll an die Gerichtstafel angeheftet werden. Ist das Gericht nach § 2 Abs. 2 zum Vollstreckungsgerichte bestellt, so soll die Anheftung auch bei den übrigen Gerichten bewirkt werden.

Das Gericht ist befugt, noch andere und wiederholte Veröffentlichungen zu veranlassen; bei der Ausübung dieser Befugnis ist insbesondere auf den Ortsgebrauch Rücksicht zu nehmen.

E. I §§ 48, 49; Begr. 153—155; D. 44; KBer. 24.

Bekanntmachung der Terminsbestimmung. Fortsetzung.

1. Der § 40 enthält nur **Ordnungsvorschriften**, ihre Nichteinhaltung ist also ohne Einfluß auf das Verf. Die Anheftung der Terminsbest. an die Gerichtstafel hat neben der Veröffentl. des § 39 zu geschehen u. erfolgt durch den Urkundsbeamten der Geschäftsstelle

---

[2]) Die Inanspruchnahme der Gemeindebehörden ist nicht zulässig (NotGeschO. § 180 Abs. 2).

[3]) Reisekosten des GVollz. bei Bekanntm. in mehreren Gemeinden: BayObLG. 5, 402. Über die Gebühr des GVollz. für Anheftung s. § 6 Abs. 3 BayGVollzGebO. v. 18. 2. 24 (GVBl. 58).

des VollstrG., der vom Notariat darum zu ersuchen ist; im übr. s. § 48 Abs. 2, 4 GSchrGeschAnw.

2. Weitere Veröffentl. sind nach Art, Zahl, Inhalt in das Ermessen des VersteigBeamten (Art. 25 BayAG.) gestellt u. können insbes. veranlaßt werden, wenn ein Beteiligter für die Mehrkosten aufkommt. Einem hierauf gericht. Antrag braucht jedoch nicht entsprochen zu werden, da jeder Beteiligte weitere Veröffentl. selbst vornehmen lassen kann (Jaeckel-Güthe A. 1). Bzgl. der Erinnerungen gegen die Verf. des Notars s. § 36 A. 3.

Die weit. Bekanntm., die das Notariat veranlaßt, sind auf die Gültigkeit des Verf. ohne Einfluß u. für den Beginn der VersteigFrist bedeutungslos; Art. 43 I findet daher auf sie keine Anwendung (Jaeckel-Güthe A. 3).

3. Die von einem Beteiligten für weit. Veröffentl. vorgeschoss. **Auslagen** werden nicht aus der Masse erstattet, da sie nicht zu den Kosten des § 10 II gehören (Wolff A. 5); anders, wenn sie das Notariat von Amts wegen veranlaßt hat, § 109 (vgl. Art. 13, 14 BayKG.).

§ 41.

Die Terminsbestimmung ist den Beteiligten zuzustellen.

Im Laufe der zweiten Woche vor dem Termine soll den Beteiligten mitgeteilt werden, auf wessen Antrag und wegen welcher Ansprüche die Versteigerung erfolgt.

Als Beteiligte gelten auch diejenigen, welche das angemeldete Recht noch glaubhaft zu machen haben.

E. I §§ 52—54; Begr. 156—159; D. 44; KBer. 25.

Zustellung der Terminsbestimmung an die Beteiligten.

1. Rechtl. Natur der Vorschrift. Die Zustellung (§ 41 Abs. 1) der Terminsbest. mit ihrem ganzen Inhalt ist wesentlich. Sie gilt als Aufforderung zum Erscheinen, erfolgt nach den Vorschr. der §§ 3—7 u. muß nach § 43 II mindestens 2 Wochen vor dem Termine bewirkt sein. Mängel derselben gegenüber den zur Zeit der Anberaumung des Termins bekannten Beteiligten führen, soweit sie eine Beeinträchtigung verursachen konnten (SeuffA. 69, 82) u. nicht gemäß §§ 43 II, 83 Nr. 1 u. § 84 (z. B. durch Anwesenheit ohne Mängelrüge, OLG. 19, 191) geheilt werden, zur Aufhebung des Termins u. zur Versagung bzw. Aufhebung des Zuschlags (§§ 43 II, 83 Nr. 1, OLG. 30, 107, LZ. 1916, 816; s. auch § 3 Fußn. 4, 5). Diese Wirkung hat eine fehlerhafte Zustellung auch dann, wenn der Mangel der Terminsbest. nicht gerade einen für den Beteiligten wesentl. Punkt betrifft (vgl. § 100 II).

Abs. 2 hat dagegen nur die Bedeutung einer Ordnungs-Vorschrift; sie kann aber, wenn durch Unrichtigkeit der Anwendung die Feststellung des g. G. beeinflußt wird (s. unten A. 3 a. E.), Zuschlagsanfechtung begründen (§ 83 Nr. 1, Jaeckel-Güthe A. 3, Reinhard-Müller A. 2, Recht 04, 82). Eine ausdrückliche Ladung erfolgt nicht mehr.

2. Beteiligt u. berechtigt, die Zustellung der Terminsbest. (gem. §§ 3—7) zu verlangen, sind die in § 9 bez. Personen (auch Mieter u. Pächter nach Anmeldung) mit der Maßgabe, daß es hier auf die Glaubhaftm. der angemeldeten Rechte nicht ankommt (Abs. 3).

Die Zustellung an die erst nach der Terminsanberaumung bekannt gewordenen Beteiligten (z. B. Erben)[1]) darf nicht unterbleiben; ihr Mangel beein-

[1]) Überträgt ein Beteiligter nach der an ihn erfolgten Zustellung seine Forderung, so bedarf es keiner neuerlichen Zustellung an den Abtretungsempfänger (§ 43 Fußn. 3).

Unterläßt der Gl., welcher nach Einleitung des VersteigVerf. seine Forderung überträgt, die Verständigung des Abtretungsempfängers von dem im Gange befindl. Verf. oder

trächtigt aber die Gültigkeit des Verfahrens nicht u. darf hierwegen nicht der Zuschlag versagt werden (OLG. 19, 185; 27, 213); dagegen muß ihnen eine spätere neue Terminsbest. zugestellt werden (§ 43 II, Jaeckel-Güthe A. 1, Reinhard-Müller A. 1). Im Falle des § 132, wie § 133 (Wiederversteig.) ist selbstverst. auch der Ersteher als nunmehriger Schuldner Beteiligter; im Falle des § 85 II tritt der bish. Meistbietende hinzu.

Die wegen öffentl. Lasten u. Abgaben Berechtigten (Finanzamt usw.) zählen zwar erst auf Anmeldung ihres Anspruches hin zu den Beteiligten (Jaeckel-Güthe A. 1); vorh. Mitteilung soll aber an sie erfolgen gem. § 6 JMBek. v. 31. 3. u. 2. 11. 05; s. Anhang; Unterlassung ist aber ohne Einfluß auf das Verf.; wg. der Haftpflicht des Notars s. GruchBeitr. 63, 481. Der deutschen Rentenbank u. der Bank f. IndOblig. muß dagegen ohne Anmeldung zugestellt werden (JMBl. 1927, 3 f., RGBl. 1928 II 533 § 4, Müller-Reinhard A. 3).

Gleichzeitig mit der Zustellung der Terminsbest. sollen die Gläubiger einer **Kostenkaution alten Rechts** zur Angabe ihrer Nebenansprüche veranlaßt werden (JMBek. v. 15. 5. 06, JMBl. 74; s. Anhang).

3. Die Mitteilung nach Abs. 2 ist vom Notariat zwar nicht förmlich zuzustellen, gleichwohl jedoch aktenmäßig niederzulegen. Der Gl. u. Sch. erhalten diese Mitt. schon durch Zustellung des Einleitungsbeschlusses; weitere Mitt. brauchen an sie daher nur im Falle des Beitritts eines anderen Gl. oder einer anderweitigen Änderung der Sachlage zu geschehen.

Die Benachrichtigung (§ 41 Abs. 2) darf erst im Laufe der zweiten Woche vor dem Termin erfolgen, kann also nicht mit der Zustellung der Terminsbest. verbunden werden. Anderseits brauchen Änderungen der Sachlage, die sich erst nach erfolgter Benachricht. ergeben, sowie Anmeldungen der Beteiligten nicht mehr mitgeteilt zu werden. Die Beteiligten erhalten hiervon im Termine u. auf dem Wege des § 42 Kenntnis.

Die Benachricht. (§ 41 Abs. 2) soll den Beteiligten die Prüfung, ob u. wie weit sie von der Versteig. berührt werden, ermöglichen; sie ist daher (bei Meidung der Zuschlagsanfechtung, s. oben 1 a. E., sowie der Schadensersatzpflicht) auf die Mitteilung des Ranges des Anspr. des Gl., bei mehreren auch auf die Angabe, welcher Anspr. nach § 44 Abs. 2 für die Bildung des g. G. maßgebend ist, auszudehnen u. daher insbes. zu prüfen, ob der Anspr. dingl. Natur ist (Jaeckel-Güthe A. 3, WarnRspr. 1914, 215, LZ. 1914, 1559), sowie, ob keine Rangverschiebungen eingetreten sind (Jacobs-Martini, JW. 1926, 1529); die übr. Anspr. werden nicht mitgeteilt (OLG. 15, 27; s. § 42).

4. Gebühren s. § 3 A. 4.

§ 42.

Die Einsicht der Mitteilungen des Grundbuchamts sowie der erfolgten Anmeldungen ist Jedem gestattet.

Das Gleiche gilt von anderen das Grundstück betreffenden Nachweisungen, welche ein Beteiligter einreicht, insbesondere von Abschätzungen.

E. I § 55; Begr. 159; D. 44; KBer. 26.

---

den angesetzten Terminen, so kann er schadensersatzpflichtig werden (RG. 60, 33). Dagegen braucht der Gl. in der Regel nicht den Bürgen von der ZVerst. zu benachrichtigen (RG. 65, 134).

Recht auf Akteneinsicht.

1. Durch § 42 in Verb. mit § 299 ZPO. ist jedem Beteiligten (§ 9)[1] **allg. Akteneinsicht** u. das Verlangen von Ausfertigungen, Auszügen u. Abschriften gestattet (GSchrGeschA. § 172, NotGeschO. §§ 290 ff.). Ein rechtl.[2] Interesse an der Akteneinsicht glaubhaft zu machen, sind nur dritte Personen (Kauflustige) verbunden, u. auch diese nur, soweit es sich nicht um die in § 42 genannten Aktenstücke handelt. Diese Aktenstücke können zwar von jedem eingesehen werden, ohne daß Gericht oder Notariat berechtigt oder verpflichtet wären, nach dem Zwecke der Einsichtnahme zu forschen; die Erteilung von Ausfertigungen usw. ist aber auch hier Dritten gegenüber an die Glaubhaftm. eines rechtl. Interesses geknüpft (Jaeckel-Güthe A. 2, Reinhard-Müller A. 1).

Über die Gestattung der Akteneinsicht entscheidet während des eigentl. Verst.-(Verw.-)Verf. das Notariat (Art. 25 AG.); hiegegen Erinnerungen nach § 13 Abs. 2 EG. Soweit jedoch ein rechtl. Interesse glaubhaft zu machen ist (§ 299 Abs. 2 ZPO.) entscheidet, da es sich um Gerichtsakten handelt, der Gerichtsvorstand (nicht Notar u. Landgericht, wie nach Art. 22 NotG.)[3].

Unbegründete Verweigerung der Akteneinsicht hat keinen Einfluß auf die Gültigkeit des Verf. Unrichtige Auskunft begründet Schadensersatzpflicht (OLG. 28, 320).

2. Nachweisungen. Die von einem Beteiligten eingereichten Nachweisungen haben keine amtl. Eigenschaft (SeuffA. 68, 388). Eine amtl. Abschätzung des Wertes des G. erfolgt nur in den Fällen der §§ 64 u. 112 (vgl. § 11 EG., Art. 29 BayAG.). Die Aufnahme eines amtl. Zubehör-Verzeichnisses unterbleibt gleichfalls, da die Entscheidung darüber, was als Zubehör eines G. anzusehen ist (§§ 97, 98 BGB.), dem Prozeßrichter vorbehalten bleiben.

3. Eine **NotGebühr** für Gestattung der Akteneinsicht fällt nicht an (Art. 75 NotGebO., Schmitt Art. 52 A. 2), eine **GerichtsGeb.** nur für Entsch. des Gerichtsvorstands (Art. 143, 144 BayKG.).

§ 43.

Der Versteigerungstermin ist aufzuheben und von neuem zu bestimmen, wenn die Bekanntmachung der Terminsbestimmung nicht sechs Wochen vor dem Termine bewirkt ist.

Das Gleiche gilt, wenn nicht zwei Wochen vor dem Termine dem Schuldner ein Beschluß, auf Grund dessen die Versteigerung erfolgen kann, und allen Beteiligten, die schon zur Zeit der Anberaumung des Termins

---

[1]) Als Parteien im Sinne des § 299 ZPO. sind alle Beteiligten (nicht nur Gl. u. Sch.) anzusehen; zu ihnen gehört auch der Ersteher, der zahlungspflichtige Dritte der §§ 61, 82, der Meistbietende des § 81 Abs. 2—4, u. der Bieter, dessen Gebot nicht erloschen ist (Jaeckel-Güthe A. 2).

[2]) Verschieden vom „berechtigten" Interesse; vgl. Stein-Jonas § 66 Abs. 3, OLG. 5, 199, BayObLG. 11, 529; vgl. Schultzenstein ZZP. 25, 222.

[3]) Ob der Notar den Vertragsteilen die Einsicht seiner Urkunden vor Entrichtung der Gebühren verweigern darf, ist bestritten (BNotZ. 1914, 156). Über Einsicht der Not.-Urkunden überhaupt s. Art. 22 NotG., BNotZ. 1914, 298.

dem Gerichte bekannt waren, die Terminsbestimmung zugestellt ist, es sei denn, daß derjenige, in Ansehung dessen die Frist nicht eingehalten ist, das Verfahren genehmigt.

E. I §§ 50, 52 Abs. 2, 3, 57, 58; Begr. 155—161; D. 44; KBer. 27.

Versteigerungs- u. Zustellungsfrist. Aufhebung des Termins.

1. Voraussetzung der Gültigkeit des Verf. ist (abges. von dem wesentl. Inhalte der Terminsbest. — denn unter der Terminsbest. des § 43 I ist nur eine wirksame zu verstehen — und der vorschriftsm. Bekanntm. u. Zustellung derselben, §§ 39, 41) die Einhaltung (Ablauf) einer dreifachen Frist:

a) der sechswöch. VersteigFrist (§ 43 I),
b) der zweiwöch. Frist für die Zustellung (§ 8) des Versteig.- bzw. Beitrittsbeschlusses an den Schuldner (§ 43 II),
c) der zweiwöch. Frist für die Zustellung (§§ 4—7) der Terminsbest. an die zur Zeit der Anberaumung des Termins bekannten Beteiligten (§ 9 mit §§ 41 I, III, 43 II).

2. Diese **Fristen** sind gesetzliche, die im Interesse der unbekannten Berechtigten des § 37 Nr. 4, 5 weder von Amts wegen noch auf Antrag abgekürzt werden können (§§ 222, 224 ZPO., 187, 188 BGB., ZBlFG. 4, 102). Maßgebend für die Berechnung ist der Tag der Ausgabe der betr. Zeitungsnummer bzw. (im Falle des § 39 II) der Anheftung, bei mehrfacher Bekanntm. derjenige der ersten (Jaeckel-Güthe A. 1).

Die erste u. die dritte der genannten Fristen sind auch dann, wenn ein anberaumter Termin aufgehoben (verlegt) ist, wieder von neuem einzuhalten[1]), wobei für die Frage, welchen Beteiligten die Terminsbest. nunmehr zuzustellen ist, der Zeitpunkt der neuen Terminsbest. maßgebend ist (Jaeckel-Güthe A. 3). Die neue Terminsbest. muß wieder vollständig sein (§§ 37, 38); Auszug der ersten oder Bezugnahme auf sie wäre ungenügend; Ergänzungen u. Berichtigungen müssen wiederum innerh. der VersteigFrist veröffentlicht werden (Jaeckel-Güthe § 39 A. 2, v. d. Pfordten 110).

Was die zweite Frist angeht, so ist diese besonders dann zu beachten, wenn die Versteig. auf Grund eines Beitrittsbeschl. (z. B. wenn der erste Gl. seinen Antrag zurückgenommen hat, oder das Verf. ihm gegenüber aus anderen Gründen aufgehoben oder einstw. eingestellt ist) erfolgen soll. Über die Pflicht des Notars zur Prüfung der Zustellung des Anordnungs- u. Beitrittsbeschl., der Zustellung u. rechtzeitigen Bekanntm. der Terminsbest. vgl. § 3 A 2, § 36 A. 1.

Kann die Versteig. aber auf Grund eines rechtzeitig zugestellten Beschlusses erfolgen, so hindert der Umstand nicht, daß ein weiterer Beschluß nicht rechtzeitig zugestellt wurde; nur ist in diesem Falle § 44 Abs. 2 zu beachten (Jaeckel-Güthe A. 2, Reinhard-Müller A. 2).

3. Folgen der Nichteinhaltung. Sind die Fristen des § 43 nicht gewahrt, so ist der Termin von Amts wegen ebenso aufzuheben u. neu zu bestim-

---

[1]) Jaeckel-Güthe A. 1, Reinhard-Müller A. 2, Wolff A. 8, Recht 00, 487, 1912 Nr. 1720, 1914 Nr. 1191, BZfR. 1910, 231, BNotZ. 1910, 415; a. M. BZfR. 1910, 154, 309. Einer nochm. Zustellung des Versteig.- bzw. Beitrittsbeschl. bedarf es selbstverst. in diesem Falle nicht.

men, wie wenn die Terminsbest. selbst, ihre Bekanntm. oder Zustellung fehlerhaft war. Während jedoch die Nichteinhaltung der sechswöch. VersteigFrist mit Rücksicht auf die unbek. Berechtigten auch nicht durch Zustimmung aller heilbar ist, vielmehr die Versagung bzw. Aufhebung des Zuschlags zur Folge haben muß (§§ 83 Nr. 7, 100 Abs. 3, 33; OLG. 13, 11)[2]), kann ein Mangel der beiden Zustellungsfristen nach § 43 Abs. 2 durch die Genehmigung des Sch. oder der betroff. Beteiligten u. damit das der Erteilung des Zuschlags nach § 83 Nr. 1, 100 Abs. 1 entgegensteh. Hindernis beseitigt werden (§ 84).

Die Genehmigung (nachträgl. Zustimmung, § 184 BGB.), die auch der Prozeßbevollm. erteilen kann, muß ausdrücklich, u. zwar wegen § 84 Abs. 1, 2 in öffentl. beglaub. Urkunde geschehen (bestr.), soweit sie nicht zu Protokoll der VersteigBehörde erklärt wird. Notarielle Form ist nicht erforderlich, gerichtl. Beurkundung steht öffentl. Beglaub. gleich (§ 129 Abs. 2 BGB.; vgl. Wolff § 43 A. 7, Jaeckel-Güthe A. 3 u. § 84 A. 5, Reinhard-Müller A. 4). Die Genehmigung kann jederzeit vom Gericht oder Notariat von Amts wegen beigeschafft oder von den Beteiligten (besonders dem Gl.) beigebracht werden.

Zu beachten ist noch, daß die dritte der oben genannten Fristen nur den zur Zeit der Anberaumung des Termins bekannten[3]) Beteiligten (z. B. Erben) gegenüber gewahrt werden muß, daß die Nichteinhaltung (ebenso wie ein Zustellungsmangel) aber auch diesen gegenüber keine nachteiligen Folgen hat, soweit ihre Rechte durch den Zuschlag nicht beeinträchtigt werden oder die Beeinträchtigung auch bei richtigem Verfahren eingetreten wäre (§ 84 Abs. 1; SeuffA. 69, 82; s. auch § 41 A. 2); daß aber eine wirkungslose Zustellung des BeschlagnBeschlusses bzw. der Terminsbest. selbst nach dem Zuschlag noch geltend gemacht werden kann (s. § 3 Fußn. 4).

Kann das Notariat mit Wahrscheinlichkeit auf die Nichtbeeinträchtigung durch die Versteig. rechnen, so ist es nicht unzulässig, den Termin trotz eines solchen (heilbaren) Mangels abzuhalten u. dem Schluß der Versteig. die Entsch. darüber vorzubehalten, ob der Zuschlag erteilt werden kann oder nicht (Jaeckel-Güthe A. 3, Reinhard-Müller A. 4).

4. Durch § 43 ist (außer den Fällen richterl. Aufhebung oder Einstellung des Verf.) eine **Aufhebung** des Termins von Amts wegen **aus anderen Gründen**, z. B. bei Naturereignissen, plötzl. Erkrankung des Notars u. dgl., selbstverständl. nicht ausgeschlossen. Sie ist weiter vorgeschr. im Falle der Brandbeschädigung durch § 4 JMBek. v. 31. 3. 05 (JMBl. 589). Die Vertagung (von Amts wegen oder auf Antrag anderer Beteiligter als der betreib. Gl.) darf, abges. von den Fällen der §§ 29, 30, 85, nur aus schwerwieg. Gründen erfolgen; außerdem Schadensersatzpflicht des Notars (JW. 1911, 599; 1916, 923, BZfR. 1912, 75, LZ. 1914, 1556); keine Vertagung ohne Neubestimmung (OLG. 32, 289).

---

[2]) Nach Erteil. des Zuschlags ist dieser Mangel nur auf Beschwerde (Erinnerung) hin zu prüfen; wird diese nicht eingelegt, der Zuschlag also rechtskräftig, so ist das Verf. gültig.

[3]) Der Termin braucht also auch nicht aufgehoben zu werden, wenn der betreib. Teil seine Ford. abtritt (vgl. § 41 Fußn. 1); der AbtretEmpfänger muß das Verf. in der Lage, in der es sich z. Z. der Abtretung befindet, gegen sich gelten zu lassen; bringt er freilich nicht rechtzeitig den auf ihn laut. VollstrTitel bei, so muß das Verf. einstw. eingestellt (§§ 30 Fußn. 1), u. U. der Zuschlag versagt werden (§ 33, vgl. § 27 A. 5).

IV. Geringstes Gebot. Versteigerungsbedingungen.

§ 44.

Bei der Versteigerung wird nur ein solches Gebot zugelassen, durch welches die dem Anspruche des Gläubigers vorgehenden Rechte, sowie die aus dem Versteigerungserlöse zu entnehmenden Kosten des Verfahrens gedeckt werden (geringstes Gebot).

Wird das Verfahren wegen mehrerer Ansprüche von verschiedenem Range betrieben, so darf der vorgehende Anspruch der Feststellnng des geringsten Gebots nur dann zugrunde gelegt werden, wenn der wegen dieses Anspruchs ergangene Beschluß dem Schuldner zwei Wochen vor dem Versteigerungstermine zugestellt wird.

E. I §§ 59, 64; Begr. 111—120, 161—166; D. 44, 45; RBer. 28, 29.

Geringstes Gebot.

I. Deckungsgrundsatz. Aus der Natur der zwangsweisen, nicht vertragsm. Übertragung des Eigentums am G. ergibt sich für das Gesetz die Notwendigkeit der Feststellung derj. Bedingungen, unter denen die Erteilung des Zuschlags erfolgt. Es bestimmt daher vor allem einerseits, daß das Meistgebot ausschlaggebend ist (§ 81), anderseits daß der Zuschlag nur für ein gewisses Mindestgebot erteilt werden darf (§§ 44 Abs. 1, 71 Abs. 1). Hiermit ist der schon vom früh. bayr. Recht angenommene Deckungsgrundsatz anerkannt. Er besteht in dem Ausschluß eines Gebotes, das nicht wenigstens die dem betreib. Gl. vorgehenden Rechte u. Anspr. sowie die Kosten des Verf. deckt.

Gegenüber dem früh. Recht besteht aber eine Abweichung besonders hinsichtl. des Umfangs des g. G. u. der Durchführung des Deckungsgrundsatzes. Die Deckung der im g. G. berücksichtigten Anspr. erfolgte nämlich, soweit diese in HypFord. bestanden, in der Regel dadurch, daß sie vom Ansteigerer in Anrechnung auf den Kaufpreis „übernommen" wurden, während gemäß § 52 die im g. G. berücksicht. Rechte, soweit sie nicht durch Barzahlung zu decken sind, ohne weiteres „bestehen bleiben". Ausgeboten (aufgeworfen) wird also das G. samt seinen Belastungen, soweit solche bestehen bleiben; geboten wird lediglich die bar zu zahlende Summe, während früher jedes Gebot auch die stehen bleib. Kapitalsbeträge in sich schloß [1]). Vgl. Einl. V 2, 3. Der Notar wird die Beteiligten vor Abgabe der Gebote auf diesen Unterschied hinweisen müssen, damit Irrtümer [2]) der Bieter hintangehalten werden; er ist schadensersatzpflichtig, wenn er durch unklare Erklärungen einen Irrtum hervorruft (vgl. OLG. 4, 158; 5, 210, SeuffA. 56, 337, ZBlFG. 12, 641); dies gilt auch für die Aufschlüsse in Aufwertungsfragen; er haftet auch für die Kosten der Verlegung des

---

[1]) Zu beachten ist jedoch, daß bei der Gebührenbewertung (Art. 9, 10ff. BayKG.), der stets der ganze Wert des G. zugrunde gelegt wird, die bestehen bleib. Rechte dem baren Meistgebot zuzurechnen sind; hierbei sind die nicht in einer Hyp. usw. besteh. Rechte mit dem nach § 51 Abs. 2 festgesetzten Betrag anzusetzen (BayObLG. 16 B 44).

[2]) Ist in das g. G. entgegen § 49 I auch der Kapitalsbetrag der bestehen bleib. Rechte eingerechnet, so rechtfertigt dies allein, wenn kein Irrtum unterlief, nicht die Anfechtung u. Aufhebung des Zuschlags (Recht 07, 580); im übr. s. wg. Irrtumsanfechtung § 71 A. 2b u. oben A. VIII.

Termins, wenn das g. G. unrichtig festgestellt war (JW. 1914, 864, LZ. 1914, 1553; 1916, 1034, ZBlFG. 15, 52; 16, 270). Wg. der Haftung des Staats s. Art. 60, 61 BayAG.BGB., Art. 126 BayNotG., des Rechtsbeistandes s. JW. 1911, 709, ZBlFG. 12, 641, LZ. 1916, 1238.

Die gesetzl. VersteigBeding. des § 52 ist jedoch keine zwing. Vorschrift, sondern kann gemäß § 59 durch Vereinbarung abgeändert werden; es kann insbes. bestimmt werden, daß auch noch andere Rechte bestehen bleiben oder daß ein an sich zu berücksichtig. Recht, statt bestehen zu bleiben, durch Barzahlung gedeckt werden soll.

II. 1. Umfang des g. G. Im geringsten zulässigen Gebot, für dessen Festsetzung die §§ 10—14 maßgebend sind, müssen gedeckt werden:

a) die dem Anspr. des betreib. Gl. (s. 3b) vorgehenden Rechte aller Art, mögen sie die Zahlung einer Geldsumme zum Gegenstand haben oder nicht[3]).

Diese Rechte bestimmen sich nach der in §§ 10ff. (vgl. § 45) festgesetzten Rangordnung, so daß z. B. dem Gl., der die ZwVollstr. wegen einer Wechselford. betreibt, die Anspr. der 4 ersten Klassen des § 10 vorgehen;

b) die Kosten des Verf. in dem nach § 109 sich bemessenden Umfang.

2. Inhalt des g. G. Es besteht:

a) aus einem bar zu bezahlenden Teil (bares Mindestgebot). Zu diesem gehören zunächst gemäß § 49 die Kosten des Verf. (§ 109), sodann die in § 10 Nr. 1—3 bez. Anspr., sowie die lauf. u. aus den beiden letzten Jahren rückst. wiederkehr. Leistungen nebst den Kosten der die Befriedigung aus dem G. bezweck. Rechtsverfolgung der den betreib. Gl. vorgehenden Beteiligten (§ 10 Abs. 2, § 12 Nr. 1 u. 2);

b) aus den bestehen bleibenden Rechten, insbes. den Kapitalsbeträgen (Ablösungssummen) der Hyp., Grund- u. Rentenschulden (diese Rechte sind zwar ein Teil des g. G., werden aber nicht bar geboten, s. oben I). Soweit hierunter sich Rechte befinden, die nicht auf Leistungen vertretb. Sachen gerichtet sind (Reallasten, ErbbRechte, Grund- u. persönl. Dienstbarkeiten usw., vgl. § 92), ist bei der Feststellung des g. G. die Ersatzsumme aus dem Werte des Rechtes zu ermitteln (§ 51 Abs. 2). Mit den Hauptrechten sind auch die Nebenrechte u. Belastungen (z. B. LöschVormerkung, VerfBeschränkung, insbes. Pfandrechte) in das g. G. aufzunehmen. Über Vormerkung u. Widerspruch s. auch § 48 A. 3.

Bei der Versteig. eines Anteils ist eine dem betreib. Gl. vorgehende, auf dem ganzen G. lastende Hyp. (Einzel-, Totalhyp.) im ganzen Betrage wie eine Gesamthyp. zu berücksichtigen (BNotZ. 06, 183), obwohl sie keine Gesamthyp. ist (HRR. 1928, 2277). Gleichgültig ist, ob die Hyp. nur an dem G. oder zugleich auch an den Anteilen bestellt ist[4]). Über Versteig. mehrerer Anteile in demselben Verf. s. §§ 63 A. 1 a, § 64 A. 2.

---

[3]) Das Gesetz kennt keine Rechte, welche vom Bestehenbleiben grundsätzlich ausgeschlossen wären (Begr. 115; s. § 49 A. 2).

[4]) Hier irrt m. E. Levy in GruchBeitr. 59, 331 zu 4 β; denn die Grundstückshyp. bleibt nur dann unberührt, wenn sie in das g. G. aufgenommen wird, sonst erlischt sie nach § 91 I. Deshalb ist sie auch nach § 50 II Nr. 2, 125 zu behandeln (OLG. 25, 255, RG. 94, 154, Jaeckel-Güthe § 50 A. 3 c, Wolff § 50 A. 3 c, Wenz-Wagner § 50 A. 5). — Über Ausgleichungspflicht der Miteigentümer nach § 426 BGB. s. BZfR. 1924, 141.

c) über die Behandlung bedingter u. insbes. der aufgewerteten Hyp. s. §§ 14, 48, 50 u. unten A. V ff., der Kostenkautionshyp. alten Rechts § 50 A. 3 A c, der Gesamthyp. § 64; über die Erhöhung des g. G. im Falle der Versteig. mehrerer G. in demselben Verf. s. § 63 Abs. 4.

d) Besonderheiten gelten gem. VO. v. 13. 2. 20 (RGBl. 231) für die Behandlung der ausländ. Währungshyp. (Valutahyp., -grundschuld), zu denen auch die Schweizer Frankengrundschuld zählt.

Der Wert ist nach dem für den Ort des G. amtlich ermittelten letzten Kurs in Reichswährung festzustellen u. bekannt zu geben (VO. § 6); bleibt dann das Recht als Teil des g. G. bestehen, so bleiben für das weit. Verf. Änderungen des so festgestellten Kurswertes außer Betracht (VO. § 7); der Ersteher haftet für die Vollz. der von der Landeszentralbehörde auferlegten Anordnungen (VO. § 4); auch der bar zu zahl. Teil des g. G. (wiederkehr. Leistungen) wird in Reichswährung festgestellt; auf Verlangen des Gl. des Rechtes ist aber der Wert seiner aus dem Bargebot zu berichtig. Anspr. zu dem höchst. Kurse anzusetzen, den die Währung in den letzten 6 Monaten vor dem VersteigTermin am Orte des G. gehabt hat (VO. § 8 I). Das Verlangen ist an keine Form geknüpft.

Entspr. gilt für die wertbest. Hyp., einschl. der wertbest. Zwhyp. (Ges. v. 23. 6. 23 RGBl. I 407 §§ 4 ff., EntlVO. v. 13. 5. 24 RGBl. I 552 § 14, DurchfVO. v. 29. 6. 23 RGBl. I 482 u. v. 27. 6. 24 RGBl. I 660 Art. 2).

Auskunft über den Kurswert ist gem. Bek. v. 16. 5. 22 GVBl. 293 zu erholen. Vgl. i. übr. Rößner BNotZ. 1920, 114 ff.

3. Bedeutung der Feststellung des g. G.

a) Dieses begrenzt die Verpflichtungen des Erstehers, so daß, wenn der Zuschlag rechtskr. wird, andere als im g. G. berücksichtigte Rechte am G. dem Ersteher gegenüber nicht geltend gemacht werden können (§ 52, RG. 67, 380; 74, 205; HRR. 1, 1229). Hiervon machen nur die in §§ 912—917 BGB. genannten Rechte, das neue ErbbR. (s. § 10 Fußn. 27)[4a]) sowie diej. Rechte eine Ausnahme, die der Eintrag. nicht bedürfen, daher auch dann bestehen bleiben, wenn sie bei Feststellung des g. G. nicht berücksichtigt sind (§ 52 Abs. 2, § 9 EG., Art. 27 BayAG.). Für wiederkehr. Leistungen aus solchen Rechten haftet der Ersteher jedoch nur vom Zuschlag an (§ 56), während die bis dahin lauf. u. rückst. aus dem Bargebot zu decken sind, wenn sie entweder aus dem GBuch ersichtlich oder angemeldet worden sind (s. § 45).

Auch dadurch erleidet der Umfang der dem Ersteher gegenüber bestehen bleib. Rechte keine Veränderung, daß ein im g. G. berücksichtigtes Recht sich als nicht bestehend erweist; diesfalls ändert sich nur die Art der Berichtigung des Gebots, indem an die Stelle dieses Rechtes ein gleichwertiger Ersatzbetrag tritt (§§ 50, 51, 125).

Eine im g. G. berücksichtigte Aufwertungshyp. übernimmt der Ersteher in dem auf Grund des AufwG. festzustellenden Umfang, u. U. also auch den AufwAnspr. des früheren Gl., soweit dieser nicht gem. § 21 Abs. 2 AufwG. ausgefallen ist (RG. 116, 183; 122, 218; vgl. § 14 A. 2 a, § 52 A. 3 a, § 53 A. 7, §§ 90, 91 A. 1).

b) Den Beteiligten gegenüber ist die Feststellung des g. G. im Versteig.-Termine keine endgültige. Sie können (abges. von der Zuschlagsanfechtung, A. VIII) die im g. G. berücksichtigten Rechte noch durch Widerspruch im Verteil.-Termine bekämpfen u. sich so den auf das bestrittene Recht treff. Wertsbetrag sichern (§ 125). Auch die Berechnung der Kosten ist nur eine vorläufige, so daß der zuletzt zum Zuge kommende Gl. Vorteil oder Nachteil hiervon hat (Wolff

---

[4a]) Über Bildung des g. G. bei ZwVerst. des ErbbR. selbst s. Hagemann Gruch.-Beitr. 65, 31.

A. 3, Jaeckel-Güthe A. 6). Noch weniger ist der Zweck der Feststellung des g. G. die Ermittlung der Bezugsberechtigten (RG. 59, 269).

III. Feststellung des g. G.

a) **Grundlage.** Es ist vom Anspr. des betreib. Gläubigers auszugehen u. zunächst dessen Rang zu bestimmen (§§ 10 ff.; bei der Rangermittlung sind insbes. die im A. IV ff. bez. Sondervorschr. zu beachten). Maßgebend für die persönl. oder dingl. Natur des Anspr. ist der VollstrTitel (s. § 16 A. 3). Der persönl. Anspr. genießt nur den in § 10 Nr. 1—3 oder 5 bez. Rang (zu den bloß persönl. Gl. gehört auch der ArresthypGl., SeuffA. 69, 340, s. § 16 Fußn. 1); unter den dingl. Anspr. (aus Hyp., Grund-, Rentenschuld, Reallast, § 10 Nr. 4) entscheidet die Rangordnung nach §§ 879—881 BGB., §§ 6, 7, 20 ff. AufwG. (s. unten IV ff.).

Nur die der (hiernach maßgebenden) Rangstelle des Anspr. des betreib. Gl. vorgehenden Rechte werden im g. G. berücksichtigt, nicht der Anspr. selbst, aus dem das Verf. betrieben wird (noch weniger die gleich- u. nachsteh. Rechte). Hat also der Gl. auch Forderungen mit besserem Rang, aus denen er das Verf. nicht betreibt (z. B. vorgeh. Hyp., Anspr. aus § 10 Nr. 1), so sind sie in das g. G. einzustellen; anders, wenn er das Verf. nur wegen eines Teils des Hauptanspr. oder nur wegen Nebenanspr. (z. B. Kosten, Zinsen aus einer Hyp.) betreibt: hier ist der Rest- bzw. Hauptanspr. (HypKapital) nicht zu berücksichtigen[5]); dies gilt jedoch nicht, wenn nur ältere als 2jähr. Zinsrückstände beigetrieben werden, in welchem Fall alle Rechte der Klasse 4 des § 10 vorgehen (§ 10 Nr. 5 mit 8, Wenz-Wagner A. 2, Jaeckel-Güthe A. 2) oder wenn dem Nebenanspr. ein selbständ. Rang vor dem Hauptanspr. zukommt (z. B. infolge Ablösung oder Vereinbarung bei Abtretung, s. § 12 A. 2) oder wenn die ZwVollstreck. wg. Zins- u. TilgBeträgen aus einer Rentenbankgrundsch. oder Industriebelastung betrieben wird (die bestehen bleiben, auch wenn sie im g. G. nicht berücksichtigt sind, § 4 Abs. 4 LiquGes., § 41 Abs. 3, 4 IndBelG.; s. § 10 A. 3 A b, c).

Wird das Verf. von einem HypGl. wegen der persönl. HypFord. betrieben, so ist die Hyp. in das g. G. einzusetzen u. bleibt bestehen; genehmigt dann der betreib. Gl. die Übernahme nach § 53 ZVG., § 416 BGB., so erlischt seine persönl. Ford. aus dem Schuldtitel (wegen Zinsen u. Kosten erhält er Barzahlung); genehmigt er aber nicht, so erlischt mit der persönl. Ford. aus dem Titel, soweit Befriedigung aus dem Bargebot oder später durch den Ersteher erfolgt, auch die HypForderung u. die Hyp. selbst geht insoweit gemäß § 1164 BGB. auf den bish. Eigentümer über (so RG. 76, 116; bestr. s. § 16 Fußn. 1).

b) **Mehrere** betreib. Gl. Nach welchem Anspr. das g. G. im Falle des Zusammentreffens mehrerer betreib. Gl., die verschiedenen Rang einnehmen, zu berechnen ist, sagt das Gesetz nicht ausdrücklich. Es folgt aus § 44 Abs. 1, daß an sich jeder von ihnen verlangen kann, daß das g. G. nach seinem Anspr. berechnet, also nur die ihm vorgehenden Rechte berücksichtigt werden. Da aber zunächst der besser Berechtigte Anspr. auf Barzahlung hat u. nicht auf das Bestehenbleiben seines Rechtes angewiesen ist, muß in der Regel das g. G. nach dem Range des bestberechtigten der „betreibenden" (d. h. der im Augenblick der Feststellung des g. G. noch betreib.) Gl. berechnet werden, als wenn nur er das Verf. betriebe.

[5]) Auch das an einem Teil der Hyp. mit dem Rang vor dem Rest begründete Pfandrecht ist nicht in das g. G. aufzunehmen, wenn wegen des Restanspr. die ZwVersteig. betrieben wird (ZBlFG. 1919, 127).

Betreiben also der 2. u. 3. HypGl. das Verf., so besteht das g. G. aus den Kosten u. der 1. Hyp. (samt Nebenforderungen), wenn der 2. Hyp. keine weiteren Rechte vorgehen. Unter mehreren persönl. Gl., die das Verf. betreiben, geht derj. vor, zu dessen Gunsten zuerst die Beschlagn. wirksam wurde (§ 11 II); dies gilt auch, wenn zwischen Beschlagn. u. Beitritt ein anderes Recht eingetragen wurde (Jaeckel-Güthe A. 2, a. M. Wolff A. 4).

α) Ausnahmsweise kann sich aber das g. G. nach einem nachstehenden Rechte bestimmen, wenn es sich hiernach noch niedriger stellen würde, z. B. wenn im vorgedachten Falle die 1. Hyp. 100 Mk. u. die 2. Hyp. 50 Mk. beträgt, die erstere aber (anerkannter- oder festgestelltermaßen) nur dem zweiten, nicht aber dem dritten HypGl. gegenüber zu Recht besteht, z. B. wg. gutgläubigen Erwerbs nach irrtüml. Löschung, wg. Anfechtung[6], Eintragung nach dem VersteigVermerk (relativer Vorrang, im Gegensatz zu §§ 880, 881 BGB., s. § 44 Anh. 3a). Hier geht dem 3. HypGl. nur der Betrag der 2. Hyp. im Range vor (nicht der der 1. Hyp., da diese dem 3. HypGl. als nicht eingetragen anzusehen ist); betreibt aber auch der 2. HypGl. das Verf., so hat er einerseits Barzahlung zu beanspruchen, andrerseits kann er beanspruchen, daß nur der ihm vorgehende Betrag der 1. Hyp. in das g. G. eingestellt wird. Das g. G. ist daher nach demj. Recht zu bestimmen, dem der geringste Betrag vorgeht (abw. 3. Aufl.; über die Barzahlung des g. G. s. § 44 Anh. 3c)[7].

β) Eine weitere Ausnahme von obiger Regel bestimmt § 44 Abs. 2. Hiernach darf der Anspr. besseren Ranges nur zugrunde gelegt werden, wenn entweder der hierwegen ergang. (sei es Anordnungs- oder Beitritts-) Beschluß dem Sch. mindestens 2 Wochen vor dem Termin zugestellt war, oder wenn der Sch. die Nichteinhaltung dieser Frist gemäß § 43 Abs. 2 genehmigt und die Beteiligten, deren Rechte möglicherweise durch die Abweichung beeinträchtigt würden (nicht nur die, deren Rechte sonst bestehen bleiben würden, also insbes. auch ein Gl., der die Einstellung bewilligt hatte u. dessen Recht nicht in das g. G. aufgenommen wurde), dieser Bestimmung des g. G. zugestimmt haben (§ 59 A. 2b, § 43 A. 2, SächsA. 06, 145, JW. 1925, 2275; abw. 3. Aufl.). Andernfalls ist bei der Feststellung des g. G. derj. nachstehende (unter mehreren wieder der besser berecht.) Anspr. zugrunde zu legen, bezügl. dessen der Beschluß rechtzeitig zugestellt wurde, während derj. Anspr., der den § 44 II nicht erfüllt, mit dem Hauptrecht (§ 52 A. 2a) bestehen bleibt.

γ) Der Fall des § 44 Abs. 2 liegt auch dann vor, wenn erst innerh. der 2 Wochen vor dem Termin eine Rangänderung zugunsten des besser berecht. Gl. erfolgt ist, die zu einer Ermäßigung des g. G. führen würde; dieses könnte hier ohne Zustimmung der Betroffenen nur nach dem ursprüngl. Rang des Gl. bestimmt werden (Jaeckel-Güthe A. 4, Fischer-Schäfer 216, Reinhard-Müller A. 13c; a. M. v. d. Pfordten 122).

δ) Bewilligt der im Rang vorgeh. betreib. Gl. nur die einstw. Einstellung (§ 30), so scheidet er zwar nicht aus seiner Rechtsstellung als betreib. Teil aus, aber der Zweck der Einstellung u. des § 44 würde vereitelt, wenn wider seinen Willen sein Anspr. dem g. G. zugrunde gelegt würde; dieser ist vielmehr selbst, da er sonst der Gefahr des Ausfalls ausgesetzt wird, ins g. G. aufzunehmen. Gleiches gilt auch im Falle der gerichtl. einstw. Einstellung hinsichtl. des besser berecht. Anspruchs; denn wenn hierwegen das Verf. ruht, kann es keine Wirkungen zum Nachteil des Sch. ausüben[8].

---

[6]) Über den Einfluß der noch nicht durchgeführten Gläubiger-Anfechtung auf die Festst. des g. G. s. § 50 A. 3Ab. Ist dem AnfechtGl. der Vorrang eingeräumt (RG. 70, 101, Meikel BZfR. 1913, 287 geben ihm einen solchen Anspruch), dann ist das g. G. nach den Grundsätzen des § 880 BGB. (absolute Rangänderung, s. A. V) zu bilden. Eine erleichterte Anfechtungsmöglichkeit gewährt § 22 Abs. 3 AufwG. dem AufwGl.; wg. der dort erforderl. Benachteiligungsabsicht s. RG. 119, 308, JW. 1928, 1362.

[7]) Die früher als unlösbar bezeichneten Schwierigkeiten bei der Verteilung (vgl. v. d. Pfordten S. 121) lösen sich nach den für die Fälle der relativen Unwirksamkeit eines Rechtes gefundenen Regeln (s. A. VII 3). Betragen also die Hyp. für A, B u. C je 1000, ist die Hyp. des A nur dem C gegenüber unwirksam, u. sind nur 1000 zur Verteilung unter die 3 Hyp. vorhanden, so fallen diese dem A zu (s. unten VII 3b Beisp. V). Dasselbe gilt, wenn B u. C die Verst. betrieben haben u. nur die 1000 erlöst wurden, die als bar zu zahlen in das g. G. einzustellen waren.

[8]) Bestr.; so JW. 1925, 2275; 1926, 2111; Reinhard-Müller A. 13b; Markus Recht 1911, 94; Stillschweig JW. 1916, 1013; Kretzschmar JW. 1916, 1380, ZBlFG. 14, 217; 16, 482; a. M. (die den Gl., der Einstellung bewilligt, zur Zurücknahme des VersteigAntrags

e) Einstellung nach Schluß der Versteig. durch den im Rang vorgeh. Gl. muß ebenso wie die Zurücknahme[9]) seines VersteigAntrags zur Versagung des Zuschlags führen (§ 33), wenn nicht das Verf. unter neuerl. Feststellung des g. G. für die übrigen Betreibenden wiederholt werden kann (vgl. RG. 89, 426, OLG. 27, 211, JW. 1918, 500).

IV. Die Rangverschiebungen im allg. Wie für die Verteilung des Verst.-Erlöses u. der Verwüberschüsse, so ist auch für die Feststellung des g. G. das Rangverhältnis zw. den Anspr. des (der) betreib. Gl. u. den übr., aus dem G. zu befried. Anspr. von ausschlaggeb. Bedeutung.

Grundsätzl. bestimmt sich die Rangordnung nach § 879 Abs. 1 BGB. Abweichendes kann sich aber ergeben teils auf Grund vertragl. Regelung (Rangänderung §§ 879 Abs. 3, 880, Rangvorbehalt § 881 BGB.), teils auf Grund gesetzl. Sondervorschriften. Zu letzteren gehören die des BGB. (z. B. nachträgl. Eintragung von Zinsen der Hyp. usw. § 1119, Zuschreibung § 1131, Übergang[10]) der Hyp. usw. oder einzelner Teile auf den Eigent., Sch. oder Dritten §§ 268 Abs. 3, 774, 1143, 1150, 1163 f., 1168, 1173 f., 1175 f., 1182; 1192, 1200) des ZVG. (SichHyp. § 129), der Landesgesetze (Art. 184 EG.BGB., §§ 2—4 EG.ZVG.), der Währungs- u. Reparationsgesetze (SchweizZus.-Abk., Notopferges. u. NotopfHypVO., BayVO. über Grundsch. z. Förd. des Wohnungsbaus, RentenbankVO. IndustriebelGes.; s. § 10 A. 3 A u. Fußn. 20 ff.) u. des AufwertGes. v. 16. 7. 25 RGBl. I 117 mit 9. 7. 27 RGBl. I 171.

Die rechtsgeschäftl. Rangverschiebungen müssen, um bei Festst. des g. G. berücksichtigt zu werden, aus dem GBuch ersichtl. oder nachgewiesen sein; eine nach Eintrag. des VerstVerm. erfolgte Eintragung muß rechtzeitig (§ 37 Nr. 4, § 45) angemeldet u. allenfalls glaubhaft gemacht werden (Jaeckel-Güthe § 45 A. 3, Reinhard-Müller A. 6).

V. Die Rangänderung des § 880 BGB. begründet nicht nur schuldrechtl. Beziehungen zw. dem zurück- u. vortretenden Berechtigten, sondern wirkt von der Eintrag. im GBuch an (weg. Zinsrückstände s. RG. 88, 160) auch dingl. gg. Dritte dergestalt, daß es so angesehen wird, als ob an Stelle des zurücktret. Rechtes das vortretende eingetragen wäre — Stellentausch, absolute Rangänderung im Gegensatz zu den Fällen der nur relativen Unwirksamkeit s. JW. 1927, 2144; 1928, 1410, Reinhard ebenda 1329, Silberschmidt BZfR. 1927, 89, Kriener ebenda 185, Güthe-Triebel § 46 A. 38, Breit Grundbuchrang S. 31 ff.

---

zwingt): Jaeckel-Güthe § 30 A. 2, § 31 A. 3, Fischer-Schäfer 197, v. d. Pfordten 98, Wolff § 30 A. 8, § 44 A. 4 a. E., Wenz-Wagner § 31 A. 8, Recht 1910, 654; 1913, 513.

Wird das Verf. zugunsten des im Rang vorgeh. Gl. eingestellt u. ist für den nachgeh. Gl. die Frist des § 44 Abs. 2 nicht gewahrt, so kann die Versteig. ohne neuen Termin überhaupt nicht erfolgen (Kretzschmar JW. 1916, 1380); haben aber sämtl. betreib. Gl. nur persönl. Forderungen (§ 10 Nr. 5), so ist die des besser berechtigten, da sie nicht bestehen bleiben kann u. sich in dem Recht auf Befriedigung aus dem Meistgebot erschöpft, abw. von § 49 Abs. 1, als barzuzahlende in das g. G. einzustellen, wenn er die Einstellung bewilligt (ebenso Wein ZBlFG. 16, 482 gegen Goldmann Recht 1913, 513; über einen ähnl. Fall s. Fußn. 7); ob die Auszahlung an ihn im VertTermin erfolgen kann oder Hinterlegung nötig ist, darauf kommt es im VerstTermin nicht an (Reinhard-Müller § 30 A. 3).

[9]) Auf Grund Ablösung der besser berecht. BeschlagnFord. kann der betreib. Gl. nicht zur Rücknahme des VersteigAntrags gezwungen werden, solange das Verf. von einem nachsteh. Gl. fortgesetzt wird, wodurch er die Aussicht auf Barzahlung verliert (§ 268 Abs. 3 S. 2 BGB., OLG. 8, 429).

[10]) Geht die Hyp. für ein Darlehen der LKulturrentenanstalt auf den Eigent. über, so kann dieser den der Hyp. gesetzl. zustehenden Vorrang den übr. HypGl. gegenüber nicht geltend machen (Art. 27 Abs. 2 LKRGes. v. 24. 3. 08/31. 12. 23 GBl. 234/411).

—, jedoch so, daß der Stellentausch beschränkt ist durch den Betrag des zurücktretenden Rechtes, daß dieses seinen Rang behält, soweit er nicht vom vortretenden ausgefüllt wird u. daß die Zwischen-Berechtigten durch die Änderung nicht berührt, also weder beeinträchtigt noch begünstigt werden[11]). Die nicht eingetrag. Rangänderung wirkt nicht dinglich, berechtigt aber zum Widerspruch (§ 115) gegenüber dem Zurücktretenden (DJZ. 1917, 139; vgl. § 114 Fußn. 6).

a) Das g. G. ist unter Berücksichtigung der erfolgten Rangänderung festzustellen (RJA. 11, 297). Betreibt also der Vortretende die ZwVersteig., so ist sein Recht dem g. G. zugrunde zu legen, das zurücktretende, wie die Zwischenrechte erlöschen durch den Zuschlag u. sind auf den Erlös angewiesen; betreibt der Zurücktretende das Verf., so ist das vortr. Recht im g. G. zu berücksichtigen, ein Zwischenrecht nur, wenn das zurücktretende kleiner oder gleich groß wie das vortretende Recht ist (s. § 11 A. 3 B).

Beisp. I (das zurücktret. Recht ist größer als das vortretende): Ein Grundstück ist belastet mit

I: 100 des A
II: 60 des B
III: 30 des C.

A räumt dem C den Vorrang ein, dann hat die Befriedigung aus dem G. nach folg. Rangordnung stattzufinden:

I: C mit 30
II: A mit 70
III: B mit 60
IV: A mit 30.

Das g. G. beträgt daher (von Kosten usw. abges.), wenn **A** die Versteig. betreibt: 30 des C; wenn **B** betreib. Teil: 30 des C + 70 des A; wenn **C** betreib. Teil: 0.

Beisp. II: Betrug umgekehrt die Hyp. des A 30 u. die des C 100, so ergibt sich bei Rangtausch folg. Reihenfolge:

I: C mit 30
II: B mit 60
III: C mit 70
IV: A mit 30

u. als g. G., wenn **A** das Verf. betreibt: 30 des C + 60 des B + 70 des C; wenn **B** betreibt: 30 des C; wenn **C** betreibt: 0.

b) Ist das vor- oder zurücktret. Recht oder beide nicht auf Zahlung einer Geldsumme gerichtet u. sind Zwischenrechte vorhanden, so kann zur Prüfung der Frage, ob letztere durch die Rangänderung nicht beeinträchtigt werden, ein doppeltes Ausgebot (§ 59) notwendig werden. Wenn z. B. ein Dienstbarkeitsberechtigter einem HypGl. den Vorrang eingeräumt hat u. ein Zwischen-Gl. betreibt das Verf., so ist mangels Einigung das G. einmal mit der Dienstbarkeit, das anderemal mit der vorgetret. Hyp. auszubieten u. der Zuschlag auf dasj. Ausgebot zu erteilen, das den ZwischenGl. am wenigsten beeinträchtigt. Wird aber auf Grund der vorgetret. Hyp. das Verf. betrieben, so ist das Zwischenrecht im g. G. zu berücksichtigen, weil ihm vor der Rangände-

[11]) Vgl. § 11 A. 3 B; RG. 64, 100; 79, 170, BayObLG. 7, 469, RJA. 1, 128; 8, 70; 14, 219, BZfR. 06, 449, 481, BlfRA. 06, 708, ZBlFG. 13, 263; 14, 350, OLG. 29, 321; 41, 151. — über Rangänderung u. Löschungsvormerkung s. ZBlFG. 12, 505, OLG. 26, 168, BZfR. 1912, 412; Rangänderung für Zinsrückstände RG. 88, 160; Rangänderung bei altrechtl. Annuitäten-Hyp. BayObLG. 13, 360; für Baugelderhyp. RG. 61, 37; 76, 373; 83, 126; 86, 221; JW. 1910, 458; vgl. aber RG. 92, 212; über Ausübung des Ablösungsrechtes durch einen Zwischenberechtigten Recht 1913 Nr. 3252, 3255/6, JW. 1913, 1147; über Rangänderung zw. mehreren Hyp. des näml. Gl. BayObLG. 9, 367, Staudinger-Kober § 880 I 2 a γ.

rung nur die Dienstbarkeit vorging, die nicht zur Versteig. führen konnte; es muß also auch nach der Rangänderung gegen einen Ausfall geschützt werden (vgl. Planck § 880 II 2 c, v. d. Pfordten 117, Reinhard-Müller A. 7 c; abw. Wenz-Wagner S. 13).

Beisp. III. Es sind eingetragen:

I: für A eine Dienstbarkeit
II: „ B 2000
III: „ C 1000.

A räumt dem C Vorrang ein; B betreibt die Versteig.; ein Wertbetrag für die Dienstbarkeit ist nicht angemeldet, ein Höchstbetrag nicht eingetragen. Gemäß § 51 Abs. 2 ist ein Zuzahlungsbetrag von 1500 festgesetzt.

Das Ausgebot mit der Hyp. C im g. G. ergibt 2500 bar, das mit der Dienstbarkeit 1800 bar. Dann ist dem ersteren der Zuschlag zu erteilen; denn da C mit 1000 bestehen bleibt u. dem B nur 1500 vorgehen, brauchen aus dem Barerlös für A nur 500 entnommen zu werden, so daß B voll gedeckt wird, während das 2. Ausgebot hiezu nicht ausreicht (die Möglichkeit, daß der Wert der Dienstbarkeit höher ist als 1500, muß hier zunächst außer Betracht u. der Zuschlagsanfechtung, s. § 51 A. 2, vorbehalten bleiben).

Sind umgekehrt die Barerlöse 1800 bzw. 2000, so treffen beim ersten Ausgebot (mit der Hyp. C) auf B nur 1300 (da für A 500 vorweggehen), beim zweiten aber (mit der Dienstbarkeit) 2000. Der Zuschlag ist daher dem unter Nichtberücksichtigung der Rangänderung abgegebenen zweiten Gebot zu erteilen. C erleidet dadurch einen Ausfall, den er aber nur außerhalb des Verf. von A ersetzt verlangen kann; der gem. § 51 II zu bestimmende Mehrbetrag, den der Ersteher hinzuzuzahlen hat, kommt dem C nur zugute, wenn die Dienstbarkeit überhaupt nicht besteht; für den Fall, daß ein im g. G. berücksichtigtes Recht nur einem andern im Rang ausweichen muß (relative Unwirksamkeit) ist aber keine Mehrzahlungspflicht des Erstehers begründet (ebenso Reinhard-Müller A. 7 c gegen Wenz-Wagner S. 13 u. § 50 A. 1; vgl. unten § 50 A. 3 A b).

c) Mehrere, zugunsten eines anderen zurücktretende Rechte behalten (wenn nichts anderes eingetragen) unter sich ihren alten Rang (teilw. bestr., s. Staudinger-Kober § 880 II i, OLG. 41, 152); ebenso wenn mehreren vortretenden Rechten gleichzeitig der Vorrang vor einem anderen eingeräumt wird (bestr., s. Staudinger-Kober II i α, Planck II 4 c, Rosenberg III 3); geschieht letzteres nacheinander, so bewirkt die zuerst eingetrag. Rangänderung den Vorrang.

Beisp. IV: Es sind eingetragen die Hyp.

I: für A 5000
II: „ B 4000
III: „ C 3000.

Wenn A u. B dem C den Vorrang einräumen (ohne weiteres zu bestimmen), so ist die Rangordnung: I: 3000 des C, II: 5000 des A, III: 4000 des B. Wenn A dem B u. C gleichzeitig den Vorrang einräumt, so ist die Rangordnung: I: 4000 des B, II: 3000 des C, III: 5000 des A. Wenn aber zunächst A dem C, später aber auch dem B im Range ausweicht, dann ist die Rangordnung zunächst: I: 3000 des C, II: 2000 des A, III; 4000 des B, IV: 3000 des A u. schließlich: I: 3000 des C, II; 4000 des B, III: 5000 des A.

Dieser Rangordnung entsprechend ist das g. G. zu bilden.

d) Hatte eines der bei der Rangänderung beteiligten Rechte vorher gleichen Rang mit einem anderen, so gilt (mangels anderer Bestimmung) folgendes (vgl. Rosenberg A. III 3, Wenz-Wagner S. 10 A. II 3 ff., Eckert BZfR. 06, 449):

α) Das vortretende Recht hatte Gleichrang; dann tritt an seiner Stelle das zurücktretende (jedoch höchstens in Höhe des vortretenden) in den Gleichrang ein; ist das vortretende größer als das zurücktretende, dann bleibt ersteres mit dem Mehrbetrag in seinem ursprüngl. Gleichrang.

Beisp. V: Es sind eingetragen die Hyp.

I: für A 5000	A tritt hinter C zurück; I: 3000 des C
IIa: „ B 4000 } im	Rangordnung: II: 2000 „ A
b: „ C 3000 } Gleichrang.	IIIa: 4000 „ B } im
	b: 3000 „ A } Gleichrang.

G. G. = 0, wenn C die Verst. betreibt; ist A betreib. Gl., g. G. = 3000 des C; ist B betreib. Gl., g. G. = 3000 des C + 2000 des A.

Beisp. Va: Es sind eingetragen die Hyp.

I: für A 3000	A räumt dem C I: 3000 des C
IIa: „ B 4000 } im	den Vorrang ein; IIa: 2000 „ C } C im Vorrang vor A } im Gleichrang.
b: „ C 5000 } Gleichrang.	Rangordnung: 3000 „ A }
	b: 4000 „ B

G. G. = 0, wenn C das Verf. betreibt; ist B betreib. Gl., g. G. = 3000 des C (denn ihm gehen nicht mehr vor); ist A betreib. Gl., so muß zunächst C mit 3000 in g. G. berücksichtigt werden, dann aber auch C mit den weiteren 2000 (da diese dem A ebenfalls vorgehen); da letzteres B nicht zu dulden braucht, muß A sich gefallen lassen, daß auch die 4000 des B bestehen bleiben.

β) Das **zurücktretende** Recht hatte Gleichrang; dann tritt an seiner Stelle das vortretende (jedoch höchstens in Höhe des zurücktretenden) in den Gleichrang ein; ist das zurücktretende Recht größer als das vortretende, so bleibt ersteres mit dem Mehrbetrag in seinem ursprüngl. Gleichrang.

Beisp. VI: Es sind eingetragen die Hyp.

Ia: für A 3000 } im	A tritt hinter C zurück; Ia: 3000 des C } im
b: „ B 4000 } Gleichrang.	b: 4000 „ B } Gleichrang
II: „ C 5000	Rangordnung: II: 2000 „ C
	III: 3000 „ A

G. G. = 0, wenn C oder B das Verf. betreiben; ist A betreib. Gl., g. G. = 3000 des C + 4000 des B + 2000 des C.

Beisp. VIa: Es sind eingetragen die Hyp.

Ia: für A 5000 } im	A tritt hinter Ia: 3000 des C } C ein Vorrang vor A } im Gleichrang.
b: „ B 4000 } Gleichrang.	C zurück; 2000 „ A }
II: „ C 3000	Rangordnung: b: 4000 „ B
	II: 3000 „ A

G. G. = 0, wenn C oder B das Verf. betreiben; ist A betreib. Gl., g. G. = 3000 des C + 4000 des B (s. obiges Beisp. Va).

e) α) Räumt ein Gl. nur mit einem **Teilbetrag** seiner Hyp. einer anderen den Vorrang ein, so hat die vortret. Hyp. mit dem **nicht** zurückgetret. Teil **gleichen** Rang, wie wenn die Teile von Anfang an verschiedenen Inhabern (im Gleichrang) gehört hätten (vgl. Beisp. VI, Wenz-Wagner S. 10 A. II 6, a. M. Staudinger-Kober A. V).

Beisp. VII: Es sind eingetragen

I: für A 5000	A tritt mit 3000 hinter C zurück; Ia: 3000 des C } im
II: „ B 4000	Rangordnung: b: 2000 „ A } Gleichrang.
III: „ C 3000	II: 4000 „ B
	III: 3000 „ A

G. G. = 0, wenn C oder A die Verst. betreiben; ist B betreib. Gl., g. G. = 3000 des C + 2000 des A.

Beisp. VIIa: Es sind eingetragen

Ia: für A 5000 } im	A tritt 3000 an Ia: 2000 des A } A im Vorrang vor D } im Gleichrang.
b: „ B 4000 } Gleichrang	D ab mit Rang 3000 „ D }
II: „ C 3000	nach dem Rest; b: 4000 „ B
	Rangordnung: II: 3000 „ C

G. G. = 0, wenn A oder B das Verf. betreibt; ist C betreib. Gl., g. G. = 2000 des A + 3000 des D + 4000 des B; ist D betreib. Gl., g. G. = 2000 des A + 4000 des B (s. oben Beisp. Va, VIa).

β) Anders, wenn ein Gl. mit seiner ganzen Hyp. einem Teil einer Nachhyp. ausweicht; erstere erhält Nachrang.

Beisp. VIII: Es sind eingetragen

	A tritt hinter 1000 des C zurück; Rangordnung:	
I: für A 5000		I: 1000 des C
II: „ B 4000		II: 4000 „ A
III: „ C 3000		III: 4000 „ B
		IV: 1000 „ A
		V: 2000 „ C

Dieser Rangordnung entspr. ist das g. G. zu bilden.

Wg. Berücksichtigung der Rangänderung im VerteilVerf. s. § 114 A. III.

VI. Der **Rangvorbehalt** des § 881 BGB. ist nach herrsch. M. eine mit dem Eigentum verbundene, einen Teil des Eigentumsrechtes darstellende Befugnis, kein Recht am G., vielmehr die rechtsgeschäftl. Belastung eines bestimmten Rechtes, eine bedingte Vorrangseinräumung; er bedarf der Eintragung u. wirkt dingl. gg. jeden Dritten (a. M. Breit, Grundbuchrang S. 82), jedoch unbeschadet der Zwischenrechte; mit der Eintragung des vorbehaltenen Rechtes selbst vollzieht sich die Vorrangeinräumung (RGRK. A. 3; vgl. RG. 117, 426, ZBlFG. 11, 296; 12, 613; 13, 689 u. oben § 11 A. 3 C).

1. Bestritten ist die Gestaltung des g. G. unter dem Einfluß eines solchen Rangvorbehalts, wenn Zwischenrechte vorhanden sind (vgl. Reinhard JW. 1923, 262, Recht 1923, 171, Kretzschmar BZfR. 1920, 115, Wenz-Wagner S. 14 ff., Planck § 881 A. 8, Rosenberg A. V 7 b, c; Breit Grundbuchrang S. 148 ff.). Nunmehr besteht aber Übereinstimmung darüber, daß dem vorbehaltbelasteten Recht (= a) nicht der ganze Betrag des vorbehaltenen Rechts (= c) vorgeht, daß sich vielmehr der Vorrang des letzteren (c) gegenüber dem ersteren (a) um den Betrag des Zwischenrechts (b) mindert u. daß das letztere (b) sich nur den Betrag des vorbehaltbelasteten Rechts (a) vorgehen zu lassen braucht, daß aber die Reihenfolge, in der die 3 Rechte nach diesen Grundsätzen befriedigt werden, von der Höhe des Erlöses (= e) abhängt, daß insbes. auf das Zwischenrecht (b) nur dann etwas entfällt, wenn der Erlös höher als das vorbehaltbelastete Recht (a) u. als die etwaigen voreingetrag. Rechte ist, im übrigen aber der Umfang des Vorrangs des vorbehalt. Rechtes nach der Höhe des Erlöses wechselt (ähnl. wie im Falle des § 20 AufwG., s. unten Anhang 3 b, c).

Dieses wechselnde Ergebnis veranschaulicht folgende Tabelle, der die Annahme zugrunde liegt, daß das Verf. von einem den 3 Gl. vorgehenden Berechtigten betrieben wird (vgl. Wörner BlfRA. 75, 607, Rosenberg § 881 A. V 7 b).

I.

Hyp. a = 1000 b = 2000 c = 3000

also a < b u. b < c

Erlös (e):	A:	B:	C:
900	—	—	900
1000	—	—	1000
1500	—	500	1000
2000	—	1000	1000
3000	—	2000	1000
4000	1000	2000	1000
5000	1000	2000	2000
6000	1000	2000	3000

II.

Hyp. a = 1000 b = 3000 c = 2000

also a < b u. b > c

e:	A:	B:	C:
900	—	—	900
1000	—	—	1000
1500	—	500	1000
2000	—	1000	1000
3000	1000	2000	—
4000	1000	3000	—
5000	1000	3000	1000
6000	1000	3000	2000

III.

Hyp. a = 2000 b = 1000 c = 3000

also a > b u. b < c

e:	A:	B:	C:
900	—	—	900
1000	—	—	1000
1500	—	—	1500
2000	—	—	2000
3000	—	1000	2000
4000	1000	1000	2000
5000	2000	1000	2000
6000	2000	1000	3000

IV.

Hyp a = 2000 b = 3000 c = 1000

also a < b u. b > c

e:	A:	B:	C:
900	—	—	900
1000	—	—	1000
1500	500	—	1000
2000	1000	—	1000
3000	2000	1000	—
4000	2000	2000	—
5000	2000	3000	—
6000	2000	3000	1000

V.

Hyp. a = 3000 b = 1000 c = 2000

also a > b u. b < c

e:	A:	B:	C:
900	—	—	900
1000	—	—	1000
1500	—	—	1500
2000	—	—	2000
3000	1000	—	2000
4000	2000	1000	1000
5000	3000	1000	1000
6000	3000	1000	2000

VI.

Hyp. a = 3000 b = 2000 c = 1000

also a > b u. b > c

e:	A:	B:	C:
900	—	—	900
1000	—	—	1000
1500	500	—	1000
2000	1000	—	1000
3000	2000	—	1000
4000	3000	1000	—
5000	3000	2000	—
6000	3000	2000	1000

VII.

Hyp. a = 2000 b = 2000 c = 2000

also a = b u. b = c

e:	A:	B:	C:
900	—	—	900
1000	—	—	1000
1500	—	—	1500
2000	—	—	2000
3000	1000	1000	1000
4000	2000	2000	—
5000	2000	2000	1000
6000	2000	2000	2000

VIII.

Hyp. a = 2000 b = 1000 c = 2000

also a = c u. b < c

e:	A:	B:	C:
900	—	—	900
1000	—	—	1000
1500	—	—	1500
2000	—	—	2000
3000	1000	1000	1000
4000	2000	1000	1000
5000	2000	1000	2000

Diese Tabelle läßt erkennen:

daß die A=Rechte erst etwas erhalten, wenn $e > c$; bis dahin geht ihnen immer das ganze c vor, später aber nur c—b d. h. nur der um das Zwischenrecht (b) gekürzte Betrag von a, u. U. also (s. Beisp. II, IV, VI, VII) überhaupt nichts;

daß die B=Rechte erst etwas erhalten, wenn $e > a$; bis dahin bleiben sie unberücksichtigt.

Daraus ergibt sich für die Bildung des g. G.:

a) Betreibt C die Verst., so ist keines der Rechte, auch nicht teilweise im g. G. zu berücksichtigen; a nicht, weil vor ihm c unter allen Umständen, mindestens mit einem Teilbetrag zu befriedigen ist; b nicht, weil es dulden muß, daß C in der Rangstelle des A das Verf. betreibt (teilw. abw. 3. Aufl.).

b) Betreibt A die Verst., so kommt b nicht in das g. G., da B dem A nachsteht; aber auch c nicht mit dem ganzen Betrag (so z. B. Wenz=Wagner S. 15), weil c nicht in allen Fällen voll vor a zu befriedigen ist, sondern nur mit c—b; ist also c nicht größer als b, so kommt auch c nicht in das g. G. (Beisp. II, IV, VI, VII).

G. G. also im ob. Beisp. I: 1000 des C, II: 0 (Kosten des Verf. usw.), III: 2000 des C, IV: 0, V: 1000 des C, VI: 0, VII: 0, VIII: 1000 des C.

c) Betreibt B die Verst., so steht nur fest, daß ihm jedenfalls ein Betrag in Höhe von a (aber nicht mehr) vorgeht. Dieser Betrag wird von C voll in Anspruch genommen, wenn c > oder = a.

Daher g. G. in ob. Beisp. I: 1000 des C, Beisp. II: 1000 des C, III: 2000 des C, VII: 2000 des C, VIII: 2000 des C.

Ist a > c (Beisp. IV, V, VI), so geht dem B vor zunächst c nach Abzug von b, also c—b des C (vgl. oben b), sodann der c übersteigende Betrag a—c des A; da aber diese beiden Posten zusammen hinter a zurückbleiben (c — b + a — c = a — b) u. nicht von vorneherein feststeht, wem der Fehlbetrag zufällt, ob dem A oder dem C, so erübrigt nichts, als die Barzahlung dieses Betrags im g. G. zu bestimmen (bestr. s. Reinhard JW. 1923, 265 Ziff. V).

G. G. also im Beisp. IV: c — b = 0; a — c = 1000, zus. 1000 des A + 1000 bar

„ V: c — b = 1000; a — c = 1000, zus. 1000 des C + 1000 des A + 1000 bar

„ VI: c — b = 0; a — c = 2000, zus. 2000 des A + 1000 bar.

Soweit in den zu berücksichtigenden Teilbeträgen (c — b, a — c) Zinsen u. Kosten enthalten sind, sind sie gem. § 49 Abs. 1 bar zu zahlen, während die Hauptansprüche bestehen bleiben (Reinhard, JW. 1923, 265).

2. Ist eines der am Rangvorbehalt beteiligten Rechten nicht auf Zahlung einer Geldsumme gerichtet (z. B. Dienstbarkeit, Nießbrauch), so gilt das oben zu V b Gesagte entsprechend.

3. Ist der Rangvorbehalt z. Z. der Festst. des g. G. noch nicht ausgeübt (das vorbehaltene Recht also noch nicht eingetragen), so bleibt er bestehen, wenn das damit belastete Recht im g. G. bestehen bleibt (bestr., s. § 10 Fußn. 30); Ausübung des Vorbehalts nach der Beschlagn. ist nur dem betreib. Gl. gegenüber unwirksam (s. § 23 Fußn. 4), so daß der Vorbehalt in einem von diesem Gl. betrieb. Verf. bei Festst. des g. G. unberücksichtigt bleibt.

4. Über Berücksichtigg. des Rangvorbehalts im VerteilVerf. s. § 114 A. IV.

VII. Die Rangverschiebungen des **Aufwertungsrechtes** s. Anhang zu § 44.

VIII. Anfechtung der Festsetzg. des g. G. Diese Festsetzung im VerstTermin ist zwar nur eine vorläufige (s. oben II 3 b), so daß ein im g. G. berücksichtigter Anspruch im VertTermin neuerdings bestritten werden kann (§ 115); trotzdem können die Beteiligten ein Interesse auch an der Abänderung des g. G. noch während des VersteigVerf. haben, dann nämlich, wenn die unrichtige Aufstellung durch das Notariat zu einem die Beteiligten beeinträchtigenden Ergebnis geführt hat.

1. Eine Beschwerde hierwegen (nach vorheriger Erinnerung gem. § 13 Abs. 2 EG., Art. 25 BayAG.) ist aber nach § 95 nur möglich, wenn die unrichtige Feststellg. die Ergebnislosigkeit des Termins u. damit die Einstellung des Verf. herbeigeführt hat (§ 77 Abs. 1). Sie steht dem betreib. Gl. zu u. führt zur Aufhebung des EinstellBeschl., worauf das Notariat von Amts wegen zur neuerl. Versteig. unter anderweitiger Feststell. des g. G. schreiten muß (Jaeckel-Güthe A. 9).

2. In den übr. Fällen kann wegen Verletzung der Vorschr. über die Feststell. des g. G., bzw. wegen Zulassung von Geboten, die nicht den gesetzl. Bestimmungen über das g. Gebot entsprechen u. daher unwirksam sind (§ 71), Beschwerde (Erinnerung nach § 13 Abs. 2 EG.) nur gegen den Beschluß über Erteil. oder Versag. des Zuschlags eingelegt werden (§ 83 Nr. 1, 95, 97, 100 Abs. 1). Sie steht sowohl dem betreib. Teil, wie den geschädigten Beteiligten zu.

Ihre Benachteiligung ist möglich, sowohl wenn das Recht eines anderen (formell) zu Unrecht berücksichtigt wurde u. die Erzielung eines höheren Gebots verhinderte (s. § 45, JW. 02, 102, ZBlFG. 4, 22; wg. der BereichKlage s. § 52 A. 3a), als auch wenn ein Recht unrichtigerweise nicht berücksichtigt wurde, bei gehöriger Berücksichtigung aber bestehen geblieben wäre (RG. 59, 266; 86, 363); dies gilt insbes. bzgl. der trotz richtiger Anmeldung nicht berücksichtigten AufwAnspr. (JW. 1926, 1044). In solchen Fällen könnte sonst, wenn der Zuschlag rechtskräftig würde, von dem Berechtigten bei der Verteilung nur der Wertersatz (aus dem Bargebot nach Maßgabe des Ranges, RG. 59, 269, s. aber § 52 A. 3a) verlangt werden[12]); anderseits können hierdurch aber auch nachstehende Rechte verkürzt werden, die sonst noch Deckung aus dem Erlös gefunden hätten. Auch der VollstrSch. kann durch unrichtige Feststell. des g. Gebots beeinträchtigt werden. Eine Benachteil. des Beteiligten liegt dagegen nicht vor (also kein Beschwerderecht), wenn er volle Befriedigung erhält u. nur diese beanspruchen konnte (RG. 73, 397; ZBl. 5, 561, Jaeckel-Güthe A. 9, 10 u. § 45 A. 16) oder wenn der nicht berücksichtigte Anspruch fallen gelassen wird (OLG. 35, 192). Eine Beschwerde ist auch nicht gegeben in den Fällen der sog. relativen Unwirksamkeit des im g. G. berücksichtigten Rechtes (GlAnfechtung, gutgl. Erwerb), s. § 50 A. 3A b. Über die Folgen der Unterlassung der Zuschlagsanfechtung s. oben II 3 u. § 52 A. 3a.

3. Gegen eine formell unrichtige Feststell. des g. Gebots ist nur der Beschwerdeweg eröffnet u. keine Klage zulässig; dagegen kann eine materielle Unrichtigkeit nur im Prozeßwege (AnfechtKlage, Klage auf Einräumung des Vorrangs, GBuchbericht., FeststellKlage) beseitigt werden; der Gl. ist nicht auf die Widerspruchsklage beschränkt (vgl. Jaeckel-Güthe A. 5, ZBlFG. 4, 22, BayObLG. 4, 914 u. § 115 A. 2).

Anhang zu § 44.

Die Rangverschiebungen des Aufwertungsrechtes.

1. Die Mehraufwertung gegenüber der 3. StNotVO. (§ 6 II AufwG., § 13 AufwNov.); von Amts wegen zu beachten (Reinhard-Müller § 114 A. 18a).

a) Eine aufgewertete PMHyp. (Grund- u. Rentensch., Reallast, Schiffs- u. Bahnpfandrecht §§ 31, 32 AufwG., Grundsch. u. Zusatzgrundsch. der §§ 4, 6 AufwNov.)[13]) geht grundsätzl. mit dem vollen AufwBetrag den nacheingetrag. Rechten (gleichgültig, ob PMark- oder wertbest. Hyp.) im Range vor, u. zwar auch wenn der AufwBetrag noch nicht eingetragen ist. Die vor Inkrafttreten des AufwG. (15. 7. 25, § 88) eingetrag. Rangänderungen bleiben wirksam (Quassowski S. 104, Neukirch S. 98), ebenso aber auch der Grundsatz des § 881 V BGB. hinsichtl. der Zwischenrechte (HRR. 1, 40: Die Frage, ob sie durch die früh. Rangänderung berührt werden, ist auf Grund der durch das AufwGes. getroff. anderweitigen Bewertung der PMRechte zu entscheiden).

Der Grundsatz, daß das aufgew. R. seinen bish. Rang behält, ist nun mehrfach durchbrochen (§ 6 II, §§ 7, 20, 21 AufwG., Mügel § 6 A. 11).

b) Die 3. StNotVO. v. 14. 2. 24 (RGBl. 74) hatte nämlich in § 2 für Hyp. usw. einen AufwSatz von 15% vorgesehen, während der des AufwG. (§ 4) in der Regel 25% beträgt. Die Mehraufwertung zu 10% erleidet nun gem. § 6 II AufwG. eine Rang-

---

[12]) Dieser Erfolg kann eine Schädigung des Berechtigten auch dann enthalten, wenn dieser vollen Wertersatz empfangen würde, da er sich diesen nicht gefallen zu lassen braucht, vielmehr gemäß §§ 44, 52 das Bestehenbleiben seines Rechtes beanspruchen kann (Jaeckel-Güthe § 45 A. 16).

[13]) Auch Höchstbetragshyp. (BayObLG. 25 A 150) u. altrechtl. Zinsen- u. Kostenkautionshyp. (BayObLG. 26 A 365).

verschlechterung (relative Rangverschiebung, Mügel § 6 A. 16) gegenüber solchen Rechten, die in d. Zeit v. 14. 2. 24. (einschl.) bis 1. 10. 24. (ausschl.) erworben (durch Neubegründung oder Abtretung) bzw. vorgemerkt wurden (nicht gegenüber einem späteren Zessionar, RG. 121, 128, JW. 1928, 1788, 2815; a. M. Ring 4, 283); dieser Rangrücktritt erstreckt sich außer auf den KapBetrag auch auf die Nebenleistungen (Zinsen u. Kosten; nach Mügel § 6 A. 12 nicht auf Kosten); betreibt also der Gl. eines in der bez. Zeit erworb. R. die ZwVerst., so ist ein vorgeh. AufwBetrag von 100 GM. Kap. u. 10 GM. Zinsen u. Kosten nur zu $^3/_5$ (= 60 + 6 GM.) in das g. G. aufzunehmen (Quassowski S. 109, Reinhard Einfl. S. 48 f.).

Die Vorschr. des § 6 II AufwG. gilt auch bezgl. wieder eingetrag. AufwHyp. (Ring 3, 22, JW. 1928, 187).

Der Rangrücktritt des § 6 II AufwG. kommt auch dem Erwerb einer Zwangs- oder Arresthyp. zugute (HRR. 1, 348, JW. 1928, 728; bestr. s. Mügel § 6 A. 14, § 4 A. 24, Reinhard Einfl. S. 49, JW. 1928, 2815 Anm. 2), auch dem Erwerb von Rechten an Rechten (Ring 3, 1022 gg. Mügel S. 462); nicht aber einem in der bez. Zeit erfolgten Eigentumserwerb (Mügel S. 463, Neukirch S. 100), auch nicht einem kraft Ges. erfolgten Erwerb, insbes. nicht einer kraft Ges. erworb. EigentGrundschuld (Ring 3, 23; a. M. HRR. 1929, 418); bzgl. der Höchstbetragshyp. s. JW. 1928, 1408.

Ist die durch § 6 II AufwG. begünstigte Hyp. selbst eine aufzuwert. PMHyp., so hat sie den Vorrang nur für 15% ihres AufwBetrags (Mügel S. 463 gg. Schlegelberger-Harmening S. 209).

Sind Zwischenrechte vorhanden, denen die Rangverschiebung des § 6 II nicht zugute kommt, so bleiben sie von der Rangverschiebung zugunsten des Nachrechtes unberührt, dürfen aber auch keine über den Vorrang der aufgewert. Hyp. (25%) hinausgehende Beeinträchtigung erfahren (Quassowski S. 116). Ist das durch § 6 II begünstigte Recht eine Gesamthyp. (-grundsch.), so kann der Gl. einer im Rang zurücktret. aufzuwert. Hyp. (Grund-, Rentensch., Reallast) u. U. den Vorrang der Gesamthyp. (-grundsch.) auf einen Teilbetrag beschränken, den die AufwStelle festsetzt, was der AufwGl. nachzuweisen hat (§ 13 AufwNov.; relative Rangänderung, s. Mügel § 6 A. 15; Beisp. s. unten d β).

Der Regelung der Mehraufwertung in § 6 II AufwG. entspricht die der Zusatzgrundschuld nach § 6 Abs. 1 Nr. 2 AufwNov.; doch ist hier ausdrücklich nur der rechtsgeschäftl. Erwerb (s. oben) begünstigt u. diesem der Erwerb im Wege der ZwVerst. gleichgestellt (§ 6 Abs. 2 AufwNov.; vgl. Mügel S. 429).

Ist § 6 II AufwG. bei Feststell. des g. G. unberücksichtigt geblieben (der Vorrang der AufwHyp. also mit 25% berücksichtigt) u. der Zuschlag rechtskräftig geworden, so ist eine BereichKlage des benachteiligten Gl. ausgeschlossen (HRR. 1928, 2270).

c) Ist der (volle) AufwBetrag noch nicht eingetragen, auch nicht durch rechtskr. Entsch. nachgewiesen oder zu öffentl. oder öff. begl. Urkunde vereinbart (§§ 67 ff. AufwG.) oder ist ein Widerspruch (z. B. gem. § 8 AufwG.) eingetragen oder im Falle des § 13 AufwNov. wenigstens der Nachweis des rechtzeitigen Antrags auf Verteilung der Gesamthyp. erbracht, so ist das Recht (auch ohne Anmeldung u. Glaubhaftmachung, überwieg. M. s. Mügel S. 398) als aufschiebend bedingt zu behandeln (§§ 14, 48, 50, 119, 120, 125 ZVG.). Geht die aufzuwert. Hyp. usw. dem betreib. Gl. vor, so ist sie mit dem gesetzl. AufwBetrag (im Falle des § 6 II AufwG. nur mit $^3/_5$ vor dem begünstigten Recht) in das g. G. (sonst in den Teil.-Plan s. § 114) einzustellen; auszugehen ist bei den nach dem 1. 1. 18 erworb. Anspr. von dem GMBetrag, der sich nach dem Tag der Eintragung der Hyp. auf Grund der Umrechnungstabelle (Anl. zu § 2 AufwG.) berechnet; außerdem ist der Möglichkeit, daß der Berechnung ein anderer Stichtag (späterer Erwerbstag, Erwerbspreis, § 2 AufwG.) zugrunde zu legen ist, gem. § 50 Abs. 2 Nr. 1 ZVG. (§§ 119, 120, 125) Rechnung zu tragen. Dies gilt auch, wenn nur der AufwBetrag auf Grund der 3. StNotVO. (15%) eingetragen ist (Reinhard, Einfl. S. 51; a. M. Mügel S. 399, der diesfalls Anmeldung verlangt).

Dagegen bedarf es der Anmeldung (§ 37 Nr. 4 ZVG.) u. des Nachweises (§ 22 Abs. 2 DurchfVO. z. AufwNov.), wenn die Umwandlung der AufwHyp. in eine Grundschuld, sowie die Zusatzgrundsch. noch nicht eingetragen ist (Mügel S. 1266).

d) Beispiele:

α) Es sind eingetragen:

I für A eine Hyp. von 10000 PM. am 1. 3. 19 (= 4000 GM. lt. UmrechnTab.,
AufwBetrag 25% = 1000 GM.
15% = 600 „)

II für B „ „ „ 2000 GM. am 14. 2. 24

III für C „ „ „ 500 „ „ 1. 10. 25.

Rangordnung nach § 6 II AufwG.:
I: 600 GM. für A (15% des AufwBetr.)
II: 2000 „ „ B
III: 400 „ „ A (10% des AufwBetr.)
IV: 500 „ „ C.

Betreibt **A** die Verst., so ist keines der Rechte im g. G. zu berücksichtigen. Ist **B** betreib. Gl., so sind 600 des A als bestehen bleibend in das g. G. einzustellen. Ist **C** betreib. Gl., so bleiben die 1000 des A + 2000 des B bestehen.

Ist der AufwBetrag des A noch nicht endgültig festgestellt, so ist gleichzeitig gem. § 50 Abs. 2 Nr. 1 ZVG. zu bestimmen, daß, wenn der AufwBetrag auf weniger als 1000 GM. festgestellt wird, der Minderbetrag vom Ersteher bar zu zahlen ist.

β) Ist im vorigen Beispiel die durch § 6 II AufwG. begünstigte Hyp. des B eine PMHyp. zu 20000 PM. v. 1. 4. 20 u. übergegangen auf D am 14. 2. 24 (also mit dem AufwBetrag des **B** zu 1400 : 4 GM., § 2 Abs. 1 S. 4 AufwG., RG. 121, 128), so ergibt sich folg. Rangordnung:

I: 600 GM. für A
II: 210 „ „ D (15% von 1400)
III: 400 „ „ A
IV: 140 „ „ D
V: 500 „ „ C.

Das g. G. ist entspr. α) zu bestimmen.

Obige Rangordnung gilt auch, wenn die Hyp. D eine Gesamthyp. wäre u. ihr Vorrang gem. § 13 AufwNov. auf Antrag von der AufwStelle auf $^3/_5 = 210$ beschränkt worden wäre (Mügel § 6 A. 15).

γ) Angenommen, zwischen den beiden, in § 6 II AufwG. bez. Rechten ist ein Zwischenrecht (B) vorhanden, das nicht aufzuwerten ist und dem der § 6 II nicht zugute kommt; es sind z. B. eingetragen:

I: für A 40000 PM. v. 1. 3. 17 (AufwBetrag: 10000 GM.)
II: „ B 9000 GM. v. 1. 12. 23
III: „ C 8000 GM. v. 14. 2. 24,

dann ergibt sich (wenn ein Rangvorbehalt für den Eigent. nach § 7 AufwG. z. B. weg. Verzichts nicht in Frage kommt) folgende Rangordnung:

I: 6000 GM. für A (15%)
II: 4000 „ „ C (§ 6 II; Rang vor V, aber nach III)
III: 9000 „ „ B (Rang vor II)
IV: 4000 „ „ C
V: 4000 „ „ A (10%).

Hier ist zu beachten, daß dem C (mit zus. 8000) nur ein relativer Vorrang gem. § 6 II zusteht, d. h. nur den 10% (= 4000) des AufwBetrags A gegenüber, nicht dem Zwischenrecht B gegenüber; an dem Vorrang des B vor C wird nichts geändert; C rückt nicht mit 4000 in die Stelle II ein; er kann lediglich verlangen, daß ihm statt 10000 (A) + 9000 (B) nur 6000 (A) + 9000 (B) vorgehen u. hat daher aus dem Erlös erst dann etwas zu erwarten, wenn 6000 des A u. 9000 des B gedeckt sind, während B erst bei einem Erlös von über 10000 etwas zu erwarten hat, so daß, wenn nur 15000 erlöst werden, 10000 dem A allein u. 5000 dem B zufallen, während C ganz ausfällt (Quassowski S. 116; vgl. § 114 Anhang 1 b).

Betreibt also **A** die Verst., so kommt keines der Rechte in das g. G. Ist **B** betreib. Gl., so gehen ihm zus. 6000 + 4000 vor; von letzteren ist es aber ungewiß, wem sie gebühren (dem A oder C); dies hängt von der Höhe des Erlöses ab; bis zu einem Erlöswert von 15000 gebühren sie dem A allein, später teils dem A, teils dem C (vgl. Beisp. zu § 114 Anh. 1 b). Es bleibt daher nichts übrig, als die Barzahlung der 4000 im g. G. zu bestimmen (neben bestehenbleibenden 6000 des A; ebenso Reinhard Einf. S. 145, abw. Mügel S. 478 oben, der die Bestimmung der bestehenbleib. Rechte dem VertVerf. vorbehalten will). Ist **C** betreib. Gl., so müssen 6000 des A + 9000 des B bestehen bleiben, da C erst nach Deckung von 15000 zum Zuge kommen kann. — Steht der AufwBetrag (im g. G.) noch nicht endgültig fest, so ist außerdem die zu α bez. Nebenbestimmung zu treffen.

δ) Angenommen, die Rangverschiebung nach § 6 II AufwG. besteht gegenüber zwei AufwHyp., es sind z. B. eingetr.

I: für A 10000 PM. v. 1. 3. 19 (= 4000 GM., AufwBetrag 25% = 1000, 15% = 600 GM.),
II: für B 20000 PM. v. 1. 4. 20 (= 1400 GM., AufwBetrag 25% = 350, 15% = 210 GM.; innerhalb der Mündelsicherheitsgrenze).
III: für C 5000 GM. v. 14. 2. 24,

dann ist die Rangordnung (wenn ein Rangvorbehalt des Eigent. nach § 7 AufwG. z. B. weg. Verzichts nicht in Frage kommt) folgende (vgl. Reinhard, Einf. S. 55 oben):

I:	600 GM.	für	A	1000	
II:	400 „	„	C		(Rang vor VI aber nach III)
III:	210 „	„	B	350	(Rang vor II)
IV:	140 „	„	C		
V:	4460 „	„	C	(5000 — 400 — 140)	
VI:	400 „	„	A	10%	
VII:	140 „	„	B		

Hier ist wieder, wie bei γ, der nur relative Vorrang des C zu beachten. B hat erst aus dem Erlös etwas zu erwarten, wenn 1000, C erst, wenn 810 erreicht sind.

Betreibt also **A** die Verst., g. G. = 0; ist **B** betreib. Gl., g. G. = 600 des A + 400 mit der Bestimmung, daß diese 400 bar zu zahlen sind (s. oben γ); ist **C** betreib. Gl., g. G. = 600 des A + 210 des B.

Stehen die AufwBeträge (im g. G.) noch nicht fest, so ist außerdem die zu α bez. Nebenbestimmung zu treffen.

ε) über Berücksichtigung des Ranges der Mehraufwertung im VerteilVerf. siehe § 114 Anh. 1.

2. Der **Rangvorbehalt des § 7 AufwG.** (§§ 11, 12 AufwNov.); von Amts wegen zu beachten (Reinhard-Müller § 114 A. 18b).

a) Die Aufw. der PMHyp. entspricht in der Regel nicht der Wertänderung, die das G. erfahren hat; hiedurch erlangen die nachfolg. Hyp. eine unverdiente Rangverbesserung. Um dies zu vermeiden, räumt § 7 AufwG. dem Eigentümer an kreditfähiger Stelle einen kreditfreien Platz ein, eine Rangstelle, an der er eine Hyp. oder Grundsch. eintragen (durch Vormerkung sichern) lassen kann[14]). Diese Rangstelle schließt sich nur an ein in § 7 bez. aufgewertetes Recht (Hyp., Grund- u. Rentensch., sowie Geld-Reallasten; nicht Grunddienstbarkeiten, Nießbrauch, Altenteil) an; geringfügige Reallasten bleiben außer Betracht (Ring 3, 1024, Mügel S. 501 ff.). Der Umfang dieser Rangstelle beträgt 25% des Goldmarkbetrags des aufgewerteten Rechts (nicht des tatsächl. Aufwertungsbetrags, Mügel § 7 A. 9; Reinhard Einfl. S. 57 u. JW. 1928, 2873). Maßgebend für Entstehung, Umfang u. Rangort des Rangvorbehalts ist die z. Z. des Inkrafttretens des AufwG. vorhandene, auf Grund der Vorschr. des AufwG. gestaltete Rangfolge (HRR. 1928, 40, 2142, Mügel S. 501). Ist die PMHyp. gelöscht u. kraft Rückwirkung aufzuwerten (s. unten 3), so verbleibt dem Eigent. der Rangvorbehalt hinter der AufwHyp., wie wenn diese nicht gelöscht worden wäre (Quassowski S. 149).

Die Rangbefugnis des § 7 ist (wie der Rangvorbehalt des § 881 BGB.) ein mit dem Eigentum verbundenes Recht, verzichtbar, aber nicht abtretbar, nicht pfändbar u. nicht verpfändbar. Sie ist aber selbst noch kein dingl. Recht am G., das mit dem öffentl. Gl. des GBuchs ausgestattet ist (ein solches entsteht vielmehr erst durch Ausübung nach § 7 I oder Einrücken nach § 7 IV AufwG.; Ring 2, 415; 4, 190). Sie entsteht ohne Eintrag. im GBuch, ihre materiellrechtl. Beseitigung kann daher nur durch Eintrag. des Verzichts, nicht der Löschung erfolgen (HRR. 1929, 134, JW. 1929, 197). Ihre Ausübung nach der Beschlagn. ist dem betreib. Gl. gegenüber unwirksam (JW. 1928, 1346, HRR. 1928 Nr. 1620; vgl. RG. 122, 384; Ring 4, 192); sie geht, soweit sie bis zur Beschlagn. nicht ausgeübt wurde, auf den Ersteher über, gibt also dem Eigent. keinen Anspruch auf den VerstErlös (s. § 10 Fußn. 30, § 23 Fußn. 4). Sie besteht nur gegenüber einem beim[15]) Inkrafttreten des AufwG. (15. 7. 25, § 88) bereits eingetrag. oder nach dessen Vorschr. wieder einzutrag. Rechte, dem „nachgehenden Recht" im Sinne des § 7 AufwG. (relative Wirkung, RG. 117, 426, BayObLG. 25 A 469, JW. 1927, 2106, 2144; 1928, 1329, 1410,

---

[14]) Über Reformvorschläge zur Beseitigung des § 7 AufwG. u. zur Wiederherstellung klarer und übersichtl. Grundbuchverhältnisse s. Radloff DRZ. 1928, 385.

[15]) Eine nach Inkrafttreten des AufwG. eingetrag. Zwangs- oder Arresthyp. geht daher einer nachher auf Grund des Rangvorbehalts eingetrag. Hyp. im Range vor (Mügel S. 519; Quassowski S. 131; a. M. RGRK. § 881 A. 8 a. E.).

Reinhard JW. 1927, 2893; 1928, 1329); sie bedarf nicht der Eintragung (anders der Vorbehalt des § 881 BGB.), wirkt also auch gegenüber einem gutgläubigen Erwerb; sie kann nur einmal ausgeübt werden (Mügel S. 521, Quassowski S. 146, JFG. 5, 381, JW. 1927, 2937, HRR. 1, 2207); erschöpft das neue Recht den Vorbehalt nicht, so geht es dem Rest des Vorbehalts im Range vor (Mügel S. 522, Quassowski S. 146).

In Ansehung der Zwischenrechte, die vor Ausübung der Rangbefugnis ohne entspr. Vorbehalt eingetragen wurden, ist § 881 Abs. 4 BGB. anwendbar (BayObLG. 25 A 469), aber auch § 880 Abs. 5 BGB., wenn Zwischenrechte an einer (neben dem Rangvorbehalt vorliegenden) Rangänderung nicht beteiligt sind (HRR. 1928, 40).

Die Rangbefugnis des § 7 AufwG. besteht nicht, wenn die AufwHyp. an letzter Stelle steht oder ihr nur wertbeständige Rechte folgen (Quassowski S. 114, Mügel S. 505 f., JW. 1927, 1320, Ring 4, 30).

Das nachgehende Recht des § 7 braucht aber kein aufgewertetes oder aufwertungsfähiges Recht zu sein (auch AuflassVormerkung, Dienstbarkeit, Vorkaufsrecht; Ring 3, 113; 4, 28, BayObLG. 28 A 31, Mügel S. 505, Münzel JW. 1928, 2811; a. M. JW. 1927, 1320).

b) Soweit wertbeständige (vor Inkrafttreten des AufwG. eingetrag. oder durch Vorm. gesich.) Rechte gem. § 7 IV AufwG. in die Rangstelle des Eigent. einrücken (absolute Rangänderung, Rangtausch, JW. 1928, 1330, Mügel S. 499), kommt die Rangbefugnis des Eigent. in Wegfall u. lebt nicht wieder auf, wenn das wertbest. Recht erlischt (Mügel § 7 A. 2, 15). Die Umrechnung des wertbest. Maßstabs in Reichsmark erfolgt gem. Art. 12 DurchfVO. Eine PMHyp. (auch wenn sie auf Billionen M. lautet) gehört nicht zu den wertbeständigen Rechten im Sinne des § 7 IV (Ring 2, 834, HRR. 1, 2017), wohl aber Goldmark-, Friedensmark-, Goldklauselhyp. (vgl. VO. v. 17. 4. 24 RGBl. I 415, Mügel S. 338). Mit dem wertbest. Recht rückt auch sein Zinsenanspruch, samt dem z. Zt. des Inkrafttretens des AufwG. üblichen Zinsfuß (Art. 11 DurchfVO.), in die vorbehaltene Rangstelle ein (ebenso natürl. die Kosten des § 10 II ZVG.). Kommt dem nach § 7 IV einrückenden wertbest. Recht zugleich die Rangvergünstigung des § 6 II AufwG. zugute, so behält es auch diesen Vorrang gegenüber dem von § 6 II betroffenen Teil ($^{2}/_{5}$) des aufgewerteten Rechts (Schlegelberger-Harmening S. 228, Neukirch S. 147, abw. Mügel § 7 A. 19). Mehrere in die Rangstelle des Eigent. einrückende Rechte behalten unter sich den ihnen nach § 879 I BGB. zukommenden Rang (Ring 3, 1, Cammerer BNotV. 1928, 37).

c) Die Rangbefugnis des § 7 I AufwG. hinter einer Gesamthyp. oder -grundsch. kann auf dem Wege des § 12 AufwNov. auf einen von der AufwStelle zu bestimmenden Teilbetrag beschränkt werden.

d) Die Rangbefugnis des § 7 I AufwG. gehört nicht in das g. G., da sie dem Eigent. kein Recht auf Befriedigung aus dem Erlös gewährt, auch keine gegen den Ersteher bestehenbleibende Belastung des G. darstellt (Reinhard Einl. S. 65, Quassowski S. 128); ebensowenig kann auf die nicht ausgeübte, außerh. des g. G. stehende Rangbefugnis ein Erlösteil beansprucht werden (Ring 4, 190; vgl. oben α).

Über Ausübung des Rangvorbehalts der Miteigentümer s. Ring 2, 832; 3, 549, JW. 1928, 2862.

Über Berücksichtigung des Rangvorbehalts im VerteilVerf. s. § 114 Anh. 2.

e) Beispiele:

α) Es sind eingetragen:

I:	für A	40 000 PM.	am	1. 3. 17	(AufwBetrag nach §§ 2, 4 AufwG. 10 000 GM.)
II:	„ B	10 000 „	„	1. 10. 17	(AufwBetrag nach §§ 2, 4 AufwG. 2500 „)
III:	„ C	9000 GM.	„	1. 7. 25	
IV:	„ D	5000 „	„	2. 7. 25,	

dann ist die Rangordnung folgende (da § 6 II AufwG. nicht in Frage kommt):

I:	10 000 GM.	für A	
IIa:	9000 „	„ C	in der Rangstelle des Eigent. nach I
b:	1000 „	„ D	in der Rangstelle des Eigent. nach I
III:	2500 „	„ B	
IV:	4000 „	„ D	

Betreibt A die Verst., so kommt keines der Rechte in das g. G.; ist B betreib. Gl., g. G.: 10 000 des A + 9000 des C + 1000 des D; ist C betreib. Gl., g. G.: 10 000 des A; ist D betreib. Gl., g. G.: 10 000 des A + 9000 des C. Steht der AufwBetrag A noch nicht endgültig fest, so ist außerdem die zu 1 d α bez. Nebenbestimmung zu treffen.

β) Ist im vor. Beisp. die Hyp. des C u. des D erst nach dem 14. 7. 25 eingetragen, der Hyp. des D aber vom Eigentümer die vorbehaltene Rangstelle in Höhe von 5000 GM. eingeräumt u. auf den Rest verzichtet, so daß nur § 7 I, nicht 7 IV AufwG. zur Anwendung kommt, so ist die Rangordnung (vgl. Quassowski S. 131, wo aber die Hebung des B fehlt):

I: 10000 GM. für A
II: 5000 „ „ D, jedoch nach C (§ 7 I)
III: 2500 „ „ B
IV: 9000 „ „ C, jedoch vor D.

Dem **B** gehen vor: 10000 des A + 5000 des D, dem **C**: 10000 des A + 2500 des B, dem **D**: 10000 des A + 9000 des C.

Das **g. G.** ist nach den zu § 44 A. VI 1 geg. Regeln zu bestimmen (statt A ist hier nur D zu setzen). Betreibt hier also **A** die Verst., g. G. = 0; ist **C** betreib. Gl., g. G. = 10000 des A (B kommt nicht in das g. G., er muß dulden, daß C an der Stelle des dem B vorgehenden D das Verf. betreibt); ist **D** betreib. Gl., g. G. = 10000 des A + 5000 des C (statt D) + 2500 des B; ist **B** betreib. Gl., g. G. = 10000 des A + 5000 des C (statt D).

γ) Ist im Beisp. zu α) die Hyp. des **C** am 30. 9. 24 eingetragen, so kommt zu seinen Gunsten auch § 6 II AufwG. zur Anwendung; ist die Hyp. des **D** erst am 15. 7. 25 eingetragen, so findet auf sie § 7 IV AufwG. keine Anwendung; angenommen, der Eigent. habe dafür die noch freie Rangstelle dem E eingeräumt, dann ist die Rangordnung folgende:

Ia: 6000 GM. für A (15% des AufwBetr.) } 10000
b: 4000 „ „ C (§ 6 II AufwG.) }
IIa: 5000 „ „ C (§ 7 IV AufwG.) }
b: 4000 „ „ A (10% des AufwBetr.) } 10000
c: 1000 „ „ E (§ 7 I AufwG.) }
III: 2500 „ „ B
IV: 5000 „ „ D.

Dem **A** gehen also mit 4000 vor: 9000 des C, dem **C** 6000 des A, dem **B** 20000, dem D 22500.

G. G., wenn **A** betreib. Gl.: 0; wenn **C** betreib. Gl., g. G.: 6000 des A (da C in I b eine unbedingte Rangstelle innehat); wenn **B** betreib. Gl., g. G.: Hyp. I a b u. II a b c; wenn **D** betreib. G., g. G.: Hyp. I—III.

Stehen die AufwBeträge (im g. G.) noch nicht endgültig fest, so ist außerdem die zu 1 d α bez. Nebenbestimmung zu treffen.

3. Rang der **gelöschten u. wieder eingetrag.** Hyp.; Einfluß des **öffentl. Glaubens** des GBuchs (§§ 20, 21 AufwG., § 14 AufwNov.).

a) In den Fällen des § 14 AufwG. (Vorbehalt bei Annahme der Leistung), des § 15 (Annahme der Leistung innerh. der Zeit v. 15. 6. 22 — 14. 2. 24), des § 17 (Abtretung) findet eine **rückwirkende** Aufw. der Hyp. usw. statt. Ist diese (vor dem 15. 7. 25 RG. 117, 107, Ring 2, 590; 4, 98) bereits gelöscht oder umgeschrieben, so bedarf es der Wiedereintragung des Rechts oder der Eintragung des früh. Gläubigers. Ausgeschlossen ist die Wiedereintragung, wenn das Recht durch den rechtskräftigen Zuschlag[16]) erloschen ist; doch ist in diesem Fall (rechtzeitige Anmeldung vorausgesetzt) die Berücksichtigung des AufwBetrags noch im VertVerf. (§§ 110, 114 ZVG.) möglich, im übr. aber der HypGl. auf den Rückgriff gg. den persönl. Sch. beschränkt (Reinhard Einl. S. 120). Wer in anderen Fällen nach der Löschung (bzw. Umschreibung), aber vor dem 1. 7. 25 (§ 22 II AufwG.) gutgläubig, d. h. ohne daß ihm die Unrichtigkeit des GBuchs, hier das Zurechtbestehen der Hyp. trotz Löschung bekannt war (JW. 1927, 968, BayObLG. 26 A 46; Zweifel an der Richtigkeit begründen noch nicht die Bösgläubigkeit, JW. 1929, 581) oder ein Widerspruch gg. die Löschung (Umschreibung) eingetragen ist, das Eigentum oder ein

[16]) Auch im Falle der Enteignung des G. kann der AufwAnspr. in Ansehung eines gelöschten Rechts nur an der Entschädigungsforderung geltend gemacht werden (Mügel S. 765, RG. 121, 75, BayZwEG. v. 17. 11. 37/9. 5. 18, GVBl. 289, s. § 105 Fußn. 2).

sonstiges Recht am G. durch Rechtsgeschäft[17]) (Neubegründung, Übertragung) erwarb, braucht die Aufwertung (d. h. den früh. Rang des aufgew. Rechts) nicht gegen sich gelten zu lassen, da zu seinen Gunsten das GBuch als richtig galt (§ 892 BGB.; Ausnahme: § 22 AufwG.). Deshalb ist die Aufw. des dingl. R. in der Regel (Ausnahme im Falle der Ablösung, § 14 AufwNov.) durch den gutgl. Eigentumserwerb ausgeschlossen. Ein sonstiges gutgl. erworb. Recht am G. tritt aber nicht, wie im Falle der Rangänderung der §§ 880, 881 BGB., an die Stelle des aufgew. Rechts; es hat vielmehr nur im Verhältnis zu dem aufgew. Recht den (relativen)[18]) Vorrang; nur dem gutgl. erworb. Recht gegenüber wird das aufgewertete R. als nicht vorhanden angesehen (Quassowski S. 299, JFG. 5, 397). Mit dem aufgewerteten Recht tritt auch der sich daran anschließende Rangvorbehalt des Eigent. (§ 7 I) und das in diese Rangstelle gem. § 7 IV AufwG. einrückende Recht dem gutgl. erworb. Recht gegenüber im Range zurück (Mügel S. 524, Neukirch S. 148).

b) Durch diesen Vorrang des gutgl. erworb. Rechts vor der gelöschten aufgewerteten Hyp. wird daher der Rang eines hinter der früh. Hyp. (vor deren Löschung) eingetrag. **Zwischenrechts** nicht berührt, d. h. dieses braucht sich (wie vor der Löschung) nur das aufgewertete R. vorgehen zu lassen, nicht auch das nach der Löschung gutgl. erworb. u. nur dem aufgewerteten R. vorgehende Recht. Das neue Recht kann erst Deckung finden, wenn das ihm vorgehende Zwischenrecht befriedigt ist. Der Vorrang des Zwischenrechts vor dem neuen Recht kommt somit auch der gelöschten aufgew. Hyp. zugute insofern, als das neue Recht aus dem Erlös des G. erst dann etwas zu erwarten hat, wenn mindestens der Betrag des Zwischenrechts erzielt worden ist.

Der Umfang des Vorrangs des gutgl. erworb. Rechts wechselt also je nach der Höhe des Erlöses (Mügel S. 471, Quassowski S. 300), ähnlich, wie beim Rangvorbehalt des § 881 BGB. der Umfang des vorbehaltenen Rechtes (s. oben § 44 VI, Reinhard Einf. S. 123).

Bis zur Erreichung des Betrags des Zwischenrechts (= b) konkurrieren nur dieses u. das aufgew. Recht (= a); hier fällt aber der Erlös (= e) zunächst dem aufgew. Recht (a) zu, da dieses dem Zwischenrecht gegenüber seinen ursprüngl. Rang behalten hat (vgl. auch den Fall der GlAnfechtung RG. 70, 114), der Rest dem Zwischenrecht (b); das neue Recht (= c) geht leer aus (bestr.; s. Fußn. 18).

Erst wenn ein den Betrag des Zwischenrechts (b) übersteigender Erlös erzielt ist, tritt die Konkurrenz der drei Rechte zutage: der Mehrerlös (über b) fällt zunächst dem neuen Recht (c) zu, da diesem nicht mehr vorgeht, als das Zwischenrecht (b) beträgt; aus dem Rest (r) ist zunächst das aufgew. Recht (a) vor dem Zwischenrecht (b) zu befriedigen; ist aber der ganze Erlös (e) höher als der Betrag des aufgew. Rechts (a), so daß auch das Zwischenrecht (b) Anspruch auf Befriedigung hat, dann ist von dem genannten Rest (r) zunächst dem Zwischenrecht (b) derj. Betrag zuzuteilen, um den der ganze Erlös (e) das aufgew. Recht (a) übersteigt, und erst der nunmehrige Rest dem aufgew. Recht (a); letzteres kann daher u. U. ganz ausfallen.

Die gutgl. C-Rechte[19]) erhalten also vom Erlös (e) nur etwas, wenn dieser mehr als b beträgt ($e > b$), jedoch höchstens c; die B-Rechte nur, wenn der Erlös (e) mehr als a beträgt ($e > a$), jedoch höchstens b. Es entfällt somit

---

[17]) Der Schutz des guten Gl. kommt daher nicht in einer SichHyp. zugute, die nach §§ 1163, 1177 BGB. auf den Eigentümer übergegangen ist (BayObLG. 28 A 65), auch nicht dem Erwerb der Erbteile durch einen der Miterben (HRR. 1928, 2275).

[18]) A. M. Breit, Grundbuchrang 31 ff., 108, der die Annahme einer Rangrelativität als Irrlehre bezeichnet u. bekämpft. Ähnl. Brachvogel GruchBeitr. 69, 46, der leugnet, daß das gelöschte (A-)Recht in einem „Rangverhältnis" zu dem gutgl. erworbenen (C-)Recht steht; vielmehr existiere A für C gar nicht, B müsse nach A zur Hebung kommen u. A dürfe zum Nachteil des C nicht geltend gemacht werden. Das ist richtig u. stimmt mit der von Mügel, Reinhardt u. a. vertretenen Lehre überein. Die Abweichung beginnt erst bei der aus diesen Sätzen gezogenen Schlußfolgerung: Nach Brachvogel soll C, solange das Zwischenrecht B nichts erhält, in erster Linie befriedigt werden (für C soll also insolange weder A noch B existieren), während nach Mügel, Reinhard u. der oben vertretenen Meinung umgekehrt A zu befriedigen ist, solange B nichts erhält, weil alles, was dem C zugeteilt würde, bevor B etwas bekommt, ihm von diesem entrissen werden könnte. LitNachw. bei Mügel S. 465 u. Breit S. 38.

[19]) Mehrere gelöschte oder gutgl. erworb. Rechte oder Zwischenrechte sind rechnerisch unter a, b, c zusammenzufassen, u. der auf a, b, c entfallende Betrag schließlich wieder

auf die C-Rechte: e—b, höchstens c,
„ „ B- „ : e—a, „ b,
„ „ A- „ der Rest (so Reinhard-Müller § 44 A. 9 c γ, 10 b u. § 114 A. 19 a)[20].

Dieses je nach der Höhe des Erlöses wechselnde Bild veranschaulicht nachstehende Tabelle (s. Mügel S. 473, Reinhard Einf. S. 126 ff., Reinhard-Müller a. a. O.):

I.
Hyp. a = 1000 b = 2000
c = 3000
also a < b u. a < c

Erlös (e):	A:	B:	C:
900	900	—	—
1000	1000	—	—
1500	1000	500	—
2000	1000	1000	—
2100	900	1100	100
3000	—	2000	1000
3500	—	2000	1500
5000	—	2000	3000
5500	500	2000	3000
6000	1000	2000	3000

II.:
a = 1000 b = 2000
c = 1000
also a < b u. a = c

e:	A:	B:	C:
900	900	—	—
1000	1000	—	—
1500	1000	500	—
2000	1000	1000	—
2100	900	1100	100
3000	—	2000	1000
3500	500	2000	1000
4000	1000	2000	1000

III:
a = 1000 b = 2000
c = 500
also a < b u. a > c

e:	A:	B:	C:
900	900	—	—
1000	1000	—	—
1500	1000	500	—
2000	1000	1000	—
2100	900	1100	100
2500	500	1500	500
3000	500	2000	500
3500	1000	2000	500

IV.:
a = 1000 b = 1000
c = 2000
also a = b u. a < c

e:	A:	B:	C:
900	900	—	—
1000	1000	—	—
1100	900	100	100
2000	—	1000	1000
2500	—	1000	1500
3000	—	1000	2000
3500	500	1000	2000
4000	1000	1000	2000

V.:
a = 1000 b = 1000
c = 1000
also a = b u. a = c

e:	A:	B:	C:
900	900	—	—
1000	1000	—	—
1100	900	100	100
2000	—	1000	1000
2500	500	1000	1000
3000	1000	1000	1000

VI.:
a = 2000 b = 2000
c = 1000
also a = b u. a > c

e:	A:	B:	C:
1900	1900	—	—
2000	2000	—	—
2100	1900	100	100
3000	1000	1000	1000
3500	1000	1500	1000
4000	1000	2000	1000
4500	1500	2000	1000
5000	2000	2000	1000

VII.:
a = 1000 b = 500
c = 2000
also a > 2 u. a < c

e:	A:	B:	C:
400	400	—	—
500	500	—	—
600	500	—	100
1000	500	—	500
1500	—	500	1000
2000	—	500	1500
2500	—	500	2000
3000	500	500	2000
3500	1000	500	2000

VIII.:
a = 1000 b = 500
c = 1000
also a > b u. a = c

e:	A:	B:	C:
400	400	—	—
500	500	—	—
600	500	—	100
1000	500	—	500
1500	—	500	1000
2000	500	500	1000
2500	1000	500	1000

unter die einzelnen Rechte nach ihrem Verhältnis u. Rang aufzuteilen (Reinhard-Müller a. a. O.).

[20]) Breit Grundbuchrang S. 115 ff. verteilt den Erlös in der Weise, daß er zwei Verteilungen vornimmt; zunächst eine solche, bei der die gelöscht gewesene Hyp. (A) mit ihrem bish. Rang berücksichtigt wird u. dann eine solche, bei der diese Hyp. außer Betracht bleibt; entfällt bei dieser zweiten Verteilung ein Betrag auf die gutgl. bestellte Hyp. (C), so hat ihn die gelöscht gewesene Hyp (A) von dem ihr bei der ersten Verteilung zugewiesenen Erlösteil zu überlassen.

IX.:

a = 2000 b = 1000
c = 1500
also a > b u. a > c

e:	A:	B:	C:
900	900	—	—
1000	1000	—	—
1100	1000	—	100
2000	1000	—	1000
2500	500	500	1500
3000	500	1000	1500
3500	1000	1000	1500
4500	2000	1000	1500

X.:

a = 2000 b = 1000
c = 1000
also a > b u. b = c

e:	A:	B:	C:
900	900	—	—
1000	1000	—	—
1100	1000	—	100
2000	1000	—	1000
2500	1000	500	1000
3000	1000	1000	1000
4000	2000	1000	1000

c) Im Hinblick auf diese, jeweils vom VerstErlös abhängige Sachlage ist sehr zweifelhaft u. bestr., wie das **geringste Gebot** zu bestimmen ist, wenn einer der 3 Gl. A, B oder C die Verst. betreibt. Jedenfalls kann nicht einfach das Bestehenbleiben eines der anderen Rechte festgesetzt werden. Denn betreibt **A** das Verf., so kann b nicht bestehen bleiben, weil es dem A nachgeht; c nicht, weil dies B nicht zu dulden braucht. Entsprechendes gilt, wenn **B** oder **C** das Verf. betreiben. Je nach der Höhe des Erlöses ist auch der Betrag verschieden, der auf eines dieser Rechte entfallen würde. Es darf aber auch die Bestimmung, welches der 3 Rechte bestehen bleiben soll, nicht dem VertVerf. vorbehalten werden; denn die Beteiligten müssen Klarheit über die Rechtslage vor Abgabe der Gebote haben. Es muß also von einem Bestehenbleiben abgesehen werden.

Dagegen ist es möglich, wenigstens den Betrag festzusetzen, der dem betreib. Gl. A, B oder C vorgeht u. gedeckt sein muß, bevor er Befriedigung aus dem Erlös erwarten darf. Dem **B** geht nämlich der Betrag a u. dem **C** der Betrag b vor. Diese Beträge sind daher als bar zu zahlende in das g. G. einzustellen, u. zwar der Betrag a, wenn **B**, der Betrag b, wenn **C** das Verf. betreibt. Wem sie zufallen, ergibt erst die Höhe des Verst.-Erlöses u. dessen Verteilung. Diese Regelung ist zulässig, widerspricht nicht dem § 49 ZVG. u. ist auch in anderen Fällen notwendig (Reinhard-Müller § 49 A. 2); sie dürfte dem Ausweg, keines der 3 Rechte (auch nicht dem Betrag nach) im g. G. zu berücksichtigen, vorzuziehen sein, da hiedurch der andere Teil wenigstens einige Sicherung gg. einen Ausfall erlangt u. auch der Eigentümer dagegen geschützt ist, daß sein Grundstück unter dem baren Mindestgebotbetrag versteigert wird. Nur wenn das Verf. von **A** betrieben wird, läßt sich von vorneherein nicht sagen, mit welchem Betrag ihm c vorgeht, da C solange, als nicht B befriedigt ist, nichts aus dem Erlös zu erwarten hat; b + c kann aber nicht in das g. G. eingestellt werden, da b nicht dem A vorgeht. In diesem Fall ist also das g. G. (abgesehen von den Kosten usw.) = 0. Vgl. hiezu Mügel S. 474 f., Reinhard Einf. S. 125 f., Reinhard-Müller A. 9 c δ u. 11 b S. 94.

Betreiben zwei der Gl. A, B oder C (oder alle 3) das Verf., so ist dasj. Recht dem g. G. zugrunde zu legen, nach welchem es sich am niedrigsten stellt (vgl. oben § 44 III b α).

d) Der Schutz des öff. Glaubens des GBuchs gilt auch gegenüber dem AufwAnspr. des früheren Gl. (insbes. des **Zedenten**), einer z. Zt. des Inkrafttretens des AufwG. (15. 7. 25) nicht gelöschten (oder doch wieder einzutragenden) Hyp. usw. (§ 21 AufwG.). Er steht jedoch demj. nicht zu, der nach der Abtretung das Eigentum am G. erworben hat (RG. 116, 177, JW. 1927, 1626, 1629, 2938, Ring 3, 130, 135, Mügel § 17 A. 6).

Der AufwBetrag des früh. Gl. ist nach dem Zeitpunkt seines Erwerbs (im Rechtssinn) zu berechnen, so daß eine Aufwertung für den Zedenten einer Buchhyp., deren Abtretung erst nach dem 13. 2. 24 eingetragen wurde, nicht stattfindet (§§ 2 I, 17 AufwG., RG. 121, 263, HRR. 1928, 2142, JW. 1928, 2826). Der AufwBetrag des früh. Gl. steht, soweit ein gutgl. Erwerb nicht in Frage kommt, demj. des gegenwärtigen Gl. und den diesem (im Zeitpunkt des Inkrafttretens des AufwG., 15. 7. 25, bestehenden) gleich- oder nachgehenden Rechten im Range nach (§ 21 Abs. 2 AufwG., relative Rangänderung, s. Mügel S. 514, 775 f.); unter § 21 II fällt nicht nur die rechtsgeschäftl. Übertragung, sondern auch der Übergang kraft Gesetzes, insbes. also auch die Umschreibung auf den Eigentümer (RG. 120, 216, HRR. 1928 Nr. 1012, Ring 3, 868, gg. Mügel § 21 A. 5). Der früh. Gl. tritt auch hinter die Rangvorbehalte zurück, die sich an die in § 21 II bez. Rechte anschließen, auch hinter den Rangvorbehalt bei der Hyp. des Zessionars, nicht aber hinter den Rangvorbehalt, der sich an den AufwBetrag des früh. Gl. selbst anschließt (HRR. 1928, 2142, Mügel § 7 A. 10, § 21 A. 6 c, Nadler S. 247, Reinhard-Müller S. 116). Bei mehrfacher Abtretung gebührt dem jeweils jüngeren Zedenten der Vorrang (Mügel S. 774).

Beispiel: Es sind eingetragen:

I: für A 10000 PM. v. 1. 3. 19 (Goldmarkbetrag = 4000, 25% : 1000 GM.)
II: „ B 20000 PM. v. 1. 4. 20 (Goldmarkbetrag = 1400, 25% : 350 GM.)
III: „ C 3000 GM. v. 1. 7. 25.

Die Hyp. des A ist abgetreten an D am 1. 5. 22 (100 PM. = 1,50 GM.), AufwBetrag des D also 150 : 4 = 37,5 GM. Der hinter A bestehende Rangvorbehalt (§ 7 I AufwG.) ist dem N eingeräumt, der hinter D ist nicht ausgenützt. Die Hyp. des B liegt außerhalb der Mündelsicherheitsgrenze. Die Voraussetzungen der §§ 6 II, 7 IV AufwG. liegen nicht vor, ebensowenig gutgl. Erwerb (§ 20 AufwG.); die Hyp. des C fällt wegen § 22 II nicht unter § 21 II AufwG. Dann ist die Rangordnung:

I: 37,5 GM. für D (§§ 17, 21 II AufwG.)
II: 350 „ „ B (§ 21 II AufwG.)
III: 962,5 „ „ A
IV: 962,5 „ „ N (§ 7 I AufwG.)
V: 3000 „ „ C.

Betreibt D die Verst., so kommt keines der Rechte in das g. G.; ist B betreib. Teil, so ist im g. G. D mit 37,5 zu berücksichtigen; ist A betreib. Teil, so sind 37,5 des D u. 350 des B als bestehenbleibend zu erklären (die 962,5 des N gehen dem A nach); ist N betreib. Gl., so kommen 37,5 des D + 350 des B + 962,5 des A in das g. G.; ist C betreib. Teil, so bleiben die übrigen Rechte bestehen. Stehen die AufwBeträge noch nicht fest, so ist außerdem die zu 1 d α bez. Nebenbestimmung zu treffen.

Über die Behandlung im VertVerf. s. § 114 Anh. 4 d.

e) Ist das gutgl. erworb. Recht eine **Gesamthyp.**, so kann der AufwGl. (auch der frühere des § 21 AufwG., JW. 1928, 2860) auf dem Wege des § 23 AufwG. innerh. der dort bestimmten Zeit den Vorrang vor einem Teil der Gesamthyp. sich erhalten (relative Rangänderung, s. Mügel § 23 A. 1, 2). Die Herbeiführung dieser Rangänderung durch Eintragung muß im VerstVerf. nachgewiesen sein; sonst ist der AufwGl. auf den Widerspruch gg. den TeilPlan (§ 115) zu verweisen (Reinhard-Müller § 114 A. 19 e).

f) **Einschränkung** des guten Glaubens. Die Fälle, in denen dem Erwerber eines Rechtes gegenüber dem aufgewert. Recht (bzw. dessen Umschreibung) der öff. Glaube des GBuchs zugute kommt (§§ 20, 21 AufwG.) sind erheblich eingeschränkt:

in § 14 AufwNov. zuungunsten des Grundstückserwerbers im Falle der Ablösung des Rechtes (vgl. BayObLG. 27 A 342, 346),

in § 22 AufwG. hinsichtl. der Person des Erwerbers (Eigent., Angehörige)[21]), der Beweislast in Ansehung des guten Gl. u. der Zeit des Erwerbs, besonders

in § 22 II AufwG. zuungunsten desj., der ein Recht nach dem 30. 6. 25 erworben hat.

Der für den guten Gl. maßgebende Zeitpunkt (§ 892 BGB.) ist der des (durch den letzten Rechtsakt) vollendeten Erwerbs (Einigung bzw. EintragAntrag oder Einigung, Aushändigung des Briefs, Valutierung[22]) der Hyp., RG. 89, 168, Ring 3, 50, JW. 1927, 2508, BayObLG. 27 A 247; 28 A 54, BZfR. 1928, 272, Mügel S. 748). Nach diesem Zeitpunkt eingetretene Bösgläubigkeit schadet dem Erwerber nicht mehr. Eine vorherige Vormerkung steht der Eintragung i. S. des § 22 II nicht gleich (RG. 116, 238; 120, 13; 121, 47; Ring 3, 273, 276, 338, 464, JW. 1928, 717, 1359, BayObLG. 27 A 181; a. M. 28 A 167; vgl. auch § 48 Fußn. 1).

Durch § 22 II AufwG. werden nur Rechte geschützt, die beim Inkrafttreten des AufwG. bereits gelöscht waren; § 22 II findet dagegen keine Anwendung, wenn eine PMarkHyp.

---

[21]) Das hindert nicht, daß ihnen u. U. die übrigen Rangvergünstigungen zugute kommen, z. B. das Einrücken in die Rangstelle des Eigent. nach § 7 IV AufwG. — Ist der Kreis der Berechtigten u. Verpflichteten vor u. nach dem Erwerb der gleiche geblieben oder nur eine Verschiebung innerhalb des Kreises der bish. Berechtigten (z. B. Teilhaber einer Gemeinschaft) erfolgt, so finden die §§ 20, 21 AufwG. überhaupt keine Anwendung (BayObLG. 28 A 18).

[22]) Im Falle eines über den 30. 6. 25 hinaus fortdauernden Kreditverhältnisses, das einer Höchstbetragshyp. zugrunde liegt, gilt auch die spätere Valutierung als Rechtserwerb im Sinne des § 22 Abs. 2 AufwG. (BayObLG. 28 A 3, 162, 164).

nach dem Inkrafttreten gelöscht wurde u. dann vor Wiedereintrag. ein gutgl. Erwerb stattfand (RG. 123, 83, Ring 4, 98, JW. 1929, 757).

Der Schutz des guten Gl. tritt auch nicht ein, soweit Rechte gelöscht wurden, die der Eintragung nicht bedurften, z. B. Rentenbanknoten (Mügel S. 755).

g) Die Entscheidung über den guten Gl. eines Erwerbes gegenüber einem aufgew. Recht ist im Streitfalle Sache des Prozeßgerichts (vgl. Neukirch S. 523 III 1, BayObLG. 26 A 46, 59, 322, Ring 2, 363); solange hierüber nicht ein rechtskr. Urteil (oder Einigung in öffentl. oder öff. begl. Urkunde) vorgelegt wird, ist für das Verf. nur der Inhalt des GBuchs (das dort eingetrag. Rangverhältnis) maßgebend u. der Beteiligte weg. der Geltendmachung einer Abweichung auf den Widerspruch gg. den TeilPlan beschränkt (Reinhard Einfl. S. 228 b, Reinhard-Müller § 114 A. 17 a).

Tatsachen, die sich aus dem GBuch ergeben (z. B. Erwerb nach dem 30. 6. 25, s. oben f) sind natürlich von Amts wegen zu beachten (Reinhard-Müller § 114 A. 19 b, Mügel S. 757).

4. Zusammentreffen mehrerer Rangverschiebungen nach dem AufwG. (über das VerteilVerf. s. § 114 Anh. 4).

a) § 6 II mit § 7 I u. IV AufwG.

Beispiele: Es sind eingetragen:

α) I: für A 40000 PM. v. 1. 3. 17 (AufwBetrag: 25% = 10000 GM.)
II: „ B 10000 „ v. 31. 12. 17 („ 25% = 2500 „)
III: „ C 8000 GM. Feingoldhyp. v. 14. 2. 24.

Dem C kommt also § 6 II u. § 7 IV AufwG. zugute. Nach der Hyp. des B besteht keine off. Rangstelle. Die Rangordnung ist daher folgende (vgl. Quassowski S. 113, Neukirch S. 147, Kriener BZfR. 1926, 149; abw. Schlegelberger-Harmening S. 228 b, Mügel S. 537):

I: 6000 GM. für A (15%)
II: 8000 „ „ C (§§ 6 II, 7 IV)
III: 4000 „ „ A (10%)
IV: 2000 „ „ Eigent. (Rest der Rangstelle nach § 7 I)
} 20000
V: 2500 „ „ B.

Die Festsetzung des g. G. bietet keine Besonderheiten, da C in II auf Grund des § 7 IV AufwG. eine feste Rangstelle erlangt hat. Steht der AufwBetrag (im g. G.) noch nicht endgültig fest, so ist außerdem die zu A. 1 d α bez. Nebenbestimmung zu treffen.

β) Beträgt in ob. Beisp. die Hyp. des C 20000 GM., so ist die Rangordnung:

I: 6000 GM. für A (15%)
II: 4000 „ „ C (§ 6 II)
III: 10000 „ „ C (§ 7 IV)
} 20000
IV: 2500 „ „ B
V: 4000 „ „ A
VI: 6000 „ „ C.

Der Gl. B kann erst nach Deckung von 20000 Befriedigung erwarten; muß aber dann zum Zuge kommen, da ihm nicht mehr als 20000 vorgehen. Nach Deckung der Hyp. B ist zunächst A zu befriedigen, da er von seiner Hyp. nur $^3/_5$ = 6000 dem C vorgehen lassen muß.

G. G., wie bei α.

γ) Es sind eingetr. (vgl. das Beisp. bei Reinhard-Müller S. 140 u. Mügel S. 538):

I: für A 40000 PM. v. 1. 3. 17 (AufwBetrag: 25% = 10000 GM.)
II: „ B 10000 „ v. 31. 12. 17 („ 25% = 2500 „
innerh. der MündelsicherhGrenze)
III: „ C 2000 Bill. M. v. 10. 12. 23
IV: „ D 9000 Feingold-M. v. 14. 2. 24
V: „ E 8000 GM. v. 1. 10. 24.

Es besteht also auch hinter B eine off. Rangstelle, dem D kommt § 6 II, dem D u. E § 7 IV AufwG. zugute.

Käme nur § 6 II AufwG. in Frage, so wäre die Rangordnung:

I:	6000 GM.	für	A (15%)	10000
	4000 „	„	D (§ 6 II)	
II:	1500 „	„	B (15%)	2500
	1000 „	„	D (§ 6 II)	
III:	2000 „	„	C	
IV:	4000 „	„	A (10%)	9000
	4000 „	„	D	
	1000 „	„	B (10%)	
V:	8000 „	„	E	

Die Feststellung der Rangstellen des § 7 I AufwG. ergibt folgende Reihenfolge[23]):

I:	6000 GM.	für	A (15%)	20000
	4000 „	„	D (§ 6 II)	
	10000 „	„	Eigent. (§ 7 I)	
II:	1500 „	„	B (15%)	5000
	1000 „	„	D (§ 6 II)	
	2500 „	„	Eigent. (§ 7 I)	

III—V wie oben.

Wenn nun D u. E nach § 7 IV AufwG. in die Rangstellen des Eigent. einrücken, so ist die Rangordnung:

I:	6000 GM.	für	A	10000
II:	4000 „	„	D	
III:	5000 „	„	D	10000
IV:	5000 „	„	E	
V:	1500 „	„	B	2500
VI:	1000 „	„	A (an Stelle des vorrückenden D)	
VII:	2500 „	„	E	
VIII:	2000 „	„	C	
IX:	3000 „	„	A (Rest der 10%)	
X:	1000 „	„	B (10%)	
XI:	500 „	„	E.	

Die Feststellung des g. G. zeigt keine Besonderheiten. B muß sich insges. 20000 vorgehen lassen, C 20000 + 5000, D behält seine nach § 6 II AufwG. gewonnene Rangstellung wg. § 7 IV; die Rangstelle des Eigent. (III u. IV) fällt zunächst dem D u. dann dem E zu. Steht der AufwBetrag (im g. G.) noch nicht fest, so ist außerdem die zu 1 d α bez. Nebenbestimmung zu treffen.

δ) Wenn im vor. Beisp. die Hyp. D am 1. 2. 24, die des E aber am 14. 2. 24 erworben ist, dann kommt die Rangvergünstigung des § 6 II AufwG. dem E, statt dem D, zugute. Die 2. Rangstelle (4000 des D) steht dann dem E zu u. verbleibt ihm auch nach dem Einrücken dem A gegenüber. E braucht sich also dem A gegenüber nur 6000 (15%) vorgehen zu lassen. Dies ändert aber nichts an dem Nachrang des E gegenüber D; diesem gehen in der Rangstelle des Eigent. (III) 6000 + 4000 vor, dem E aber 6000 + 9000 (vgl. oben 1 d γ, δ). Bis zur Erreichung eines Erlöses von 15000 werden nur A u. D befriedigt, nicht E. Die Rangordnung ist also folgende:

I:	6000 GM.	für	A	10000
II:	4000 „	„	E (Rang nach III, aber vor VIII u. X)	
III:	9000 „	„	D (Rang vor II)	10000
IV:	1000 „	„	E	
V:	1500 „	„	B	2500
VI:	1000 „	„	E	
VII:	2000 „	„	E	2500
VIII:	500 „	„	A (an Stelle des E)	
IX:	2000 „	„	C	
X:	3500 „	„	A (Rest der 10%)	
XI:	1000 „	„	B (10%).	

[23]) A. M. Mügel S. 536 ff., der davon ausgeht, daß die Rangbefugnis des § 7 I bzw. das einrückende Recht der Rangvergünstigung nach § 6 II im Range vorgeht.

Ist **A** betreib. Gl., g. G. = 0. Ist **B** betreib. Gl., g. G. = 6000 des A + 9000 des D + 5000 des E. Ist **C** betreib. Gl., g. G. = die Hyp. I—VIII mit zus. 25000. Ist **D** betreib. Gl., g. G. = 6000 des A + 4000 Barzahlung (vgl. oben 1 d γ, δ). Ist **E** betreib. Gl., g. G. = 6000 des A + 9000 des D.

Steht der AufwBetrag (im g. G.) noch nicht endgültig fest, so ist außerdem die zu 1 d α bez. Nebenbestimmung zu treffen.

b) § 6 Abs. 2 mit §§ 7 u. 20 AufwG. (über das VerteilVerf. s. § 114 Anh. 4 b).

α) Es sind eingetragen (vgl. Reinhard in JW. 1928, 2873, Wenz JW. 1929, 202):

I:	für A	6500 GM.	AufwBetrag
II:	„ B	5000 „	v. 1. 12. 24
III:	„ C	1500 „	AufwBetrag
IV:	„ D	3600 „	v. 9. 9. 24
V:	„ E	6000 „	v. 14. 1. 25.

Die Hyp. A war gelöscht am 11. 1. 24, später wurde gg. diese Löschung ein Widerspruch auf Grund des AufwG. eingetragen; nach Löschung der Hyp. A, aber vor Eintragung des Widerspruchs, sind die Hyp. B, D u. E erworben. C u. D sind dem B im Range ausgewichen. Dem D kommt § 6 II AufwG. zugute. Hinter C besteht keine off. Rangstelle, da die Hyp. D u. E wertbeständig sind. B, D u. E rücken in die hinter A bestehende Rangstelle ein, so daß D u. E insoweit auch Vorrang vor dem Zwischenrecht C erlangen.

Rangordnung nach §§ 6 II, 7 IV AufwG.:

I a:	3900 für A		} 6500
	2600 „ D (§ 6 II)		
b:	5000 „ B (§ 7 IV)		} 6500
	1000 „ D (§ 7 IV)		
	500 „ E (§ 7 IV)		
II:	1500 „ C		
III:	2600 „ A		
IV:	5500 „ E.		

Dem C gehen also vor 2 × 6500 = 13000; er kann erst Befriedigung erwarten, wenn der Erlös mehr als 13000 beträgt. Die 3900 des A müssen gem. § 20 AufwG. hinter 5000 des B + 3600 des D + 500 des E zurückweichen; sie müßten auch den weiteren 5500 des E weichen; da diesen aber C vorgeht, entfällt auf die 5500 des E erst etwas, wenn die 1500 des C überboten sind; solange also der Erlös nicht 5000 des B + 3600 des D + 500 des E + 1500 des C (= 10600) übersteigt, erhält diese 1500 nicht E, auch nicht C (der erst nach 13000 etwas erhält), sondern A (s. oben zu 3 b, wobei nur als Zwischenrecht C statt B, als Nachrecht E statt C auftritt).

Die Rangfolge stellt sich daher so dar:

I:	2600 für D	} 13000
	5000 „ B	
	1000 „ D	
	500 „ E	
	3900 „ A (jedoch nach III)	
II:	1500 „ C	
III:	5500 „ E (jedoch vor 3900 des A)	
IV:	2600 „ A.	

G. G., wenn **D** die Verst. betreibt: 0

„ **B** „ „ „ : 2600 des D

„ **E** „ „ „ : 3600 des D + 5000 des B (maßgebend sind die 500 des E in I)

„ **A** „ „ „ : 3600 des D + 5000 des B + 500 des E (von den weiteren 5500 des E steht noch nicht fest, inwieweit sie vor A zu decken sind).

„ **C** „ „ „ : 3600 des D + 5000 des B + 500 des E + barzuzahlende 3900 (von denen nur noch nicht feststeht, ob sie dem A oder E zufallen). Vgl. oben 3 c.

β) Es sind eingetragen (vgl. Reinhard Einf. S. 140, 142):

I: für A 10000 GM. AufwBetrag
II: „ B 2500 „ AufwBetrag (innerh. der MündelsicherhGrenze: § 7 I AufwG.)
III: „ C 3000 Bill. PM. v. 1. 12. 23
III: „ D 9000 GM. v. 14. 2. 24
IV: „ E 8000 „ v. 2. 10. 24,

also Rangbegünstigung nach § 6 II AufwG. gegenüber A u. B nur für D (nicht für C u. E), Rangvorbehalt des Eigent. hinter A u. B, in diese Rangstellen sind D u. E. eineingerückt, (so daß sie insoweit absoluten Vorrang auch vor B u. C erlangt haben), gutgl. Erwerb des D u. E nach Löschung von A, daher Rangrücktritt des A hinter D und E.

Dann ist die Reihenfolge nach § 6 II u. § 7 I u. IV AufwG.:

I:	6000	für	A	} 10000
	4000	„	D (§ 6 II)	
	5000	„	D (§ 7 IV)	} 10000
	5000	„	E (§ 7 IV)	
II:	2500	„	B	} 5000
	2500	„	E (§ 7 IV)	
III:	3000	„	C	
IV:	4000	„	A	
V:	500	„	E	

und nach § 20 AufwG.:

I:	9000	für	D	} 20000
	5000	„	E	
	6000	„	A (jedoch nach 2500 des E)	
II:	2500	„	B	} 5000
	2500	„	E (jedoch vor 6000 des A)	
III:	3000	„	C	
IV:	500	„	E	
V:	4000	„	A.	

Dem B gehen also vor 20000, dem C 25000, vorher haben sie keine Befriedigung zu erwarten. Die 6000 des A haben Rang hinter den 2500 des E, jedoch kommen diese erst zum Zuge, wenn das Zwischenrecht B mit 2500 gedeckt ist.

G.G., wenn D die Verst. betreibt: 0

„ E „ „ „ : 9000 des D

„ C „ „ „ : 9000 des D + 7500 des E + 6000 des A + 2500 des B (zus. 25000)

„ A „ „ „ : 9000 des D + 5000 des E (von den weiteren 2500 des E steht noch nicht fest, inwieweit sie vor A zu decken sind)

„ B „ „ „ : 9000 des D + 5000 des E + barzuzahlende 6000 (von denen nur noch nicht feststeht, ob sie dem A oder teilweise dem E zufallen). Vgl. oben 3 c.

c) §§ 7 I, IV, 20 u. 23 AufwG. (über das VerteilVerf. s. § 114 Anh. 4 c).

Es sind eingetragen:

I: für A 2000 GM. AufwBetrag
II: „ B 3000 Bill. PM. v. 1. 12. 23
III: „ C 4000 GM. Gesamthyp. v. 3. 10. 24.

C hat seine Hyp. nach Löschung der PMHyp. des A gutgl. erworben (§ 20) u. gem. § 23 dem A den Vorrang hinsichtl. des auf die anderen Grundstücke entfallenden Betrags von 1000 einräumen müssen. Außerdem ist aber C gem. § 7 IV in die Rangstelle hinter A eingerückt. Dann ist die Rangordnung:

nach §§ 7 I, 7 IV:	Ia:	2000	für	A
	b:	2000	„	C (§ 7 IV)
	II:	3000	„	B
	III:	2000	„	C
nach § 20:	Ia:	2000	„	C (vor A, aber nach B)
	b:	2000	„	C (§ 7 IV)
	II:	3000	„	B (vor I a)
	III:	2000	„	A

u. nach § 23: Ia: 1000 „ C (vor A, aber nach II)
1000 „ A
b: 2000 „ C (§ 7 IV)
II: 3000 „ B (vor I a des C)
III: 1000 „ A
IV: 1000 „ C.

Die 1000 des C in I a können vor den 1000 des A in I a erst zum Zuge kommen, wenn die 3000 des B in II gedeckt sind; bis dahin gebühren die 2000 in I a allein dem A. Der Gl. B kann erst nach Deckung von 4000 zum Zuge kommen, kann also nur den Mehrerlös über 4000 beanspruchen.

G. G. (vgl. oben 3 c),

wenn B das Verf. betreibt: 1000 des A + 2000 des C + 1000 bar,
„ C „ „ „ : 3000 bar,
„ A „ „ „ : 0.

d) §§ 7 IV, 21 AufwG. (über das VerteilVerf. f. § 114 Anh. 4 d).

Es sind eingetragen:

I: für A 10000 PM. v. 1. 3. 19 (Goldmarkbetrag: 4000, 25%: 1000 GM.)
II: „ B 20000 „ „ 1. 4. 20 („ : 1400, „ : 350 „)
III: „ C 3000 GM. am 1. 12. 24.

Die Hyp. des A ist abgetreten an D am 1. 5. 22 (100 PM. = 1,50 GM.), AufwBetrag des D also 150 : 4 = 37,5 GM. Dann ist die Rangordnung:

Ia: 37,5 für D (§§ 17, 21 II AufwG.)
b: 37,5 „ C (§ 7 IV AufwG.)
II: 350 „ B (§ 21 II AufwG.)
III: 2962,5 „ C
IV: 962,5 „ A (§ 21 II).

Dem A gehen also vor: 37,5 des D + 350 des B + 3000 des C, dem B: 37,5 des D + 37,5 des C, dem C: 37,5 des D, mit 2962,5 auch die eigenen 37,5 + 350 des B, dem D: 0.

Dem entspr. ist das g. G. zu bilden (vgl. oben 3 d).

e) §§ 6 II, 7, 21 AufwG. (vgl. Quassowski S. 320; über das VerteilVerf. f. § 114 Anh. 4 e).

Ist im vor. Beisp. in der Zeit des § 6 II eine weitere Hyp. für E zu 2000 GM. eingetragen, so daß ihr der AufwBetrag des gegenwärtigen Gl. D u. der des B je nur zu $^3/_5$ im Rang vorgeht, so ergibt sich zunächst folgende Rangordnung, wenn von § 7 AufwG. abgesehen wird:

I: 22,5 für D (15%) } 37,5
15 „ E (§ 6 II) }
II: 210 „ B (15%) } 350
140 „ E (§ 6 II) }
III: 3000 „ C
IV: 1845 „ E
V: 15 „ D (10%)
140 „ B (10%)
VI: 962,5 „ A.

Nach Einfügung der Rangstellen hinter I u. II (§ 7 I) u. Einrücken des C in diese Rangstellen (§ 7 IV; für E reichen die Stellen nicht aus) ergibt sich als Reihenfolge:

Ia: 22,5 für D } 37,5
15 „ E }
b: 37,5 „ C (§ 7 IV)
IIa: 210 „ B } 350
140 „ E }
b: 350 „ C (§ 7 IV)
III: 2612,5 „ C
IV: 1845 „ E
V: 15 „ D
140 „ B
VI: 962,5 „ A.

Hier ist wieder (wie oben Anh. 1 d γ, δ) zu beachten, daß § 6 II AufwG. nur einen relativen Vorrang verschafft, d. h. Gl. E kann den Vorrang in I a u. II a erst geltend machen, wenn die ihm vorgehenden festen Rangstellen des D, B u. C, zus. 3232,5 gedeckt sind; vorher hat er überhaupt aus dem Erlös nichts zu erwarten.

Betreibt also D die Verst., so kommt keines der Rechte in das g. G.; ist E betreib. Gl., so bleiben bestehen: 22,5 des D + 210 des B + 3000 des C; ist C betreib. Gl., so bleiben bestehen 22,5 des D, außerdem 15 bar (wem die letzteren zufallen, ergibt erst der Verst.-Erlös); ist B betreib. Gl., so bleiben bestehen: 22,5 des D + 37,5 des C, außerdem 15 bar; ist A betreib. Gl., so bleiben die übr. Rechte bestehen (die zus. 5387,5 betragen).

§ 45.

Ein Recht ist bei der Feststellung des geringsten Gebots insoweit, als es zur Zeit der Eintragung des Versteigerungsvermerkes aus dem Grundbuch ersichtlich war, nach dem Inhalte des Grundbuchs, im übrigen nur dann zu berücksichtigen, wenn es rechtzeitig angemeldet und, falls der Gläubiger widerspricht, glaubhaft gemacht wird.

Von wiederkehrenden Leistungen, die nach dem Inhalte des Grundbuchs zu entrichten sind, brauchen die laufenden Beträge nicht angemeldet, die rückständigen nicht glaubhaft gemacht zu werden.

E. I §§ 60, 61; Begr. 162, 164; D. 45; RBer. —.

Die im geringsten Gebot zu berücksichtigenden Rechte.

1. Voraussetzung der Berücksichtigung im g. G. ist, außer dem Vorrang vor dem betreib. Gl. (§§ 44 mit 9—12) entweder die Eintragung eines Rechtes (Anspruchs) im GBuch zur Zeit der Eintragung des VersteigVermerks oder dessen rechtzeitige Anmeldung u. (nötigenfalls) Glaubhaftmachung. Widerspruch (gegen Bestand, Rang) eines Anspr. allein hindert dagegen seine Einstellung in das g. G. nicht (s. § 44 A. VIII u. unten A. 4).

Verletzung des § 45 ist ebenfalls Grund zur Versagung bzw. Anfechtung des Zuschlags (§§ 83 Nr. 1, 100).

2. Die zu berücksichtigenden Rechte.

a) Die eingetragenen. Von Amts wegen sind im g. G. zu berücksichtigen (außer den Kosten des Verf., § 109) die z. Z. der Eintragung des VersteigVermerks aus dem GBuch ersichtlichen (wenn auch nur durch Vormerkung oder Widerspruch, § 48, gesich.) Rechte (vgl. § 37 A. 2 d β). Die Hyp. alten Rechts sind als BuchHyp., die früh. Vorzugsrechte u. Hyp. der Pfalz, soweit sie z. Z. der GBuchAnlegung eingetragen waren, als SichHyp. nach BGB. zu betrachten (Art. 192 EG.BGB., Art. 1, 12 pfälz. LiegG.; vgl. §§ 605 ff. DA.; von § 8 EG.ZVG. ist in Bayern kein Gebrauch gemacht). Über die der Eintragung nicht bedürfenden Rechte s. § 37 A. 2 d β. Über die vorgemerkten altrechtl. Hyp. s. § 50 A. 3 B c.

α) Maßgebend ist nur der Inhalt des GBuchs, nicht derj. der Abschrift des GBuchblatts; hat die Unrichtigkeit der letzteren zu einer unrichtigen Feststellung des g. G. geführt, so ist die Anfechtung des Zuschlags möglich (vgl. § 9 A. 2 c). Bezugnahme auf die EintragBewilligung steht der Eintragung in der Regel gleich (§§ 874 BGB., 50 GBO., §§ 254—258, 381—383, 405, 411, 412 DA.; vgl. aber z. B. § 1115 BGB.).

β) Nach dem Inhalte des GBuchs richtet sich ferner Umfang u. Rang der Rechte, solange nichts anderes angemeldet ist. Die hiernach zu entricht. lauf. wiederkehr. Leistungen berechnen sich nach § 13. Die Berücksichtigung eines nach dem GBuch vorgeh. Rechtes kann der betreib. Teil nicht dadurch verhindern, daß er glaubhaft macht, der Berechtigte habe ihm den Vorrang eingeräumt (ZBl.-FG. 7, 493).

Auch ein nach Wirksamkeit der Beschlagn. (§ 22), aber vor dem VersteigVermerk eingetragenes Recht ist zu berücksichtigen; ein Widerspruch ist vom betreib. Gl. im Prozeßwege durchzuführen, bei Feststellung des g. G. bleibt er unbeachtet (vgl. § 23 A. 2 A d).

Entscheidend ist der Zeitpunkt der Eintragung des VersteigVermerks auch im Falle der Durchführung der Versteig. auf Grund eines Beitritts, selbst wenn das Recht vor dessen Zulassung eingetragen[1]) wurde.

γ) Das eingetrag. Recht hat nur dann unberücksichtigt zu bleiben, wenn sein Nichtbestehen (Nichtentstehen, Erlöschen) feststeht (bei Vorlage eines rechtskr. Urteils, einer Sterbeurkunde, eines öffentl. begl. Anerkenntnisses oder einer LöschBew. u. dgl.)[2]); vgl. §§ 50, 51. Nicht erloschen sind Hyp., Grund- u. Rentenschulden, die auf den Eigent. (persönl. Sch.) übergegangen sind (§§ 1143, 1163, 1164, 1168, 1770, 1192, 1199 BGB.), auch dann nicht, wenn der Eigent. auf Grund Vormerkung nach § 1179 BGB. oder RangeinrVerzichts (§§ 84, 158 HypGNov. v. 20. 12. 03) zur Löschung der EigentGrundsch. verpflichtet ist; letzterenfalls ist nur nach § 50 Abs. 2 Nr. 1, § 125 zu verfahren, es müßte denn sein, daß die zur Löschung erforderl. Urkunden dem VersteigBeamten vorliegen (vgl. § 50 Anh. II). Einer Anmeldung der EigentGrundschuld, wie überhaupt eines GlWechsels bedarf es im VersteigVerf. nicht (vgl. § 37 A. 2 d β, Recht 08, 599).

b) Die nicht eingetragenen Rechte (s. § 37 A. 2 d α). Zu ihrer Berücksichtigung ist Anmeldung u. nötigenfalls Glaubhaftmach. erforderlich, also z. B. für nicht eingetragene, zu Unrecht gelöschte[3]) Rechte, insbes. nicht eingetrag. u. nicht vor Eintrag. des VerstVermerks gesich. Aufwertungsanspr. (Rang nach §§ 6, 7, 20 ff. AufwG.), einschließl. der Grund- u. Zusatzgrundschuld (§ 22 DurchfVO. z. AufwNov., Mügel S. 1266) oder für ohne Eintragung entstandene Rechte (z. B. an der Briefhyp. §§ 1154, 1069, 1080, 1274; vgl. §§ 1287 BGB., 848 Abs. 2 ZPO.) oder erst nach der Eintragung des VersteigVermerks eingetragene Rechte (ausgen. die zur Wirksamkeit gegen Dritte der Eintragung nicht bedürfenden Rechte, s. a); für den etwa aus dem GBuch nicht ersichtl. Umfang (s. § 46 A. 2, § 114 A. I 2) oder Rang der Anspr., z. B. den nachträgl. festgestellten Vorrang einer AufwertHyp. (Ring 4, 150; vgl. aber a β); für Anspr.[4]) aus § 10 Nr. 1—3; für Rückstände (§ 13) wiederkehr., nach dem Inhalt des

---

[1]) Auch eine etwaige nachträgl. Mitteilung durch das GBAmt (§ 19 Abs. 2) würde die Anmeldung nicht ersetzen (vgl. § 19 A. 3 d a. E., § 27 A. 3).

[2]) Es müssen, wenn nicht die in Frage kommenden Berechtigten im Termin anwesend sind, die Voraussetzungen der Löschung erfüllt sein (RG. 57, 211, SeuffA. 60, 21, Jaeckel-Güthe A. 2, Reinhard-Müller A. 2; abw. BZfR. 1914, 266).

[3]) Die durch Widerspruch gesicherten sind mit ihrem alten Rang gemäß § 48 von Amts wegen zu berücksichtigen.

[4]) Auch eine Anmeldung des Fälligkeitstermins kann notwendig sein (vgl. § 47 Satz 2).

GBuchs sich ergebender Leistungen; Nebenleistungen außer den Zinsen; Kosten der Beteiligten[5]).

Besonderes gilt für die Zinsen der gelöschten AufwHyp.; sie sind anzumelden, aber nicht glaubhaft zu machen; Anmeldung ist noch im VertTermin möglich, vorbehaltl. § 110 (§§ 14, 15, 20, 24 DurchfVO. v. 12. 9. 27 z. Aufw.-Nov.). Weitere Vorschr. für ein am 13. 7. 27 anhäng. ZVerstVerf. enthalten die §§ 17—19 der DurchfVO. (Mügel S. 1260, Daimer BNotV. 1927, 435).

3. Anmeldung. Formlos; für einen Vertreter ist schriftl. Vollmacht erforderlich. Mangel der Vollmacht kann aber nur der betreib. Teil rügen (bestr., Jaeckel-Güthe A. 13). Die Anmeldung muß den Rechtsgrund u., wenn sie auf Barzahlung gerichtet ist, den Betrag angeben (Ausnahme bei Naturalleistungen, § 46), bei wiederkehr. Leistungen die Zeit, für welche sie beansprucht werden; sie hat rechtzeitig d. h. spätestens vor der Afford. zur Abgabe der Gebote zu erfolgen (§ 37 Nr. 4, § 110). Verspätete Anmeldungen dürfen aber nicht zurückgewiesen werden, weil sie für eine spätere wiederholte Feststellung des g. G. u. für das VerteilVerf. (§§ 110, 114) wirksam sind. Dies gilt auch für die Anspr. des betreib. Gl. (vgl. § 114 Abs. 1 Satz 2) u. der ihnen gleich- oder nachsteh. Berechtigten.

Die Anmeldungen zum VersteigVerf. behalten ihre Geltung auch für die Verteilung; der Anmeldende ist jedoch ebensowenig wie die übr. Beteiligten für das VerteilVerf. an die Anmeldung u. Feststellung zum g. G. gebunden (Jaeckel-Güthe A. 15), die Aufnahme eines Anspr. in den TeilPlan nicht von der Berücksichtigung im g. G. abhängig (RG. 59, 266, Wolff A. 9, Reinhard-Müller A. 4).

4. Glaubhaftmachung (§ 294 ZPO.)[6]). Sie kann zwar jeder Beteiligte, sowie der Notar verlangen (§ 9 Abs. 2); aber nur die von einem der betreib. Gl. vergeblich verlangte Glaubhaftm. hat die Nichtberücksichtigung des Rechtes im g. G. zur Folge, nicht also ein anderweitiger Widerspruch. Der Widerspruch ist bis zur Aufforderung zur Abgabe von Geboten zulässig (Jaeckel-Güthe A. 12). Mit Rücksicht auf die Möglichkeit der Anfechtung des Zuschlags ist die Bekanntgabe der Anmeldungen, der Widerspruch des Gl. hiergegen, die Unterlassung oder die Art der Glaubhaftm. u. die Entscheidung des Notars hierüber in das Protokoll aufzunehmen (vgl. im übr. § 9 A. 3, § 37 A. 2 d).

Die Glaubhaftm. ist jedoch erlassen für Rückstände aus solchen wiederkehr. Leistungen, die sich aus dem Inhalte des GBuchs ergeben (vgl. auch § 37 Fußn. 5) u. für die Zinsen der gelöschten AufwHyp. (§ 14 DurchfVO. z. AufwNov.). Ein Widerspruch des Gl. im VersteigTermine ändert hieran nichts u. vermag auch ihre Berücksichtigung bei der Verteilung nicht zu beseitigen. Der betreib. Gl. ist auf den Widerspruch gegen den TeilPlan beschränkt. Anderseits ist aber dieser Widerspruch dem Gl. auch dann unbenommen, wenn er im VerstTermine die Zulassung des angemeldeten Rechtes unwidersprochen gelassen hat (Jaeckel-Güthe A. 15).

---

[5]) Für die Kosten des betreib. Teils gilt § 788 ZPO. (s. § 10 A. 8). — Auch solche Kosten müssen dem Betrage nach angemeldet werden, für welche das G. gesetzlich haftet (§§ 1118 BGB., 867 Abs. 1 ZPO.). Nur wenn ein Höchstbetrag für Kosten nach § 1115 BGB. (nicht Kostenkautionshyp.) eingetragen ist, bedarf es nicht der Anmeldung (Jaeckel-Güthe A. 11 c γ). Auch künftig entstehende Kosten sind ihrem Betrage nach anzumelden u. glaubhaft zu machen, Ansatz eines Anschlags ist unzulässig (Recht 02, 388).

[6]) Der Notar ist auch zur Entgegennahme von Versicherungen an Eides Statt zuständig (NotG. Art. 3; vgl. GVollzGeschA. § 97 Abs. 3).

Für den Anspr. des betreib. Teils selbst ist, soweit nicht VollstrTitel notwendig, Glaubhaftm. von Amts wegen zu fordern (vgl. § 10 A. 8 u. § 16 A. 3, 4). Für AufwAnspr. genügt Bescheinigg. der AufwStelle (Art. 126 DurchfVO.) über rechtzeitige Anmeldung (Bezugnahme auf die AufwAkten des näml. Gerichts, JW. 1926, 1044) bzw. des GBAmtes über Beantragung der Umwandlung (§ 11 DurchfVO. z. AufwNov.).

5. Über Anfechtung der Feststellung des g. G. u. die Folgen der Nichtberücksichtigung eines Rechtes s. § 44 A. VIII, § 52 A. 3, 4; über die Folgen unterlassener Anmeldung u. Glaubhaftm. s. § 37 Nr. 4, § 110; über Beurkundung des g. G. u. der VersteigBedingungen s. § 66 A. 2, § 80 A. 1—3.

§ 46.

Für wiederkehrende Leistungen, die nicht in Geld bestehen, hat das Gericht einen Geldbetrag festzusetzen, auch wenn ein solcher nicht angemeldet ist.

E. I § 62 Abs. 2; Begr. 164, 165; D. 45; KBer. —.

Wiederkehrende Naturalleistungen.

1. **Zweck u. Inhalt der Vorschrift.** Sie gilt, wie §§ 47, 48, nur für die Feststellung des g. G. (s. unten 3) u. nur für wiederkehr., nicht einmalige Leistungen, da solche nicht aus dem Bargebot zu befriedigen sind (§ 49); für das Recht selbst gilt § 51 Abs. 2. Unter welchen Voraussetzungen überhaupt wiederkehr., nicht in Geld besteh. Leistungen im g. G. zu berücksichtigen sind, bestimmt § 45. Sie bedürfen hiernach, soweit sie nicht aus dem GBuch ersichtlich sind, der Anmeldung bzw. Glaubhaftm. Nur die Anmeldung eines Geldbetrages als Ersatz für Naturalleistungen erläßt § 46. Wurde ein solcher angemeldet, so ist auch er auf Widerspruch des betreib. Gl. glaubhaft zu machen; geschieht dies, so bedarf es keiner Wertfestsetzung (Begr.).

2. **Die Abschätzung** in Geld durch den Notar ist also nur in 2. Linie erforderlich; sie erfolgt nötigenfalls unter Zuziehung von Sachverständigen (vgl. § 9 EG. A. 2a) nach der Zeit der Fälligkeit (nicht des Vertragsschlusses oder der Eintragung, JW. 1919, 194, Reinhard-Müller A. 2). Sie darf nur stattfinden bei (Haupt- oder Neben-)Leistungen, die ihrer Natur nach wiederkehren (wenn sie auch im anhäng. Verf. nur einmal geschuldet werden) und ihrer Natur nach nicht in Geld bestehen (z. B. Auszugsleistungen, Lohnansprüche, Kirchentrachten u. andere Reallasten)[1].

Sie erstreckt sich auf die lauf. Beträge u. angemeldeten Rückstände eingetragener, sowie auf die angemeldeten lauf. u. rückst. Beträge nicht eingetrag. wiederkehr. Leistungen. Über das weitere Verfahren s. §§ 47, 114, 121.

3. **Wirkung der Schätzung.** Ob sie auch für das VerteilVerf. von Bedeutung ist, darüber herrscht Streit. Jedenfalls darf sie auch bei der Verteilung zugrunde gelegt werden, wenn im VertTermin (§ 114) keine andere Anmeldung (Glaubhaftm.) erfolgt (Reinhard-Müller A. 3). Zweifelhaft ist aber, ob der Berechtigte im VerteilVerf. auch einen höheren Wertbetrag geltend machen kann, ohne dem in § 37 Nr. 4, § 110 angedrohten Rangverlust ausgesetzt zu sein; diese Frage ist zu verneinen, da sonst der Zweck des § 37 Nr. 4 (Schutz der im g. G. berücksichtigten Anspr., Mot. S. 283) vereitelt würde; denn den Zuschlag

---

[1]) Ohne Beschränkung auf Bodenerzeugnisse (Art. 85 BayAG. BGB., Ges. v. 23. 7. 21 GVBl. 379, 11. 4. 23 GVBl. 147, VollzVO. v. 17. 4. 23 GVBl. 147).

könnte der benachteiligte Gl. nur anfechten, wenn er die Unrichtigkeit der Schätzung kennt. Während also eine Anfechtung des Zuschlags zwar möglich ist, wenn der angemeldete u. glaubhaft gemachte Geldbetrag nicht berücksichtigt wurde [2]), ist im Falle der Abschätzung durch den Notar Zuschlagsanfechtung ausgeschlossen u. der Berechtigte auf nachträgl. Geltendmachung eines höheren Wertes im VerteilVerf. beschränkt, woselbst er jedoch wegen § 37 Nr. 4, § 110 mit dem Mehrbetrage den sämtl. Gl. nachsteht (so Jaeckel-Güthe A. 5, gegen Fischer-Schäfer 220, v. d. Pfordten 128, Reinhard-Müller A. 4).

Eine im VerteilVerf. (Widerspruchsprozeß) erfolgende niedrigere Feststellung kommt den ausfallenden Gl., zuletzt dem Eigent. zugute. In dieser Beziehung hat also die Schätzung nur Bedeutung für das VersteigVerf.

§ 47.

Laufende Beträge regelmäßig wiederkehrender Leistungen sind für die Zeit bis zum Ablaufe von zwei Wochen nach dem Versteigerungstermine zu decken. Nicht regelmäßig wiederkehrende Leistungen werden mit den Beträgen berücksichtigt, welche vor dem Ablaufe dieser Frist zu entrichten sind.

E. I § 62 Abs. 1; Begr. 146; D. 45; KBer. —.

Berechnung wiederkehrender Leistungen.

1. Endtermin der lauf. Leistungen im **VersteigVerf.** § 47 gilt nur für die Feststellung des g. G.; da der Tag des Zuschlags sich nicht mit Sicherheit bestimmen läßt (§ 87) ist die Berücksichtigung der lauf. Leistungen bis zum Ablaufe zweier Wochen nach dem VerstTermine vorgeschrieben.

Dabei wird aber in Anlehnung an §§ 101, 103 BGB. zwischen regelmäßig u. nicht regelmäßig wiederkehr. (Haupt- oder Neben-)Leistungen unterschieden. Erstere werden, ohne Rücksicht auf die Fälligkeit, bis zum genannten Zeitpunkt nach dem Verhältnis der Zeit angesetzt, letztere mit dem ganzen Betrag der wiederkehr. Leistung, falls sie vor jenem Zeitpunkt fällig geworden ist bzw. fällig wird.

Zu ersteren gehören Zinsen, Tilgungsbeträge, Grundsteuern u. andere öffentl. Lasten, Reallast-, Auszugsrenten; zu letzteren Kirchenbaulasten, Kanalbau-, Straßenkostenbeiträge u. dgl. Bei letzteren muß der Fälligkeitstermin, falls er aus dem GBuch nicht ersichtlich ist, rechtzeitig angemeldet u. allenfalls glaubhaft gemacht sein (§§ 45, 37 Nr. 4; Jaeckel-Güthe A. 2, Reinhard-Müller A. 1).

§ 47 gilt sowohl für die in Geld bestehenden als auch für die nach § 46 erst zu schätzenden Leistungen, für Haupt- wie Nebenleistungen.

2. Endtermin der lauf. Leistungen im **VerteilVerf.** Für die Berechnung der wiederkehr. Leistungen (aus bestehen bleib. Rechten) im VerteilVerf. ist der Tag des Zuschlags (§§ 89, 104) maßgebend, da von da an gemäß § 56 die Lasten (öffentl. Abgaben, bestehen bleib. Rechte mit den vom Zuschlag ab zu entrichtenden Leistungen, wie Zinsen, Renten, Tilgungsbeträgen) auf den Ersteher

[2]) Ein Interesse an der Anfechtung wird in der Regel nur der nachfolg. Gl. haben, weil der Berechtigte selbst, genügende Masse vorausgesetzt, noch im VerteilVerf. Befriedigung der glaubhaft gemachten Leistung im Range des Hauptanspruchs verlangen kann, während der Nachfolgende hierdurch einen Ausfall erleidet (vgl. § 44 VIII).

übergehen. Erfolgte der Zuschlag vor dem Zeitpunkte des § 47, so hat ein etwa ausfallender Gl., zuletzt der VollstrSch., Anspruch auf den frei werdenden Betrag; erfolgte der Zuschlag (z. B. infolge eingelegter Beschwerde oder weg. des Vorkaufsrechtes nach dem RSiedlGes., s. § 9 Fußn. 3b) erst später, so vermehrt dies den Ausfall eines Gl., es bewirkt u. U. sogar einen Ausfall des letzten im g. G. berücksichtigten Gl., falls das Meistgebot nicht mehr als das zulässige geringste G. betragen hat.

Für die Berechnung der nicht im g. G. stehenden wiederkehr. Leistungen im VerteilVerf. (also aus den bar zu zahlenden Rechten) ist nicht der Zuschlag, sondern der VerteilTermin (bzw. Zahlungstag; §§ 117, 118, 143, 144) maßgebend (Jaeckel-Güthe § 13 A. 4; SächsA. 1913, 503 ff.). Ein Rentenberechtigter hat also bis dahin Anspr. auf die Rente, nicht nur auf die Zinsen aus der Ablösungssumme vom Zuschlag an (RG. 85, 244).

3. Verletzung des § 47 (z. B. Verwechslung regelmäßig u. nicht regelmäßig wiederkehr. Leistungen) begründet die Zuschlagsanfechtung nach §§ 83 Nr. 1, 100 (bzw. Erinnerung nach § 13 Abs. 2 EG., Art. 25 BayAG.).

§ 48.

Bedingte Rechte sind wie unbedingte, Rechte, die durch Eintragung eines Widerspruchs oder einer Vormerkung gesichert sind, wie eingetragene Rechte zu berücksichtigen.

E. I § 63; Begr. 165; D. 46; KBer. —.

Behandlung bedingter u. durch Vormerkung oder Widerspruch gesicherter Rechte.

1. Auch § 48 gilt nur für die Feststellung des g. G. Hier sind bedingte oder durch Widerspruch oder Vormerkung gesich. Rechte wie unbedingte bzw. eingetragene (unter Beifügung der ihnen anhaftenden Beschränkung) zu berücksichtigen, da die Feststellung des g. G. selbst nicht von einer Bedingung abhängig gemacht werden kann, andrerseits der betreib. Teil auch eine bedingte, ihm vorgehende Belastung gem. § 44 gg. sich gelten lassen muß. Soweit bedingte Rechte (Vormerkung, Widerspruch) nicht aus dem GBuch ersichtlich oder erst nach Eintrag. des VersteigVermerks eingetragen sind, können sie selbstverst. nach § 48 nur behandelt werden, wenn sie angemeldet u. nötigenfalls glaubhaft gemacht wurden.

Da aber der Ersteher die bedingte Belastung, wie eine unbedingte zu übernehmen hat, obliegt ihm, falls die Belastung wegfällt, die Pflicht, dafür Ersatz zu leisten. Soweit daher das in das g. G. einmal aufgenommene Recht sich später als nicht bestehend herausstellt, ist der entsprech. Betrag, der (wie der Wegfall des Rechts außerh. der Versteig.) den nachsteh. Berechtigten zugute kommt, bar hinzuzuzahlen (§§ 50, 51, 125). Das gleiche gilt, wenn das durch Widerspruch oder Vormerkung gesich. Recht in Wirklichkeit nicht besteht.

Für das VerteilVerf. erfordert daher die Natur der bedingten Ansprüche eine besondere Regelung (§§ 119, 120).

Die Vorschrift des **§ 48 gilt nicht**, wenn feststeht, daß die auflösende Bedingung eingetreten oder die aufschiebende Bedingung nicht eingetreten, das Recht also in Wegfall gekommen oder nicht zur Entstehung gelangt ist, vorausgesetzt, daß nicht das Recht sich mit dem Eigentum vereinigt hat (§§ 1163, 1177 BGB., vgl. § 45 A. 2 aγ).

2. Bedingte Rechte sind entweder aufschiebend oder auflösend bedingt (§ 158 BGB.); zu den ersteren gehören auch die Anspr. von **unbestimmtem** Betrag, insbes. der noch nicht feststehende Aufwertungsbetrag einer dem betreib. Gl. vorgehenden PMHyp. (s. § 14 A. 2 a), u. zwar sowohl der des eingetrag., wie des früh. Gl. (RG. 122, 218, s. § 44 A. II 3 a).

Betagte Ansprüche (§ 163 BGB.) mit ungewisser Fälligkeit (incertus, an; z. B. Verheiratung) sind bedingt u. als solche zu behandeln; denn hier ist ihre Entstehung selbst ungewiß. Im übr. sind sie als betagte (d. h. mit der zeitlichen Begrenzung) in das g. G. einzustellen (Kretzschmar 187, 250, Jaeckel-Güthe A. 2), nur ist (mit Fischer-Schäfer 222, v. d. Pfordten 129) bei betagten Anspr. mit gewissem u. bestimmtem Termin (certus, an et quando) zu unterscheiden, ob sie bar zu zahlen sind oder nicht; ersterenfalls ist nur der gegenwärtige Wert, wie in § 111 S. 2, in das g. G. einzusetzen, letzterenfalls aber sind sie samt Nebenbestimmung (Anfangs-, Endtermin) zu berücksichtigen.

Bedingt können — von der Übertragung des Eigentums u. des ErbbR. abges. — alle dingl. Rechte bestellt werden (insbes. Hyp., Grund- u. Rentenschuld, RG. 70, 248, RingJahrb. 1, 500, OLG. 43, 17); bei der Hyp. ist jedoch zu unterscheiden, ob das dingl. Recht selbst oder nur die Ford. bedingt ist; letzterenfalls ist die dingl. Belastung unbedingt (allenfalls für den Eigentümer, §§ 1113 Abs. 2, 1163, 1177 BGB.).

Keine bedingten (unbestimmten) Rechte sind die Sicherungs-, Höchstbetrags-, Zwangs- u. Arresthyp., wohl aber die vorgemerkten Hyp. alten Rechts (vgl. § 50 A. 3 B c).

3. Durch Vormerkung[1]) oder **Widerspruch** (§§ 883, 899 BGB.) gesich. Rechte sind nur solche, welche, wenn sie endgültig eingetragen wären, eine eigene Belastung des G. bilden würden, z. B. eine gelöschte Hyp., gg. deren Löschung ein Widerspruch eingetragen ist (insbes. im Falle des § 16 Abs. 2 AufwG.)[2]) oder ein durch Vormerkung gesich. Anspr. auf Einräumung eines noch nicht besteh. dingl. Rechtes (Hyp., Grund- oder Rentenschuld, Reallast, Dienstbarkeit) oder einer Zinserhöhung. Sie sind also ebenfalls geradeso (nach Umfang u. Rang) im g. G. zu berücksichtigen, wie wenn sie unbedingt eingetragen wären.

Dagegen wird durch einen Widerspruch gg. ein eingetrag. Recht, gg. ein angeblich unrichtig eingetragenes Rang- oder Gläubigerverhältnis oder durch

---

[1]) Die Vormerkung selbst ist kein Recht am G. im Sinne der §§ 873, 892 BGB. (RG. 116, 239; 118, 234; 120, 15, JW. 1927, 1828), auch kein bedingtes dingl. Recht (ZBlFG. 11, 748), u. keine VerfBeschränkung im Sinne der §§ 878, 892 BGB. (RG. 113, 403); wohl aber ist die Bewilligung der Eintragung einer Vormerkung, wenn die Eintragung erfolgt, eine Verfügung i. S. des § 893 BGB., die dem VormBerechtigten den Schutz des öff. Gl. des GBuchs verschafft (Ausnahme: § 22 Abs. 2 AufwG., s. RG. 116, 238; 120, 13; 121, 47; a. M. BayObLG. 28 A 167); die Vorm. sichert sowohl den Erwerb des dingl. Rechtes wie dessen Rang; auch ein nachher eingetrag. Widerspruch vermag die Wirkungen der Vormerkung nicht mehr zu beeinträchtigen (RG. 118, 230; 121, 46). Die AuflassVorm. ist daher gem. §§ 70, 57 Z. 4 GBO. auf dem HypBrief zu vermerken (BZfR. 1928, 390).

[2]) Ist der Anspr. auf Wiedereintragung der gelöschten, dem betreib. Gl. vorgehenden PMHyp. durch Eintragung eines Widerspruchs gesichert, so ist der AufwBetrag im g. G. zu berücksichtigen u. nach §§ 50, 125 zu behandeln (Ring 1, 371; a. M. OLG. 46, 39), außerhalb des g. G. aber nach §§ 119, 120 zu behandeln (Reinhard, Einfl. S. 99 ff., 211); s. auch § 52 A. 3 a.

eine Vormerkung des Anspr. eines Gl. auf Aufhebung, Übertragung eines Rechtes, auf Änderung des Rangverhältnisses, Einräumung oder Übertragung eines Rechtes an einem bereits eingetrag. Rechte (z. B. Pfandrecht[3]) an einer Hyp.) keine selbständige Belastung begründet, da diese auch ohne Vormerkung oder Widerspruch bereits gegeben ist u. berücksichtigt werden muß (Wolff § 48 A. 3, Jaeckel-Güthe A. 4). Letzteres gilt auch von der LöschVormerkung des § 1179 BGB. (vgl. § 50 A. 3 B d). Über die Behandlung des Widerspruchs gg. Bestand oder Rang eines im g. G. berücksichtigten Rechtes s. § 50 A. 3 A b.

Eine selbständige Belastung des G. bildet aber die Vormerkung zur Sich. des Anspr. auf Übertragung (oder Rückübertragung) des Eigentums am G. (Auflassungsvormerkung, auch Rückkaufsrecht, Eigentumsvorbehalt des früh. Rechts, Art. 39 ÜB., Art. 17 pf. LiegenschG., § 604 DA.), wenngleich sich diese Last nicht berechnen läßt. Eine solche Vorm. fällt nicht unter §§ 28, 37 Nr. 5 (bestr., insbes. von Reinhard GruchBeitr. 62, 319) und ist daher, wenn sie dem betreib. Teile vorgeht, im g. G. zu berücksichtigen (Jaeckel-Güthe A. 5, Fischer-Schäfer 222; vgl. § 28 Fußn. 3, § 37 A. 2 e β, § 50 A. 3 B c). Würde die (dem betreib. Teil vorgehende) Vorm. nicht berücksichtigt, so wäre auch die Anfechtung des Zuschlags möglich, weil sie am G. erlöschen würde (§§ 52, 91; OLG. 13, 6, SeuffA. 62, 125) u. sich der Berechtigte nicht mit dem Versteig.-Erlös zufrieden zu geben bräuchte. Erlischt die Vorm. (weil nicht im g. G. berücksichtigt), so tritt der Anspr. auf Ersatz des Wertes an die Stelle des vorgemerkten Rechtes (§ 92); die Zuteilung des nach Deckung der vorgeh. Rechte für den VormerkBerechtigten übrig bleibenden Erlöses erfolgt nach §§ 119, 120 (ZBl.-FG. 5, 217; 9, 475). Das näml. gilt vom Widerspruch gegen die Eintrag. des Eigent. (vgl. § 37 A. 2 e β, § 50 A. 3 B c).

Ob Vormerkung u. Widerspruch auf Grund einer Bewilligung, einstw. Verfügung oder von Amts wegen (§§ 18, 54, 76 GBO.) eingetragen wurde, ist gleichgültig (Jaeckel-Güthe A. 4, LZ. 1911, 511 ff.; vgl. RG. 55, 343; 62, 377, ZBlFG. 11, 746, RJA. 10, 231).

Das dingl. Vorkaufsrecht, das Dritten gegenüber die Wirkung einer Vormerkung z. S. des Anspr. auf Eigentumsübertragung hat (§ 1098 Abs. 2 BGB.), bleibt, wenn es für mehrere Fälle bestellt ist (§ 1097 Satz 2 BGB.) u. im g. G. steht, bestehen u. wirkt für künftige Fälle auch gegen den Ersteher; außerhalb des g. G. fällt es unter § 92 (Planck § 1098 A. 2 i, Jaeckel-Güthe § 48 A. 5, § 92 A. 4; s. auch § 9 A. 2 c α).

Über Protestationen des alten Rechts s. BZfR. 1912, 433.

§ 49.

Der Teil des geringsten Gebots, welcher zur Deckung der Kosten sowie der im § 10 Nr. 1—3 und im § 12 Nr. 1, 2 bezeichneten Ansprüche bestimmt ist, desgleichen der das geringste Gebot übersteigende Betrag des Meistgebots ist von dem Ersteher im Verteilungstermine bar zu berichtigen (Bargebot).

Das Bargebot ist von dem Zuschlag an zu verzinsen.

[3]) Eine Vormerkung z. S. eines Anspr. auf Eintragung einer ZwHyp. oder der Pfändung u. Überweisung einer Hyp. ist zwar nicht zulässig nach § 883 BGB. (RG. 56, 14, RJA. 2, 93, OLG. 14, 70; a. M. JW. 1928, 735), wohl aber nach § 18 Abs. 2 GBO. (Güthe-Triebel A. 46, Meikel A. 9 b α).

Der Ersteher wird durch Hinterlegung von seiner Verbindlichkeit befreit, wenn die Hinterlegung und die Ausschließung der Rücknahme im Verteilungstermine nachgewiesen werden.

E. I § 65; Begr. 167, 168; D. 46; RBer. 28, 29.

Das Bargebot und seine Berichtigung.

1. **Inhalt** der Vorschr. Während §§ 44—48 den Umfang des **g. G. (Mindestgebots)** bestimmen, regeln §§ 49—51 die Art und Weise, in welcher das **ganze Gebot** zu berichtigen ist.

2. Nach § 49 besteht das **Meistgebot** (d. h. das höchste der abgegebenen gültigen Gebote, § 81):

a) aus dem bar zu zahlenden Teil des g. G. (§ 44), nämlich den Kosten des Verf. (§ 109) u. den im § 10 Nr. 1—3 u. § 12 Nr. 1 u. 2 bez. Ansprüchen;

b) aus den übrigen, im g. G. enthaltenen u. deshalb (§§ 52, 91) in der Regel gegen den Ersteher stehen bleibenden Ansprüchen;

c) aus dem bar zu zahlenden, das g. G. (a + b) übersteigenden Betrag des Meistgebots.

Letzterer dient zur Befriedigung des betreib. u. der ihm gleich- oder nachstehenden Gl. (in der Regel § 10 Nr. 5—8) u. gebührt nach deren Befriedigung dem VollstrSch.

Unter **Bargebot** versteht das Gesetz nur den im VerteilTermine vom Ersteher bar zu berichtigenden Teil des Meistgebots (a + c; vgl. § 91 Abs. 3, § 125), nicht auch den nach §§ 50, 51 mehr zu zahlenden Betrag (§ 132 Abs. 1 Satz 2) u. nicht denj. Teil, für den nach § 60 Zahlungsfristen bewilligt sind (vgl. jedoch § 60 Satz 2). Das bare Mindestgebot (a) erhöht sich im Falle der Versteig. mehrerer G. (§ 63 Abs. 4) u. im Falle der Wiederversteig. (§ 128 Abs. 4).

Unter Umständen ist statt des Bestehenbleibens einer Hyp. (s. b) Barzahlung festzusetzen, wodurch sich gleichfalls das bare Mindestgebot (a) erhöht (s. § 44 Fußn. 7, 8, ferner § 44 VI 1 c, § 44 Anh. 1 d γ, δ, 3 c, 4 a δ, 4 b α, β, 4 c u. e; Reinhard-Müller § 49 A. 2 a. E.).

Die nach a und c bar zu zahlenden Anspr. können nur am Erlöse geltend gemacht werden, während sie am G. selbst erlöschen (§§ 52, 91).

3. **Zahlungsmittel, Zahlungszeit, Verzinsung, Hinterlegung.**

a) Das Bargebot (s. 2 a + c) ist in Reichswährung abzugeben u. zu leisten (s. auch AusländWährungsHypVO. v. 13. 2. 20 RGBl. 231 u. WertbestHypG. v. 23. 6. 23 RGBl. I 407, § 8); ihre Rechnungseinheit ist die Reichsmark (= 1/2790 kg Feingold); gesetzl. ZahlMittel sind (neben den Scheidemünzen) die alten und neuen Reichsgoldmünzen u. die auf RM. lautenden Reichsbanknoten (§§ 1, 3, 5, 9 Münz- u. Bankges. v. 30. 8. 24 RGBl. II 235, 254); das Notenausgaberecht der im Ges. v. 30. 8. 24 RGBl. II 246 bez. Banken ist aber bestehen geblieben (§ 5 PrivNBGes.). Die Noten der Privatnotenbanken u. die Rentenbankscheine haben nur die Eigenschaft von Verkehrsgeld (RGRK. § 244 A. 1, Staudinger Vorb. 3 vor § 244, Staub-Könige § 361 A. 6). Die nicht auf Reichsmark lautenden Anspr. sind zwecks Befriedigung aus dem Bargebot umzurechnen[1]).

---

[1]) Hiezu s. §§ 6, 8, 10 VO. über ausländ. WährHyp. v. 13. 2. 20 RGBl. 231 u. § 25 SchweizZusAbk. v. 23. 6. 23 RGBl. II 284 (Nachfrage wg. des Kurswertes bei

b) Das Bargebot ist an sich mit dem Zuschlage fällig, da der Ersteher mit diesem Zeitpunkt das Eigentum am G. erwirbt. Das Gesetz schiebt aber die Zahlungspflicht bis zum VerteilTermin auf u. schreibt nur die Verzinsung (zu 4%, § 246 BGB.) vom Zuschlag an vor. Bei Berechnung der Zinsen ist der Zuschlagstag mitzurechnen, da dem Ersteher von da ab auch die Nutzungen gebühren (§ 56) u. die Berechnung einer Frist im S. des § 187 Abs. 1 BGB. nicht in Frage kommt (Jaeckel-Güthe A. 7), nicht aber der Zahltag (VerteilTermin); abw. Vereinbarung ist zulässig (§ 59).

Die Zinsen aus dem Bargebot sind ebenfalls im VerteilTermine zu zahlen; sie erhöhen die Aktivmasse des TeilPlans. Da im Bargebot auch Beträge enthalten sind, die nicht verzinst zu werden pflegen (Kosten, Steuern u. dgl.), so kommen die hieraus erwachsenden Zinsen dem Ausfall zugute (Jaeckel-Güthe A. 7, Fischer-Schäfer 223). Verzugszinsen in Höhe des Schadens (§ 288 Abs. 2 BGB.) können vom VertTermin aus der übertrag. Forderung begehrt werden; für sie haftet aber nicht die SichHyp. des § 128 (Reinhard-Müller A. 4).

c) Die Vorschrift des § 49 Abs. 1, 3 schließt nicht aus, daß der Ersteher seiner ZahlPflicht schon vor dem VerteilTermine genügt. Direkte Zahlung an die zum Zuge gekommenen Gl. ist insbes. bei außeramtl. Verteilung (§§ 143, 144) zulässig; sie befreit aber nur unter der Voraussetzung, daß die Ford. des betreff. Gl. unwidersprochen bleibt, so daß der Ersteher die Gefahr, an einen Nichtberechtigten gezahlt zu haben, tragen muß. Eine unmittelbare Befreiung von seiner Zahlungsverbindlichkeit erlangt daher der Ersteher nur durch die gemäß § 376 Abs. 1 S. 2, § 378 BGB. (unter Verzicht auf das Recht der Zurücknahme) erfolgte Hinterlegung. Diese ist insbes. notwendig zur Abwendung der Verzinsungspflicht u. der nach § 94 bis zur Hinterlegung (oder Zahlung) zulässigen gerichtl. Verwaltung.

Diese Hinterlegungsmöglichkeit ist praktisch bedeutungslos, solange der Bankzins höher als 4% ist. Andrerseits kommt gegenwärtig auch die Zahlung im VertTermin nur für kleine Beträge in Frage; die Regel ist der bargeldlose Verkehr, d. h. die Zahlung unmittelbar vor dem Termin auf Postscheck- oder Girokonto des Notariats. Hiebei wird sinngemäß nach der Bek. v. 13. 7. 17 JMBl. 65 mit BRVO. v. 24. 5. 17 RGBl. 432 (die formell noch zu Recht bestehen, s. Stillschweig JW. 1925, 750, aber nicht ausdrückl. auf das Notariat ausgedehnt sind, s. auch Art. 25 Abs. 2 BayAG. v. 2. 2. 21) verfahren. — Die in § 49 Abs. 3 bez. „Hinterlegung" des Bargebots könnte nur erfolgen: 1. bei der gerichtl. HinterlStelle (Art. 144—146 EG. BGB., HinterlO. v. 18. 12. 99 JMBl. 1057, 1074; 2. mittels „Einzahlung" beim rechnungsf. Urkundsbeamten des VollstrG. (Bek. v. 13. 7. 17); dagegen nicht beim Notariat, da die hier nach Art. 4 NotG. erfolgende „Hinterlegung" keine HinterlegZinsen für die Masse ergeben würde (§§ 309, 310 Abs. 2, 320, 329, 331 NotGeschO., Schmitt NotGeschO. § 331 Anm.; a. M. BZfR. 1921, 111, Hieber Bay.-NotV. 1927, 391); die letztgenannte Art der Zahlung befreit den Ersteher also nicht von der Verzinsungspflicht.

Im Falle der Hinterlegung bei einer unzuständigen HinterlegStelle hat der Ersteher lediglich die Übersendungskosten zu tragen; Jaeckel-Güthe A. 8, Fischer-Schäfer 224). Die HinterlegKosten[2]) fallen der Masse zur Last (§ 109 ZVG.,

---

der Reichsbank oder Post, Bek. v. 16.5.22 StAnz. 114); §§ 4, 6 Ges. über wertbeständige Hyp. v. 23. 6. 23 (RGBl. I 407 mit 482, 933, 1075; 1924 I 415; 1928 I 11); §§ 11 ff. EntlVO. v. 13. 5. 24 RGBl. I 552 über ZwVollstr. aus wertbeständ. Schuldtiteln; § 2 AufwG., Art. 1, 12, 33, 51 DurchfVO. über Berechnung des AufwBetrags.

[2]) Zu diesen Kosten gehören die staatl. HinterlGeb. für das Bargebot (Art. 153 BayKG. mit §§ 3, 8 VO. v. 29. 5. 25 GVBl. 135). Dagegen steht dem Notar nunmehr jedenfalls keine HinterlGeb. für Entgegennahme der Einzahlung des Bargebots im Vert.-

§§ 372, 381 BGB., die entspr. anzuwenden sind, wie im Falle des § 853 ZPO., BZfR. 1906, 21).

Hinterlegung oder Zahlung (des Bargebots samt etwaigen Zinsen) ist im VerteilTermin (Ausnahme §§ 143, 144) nachzuweisen. Soweit ein solcher Nachweis nicht geliefert ist (§§ 107 Abs. 2, 3; 108; 60, 61), erfolgt Ausführung des TeilPlans durch Übertragung der Forderung gegen den Ersteher auf die Berechtigten (§ 118). Im übr. verfügt das Notariat die Auszahlung der unbestritten gebliebenen FordBeträge (§ 117 Abs. 3).

4. Außer dem Bargebot obliegt dem Ersteher noch die Verpflichtung zur Zahlung der Zuschlagskosten (§ 58).

§ 50.

Soweit eine bei der Feststellung des geringsten Gebots berücksichtigte Hypothek, Grundschuld oder Rentenschuld nicht besteht, hat der Ersteher außer dem Bargebot auch den Betrag des berücksichtigten Kapitals zu zahlen. In Ansehung der Verzinslichkeit, des Zinssatzes, der Zahlungszeit, der Kündigung und des Zahlungsorts bleiben die für das berücksichtigte Recht getroffenen Bestimmungen maßgebend.

Das Gleiche gilt:

1. **wenn das Recht bedingt ist und die aufschiebende Bedingung ausfällt oder die auflösende Bedingung eintritt;**
2. **wenn das Recht noch an einem anderen Grundstücke besteht und an dem versteigerten Grundstücke nach den besonderen Vorschriften über die Gesamthypothek erlischt.**

Haftet der Ersteher im Falle des Abs. 2 Nr. 2 zugleich persönlich, so ist die Erhöhung des zu zahlenden Betrags ausgeschlossen, soweit der Ersteher nicht bereichert ist.

E. I §§ 69—71; Begr. 172—174; D. 46, 47; KBer. —.

Erhöhung der Barzahlung bei Wegfall von Hyp.-, Grund- u. Rentenschulden.

1. Zweck der §§ 50 u. 51. Aus dem Grundsatz, daß ein in das g. G. eingesetztes Recht, soweit es nicht durch Barzahlung zu decken ist, bestehen bleibt (§§ 49, 52) u. daß der Ersteher insoweit ohne weiteres in die damit verbund. Last eintritt, würde sich eine ungerechtfertigte Bereich. des Erstehers für den Fall ergeben, daß diese Last tatsächlich nicht vorhanden ist; der Vorteil muß vielmehr den infolge Berücksichtigung des Rechtes ausfallenden Berechtigten zugute kommen. Dies sucht das RGesetz dadurch zu erreichen, daß es neben dem Bargebot die Barzahlung des Kapitalsbetrages der berücksichtigten, aber wegfall. Hyp., Grund- oder Rentenschuld (§ 50) bzw. des Wertes der wegfall. sonstigen Rechte (§ 51) vorschreibt (Ersatzzahlung). Anderseits soll aber durch § 50 Abs. 1 S. 2 u. Abs. 3 sowie § 51 Abs. 1 S. 2 einer Verschlechterung der Lage des Erstehers, die sich durch diese Erhöhung des bar zu zahl. Teils des Meistgebots ergeben könnte, vorgebeugt werden.

Termin zu (§ 107 Abs. 2 mit Art. 52 Abs. 1 Nr. 4 NotGebO., Drescher BNotV. 1926, 213); das gleiche muß aber wg. Art. 52 Abs. 1 Nr. 4 NotGebO. für alle Einzahlungen des Bargebots gelten, die von der Bestimmung des VertTermins an (§ 105) oder im Verf. nach §§ 143, 144 beim Notariat oder auf sein Konto erfolgen. Entspr. gilt von der Entgegennahme der Zahlung nach § 75 (s. dort A. 2). — Anders ist es mit der Entgegennahme der Sicherheit im VerstTermin; diese Tätigkeit wird nicht durch die Gebühr des Art. 52 Abs. 1 Nr. 3 NotGebO. abgegolten (s. § 69 A. 2).

2. Umfang u. Erfüllung der Mehrzahlungspflicht. In dem Umfange der Verbindlichkeiten des Erstehers darf durch den Wegfall eines im g. G. berücksicht. Rechtes keine Veränderung eintreten, es findet lediglich eine Änderung der Art der Berichtigung des Meistgebots statt. Der an Stelle der Hyp., Grund- oder Rentenschuld mehr zu zahlende Betrag (Ersatzsumme) deckt sich daher mit dem Betrag des im g. G. berücksicht. Kapitals (bei Rentenschulden: Ablösungssumme, bei Währungshyp. letzter Kursbetrag, §§ 6, 7 VO. v. 13. 2. 20, LZ. 1920, 427); hinsichtl. der Nebenbestimm. verbleibt es, soweit Verzinslichkeit, Zinssatz, ZahlZeit, Kündigung u. ZahlOrt in Frage kommen, bei denj., die für das weggefallene Recht maßgebend waren. Die Ersatzsumme ist also nicht, wie das Bargebot des § 49 mit dem Zuschlage fällig u. im VerteilTermin an das Notariat, sondern unmittelbar an den zu zahlen, der ohne die Mehrzahlung zunächst einen Ausfall erleidet, auch nicht gemäß § 49 Abs. 2 zu verzinsen; der Gl. (in letzter Linie VollstrSch.), dem der Betrag zufällt, hat vielmehr keine anderen Befugnisse, als der weggefall. Berechtigte, muß also insbes. das Kapital erst kündigen, wenn dieser es nicht ohne vorh. Kündigung verlangen konnte. Für die Frage, welche Ersatzleistung nach § 50 dem Ersteher schließlich obliegt, kommt es natürlich auf den Wert des G. u. den Ausfall des Erstehers selbst nicht an (Recht 1915 Nr. 1898).

Die Höhe der Ersatzsumme zu bestimmen, bietet im Falle des § 50 keine Schwierigkeiten; wenn dies bei Feststellung des g. G. (trotz Berücksichtigung des Rechtes selbst) nicht geschehen ist, so ist dies bei der Verteilung gemäß §§ 119, 120, 125 nachzuholen (Erinnerung u. Beschwerde gegen den Zuschlag ausgeschlossen; diese findet vielmehr nur statt, wenn das g. G. selbst unrichtig festgestellt wurde, z. B. wenn ein anderes Recht hätte berücksichtigt werden sollen, RG. 57, 209; 59, 274, Ring 3, 593). Steht im VerteilTermin die Notwendigkeit der Mehrzahlung bereits fest, so ist die Ersatzsumme gemäß § 125 Abs. 1 dem nächsten Berechtigten zuzuteilen u. auszuzahlen, bzw. (wenn Zahlung nicht geleistet wird) auf ihn die Ford. gegen den Ersteher zu übertragen u. hierfür Sicherungshyp. eintragen zu lassen (§ 128); ist aber die Frage der Mehrzahlungspflicht noch eine offene (z. B. wenn das Recht bedingt oder mit Widerspruch belegt ist), so tritt bedingte Verteilung, nämlich bedingte Zuweisung u. Übertragung an den Berechtigten nach § 125 Abs. 2 ein (vgl. Fischer-Schäfer 225, Jaeckel-Güthe A. 15).

Wurde auch bei Aufstellung des TeilPlans die bedingte Verteilung unterlassen u. gegen den Plan in dieser Form kein Widerspruch (richtiger: Erinnerung u. Beschwerde s. § 115 A. 2) erhoben, so ist später, wenn der Mangel sich herausstellt, nicht etwa die bedingte Verteilung unter Zuziehung der Beteiligten nachzuholen, sondern der Benachteiligte ist auf den Klageweg beschränkt (ZBl. FG. 15, 511, Reinhard-Müller A. 12 b). Dasselbe gilt, wenn das Vorliegen eines Falles des § 50 überhaupt erst nach Abschluß der Verteilung (im Falle der außeramtl. Verteilung nach Ablauf der 2wöch. Frist des § 144) sich herausstellt (vgl. § 125 A. 1 b).

3. Fälle des § 50. Die Erhöhung der ZahlPflicht[1]) tritt ein:

A. a) wenn die berücksicht. Hyp., Grund- oder Rentenschuld (dingl. Recht) zur Zeit des Zuschlags[2]) **nicht besteht**, gleichgültig, ob sie überhaupt

---

[1]) Über Bargebotserhöhungen s. Dittrich, BZfR. 1914, 242 ff.

[2]) Wenn das berücksichtigte Recht erst nach dem Zuschlag (§§ 89, 104) zu bestehen aufhört (z. B. infolge Verzichts des Gl. auf die Hyp., nicht Ford., § 1168 BGB.), so ge-

nicht entstanden oder erloschen oder ob ihr Nichtbestehen (z. B. wegen Mangels oder Nichtigkeit der Einigung infolge Geschäftsunfähigkeit, Scheingeschäfts, Wuchers u. dgl.)[3]) bereits bei Feststellung des g. G. bekannt war, die Berücksichtigung zu Unrecht erfolgte (vgl. § 45 A. 2 a γ), die Anfechtung des Zuschlags aber unterblieb oder ob sich erst später herausstellt, daß sie nicht bestanden hatte.

b) **Der Fall des § 50 ist dagegen nicht gegeben**, wenn die im g. G. berücksicht. Hyp. usw. **nur einzelnen** Beteiligten **gegenüber unwirksam** ist, da in solchem Fall die Hyp. selbst nicht wegfällt, der Ersteher also keinen Vorteil aus der Unwirksamkeit erlangt. Weder im Falle der Gläubigeranfechtung noch des Rangstreits besteht ein Anspruch auf Löschung der zu Unrecht berücksicht. Hyp., sondern lediglich auf Vorwegbefriedigung (so insbes. Reinhard Recht 1923, 171, Reinhard-Müller A. 2 g; a. M. 3. Aufl. im Hinblick auf RG. 59, 275, Jaeckel-Güthe A. 18 mit Verw.)[4]). Stellt sich in diesen Fällen heraus, daß die Hyp. dem Bestreitenden gegenüber zu Unrecht im g. G. berücksichtigt wurde, während er selbst einen Ausfall erleidet, so kann er Ersatz hiefür nur außerhalb des Verf. erlangen. Auch im Wege der Zuschlagsanfechtung kann er die Anwendung des § 50 nicht erreichen, wohl aber im Falle des Rangstreits die Berücksichtig. seines Rechtes an Stelle des berücksichtigten, wenn der Rangstreit zu seinen Gunsten entschieden u. das wirkl. Rangverhältnis eingetragen ist. Keinesfalls kann nach eingetret. Rechtskraft des Zuschlags an die Stelle einer zu Unrecht berücksichtigten Hyp. im Wege des § 50 eine andere gesetzt werden (RG. 59, 274; vgl. § 44 VIII).

c) **Der Fall des § 50 ist** ferner in der **Regel** (Ausnahme s. f) **nicht gegeben**, wenn nur die der Hyp. zugrunde lieg. **Forderung** (nach GBuchanlegung) nicht zur Entstehung gelangt oder wieder weggefallen ist (z. B. wegen Nichthingabe des Darlehensbetrags, Nichtigkeit des Darlehensvertrags, insbes. wg. Verstoßes gg. die PreistrVO.[5]), Ausfall der ihm zugrunde lieg. aufschieb. oder Eintritt der auflös. Bedingung, Nichtübergabe des Briefs an den Gl.; wegen nachträgl. Befriedigung durch Zahlung — Ausnahme: § 158 Abs. 2 [Befriedig. in der ZwVerw.] —, Aufrechnung oder wegen Verzichts auf

---

bührt der Vorteil dem Ersteher, weil er keine Folge des Zuschlags ist (OLG. 5, 334). Anders im Falle 3 B u. C.

[3]) Vgl. RG. 50, 77; 57, 95; 63, 79; 66, 390; 70, 353; 75, 69; 78, 65, 285; 86, 33; JW. 09, 218; 1929, 248, GruchBeitr. 57, 1087; 58, 1033, Recht 1915 Nr. 541, OLG. 44, 138, Staudinger-Kober §§ 1113 II, 1163 II 1 a β. Über Nichtigkeit von verbotswidrig eingetrag. Zw.- u. Arresthyp. s. Stein-Jonas § 867 II, RG. 61, 428, Recht 1913 Nr. 3141, RJA. 16, 123, Kiesow VglO. § 32 IV 1, VI 2, § 70 V 1; abw. Bleyer KO. § 14 A. 5 a. Über Nichtentstehung der altrechtl. Hyp. mangels Ausfüllung (Valutierung) s. BayObLG. 13, 357, 16 A 47. Über Einigung nach Eintragung der Hyp. u. nachträgl. Forderungsbegründung s. RG. 89, 29; 106, 113.

[4]) Wg. des Rückgewähranspruchs des AnfechtGl. s. RG. 47, 222; 70, 112; 86, 101, Jäger Anfechtung § 1 A. 28, Hartmann-Meikel S. 237, 238, Meikel BZfR. 1913, 285, JW. 1928, 1346. Über Bildung des g. G. nach durchgeführter Anfechtung s. § 44 III b α. — Was den Widerspruch anlangt (im Falle der GlAnfecht. ist nur Eintrag. eines VeräußVerbots zulässig, RG. 67, 40), so bleibt er bei Festst. des g. G. unberücksichtigt, soweit er sich gg. den Vorrang des berücksicht. Rechtes richtet (Reinhard Recht 1923, 171); richtet es sich aber gg. den Bestand des Rechtes, ist also dessen Wegfall möglich, dann gibt er Anlaß zum Verfahren nach §§ 50, 51, 125 Abs. 2. Ein Widerspruch der letzteren Art kann auch der des KVerwalters im Falle der Anfechtung nach §§ 29 ff. KO. sein; denn der Rückgewähranspr. des § 37 KO. kann auf Vorrangeinräumung, Verzicht, aber auch auf Löschung des anfechtbar bestellten Rechtes gerichtet sein (RG. 52, 85).

[5]) Vgl. RG. 93, 106; 98, 293; OLG. 44, 138.

die Ford.). Denn in allen diesen Fällen ist die Grundstücksbelastung wirksam erfolgt, wenn auch nur für den Eigent., u. zwar:

α) wenn die Ford. nicht entstanden war: für denj., der z. Z. der Eintrag. der Hyp. Eigent. war (als Grundschuld, §§ 1163, 1177 BGB.; RG. 101, 233),

β) wenn u. soweit (Nachrang: § 1176 BGB.) die Ford. wieder weggefallen ist: für denj., der Eigent. z. Z. des Wegfalls[6]) der Ford. ist oder für den Ersatzberechtigten (§§ 774, 1143, 1150, 1164, 1168—1171, 1176—1178 BGB., vgl. §§ 446 ff. DA.; RG. 101, 234).

Entspr. gilt im Falle des teilweisen Wegfalls (Nichtentstehung) der Ford.; die Hyp. selbst besteht im vollen Umfang zu Recht (RG. 104, 74).

Eine Ersatzsumme ist also in diesen Fällen nicht zu leisten, falls nicht eine LöschVormerkung oder ein RangeinräumVerzicht eingetragen ist (s. B d).

Übertrag. u. Pfändung (s. Anh. I zu § 50) der Eigentümerhyp. (=grundschuld) ändern hieran nichts.

Das Gesagte gilt auch für Tilgungs= (Amortisations= oder Annuitäten=) Hyp.; auch sie fällt in Höhe der getilgten Kapitalsbeträge dem Eigentümer[7])[8]) zu (vgl. § 10 Fußn. 31; Ausnahme: s. unten f). Nur soweit Tilgungsbeträge schon vor der GBuchanlegung bezahlt wurden, ist die Hyp. erloschen, eine Eigentümerhyp. also nicht entstanden u. (falls der Nennbetrag der Hyp. in das g. G. eingestellt wurde) insoweit eine Ersatzsumme gemäß § 50 Abs. 1 festzusetzen (BayObLG. 7, 377; 13, 357, BZfR. 09, 25); denn die Entstehung einer EigentHyp. (=grundschuld) war nur möglich hinsichtl. der im Zeitpunkte des Inkrafttretens des GBuchrechts bestehenden oder nachher eingetragenen Hyp. (Art. 192 EG.BGB., BayObLG. 16 A 47). Gleiches gilt für die nach altem Recht **vorgemerkte** Hyp. (s. unten B c).

d) Die **Kautionshypotheken** (Höchstbetragshyp.) der §§ 1184 ff., 1190 BGB. stehen als Grundschulden gleichfalls in Ansehung des nicht erschöpften (valutierten, beliehenen) Teils dem Eigent. zu u. zwar, soweit die Ford. überhaupt nicht entstanden ist, demj., der Eigent. z. Z. ihrer Eintragung war (nicht z. Z. des Zuschlags oder der Forderungsfeststellung), soweit die Ford. wieder getilgt wurde, dem Eigent. z. Z. der Befriedig. des Gl. (RG. 55, 217; 61, 39; 62, 171; 75, 221,

[6]) Ist der Wegfall vor dem Zuschlag eingetreten, so bleibt die im g. G. berücksichtigte Hyp. als dem VollstrSch. gehörig bestehen; fällt die Ford. erst nach dem Zuschlag fort, so erwirbt die bestehenbleib. Hyp. der Ersteher (bzw. der spätere Eigent. oder Ersatzberechtigte). Befindet sich der VollstrSch. im Konkurs, so gehört die ihm zufallende EigentHyp. zur Konkursmasse (Recht 06, 1137, BZfR. 05, 458; vgl. LZ. 07, 369 ff., 898). Ist die Hyp. einmal auf den Eigent. übergegangen (z. B. infolge Zahlung), so bewirkt eine mündl. Vereinbarung, die EigentGrundschuld solle dem Gl. als Sicherheit für andere Forderungen dienen, nicht den Übergang der gezahlten Hyp. auf letzteren; hierzu ist vielmehr Umwandlung (§§ 1198, 873, 877 BGB.) u. Abtretung gemäß § 1154 BGB. erforderlich (Recht 09 Nr. 78). Über Befriedig. einer Hyp. durch einen Miterben bei ungeteiltem Nachlaß u. Erwerb der EigentGrundschuld durch den Miterben oder die Erbengemeinschaft s. ZBlFG. 19, 103.

[7]) Die Satzungen der Kreditanstalt können die Entstehung einer Eigentümerhyp. aus den getilgten Kapitalsteilen mit dingl. Wirkung nicht ausschließen (RG. 104, 68, Staudinger=Kober § 1163 II 1 k); anders bei den gem. Art. 167 EG.BGB. aufrechterhalt. Kreditanstalten (RG. a. a. O., ZBlFG. 7, 699).

[8]) Über die möglichen Bargebotserhöhungen bei Annuitätenhyp. u. deren Vermeidung s. BZfR. 1914, 243 ff., 265 ff.

245; 78, 409, BlfRA. 07, 43, ZBlFG. 16, 578). Bis zur Entstehung (u. Feststell.) einer Ford. steht die Höchsthyp. als vorläufige (auflösend bedingte) Grundschuld dem Eigent. zu (vgl. § 14 A. 3d, ferner unten Fußn. 9). **§ 50 findet also keine Anwendung.** Über Aufwertung der Höchstbetragshyp. s. BayObLG. 25 A 150, BZfR. 1926, 182, der altrechtl. Zinsen- u. Kosten-Kautionshyp. BayObLG. 26 A 365.

Bei den Kautionshyp. des bayer. HypRechts (die gem. Art. 192 EG.BGB. regelmäßig in SichHyp. des § 1190 BGB. übergingen, vgl. BlfRA. 69, 90ff., RG. 61, 375) war zu prüfen, ob sie nicht schon vor dem Inkrafttreten des GBuchrechts hinsichtl. des nicht erschöpften Teils erloschen waren (BayObLG. 8, 17); letzterenfalls war, wenn die Hyp. im ganzen Betrag im g. G. berücksichtigt wurde (weil das Erlöschen im Termin nicht feststand), Mehrzahlung nach § 50 zu leisten.

Abweich. gilt von der z. Zt. des Inkrafttretens des GBuchrechts besteh. bayer. Zinsen- u. Kostenkautionshyp. (für Nebenleistungen) auf Grund des RG. v. 17. 3. 06 (RGBl. 429) u. des bayer. Ges. v. 15. 5. 06 (GVBl. 190). Sie ist nicht eigentümerhypothekfähig. Hieraus ergibt sich die Notwendigkeit der Anwendung des § 50 Abs. 1 (nicht Abs. 2 Ziff. 1), die gem. JMBek. v. 15. 5. 06 (JMBl. 74) möglichst durch Festsetzung einer abweich. VersteigBedingung (§ 59) umgangen werden soll (vgl. Koch, Überleitung von Hyp. S. 38ff., 43, Dittrich BZfR. 1914, 265).

Beispiel: Als besondere VersteigBedingung wird festgestellt, daß die Kautions-(Nebensachen-)Hyp. zu 100 Mk., auf die nur eine Kostenforderung von 20 Mk. entstanden ist, nur in Höhe dieses (bar zu zahlenden) Betrages berücksichtigt wird; die Kautionshyp. bleibt zwar zu 100 Mk. bestehen, jedoch ohne daß der Ersteher 80 Mk. mehr zu zahlen hat.

Steht der auf die Nebensachenhyp. erwachsene Betrag nicht fest, so ist als besond. VersteigBeding. festzusetzen, daß der Ersteher insoweit Ersatz zu leisten hat, als die bestehenbleib. Nebensachenhyp. nicht erschöpft ist. Dieser Betrag ist dann den nachfolg. Gl. gemäß § 125 zuzuteilen u. zu übertragen (gemäß § 125 Abs. 2, wenn der Betrag auch im VerteilTermine noch nicht ermittelt ist). Die Nebensachenhyp. selbst bleibt bestehen (Koch S. 40, 42).

Fällt die altrechtl. Nebensachenhyp. nicht in das g. G., so ist sie im VerteilVerf. nur zum ausgefüllten (= nicht erlosch.) Betrag zu berücksichtigen (so daß die nachfolg. Gl. aufrücken); steht dieser aber nicht fest, so ist nach §§ 119, 120 ZVG. zu verfahren.

Eine vertragsm. Umwandlung der altrechtl. Zinsen- u. Kostenkautionshyp. in eine selbständige Hyp. (§ 1180 BGB.) ist ausgeschlossen (BayObLG. 8, 362; 14, 1, BNotZ. 1913, 157, 280, BlfRA. 78, 380). Auch § 1289 Satz 2 BGB. (Freiwerden der Zinsen von der Pfandhaftung) findet keine Anwendung (GruchBeitr. 59, 129). Über Aufwertung der altrechtl. Nebensachekautionshyp. s. BayObLG. 26 A 365.

e) Auch auf die nicht ausgefüllte **Grundschuld ist § 50 nicht anwendbar** (Jaeckel-Güthe A. 2). Sie steht zwar, soweit das Entgelt (Valuta) für die Bestellung nicht gegeben wurde, nicht wie die Hyp. dem Eigent. kraft Ges. zu, da § 1163 Abs. 1 S. 1 BGB. für die Grundschuld nicht gilt (RG. 60, 251; 78, 60; 85, 91), besteht aber, die wirksame Begründung vorausgesetzt, doch zu Recht u. zwar für den GrundschuldGl., bis der Eigent. (Besteller) die Umschreibung herbeigeführt hat. Die nachfolg. Gl. rücken also nicht auf[9]).

[9]) Sie können den nicht aufgefüllten Teil der Grundschuld auch dann nicht in Anspruch nehmen, wenn der GrundschuldGl. insoweit auf den entsprech. Teil des Versteig.-Erlöses „verzichtet"; vielmehr ist dieser Erlösteil im VerteilVerf. nötigenfalls zu hinterlegen, bis der Eigentümer (GSchuldbesteller) auf Grund des Bestellungsvertrags oder gemäß § 812 BGB. die Übertragung des Grundschuldteils bzw. der Ford. gegen den Ersteher auf ihn durchgesetzt hat (RG. 78, 67, 71). Auch dem bösgl. AbtretEmpfänger steht diese Einrede des Eigent. entgegen (LZ. 1916, 947). Ob sich die Nichtausfüllung der Grundschuld vor oder nach dem Zuschlag ergibt, ist gleichgültig (RG. 88, 305). Nur wenn der Eigent. den GrundschuldGl. befriedigt (§ 1163 Abs. 1 S. 2 mit §§ 1142, 1143 BGB.), geht die Grundschuld ohne weiteres auf ersteren über (RG. 78, 68). Über die diesbezügl. Streitfragen s. Staudinger-Kober § 1192 Bem. II 5a, b, Planck § 1192 A. 6d u. Verw., ferner Kretzschmar ZBlFG. 13, 1, Paeffgen ebenda 14, 293, Hagemann ebenda 22, 361,

f) Ausnahmsweise tritt mit der Tilgung der Ford. auch das Erlöschen des dingl. Rechtes ein bei den Tilgungshyp. u. -grundschulden des **RHeimstGes.** v. 10. 5. 20 (RGBl. 962 § 17 II) u. der **RNotopferhyp.** (Ges. v. 6. 7. 21 RGBl. 838 § 36, VermStGes. v. 20. 3. 23 RGBl. I 198 § 39). In diesen Fällen entsteht also keine EigentGrundschuld, so daß **§ 50 anzuwenden** u. Zuzahlung zu leisten ist. Wg. der Gesamt-Notopferhyp. s. unten C d.

B. a) Der § 50 ist weiterhin anzuwenden, wenn die im g. G. berücksicht. Hyp., Grund- oder Rentenschuld **bedingt** ist (§ 52 ZVG., §§ 158, 163 BGB., vgl. RG. 70, 248; 122, 330) u. die aufschieb. Bedingung ausfällt oder die auflösende eintritt, dadurch also das dingl. Recht entweder gar nicht zur Entstehung gelangt oder wieder erlischt (wie A a) — nicht aber, wenn das Recht aus einem anderen Grunde nach dem Zuschlag wegfällt (OLG. 5, 334) u. ebensowenig, wenn nur die Ford. bedingt ist (§ 1113 Abs. 2 BGB., s. oben A c). Da das bedingte Recht nach § 52 nur als solches in das g. G. eingestellt wird, der Ersteher also mit der Möglichkeit des Wegfalls rechnen muß, so ist es hier (anders im Falle A a) gleichgültig, wann (vor oder nach dem Zuschlag) der Wegfall eintritt.

Im VerteilTermin ist die Ersatzsumme, wenn sie bereits feststeht, nach § 125 Abs. 1 unbedingt, andernfalls nach § 125 Abs. 2 bedingt zuzuteilen (Jaeckel-Güthe A. 3, Fischer-Schäfer 226).

b) Wie aufschieb. bedingt gelten auch Anspr. von **unbestimmtem** Betrag (§ 14). Unbestimmt ist auch der **AufwertBetrag** der PMHyp. (Grund-, Rentenschuld, Geldreallast; des eingetrag. wie des früh. Gl., RG. 122, 218), solange jener noch nicht im GBuch eingetragen oder (durch rechtskr. Entsch. der Aufw.-Stelle oder durch eine in öff. bzw. öffentl. begl. Urkunde erfolgte Einigung der Beteiligten) festgestellt oder solange ein Widerspruch des Eigent. gg. den eingetrag. AufwBetrag eingetragen ist (s. § 14 A. 2 a, Reinhard Einf. S. 84, 102, 222 ff., 232, Mügel § 4 A. 6). Gleiches gilt von dem den AufwBetrag der Hyp. übersteig. Teil der Grundschuld oder Ersatzgrundschuld, wenn die Umwandlung in eine Grundschuld noch nicht eingetragen, jedoch angemeldet u. nachgewiesenermaßen beantragt ist (§ 22 II DurchfVO. z. AufwNov., Mügel S. 1266 f.).

c) Den bedingten Rechten sind gemäß § 48 die **vorgemerkten** u. durch **Widerspruch** gesich. Rechte, soweit sie eine selbständige Belastung darstellen (s. § 48 A. 3), gleich zu behandeln, da auch hierbei mit der Möglichkeit gerechnet werden muß, daß es nicht zu einer endgültigen Eintrag. kommt (vgl. Recht 03, 589; 04, 69 ff.).

Die HypVormerkung ist kein Recht am G. (keine bedingte Hyp., s. § 48 Fußn. 1), sondern nur ein Sicherungsmittel; sie geht also, wenn der durch sie gesich. Anspruch nicht entsteht oder wegfällt, nicht auf den Eigent. als Grundschuld über, sondern wird gegenstands- u. wirkungslos u. erfordert deshalb die Festsetzung der Ersatzsumme; diese entspricht dem vorgemerkten Kapitalsbetrag der Hyp. oder Grundschuld u. der Ablösungssumme bei der Rentenschuld (ZBl.-FG. 3, 370; 7, 195, OLG. 14, 69, RG. 65, 260, JW. 07, 256). Dagegen verliert die Vormerkung ihre Wirkung nicht durch den Zuschlag; innerh. des g. G. bleibt sie gegen den Ersteher bestehen; außerh. des g. G. erhält der VormerkBerechtigte Befriedig. aus dem Erlös. Ist nun das vorgemerkte oder durch Wider-

---

Werneburg BNotZ. 1917, 377; über den Einfluß einer Löschungsverpfl. des Eigent. u. der LöschVormerkung zugunsten eines nachfolg. HypGl. s. RG. 85, 89 u. unten Anh. II zu § 50.

spruch gesich. Recht im g. G. berücksichtigt, so sind für den Fall, daß es wegfällt, §§ 50 Abs. 2 Nr. 1, 51 u. 125 Abs. 2 anzuwenden; erlischt es aber durch den Zuschlag, weil dem betreib. Teil nachstehend, so ist im VerteilTermin nach §§ 119, 120 zu verfahren (GruchBeitr. 49, 523; 52, 1071; 54, 1077, SeuffA. 60, 23; 63, 167; RG. 57, 209; 63, 152; Jaeckel-Güthe § 48 A. 4).

Dies gilt auch von der AuflassVormerkung (SeuffA. 62, 125, OLG. 13, 6, BZfR. 4, 164; bestr., s. § 28 Fußn. 3, § 37 A. 2 e β, § 48 A. 3).

Als bedingte Rechte sind ferner auch die nach dem früh. bayer. Rechte vorgemerkten Hyp. zu erachten (Art. 184 EG.BGB., 57 ÜB. hierzu, 22 BayAG.GBO., § 606 Abs. 2 DA.), mit Ausnahme der Zwangs- u. Arresthyp. Letztere verwandelten sich mit GBuchanlegung in SichHyp. (Art. 192 EG. BGB., 57, 60 Abs. 2 ÜB. hierzu, 57 BayAG.ZVG., Henle-Schneider 484). Während die ersteren, solange die Vormerkung nicht in eine Eintrag. (Buchhyp.) umgewandelt ist, ebensowenig wie die Vormerkungen neuen Rechts dem Eigent. zufallen können (daher § 50 auf sie anzuwenden ist, s. oben), steht die Zwangs- u. Arresthyp., wenn u. soweit (Nachrang: § 1176 BGB.) die Ford. wegfällt, dem Eigent. zu (RG. 78, 398; 84, 379, GruchBeitr. 65, 461, ZBlFG. 13, 713, OLG. 26, 155 ff.; §§ 868, 932 Abs. 2 ZPO.), ist daher im ganzen Betrag, ohne daß § 50 Anwendung findet (für den Gl. bzw. Eigentümer) in das g. G. aufzunehmen. Nur insoferne besteht Gleichheit, als auch die vorgemerkten Zwangs- u. Arresthyp. nur soweit eigentümerhypothekfähig sind, als die ihnen zugrundeliegende Ford. bereits z. Zt. des Inkrafttretens des neuen Liegenschaftsrechts zu Recht bestanden hatte. Denn nur insoweit können sie sich in eine SichHyp. neuen Rechts verwandeln (BZfR. 05, 89; vgl. oben A c).

War die Zw.- oder Arresthyp. unter Verletzung der formellen Voraussetzungen der ZwVollstr. eingetragen, so ist keine Hyp. entstanden, also Mehrzahlung zu leisten (Stein-Jonas § 867 II, „Recht" 1913 Nr. 3141, RG. 61, 423).

Über Behandlung des im **VertTermin** gg. ein bestehen bleib. Recht **erhobenen Widerspruchs** s. oben A. 2 Abs. 2 u. § 115 A. 2 a, § 125 A. 1 b.

d) Als bedingt ist endlich auch eine Eigentümerhyp. (=grundschuld) zu behandeln, die mit einer **Vormerkung** des Anspruchs eines anderen **auf Löschung** (§ 1179 BGB., **RangeinräumVerzicht** §§ 84, 158 HypG. in d. F. v. 20. 12. 03, Art. 58, 59 ÜB., §§ 607, 608 DA.) belastet ist, nämlich auflösend bedingt durch das Bestehen u. die Geltendmach. des durch die Vormerkung gesich. Anspruchs (RG. 57, 209; 63, 152; 84, 83; 93, 118, SeuffA. 60, 21, ZBlFG. 5, 305 ff.). Ein Verzicht auf die künftige EigentGrundschuld wirkt zwar dinglich (GruchBeitr. 52, 1070), aber nicht so, daß die Hyp., statt Grundschuld zu werden, ohne weiteres erlischt (BZfR. 09, 25, BlfRA. 09, 137); die Hyp. selbst muß also zum vollen Betrag ins g. G. eingesetzt werden, wenn sie dem betreib. Teil vorgeht (s. § 45 A. 2); ihr möglicher (vollständ. oder teilweiser) Wegfall erfordert die Anwendung der §§ 50, 125. Näheres s. Anh. II zu § 50.

e) **Betagte** Rechte fallen **nicht unter §§ 50, 51.** Sie sind als betagte d. h. unter Angabe des Anfangs- bzw. Endtermins in das g. G. einzustellen. Der Vorteil des späteren Eintritts der Wirksamkeit oder früheren Wegfalls kommt dem Ersteher zugute, gleichgültig ob das Ereignis vor oder nach dem Zuschlag eintritt, da hiemit schon beim Ausgebot gerechnet wird (Fischer-Schäfer 226, v. d. Pfordten 135; abw. Jaeckel-Güthe A. 3, Müller-Reinhard A. 3 d, die im Fall des Wegfalls vor dem Termin den § 50 Abs. 1 anwenden); im übr. s. Bem. zu §§ 14, 48.

C. a) Mehrzahlung ist endlich noch zu leisten, wenn das im g. G. berücksichtigte **Recht** zur Zeit des Zuschlags **noch an einem anderen** (nicht versteig.) **Grundstücke** besteht u. an dem versteig. G. nach Maßgabe der §§ 1173—1182 BGB. vor oder nach dem Zuschlag erlischt u., falls der Ersteher zugleich persönlich haftet, soweit er bereichert ist. Eine Mehrzahlung kommt nicht in

Frage, soweit die Gesamthyp. nur auf einen **anderen** Gl. übergeht. Wenn die Zahlung der Ersatzsumme verlangt wird, hat der Gl. die zur **Löschung** der bedingten Ersatzhyp. (§ 128), sowie der am G. erloschenen Gesamthyp. erforderl. Urkunden zu beschaffen (Recht 1912 Nr. 1319, ZBlFG. 13, 33, GruchBeitr. 56, 987). Über die Einstellung der Gesamthyp. in das g. G. s. § 64.

Der Gesamthyp. ist bei Versteig. eines **Anteils** auch die auf dem **ganzen** Grundstück lastende Hyp. (Total-, Einzelhyp.) gleichzustellen (RG. 94, 154, OLG. 25, 256, Jaeckel-Güthe A. 4, Reinhard-Müller A. 10 b; s. Einl. III 2 u. § 44 II 2 b). Die Gesamthyp. kann auch am G. u. dem darauf ruhenden **ErbbRecht** bestehen (Glaß-Scheidt, ErbbR. § 11 A. 5a, Staudinger-Kober § 18 I 2 d).

Die Anwendung des § 50 kommt in folg. Fällen in Frage (vgl. §§ 446, 447 DA.):

α) Es ist die der Gesamthyp. zugrunde lieg. **Ford. nicht entstanden oder erloschen** oder es ist (bei der Briefhyp.) der **Brief nicht** an den Gl. **ausgehändigt** §§ 1163 I, II; 1172 BGB.); es **verzichtet** der GesamtGl. auf das Gesamtpfand (**§ 1175**)[10]) oder er wird gemäß § 1170 mit seinem Rechte im Wege des Aufgebotsverf. **ausgeschlossen** (§ 1175 II). In diesen Fällen erwerben die Eigentümer der belasteten G. gemeinsch. die Gesamthyp. als Grundschuld. Der Ersteher kann, ebenso wie der GesamtGl. (§§ 1132, 1172), falls die Gesamthyp. in ihrem vollen Umfang in das g. G. aufgenommen wurde, die Verteilung auf die einzelnen G., sei es nach Maßgabe der vereinbarten, im GBuch eingetrag. Teilungsweise, sei es nach dem Werte der G., verlangen. Der hierbei **nicht** auf das versteig. G. bzw. seinen Eigentümer treffende **Teilbetrag** der Gesamthyp. erlischt (ist nach § 13 GBO. zu löschen), u. soweit dies der Fall ist, ist Mehrzahlung zu leisten. Die Verteilung u. damit die Geltendmach. der MehrzahlPflicht kann der Bedingtberechtigte des § 125 Abs. 2 im Klagewege betreiben. Erhöhung der Barzahlung um den **Gesamtbetrag** tritt ein, wenn der Verzicht oder Ausschluß sich auf die Hyp. an dem versteig. G. beschränkt (§ 1175 I S. 2) u. der Ersteher nicht persönlich für die Gesamthyp. haftet (§ 50 Abs. 3).

β) Wird der Gesamthyp.- (-grund- oder -rentenschuld-) Gläubiger **aus einem anderen mithaft. G.** oder aus den Gegenständen (Sachen, Forderungen), auf die sich die Hyp. erstreckt, also im Wege der ZwVollstr.[11]) **befriedigt**, so werden die **übrigen** Pfandgegenstände frei (§ **1181** BGB.). War trotzdem bei **diesen** der ganze Betrag der Gesamthyp. usw. im g. G. berücksichtigt, so ist die Mehrzahlung zu leisten, sofern u. soweit nicht der Ersteher bzw. sein Rechtsvorgänger nach § **1182** ersatzpflichtig ist, z. B. dem Eigent. desj. G., aus dem der Gl. befriedigt wurde — was sich nach den sonstigen, zwischen den Eigent. der G. besteh. Rechtsverhältnissen beurteilt —, da die Hyp. usw. insoweit auf den Ersatzberechtigten für die Ersatzford. übergeht (§ 1182 BGB., RG. 81, 71).

---

[10]) Beim Verzicht auf die Hyp. an einem **einzelnen** G. erlischt die Hyp. nur an letzterem u. die nachsteh. Berechtigten rücken vor (§ 1175 Abs. 1 S. 2, ZBlFG. 11, 256, OLG. 25, 256, Recht 1913, 510, BZfR. 1913, 476); dasselbe gilt, wenn das Ausschlußurteil nur von dem Eigent. des versteig. G. erwirkt wurde (§ 1175 Abs. 2, KGJ. 34 A 301). Der Verzicht steht der Befriedig. im S. des § 1173 nicht gleich (ZBlFG. 17, 452, Recht 1971 Nr. 1639).

[11]) Hier ist unter Befriedig. aus dem G. nur diej. im Wege der ZwVollstr. zu verstehen (RG. 56, 322); über die in Betracht kommenden Befriedigungsarten vgl. Staudinger-Kober § 1181 II 1—3.

γ) Das nämliche gilt, wenn u. soweit der Eigentümer des mithaft. G. den Gesamtgl. freiwillig befriedigt, ohne vom Ersteher oder dessen Rechtsvorgänger Ersatz verlangen zu können (erforderlich ist Zahlung zwecks Tilgung, nicht zwecks HypErwerbs, Recht 1913 Nr. 521, RG. 81, 82); ferner wenn das Gläubigerrecht auf den ersteren übertragen wird oder Vereinigung der Ford. u. Schuld in der Person desselben eintritt (§ 1173 BGB.). Die Gesamthyp. erlischt dagegen nicht lediglich dadurch auf dem einen G., daß deren Gläubiger auch das mithaftende (andere) G. einsteigert (OLG. 39, 256). Befriedigt der Ersteher als solcher den GesamtGl., so erwirbt er die Hyp. als Grundschuld am versteig. G., während sie an den übr. Grundstücken erlischt (§ 1173); als Ersteher kann er keinen Ersatz nach § 1173 Abs. 2 verlangen (abw. Fischer-Schäfer 228, s. Wenz-Wagner A. 4 b u. unten § 53 A. 4, 5).

δ) Befriedigt der persönl. Schuldner den GesamtGl. (oder vereinigen sich Ford. u. Schuld) u. hat er keinen Ersatzanspruch gegen den Eigent. oder Rechtsvorgänger[12]) des versteig. G. bzw. Ersteher, sondern nur gegen die anderen Eigentümer, so erlischt die Gesamthyp. (Grund- u. Rentenschuld kommen hier nicht in Frage) auf dem versteig. G. und es hat Mehrzahlung einzutreten; dies ist nicht der Fall, wenn u. soweit der persönl. Sch. Rückgriff gegen alle Eigentümer der mithaft. G. nehmen kann oder wenn u. soweit er einen Ersatzanspruch gerade gegenüber dem Ersteher bzw. Eigent. des versteig. G. hat (anders, wenn er bloß die Rechte des GesamtpfandGl. bei der Zahlung abgetreten erhalten hat, ZBlFG. 5, 399; in diesem Fall besteht die Hyp. für die Ersatzforderung des persönl. Sch. weiter, RG. 81, 71; 89, 80); besteht aber für den persönl. Sch. überhaupt kein Ersatzanspruch gegen irgendeinen Eigent. der mithaft. G., so erlischt mit der Befriedig. zwar die Ford., die Hyp. wird aber EigentGesamtgrundschuld; eine Mehrzahlung tritt im Falle der Verteilung dieser Gesamtgrundschuld ein, s. α (§§ 1174 mit 1163, 1164, 1172 BGB., RG. 81, 71, BlfRA. 68, 112 ff.).

b) Haftet der Ersteher gem. § 53 für die Gesamthyp. persönlich, so besteht die Möglichkeit, daß er durch den Wegfall der Hyp. nicht bereichert ist (nämlich im Fall des Verzichts u. des Ausschlusses hinsichtl. des versteig. G., § 1175 II S. 2 BGB.); dann bestünde keine MehrzahlPflicht, solange er persönlich weiterhaftet. Ob jedoch eine Mehrzahlung nach Abs. 3 ausgeschlossen ist, hat nicht das Notariat (VollstrG.) zu entscheiden (OLG. 25, 256). Für die Frage, ob der Ersteher durch das Erlöschen des Rechtes bereichert ist, ist hier ein etwaiger Ausfall, den er selbst als HypGl. erleidet, bedeutungslos (Recht 1915 Nr. 1898).

c) Sind mehrere mit einer Gesamthyp. (-grund- oder -rentenschuld) belastete Grundstücke (Anteile) um ein Gesamtgebot — für den Fall des Einzelausgebots vgl. § 64 — zugeschlagen worden, so tritt eine Mehrzahlung nicht ein, solange das Recht nicht auf sämtl. zugeschlag. G. erloschen ist (Jaeckel-Güthe A. 10).

Über den Einfluß der Gesamthyp. auf das Ausgebot s. § 64, die Verteilung s. §§ 112, 122, 123.

d) Im Falle der Belastung des G. mit einer Gesamt-Notopferhyp.

[12]) Rechtsvorgänger im Sinne der §§ 1164, 1165 ist auch der VollstrSch. gegenüber dem Ersteher, wenn auch der Zuschlag keine Rechtsnachfolge schafft (RG. 80, 350; 89, 77).

kann die Kreditanstalt Befriedig. nur im Verhältnis des reinen Wertes der belasteten G. fordern (§§ 6, 14 NotopfHVO. v. 15. 11. 21 RGBl. 1359); über die Gesamtgrundsch. der d. Rentenbank s. § 51 A. 1.

Anhang zu § 50.

I. Pfändung der Eigentümerhyp.

Die EigentHyp. (-grundschuld) kann zwar mit dem Anspruch des Eigent. auf Eintrag. als Gl. derselben (BerichtigAnspr.) übertragen, gepfändet u. zur Einziehung überwiesen werden. Vgl. hiezu Staudinger-Kober § 1163 I 5 u. IV mit Verw.

a) Da aber die Übertrag. u. Pfändung einer Buchhyp. zur Wirksamkeit der Eintrag. in das GBuch bedarf (§ 830 ZPO.), kann Übertrag. u. Pfändung der EigentBuchhyp. erst nach GBuchbericht., also nach Eintrag. des Eigent. als Gl. (die vom urkundenmäßigen Nachweis der Entstehung der Eigentümerhyp. abhängig ist) im Gbuch eingetragen u. dadurch wirksam werden (§§ 14, 22, 29, 40 GBO., 448 DA.; RG. 57, 211; 59, 313; 61, 374; 72, 275; 75, 250; 84, 78, BayObLG. 15, 413). Auch die Eintrag. eines Verfüg.-Verbots (einstw. Verf.) in Ansehung der EigentHyp. setzt GBuchbericht. voraus (BZfR. 08, 208). Die Wirksamkeit des VerfügVerbots ist dagegen nicht von der Eintrag. abhängig („Recht" 1916 Nr. 1945, SächsA. 1912, 331; vgl. RG. 97, 228).

Auch die künftige (vorläufige) EigentHyp. (insbes. aus einer Höchstbetragshyp.) ist abtretbar u. pfändbar (BayObLG. 6, 418, 422, BZfR. 06, 49, BruchBeitr. 50, 576, vgl. auch RG. 67, 166; bestr., s. Stein-Jonas § 829 I 1 a, § 857 II 6); RG. 97, 226 hat die Wirksamkeit der Pfändung, vorbehaltl. Eintrag., bejaht u. sie als ein schon vom Augenblick der Zustellung bedingt wirksames VerfügVerbot anerkannt; jedoch ist die Abtretung u. Pfändung vor GBuchberichtigung nicht eintragungsfähig (RG. Bd. 51, 116; 56, 14; 61, 374; 72, 276; 75, 250; 97, 228, BayObLG. 6, 425, 738; 10, 454); ebensowenig eine Vormerkung der Verpflichtung zur Übertragung der künftigen Eigentümerhyp. (BayObLG. 10, 454, JW. 1910, 73). Eine trotzdem erfolgte Eintrag. ist aber nicht immer inhaltl. unzulässig (RG. 120, 110). Die Pfändung der angeblich bereits entstand. Eigentümerhyp. erzeugt aber kein Pfandrecht an der noch nicht entstand., künftigen Eigentümerhyp. u. umgekehrt (RG. 55, 263; 61, 380, SeuffA. 62, 383, GruchBeitr. 50, 561, 576 ff., OLG. 42, 175, BZfR. 1928, 91; vgl. auch RG. 120, 113). Auch die PfändBenachrichtigung nach § 845 ZPO. hinsichtl. der künftigen EigentHyp. u. deren Eintrag. ist zulässig (RG. 71, 179; 82, 227, BZfR. 08, 302, SächsA. 09, 12).

Die Pfändung u. Überweisung des (nicht selbständig abtretbaren, RG. 78, 80, JW. 1922, 218) Berichtigungsanspruchs (Drittschuldner: HypGl.) ist nicht eintragungsfähig; sie ist nur erforderlich, wenn der PfändGl. den urkundl. Nachweis der Eigentümerhyp. nicht anderweitig erlangt, u. gewährt nicht etwa ein Pfandrecht an dem (angeblich nicht eingetrag.) Recht des Eigent., sondern nur die Befugnis, dessen Eintrag. herbeizuführen (GruchBeitr. 50, 561 ff.; 54, 940; RG. 59, 294; 60, 264; s. im übr. über Abtretung u. Pfändung des BerichtAnspr. Planck 894 III 3, GruchBeitr. 59, 624 ff.; 62, 478 ff., JheringsJ. 34, 151). Pfändung u. Überweisung des dem Eigent. zusteh. LöschAnspr. gewährt dem Gl. nicht das Recht, vom eingetr. Gl. die Bewilligung zur Löschung der auf den Eigent. übergegang. Hyp. zu verlangen (RG. 101, 231).

Zur Sich. des PfändGl. vor GBuchberichtigung dient der Widerspruch zugunsten des Eigent. (auf Grund Glaubhaftmach. der EigentHyp. u. einstw. Verfügung nach §§ 894, 899 BGB., BayObLG. 6, 741, RG. 97, 224, GruchBeitr. 50, 565 ff.; 59, 670; 62, 539, OLG. 8, 109); eine Vormerkung nach § 883 BGB. zur Sich. des Anspr. auf Eintrag. der Pfändung ist unzulässig (s. § 48 Fußn. 3).

b) Bei Briefhyp. ist zur Pfändung Übergabe oder Wegnahme des beim Eigent. befindl. Briefes erforderlich (§ 830 ZPO., ZBlFG. 5, 641); befindet sich der Brief in der Hand eines Dritten, so wird ihre Herausgabe nicht schon durch Pfändung u. Überweisung des Herausgabeanspruchs zur Einziehung ersetzt (RG. 59, 318; 63, 214, „Recht" 1915 Nr. 1161, GruchBeitr. 54, 1024). Wenn eine Briefhyp. wegen teilw. Nichtentstehung der Ford. zum Teil EigentGrundschuld geworden ist, steht dem Eigent. gegen den Gl. kein Anspruch auf Herausgabe des Briefes zu; ebensowenig auf Einräumung des Mitbesitzes (der genügen würde), sondern nur auf Vorlegung zwecks Herstellung eines Teilbriefs (RG. 69, 36; 75, 221, GruchBeitr. 54, 1025). Eintrag. einer VerfügBeschränkung bei Briefhyp. erfordert Vorlage des Briefes (BayObLG. 15, 325).

c) Dem Gl., der die EigentHyp (-grundschuld) gepfändet hat, geht selbstverständlich derj. im Range vor, zu dessen Gunsten die Hyp. vorher mit einem RangeinräumVerzicht bzw. einer LöschVormerkung belastet ist (RG. 57, 211, SeuffA. 60, 1, ZBlFG. 5, 185; 8, 364). Die LöschVorm. steht der Pfändung nicht entgegen (ZBlFG. 9, 337; 10, 355); im übr. s. § 50 A. 3 B d. Ebenso stehen dem PfandGl. ältere Vereinbarungen des Eigent. mit einem HypGl. hinsichtl. der EigentHyp. auch dann entgegen, wenn sie nicht eingetragen sind, da dem Rechtserwerb des PfändGl. der öffentl. Glaube des GBuchs nicht zugute kommt (BZfR. 06, 187; vgl. auch § 117 A. 3).

d) Ist die Hyp. durch den Zuschlag erloschen, so ist nur mehr Pfändung des an die Stelle getretenen Anspr. auf Befriedig. aus dem VersteigErlös nach den Vorschr. über die FordPfändung (§§ 829, 857 Abs. 2 ZPO.) erforderlich (vgl. § 91 Fußn. 2, § 107 A. 4); es bedarf nicht mehr der Eintrag. (der Abtretung, Pfändung, Verpfändung) bzw. Übergabe oder Wegnahme des Briefes; doch ist die Pfändung der EigentHyp. selbst nicht wirkungslos (RG. 71, 183; 75, 313); bei der Pfändung des auf die EigentGrundschuld entfall. Erlöses entscheidet nach § 857 Abs. 2 ZPO. die Zustellung an den Sch. (RG. 40, 395; 52, 259; 63, 214; 64, 212, 216; 70, 279; 71, 180; 72, 345; 75, 313; 88, 303, BayObLG. 17 A 7, OLG. 11, 330). Dagegen ist vor dem Zuschlag Vollstr. nur in die Hyp. möglich (nicht in den etwaigen Anspruch auf den Erlös); s. § 107 A. 4, 5.

Zusatz: Zulässig ist auch die Pfändung des Eigentümerhyp.-Anteils eines Miteigentümers (ZBlFG. 7, 797). Bei mehreren PfändPfandrechten an einer EigentBuchhyp. entscheidet über den Vorrang die früh. Eintrag. (SeuffA. 68, 341). Eintrag. der Pfändung bzw. Übergabe (Wegnahme) des HypBriefs sind zur Wirksamkeit der Pfändung auch im Falle des § 830 Abs. 2 ZPO. (vorgängige Zustellung an den Drittschuldner) notwendig, so daß auch kein Pfandrecht an der persönl. Ford. entsteht, wenn die Hyp. vor Eintrag. oder Übergabe des Briefs wegfällt oder erlischt (RG. 76, 231, BayObLG. 17 A 7).

Über Form des PfändBeschl. u. das weitere Verf. bei Pfändung der EigentHyp. u. des VersteigErlöses s. Güthe BlfRA. 1911, 611 ff., Mayer GruchBeitr. 56, 265, 319, 529 ff., ZBlFG. 12, 361, 395 ff. (Briefhyp.); 13, 723 ff., „Recht" 12, 463 ff. u. § 107 A. 5.

II. Löschungsvormerkung.

a) Die Vorm. zur Sich. des LöschAnspr. ist kein (bedingtes) dingl. Recht, sondern nur ein GBuchvermerk mit bestimmten dingl. Wirkungen, die wegfallen, sobald die Vorm. gelöscht ist (ZBlFG. 19, 95); sie sichert nur einen persönl. Anspruch u. dessen allenfallsigen Rang (BayObLG. 12, 281, OLG. 14, 69; 26, 170); der VormerkBerechtigte kann die Hyp. nicht ohne Zustimmung des Eigent. zur Löschung bringen (BlfRA. 08, 256). Die Vorm. bewirkt, daß eine Verfügung, die nach Eintrag. der Vorm. über die Hyp. getroffen wird, insoweit unwirksam ist, als sie den persönl. Anspruch des LöschBerechtigten vereiteln oder beeinträchtigen würde (§§ 883 Abs. 2, 888 Abs. 1 BGB.); der Verpflichtete kann (ohne Zustimmung des VormerkBerechtigten) über die Hyp. nur noch durch Erfüllung des vorgem. LöschAnspruchs verfügen; alle dem entgegenlauf. Einwirkungen des Sch. (z. B. Abtretung, Verpfändung der Eigentümerhyp.) u. Dritter (Pfändungen) sind materiell unwirksam (BlfRA. 06, 408, BayObLG. 19 A, 158, ZBlFG. 10, 635); der Dritte, der durch die Verfüg. die Hyp. oder ein Recht daran erlangt hat (hiezu gehört aber nicht der, der die Hyp. durch Ablösung erworben hat, vgl. § 12 Fußn. 2), ist dem VormerkBerechtigten gegenüber verpflichtet, seine Zustimmung zur Löschung zu geben (RG. 57, 211). Anderseits hindert die Vorm. aber die Entstehung der Eigentümerhyp. nicht, bewirkt auch nicht, daß diese von selbst erlischt, u. steht der Eintrag. einer Verfüg. über sie (formell) nicht entgegen (RG. 57, 211, OLG. 14, 118; 26, 166, ZBlFG. 7, 945; 9, 337; 10, 355).

Der GBuchrichter muß also (BayObLG. 17 A, 3; 19 A, 158) trotz der Vorm. des LöschAnspruchs beim Nachweis der Voraussetzungen der Eigentümerhyp. den Eigent. als Gl. eintragen, ebenso etwaige Verfügungen hierüber (Abtretung, Pfändung, Verpfändung).

Ist die Eigentümerhyp. (-grundschuld) durch den Zuschlag erloschen, so verpflichtet der LöschAnspruch den Eigent. (u. Dritten) gegenüber dem LöschBerechtigten, das Recht aus der Eigentümerhyp. aufzugeben u. den darauf entfall. Erlösteil, soweit jener ein Interesse daran hat, nämlich einen Ausfall erleidet, den nachfolg. Realberechtigten zu überlassen (RG. 63, 152; 84, 83; 93, 118, JW. 08, 555, „Recht" 08, 539).

Dem entspricht die Behandlung der LöschVorm. in der ZwVersteig. (RG. 57, 212; 63, 152, RJA. 11, 73, JW. 06, 354; 08, 555, 657, SeuffA. 60, 23, OLG. 26, 165).

Beispiel:

a) Bei einer dem betreib. Teil B vorgeh. Hyp. des A zu 1000 Mk., die zu 200 Mk. wegen Zahlung auf den VollstrSch. D als EigentGrundsch. übergegangen ist, ist zugunsten des dritten HypGl. C eine Vorm. nach § 1179 BGB. (RangeinräumVerzicht) eingetragen. Z. Zt. der Versteig. ist weder die Berichtigung des GBuchs noch die Löschung wegen der 200 Mk. vollzogen. Die Hyp. zu 1000 Mk. ist daher für A u. D als bestehenbleibend im geringsten Gebot zu berücksichtigen u. als weitere VersteigBedingung festzusetzen, daß der Ersteher außer dem Bargebote noch 200 Mk. als Ersatzsumme zu zahlen hat, falls der VormerkBerechtigte seinen LöschAnspruch geltend macht, so daß die Eigent.-Grundsch. des D zu 200 Mk. gelöscht werden muß (§ 50 Abs. 2 Nr. 1). Im VerteilVerf. ist dann nach §§ 125 ff. zu verfahren, also wenn der Anspr. auf Löschung der 200 Mk. bereits durchgesetzt wurde, dieser Betrag dem nächsten, sonst leerausgehenden Gl. (also möglicherweise einem anderen als dem C; ebenso GruchBeitr. 54, 1022, 1027, Staudinger-Kober § 1179 A. 2 c; s. § 125 A. 1 a, b) zuzuteilen u. auszuzahlen bzw. durch SichHyp. sicherzustellen oder, wenn die Löschung noch nicht herbeigeführt ist, der Betrag von 200 Mk. dem nächst ausfall. Gl. bedingt zuzuteilen, zu übertragen u. sicherzustellen.

Wenn schließlich der LöschAnspruch nicht zur Löschung geführt hat (z. B. weil dem VormerkBerechtigten die Löschung nicht zugute käme, ihm daher das Interesse daran mangelt, vgl. RG. 63, 152, ZBlFG. 7, 806, JW. 08, 556, „Recht" 04 Nr. 2611), ist es Sache des VollstrSch., seine Eintrag. als GrundschGl. herbeizuführen.

β) War die Hyp. des A zu 1000 Mk. (weil dem B nachstehend) nicht in das geringste Gebot einzustellen u. durch das Meistgebot gedeckt, so ist bei der Verteilung der 200 Mk. nach §§ 119, 120 zu verfahren, also wenn der LöschAnspruch unbestritten ist, der Betrag von 200 Mk. dem Nächstausgefallenen zuzuteilen u. auszuzahlen, bzw. zu übertragen oder sicherzustellen; im Falle des Streits aber bedingt dem VollstrSch. u. dem Nächstausgefall. zuzuteilen, sodann aber dem ersteren auszuzahlen bzw. ihm zu übertragen oder sicherzustellen (vgl. § 120 A. 2 u. BZfR. 05, 417; 06, 162).

Von der bedingten Zuteilung wird abgesehen werden können, wenn der Lösch.-Berechtigte nicht wenigstens behauptet, einen LöschAnspruch geltend machen zu wollen (ZBlFG. 14, 523). Über die Umgehung des § 50 durch besondere VersteigBedingung s. BZfR. 1914, 266 ff.

b) Die Eintrag. einer LöschVorm. bei einer künftig erst entsteh. EigentGrundschuld stellt eine Ausnahme von dem Grundsatz dar, daß die Eintrag. sowohl von dingl. Verfügungen (Abtretung, Pfändung, s. oben Anh. I) als auch von Vormerkungen schuldrechtl. Ansprüche (auf Übertragung, Rangänderung) hinsichtl. der künftigen EigentGrundschuld unzulässig ist (RG. 72, 276; 75, 250; 84, 78; vgl. Staudinger-Kober § 1179 A. 9). Die durch LöschVorm. des § 1179 BGB. erzielte Sicherung umfaßt nicht auch die Sich. des Anspruchs auf Rangeinräumung; denn wenn zwischen der vormerkberechtigten u. -belasteten Hyp. Zwischenrechte vorhanden sind, so behalten diese im Falle der Löschung der vormerkungsbelasteten Hyp. ihren Vorrang vor der vormerkberechtigten Hyp. (anders beim Anspruch auf Vorrangeinräumung); ferner gewährt der LöschAnspruch nur ein Recht auf Überlassung desj. Erlösteils, der nach Abzug der Zwischenposten übrig bleibt, während beim Anspruch auf Vorrangeinräumung der Berechtigte den Erlösteil, der auf die EigentGrundschuld treffen würde, in voller Höhe seines Ausfalls vor den Zwischenberechtigten beanspruchen kann (RG. 84, 78 gegen BayObLG. 14, 320). Ist die vormerk.-berechtigte Hyp. geringer als die vormerkbelastete Hyp., so ist der Eigent. im Zweifel zur Löschung der ganzen EigentGrundsch. verpflichtet (RG. 63, 155; 84, 83).

Über Wirkung des LöschAnspruchs vor Eintrag. der Vorm. s. JW. 06, 424; 08, 200; a. M. LZ. 09, 358; 1912, 943, Jaeger KO. § 6 A. 59.

c) Die Vorm. des § 1179 BGB. ist auch zugunsten eines anderen als des gleich- oder nachsteh. Berechtigten zulässig, auch zugunsten eines Nichtrealgläubigers (RG. 63, 152, BayObLG. 3, 329, SächsA. 07, 436, ZBlFG. 7, 397; 15, 735; a. M. ZBlFG. 5, 305); ihre Geltendmachung ist zwar nicht davon abhängig, daß der VormerkBerechtigte dadurch selbst zum Zuge kommt, wohl aber davon, daß er überhaupt ein rechtl. Interesse an der Durchführung hat (vgl. oben a α). Eine zugunsten einer bestimmten Hyp. eingetrag. LöschVorm. kann aber nicht auch zugunsten anderer Rechte, wenn auch des näml. Gl., geltend gemacht werden (RG. 63, 152).

d) Die LöschVorm. kann auch den Fall der Nichtvalutierung der Hyp. (§ 1163 Abs. 1 Satz 1 BGB.) umfassen (RG. 52, 9; 93, 114, JW. 08, 275, GruchBeitr. 59, 370).

e) Da § 1163 Abs. 1 S. 1 BGB. keine Anwendung auf die Grundschuld findet (s. § 50 A. 3 A e), hat die bzgl. einer Grundsch. eingetrag. LöschVorm. nur Bedeutung für die Fälle der §§ 1142, 1143 (Befriedigung durch den Eigent.) u. 1168 BGB. (Verzicht; s. aber § 50 Fußn. 9), während im Fall des § 1163 Abs. 1 S. 1 BGB. die Grundsch. nicht dem Eigent. zufällt, sondern nur ein schuldrechtl. Anspruch des Bestellers auf Verzicht oder Übertragung entsteht (RG. 78, 67, Planck § 1179 A. 6, 7, § 1192 A. 6d mit Verw., insbes. Stillschweig JW. 1912, 713; 1914, 605). Es kann jedoch dieser schuldrechtl. Anspruch schon bei der GrundschBestellung ausgeschlossen (u. dadurch eine etwaige spätere Pfändung dieses Anspruchs verhindert) werden (RG. 85, 89).

f) Bei Rangänderung geht die LöschVorm. für die zurücktret. Hyp. nicht ohne weiteres auf den vortretenden Gl. über (OLG. 26, 168; vgl. auch BZfR. 1912, 412; 1913, 297, BayObLG. 12, 281).

g) Die LöschVorm. bleibt bestehen, wenn sie im g. G. berücksichtigt ist (BayObLG. 11, 663) oder wenn die Hyp., bei der sie eingetragen ist, kraft Vereinbarung bestehen bleibt; sie wird nicht dadurch gegenstandslos, daß die Hyp. des VormBerechtigten durch den Zuschlag erlischt u. für ihn eine SichHyp. nach § 128 ZVG. eingetragen wird (SeuffA. 60, 251, RJA. 11, 73, ZBlFG. 12, 505, Jaeckel-Güthe § 91 A. 8).

h) Die Verpfändung einer Hyp. ergreift im Zweifel auch den durch LöschVorm. gesicherten Anspruch des HypGl. (ZBlFG. 10, 635).

i) Die Hyp. ist trotz LöschVorm. bei der Gebührenbewertung voll in Rechnung zu ziehen (OLG. 39, 106).

§ 51.

Ist das berücksichtigte Recht nicht eine Hypothek, Grundschuld oder Rentenschuld, so finden die Vorschriften des § 50 entsprechende Anwendung. Der Ersteher hat statt des Kapitals den Betrag, um welchen sich der Wert des Grundstücks erhöht, drei Monate nach erfolgter Kündigung zu zahlen und von dem Zuschlag an zu verzinsen.

Der Betrag soll von dem Gerichte bei der Feststellung des geringsten Gebots bestimmt werden.

E. I § 70; Begr. 173, 174; D. 47; RBer. 30.

Wegfall anderer Rechte.

1. Die Vorschr. des § 50 sind **entsprechend anzuwenden** auf Reallasten, Nießbrauch, persönl. u. Grund-Dienstbarkeiten, Erbbaurechte. Voraussetzung ist auch hier Berücksichtigung des Rechtes im g. G. (s. § 45 A. 2aγ).

Unter § 51 fallen sowohl nicht bestehende (§ 50 Abs. 1), als bedingte Rechte (§ 50 Abs. 2 Nr. 1). Auch die Vorschrift des § 50 Abs. 2 Nr. 2 über die Gesamthyp. kann bei einer auf mehreren G. haftenden Reallast Anwendung finden[1]).

Altenteils- oder Unterhaltsansprüche, deren Wegfall zwar gewiß, wobei aber der Zeitpunkt des Wegfalls unbestimmt ist, gehören zwar nicht zu den bedingten Rechten; wohl aber ergibt sich auch hier aus § 51 die Notwendigkeit, die Ersatzsumme zu bestimmen für den Fall, daß das Recht noch vor dem Zuschlag, z. B. durch den Tod des Berechtigten, wegfällt (§ 50 Abs. 1, vgl. § 14 A. 3c, Jaeckel-Güthe A. 13; anders im Falle des § 50 Abs. 2, vgl. dort Fußn. 2 u. A. 3Ba).

Dagegen erfordert eine im Falle der Neuumlegung der öff. Last des IndustriebelastGes. eintretende Ermäßigung keine Zuzahlungspflicht des Erstehers (s. § 53 A. 6, Reinhard Einfl. S. 199, 232). Kommen von mehreren, mit einer Gesamtgrundschuld der D. Rentenbank belasteten G. nur einzelne

[1]) ZBlFG. 7, 494, Markus GruchBeitr. 56, 778ff., Fischer-Schäfer § 50 A. 2 a. E., Wolff § 50 A. 5 a. E., Wenz-Wagner § 51 A. 4, Planck § 1107 A. 3e; a. M. Jaeckel-Güthe § 50 A. 12.

zur Verst., so ist beim Finanzamt die Verteilung der Grundschuld anzuregen, wodurch sich die Anwendung des § 51 erübrigt (§§ 7 RBBO., 11, 43 DurchfB., Stillschweig JW. 1924, 127, Reinhard Einfl. S. 186; vgl. oben § 10 Fußn. 5).

2. Feststellung der Mehrzahlung. Während in den Fällen des § 50 die Ersatzsumme ohne weiteres mit dem Kapital der Hyp., Grund- oder Rentenschuld (u. gemäß Art. 85 Abs. 2 BayAG.BGB. auch bei der dort bezeichneten Reallast) feststellbar ist, muß sie hier durch Wertsschätzung erst gefunden werden (nötigenfalls unter Einvernahme von Sachverständigen, Abhaltung eines besond. Termins nach § 62, vgl. §§ 111, 121); anzusetzen ist der Betrag, um den sich der Wert des G. im Falle des Nichtbestehens der berücksicht. Belastung erhöht (OLG. 31, 191, Wolff „Recht" 1918, 51). Ist ein Höchstbetrag im GBuch angegeben (§ 882 BGB., Art. 48 Abs. 3 ÜB.), so kann über diesen nicht hinausgegangen werden.

Die Bestimmung des Ersatzbetrags für ein in das g. G. fallendes Recht des § 51 hat im VersteigTermine stets auch dann zu geschehen, wenn sie nicht als erforderlich erscheint. Sie kann, weil VersteigBedingung, gemäß §§ 83 Nr. 1, 100 ZVG., § 13 Abs. 2 EG., Art. 25 BayAG., von den ausfall. Beteiligten u. betreib. Gl. (nicht Ersteher) mit Erinnerung nach § 13 Abs. 2 EG. u. sodann mit Beschwerde gegen den Zuschlag angefochten werden (Reinhard-Müller A. 4 a). Ist aber der Zuschlag unter der Bedingung, daß der festgesetzte Betrag u. U. hinzuzuzahlen ist, rechtskräftig geworden, so ist dieser auch für das VerteilVerf. maßgebend.

Ist die Feststellung im VersteigTermine unterblieben, so ist sie im VerteilTermine nachzuholen (Beschwerde gegen den Zuschlag ausgeschlossen) u. auf Grund Widerspruchs gegen den Plan u. bedingter Zuteilung des Ersatzbetrags (§§ 115, 124) im Klagewege herbeizuführen (Jaeckel-Güthe A. 16); der Ersteher, der die Höhe des Ersatzbetrags bestreitet, bedarf nicht des Widerspruchs; er ist nicht an die erst bei der Verteilung getroff. Feststellung gebunden (Fischer-Schäfer 229; Reinhard-Müller A. 4 b; a. M. Jaeckel-Güthe a. a. O.).

Die Feststell. des Ersatzbetrags hat natürlich nur Bedeutung für den Wegfall des Rechtes. Solange es besteht, wirkt es gegen den Ersteher, weil es bestehen, also durch die Versteig. unberührt bleibt.

3. Erfüllung der Mehrzahlungspflicht. Ebenso wie die Ersatzsumme des § 50 ist auch diej. des § 51 nicht sofort mit dem Zuschlage fällig. Sie muß dem Ersteher von demj. zunächst ausgefall. Berechtigten, dem sie für den Wegfall des Rechtes gemäß § 125 zugeteilt wurde, unter Einhaltung einer dreimonatl. Kündigungsfrist erst gekündigt, jedoch vom Zuschlag an gemäß § 246 BGB. mit 4% verzinst werden. Der Ersteher kann die Ersatzsumme jederzeit leisten u. soferne sie einem Beteiligten noch nicht zugeteilt ist, hinterlegen (§§ 271 Abs. 2, 372 BGB.), wodurch er von der Pflicht der Verzinsung befreit wird (Jaeckel-Güthe a. a. O.).

§ 52.

Ein Recht bleibt insoweit bestehen, als es bei der Feststellung des geringsten Gebots berücksichtigt und nicht durch Zahlung zu decken ist. Im übrigen erlöschen die Rechte.

Das Recht auf eine der in den §§ 912—917 des Bürgerlichen Gesetz-

buchs bezeichneten Renten bleibt auch dann bestehen, wenn es bei der Feststellung des geringsten Gebots nicht berücksichtigt ist.

E. §§ 66, 72; Begr. 113, 169, 175ff., D. 47; KBer. —.

Bestehenbleiben u. Erlöschen der Rechte.

1. Allgemeine Bedeutung der Vorschrift. Sie enthält die Ausführung des Deckungsgrundsatzes in Form einer gesetzl., jedoch der vereinbarten Abänderung (§ 59) fähigen VersteigBedingung mit dem Ziel, durch die ZwVersteig. die Haftung des G. für alle Anspr., die sich nicht auf ein bestehenbleib. Recht am G. gründen, sowie für die lauf. u. rückständigen Leistungen u. Kosten zu lösen. Die Deckung der dem betreib. Gl. vorgehenden Rechte erfolgt nicht durch eine Rechtshandlung (Vertrag), sondern kraft gesetzl. Vorschrift (anders bei den nach § 91 Abs. 2 vereinbarungsgemäß bestehenbleib. Rechten). Dem Ersteher gegenüber stellt die Vorschr. klar, daß nur solche Rechte, die bei der Feststellung des g. G. berücksichtigt wurden u. nicht durch Zahlung (§ 49) zu decken sind, u. nur in dem Umfange[1]), in welchem sie in das g. G. eingestellt waren, auf dem von ihm erstandenen G. bestehen geblieben sind. Diese Rechte werden von der ZwVersteig. nicht berührt, insbes. nicht durch sie fällig (vgl. § 54)[2]).

Das Bestehenbleiben gewisser Rechte hat für den Ersteher die Bedeutung eines teilweisen Entgeltes für das G., der Berichtigung desj. Teils seines Meistgebots, der nicht bar zu zahlen ist.

Über Ablehnung des Anrechnungsgrundsatzes s. Einl. V 3, § 44 A. I.

2. Bestehen bleiben (am G. u. den nach § 55 mitversteig. Gegenständen u. vorbehaltl. abweich. Regelung nach § 59):

a) die im g. G. (§ 44) berücksichtigten, nicht nach § 49 Abs. 1 barzuzahl. Hauptrechte (Kapitalbeträge der Hyp. u. Grundschulden, im übr. Ablösungssumme, Ersatzbetrag, insbes. bei Rentenschuld u. Reallast), sowie vom Zuschlag an die Anspr. auf Zinsen, Renten, Reallast-, Altenteils- u. Auszugsleistungen. Soweit das bestehen bleib. Recht mit einem unbenutzten Rangvorbehalt belastet ist, bleibt auch dieser bestehen (vgl. § 23 Fußn. 4); ebenso die LöschVormerkung u. der Pfandvermerk bei einer bestehenbleib. Hyp. (SeuffA. 60 Nr. 136).

b) ausnahmsweise auch ohne Berücksichtigung im g. G.;

α) Notweg- u. Überbaurenten (§ 52 Abs. 2);

β) bei Versteig. des Grundstücks: das neuzeitl. ErbbRecht[3]) u. die EntschädForderung im Falle des Zeitablaufs (§§ 25, 27, 28 ErbbRVO. v. 15. 1. 19);

---

[1]) Darauf, daß der Geldwert des berücksichtigten Rechtes ziffermäßig richtig oder gar nicht eingesetzt wurde, kommt es allerdings nicht an, wenn es sonst zweifelsfrei bezeichnet ist (OLG. 20, 377, Jaeckel-Güthe A. 2; a. M. Wolff A. 2 A b). Deshalb bleiben auch spätere Änderungen des im VerstTermin festgestellten Kurswertes einer bestehen bleib. ausländ. Währungs- oder wertbeständ. Hyp. für das weitere Verf. außer Betracht (§ 7 VO. v. 13. 2. 20 RGBl. 231, § 5 Ges. v. 23. 6. 23 RGBl. I 407; Reinhard-Müller A. 1). Eine im g. G. enthaltene PMHyp. bleibt in Höhe des Aufwertungsbetrags bestehen (s. § 53 A. 7, dagegen oben 3 a a. E.).

[2]) Da aus der ZwVersteig. allein ebensowenig wie aus der freiwilligen Veräußerung von dem Gl. oder Ersteher ein Recht abgeleitet werden kann, in dem von einem anderen betriebenen Verfahren auf Befriedigung seines Anspr. aus dem Erlöse zu dringen (Begr.).

[3]) Mit dem ErbbR. bleiben natürlich auch die auf ihm ruhenden Belastungen (Hyp. usw.) bestehen. Erlischt es durch Zeitablauf, so besteht die EntschädFord. auch im Falle der Löschung des ErbbR. mit dessen Rang fort, vorbehaltl. gutgläubigen rechtsgeschäftl. Erwerbs (Glaß-Scheidt, ErbbR. §§ 25, 28, 29). Vgl. auch Einl. III 3 a Fußn. 8 u. § 10 Fußn. 27. Bei Versteig. des ErbbR. selbst gehen natürl. auf den Ersteher auch alle die damit verbundenen Nebenrechte (§ 1 Abs. 2, §§ 2, 5 ErbbRVO.) über (GruchBeitr. 65, 37).

γ) nach § 9 EG., Art. 27 BayAG.: eingetrag. Leibgedingsrechte (auch Hyp. alten Rechtes dieser Art, vgl. Art. 48, 116 bis 118 ÜB.), die Grundgefälle des Staats u. der Ablösungskasse u. die an deren Stelle getretenen Lasten, sowie nicht eintragungsbedürftige Grunddienstbarkeiten (s. § 11 A. 2).

Das Erlöschen dieser letzteren (γ) Rechte ist jedoch auf Verlangen nach § 9 Abs. 2 EG. als VersteigBedingung dann festzusetzen, wenn durch das Fortbestehen des Rechtes ein vorgeh. oder gleichsteh. Beteiligter beeinträchtigt wird. Soferne dies ungewiß ist, hat nach § 59 Abs. 2 ein doppeltes Ausgebot zu erfolgen. Ergibt sich unter der Bedingung des Bestehenbleibens des Rechtes ein den betreff. Beteiligten deckendes Gebot, so ist der Zuschlag zu erteilen, ohne Rücksicht auf ein unter der entgegenges. Bedingung abgegeb. höh. Gebot (Becher Mat. VI„ 28; vgl. Bem. zu § 9 EG.).

δ) die Heimstätteneigenschaft (soweit die Verst. zulässig ist, §§ 5, 20 RHeimstG. v. 10. 5. 20 RGBl. 962), das Vorkaufsrecht des Heimstättenausgebers u. der Bayr. Siedlungs- u. Landbank (s. § 9 Fußn. 3 b).

Soweit solche Rechte (α—δ) dem betreib. Teile vorgehen (z. B. neuzeitl. ErbbR.) u. nichts anderes vereinbart ist (§ 59), müssen sie natürlich, wenn eingetragen oder angemeldet (bei Meidung der Schadenshaftung), ausdrücklich in das g. G. aufgenommen werden (§§ 44, 83 Nr. 1 ZVG., vgl. § 9 EG. A. 1); doch bleiben sie auch dann bestehen, wenn sie versehentlich nicht im g. G. berücksichtigt wurden.

ε) Die Lasten des öffentl. Rechtes, insbes. auch die Rentenbankgrundsch. u. Industriebelastung (s. § 10 A. 3).

Zu beachten ist jedoch, daß alle diese Lasten (a, b) den Ersteher erst für die Zeit nach dem Zuschlag treffen (§ 56); für die bis dahin lauf. u. rückst. wiederkehr. Leistungen hieraus gelten §§ 37 Nr. 4, 45 Abs. 2, 49; diej. unter a u. b α—δ sind in der 4. (8.), die unter b ε in der 3. (7.) Rangklasse des § 10 zu decken (Jaeckel-Güthe A. 5, Fischer-Schäfer 230, v. d. Pfordten 141).

Zusatz. Der Ersteher tritt kraft Gesetzes auch in die vom VollstrSch. oder ZwVerwalter hinsichtl. der BeschlagnGegenstände abgeschloss. VersichVerträge ein, ohne daß es einer besond. VersteigBedingung bedarf (§§ 69, 73, 114, 143 VersVertrG. v. 30. 5. 08, RGBl. 263, LZ. 1911, 329, Gerhard-Hagen 336, Jaeckel-Güthe A. 2, Reinhard-Müller A. 4).

3. Dagegen erlöschen am Grundstück (s. § 91 A. 1):

a) die nicht berücksichtigten Rechte (Ausnahme 2 b), vor allem des betreib. Gl.[4]) u. der ihm gleich- oder nachstehenden Berechtigten, dann aber auch die im g. G. übergangenen Rechte[5]). Ob sie mit Recht oder Unrecht unberücksichtigt blieben, ist gleichgültig. Letzterenfalls ist nur Erinnerung nach § 13 Abs. 2 EG. u. dann sof. Beschwerde gegen den Zuschlag zulässig (§ 83 Nr. 1, RG. 59, 266); ist diese versäumt, so kann sich der Berechtigte nur an den Erlös (§§ 91, 92) halten, an welchem er mit dem Range[6]) seines Rechtes teil-

[4]) Auch sein Hauptrecht erlischt, wenn dessen Bestehenbleiben nicht auf dem Wege des § 59 zur VersteigBedingung erhoben wurde (Jaeckel-Güthe A. 4, Reinhard-Müller § 44 A. 4, Begr. 176; vgl. aber § 44 A. III).

[5]) Dies gilt auch z. B. von dem an einem Bestandteil bestehenden Wegnahmerecht des § 258 BGB. (ZBlFG. 6, 10; vgl. § 90 A. 3 b).

[6]) Der in § 37 Nr. 4 angedrohte Rangverlust trifft die im g. G. zu berücksichtig. Rechte nicht, weil die Berücksichtigung voraussetzt, daß sie entweder von Amts wegen

nimmt, wenn es zu berücksichtigen gewesen wäre (Widerspruch, BereichKlage gegenüber den beteiligten Gläubigern; die Zuteilung eines anderen berücksichtigten und bestehenbleib. Rechtes auf den zu Unrecht übergangenen Berechtigten ist ausgeschlossen, RG. 59, 266, 270; 86, 363, Recht 05, 138). Hat der Berechtigte einen Ausfall deshalb erlitten, weil ein anderes Recht zu Unrecht im g. G. berücksichtigt wurde (z. B. $^5/_5$ statt $^3/_5$ gem. § 6 Abs. 2 AufwG.), so hat er nach rechtskr. Zuschlagsbeschluß keinen BereichAnspr. gg. den Inhaber des berücksichtigten Rechtes (JW. 1928, 2851; vgl. § 44 A. VIII).

Auch eine aufzuwertende gelöschte Hyp., die nicht etwa infolge Widerspruchs berücksichtigt wurde, kann gg. den Ersteher nicht geltend gemacht werden (§ 20 Abs. 1 AufwG., s. auch § 44 A. II 3a, § 48 Fußn. 2, § 90, 91 A. 1); es kann dann nur noch die Aufw. der Ford. gg. den persönl. Sch. in Frage kommen (§ 9 AufwG., Reinhard Einfl. S. 120).

b) die durch Zahlung (aus der Masse, RG. 86, 364) zu deckenden (nicht: „gedeckten") Anspr. des § 10 Nr. 1—3 u. § 12 Nr. 1 u. 2 einschl. der Verf.-Kosten (§§ 49, 59, 109), soweit sie nicht (vom Zuschlag an, § 56; vgl. oben 2) vom Ersteher ohnedies zu tragen sind.

4. Es erlischt jedoch nur die Dinglichkeit der ausgefall. Rechte: an die Stelle des Rechtes auf Befriedig. aus dem Grundstück (u. den mithaft. Sachen, soweit versteigert, vgl. § 37 A. 2e) tritt das Recht auf Befriedig. aus dem Erlös (mit dem Kapital oder Wert, § 92). An einer erlosch. Briefhyp. kann nach dem Zuschlag durch Übergabe des Briefes kein Pfandrecht mehr begründet werden; ebensowenig durch Eintrag. nach dem Zuschlag an einer erlosch. Buchhyp.; in diesen Fällen entsteht durch die Pfändung lediglich ein Pfandrecht an dem Anspr. auf den Erlös (vgl. § 50 Anh. I d); auch ein Widerspruch gg. eine gelöschte, nicht im g. G. berücksichtigte Hyp. kann nach dem Zuschlag nicht mehr eingetragen werden (OLG. 31, 195).

Von der persönl. Verbindlichkeit (soweit eine solche mit dem Rechte verbunden ist) wird der VollstrSch. (von Verzicht, Aufrechnung usw. abgesehen) nur befreit, wenn sie gemäß § 53 auf den Ersteher allein übergeht, wenn der Berechtigte Zahlung aus dem Erlös erhalten (§ 362 BGB.), wenn er sich mit der Übertrag. der Ford. gegen den Ersteher zufrieden gegeben hat (§§ 117, 118 Abs. 2, 125 Abs. 3) oder wenn statt der Barzahlung das Bestehenbleiben des Rechtes vereinbart wurde (§ 91 Abs. 2, 3; BayObLG. 17, A 7; OLG. 33, 107, 110). Im übr. u. insbes. soweit die Befreiung nicht eintritt (z. B. Zahlung nicht erfolgt) läßt die Versteig. die persönl. Rechtsverhältnisse zw. Sch. u. Dritten (abges. noch von § 57) unberührt.

§ 53.

Haftet bei einer Hypothek, die bestehen bleibt, der Schuldner zugleich persönlich, so übernimmt der Ersteher die Schuld in Höhe der Hypothek; die Vorschriften des § 416 des Bürgerlichen Gesetzbuchs finden mit der Maßgabe entsprechende Anwendung, daß als Veräußerer im Sinne dieser Vorschriften der Schuldner anzusehen ist.

Das Gleiche gilt, wenn bei einer Grundschuld oder Rentenschuld, die

---

in das g. G. einzustellen oder rechtzeitig angemeldet u. glaubhaft gemacht sind (RG. 59, 266, Jaeckel-Güthe § 45 A. 16).

bestehen bleibt, der Schuldner zugleich persönlich haftet, sofern er spätestens im Versteigerungstermine vor der Aufforderung zur Abgabe von Geboten die gegen ihn bestehende Forderung unter Angabe ihres Betrags und Grundes angemeldet und auf Verlangen des Gerichts oder eines Beteiligten glaubhaft gemacht hat.

E. I § 67; Begr. 169, 170; D. 47; KBer. 30.

Eintritt des Erstehers in das persönliche Schuldverhältnis.

1. Allgemeines. Vgl. § 52 A. 4 u. die entspr. Bestimmung des § 33 Abs. 2 ErbbRVO. An dem Rechte der dem betreib. Gl. vorgehenden Beteiligten ändert die ZwVersteig. ebensowenig etwas, wie der freihändige Verkauf; das persönl. Schuldverhältnis zw. ihnen u. ihrem Sch. wird also durch den Zuschlag nicht berührt. Durch die gesetzl. VerstBedingung des § 53 soll aber der Sch. aus Billigkeitsgründen gg. den Fortbestand seiner persönl. Schuld geschützt werden. Deshalb eröffnet ihm, wie bei der freiw. Veräußerung, § 53 die Möglichkeit, durch die Mitteilung nach § 416 BGB. persönl. Rechtsbeziehungen zwischen dem Ersteher u. Gläubiger u. damit die unmittelbare Haftung des ersteren herzustellen, und von der persönl. Verbindlichkeit befreit zu werden.

Der Eintritt des Erstehers in die persönl. Schuld erfolgt in Ansehung der bestehen bleib. Hyp. (Grund- oder Rentenschuld) dem persönl. Schuldner gegenüber schon mit dem Zuschlag (Verkündung, Zustellung §§ 89, 104). Dem Gläubiger gegenüber haftet der Ersteher aber von diesem Zeitpunkt an zunächst nur dinglich (RG. 64, 311; 75, 313; 84, 378, JW. 1911, 114, SächsA. 1914, 254). Das Rechtsverhältnis, in das der Ersteher gegenüber dem Sch. infolge des § 53 schon durch den Zuschlag tritt, ist als Rechtsnachfolge im Sinne der §§ 1164, 1165 BGB. anzusehen (RG. 89, 80).

Während § 53 Bestimmungen über die persönl. Seite des Rechtsverhältnisses zwischen Gl. u. Sch. in Ansehung eines dinglich bestehen bleib. Rechtes trifft, werden in § 91 umgekehrt die persönl. Rechtsbeziehungen hinsichtl. der dinglich erlöschenden Rechte unberührt gelassen (OLG. 9, 140).

Übernahme als alleiniger persönl. Sch. ist in § 144 erforderlich.

2. Voraussetzungen der gesetzl. Schuldübernahme durch den Ersteher:

a) Die Hyp. usw. (auch SichHyp., WarnErgBd. 4, 393) muß bestehen (s. § 50) u. bestehen bleiben, sei es daß sie in das g. G. aufgenommen ist (§ 52) oder daß sie gemäß § 59 Abs. 3 auf Grund einer besond. VersteigBedingung nicht erlischt[1]). Die Übernahme der persönl. Schuld tritt nicht ein hinsichtl. eines Anspr. auf Barzahlung aus dem Meistgebote, also hauptsächl. hinsichtl. der dem betreib. Teil nachsteh., durch den Zuschlag erlöschenden Hyp. (§§ 107 Abs. 2, 118). Über Reallasten s. A. 6.

b) Der Schuldner, d. h. derj., gegen den sich das Verf. richtet (§ 9 A. 2a) muß persönlich haften (d. h. mit seinem ganzen Vermögen, nicht nur mit dem G.), u. zwar dem HypGl. gegenüber u. z. Z. des Zuschlags. Ist nach der Einleitung des Verf. ein Eigentumswechsel eingetreten u. hierauf ein zweiter Gl. dem Verf. beigetreten, der dieses gegen den neuen Eigent. betreibt, so sind zwei VollstrSch. vorhanden u. es genügt für § 53, wenn nur einer von

---

[1]) Ob der Gläubiger, wenn er selbst das Liegenbleiben seiner Hyp. vorschlägt, auch die Schuldübernahme will, so daß es der Einholung seiner späteren Genehmigung nicht mehr bedarf, hängt von den Umständen ab (BZfR. 1919, 118); es wird anzunehmen sein, wenn der Gl. selbst durch besondere VersteigBedingung (§ 59) die Schuldübernahme durch den Ersteher festsetzen läßt (OLG. 20, 378; 39, 257). In solchen Fällen haftet also der Ersteher schon vom Zuschlag ab auch dem Gl. persönlich. Der Fall des § 91 Abs. 2, wo das Bestehenbleiben nicht auf einer VersteigBedingung, sondern, wie die Schuldübernahme des § 144, auf Vereinbarung zwischen Ersteher u. Gl. beruht (§ 414 BGB.), gehört nicht hierher; denn dort wird der VollstrSch. gemäß § 91 Abs. 3 auch dann frei, wenn der Ersteher nicht in die persönl. Schuld eintritt (vgl. JW. 1919, 237).

beiden dem HypGl. persönlich haftet; dagegen liegt § 53 nicht vor, wenn der VollstrSch. überhaupt nicht dem Gl., sondern nur seinem Vorbesitzer für Erfüllung haftet (Jaeckel-Güthe A. 5, Reinhard-Müller A. 1 b, OLG. 39, 257; bestr.); ebensowenig bei Verst. herrenloser G. (Ring 4, 248).

Haftete der VollstrSch. nicht persönlich (z. B. als Bürge für die Schuld eines Dritten), so wird auch der Ersteher nur dingl. Sch., haftet also nur mit dem G. u. braucht nur hieraus den Gl. zu befriedigen (Planck § 1113 A. 2 c, RG. 93, 236). Geschieht letzteres (durch ZwVollstr. in der Richtung gg. den Ersteher oder seinen Nachfolger), so hat der VollstrSch. einen Ersatzanspruch gegen den persönl. Sch. (§ 812 BGB.); die Hyp. erlischt in der Regel (§§ 1181, 1182 BGB.), die Ford. erwirbt der Ersteher (§ 1143, RGRK. A. 5); befriedigt der Ersteher oder ein späterer Eigentümer den Gl. freiwillig (§ 1142 BGB.), so erwirbt er Ford. u. Hyp., diese als Eigentümerhyp. (§§ 1143, 1177 Abs. 2 BGB.); in beiden Fällen kann jedoch der Ersteher die auf ihn übergegangene Ford. gg. den persönl. Sch. nicht geltend machen, da ihm die zu A. 4 bez. Einrede entgegensteht (RGRK. § 1143 A. 6); es bedarf also z. Schutze des persönl. Sch. keiner besond. VerstBedingung (a. M. 3. Aufl. u. Wenz-Wagner A. 4 a. E.).

c) Die mit einer Grund- oder Rentenschuld etwa verbundene persönl. Haftung des Sch. muß von diesem (ohne ausdrückl. Aufford., vgl. § 37 Nr. 4) unter Angabe des Betrags u. Grundes angemeldet u. nötigenfalls glaubhaft gemacht sein, weil in der Regel mit der Grund- u. Rentensch. eine persönl. Verpflichtung des Eigent. nicht verbunden ist (Abs. 2). Die Anmeldung der persönl. Ford. muß rechtzeitig u. zwar durch den Schuldner (nicht Gl.) erfolgen; sie ist im VerstTermin bekannt zu geben (§ 66). Der Notar, sowie jeder (interessierte d. h. nicht im g. G. berücksichtigte) Beteiligte (nicht Mieter u. Pächter) kann Glaubhaftmach. fordern (Reinhard-Müller A. 6). Tritt der Ersteher mangels Anmeldung (Glaubhaftm.) nicht in die persönl. Haftung ein, so kann von ihm der persönl. Sch. Ersatz aus dem G. fordern, falls dieser die Schuld tilgt (§§ 812 ff. BGB., Jaeckel-Güthe A. 3). Über die Folgen der Unterlassung der Bekanntgabe der Anmeldung s. § 54 A. 2 b.

Die persönl. Schuld fehlt bei der EigentGrundschuld, so daß auf sie § 53 nicht anwendbar ist (RG. 80, 350).

3. Genehmigung der Schuldübernahme. Die Befreiung des Sch. tritt erst ein mit der ausdrückl. oder stillschw. Genehmigung des Gl. nach Mitteilung durch den VollstrSch. oder Ersteher (§§ 414 ff. BGB.).

Die Mitt. kann vom Zuschlag an erfolgen, also schon vor der Eintrag. des Erstehers als Eigentümers[2]); über Mitt. bei Miteigentum s. RG. 80, 94, bei mehreren aufeinanderfolg. Schuldübernahmen s. JW. 1928, 2438, 3056. Ein Endtermin für die Mitt. ist nicht vorgeschrieben, sie kann also auch nach Weiterveräußerung des G. durch den Ersteher geschehen (RG. 56, 200; 75, 342, Reinhard-Müller A. 3 c). Die Mitt. ist eine einseitige, empfangsbedürftige Willenserklärung u. kann auch stillschw. erfolgen (z. B. durch Zinszahlung, JW. 1928, 2126, BayObLG. 28 A 378); jedoch genügt eine nur gelegentl. Mitt. nicht (LZ. 1917, 1271, Ring 3, 114), wohl aber die Mitt., daß die Hyp. im g. G. berücksichtigt wurde (HRR. 1929, 247, JW. 1929, 733).

---

[2]) Da das Eigentum im Gegensatze zu § 873 BGB. nach § 90 schon mit dem Zuschlag übergeht (so Reinhard-Müller A. 3 c, Meyer BlfRA. 69, 219; bestr., s. Jaeckel-Güthe A. 6). Eine erst nach der Eintrag. des Erstehers erklärte Genehmigung der Schuldübernahme ist jedenfalls rechtswirksam, auch wenn die Mitt. schon vorher erfolgt war (RG. 63, 43).

Die Genehmigung des Gl. kann dem Ersteher oder Sch. gegenüber erfolgen; sie ist nicht davon abhängig, daß die Mitteil. formgerecht (schriftl.) war (RG. 63, 43, BZfR. 08, 124) oder durch den VollstrSch. erfolgte (JW. 1911, 644; 1912, 683). Die Genehmigung kann auch stillschw., durch zweifelsfreie, schlüssige Handlungen[3]) erfolgen; sie gilt als erfolgt, wenn die Mitt. gem. § 416 BGB. (also nach dem Zuschlag, schriftl., durch VollstrSch. unter Hinweis) geschah u. der Gl. innerh. 6 Mt. seit Empfang der Mitt. sich nicht erklärt hat (RG. 63, 42; 80, 92, GruchBeitr. 58, 936; 59, 350).

Mitteilung u. Genehmigung entfallen wenn der Ersteher selbst Gläubiger der bestehenbleib. Hyp. usw. ist; hier treten die vollen Wirkungen der Schuldübernahme schon mit dem Zuschlag ein, Forderung u. Pfandrechte erlöschen (RG. 84, 381; vgl. unten 5). Die Schuldübernahme kann aber bis zur Genehmigung durch Vereinbarung zw. Ersteher oder Gl. u. Sch. ausgeschlossen werden (Recht 08 Nr. 3836).

4. Bis zur erfolgten Genehmigung des Gl. u. nach deren **Verweigerung** haften VollstrSch. u. Ersteher, der eine (in der Regel) persönlich, der andere dinglich (kein Gesamtschuldverhältnis, Meyer BlfRA. 69, 220; s. aber A. 6). Der Ersteher ist jedoch dem Sch. gegenüber schon vom Zuschlag an zur Befriedig. des Gl. in Höhe der Hyp. verpflichtet (§§ 329, 415 Abs. 3 BGB., RG. 81, 85; 84, 381; 89, 78; Ring 4, 248)[4]). Erfüllt er diese aus seinem Gebote sich ergeb. Verpflichtung vor Genehmigung der Schuldübernahme, so zahlt er im Zweifel für den persönl. Sch., um die Schuld zu tilgen; dann erlischt die Forderung, der Ersteher erwirbt die Hyp. als EigentGrundschuld (§§ 267, 362 Abs. 1, 1163 Abs. 1 S. 2, 1177 Abs. 1 BGB., RG. 80, 320; 93, 236; bestr., vgl. Jaeckel-Güthe A. 9 u. oben A. 2 b a. E.). Ebenso verhält es sich mit einer Grund- oder Rentenschuld, mit welcher eine persönl. Haftung des Sch. verbunden war, wenn der Ersteher den Gl. befriedigt u. der Sch. dem § 53 Abs. 2 genügt hatte; wurde letzteres unterlassen, so verbleibt es bei der persönl. Haftung des Sch. (vgl. oben 2 c).

Befriedigt aber der persönl. haftende VollstrSchuldner den Gl., so kann er von dem Ersteher Ersatz des Geleisteten fordern (§ 812 BGB.), weshalb der Sch. gemäß § 1164 BGB. die Hyp. erwirbt. Dies gilt insbes., wenn der Hyp.-Gl. das Verf. aus einem persönl. Schuldtitel betreibt (s. § 44 A. III a). Gegen nachteilige Verfügungen des Gl. über die Hyp. (Verzicht, Aufhebung) ist der Sch. durch §§ 1165—1167 BGB. geschützt[5]). Vgl. Wolff A. 4, 7; Jaeckel-Güthe A. 9; SeuffA. 58, 121, RG. 89, 77.

---

[3]) Z. B. Klageerhebung, Anmeldung zur Aufwertung (BayObLG. 28 A 246); dagegen genügen nicht: Stillschweigen (ohne vorher. Mitt.), Stundung, Kündigung der Hyp., Vereinbarung der Zinserhöhung u. Zahlungsbedingungen, Liegenbelassung der Hyp., Annahme von Zinsen, Angebot vorzeitiger HypZahlung (GruchBeitr. 58, 936, RG. 63, 43; 107, 216, JW. 08, 108; 1911, 213; 1919, 237; 1928, 1654, 2126, 2476, Ring 3, 397, 747, 1012, OLG. 40, 290; s. aber auch BZfR. 1928, 383, BayObLG. 28 A 378).

[4]) Der Befreiungsanspr. nach § 415 Abs. 3 BGB. kann vom VollstrSch. an den Gl. (auch nach Verweigerung der Genehmigung) abgetreten werden; dadurch erlangt der Gl. ebenfalls einen unmittelbaren Befriedigungsanspr. gg. den Ersteher (JW. 1912, 857, RG. 81, 250, Ring 3, 609).

[5]) Eine solche nachteilige Verfüg. liegt aber in der Regel nicht schon dann vor, wenn der Gl. selbst den Ausfall seiner Hyp. in der von ihm betrieb. ZwVollstr. herbeigeführt hat (RG. 58, 425). § 1165 BGB. gilt auch für die Gesamthyp. u. ist daher anzuwenden, wenn der Gläubiger-Ersteher auf die Gesamthyp. an dem von ihm eingesteig. G. verzichtet (RG. 89, 77).

5. Wirkungen der Genehmigung. Mit der erfolgten (oder als erfolgt geltenden) Genehmigung des Gl. wird der VollstrSch. unter Rückwirkung auf den Tag des Zuschlags (§ 184 BGB.) auch von seiner persönl. Schuld befreit; der Ersteher wird aber Sch. nur in Höhe der Hyp., d. h. soweit auch das G. haftet; soweit eine solche nicht besteht (z. B. für nicht eingetrag. Vertragszinsen) tritt die Wirkung der Schuldübernahme nicht ein.

Der Ersteher kann dem Gl. die Einwendungen entgegensetzen, die sich aus dem Rechtsverhältnisse zw. diesem u. dem Sch. ergeben; denn er übernimmt die persönl. Schuld so, wie sie bestand; mit einer dem VollstrSch. zustehenden Gegenford. kann der Ersteher jedoch nicht aufrechnen (§ 417 BGB.; vgl. aber § 117 A. 3).

Die für die Ford. besteh. Bürgschaften u. anderweitigen Pfandrechte erlöschen (Gesamthyp. an den nicht versteig. G., soweit sie nicht dem Sch. gehören), sofern der Bürge oder Eigentümer des mitverhaft. Gegenstandes nicht in die Schuldübernahme willigt (§§ 418, 1175 BGB.; Fischer-Schäfer 232). Will der Gl. auf diese Sicherungen nicht verzichten, so muß er daher die Genehmigung der Schuldübernahme verweigern bzw. wenn er selbst Ersteher werden will, vor dem Zuschlag neue Verträge mit dem Sch. u. Bürgen schließen (Jaeckel-Güthe A. 6, 7, RG. 84, 382).

Befriedigt nach der Genehmigung der Ersteher den Gl., so zahlt u. tilgt er seine eigene Schuld; er erwirbt die Hyp. als EigentGrundschuld (§§ 1163 Abs. 1 S. 2, 362, 1177 BGB., RG. 80, 319, Jaeckel-Güthe A. 7).

6. Auf Reallasten bezieht sich § 53 nicht; vom Zuschlag an haftet der Ersteher für die Reallastleistungen auch persönlich, samtverbindl. neben dem ursprüngl. Sch. (§§ 56 ZVG., 1108 BGB., RG. 60, 48, 56). Die bis dahin rückständ. u. lauf. Leistungen sind aus dem Bargebote zu decken (§ 49). Befriedigt der persönl. Sch. eine dem Ersteher nach § 56 oblieg. Leistung, so ist der Ersteher ihm gegenüber ersatzpflichtig (§ 812 BGB.; Jaeckel-Güthe A. 2, Fischer-Schäfer 234).

Bei den übr. Lasten des G. kommt eine persönl. Schuld u. daher ihre Übernahme nicht in Frage.

Dagegen besteht neben der dingl. Belastung nach dem **Industriebelastungsges.** (s. § 10 A. 3 A c) auch eine persönliche Verpflichtung des belasteten Unternehmers aus den von ihm ausgestellten u. der Bank f. IndObl. übergebenen Schuldverschreibungen (§§ 5, 9 Ges.). Die Befreiung von dieser Schuld kann nicht im Wege des § 416 BGB. herbeigeführt werden, da es sich nicht um eine privatrechtl. Last handelt. Nur insoweit wird man § 53 Abs. 1 Halbs. 1 entsprechend anwenden dürfen, als im Verhältnis zw. Ersteher u. VollstrSch. (dem belasteten Unternehmer) ersterer der aus der Last Verpflichtete ist. Die dingl. Last selbst geht auf den Ersteher in der Höhe über, die sich aus der z. Z. des Zuschlags maßgebenden Umlegung (1. Neuumlegung s. RGBl. 1928 II 1) ergibt; spätere Erhöhungen in der Belastung des VollstrSch. treffen das VersteigGrundstück nicht; Ermäßigungen oder Wegfall derselben kommen aber auch dem Ersteher zugute (§ 43 IndBelGes.; Reinhard, Einfluß S. 192 f., 199, 234).

7. Aufwertung. Auch die mit einem aufzuwertenden (im g. G. berücksichtigten) Rechte verbundene persönl. Schuld übernimmt der Ersteher so, wie sie ist, d. h. samt der Aufwertungslast (auch gegenüber dem Zedenten nach §§ 17, 21 Abs. 2 AufwG.; RG. 122, 218). Erfolgte der Zuschlag vor dem 14. 2. 24 (3. StNotVO.), so mußte der Ersteher damit rechnen, daß die persönl. Schuld höher aufgewertet wird, als die Hyp.; erst durch die 3. StNotVO. wurde die Höhe des AufwBetrags bestimmt. Von da an hatte der Ersteher die

Hyp. u. persönl. Schuld nur in Höhe von 15% u. vom Inkrafttreten des AufwG. (15. 7. 25) an mit 25% ihres Goldmarkbetrags zu übernehmen; hinsichtl. des Mehrbetrags erlosch die Hyp. durch den Zuschlag[6]).

§ 54.

Die von dem Gläubiger dem Eigentümer oder von diesem dem Gläubiger erklärte Kündigung einer Hypothek, einer Grundschuld oder einer Rentenschuld ist dem Ersteher gegenüber nur wirksam, wenn sie spätestens in dem Versteigerungstermine vor der Aufforderung zur Abgabe von Geboten erfolgt und bei dem Gericht angemeldet worden ist.

Das Gleiche gilt von einer aus dem Grundbuche nicht ersichtlichen Tatsache, infolge deren der Anspruch vor der Zeit geltend gemacht werden kann.

E. I § 68 Abs. 1, 2; Begr. 171, 172; D. 47; KBer. —.

Wirksamkeit der Kündigung u. Fälligkeit gegen den Ersteher.

1. **Zweck** der Vorschrift. Um den Ersteher vor einer unvorhergesehenen Inanspruchnahme seitens der Gl. zu schützen, wird nicht nur die Kündigung, sondern auch der Eintritt einer sonstigen Bedingung der Fälligkeit von der rechtzeitigen Anmeldung abhängig gemacht. Eine ausdrückl. Aufforderung hierzu erfolgt nicht (vgl. § 37 Nr. 4). § 54 setzt eine an sich wirksame Kündigung voraus u. schränkt diese nur dem Ersteher gegenüber ein[1]).

2. **Kündigung.** Dem Ersteher gegenüber ist die Kündigung einer bestehenbleib.[2]) Hyp., Grund- oder Rentenschuld, also des dingl. Rechtes nur wirksam:

a) wenn sie vom Gl. (nicht dem betreib., sondern dem Gl. der Hyp., Grund- oder Rentensch.) dem eingetrag. Eigentümer gegenüber, oder umgekehrt, erfolgt ist (§§ 1141, 1160 Abs. 2, 1193, 1202 BGB.). Eine dem persönl. Sch., der nicht Eigentümer ist, oder von ihm erklärte Kündigung hat nur Bedeutung für das persönl. Schuldverhältnis (in das der Ersteher gemäß § 53 nicht eintritt, wenn der persönl. Sch. nicht zugleich Eigentümer war);

b) wenn sie überdies rechtzeitig d. h. spätestens im VersteigTermine vor der Auff. zur Abgabe von Geboten erfolgt und bis zu diesem Zeitpunkte beim Notariat angemeldet worden ist. Ob die Kündigung wirklich erfolgt ist, hat der VersteigBeamte nicht zu prüfen. Es ist dem Ersteher unbenommen, seine Einwend. gegen den behaupt. Eintritt der Fälligkeit im Prozesse geltend zu machen. Der Notar hat nur die Anmeldung gemäß § 66 entgegenzunehmen u. bekannt zu machen; die Feststellung des g. G. selbst ändert sich infolge der angemeldeten oder eingetragenen Fälligkeit nicht (s. Fußn. 2).

---

[6]) Ring 1, 543; 2, 836; 3, 130, 212, HRR. 1, 746, JW. 1928, 1403; Reinhard, Einf. S. 85, Mügel S. 491, Neukirch S. 186, 199, Quassowski S. 372.

[1]) Unwirksam ist schon an sich die vom VollstrSch. nach der Beschlagn. vorgenommene Kündigung einer Rentenschuld (RG. 86, 255, 261; s. § 23 A. 2 A a).

[2]) Die durch den Zuschlag erlösch. Anspr. werden ohne weiteres als fällig behandelt (vgl. § 111 A. 1 c). Durch die Anmeldung (Eintragung) der Kündigung oder eines anderen Fälligkeitsgrundes wird das bestehen bleib. Recht nicht zu einem im Verf. bar zu zahlenden Anspruch; die Fälligkeit ist vielmehr außerh. des Verf. geltend zu machen; anders, wenn beantragt wird, die Barzahlung als VerstBeding. festzusetzen; in diesem Fall ist nach § 59 zu verfahren u. in der Regel ein Doppelausgebot vorzunehmen (vgl. BlfRA. 71, 536 u. § 59 A. 2 b).

3. Andere Fälligkeitsgründe. Sie bedürfen gleichfalls der Anmeldung, soweit sie die Fälligkeit vor der aus dem Rechtsverh. selbst sich ergebenden Zeit herbeiführten u. nicht aus dem GBuch ersichtlich sind. Es genügt aber nicht die Anmeldung der Fälligkeit ohne Angabe der sie begründenden Tatsache (Recht 03, 83).

Hierher gehört der Eintritt der Fälligkeit wegen Verzög. der Zinszahlung (kassatorische Klausel, s. Einl. II 3 b β), der Anwesensverschlecht. (§ 1133 BGB.), der Rechtshängigkeit (vor rechtskräftiger Entsch., § 325 Abs. 3 ZPO., Stein-Jonas A. V). Ist letzterenfalls trotz nicht erfolgter Anmeldung (die durch die Kenntnis von der Rechtshäng. nicht ersetzt wird, JW. 1929, 100, RG. 122, 156) das gegen den VollstrSch. erwirkte Urteil gegen den Ersteher für vollstreckbar erklärt worden, so kann dieser gemäß §§ 732, 768 ZPO. Einwendungen bzw. Klage erheben. An der Einstellung des Anspr. in das g. G. (§ 52) hindert die Rechtshängigkeit nicht (Jaeckel-Güthe A. 5; s. oben A. 2 b).

Der Anmeldung bedarf dagegen z. B. nicht der Eintritt der grundbuchmäßig verlautbarten Fälligkeit wegen erfolgter Veräußerung, Rangänderung (s. aber § 25 AufwG.), Beschlagn. oder KEröffnung; in diesen Fällen muß der Bieter ohne Anmeldung mit der Möglichkeit rechnen, daß die Fälligkeit vom Gl. geltend gemacht werden wird. Die Fälligkeit ist auch keine „vorzeitige", wenn sie die allein nach der Vertragsbestimmung mögliche ist, z. B. Eintritt für den Fall des Todes, der Verheiratung (Reinhard-Müller A. 3).

4. Die **Anmeldung** (nicht Glaubhaftm.) kann in jeder Form geschehen, auch von jedem Dritten, der ein rechtl. Interesse daran hat, daß die Kündigung gegenüber dem Ersteher wirkt (z. B. Mitverpflichteten, Sch.; so Jaeckel A. 3, Reinhard-Müller A. 4; bestr.). Die Anmeldung muß den Grund der Fälligkeit angeben (SächsOLG. 24, 87). Dem Gl. ist natürlich unbenommen, trotzdem auf die Geltendmach. der Fälligkeit dem Ersteher gegenüber zu verzichten (v. d. Pfordten 147). Der nicht rechtzeitig angemeldete Fälligkeitsgrund verliert nicht seine Wirksamkeit überhaupt, sondern nur dem Ersteher, nicht auch dem VollstrSch. oder anderen Mitverpflicht. gegenüber; auch kann die Fälligkeit der Ersteher für sich geltend machen (§ 1142 BGB., Jaeckel-Güthe A. 3, Reinhard-Müller A. 4).

Die Anmeldung wird nicht dadurch ersetzt, daß der Ersteher auf andere Weise von der Fälligkeit Kenntnis erhält (Wolff § 54 A. 4, Fischer-Schäfer 235).

Ist zwar Kündigung u. Anmeldung rechtzeitig erfolgt, aber vom Notar die Fälligkeit nicht bekannt gegeben worden, so ist wegen einer Verletzung der Vorschr. über die Feststellung der VersteigBeding. der Zuschlag zu versagen bzw. anfechtbar (§§ 83 Nr. 1, 97, 100). Der Notar kann außerdem schadensersatzpfl. werden. Dem Ersteher gegenüber ist diesfalls die Fälligkeit nicht wirksam (außer wenn er sie gekannt hat), da seine Verpflichtungen allein durch die VerstBedingungen umgrenzt werden (Jaeckel-Güthe A. 3, Reinhard-Müller A. 4; bestr., s. Wolff Recht 1911, 215).

Im Falle der Unwirksamkeit der Kündigung gegenüber dem Ersteher muß diesem der Gl. von neuem kündigen.

Die gesetzl. VersteigBeding. des § 54 kann gem. § 59 abgeändert werden.

§ 55.

Die Versteigerung des Grundstücks erstreckt sich auf alle Gegenstände, deren Beschlagnahme noch wirksam ist.

Auf Zubehörstücke, die sich im Besitze des Schuldners oder eines neu eingetretenen Eigentümers befinden, erstreckt sich die Versteigerung auch dann, wenn sie einem Dritten gehören, es sei denn, daß dieser sein Recht nach Maßgabe des § 37 Nr. 5 geltend gemacht hat.

E. I § 73; Begr. 178, 179; D. 47, 48; KBer. —.

Umfang der Versteigerung.

1. **Bedeutung** der Vorschrift. Sie stellt in Form einer gesetzl. VersteigBeding. den Umfang derj. Gegenleistung fest, welche der Ansteigerer mangels abweich. Vereinbarung oder Anordnung (§§ 59, 65) als Entgelt für Erfüllung des Meistgebots erhält, u. sichert ihm den Erwerb aller der Gegenstände, die äußerlich als zum Grundstück gehörig erscheinen.

2. **Umfang** des Gegenstandes der Versteig. (vgl. § 90). Er deckt sich im allg. mit demj. der Beschlagnahme (s. §§ 20, 21). Dieser Grundsatz erfährt aber sowohl eine Einschränkung, als eine Erweiterung.

a) Die Versteig. ergreift (von den Fällen des Abs. 2 u. der §§ 59, 65 abges.) nur diej. Gegenstände, bezügl. deren die Beschlagn. (zum Zwecke der ZwVersteig., nicht =Verw., RG. 64, 415) noch in Wirksamkeit ist, also nicht auch untergegang. oder vom Sch. gemäß §§ 23, 24 innerh. der Grenzen einer ordnungsm. Wirtschaft oder mit Zustimmung des Gl. veräußerte bzw. vom Dritten gutgläubig (Recht 1911 Nr. 1799, GruchBeitr. 55, 977) erworb. Gegenstände (Forderungen); s. jedoch § 55 Abs. 2 u. wg. des Einflusses einer mangelhaften Terminsbest. auf den Eigentumserwerb des Erstehers § 90 A. 4a.

Soweit die Veräußerung dem Gl. gegenüber aber unwirksam ist, gelten sie als mitversteigert u. können vom Ersteher, ebenso wie vor dem Zuschlage von dem Gl., herausverlangt werden, vorausgesetzt, daß das Eigentum hieran nicht etwa gemäß §§ 946 ff., 951 BGB. untergegangen ist (SeuffA. 59, 69; 67, 121, GruchBeitr. 48, 480, Jaeckel-Güthe A. 2; vgl. §§ 20, 21 A. 2, § 23 A. 2 B, C).

b) Sie erstreckt sich aber nicht nur auf das von der Hyp. u. der Beschlagn. (§ 20 Abs. 2) ergriffene Zubehör, sondern auf alle vorhandenen (auch nachgeschafften) Zubehörstücke (§§ 97, 98 BGB.), die sich (als solche) zur Zeit der Versteig.[1]) — nicht der Beschlagn., auch nicht des Zuschlags, vgl. §§ 56 Abs. 1, 90 — im mittelb. oder unmittelb. Besitze[2]) des Schuldners (Konkurs-, ZwVerwalters) oder des nach der Beschlagn. eingetretenen (§ 26) Eigentümers (auch des noch nicht eingetrag. Käufers, Recht 1910 Nr. 2061; nicht: Mieters, Pächters, Nießbrauchers oder anderen NutzBerechtigten), wenn auch im Eigentume Dritter (auch des Erstehers in der FahrnisVollstr., OLG. 4, 373; vgl. § 90 A. 2) befinden, soweit diese nicht gemäß § 37 Nr. 5 hierwegen die Aufhebung oder Einstellung des Verf. herbeigeführt haben[3]). Durch

---

[1]) Es ist bestritten, ob § 55 Abs. 2 dahin auszulegen ist, daß als mitversteigert alle Gegenstände zu gelten haben, die sich überhaupt als Zubehör darstellen u. solches ihrer Natur nach sein können oder ob § 55 Abs. 2 außerdem voraussetzt, daß die Gegenstände auch wirklich Zubehörstücke im Sinne der §§ 97, 98 BGB. sind, insbes. nicht nur vorübergehend (§ 97 Abs. 2) als solche benützt werden. Der Wortlaut u. Sinn der Bestimmung spricht für das letztere: Nur die tatsächlichen Besitzverhältnisse sollen entscheiden u. das Eigentumsrecht gleichgültig sein, sofern die Gegenstände nur zum Zubehör bestimmt sind (RG. 19, 324 ff., JW. 02, 37; 1916, 321, Reinhard-Müller A. 2 b, Rostosky IheringsJ. 38, 153; abw. SeuffA. 64, 303; 68, 479, OLG. 40, 424, RG. 39, 295; 49, 253; vgl. Jaeckel-Güthe A. 3).

Zu beachten ist jedoch, daß vom Boden getrennte landwirtschaftl. Erzeugnisse eines Landguts nur soweit Zubehör sind, als es die Fortführung der Wirtschaft nach § 98 Nr. 2 BGB. erfordert (§ 21 A. 2 B c). Vorübergeh. Entfernung des Zubehörs vom G. ist ohne Bedeutung (LZ. 1918, 341). Über Teilung des Zubehörs, wenn ein landwirtschaftl. Gut nur teilweise versteigert wird, s. SeuffA. 68, 479, OLG. 26, 140.

[2]) Die Versteig. erstreckt sich aber nicht auf fremdes Zubehör im unmittelb. Besitz eines Dritten (SeuffA. 73, 172).

[3]) § 55 Abs. 2 bezieht sich nur auf solche Zubehörstücke, die nicht von der Hyp. u. Beschlagn. ergriffen werden; sind Zubehörstücke, auf die sich die Hyp. erstreckt, veräußert,

rechtzeitige Einstellung oder Aufhebung des Verf. in Ansehung des Gegenstandes (u. Vollzug durch den Notar) scheidet der Gegenstand aus der Versteig. aus, auch wenn der Zuschlagsbeschluß darüber schweigt (RG. 70, 404; vgl. aber § 82 A. 3d u. § 37 A. 2eγ a. E.) u. der Gegenstand auf dem G. blieb (Recht 1913 Nr. 2940). Ein Streit darüber, ob der Gegenstand doch mitzuversteigern sei, sowie darüber, ob er, wenn § 37 Nr. 5 nicht befolgt wurde, gemäß §§ 55, 90 mitversteigert worden ist, ist im Prozeßweg auszutragen (Reinhard-Müller A. 2e).

c) Der Abs. 2 des § 55 gilt nicht für die ZwVerw.; der Verwalter ist daher zur Herausgabe der nicht dem Sch. gehörigen Gegenstände verpflichtet (ZBlFG. 4, 557, OLG. 8, 11; 20, 343; SeuffA. 58, 426; abw. LZ. 1914, 1356).

d) Aus § 55 Abs. 2 darf nicht gefolgert werden, daß Zubehörstücke Dritter mit Einwilligung ihres Eigent. der Hyp. unterworfen werden können (RG. 63, 371, OLG. 14, 106); im Wege des § 59 können sie aber, wenn der Eigent. zustimmt, auch abges. von § 55 Abs. 2, mitversteigert (u. das Entgelt hiefür bestimmt), umgekehrt gem. § 65 gesonderte Verst. von Zubehör angeordnet werden (Jaeckel-Güthe A. 2, Reinhard-Müller A. 4a).

3. Ersatz. Der Dritte, der der Auff. nach § 37 Nr. 5 (§§ 769, 771 ZPO.) nicht nachgekommen ist, geht seines Eigentums verlustig u. kann nur Ersatz aus dem VersteigErlös verlangen. Durch einen bloßen Widerspruch des Dritten gegen die Mitversteig. (Vorbehalt im Zuschlagsbeschluß, Pfandfreigabe, eingetrag. Protestation gg. Pertinenzerklärung; vgl. § 37 A. 2eδ, § 65 A. 2) wird diese Wirkung nicht ausgeschlossen[4]).

Bestritten ist, in welcher Höhe der Dritt-Eigentümer Ersatz aus dem Grundstückserlös verlangen kann. Jaeckel-Güthe § 92 A. 1a u. a. geben ihm nur einen Anspr. auf denj. Betrag, um den nachweisbar der VerstErlös infolge der Mitversteig. der Sache des Dritten sich erhöht hat. Diese Ansicht wird aber dem § 37 Nr. 5 nicht vollauf gerecht. Im Versteig.-Erlös steckt immer auch der Wert des nach § 55 Abs. 2 versteig. Zubehörstücks, gleichviel ob er die Höhe des ersteren beeinflußt hat oder nicht. Zu ersetzen ist deshalb (wenn der Ersteher nicht auf das Zubehörstück einen bestimmten Teilbetrag geboten hat) der auf die Sache treffende verhältnism. Teil des Erlöses nach der Gleichung (vgl. § 471 BGB.): $x : a$ (VerstErlös) $= b$ (Wert der Sache) $: c$ (Wert des G. u. der Sache), also $x = a \times b : c$. Der Umfang des Anspruchs bestimmt sich nach dem Betrag des Erlöses, nicht nach dem Wert des Gegenstands z. Z. der Versteig.; hat der Gegenstand des Dritteigent. infolge Verbindung mit dem G. einen höheren Wert, so ist dieser zu ermitteln u. in Rechnung zu ziehen; dem Dritten gebührt der so ermittelte Erlös des Gegenstandes, auch wenn er höher ist als der Wert der getrennten Sache; § 92 Abs. 1 findet keine Anwendung (RG. 76, 212; 88, 357, JW. 1911, 552; 1920, 399, SeuffA. 67, 84; 75, 224, ZBlFG. 3, 414; 15, 170, OLG. 20, 377; 22, 408, GruchBeitr. 55, 1118). Der Betrag ist zum VerteilVerfahren anzumelden u. bei Widerspruch durch den Prozeßrichter festzustellen (nicht vom Notariat)[5]). Der Dritte kann verlangen, daß der ihm gebührende[6])

---

aber nicht entfernt, so hat der Erwerber überhaupt kein Recht aus § 37 Nr. 5 (Recht 1915 Nr. 1430, vgl. 1911 Nr. 1799).

[4]) Über die Frage, wie Zubehörstücke von der Versteig. ausgeschlossen werden können, vgl. besonders v. d. Pfordten, Herold, Altmann in BZfR. 06, 89 ff., 215, 419.

[5]) Der Notar hat, wenn bis zum VerteilTermin keine Einigung über Hinterlegung u. dgl. erzielt, auch vom ProzeßG. (§§ 771, 769 ZPO.) nicht durch einstw. Anordnung die Hinterlegung des beanspruchten Erlösteils angeordnet ist, den letzteren zur Teilungsmasse zu ziehen (etwaige Erinnerung u. Beschwerde, s. § 107 A. 3, § 113 A. 3, nicht abzuwarten) u. im Falle des Widerspruchs (gg. den zuletzt zum Zuge kommenden Beteiligten) nach §§ 120, 124 zu verfahren.

[6]) Der Dritte braucht sich nicht entgegenhalten zu lassen, daß er z. B. auf Grund AbzahlGeschäftes schon Teilzahlung erhalten hat (vgl. SeuffA. 57, 261). Ob der

Erlösteil ausgeschieden u. an ihn herausgegeben wird; die Berechtigten des § 10 haben hieran überhaupt kein Recht (RG. 88, 356); das Verlangen ist aber nicht an die Erhebung des Widerspruchs im VerteilTermin (§ 115) gebunden (RG. 51, 318; s. § 107 A. 3). Ein Rangverhältnis zwischen dem Recht des Dritten u. den Anspr. aus § 10 kommt daher nicht in Frage (ZBlFG. 15, 171; abw. 3, 419, BZfR. 06, 330). Ist der Erlös schon verteilt, so bleibt dem Dritten nur der BereichAnspr. nach §§ 812, 816 BGB., u. zwar nur gegen den zuletzt zum Zuge gekommenen Gl. (vgl. § 37 A. 2 e ε).

Im außeramtl. VerteilVerf. (§§ 143—145) ist der Ersatzanspr. des Dritten zu berücksichtigen, sobald er sein Recht nach § 9 Nr. 2 angemeldet hat (BZfR. 06, 331). Die außeramtl. Verteilung scheitert aber, wenn der Anspr. des Dritten nicht nach Grund u. Betrag anerkannt wird.

4. Guter Glaube. Der Erwerb des Erstehers vollzieht sich auch im Falle des Abs. 2 ohne Rücksicht auf seine Kenntnis oder Unkenntnis von dem Eigentume des Dritten; die §§ 926 Abs. 2, 932—936 BGB. finden keine Anwendung, da es sich nicht um Übertragung des Eigentums durch Rechtsgeschäft handelt[7]). Arglist des Erstehers kann jedoch einen SchadensErsAnspr. des Eigent. begründen (Recht 03, 49).

§ 56.

Die Gefahr des zufälligen Unterganges geht in Ansehung des Grundstücks mit dem Zuschlag, in Ansehung der übrigen Gegenstände mit dem Schlusse der Versteigerung auf den Ersteher über. Von dem Zuschlag an gebühren dem Ersteher die Nutzungen und trägt er die Lasten. Ein Anspruch auf Gewährleistung findet nicht statt.

E. I § 74; Begr. 179—181; D. 48; KBer. —.

Übergang der Gefahr; Nutzungen u. Lasten; Gewährleistung.

1. Zeitpunkt des Übergangs der Gefahr. Das Gesetz verlegt diesen Zeitpunkt in Anlehnung an § 446 BGB. hinsichtl. des Grundstücks auf den Zuschlag (Verkündung, Zustellung), als denj. Moment, in dem sich nach §§ 89, 90, 104 der Eigentumserwerb vollzieht. In Ansehung der übr. Gegenstände (Zubehör, Forderungen usw.), auf die sich die Versteig. nach § 55 erstreckt, ist der Schluß der Versteig. d. h. derj. Zeitpunkt, in dem der dreimalige Aufruf des letzten Gebots erfolgt (§§ 73 Abs. 2, 74) für maßgebend erklärt, obwohl das Eigentum erst mit dem Zuschlag übergeht[1]). Ein nach dem Zuschlag bzw. nach der Versteig. eintret. Schaden entbindet den Ersteher in keiner Weise seines Gebots; er kann sich hierwegen nur an den Schädigenden halten.

2. Völliger Untergang des Grundstücks **vor** dem Zuschlag ohne Schuld des Erstehers hat gem. § 83 Nr. 6 Versagung bzw. Nichtigkeit des Zuschlags

VollstrSch. die Teilzahlung wieder zurückverlangen kann, hängt von den Umständen, insbes. davon ab, ob er nicht die Versteig. des Eigentums des Dritten verschuldet hat (vgl. RG. 66, 345, JW. 06, 302; 1910, 805, OLG. 11, 145; abw. Fromm, Zubehör in der Grundstücksversteig. S. 58).

[7]) RG. 72, 358, JW. 02, 37; 03, 406; 05, 175; 1916, 321, ZBlFG. 5, 139, OLG. 4, 373; 8, 6; 14, 107, SeuffA. 68, 480, Jaeckel-Güthe A. 6 u. a.

[1]) Die Begründung zur letzteren Bestimmung führt aus, daß für die Zeit zwischen Versteig. u. Zuschlag weder dem Sch. noch sonst einem Beteiligten die Gefahr aufgebürdet, ebensowenig aber dem Ersteher ein Abzug an dem Meistgebote wegen des Untergangs eines einzelnen Gegenstandes gestattet werden kann.

(auch ohne Anfechtung) zur Folge, da Eigentum an einer nicht vorhandenen Sache nicht übertragen werden kann (Begr.). Dasselbe gilt von einer vor dem Zuschlag eingetretenen Enteignung, die mit der Zustellung des EnteignBescheids wirksam wird (Henle, ZwEntE. 69, Fischer-Schäfer 239, Jaeckel-Güthe A. 2, Gruch.-Beitr. 44, 780 ff.; s. auch Art. 4, 5 AnsiedlZwEnteignGes. v. 28. 3. 19 GBBl. 117); sowie von dem Erlöschen des (zu versteigernden) ErbbR. durch Zeitablauf (§§ 24, 27 VO. v. 15. 1. 19).

Ob teilweiser Untergang des G. (z. B. Einsturz, Abbrennen von Gebäuden, Waldungen; s. unten 3) die gleiche Wirkung haben muß, oder ob unter entsprech. Anwendung der §§ 323, 462, 472, 473 BGB. Minderung des Meistgebots einzutreten hat, ist bestritten. Mit Fischer-Schäfer 239, v. d. Pfordten 154 ist wohl anzunehmen, daß diese Anwendung mangels vertragsm. Beziehungen zwischen Ersteher u. Gl. in der ZwVerst. nicht Platz greifen kann. Ist daher nicht mehr vorhanden, auf was der Ersteher geboten hat, so ist der Zuschlag wirkungslos. Der Ersteher kann ihn anfechten (wegen Irrtums, § 119 BGB., vgl. § 71 A. 2, § 83 Nr. 6), aber auch trotz Rechtskraft Zahlung verweigern u. das Gezahlte zurückfordern (abw. Jaeckel-Güthe A. 3, Reinhard ZBlFG. 18, 275).

Der zufällige Untergang der mitversteig. Gegenstände vor der Versteig. ist in der Regel ohne Einfluß auf die Verpfl. des Erstehers zur Bezahlung des Meistgebots. Liegt aber beim Ersteher ein wesentl. Irrtum im Sinne des § 119 BGB. vor, so ist eine Anfechtung des Zuschlags möglich (Jaeckel-Güthe A. 4, Reinhard-Müller A. 2, v. d. Pfordten 155; vgl. § 71 Fußn. 2).

3. Die Gefahr der **Verschlechterung** des G. oder der mitversteig. Gegenstände, mag sie auf Sachmängeln (z. B. Zerstörung der Ernte oder eines Teils des Gebäudes, Beschädigung durch Nachlässigkeit, JW. 1916, 1016) oder auf Rechtsmängeln (z. B. wg. Belastung mit einer nicht eingetrag. Grunddienstbarkeit, § 9 EG., Art. 27 BayAG.; wg. unbekannter Rentenbankgrundschuld oder Industriebelastung, s. § 9 A. 3 A b, c; wg. unrichtiger Angabe der Größe des G. in der Terminsbest.) beruhen, u. gleichgültig, wann sie eingetreten ist, hat der Ersteher zu tragen (ohne Anspr. auf Aufhebung des Zuschlags[2]) oder Minderung des Meistgebots), da durch § 56 S. 3 jeder Anspruch auf Gewährleistung (§ 462 BGB.) ausgeschlossen ist, soweit sie nicht auf dem Wege des § 59 geschaffen wurde. Der Ersteher ist anderseits auch nicht zum Ersatz von Verwendungen vor dem Zuschlag verpflichtet (§ 93 Abs. 2). Dem VollstrSch. gegenüber ist auch ein Anspr. wegen ungerechtf. Bereich. nicht begründet[3]).

Dem Erwerber der Rechte aus dem Meistgebot kann ein GewährleistAnspr. gg. den Meistbiet. aus dem Vertrag zustehen (OLG. 24, 326; 33, 169, 170).

Ob teilw. Untergang des G. oder bloße Verschlechterung vorliegt, ist eine Frage tatsächl. Natur. Wenn ein Miethaus oder ein allein versteig. Wald niederbrennt, kann nicht mehr von Verschlecht. des an sich noch

[2]) Abw. Jaeckel-Güthe A. 1, die bei Verschlecht. vor dem Zuschlag Beschwerde gegen den letzteren wegen Irrtums zulassen (bei teilw. Untergang des G. aber ausschließen, A. 3); ebenso Reinhard, Einfluß S. 186 bei unbekannter Rentenbankgrundschuld u. Industriebelastung.

[3]) Den Gl. gegenüber besteht kein Schadensersatzanspruch, auch wenn sie die Mängel kannten, da die ZwVersteig. nicht nach den Grundsätzen des Kaufes zu beurteilen ist; es müßte denn eine absichtl. Täuschung des Erstehers vorliegen (§§ 823 ff. BGB.) oder ein Garantieversprechen gegeben worden sein (Jaeckel-Güthe A. 6, Reinhard-Müller A. 5).

vorh. G. gesprochen werden; anders wenn es sich z. B. um die Scheune eines Bauerngutes handelt (bestr.; vgl. Jaeckel-Güthe A. 2).

Hat sich der Umfang der VersteigGegenstände zwischen Versteig. u. Zuschlag infolge teilw. Einstellung des Verf. vermindert, so tritt § 33 ein (vgl. § 37 A. 2e).

4. Nutzungen u. Lasten gehen auf den Ersteher ebenfalls mit dem Zuschlage (den Tag des letzteren mitgerechnet, vgl. § 49 A. 3b) über. Dies gilt aber nur im Verh. zum VollstrSch. (nicht Mieter, Pächter oder mietzinsberechtigten AbtretEmpfänger, PfändGl., § 57), mit dem sich der Ersteher, wie mit dem Nießbraucher (OLG. 22, 272) gemäß §§ 101 ff. BGB. auseinanderzusetzen hat (über den Fall der Wiederaufhebung des Zuschlags s. § 90 A. 5). Der Mieter, der Ersteher wird, schuldet vom Zuschlag an keinen Mietzins mehr (auch nicht an den PfändGl., s. § 57b A. 1).

Die Erzeugnisse des § 99 Abs. 1 BGB. gebühren (in der ZwVersteig.; anders in der ZwVerw., § 148) dem Sch., soweit sie vor dem Zuschlage von der Sache getrennt wurden (§ 101 Nr. 1 BGB.); insoweit sie jedoch Zubehör (§ 98 Abs. 2 BGB.) sind oder ordnungswidrig gezogen wurden, werden sie auch im Falle der Trennung vor dem Zuschlage von der Beschlagn. u. Versteig. mitergriffen, gebühren also dem Ersteher (§§ 23, 24, 55), vorbehaltl. des gutgläub. Erwerbs Dritter u. der Nutzungsberechtigten (s. Einl. IV 1c u. 3b; Jaeckel-Güthe A. 5; teilw. abw. Fischer-Schäfer 240).

Vor dem Zuschlage fällig gewordene bürgerl. Früchte gebühren dem Sch., auch wenn sie nicht gezogen waren (§ 101 Nr. 2 Halbs. 1 BGB.). Soweit sie jedoch die Vergütung für Überlassung des Gebrauchs oder Fruchtgenusses bilden oder in Zinsen, Gewinnanteilen u. anderen regelmäßig wiederkehr. Leistungen bestehen, sind sie nach der Zeitdauer der Berechtigung vor u. nach dem Zuschlag zu verteilen (§ 101 Nr. 2 Halbs. 2 BGB.)[4]; dies gilt besonders von Miet- u. Pachtzinsen, ohne Unterschied, ob sie im voraus fällig sind oder nicht. Bei vertragsm. Vorauszahlungen, die der Sch. (AbtretEmpfänger, MietzinsPfändGl.) mit Wirkung gegen den Ersteher (s. § 57b) in Empfang genommen hat, kann sich der Ersteher nur an ihn (nicht Mieter, Pächter) halten; ebenso umgekehrt bei nachheriger Fälligkeit der Beträge.

Auch die **Lasten** des G., welche der Ersteher vom Zuschlag an zu tragen hat, verteilen sich nach § 103 BGB. nach dem Verh. der Zeit, soweit sie in regelmäßig wiederkehr. Leistungen (HypZinsen, Renten, Reallasten, Austragsreichnissen) bestehen, während Leistungen anderer Art dem Ersteher nur zur Last fallen, soweit sie nach dem Zuschlag fällig werden (s. § 47); die auf die Zeit bis zum Zuschlag treffenden, bzw. vorher fällig werdenden Lasten werden aus dem VerstErlös gedeckt.

Abw. gilt gemäß § 96 RAbgO. hinsichtl. der auf den Betrieb des mit dem G. verbundenen Unternehmens treffenden rückst. Steuern (insbes. Umsatzsteuern); sie haften wirtschaftl. auf dem Betrieb als solchem u. fallen dem Ersteher (nicht der Masse) als Erwerber des Unternehmens zur Last[5]).

---

[4]) Vgl. BlfRA. ErgBd. 7, 209, BayObLG. 2, 353; Einl. IV 4, § 57 A. 3, § 57b. — Besteht eine ZwVerw., so fallen die dem VollstrSch. zukommenden Miet- u. Pachtgelder in die VerwMasse (§ 148).

[5]) RFH. v. 26. 9. 27 JW. 1928, 2385 u. v. 7. 2. 28 V A 617/27 DStZ. 1928, 434, BNotV. 1928, 185. Die Ausdehnung des § 96 RAbgO. auf die ZwVerst. hat zur Folge, daß der Ersteher um jene Steuerbeträge weniger für das G. bietet, so daß in Wirklichkeit

Eine weitere Ausnahme enthält § 46 Abs. 3, § 49 InbBelG. v. 30. 8. 24 (RGBl. II 257 mit § 12 AusfbrG.); hiernach sind aus der Masse zu decken die Anspr., die bis zum Ende des Jahres fällig werden, in dem die Neuumlegung erfolgt (s. § 10 A. 3 A c, Reinhard, Einfluß S. 198).

Vorbemerkung zu §§ 57, 57a, 57b.

Zur Einschränkung der Verfügungen des Vermieters über die Miet- u. Pachtzinsford. (die von der ZwVersteigBeschlagn. nicht ergriffen wird) sind die §§ 57, 183 ZVG., 573, 574, 1123, 1124 BGB. (21 KO.) durch RG. vom 8. 6. 15 (RGBl. 327 ff., Entw. mit Begr. RTB. Bd. 315 Anl. Nr. 71) geändert worden.

Diese Änderungen betreffen[1]) hauptsächlich:

a) den Zeitpunkt: Verfüg. u. Rechtsgeschäfte des Sch. in Ansehung des Miet- u. Pachtzinses werden im Verhältnis zum Ersteher nunmehr auch in der ZwVersteig. nicht nur durch den Zuschlag, sondern schon durch die Beschlagnahme beeinflußt (§ 57b);

b) den Zeitraum: Jene Verfüg. u. Rechtsgeschäfte sind nunmehr regelmäßig nur noch für das z. Z. der Beschlagn. laufende KalVierteljahr, für das folgende dagegen nur dann wirksam, wenn die Beschlagn. innerh. des letzten halben Monats eines KalVierteljahrs eintritt (§§ 573 S. 1, 574, 1123 Abs. 2 S. 2, 1124 Abs. 2 BGB.).

Unter Beschlagn. ist hier nicht nur diej. zum Zwecke der ZwVerw. verstanden (die die Miet- u. Pachtzinsforderung ergreift), wenn sie bis zum Zuschlag fortdauert, sondern auch die zum Zweck der ZwVersteig. (§ 57b Abs. 2). Zum Schutz des Erstehers ist Vorsorge getroffen, daß die Beschlagn. dem Mieter (Pächter) alsbald zur Kenntnis gebracht u. der Nachweis dieser Kenntnis erleichtert wird (§ 57b, JMBek. v. 27. 7. 15, s. Anhang).

Verfüg. u. Rechtsgeschäfte des ZwVerwalters über den Miet- u. Pachtzins werden von der Änderung nicht betroffen (§ 57b Abs. 3).

Hierdurch wird erreicht, daß nunmehr der Ersteher damit rechnen kann, daß ihm in der Regel (Ausnahme s. § 57b A. 1) vom Zuschlag an der Miet- u. Pachtzins zufließt (§ 56). Dagegen verbleibt dieser bis zu seiner Beschlagn. (durch ZwVerwaltung) auch jetzt noch der freien Verfügung des Sch. u. kann beliebig gepfändet werden (§ 865 Abs. 2 ZPO.).

§ 57.

Ist das Grundstück einem Mieter oder Pächter überlassen, so finden die Vorschriften der §§ 571, 572, des § 573 Satz 1 und der §§ 574, 575 des Bürgerlichen Gesetzbuchs nach Maßgabe der §§ 57a und 57b entsprechende Anwendung.

E. I § 141; Begr. 266—268; D. 48 KBer. 31.

(Die fett gedruckten Worte sind durch das RG. v. 8. 6. 15 eingefügt).

---

der zuletzt zum Zuge kommende Realberechtigte dafür aufzukommen hat, wie wenn den Rückständen das Vorrecht des § 10 Nr. 3 zukäme; vgl. § 10 Fußn. 15a.

[1]) Vgl. Mittelstein, DJZ. 1915, 656 u. Recht 1915, 391; Stillschweig, JW. 1915, 619; Hallbauer, JW. 1915, 880, 1111, 1160; Kretzschmar, BZfR. 1915, 221; Reinhard, ZBlFG. 16, 185; Josef, Recht 1915, 386 u. ZBlFG. 16, 661.

§ 57a (bisher § 57 Satz 2 u. 3).

Der Ersteher ist berechtigt, das Miet- oder Pachtverhältnis unter Einhaltung der gesetzlichen Frist zu kündigen. Die Kündigung ist ausgeschlossen, wenn sie nicht für den ersten Termin erfolgt, für den sie zulässig ist.

Miete und Pacht.

1. **Allgemeines.** Vgl. Faull, Einfluß der ZwVerst. u. ZwVerw. auf die RVerh. der Mieter u. Pächter (Diss.).

Um den Einfluß zu regeln, den die ZwVerst. auf ein durch Übergabe vollzogenes Miet- oder Pachtverhältnis ausübt, knüpft das ZVG. an den für den freiw. Verkauf geltenden Grundsatz „Kauf bricht nicht Miete" der §§ 571 ff. BGB. an (erstrebt also die Aufrechterhaltung der Miet- u. Pachtverträge, trotzdem sie kein dingl. Recht begründen, RG. 70, 72), weicht jedoch hiervon im Interesse des Erstehers ab, indem es ihm (ähnlich, wie dem KVerwalter) ein besonderes (vorzeitiges) KündigRecht ohne Rücksicht auf den Miet- u. Pachtvertrag einräumt.

2. a) **Voraussetzung** der Anwendbarkeit der §§ 571 ff. BGB. ist die vor dem Zuschlag (§§ 89, 104) erfolgte, vertragsgemäße Überlassung des G. bzw. der Mieträume (§ 865 BGB.) an den Mieter oder Pächter durch den Eigent. (VollstrSch.[1]) oder Vorgänger), auch Ehemann, Vater, Vorerben in den Fällen der §§ 1423, 1546 Abs. 3, 1550; 1663, 1684; 2135 mit 1056 BGB. Sie finden, wenn das G. von einem dingl. Nutzberechtigten (Nießbraucher) vermietet oder verpachtet wurde, Anwendung, auch wenn dieses dingl. Recht durch den Zuschlag, weil dem betreib. Teile nachstehend, erlischt (§ 1056 BGB.); bleibt dagegen das Recht des NutzBerechtigten bestehen, so bleiben die von ihm abgeschlossenen Miet- u. Pachtverträge aufrecht, ohne daß §§ 57 ff. Anwendung finden (Wolff A. 2, Jaeckel-Güthe A. 1, Reinhard-Müller § 57a A. 1b, OLG. 39, 240; bestr., vgl. Schmitt BNotZ. 1915, 108). Miet- u. Pachtverträge des ErbbBerechtigten sind bei Versteig. des ErbbR. wie die des Eigentümers, also nach §§ 57 ff. zu behandeln (§§ 11, 30 ErbbRVO. v. 15. 1. 19); bei Versteig. des G. bleiben sie mit dem ErbbRecht bestehen (§§ 10, 25 VO.), vorbehaltl. § 59.

Ob zur Überlassung die Verschaff. der tatsächl. Gebrauchsmöglichkeit genügt oder Besitzergreifung notwendig ist, ist bestr.; nicht erforderlich ist jedenfalls, daß das G. oder der Mietraum vom Pächter oder Mieter bereits bezogen ist, sondern es genügt u. U. die Behändigung der Schlüssel (BlfRA. 72, 813, 1034; vgl. GruchBeitr. 63, 605, ferner RG. 94, 279 betr. Kiesgewinnung, JW. 1919, 379 betr. Kohlenschürfung).

Keine Überlassung des „Grundstücks" ist in der Regel die Jagdpacht; deren Gegenstand ist meist das „Jagdrecht", die Ausübung eines persönl. Rechtes des GEigent. (s. Art. 2 BayJagdG.). § 571 BGB. findet dann auf die Jagdpacht keine Anwendung; der Ersteher ist nicht an den Pachtvertrag gebunden, wenn dies nicht durch § 59 geschieht (RG. 51, 279; 70, 70; 98, 102; 107, 296, BZfR. 06, 160, 339, JW. 09, 48, GruchBeitr. 55, 746, Behr, BayJagdG. 70 ff., Staudinger § 581 A. I 1 c). Über Berücksichtigung eines Jagdpachtvertrags in der ZwVerw. s. § 152 A. 3 b. Keine Überlassung des G. ist auch die bloße Einräumung eines Vormietrechtes (BlfRA. 72, 144), auch nicht der bloße Gebrauch für einen Dritten (Recht 1924 Nr. 529).

---

[1]) Der Besitz des Sch. selbst ist kein dem Mietbesitz ähnliches Verhältnis; er kann sich daher gegenüber der ZwVollstr. aus § 93 nicht auf §§ 57 ff. berufen (JW. 1927, 1945).

b) Fortdauer des Miet- oder Pachtbesitzes bis zum Zuschlag ist nicht erforderlich, solange er nicht freiwillig aufgegeben ist. Liegt eine Überlassung z. Z. des Zuschlags (§§ 89, 104) nicht mehr oder noch nicht vor, so ist der Ersteher an sie nicht gebunden u. kann auch keine Rechte daraus ableiten; der Mieter oder Pächter ist in diesem Fall auch nicht Beteiligter im Sinne des § 9 Abs. 2 u. § 59; solche nicht vollzog. Miet- oder Pachtverträge kann jedoch der Schuldner im Wege des § 59 zur Geltung gegenüber dem Ersteher bringen, in welchem Falle § 578 BGB. entspr. anwendbar wird (Wolff § 57 A. 3, 4, Jaeckel-Güthe A. 2, Reinhard-Müller A. 2).

c) Gleichgültig ist, ob die Überlassung vor oder nach der Beschlagn. erfolgte. Der Gl. kann sich, wenn nach seiner Meinung die Überlassung eine Überschreitung der dem Sch. nach § 24 zusteh. VerwBefugnis enthält oder wenn sie aus einem anderen Grunde als unwirksam angefochten werden will (z. B. weil die Überlassung durch den nach der Beschlagn. eingetret. Eigentümer erfolgte), im Wege des § 59 durch Aufstellung einer von § 57 abweich. Versteig.-Beding. schützen u. die sof. Räumung durch den Mieter oder Pächter verlangen. Hierzu bedarf es aber der Zustimmung des VollstrSch. Ist bei deren Mangel das G. gemäß § 59 Abs. 2 doppelt ausgeboten u. der Zuschlag unter der Bedingung der sof. Räumung erteilt worden, so erwirbt zwar der Ersteher den Anspr. des Gl., die Überlassung als unwirksam zu behandeln, ebenso wie ein anderes mitversteig. Forderungsrecht. Ob dieser Anspr. aber begründet ist, kann nur im Prozesse entschieden werden (bestr., s. Jaeckel-Güthe A. 2; nach Wolff A. 4, Fischer-Schäfer 187, 243, Reinhard-Müller A. 2 könnte der Ersteher die Unwirksamkeit des Vertrags auch ohne besondere VersteigBeding. geltend machen; vgl. auch Marx ZBlFG. 8, 239, Eberhard ZBlFG. 10, 687).

3. Allg. Rechte u. Pflichten des Erstehers in Ansehung des Miet- u. Pachtverhältnisses. Der Ersteher tritt, vom Zuschlag an (§§ 89, 104), an die Stelle des Vermieters (Verpächters, §§ 571, 581 BGB.) u. ist an den Miet-(Pacht-) Vertrag, wie er sich bis zu diesem Zeitpunkte (jedoch unbeschadet der aus der Beschlagn. sich ergeb. Wirkungen u. insbes. des KündigRechts, A. 4) gestaltet hat, gebunden. Der Mietzins (sowie sonstiges Entgelt für Überlassung der Mietsache, RG. 71, 404) gebührt ihm für die Zeit nach dem Zuschlag (§ 56, vorbehaltl. der wirksamen Vorausverfügungen, s. § 57b A. 2, 3) u. hierwegen steht ihm das Pfandrecht der §§ 559 ff. BGB. zu, wie ihm auch die vom Mieter bestellte Sicherheit haftet (§ 572 BGB.).

Der Eintritt des Erstehers in das Miet- u. Pachtverhältnis ist keine Rechtsnachfolge; die einzelnen Miet- u. Pachtzinsford. entstehen neu in seiner Person, soweit ihre Fälligkeit in die Zeit nach dem Zuschlag fällt, u. zwar als Ausfluß seines Eigentums, aber nach Maßgabe des urspr. Mietverh. (RG. 59, 187; 68, 13; 102, 177).

Anderseits obliegen dem Ersteher auch die Verpflichtungen des Vermieters, für deren Erfüllung auch der VollstrSch., sowie der Meistbietende des § 81 haften (§§ 536 ff., 546—548, 571 Abs. 2 BGB.; Wolff A. 2, 3, Jaeckel-Güthe A. 4; RG. 102, 177). Der Ersteher tritt aber nur in den Miet-(Pacht-) Vertrag ein, nicht in die Verpflichtung, Kost oder Dienste zu gewähren u. Möbel zu überlassen (vgl. RG. 71, 408; über gemischte Miete s. Josef, Gruch.-Beitr. 49, 737, 753 ff.).

4. Kündigungsrecht des Erstehers. Außer dem vertragsm. (§§ 564 Abs. 2, 581 BGB.) bzw. dem durch §§ 553, 554 (§ 581 Abs. 2) BGB. gewährten außerordentl. KündigRecht steht ihm noch ein besonderes nach § 57a ZVG. zu (das jedoch z. Z. ruht, s. A. 6). Es kann nicht durch Vertrag zwischen Mieter u. Eigent. oder Eintragung im GBuch ausgeschlossen werden, wohl aber kann sich der Ersteher vertragsmäßig dieses Rechtes begeben (Jaeger KO. § 21 A. 10 a. E.; s. auch A. 5). Seine Ausübung ist an Einhaltung der gesetzl. Frist (für Miete §§ 564, 565 Abs. 1 S. 1, Abs. 4, § 580, vgl. Kraus, BZfR. 08, 179; für Pacht[2]) § 595 BGB.) gebunden u. nur zum ersten (vertragsm. oder gesetzlich) zulässigen Termin[3]) nach dem Zuschlage gestattet. Maßgebend für die Berechnung dieses Termins ist die Verkündung bzw. Zustellung (§§ 87, 89, 104) des Zuschlagsbeschl., nicht der Zeitpunkt des Eintritts seiner Rechtskraft. Wird der Zuschlag im Beschwerdewege wieder aufgehoben, so ist eine inzwischen dem Ersteher gegenüber oder von ihm erfolgte Kündigung wirkungslos (Jaeckel-Güthe A. 11, Recht 07, 370; bestr., vgl. GruchBeitr. 44, 782; 50, 460, Reinhard ZBl. 16, 193).

Das KündRecht steht nur dem Ersteher, sowie demj., an den dieser das G. veräußert (§ 579 BGB.), nicht aber dem Meistbietenden des § 81 zu, da diesem nicht der Zuschlag erteilt wird (Jaeckel-Güthe A. 10, Wolff A. 7), auch nicht dem Mieter u. Pächter (s. 5). Es greift auch Platz bei der ZwVerst. (auch freiw. Veräuß.) durch den KVerwalter (§ 172 ZVG., § 21 Abs. 3 KO.).

Von dem KündRecht des § 57a kann selbstverstdl. der VollstrSch., falls er selbst das G. wieder ersteht, keinen Gebrauch machen; ebensowenig der Ersteher eines Miteigent.-Anteils (§§ 744 f. BGB., RG. 89, 178). Es ist ausgeschlossen im Falle der ZwVerst. z. Zw. der Aufhebung der Gemeinschaft (§ 183).

5. Rechte des Mieters (Pächters). Er ist dem Ersteher gegenüber an den Miet- (Pacht-) Vertrag gebunden. Wegen der Versteig. des G. hat der Mieter kein KündRecht; er kann auch nicht, wenn der Ersteher nach § 57a kündigt, vom Vertrage zurücktreten u. kann etwaige SchadensEAnspr. nur außerh. des Verf. gegen den VollstrSch. geltend machen; dieser hat die Erfüllungsunmöglichkeit zu vertreten (§§ 325, 541 BGB., Jaeckel-Güthe A. 10, Fischer-Schäfer 243, RG. 63, 66, OLG. 11, 145, JW. 06, 302, GruchBeitr. 60, 853, Recht 1923, 64). Bis zur Kündigung durch den Ersteher kann sich der Mieter (Pächter) wegen seines aufschiebend bedingten SchadensEAnspr. arrestweise an die fällig werdenden, noch an den VollstrSch. zu entricht. Miet- (Pacht-) Zinsbeträge halten (DJZ. 06, 1201, „Recht" 07, 554, BZfR. 1929, 67). Außerdem kann er sich durch das Ablösungsrecht nach § 268 Abs. 1 S. 2 BGB. vor der Versteig. schützen (RG. 90, 355).

Der Untermieter hat in der Regel keinen Schadensersatzanspr. gegen den Untervermieter, wenn diesem vom Ersteher gekündigt wird (RG. 65, 29, JW. 07, 101). Über die Rechtsverh. bei der sog. gemischten Miete (mit Dienst- oder BeköstigVertrag) s. GruchBeitr. 49, 737, 753ff., RG. 71, 408.

Im Verf. selbst kann zwar der Mieter u. Pächter, wenn er seine Rechte aus dem Mietvertrage gemäß § 9 Abs. 2 (im Falle der Überlassung des G.) ange-

---

[2]) Über den Unterschied zw. Miete u. Pacht s. RGRK. Vorb. 1 vor § 535, v. Staudinger § 581 A. I 1 a, Planck § 581 A. 2.

[3]) Übersieht der Ersteher die rechtzeitige Kündigung, so ist er an den Vertrag gebunden, wenn nicht die Nichtigkeit (z. B. nach §§ 826, 138 BGB.) geltend gemacht werden kann (DJZ. 1910, 1070, Jaeger KO. § 21 A. 20; s. aber auch RG. 98, 273).

meldet hat, nach § 59 den Ausschluß des in § 57a eingeräumten KündRechtes bedingen. Wird jedoch infolge dieser Beding. bei dem hiernach erforderl. dopp. Ausgebote des § 59 Abs. 2 ein geringeres Gebot erzielt als ohne sie, so verbleibt es bei der gesetzl. VersteigBeding. des § 57a. Ist der Mieter nicht beteiligt (§ 9 Abs. 2), so können andere Beteiligte (insbes. der Vollstr.-Sch.) von § 59 Gebrauch machen u. den Ausschluß des KündRechtes des § 57a (Beschränk. der Rechte des Mieters u. Pächters nur mit ihrer Zustimmung) als VersteigBeding. aufstellen lassen (Jaeckel-Güthe A. 10, Wolff A. 9, „Recht" 1914 Nr. 846).

6. Notrecht. Bis zur Aufhebung der Mieterschutzgesetze ruht das besondere KündRecht des Erstehers; auch er kann also nur nach Maßgabe dieser Gesetze kündigen (§ 1 mit §§ 2—4, 19—26, 32—34 MieterschGes. v. 17. 2. 28 RGBl. I 25, in Kraft bis 31. 3. 30; Bek. v. 28. 3. 28 JMBl. 31; ferner § 1 Abs. 3 PachtschutzO. v. 23. 7. 25, 12. 7. 27 RGBl. I 152 bzw. 179, in Kraft bis 30. 9. 29, § 2 BayPachtschutzO. v. 19. 9. 25. 27. 8. 27 GVBl. 249 bzw. 277; §§ 3, 6 Kleingarten- u. KleinpachtlandO. v. 31. 7. 19 RGBl. 1371).

§ 57b (neu).

Soweit nach den Vorschriften des § 573 Satz 1 und der §§ 574, 575 des Bürgerlichen Gesetzbuchs für die Wirkung von Verfügungen und Rechtsgeschäften über den Miet- oder Pachtzins der Übergang des Eigentums in Betracht kommt, ist an dessen Stelle die Beschlagnahme des Grundstücks maßgebend. Ist dem Mieter oder Pächter der Beschluß, durch den die Zwangsversteigerung angeordnet wird, zugestellt, so gilt mit der Zustellung die Beschlagnahme als dem Mieter oder Pächter bekannt; die Zustellung erfolgt auf Antrag des Gläubigers an die von ihm bezeichneten Personen. Dem Beschlusse soll eine Belehrung über die Bedeutung der Beschlagnahme für den Mieter oder Pächter beigefügt werden. Das Gericht hat auf Antrag des Gläubigers zur Feststellung der Mieter und Pächter eines Grundstücks Ermittlungen zu veranlassen; es kann damit einen Gerichtsvollzieher oder einen sonstigen Beamten beauftragen, auch die zuständige örtliche Behörde um Mitteilung der ihr bekannten Mieter und Pächter ersuchen.

Der Beschlagnahme zum Zwecke der Zwangsversteigerung steht die Beschlagnahme zum Zwecke der Zwangsverwaltung gleich, wenn sie bis zum Zuschlag fortgedauert hat. Ist dem Mieter oder Pächter der Beschluß, durch den ihm verboten wird, an den Schuldner zu zahlen, zugestellt, so gilt mit der Zustellung die Beschlagnahme als dem Mieter oder Pächter bekannt.

Auf Verfügungen und Rechtsgeschäfte des Zwangsverwalters finden diese Vorschriften keine Anwendung.

(Eingefügt durch RG. vom 8. 6. 15, s. Vorbem. vor § 57).

1. Allgemeines. Die §§ 573—575 BGB. enthalten Einschränkungen gegenüber dem in § 571 aufgestellten Grundsatz, daß der GErwerber vom Eigentumsübergang an ein selbständiges Recht auf den Mietzins erhält. § 57b enthält die entspr. Regelung für die ZwVerst. gegenüber § 56 S. 2.

2. Verhältnis des Erstehers zum Mietzins**berechtigten** (Vermieter usw.): Die Einschränkung der **Verfügung** (Abtretung, Verpfändung, Pfändung zugunsten Dritter)[1a] des VollstrSch.[1]) hinsichtl. des Miet- u. Pachtzinses, die ihm an sich im ZwVersteigVerf. gestattet ist[2]), betrifft hier nur sein Verhältnis zum Ersteher. Diesem gegenüber ist die Verfüg. in der Regel nur wirksam:

a) hinsichtl. des z. Z. der (Versteig.- oder Verw.-) Beschlagnahme (nicht mehr des Zuschlags) des G. lauf. KalVierteljahres;

b) hinsichtl. des Mietzinses für das folg. KalVierteljahr ausnahmsweise dann, wenn die Beschlagn. innerh. des letzten halben Monats eines KalVierteljahrs erfolgt ist (§ 57 b Abs. 1, § 573 S. 1 BGB.).

Der auf die Zeit bis zum Zuschlag treffende Miet- (Pacht-) Zins gebührt niemals dem Ersteher (§ 56 S. 2), sondern dem Sch. (PfändGl., AbtretEmpfänger, ZwVerwMasse); erfolgt der Zuschlag ausnahmsweise schon während des BeschlagnVierteljahrs (im Falle b: während des folg. Vierteljahrs), so gebühren dem Ersteher die Miet- u. Pachtzinsen, wenn über sie verfügt ist, noch nicht vom Zuschlag, sondern erst vom Ende[3]) des BeschlagnVierteljahrs (im Falle b: des folg. Vierteljahrs) ab (JW. 1915, 621, „Recht" 1915, 398); erfolgt aber der Zuschlag erst nach Ablauf des z. Z. der Beschlagn. lauf. (im Falle b: der Beschlagn. folg.) Vierteljahrs (u. liegt keine ZwVerw. vor), so sind auch die auf den Mietzins für die Zeit vom Ende dieser Vierteljahre bis zum Zuschlag bezügl. Verfügungen dem Ersteher gegenüber wirksam[3a]).

Der Ersteher kann sich auch auf die ZwVerwBeschlagn. berufen, wenn sie vor der VersteigAnordnung erfolgte u. bis zum Zuschlag fortdauerte (§ 57 b Abs. 2); infolgedessen kann auch dem Ersteher gegenüber die Wirksamkeit einer Vorausverfüg., die ihm als HypGl. gegenüber unwirksam war, nach dem Zuschlag nicht wieder aufleben (anders bisher, s. RG. 64, 415, Flachs ZBlFG. 6, 744).

Auf die Kenntnis des Erstehers von der Verfüg. kommt es nicht an,

---

[1a]) Unter „Verfügungen" sind (im Gegensatz zu bloß schuldrechtl. Geschäften) diej. Rechtsgeschäfte zu verstehen, durch die ein Recht unmittelbar übertragen, belastet, geändert oder aufgehoben wird (RG. 92, 34; 113, 406, OLG. 6, 209; 44, 68).

[1]) Der Vorausverfüg. des VollstrSch. steht die des KVerwalters gleich. Entsprechendes gilt von der Verfügung des Ehemanns, Vaters, Vorerben, Grundstücks-Nießbrauchers (s. § 57 A. 2 a).

[2]) In der ZwVersteig. kann der VollstrSch. wegen § 21 Abs. 2 über die Miet- u. Pachtzinsen auch nach der Beschlagn. verfügen, nur nicht zum Nachteil des Erstehers über die in a u. b bezeichneten Vierteljahre hinaus (abw. anscheinend Wenz-Wagner § 57 b A. 2, JW. 1915, 883, 884). Nach Anordnung der ZwVerwaltung kann zum Nachteil des betreib. Teils eine wirksame Vorausverf. nicht mehr getroffen werden (§ 1124 BGB.), Pfändung ist dann unzulässig (Einl. IV 4 b).

[3]) Anders, wenn der VollstrSch. noch nicht zugunsten Dritter verfügt hatte (ebenso Recht 1915, 397, s. auch amtl. Formular JMBl. 1915, 62 A 1 b, 63 A 2 b): in diesem Fall ist es Sache des Erstehers u. VollstrSch. sich wegen des (in der Regel hinterlegten) Mietzinses nach dem Zuschlag gemäß §§ 101 Nr. 2 BGB., 56 ZVG. auseinanderzusetzen. — Soweit dem Ersteher Mietzinsen nach dem Zuschlag durch eine Verfüg. des Sch. entgehen, kann diese auch von den HypGl. auf Grund AnfechtGes. angefochten werden (RG. 86, 365, GruchBeitr. 57, 1005; vgl. OLG. 26, 145).

[3a]) Reinhard, ZBlFG. 16, 196, scheint anzunehmen, daß diese Zinsen bis zum Zuschlag (in den dort angegeb. Beisp. v. 1. 4.—15. 5) wieder zur freien Verfügung des VollstrSch. stehen; dann könnte sie der Pfändungsgl. nur auf Grund neuerlicher Pfändung (des Ausgleichsanspruchs des Sch. gg. den Ersteher) an sich ziehen. Aber § 573 S. 1 BGB. setzt eine die „Zeit der Berechtigung des Erwerbers" betreffende Verfügung voraus; soweit sie in diese Zeit überhaupt nicht eingreift, ist u. bleibt sie unbeschränkt wirksam.

da § 573 S. 2 BGB. für die ZwVersteig. nicht gilt; auch die Kenntnis des Dritten von der GBeschlagn. ist ohne Bedeutung (anders A. 3).

Unter dem letzten halben Monat sind die letzten 15 Tage (z. B. 17.—31. 12) verstanden (§ 189 BGB., Reinhard, ZBlFG. 16, 197; a. M. DIZ. 1915, 658, „Recht" 1915, 394, JW. 1916, 956).

Zu den Verfüg. des § 573 BGB. gehört nicht die Bestellung des Nießbrauchs am G. (RG. 68, 10, OLG. 14, 129), wohl aber die des Nießbrauchs an der Miet- (Pachtzins-) Ford. (§ 1069 BGB., ZBlFG. 16, 196).

Der rechtsgeschäftl. Verfüg. ist die im Wege der ZwVollstr. erfolgte (insbes. **Pfändung**) gleichzustellen (RG. 58, 181; 59, 177; 64, 415; 81, 146; JW. 04, 407 u. a.; vgl. Einl. IV 4).

Ist der Ersteher selbst Mieter (Pächter) des erstandenen G., so schuldet er vom Zuschlag ab auch keinen Mietzins an den AbtretEmpfänger u. Pfänd.-Gl. (ZBlFG. 9, 585, OLG. 17, 20, Jaeckel-Güthe A. 4, 6, Müller-Reinhard § 21 A. 3 a; abw. BZfR. 06, 137).

Soweit der Ersteher als solcher infolge wirksamer Vorausverfüg. den ihm nach § 56 für die Zeit nach dem Zuschlag zustehenden Zins nicht erhält, kann er sich auch nicht an den VollstrSch. halten (vgl. RG. 58, 183, 185); ebensowenig kann er natürl. durch Abschluß neuer Mietverträge die Vorausverfügung (Pfändung), soweit sie ihm gegenüber wirksam ist, vereiteln (OLG. 20, 194, 379).

In den Fällen der §§ 172 ff., in denen die VerstAnordnung nicht die Bedeutung einer Beschlagnahme hat, verbleibt es statt des § 57 b Abs. 1 S. 1 bei den §§ 573—575 BGB. (Reinhard-Müller A. 6), s. auch § 183.

3. Verhältnis des Erstehers zum Mietzins**verpflichteten** (Mieter):

Die **Rechtsgeschäfte** zwischen VersteigSch. u. Mieter (Pächter, nicht Untermieter u. -pächter) über Miet- (Pacht-) Zinsen sind in gleichem Umfang wie die Verfüg. zugunsten Dritter (Anm. 2) dem Ersteher gegenüber unwirksam (§ 57 b, § 574 BGB.). Doch ist hier nicht die Beschlagn. schlechthin, sondern die **Kenntnis** des Mieters (Pächters) von ihr maßgebend. Die Beschlagn. gilt ihm als bekannt, sobald ihm durch das VollstrG. auf Antrag des betreib. Gl. der VersteigBeschluß oder ein ZahlVerbot in der ZwVerw. (§§ 22 Abs. 2, 151 Abs. 3) gemäß §§ 3 ff. zugestellt ist. Ob er von der Zustellung wirklich erfährt (insbes. bei Ersatzzustellung), ist gleichgültig[4]). Der Ersteher kann sich auch auf eine anderweitig (z. B. durch Zustellung des betreib. Gl. oder ZwVerwalters) vermittelte Kenntnis des Mieters (Pächters) berufen.

Als Beschlagn. wirkt wieder die z. Zw. der ZwVersteig. u. -Verw. (s. A. 2); bei mehreren Beschlagn. wird sich der Ersteher auf diej. berufen, von der dem Mieter (Pächter) zuerst Kenntnis gegeben wurde (JW. 1915, 622, 884).

Über Zustellung des VersteigBeschlusses, Feststellung u. Belehrung[5]) der Mieter u. Pächter, Mitteilung der Zuschlagsentsch. durch das Notariat s. JMBek. v. 27. 7. 15 §§ 2 a—c (Anhang), § 6 Abs. 2 BayGVollz.-

---

[4]) Ebenso Recht 1915, 393 f., ZBlFG. 16, 199; vgl. Jaeckel-Güthe A. 7. Im amtl. Formular (JMBl. 1915, 60 ff.) ist dies nicht zum Ausdruck gebracht; es spricht von Kenntnis u. Unkenntnis; vgl. dagegen das preuß. Formular (Recht 1915, 394), welches den Zusatz enthält: „Dabei ist zu beachten, daß die Beschlagn. dem Mieter als bekannt gilt, sobald ihm der beilieg. Beschluß zugestellt worden ist." Anders im Verhältnis des Mieters zu den Gl. u. zum ZwVerw., s. § 22 A. 2 c, § 151 A. 2 a. E.).

[5]) Vgl. hierzu die Beispiele in Recht 1915, 396 ff.

GebO. v. 18. 2. 24, § 3 Bek. v. 2. 2. 21 JMBl. 34. Auch an die erst im Laufe des Verf. bekannt werdenden Mieter (Pächter) hat die (einmal) beantragte Zustellung zu erfolgen. Mangelhafte Zustellung kann Schadensersatzpflicht des Notars begründen (Reinhard, ZBlFG. 16, 199 f.).

Zu den hieher gehörigen Rechtsgeschäften zählen: Zahlung des Miet- (Pacht-) Zinses, Annahme an Zahlungs Statt, Vergleich, Erlaß, Stundung (nicht Vertragsänderung, Kündigung, BZfR. 09, 173, v. Staudinger § 574 A. I a). Den Rechtsgeschäften mit dem Vermieter stehen die mit dessen Rechtsnachfolger (AbtretEmpfänger, PfändGl. nach Überweisung) gleich. Vorauszahlungen des Mieters vor Kenntnis der Beschlagn. sind dem Ersteher gegenüber auch dann nicht über den in § 574 BGB. bez. Zeitraum hinaus wirksam, wenn die Zahlung vertragsgemäß erfolgte (Jaeckel-Güthe A. 7 a. E., Reinhard-Müller A. 8 a, bestr. s. Planck § 574 A. 2, Staudinger A. II 1 b, RGRK. A. 2, RG. 94, 279, BZfR. 1925, 131, SeuffA. 79, 41); der Mieter setzt sich durch die weitergeh. Vorauszahlung der Gefahr der Doppelzahlung aus.

Soweit der Mieter (Pächter) hinsichtl. des nach der Beschlagn. fälligen Zinses in Ungewißheit über die Person des Empfangsberechtigten schwebt, ist er zur Hinterlegung berechtigt (§§ 372, 378 BGB.).

4. Die Aufrechnung des Mieters (Pächters) mit einer Ford. gg. den Vollstr.-Sch. (AbtretEmpfänger, PfändGl.) ist nunmehr dem Ersteher gegenüber regelmäßig nur noch wegen des z. Z. der Zustellung (Kenntnis) des Beschlagn.-Beschlusses lauf. KalVierteljahrs (nur ausnahmsweise wegen des folgenden) wirksam (§§ 575 mit 574 BGB., 57 b ZVG.).

Mit einer Forderung gegen den Ersteher kann der Mieter (Pächter) unbeschränkt aufrechnen (Reinhard, ZBlFG. 16, 201).

5. Für die Wirksamkeit der Rechtshandlungen des **ZwVerwalters** gegenüber dem Ersteher entscheidet nicht die Beschlagn., sondern der Zuschlag (§§ 57 b Abs. 3 ZVG., 573 ff. BGB.). Wirksam ist daher z. B. die Einnahme des Mietzinses durch den ZwVerwalter, soweit das z. Z. des Zuschlags lauf. (nur ausnahmsweise das folg.) KalVierteljahr in Betracht kommt. Dadurch wird aber an seiner Verpflichtung, den auf die Zeit nach dem Zuschlag treffenden Teil an den Ersteher herauszugeben, nichts geändert (Reinhard, ZBlFG. 16, 201). Im übr. s. § 148 A. 1 d.

6. Übergangszeit. §§ 57, 57 a u. b finden auch Anwendung auf Miet- u. Pachtverhältnisse, die nach den Vorschr. des BGB. begründet wurden (Art. 171 EG.BGB.), wenn die Überlassung des G. vor GBAnlegung erfolgte (Art. 6 ÜV., BlfRA. 66, 410). Es sind also dem Ersteher (nicht: Hyp.- oder BeschlagnGl.) gegenüber insbes. die Vorausverfüg. u. Rechtsgeschäfte des Vollstr.-Sch. hinsichtl. des Mietzinses auch vor GBAnlegung nach neuem Rechte zu beurteilen (BZfR. 05, 161), jedoch unter Berücksichtigung der Übergangsvorschr. des Art. 4 u. 5 des RG. v. 8. 6. 15 (RGBl. 327).

Wg. der vor dem Inkrafttreten des BGB. begründeten Miet- u. Pachtverh. s. Art. 28 BayAG.

§ 58.

Die Kosten des Beschlusses, durch welchen der Zuschlag erteilt wird, fallen dem Ersteher zur Last.

E. I § 75; Begr. 181; D. 48; KBer. —.

Zuschlagskosten.

1. Kostentragungspflicht. Das mit dem Verfahren, betr. die ZwVersteig. u. -Verw. v. Gegenständen des unbewegl. Vermög. (Grundstücken u. ihnen gleichsteh. Rechten) zusammenhäng. Gebührenwesen ist, da das RGKG. nach seinem § 1 hierauf keine (unmittelbare) Anwendung findet, landesrechtlich geregelt (BayKG. v. 21. 8. 14 Art. 7—20, 106, 107; NotGebO. v. 19. 5. 26 Art. 1 ff., 52, 53, 80, 85 ff., 93 ff., 107 ff.; BayObLG. 25 A 197). Das Landesrecht entscheidet aber nur über die Höhe u. die Art der Erhebung der Gebühren (einschl. des Rechtsmittelzuges) nicht über die materielle Verpflicht. zur Kostentragung.

2. Verfahrenskosten. Die Kosten des Verf. fallen gem. § 788 ZPO. in letzter Linie dem VollstrSchuldner, also zunächst der Masse zur Last; sie werden nicht nur bei Feststellung des g. G. an erster Stelle berücksichtigt, sondern auch vom Erlöse vorweg in Abzug gebracht (§§ 44, 109).

Zu diesen VerfKosten, nicht zu den Kosten des § 58, gehören auch die Auslagen des Notariats für Zustellungen (auch des Zuschlagsbeschl., § 88), Bekanntmach., Reisen usw. (s. § 3 A. 4, § 39 A. 5); gleiches gilt von den Kosten der Erinnerung u. Beschwerde (§ 96 ZVG., § 13 EG.), auch wenn vom Gericht der Zuschlag erteilt wird (s. § 104, § 109 A. 2 b); endlich von den Kosten der Hinterlegung des Bargebots (s. § 49 A. 3 c), nicht der Sicherheit (s. 3 a).

3. Zuschlagskosten. Zu den Kosten des Verf. (§§ 44, 109) gehören aber nicht die Kosten des Zuschlagsbeschl., die durch die gesetzl. VersteigBeding. des § 58 (vgl. § 449 BGB.) allein dem **Ersteher** überbürdet werden, auch wenn der Zuschlag in einem besonderen Termin (§ 87) erfolgt (BayObLG. 7, 61; 15, 155, 668; 25 A 197).

a) Zu diesen Kosten gehören:

Die RGrunderwerbssteuer [1]) mit landesrechtl. u. gemeindl. Zuschlägen (RG. v. 12. 9. 19 i. d. F. v. 11. 3. 27 RGBl. I 72 mit FAusglG. v. 27. 4. 26 RGBl. I 203 u. BayVollzG. v. 28. 4. 26 GVBl. 156);

---

[1]) Bestr.; s. Staudinger § 449 A. 5, Ott GEStG. § 20 A. 7, Stillschweig JW. 1920, 88; 1921, 601, auch 1068, 1573. Die GESteuerpflicht wird nunmehr in der ZwVersteig. in der Regel begründet durch den Zuschlag als den Vorgang, der den Übergang des Eigentums bewirkt (§§ 1, 4 Abs. 1 des Ges.); im Falle der Abtretung der Rechte aus dem Meistgebot oder der Erklärung des Meistbiet., für einen andern geboten zu haben, ist außerdem steuerpflichtig die Abtretung (bzw. Erklärung für einen andern geboten zu haben), wenn sie innerhalb eines Jahres nicht zum Eigentumsübergang führte, sonst die Abgabe des Meistgebots (§ 5 Abs. 1 u. 4 Nr. 4, § 13 S. 2; JW. 1921, 601; 1922, 935; 1928, 2405; Ott § 5 A. 78, Hagelberg-Krämer § 5 A. 7 u. 10 c, § 13 A. 4). Berechnung in der Regel aus dem Betrag des Meistgebots unter Hinzurechnung der übernomm. Leistungen (§ 13). Höhe der Steuer, in der Regel 3% des Meistgebots (§ 17). Über Begünstigung des HypGl. u. Bürgen als Ersteher s. § 14, des Miterben oder Teilhabers beim Erwerb aus einer Gemeinschaft oder Gesellschaft: § 8, 15; Erlaß und Rückersatz: § 23; Befreiung u. Ermäßigung: §§ 8, 9, 18, 21: Erhöhung: § 19; Festsetzung durch Bescheid der Steuerstelle: § 29; Fälligkeit: § 30; Beschwerde u. Beitreibung s. Vollz.-Bek. Ziff. I 5 GVBl. 1919, 743 u. RAbgO. vom 13. 12. 19 §§ 102 ff., 217 ff., 298 ff.; Zuschläge der Länder u. Gemeinden: § 38 FAusglG. (Höchstbetrag 2%). Der VollstrSch. haftet nicht für die GESteuer u. Zuschläge (§ 20; ob auch der Meistbiet., ist bestr.); er schuldet auch keine Steuer u. Zuschläge, wenn er selbst Ersteher wird (JW. 1928, 2487; Ott § 1 A. 22, Hagelberg-Krämer § 1 A. 5 f., bestr.; s. auch § 90 A. 3). Die Eintrag. des Erwerbers in das GBuch darf erst stattfinden, wenn dem GBAmt eine Bescheinigung (des

die Kosten der Eintrag. des Erstehers[2]) in das GBuch (Art. 18, 32, 106, 116 BayKG.);

die Gebühr des Notars[3]) für das VersteigProtokoll (Art. 23, 52 Abs. 1 Nr. 3, nicht 1 u. 2, ferner Art. 86 Abs. 2 NotGebO.), einschl. des Stempels für mitversteig. bewegl. Gegenstände (Tar. 38 Nr. 2 BayStempG., Gutmann BayNotV. 1926, 361);

die staatl. u. notarielle HinterlegGebühr aus der Sicherheit für das Gebot (Art. 107 NotGebO., §§ 3, 8, 10 HinterlegGebO., BayObLG. 15, 155; vgl. § 49 Fußn. 2, § 61 A. 4, § 69 A. 2) u. die notarielle Gebühr für Hinterleg. oder Leistung einer etwaigen Sicherheit für die GrundErwAbg. (§ 24 GEStG.).

b) Die Zuschlagskosten sind bei Feststellung des g. G. nicht zu berücksichtigen u. am Meistgebot nicht abzurechnen. Sie sind neben dem Bargebot vom Ersteher zu tragen; die §§ 128, 132, 133 finden auf sie keine Anwendung (Jaeckel-Güthe A. 1); soweit sie nicht bezahlt werden, kann es daher nicht zur Eintrag. einer SichHyp. von Amts wegen kommen, da sie nicht vom Vollstr.-Sch. geschuldet werden; die Nichtzahlung der GrundErwAbg. hindert nur die GBBerichtigung, falls sie nicht gestundet oder sichergestellt sind (GEStG. § 24, Ott § 24 A. 8). Die Kosten des früh. Zuschlags im Falle der Wiederversteig. (§ 133) fallen aber nicht dem neuen Ersteher zur Last; ihre Nichtzahlung hindert daher nicht die GBBerichtigung auf den letzteren (vgl. BayObLG. 3, 279); ebensowenig gehören sie zu den Kosten des WiederverstVerf. (BayObLG. 25 A 197).

Für die Zuschlagskosten haftet auch der Meistbiet. im Falle des § 81 Abs. 4, § 82 (bzgl. der GErwSteuer bestritten, s. Fußn. 1); nicht aber der Dritte des § 61, auch nicht der Bürge des Art. 31 BayAG. (da dieser nur Sicherheit für Erfüllung des Gebots leistet), ebensowenig der betreib. Gl. oder VollstrSch. (Jaeckel-Güthe A. 1, Reinhard-Müller A. 1, v. Schmidt BayKG. S. 374 A. 6, GEStG. § 20). Auch der Notar haftet nicht mehr für die GrundErwAbg., wohl aber der GBBeamte, wenn er ohne die durch § 24 GEStG. vorgeschrieb. Bescheinigung (s. Fußn. 1) den Ersteher als Eigent. einträgt (Ott § 24 A. 40, bedenklich Diemayr BZfR. 1920, 173, vgl. „Recht" 08 Nr. 1886, RG. 76, 147; 77, 101).

Ist der Zuschlag rechtskräftig aufgehoben, so werden auf Antrag die GrundErwAbg. erlassen oder zurückerstattet (§ 23 a 1 GEStG., Ott A. 7); hinsichtl. der VerfKosten vgl. § 6 RGKG., v. Schmidt BayKG. Art. 7 A. 3, Art. 9 A. 2 A b.

4. Für die **Versagung** des Zuschlags durch den Notar werden keine besond. Gebühren erhoben (nur für die Tätigkeit im VerstTermin, Art. 52 Abs. 1 Nr. 2 NotGebO. u. die Kosten etwaiger Beschwerde, §§ 34, 38 RGKG., Art. 7 Abs. 1 BayKG.).

Finanzamts oder Notars, VollzBek. Ziff. I 3, II 8 GVBl. 1919, 743) über Sicherstell., Zahlung oder Nichterhebung oder des Finanzamts über Stundung der Steuer u. Zuschläge beigebracht wird (§ 24). über Berechnung u. Vermerk. auf dem Zuschlagsbeschluß s. § 139 NotGeschO.; über Vorschießung der Sicherheit durch den Notar s. Art. 114 NotGebO.

[2]) Dies ergibt sich aus § 109 ZVG., der die durch den Zuschlag entsteh. Kosten von denen des Verf. ausscheidet, da erstere nur im Interesse des Erstehers, nicht der übr. Beteiligten aufgewendet werden; § 897 BGB. trifft nicht zu, da die Eintrag. des Erstehers nach § 130 von Amts wegen erfolgt. Vgl. Wolff, A. 2, Jaeckel-Güthe A. 2, Fischer-Schäfer 247.

[3]) Der Staat haftet nicht für diese Gebühr des Notars (BayObLG. 15, 665; a. M. BNotZ. 1914, 117).

§ 59.

Jeder Beteiligte kann eine von den gesetzlichen Vorschriften abweichende Feststellung des geringsten Gebots und der Versteigerungsbedingungen verlangen. Wird durch die Abweichung das Recht eines andern Beteiligten beeinträchtigt, so ist dessen Zustimmung erforderlich.

Sofern nicht feststeht, ob das Recht durch die Abweichung beeinträchtigt wird, ist das Grundstück mit der verlangten Abweichung und ohne sie auszubieten.

Soll das Fortbestehen eines Rechtes bestimmt werden, das nach § 52 erlöschen würde, so bedarf es nicht der Zustimmung eines nachstehenden Beteiligten.

E. I §§ 76, 77; Begr. 182—184; D. 48, 49; KBer. 32, 33.

Abänderung der gesetzl. Versteigerungsbedingungen.

1. **Allgem.** § 59 läßt eine Abänderung der gesetzl. VersteigBeding. auf Verlangen ohne weiteres zu, wenn durch sie ein anderer Beteiligter nicht beeinträchtigt wird, und ermöglicht, falls die Beeinträchtigung nicht feststeht, ein doppeltes Ausgebot mit u. ohne jene Abweichung.

Mangels besond. Anträge hat der Notar die gesetzl. VersteigBedingungen zugrunde zu legen (s. 2 c). Ihre Feststellung erfolgt nur mehr im Versteig.- bzw. Vortermin (§ 62).

2. **Voraussetzung** der Abänderung der VersteigBeding.

a) Sie muß zulässig u. darf durch eine zwingende Vorschrift nicht ausgeschlossen sein. Zulässig ist nicht nur die Abänderung der eigentl. VerstBeding. (§§ 44—58), sondern auch der Vorschr. über die Ausführung der Verst. (§§ 67 ff.) u. die Zuschlagswirkungen (§§ 90, 93, 94, 107 ff.), also über das g. G., insbes. Bestehenbleiben von Rechten (die sonst erlöschen[1]), Bezahlung von Rechten, die sonst bestehen bleiben müßten), ferner über Schuldübernahme, Kündigung, Übergang der Gefahr, Zahlung des Erlöses, Eigentumserwerb, Nutzungen, Miete u. Pacht, Kosten. Unzulässig ist eine unmögliche oder unsittliche oder eine im Widerspruch mit zwing. VerfGrundsätzen stehende Bedingung (Jaeckel-Güthe A. 1, Reinhard Recht 1924, 42, Mayer BNotZ. 04, 49); es kann z. B. nicht bestimmt werden, daß der Ersteher erst Eigent. durch Zahlung des Meistgebots oder Eintrag. werde, oder daß Wiederversteig. unzulässig sei (Wolff A. 2, Jaeckel-Güthe A. 1), auch kann nicht der Übergang des Eigentums an einem wesentl. Bestandteil des G. ausgeschlossen werden (vgl. § 90 A. 3 b); wohl aber kann ein sonstiger BeschlagnGegenstand von der Versteig. ausgenommen oder ein nicht von der Beschlagn. ergriffener Gegenstand mitversteigert werden; auch ist es wohl nicht unzulässig, mit Zustimmung sämtl. Beteiligten (einschl. des Sch., § 59 Abs. 1 S. 2) einem persönl. Gl., der keinen Anteil am Erlös hat (z. B. Mieter, Pächter) im Wege des § 59 Befriedigung aus der Masse (z. B. für Aufwendungen) zu verschaffen (Reinhard Recht 1924, 42; a. M. ZBlFG. 13, 414, Jaeckel-Güthe A. 1 u. 3. Aufl.); dasselbe gilt auch von einer in Form einer besond. VersteigBeding. beabsichtigten Neubelastung des G. mit einem Rechte (z. B. Grunddienstbarkeit, Jaeckel-Güthe a. a. O.).

b) Durch die Abweichung darf das Recht eines nicht zustimm. Beteiligten (§ 9) nicht beeinträchtigt werden. Steht fest, daß durch die (an sich zu-

---

[1]) Vgl. Begr. zu Art. 27 (28) des BayAG., Becher Mat. VI, 28.

lässige) Abw. das Recht eines Beteiligten nicht beeinträchtigt wird, so bedarf es keinerlei Zustimmung; steht die Beeinträcht. fest, so kann die Abänd. nur mit der Zustimmung (Genehmigung § 84 Abs. 2)[2]) des oder der beeinträcht. Beteiligten bedungen werden, u. muß bei fehl. Zustimmung der Antrag auf Abänd. der VersteigBeding. oder auf Vornahme eines Doppelausgebots ohne weiteres zurückgewiesen werden. Die Zustimmung bedarf, wenn sie nicht im Termin erklärt wird, der öffentl. Beglaubigung (bestr., s. unter c).

Ist, was in der Regel der Fall sein wird, die Möglichkeit einer Beeinträcht. gegeben, sei es, daß diese selbst oder der Kreis der betroff. Beteiligten nicht feststeht, so ist von Amts wegen ein doppeltes Ausgebot, mit der u. ohne die verlangte Abw. vorzunehmen, wobei der Zuschlag demj. Gebote zu erteilen ist, welches die Rechte der nicht zustimm. Beteiligten (einschließl. des VollstrSch.) am wenigsten beeinträchtigt.

Eine Beeinträcht. liegt vor, wenn ein an sich bestehenbleib. Recht durch Barzahlung befriedigt werden soll (z. B. ein Recht nach § 9 Abs. 2 EG., Art. 27 BayAG. oder ein neuzeitl. ErbbR., § 25 BG. v. 13. 1. 19). In diesem Falle braucht der Berechtigte sich mit der Barzahlung nicht abfinden zu lassen; es ist daher seine Zustimmung erforderlich u. ohne diese der Antrag abzulehnen. Ist er mit der Abw. einverstanden (insbes. weg. Fälligkeit seines Anspr., s. § 54 Fußn. 2), so darf noch nicht das Doppelausgebot unterlassen werden, weil auch eine Schädigung des betreib. Teils, der nachsteh. Beteiligten u. des Sch. möglich sein könnte, da bei Barzahlung des Rechtes weniger geboten würde, als wenn es bestehen bliebe.

Diese Gefahr eines Ausfalls besteht auch in dem Fall, daß der Berechtigte auf Bestehenbleiben seiner Hyp. verzichtet; die Vorschr. über das g. G. bezwecken nicht nur den Schutz der vorgeh. Gl., sondern auch des Sch. (Jaeckel-Güthe A. 6, Reinhard-Müller A. 2a, BNotZ. 02, 84; 04, 56).

Den umgekehrten Fall behandelt Abs. 3. Hier ist von vornherein nicht klar, ob durch das Fortbestehen des an sich erlösch. Rechtes nicht die (aus dem Gebot zu befriedigenden) vorgeh. oder gleichsteh. Berechtigten dadurch geschädigt werden, daß die Abw. überhaupt die Bieter von einem zulässigen, bzw. diese Berechtigten deckenden, Gebot abhält (s. Bem. d).

c) Es bedarf eines Antrags eines Beteiligten (§ 9, auch Mieter u. Pächter). Anregung hierzu seitens des Notars u. Anberaumung eines besond. Termins (§ 62) ist nicht unzulässig, häufig behufs Vereinfachung des Verf. zweckmäßig. Die Anregung ist vorgeschrieben in Ansehung einer in das g. G. fallenden altrechtl. Zinsen- u. Kostenkaution durch JMBek. v. 15. 5. 06 (JMBl. 74). Der Antrag bedarf, wenn er schriftlich eingereicht wird u. durch die Abweichung das Recht des Antragstellers beeinträchtigt würde, der öffentl. Beglaubigung (§ 84, Fischer-Schäfer 248, v. d. Pfordten 165; bestr.; vgl. Jaeckel-Güthe A. 4) u. kann auch vor dem Termin gestellt werden. Er ist aber nur bis zur Aufford. z. Abgabe von Geboten zulässig (bestr.; vgl. Jaeckel-Güthe A. 4, OLG. 35, 193, wo eine abw. Feststellung des g. G. u. der VersteigBeding. bis zum Schluß der Versteig. zugelassen wird).

d) Im Falle des Abs. 3 bedarf es der Zustimmung zwar des Berechtigten selbst, nicht aber der nachsteh. Beteiligten (zu denen Sch., Mieter, Pächter gehören). Die Abweichung des Abs. 3 ist daher ohne weiteres zuzulassen, wenn die im Range vorgeh. oder gleichsteh. Beteiligten (soweit sie nicht ohnedies im g.

---

[2]) Abwesenheit im VersteigTermine ersetzt die Zustimmung nicht (wenn sie nicht im Vortermin des § 62 abgegeben wurde), Jaeckel-Güthe A. 4, 5, Reinhard-Müller A. 2b. Auch der Ehemann muß zustimmen, wenn es sich um ein Recht seiner Frau handelt, außer wenn es zu ihrem Vorbehaltsgut gehört oder Gütertrennung besteht (Krafft, BZfR. 1912, 272, Jaeckel-Güthe A. 5); ebenso müssen auch diej., zu deren Gunsten ein Recht belastet ist, zustimmen.

G. berücksichtigt sind) zustimmen; stimmen sie nicht zu, so ist das Doppelausgebot vorzunehmen u. der Zuschlag kann mit der nach Abs. 3 beantragten Abweichung erteilt werden, wenn nur die Rechte dieser Beteiligten gedeckt werden, auch wenn diej. der nachsteh. Beteiligten durch die Abweichung eine Beeinträcht. erleiden, da letzteren die Ausübung ihrer Rechte immer nur unter Wahrung der vorgeh. Rechte möglich ist (Meyer, BNotZ. 04, 58).

Beispiel: Auf dem G. lasten für A 1000 Mk., für B (betreib. Gl.) 300 Mk., für C im Gleichrang mit B ein Nießbrauchsrecht, wert 500 Mk., für D 200 Mk. C beantragt Bestehenbleiben seines Rechtes, B verweigert seine Zustimmung (der Zustimmung des A u. D sowie des Sch. bedarf es nicht). Da nicht feststeht, ob unter der beantragten Bedingung B gedeckt wird, ist ein doppeltes Ausgebot vorzunehmen. G. G.: 200 Mk. (Zinsen u. Kosten), dazu Bestehenbleiben des Anspr. des A. Es werden geboten: Ohne Nießbrauchsrecht bar: 1200 Mk., so daß auch D volle Deckung (200 für Zinsen u. Kosten, 300 B, 500 C, 200 D) fände; mit dem Nießbrauchsrecht aber bar: 500 Mk., so daß D ausfiele. Der Zuschlag muß für 500 Mk. mit dem Nießbrauchsrecht erfolgen, ohne Rücksicht auf D. Ebenso Jaeckel-Güthe A. 7.

Das Recht, dessen Bestehenbl. nach Abs. 3 verlangt werden kann, muß ein dingl. sein (§ 10 Nr. 4), kann dann aber auch das des betreib. Gl. sein (Jaeckel-Güthe A. 7).

Der Zustimmung der Mieter u. Pächter bedarf es nur, wenn es sich um Abweich. von § 57, und zwar um eine Einschränkung der ihnen dort gesich. Rechte handelt (Jaeckel-Güthe A. 5). Über Zuziehung des Ehemannes beim gesetzl. Güterstand s. oben Fußn. 2.

3. Doppelausgebot. Es ist ein ernsthaftes, kein probeweises, so daß jeder Bieter an sein Gebot gebunden ist (§ 72), bis feststeht, welches der Gebote das bessere ist. Wird unter den gesetzl. Beding. ein zulässiges Gebot überhaupt nicht abgegeben, so darf auch unter den abgeänd. Beding. der Zuschlag nicht erteilt werden, falls nicht alle Beeinträchtigten (einschl. des Sch.) zustimmen, da die Beteiligten nur die gesetzl. VerstBed. sich gefallen lassen müssen (§ 83 Nr. 1; Fischer-Schäfer 249, Jaeckel-Güthe A. 5, Reinhard-Müller A. 3 b).

Werden mehrere Abweich. von den gesetzl. VersteigBeding. beantragt, so kann ein mehrfaches Doppelausgebot notwendig werden.

Das Verf. (auch unzulässigen Anträgen gegenüber) ist zu Protokoll festzustellen, dieses zu verlesen (§§ 66, 80).

4. Nichtbeachtung des § 59 kann Versagung bzw. Aufhebung des Zuschlags zur Folge haben (§§ 83 Nr. 1, 84, 100), u. zwar schon dann, wenn auch nur die Möglichkeit der Erzielung eines besseren Meistgebots besteht (Reinhard-Müller A. 5, BlfRA. 71, 536); der Ersteher ist aber nicht beschwerdeberechtigt, wenn ein Doppelausgebot unterblieben ist (OLG. 13, 8) u. ein Beschwerderecht ist überhaupt nicht gegeben, wenn ein überflüssiges Doppelausgebot stattgefunden hat (Wolff A. 8, Jaeckel-Güthe A. 8). Die Abweichungen von den gesetzl. VersteigBeding. sind nicht nur in das VersteigProtokoll, sondern auch in den Zuschlagsbeschluß aufzunehmen (vgl. §§ 78, 80, 82 A. 3 d).

5. Über weitere Abweich. von den gesetzl. VersteigBeding. s. §§ 60 ff., 9 EG.

§ 60.

Jeder Beteiligte kann verlangen, daß für den das geringste Gebot übersteigenden Betrag des Meistgebots Zahlungsfristen als Versteigerungsbedingung festgestellt werden; die Zustimmung eines anderen Beteiligten ist nicht er-

forderlich. Soweit Zahlungsfristen bewilligt werden, ist das Gebot von dem Zuschlag an zu verzinsen.

E. I § 78 Abs. 1 Satz 1; Begr. 184; D. 49; RBer. —.

§ 61.

Im Falle des § 60 ist auf Antrag eines Beteiligten, dessen Recht durch die Bewilligung von Zahlungsfristen beeinträchtigt werden würde, das Grundstück mit Zahlungsfristen und ohne sie auszubieten. Der Zuschlag wird auf Grund des mit Zahlungsfristen erfolgten Ausgebots nur erteilt, wenn ein Dritter unter Sicherheitsleistung sich verpflichtet, die dem Ersteher obliegende Zahlung vollständig oder mit einem Abzug im Verteilungstermine zu bewirken, und wenn im Falle eines Abzugs nach dessen Abrechnung das Meistgebot mit Zahlungsfristen höher ist als das andere Meistgebot.

In Ansehung der Verpflichtung des Dritten finden die Vorschriften des § 53, in Ansehung der Sicherheitsleistung die Vorschriften des § 69 entsprechende Anwendung. Die Sicherheitsleistung ist nicht erforderlich, wenn für ein eigenes Gebot des Dritten Sicherheitsleistung nicht verlangt werden könnte.

Wird der Dritte bei der Erteilung des Zuschlags für zahlungspflichtig erklärt, so tritt die Forderung gegen den Dritten als Versteigerungserlös an die Stelle der Forderung gegen den Ersteher; die Forderung gegen den Ersteher steht dem Dritten zu.

E. I § 78 Abs. 1 Satz 2, Abs. 2—5; Begr. 184ff.; D. 49; RBer. —.

Zahlungsfristen.

Allgem. Der betreib. Gl. u. die gleich- u. nachsteh. Berechtigten haben grundsätzlich einen Anspr. auf sofortige Befriedig. ihrer erlösch. Rechte; die gesetzl. VerstBeding. ist daher die Zahlung des Bargebots im VertTermin (§ 49). Es erschien aber angezeigt, die Beibehaltung dieser gesetzl. VerstBeding. dem Ermessen der Beteiligten anheimzustellen. Deshalb läßt § 60 die unbegrenzte Bewilligung von ZahlFristen, jedoch unter den Beschränkungen des § 61 zu.

2. Versteigerung mit ZahlFristen. Nach § 60 kann jeder Beteiligte Stundung des Erlöses über den VertTermin hinaus, aber nur für den das g. G. übersteigenden Betrag, auch für die nicht im g. G. enthalt. Nebenleistungen, verlangen. Es bedarf also, abweich. von § 59, nicht der Zustimmung der beeinträcht. Beteiligten; sie sind durch § 61 geschützt (s. A. 3).

Anders, wenn der in das g. G. fallende, bar zu zahlende Teil (§§ 10 Nr. 1—3; 12 Nr. 1, 2; 49) über den VertTermin hinaus gestundet werden soll, in welchem Falle nach § 59 zu verfahren ist. Dies gilt auch für die nach §§ 50, 51 zu zahlende Ersatzsumme (Jaeckel-Güthe A. 6, Wolff A. 2; abw. Fischer-Schäfer 255, v. d. Pfordten 174).

Antragsberechtigt nach § 60 ist nicht, wer kein Interesse an Bewill. einer ZahlFrist hat, z. B. Mieter, Pächter (bestr.) u. derj., dessen Recht bestehen bleibt, wohl aber der VollstrSch.

Werden verschied. ZahlFristen verlangt, so ist (auch wenn von § 61 nicht Gebrauch gemacht wurde) ein mehrfaches Ausgebot nötig u. der Zuschlag dem besten Gebote, bei gleichen Geboten demj. mit der kürzeren ZahlFrist, zu erteilen (Jaeckel-Güthe A. 3).

Das Gebot mit ZahlFristen ist, wie nach § 49 Abs. 2, soweit nichts anderes im Wege des § 59 vereinbart ist, vom Zuschlag an mit 4% zu verzinsen (§ 246 BGB.).

Der Antrag kann nur bis zur Aufford. z. Abgabe von Geboten (auch schriftl., in öffentl. begl. Form, letzt. bestr., s. § 59 A. 2c) gestellt werden, da sonst mit der Feststellung der VersteigBeding. immer wieder von vorne angefangen werden müßte (vgl. § 59 A. 2c, § 63 A. 1b, § 64 A. 3; bestr.). Antrag u. Verhandlung hierüber sind zu Protokoll festzustellen u. zu verlesen (§§ 66, 80).

Im Falle des § 60 findet eine Hinausschieb. des VertTermins bis zum Ablauf der ZahlFrist nicht statt (§ 118 Abs. 1 S. 2).

3. Doppelausgebot; Antragsrecht nach § 61. Dem unbeschr. Verlangen von ZahlFristen (§ 60) steht das Recht auf Vornahme des Ausgebots mit u. ohne ZahlFristen (in Ansehung des das g. G. übersteig. Betrags) gegenüber. Dem mit ZahlFristen Bietenden wird dann der Zuschlag nur erteilt, wenn

a) sein Gebot höher (nicht gleich hoch), wie das Meistgebot ohne Zahl.-Fristen ist, und

b) ein Dritter Zahlung im VertTermine zusichert u. hierfür Sicherheit leistet.

c) Sichert der Dritte nicht Zahlung in Höhe des Meistgebots mit Fristen zu, sondern eine geringere Summe, so muß auch diese höher sein als das Meistgebot ohne Fristen.

Dieses Verf. bietet den Beteiligten die Aussicht, Barzahlung schon im VertTermine durch einen Dritten zu erlangen, auch wenn der Zuschlag mit ZahlFristen erfolgt.

Voraussetz. des Doppelausgebots ist aber ein Antrag desj. (auch des VollstrSch.), welcher durch die Bewilligung von ZahlFristen beeinträchtigt würde (indem er Befriedig. erst nach dem VertTermine erhielte, also vor allem des betreib. Gläubigers). Der Antrag nach § 61 ist solange zulässig, wie der des § 60 u. kann auch von einem im Termine nicht Anwesenden (für den Fall des § 60) gestellt werden. Ein schriftl. Antrag bedarf der öffentl. Beglaub. (§ 84; bestr. s. oben § 59 A. 2c). Nicht berechtigt zum Antrag nach § 61 sind dagegen Gl., deren Anspr. in das gesetzl. oder vereinbarte g. G. fallen (auch nicht wegen des bar zu zahl. Teils); ebensowenig natürlich Mieter oder Pächter, wohl aber der Antragsteller des § 60 selbst (Jaeckel-Güthe A. 9).

4. Sicherheit u. Zuschlag. Die Sicherheit ist von Amts wegen zu verlangen — anders § 67 Abs. 1 —, ausgenommen, wenn für ein eigenes Gebot des Dritten keine solche verlangt werden könnte (§ 67 Abs. 3, nicht Abs. 2 ZVG.; § 10 EG.). Der Sicherheit bedarf es auch nicht, wenn die hieran interessierten Beteiligten (einschließl. des VollstrSch.) auf sie verzichten (Jaeckel-Güthe A. 10, Reinhard-Müller § 61 A. 5).

Hinsichtl. der Höhe der dem Dritten oblieg. Sicherheit ist im Gesetze nichts bestimmt. Man wird deshalb annehmen müssen, daß der Notar in entspr. Anwendung der §§ 108 ff. ZPO. die Höhe der Sicherheit nach pflichtgem. Ermessen zu bestimmen hat, wobei jedoch wegen § 67 Abs. 3 Satz 2 nicht unter $^1/_{10}$ herabgeg. werden darf. Sie in voller Höhe des vom Dritten zu zahl. Betrags zu verlangen, ist nicht notwendig, sonst wäre § 134 Satz 1 wg. §§ 107 Abs. 3, 108 ganz gegenstandslos (Jaeckel-Güthe A. 12, Reinhard-Müller A. 5; a. M. Wolff A. 5, Fischer-Schäfer 253, 431).

Soweit der Dritte Zahlung verspricht u. Sicherheit leistet, oder nicht zu leisten braucht, ist hiervon der Ersteher befreit (§ 67 Abs. 3 Satz 2).

Über die Art der Sicherheit s. § 69 (Bürgschaft unzulässig, Art. 31 BayAG.).

Die Sicherheit ist sofort zu leisten (sonst Zuschlag ohne Fristen) u. an die gerichtl. HinterlegStelle abzuliefern (Becher Mat. VI, 26); die HinterlegGebühren für die Sicherheit hat der Dritte zu leisten (vgl. § 58 A. 3b).

Der Zuschlag wird immer dem Meistbiet. erteilt, der Dritte ist unter Angabe seines Schuldbetrags für zahlpflichtig zu erklären (§ 82). Im weiteren Verf. ist nunmehr auch der Dritte als Beteiligter zuzuziehen (§§ 88, 97, 103, 105, 116).

5. Über die Gestaltung **der Rechtsbeziehungen des Dritten zu den Beteiligten, dem Ersteher u. dem VollstrSch.** besteht Streit (Fischer-Schäfer 252, Jaeckel-Güthe A. 14).

Soweit der Dritte im Falle des Zuschlags unter ZahlFristen nach §§ 61 Abs. 3, 82 für zahlpflichtig erklärt ist (vgl. § 82 A. 3e), tritt er an die Stelle des Erstehers. Dieser haftet also den Beteiligten persönlich nach Maßgabe der §§ 53, 60 nur noch für das g. G. u. muß dessen baren Teil selbst im VertTermin zahlen (wenn nicht auch bezügl. des baren Mindestgebots[1]) der Dritte eingetreten ist). Der Dritte haftet persönlich nicht für etwaige, eine persönl. Forderung sichernde, bestehenbleib. Hyp., Grund- u. Rentenschulden (bestr.)[2]), im übr. aber nur er (nicht der Ersteher), u. nicht bloß den Gl., sondern auch dem VollstrSch. Dieser wird daher, soweit der Dritte zahlpflichtig ist, von seiner persönl. Schuld frei, wenn der Gl. auf Anzeige hin die Schuldübernahme des Dritten genehmigt hat (§ 416 BGB.; Jaeckel-Güthe A. 14, 15, Reinhard-Müller § 61 A. 6; a. M. Fischer-Schäfer 254, v. d. Pfordten 173).

Den vom Dritten gemachten Abzug können die Beteiligten nicht vom Ersteher verlangen; dieser schuldet ihn vielmehr nur dem Dritten. Nur der Dritte kann vom Ersteher die Einhaltung der ZahlFristen verlangen, die Beteiligten nur Zahlung im VertTermin durch den Dritten (Fischer-Schäfer A. 2a zu § 134, Jaeckel-Güthe A. 2 dort).

Zahlt der Dritte im VertTermine den von ihm zu zahl. Teil des Verst.-Erlöses, so wird der Betrag nach § 117 verteilt; zahlt er nicht, so wird nur der Erlös aus seiner Sicherheit verteilt (§ 108), wg. des Restes ist, falls er für zahlpflichtig erklärt wurde (§ 82), nach § 118 die Ford. gegen ihn, im übr. gegen den Ersteher auf die Berechtigten zu übertragen (§ 134). Neben der per-

---

[1]) Nach dem Wortlaute des § 61, besonders des Abs. 3, wäre es nicht unzulässig, wenn der Dritte für die rechtzeitige Zahlung des ganzen Bargebots einstehen würde (Jaeckel-Güthe A. 6, Fischer-Schäfer 252, Reinhard-Müller § 61 A. 4).

[2]) Auf die bestehenbleib. Rechte kann sich § 61 Abs. 2, trotzdem er auf § 53 verweist, nicht beziehen, da nach § 61 Abs. 1 die ZahlPflicht des Dritten nichts damit zu tun hat (§ 61 Abs. 2 ist aus Versehen stehen geblieben, als § 67 Abs. 2 des Entw. I im § 53 des Entw. II fallen gelassen wurde).

sönl. Haftung des Dritten hinsichtl. des von ihm zu zahl. Betrags besteht eine dingl. des Erstehers wegen § 52 Abs. 1 S. 2 den Gl. gegenüber nur, soweit sie durch besondere SichHyp. geschützt sind (§§ 128, 134 S. 1).

Die persönl. Ford. der beteiligten Gl. (richtiger des VollstrSch.) gegen den Ersteher geht kraft Gesetzes (Abs. 3 mit § 412 BGB.) auf den Dritten über (so daß der SichHyp. der Gl. nach §§ 128, 134 nicht mehr eine persönl. Ford. gegen den Ersteher zugrunde liegt). Die Ford. des Dritten gegen den Ersteher ist nach § 132 in das G. vollstreckbar, sobald hiefür SichHyp. eingetragen ist (s. § 134 A. 3b).

Eine nach §§ 50, 51 eintret. Erhöhung der BarzahlPflicht trifft den Ersteher, nicht den Dritten (Jaeckel-Güthe A. 15, bestr.; vgl. oben A. 2). Der Dritte haftet auch nicht für die Gebühren u. Abgaben des Zuschlags (v. Schmidt BayKG. 374 A. 6).

6. Nichtbeachtung der §§ 60 u. 61 kann die Versagung bzw. Aufhebung des Zuschlags zur Folge haben (§§ 83 Nr. 1, 84, 100).

§ 62.

Das Gericht kann schon vor dem Versteigerungstermin Erörterungen der Beteiligten über das geringste Gebot und die Versteigerungsbedingungen veranlassen, zu diesem Zwecke auch einen besonderen Termin bestimmen.

E. I § 56; Begr. 148, 159, 160; D. 49; RBer. –.

Vorbereitung des Versteigerungstermins.

1. Nach § 62 ist es dem **Ermessen** des VersteigBeamten überlassen, wie u. in welchem Umfang er den VersteigTermin vorbereiten, welche Beteiligte er hierzu u. wie er sie beiziehen will[1]). Die Kosten der Vorbereitung fallen unter § 109, diej. der Beteiligten unter § 10 Abs. 2 (Jaeckel-Güthe A. zu § 62, Wolff A. 3).

Ein **Vortermin** kann z. B. zur Ermittlung nicht eingetrag. Rechte, insbes. der Eigentumsverhältnisse an Inventarstücken (vgl. § 37 Fußn. 14a), zur Festsetzung des Geldwertes von wiederkehr. Leistungen (§ 46), eines Rechtes, welches nicht auf Geldzahlung gerichtet ist (§ 92), der Höhe etwaiger Ersatzbeträge (§§ 50, 51), oder Sicherheitsleistungen (§§ 60, 61) oder der Art der Versteig. u. des Wertes mehrerer Grundstücke (§§ 63, 64); insbes. zur Herbeiführung der Zustimmung zu einer Vereinfachung des Verf., Verteilung eines Gesamtrechtes), zur Feststellung nicht eingetragener Rechte u. dgl. (JMBek. v. 31. 3. 05 § 3, s. Anhang), zur Erörterung der AufwAnspr. u. ihres Ranges geboten sein (Reinhard-Müller A. 2). Der Termin kann durch Vorschläge der Beteiligten über die Art der Versteig., die mit der Zustellung der Terminsbestimm. bekannt gemacht werden können, veranlaßt werden.

2. Die Feststellungen im Vortermine sind aber **nicht bindend**, können also im VersteigTermin umgestoßen werden. Rechtsnachteile sind mit dem Nichterscheinen im Vortermine nicht verbunden.

3. Eine besondere **Notariatsgebühr** für die Tätigkeit nach § 62 fällt nicht an (BayObLG. 14, 471; wohl aber die Zeitgebühr des Art. 52 I Nr. 2 NotGebO., wenn es nicht zum Zuschlag kommt, BayObLG. 28 A 353).

---

[1]) Eine Vorbereitungspflicht ergibt sich jedoch aus § 41 Abs. 2 (LZ. 1914, 1556; vgl. § 41 A. 3 a. E.).

§ 63.

Mehrere in demselben Verfahren zu versteigernde Grundstücke sind einzeln auszubieten.

Jeder Beteiligte kann verlangen, daß neben dem Einzelausgebot alle Grundstücke und, sofern einige von ihnen mit einem und demselben Rechte belastet sind, auch diese Grundstücke zusammen ausgeboten werden. Auf Antrag kann das Gericht auch in anderen Fällen das Gesamtausgebot einiger der Grundstücke anordnen.

Das Gesamtausgebot kann vor oder nach dem Einzelausgebot erfolgen. Wird bei dem Einzelausgebote auf eines der Grundstücke ein Meistgebot abgegeben, das mehr beträgt als das geringste Gebot für dieses Grundstück, so erhöht sich bei dem Gesamtausgebote das geringste Gebot um den Mehrbetrag. Der Zuschlag wird auf Grund des Gesamtsausgebots nur erteilt, wenn das Meistgebot höher ist als das Gesamtergebnis der Einzelausgebote.

Das Einzelausgebot unterbleibt, wenn die anwesenden Beteiligten zustimmen, deren Rechte bei der Feststellung des geringsten Gebots nicht zu berücksichtigen sind.

E. I §§ 80—83; Begr. 187—191; D. 49, 50; KBer. 34.

Ausgebot mehrerer Grundstücke in einem Verfahren.

1. Versteigerungsarten im Falle der Versteig. mehrerer G. in einem Verfahren (vgl. § 18).

a) Einzelausgebot (auf Grund gesondert festgestellten g. G.). Es ist immer vorzunehmen, soferne nichts anderes verlangt ist, wie auch jedes Grundstück (Bruchteil) [1]) regelmäßig Gegenstand eines besonderen Verf. ist. Im Falle der Zuschreibung oder Vereinigung (§ 890 BGB.) liegt, wenn nicht ein Teil beschlagnahmt ist (vgl. Einl. III 1), nur ein G. vor; anders im Falle des § 4 GBO.)[2]). Buchstaben-Plannummern stellen keine selbständ. G. dar, wohl aber Bruch-Plannummern (§§ 171, 295 DA.).

Beim Einzelmindestgebot sind Gesamtrechte je zum vollen Betrage zu berücksichtigen, die Kosten [3]) des Verf. nach dem absoluten Werte der einzelnen

---

[1]) Vgl. Einl. III 2 u. § 18 A. 1. Die Anwendung der §§ 63, 64 setzt bestehende Anteile voraus u. entfällt, wenn die Anteile in der Hand des Alleineigent. vereinigt u. unbelastet sind (vgl. Stillschweig JW. 1914, 7, Lersch GruchBeitr. 51, 335, 449; 59, 327, 896).

[2]) Auch die nach früh. Recht auf einem Blatt vorgetragenen, zu einem Gutskomplex zusammengefaßten Grundstücke sind rechtlich als ein G. zu betrachten (s. § 18 A. 1). Auf ihre Versteig. finden daher die §§ 63, 64 keine Anwendung; die gemeinsamen Hyp. sind keine Gesamthyp. (Vgl. Henle, Anlegung d. Grdbch., 2. Aufl. Art. 5 A. 1). — Über Vereinigung u. Zuschreibung nach der Beschlagn. s. § 23 Fußn. 5; sie können, soweit sie nicht überhaupt dem betreib. Teil gegenüber unwirksam sind, für §§ 63, 64 nur in Betracht kommen, wenn das Gericht nachträglich die betr. Verf. nach § 18 verbunden hat. Über die Art der Versteig., wenn ein mit einer Hyp. belastetes G. einem mit einer Reallast belasteten G. als Bestandteil zugeschrieben ist, s. OLG. 11, 332.

[3]) Die Teilung der auf das einheitl. Verf. voraussichtlich erwachs. Kosten nach dem Wertsverhältnis (Art. 9 Abs. 2, 3 BayKG., Art. 52 Abs. 1 NotGebO.) kann unbedenklich erfolgen, weil sie ohnedies nur beiläufig angesetzt werden können u., soweit ein G. unverkäuflich bleibt, der betreib. Teil für den hierauf treffenden Kostenteil haftbar ist (ebenso Wenz-Wagner Anhang zu § 63 A, Wolff § 64 A. 1).

G. zu teilen; bei sonstigen Anspr. (VerwAusgaben § 10 Nr. 1, Lohnford. § 10 Nr. 2, öffentl. Lasten § 10 Nr. 3) sind die Berechtigten zu veranlassen, ihre Anmeldungen nach den einzelnen G. auszuscheiden (vgl. § 122 A. 2); beim Vorliegen einer Rentenbankgesamtgrundschuld oder Industriegesamtlast ist der Eigentümer zweckmäßig zu veranlassen, beim Finanzamt die Verteilung des Gesamtrechtes für den Fall der Einzelverst. zu beantragen (§ 7 RBankVO. mit § 43 DurchfVO. v. 14. 11. 23 RGBl. I 1092; §§ 42, 43 IndBelG., vgl. § 9 A. 3 A b, c, Reinhard, Einfluß S. 186, 200, 235).

Das Einzelausgebot unterbleibt ganz, wenn Abs. 5 gegeben ist. Zu den Beteiligten, die hier zustimmen müssen, gehört der betreib. Gl., die ihm Gleich- u. Nachstehenden, der Beteiligte nach § 37 Nr. 5 u. der Sch., u. auch diese nur, soweit sie im Termin anwesend sind, nicht Mieter u. Pächter (bestr.) u. die im g. G. Berücksichtigten (Reinhard-Müller A. 2, Jaeckel-Güthe A. 2). Als anwesend sind auch die Vertretenen zu behandeln; Vollmacht ist nachzuweisen, Telegramm genügt (SeuffA. 68, 254).

Das Vorliegen einer Gesamthyp. (-grund-, -rentenschuld) ist allein kein Grund zur Unterlassung des Einzelausgebots (vgl. Stillschweig JW. 1914, 11).

b) Gesamt- u. Gruppenausgebot (auf Grund des nach Abs. 4 festgestellten g. G.) finden (sei es neben dem Einzelausgebot oder im Falle des Abs. 5 ohne dieses) nur auf (mündl. oder schriftl., bis zur Aufford. z. Abgabe von Geboten zulässigen) Antrag eines derj. Beteiligten statt, die ein Interesse daran haben (besonders des Sch., des betreib. u. des GesamthypGl.; in der Regel nicht antragsberechtigt: Mieter, Pächter, die im g. G. Berücksichtigten)[4]. An Gruppen ausgeboten, welche einzelne von mehreren G. umfassen (vgl. RG. 66, 391), sind so viele zulässig, als gemeinsame Belastungen vorhanden sind; ob das Gesamtrecht (das hier auch eine Reallast sein kann) dem betreib. Teil vor- oder nachgeht, ist gleichgültig. Das Gesamtausgebot hat ein Gesamtrecht nicht zur Voraussetzung. Einem auf Gesamt- oder Gruppenausgebot gerichteten, zulässigen Antrag muß stattgegeben werden, Zustimmung eines anderen Beteiligten ist nicht erforderlich (Jaeckel-Güthe A. 3, 4).

In anderen Fällen (z. B. bei wirtschaftl. Zusammengehörigkeit)[5]) liegt die Anordnung des Gruppen- (nicht Gesamt-)Ausgebots im Ermessen des VersteigBeamten. Sie setzt aber auch hier stets einen Antrag voraus (§ 63 Abs. 2 S. 2).

2. Die Reihenfolge ist dem Ermessen des VersteigBeamten überlassen. Werden nur Einzelausgebote aufgeworfen, so kann für jedes G. die Versteig. gesondert geschlossen werden; finden aber verschiedene VersteigArten nebeneinander statt, so wird wg. Abs. 4 mit der Einzelverst. zu beginnen sein (Reinhard-Müller A. 6); zuletzt sind alle Meistgebote miteinander auszurufen u. die Versteig. sodann gemeinsam zu schließen (§ 73; Jaeckel-Güthe A. 6, Reinhard-Müller A. 7; abw. Lersch GruchBeitr. 51, 343 ff., der den Schluß des Gesamtausgebots vor dem Einzelausgebot für zulässig erachtet). Ausnahme im Falle der Einstellung des Verf. hinsichtl. einzelner G., s. § 76 A. 3.

---

[4]) Sie können aber ein Interesse am Gesamtausgebot erlangen, insbes. wenn ihnen infolge der Verteilung nach § 64 Abs. 2 beim Einzelausgebot ein Ausfall droht (vgl. § 64 A. 5 c, Lersch GruchBeitr. 51, 351—358, Jaeckel-Güthe A. 3).

[5]) Über Versteig. nach Bruchteilen s. oben Fußn. 1.

3. Erhöhung des g. G. Dieses berechnet sich beim Einzelausgebote nach den auf jedem G. (Anteil) besonders last. Anspr. (wobei eine Gesamtbelastung, wenn nicht nach § 64 zu verfahren ist, bei jedem G. ganz zu berücksichtigen ist, §§ 44, 45, oben A. 1 a), beim Gesamt- u. Gruppenausgebote durch Zusammenrechnung der einzelnen g. G. (eine etwaige Gesamtbelastung natürlich nur einmal in Ansatz gebracht); es erhöht sich jedoch letzterenfalls um diej. (bar zu zahl.) Beträge, die auf die einzelnen G. (oder Gruppen) über das jeweilige g. G. hinausgeboten wurden. Auf diese Weise sollen die beim Einzelausgebot erzielten Mehrgebote den Beteiligten erhalten bleiben[6]).

Ist das erzielte Gesamtgebot nicht größer als die Summe der zulässigen Einzelmeistgebote, so ist auf diese der Zuschlag zu erteilen; sind jedoch in den Einzelmindestgeboten auch bestehenbleib. Gesamtbelastungen enthalten, die nicht nach § 64 verteilt sind, so ist deren mehrfache Berücksichtigung bei der Vergleichung der Meistgebote entspr. in Rechnung zu ziehen.

Wenn z. B. die G. M u. N mit der Gesamthyp. des A zu 100 vor dem betreib. B belastet sind, so ist ein Gesamtmeistgebot von 40 (bar unter Bestehenbleiben der 100) niedriger als die beiden Einzelmeistgebote von 10 u. bzw. 20 (bar), da in diesen die Post des A zweimal berücksichtigt ist, so daß der Wert der Einzelmeistgebote 230, der des Gesamtmeistgebotes nur 140 beträgt (Jaeckel-Güthe A. 16, Wenz-Wagner Anhang zu § 63 B 2, v. d. Pfordten 178, 179).

Das Gruppenausgebot ist im Verh. zum Gesamtausgebot wie ein Einzelausgebot zu behandeln (vgl. RG. 66, 391); dem Gesamtmeistgebot kann hier der Zuschlag nur erteilt werden, wenn es sowohl die Summe der Einzelmeistgebote als auch die der Gruppenmeistgebote übersteigt. Über die Schwierigkeiten, die sich bei Vergleichung der Gruppenausgebote ergeben können, vgl. v. d. Pfordten 179, 180, Lersch GruchBeitr. 51, 452 ff.

4. Nichtbeachtung des § 63 Abs. 1, Abs. 2 S. 1, Abs. 5 hat gem. §§ 83 Nr. 2, 84, 100 die Versagung bzw. Aufhebung des Zuschlags zur Folge, wenn eine Beeinträchtigung des Beteiligten vorliegt u. dieser das Verf. nicht genehmigt; das gleiche gilt von einer Verletzung des Abs. 4 (§ 83 Nr. 1). Ist in den übr. Fällen (§ 63 Abs. 2 S. 2) auf Antrag eine VersteigArt zu Unrecht unterblieben oder vorgenommen worden, so ist Anfechtung ausgeschlossen (Wolff A. 10, Jaeckel-Güthe A. 2, 5, Reinhard-Müller A. 9); wohl aber läge auch hier ein ZuschlagsversagGrund (§§ 83 Nr. 1, 84) vor, wenn der Notar ohne Antrag ein Gesamtausgebot angeordnet hätte (v. d. Pfordten 239). Über das Beschwerderecht des Erstehers s. § 100 A. 1 b.

5. Über Behandlung des Gesamterlöses im **VerteilVerf.** s. § 112.

§ 64.

Werden mehrere Grundstücke, die mit einer dem Anspruche des Gläubigers vorgehenden Gesamthypothek belastet sind, in demselben Verfahren versteigert, so ist auf Antrag die Gesamthypothek bei der Feststellung des geringsten Gebots für das einzelne Grundstück nur zu dem Teilbetrage zu berücksichtigen, der dem Verhältnisse des Wertes des Grundstücks zu dem

[6]) Vorausgesetzt, daß das Einzelausgebot vorausgeht, sei es von Anfang an oder infolge mehrfachen Wechsels der Gesamt- (Gruppen-) u. Einzelausgebote (s. oben A. 2, Jaeckel-Güthe A. 6). Über den Einfluß der Einzelmeistgebote beim Zuschlag für das Gesamtgebot auf die Verteilung s. § 112 Abs. 3.

Werte der sämtlichen Grundstücke entspricht; der Wert wird unter Abzug der Belastungen berechnet, die der Gesamthypothek im Range vorgehen und bestehen bleiben. Antragsberechtigt sind der Gläubiger, der Eigentümer und jeder dem Hypothekgläubiger gleich- oder nachstehende Beteiligte.

Wird der im Abs. 1 bezeichnete Antrag gestellt, so kann der Hypothekengläubiger bis zum Schlusse der Verhandlung im Versteigerungstermine verlangen, daß bei der Feststellung des geringsten Gebots für die Grundstücke nur die seinem Anspruche vorgehenden Rechte berücksichtigt werden; in diesem Falle sind die Grundstücke auch mit der verlangten Abweichung auszubieten. Erklärt sich nach erfolgtem Ausgebote der Hypothekengläubiger der Aufforderung des Gerichts ungeachtet nicht darüber, welches Ausgebot für die Erteilung des Zuschlags maßgebend sein soll, so verbleibt es bei der auf Grund des Abs. 1 erfolgten Feststellung des geringsten Gebots.

Diese Vorschriften finden entsprechende Anwendung, wenn die Grundstücke mit einer und derselben Grundschuld oder Rentenschuld belastet sind.

E. I §§ 81–83; Begr. 190; D. 50, 51; KBer. 35.

Geringstes Gebot bei Gesamthypotheken.

1. Allgem. Ruht auf mehreren G. eine Gesamtbelastung, so wird ein nachfolg. Gl. nur selten eine Versteig. der einzelnen G. erzielen, weil jene in jedem der g. G. voll zu berücksichtigen ist. Das gleiche gilt aber auch für die Einzelausgebote, wenn die G. gemeinsam in einem Verf. versteigert werden sollen. Um auch das Einzelausgebot zu ermöglichen, ist daher ein Eingriff in die Rechte des GesamtGl. notwendig; dies geschieht dadurch, daß dieser vor die Wahl einer zwangsweisen Teilung seines Gesamtrechtes selbst (§ 64 Abs. 1) oder der Barzahlung (Abs. 2) gestellt wird. Zugleich beugt § 64 dem Übelstande vor, daß durch Berücksichtigung des vollen Betrages einer Gesamthyp. bei jedem einzelnen G., wie solche nach §§ 44, 45 erfolgen müßte, entweder ein zulässiges Gebot überhaupt nicht erzielt würde oder der Ersteher des einzelnen G., von dem die ganze Hyp. beigetrieben würde, auf die nach § 50 Abs. 2 Nr. 2 notwendige Ersatzzahlung der übr. Ersteher angewiesen wäre.

2. Voraussetzungen des § 64. Die Vorschr. betrifft nur die in das g. G. fallenden Gesamthyp. (=grund=, =rentenschulden), nicht Reallasten, u. **gilt nur für das Einzelausgebot.** Beim Gesamtausgebot ist die Gesamtbelastung nach §§ 44, 45 nur einmal anzusetzen. (Über die Feststell. des g. G. hierbei vgl. § 63 A. 3). § 64 findet aber ferner nur Anwendung, wenn mehrere G. (Bruchteile, vgl. Einl. III 2, § 63 Fußn. 1), die gemeinsam (mit einer dem betreib. Teil vorgeh. Hyp. usw.) belastet sind, in demselben Verf. versteigert werden (vgl. § 18 u. § 63 A. 1; auch wenn nur einige von ihnen zusammen, andere mitbelastete aber in einzelnen Verf. versteigert werden) u. ohne Rücksicht darauf, daß die Hyp. usw. auch noch auf anderen, nicht in das Verf. einbezogenen G. ruht (ZBlFG. 7, 494). § 64 findet aber auch Anwendung, wenn Einzel=, Gruppen= u. Gesamtausgebote **nebeneinander** vorgenommen werden (vgl. Anhang Beispiel IV B b). Endlich ist ein Antrag vorausgesetzt.

3. Zulässigkeit des **Antrags** u. **Verteilung** der Gesamthyp. Sie zu verlangen, ist nur der betreib. Gl., der Eigentümer u. die dem GesamtGl. gleich= oder nachsteh. Beteiligten berechtigt (nicht: Mieter, Pächter, die dem GesamtGl. Vorgehenden u. dieser selbst, soweit er nicht gleichzeitig ein nachsteh. Recht besitzt; Jaeckel=Güthe A. 9, Reinhard=Müller A. 2 a). Der Antrag ist nach Aufford. z.

Abgabe von Geboten nicht mehr zulässig (Folg. aus § 66, bestr.; s. § 64 Abs. 2, §§ 60, 61 A. 2); zur Vermeidung von Beeinträchtig. wird der VersteigBeamte bei Feststellung des Einzelmindestgebots ausdrücklich hierauf aufmerksam machen. Zustimmung eines anderen Beteiligten ist nicht erforderlich.

Die Verteilung erfolgt nach dem Werte der einzelnen (zu versteig.) G. nach Abzug[1]) der der Gesamthyp. vorgehenden, bestehen bleib. Belastungen (vgl. § 1172 Abs. 2 BGB.; bezgl. der Rentenschulden s. § 1199 Abs. 2 BGB., im übr. §§ 45, 48, 51).

Beträgt z. B. der Wert der G. A u. B 150 Mk. u. 100 Mk., die Gesamthyp. 30 Mk., die Höhe der ihr vorgeh. bestehenbleib. Belastungen bei A 30 Mk., bei B 40 Mk., so ist die Gesamthyp. im Verh. von 120:60 = 2:1 zu teilen, so daß auf A (nach der Formel 120:180 = x:30; x =) 20 Mk., auf B (nach der Formel 60:180 = x:30; x =) 10 Mk. treffen. Folgt der betreib. Gl. unmittelbar dem GesamtGl., so sind im g. G. als bestehenbleibend zu berücksichtigen: bei A 30 Mk. + 20 Mk., bei B 40 Mk. + 10 Mk., wozu noch je die (nach dem absoluten Werte der G., s. § 63 Fußn. 3, also) im Ver. von 3:2 zu teilenden, bar zu zahl. Kosten kommen.

Die Feststellung der Grundstückswerte erfolgt nach § 11 EG., Art. 29 BayAG. durch den Notar[2]), nötigenfalls nach den Vorschr. der ZPO. mittelst Schätzung durch Sachverständige (amtlich verpflichtete Schätzmänner), deren Kosten unter §§ 44, 109 fallen u. ebenfalls im g. G. zu berücksichtigen sind, soweit sie nicht von einem Beteiligten übernommen wurden. Die Feststellung kann gemäß § 62 in einem besond. Termine vorbereitet werden; sie ist selbständig nicht mit Beschwerde (nur mit Erinnerung nach § 13 II EG.) anfechtbar (A. 7).

Die Verteilung der NotopferGesamtHyp. (s. § 10 Fußn. 22) erfolgt nach dem in § 14 NOHypVO. bezeichneten Wertverhältnis (Reinhard, Einfluß S. 15). Wg. der Rentenbankgesamtgrundsch. u. der Industriegesamtbelastung s. § 63 A. 1 a.

Sind antragsgemäß mehrere, dem betreib. Gl. vorgeh. Gesamthyp. nach Abs. 1 zu verteilen, so erfolgt zunächst die Verteilung derj., die den besten Rang hat; ihre ermittelten Teilbeträge sind dann bei der entsprech. Verteilung der nächsten Gesamthyp. zu berücksichtigen.

4. Wirkung der Verteilung. Infolge der Verteil. u. der dementsprech. Feststellung des g. G. bei der Einzelverst. erlischt auf jedem G. mit der Rechtskraft des Zuschlags sowohl die Verbandeigenschaft, als auch der auf das G. nicht verteilte Betrag der Gesamthyp., u. nur der auf das G. verteilte Betrag bleibt nach § 52 als Einzelhyp. bestehen. Die Gesamthaftung bleibt jedoch bestehen, wenn nur ein Teil der mitbelasteten G. mittelst rechtskr. Zuschlags versteigert wurde; u. zwar im ganzen Umfang auf den nicht versteigerten, zu den Teilbeträgen auf den versteig. G. Hinsichtl. der letzteren ist wieder § 50 anzuwenden. Bei GBBerichtigung (§ 130) ist die Löschung der auf den versteig.

---

[1]) Übersteigen oder erschöpfen die Vorbelastungen schon den Wert eines G., so kann auch von der Gesamthyp. nichts auf dieses verteilt werden (Reinhard-Müller A. 3c); ist infolgedessen die Verteilung nach § 64 Abs. 1 nicht möglich, dann ist auch ein Antrag nach § 64 Abs. 2 nicht zulässig (ZBlFG. 7, 494, Jaeckel-Güthe A. 12). Über Abzug der Überbau- u. Notwegrente s. Reinhard, ZBlFG. 18, 301.

Sind unter den Vorbelastungen wiederum nicht verteilte Gesamthyp., so sind sie bei jedem G. zum vollen Betrag vom Werte abzuziehen; bei anderen Rechten als Hyp.-, Grund- u. Rentensch. ist der nach § 51 ermittelte Betrag in Abzug zu bringen. Für bedingte u. vorgemerkte Rechte gilt § 48.

[2]) Becher Mat. VI, 29, 30, 84, 144; JMBek. v. 31. 3. 05 § 8; Art. 25 I AG. v. 2. 2. 21.

G. erloschenen Beträge u. u. U. der Verbandeigenschaft zu veranlassen (ZBlFG. 7, 472, Jaeckel-Güthe A. 13, § 49 Abs. 2 GBO.).

Bestünde im ob. Beisp. die Gesamthyp. zu 30 Mk. auch an dem nicht versteig. G. O, so würden auf A u. B nicht Einzelhyp. entstehen, sondern Gesamthyp., u. zwar auf A zu 20 gemeinsam mit O, auf B zu 10 gemeinsam mit O; zwischen A u. B wäre die Mithaft erloschen.

Die Art der Verteil. wirkt also auch für das VerteilVerf. Durch diese Verteil. werden die zwischen dem Gesamthyp.- u. betreib. Gl. stehenden Rechte nicht berührt, bleiben also auch bestehen, wenn es zum Zuschlag auf die Einzelgebote kommt (anders Abs. 2; vgl. Jaeckel-Güthe A. 13 u. § 83 Nr. 3).

5. Schutz des GesamthypGläubigers. Er kann sich gegen diesen Eingriff in sein Recht nur dadurch wehren, daß er

a) nach §§ 1132, 875, 876 BGB. selbst (also beliebig) die Verteil. vornimmt (vgl. Art. 5, 7 Ges., betr. die Anlegung des GBuchs r. d. Rh.) u. spätestens im Termine, vor Auffords. zur Abgabe der Gebote (bestr.; s. A. 3) nachweist, daß die Teilung im GBuch vollzogen ist (Jaeckel-Güthe A. 14, Reinhard-Müller A. 8; bestr., nach a. M. ist genügend, daß die Löschung möglich ist, § 875 Abs. 2 BGB., s. aber RG. 66, 288; 75, 53); infolge des Nachweises wird der etwa schon gestellte Antrag nach Abs. 1 hinfällig; gleiches gilt von dem Verzicht auf die Hyp. an einem der G. (§§ 1175 Abs. 2 S. 2, 1168 BGB.); oder

b) von Abs. 2 Gebrauch macht u. vor Schluß der Verhandlung (§ 74, nicht § 73) verlangt, daß die G. sowohl unter Berücksichtigung der Verteil. nach Abs. 1, als auch unter Nichtberücksichtigung der Gesamthyp. u. der ihr gleich- und nachsteh. Rechte (im Einzel-Mindestgebot) ausgeboten werden. Der Zuschlag wird hier nicht dem besseren Meistgebot erteilt, sondern demj., für welches sich der GesamtGl. entscheidet.

Entscheidet er sich trotz Auffords. nicht für das Meistgebot nach Abs. 2 (oder hat er sich vorher entfernt), so verbleibt es bei der Verteil. nach Abs. 1; andernfalls erhält er, sowie die ihm gleich- u. nachsteh. Beteiligten Barzahlung aus dem Erlös der Einzelversteig. nach Abs. 2, wie wenn er das Verf. selbst betrieben hätte, während ihre Rechte am G. selbst, entgegen § 44, erlöschen (Jaeckel-Güthe A. 18). Mit der Wahl erlöschen die auf das andere Ausgebot abgegeb. Gebote. Auffords. u. Erklärung sind zu Protokoll festzustellen (§§ 66, 80).

Entscheidet sich der GesamtGl. für das Meistgebot nach Abs. 2, also für Barzahlung, u. ist dieses (die Einzelgebote zusammengerechnet) nicht so hoch, daß die sämtl. dem betreib. Gl. vorgeh. Rechte (also einschl. der Gesamthyp. u. Zwischenposten) gedeckt werden, so ist nach § 83 Nr. 3 der Zuschlag zu versagen, u. das Einzelausgebot ist ergebnislos. Der GesamtGl. nötigt damit die Beteiligten, das Gesamtausgebot zu beantragen (§ 63 Abs. 2); eine Genehmigung des Zuschlags liegt in dem Antrag nach Abs. 2 nicht (Jaeckel-Güthe § 83 A. 6). Die Gl. mehrerer im Rang gleichsteh. Gesamthyp., die nach Abs. 1 zu verteilen sind, müssen das Wahlrecht einheitlich ausüben, sonst verbleibt es bei dem Meistgebot nach Abs. 1 (Wolff A. 1a, Jaeckel-Güthe A. 18).

Beispiel: Die G. M u. N im Wertsverh. 1:2 sind belastet mit

M	N
100 für A	200 für B
300 Gesamthyp. für C	
50 für D	100 für E
30 Gesamthyp. für F.	

F ist betreib. Gl.; auf seinen Antrag wurde die Hyp. des C mit 100 bei M u. 200 bei N verteilt (Abs. 1), also für bestehenbleibend erklärt (abges. von Kosten usw.) bei M: 250 (A, C, D), bei N: 500 (B, C, E). C stellt nun Antrag nach Abs. 2, so daß im g. G. nur zu berücksichtigen sind bei M: 100 des A, bei N: 200 des B.

Werden bei letzterem Ausgebot 110 für M, 210 für N, zus. also 320 bar geboten, so ist, falls C dieses Meistgebot wählt, der Zuschlag zu versagen, da zwar er selbst gedeckt ist, aber D u. E einen Ausfall erleiden, obwohl sie dem F vorgehen.

Damit der Zuschlag beim Ausgebote nach Abs. 2 erteilt werden kann, ist zunächst ein Bargebot von zusammen mindestens 450 erforderlich (§ 83 Nr. 3), da erst hierdurch C, D u. E „gedeckt" wären. Aus welchen G. C befriedigt wird, ist gleichgültig, wenn er nur überhaupt volle Deckung erhält; D u. E müssen aber wirklich aus dem (ihnen haftenden) Einzelgebot „Befriedigung" erlangen können (bestr.). Sie erleiden einen Ausfall, wenn (zwar zusammen 450 Mk., aber) bei M nicht mindestens 100 + 50, bzw. bei N 200 + 100 bar erzielt werden u. infolgedessen die Einzelbargebote für D oder E nicht mehr ausreichen. Dadurch würde der in § 44 allg. aufgestellte Deckungsgrundsatz verletzt, weshalb trotz des Erlöses von zus. 450 der Zuschlag zu versagen wäre (Fischer-Schäfer 260, Jaeckel-Güthe § 83 A. 6, Wenz-Wagner § 83 A. 3; abw. v. d. Pfordten 183, 239 ff. u. BayNotZ. 04, 249, Voß ZBlFG. 9, 773; Reinhard ZBlFG. 18, 305).

Wird der Antrag nach Abs. 1 nicht gestellt oder zurückgezogen[3]), so entfällt auch das Recht des GesamtGl. nach Abs. 2. Dasselbe gilt, wenn die Verteil. nach Abs. 1 nicht möglich ist, weil der Wert einzelner G. durch die Vorbelastungen erschöpft wird (oben Fußn. 1). In diesen Fällen ist, soferne der Gl. nicht nach a eine Verteil. vorgenommen hat, jedes G. nach §§ 44, 45 mit dem ganzen Betrage der Gesamthyp. auszubieten (im obigen Beispiel also M mit 450, N mit 600, sämtlich als bestehenbleibend). Erklärt der GesamtGl. von vorneherein, daß er sich auf eine Teilung seines Rechtes nach Abs. 1 nicht einlassen werde, so ist ein Ausgebot nach Abs. 1 entbehrlich (Reinhard-Müller A. 6 d).

c) Der GesamtGl. kann auch, statt den Antrag nach Abs. 2 zu stellen, neben dem Einzelausgebote selbst ein Gesamtausgebot nach § 63 Abs. 2 verlangen. Letzteres nützt ihm aber nichts, wenn die Summe der Einzelgebote (unter Verteil. der Gesamthyp.) höher ist als das Gesamtgebot (§ 63 Abs. 4).

d) Eine Verteil. der Gesamthyp. durch den GesamtGl. nach § 59 würde die Zustimmung der in Abs. 1 bez. Antragsberechtigten erfordern (Reinhard, ZBlFG. 18, 305).

6. Andere, nicht in einer Hyp., Grund- oder Rentenschuld besteh., in das g. G. fallende **Gesamtbelastungen**, z. B. Reallast, sind nach §§ 44, 45 bei jedem G. nach ihrem vollen Wert zu berücksichtigen u. gegen einen Ausfall durch § 83 Nr. 3 geschützt (Jaeckel-Güthe A. 7, Fischer-Schäfer 261).

7. Nichtbeachtung der Vorschr. Gegen die Wertfestf. nach Abs. 1 ist Erinnerung nach § 13 Abs. 2 EG., dagegen Beschwerde auch nicht nach § 95 zulässig, wohl aber gegenüber einer anderweit. Verletzung des § 64 (§ 83 Nr. 1, 3, §§ 84, 100).

§ 65.

Das Gericht kann auf Antrag anordnen, daß eine Forderung oder eine bewegliche Sache von der Versteigerung des Grundstücks ausgeschlossen und besonders versteigert werden soll. Auf Antrag kann auch eine andere

[3]) Darüber, ob die Zurücknahme bis zum Schluß der Versteig. (§ 73 Abs. 2) oder nur bis zur Abgabe eines zulässigen Gebots oder nur bis zur Aufford. z. Abgabe von Geboten zulässig ist, besteht ebenfalls Streit (vgl. oben A. 3, Jaeckel-Güthe A. 11, Fischer-Schäfer 259, Wenz-Wagner A. 1, ZZP. 47, 193).

Art der Verwertung angeordnet, insbesondere zur Einziehung einer Forderung ein Vertreter bestellt oder die Forderung einen Beteiligten mit dessen Zustimmung an Zahlungs Statt überwiesen werden. Die Vorschriften der §§ 817, 820, 830 der Zivilprozeßordnung finden entsprechende Anwendung. Der Erlös ist zu hinterlegen.

Die besondere Versteigerung oder die anderweitige Verwertung ist nur zulässig, wenn das geringste Gebot erreicht ist.

E. I § 84; Begr. 191, 192; D. 51; KBer. —.

Gesonderte Verwertung mithaftender Gegenstände.

1. Eine **gesond. Verwertung** der zur Masse gehörigen Ford. oder bewegl. Sachen kann in Abw. von § 55 in zwei Fällen stattfinden:

a) wenn auf Betreiben eines Dritten die ZwVollstr. in jene Gegenstände z. Z. der Versteig. des G. einstw. eingestellt u. infolgedessen die Sache (Ford.) von der Grundstücksversteig. ausgenommen war (§ 37 Nr. 5). Die Beschlagn. dauert hier unabhängig von der Versteig. der Hauptsache fort (BayObLG. 1, 39, s. § 38 A. 2 e, ζ). Zur Forts. der Vollstr. bedarf es hier aber regelmäßig eines rechtzeitig gestellten Antrags des betreib., oder nachträgl. beitret. Gl. (§ 31, OLG. 33, 164, 166); ist die Forts. zulässig, so ist sie beim Notariat[1]) zu beantragen (vgl. Recht 09 Nr. 731); gegen dessen Entsch. (über die Forts., vgl. § 31 A. 4) findet Erinnerung nach § 13 Abs. 2 EG. u. sodann sof. Beschwerde statt (§ 31 Abs. 1, § 95).

Wird der Antrag nach § 31 nicht rechtzeitig gestellt oder ist die Forts. unzulässig (z. B. weil bei der Hauptsacheversteig. der betreib. Gl. befriedigt wurde, was aber erst mit Verteil. des Erlöses feststeht; abw. Jaeckel-Güthe A. 1; vgl. OLG. 3, 337, BZfR. 06, 316), so erlischt die Beschlagn., worauf nach § 31 Abs. 2 zu verfahren ist. Den am G. dinglich berechtigten, nicht befriedigten Gl. bleibt zwar der Gegenstand auch nach Aufhebung der Beschlagn. verhaftet (RG. 55, 414; 70, 197), die Vollstr. in ihn ist dann aber von ihnen selbständig (durch Pfändung, also mit VollstrTitel) zu betreiben u. der Erlös nach § 805 ZPO. zu verteilen (Jaeckel-Güthe A. 1, Reinhard-Müller A. 6 b, Stillschweig JW. 1927, 402) u. hat mit dem VersteigVerf. nichts mehr zu tun. Trotz des Zuschlags u. der darauf nach § 130 erfolgten Löschung bleiben also die Pfandrechte der (ausgefall.) HypGl., die am G. erloschen sind u. sich in ein Recht am VersteigErlöse verwandelt haben, an dem nicht versteig. Gegenstand bestehen[2]).

Dagegen ist eine gesond. Vollstr. in Gegenstände, die als Bestandteile des G. zu erachten sind, nicht zulässig; sie erwirbt der Ersteher, auch wenn die Vollstr. in sie einstw. eingestellt war (ZBlFG. 3, 149; vgl. auch ZBlFG. 4, 291). Auch ein BereichAnspruch gegen die RealGl. ist nicht gegeben.

---

[1]) Das Not. ist zur Sonderversteig. nach Grundstücksversteig. wegen Art. 25 BayAG. ohne weiteres zuständig, da dann der Gegenstand nicht erst von der Grundstücksversteig. „ausgeschlossen", die Sonderverwertung nicht erst „angeordnet" zu werden braucht.

[2]) Vgl. § 91 Abs. 2; RG. 55, 414, JW. 04, 435; 1911, 46; 1927, 402, Recht 04, 586; 06, 1262; 07, 355, Altmann BZfR. 06, 395, OLG. 14, 34; 24, 247; 33, 166, SeuffA. 61, 483; 71, 40; a. M. GruchBeitr. 48, 470, ZBlFG. 4, 295; 5, 613; 6, 181, SeuffA. 61, 45, OLG. 11, 137.

Eines Antrags nach § 31 bedarf es nicht im Falle des § 769 Abs. 2 ZPO.; mit dem Ablaufe der dort bestimmten Frist ist die Vollstr. von Amts wegen fortzusetzen (so auch v. d. Pfordten 185).

b) wenn das Notariat (Art. 25 AG. v. 2. 2. 21, § 3 Bek. v. 30. 3. 21 JMBl. 33, BZfR. 1921, 111) auf Antrag nach seinem Ermessen zwecks Erzielung eines höh. Gebots die getrennte Versteig. bzw. anderweitige Verwertung (vgl. § 825 ZPO.) anordnet (§ 65). Antragsberechtigt ist jeder an der besseren Verwertung interessierte Beteiligte, insbes. auch der Sch. (nicht: Mieter, Pächter u. die im g. G. berücksichtigten Gl.). Die Anordnung ist zeitlich nur zulässig, solange noch keine Gebote[3]) abgegeben sind, also bis zur Auford. z. Abgabe derselben; sie ist aber abzulehnen, wenn eine Gefährdung der im g. G. berücksichtigten HypGl. gegeben erscheint (s. A. 3). § 65 findet auch im Verf. nach § 180 zwecks Aufhebung einer Gemeinschaft Anwendung (Recht 1921 Nr. 1519).

2. Ausführung der Anordnung des § 65. Sie kann (abges. von einem zu 1 a bezeichneten Hindernis) erst erfolgen, wenn feststeht, daß das g. G. bei der Versteig. des Grundstücks erreicht ist u. muß unterbleiben, wenn die betreib. Gl. schon durch die Verst. des G. befriedigt sind oder nach § 118 Abs. 2 als befriedigt gelten; die Anordnung der gesond. Versteig., soweit sie auf Antrag erfolgte, ist daher eine bedingte u. wieder aufzuheben, wenn mangels Erreichung des g. G. zur Mitversteig. der durch die Anordnung betroff. Sachen u. Ford. geschritten werden muß (Jaeckel-Güthe A. 7, Reinhard-Müller A. 3 a) oder Befriedigung der betreib. Gl. eingetreten ist (Reinhard-Müller A. 5); doch ist, solange die Beschlagn. noch wirksam ist, auch nach der GrundstVerst. noch ein Beitritt hinsichtl. der Sondergegenstände zulässig (OLG. 33, 164).

Die Ausführ. der gesond. Verwertung kann mittels Versteig. — durch das Notariat, in demselben Termin, wie die Versteig. des G. selbst oder später[4]), oder durch einen vom Not. zu beauftragenden GVollzieher (GVollzGeschA. § 188, §§ 817 ff. ZPO.) oder Auktionator — sowie mittels freihänd. Verkaufs durch einen Beauftragten, bei Ford. mittels Einziehung durch einen Beauftragten oder durch Überweisung an einen Beteiligten (an Zahlungs Statt) erfolgen[5]). Die Anordnung eines freihänd. Verkaufs kann auch in anderen Fällen als denen des § 820 ZPO. erfolgen. Das Eigentum wird hier (abw. von § 90 Abs. 2) erst mit der Übergabe erworben.

Die Überweisung einer Geld-Ford. (vgl. § 21 A. 2 C) erfolgt nur an Zahlungs Statt zum Nennwerte u. nur an einen Beteiligten, dessen Anspr. zunächst zum Zuge gekommen wäre u. nicht bestritten ist. Seine Zustimmung ist erforderlich. Er gilt als befriedigt, soweit die Ford. besteht (§ 835 Abs. 2 ZPO.). Die

[3]) Bestr.; a. M. 2. Aufl., Jaeckel-Güthe A. 4, Reinhard-Müller A. 2. Die obige, von Fischer-Schäfer 261, v. d. Pfordten 185 u. a. vertretene Meinung verdient aber m. E. den Vorzug, weil sie nicht in die Rechte der Bieter eingreift, deren Gebot mit der Änderung der VersteigBedingungen hinfällig werden müßte. Der Fall des § 769 ZPO. (§ 37 Nr. 5; s. oben A. 1 a) ist deshalb anders gelagert, weil dort der VersteigBeamte Sache oder Forderung von der Versteig. ausschließen muß; nur in diesem Fall wird die Anwendung des § 33 notwendig.

[4]) Die Vorschr. über die Terminsbestimm. sind entspr. anzuwenden; es entfällt aber die Anwendung der §§ 36 Abs. 1, 2; 37 Nr. 4, 5; 38; 41 Abs. 2; 42, 43, 44 (Jaeckel-Güthe A. 8, Recht 09 Nr. 731).

[5]) Die Kosten der Ausführung gehören zu den Kosten des Verf. (§ 109) u. sind aus dem Gesamterlös vorweg zu decken (Wolff § 65 A. 9, Jaeckel-Güthe A. 8).

Überweisung geschieht durch Beschluß des Notariats, der an die Stelle des Zuschlags tritt (Anfechtung s. 3). Die Zustellung des ÜberweisBeschlusses an den Beteiligten erfolgt von Amts wegen, durch diesen an den Drittschuldner (§§ 835 Abs. 2, 829 Abs. 2 ZPO.; Fischer-Schäfer 263, Jaeckel-Güthe A. 9; abw. Wolff A. 10).

Im übr. ist der Erlös aus der gesond. Verwertung zu hinterlegen (s. § 49 A. 3c) u. entweder im allgem. VerteilTermin mit dem Grundstückserlös oder in einem nachträgl. zu verteilen (§§ 107, 117; Jaeckel-Güthe A. 8, Reinhard-Müller A. 3b).

Auch im Falle des § 817 Abs. 4 ZPO. ist der Erlös bar zu zahlen u. zu hinterlegen, außer wenn die Sonderversteig. nach dem VerteilTermin stattfindet u. der Gegenstand von dem nächst ausgefall. Beteiligten zum Betrag seiner Ausfallsforderung erstanden wird (ebenso Jaeckel-Güthe A. 8, Wenz-Wagner A. 5; abw. 2. Aufl.).

Kriegsrecht: Mindestgebot bei der Versteig. von Sachen ist die Hälfte des gewöhnl. Verkaufswertes (BRVO. v. 8. 10. 14, RGBl. 427, s. Stein-Jonas Anh. zu § 817).

3. Anfechtung. Gg. die Entsch. des Notariats (Abweisung des Antrags auf gesond. Verwertung, Anordnung derselben) ist die Erinnerung des § 13 Abs. 2 EG. zulässig (Aussetzung des Vollzugs nach § 572 Abs. 2 ZPO.), Beschwerde gg. den hierauf ergehenden Beschluß des VollstrG. aber ausgeschlossen (§ 95; vgl. § 13 EG. A. 4c). Dagegen unterliegt der auf die Anordnung der Sonderverwertung ergehende Zuschlags- (Überweisungs-)Beschluß der Erinnerung u. Beschwerde (§ 13 Abs. 2 EG., §§ 83 Nr. 1, 84, 96, 100 ZVG.), besonders wenn die bestehenbleib. Rechte eines HypGl. durch die gesond. Verwertung gefährdet würden (§§ 1134, 1135 BGB.)[6]. Vgl. Jaeckel-Güthe A. 10, Reinhard-Müller A. 4, Fischer-Schäfer 262.

4. Aufhebung u. Einstellung des VollstrVerf. hinsichtl. des Grundstücks umfassen natürlich in der Regel auch die Sonderverwertung.

5. Eine besond. **Notariatsgebühr** wird neben der des Art. 52 NotGebO. für die Anordnung nach § 65 nicht erhoben; die Sonderversteig. durch den Notar unterliegt der Gebühr aus Art. 52 Abs. 3, 23 Abs. 3 NotGebO.; bei der Berechnung der Gebühren für das VerteilVerf. ist ein Sondererlös nach § 65 mit zu berücksichtigen.

Über die **Rechtsanwaltsgebühr** s. Art. 17 mit 25 BayRAGebO. (JMBl. 02, 427, 441); über die **GVollzGebühr** für Versteig. s. § 5 Abs. 1 BayGVollzGebO. v. 18. 2. 24 (GVBl. 58).

V. Versteigerung.

§ 66.

In dem Versteigerungstermine werden nach dem Aufrufe der Sache die das Grundstück betreffenden Nachweisungen, die das Verfahren betreibenden Gläubiger, deren Ansprüche, die Zeit der Beschlagnahme und die erfolgten Anmeldungen bekannt gemacht, hierauf das geringste Gebot und die Versteigerungsbedingungen nach Anhörung der anwesenden Beteiligten, nötigenfalls mit Hilfe eines Rechnungsverständigen, unter Bezeichnung der einzelnen Rechte festgestellt und die einzelnen Feststellungen verlesen.

---

[6]) Vorausgesetzt, daß er mit der gesond. Versteig. sich nicht einverstanden erklärt hat (Jaeckel-Güthe A. 10).

Nachdem dies geschehen, hat das Gericht auf die bevorstehende Ausschließung weiterer Anmeldungen hinzuweisen und sodann zur Abgabe von Geboten aufzufordern.

E. I §§ 85—88; Begr. 192—194; D. 52; KBer. 36.

Gang der Verhandlung bis zum Ausgebot.

1. Allg. § 66 hebt im Anschluß an das bish. Recht die Hauptmomente des Verf., soweit sie zur Vorbereitung der Verst. dienen, hervor.

Der VersteigTermin zerfällt hiernach in 3 Abschnitte: 1. die Vorverhandlung, 2. das VersteigGeschäft, 3. die Verhandlung über den Zuschlag. Ihre Nichteinhaltung ist mit verschied. Rechtsnachteilen bedroht. Der Termin ist öffentlich. Über seine Vorbereitung s. § 62 u. § 41 A. 3 a. E.

2. Die **Vor-Verhandlung** bis zur Aufford. z. Abgabe der Gebote beginnt mit dem Aufrufe der Sache u. der Feststellung der anwes. Beteiligten (§§ 9, 88) u. Vertreter (Vollmacht)[1]) u. umfaßt die Bekanntgabe der Sachlage[2]), die Feststellung des g. G. u. der VersteigBedingungen u. ihre Verlesung, den Hinweis auf die bevorsteh. Ausschließung weiterer Anmeldungen u. endlich die Aufford. z. Abgabe von Geboten. Mit der letzteren beginnt das eigentl. VersteigGeschäft (§§ 67 bis 73).

Die Bekanntgabe der betreib. Gl., ihrer Ansprüche u. der Zeit der (maßgeb.) Beschlagnahme (s. § 41 Abs. 2) ist für die Festsetzung des g. G. (§§ 43 Abs. 2, 44 Abs. 2) u. des Umfangs der lauf. u. rückständ. Leistungen (§ 13) von Bedeutung. Der Zeitpunkt der Wirksamkeit der Beschlagn. (§§ 22, 27) muß dem VersteigBeamten vom VollstrG. mitgeteilt werden.

Unter den Anmeldungen sind vor allem diej. nach §§ 9, 10 Nr. 1—3, 37 Nr. 4, 5, ferner die Angaben über einen verlangten Werterſatz (§ 45), die persönl. Haftung (§ 53 Abs. 2) sowie die Kündigung u. Rechtshängigkeit (§ 54) begriffen; auch Anmeldungen, die der Glaubhaftmach. ermangeln oder verspätet einlaufen, sind bekannt zu geben (Reinhard-Müller A. 2 c u. 4 a).

Besonderer Sorgfalt bedarf die Feststellung des g. G. (§§ 44 ff.) u. der VersteigBedingungen (§§ 49 ff.); wg. der Haftung des Notars s. § 44 A. 1; bei der Bestimmung des g. G. ist besonders ein etwaiger Widerspruch des Gl. (§ 45) festzustellen.

---

[1]) Zweckmäßig wird hiermit die Feststellung der Bekanntmach. des Termins u. der Zustellungen (§ 43), sowie die Genehmigung etwaiger Zustellungsmängel durch die Erschienenen verbunden (Jaeckel-Güthe § 78 A. 3 e).

[2]) Zu den bekanntzumach. Nachweisungen gehören die der §§ 19 Abs. 2, 42 Abs. 2, auch der vom Notariat gemäß § 3 JMBek. v. 31. 3. 05 (s. Anhang) zu erholende Grundsteuerkatasterauszug, die Mitteilungen der Brandversicherungskammer, etwaige Erhebungen über nicht eingetrag. Rechte u. Lasten (insbes. Grunddienstbark. u. die neuzeitl. Rechte, wie Rentenbankgrundsch., Industriebelastung, Vorkaufsrechte des Siedlungs- u. HeimstGes. s. § 9 Fußn. 3 a, b, § 10 Fußn. 5 ff., 20 ff.), die Feststell. des Zeitwertes eines wertbeständ. oder in ausländ. Währung eingetrag. Rechtes (s. § 14 A. 3 e, § 37 A. 1 u. Fußn. 8, § 49 Fußn. 1), ferner eingereichte Miet- u. Pachtverträge. Es genügt Bekanntgabe des wesentl. Inhalts u. Vorlage zur Einsicht (§ 42, Jaeckel-Güthe A. 2). Eine Haftung für Vollständigkeit u. Richtigkeit der Erhebungen u. Bekanntmachungen obliegt dem Notar nur im Rahmen des § 839 BGB. Es kann jedoch u. U. aus der Unrichtigkeit ein Grund zur Anfechtung des Zuschlags weg. Irrtums abzuleiten sein (Reinhard, Einfluß S. 237). — Die Erhebungen über die Bodenzinsbelastung (Art. 18 Abs. 2 Ges. v. 2. 2. 98 GVBl. 19), die schon durch FinME. v. 26. 10. 20 Nr. 56 508 erlassen wurden, sind durch Aufhebung der Bodenzinse zur Staats- u. Grundrentenablösungskasse (s. § 3 EG. A. 2) entbehrlich geworden.

Die Verlesung der Feststellungen muß im VersteigProt. beurkundet werden. Vorlage des Prot. zur Durchsicht wäre ungenügend. Dasselbe gilt vom Hinweis auf die bevorsteh. Ausschließung weiterer Anmeldungen (§ 37 Nr. 4, Versagung des Zuschlags § 83 Nr. 4) u. dem Zeitpunkte (Stunde u. Minute), in dem zur Abgabe von Geboten aufgefordert wurde (§§ 73 Abs. 1, 78, 80, 83 Nr. 7).

3. Das Verf. ist nötigenfalls von der Feststellung des g. G. an zu **wiederholen**, wenn nach ihr vor Afford. zur Abgabe von Geboten neue Anmeldungen erfolgen oder andere VersteigBeding. (§§ 59 ff.) beantragt werden (abw. Jaeckel-Güthe A. 7, Wolff A. 6, Reinhard-Müller A. 4 b, insofern, als sie Anträge auf Abänderung der VersteigBeding. bis zum Schlusse der Versteig. für zulässig halten), ferner wenn unter mehreren betreib. Gl. der im Rang vorgehende nachträgl. seinen ZwVerstAntrag zurücknimmt oder einstw. Einstellung bewilligt u. die Verst. für den im Rang nachfolg. betreib. Gl. erfolgen kann (s. §§ 29 A. 3, 30 A. 2, 33 A. 2, 43 A. 2, 44 A. II, III b).

4. **Anwaltsgebühr** für Vertretung im Termin: Art. 5, 17, 18, 25 BayRAGebO. (Begr. im JMBl. 02, 427 ff., 469). **Notariatsgebühr** für die Tätigkeit bis zum Verst.-Termin: Art. 52 Abs. 1 Nr. 1 mit Abs. 2 NotGebO. (wg. des Beitritts s. § 27 A. 6); für Abhaltung des VerstTermins, je nachdem es zum Zuschlag kommt oder nicht: Art. 52 Abs. 1 Nr. 2, 3 u. Abs. 2 NotGebO. (einschl. der Beurkundung von Willenserklärungen, z. B. Bürgschaft, BayObLG. 22 A 171, der Erklärung für einen andern geboten zu haben, BNotB. 1926, 298); Schreibgebühren: Art. 80 NotGebO.; bare Auslagen: Art. 85 Not.-GebO. mit Art. 7 Abs. 2, 31—34 BayKG.; Pauschsatz für das Schreibwerk: Art. 86 Abs. 2 NotGebO.; Kosten eines Ausrufers: Art. 13 BayKG., 85 Nr. 3, 92 NotGebO., § 109 ZVG.; Tagegeld bei auswärt. Terminen: BNotB. 1928, 115, BayObLG. 28 A 353; Stempel für Protokoll: StempelG. Tarifstelle 28. Keine Zeitgebühr für den VerstTermin bei Vertagung des Zuschlagsbeschl. (BNotB. 1926, 298, 302), wohl aber für die Vorbereitung des VerstProtokolls, wenn es nicht zum Zuschlag kommt (BNotB. 1928, 117, BayObLG. 28 A 353). Ist dem betreib. Gl. das Armenrecht bewilligt, so werden die baren Auslagen des Not. (mangels Erlöses, Nutzungen, weiterer Kostenschuldner) aus der Staatskasse ersetzt (Bek. v. 22. 2. 29 StAnz. Nr. 46). Über die **Gerichtsgebühr** für das Verf. bis zur Einleitung des VertVerf. s. Art. 9 KG. u. § 17 Fußn. 9.

§ 67.

Ein Beteiligter, dessen Recht durch Nichterfüllung des Gebots beeinträchtigt werden würde, kann Sicherheitsleistung verlangen, jedoch nur sofort nach Abgabe des Gebots. Das Verlangen gilt auch für weitere Gebote desselben Bieters.

Steht dem Bieter eine durch das Gebot ganz oder teilweise gedeckte Hypothek, Grundschuld oder Rentenschuld zu, so braucht er Sicherheit nur auf Verlangen des Gläubigers zu leisten. Auf Gebote des Schuldners oder eines neu eingetretenen Eigentümers findet diese Vorschrift keine Anwendung.

Für ein Gebot des Reichs, der Reichsbank oder eines Bundesstaats kann Sicherheitsleistung nicht verlangt werden. Das Gleiche gilt in Ansehung eines Gebots, zu dessen Erfüllung sich nach § 61 ein Dritter verpflichtet hat.

E. I §§ 90, 91, 93; Begr. 196—201, 204; D. 52, 53; RBer. —.

Voraussetzung der Sicherheitsleistung.

1. **Zweck** der Vorschr. ist der Schutz derj., die aus dem Bargebote zu befriedigen sind, gegen die Erteilung des Zuschlags an einen Zahlungsunfähigen u. gegen die Nachteile, die

darin bestehen, daß die bar zu zahl. Kosten u. wiederkehr. Leistungen im Falle der Nichterfüllung des Gebots dergestalt anwachsen, daß die Sicherheit des G. allein nicht mehr ausreicht. Die Sicherheit wird für das Gebot, nicht für den Zuschlag (Eigentumsübergang) verlangt.

2. Recht auf SichLeistung. Ob das Interesse eines Beteiligten SichLeistung durch den Bieter erheischt, hat grundsätzlich nicht der VersteigBeamte zu entscheiden; dem Verlangen nach Sicherheit muß also stattgegeben werden, wenn die Voraussetz. des § 67 gegeben sind (vgl. RG. 58, 214); es kann aber auch nicht mehr jeder Beteiligte schlechthin Sicherheit fordern.

Sicherheit können vielmehr verlangen sowohl die im g. G. berücksichtigten (wegen ihrer bar zu zahl. und bestehen bleib. Anspr., Jaeckel-Güthe A. 2, Reinhard-Müller A. 2) als auch diej. Beteiligten, die wenigstens teilweise durch das Gebot Deckung erlangt haben[1]), sowie der Sch., soweit er für einen durch das Gebot gedeckten Anspruch persönlich haftet, u. der Eigentümer wegen des erzielten Überschusses (nicht: Mieter u. Pächter). Vom Sch. kann Glaubhaftmach. seiner persönl. Haftung verlangt werden, wenn sie nicht aktenmäßig ist (vgl. § 53).

Zu der (nach § 70 erfolg.) Entscheidung der Frage, ob ein Sicherheit verlang. Beteiligter durch ein gelegtes Gebot eine (wenn auch nur teilweise) Deckung erlangt hat, sind alle ihm vorgeh., bar zu zahl. Ansprüche (auch Zinsen u. Kosten, sowie angemeld. Rückstände) zusammen zu rechnen; hierbei sind die §§ 45—48, 51 Abs. 2 zu beachten. Möglichst genaue, wenn auch nicht auf den Pfennig richtige Berechnung ist erforderlich. Nicht gedeckt durch ein Gebot erscheint ein Beteiligter, der hieraus nur für den Fall Befried. zu erhoffen hat, daß er einen ihm vorgeh., gedeckten Anspruch mit Erfolg anfechten kann.

3. Ausnahmen von der Pflicht z. SichLeistung.

a) Für HypGl. Steht dem Bieter, der nicht Sch. oder Eigentümer ist, eine durch das Gebot wenigstens teilweise gedeckte (auch bestehenbleib.) Hyp., Grund- oder Rentenschuld zu, so braucht er Sicherheit nur auf Verlangen des (eines) betreib. Gl. zu leisten (ZBlFG. 9, 477); ihm will das Gesetz das Mitbieten zur Rettung seines Rechtes erleichtern. Dies gilt auch, wenn die Hyp. usw. nur vorgemerkt, durch Widerspruch gesichert oder auf den Bieter überhaupt nicht eingetragen ist, wenn dieser nur nachweist, daß sie ihm zusteht (BriefHyp. §§ 1117 Abs. 3, 1155, 1156 BGB.); ferner, wenn die Hyp. gepfändet, verpfändet oder wenn sie erst nach dem VersteigVermerk eingetragen wurde. Anfechtung der Hyp. hebt die Befreiung nicht auf (LZ. 1914, 1555). Einem HypGl. steht auch derj. gleich, dem die Hyp. an Zahlungs Statt oder zur Einzieh. überwiesen ist (Fischer-Schäfer 268, Jaeckel-Güthe A. 7, Reinhard-Müller A. 4).

Von der Pflicht zur SichLeistung ist aber der VollstrSch. u. der neu eingetret. Eigentümer (§ 26) nicht befreit, auch wenn ihnen eine Hyp. usw. insbes. EigentHyp. zusteht (Ausnahme: im Falle des § 133, in dem der Ersteher als VollstrSch. erscheint). Dies gilt auch vom KVerwalter des Sch., wenn er nicht selbst das Verf. nach § 172 betreibt, u. von dem Ehegatten des Sch. bzw. Eigentümers, falls allg. GG. zwischen ihnen besteht u. das G. zum Gesamtgut

[1]) Auch dann, wenn sie durch das vorhergeh. Gebot gar nicht gedeckt worden wären, da das Gesetz ihnen ein Recht auf Erfüllung jedes Gebots gibt, weshalb sie auch dann beeinträchtigt würden, wenn gerade das letzte Gebot nicht erfüllt würde (Jaeckel-Güthe A. 2; a. M. Wolff § 67 A. 2).

gehört (Wolff § 67 A. 7, Jaeckel-Güthe A. 11). Vgl. auch § 68 Fußn. 2 u. §§ 175, 184.

b) Ganz befreit sind ferner (außer Reich, Reichsbank u. Land) Gemeinden[2]), gemeindl. Kreditanstalten u. öffentl. Sparkassen (§ 10 EG., Art. 30 BayAG.); endlich ein Gebot, für welches bereits ein Dritter nach § 61 Sicherheit geleistet hat.

c) Die Pflicht (Höhe, Art) der SichLeistung oder die Befreiung hiervon kann auch unter Zustimmung aller (anwesenden) Beteiligten gemäß § 59 abweichend geregelt werden (Wolff A. 5, Jaeckel-Güthe A. 3).

4. Geltendmachung des Rechtes auf Sicherheit. Sie hat sofort nach Abgabe des Gebotes zu geschehen. Ob das Verlangen „sofort" gestellt wurde, ist nach den Umständen des einzelnen Falles zu beurteilen; es muß als sofort gestellt angesehen werden, wenn es erfolgte, sobald der Beteiligte zu Wort gekommen ist, auch wenn bereits weitere Gebote erfolgt waren, wenn das Gebot nur nach § 72 Abs. 1 noch wirksam u. nicht erloschen[3]) war.

Dadurch daß früh. Gebote ohne SichLeistung zugelassen wurden, wird das Verlangen einer solchen für spätere Gebote desselben Bieters nicht ausgeschlossen; das einmal gestellte Verlangen braucht gegenüber Geboten desselben Bieters nicht wiederholt zu werden. Über Haftung des Notars u. Rechtsanwalts für Versehen s. ZBlFG. 15, 603; 16, 221, JW. 1915, 654; 1920, 420.

Das Verlangen ist nur nach, nicht vor einem Gebote zulässig[4]). Es kann bis zur SichLeistung einseitig zurückgezogen werden (vgl. § 69 A. 3). Soweit der „betreib." Teil Sicherheit in ausgedehnterem Maße (§§ 67 Abs. 2, 68 Abs. 3) verlangen kann, als die übr. Beteiligten, ist vorausgesetzt, daß er das Verf. auch noch in diesem Abschnitt betreibt (vgl. § 44 Fußn. 8).

Die Anträge wie die Verhandlungen über die Sicherheit müssen zu Prot. festgestellt werden (§§ 78, 80). Hinsichtl. der Entscheidung über den Antrag s. § 70.

§ 68.

Die Sicherheit ist für ein Zehntel des Bargebots, wenn aber der Betrag der aus dem Versteigerungserlöse zu entnehmenden Kosten höher ist, für diesen Betrag zu leisten.

---

[2]) Becher Mat. VI, 30, 84, 144: Ortsgemeinden, Städte, Bezirke, Kreise, „da die Verwaltungen dieser Körperschaften u. Anstalten die Gewähr dafür bieten, daß sie nicht durch Beteiligung an einer ZwVersteig. Verpflichtungen übernehmen, zu deren Erfüllung die Mittel fehlen". Über Sparkassen der Gemeinden s. §§ 144, 145 Fußn. 2.

[3]) Werden mehrere, verschieden hohe Gebote gleichzeitig oder unmittelbar nacheinander abgegeben — was möglichst verhütet werden soll —, so empfiehlt es sich, entweder ausdrücklich die Erörterung zunächst auf das höchste zu beschränken oder die Beteiligten zur Erklärung nicht nur über das letzte, sondern zugleich über die übr. Gebote zu veranlassen. Dadurch wird verhütet, daß ein Beteiligter, der zunächst vom letzten Bieter Sicherheit verlangt, sich, wenn diese nicht geleistet wird, das vorhergeh. (niedere) Gebot gefallen lassen muß, weil er nicht auch für dieses Sicherheit verlangt hatte, obwohl er Zeit u. Gelegenheit dazu hatte (vgl. Jaeckel-Güthe A. 16).

[4]) So Jaeckel-Güthe A. 16, Wolff § 67 A. 4; a. M. Reinhard-Müller A. 3; sonst müßte auch ein vor dem Termine, sowie schriftlich u. allgemein erklärtes Verlangen berücksichtigt werden, da auch dies nicht ausdrücklich für unzulässig erklärt ist.

Ein Beteiligter, dessen Recht nach § 52 bestehen bleibt, kann Sicherheitsleistung bis zur Höhe des Betrags verlangen, welcher zur Deckung der seinem Rechte vorgehenden Ansprüche durch Zahlung zu berichtigen ist.

Bietet der Schuldner oder ein neu eingetretener Eigentümer des Grundstücks, so kann der Gläubiger Sicherheitsleistung bis zur Höhe des Betrags verlangen, welcher zur Deckung seines Anspruchs durch Zahlung zu berichtigen ist.

E. I § 92; Begr. 201—203; D. 52, 53; RBer. 43.

Höhe der Sicherheit.

1. Die Höhe der Sicherheit für das Gebot beträgt nunmehr regelmäßig (Ausnahmen s. A. 2) $^{1}/_{10}$ des im VerteilTermine zu zahl. Bargebots (§§ 49, nicht 50 u. 61), mindestens aber soviel als die Kosten[1]) des Verf. (§ 109). Der Antragsteller kann sich mit einer geringeren Summe begnügen, mehrere Antragsteller müssen diesfalls sämtlich zustimmen (Fischer-Schäfer 269).

Unter Bargebot ist nur der im VerteilTermine bar zu zahl. Teil des Meistgebots zu verstehen (§ 49). Mit zu berücksichtigen ist also der Mehrbetrag des § 63 Abs. 4 S. 1; nicht aber derj. Teil, für den Zahlungsfristen (§§ 60, 61) bewilligt sind, auch nicht die Ersatzsumme nach §§ 50, 51.

Für die Berechnung der Höhe der Sicherheit ist es gleichgültig, welcher Beteiligte sie fordert (KGBl. 18, 31), ob ein dem Antragsteller vorgeh. Gl. auf Sicherheit verzichtet oder den Bietenden als Alleinschuldner zu übernehmen erklärt, ob der Bieter selbst eine durch das Gebot gedeckte Ford. hat u. zu welchem Betrag die Ford. des Antragstellers durch das Gebot tatsächlich gedeckt würde (OLG. 36, 244).

2. Ausnahmen. Höhere Sicherheit kann verlangt werden von demj., dessen Recht nach § 52 (nicht auf Grund § 59 oder § 91 Abs. 2 ZVG. oder § 9 EG., Art. 27 BayAG.) bestehen bleibt (Abs. 2), sowie von dem oder den betreib. Gl. gegenüber dem Sch.[2]) u. neuen Eigentümer (Abs. 3).

Ersterenfalls ist die Sicherheit in voller Höhe der bar zu zahl. Anspr., die dem die Sicherheit verlangenden Beteiligten vorgehen (§ 10 Nr. 1—3, § 12 Nr. 1, 2) zu leisten, im letzteren Falle beträgt sie soviel, wie der bar zu zahl. Teil des Meistgebots selbst, abzüglich der dem betreib. Teile nachfolg., etwa noch gedeckten Ansprüche.

Die erhöhte Sicherheit des Abs. 2 u. 3 muß ausdrücklich verlangt werden, wenn es nicht bei der des Abs. 1 verbleiben soll (Jaeckel-Güthe A. 10, 11; vgl. Recht 02, 486).

3. § 68 Abs. 1 u. 2 gelten auch für die **Bürgschaft**, s. § 69 A. 1 b.

---

[1]) Die Gerichtsgebühr wird in der Höhe angesetzt, welche geschuldet würde, wenn auf das Gebot der Zuschlag erfolgte (Fischer-Schäfer a. a. O.).

[2]) § 68 Abs. 3 findet keine Anwendung auf Gebote des Ehegatten des Sch. (außer bei allg. GG., bestr.); des minderjähr. Kindes desselben oder des Vaters des minderjähr. Sch.; des Miteigentümers bezügl. des Anteils der anderen; des Sch. oder Eigentümers in der Wiederversteig. gegen den Ersteher; wohl aber auf Gebote des KVerwalters in dem von einem anderen betrieb. Verf. gegen den GSch. (Jaeckel-Güthe A. 11, Fischer-Schäfer 270, v. d. Pfordten 195, 196), sowie auf Gebote des GSch. selbst (s. § 172 Fußn. 3).

§ 69.

Die Sicherheitsleistung ist durch Hinterlegung von Geld oder inländischen Wertpapieren zu bewirken. Wertpapiere sind zur Sicherheitsleistung nur geeignet, wenn sie auf den Inhaber lauten und einen Kurswert haben; den Inhaberpapieren stehen Orderpapiere gleich, die mit Blankoindossament versehen sind. Mit Wertpapieren kann die Sicherheit in Höhe des ganzen Kurswerts geleistet werden.

Die Übergabe an das Gericht hat die Wirkung der Hinterlegung.

E. I § 94; Begr. 205–208; D. 52, 53; KBer. 37.

Art und Wirkung der Sicherheit.

1. Mittel der SichLeistung. Als solche sind hier (vgl. §§ 232 bis 240 BGB.) nur zugelassen außer Geld (auch ausländisches u. Reichsbanknoten s. § 49 A. 3a)

a) inländ. Wertpapiere, die kursfähig sind u. entweder auf den Inhaber lauten oder mit Blankoindossament verseh. Orderpapiere sind.

Zu ersteren gehören (vgl. Stein-Jonas zu § 821 ZPO., Staub-Könige § 1 A. 39, Anh. zu § 365 B, zu § 376 A. 37) die Inhaberschuldverschreibungen (§§ 793 ff. BGB.; vgl. Art. 49 ff. BayAG.BGB., Art. 8, 32 ÜB.) u. Inhaberaktien; nicht: die sog. qualifizierten Legitimationspapiere des § 808 BGB. (z. B. Sparkassabücher, Pfandscheine, HypBriefe, VersichUrkunden), auch nicht Bescheinigungen über Ford., die im Reichs- oder preuß. Staatsschuldbuch eingetragen sind (§ 19 RG. v. 6. 5. 10, § 19 preuß. Ges. v. 27. 5. 10; Jaeckel-Güthe A. 13), ferner nicht auf den Namen eines bestimmten Berechtigten umgeschriebene Schuldverschreibungen (§ 806 BGB.), endlich nicht Wechsel, kaufm. Anweisungen usw. (§ 363 HGB.), Kuxe; auch ein Scheck ist zur Sicherheitsleistung nicht geeignet (Schmitt BNotZ. 1913, 253).

Mündelmäßigkeit (§ 234 BGB.) ist nicht erfordert, wohl aber Kurswert, auch bei den mit Blankoindossament verseh. Orderpapieren, z. B. Namensaktien, (§ 223 HGB.). Außer Kurs gesetzte Inhaberpapiere dürfen nicht zurückgewiesen werden (Art. 176 EG.BGB., JW. 06, 539). Mit den Wertpapieren kann Sicherheit in voller Höhe des Kurswertes geleistet werden (anders § 234 Abs. 3 BGB.). Die Zins-, Renten-, Gewinnanteil- u. Erneuerungsscheine sind mit zu hinterlegen (§ 234 Abs. 2 BGB.); wenn das Papier infolge eines Mangels desselben börsenmäßig unverkäuflich ist, ist es zur SichLeistung ungeeignet.

Begründete Zweifel hinsichtl. des Kurswertes oder der Echtheit des Blankoindossaments können zur Zurückweisung der Sicherheit führen (Jaeckel-Güthe A. 13, Reinhard-Müller A. 1b).

Die KriegsVO. v. 22. 12. 14 ist aufgehoben (RGBl. 1919, 1986).

b) Bürgen (§ 10 Nr. 2 EG., Art. 31 BayAG.). Der VollstrSch. (§ 9 A. 2a) u. der während des Verf. eingetret. Eigentümer (§ 26) können sich jedoch dieses Mittels nicht bedienen; ebensowenig der Dritte des § 61 (Becher Mat. VI, 31, v. d. Pfordten Art. 31 AG. A. 1; s. Jaeckel-Güthe § 10 EG. A. 2, Art. 10 pr. AG. A. 1).

Ob der Bürge im Sinne des § 239 BGB. tauglich erscheint, hat der Notar nach pflichtgem. Ermessen zu entscheiden. Bei pflichtwidr. Zulassung kann ein SchadensEAnspr. begründet sein, wenn der Berechtigte bei Unkenntnis der Verhältnisse des Bürgen u. im

Vertrauen auf dessen Zulassung durch den Notar einen Widerspruch unterlassen hatte. Der Notar ist daher berechtigt, u. u. U. verpflichtet, wenn ihm der Bürge u. seine Verh. unbekannt sind oder seine Tauglichkeit bestritten wird, Nachweis entsprech. Vermögens zu verlangen, der sofort erbracht werden muß.

Auf Widerspruch gegen die Zurückweisung des Bürgen u. auf Erinnerung u. Beschwerde (gg. den Zuschlagsbeschluß) hin kann zwar jener Nachweis einer Nachprüfung unterzogen, nicht aber der fehlende Nachweis nachgebracht werden (Jaeckel-Güthe A. 2 zu Art. 10 pr. AG., Fischer-Schäfer 588).

Die Höhe des durch die Bürgschaft zu sich. Betrags bestimmt § 68 Abs. 1 u. 2. Der Bürge haftet zwar in dieser Höhe allen aus dem Bargebote zu befriedig. Berechtigten (vgl. A. 3), da die Sicherheit nach § 67 der Erfüllung des ganzen Gebots dient; deshalb wird die Bürgschaft, wenn der zunächst auf Übertragung der Ford. gg. den Ersteher angewiesene Berechtigte durch diesen oder Dritte befriedigt wird, für den im Range nachfolg. Beteiligten wirksam (Becher Mat. VI, 31, v. d. Pfordten Art. 31 AG. A. 4, OLG. 30, 104; vgl. § 108). Aber die Verbindlichkeit des Bürgen ist erschöpft, wenn er seinerseits $^1/_{10}$ des Bargebots (bzw. die Kosten oder den in § 68 Abs. 2 bestimmten Betrag) an den zunächst Berechtigten, der durch den Ersteher keine Befriedigung erlangte, bezahlt hat (vgl. Jaeckel-Güthe a. a. O.). Wird ausnahmsweise vereinbart (§ 59), daß die Bürgschaft nicht der Erfüllung des ganzen Gebots des Erstehers dienen solle, so haftet der Bürge auch nur der Vereinbarung gemäß; er kann dann nicht von einem anderen Berechtigten, als dem er haftet, in Anspruch genommen werden.

c) Der Beteiligte, welcher Sicherheit verlangt, kann sich auch mit einer anderen Art derselben begnügen (z. B. mit Verpfändung von Sachen u. Ford., Hyp., Privatbanknoten, Sparkasseguthaben[1]), Schecks, ausländ. Papieren, vgl. § 68 A. 2). Der Umtausch der SicherhMittel des § 69 in solche, nicht ohne weiteres zulässige, bedarf dagegen der Zustimmung der sämtl. Interessenten des § 67 Abs. 1 S. 1 (vgl. § 235 BGB. u. unten A. 3).

2. Bewirkung. Die Sicherheit ist entweder gerichtlich zu hinterlegen (unter Ausschl. der Rücknahme, § 376 Abs. 2 Nr. 1 BGB.; bestr., s. Jaeckel-Güthe A. 15) u. nachzuweisen oder dem Notariat zu übergeben (Beurkundung §§ 78, 80), das sie an die gerichtl. HinterlegStelle abzuführen hat[2]); die Übergabe an den Notar hat schon die Wirkung der Hinterlegung (§ 69 Abs. 2). Von der erlegten Sicherheit ist der Notar HinterlegGebühren zu erheben berechtigt (NotGebO. Art. 107, 111, Schmitt Art. 111 A. 1, Drescher BNotV. 1926, 214; s. oben § 49 Fußn. 2), die dem Ersteher, nicht der Masse zur Last fallen; denn die Notwendigkeit der SicherhLeistung ist eine Eigenschaft seines Gebotes, das ohne solche für die Masse wertlos ist[3]). Der Ersteher kann aber,

---

[1]) Die Übergabe des Sparkassebuchs an den Notar begründet kein Pfandrecht an ersterem; die Verpfändung der Ford. gegen die Sparkasse wird erst wirksam durch die nach § 1280 BGB. erforderliche Anzeige; unterbleibt sie, so besteht die Gefahr, daß der Bieter über die Einlage anderweitig verfügt oder das Guthaben von anderen Gl. in Anspruch genommen wird. In der bloßen Übergabe des Sparkassebuchs kann aber eine bedingte AbtretErklärung hinsichtl. der Ford. zugunsten der aus dem Gebot zu befriedig. Gl. erblickt werden; es kann auch der Notar selbst zur Abhebung des Guthabens ermächtigt (nicht verpflichtet) gelten. Eine Gewähr gegen nachteilige anderweitige Verfügung bietet aber nur die nach § 1280 BGB. erfolgte Anzeige (vgl. Lindemann, ZBlFG. 6, 748; 7, 514, SächsA. 06, 169, Recht 06, 834, SeuffA. 63, 396). Beurkundung der Erklärungen ist jedenfalls angezeigt (Jaeckel-Güthe A. 15).

[2]) NotG. Art. 4, Begr. zu Art. 25 BayAG., Becher Mat. VI, 26, NotGeschO. §§ 310 Abs. 1, 320 Abs. 1; Herausgabe der Sicherheit auf Weisung des Notariats s. Bek. v. 13. 1. 22 JMBl. 21. Vgl. auch § 49 A. 3c.

[3]) Es kann eingewendet werden, daß der Ersteher weder die SicherhLeistung veranlaßt (vielmehr der Antragsteller), noch in seinem eigenen Interesse Sicherheit leistet; daß diese der Masse zugute komme, daß andere als Zuschlagskosten dem Ersteher nicht überbürdet seien (§§ 58, 109). Trotzdem erscheint nur der Ersteher als derj., der die Tätigkeit

statt Sicherheit zu erlegen, das **Bargebot** gem. § 49 Abs. 3 hinterlegen, wodurch er von seiner Verbindlichkeit befreit wird (s. § 49 A. 3 c). Wird das Bargebot auch im VertTermin nicht bezahlt, so hat das Notariat gem. Bek. v. 13. 1. 22 (JMBl. 21) über die Sicherheit nach §§ 107 Abs. 3, 108 Abs. 1, 117 zu verfügen.

Die **Bürgschaftsleistung** geschieht in der Regel durch mündl. Erklärung vor dem VersteigBeamten, der sie wie die sonstigen Vorgänge im Termin zu beurkunden hat (§§ 78, 80); die Unterschrift des Bürgen ist daher nicht erforderlich, wohl aber die Einhaltung der §§ 162 mit 160 Nr. 2 ZPO. (vgl. Jaeckel-Güthe Art. 10 pr. AG. A. 2, v. d. Pfordten Art. 31 AG. A. 3, RG. 64, 82, WarnErgBd. 1, 275, Recht 08 Nr. 1960). Die BürgschErklärung kann aber auch schriftlich beigebracht werden, wobei es dem Notar überlassen ist, öffentl. Beglaubigung zu fordern (Fischer-Schäfer 588). Die Erklärung des Bürgen muß in **allen** Fällen den Verzicht auf die Einrede der Vorausklage enthalten (§ 239 Abs. 2 BGB., Art. 31 AG.ZVG.). Die Erklärung des Bürgen für „mithaftend" ist in Bayern nicht vorgeschrieben (§ 82 mit Art. 31 AG.). Trotzdem empfiehlt es sich, auch im Zuschlagsbeschluß die Tatsache der Bürgschaftsleistung unter Angabe der Person des Bürgen u. des Betrags seiner Schuld niederzulegen.

3. Wirkung. a) Mit der **Hinterlegung** bzw. Übergabe an den Notar erwirbt **jeder** der Interessenten des § 67 Abs. 1 S. 1, nicht bloß derj., welcher Sicherheit verlangt hat (§ 108 Abs. 1; Wolff § 69 A. 4, Jaeckel-Güthe A. 15, ZBlFG. 07, 516), ein **Pfandrecht** an dem hinterlegten Geld oder den hinterlegten Wertpapieren, oder bei Bargeld an der Ford. auf Rückzahlung geg. die HinterlegStelle (§ 233 BGB., RG. 12, 222)[4]).

Die Sicherheit **haftet also auch dem Sch.** für einen etwaigen Übererlös oder, soweit er selbst einem zum Zuge gekommenen Gl. persönlich haftet (Fischer-Schäfer 271), ebenso demj., der aus der **Ersatzsumme** nach §§ 50, 51 Befriedigung zu erwarten hat (v. d. Pfordten 198), endlich für die **Kosten** des Verf. (§§ 108, 109), nicht aber für Staats- u. NotGebühren (Stempel, v. Schmidt BayKG. 374 A. 6, sowie Grunderwerbsabgaben, § 58). Die Zinsen aus der Sicherheit gebühren, wenn nichts anderes festgesetzt ist, dem Hinterleger (Wolff A. 12); er kann letztere umtauschen (§ 235 BGB.; s. aber oben 1 c).

b) Die Sicherheit kann vom Notariat nur mit Zustimmung der Interessenten (vgl. § 67 A. 2) oder beim Nachweis der Erfüllung des Meistgebots **freigegeben** werden (wg. Rückgabe von Zinsscheinen bei Kursrückgang vgl. SeuffA. 72, 178). Wg. des Herausgabe-Ersuchens an die gerichtl. Hinterleg.-Stelle s. Bek. v. 13. 1. 22 (JMBl. 21). Im Falle des § 144 ist der Nachweis der Zahlung erst als geliefert anzusehen, wenn die angeblich Befriedigten nicht selbst innerh. 2 Wochen Erinnerungen erhoben haben; dagegen können Erinn. eines Beteiligten, der nach § 67 Abs. 1 S. 1 nicht Interessent wäre, also z. B. desj., der aus dem Meistgebote nur durch Anfechtung einer vorgeh. Ford. Befriedigung fände, die Freigabe der Sicherheit allein nicht hindern.

Es ist aber auch nicht zulässig (falls nicht **alle** Interessenten ausdrücklich zustimmen), die Sicherheit **vor** dem VerteilTermin an die Gl. abzuführen (§§ 107 Abs. 3, 108, 117).

---

des Notars in Anspruch nimmt (Art. 49 NotG.); dem Gläubiger können sie mangels gesetzl. Bestimmung nicht überbürdet werden. So nun BayObLG. 15, 155 (a. M. Schmitt NotGebO. Art. 107 A. 4, der den Gl. als mithaftend erklärt; diese Mithaft wird wohl nie in Anspruch genommen zu werden brauchen, da die HinterlGeb. von der Sicherheit stets, s. §§ 107, 108, in Abzug gebracht werden kann).

[4]) Art. 145 EG., Art. 167 BayAG. BGB., §§ 8, 47 HinterlegO. v. 18. 12. 99 (JMBl. 1057 ff.).

c) Über Verwertung des Pfandrechts an der Sicherheit s. § 108 A. 2, 5. Eine Ergänzungspflicht (§ 240 BGB.) besteht nicht (Reinhard-Müller A. 4).

d) Das Pfandrecht erlischt, wenn das Gebot, für welches Sicherheit geleistet wurde, erlischt (§ 72) oder wenn der Zuschlag auf das Gebot nicht (oder nicht dem Meistbiet., s. § 81 A. 1 b u. 5) erteilt bzw. rechtskräftig aufgehoben wird. In diesen Fällen ist die Sicherheit ohne weiteres vom Notariat bzw. Gericht zurückzugeben (Becher Mat. VI, 26). Die Rückgabe im VerstTermin ist zu protokollieren (§§ 78, 80, Reinhard-Müller A. 5).

e) Die Rechte der Beteiligten gegen den Bürgen können nur im Wege der Klage (§ 765 BGB.) geltend gemacht werden (anders Art. 10 preuß. AG., Jaeckel-Güthe hierzu A. 3; vgl. § 82 A. 3 e, § 132 Fußn. 3); die Klage setzt voraus, daß dem Kläger eine Ford. gegen den Ersteher übertragen ist (vgl. § 401 BGB., Becher Mat. VI, 31). Für die dem Ersteher zur Last fall. Grunderwerbsabgaben (s. oben) haftet der Bürge nicht (Ott GEStG. S. 411). Soweit der Bürge die Gl. befriedigt, geht die Ford. geg. den Ersteher u. die SichHyp. des § 128 auf ihn über (§§ 774, 401, 412, 1176 BGB.; v. d. Pfordten AG. Art. 31 A. 5, 6).

f) Die Wirkungen einer vereinbarten SicherhLeistung (vgl. A. 1 c) richten sich nach dem Willen der Beteiligten.

§ 70.

Das Gericht hat über die Sicherheitsleistung sofort zu entscheiden.

Erklärt das Gericht die Sicherheit für erforderlich, so ist sie sofort zu leisten. Unterbleibt die Leistung, so ist das Gebot zurückzuweisen.

Wird das Gebot ohne Sicherheitsleistung zugelassen und von dem Beteiligten, welcher die Sicherheit verlangt hat, nicht sofort Widerspruch erhoben, so gilt das Verlangen als zurückgenommen.

E. I §§ 90, 95; M. 198, 207; D. 53; KBer. —.

Verfahren gegenüber einem Sicherheitsbegehren.

1. Entscheidung über die Sicherheit. Verlangt ein Beteiligter nach Abgabe eines Gebots SicherhLeistung, so hat der VersteigBeamte sich sofort darüber schlüssig zu machen, ob dieses Verlangen gerechtfertigt ist, insbes. ob der Beteiligte dazu berechtigt, ob sein Verlangen rechtzeitig gestellt, ob der Bieter zur SicherhLeistung verpflichtet ist, in welcher Höhe Sicherheit geleistet werden muß u. ob die angebot. Sicherheit genügend ist (§§ 67—69). Wird die Sicherheit sofort in genüg. Höhe geleistet, so wird das Gebot einfach zugelassen. Wird die Sicherheit für erforderl. erklärt u. nicht oder nicht rechtzeitig (ohne Verzug) oder in ungenüg. Weise geleistet (die Tauglichkeit des Bürgen nicht sofort nachgewiesen), so ist weiterhin das Gebot beschlußmäßig zurückzuweisen. Die Entsch. ist zu verkünden, die Vorgänge in das Terminsprot. aufzunehmen (§§ 78, 80).

2. Widerspruch gegen die Entsch. Wird die Sicherheit nicht für erforderlich oder die geleistete Sicherheit für genügend erklärt, das Gebot also zugelassen, so gilt das Verlangen nach Sicherheit oder nach einer anderen (höheren) Sicherheit als zurückgenommen (Abs. 2) u. das früh. Gebot erlischt, wenn der Beteiligte (Antragsteller) nicht sofort, d. h. sobald er zu Wort kommt, gegen die Entsch. Widerspruch erhebt. Wurde ein Gebot zugelassen, ohne daß die Sicherheitsfrage berührt wurde (z. B. weil der Notar das Verlangen nach einer Sicherheit überhört hatte), so ist gegen die Zulassung des Gebots Widerspruch zu erheben (§ 72 Abs. 1).

Wenn ein Gebot wegen erforderl., aber nicht geleisteter Sicherheit zurückgewiesen wird u. der Bieter oder ein Beteiligter nicht sofort hiergegen Widerspruch erhebt, so erlischt das Gebot (§ 72 Abs. 2); es lebt durch nachträgl. SicherhLeistung nicht wieder auf (Wolff A. 3 zu § 70); das früh. Gebot gilt als nicht erloschen (§ 72 Abs. 1).

Infolge des Widerspruchs bleibt die Frage der Zulässigkeit des Gebots, sowie der Fortdauer der Wirksamkeit des früh. Gebots, auch für den Nichtwidersprechenden, in der Schwebe. Sie erledigt sich von selbst durch widerspruchslose Zulassung eines Mehrgebots (§ 72). Bleibt das beanstand. Gebot das Meistgebot, so ist die Sicherheitsfrage bei der Erteilung oder Versagung des Zuschlags endgültig zu entscheiden, wobei der Notar an den früh. Beschluß nicht gebunden ist (§ 79).

Auch die erhob. Widersprüche sind zu beurkunden (§§ 78, 80).

3. Beschwerde. Die Zulassung oder Zurückweisung eines Gebots ist der selbständ. Anfechtung durch Beschwerde nicht fähig (§ 95); jedoch sind Erinnerungen nach § 13 Abs. 2 EG. zulässig, aber, da diese keine aufschieb. Wirkung haben, zwecklos, wenn es sofort zum Zuschlag kommt (s. § 13 EG. A. 4c, BZfR. 1921, 111). Wird aber der Zuschlag, trotzdem Widerspruch erhoben war, in unzulässiger Weise erteilt oder versagt, so ist (nach Anrufung des VollstrG.) sof. Beschwerde zulässig (§§ 81, 84, 95, 97, 100 ZVG.; § 13 EG., Art. 25 BayAG.). Sie steht — die Erhebung rechtzeitigen Widerspruchs vorausgesetzt [1]) — im Falle der Versagung dem zurückgewies. Bieter, wie jedem Beteiligten, im Falle der Erteilung ohne Sicherheit dem Beteiligten, der Sicherheit verlangt hat, zu. Der Anfechtungsgrund muß aus dem Prot. ersichtlich sein (§ 80).

4. Über **Schadensersatzpflicht** des Notars (§ 839 BGB.) wg. Unterlassung der Beurkundung s. ZBlFG. 15, 603; 16, 221.

§ 71.

Ein unwirksames Gebot ist zurückzuweisen.

Ist die Wirksamkeit eines Gebots von der Vertretungsmacht desjenigen, welcher das Gebot für den Bieter abgegeben hat, oder von der Zustimmung eines Anderen oder einer Behörde abhängig, so erfolgt die Zurückweisung, sofern nicht die Vertretungsmacht oder die Zustimmung bei dem Gericht offenkundig ist oder durch eine öffentlich beglaubigte Urkunde sofort nachgewiesen wird.

E. I § 89; Begr. 194—196; D. 53; KBer. —.

---

[1]) Die Erhebung des Widerspr. im Falle der Zurückweisung eines Gebots ist gemäß § 72 Abs. 2 nur Voraussetzung der Gebundenheit des Zurückgewiesenen an sein Gebot, nicht der Berechtigung zur Beschwerde. Es kann daher ein Beteiligter den Zuschlag weg. Zurückweisung des Gebots auch auf Grund eines von einem andern erhob. (nicht zurückgenomm.) Widerspr. anfechten. § 100 Abs. 2 steht nicht entgegen. Denn der Beteiligte wahrt eigenes Recht, indem er behauptet, das zurückgewiesene Gebot sei das

Unwirksamkeit der Gebote.

1. Allg. § 71 schreibt die sof. Zurückweisung eines unwirksamen Gebots (statt der Verschiebung bis zur Zuschlagsentscheidung) vor, um zu verhindern, daß die Versteig. ergebnislos verläuft, wenn ein Gebot zugelassen wird, durch das das vorhergehende erlischt, während sich nachher herausstellt, daß auf das zugelassene, obwohl ein weiteres Gebot nicht abgegeben wurde, der Zuschlag nicht erteilt werden kann. Anderseits soll der Bieter möglichst bald Gewißheit darüber bekommen, ob er an sein Gebot gebunden ist.

2. Unwirksamkeit des Gebots. Unwirksam ist jedes Gebot, auf welches der Zuschlag zu versagen wäre. Der Grund kann sich aus dem materiellen Recht ergeben (Mangel der Geschäftsfähigkeit, der Willenserklärung, der Vertretung, der Einwilligung oder Genehmigung) oder aus dem Prozeßrecht (z. B. Verletzung des Deckungsgrundsatzes, mangelnde Sicherheit, Ausschließung des Verst.-Beamten). Vgl. Meyer BlfRA. 69, 223, Reinhard-Müller A. 1.

Als unwirksam gilt namentlich:

a) das Gebot eines Geschäftsunfähigen (§§ 104 ff. BGB.; ZBlFG. 9, 478);

b) ein bedingtes, nicht ernstliches oder sofort widerrufenes oder unter anderen als den VersteigBedingungen abgegeb., irrtümliches oder durch arglistige Täuschung[1]) oder Drohung herbeigeführtes Gebot (§§ 118, 119; 123, 124 BGB.).

Irrtum i. S. des § 119 BGB. kann auch bei Mißverständnis der VersteigBedingungen vorliegen (wenn der Bieter z. B. annimmt, daß sich sein Gebot um den Betrag der zu übernehm. Hyp. mindere)[2]). Das Gebot ist aber nur unwirksam, wenn es rechtzeitig angefochten wird (§§ 121, 142 f. BGB.). Die Anfechtung ist dem Notariat gegenüber zu erklären. Wird das Gebot sofort nach Abgabe als irrig widerrufen u. als solches erkannt, so ist es zurückzuweisen; der Zurückweisung können andere Beteiligte widersprechen u. den Zuschlag auf das vorhergeh. Gebot anfechten. Wird das (irrige) Gebot erst nach Zulassung (§ 72) begründeterweise angefochten, so ist der Zuschlag zu versagen bzw. (auf Erinnerung bzw. Beschwerde hin) aufzuheben. Die Anfechtung ist nur bis zur Rechtskraft des Zuschlags zulässig, Klage ist ausgeschlossen[3]). Vgl. unten A. 5.

Auch die Anfechtung der Übernahmeerklärung des Dritten nach § 81 Abs. 2 ist zulässig (OLG. 14, 204). Über Irrtum hinsichtlich des Zu-

---

richtige Meistgebot (a. M. Jaeckel-Güthe A. 18 u. § 100 A. 6; vgl. Wolff § 70 A. 1 u. 4, Fischer-Schäfer § 72 A. 3 b).

Anders im Falle der Zurückweisung eines SicherhVerlangens (Begr. 207).

[1]) Hiezu müßte aber der VerstBeamte mindestens mitgewirkt haben (Reinhard-Müller A. 3 b).

[2]) Vgl. § 44 A. I; RG. 54, 308; 57, 213, OLG. 4, 157; 5, 210; 6, 436; 14, 205; 17, 355, SeuffA. 56, 337, BlfRA. 72, 963; 77, 175, BZfR. 1913, 28, Recht 03, 108, JW. 03, 250.

[3]) RG. 54, 308; 73, 194, OLG. 9, 497. Dem Ersteher steht auch keine Einrede gegen die zum Zuge gekommenen Berechtigten zu (vgl. ZBlFG. 3, 146). — Ein bloßer Irrtum im Beweggrund rechtfertigt die Anfechtung nicht. Ein solcher läge z. B. vor, wenn der vorhergeh. Bieter, dessen Gebot infolge Widerrufs des letzten Gebots wirksam geblieben war, sein Gebot mit der Behauptung anfechten wollte, er sei durch das Verhalten des Meistbiet. zu seinem Gebot veranlaßt worden (BlfRA. 07, 963), oder wenn der Meistbiet. sich auf die Richtigkeit einer Schätzung verläßt oder irrtüml. die Höhe seines Gebots zur Deckung einer bestimmten Hyp. für erforderl. hielt (Rechenfehler, BlfRA. 73, 422, OLG. 17, 355, RG. 64, 268, GruchBeitr. 56, 582). Dagegen kann ein Irrtum über den mit dem Gebot zu erziel. rechtl. Erfolg die Anfechtung rechtfertigen (RG. 89, 33).

stands, der Belastung u. der Größe des G. s. § 56 A. 3, 4, § 90 Fußn. 2. Keine Anfechtung bei Irrtum über Unkündbarkeit der übernomm. Hyp. (BZfR. 09, 69). Über Irrtum des VersteigBeamten s. A. 5.

c) ein Gebot des VersteigBeamten (nicht seiner bei der Versteig. zugezog. Gehilfen, da diese in Bayern nicht Protokollführer sind) u. der Personen, die zu ihm in einem die Ausschließung rechtfertigenden Verhältnis stehen (§§ 41, 49 ZPO., Art. 25 Abs. 4 BayAG.); auch hier ist bei Verstoß nur Beschwerde (nach Erinnerung) geg. den Zuschlag, nicht Klage möglich (RG. 73, 194).

d) schriftliche, d. h. nicht im VersteigTermin abgegeb. Gebote (Jaeckel-Güthe A. 2, Reinhard-Müller A. 4c); über Verhandlung mit Stummen usw. s. §§ 187, 188 GVG.

e) Gebote, für die die erforderl. Sicherheit nicht geleistet wird (§§ 70, 72 Abs. 2), oder die das g. G. nicht erreichen (§ 44).

f) nicht in Reichswährung abgegeb. Gebote (s. § 49 A. 3a).

3. Verträge über Nichtbieten bei der Versteig. (pacta de non licitando) machen ein dagegen verstoß. Gebot nicht unwirksam (Jaeckel-Güthe A. 13, Fischer-Schäfer 278, Reinhard-Müller A. 5c). Sie können jedoch (insbes. wenn eine Vergütung für das Nichtbieten zugesichert wird) unsittlich sein u. SchadensEAnspr. begründen[4]). Verträge über gemeinsames Bieten unterliegen nicht der Formvorschrift des § 313 BGB. (RG. 97, 329).

Nicht unwirksam ist auch das gemeinschaftl. Gebot mehrerer, wenn es nur Aufschluß über das GemeinschVerhältnis gibt u. keine andere als die Gesamthaftung der Bieter aufstellt (Lindemann GruchBeitr. 48, 93, Jaeckel-Güthe A. 2, Reinhard-Müller A. 5b; a. M. JW. 1914, 390; vgl. § 427 BGB.). Haben sich mehrere zwecks Erwerb des G. zu einer Gesellschaft verbunden u. sind sie bei Erteilung des Zuschlags darüber einig, das G. zum GesellschVermögen zu erwerben, so wird es GesellschVermögen (BayObLG. 9, 103). Unter zwei gleichzeitig abgegeb. (Doppel-)Geboten muß das Los entscheiden (Jaeckel-Güthe § 74 A. 5, Reinhard-Müller A. 5a, bestr.; vgl. § 659 BGB.).

4. Bedingt wirksam sind:

a) Gebote eines nur beschränkt Geschäftsfähigen (§§ 106, 114, 1906 BGB.). — Ehefrauen sind in der Geschäftsfähigkeit nicht beschränkt; doch wird wegen § 739 ZPO. beim gesetzl. Güterstande die Zuziehung des Ehemannes ratsam sein, damit der Zuschlagsbeschluß in das eingebr. Gut vollstreckbar ist (vgl. Einl. II 1 B a, bes. Becker JW. 1916, 1446); über Feststell. des Güterstandes durch den Notar s. § 83 NotGeschO.

Beim gesetzl. Güterstand kann die Frau ohne Zustimmung des Mannes G. erwerben, auch wenn sie damit gleichzeitig die darauf haft. Lasten übernimmt u. der Erwerbspreis aus dem Eingebrachten geleistet wird. Sie kann aber nicht ohne Zustimmung bzw. Genehmigung des Mannes über das erworb. G. verfügen, es insbes. nicht neu belasten, ebensowenig das Recht aus dem Meistgebot (§ 81 Abs. 2) auf einen anderen übertragen (§§ 1395, 1396 BGB.). Über Erwerb von Vorbehaltsgut durch die Frau s. RG. 72, 167; 92, 139.

Auch bei allg. GGem. kann sowohl der Mann wie die Frau für sich allein bieten, den Zuschlag erhalten u. sich als Eigent. eintragen lassen (BayObLG. 14, 241; 15, 111). Hat der Mann allein geboten, so wird sein Erwerb kraft Ges. Gesamtgut; wenn er als

---

[4]) RG. 58, 393; 60, 273; 69, 280, JW. 07, 201; 08, 296, GruchBeitr. 48, 93; 52, 121, ZBlFG. 13, 629, LZ. 1918, 687, BlfRA. 70, 592; 72, 426; 74, 642, BZfR. 09, 154. Gültig ist dagegen die sog. Ausbietungsgarantie, d. h. die Übernahme der Verpfl., eine Ford. auszubieten u. für den Schaden aufzukommen (RG. 86, 280; 88, 410; 91, 213; 100, 88, JW. 1914, 334; 1928, 2478, LZ. 1919, 840, DJZ. 1919, 228).

Alleineigent. eingetragen wird, kann die Frau Berichtigung des GBuchs verlangen (BayObLG. 4, 782, 860); der Mann kann aber auch die Eintrag. seiner Frau selbst beantragen (BayObLG. 14, 418, RG. 84, 71, 326). Er ist zwar nicht berechtigt, über das erworb. G. allein zu verfügen oder eine Verpflicht. zu einer solchen Verfüg. einzugehen (§ 1445 BGB.; weg. der HypBestell. für den Erwerbspreis s. jedoch BayObLG. 9, 270, 276, RJA. 9, 258, RG. 69, 177), wohl aber das Recht aus dem Meistgebot zu übertragen (§ 1443 BGB., BNotZ. 09, 23, Jaeckel-Güthe § 81 A. 3). Hat die *Frau* allein geboten, so kann bis zur Genehmigung des Mannes das Gesamtgut nicht weg. der gleichzeitig übernomm. Lasten u. der eingegang. Verbindlichkeiten in Anspruch genommen werden. Sie kann ohne Zustimmung des Mannes nicht über das erworb. G. verfügen, insbes. es nicht mit neuen Hyp. belasten (BayObLG. 14, 241), auch das Recht aus dem Meistgebote nicht auf einen Dritten übertragen (§§ 1438, 1443 BGB.). Über die Vollstr. des Zuschlagsbeschl. geg. die Ehefrau s. § 132 A. 3. Bezügl. des *Vorbehaltsguts* sind die Ehegatten in der Verfüg. nicht beschränkt (§ 1441 BGB.). Vgl. Güthe-Triebel GBO. § 34 A. 6 ff.; Meikel § 34 A. 5.

b) Gebote *für einen anderen* (nicht in eig. Namen § 81 Abs. 3), z. B. eines Bevollmächt., *Vormundes*; dieser u. die Mutter, der ein Beistand bestellt ist, bedürfen der Genehmigung des VormGerichtes (§§ 1643 ff., 1690, 1821 ff., 1915 BGB.). Der *Inhaber der elterl. Gewalt* (auch die nicht verbeistandete Mutter) bedarf an sich zum Bieten für das Kind keiner Genehmigung (Jaeckel-Güthe A. 6), wohl aber wegen §§ 1643 Abs. 1, 1822 Nr. 10 BGB., 53 ZVG., sobald im g. G. berücksichtigte Hyp. zu übernehmen sind (BayObLG. 3, 646; a. M. Jaeckel-Güthe a. a. O., Wolff A. 2 c, Fischer-Schäfer 276). Der *KVerwalter*[5]) bedarf nicht des Nachweises der Zustimmung der GlVersamml. bzw. des GlAusschusses (§§ 134, 136 KO.).

Der *TestVollstrecker* kann gemäß § 2206 BGB. für die Erben bieten (auch wenn sie noch unbekannt sind u. im Zuschlagsbeschluß nicht bezeichnet werden können, OLG. 17, 354).

Der *Ehegatte* kann auch bei allg. GGem. nicht ohne Vollmacht für den anderen Teil *mitbieten* (BNotZ. 06, 170; s. oben).

c) Gebote *ausländ.* jurist. Personen, die religiöse oder wohlt. Zwecke oder Zwecke des Unterrichts oder der Erziehung verfolgen, soweit sie nicht Orden oder religiöse Kongregationen der kath. Kirche sind (Genehmigung des Kultusminist., Art. 86 EG., 10 BayAG.BGB., VO. v. 15. 11. 18 GVBl. 1231 u. 25. 11. 25 GVBl. 265), der *Innungen* u. *Handwerkskammern* (Genehm. der Aufsichtsbeh., §§ 86, 89 b, 103 n RGewO., Landmann § 89 b A. 2), der *VersichAktienges.* u. *VersichVereine* auf Gegenseitigkeit (§ 54 RG. v. 12. 5. 01 RGBl. 139, JMBek. v. 2. 1. 02 JMBl. 239, Jaeckel-Güthe A. 7).

d) Diese Gebote sind *nur dann wirksam*, wenn die VertretMacht[6]) oder Zustimmung (Genehmigung) amtsbekannt oder *sofort* durch öffentl. begl. (gerichtl. oder not.) Urkunde nachgewiesen wird (§§ 129, 172 Abs. 1 BGB.; der Inhalt der Vollmacht entscheidet, ob sie zum Bieten ermächtigt, ZBlFG. 9, 578; *Prozeß*vollmacht nach § 81 ZPO. auch mit öffentl. Beglaubig. ungenügend). Eine nachträgliche Beschaffung, auch wenn sie noch vor der Entsch. über den Zuschlag oder im Beschwerderechtszug (§ 100) erfolgt, ist unwirksam (ZBlFG. 7, 495, OLG. 17, 354, JW. 1926, 2586, Jaeckel-Güthe § 100 A. 5),

---

[5]) Der KVerwalter, der G. für die KMasse ersteht, erwirbt diese für den GSchuldner, der als Eigentümer, zugleich mit dem KVermerk einzutragen ist (BayObLG. 8, 240, ZBlFG. 8, 256, OLG. 15, 329).

[6]) Über Bietungsvollmacht in der ZwVersteig. vgl. ZBlFG. 9, 578; 12, 212 ff.; über Vertretung u. genehmigungspfl. Rechtsgeschäfte der *Gemeinden*, VertretMacht u. Gebote des 1. Bürgermeisters s. Dittmar BNotV. 1928, 100, 125, 271.

eine Zuschlagserteilung unter Vorbehalt der Beischaffung ungültig. Der Bieter kann jedoch von § 81 Abs. 2 u. 3 mit § 87 Gebrauch machen, indem er zunächst für sich bietet (Jaeckel-Güthe A. 14, Fischer-Schäfer 277; vgl. A. zu § 87).

e) Dagegen sind weggefallen: die Erwerbsbeschränkungen[7]) der Orden u. relig. Kongregationen der kath. Kirche, nicht der sonstigen geistl. Gesellsch. (Art. 86 EG., 7, 8 BayAG. z. BGB., Art. 2 Abs. 2 S. 3 Konkord. v. 29. 3. 24, v. Marth BZfR. 1929, 17, weitergehend Kratzer BayVerfA. § 18 A. 4c, Kihn BZfR. 1924, 250, Staudinger-Keidel EG. Art. 86 A. IV), ferner der Berufsgenoss. f. UnfallVersich. u. der Versich.-Anstalten f. Alters- u. IVers. (§§ 718 ff., 1356 f. RVersO. v. 13. 7. 23 RGBl. I 636; wg. der Vertretung der Krankenkassen u. VersichAnst. beim Grundstückserwerb f. §§ 346, 1354 RVersichO. v. 12. 12. 24 RGBl. I 775). Für Gebote der HypBanken ist der Nachweis der Genehmigung (§ 5 Abs. 3 HypBG. v. 13. 7. 99) nicht erforderlich (Jaeckel-Güthe A. 5, Reinhard-Müller A. 5 d). Einer Beschränkung unterliegen auch nicht die Gebote des ausländ. Gl. einer ausländ. Währungshyp. (§ 9 VO. v. 13. 2. 20 RGBl. 231).

5. Die **Zurückweisung** hat sofort u. nicht erst bei der Entsch. über den Zuschlag zu geschehen (Beurkundung §§ 78, 80). Ob ein wirksames Gebot vorliegt, hat allein der VersteigBeamte (Vollstr.- bzw. BeschwG.) zu entscheiden u. kann nicht im Klageweg ausgetragen werden (OLG. 6, 436). Ein irrigerweise vom VerstBeamten zugelassenes Gebot wird aber durch die Zulassung noch nicht wirksam; ihm ist nach § 79 der Zuschlag zu versagen (ZBlFG. 3, 45, 210). Mit der Rechtskraft des Zuschlags ist aber auch hier die Geltendmach. der Unwirksamkeit ausgeschlossen (s. oben Fußn. 3).

Über **Widerspruch** gegen die Zulassung oder Zurückweisung eines Gebots u. **Beschwerde** s. § 70 A. 2, 3, § 72 Abs. 2.

§ 72.

Ein Gebot erlischt, wenn ein Übergebot zugelassen wird und ein Beteiligter der Zulassung nicht sofort widerspricht. Das Übergebot gilt als zugelassen, wenn es nicht sofort zurückgewiesen wird.

Ein Gebot erlischt auch dann, wenn es zurückgewiesen wird und der Bieter oder ein Beteiligter der Zurückweisung nicht sofort widerspricht.

Das gleiche gilt, wenn das Verfahren einstweilen eingestellt oder der Termin aufgehoben wird.

E. I § 98; Begr. 209—211; D. 53; RBer. —.

Dauer der Gebundenheit des Bieters.

1. **Zweck.** Die Vorschrift will einerseits den Interessen der Beteiligten gerecht werden, denen daran gelegen ist, daß der Bieter solange gebunden bleibt, bis feststeht, daß der Zuschlag einem andern zu erteilen ist, anderseits den Bieter nicht länger als nötig in Ungewißheit darüber lassen, wie lange er an sein Gebot gebunden ist (Begr.).

2. **Erlöschen** eines (an sich wirksamen) Gebots. Das Gesetz geht von dem Gedanken aus, daß ein wirksames Gebot für den Bieter bindend ist, sobald es abgegeben wurde, u. bestimmt in § 72 unabhängig von §§ 145 ff., 156 BGB., wie lange diese Gebundenheit dauern soll.

Die Zurücknahme eines (nicht sofort als irrig widerrufenen, § 71 A. 2 b) Gebots könnte nur mit Zustimmung aller, auch der nicht anwesenden Beteiligten erfolgen (Jaeckel-Güthe A. 14, weitergehend OLG. 27, 209).

---

[7]) Vgl. weg. des preuß. Rechts Siegert JW. 1928, 3211. — Über Verwaltung der Kirchengemeinden u. ortskirchl. Stiftungen (Art. 73 ff. KGemO.), im allg. s. oben § 6 A. 5.

3. Als Erlöschungsgründe für ein abgegeb. Gebot sind nur anerkannt:

a) die Zulassung eines Übergebots, falls ihr nicht sofort von einem Beteiligten widersprochen wird. Die Abgabe eines Übergebots allein hat diese Wirkung zwar noch nicht; sie tritt aber ein, wenn das Übergebot nicht sofort zurückgewiesen (sondern zugelassen) wird. Der Notar hat sich daher über jedes Gebot sofort schlüssig zu machen, ob es zugelassen werden kann oder nicht. Die Zulassung kann auch stillschw. geschehen; der Ausruf des Gebots oder dessen Aufnahme in das Prot. wird als Zulassung anzusehen sein. Wird es (ohne Widerspruch) zugelassen, so erlischt das früh. Gebot, auch wenn das zugelassene unwirksam (§ 71) ist u. ihm daher nicht der Zuschlag erteilt werden kann (OLG. 19, 190, Jaeckel-Güthe A. 16; vgl. § 71 A. 5).

Eine Ausnahme gilt für das zugelassene Übergebot, für das Sicherheit verlangt wird. In diesem Fall erlischt das früh. Gebot erst, wenn die Sicherheit geleistet wird (§ 70 Abs. 2).

Wird der Zulassung des Übergebots seitens eines Beteiligten (nicht des früh. Bieters als solchen, wohl aber auch eines Mieters oder Pächters, Wolff A. 2b) sofort, d. h. sobald es möglich ist, widersprochen, so bleibt der früh. Bieter gebunden, bis über das Übergebot entschieden (allenfalls erst bei Entsch. über den Zuschlag, des Notars nach § 79 oder des Vollstr.- oder BeschwG.) oder ein weiteres Übergebot zugelassen ist oder der Fall c eintritt.

Ein Übergebot liegt nicht vor, wenn ein höh. Gebot bei einer anderen VersteigArt. gelegt wurde; daher erlöschen die Einzelgebote noch nicht durch Zulassung eines Gesamtgebots (Reinhard-Müller A. 5; Recht 02, 486).

Über den Fall des Doppelausgebots s. § 59 A. 3, § 63 A. 2.

b) Die Zurückweisung eines Gebots bringt dieses zum Erlöschen, falls nicht sofort (vom Bieter oder einem Beteiligten) Widerspruch erhoben wird, ohne Rücksicht darauf, ob es wirksam war oder nicht (ZBlFG. 6, 21, OLG. 19, 190). Der früh. Bieter bleibt gebunden, sowohl wenn das Übergebot zurückgewiesen als auch wenn der Zurückweisung rechtzeitig widersprochen wird. Die Entsch. bringt — abges. von einem weiteren Übergebot — im Falle des Widerspruchs ebenfalls erst der Zuschlagsbeschluß, bei dem auch der Notar an die früh. Zurückweisung nicht gebunden ist (§ 79). Der ausdrückl. Zurückweisung steht der Fall gleich, daß das Gebot als irrig angesehen u. stillschw. übergangen wird (OLG. 20, 379).

c) Die Einstellung oder Aufhebung des Verf. oder des Termins (§§ 29, 30, 75, 76, 77) hat das Erlöschen der Gebote zur Folge, auch wenn sie unbegründet war u. im Beschwerdewege beseitigt wird; ein Widerspruch ist hier bedeutungslos. War dagegen gemäß § 33 nur der Zuschlag versagt worden, so erlischt das Gebot erst mit der Rechtskraft des VersagBeschlusses (§ 86). Die bloße Verlegung der Forts. des Termins hat keinen Einfluß auf die Gebote (Jaeckel-Güthe A. 17; s. § 33).

4. Erinnerung nach § 13 Abs. 2 EG. u. sodann sof. **Beschwerde** ist möglich gegen Erteilung des Zuschlags, wenn sie trotz Widerspruchs gegen die Zulassung des Übergebots erfolgte, oder gegen die Versag. des Zuschlags, wenn ein Gebot zurückgewiesen wurde, obwohl der Zurückweisung widersprochen war (§§ 80, 81, 84, 100). Keine Beschwerde (Erinnerung) ist gegeben, wenn nur gegen die Zurückweisung eines Gebots, nicht aber gegen die Zulassung eines Übergebots, dem der Zuschlag erteilt wird, Widerspruch eingelegt wurde, auch

nicht, wenn sich der Bieter durch die Zurückweisung vom Weiterbieten abhalten ließ (OLG. 5, 336; 30, 111, SeuffA. 58, 85). Zulassung u. Zurückweisung sind nicht als solche (mit Beschwerde) anfechtbar (§ 95); sie müssen ebenso wie der Widerspruch zu Protokoll festgestellt werden (§§ 78, 80, OLG. 15, 29). Vgl. im übr. § 70.

§ 73.

Zwischen der Aufforderung zur Abgabe von Geboten und dem Zeitpunkt, in welchem bezüglich sämtlicher zu versteigernder Grundstücke die Versteigerung geschlossen wird, muß mindestens eine Stunde liegen. Die Versteigerung muß solange fortgesetzt werden, bis der Aufforderung des Gerichts ungeachtet ein Gebot nicht mehr abgegeben wird.

Das Gericht hat das letzte Gebot und den Schluß der Versteigerung zu verkünden. Die Verkündigung des letzten Gebots soll mittels dreimaligen Aufrufs erfolgen.

E. I § 100; Begr. 211, 212; D. 53; RBer. 39.

Dauer und Schluß der Versteigerung.

1. Mindestdauer des VersteigGeschäftes. Um einer übereilten Erledigung des Verf. vorzubeugen, ist für den 2. Abschnitt desselben (das mit der Afford. zur Abgabe von Geboten beginnende VersteigGeschäft, s. § 66 A. 1) eine Mindestdauer von 1 Stunde vorgeschrieben. Die Dauer einer etwaigen Unterbrechung des Termins darf in diese Frist nicht eingerechnet werden; der Notar muß während einer vollen Stunde Gelegenheit zur Abgabe von Geboten geben (Wolff A. 1, Reinhard-Müller A. 1, ZBlFG. 11, 166); die Verhandlung über den Zuschlag (§§ 74, 79) darf nicht eingereicht werden. Außerdem ist wesentlich die Aufforderung zur Abgabe weit. Gebote (Beurkundung nach Stunde u. Minute: §§ 78, 80), bevor der Schluß der Versteig. verkündet wird. Nichtbeachtung des Abs. 1 ist unheilbar u. begründet die Versagung bzw. Aufhebung des Zuschlags (§§ 80, 83 Nr. 7, 84, 95, 100 ZVG., § 13 Abs. 2 EG.; ZBlFG. 4, 357).

Abs. 2 enthält dagegen nur Ordnungsvorschr. Der Ausruf des Gebots hat natürlich auch den der Person des Bieters zu enthalten (abw. Reinhard-Müller A. 3). Muß der Zuschlag dem Meistgebote versagt, kann er aber (weil dessen Zulassung widersprochen wurde) dem vorhergeh. Gebot erteilt werden, so hindert der Umstand nicht, daß nur das Meistgebot dreimal ausgerufen wurde (Reinhard-Müller § 81 A. 1 c).

2. Bei der Versteig. **mehrerer** Grundstücke im näml. Termine braucht der Zeitraum von einer Stunde nicht für die Versteig. jedes einzelnen G. eingehalten zu werden; es genügt, wenn seit der allg. Afford. zur Abgabe von Geboten (bezügl. aller G.) bis zu dem Zeitpunkt, in dem die Versteig. bezgl. eines der G. geschlossen wird, eine Stunde abgelaufen ist. Ist dies geschehen, so kann bezügl. des einen G. die Versteig. geschlossen, hinsichtl. anderer fortgesetzt werden (Jaeckel-Güthe A. 1, Reinhard-Müller A. 2; bestr.).

Dies gilt jedoch nicht im Fall eines Doppelausgebots nach § 63, bei dem der Schluß der Versteig. nur einheitlich angeordnet werden darf, so daß ein Einzelgebot noch gelegt werden kann, wenn auch schon zur Vornahme des Gesamt- oder Gruppenausgebots geschritten worden war (§ 73 Abs. 1 S. 2; bestr., vgl. § 63 A. 2, GruchBeitr. 51, 347).

Auch beim Doppelausgebot des näml. Grundstücks (z. B. nach § 59 Abs. 2) muß bis zum Schluß der Versteig. die Möglichkeit gegeben sein, auf beide Ausgebote Gebote zu legen.

Über gleichzeitige Abhaltung mehrerer VersteigTermine s. ZBlFG. 11, 164.

3. Schluß des VersteigGeschäftes. Durch den dreimaligen Aufruf des letzten Gebotes, das vor der Afford. zur Abgabe weit. Gebote gelegt worden war, werden die Beteiligten auf den unmittelbar bevorsteh. Schluß der Versteig. hingewiesen. Werden nach Aufruf des letzten Gebots weitere Gebote gelegt, so ist das Bietungsgeschäft fortzusetzen. Mit der Verkündung des Schlusses der Versteig. (Beurkundung nach Stunde u. Minute: §§ 78, 80) sind weit. Gebote ausgeschlossen. — Rechtsfolgen: §§ 33, 56.

Eine Wiederaufnahme des VersteigGeschäftes ist — abges. von § 64 Abs. 2, § 85 Abs. 1 — jedenfalls nur mit Zustimmung der sämtl. (nicht nur anwesenden) Beteiligten u. des Meistbietenden zulässig (Jaeckel-Güthe A. 2, Wolff A. 3, bestr.).

Mit dem Schluß der Versteig. ist nicht der Schluß des Termins zu verwechseln. Auf ersteren folgt noch die Verhandlung u. Entsch. über den Zuschlag (§§ 74, 79 ff.).

§ 74.

Nach dem Schlusse der Versteigerung sind die anwesenden Beteiligten über den Zuschlag zu hören.

E. I § 102 Abs. 1; Begr. 213, 214; D. 54; KBer. —.

Verhandlung über den Zuschlag.

1. Diese Bestimmung hat lediglich die Bedeutung einer **Ordnungsvorschrift**, deren Nichtbeachtung ohne Einfluß auf das Verf. ist. Ebensowenig ist damit eine Verpflicht. der Beteiligten, sich über den Zuschlag zu erklären, festgesetzt, da die Prüfung der Zulässigkeit des Zuschlags Amtspflicht des VersteigBeamten ist. Daher ist in einer Nichtäußerung allein noch keine Genehmigung des Verf. oder Zustimmung zum Zuschlag zu erblicken.

Anderseits dient sie aber vor allem dazu, durch eine möglichst allseitige Darlegung der Gründe für u. gegen die Erteilung des Zuschlags (auch Erhebung der angebot. u. erforderl. Beweise)[1]) die Beschlußfassung zu erleichtern, etwaige Verfahrensmängel durch Einholung der (ausdrückl.) Genehmigung der Beteiligten (§§ 83 Nr. 1—5, 84, 87) zu beseitigen u. so die Anfechtung des Zuschlags in vielen Fällen hintanzuhalten.

Dagegen ist eine Nachholung der auf die Gebote bezügl. Erklärungen (Verlangen oder Nachbringung von Sicherheiten u. Vollmachten, Widerspruch geg. Gebote, Nachgebote, Zustimmung bzw. Genehmigung von Geboten) durch § 73 ausgeschlossen. Zulässig sind nur noch die nachträgl. Anmeldung (Glaubhaftm.) von Rechten (§ 37 Nr. 4), jedoch vorbehaltl. § 110, ferner die

---

[1]) Zur eidl. Vernehmung von Zeugen u. Sachverst., Anordnung u. Abnahme von Parteieiden (vgl. RG. 54, 311) ist aber der Notar nicht zuständig (§ 13 Abs. 1 EG., Art. 3 Abs. 2 NotG., Kaisenberg S. 39).

Geltendmach. entgegensteh. Rechte (§§ 37 Nr. 5, 33) u. die Anträge nach § 64 Abs. 2 u. 85 (Jaeckel-Güthe A. 1, 7, Reinhard-Müller A. 2, 3).

2. Mit dem Gehör der Beteiligten (auch der Bieter, deren Gebot noch wirksam ist, der Mieter u. Pächter) über den Zuschlag **schließt die Verhandlung**. Sie u. die darauf folgende Verkünd. der Zuschlagsentscheidung, der eine neuerl. Beweiserhebung vorangehen kann (§ 87), bilden den 3. Abschnitt des Versteig.-Termins (s. § 66 A. 1).

3. Wg. **Belehrung** der Beteiligten über Benützung des Scheck- u. Giroverkehrs s. § 9 JMBek. v. 13. 7. 17 JMBl. 65.

§ 75.

Zahlt nach dem Beginne der Versteigerung der Schuldner oder ein Dritter, der berechtigt ist, den Gläubiger zu befriedigen, den zur Befriedigung und zur Deckung der Kosten erforderlichen Betrag an das Gericht, so wird das Verfahren einstweilen eingestellt.

E. I § 103; Begr. 214; D. 54; KBer. —.

Zahlung im Versteigerungstermine.

1. **Zweck der Vorschrift.** Gemäß § 775 Nr. 4, 5 ZPO. ist durch das Notariat die VersteigVerhandlung u. das Verf. einstw. einzustellen, wenn vom Sch. die Befriedigung des Gl. oder die Einzahlung des von diesem beanspr. Betrages bei der Post nachgewiesen wird. Nunmehr gewährt § 75 (in Verb. mit § 13 EG., Art. 25 BayAG.) ausdrücklich die Möglichkeit, die ZwVersteig. auch noch nach dem Schlusse der VersteigVerh. u. bis zur Verkündung des Zuschlags durch Zahlung an das Notariat abzuwenden.

2. Die **Zahlung der Schuld** braucht erst nach Beginn des VersteigTermins (nach Aufruf der Sache, § 66) angenommen zu werden, während sie vorher (durch Schuldner, AblösBerechtigten) an den Gläubiger zu geschehen hat (Jaeckel-Güthe A. 2); im letzteren Fall ist die einstw. Einstellung im Wege der §§ 775 Nr. 4, 5 ZPO. beim Notariat oder gem. §§ 767, 769 ZPO. bei Gericht herbeizuführen.

Die Zahlung muß die gesamte Schuld, für die die Vollstr. betrieben wird, einschließl. der Zinsen u. Kosten des Gl. (vgl. JW. 1925, 1927), des Gerichtes u. des Notariats, decken; ein geringfüg. Fehlbetrag ist aber unschädlich (OLG. 4, 159; 35, 195). Der Notar ist nicht berechtigt, HinterlegGebühren[1]) aus dem gezahlten Betrag zu berechnen. Zinsen, um derentwillen die Vollstr. nicht betrieben wird, brauchen nicht bezahlt zu werden. Im Falle der Betreibung durch mehrere Gl. findet § 75 nur Anwendung, wenn das Guthaben der sämtl. betreib. Gl. bezahlt wird. Wird nur der eine befriedigt, so ist nur das zu seinen Gunsten betrieb. Verf. einzustellen u. für die anderen, vorbehaltl. der Änderung des g. G., fortzusetzen (s. § 44 A. III b δ; Reinhard-Müller A. 1); wird nur derj. Gl. befriedigt, zu dessen Gunsten allein die Versteig. durchgeführt werden könnte, weil der weitere Beschluß nicht rechtzeitig zugestellt ist (§ 43 Abs. 2), so ist das Verf. für den ersten einzustellen, der Termin aufzuheben u. für den Beitretenden neu zu bestimmen. Auch die vom betreib. Gl. bestrittenen Kosten zur

[1]) Denn die Entgegennahme der Zahlung gehört wie im Fall des § 107 Abs. 2 zur „Tätigkeit" im Sinne des Art. 52 I Nr. 2 NotGebO. (a. M. 3. Aufl., vgl. auch Drescher BNotV. 1926, 214); anders, wenn aus anderem Anlaß, z. B. weil die Ablieferung an den Gl. nicht möglich ist, eine Hinterlegung erfolgen muß.

Erhaltung oder notwendigen Verbesserung des Grundstücks müssen gedeckt sein (§ 10 Nr. 1 u. Abs. 2, SeuffA. 57, 87, OLG. 4, 160). Zinsen u. Kosten sind vom Notariat zu berechnen, erstere bis zur wahrscheinl. Ablief. an den Gl. (Fischer-Schäfer 286); der Gl. ist auskunftspflichtig (RG. 91, 341). Über den Ablösungsbetrag einer aufgew. Höchsthyp. s. RG. 123, 149.

Es ist Barzahlung erforderlich, Hingabe an Erfüllungs Statt (§ 364 BGB.) ungenügend. Auch Befriedigung durch Aufrechnung steht der Zahlung nicht gleich (anders bei Ablösung nach § 268 Abs. 2 BGB., daher Befriedig. der betreib. Bank durch LiquPfandbriefe im Falle des Art. 84 Z. 7 DurchfVO.AufwG. zulässig; a. M. Friedenthal JW. 1929, 717, vgl. § 114 Fußn. 2); die Aufrechnung ist im Wege der Einwendung (§§ 767, 769 ZPO.) geltend zu machen. Wohl aber genügt einer der im § 775 ZPO. bez. Nachweise zur Herbeiführung der einstw. Einst. auch durch den Notar (Becher Mat. VI, 25, 26).

3. Zahlungsberechtigt ist außer dem Schuldner u. dem in seinem Auftrage Handelnden nach §§ 268, 1150 (1192, 1200) BGB. jeder, der Gefahr läuft, durch die Versteig. ein (dingl.) Recht[2]) am G. (bzw. mithaft. Gegenständen) oder den Besitz zu verlieren (RG. 90, 355; 91, 302, OLG. 42, 40), also die dem Betreibenden nachstehenden[3]) RealGl. (nicht persönl. Gl., auch wenn sie Beschlagn. bewirkt haben, BayObLG. 13, 354, Güthe-Triebel GBO. § 22 A. 22), auch der neueingetretene Eigentümer (§ 26), Miteigentümer (GruchBeitr. 55, 670), Berechtigter aus einer nicht im g. G. steh. AuflassVormerkung (Meiser GruchBeitr. 57, 804), Mieter u. Pächter, soweit ihre Rechte nicht etwa infolge der VersteigBeding. tatsächlich bestehen bleiben, endlich Dritte, die ein der Versteig. entgegensteh. Recht angemeldet u. glaubhaft gemacht haben (Jaeckel-Güthe A. 3, Fischer-Schäfer 283, 285). Das AblösRecht des § 75 steht nicht jedem Dritten (§ 267 BGB.) zu; dieser kann nur direkt an den Gl. zahlen (Jaeckel-Güthe A. 3, Reinhard-Müller A. 2; abw. Wolff § 75 A. 2). Auch der ZwVerw. kann nicht die Einstellung herbeiführen; ebensowenig derj., dem die Mietzinsen abgetreten sind (BZfR. 1912, 286).

4. Wirkung. Die Zahlung an das Notariat hat nur die einstw. Einstell. des Verf. (§§ 31, 32) zur Folge, die, falls die Zahlung erst nach dem Schlusse der Versteig. geschieht, mittelst Versagung des Zuschlags (vgl. § 33 A. 2, 3, § 86) auszusprechen ist. Sie bewirkt keine Befriedigung des Gl. u. befreit den zahl. Schuldner nicht (§§ 362, 185 Abs. 2 BGB.), solange nicht das Geld durch das Notariat an den Gl. abgeliefert oder gemäß §§ 372, 378 BGB. hinterlegt ist. Dem Gl. steht ein Anspruch auf Auszahlung zu, dem zahl. Sch. ein Anspruch auf Rückzahlung nur für den Fall, daß ersterer nicht besteht; dem Zugriff der anderen Gl. des Sch. ist der gezahlte Betrag selbst entzogen (Fischer-Schäfer 285), die Pfändung wäre nur für den Fall möglich, daß er nicht von dem Empfangsberechtigten beansprucht wird (Jaeckel-Güthe A. 6).

Die Ablieferung an den betreib. Gl. (auch der Kosten an das Gericht) ist Pflicht des Notars u. erfolgt auf Gefahr und Kosten des Zahlenden[4]).

---

[2]) Z. B. der HypGl., der versehentl. ein Meistgebot zugelassen hat, das ihm nicht genügend Deckung gewährt (Eucken JW. 1924, 885).

[3]) Die im g. G. berücksichtigten Berechtigten also nur, wenn sie über 2 Jahre alte Rückstände (§ 10 Nr. 8) zu fordern haben (Reinhard-Müller A. 2).

[4]) Eine ausdrückl. Bestimmung fehlt; es wird § 117 Abs. 2 (mit Art. 32 BayAG.) entspr. angewendet werden dürfen (Riedner 119, Jaeckel-Güthe A. 4, Reinhard-Müller A. 5). Das Recht des Zahlenden auf Erteil. einer Quittung (§ 368 BGB.) u. Aushändig.

Die Herbeiführ. der **Aufhebung** des Verf. auf Grund der schließl. Befriedig. ist Sache des Sch. (§§ 767, 769 ZPO., auch § 29 ZVG.); sie erfolgt aber nach Ablauf von 6 Monaten von Amts wegen (§ 31 Abs. 2) durch das VollstrG. (nicht Notar, der nur die Akten zurückzugeben hat, s. § 33 A. 4 ZVG., § 13 EG., Art. 25 BayAG.), wenn nicht die Fortsetz. des Verf. (OLG. 35, 195) beantragt oder die weitere Einstellung beim ProzeßG. erwirkt wurde.

Über das Rechtsverh. des zahl. **Dritten** zum Gl. u. Sch. s. § 268 Abs. 3 (§§ 401, 412, 1150, 1153) BGB. Der Rechtsübergang kann nicht zum Nachteile des betreib. Teils geltend gemacht, von diesem also insbes. nicht Zurücknahme des VersteigAntrags verlangt werden, wenn das Verf. auch noch von einem anderen Gl., dessen Ford. schlechteren Rang genießt, betrieben wird (OLG. 8, 429; vgl. auch § 12 A. 2).

5. Anfechtung. Gg. die Einstell. des Verf. (Zuschlagsversagung) durch das Notariat steht dem betreib. Gl. die Erinnerung u. sodann die sof. Beschwerde zu (§ 13 Abs. 2 EG., Art. 25 BayAG., § 95 ZVG.), ebenso dem Sch. oder Ablös.-Berechtigten (wenn er Beteiligter i. S. des § 9 ist) im Falle der Erteilung des Zuschlags trotz Zahlung (z. B. bei irriger Annahme ungenügender Zahlung), s. §§ 80, 83 Nr. 6, 97, 100. Zahlung außerh. des Verf. berechtigt nicht zur Zuschlagsanfecht., wenn sie bei Zuschlagserteil. unbekannt war (Recht 08, 114, BlfRA. 73, 471; vgl. §§ 775 Nr. 4, 5, 776, 767, 769 ZPO.).

6. Einstellung, Aufhebung u. Forts. des Verf. sind **gebührenfrei** (v. Schmidt BayKG. Art. 9 A. 1); im übr. s. § 66 A. 4, auch Löwi u. Wiesinger BNotV. 1927, 491 ff.

§ 76.

Wird bei der Versteigerung mehrerer Grundstücke auf eines oder einige so viel geboten, daß der Anspruch des Gläubigers gedeckt ist, so wird das Verfahren in Ansehung der übrigen Grundstücke einstweilen eingestellt; die Einstellung unterbleibt, wenn sie dem berechtigten Interesse des Gläubigers widerspricht.

Ist die einstweilige Einstellung erfolgt, so kann der Gläubiger die Fortsetzung des Verfahrens verlangen, wenn er ein berechtigtes Interesse daran hat, insbesondere wenn er im Verteilungstermine nicht befriedigt worden ist. Beantragt der Gläubiger die Fortsetzung nicht vor dem Ablaufe von drei Monaten nach dem Verteilungstermine, so gilt der Versteigerungsantrag als zurückgenommen.

E. I § 104; Begr. 215, 216, 223, 224; D. 53; RBer. —.

Deckung des Gläubigers durch Versteigerung einzelner Grundstücke.

1. Allg. Vgl. § 803 ZPO. u. § 1230 BGB. Diese zur Schonung des Sch. getroffenen Bestimmungen ließen sich nicht auf die ZwVerst. mehrerer G. übertragen, da der zu erzielende Erlös sich auch nicht annähernd übersehen läßt.

---

der zur Berichtig. des GBuchs erforderl. Urkunden (§§ 1144, 1150 BGB.) hat nicht der Notar wahrzunehmen; abw. Wenz-Wagner A. 8, die auch aus diesem Grunde die Hinterlegung für nötig halten.

2. Einstellung wegen Deckung des Anspr. des Gl. **durch Einzelgebote.** Voraussetzung ist:

a) Versteig. mehrerer G. (sei es einzeln oder mittels Gruppen- oder Gesamt-Ausgebots) im näml. Verfahren; § 76 ist nicht anwendbar, wenn nur ein Gesamtausgebot stattfindet; ist die Deckung bei einzelnen G. erreicht, so ist § 76 auch anzuwenden, wenn ein gleichzeitiges Gesamtausgebot ein besseres Ergebnis gehabt hat als die Einzelausgebote zusammen (Fischer-Schäfer 287, Jaeckel-Güthe A. 3). Das Recht der Beteiligten aus § 63 Abs. 2 steht dem § 76 nicht entgegen (OLG. 25, 258).

b) Deckung der Anspr. der betreib. Gl., wie sie sich unter Berechnung etwaiger Zinsen (bis zum mutmaßl.[1]) VerteilTermin) u. Kosten (§§ 12, 109) gestalten, infolge der Versteig. eines oder mehrerer G. Außer den sich hiernach berechnenden Anspr. der betreib. Gl. muß nicht nur der bar zu zahl. Teil des g. G. (§ 49), sondern auch der Anspr. der den betreib. Gl. im Range gleichsteh. Beteiligten durch das Meistgebot gedeckt sein.

Ist weg. einer den Betreibenden vorgeh. Gesamthyp. ein doppeltes Ausgebot nach § 64 erfolgt, so kann das Verf. nach § 76 erst eingestellt werden, wenn feststeht, ob der Zuschlag nach § 64 Abs. 1 oder 2 zu erteilen ist. Im ersteren Fall ist das Verf., sobald sich die Deckung der Betreibenden bei einem oder mehreren G. (unter Zugrundelegung der darauf verteilten Teile der Gesamthyp.) ergibt, hinsichtl. der anderen einzustellen; die Gesamthyp. bleibt dann auf den nicht versteigerten G. ganz bestehen (§ 64 Abs. 4). Im Falle des Zuschlags nach § 64 Abs. 2 aber ist erforderlich, daß die ganze Gesamthyp., die übr. den Betreibenden vorgeh. Zwischenberechtigten u. die Betreibenden selbst mit den ihnen im Rang Gleichstehenden bare Deckung gefunden haben, bevor Einstellung bezügl. der anderen G. erfolgen kann (§ 64 Abs. 5; Jaeckel-Güthe A. 7, Recht 02, 486).

c) Nichtgefährdung der Interessen d. h. der Befriedigung der betreib. Gl. Unter berecht. Interesse ist ein verständiges, durch die Sachlage gerechtfert. Interesse gemeint (OLG. 5, 200). Hierüber entscheidet der Notar nach pflichtgem. Ermessen möglichst nach vorh. Gehör der betreib Gl.

Die Einstell. hat z. B. zu unterbleiben, wenn nach der Lage der Sache die Anfecht. des Zuschlags u. infolgedessen die Verzögerung der Befriedigung zu erwarten ist; wenn ein Dritter der Versteig. einzelner G. widersprochen hat; oder wenn dem betreib. GesamtGl. auf einzelnen G. noch Hyp. im Range nach seiner Gesamthyp. zustehen (Jaeckel-Güthe A. 7 a. E.). Der Umstand, daß dem Gl. eine Gesamthyp. zusteht, rechtfertigt allein nicht die Versteig. aller G. (Jaeckel-Güthe A. 4, v. d. Pfordten 217).

d) Eines Antrags bedarf es nicht. Doch kann die Einstellung nicht gegen den Willen des Sch. erfolgen, der wegen seiner persönl. Haftung ein Interesse an der Fortsetz. haben kann (Jaeckel-Güthe A. 5, Reinhard-Müller A. 1 c).

3. Zeitpunkt der Einstellung. Sie kann erfolgen (durch den VerstBeamten), sobald die Deckung infolge des oder der gelegten Meistgebote erreicht ist (auch wenn neben dem Einzelausgebot ein Gesamtausgebot beantragt ist, OLG. 25, 258), kann aber auch erst nach Schluß der Versteig. sämtl. G. durch Versagung des Zuschlags (§ 33) hinsichtl. derj. G., deren Erlöse nicht mehr zur Deckung der betreib. Gl. nötig sind, geschehen (Jaeckel-Güthe A. 6, Wolff A. 3). Letzterenfalls ist der Zuschlag möglichst bei demj. G. zu erteilen, bei dem zuerst die Deckung des Gl. eintrat (Fischer-Schäfer 289; a. M. Jaeckel-Güthe A. 8, die

[1]) Auf die Möglichkeit einer Verzögerung der Befriedigung infolge Anfechtung des Zuschlags braucht keine Rücksicht genommen zu werden (Jaeckel-Güthe A. 3); anderseits ist zu berücksichtigen, daß zur Deckung außer dem Bargebot auch 4% Zinsen hieraus (§ 49 Abs. 2) zur Verfügung stehen (Reinhard-Müller A. 1 b).

zunächst das Interesse des Sch. entscheiden lassen wollen, während Wenz-Wagner A. 5 zunächst auf das Interesse des Gl. sehen).

4. Wirkung der Einstellung. Erfolgte diese mittels Versagung des Zuschlags (§ 33), so erlöschen die Gebote erst mit Rechtskraft des Beschlusses (so daß auf Beschwerde hin die Einstellung aufgehoben u. der Zuschlag erteilt werden kann); andernfalls sofort (§ 72 Abs. 3), so daß auch im Beschwerderechtszug nur der EinstellBeschluß aufgehoben, nicht aber der Zuschlag erteilt werden kann; die Beschlagn. selbst dauert fort, bis das Verf. aufgehoben wird (Abs. 2).

5. Zustellung des EinstellBeschl. ist nur erforderlich, wenn er nicht mittels Versagung des Zuschlags ergeht (s. §§ 32, 33, 87).

6. Anfechtung. Gegen den EinstellBeschluß des Notariats kann der betreib. Gl. die Entsch. des VollstrG. binnen 2 Wochen (ab Zustellung, im Falle des § 33 ab Verkündung) nachsuchen, u. hiergegen sof. Beschwerde einzulegen (§ 95 ZVG., § 13 Abs. 2 EG., Art. 25 BayAG.); ebenso, wenn die Einstellung durch Versagung des Zuschlags (§ 33) ausgesprochen wurde (§§ 83 Nr. 6, 97, 100); der Bieter u. der Dritte des § 81 sind nicht beschwerdeberechtigt [2]); andererseits sind der Sch. (u. der neu eingetretene Eigent.) beschwerdeberechtigt, wenn entgegen § 76 Abs. 1 der Zuschlag erteilt oder ohne Antrag des Gl. das Verf. fortgesetzt worden war (§§ 83 Nr. 5 mit 84); der Sch. kann aber auch gegenüber der Einstellung beschwerdeberechtigt sein (§ 95, vgl. oben 2 d u. § 30 A. 2).

7. Die Fortsetzung des Verf. können die betreib. Gl. trotz der Rechtskraft des EinstellBeschl. innerh. 3 Monate ab VertTermin (anders § 31 Abs. 2) verlangen, wenn sie ein berecht. Interesse hieran darlegen, z. B. wenn sie im VerteilTermine nicht oder nicht vollständig befriedigt wurden oder wenn der Zuschlag angefochten wurde. Die Forts. ist beim Notariat zu beantragen (Art. 25 BayAG., Becher Mat. VI, 25). Daneben können die Gl. u. U. die (Wieder-) Versteig. des zugeschlag. G. gegen den Ersteher betreiben (§§ 118 Abs. 2, 132, 133). Nach Ablauf der Frist ist das eingestellte Verf. aufzuheben (§§ 29, 32; durch das VollstrG. Art. 25 BayAG.) [3]) u. das GBAmt um Löschung des VersteigVermerks zu ersuchen (§ 34). Gegen die Anordnung der Forts. steht dem Sch., gegen die Ablehnung derselben den betreib. Gl. die Erinnerung des § 13 Abs. 2 EG. u. sodann die sof. Beschwerde des § 95 zu.

§ 77.

Ist ein Gebot nicht abgegeben oder sind sämtliche Gebote erloschen, so wird das Verfahren einstweilen eingestellt.

Bleibt die Versteigerung in einem zweiten Termine gleichfalls ergebnislos, so wird das Verfahren aufgehoben. Liegen die Voraussetzungen für die Anordnung der Zwangsverwaltung vor, so kann auf Antrag des Gläubigers

[2]) Ihr Recht aus § 97 muß hinter dem Interesse des Sch., zu dessen Schutz § 76 dient, zurückstehen; sie hätten auch kein Beschwerderecht, wenn der Gl. sich selbst für befriedigt erklärt u. dadurch den Zuschlag verhindert (Jaeckel-Güthe A. 10, Reinhard-Müller A. 3; bestr.).

[3]) OLG. 25, 260 hat diese Bemerkung u. die zu § 33 mißverstanden. Auch nach der hier vertret. Meinung hat nicht der Notar, sondern das Gericht das Verf. aufzuheben u. um Löschung des VersteigVermerks zu ersuchen. Der Notar entscheidet nur zunächst allein darüber, ob der Zuschlag zu erteilen ist oder nicht.

das Gericht anordnen, daß das Verfahren als Zwangsverwaltung fortgesetzt wird. In einem solchen Falle bleiben die Wirkungen der für die Zwangsversteigerung erfolgten Beschlagnahme bestehen; die Vorschrift des § 155 Abs. 1 findet jedoch auf die Kosten der Zwangsversteigerung keine Anwendung.

E. I § 105; Begr. 216, 217; D. 54; KBer. —.

Ergebnislosigkeit der Versteigerung.

1. Die **Fälle** des § 77. Ergebnislosigkeit des VerstTermins im Sinne des § 77 liegt nur vor, wenn entweder ein Gebot überhaupt nicht gelegt oder die gelegten Gebote sämtlich erloschen sind. Andere Gründe der Aufhebung des Termins (z. B. Stundung u. EinstellBewill. des Gl., Nichteinhaltung wesentl. Verf. Vorschr.) fallen nicht unter § 77; es kann also im zweiten Termine Stundung erfolgen, wenn eine solche noch nicht vorausgegangen war (Jaeckel-Güthe A. 1, 2). Wurde ein Gebot abgegeben, aber widerspruchslos zurückgewiesen, so erlischt es (§ 72 Abs. 2) u. es ist ebenso zu verfahren, wie wenn überhaupt keines abgegeben worden wäre. Wurde aber ein Gebot zugelassen u. nicht mehr überboten, u. stellt sich hierauf seine Unwirksamkeit heraus (z. B. infolge Anfecht. wegen Irrtums), so liegt zwar auch Ergebnislosigkeit des Termins, aber nicht der Fall des § 77 vor (es ist also nicht bloß noch ein Termin zulässig); der VersteigBeamte hat vielmehr nun die Versagung des Zuschlags auszusprechen (§ 33), zu welchem Zwecke die Versteig. formell zu schließen ist (§ 73).

2. In den Fällen des § 77 Abs. 1 wird nur die **einstw. Einstellung** beschlossen (mangels eines Gebotes kann die Versagung des Zuschlags nicht in Frage kommen); aber auch sie ist erst nach Ablauf einer Stunde, von der Auford. zur Abgabe von Geboten an gerechnet, zulässig (§ 73 Abs. 1). Der EinstellBeschluß ist nach § 32 (durch den Notar) dem Gl. u. Sch. zuzustellen (Jaeckel-Güthe A. 1, Reinhard-Müller A. 2).

3. Über die **Fortsetzung** des einstw. eingestellten VersteigVerf. s. § 31. Von mehreren betreib. Gl. kann jeder selbständig die Forts. beantragen (s. § 31 A. 2). § 30 Abs. 1 S. 2 findet keine Anwendung (s. § 30 A. 1 a. E.).

4. Die **Aufhebung** des Verf. (durch das VollstrG., § 13 Abs. 1 EG., Art. 25 BayAG.) erfolgt, wenn die Frist des § 31 Abs. 2 abgelaufen ist oder auch der 2. Termin aus den in Abs. 1 bez. Gründen ergebnislos verläuft (u. nicht Antrag nach Abs. 2 S. 2 gestellt ist). Zu diesem Zwecke sind die Akten an das Gericht abzugeben; ein EinstellBeschluß wird im Falle des § 77 Abs. 2 nicht erlassen. Der AufhebBeschluß ist nach § 32 zuzustellen, der VersteigVermerk nach § 34 zu löschen. Der Gl. ist diesfalls auf sof. Beschwerde (s. unten A. 6 u. § 34 A. 2) oder neuerl. VersteigAntrag angewiesen.

5. Über **Anfechtung** der Einstell. bzw. Forts. u. Aufheb. s. §§ 95, 97 ZVG., § 13 Abs. 2 EG. (vgl. § 76 A. 6, 7).

6. Die **Überleitung des Verf. in die ZwVerw.** bezweckt Vermeidung von Kosten u. Weiterungen u. Aufrechterhaltung der BeschlagnWirkungen; sie ist nur nach vorausgegang. zweiten Termine zulässig u. nur, wenn die Voraussetz. der §§ 146, 147 hierfür gegeben sind. Hat ein Eigentumswechsel stattgefunden (§ 23), so ist ein VollstrTitel gegen den neuen Eigent. nicht erforderlich (Fischer-Schäfer 291, v. d. Pfordten 220, Jaeckel-Güthe A. 5). Über den Nießbrauch als Hindernis der ZwVerw. s. § 146 A. 4.

Die Anordnung erfolgt durch das VollstrG. (nicht Notariat, § 13 Abs. 2 EG., Art. 25 BayAG.) auf den im VersteigTermin oder bei Gericht zu stellenden Antrag eines der betreib. Gl., der bis zur Zustellung des AufhebBeschlusses zulässig ist (§ 577 Abs. 3 ZPO., Fischer-Schäfer 292, Reinhard-Müller A. 5 b). Der Sch. bleibt, da das Verf. nicht aufgehoben wird, in der Verfüg. über das G. beschränkt, seine nach der Beschlagn. getroff. Verfüg. bleiben dem betreib. Gl. gegenüber unwirksam. Die Anordnung ist nicht Ermessenssache u. kann, wenn sie zulässig ist, nicht abgelehnt werden[1]). Der Beschluß, betr. die Überleit. des Verfahrens, ist dem Gl. u. Sch. zuzustellen (§§ 3ff., 8) u. unterliegt der sof. Beschwerde (§§ 95, 146); ebenso die Abweisung des Antrags, die mit der Aufheb. des Verf. zu verbinden ist (Fischer-Schäfer 292, Jaeckel-Güthe A. 4).

Die Anordnung der „Fortsetzung" des Verf. „als ZwVerw." ist in das GBuch einzutragen (es genügt wegen § 77 Abs. 2 S. 3 nicht die Eintrag. des VerwVermerks, Jaeckel-Güthe A. 7); der VersteigVermerk bleibt, weil fortwirkend, bestehen[2]); § 19 Abs. 2 ist von neuem zu beobachten. Die Akten sind wieder an das Notariat zu leiten, das den Verwalter zu bestellen u. in den Besitz des G. zu setzen hat (§§ 146ff., 150). Die Beteiligten sind zu benachrichtigen (§ 146 Abs. 2).

Haben mehrere die Versteig. betrieben, so wird das Verf. nur für diej. fortgesetzt, die dies beantragt haben; der spätere Beitritt zum VerwVerf. unterliegt den gewöhnl. Regeln (§§ 27, 146, 151).

7. Der Eintritt der **Wirkungen** des Überleitungsbeschlusses, soweit sie nach § 148 über diej. der VersteigBeschlagn. hinausgehen (z. B. hinsichtl. Miet- u. Pachtzinsford.), bestimmt sich nach § 22 (Zustellung des FortsBeschl., Eintrag. des neuen Vermerks) oder § 151 (Besitzergreifung durch den Verwalter). Für die Berechnung der lauf. Beträge wiederkehr. Leistungen (§§ 13, 155 Abs. 2, 156 Abs. 1) ist die VersteigBeschlagn. maßgebend.

8. Die **Kosten** des ergebnislosen VersteigVerf. fallen nicht unter § 155 Abs. 1; der Gl. kann sie nur an der seinem Hauptanspruche gebührenden Rangstelle (§§ 10, 12) geltend machen (Jaeckel-Güthe A. 7, Reinhard-Müller A. 6).

Für ergebnislose Termine kann der **Notar** die Zeitgebühr (Art. 15ff., 52 I Nr. 2 NotGebO.) berechnen (Schmitt Art. 52 A. 6); wg. der Vorbereitung des Termins s. § 66 A. 4. **Gerichtsgebühren** für den FortsBeschluß (Abs. 2 S. 2) fallen nicht an (v. d. Pfordten AG. 64, v. Schmidt BayKG. Art. 9 A. 1), werden aber jedenfalls auf die VerwGebühr des Art. 10 angerechnet (Meyer Art. 8 A. 4 c). Dementsprechend wird auch eine besondere **Anwaltsgebühr** für den FortsAntrag nicht zuzubilligen sein (Art. 17 BayRAGebO.). Auch Einstell. u. Aufheb. des Verf. sind gebührenfrei.

§ 78.

Vorgänge in dem Termine, die für die Entscheidung über den Zuschlag oder für das Recht eines Beteiligten in Betracht kommen, sind durch das Protokoll festzustellen; bleibt streitig, ob oder für welches Gebot der Zuschlag zu erteilen ist, so ist das Sachverhältnis mit den gestellten Anträgen in das Protokoll aufzunehmen.

E. I § 106; Begr. 217; D. 54; KBer. —.

---

[1]) Bestr.; a. M. auch 2. Aufl. Ob die ZwVerw. aussichtslos ist, hat nicht das Gericht zu entscheiden. Es könnte ja einer neuen Anordnung derselben auch nicht entgegentreten.

[2]) Trotzdem werden wohl zweckmäßig neue Akten zu bilden sein.

Terminsprotokoll (Verhandlungsschrift).

1. Form. § 78 beschränkt sich (ausgehend von dem Gedanken, daß das ZVG. einen Bestandteil der ZPO. bildet) auf die durch die besondere Natur des VersteigVerf. gebotenen Abweichungen von den allg. Vorschr. der §§ 159 bis 164 ZPO. über das Sitzungsprotokoll (Begr.).

In formeller Beziehung sind die letzteren, ergänzt durch § 78, auch für das VersteigProt. des bayer. Notars maßgebend, nicht das GFG. (da dieses sich in seinem 10. Abschn. nur mit der Beurkundung von Rechtsgeschäften befaßt, als welche die ZwVersteig. nicht aufgefaßt werden können, Schultze-Görlitz GFG. S. 356), u. ebensowenig das BayNotG. v. 9. 6. 99 (da dieses die Vorschr. des ZVG. u. der ZPO. unberührt ließ, Art. 24 NotG., § 180 NotGeschO., Becher Mat. VIII, 40). Denn durch § 13 EG. ist der Landesgesetzg. nur gestattet, abw. vom RGes. vorzuschreiben, in welchem Umfange, nicht in welcher Form die Amtshandlungen des VollstrG. von einer anderen Behörde wahrzunehmen sind. Für diese Behörde sollten dieselben Vorschr., wie für das VollstrG., maßgebend sein (Begr. 374). Insbes. wurde von der übernahme der in Art. 78 Nr. 6 BaySO. enthalt. Vorschrift der Unterzeichnung des Prot. durch den Meistbiet. aus praktischen Rücksichten abgesehen (Begr. 219).

In Ermangelung besond. reichsrechtl. Bestimmungen verbleibt es daher in Ansehung des Prot. bei denen der ZPO., auch hinsichtl. des Abschlusses[1]) (Unterzeichnung durch den Notar ohne Siegel u. ohne Unterschrift der Mitwirkenden, auch nicht des Erstehers, Meistbiet., Dritten des § 61, Bürgen; vgl. §§ 119, 141, 180 NotGeschO.). Daß der Notar keinen Protokollführer zuziehen kann, vermag hieran nichts zu ändern; ebensowenig der Umstand, daß diesem dergestalt zustande gekommenen Prot. die volle Beweiskraft des § 80 innewohnen soll (ebenso v. d. Pfordten AG. Art. 25 A. 4). Entfernen sich die Beteiligten vor Abschluß des Prot., so ist dies vor der Unterzeichnung durch den Notar zu vermerken, ebenso wenn und warum die Genehmigung verweigert wird (§ 162 ZPO.). Auch Abfassung des Prot. in Kurzschrift mit alsbaldiger[2]) Übertragung (§ 163 a ZPO.) ist zulässig, aber nicht zu empfehlen. Anlagen zum Prot. (enth. z. B. das g. G., die VerstBeding., den Zuschlagsbeschl.) sind zulässig. — Bei Aktenrückgabe wird eine Ausfertigung des VerstProt. nicht zurückbehalten (§ 180 Abs. 3 NotGeschO.).

2. Inhalt des Protokolls (§§ 159, 160 ZPO.). Anzugeben sind:

a) Ort, Zeit u. Zweck der Verhandlung; Name des Notars; Bezeichnung der Sache (vgl. §§ 36, 37 ZVG.); Namen der bei Aufruf erschienenen Be-

---

[1]) Es könnten Zweifel darüber auftauchen, ob nicht die Vorschr. des BayNotG. über die Errichtung notarieller Urkunden wenigstens als Sollvorschriften Anwendung zu finden haben. Die Erklärung, die im Ausschusse der K. d. Abg. auf eine zu Art. 32 Not.-GEntw. (Art. 31 Ges.) gestellte Frage seitens des RegVertreters abgegeben wurde, „daß auch für die in Art. 2 NotG. genannten Urkunden die allg. Vorschriften der Art. 26, 27, 37 des Entwurfs (Art. 25, 26, 36 NotG.) anwendbar seien, daß überhaupt diese Bestimm. das Mindestmaß der Form für jede NotUrkunde enthielten" (Becher Mat. VIII, 180, 181), möchte hierzu Veranlassung geben. Diese Erklärung kann sich aber, soweit das ZVG. in Verb. mit der ZPO. besond. Vorschr. über die Form der Protokolle enthält u. abweich. landesrechtliche nicht zuläßt, nicht auf das bei Zwangsversteig. vom Notar aufzunehm. Protokoll beziehen. Vgl. dagegen die ausdrückl. Vorschrift des Art. 78 Abs. 2 BaySO. Obwohl hiernach die Formvorschriften des NotG. keine Anwendung finden, so ist doch das VerstProt. (samt Zuschlagsentsch.) u. das VerteilTerminsprot. (samt Teilungsplan) eine notarielle Urkunde im Sinne des Art. 1, 2, 24 NotG., 104, 180, 288 NotGeschO., § 797 Abs. 2 ZPO.

[2]) Daß der Notar außer etwaiger Schadensersatzpflicht sich dienstaufsichtl. Bestrafung aussetzt, wenn er die alsbaldige übertragung oder gar die Anfertigung des Prot. selbst unterläßt, ist selbstverständlich.

teiligten, gesetzl. Vertreter, Bevollmächtigten u. Beistände (unter Feststellung der Vertretungsmacht);

b) der Verlauf der Vorverhandlung im Anschlusse an § 66 (insbes. die Anmeldungen u. deren Glaubhaftm., die Feststell. des g. G. u. der VersteigBedingungen, sowie deren Verlesung, die hierauf bezügl. Anträge u. Erklärungen, das Verlangen von ZahlFristen, Doppelausgeboten, Sonderverwertung von Gegenständen), Hinweis auf den bevorsteh. Ausschluß weiterer Anmeldungen unter Angabe des Zeitpunkts, in dem zur Abgabe von Geboten aufgefordert wurde;

c) der Verlauf des VersteigGeschäftes (§§ 67 ff.: Bezeichnung der ausschlaggeb. Gebote, die Verhandl. über SichLeistung, Zustimmung, Widersprüche, Entscheid. über dieselbe (soweit sie nicht durch widerspruchslose Zulassung von Übergeboten gegenstandslos geworden), Schluß der Versteig. unter Zeitangabe u. Feststell. der letzten Aufford. zur Abgabe von Geboten, des dreimal. Aufrufs des letzten Gebots u. der Verkünd. des Schlusses);

d) Gehör der Beteiligten über den Zuschlag, deren Erklärungen [3]) u. Anträge (§ 74);

e) Verkündung der Entscheid. über den Zuschlag oder des hierfür bestimmten Termins; Feststell. der Verlesung [4]) u. Genehmigung des Prot. (§ 66 ZVG. mit § 162 ZPO.); Unterschrift des Notars (§ 163 ZPO.).

Weitere Feststellungen können sich z. B. aus §§ 37 Nr. 5, 75—77, 81, 85, 91, 94 ergeben.

Abw. von der ZPO. ist in § 78 vorgeschrieben die Feststell. aller derj. Vorgänge, die für die Entscheid. über den Zuschlag oder für das Recht eines Beteiligten (auch Meistbiet. u. derj. Bieter, deren Gebot nach ihrer Meinung nicht erloschen ist) in Betracht kommen, ohne Beschränkung auf diej., welche der Notar für erheblich hält (Recht auf Beurkundung), da nicht das mündl. Vorbringen der Beteiligten, sondern nur das urkundlich festgestellte Sachverhältnis die Grundlage der Entscheid. über den Zuschlag bildet (§ 80; Begr. 218). Nichtfeststellung kann Schadensersatzpflicht des Notariats (Staats) begründen.

Der Aufnahme eines ausdrückl. Räumungsbefehls in das Prot. bedarf es im Hinblick auf § 93 nicht mehr.

3. **Beweiskraft** des Protokolls. Das VersteigProt. erbringt vollen Beweis nicht nur für die Beobachtung der für den Termin vorgeschrieb. Förmlichkeiten (§ 164 ZPO.), sondern auch für den tatsächl. Verlauf der Verhandl., soweit die beurkund. Vorgänge für den Zuschlag von Bedeutung sind (s. § 80).

VI. Entscheidung über den Zuschlag.

§ 79.

Bei der Beschlußfassung über den Zuschlag ist das Gericht an eine Entscheidung, die es vorher getroffen hat, nicht gebunden.

E. I § 120 Abs. 1; Begr. 235—238; D. —; RBer. —.

---

[3]) Praktisch wertvoll ist die Feststell., welche von den anwes. Beteiligten ausdrücklich mit dem Zuschlag einverstanden waren (Jaeckel-Güthe A. 31).

[4]) Wegen § 80 ist auch die Feststell. der in § 78 bezeichneten Vorgänge zu verlesen (Jaeckel-Güthe A. 3o). Vorlage zur Durchsicht ist zulässig (§ 162 ZPO., Reinhard-Müller A. 3; anders § 163a ZPO.); über den Genehmigungsvermerk s. RG. 53, 150; über Verlesung der Anlagen des Prot. s. RG. 71, 318; 96, 181.

Bedeutung der Vorentscheidungen des Notars.

1. Allg. Die Vorschr. war mit Rücksicht einerseits auf §§ 793, 577 Abs. 3 ZPO., welche die „Entscheidungen" des VollstrG. der Abänderung durch dieses selbst entrückt haben, andrerseits zwecks Beschleunigung des Verf. erforderlich. Sie macht die Beschwerde vor der Zuschlagsentscheidung bis auf die in § 95 bez. Fälle entbehrlich. Auf die Entschließungen des VersteigBeamten finden gem. § 13 Abs. 2 EG., Art. 25 BayAG. die Vorschr. der ZPO. über die sof. Beschwerde u. die §§ 96—104 ZVG. entsprech. Anwendung, d. h. die Entscheid. des VersteigBeamten binden auch ihn nur, soweit sie, vom VollstrG. erlassen, nur mit sof. Beschwerde anfechtbar bzw. abzuändern wären (Jaeckel-Güthe A. 3, Reinhard-Müller A. 3b zu § 13 EG.; abw. v. d. Pfordten BayZfR. 05, 209). Deshalb findet auf sie auch § 79 Anwendung.

2. Vorentscheidungen. Die Entsch. über den Zuschlag hat sich auf einer Prüfung des gesamten Verf. aufzubauen; der Notar ist hierbei an früh., von ihm oder dem VollstrG. (Ausnahme s. A. 3)[1]) erlass. Entsch. in der Sache nicht gebunden, selbst wenn sie unangefochten geblieben sind. Dies gilt sowohl, wenn es sich um Erteilung, als wenn es sich um Versag. des Zuschlags handelt. Der Notar kann z. B. den Zuschlag versagen, weil er die Forts. des Verf. zu Unrecht beschlossen hatte, obwohl dieser Beschluß unangefochten blieb, oder den Zuschlag erteilen, obwohl derselbe Tatbestand vorliegt, der früher zu einer (nur von ihm ausgesproch., nicht im Beschwerdeweg gewürdigten) Versagung geführt hatte. Ferner darf der Zuschlag auf ein Gebot erteilt werden, das vorher zurückgewiesen worden war (wenn es nur durch Widerspruch gegen die Zurückweisung aufrecht erhalten blieb, § 72), u. es kann der Zuschlag wegen Unzulässigkeit des Verf. oder Unzuständigkeit[1]) versagt werden, wenn sie erst später erkannt wurde (Jaeckel-Güthe A. 3, Reinhard-Müller A. 2).

Bis zur Beschlußfass. über den Zuschlag ist der Notar jedoch an diej. seiner Entschl. gebunden, die, wenn sie vom VollstrG. erlassen wären, nur mit sof. Beschwerde angefochten, daher auch von diesem nicht abgeändert werden könnten (§ 577 Abs. 3 ZPO., § 96 ZVG., s. oben 1), also insbes. an die Entsch. über einstw. Einstell. u. Forts. des Verf., sowie über den Zuschlag. Ist z. B. nach Zuschlagsversagung das Verf. fortgesetzt worden (§ 86), so ist diese Entsch., soweit sie nicht nach § 13 Abs. 2 EG. geändert wurde, bis zur neuen Zuschlagsentsch. bindend (Jaeckel-Güthe A. 3; vgl. OLG. 33, 171).

3. Entscheidungen des BeschwGerichts sind dagegen für den Notar in allen Fällen bindend; ihnen stehen die Entsch. des **VollstrG.**, die gem. § 13 Abs. 2 EG. ergangen sind, durchaus gleich. An sie ist der Notar nicht bloß im Laufe des Verf., sondern auch bei Zuschlagsentsch. gebunden. Natürlich ist die Entsch. des Gerichts nur hinsichtl. derj. Frage maßgebend, die seiner Beurteilung unterlag u. von ihm entschieden wurde (so daß der Notar die Entsch. des Gerichts, die nur Förmlichkeiten geprüft hatte, aus sachl. Gründen unberücksichtigt lassen kann; Wolff A. 3, Jaeckel-Güthe A. 4, Reinhard-Müller A. 3.

Die Frage, inwieweit der Notar gerichtl., auf Grund der Vorschr. der ZPO., nicht des ZVG., ergangene Entsch. zu vollziehen hat, ist aus §§ 775, 776 ZPO. zu beurteilen (vgl. Vorbem. zu § 28).

Von Amts wegen (ohne Parteiantrag) kann das Gericht in Ansehung der dem Notar nach § 13 EG., Art. 25 BayAG. zugeteilten Tätigkeit keine Weisungen erteilen.

---

[1]) Aus § 79 folgt, daß der Notar bei der Zuschlagsentsch. auch von der Ansicht des VollstrG. abweichen kann, falls nicht der Fall der Bem. 3 oben vorliegt (vgl. § 2 A. 1, § 36 Fußn. 1; v. d. Pfordten AG. S. 7).

Das Vollstr.- u. BeschwerdeG. ist an seine eigene früh. Entsch. ebenfalls nicht gebunden, wenn es gemäß § 101 ZVG., § 13 Abs. 2 EG. über den Zuschlag zu befinden hat.

§ 80.

Vorgänge in dem Versteigerungstermine, die nicht aus dem Protokoll ersichtlich sind, werden bei der Entscheidung über den Zuschlag nicht berücksichtigt.

E. I § 106 Abs. 2; Begr. 218, 219; D. –; KBer. —.

Grundlage der Zuschlagsentscheidung.

1. Beweiskraft des VersteigProt. Die Bedeutung des § 80 ist eine doppelte:

a) Vorgänge, die zwar im Termine geschehen, aber nicht beurkundet wurden (s. § 78 A. 2), können nicht zur Grundlage der Entscheid. über den Zuschlag (des Notars, wie Gerichts) gemacht werden; der der Zuschlagsentsch. zugrunde zu legende Stoff, soweit er aus dem Termine geschöpft wird, ist also auf den Inhalt des Prot. beschränkt (keine Entsch. auf Grund mündl. Verhandlung!).

Es kann daher z. B. der Zuschlag nicht einem tatsächlich gelegten, aber nicht beurkund. Meistgebot erteilt (ZBlFG. 4, 215), er kann nicht dem Meistgebot versagt werden, weil Sicherheit hierfür verlangt u. nicht geleistet wurde, wenn die beiden letzteren Tatsachen nicht im Prot. festgelegt sind.

b) Vorgänge im Termin, die beurkundet sind, können nur so, wie sie im Prot. festgestellt wurden, bei der Zuschlagsentsch. berücksichtigt werden; der Nachweis, daß sie unrichtig oder unvollständig wiedergegeben sind (vgl. A. 3), könnte nicht zu dem Ergebnis führen, daß nunmehr auch das Beurkundete insoweit als unmaßgeblich zu betrachten ist. Denn damit wäre dem nicht beurkund. Vorgang gleichfalls eine „Berücksichtigung" zuteil geworden[1]).

In beiden Bezieh. ist nur der Nachweis der Fälschung zulässig, also nicht bloß (wie im § 164 ZPO.) hinsichtl. der für die Verhandl. vorgeschr. Förmlichkeiten (z. B. der Tatsache der Verkünd. des Zuschlagsbeschl. durch den Notar, OLG. 13, 8), sondern auch bezügl. aller für den Zuschlag in sachl. Beziehung maßgebl. tatsächl. Ereignisse während des Termins, so daß (von der Fälschung abges.) der Beweis, daß ein Terminsvorgang, der nicht beurkundet ist (z. B. der angebl. Widerspruch gg. die Zurückweisung eines Gebots, die angebl. Abgabe eines Gebots, Maßnahme z. Verständigung der Beteil. über Verlegung des Terminsortes), sich dennoch ereignet hat, ausgeschlossen ist (OLG. 15, 29; 20, 379, JW. 1928, 2733).

2. Beschränkung der Beweiskraft des Prot. Während § 78 vorschreibt, daß alle für den Zuschlag oder das Recht eines Beteiligten bedeutungsvollen Vorgänge des Termins im Prot. festzustellen sind, u. § 79, daß die Entsch. über den Zuschlag den gesamten Verlauf des VersteigVerf. zu berücksichtigen hat, legt § 80 dem Prot. doch nur hinsichtl. der für den Zuschlag erhebl. Terminsvorgänge (z. B. Feststell. des g. G. u. der VersteigBeding., Sicherh.-

[1]) So OLG. 5, 210; 20, 379, ZZP. 32, 396, Wolff A. 1, v. d. Pfordten 226 u. a.; a. M. Recht 1912 Nr. 3294, Jaeckel-Güthe A. 4, Fischer-Schäfer 296, Reinhard-Müller A. 2, Wenz-Wagner A. 1, die den Nachweis der tatsächl. Unrichtigkeit der Beurkundung zulassen u. den unrichtigen Teil des Protokolls ausgeschaltet wissen wollen, ohne daß jedoch der nachgewiesene wirkliche, aber nicht beurkundete Vorgang an die Stelle gesetzt wird.

Leistung, Zulassung oder Zurückweisung eines Gebots) volle, nur durch den Nachweis der Fälschung zu beseitigende, Beweiskraft bei.

Hieraus folgt einmal, daß für andere Zwecke als für die Entscheid. über den Zuschlag — z. B. zur Erhaltung eines bestimmten Ranges bei der Verteilung (§§ 37 Nr. 4, 110), oder zwecks Geltendm. eines SchadensEAnspr. [2]), nicht aber zwecks Berücksichtigung im g. G., soweit rechtzeitige Anmeldung im Termin behauptet wird — auch andere Beweismittel u. der Nachweis der Unrichtigkeit oder Unvollständigkeit des Prot. zugelassen sind (Jaeckel-Güthe A. 3), sodann, daß Vorgänge außerhalb des Termins für den Zuschlagsbeschluß entscheidend sein können, auch wenn sie nicht aus dem Prot. ersichtlich sind, z. B. eine die Geschäftsunfähigkeit oder den Irrtum eines Bieters beweisende Tatsache oder eine vorh., im Termin unerwähnt geblieb. Anmeldung eines im g. G. zu berücksichtig. Rechtes (OLG. 4, 157, Reinhard-Müller A. 1, Jaeckel-Güthe A. 1).

3. Unvollständigkeit des Prot. kann die SchadensEPflicht [2]) des Notars begründen (§ 839 BGB.; ZBlFG. 15, 603; 16, 221). Mündliche Erläuterungen (z. B. zu den aufgestellten VersteigBeding.), Zusätze oder Abänderungen des einmal abgeschloss. Prot. sind unbeachtlich (SeuffA. 56, 338, GruchBeitr. 48, 380, Recht 02, 48; Fischer-Schäfer 296, v. d. Pfordten 227). Offenbare Unrichtigkeiten (Schreibfehler), d. h. die tatsächliche Feststellung eines beurkundeten Vorgangs, können u. sollen aber (von Amts wegen oder auf Anregung hin) berichtigt werden; § 319 ZPO. ist entspr. anzuwenden (OLG. 20, 379). Ein Vorgang ist auch dann beurkundet, wenn er sich aus dem Sinn u. Zusammenhang unzweideutig ergibt (SeuffA. 56, 338).

4. Verhältnis zum Zuschlagsbeschluß. Darüber, welche Bedeutung dem Prot. gegenüber dem rechtskräft. Zuschlagsbeschluß zukommt, s. § 82 A. 1, 3 d.

§ 81.

Der Zuschlag ist dem Meistbietenden zu erteilen.

Hat der Meistbietende das Recht aus dem Meistgebot an einen Anderen abgetreten und dieser die Verpflichtung aus dem Meistgebot übernommen, so ist, wenn die Erklärungen im Versteigerungstermin abgegeben oder nachträglich durch öffentlich beglaubigte Urkunden nachgewiesen werden, der Zuschlag nicht dem Meistbietenden, sondern dem Anderen zu erteilen.

Erklärt der Meistbietende im Termin oder nachträglich in einer öffentlich beglaubigten Urkunde, daß er für einen Anderen geboten habe, so ist diesem der Zuschlag zu erteilen, wenn die Vertretungsmacht des Meistbietenden oder die Zustimmung des Anderen entweder bei dem Gericht offenkundig ist oder durch eine öffentlich beglaubigte Urkunde nachgewiesen wird.

Wird der Zuschlag erteilt, so haften der Meistbietende und der Ersteher als Gesamtschuldner.

E. I §§ 113 Abs. 1, 123; Begr. 225—227, 240—243; D. 54; KBer. —.

---

[2]) Schadensersatz kann z. B. unter der Behauptung verlangt werden, das beurkundete Meistgebot sei nicht das in Wirklichkeit abgegebene (BZfR. 06, 163).

Zuschlag an den Meistbietenden; an andere als den Meistbietenden.

1. Recht auf den Zuschlag. Entgegen § 156 BGB. u. § 817 ZPO. gewährt § 81 dem Meistbiet. ein Recht auf den Zuschlag (JW. 1911, 599).

a) Es entsteht mit Abgabe des Gebotes u. bedeutet nicht etwa bloß eine prozessuale Befugnis, wie das Recht, SichLeistung verlangen oder Beschwerde einlegen zu dürfen, wenngleich es lediglich im Wege der Beschwerde (§§ 97 Abs. 1, 100) verfolgbar, nicht wie ein schuldrechtl. Anspruch (auf Eigentumsübertragung) im Klageweg durchzusetzen ist (vgl. RG. 54, 308; JW. 03, 250, OLG. 9, 380), da weder Gl., noch Sch., noch der VersteigBeamte in ein Vertragsverhältnis zu dem Bieter eintreten (vgl. § 82 A. 1). Trotzdem ist es ein Recht mit selbständigem Vermögenswert, übertragbar (Abs. 2) u. pfändbar[1]). Über Abtretung dieses Rechtes seitens eines Ehegatten s. § 71 A. 4a.

b) Voraussetzung des Rechtes auf Erteil. des Zuschlags ist, daß der Bieter (auch bish. Eigent.) das höchste, d. h. den Beteiligten günstigste Gebot gelegt hat, daß dieses wirksam u. nicht durch widerspruchslose Zulassung eines Übergebots oder widerspruchslose Zurückweisung erloschen ist (§§ 71, 72 mit 100), daß nicht ein Vorkaufsrecht auf Grund der SiedlGes. entgegensteht (s. A. 5), endlich daß keine ZuschlagsversagGründe (§§ 83—85) vorliegen. Zu letzteren gehört insbes. auch die Zurücknahme des VersteigAntrags oder die Bewilligung der Einstell. des Verf. vor Zuschlagserteilung[2]). Kann dem höchsten Gebot der Zuschlag nicht erteilt werden, so hat der Bieter mit dem nächst niederen Gebot, wenn es noch wirksam ist, das Recht auf den Zuschlag (s. § 73 A. 1 a. E.).

c) Auch jeder Beteiligte (Sch., Mieter, Pächter) hat ein Recht darauf, daß der Zuschlag dem Meistbiet., nicht einem anderen erteilt wird (§§ 97 Abs. 1, 100). Soll daher der Zuschlag einem andern Gebote erteilt werden, so müssen nicht nur sämtl. Beteiligte (einschl. des Sch.), sondern auch der Meistbiet. zustimmen (Jaeckel-Güthe A. 1 u. § 85 A. 1). Über gleichzeitig abgeg. Höchstgebote u. gemeinschaftl. Gebote mehrerer s. § 71 A. 3. Ein Recht, zu verlangen, daß der Zuschlag überhaupt erteilt wird, falls ein zulässiges Gebot vorliegt, hat dagegen außer dem Meistbiet. nur der betreib. Teil (vgl. Einl. V 2).

d) Dem Recht auf den Zuschlag entspricht die Pflicht zur Erfüllung der aus dem Meistgebot u. dem Zuschlag sich ergeb. Verbindlichkeiten.

2. Tod, Geschäftsunfähigkeit, Konkurs. Das Recht aus dem Meistgebot erlischt nicht durch den Tod des Meistbiet.; diesfalls ist der Zuschlag seinen „Erben" (auch wenn diese unbekannt) zu erteilen (Fischer-Schäfer 297, Jaeckel-Güthe A. 2, BZfR. 1913, 279, BNotZ. 1913, 1, vgl. JFG. 5, 343; abw.

[1]) Pfändung u. Überweisung nicht nach § 848, sondern § 857 Abs. 2, 5 ZPO. Die anzuordnende Veräußerung müßte unter der Auflage erfolgen, daß der Erwerber des Rechtes die Verpflichtung aus dem Meistgebot übernimmt (§ 81 Abs. 2; Fischer-Schäfer 298, Jaeckel-Güthe A. 1, 3).

[2]) Der betreib. Teil kann auch nach Schluß der Versteig. (§§ 73 Abs. 2, 74) vor Erteil. des Zuschlags die Einstell. des Verf. im Wege der §§ 30 Abs. 2, 33 herbeiführen, in dem er neuerl. VersteigTermin verlangt (vgl. auch § 85, OLG. 2, 81). Betreiben mehrere das Verf., so müssen jenem Verlangen sämtliche zustimmen, auch wenn es von dem Bestberechtigten ausging.

Gabel BZfR. 1911, 421, Reinhard-Müller A. 2, Henle A. 2; s. § 1960 BGB.), keinesfalls dem TestVollstrecker (SeuffA. 68, 24). Über den Fall des Todes des Erstehers s. § 130 A. 4a. Eintritt der Geschäftsunfähigkeit oder Eröffnung des Konkurses über das Vermögen des Meistbiet. ist nach Abgabe des Gebots ohne Einfluß. Letzterenfalls gehört das Recht zur KMasse, der Zuschlag erfolgt an den GSch., auf dessen Namen die Eintrag. im GBuch erfolgt; der KVermerk wird eingetragen, wenn der KVerw. das G. nicht gem. § 114 KO. freigibt (Reinhard Recht 1923, 161, Wolff § 82 A. 1, abw. Jaeckel-Güthe § 81 A. 2, Fischer-Schäfer 298, Henle A. 2; vgl. BayObLG. 14, 442).

3. **Übertragung** der Rechte u. **Übernahme** der Pflichten aus dem Meistgebot.

a) Sie kann nur bis zur Verkünd. des Zuschlags erklärt werden, also auch nach dem VersteigTermine, wenn der Zuschlag in einem spät. Termine (§ 87) verkündigt wird (nicht im Beschwerderechtszug, s. § 100). Die Vereinbarung ist in das VerstProt. aufzunehmen oder nachträglich (spätestens im VerkündTermin) durch öffentl. oder öffentl. begl. Urkunden (§ 129 BGB.) nachzuweisen (OLG. 16, 335). Über die Rechtsstellung der Ehegatten s. § 71 A. 4a.

Nach der Verkündung des Zuschlags kann eine Abtretung der Rechte aus dem Meistgebote im Wege des § 81 Abs. 2 nicht mehr erfolgen; in diesem Falle hat der Meistbiet. bereits gem. §§ 89, 90 Eigentum erworben, das nur gem. §§ 873, 925 BGB. durch Auflassung u. Eintrag. nach Berichtigung des GBuchs (§ 130) übertragen werden kann.

b) Der Zuschlag ist im Falle des § 81 Abs. 2 dem AbtretEmpfänger zu erteilen. Der letztere tritt nicht erst durch den Zuschlag den Beteiligten gegenüber in die Rechte u. Pflichten des Meistbiet. ein, auch nicht schon durch den an sich formlosen Vertrag mit dem Abtretenden (der nur für das Innenverhältnis [3]) zwischen ihm u. dem AbtretEmpfänger, nicht für dasj. der Beteiligten mit ihnen bestimmend ist), sondern vielmehr durch die Abgabe der diesbezügl. Erklärungen im Versteig.- oder VerkündTermin (§§ 80, 87) oder durch deren nachträgl. Einreichung. Mit der letzteren tritt der AbtretEmpfänger den Beteiligten ebenso gegenüber, wie der Bieter mit Abgabe seines Gebots. Die Geltendmach. ihrer Verpflicht. ist aber an den Zuschlag als diej. Voraussetzung gebunden, unter der sie eingegangen wurden (Jaeckel-Güthe A. 5).

c) Nicht das Recht aus dem Zuschlage, sondern aus dem Meistgebote wird abgetreten, daher auch der Zuschlag nicht nur Voraussetzung der Pflicht des Dritten, sondern Folge seiner Verpflichtungserklärung ist (Abs. 2). Bei mehrfacher Übertragung ist der Zuschlag dem letzten AbtretEmpfänger, dessen VerpflichtErklärung vor der Zuschlagserteil. dem VersteigBeamten eingereicht wird, zu erteilen; Entspr. gilt bei Rückübertragung. Gleichzeitig sind aber alle, die die Verpflichtung aus dem Meistgebote dem Notar gegenüber übernommen hatten, als Gesamtschuldner zu betrachten u. zu erklären (§ 82; Jaeckel-Güthe A. 5, Wolff A. 4, bestr., vgl. Reinhard ZBlFG. 15, 734).

d) Die Erteilung des Zuschlags an den AbtretEmpfänger setzt voraus, daß dieser ohne Einschränkung (auch wenn er nur einen Bruchteil

---

[3]) Hierüber vgl. Hagemann ZBlFG. 12, 591 ff. Über Form des AbtretVertrags, Gewährleistungsanspr. u. Anfechtungsrecht des AbtretEmpfängers s. GruchBeitr. 53, 928, OLG. 33, 169, 170, ZBlFG. 9, 466. Der Preis für die Abtretung der Rechte aus dem Meistgebot ist nach § 10 Nr. 5 AufwG. aufzuwerten (JW. 1926, 1825, 2691, Ring 3, 263).

des G. erwerben will)[4]) den Beteiligten gegenüber in die gesamten Verpflicht. aus dem Zuschlag eintritt (s. OLG. 16, 335) u. gleich dem Bieter selbst rechtswirksam eintreten kann (Jaeckel-Güthe A. 4, vgl. § 71 A. 2, 3, 4).

e) Durch den Zuschlag an den AbtretEmpfänger wird der Abtretende den Beteiligten gegenüber zwar seiner Rechte aus dem Meistgebote verlustig, nicht aber seiner Pflichten ledig, weshalb er im Zuschlagsbeschl. für mithaftend zu erklären ist (§ 82). Mit der Zuschlagserteilung an den Dritten ist auch die Haftung des Meistbiet. begründet, auch wenn der Beschluß hierüber schweigt (vgl. § 82 A. 3e u. unten 6). Da der Meistbiet. weiter haftet, braucht der AbtretEmpfänger keine Sicherheit zu leisten. Beide sind nun im weit. Verf. zuzuziehen (§§ 82, 88, 97, 103, 105, 116, 132, auch 144). Der Meistbiet. haftet aber nicht über die Erfüllung des Meistgebots hinaus, z. B. nicht für Altenteilsleistungen nach dem Zuschlag (§ 1108 BGB., OLG. 20, 381).

f) Sie sind beide beschwerdeberechtigt, wenn die Abtretung nicht oder zu Unrecht berücksichtigt wurde (§§ 97, 100), aber auch die übr. Beteiligten; denn auch sie haben ein Recht auf Beobachtung des § 81.

4. Das Bieten für einen anderen kann im Wege des § 71 Abs. 2 oder des § 81 Abs. 3 erfolgen. Ersterenfalls, wo der Dritte sofort als Bieter mit Namen (vgl. RG. 83, 291) zu bezeichnen (u. das Gebot zurückzuweisen ist, wenn die VertretMacht bzw. die Genehmigung nicht gerichtskundig ist oder sofort nachgewiesen wird), ist nur der Dritte als Ersteher zu betrachten u. haftbar; letzterenfalls, wo der Meistbiet. im eig. Namen handelt u. erst nachträglich den Dritten benennt (was er auch tun kann, wenn sein Gebot für den anderen nach § 71 Abs. 2 zurückgewiesen wurde), sind beide als Gesamtschuldner zu behandeln, wenn dem Dritten der Zuschlag erteilt wird (Jaeckel-Güthe A. 6).

Der Nachweis der VertretMacht bzw. Zustimmung ist im Falle des § 81 Abs. 3 vor der Verkünd. des Zuschlags entweder zum VerstProt. (§ 80) oder nach § 129 BGB. zu erbringen (Telegramm genügt nicht, SeuffA. 68, 254; die Nachholung ist weder dem Beschwerde- noch dem VollstrG. gegenüber mehr zulässig; s. § 100; geeignetenfalls ist deshalb von Anberaumung eines besond. VerkündTermins Gebrauch zu machen, § 87).

Voraussetzung ist auch hier, daß der Dritte fähig ist, das G. zu erwerben. Sicherheit braucht er wegen § 81 Abs. 4 nicht zu leisten. Beide sind im weit. Verf. zuzuziehen u. beschwerdeberechtigt (s. A. 3).

5. Siedlungsgesetzgebung. Das gesetzl. Vorkaufsrecht der Bayr. Siedlungs- u. Landbank (s. § 9 Fußn. 3b) kann auch in der ZwVerst. ausgeübt werden. Der Zuschlag darf daher, wenn ein solches Vorkaufsrecht in Frage kommt, dem Meistbiet. erst erteilt werden, wenn die Bank dem Notariat gegenüber erklärt hat, ihr Recht nicht ausüben zu wollen oder wenn die für diese Ausübung bestimmte 3- bzw. 6wöch. Frist abgelaufen ist (§§ 7, 11 SiedlGes.). Erklärt sie rechtzeitig den Vorkauf, so ist ihr der Zuschlag zu den festgesetzten VerstBeding. zu erteilen (etwaige Vereinbarungen zw. Meistbiet. u. Beteiligten werden

---

[4]) Das Gesamtschuldverhältnis besteht auch, wenn der Benannte nur einen Bruchteil des Grundstücks erwerben soll u. will; eine Beschränkung seiner Haftung auf einen entspr. Teil des Gebots stünde der Zuschlagserteilung an ihn entgegen (Jaeckel-Güthe A. 3aa u. § 71 A. 2, Fischer-Schäfer 300, Reinhard-Müller A. 4; a. M. Schindler JW. 1914, 390 u. Verw.). Über die Notwendigkeit der Angabe des GemeinschVerhältnisses u. der Bruchteile s. § 71 A. 3.

hinfällig). Wurde das Vorkaufsrecht übersehen u. der Zuschlag rechtskräftig, so ist es dem Ersteher gegenüber außerh. des Verf. auszuüben. Entspr. ist im Falle des gesetzl. Vorkaufsrechtes des Heimstätten-Ausgebers (§§ 11 ff. HeimstG., s. oben § 9 Fußn. 3b) zu verfahren. In beiden Fällen läuft der HypGl., der das G. ersteht, ohne seine Hyp. ausgeboten zu haben, die Gefahr, den nicht durch sein Gebot gedeckten Teil seiner Hyp. zu verlieren! Näheres s. Breme ZBlFG. 22, 171 ff., Reinhard, Einfl. S. 172, 177, 239 f.

6. Gebühren u. Grunderwerbssteuer. Die Abtretung der Rechte aus dem Meistgebot u. die Erklärung des Meistbiet., für einen anderen geboten zu haben, sind steuerpflichtig, wenn der Eigentumsübergang nicht innerh. eines Jahres erfolgt (s. § 58 Fußn. 1). Die Abtretung (nicht aber die Erklärung, für einen Dritten geboten zu haben) ist ein selbständiges Rechtsgeschäft, das einer besond. Notariatsgebühr unterliegt (Art. 18, 22 NotGebO., BNotV. 1926, 298).

§ 82.

In dem Beschlusse, durch welchen der Zuschlag erteilt wird, sind das Grundstück, der Ersteher, das Gebot und die Versteigerungsbedingungen zu bezeichnen; auch ist im Falle des § 61 der Dritte, welcher die Verpflichtung des Erstehers übernommen hat, unter Angabe seiner Schuld für zahlungspflichtig und im Falle des § 81 Abs. 4 der Meistbietende für mithaftend zu erklären.

E. I § 124; Begr. 238, 242, 243, 259; D. 56; KBer. —.

Inhalt des Zuschlagsbeschlusses.

1. Rechtl. Natur des Zuschlagsbeschl. Der „Beschluß" (der äußerl. vom VerstProt. zu trennen ist, vgl. § 79 A. 1, § 88), ist „bestimmend einerseits für die Änderungen, die durch den Zuschlag an den Rechten der Beteiligten entstehen, anderseits für die rechtl. Stellung des Erstehers (Meistbiet., Dritten), den Rechtserwerb u. die Verbindlichkeiten desselben" (Begr.). Er hat also nicht die Bedeutung der Annahme eines in dem Meistgebote lieg. Kaufangebots, sondern die eines richterl., der Rechtskraft fähigen (HRR. 1, 1229, 2270), für die Art u. den Umfang der Rechtsfolgen des Zuschlags unmittelbar maßgeb. Ausspruchs (vgl. § 89); der Meistbiet. u. Ersteher treten nicht in ein bürgerl. Rechtsverh. zum Sch. oder betreib. Gl. oder VersteigBeamten; das Meistgebot ist nicht Element eines im VersteigTermin beurkund. VeräußGeschäfts[1]), sondern bildet nur die rechtl. Grundlage für den Zuschlag, der nicht erfolgt, weil ein Vertragsantrag angenommen wird, sondern weil der VersteigBeamte ihn auf Grund der gesetzl. Voraussetzungen erteilen muß; insofern der Zuschlag den besteh. Rechtszustand ändert u. einen neuen schafft (Eigentum verleiht), hat er rechtsbegründ. Natur u. kann, wenn die Beteiligten die rechtzeitige Anfechtung durch sof. Beschwerde versäumt haben, nicht im Klagewege abgeändert werden[1]); er be-

[1]) So Begr. 242, 259, Fischer-Schäfer 303, 319, Jaeckel-Güthe § 81 A. 7; Reinhard-Müller A. 1, RG. 60, 54; 67, 380; 70, 399; 74, 205; 76, 352; 80, 351, JW. 05, 217, BayObLG. 9, 504; 14, 649, 659 u. a.; über die Vertreter der Vertragstheorie s. Wolff § 90 A. 1. — Der Ersteher ist auch nicht Rechtsnachfolger des VollstrSch. auf Grund Zuschlags; er ist lediglich als solcher i. S. des § 1164 BGB. wegen § 53 ZVG., sowie der §§ 265, 325, 385 Nr. 4, 445 ZPO. zu erachten (RG. 53, 10; 89, 77, OLG. 19, 192; 26, 88). — Nur vom Standpunkt des AufwG. wird der Anspr. auf den VerstErlös als Kaufgeldford. angesehen (JW. 1926, 2690; 1928, 2819, Ring 3, 263, 845, BayObLG. 25 A 328).

gründet keine rechtlose Bereicherung des Erstehers (schließt aber Schadensersatzanspr. wg. Arglist nicht aus, RG. 69, 279 f.). Eine Ergänzung des Beschlusses aus dem VersteigProt. ist unzulässig (vgl. 3d). Der Notar (Staat) haftet für die bei Erlaß des Zuschlagsbeschl. unterlaufenen Versehen (§ 839 Abs. 1 BGB., OLG. 4, 286; 5, 210, Jaeckel-Güthe A. 1; vgl. § 44 A. I).

2. Die äußere **Form** der Zuschlagsentsch. ist diej. des Beschlusses im Sinne des § 793 ZPO., da dieser nicht, wie das Urteil, auf Grund mündl. Parteivorbringens, sondern des durch das Prot. festgestellten Sachverhalts (§§ 79, 80) ergeht, auch wenn die Beteiligten gem. § 74 hierüber vernommen wurden (Begr. 238, 239). Aus dem gleichen Grunde ist es auch zulässig, daß die Zuschlagsentsch. von einem andern (zuständigen) Notar (Verweser) gefällt wird, als von demj., der die Versteig. geleitet hat, selbst wenn diese nicht dem Notariat als solchem übertragen wurde (Jaeckel-Güthe A. 12 u. § 86 A. 2, Recht 1910, 474).

Denn gemäß Art. 6 NotG. sind die „Notariate" als staatl. Behörden zur Wahrnehmung der dem Notar im Sinne des Art. 25 Abs. 1 BayAG. übertrag. VersteigGeschäfte berufen u. die Tätigkeit des VersteigBeamten, wie das Notariatsamt selbst nicht mehr eine persönl. Befugnis des einzelnen Notars, sondern eine von der Person des Inhabers unabhängige Aufgabe (Becher Mat. VIII, 109).

3. Inhalt. Der Beschluß, durch den (auf Grund der VerstVerhandlung, §§ 79, 80) der „Zuschlag erteilt" wird, hat zu bezeichnen:

a) das Grundstück in einer, jeden Zweifel über die Gleichheit ausschließ. Weise, in der Regel nach Inhalt des GBuchs, bei Versteig. von Anteilen unter Angabe des Bruchteils. Zubehör u. sonstige mitversteig. Gegenstände (Forderungen) brauchen, soweit sich hierauf die Versteig. kraft Gesetzes bezieht u. nicht besondere VersteigBeding. (§§ 59, 65) eine ausdrückl. Hervorhebung verlangen (s. d), nicht erwähnt zu werden (Jaeckel-Güthe A. 2).

b) den Ersteher (§ 81) nach Namen, Stand, Wohnort; bei mehreren das GemeinschVerhältnis (Anteile);

c) das Meistgebot, d. h. Angabe des bar zu zahl. Teils;

d) die VersteigBedingungen, hier vor allem die bestehenbleib. Rechte (§§ 49, 52), darunter nicht bloß die dingl. Lasten, sondern auch die Kapitalsbeträge der Hyp., Grund- u. Rentenschulden (vgl. A. I zu § 44; über die auch ohne Berücksichtigung bestehenbleib. Rechte s. § 52 A. 2b). Soweit besond. Bedingungen (§§ 59 ff., auch § 9 Abs. 2 EG.) nicht aufgestellt sind, genügt es, zum Ausdruck zu bringen, daß der Zuschlag unter den gesetzl. Bedingungen erfolgt; schweigt der Beschluß über die Beding. gänzlich, so sind lediglich die gesetzl. maßgebend (Begr.); alle von den gesetzl. Beding. abweich. VersteigBedingungen sind daher ausdrücklich in den Zuschlagsbeschluß aufzunehmen; das VersteigProtokoll darf zur Auslegung (Nachprüfung durch das RevisionsG., RG. 67, 380, SeuffA. 76, 203, JW. 1920, 902) nur soweit herangezogen werden, als der Beschluß es tut: eine nicht im Zuschlagsbeschluß enthalt. VersteigBeding. (z. B. der Wegfall eines Rechtes nach § 9 EG.) kann nicht aus dem Prot. ergänzt werden[2]).

Eine Abweich. von den gesetzl. VersteigBeding. liegt aber nicht vor (Auf-

---

[2]) RG. 60, 48 (vgl. 62, 99; 67, 382); 70, 399, OLG. 30, 100, Recht 08, 407, 599, BZfR. 08, 267, SeuffA. 63, 333; 68, 427, GruchBeitr. 52, 877, JW. 1920, 902; Jaeckel-Güthe A. 5, Fischer-Schäfer 303; a. M. Wolff A. 4 u. a. vom Standpunkt der Vertragstheorie; vgl. auch oben A. 5.

nahme in den Zuschlagsbeschluß ist also nicht erforderlich), wenn Zubehörgegenstände gem. § 37 Nr. 5 (nach Aufhebung bzw. einstw. Einstellung) von der Versteig. ausgeschlossen werden (VersteigProtokoll!); der Übergang des sog. tatsächl. Zubehörs auf den Ersteher ist nur dann gesetzl. VersteigBeding., wenn es noch Gegenstand des Verf. ist[3]).

e) im F. des § 61 die Erklärung des Dritten als zahlpflichtig (wobei auch der von ihm im VerteilTermine zu leist. Betrag anzugeben ist) u. im F. des § 81 die Erklärung des Meistbiet. als mithaftend. Letzterer haftet zwar auch ohne diese Erklärung (§ 81 Abs. 4); aber die Vollstr. gegen ihn ist ohne sie unzulässig (§ 132, Jaeckel-Güthe A. 6, Reinhard-Müller A. 4; bestr.). Im Falle des § 61 ist dagegen auch die Haftung des Dritten von dieser ausdrückl. Erklärung abhängig (§ 134).

Eine Erklärung des Bürgen als mithaftend ist in Art. 31 BayAG. nicht vorgeschrieben (anders z. B. Art. 10 PrAG.); Grundlage seiner Verpflichtung ist nicht der Zuschlagsbeschluß, sondern das Bürgschaftsversprechen (Fischer-Schäfer 304); der Beschluß ist deshalb auch nicht gegen den Bürgen nach § 132 vollstreckbar, die Haftung des Bürgen im Klageweg geltend zu machen (vgl. Becher Mat. VI, 31 u. § 132 Fußn. 3). Es empfiehlt sich aber, die Bürgschaft im Zuschlagsbeschluß zu erwähnen (vgl. § 69 A. 2 a. E.).

4. Nicht in den Beschluß brauchen die **gesetzl. Folgen** des Zuschlags, z. B. die Verpflichtung des Erstehers zur Kostentragung (§§ 58, 109), zur Zahlung u. Verzinsung des Bargebots (§ 49), zur Erhöhung der Barzahlung (§§ 50, 51), zum Eintritt in die persönl. Haftung (§ 53) aufgenommen zu werden, soweit die VersteigBeding. keine Abweichung hiervon enthalten (§ 59); auch eine Angabe der Gründe der Zuschlagsentsch. ist nicht vorgeschrieben, in Fällen, wo Anfechtung zu erwarten, aber zweckmäßig (vgl. § 86).

5. Eine **Abänderung** des Beschlusses ist (abges. von der Berichtigung offensichtl. Fehler, § 319 Abs. 1 ZPO., vgl. § 80 A. 3) nach der Verkünd. nur im BeschwWeg möglich (§ 577 Abs. 3 ZPO., § 13 Abs. 2 EG., Art. 25 BayAG., s. oben A. 1). Wird der Zuschlagsbeschluß rechtskräftig, so kann insbes. an den VersteigBeding. nichts mehr geändert, an die Stelle eines berücksicht. u. bestehenbleib. Rechtes (von §§ 50, 51 abges.) nicht ein anderes gesetzt werden (RG. 59, 274).

Unter anderen als den im VersteigTermine bereits festgestellten Beding. kann der Zuschlag auch vom Vollstr.- u. BeschwerdeG. nicht erteilt werden (OLG. 15, 34, 35).

6. Über **Verkündung** des Beschlusses s. § 87; **Zustellung** § 88; **Erinnerung bzw. Beschwerde** §§ 96 ff.; **Vollstreckbarkeit** § 132 Abs. 2.

§ 83.

Der Zuschlag ist zu versagen:

1. wenn die Vorschrift des § 43 Abs. 2 oder eine der Vorschriften über die Feststellung des geringsten Gebots oder der Versteigerungsbedingungen verletzt ist;

[3]) RG. 70, 399, JW. 1910, 841; 1911, 229, OLG. 25, 250; a. M. SeuffA. 63, 333, OLG. 20, 383. Vgl. § 37 A. 2 e γ, § 55 A. 2 u. JW. 1920, 902.

2. wenn bei der Versteigerung mehrerer Grundstücke das Einzelausgebot oder das Gesamtausgebot den Vorschriften des § 63 Abs. 1, Abs. 2 Satz 1, Abs. 5 zuwider unterblieben ist;

3. wenn in den Fällen des § 64 Abs. 2 Satz 1, Abs. 3 die Hypothek, Grundschuld oder Rentenschuld oder das Recht eines gleich- oder nachstehenden Beteiligten, der dem Gläubiger vorgeht, durch das Gesamtergebnis der Einzelausgebote nicht gedeckt werden;

4. wenn die nach der Aufforderung zur Abgabe von Geboten erfolgte Anmeldung oder Glaubhaftmachung eines Rechtes ohne Beachtung der Vorschrift des § 66 Abs. 2 zurückgewiesen ist;

5. wenn der Zwangsversteigerung oder der Fortsetzung des Verfahrens das Recht eines Beteiligten entgegensteht;

6. wenn die Zwangsversteigerung oder die Fortsetzung des Verfahrens aus einem sonstigen Grunde unzulässig ist;

7. wenn eine der Vorschriften des § 43 Abs. 1 oder des § 73 Abs. 1 verletzt ist.

E. I §§ 114, 118; Begr. 225, 227 ff.; D. 56; KBer. 39.

Versagung des Zuschlags.

1. Allg. Ist das Verf. einmal bis zum Schlusse der Versteig. gediehen, so kann der Termin nur durch eine Zuschlagsentsch. (d. h. -Erteilung oder -Versagung) seine Erledigung finden (§ 33). Sie muß (kein Ermessen des Notars; s. § 82 A. 1) auf Erteilung des Zuschlags lauten, wenn nicht ein in §§ 83 bis 85 bez. Hindernis im Wege steht.

2. Die Gründe, die zu einer Versagung (bzw. zur Aufhebung des Zuschlags durch das Vollstr.- oder BeschwerdeG.) führen, sind in **§§ 83 u. 85 erschöpfend** aufgeführt; als weit. selbstverständl. VersagGrund ergibt sich noch aus **§ 100** das Nichtvorhandensein eines wirksamen Meistgebots, insbes. wegen Irrtums bei unverzügl. Anfechtung s. § 81 (der durch §§ 18, 19 DurchfVO. v. 12. 9. 27 z. AufwNov. eingeführte VersagGrund, näml. nachträgl. Anmeldung des in § 1 AufwNov. bez. Zinsanspruchs, hat nur Bedeutung für ein am 13. 7. 27 anhäng. Verf.; s. Mügel S. 1261 ff., Daimer BNotV. 1927, 437; Reinhard-Müller A. 3 f.).

Andere VerfMängel (z. B. Nichtbeobachtung der Sollvorschr. der §§ 38, 40, 41 Abs. 2, 73 Abs. 2, 74) sind ohne Einfluß auf den Zuschlag (vgl. Jaeckel-Güthe § 73 A. 2, § 74 A. 1, § 83 A. 4, 10). Auch wegen unricht. Festsetzung des Grundstückswerts ist die Anfechtung der Zuschlagsentsch. ausgeschlossen (OLG. 37, 215).

Die Abhaltung eines Beteiligten vom Erscheinen im Termin durch Naturereignisse oder andere unabwendb. Zufälle ist als VersagGrund nicht anerkannt; ebensowenig als Beschwerdegrund (§ 100). Auf Grund der §§ 233, 237 ZPO. kann zwar Wiedereinsetz. i. d. v. St. gegen Ablauf der Beschwerdefrist gewährt, aber die Beschwerde selbst auf die Verhind. nicht mehr gestützt werden.

3. Die ZuschlagsversagGründe sind zwar vom Notar sämtlich **von Amts wegen zu berücksichtigen,** ohne daß es einer Rüge bedarf; sie sind aber zum größeren Teil (nämlich § 83 Nr. 1—5) durch Genehmigung des durch den Mangel betroff. Beteiligten **heilbar** bzw. unschädlich, wenn er durch den Zuschlag nicht beeinträchtigt wird (§ 84). Im Beschwerderechtszug (auch vom VollstrG. nach § 13 Abs. 2 EG.) sind nur die nicht heilbaren Mängel (Nr. 6 u. 7) von Amts wegen zu berücksichtigen (§ 100 Abs. 3).

4. Ergibt sich schon **vor Schluß der Versteig.**, daß der Zuschlag nicht erteilt werden kann, so ist der Termin aufzuheben u. von Amts wegen das Verf. zu wiederholen (falls die Forts. der Vollstr. zulässig ist); **nach** Schluß der Versteig. kann der Termin nur mit Versagung oder Erteilung des Zuschlags enden (§ 33), aber nach Zuschlagsversagung ist die Forts. Sache des betreib. Teils (§ 86). Nach eingetret. **Rechtskraft** des Zuschlags ist jede Berufung auf VersagGründe ausgeschlossen (§ 82 A. 1).

5. Die Versagungsgründe des § 83:

a) **Nr. 1.** Ein Verstoß gegen § 43 Abs. 2 (wg. § 43 Abs. 1 s. Nr. 7) liegt auch dann vor, wenn die Zustellung des VollstrBeschl. (§ 22) bzw. der Terminsbestimm. (§ 41 Abs. 1) unterlassen, nicht rechtzeitig erfolgt oder mangelhaft ist (z. B. § 4 Satz 2, § 84 A. 1 a); ebenso wenn der Beschluß oder die zugestellte Terminsbestimm. (§ 37) in einem wesentl. Punkte unvollständig ist (s. aber auch Nr. 7). Nichtzustellung der Terminsbestimm. an einen Beteiligten, der sein Recht erst nach Anberaumung des Termins angemeldet hatte, oder der erst später bekannt wurde, ist kein VersagGrund (BlfRA. 74, 183, OLG. 27, 213). Anders bei unwirksamer Zustellung (s. § 3 Fußn. 4).

Über die Verletzung der Vorschr. über Feststell. des g. G. s. A. zu §§ 44—49; insbes. § 44 A. VIII; über die (gesetzl. oder abgeänd.) VersteigBeding. s. A. zu §§ 49—58 bzw. 59—66. Eine unrichtige Feststell. des g. G. liegt nicht vor, wenn eine nicht berücksichtigte Anmeldung wieder zurückgezogen wurde (OLG. 35, 192). Unter Nr. 1 fällt auch die Versagung wegen Irrtums über das Meistgebot (§ 71 A. 2b).

b) **Nr. 2.** Verletzung der Vorschr. über das Einzel-, Gruppen- u. Gesamtausgebot bei der Versteig. mehrerer G. im näml. Verf. s. A. zu § 63 Abs. 1, 2 S. 1, Abs. 5.

c) **Nr. 3.** Verletzung des Deckungsgrundsatzes, wenn der GesamthypGl. von der Befugnis des § 64 Abs. 2 Gebrauch macht u. durch das Gesamtergebnis der Einzelgebote die Gesamthyp. (-grund- oder -rentensch.) oder die dem betreib. Gl. vorgeh. Rechte nicht gedeckt werden (§ 64 Abs. 5 b). Führt die Beschwerde (Erinnerung) zur Aufheb. des Zuschlags bezügl. eines der mit der Gesamthyp. belasteten G., so ist auch der Zuschlag bezügl. der anderen aufzuheben, falls einer der hier dem betreib. Teile vorgeh. Gl. nicht gedeckt würde; wurde der Zuschlag bei einem der G. zu Unrecht versagt u. deshalb auch bei den übr., so muß das Vollstr.- bzw. BeschwG., wenn es der Anfechtung stattgibt, auch den Zuschlag bezgl. der übr. erteilen (§ 101). Voraussetzung ist Versteig. der mehreren G. im näml. Verf.; gleichgültig ist, ob eine oder mehrere Zuschlagsentsch. ergangen sind (Reinhard-Müller § 100 A. 1 b, v. d. Pfordten 239, 298).

d) **Nr. 4.** Zurückweisung der Anmeldung (Glaubhaftm.) eines Rechtes, obwohl der Hinweis auf die bevorsteh. Ausschließung weiterer Anmeld. unterlassen wurde (§ 37 Nr. 4). Die Unterlassung des Hinweises allein ist kein

VersagGrund; ein solcher liegt auch nicht vor, wenn trotz des Hinweises noch eine Anmeldung bzw. Glaubhaftm. vorgenommen wurde (Jaeckel-Güthe A. 7); anders, wenn dadurch eine Änderung des g. G. oder der VersteigBeding. veranlaßt u. § 83 Nr. 1 verletzt wurde (Fischer-Schäfer 308, Reinhard-Müller A. 4; bestr.).

e) Nr. 5. Entgegensteh. Rechte eines bestimmten Beteiligten, z. B. solche, die sich aus dem GBuch ergeben u. (soweit sie vor Eintragung des VersteigVermerks entstanden waren) nach § 28 von Amts wegen zu berücksichtigen gewesen wären; ferner Rechte, auf Grund deren nach § 37 Nr. 5 (s. A. 2e hierzu) die Aufheb. oder einstw. Einstell. des Verf. herbeigeführt wurde (§§ 771 bis 776 ZPO.). Zu bemerken ist, daß die Zuschlagsversag. wegen Verletzung solcher Rechte nicht auf einen Teil der BeschlagnGegenstände beschränkt werden kann (OLG. 15, 34, SeuffA. 07, 212).

(Die hierher gehörige HypVO. v. 8. 6. 16 RGBl. 454, § 12, ist aufgehoben s. RGBl. 1925 I 154).

f) Nr. 6. Unzulässigkeit der ZwVersteig. oder der Forts. des Verf. wegen eines Mangels der allg. (sachl. oder form.) Voraussetzungen der ZwVollstr. oder insbes. der Versteig. des G. (vgl. Einl. II 5), z. B. Mangel der Zuständigkeit des Gerichts oder Notars, eines VollstrTitels [1]), eines Antrags zur Forts., §§ 31, 76; Untergang u. Enteignung des G. (§ 56 A. 2); eingetretene Zahlung u. Deckung des Anspruchs des betreib. Gl. bzw. Stundung in den Fällen der §§ 75, 76 ZVG., 775 Nr. 4, 5, 776 ZPO.; Nachweis der Sicherheit oder Hinterlegung im Falle des § 775 Nr. 3 ZPO.; Einstell. oder Aufheb. des Verf. durch das Prozeß- oder VollstrG. (§§ 775 Nr. 1, 776 ZPO.), Bewilligung der Einstell. (§ 30), Zurücknahme des VersteigAntrags (§ 29); ein Veräuß.-Verbot nach § 134 BGB. (bezügl. derj. nach §§ 135, 136 BGB. s. § 772 ZPO. u. oben Nr. 5). Vgl. § 33. — Unheilbarer Mangel: §§ 84, 100 Abs. 3.

g) Nr. 7. Nichteinhalt. der VersteigFrist (§ 43 Abs. 1). Sie liegt auch dann vor, wenn der Inhalt der Terminsbestimm. selbst oder ihre Veröffentlichung wesentl. Vorschriften verletzt (§§ 37, 39; nicht §§ 38, 40, 41 Abs. 2, Art. 26 BayAG.). Über Verletzung des § 43 Abs. 2 s. a.

Nichteinhaltung der einstünd. Frist zwischen der Afford. zur Abgabe von G. u. dem Schlusse der Versteig., sowie Unterlassung der Feststellung, daß der Afford. des VersteigBeamten ungeachtet ein Gebot nicht mehr abgegeben wurde (§ 73 Abs. 1). Beides muß sich aus dem Terminsprot. ergeben (§§ 78, 80). — Unheilbarer Mangel: §§ 84, 100 Abs. 3.

6. Über die Forts. des Verf. nach rechtskr. Zuschlagsversag. s. § 86.

7. Die Notwendigkeit der Zuschlagsversag. kann die Schadenersatzpflicht des Notars begründen; er hat, wenn ihm schuldhafte Gesetzesverletzung zur Last fällt, für die Kosten der zweiten Versteig. (u. U. der Beschwerde) u. sonstigen Schäden aufzukommen (§ 44 A. I a. E.); er haftet aber nicht dem Schuldner gegenüber aus einem Mindererlös bei der zweiten Versteig. (Recht 08 Nr. 752).

[1]) Dagegen hat der VerstBeamte nicht zu prüfen, ob der vorhandene VollstrTitel (Klausel) zu Recht ergangen ist oder nicht (Daimer BNotZ. 1928, 344 gg. Wiesinger ebenda S. 213); ob eine Schuldurkunde über Kapital u. Nebenleistungen vor Eintritt der Fälligkeit vollstreckbar ausgefertigt werden darf, hängt von der Vereinbarung, insbes. der Zustimmung des Schuldners ab (vgl. Stein-Jonas § 726 II 2); ist die vollstreckb. Ausf. erteilt, so ist es Sache des Sch., hiegegen sich gem. §§ 732, 767, 768 ZPO. zu wehren (Stein-Jonas § 726 VI).

8. Eine Notariatsgebühr fällt für den VersagBeschluß nicht an (§ 66 A. 4); über die **Gerichts- u. Anwaltsgebühr** bei Anfecht. der Zuschlagsentsch. s. § 13 EG. A. 5.

§ 84.

Die im § 83 Nr. 1 bis 5 bezeichneten Versagungsgründe stehen der Erteilung des Zuschlags nicht entgegen, wenn das Recht des Beteiligten durch den Zuschlag nicht beeinträchtigt wird oder wenn der Beteiligte das Verfahren genehmigt.

Die Genehmigung ist durch eine öffentlich beglaubigte Urkunde nachzuweisen.

E. I §§ 115, 116 Abs. 1, 130; Begr. 230—232, 250; D. 55; KBer. —.

Heilbare Verfahrensmängel.

1. Zuschlag trotz VerfMängel. Während die in § 83 Nr. 6, 7 gen. Verf.-Mängel ohne weiteres (auch bei Zustimmung sämtl. Beteiligten) zur Versag. bzw. Aufheb. des Zuschlags führen müssen[1]), ist dies bei den in § 83 Nr. 1—5 aufgeführten Mängeln dann nicht der Fall, wenn entweder das Recht des von dem Mangel betroff. Beteiligten (§ 9) durch den Zuschlag überhaupt nicht beeinträchtigt wird oder der Beeinträchtigte das Verf. genehmigt. Dagegen ist (anders im Beschwerderechtszug u. vor dem VollstrG., § 100 ZVG., § 13 Abs. 2 EG.) nicht Voraussetzung der Versag., daß der Mangel von einem Beteiligten gerügt wurde.

a) Beeinträchtigung. Der Zuschlag ist auch in den Fällen des § 83 Nr. 1—5 zu versagen, falls nicht feststeht, daß eine Beeinträchtigung trotz des Mangels ausgeschlossen ist (anders § 85, vgl. § 59 A. 2b). Eine solche ist gegeben für denj., dessen Recht nach dem Meistgebote ganz oder teilweise ausfällt; ferner für den, dessen Anspr. zwar durch das Meistgebot gedeckt werden, der aber auf Barzahlung angewiesen ist, während er das Bestehenbleiben seines Rechtes verlangen könnte, oder umgekehrt[2]); endlich für den VollstrSch. (neu eingetret. Eigent.), wenn die Möglichkeit besteht, daß er bei richtigem Verf. entweder sein G. mangels zuläss. Gebots überhaupt nicht verloren hätte oder daß ein besseres Ergebnis erzielt worden wäre (Jaeckel-Güthe A. 2, Fischer-Schäfer 309). Der VollstrSch. erscheint aber nicht benachteiligt, wenn der Verstoß ausschließl. das Recht eines anderen betraf u. dieser den Mangel genehmigt (vgl. § 100 Abs. 2). Ebensowenig liegt eine Benachteiligung vor, wenn sie nicht auf dem VerfMangel beruht, sondern auch ohne diesen eingetreten wäre, z. B. wenn eine Zustellung gemäß § 43 Abs. 2 zwar unrichtig ausgeführt wurde, aber nachgewiesen ist, daß der bestr. Beteiligte das zuzustell. Schriftstück rechtzeitig erhalten hat (SeuffA. 69, 82, v. d. Pfordten 238, Jaeckel-Güthe A. 2).

---

[1]) Wird trotzdem der Zuschlag erteilt u. (innerh. der gegen den betr. Beteiligten in Lauf gesetzten Beschwerdefrist) Beschwerde nicht erhoben, so wird auch dieser Zuschlagsbeschluß rechtskräftig, selbst dann, wenn der Zuschlag einem unwirksamen Gebot erteilt worden ist.

[2]) Zu beachten ist aber hier, daß nur der betreib. Teil ein Recht auf Barzahlung hat; die übrigen haben kein Recht, in dem von einem anderen betriebenen Verf. befriedigt zu werden (vgl. Einl. V 2); ebensowenig ist der Ersteher als solcher dadurch beeinträchtigt, daß das g. G. unrichtig festgestellt wurde (OLG. 27, 211).

Hängt die Prüfung der Frage, ob eine Beeinträchtigung vorliegt, davon ab, ob das Meistgebot für den Beteiligten ausreicht, so ist dies nach den für § 67 Abs. 1 gelt. Grundsätzen zu berechnen; ergibt die Berechnung die Möglichkeit der Beeinträchtigung, so ist Genehmigung notwendig.

Durch SichLeistung für den Fall der Beeinträchtigung kann die Versag. des Zuschlags nicht abgewendet werden (Jaeckel-Güthe A. 3); natürlich kann aber der Benachteiligte die Sicherheit annehmen u. das Verf. genehmigen (v. d. Pfordten 243).

b) Genehmigung des Verf. Sie enthält einen Verzicht auf die Geltendm. eines prozess. Mangels durch den hiedurch betroffenen Beteiligten u. kann auch eine stillschw. sein. Inwieweit aus schlüssigen Handl. eine solche zu folgern ist, ist Tatfrage[3]). Soweit die Genehmigung nicht zum VersteigProt. (gelegentl. der Verhandl. nach § 74 oder in einem spät., vom Notariat hierzu vor der Entsch. über den Zuschlag anberaumten oder dem VerkündTermin, § 87) festgestellt ist (§ 80), kann sie nur ausdrücklich u. in öffentl. begl. Form (§ 129 BGB., vgl. § 149 DA.) bzw. in öffentl. Urkunde (§ 415 ZPO., vgl. § 148 DA.) geschehen u. muß dem Notariat bis zur Verkündung[4]) der Entsch. über den Zuschlag erklärt bzw. eingereicht werden. Sie kann von der Partei oder ihrem Prozeßbevollm. (§§ 54, 81 ZPO.) ausgehen, der Vormund bedarf also keiner Genehmigung des VormG. (Jaeckel-Güthe A. 6, Fischer-Schäfer 310); der Verst.-Beamte kann sie selbst anregen.

Die einmal erteilte Genehmigung kann nicht zurückgenommen werden.

2. Gegenüber den Mängeln der Nrn. 6, 7 des § 83 ist selbst eine **Genehmigung sämtlicher** Beteiligten **unbeachtlich.**

§ 85.

Der Zuschlag ist zu versagen, wenn vor dem Schlusse der Verhandlung ein Beteiligter, dessen Recht durch den Zuschlag beeinträchtigt werden würde, die Bestimmung eines neuen Versteigerungstermins beantragt und sich zugleich zum Ersatze des durch die Versagung des Zuschlags entstehenden Schadens verpflichtet, auch auf Verlangen eines anderen Beteiligten Sicherheit leistet. Die Vorschriften des § 67 Abs. 3 Satz 1 und des § 69 finden entsprechende Anwendung. Die Sicherheit ist in Höhe des im Verteilungstermine durch Zahlung zu berichtigenden Teiles des bisherigen Meistgebots zu leisten.

Die neue Terminsbestimmung ist auch dem Meistbietenden zuzustellen.

Für die weitere Versteigerung gilt das bisherige Meistgebot mit Zinsen von dem durch Zahlung zu berichtigenden Teile des Meistgebots unter Hinzu-

---

[3]) Bloße Anwesenheit im Termine u. Unterlassung einer Rüge trotz entsprech. Frage an den Beteiligten enthält nicht schlechthin eine Genehmigung; ein Beteiligter, der nicht rechtzeitig geladen, jedoch erschienen war und am VersteigGeschäfte teilgenommen hatte, kann den Mangel rechtzeitiger Zustellung geltend machen, z. B. weil ihm die Zeit zur Vorbereitung, Herbeischaffung von Geldmitteln, gefehlt habe. Ebensowenig liegt im Verzicht auf die Rüge eines Mangels die Genehmigung anderer Mängel (Jaeckel-Güthe A. 4, Reinhard-Müller A. 2b, Wolff § 84 A. 6; Recht 05, 65, OLG. 19, 191).

[4]) Nachholung der fehl. Genehmigung im BeschwRechtszug ist ausgeschlossen s. § 100 A. 1c.

rechnung derjenigen Mehrkosten, welche aus dem Versteigerungserlöse zu entnehmen sind, als ein von dem Beteiligten abgegebenes Gebot.

In dem fortgesetzten Verfahren findet die Vorschrift des Abs. 1 keine Anwendung.

E. § 119; Begr. 234, 235; D. 56; KBer. —.

Versagung des Zuschlags ohne Verfahrensmangel.

1. **Allg.** Die Vorschr. gewährt auch dem nicht betreib. Beteiligten, der durch das Ergebnis der Versteigerung einen Ausfall erleiden würde (der betreib. Gl. kann sich im Wege der §§ 29, 30 dagegen schützen, s. aber Fußn. 1), die Möglichkeit, die Herbeiführung eines besseren Ergebnisses in einem neuen Termine versuchen zu lassen. Dies könnte außerdem nur im Wege des § 59 durch Aufstellung einer entsprech. besond. VersteigBedingung erreicht werden, da sonst das Recht des Meistbiet. aus dem Zuschlag entgegensteht (vgl. § 81 A. 1 a, Jaeckel-Güthe A. 1). Während des Krieges wurde allerdings zur Verhütung schwerer wirtschaftl. Schäden auch eine Terminsvertagung gebilligt (vgl. Recht 1916, 86).

2. **Voraussetzung** der Versagung des Zuschlags ist hier:

a) ein zulässiges Gebot, dem der Zuschlag nicht aus einem der Gründe der §§ 81, 83 versagt werden müßte. § 85 ist also nur in zweiter Linie anwendbar (JW. 1928, 670; s. A. 3).

b) der Antrag eines durch die Höhe des Meistgebots beeinträchtigten Beteiligten — betreib. Gl.[1]), der ihm Gleich- oder Nachstehenden, des Vollstr.-Sch.[2]) bzw. neu eingetret. Eigent.; nicht: Mieters u. Pächters. Die Beeinträchtigung darf nicht bloß möglich, sondern muß außer Zweifel sein (anders § 84; so Jaeckel-Güthe A. 2, Reinhard-Müller A. 2b; bestr.).

Der Antrag ist nur bis zum Schlusse der Verh. im VerstTermine (§ 74 A. 2), nicht mehr im VerkündTermin, zulässig (ZBlFG. 11, 164), auch in einem, nach erfolgter Einstell. fortges. Verf., nicht aber in dem auf Grund des § 85 anberaumten zweiten VersteigTermin (Abs. 4). Beurkundung: §§ 78, 80. Der Antrag steht der Abgabe eines Gebots gleich (Abs. 3); es gelten daher für ihn ebenfalls die Erfordernisse des § 71 (er kann nur mündlich gestellt, nicht zurückgenommen werden, Vollmacht ist in öffentlich begl. Form beizubringen, der Vormund bedarf der Genehmigung des VormG., Prozeßvollmacht genügt nicht, § 71 A. 4d). Dagegen ist in dem Antrag nach § 85 keine EinstellBewill. im S. des § 30 enthalten (Jaeckel-Güthe A. 4); letztere kann jedoch allein gewollt sein, wenn der betreib. Teil einen neuen Termin verlangt statt der Zuschlagserteilung (SeuffA. 56, 484).

c) Gleichzeitige (vor Schluß der Verhandlung — § 74 A. 2 — erfolgte) Verpflicht. zum Schadensersatz (Beurkundung: §§ 78, 80). Zu ersetzen ist der Schaden, der dadurch entsteht, daß infolge neuer Anmeldungen, Anwachsens der Zinsen u. Kosten einzelne Anspr. einen Ausfall erleiden, sei es daß in dem neuen Termin überhaupt kein höh. Gebot erzielt wird, sei es daß dort der

---

[1]) Wenn dieser z. B. schon einmal die Einstell. des Verf. bewilligt hatte u. einen Ausfall erleidet (§ 30 I; Jaeckel-Güthe A. 2).

[2]) Der Sch. kann auch benachteiligt sein, obwohl ein Überschuß erzielt wurde, wenn der wahre Wert des G. nicht erreicht wurde (nicht aber schon deshalb, weil er das G. verliert; Jaeckel-Güthe A. 2, Reinhard-Müller A. 1 b); ebenso dann, wenn er einem Gl., der einen Ausfall erleidet, persönlich haftet (er ist für den Ausfall einer Ford. auch dann haftbar, wenn der Berechtigte das G. unter seinem wirklichen Wert erstanden hatte s. § 127 Fußn. 1).

Zuschlag aus irgendwelchem Grunde versagt werden muß, oder daß es zu einem neuen Termin überhaupt nicht kommt, z. B. weil der VersteigAntrag zurückgenommen wurde oder das G. unterging.

Ersterenfalls (wenn der Zuschlag im neuen Termin erfolgt) haftet der Antragsteller den geschädigten Beteiligten; letzterenfalls nur dem betreib. Gl., falls er durch das Meistgebot des ersten Termins etwas erhalten hätte (die übr. haben kein Recht auf Befried. in dem von einem anderen betrieb. Verf.; Einl. V, 2).

Dafür, daß der Meistbiet. des zweiten Termins seinen Verpflichtungen nachkommt, haftet dagegen Antragsteller nicht; denn dagegen können sich die Beteiligten selbst schützen (Fischer-Schäfer 312).

Der Anspruch auf Schadensersatz ist im Klagewege geltend zu machen (nicht auf dem Wege des § 132 Abs. 2, da der Zuschlagsbeschluß Grund u. Höhe des Schadens nicht festzusetzen hat; v. d. Pfordten 250). Der Klage kann mit dem Einwande begegnet werden, daß der Zuschlag schon aus anderen Gründen hätte versagt werden sollen (Jaeckel-Güthe A. 5, Reinhard-Müller A. 3b). Soweit Schadensersatz geleistet wird, hat der Antragsteller Anspruch auf Abtretung der Rechte gegen den VollstrSch. (§§ 255, 401, 1153 BGB., Reinhard-Müller A. 3a, b).

d) SicherhLeistung auf Verlangen eines durch das Meistgebot wenigstens teilweise gedeckten Beteiligten, einschließl. des VollstrSch. (abw. ZBlFG. 18, 170 Nr. 364). Sie kann ebenfalls bis zum Schlusse der Verhandl. verlangt u. muß vor der Entsch. über den Zuschlag geleistet werden. Die Art der Sicherheit (auch Bürgschaft) bestimmt § 69 mit § 10 Nr. 2 EG., Art. 31 BayAG., die Höhe § 85 Abs. 1 S. 3, § 49 Abs. 1; über Befreiung von der Pflicht zur SichLeistung s. § 67 Abs. 3 S. 1 mit § 10 Nr. 1 EG., Art. 30 BayAG.[3]); über Pfandrecht an der Sicherheit, s. § 233 BGB.

3. Entscheidung über den Antrag. Sind die Vorausset. des § 85 gegeben (insbes. genügende Sicherheit geleistet), so erfolgt die Versag. des Zuschlags unter (gleichzeitiger oder bis Eintritt der Rechtskraft auszusetzender) Anberaumung eines neuen Termins; andernfalls ist der Zuschlag endgültig zu versagen (wenn andere VersagGründe vorliegen) oder zu erteilen unter Abweisung des Antrags. Verkündung: §§ 87, 88; Erinnerung u. sof. Beschwerde (des betreib. Gl. bzw. Antragstellers): §§ 96, 97, 100 ZVG. bzw. § 13 Abs. 2 EG., Art. 25 BayAG.; sie steht auch dem Meistbiet. zu (§ 97).

4. Wirkung der Versagung (vgl. § 86):

a) Hinsichtl. des Verf. wirkt die rechtskräftige Versag. wie eine einstw. Einstell., hat also insbes. das Erlöschen des Meistgebots zur Folge (§ 86). Der neue Termin ist aber keine Forts. des alten, daher nach §§ 36 bis 43 (insbes. unter Wahrung der sechswöch. VersteigFrist) zu bestimmen, die Bestimmung zu veröffentlichen u. zuzustellen (auch dem Meistbiet., obwohl dieser nicht mehr beteiligt ist; Abs. 2 ist nur Ordnungsvorschrift, weshalb der früh. Meistbiet. als

---

[3]) Art. 30 BayAG. gilt nicht bloß für Gebote im eigentl. Sinne nach § 67 ZVG., sondern auch für den Antrag nach § 85, bei dem die Vorschr. des § 67 Abs. 3 S. 1 entspr. angewendet werden soll. Die Befreiung wollte für alle Verpflicht. gewährt werden, die die betr. Körperschaften u. Anstalten bei einer ZwVersteig. übernehmen u. nach Abs. 3 ist der Antragsteller als Meistbiet. zu erachten (vgl. Becher Mat. VI, 30 zu Art. 31 des Entw.; a. M. v. d. Pfordten AG. S. 18, Jaeckel-Güthe A. 6),

solcher wegen Nichtzustellung nicht den neuerl. Zuschlag anfechten kann; abw. Wolff § 85 A. 6). Es erfolgt eine neuerl. Feststellung des g. G. u. der VersteigBeding.[4]), unter der Maßgabe, daß nur höhere Gebote als dasj. des Antragstellers, das nach Abs. 3 als bereits abgegeben gilt, zulässig sind. Dieses Gebot setzt sich zusammen aus dem Meistgebote, den 4% Zinsen aus dem Bargebot (§ 49 Abs. 2) vom ersten bis zum zweiten Termin, u. den neuerl. (inzwischen erwachsenen) Kosten des Verf.; die für das Meistgebot etwa bedungenen ZahlFristen können dem Antragsteller nicht zugute kommen (ebenso v. d. Pfordten 248). Hat eine Änderung der VersteigBeding. oder des g. G. (insbes. infolge Anwachsens von Zinsen, Beitritts eines besser berechtigten Gl.) stattgefunden, so kann das gedachte Gebot nicht als zulässiges betrachtet u. daher, wenn kein weiteres Gebot erfolgt, der Zuschlag nicht dem Antragsteller erteilt, sondern muß versagt werden (Reinhard-Müller A. 6; teilw. abw. v. d. Pfordten S. 249).

b) Der Antragsteller ist, von der Verkünd. der Zuschlagsversag. an, an seinen Antrag gebunden u. von der Rechtskraft des Beschlusses an in die Stelle des Meistbiet. getreten, während nun dessen Gebot erlischt (§§ 72 Abs. 3, 86). Der Eintritt des Antragstellers in das Meistgebot vollzieht sich mit diesem Zeitpunkt auch dann, wenn der Zuschlag aus anderen Gründen als nach § 85 hätte versagt werden müssen (anders SchadensErsatzpflicht, oben Bem. 2c). Auch ein besond. Ausspruch hierwegen ist nicht erforderlich. Dem Antragsteller wird, falls nicht andere Gründe entgegenstehen (s. oben a a. E.) u. kein höheres Gebot im neuen Termine gelegt wird, der Zuschlag auch erteilt, wenn er nicht anwesend ist oder widerspricht (Jaeckel-Güthe A. 11, Reinhard-Müller A. 6).

Muß im 2. Termine der Zuschlag versagt werden u. wird nunmehr das Verf. auf Antrag des betreib. Gl. fortgesetzt (§ 77 Abs. 2 S. 1 trifft hier nicht zu, da der 1. Termin nicht ergebnislos verlaufen war), so dauert auch für diese Forts. des Verf. die Verpflichtung des Antragstellers fort (Jaeckel-Güthe A. 10, Reinhard-Müller A. 8).

Wird der Antragsteller Ersteher, so kann von ihm nach §§ 67 ff. abermals Sicherheit verlangt werden, da die nach Abs. 1 geleistete nur zur Deckung der SchadensEAnspr. der Beteiligten dient. Wenn der Antragsteller im neuen Termine die für sein (als abgeg. angenommenes) Gebot verlangte Sicherheit nicht leistet, ist es gemäß §§ 70, 71 als unwirksam zu behandeln u. deshalb, falls keine weiteren gültigen Gebote abgegeben werden, der Zuschlag wiederum, u. zwar endgültig zu versagen. Die Beteiligten haben diesfalls ihre Rechte an der früh. (im 1. Termine nach § 85 Abs. 1 geleist.) Sicherheit geltend zu machen. Diese wird nicht schon dadurch frei, daß die Zuschlagsentsch. rechtskräftig wird, das Verf. aufgehoben oder einstw. eingestellt wird, sondern erst, wenn feststeht, daß keine SchadensEAnsprüche erhoben werden; im Zweifel ist von § 109 ZPO. Gebrauch zu machen (Jaeckel-Güthe A. 6, Fischer-Schäfer 314, Reinhard-Müller A. 4).

c) Die Versag. des Zuschlags nach § 85 kann (für sämtl. Beteiligte) nur einmal erfolgen (Abs. 4); der betreib. Gl. kann aber durch EinstellBewill. oder VertagAntrag (§ 30) einen weiteren Termin erreichen (Fischer-Schäfer 311, Jaeckel-Güthe A. 4).

[4]) Die früh. Anmeldungen sind, auch wenn sie für den ersten Termin zu spät erfolgten, zu berücksichtigen (denn es handelt sich nicht um ein neues Verf.); neue Anmeldungen können nachgebracht werden (Jaeckel-Güthe A. 10, Reinhard-Müller A. 5).

5. Die Entsch. des Notars über den Antrag auf Bestimmung des neuen VersteigTermins unterliegt einer besond. Gebühr gemäß Art. 11 BayKG., 52 I Nr. 1 NotGebO. Diese Gebühr gehört nicht zu den aus der Masse vorweg zu nehm. Kosten des Verf. (§ 109); der Antragsteller kann sie nur gemäß § 10 Abs. 2 mit seinem Anspruch geltend machen (v. d. Pfordten AG. 69, Schmitt NotGebO. Art. 52 A. 5).

§ 86.

Die rechtskräftige Versagung des Zuschlags wirkt, wenn die Fortsetzung des Verfahrens zulässig ist, wie eine einstweilige Einstellung, anderenfalls wie die Aufhebung des Verfahrens.

E. I § 145; Begr. 272, 273; D. —; KBer. —.

Wirkung der Versagung des Zuschlags.

1. Die Wirkung des VersagBeschlusses (vgl. § 85 A. 4, § 72 Abs. 3) ist je nach dem Grunde der Versag. (der sich aus dem Beschlusse ergeben soll) verschieden. Eine endgültige **Erledigung** des Verf. tritt mit der Rechtskraft des Beschlusses (§§ 87, 88, 98; § 13 EG., Art. 25 BayAG.) ein, wenn die Forts. des Verf. unzulässig ist (z. B. nach Schluß der Versteig. der VersteigAntrag zurückgenommen wurde, überhaupt die allg. Voraussetz. für die Vollstr. nicht mehr vorhanden sind, oder weil die Einstell. bewilligt ist, obwohl das Verf. bereits auf Bewilligung hin einmal eingestellt war, §§ 29, 30, oder wenn der Verst. ein dauerndes Hindernis entgegensteht, § 83 Nr. 5). Die Akten sind in diesem Fall an das Gericht abzugeben, welches die Löschung des VersteigVermerks verfügt (§ 34).

Die Entsch. über den Zuschlag steht, auch wenn sie wegen eines AufhebGrundes (§ 83 Nr. 5, 6) zur Versag. führt, zunächst dem Notar zu (§ 13 EG., Art. 25 BayAG.; bestr., s. § 33 A. 4); wird nach Rechtskraft des VersagBeschlusses die Löschung des VersteigVermerks verfügt, so muß dem betreib. Teile mittelst Zustellung die Möglichkeit gegeben werden, auch die Anschauung des Gerichtes, daß der VersagGrund der Forts. des Verf. entgegensteht, durch Beschwerde (§ 95) zu bekämpfen.

Ob der VersagBeschluß einen VersagGrund mit Recht oder Unrecht als gegeben ansieht, kann nur im Wege der Erinnerungen (§ 13 Abs. 2 EG.) bzw. der Beschwerde nachgeprüft werden. An den als vorliegend angenomm. Tatbestand ist bei Rechtskraft des VersagBeschlusses der Notar dergestalt gebunden, daß er auf einen FortsAntrag hin seine Entsch. nicht mehr ändern kann, außer bei neuerl. Zuschlagsentsch. (§ 79, Jaeckel-Güthe A. 1).

2. Steht der VersagGrund einer **Fortsetzung** nicht entgegen (z. B. bei Verletzung der VerfVorschr. des § 83 Nr. 1—4, 7, oder bei — erstmaliger — Bewilligung der Einstell. nach Schluß der Versteig.), so wirkt der Beschluß vom Zeitpunkte seiner Rechtskraft (§ 87) an, wie eine einstw. Einstell. (§§ 31, 72 Abs. 3), so daß die Forts., abgesehen von den Fällen des § 85 ZVG. u. § 769 Abs. 2 ZPO., nur auf Antrag stattfindet, also weder vom Notariat noch vom Vollstr.- oder BeschwG. von Amts wegen angeordnet werden kann (OLG. 30, 112)[1]. Sie wird durch eine gegen den VersagBeschluß eingelegte

[1]) Der FortsAntrag ist gemäß § 31 Abs. 2 binnen 6 Monaten nach Wiederaufheb. der prozeßrichterl. Einstell. bzw. nach Eintritt der Rechtskraft des VersagBeschlusses zulässig; eine Abweichung (Frist von 3 Monaten) besteht nur nach § 76 Abs. 2 S. 2, wenn

Erinnerung bzw. Beschwerde nicht aufgehalten, kann jedoch nach § 572 Abs. 2, 3 ZPO. ausgesetzt werden (Jaeckel-Güthe A. 2).

Wird die Forts. nicht rechtzeitig, d. h. binnen 6 Monaten (s. Fußn. 1), beantragt, so sind die Akten behufs Aufheb. des Verf. an das VollstrG. zurückzugeben (§§ 31 Abs. 2, 32, 34). Über Beschwerde gegen die Aufheb. s. § 95.

§ 87.

Der Beschluß, durch welchen der Zuschlag erteilt oder versagt wird, ist in dem Versteigerungstermin oder in einem sofort zu bestimmenden Termine zu verkünden.

Der Verkündungstermin soll nicht über eine Woche hinaus bestimmt werden. Die Bestimmung des Termins ist zu verkünden und durch Anheftung an die Gerichtstafel bekannt zu machen.

Sind nachträglich Tatsachen oder Beweismittel vorgebracht, so sollen in dem Verkündungstermine die anwesenden Beteiligten hierüber gehört werden.

E I § 121; Begr. 238-240; D. —; KBer. —.

Verkündung der Zuschlagsentscheidung.

1. Verkündung. Die Entsch. über den Zuschlag (Beschluß, § 82), mit dem das VersteigVerf. abschließt (§ 74), ist zu verkünden u. die Tatsache der Verkünd. samt Entsch. in das Versteig.- bzw. in das besond. Terminsprot. aufzunehmen.

Wird ein besond. VerkündTermin anberaumt (was zunächst im Ermessen[1]) des Notars liegt, auf Antrag aber auch in Form einer besond. Versteig.-Beding. nach § 59 festgesetzt werden kann; Recht 06, 1130, OLG. 13, 8), so ist dieser sofort im VersteigTermine zu bestimmen u. zu verkünden, sowie durch Anheftung an die Gerichtstafel, um die der Urkundsbeamte der Geschäftsstelle zu ersuchen ist, bekannt zu machen (vgl. § 40). Eine Zustellung, wie in § 41, erfolgt nicht, ebensowenig eine Ausschreibung.

Abs. 2 ist nur Ordnungsvorschrift, ihre Einhaltung ohne Einfluß auf die Gültigkeit des Verf.[2]).

---

das Verf. nach § 76 Abs. 1 hätte eingestellt werden sollen, aber bis zum Schlusse der Versteig. (die nun nach §§ 33, 83 Nr. 6 zur Zuschlagsversag. führen mußte) weiter geführt worden ist (Reinhard-Müller A. 4; a. M. Jaeckel-Güthe A. 2).

Im Falle des § 769 Abs. 2 ZPO. ist die Vollstr. nach fruchtlosem Ablauf der dort bez. Frist ohne weiteres von Amts wegen (ohne daß ein neuerl. Antrag des Gl. abzuwarten wäre) fortzusetzen (Falkmann 2. Aufl. S. 346, Stein-Jonas § 769 III, Jaeckel-Güthe § 31 A. 2).

[1]) Kein Recht des Sch. oder Dritter auf Vertagung der Verkünd. ohne Zustimmung des Meistbiet. (OLG. 25, 261, JW. 1911, 599, LZ. 1914, 1556; s. aber Recht 1916, 86).

[2]) Eine weitere Hinausschiebung des VerkündTermins um einige Tage kann u. U. geboten sein; eine ungerechtfertigte Hinausschiebung (Verlegung) kann aber die SchadensEPflicht des Notars begründen; sie darf keinesfalls erfolgen, lediglich um dem Sch. oder Dritten (z. B. AblösBerechtigten) die Beischaffung von ZahlMitteln zu ermöglichen u. so das Recht des Meistbiet. auf den Zuschlag zu vereiteln (Jaeckel-Güthe A. 3, BBlFG. 1911, 280, OLG. 25, 261, Recht 1914 Nr. 1191; a. M. Wiesinger BNotV. 1927, 493; vgl. auch §§ 6, 10 VO. v. 13. 2. 20 über Valutahyp.). Eine Vertagung auf Monate ist gänzlich ausgeschlossen (a. M. BNotZ. 06, 229), außer bei Zustimmung sämtlicher Beteiligten. Nur in den Fällen, in denen

Die Verkünd. kann durch einen anderen Notar (Verweser), nicht aber in Abwesenheit des Notars durch einen Gehilfen vorgenommen werden (vgl. § 82 A. 2, Jaeckel-Güthe A. 2). Anwesenheit der Beteiligten ist nicht erforderlich (§ 312 ZPO.; Feststellung wegen Abs. 3 u. § 88). Mit der Verkünd. wird der Zuschlag wirksam (§§ 89ff.), nicht aber die Versag. (§ 86); an die Verkünd. ist zum Teil der Beginn der Beschwerdefrist geknüpft (§ 98).

Ist die Verkünd. im VerkündTermin versehentlich unterblieben, so ist ein neuer Termin zu bestimmen u. allen Beteiligten sowie den Bietern, deren Gebot nicht erloschen ist, die Terminsbestimm. zuzustellen (vgl. § 89 A. 1).

2. Bis zur Verkündung können auch in dem hierfür besonders anberaumten Termine **neue Tatsachen oder Beweismittel** vorgebracht werden, die für die Entscheid. über den Zuschlag von Einfluß sein können, vgl. § 74 (z. B. Untergang des G., Zurücknahme des VersteigAntrags, Nachweis der Aufheb. oder Einstell. des Verf. nach § 37 Nr. 5, § 775 ZPO., Anfecht. des Gebots wegen Irrtums, Abtret. der Rechte aus dem Meistgebote nach § 81 Abs. 2, 3, Geltendmach. von VersagGründen nach § 83, Genehmigung des Verf. nach § 84 Abs. 2[3]), soweit sie nicht gesetzlich innerh. eines früh. Abschnittes des Verf. vorgebracht werden müssen (z. B. Verlangen der Sicherheit nach § 67, deren Leistung nach § 70, Widerspruch gegen Zulassung oder Zurückweisung eines Gebots nach § 72; ZBlFG. 11, 165). Beurkundung: §§ 78, 80.

Infolge dieser neuerl. Verhandlung kann nochmalige Verschiebung des VerkündTermins nötig werden (Jaeckel-Güthe A. 3, Reinhard-Müller A. 2c).

Über Nachholung von Tatsachen u. Beweismitteln vor dem Vollstr.- u. BeschwGericht s. § 100 A. 1c.

3. Gebühren. Für die Bekanntm. des VerkündTermins (Art. 84, 85 NotGebO.) erhält der Notar nur dann eine besondere Gebühr, wenn der Zuschlag nicht erteilt wird (Bay. ObLG. 13, 701, Schmitt Art. 84 A. 1). Für Anwesenheit im VerkündTermin wird dem Rechtsanwalt die gleiche Gebühr, wie für die Wahrnehmung des VersteigTermins zuzubilligen sein (Art. 17 BayRAGebO.); hat er beide Termine wahrgenommen, so erhält er die Gebühr nur einmal (Forts. des VersteigTermins); seine Auslagen kann er dagegen für jeden Termin gesondert berechnen.

§ 88.

Der Beschluß, durch welchen der Zuschlag erteilt wird, ist den Beteiligten, soweit sie weder im Versteigerungstermine noch im Verkündungstermin erschienen sind, und dem Ersteher sowie im Falle des § 61 dem für zahlungspflichtig erklärten Dritten und im Falle des § 81 Abs. 4 dem Meistbietenden zuzustellen. Als Beteiligte gelten auch diejenigen, welche das angemeldete Recht noch glaubhaft zu machen haben.

E. I § 125; Begr. 243—245; D. —; KBer. —.

Zustellung des Zuschlagsbeschlusses.

1. Bedeutung der Zustellung. Die materielle Wirksamkeit des Zuschlagsbeschl. tritt schon mit der Verkünd. ein (§ 89, Ausnahme: § 104). Die Zu-

---

ein Vorkaufsrecht nach dem SiedlGes. gegeben ist (s. § 81 A. 5), muß u. U. der VerkTermin über 3 bzw. 6 Wochen bzw. solange hinausverlegt werden, bis die Nichtausübung des Vorkaufsrechts feststeht.

[3]) Jaeckel-Güthe A. 3 zählen hier im Gegensatz zu § 85 A. 3 auch den Fall des § 85 auf.

stellung hat nur Bedeutung für den Beginn der Beschwerde-(Erinnerungs-) Frist. Aber auch die BeschwFrist beginnt für diej., denen der Beschluß nach § 88 nicht zugestellt zu werden braucht, mit der Verkündung.

2. Notwendigkeit der Zustellung.

a) Zuzustellen ist nur der Zuschlags-, nicht der VersagBeschluß. Die Frist zur Einlegung der Erinnerung bzw. Beschwerde gegen den VersagBeschluß läuft also immer von der Verkündung an (§ 98). Dies gilt auch für einen Bieter, wenn der Zuschlag einem andern erteilt würde (s. Fußnote 1).

b) Aber auch der Beschluß, durch den der Zuschlag erteilt wird, ist nicht allen Beteiligten zuzustellen, vielmehr nur

α) dem Ersteher, dem für zahlungspflichtig erklärten Dritten (§§ 61, 82) u. dem neben dem Ersteher haft. Meistbiet. (§ 81 Abs. 4, § 82) — diesen Personen, ohne Rücksicht auf ihre Anwesenheit; für sie läuft also noch eine eigene Beschwerdefrist, wenn sie auch als Beteiligte (β) in Frage kommen u. anwesend waren (OLG. 13, 8; 14, 203, Recht 06, 1146);

β) denj. übr. Beteiligten (einschließl. des VollstrSch., sowie des Berechtigten, der sein Recht noch glaubhaft zu machen hat, § 88 S. 2), die weder im Versteig.- noch im VerkündTermin anwesend waren[1]).

Eine Zustellung an den Bürgen erfolgt nicht, da dessen Verpflichtungen im Klagewege geltend zu machen sind (§ 82 A. 3e, § 132 Fußn. 3; Jaeckel-Güthe A. 5).

Die Anwesenheit wird durch das Protokoll bewiesen (§ 78 ZVG. mit §§ 159, 164 ZPO.). Anwesend ist auch, wer sich während der Verhandlungen entfernt hat (OLG. 4, 375).

Verzicht auf Zustellung, so daß die Beschwerdefrist von der Verkündung an läuft, ist zulässig (Jaeckel-Güthe A. 7, Reinhard-Müller A. 5; bestr.).

3. Ausführung der Zustellung. Sie erfolgt nach §§ 3—7 (auch an Zustell.-Vertreter) durch den VersteigBeamten (Art. 25 BayAG.). Zuzustellen ist der ganze Beschluß (insbes. die in ihn aufzunehm. VersteigBedingungen, § 82, RG. 60, 53), weshalb dieser zweckmäßig vom Terminsprotokolle zu trennen ist. Die Kosten der Zustellung des Zuschlagsbeschl. gehören zu den Kosten des Verf. (§ 109, nicht § 58).

4. Der Einlauf der ZustellNachweise braucht zur Einleitung des **VertVerf.** (§ 105) nicht abgewartet zu werden. Über vollstreckb. Ausfertigung des Zuschlagsbeschl. s. §§ 118ff., 123 GSchrGeschA., § 288 NotGeschO. Über die Pflicht des VerstBeamten zur Prüfung der Rechtskraft s. § 130 A. 2. Über Mitteilung des Zuschlagsbeschl. an Mieter u. Pächter durch das Notariat s. JMBek. v. 31. 3. 05/27. 7. 15 § 2c (im Anhang) u. BZfR. 1921, 109.

§ 89.

Der Zuschlag wird mit der Verkündung wirksam.

E. I § 142 Abs. 1; Begr. 268, 269; D. —; KBer. —.

[1]) Der Bieter, dessen Gebot nicht erloschen ist (§ 72), zählt nicht zu den Beteiligten (§ 97 Abs. 1; a. M. Jaeckel-Güthe A. 6). Zustellung an ihn ist durch § 88 nicht vorgeschrieben; für ihn läuft die Beschwerdefrist von der Verkündung an (§ 98, Reinhard-Müller A. 2, dagegen § 98 A. 2b).

Beginn der Wirksamkeit des Zuschlags.

1. Die Wirksamkeit des Zuschlagsbeschl. tritt (im Gegensatze zum Versag.-Beschluß, § 86) unmittelbar mit der Verkünd. im VersteigTermin oder in dem zur Verkünd. bestimmten besond. Termin ein, also unabhängig von der Rechtskraft (A. 4) oder der Zahlung des VerstErlöses (vgl. RG. 75, 316).

Ist die Verkünd. unterblieben, so kann auch die Zustellung den Beschluß nicht wirksam machen (u. die Beschwerdefrist nicht in Lauf setzen); es ist vielmehr die Verkünd. in einem besonders anzuberaum. Termine durch den Notar nachzuholen (Wolff A. 3, Fischer-Schäfer 318, OLG. 30, 108; bestr.; vgl. auch § 87 A. 1).

Wird der Zuschlag aber erst vom Vollstr.- oder BeschwGericht erteilt, so wird er erst mit der Zustellung an den Ersteher wirksam (vgl. §§ 98 A. 1b, 104 ZVG., § 13 Abs. 2 EG.).

2. Wirkungen. Mit der Wirksamkeit des Zuschlags gehen Eigentum (§ 90), Gefahr, Nutzungen u. Lasten (§ 56) auf den Ersteher über; er tritt in die Miet- u. Pachtverhältnisse ein (§§ 57, 59) u. kann sich sofort in den Besitz des G. setzen (§ 93)[1]; es erlöschen die Rechte, die nicht bestehen bleiben u. setzen sich am Erlös fort (§§ 91, 92; RG. 75, 313); das Bargebot ist zu verzinsen (§§ 49 Abs. 2, 60 S. 2), die Haftung für bestehenbleib. Hyp. usw. zu übernehmen (§ 53).

3. Einschränkung der Wirksamkeit. Die Eintragung des Erstehers (u. der SichHyp.) in das GBuch ist jedoch von der Rechtskraft des Zuschlags, der Ausführung des TeilPlans[2]) u. Sicherstellung der GrundESteuer abhängig (§ 130), ebenso die Eintragung der (vom Zuschlag an zulässigen) rechtl. Verfüg. des Erstehers über das G. (§ 130 Abs. 3). Weiter ist zum Schutz der Beteiligten die gerichtl. Verwaltung (§ 94) zulässig, solange der Ersteher nicht gezahlt (hinterlegt) hat. Die Vollstr. aus dem Zuschlagsbeschl. gegen den Ersteher usw. ist erst nach Ausführung des Plans zulässig (§§ 132, 133).

4. Aufhebung des Zuschlags. Der Eintritt der Wirkungen des Zuschlags ist nicht auflösend bedingt dadurch, daß eine Aufhebung im Beschwerdewege nicht erfolgt oder der VerstErlös bezahlt wird (Begr. 260), wenngleich der Vollzug des Zuschlagsbeschl. im Wege des § 572 ZPO. ausgesetzt werden kann. Die Nichtaufheb. des Zuschlags ist nur die gesetzl. Voraussetzung der Wirksamkeit desselben; wird daher der aufgehob. Zuschlag vom BeschwGericht wieder hergestellt, so tritt seine Wirksamkeit für die Vergangenheit wieder ein; versagt es endgültig den Zuschlag, so gilt das Eigentum des VollstrSch. als nie erloschen u. die erloschenen Rechte leben wieder auf (§ 90 A. 5, § 91 A. 1; Reinhard-Müller A. 3, Jaeckel-Güthe A. 1).

5. Rechtskraft. Der Zuschlag kann nur im Wege der Beschwerde (Erinnerung nach § 13 Abs. 2 EG.) angegriffen werden. Ist diese seitens aller hierzu Berechtigten unterblieben, so geht der Zuschlag in Rechtskraft über (RG. 67, 382; 70, 401); Klage ist ausgeschlossen (s. § 81 A. 1a, § 82 A. 1). Über Zuschlagsanfechtung nach GBuchBerichtigung s. § 98 A. 3.

---

[1]) Woran ihn nur eine etwaige gerichtl. Verwaltung hindert (§ 94).

[2]) Die GBuchberichtig. kann schon wegen §§ 50, 51 auch bei Hinterlegung des Bargebots nicht vor dem Teilungstermine (bzw. vor Nachweisung der Einigung nach § 143 oder Ablauf der Frist des § 144) erfolgen.

§ 90.

Durch den Zuschlag wird der Ersteher Eigentümer des Grundstücks, sofern nicht im Beschwerdewege der Beschluß rechtskräftig aufgehoben wird.

Mit dem Grundstück erwirbt er zugleich die Gegenstände, auf welche sich die Versteigerung erstreckt hat.

E. I § 148 Abs. 1 und 3; Begr. 258—261; D. 55; KBer. 40.

Eigentumserwerb des Erstehers.

1. Materiell-rechtliche Natur des Zuschlags. Der Zuschlag in der *FahrnisZwVerst.* ist die Feststellung der Vollendung eines Kaufvertrags; der EigentErwerb vollzieht sich dort erst mit der Übergabe. Der *rechtsgeschäftl.* Erwerb des Eigent. an G. ist von Auflassung *und Eintrag.* abhängig. *Der Zuschlag des ZVG.* (s. § 82 A. 1) *ist ein Richterspruch* (der Versteig.-Beamte übt in Ansehung des Zuschlags richterl. Tätigkeit aus, Art. 25 BayAG.), der auf Grund der VersteigBeding. u. nur nach Maßgabe des Zuschlagsbeschl. ohne Rücksicht auf den Parteiwillen unmittelbar, *ohne Übergabe, Auflassung, Abtretung u. Eintrag.* das Eigentum überträgt. Der Ersteher ist *nicht* Rechtsnachfolger des VollstrSch. im eigentl. Sinn (nur i. S. der §§ 265, 325, 445 ZPO., 1164 BGB., RG. 89, 77); daher sind ihm gegenüber Einreden aus der Person des Sch. ausgeschlossen. Er tritt weder zu den RealGl., noch zum Sch., noch zum VollstrG. (§ 49) in ein *Vertragsverhältnis* (anders im *AufwRecht*, s. § 82 Fußn. 1). Der Zuschlag bildet für den Erwerb des Erstehers einen selbständ. Rechtsgrund, der eine grundlose Bereicherung ausschließt (s. § 81 A. 1, § 82 A. 1).

Der Ersteher tritt ferner nicht ohne Erwerb des Geschäftsbetriebs in die *Haftpflichtversich.* ein (LZ. 1911, 342; abw. BNotZ. 1919, 42; vgl. § 52 A. 2 a. E.), noch weniger in *persönl.* Nachbarrechte (Recht 1910 Nr. 2883).

Andrerseits ist der *rechtskr.* Zuschlagsbeschl. auch allein maßgebend für das Erlöschen oder Bestehenbleiben eines *Rechtes gegen* den Ersteher (§§ 52, 59, 91); ordnet er das Bestehenbleiben an, so bleibt das Recht bestehen, *auch wenn es nicht dem Gesetz entspricht* (RG. 59, 266; 67, 380; 74, 205, HRR. 1, 1229, 2270, Ring 3, 593); ist es ein *aufzuwert.* Recht, so bleibt auch der AufwAnspr. des *früh.* Gl. bestehen, wenn auch mit dem aus § 21 Abs. 2 AufwG. sich ergeb. Nachrang (Ring 3, 1035 = RG. 122, 218; s. § 44 A. II 3 a, § 52 A. 3 a, § 53 A. 7).

2. Der Eigentumserwerb vollzieht sich mit dem Zuschlage (Verkünd. bzw. Zustell., §§ 89, 104) für den Ersteher *ohne Rücksicht auf* die Rechtsstellung des *VollstrSch.* zum G., also auch wenn dieser nicht Eigentümer war (RG. 89, 80[1]); dies gilt auch vom Erwerb des *Schuldners*[2]) als Erstehers u. von

[1]) Unrichtig RG. 102, 353: Der Ersteher könne nicht mehr Rechte erlangen als der bisherige Eigent. s. auch Wünschmann JW. 1928, 3159.

[2]) Jaeckel-Güthe A. 2; Begr. 260. — Der Sch. erlangt in diesem Falle durch den Zuschlag die durch die Beschlagn. beschränkte VerfügBefugnis wieder; auch er erwirbt neues Eigentum (JW. 03, 406, OLG. 17, 356; a. M. Recht 08, 360), ist daher als Eigentümer neuerdings in das Gbuch einzutragen (ZBlFG. 07, 716, OLG. 27, 219), schuldet aber keine GrundErwSteuer, weil sein Erwerb als steuerfreier Rückerwerb anzusehen ist (s. § 58 Fußn. 1). An den *persönl.* Schuldverh. des VollstrSch. wird aber nichts geändert, auch wenn er Ersteher wird (OLG. 26, 157, Wolff § 57 A. 10).

der Versteig. z. Aufheb. einer Gemeinschaft (OLG. 17, 356); alle entgegensteh. Rechte (insbes. etwaiges Eigentum Dritter) werden im Wege des § 37 Nr. 5 beseitigt (§ 91 Abs. 1). Ein EigentVorbehalt des Dritten ist, selbst wenn er im Zuschlagsbeschluß enthalten wäre, bedeutungslos (Recht 03 Nr. 131).

Der EigentErwerb wird auch durch den bösen Glauben des Erstehers (vgl. § 892 BGB.) nicht ausgeschlossen, da es auf seine Kenntnis von dem Eigent. des VollstrSch. an dem versteig. G. u. den mitversteig. Gegenständen nicht ankommt (RG. 45, 284; 67, 380; 69, 277; 72, 271, 358, JW. 03, 406; 1916, 321, ZBlFG. 5, 139, OLG. 8, 6; 14, 107). Eine Gewährleistung wegen Mängel findet nicht statt (§ 56). Dieser EigentErwerb beseitigt aber die Rechte Dritter nur dann, wenn die Auford. nach § 37 Nr. 5 erfolgt ist, der Zuschlagsbeschluß hinsichtl. des G. mit der Auford. übereinstimmt u. letzteres für den Dritten erkennbar bezeichnet war (RG. 57, 200; 85, 318, OLG. 11, 324; 14, 205; 17, 356; 22, 410, Jaeckel-Güthe A. 4; s. unten 3a).

Der EigentErwerb vollzieht sich endlich unabhängig von der Eintrag. in das GBuch (anders § 873 BGB., § 130 A. 1) u. von der Bezahlung des Bargebots (vgl. § 89).

Bei den mitversteig. Sachen u. Ford. ist weder Übergabe noch Übertragung erforderlich (anders § 65 A. 2).

Der EigentErwerb wird aber erst mit der Rechtskraft des Zuschlagsbeschl. unangreifbar (§ 89 A. 4, 5 u. unten A. 5); Eintritt der Rechtskraft setzt gültige Zustellung (soweit diese nach § 88 nötig ist) voraus (vgl. § 3 Fußn. 4).

Über **Besitzerwerb** des Erstehers s. § 93; über **Berichtigung** des nach § 90 unrichtig geword. GBuchs s. § 130.

3. **Für den Umfang** des EigentErwerbs ist zunächst der Inhalt des Zuschlagsbeschl. maßgebend; dies gilt aber nur dem VollstrSch. gegenüber.

Im Verhältnis zu Dritten ist zu unterscheiden:

a) Der Ersteher erwirbt das Eigentum an demj. Grundstück, das Gegenstand der Versteig. war. Gehörte es nicht dem Sch., so verliert der Dritte sein Eigentum nur, wenn er auf diesen Verlust gemäß § 37 Nr. 5 aufmerksam gemacht war (was nicht der Fall ist, wenn das G. in der Terminsbestimm. unrichtig oder für den Dritten nicht erkennbar oder, obwohl es ein selbständ. GB.-Blatt hatte, überhaupt nicht bezeichnet war; s. oben 2); ist daher das G. auf zwei GBBlättern eingetragen (Doppelbuchung) so erwirbt der Ersteher nur Eigentum, wenn in der Terminsbestimm. auch das Blatt des wahren Eigent. verzeichnet war (RG. 56, 58; 85, 316, BayObLG. 20 A 78). Dagegen erwirbt er (richtige Terminsbestimm. vorausgesetzt) Eigentum, auch wenn eine Parzelle nur irrtüml. auf dem Blatt des versteig. G. eingetragen ist u. ein zweites Blatt dafür nicht besteht (GruchBeitr. 54, 398, SeuffA. 65, 124; 70, 339). Ist der Vollstr.-Sch. der wahre Eigentümer, so ist die Doppelbuchung natürl. unschädlich (Reinhard-Müller § 37 A. 2c).

Der Umfang, in dem das G. zugeschlagen ist, wird in der Regel durch Zuschlagsbeschluß, Terminsbestimm., Kataster u. Katasterplan bestimmt; stimmen diese überein, so gilt als zugeschlagen das auf Grund dieser Angaben zu ermittelnde Stück der Erdoberfläche; andernfalls ist der in die Terminsbestimm. u. den Zuschlagsbeschluß übergegangene Inhalt des GBuchs allein maßgebend (GruchBeitr. 55, 1114, Jaeckel-Güthe A. 6, Reinhard-Müller A. 2 b; vgl. RG. 73, 125).

Dies ist insbes. der Fall, wenn zwei G. mit einem Gebäude überbaut sind, ohne daß eine Eigentums- u. Katasteränderung stattgefunden hat; denn diesfalls entspricht der Kataster den EigentVerhältnissen. Der Ersteher in der Einzelversteig. erwirbt die gebuchte Fläche (RG. 72, 269); er erwirbt kein Eigentum an der nicht versteig. Bodenfläche, selbst wenn alle Beteiligten der Meinung waren, das Gebäude stehe ganz auf versteig. Grund (GruchBeitr. 55, 1114, OLG. 14, 205)[3]).

b) Für den Umfang des Erwerbs des Eigentums an den mitversteig. bewegl. Sachen, Forderungen u. Rechten sind die §§ 55, 59, 65 maßgebend. Der Ersteher erwirbt hiernach in der Regel (von §§ 59, 65 abges.) unmittelbar mit dem Zuschlag (ohne Übergabe u. Abtretung) alle in diesem Zeitpunkte von der Beschlagn. (§ 20 Abs. 2, § 21) ergriffenen Sachen u. Ford., mit Ausnahme der im Wege des § 37 Nr. 5 von der Versteig. ausgenomm. oder von Dritten gutgl. erworb. Gegenstände, die Zubehörstücke nach § 55 Abs. 2 (HerausgAnspr. des Erstehers gegen den bösgl. Dritten, SeuffA. 67, 121; dagegen keine SchadensEKlage des Erstehers als solchen wegen Beseitigung von Sachen, auf die sich die Versteig. nicht erstreckte, Recht 09, 1041, LZ. 1918, 1290). Zu den mitversteig. Ford. gehören insbes. auch regelmäßig die Anspr. des VollstrSch. auf Versich.- u. EntschädGelder, soweit sie von der Beschlagn. erfaßt sind (ZBlFG. 5, 139, OLG. 14, 110, JW. 04, 423, RG. 69, 247; vgl. § 21 A. 2 C). Mit dem G. erwirbt der Ersteher auch die mit dem Eigentum verbundenen Rechte (s. Einl. IV 1 a).

Eine Abweichung tritt ein, wenn der Umfang des Erwerbs des Erstehers gemäß § 59 festgesetzt und diese abgeänd. VersteigBeding. in den Zuschlagsbeschluß aufgenommen wurde, wobei jedoch zu beachten ist, daß der Erwerb von wesentl. Bestandteilen des G. auch nicht durch einstw. Einstellung oder besond. VersteigBeding. ausgeschlossen werden kann[4]).

---

[3]) Man wird jedoch dem Ersteher das Recht der Anfechtung des Zuschlags wegen Irrtums (§§ 119, 121 BGB.) nicht versagen können (BlfRA. 72, 965, vgl. § 71 A. 2 b). Was den Erwerb des Eigentums an dem Bauwerk anlangt, so liegt, wenn ein Gebäude auf zwei G. des näml. Eigentümers erbaut wird, in der Regel kein Überbau (§§ 912 ff. BGB.) vor, sondern das Gebäude wird grundsätzlich wesentl. Bestandteil der beiden G. nach realen Teilen (§§ 946, 94 BGB., Planck §§ 912 A. 1 b, RG. 61, 192; 65, 361; 70, 201; 74, 82; 83, 147, JW. 07, 301; 1911, 212, 366; 1912, 129, SeuffA. 63, 153, Recht 1924 Nr. 1656; bestr., s. Staudinger-Kober § 912 I 2 a β). Doch gilt dieser Grundsatz nicht ausnahmslos (RG. 72, 269; 83, 147). Ist ein solcher Zustand schon bei der Versteig. bekannt, so ist meist nur von gemeinsamer (auch bei verschied. Belastung der beiden G. nicht zu umgehender) Versteig. mit Gesamtausgebot ein Ergebnis zu erwarten; in diesem Fall ist dann gemäß §§ 64, 112 durch Schätzung zu ermitteln, welchen Wert jedes G. samt Gebäudeteil darstellt. — Über die Rechtsverhältnisse an der gemeinschaftl. Giebelmauer (Kommunmauer) s. Staudinger-Kober § 921 IV, Planck § 921 A. 5; insbes. über Anbauen nach dem Zuschlag s. Nützel BZfR. 1914, 179 ff., Buhmann ebenda 197 ff., Lieberich ebenda 237, 260, 292, BayObLG. 22 A 332.

[4]) RG. 74, 203, JW. 02, 229, 262, GruchBeitr. 46, 859, ZBlFG. 3, 149; 6, 1, 10, Recht 06, 159; 09 Nr. 568, OLG. 25, 250, Jaeckel-Güthe A. 7; vgl. oben § 21 Fußn. 2, § 82 A. 3 d. — Der Ausschluß wesentl. Bestandteile von der Versteig. begründet aber in der Regel einen persönl. Herausgabeanspruch gegen den Ersteher (RG. 74, 204, JW. 1910, 952; 1911, 599, OLG. 17, 353). Dagegen besteht auch kein BereichAnspruch gegen den Ersteher, wenn wesentl. Bestandteile von der Verst. nicht ausgenommen sind (RG. 69, 279, Jaeckel-Güthe a. a. O.).

c) Aus § 90 Abs. 2 folgt endlich, daß der Ersteher die Gegenstände, auf welche sich die Versteig. erstreckt, auch miterwirbt, wenn sie nicht von der Beschlagn. ergriffen wurden (z. B. wenn der VersteigBeamte irrtümlich annimmt, die Beschlagn. habe auch Warenvorräte im Anwesen des Sch. erfaßt, wenn er sie daher ausdrücklich mitversteigert u. der Zuschlag rechtskräftig wird; vgl. OLG. 14, 106, SächsA. 2, 95); auch hier ist aber Voraussetzung, daß, soweit Eigentum Dritter in Frage kommt, § 37 Nr. 5 mit § 55 Abs. 2 beobachtet worden sind (Jaeckel-Güthe A. 8).

4. Der Verlust des Eigentums des bish. Eigent. wird dadurch ausgeglichen, daß dieser das **Eigentum** an dem an das Gericht (§ 107 Abs. 2) bezahlten **Erlös** bzw. den Anspruch auf dessen Bezahlung erlangt, an dem sich diej. **Rechte der Beteiligten** fortsetzen, die nicht nach den VersteigBeding. am G. selbst bestehen **bleiben** (Umwandlungsgrundsatz; RG. 64, 311; 43, 429; vgl. Einl. V 4). Der bish. Eigent. kann das G. nicht mehr herausverlangen (vgl. BayObLG. 1, 22).

5. Wirkung der Aufhebung des Zuschlags (vgl. § 89 A. 4). Mit der rechtskr. Aufhebung des Zuschlags verliert dieser für die Vergangenheit seine Wirksamkeit. Es tritt der Rechtszustand ein, der vor dem Zuschlag bestanden hatte u. es wird alles so angesehen, wie wenn der Zuschlag überhaupt nicht erteilt worden wäre. Das Eigentum verbleibt also bei dem früh. Eigentümer; zahlt der Ersteher eine bestehengeblieb. Hyp., so erwirbt er sie nicht als Eigentümer[5]; Nutzungen, die der Ersteher in der Zwischenzeit gezogen hat, sind von ihm zu erstatten, Aufwendungen ihm zu vergüten[6]. In der Regel wird diese Ausgleichung zwischen dem Ersteher u. dem VollstrSch. stattzufinden haben (s. § 56 A. 4), nicht gegenüber dem neuen Ersteher (sei es daß dieser erst im fortges. Verf. oder infolge Zuschlagsanfechtung den Zuschlag erhält); der neue Ersteher erwirbt ja letzterenfalls das Eigentum erst mit der Zustellung des Beschl. (§ 104) u. ist ebenfalls zum Ersatze von Verwend., die vor dem neuen Zuschlage gemacht wurden, nicht verpflichtet (§ 93 Abs. 2); auch aus dem G. kann der früh. (Gläubiger-)Ersteher für seine Aufwendungen nicht Befriedigung verlangen (§ 10 Nr. 1, Reinhard-Müller § 89 A. 5 b). Ob die Gl., die einen Ausfall erleiden, Ausgleichung verlangen können, ist fraglich (vgl. Jaeckel-Güthe A. 5, v. d. Pfordten 263, Wenz-Wagner A. 4). Die nach § 91 erlösch. Rechte gelten als nicht erloschen; das hierauf vom Ersteher (sei es auf Grund des Teilungsplans, sei es im Wege außeramtl. Verteilung) Geleistete ist zurückzugewähren (§ 812 BGB., vgl. § 116 A. 2, § 144 A. 7).

Auch die rechtl. Verfügungen des Erstehers hinsichtl. des Versteig.-Gegenstandes (Kündigungen an Mieter, Pächter, HypGl., Veräußerung, Verpfändung) werden für die Vergangenheit hinfällig; aus der Aufheb. des Zuschlags ergibt sich, daß er zu den vorgenomm. Verfüg. nicht berechtigt war; bei Verfüg. über bewegl. Sachen u. Ford. haben aber die Vorschr. zugunsten derer, die Rechte von einem Nichtberechtigten ableiten (§§ 161 Abs. 3, 407, 932 ff., 1207 BGB.) entspr. Anwendung zu finden (Jaeckel-Güthe A. 5, Reinhard-Müller § 89 A. 5 a).

Einen Schutz der Beteiligten gegen die Verfüg. des Erstehers bis zur Erfüllung seiner Verbindlichkeiten bietet § 94.

---

[5]) Gleichgültig, ob die Zahlung vor oder nach Genehmigung der Schuldübernahme (s. § 53 A. 3, 4, 5) erfolgte; der Ersteher hat dann nur einen BereichAnspruch gegen den VollstrSch. (vgl. RG. 80, 320 ff.).

[6]) Über Rückvergütung der GrundErwSteuer s. § 23 a 1 GEStG. (§ 58 Fußn. 1).

§ 91.

Durch den Zuschlag erlöschen unter der im § 90 Abs. 1 bestimmten Voraussetzung die Rechte, welche nicht nach den Versteigerungsbedingungen bestehenbleiben sollen.

Ein Recht an dem Grundstücke bleibt jedoch bestehen, wenn dies zwischen dem Berechtigten und dem Ersteher vereinbart ist, und die Erklärungen entweder im Verteilungstermin abgegeben oder, bevor das Grundbuchamt um Berichtigung des Grundbuchs ersucht ist, durch eine öffentlich beglaubigte Urkunde nachgewiesen werden.

Im Falle des Abs. 2 vermindert sich der durch Zahlung zu berichtigende Teil des Meistgebots um den Betrag, welcher sonst dem Berechtigten gebühren würde. Im übrigen wirkt die Vereinbarung wie die Befriedigung des Berechtigten aus dem Grundstücke.

E. I §§ 138 Abs. 2, 3, 139; Begr. 260, 262, 263; D. 56; KBer. —.

Einfluß des Zuschlags auf die Rechte am Grundstück.

1. Erlöschen der Rechte. In welchem *Umfange* die Rechte erlöschen, entscheiden die im *Zuschlagsbeschluß* enthalt. gesetzl. oder nach § 59 vereinb. VersteigBedingungen (vgl. § 52 A. 2, 3, § 82 A. 3d; § 9 EG., Art. 27 BayAG.) u. eine etwa nach § 91 Abs. 2 getroff. Vereinbarung. In Ergänzung des § 52 u. abw. von § 1181 BGB. schreibt § 91 Abs. 1 vor, daß dieses Erlöschen schon im *Zeitpunkte des Zuschlags* (Verkünd. §§ 89, 90 bzw. Zustellg. § 104) eintritt, vorausgesetzt, daß der Zuschlag nicht im BeschwWege aufgehoben wird. Erfolgt letzteres, so gelten die Rechte als niemals erloschen (§ 90 A. 5); wird der Zuschlag im BeschwWege wieder hergestellt, so gelten die Rechte als mit der ersten Zuschlagsentsch. erloschen.

Nach § 91 Abs. 1 erlöschen am G. u. den versteig. Gegenständen sowohl die Rechte des Eigentümers (auch wenn er selbst Ersteher wird, OLG. 27, 219) u. der beteiligten Gl., einschließl. des Erstehers [1]), wie auch dritter Personen; eine *Aufwertung der nicht* bestehenbleib. Rechte gg. den *Ersteher* ist ausgeschlossen (Mügel S. 765, Reinhard, Einl. S. 120; vgl. oben § 44 II 3a, § 53 A. 3a, § 90 A. 1); anders, wenn das Gegenteil zur VerstBedingung gemacht wurde (Recht 1928, 1328). Ein grundbuchrechtl. Streit über das Rangverhältnis hinsichtl. der erlosch. Rechte ist gegenstandslos geworden (BayObLG. 28 A 59).

An die Stelle des G. (Gegenstands) *tritt der VersteigErlös*, soweit dieser reicht, u. in dem Range, den das Recht selbst eingenommen hatte (Einl. V 4, § 55 A. 3, § 92). *Am Erlös dauern die Rechte u. früh. Rechtsbeziehungen fort* (RG. 70, 281; 71, 404; 75, 313; 76, 377; 88, 300) [2]). Das gilt auch von den *AufwertAnspr.* (Mügel S. 765, s. unten

[1]) Die Entstehung einer EigentGrundschuld des Erstehers nach §§ 889, 1177 BGB. ist hier ebenso ausgeschlossen, wie durch § 1181 BGB. Anders bei der im g. G. berücksichtigten Hyp., wenn der HypGl. Ersteher wird, oder wenn dieser von § 91 II Gebrauch macht (vgl. oben A. 3).

[2]) Ob das BefriedgsRecht am Erlös, soweit sich in dieses eine *Hyp.* usw. aufgelöst hat, ein *anders geartetes* Recht ist als vorher (so RG. 55, 260; 60, 251; 76, 377,

§ 114 I 1a). Soweit der Erlös nicht reicht, sind die Berechtigten auf die persönl. Ford. geg. den VollstrSch. beschränkt (OLG. 33, 110).

Das Recht am Erlös begründet aber bis zu der nach § 118 erfolgten Überweisung kein Schuldverhältnis zwischen RealGl. (auch EigentGrundschuldGl.) u. dem Ersteher. Denn dieser ist nicht verpflichtet, an die Gl., sondern an das Gericht (Notariat) zu zahlen (RG. 64, 311). Über die Pfändung des Anspr. auf den Erlös vgl. Fußn. 2 u. § 50 Anh. I; für die Übertragung des Anspr. bestehen keine besond. Formvorschr. (WarnRspr. 17 Nr. 272).

Der Umstand, daß ein Recht (z. B. eine Grunddienstbarkeit) rechtskräftig festgestellt ist, hält das Erlöschen nicht auf, wenn es auf Grund der VersteigBeding. eintreten sollte u. der Zuschlag nicht angefochten wurde (Recht 07, Nr. 2807); gleichgültig ist auch, ob es eingetragen ist oder nicht.

Über den Zeitpunkt des Erlöschens s. § 89 A. 1 (RG. 75, 313).

Die Löschung der erlosch. dingl. Rechte (samt den auch nach dem Zuschlag erfolgten Eintragungen[3]) bei ihnen) erfolgt nach § 130.

Über Vollstreckbarkeit des Zuschlagsbeschl. s. §§ 132, 133.

2. Das Erlöschen beschränkt sich jedoch auf das **dingl.** Recht (§ 10 Nr. 4) am Grundstück (sowie an den mitversteig. Gegenständen, § 1120 BGB.)[4]), u. auf das Recht auf Befriedig. aus ihnen (§ 10 Nr. 1—3, 5); es erstreckt sich also z. B. nicht auf Miet- u. Pachtrechte oder auf die Rechte an den nicht versteig. Gegenständen (RG. 55, 414; dagegen GruchBeitr. 48, 470, ZBlFG. 6, 161 ff., da die Möglichkeit eines selbständigen hypothek. Pfandrechtes an bewegl. Sachen nicht anzunehmen sei; s. oben Fußn. 2, § 37 A. 2 e ε, § 65 A. 1a). Die Haftung der nicht versteig. Gegenstände erlischt aber im Falle des § 91 Abs. 2, 3 (OLG. 25, 261). Über das Erlöschen der mit dem dingl. Recht etwa verbund. **persönl.** Forderung s. § 52 A. 4.

3. Vertragsmäßige Ausschließung des Erlöschens (Abs. 2) kann durch Ver-

---

BayObLG. 17 A 7) oder das nämliche Recht, wie vorher das hypothekarische (RG. 70, 281, SeuffA. 65, 480), ist bestr. (RG. 75, 313; 78, 70; 84, 13; 88, 306; vgl. Jaeckel-Güthe § 92 A. 1). Der Zweck der Auseinandersetzung der Rechtsverhältnisse, die am G. bestanden haben, erfordert aber möglichste Aufrechterhaltung der bish. Rechte und Rechtsbeziehungen und daher Anwendung der für den materiell-rechtl. Inhalt (also auch Rang) der Rechte maßgeb. Vorschriften auch auf das Recht am Erlös, soweit sie nicht als Gegenstand ein G. voraussetzen (RG. 88, 304). Infolgedessen erwirbt der VollstrSch., der den HypGl. nach dem Zuschlag befriedigt, dessen Anspruch auf den Erlös, wie vor dem Zuschlag die Hyp. Dagegen ist nach dem Zuschlag die Ablösung nach §§ 268, 1150 BGB. (z. B. eines Pfandbriefdarlehens mittels Pfandbriefen) nicht mehr zulässig (RG. 123, 338, Friedenthal JW. 1929, 715; s. § 114 Fußn. 2). Der Anspr. auf Befriedig. aus dem Erlös ist auch dann nicht mehr als Hyp. zu erachten, wenn die Hyp. gelöscht u. das G. in andere Hände übergegangen ist (RG. 121, 75). — Auch Pfandrecht, Nießbrauch u. VerfügBeschränkung (z. B. ein durch einstw. Verfüg. erlass. VeräußVerbot) an der Hyp. setzen sich am Erlös fort (RG. 60, 221; 69, 251; 75, 316, GruchBeitr. 59, 129, SeuffA. 67, 385); gegen diesen Erlös richtet sich auch die Anfechtung der erlosch. Hyp. (JW. 1915, 337). — Über die Anwendung der Vorschr. des Sachenrechts auf das dingl. Recht nach dem Zuschlag u. den Erlös, insbes. über Verfügung (Abtretung, Pfändung, Verpfändung), Erwerb durch den Eigentümer, LöschVormerkung usw. vgl. im übr. § 50 Anh. I, § 107 A. 4 u. JheringsJ. 59, 153 ff., ferner Reinhard LZ. 1925, 759.

[3]) Ihnen kommt, soweit sie nach dem Zuschlag bei erlosch. Rechten erfolgte, nicht der öffentl. Glaube des GrBuchs zugute (RG. 76, 378).

[4]) Sind VersichFord. auf den Ersteher übergegangen, so ist auch deren Haftung für den RealGl. erloschen (Recht 04, 485, ZBlFG. 5, 139).

einbarung [5]) zwischen dem Berechtigten u. dem Ersteher über das Bestehenbleiben des (dingl.) Rechtes erfolgen. Die schuldrechtl. Beziehungen zwischen beiden brauchen in der Vereinbarung nicht geregelt zu sein. Soweit die schuldrechtl. Seite einer solchen Vereinbarung für das Verf. von Bedeutung ist, zieht aus ihr das Gesetz selbst in Abs. 3 die notwend. Folgerungen (Jaeckel-Güthe A. 8; vgl. 4b).

a) Die Vereinbarung kann nur Rechte am G. betreffen (auch solche, die nicht auf Geldzahlung gerichtet sind, wie Dienstbarkeiten, Naturalausträge; u. gleichgültig, ob sie eingetragen oder nur durch Vormerkung oder Widerspruch geschützt sind), nicht Rechte an den mitversteig. Sachen (anders § 91 Abs. 1) u. nicht die Ansprüche auf Befriedigung aus dem G. (§ 10 Nr. 1—3, 5); ferner nur die nach den Versteig.-Beding. erlösch. Rechte, aber auch, wenn sie durch d. Meistgebot (ganz oder teilw.) nicht gedeckt sind (Jaeckel-Güthe A. 3, 9, Reinhard-Müller A. 4, ZBlFG. 4, 617, OLG. 13, 9; 25, 261 Recht 06, 1146; 1911 Nr. 1979, SeuffA. 62, 302; 66, 485). Die Vereinbarung kann auch wg. eines Teils des Anspr. getroffen werden. Auch eine Kostenkautionshyp. alten Rechtes kann durch Vereinbarung aufrecht erhalten werden (ebenso Koch 39). Etwaige vereinbarte Abänderungen hinsichtl. der kraft Vereinbarung (wie kraft VersteigBedingung) bestehenbleib. Rechte sind dem GBAmte zuzuleiten (ohne Ersuchen um Vollzug, s. § 130 A. 8). Auch eine dem Recht anhaftende Bedingung oder ein Widerspruch hindert eine Vereinbarung des Bestehenbleibens (neben der SichHyp. des Bedingtberechtigten nach §§ 123, 124, 128) nicht; in diesem Falle ist die SichHyp. unter entsprech. Bedingung einzutragen u. wieder zu löschen, wenn sich der Rechtsbestand des bestehen gelassenen Rechtes herausstellt, bzw. der Widerspruch nicht rechtzeitig durch Klage verfolgt wird (Jaeckel-Güthe A. 6, ZBlFG. 11, 37). Noch weniger wird natürlich durch die Vereinbarung die Bekämpfung des Rechtes mittels Widerspruchs (gegen den TeilPlan) gehindert (OLG. 6, 98).

b) Die Vereinbarung muß zwischen dem Ersteher (nicht Dritten des § 61 oder Meistbiet. des § 81) u. dem aus dem GBuch ersichtl. (§ 1154 Abs. 3 BGB.) oder sich durch Vorlage des Briefs u. allenfalls der AbtretErklärung (§§ 1117, 1160, 1192, 1199 BGB.) oder des Pfänd.- u. ÜberweisBeschl. mit ZustellUrkunden [6]) ausweisenden Berechtigten getroffen worden sein; die Nachweise (auch Vollmachten) müssen öffentl. beglaubigt sein (s. § 29 GBO.); der Vormund bedarf der Genehmigung des VormG. (§ 1821 Nr. 1 BGB.); öffentl. Urkunden (auch Versteig.- u. VerteilProtokoll) [7]) genügen (Reinhard-Müller A. 6a; ZBlFG. 14, 521). Mangel der Form verhindert die in Abs. 3 S. 2 bez. Wirkung (s. unten A. 4a a. E.) u. hält die Löschung nicht auf (s. unten c).

Handelt es sich um die Hyp. des Erstehers, die als Grundschuld bestehen bleiben soll, so genügt seine Erklärung allein (OLG. 3, 233, ZBlFG. 6, 340, Jaeckel-Güthe A. 4, Reinhard-Müller A. 6b; vgl. Fußn. 1).

Auch bei einer an sich erlosch. EigentHyp. des Sch. (z. B. aus einer SichHyp. herrührend) ist die Vereinbarung des Bestehenbleibens zulässig. Zu dieser Vereinbarung zwischen Ersteher u. Sch. bräuchte zwar ein Gl., der die

[5]) über Wesen u. Form dieser Vereinbarung vgl. ZBlFG. 13, 585; 14, 521, BayObLG. 17 A 8, OLG. 33, 110.

[6]) Überweisung zur Einziehung genügt aber nicht (§ 835 Abs. 2 ZPO., ZBlFG. 12, 398, Jäckel-Güthe A. 6). Bei Pfändung vor d. Zuschlag genügt zum Nachweis auch die Eintragung.

[7]) Gebühr für notarielle Beurkundung: BayObLG. 4, 898, BNotZ. 1910, 194 (BayObLG. 22 A 171 steht nicht entgegen).

EigentHyp. pfändete, nicht zugezogen zu werden, solange nicht durch Eintrag. der Pfändung bzw. durch Übergabe des Briefs die Pfändung wirksam geworden ist, wohl aber ein Gl., der den Anspruch des Sch. auf einen Teil des Erlöses (soweit er auf die EigentHyp. entfiele) gepfändet u. zur Einziehung überwiesen erhalten hat (BZfR. 06, 51; vgl. § 50 Anh. I a u. d).

c) Der Abschluß der Vereinbarung ist auch vor dem Zuschlag (unter der Bedingung, daß der Vertragsgegner Ersteher wird) zulässig. Der Nachweis ist bis zu dem nach § 130 erfolg. Ersuchen dem Notariat zu liefern (s. § 130 A. 8), widrigenfalls das betr. Recht gelöscht u., falls nicht Zahlung erfolgt ist, nach §§ 118, 128 verfahren wird. Ist das BerichtErsuchen nach § 130 beim GBAmt eingelaufen, so bleibt die nachträgl. Vorlage der Vereinbarung unberücksichtigt; die Beteiligten sind dann (wg. Umwandlung der SichHyp. des § 128) an das GBAmt zu verweisen (Jaeckel-Güthe A. 3, 7).

Eine Übertragung der Ford. gegen den Ersteher wird, soweit die Vereinbarung rechtzeitig vorgelegt wird, samt ihren Folgen gegenstandslos (s. 4a).

d) Betrifft die Vereinbarung eine Valutahyp. (=grundschuld), so ist zu ihrer Aufrechterhaltung in ausländ. Währung die Einwilligung der Landeszentralbehörde nach § 1 VO. v. 13. 3. 20 RGBl. 231 nicht erforderlich, da es sich weder um Neuerwerb noch Umwandlung handelt (Reinhard-Müller A. 4; a. M. 3. Aufl. u. LZ. 1920, 428).

4. Wirkung der Vereinbarung.

a) Das Recht selbst gilt als durch den Zuschlag nicht erloschen (wird daher bei der GBuchberichtigg., § 130, nicht gelöscht), das alte Pfandrecht gilt mit dingl. Wirkung gegen jedermann weiter (Begr. 262, Recht 04 Nr. 831, OLG. 46, 95)[8]) und behält seinen bish. Rang. Die Ford. des bish. Eigent. gegen den Ersteher (bzw. gegen den nach § 61 für zahlpflichtig erklärten Dritten oder den Meistbiet. des § 81) auf Barzahlung (vgl. § 90 A. 4) mindert sich aber um den Betrag, der bei der Verteil. des Erlöses auf das Recht entfallen wäre. In Ansehung des Betrages des gem. § 91 Abs. 2 bestehenbleib. Rechtes werden (in der Regel, auch wenn der Erlös nicht ausreicht, Recht 1911 Nr. 1979, SeuffA. 66, 484) allen Beteiligten — mit Ausnahme des Berechtigten — gegenüber die Wirkungen, welche die Zahlung (Hinterlegung, Übertragung §§ 117, 118) gehabt haben würde, auf die Vereinbarung übertragen: Die Ford. (des Berechtigten gegen den VollstrSch.) erlischt, der persönl. Sch. u. seine Mitverpflichteten (Bürgen) werden von ihrer Verbindlichkeit gegenüber dem Berechtigten befreit[9]), auf mithaft. nicht versteig. Grundstücken (Anteilen) erlischt das Recht (§ 1181 Abs. 2 BGB.), soweit es nicht auf den bisher. Eigent. des versteig. G. als Ersatzberechtigten übergeht (§§ 1173 Abs. 2, 1182 BGB.); letzterenfalls besteht die Haftung nicht mehr für den näml. Anspruch, vielmehr haftet die Hyp. (als Einzelhyp.) am versteig. G. nur noch für den Anspruch des HypGl., die

---

[8]) Daher liegt auch kein Neuerwerb i. S. der §§ 2, 3 AufwG. vor; der Berechnung des GMBetrags der aufzuwert. Hyp. ist vielmehr der ursprüngl. Erwerbstag zugrunde zu legen (JW. 1926, 2089, 2633, BZfR. 1925, 373; 1926, 22, DJZ. 1926, 1768, BNotV. 1926, 365, Mügel S. 362, 491, Reinhard, Einfluß S. 26, 233, 241); anders hinsichtl. des Betrags eines Zusatzdarlehens (JW. 1927, 2921, HRR. 1, 2206, Ring 4, 354).

[9]) Etwaige Ersatzansprüche des bish. Eigent. gegen den persönl. Sch. u. andere Mitverpflichtete wegen der Befriedig. aus dem G. bleiben unberührt. Natürlich können etwaige Bürgschaften u. Pfandrechte durch besondere Vereinbarungen (Einwilligung in die Schuldübernahme des Erstehers) aufrecht erhalten werden (RG. 70, 411).

übrigen für die Ersatzford. des VollstrSch. (RG. 81, 71, Fischer-Schäfer 327, Jaeckel-Güthe A. 10).

Die Löschung des Rechtes auf den mithaft., nicht versteig. G. ist jedoch nicht Sache des Notariats (Jaeckel-Güthe A. 10, OLG. 4, 376); im Falle der Anteilsversteig. ist die auf dem ganzen G. ruhende Einzelhyp. (Totalhyp.) als Gesamthyp. zu behandeln (vgl. Einl. III 2, § 44 A. II 2 b, § 50 A. 3 C a, § 128 A. 2; RG. 123, 75); Auch an den nicht versteig. Zubehörstücken erlischt mangels anderer Vereinbarung das Recht, u. zwar auch dann, wenn es durch das Meistgebot nicht gedeckt war (SeuffA. 66, 485, s. oben 2, 3).

Die Wirkungen des § 91 Abs. 3 S. 2 kommen der Vereinbarung nicht zu, wenn sie mangels rechtzeitigen u. richtigen Nachweises nicht das Erlöschen des Rechtes verhindert hat; die schuldrechtl. Wirkungen der Vereinbarung werden aber dadurch nicht berührt (BayObLG. 17 A 13; Recht 1915 Nr. 1219, JW. 1915, 1031, Reinhard-Müller A. 7).

b) Dagegen legt das Gesetz der Vereinbarung des Abs. 2, 3 an sich nicht die Wirkung der Schuldübernahme bei (vgl. § 53 A. 1); ob der Ersteher in das persönl. Schuldverhältnis eintritt oder nur dinglich weiter haftet (so daß die Hyp. zur Grundschuld würde), oder ob er ein neues Schuldverh. mit dem Berechtigten eingeht, ist Tatfrage[10]) u. wird vom Notariat nicht geprüft (anders § 144).

5. Auf das **Rangverhältnis** zwischen den bestehen gelassenen u. den übr. Rechten hat die Vereinbarung keinen Einfluß; zahlt der Ersteher daher eine, dem vereinbarungsgemäß bestehenbleib. Rechte vorausgehende Post nicht, so erhält die SichHyp. hierfür Vorrang vor jenem Recht (§ 879 Abs. 3 BGB., s. auch §§ 46, 62, 70 GBO.; Jaeckel-Güthe A. 8, Fischer-Schäfer 327). Über die Lösch-Vormerkung beim bestehenbleib. Recht s. § 50 Anh. II g.

§ 92.

Erlischt durch den Zuschlag ein Recht, das nicht auf Zahlung eines Kapitals gerichtet ist, so tritt an die Stelle des Rechtes der Anspruch auf Ersatz des Wertes aus dem Versteigerungserlöse.

Der Ersatz für einen Nießbrauch, für eine beschränkte persönliche Dienstbarkeit, sowie für eine Reallast von unbestimmter Dauer ist durch Zahlung einer Geldrente zu leisten, die dem Jahreswerte des Rechtes gleichkommt. Der Betrag ist für drei Monate vorauszuzahlen. Der Anspruch auf eine fällig gewordene Zahlung verbleibt dem Berechtigten auch dann, wenn das Recht auf die Rente vor dem Ablaufe der drei Monate erlischt.

Bei ablösbaren Rechten bestimmt sich der Betrag der Ersatzleistung durch die Ablösungssumme.

E. I § 140; Begr. 263—266; D. 56; KBer. —.

[10]) Das RG. neigt der Auffassung zu, daß im Zweifel (beweispflichtig ist der HypGl.) in der Vereinbarung, daß die Hyp. bestehen bleiben solle, der Vertragswille zum Ausdruck komme, daß der Ersteher auch in die persönl. Schuld eintreten solle (RG. 70, 414, Recht 1915 Nr. 965, HRR. 1, 1252; ebenso JW. 03, 336, RJA. 6, 152, OLG. 11, 127; 15, 207; dagegen Recht 01, 202, 258, 280; 04, 170, 212; 06, 118; OLG. 9, 140; vgl. Jaeckel-Güthe A. 8, Reinhard-Müller A. 5). Vgl. dagegen für die freiw. Veräußerung JW. 1919, 237.

Wertersatz für erlöschende Rechte.

1. Allg. Der Umwandlungsgrundsatz (Surrogationsprinzip), daß der VersteigErlös an die Stelle des VersteigGegenstandes tritt (§ 90 A. 4, § 91 A. 1) ist im Ges. nicht allg. zum Ausdruck gekommen. Er ergibt sich aber aus einzelnen Vorschr. (§§ 10, 37 Nr. 5, 109, 118) u. liegt auch dem § 92 zugrunde, der eine besondere Regelung hinsichtl. der nicht auf Zahlung eines Kapitals gerichteten Rechte enthält.

2. Voraussetzung des § 92 ist, daß das Recht nicht kraft der Versteig.-Beding. oder kraft Ges. insbes. gem. § 9 EG., Art. 27 BayAG. (Auszugsrechte, Grundgefälle, Grunddienstbarkeiten, s. § 52 A. 2) bestehen bleibt, sowie, daß es gerade durch den Zuschlag (nicht z. B. durch den Tod des Berechtigten; vgl. RG. 86, 259) erlischt.

3. Kapitalszahlung. Die auf Zahlung eines Kapitals aus dem Grundstück gerichteten Rechte können ohne weiteres aus dem Erlös befriedigt werden (so Hyp., Grundschuld, Ablösungssumme der Rentenschuld u. Reallast; wg. der Ablösungssumme s. §§ 1199 Abs. 2, 1200 Abs. 2 BGB., Art. 85 Abs. 2 BayAG. BGB. i. d. F. v. 23. Juli 1921, 11. u. 17. April 1923, GVBl. 379/147, RG. 85, 244; wg. des ErbbZinsrechts s. § 9 ErbbVO. v. 15. 1. 19; wg. der durch Landesrecht für ablösbar erklärten Dienstbark. u. Reallasten s. § 113 EG. BGB. § 3 EG. ZVG.; wg. der PMHyp., der ausländ. Währungs- u. wertbest. Hyp. s. § 114 A. I 1 a). Die Rentenbankgrundschuld ist eine öffentl. Last u. nicht ablösbar (s. § 10 A. 3 A b).

4. Wertersatz. (Abs. 1). Dagegen muß sich bei allen anderen durch den Zuschlag erlöschenden (aber durch das Meistgebot gedeckten) Rechten, die gem. § 10 Nr. 4 auf Befriedig. aus dem G. Anspruch haben, eine Änderung ihres Inhalts ergeben; für sie wird daher, soweit es sich nicht um die in Abs. 2 genannten Rechte handelt, im Range des Rechtes, eine einmalige Abfindungssumme aus dem VerstErlös bezahlt, die dem Werte des Rechtes entspricht.

Unter § 92 Abs. 1 fallen: ErbbRechte (§§ 1012 ff. BGB.) [1]; nicht ablösbare Grunddienstbarkeiten (§§ 1018 ff. BGB.) u. Reallasten von bestimmter Dauer (§§ 1105 ff. BGB.); dingl. Vorkaufsrechte, wenn sie nicht auf den Fall des Verkaufs durch den Besteller beschränkt sind (§ 1097 S. 2 BGB.) [2]; die der ZwVersteig. entgegensteh. Rechte Dritter (§§ 37 Nr. 5 ZVG., 771 ZPO.; bestr. s. § 28 Fußn. 3, § 37 A. 2 e β, ε); Vormerkung und Widerspruch (s. §§ 28 Fußn. 3, 37 A. 2 e β, 48 A. 3), endlich die durch Art. 196, 197 EG. BGB. aufrecht erhalt., landesgesetzl. geregelten Nutzungsrechte.

Keine Anwendung findet § 92 Abs. 1 auf das Eigentum Dritter; dieses gewährt nicht nur einen Anspruch auf Ersatz des Wertes, sondern auf den Erlös selbst (RG. 76, 212; 88, 351; s. § 55 A. 3) [3].

---

[1]) Das neuzeitl. ErbbRecht bleibt von der Grundstücksversteig. überhaupt unberührt (§ 25 ErbbVO. v. 15. 1. 19 RGBl. 72).

[2]) Gehen solche dem beitr. Gl. vor, so bleiben auch sie bestehen u. wirken für die Zukunft gegen den Ersteher (s. § 48 A. 3 a. E.). Die übrigen Vorkaufsrechte werden nach §§ 512, 1098 BGB. infolge der Versteig. gegenstandslos, sind also ohne Wertersatz zu löschen (Fischer-Schäfer 331, Jaeckel-Güthe A. 7, Planck BGB. § 1098 A. 2 i, RGRK. § 512 A. 1; vgl. oben § 9 Fußn. 3 a). Über die gesetzl. Vorkaufs- u. Wiederkaufsrechte s. § 9 Fußn. 3 b, § 81 A. 5.

[3]) Der Eigent. des G., der nicht Sch. war, muß die Befriedig. der ihm gegenüber stärkeren dingl. Rechte dulden; er kann nur den Erlös denen entreißen, die seinem Rechte nachstehen (z. B. einem persönlichen BeschlagnGl., JW. 1920, 399). Nach Auszahlung des

5. Anmeldung u. Feststellung. Ist für das Recht ein Höchstbetrag des Werterſatzes (A. 4) bzw. die Ablösungssumme (A. 3) im GBuch nicht eingetragen (vgl. § 882 BGB., Art. I Nr. 1 der HypGNov. v. 20. 12. 03, Art. 85 Abs. 2 BayAG. BGB.) oder aus der Eintragung der Einzelleistungen nicht berechenbar, so ist der Wert in Reichswährung (s. § 49 A. 3a, § 114 A. I 1) anzumelden, was aber gem. § 114 auch im VerteilTermin geschehen kann, wenn das Recht selbst aus dem GBuch ersichtlich ist (sonst ist Anmeldung gem. § 37 Nr. 4 nötig, s. § 110; ebenso Jaeckel-Güthe § 114 A. 7, 10, Reinhard-Müller A. 7; a. M. 3. Aufl.). Es findet keine gerichtliche Abschätzung statt (diej. nach § 51 Abs. 2 hat nur Bedeutung für die Feststell. des g. G.). Unter welcher Bezeichnung der Wertbetrag angemeldet wird (z. B. Herstellungskosten eines Giebelbenutzungsrechts) ist gleichgültig (JW. 06, 122). Die endgültige Wertfestsetzung erfolgt bei Widerspruch durch das ProzeßG. (§ 115; Fischer-Schäfer 331, Jaeckel-Güthe A. 7, Reinhard-Müller A. 7). Bei Grunddienstbarkeiten ist der Wert maßgebend, den sie für das herrsch. G. haben (über die Art der Ermittlung dieses Werts vgl. BZfR. 08, 306, Recht 08, 525). Rechte (z. B. Dienstbarkeit), die nur einen Teil des G. belasten, haben nur Anspruch auf verhältnism. Teilersatz (vgl. OLG. 21, 42, Jaeckel-Güthe A. 7). Soweit der Höchstbetrag nicht verlangt bzw. nicht zuerkannt wird, kommen die im Range nachfolg. Berechtigten zum Zuge; ein Übergang des Anspruchs auf den Eigentümer, wie bei der Hyp. nach § 1168 BGB., ist ausgeschlossen (v. d. Pfordten 271, JW. 03, 116).

6. Rentenleistung (Abs. 2). Für Nießbrauchsrechte (§§ 1030 ff. BGB.), beschr. persönl. Dienstbarkeiten (§§ 1090 ff. BGB., insbes. Wohn- u. Gebrauchsrechte) u. Reallasten von unbestimmter Dauer (§§ 1105 ff. BGB., insbes. Altenteils- u. Austragsrechte; vgl. Art. 32—48, 85 BayAG. BGB., Art. 48, 116 bis 118 ÜB.) wird eine Rente in Höhe des Jahreswerts des Rechtes geleistet, die vierteljährlich vorauszahlbar ist (§ 760 Abs. 2 BGB.). Die in den VerteilPlan (§ 114) im Range des Rechtes einzustellende Summe ergibt § 121.

Die einmal fällig gewordene Vierteljahresrente gebührt dem Berechtigten bzw. seinen Erben auch dann, wenn das Recht auf die Rente vor Ablauf des betr. Vierteljahres erlischt. Reicht der VersteigErlös nicht zur Deckung des ganzen, nach § 121 ermitt. Kapitalbetrags aus, so ist eine verhältnismäßige Minderung des Kapitals wie der Jahresleistung nur erforderlich, wenn gleichberechtigte Gl. vorhanden sind [4]); sonst bekommt der Berechtigte die volle Jahresleistung, auch wenn dadurch das Kapital aufgezehrt wird u. den Nachstehenden entgeht (Jaeckel-Güthe A. 5, § 121 A. 6, Reinhard-Müller § 121 A. 5, v. d. Pfordten 366). Ist der Nießbrauch z. Sich. einer Hyp. des Nießbrauchers bestellt (vgl. RG. 67, 378), so wird die Jahresrente für die Nachberechtigten frei, wenn die Hyp. vor dem Nießbrauch gedeckt wird (Reinhard-Müller A. 4c).

7. Anmeldung. Der Jahreswert (samt etwa beanspruchter Zeitdauer) des Rechtes (A. 6) ist anzumelden (der der Gebührenbewertung

---

VerstErlöses an die Berechtigten hat der Dritte einen BereichAnspruch gegen denj., der an letzter Stelle zum Zuge kam (§§ 812 ff. BGB.), soweit er dessen Befriedig. auf Grund des besseren dingl. Rechtes desselben nicht gleichfalls dulden muß (Recht 02, 235).

[4]) Beispiel: Hyp. zu 6000 Mk., im Gleichrang mit dem Leibgeding einer Person, deren mutmaßl. Lebensdauer 15 Jahre beträgt, im angemeld. Werte von monatl. 30 Mk.; Deckungskapital nach § 121: $30 \times 12 \times 15 = 5400$ Mk.; für beide sind nur 3800 Mk. vom Erlös übrig. Diese sind im Verh. von ($6000 : 5400 = 10 : 9$) zuzuteilen, also auf die Hyp. Mk. 2000, auf das Leibgeding 1800 oder jährlich 150 (statt 360).

halber festgesetzte u. etwa im GBuch eingetrag. Anschlag ist bedeutungslos, Henle-Schneider zu Art. 48 ÜB.); die Anmeldung kann aber noch im VerteilVerf. erfolgen (s. oben 5; Reinhard-Müller A. 7; a. M. 3. Aufl.); ist ein Höchstbetrag eingetragen, so ist mangels Anmeldung dieser zugrunde zu legen; hieraus sind dann die Zinsen als Rente zu gewähren; der Höchstbetrag darf nicht überschritten werden (Fischer-Schäfer 396, Jaeckel-Güthe A. 7, Reinhard-Müller A. 6; vgl. § 37 Fußn. 7).

§ 93.

Aus dem Beschlusse, durch welchen der Zuschlag erteilt wird, findet gegen den Besitzer des Grundstücks oder einer mitversteigerten Sache die Zwangsvollstreckung auf Räumung und Herausgabe statt. Die Zwangsvollstreckung soll nicht erfolgen, wenn der Besitzer auf Grund eines Rechtes besitzt, das durch den Zuschlag nicht erloschen ist. Erfolgt gleichwohl die Zwangsvollstreckung, so kann der Besitzer nach Maßgabe des § 771 der Zivilprozeßordnung Widerspruch erheben.

Zum Ersatze von Verwendungen, die vor dem Zuschlage gemacht sind, ist der Ersteher nicht verpflichtet.

E. I § 143; Begr. 269—271; D. 55; KBer. —.

Räumung und Herausgabe der VersteigGegenstände.

1. Vollstreckbarkeit des ZuschlBeschl. Dieser gewährt dem Ersteher nach § 90 Eigentum u. Recht zum Besitze; der Besitz selbst geht aber mit der Erteilung des Zuschlags nicht auf den Ersteher über; es ist seine Sache, sich den Besitz zu verschaffen. Die ZwVollstr. gegen den Besitzer aus dem Zuschlagsbeschl. ist sofort mit dessen Erlassung (§§ 89, 104 ZVG., 794 Nr. 3 ZPO.) zulässig (vorbehaltl. § 94 ZVG. u. § 572 ZPO.). Der Beschluß ist daher auf Antrag des Erstehers mit der VollstrKlausel zu versehen (kein „Räumungsbefehl"), zuzustellen u. nach §§ 883 ff. ZPO. (GVollzGeschA. § 188 Abs. 3) zu vollstrecken. Die VollstrKlausel erteilt der Notar, nach Aktenrückgabe der Urkundsbeamte der Geschäftsstelle des VollstrG. (§§ 724, 725, 797 ZPO., Art. 25 Abs. 1 BayAG., Art. 24, 25 BayNotG., § 288 NotGeschO., §§ 118 ff., 123 GSchrGeschA.; vgl. § 78 Fußn. 1). Der Mieterschutz des RG. v. 13./17. 2. 28 (RGBl. I 17, 38) kommt dem VollstrSch. nicht zugute JW. 1927, 1945, s. aber unten 3); ebensowenig demj. Mieter, dem der VollstrSch. seine Wohnung ganz oder teilweise überlassen hat (Lilienthal DWohnArch. 4, 60).

Die Vollstr. kann sich gegen jeden Besitzer (VollstrSch., dessen Erben, während des Verf. eingetret. Eigentümer oder Dritte, z. B. Käufer, der noch nicht eingetragen ist, Nießbraucher, SächsA. 06, 154, JW. 1927, 1638, RG. 116, 367) richten. Der Besitzer muß gleichfalls im Beschlusse oder in einer nach §§ 727, 730, 731 ZPO. zu erwirk. u. zuzustellenden, weiteren VollstrKlausel namentlich bezeichnet sein (§ 750 ZPO.; Jaeckel-Güthe A. 7, Reinhard-Müller A. 1, Fischer BNotZ. 08, 149; a. M. Wolff § 93 A. 4). Die Erteil. der weiteren VollstrKlausel kann gemäß § 730 ZPO. auch dann angeordnet werden, wenn § 325 Abs. 1 ZPO. nicht vorliegt; es genügt der Nachweis nach § 727 ZPO., daß der Dritte mitversteig. Sachen im Besitze hat (Jaeckel-Güthe, Reinhard-Müller a. a. O.; § 119 Abs. 2, 3 GSchrGeschA., EntlG. v. 11. 3. 21 Art. VI § 1 Nr. 1, Bek. v. 6. 4. 21 JMBl. 37).

Sie „soll" aber nicht gegen den Dritten erfolgen, der auf Grund eines durch den Zuschlag nicht erloschenen Rechtes (s. § 52) besitzt, z. B. Mieter, Pächter, Nießbraucher, Erbbau- u. WohnBerechtigte, wenn deren Rechte bestehen blieben. Miet- oder Pachtrechte erlöschen nicht durch den Zuschlag selbst (vgl. § 91 A. 2)[1]); noch weniger natürlich die durch die VersteigBeding. oder kraft Ges. aufrecht erhaltenen Rechte (z. B. Leibgeding nach § 9 EG., Art. 27 BayAG.). Solchen Besitzern gegenüber ist die Erteil. einer VollstrKlausel abzulehnen. Ist sie gleichwohl erteilt worden, so muß der Berechtigte von den Rechtsbehelfen der §§ 732, 768, 797 ZPO. Gebrauch machen. Gegen die Vollstr. selbst ist diesfalls nur Widerspruchsklage zulässig (§§ 769, 771 ZPO.).

2. Gegenstand der ZwVollstr. aus dem ZuschlBeschl. Die Vollstr. geht auf Räumung u. Herausgabe des Grundstücks, der mitversteig. (§§ 55, 90 Abs. 2), in der Regel im Besitze des VollstrSch. oder neuen Eigentümers befindl. Sachen u. — wenn auch eine Ford. Gegenstand der Versteig. war — der hierauf bezügl. Urkunden (z. B. Mietverträge, VersichScheine; s. § 836 Abs. 3 ZPO., §§ 402, 444 BGB., OLG. 20, 221). Einer Pfändung u. Überweisung des Anspr. auf Herausg. oder der Ford. bedarf es nicht mehr (RG. 41, 203, Jaeckel-Güthe A. 8, 9). Die mitversteig. Sachen brauchen, soweit sie Zubehör (§§ 97, 98 BGB.) sind, nicht ausdrücklich im Beschlusse oder in der Klausel genannt zu sein (wohl aber etwaige Urkunden oder wenn einzelne Sachen nicht dem Besitzer des G. genommen werden sollen, Jaeckel-Güthe A. 4).

Die Kosten der ZwVollstr. sind nicht aus der Masse zu entnehmen (§ 109 ZVG., § 788 ZPO.).

3. Klage auf Herausgabe. Soweit der Ersteher mittelst des Zuschlagsbeschl. nicht vorgehen kann (wenn er z. B. die VollstrKlausel gegen den Dritten nicht erlangt oder die Wegnahme einer Sache, weil nicht Zubehör, oder nicht mitversteigert, seitens des GVollz. mit Erfolg — § 766 ZPO. — verweigert wird), ist er auf die Eigentumsklage (§§ 55, 90 ZVG., § 985 BGB.) angewiesen (Recht 02, 91, ArchZivPrax. 1921, 413, WarnErgB. 1917, 46; 1918, 36, Reinhard-Müller A. 2). Wird auf Räumung einer Wohnung geklagt, so kann dem Sch. auf Antrag eine Räumungsfrist bewilligt werden (§ 721 ZPO.; s. aber oben A. 1).

4 a. Ersatz für Verwendungen vor dem Zuschlage braucht der Ersteher auch dann nicht zu leisten, wenn sie zwischen der Versteig. u. dem Zuschlag (z. B. wenn dieser erst vom BeschwGericht erteilt wird) gemacht worden sind (vgl. § 90 A. 5, OLG. 22, 272). Auch ein ZurückbehaltRecht kann hierwegen ihm gegenüber nicht geltend gemacht werden (anders §§ 999, 1000 BGB., LZ. 1918, 341, Schlegelberger ZBlFG. 6, 353, Eckels ZBlFG. 9, 201; vgl. auch § 10 Nr. 1, § 109). Der Anspr. des Besitzers auf Ersatz seiner Verwendungen gehört auch nicht zu den aus dem VerstErlös zu befriedigenden Rechten des § 10. Doch wäre es nicht unzulässig, diese Befriedigung gem. § 59 herbeizuführen (s. § 59 A. 2a).

Auch das Abtrennungsrecht an Bestandteilen (§§ 997, 258 BGB.)

---

[1]) Auch wenn die sofortige Räumung gemäß § 59 zur VersteigBedingung gemacht wurde, ist der Zuschlagsbeschluß gegen den Mieter nicht vollstreckbar (ebenso Jaeckel-Güthe A. 5 u. § 57 A. 2).

kann dem Ersteher gegenüber nicht geltend gemacht werden, soweit nicht in Ansehung von unwesentl. Bestandteilen eine VersteigBeding. nach § 59 die Geltendmach. des Abtrennungsrechtes vorbehalten hat (Kretzschmar ZBlFG. 6, 1, 10; vgl. § 90 A. 3b).

b) Verwendungen nach dem Zuschlage sind dem Besitzer vom Ersteher nach §§ 994 ff. BGB. zu ersetzen; das ZurückbehaltRecht hierwegen kann gegenüber der Vollstr. aus dem Zuschlagsbeschl. nach §§ 732, 769, 771 ZPO. geltend gemacht werden (Jaeckel-Güthe A. 10, Reinhard-Müller A. 4).

§ 94.

Auf Antrag eines Beteiligten, der Befriedigung aus dem Bargebote zu erwarten hat, ist das Grundstück für Rechnung des Erstehers in gerichtliche Verwaltung zu nehmen, solange nicht die Zahlung oder Hinterlegung erfolgt ist. Der Antrag kann schon im Versteigerungstermine gestellt werden.

Auf die Bestellung des Verwalters sowie auf dessen Rechte und Pflichten finden die Vorschriften über die Zwangsverwaltung entsprechende Anwendung.

E. I § 144; Begr. 271, 272; D. 55; KBer. —.

Verwaltung nach dem Zuschlag.

1. Zweck der Vorschrift. Wie § 93 dem Interesse des Erstehers gegenüber dem VollstrSch., so dient § 94 dem Schutze der Beteiligten gegen tatsächl. Verfüg. (vgl. § 130 Abs. 3) über das G. u. die mitversteig. Gegenstände, zu denen der Ersteher vom Zuschlag an berechtigt ist (§§ 90, 93), u. die die Masse verringert haben könnten, wenn der Zuschlag aufgehoben (§ 90 A. 5) oder neue Versteig. gegen den Ersteher (§§ 132, 133) nötig werden würde. Die hier vorgesehene Verw. ist also keine ZwangsvollstrMaßnahme gg. den Sch., sondern eine Sicherungsmaßregel in der Richtung gg. den Ersteher, hat nicht die Befriedig. eines Gl. zum Ziel, sondern dient nur zur Aufrechterhaltung des besteh. Zustandes.

2. Voraussetzung der Sicherungs-Verwaltung. Sie setzt zunächst die Zuschlagserteilung voraus u. ist nur zulässig, solange der Ersteher das Bargebot nicht bezahlt oder gemäß § 49 Abs. 3 hinterlegt hat, u. erfordert einen Antrag eines Beteiligten, der wenigstens teilweise Befriedigung aus dem Bargebote (§ 49 Abs. 1) zu erwarten hat (auch des Sch., wenn ein Übererlös erzielt wurde oder seine EigentGrundsch. zum Zuge kommt; nicht der ausgefall. oder im g. G. berücksichtigten Beteiligten, soweit sie Barzahlung nicht zu erwarten haben). Dem Antrag muß stattgegeben werden, wenn die Voraussetzungen des § 94 vorliegen.

Der Antrag kann einseitig zurückgenommen werden. Der Ersteher vermag die Anordnung der Verw. dadurch abzuwenden, daß er (oder der Dritte des § 61) wenigstens so viel zahlt oder hinterlegt (s. § 49 A. 3), als zur Befriedig. des Antragstellers u. der ihm vorgeh. u. gleichsteh. Berechtigten notwendig ist (Jaeckel-Güthe A. 2, 5, Reinhard-Müller A. 2b; teilw. a. M. Wolff § 94 A. 6). Ob der Antragsteller bare Befriedigung zu erwarten hat, ergibt der VerteilPlan; wird der Antrag früher gestellt, so ist eine annähernde Berechnung, wie nach § 67 Abs. 1, wobei das grundbuchmäßige Rangverhältnis zugrunde zu legen ist, erforderlich.

Den Antrag kann auch ein Beteiligter stellen, gegen dessen Anspruch vom Ersteher im VerteilTermine Widerspruch erhoben wurde. Auch steht eine etwaige Pfändung des Anspruchs des Beteiligten seinem Antrage nicht entgegen; denn der Beteiligte „sichert" dadurch nur seinen Anspruch u. „verfügt" nicht darüber (OLG. 2, 238).

Soweit Zahlfristen für eine Ford. bewilligt sind (§§ 60, 61), entfällt das Antragsrecht (Jaeckel-Güthe A. 2, Reinhard-Müller A. 2a; abw. Kempner ZBlFG. 11, 273).

Der Antrag kann schon im VersteigTermine (auch schriftlich), also vor dem Zuschlag, gestellt werden; das Antragsrecht endigt mit dem Zeitpunkt, in dem der Beteiligte befriedigt ist oder nach § 118 Abs. 1, 2 die Übertragung der Ford. gegen den Ersteher die Bedeutung der Befriedigung aus dem G. erlangt, also in der Regel nach Ablauf von 3 Mt. von der Wirksamkeit der Übertrag. an (Jaeckel-Güthe A. 3, Reinhard-Müller a. a. O.; abw. Kempner ZBlFG. 11, 267, 273).

3. Anordnung, Vollzug u. Aufhebung der Sicherungs-Verw. Erstere erfolgt mit Beschluß des Notariats (Art. 25 BayAG. v. 2. 2. 21, § 3 Bek. v. 30. 3. 21 JMBl. 33, BZfR. 1921, 111), der dem Antragsteller u. dem Ersteher (bei Ablehnung nur dem Antragsteller), nicht den übr. Beteiligten, wie in § 146 Abs. 2, nach §§ 3 ff. zuzustellen ist[1]). Beschwerdeberechtigt ist bei Anordnung der Ersteher, im Falle der Ablehnung der Antragsteller je nach erhobener Erinnerung gem. § 13 Abs. 2 EG.

Der die Verw. anordnende Beschluß ist gegen den Ersteher[2]) vollstreckbar (§§ 883, 885 ZPO., § 150 Abs. 2 ZVG.; Besitzeinweisung: GVollzGeschA. § 188 Abs. 4; der Ersteher hat kein Wohnungsrecht, wieder VollstrSch., Borchart, Recht 1911, 411, Reinhard-Müller A. 3b). Eine Eintrag. in das GBuch u. eine Beschlagn. erfolgt nicht. Bestand eine ZwVerw., so wird auch die Sich.-Verw. nach § 94 zweckmäßig dem ZwVerw. übertragen, aber getrennt geführt. Im übr. s. §§ 151 Abs. 2, 153, 154.

Die Aufhebung erfolgt durch das Notariat, wenn die Voraussetz. des § 94 (Antrag, Antragsberechtigung, ZahlSaumsal, Zuschlag) wegfallen oder die Mittel zur Fortführ. der Verw. (s. Fußn. 1) nicht vorhanden sind. Der Antragsteller hat das Recht zur Erinnerung u. Beschwerde.

4. Ausführung u. Wirkung der SichVerw. Da sie keine Vollstr.-, sondern SichMaßregel ist, finden die Vorschr. des 3. Titels nur hinsichtl. der Bestell. des Verwalters, seiner Rechte u. Pflichten (§§ 150—154) Anwendung. Sie erfolgt für Rechnung des Erstehers (RG. 86, 187), der die Ausgaben (darunter auch die Verwaltervergütung) zu decken u. die Einnahmeüberschüsse nach Aufheb. der Verw. (falls nicht der Zuschlag aufgehoben wird) zu beanspruchen hat. Bestand bis zum Zuschlag eine ZwVerw. nach §§ 146 ff., so ist diese mit dem Zuschlag abzuschließen (vgl. RG. 59, 88); denn die Erträgnisse der Verw. nach § 94 gehören vom Zuschlag an nicht zur TeilMasse, sondern sind Eigentum des Erstehers (§§ 56, 90), von der Beschlagn. gegen den VollstrSch. nicht ergriffen; sie sind, soweit sie nicht zur Bestreitung der Kosten der Verw. u. der (ab Zuschlag)

[1]) Erfordert die SichVerw. Barausgaben, die nicht aus den Einnahmen gedeckt werden können, so ist der Antragsteller zur Vorschußleistung verbunden, von der die Fortführung (nicht Anordnung) der Verw. abhängig gemacht werden kann (vgl. § 161 Abs. 3, § 170). Die ungedeckten Auslagen kann der Antragsteller nicht gem. § 10 Nr. 1 oder § 10 Abs. 2 aus der VerstMasse ersetzt verlangen, da die Verw. für Rechng. des Erstehers erfolgt, also nicht auf Kosten des VollstrSch. (Fischer-Schäfer 338, Reinhard-Müller A. 3d; a. M. 3. Aufl. u. v. d. Pfordten 284).

[2]) Gegen Dritte mittels vollstreckb. (u. U. zweiter) Ausfertigung des Zuschlagsbeschlusses, die dem Verwalter zu erteilen ist (vgl. § 93, Reinhard-Müller A. 3b; a. M. Jaeckel-Güthe A. 6).

lauf. öffentl. Lasten (§§ 155 Abs. 1, 156 Abs. 1) erforderlich sind, für Rechnung des Erstehers verzinslich anzulegen[3]); die Gl. können nur im Wege der Pfändung des Anspr. des Erstehers (nach Fordübertragung § 118) oder des Anspruchs des Sch. (bei Zuschlagsaufheb.)[3]) Befriedigung aus dem Verwüberschuß erlangen; eine Verteil. unter die Gl. des VollstrSch. nach §§ 156 Abs. 2, 158 ist daher ausgeschlossen (Jaeckel-Güthe A. 7, Reinhard-Müller A. 3a, 6, v. d. Pfordten 283, Isaak, DJZ. 08, 478).

Der Verw. ist bei Erfüllung seiner Aufgabe (§ 152) zur Beobachtung der im Verkehr übl. Sorgfalt u. zur Rechnungsstell. verbunden (dem Antragsteller u. Ersteher, im Falle der Zuschlagsaufheb. dem VollstrSch., bzw. ihren Rechtsnachfolgern, insbes. etwaigen PfändGl.); er untersteht der Aufsicht des Notariats (§ 153); er ist aber nicht Vertreter des Erstehers (RG. 86, 187).

Dem Ersteher selbst ist für die Dauer der Anordnung die Verw. u. Benützung des G. entzogen (§ 152 Abs. 1); er ist daher insbes. nicht zur Veräußerung von Zubehör, Kündigung u. Abschluß von Miet-, Pacht- u. VersichVerträgen (RG. 86, 187) u. Einhebung der Miet-(Pacht-)Zinsen befugt; seine Verfüg. sind, solange die Verw. dauert, unwirksam, vorbehaltl. gutgl. Erwerbs Dritter (Jaeckel-Güthe A. 7, Reinhard-Müller A. 3c).

5. **Gerichtsgebühren** werden für die Anordnung und Ausführung einer Verw. nach § 94 nicht erhoben (v. Schmidt BayKG. Art. 9 A. 1, Meyer Art. 8 A. 4a, Art. 10 A. 2). Auch eine **Notariatsgebühr** fällt neben der des Art. 52 Abs. 1 Nr. 3 NotGebO. nicht an[4]). — Die Gebühr des **Rechtsanwalts** für den Antrag bestimmt sich nach Art. 17 Abs. 1, 3, Art. 27 BayRAGebO. u. kann nur dann besonders verlangt werden, wenn der Rechtsanwalt den Antragsteller im Verf. nicht vertreten hat (JMBl. 02, 458, 469). Für die Tätigkeit des RA. als ZwVerw. ist eine Gebühr nicht bestimmt (Art. 4 Abs. 2 BayRAGebO., JMBl. 02, 457), daher nach freiem Ermessen festzusetzen.

VII. Beschwerde.

§ 95.

Gegen eine Entscheidung, die vor der Beschlußfassung über den Zuschlag erfolgt, kann die Beschwerde nur eingelegt werden, soweit die Entscheidung die Anordnung, Aufhebung, einstweilige Einstellung oder Fortsetzung des Verfahrens betrifft.

E. I § 120 Abs. 2; Begr. 235—238; D. 56; KBer. —.

---

[3]) Die SichMaßregel würde einen ihrer hauptsächlichsten Zwecke verfehlen, wenn der Verw. die Überschüsse an den Ersteher herausgeben würde, bevor dieser seinen Verpflichtungen aus dem Meistgebot nachgekommen ist. Im Falle der Zuschlagsaufheb. hat der Ersteher überhaupt kein Recht auf die Überschüsse; denn die Zuschlagswirkungen sind weggefallen. Natürlich hat er aber gegenüber dem Sch. einen Ersatzanspruch für Verwendungen, die ihm aus den Überschüssen zu vergüten sind. Wird der Zuschlag im BeschwWege einem anderen Bieter erteilt, so hat dieser keinen Anspruch auf die Überschüsse, sondern der VollstrSch., dem gegenüber sie nötigenfalls zu pfänden sind (vgl. § 90 A. 5).

[4]) Zweifel erweckt die von Art. 9 Abs. 1 Nr. 1 BayKG. abw. Fassung des Art. 52 (ebenso Binder BNotZ. 1928, 23). Die Anordnung nach § 94 gehört nicht zum Verteil.-Verf.; dieses beginnt erst mit der Bestimm. des VerteilTermins (§ 105); unzweifelhaft gehört aber die Anordnung dann noch zum VerstVerf., wenn sie im Verst.- oder Verkünd.-Termin erfolgt; daran ändert sich aber auch nichts, wenn sie nachher getroffen wird; sie ist ein Anhängsel des Zuschlagsbeschl., eine Beschränkung des dem Ersteher durch den Zuschlag erteilten Eigentums, also ein Teil der VersteigTätigkeit des Notars (BNotZ. 1929, 109).

Anfechtung der Entscheidungen vor dem Zuschlag.

1. Allgem. Gegenüber der Regelung des BeschwRechts der ZPO. (§ 793) waren Beschränkungen der Anfechtung der Entsch. im VerstVerf. nicht nur mit Rücksicht auf den größeren Kreis der Beteiligten (§ 97), sondern auch im Interesse der Raschheit des Verf. nötig (§§ 95, 100).

2. Anfechtbare Entsch. a) § 95 gestattet abw. von § 793 ZPO. u. im Zusammenhang mit § 79 bis zum Zuschlag die Beschwerde nur mehr gegen die Entsch. des VollstrGerichts über Anordnung, Aufhebung, einstw. Einstellung u. Fortsetzung des Verf. Zur Anordnung des Verf. (§ 15) gehört hier die Zulassung des Beitritts (§ 27); auch die Verbindung nach § 18 „betrifft" die Anordnung des Verf. (s. § 18 A. 3, OLG. 15, 30, ZBlFG. 20, 326). Die Vertagung des VerstTermins kann in Wirklichkeit eine einstw. Einstellung sein u. daher die Beschwerde begründen (Reinhard-Müller A. 1b, OLG. 32, 289, s. auch 31, 188, 190; 33, 171).

b) Da § 95 aber keine Anwendung findet auf die Entsch. des Versteig.-Beamten, so ist deren Abänderung unbeschränkt (also auch bei den vor der Beschlußfassung über den Zuschlag ergangenen, u. den bloß prozeßleit. Verfüg., wie Terminsanberaumung)[1]) durch Herbeiführung der Entsch. des VollstrG. zulässig (§ 13 Abs. 2 EG., Jaeckel-Güthe A. 3 hierzu). Diese letztere ist dann gemäß § 95 unanfechtbar, soweit sie nicht Einstell. u. Fortsetz. des Verf. (OLG. 35, 198), sowie den Zuschlag betrifft (worüber nach Art. 25 BayAG. während des eigentl. VersteigVerf., d. h. von der Terminsbestimm. des § 36 an, der Notar befindet, wenn es sich nicht um Einstell. oder Forts. des Verf. aus zivilprozessualen Gründen handelt).

Die nach § 13 Abs. 2 EG. zulässige Anrufung des VollstrG. ist gemäß dem dort für anwendbar erklärten § 96 ebenfalls nur binnen 2 Wochen zulässig u. hat keine aufschieb. Wirkung, so daß das VersteigGeschäft keinen Aufenthalt dadurch erleidet (§§ 572, 577 ZPO.; vgl. BZfR. 05, 209ff.).

c) Soweit nach § 95 die Beschwerde ausgeschlossen ist, können die Entsch. des VollstrG. nur gleichzeitig mit der Anfecht. der Zuschlagsentsch. (§ 96) angegriffen werden, vorausgesetzt, daß ein Beschwerdegrund nach § 100 vorliegt; dies gilt auch, wenn der Notar vor dem Zuschlag ein Gesuch um Versagung desselben durch selbständigen Beschluß zurückgewiesen hat (OLG. 33, 171).

Über die Bedeutung der vor dem Zuschlag ergang. Beschlüsse für die Entsch. über den Zuschlag s. § 79.

d) Die weitere (sof.) Beschwerde ist nur bei einem neuen selbständ. BeschwGrund zulässig (z. B., wenn das LandG. die Beschwerde nur als unzulässig erachtet hat; bloße Verschiedenheit der Begründung genügt nicht (§ 568 Abs. 2 ZPO., OLG. 2, 511; 9, 142, 381; 13, 10; 30, 112; 35, 199, BZfR. 1913, 413, BNotZ. 1918, 157).

3. Beschwerde-Verfahren. Auf die gemäß § 95 zulässige Beschwerde, die nach § 793 ZPO. immer die sofortige[2]) ist, finden die Bestimm. der ZPO. Anwendung. Dies gilt insbes. hinsichtl. der Zuständigkeit (§ 568 ZPO., §§ 71,

[1]) Die Anberaumung eines VersteigTermins ist keine „Entscheidung", die die Anordnung oder Forts. des Verf. betrifft (OLG. 35, 198, Recht 1916 Nr. 773).

[2]) Auch in den besonderen Fällen der §§ 172—184 ZVG., in denen es sich nicht um eine eigentl. ZwVollstr. handelt (Jaeckel-Güthe A. 1).

123 Nr. 4 GVG.)[3]), der Einlegung (auch durch Schriftsatz oder Telegramm, OLG. 40, 383, ohne Anwaltszwang, auch beim BeschwG. u. vor Zustellung, aber nicht vor Erlassung der beschwerenden Entsch. zulässig, BayObLG. 2, 37, OLG. 33, 30; RG. 46, 418, Ring 1, 218) u. des Inhalts der Beschwerde (§§ 569, 570, 577 Abs. 2 ZPO.), der Wirkung der Einlegung (§ 572), der freigestellten mündl. Verhandlung (§ 573), der BeschwFrist, der außerordentl. (Nichtigkeits-) Beschwerde u. der Unabänderlichkeit der angefocht. Entsch. für das Untergericht (§§ 574, 577 Abs. 2, 3), der Kosten (§ 97 ZPO.), der Vollstreckbarkeit der BeschwEntsch. (s. 4). Die BeschwFrist beginnt mit der Zustellung der anzufecht. Entsch., beim TeilPlan mit der Verkündung (s. § 113 A. 2); Besonderes gilt für die Zuschlagsentsch. (§ 98). Vgl. Jaeckel-Güthe Vorbem. 5. Über Berechtigung zur Beschwerde s. § 97.

Das gleiche gilt auch für das bei Erhebung der Erinnerungen nach § 13 Abs. 2 EG. zu beobacht. Verf. Trotzdem gilt aber die Erinnerung nach § 13 Abs. 2 EG. nicht als Beschwerde, diese findet vielmehr erst gegen die auf die Erinnerung hin zu erlassende Entsch. des VollstrG. statt (soweit dieses nicht nach § 95 endgültig entscheidet, A. 2). Der Abänderung durch den Notar selbst ist seine Entsch. nur insoweit entzogen, als sie, wenn sie vom VollstrG. erlassen wäre, nur mit sofortiger Beschwerde angefochten werden könnte.

4. Wirkung der BeschwEntsch. Diese ist (wie jeder ZwVollstrBeschluß), soweit nicht ausdrückl. die Vollziehung ausgesetzt wird, sofort vollstreckbar (§§ 793, 794 Nr. 3, 572 Abs. 2, 3 ZPO.); wenn daher der BeschlagnBeschluß, sei es vom VollstrG. (gemäß § 766 ZPO., §§ 28 ff. ZVG.), sei es vom BeschwG. vorbehaltlos aufgehoben wurde, ist das Grundstück beschlagnahmefrei[4]), bis es wieder beschlagnahmt wird (ZBlFG. 4, 90; RG. 84, 200).

---

[3]) Beschwerdegericht ist also das Land- bzw. Oberlandesgericht.

[4]) Die während der beschlagnahmefreien Zeit erfolgten Rechtshandlungen des VollstrSch. (z. B. Veräußerung des G. u. Zubehörs, Belastung, Abtretung, Verpfändung, Einziehung von pfandfreien Mietzins- u. VersFord.) sind also schlechthin gültig, nicht nur der gutgl., rechtsgeschäftl., sondern auch der Erwerb im Wege der ZwVollstr. (a. M. Jaeckel-Güthe § 34 A. 1, Reinhard-Müller § 34 A. 1). Denn die Wirkungen der Beschlagn. (Recht auf Befriedigung § 10 Nr. 5, § 11 Abs. 2 ZVG., VeräußVerbot § 23 ZVG., AbsondRecht im Konkurs §§ 13, 47 KO., Verwirklichung der HypHaftung §§ 1121 ff. BGB., §§ 20, 21 ZVG.) stehen u. fallen mit dem BeschlagnBeschluß, ebenso wie das Pfänd.-Pfandrecht mit dem PfändBeschluß, als dem rechterzeugenden Akt; ihr Erlöschen ist nicht vom Willen des Berechtigten abhängig u. kann auch gegen seinen Willen eintreten (anders: §§ 875, 1183, 894, 1004; 1253, 1255; 1276, 1278 BGB.). Durch (vorbehaltlose) Aufhebung der VollstrMaßregel entsteht die gleiche Rechtslage, wie wenn von vorneherein es nicht zu einer Vollziehung gekommen wäre (RG. 56, 148). An diesem Erfolg der Aufhebung ändert auch die nachträgliche „Wiederherstellung" des Vollstreckungsbeschl. nichts (ZBlFG. 4, 90; hier ist die in JW. 08, 559, RG. 84, 204 offen gelassene Frage, ob dem Wiederherstellungsbeschluß des BeschwGerichts rückwirkende Kraft beizumessen ist, bereits verneinend entschieden; jedenfalls ergibt sich aus den beiden letzterwähnten Entsch., die eine Mietzinsabtretung — für die der gute Glaube nicht wirkt, s. § 23 A. 2 C — für gültig erklären, daß während der beschlagnahmefreien Zeit nicht nur der gutgl. Erwerber geschützt ist). Infolgedessen geht die während der beschlagnahmefreien Zeit eingetrag. Zw.-Hyp., die inzwischen erfolgte Mietzinspfändung oder anderweitige Beschlagn. in Kl. 5 der „wiederhergestellten" Beschlagn. im Range vor u. in einem inzwischen ausgebroch. Konkurs des VollstrSch. könnte auf Grund der aufgehob. Beschlagn. der persönl. Gl. trotz „Wiederherstellung" kein AbsondRecht geltend machen (vgl. § 23 A. 3). Die „Wiedereintragung" des gelöschten Versteig.- u. Verw.-Vermerks wirkt also nicht für die Vergangenheit, vielmehr gilt für den Zeitpunkt der Wirksamkeit des Wiederherstellungsbeschlusses seinerseits wieder der § 22 (§ 28 A. 4, § 34 A. 2; abw. Fischer-Schäfer § 34 A. 1, Wolff

5. Über die Anfechtung der **Zuschlagsentsch.** s. §§ 96 ff.

6. Die **Entsch. nach dem Zuschlag** sind gemäß § 793 ZPO. unbeschränkt anfechtbar (z. B. § 94, auch der VerteilPlan, s. § 113).

7. An der Bestimmung des § 766 ZPO., nach der der Sch. gegen die, ohne seine vorher. Anhörung eingeleitete oder fortges. VollstrMaßregel des VollstrG. nicht mit sof. Beschwerde, sondern zunächst nur mit **Einwendungen** vorgehen kann, ist durch § 95 nichts geändert (s. § 15 A. 5). Ebensowenig ist dadurch eine Beschwerde gegen solche **Entsch.** des VollstrG. ausgeschlossen, **die nicht mit der Zuschlagsentscheidung zusammenhängen** (z. B. die Verwaltervergütung betreffen, Reinhard-Müller A. 1 e). Keine Beschwerde, sondern nur **Widerspruchsklage** ist zulässig zur Geltendmach. eines der Versteig. entgegensteh. Rechtes (§ 771 ZPO).

8. Anwaltsgebühr für Einlegung der Erinnerung nach § 13 II EG. u. der Beschwerde u. Tätigkeit im BeschwVerf.: Art. 1 Nr. 1, Art. 5, 8, 27 BayRAGebO. v. 26. 3. 02 (JMBl. 427). Vgl. Merzbacher Art. 27 A. 5.

§ 96.

Auf die Beschwerde gegen die Entscheidung über den Zuschlag finden die Vorschriften der Zivilprozeßordnung über die sofortige Beschwerde nur insoweit Anwendung, als nicht in den §§ 97 bis 104 ein Anderes vorgeschrieben ist.

E. I § 127; Begr. 247; D. 56; KBer. —.

Beschwerde gegen die Zuschlagsentscheidung.

1. Vgl. § 95 A. 1 u. 2. — Die §§ 96 ff. enthalten eine **weitere Beschränkung** der Beschwerde im VersteigVerf., indem sie die Zulässigkeit einer solchen gegenüber der Zuschlagsentsch. (-Versagung oder -Erteilung) an besondere Voraussetzungen knüpfen.

Gegen die Zuschlagsentsch. ist nur Beschwerde (u. Antrag nach § 13 Abs. 2 EG.), nicht Klage möglich (RG. 73, 194; s. § 71 A. 2 b, c). Die Wiederaufnahme eines durch Erschöpfung des Rechtsmittelzugs geschloss. Beschw.-Verf. ist ausgeschlossen (OLG. 7, 177), ebenso die Anfechtung des rechtskräftig gewordenen Zuschlags (Recht 08, 676).

2. Die Vorschr. der §§ 96—104 sind entspr. anzuwenden auf das Verf. vor dem VollstrG., wenn dieses über einen Antrag auf Änderung der Zuschlagsentsch. **des VersteigBeamten** zu befinden hat (§ 13 Abs. 2 EG., RG. 73, 197).

3. Der **Streitwert** der Beschwerde wird durch den Wert des zugeschlag. G. bestimmt (ZBlFG. 20, 227, OLG. 35, 200, BZfR. 1929, 162). Abw. gilt gem. § 19 Abs. 3 AufwNov. v. 12. 9. 27 (Mügel S. 1264). Über die **Kostenpflicht** s. § 101 A. 4.

---

§ 34 A. 2, Stillschweig JW. 1918, 516 Anm.; vgl. hinsichtl. des Arrest- u. PfändPfandrechts Stein-Jonas § 766 A. III 6, § 803 A. II 1, 4 Fußn. 21, § 804 A. I, IV, § 826 A. II, Falkmann 335 Fußn. 4, OLG. 21, 105; 25, 184; DJZ. 1911, 1148; JW. 1923, 82; Köhler, JW. 1928, 697, Bauer, ebenda 1129, ferner 740). Der vorsichtige Vollstr.- u. Beschw.-Richter wird daher in Zweifelsfällen bei Aufhebung des BeschlagnBeschlusses von § 572 Abs. 2, 3 ZPO. Gebrauch machen.

§ 97.

Die Beschwerde steht im Falle der Erteilung des Zuschlags jedem Beteiligten sowie dem Ersteher und dem für zahlungspflichtig erklärten Dritten, im Falle der Versagung dem Gläubiger zu, in beiden Fällen auch dem Bieter, dessen Gebot nicht erloschen ist, sowie demjenigen, welcher nach § 81 an die Stelle des Bieters treten soll.

Im Falle des § 9 Nr. 2 genügt es, wenn die Anmeldung und Glaubhaftmachung des Rechtes bei dem Beschwerdegericht erfolgt.

E. I § 128; Begr. 247, 248; D. 56; KBer. —.

Beschwerdeberechtigte.

1. Beschwerdeberechtigt sind **nur** die in § 97 Aufgeführten; andere selbst dann nicht, wenn sie in ihren Rechten durch den Zuschlag verletzt sind.

a) Im Falle der **Erteilung** des Zuschlags: jeder Beteiligte (§ 9), auch betreib. Gl. u. VollstrSch.[1]); der Ersteher (§ 82) u. der Dritte der §§ 61, 82 (auch zwecks Anfechtung des Gebots wegen Irrtums, Betrugs); der Bieter, dessen Gebot nicht erloschen ist (§ 72) u. der Dritte des § 81 Abs. 2, 3 (denn auch die beiden letzteren haben ein Recht auf Erteil. des Zuschlags, § 81 Abs. 1). Selbstverständl. geht das BeschwRecht eines Beteiligten nicht dadurch verloren, daß sein Recht durch den (noch nicht rechtskr.) Zuschlag erlischt (OLG. 42, 40).

Die Berechtigung zur Beschwerde kann im Falle des § 9 Nr. 2 auch nachträgl. durch Anmeldung u. Glaubhaftm. gegenüber dem Vollstr.- oder BeschwG. geschaffen werden (Abs. 2). Die Nichtberücksichtigung des Rechtes selbst aber, welche infolge unterlassener rechtzeitiger Anmeldung oder Glaubhaftm. eintrat, ist kein Beschwerdegrund nach § 100; dieser muß vielmehr ohne Rücksicht auf das Recht vorhanden sein (Jaeckel-Güthe A. 2, Reinhard-Müller A. 2a).

Nicht beschwerdeberechtigt ist der Bürge des § 10 Nr. 2 EG., Art. 31 BayAG. Über die Tragweite seiner Verpflichtung entscheidet das ProzeßG. (§ 82 A. 3e, Jaeckel-Güthe A. 3).

b) Im Falle der **Versagung** des Zuschlags: die betreib. Gl.[2]), der Bieter, dessen Gebot nicht erloschen ist (§ 72) u. der Dritte des § 81 Abs. 2, 3 (nicht Schuldner; denn er u. die übr. Beteiligten haben kein Recht auf die Versteig., OLG. 9, 143; 16, 336; 35, 200 Fußn.; soweit diese Beteiligten ein Interesse an der Zuschlagserteil. haben, gibt ihnen nur § 102 ein BeschwRecht).

2. Wer nach § 97 nicht beschwerdeberechtigt, ist auch der Zuschlagsentsch. des **VersteigBeamten** gegenüber nach § 13 Abs. 2 EG. nicht anfechtungsberech-

[1]) Falls der Sch. im Konkurs sich befindet u. das G. vom KVerw. nicht freigegeben war, ist ersterer nicht selbst beschwerdeberechtigt (OLG. 16, 338; 19, 199, ZBlFG. 13, 412; a. M. JW. 1915, 1126). Wird mit der Beschwerde ein zum eingebr. Gut der Ehefrau gehöriges Recht geltend gemacht, so ist der Mann beschwerdeberechtigt, die Frau bedarf zur Beschwerde seiner Zustimmung (Stein-Jonas § 52 V A 1 zu Fußn. 35, Krafft BZfR. 1912, 273, a. M. Jaeckel-Güthe A. 2).

[2]) Der etwa nach dem VersteigTermin erfolgte (an sich bis zur Rechtskraft der Zuschlagsentsch. mögliche) Beitritt eines Gl. kann keine Berechtigung zur Beschwerde begründen, da dieser ebensowenig, wie ein Gl., der die einstw. Einstellung bewilligt hat, Anspruch auf Befriedig. in dem von einem anderen betrieb. Verf. erheben kann (bestr. s. Jaeckel-Güthe A. 5).

tigt (vgl. § 96 A. 2), sein Antrag auf Änderung der Zuschlagsentsch. also unzulässig.

3. Über Berechtigung zur **weiteren** Beschwerde s. §§ 99, 102.

4. Außer der Berechtigung zur Beschwerde ist das Vorhandensein eines bei weiterer Beschw.: neuen) **Beschwerdegrundes** erforderlich, s. § 100 (§ 95 A. 2d).

§ 98.

Die Frist für die Beschwerde gegen einen Beschluß des Vollstreckungsgerichts, durch welchen der Zuschlag versagt wird, beginnt mit der Verkündung des Beschlusses. Das Gleiche gilt im Falle der Erteilung des Zuschlags für die Beteiligten, welche im Versteigerungstermin oder im Verkündungstermin erschienen waren.

E. I § 136 Abs. 1; Begr. 257; D. 56, 57; KBer. —.

Beschwerdefrist.

1. Beginn.

a) Die zweiwöch. Frist des § 577 ZPO. zur Erhebung des Antrags auf Abänderung der ZuschlagsEntsch. des Notars (§ 13 Abs. 2 EG.)[1] beginnt[2] im Falle der Versagung des Zuschlags immer (OLG. 35, 201) mit der Verkündung (§ 87) des Beschl.; dies gilt insbes. für den Antrag des Bieters, dessen Gebot nicht erloschen ist, auch wenn der Zuschlag nur ihm versagt u. einem anderen erteilt wurde (§ 97 Abs. 1, § 88 Fußn. 1, Jaeckel-Güthe A. 2, Reinhard-Müller § 88 A. 2, anders § 98 A. 2b);

im Falle der Erteilung teils mit der Verkünd., teils mit der Zustellung (§ 88), letzteres nämlich für die im Versteig.- oder VerkündTermine nicht erschien. Beteiligten (einschließl. des Sch.), für den Ersteher, den Dritten der §§ 61, 82 u. den Meistbietenden des § 82 Abs. 2, 3 (s. aber § 88 A. 2ba).

b) Die zweiwöch. Frist zur Einleg. der Beschwerde gegen die Entsch. des VollstrG. auf den Antrag zu a beginnt immer mit der Zustellung. Denn da § 98 nur die auf Grund des Versteig.- bzw. VerkündTermins (§ 87) ergang. Entsch. zur Voraussetzung hat, kann hier nicht § 98, sondern nur § 103 ZVG. bzw. § 577 Abs. 2 ZPO. mit § 96 ZVG. „entspr." angewendet werden, u. zwar auch, wenn die Entsch. des VollstrG. auf Grund mündl. Verhandlung ergeht (vgl. § 99). Einlegung der Beschwerde vor Zustellung (aber nach Erlaß der Entsch.) ist zulässig (BayObLG. 2, 37).

Für den Ersteher läuft, wenn er zugleich Beteiligter ist, eine doppelte Frist; ist die mit der Verkündung beginnende abgelaufen, so kann er den ihm nur als Beteiligten zustehenden BeschwGrund nicht mehr geltend machen (s. § 100 A. 1b).

2. Eine Erstreckung der Notfrist tritt ein in den Fällen der im ZwVersteig.-Verf. gleichfalls zulässigen **außerordentl. (Nichtigkeits-) Beschwerde** der §§ 577

[1]) „Die Anrufung des VollstrG. ist zwar, wie die sof. Beschwerde, nur binnen 2 wöch. Frist zulässig, gilt aber in sonstiger Beziehung nicht als Beschwerde im Sinne der ZPO." (Denkschrift z. EG. S. 70). Die erste mit „Beschwerde" anfechtbare Entsch. ist diej. des VollstrG.

[2]) Über die Fristberechnung s. § 222 ZPO., §§ 187, 188 BGB.

Abs. 2, 579 ff. ZPO. (vgl. § 100 A. 1a; keine Nichtigkeits- oder Restitutionsklage, RG. 73, 196). § 98 gilt nicht für die **weitere** Beschwerde (§ 103). Über Wiedereinsetzung in den v. Stand[3]) gegen Versäumung der zu 1 a b bez. Fristen s. §§ 233 ff. ZPO. Die Gerichtsferien sind ohne Einfluß (§ 223 Abs. 2 ZPO.).

3. Wurde Zustellung an einen Beteiligten versäumt, so kann dieser auch nach GrBuchbericht. (s. § 130) noch den Zuschlag anfechten, so daß der Ersteher, sowie derj., der von ihm das G. in Kenntnis der Nichtzustellung erworben hat (§ 892 BGB.), das G. wieder verliert (Fischer-Schäfer 346, Jaeckel-Güthe A. 3, 6; Reinhard-Müller A. 3; s. auch § 89 A. 4, § 90 A. 5).

§ 99.

Erachtet das Beschwerdegericht eine Gegenerklärung für erforderlich, so hat es zu bestimmen, wer als Gegner des Beschwerdeführers zuzuziehen ist.

Mehrere Beschwerden sind miteinander zu verbinden.

E. I § 129; Begr. 249, 250; D. 56; KBer. —.

Gegner des Beschwerdeführers; Verbindung mehrerer Beschwerden.

1. Die **Zuziehung** eines Gegners ist freigestellt[1]), ebenso wie die mündl. Verhandlung (§ 573 Abs. 1, 2 ZPO.). Eine Gegenerklärung wird meist entbehrlich sein, wenn die Beschwerde (Erinnerung nach § 13 Abs. 2 EG.) ohne weiteres als unbegründet oder unzulässig erscheint oder auf Vorgänge im Versteig.-Termine sich stützt, die aus dem Prot. ersichtlich sein müssen (§ 80; Wolff § 99 A. 1, Reinhard-Müller A. 1a). Auch die Bestimmung, **wer als Gegner zuzuziehen ist**, liegt im Ermessen des BeschwG. (VollstrG. s. 3); sie kann von ihm jederzeit wieder geändert werden. Wie niemand ein Recht auf Zuziehung als Gegner hat, so hat auch niemand die Pflicht, sich als solcher zur Sache zu äußern. Aus seinem Schweigen können daher keinerlei Folgerungen bezügl. der Richtigkeit der Behaupt. des Beschwerdeführers gezogen, durch seine Erklärungen nicht die Rechte der übr. Beteiligten beeinflußt werden. Über Zustellung der BeschwerdeEntsch. an den Gegner s. § 103.

Durch § 99 wird der Kreis der beschwerdeberecht. Personen (§§ 97, 102) nicht erweitert (Jaeckel-Güthe A. 4, 6; OLG. 9, 143).

2. Die **Verbindung** der Beschwerden setzt voraus, daß mehrere derselben im Zeitpunkte der Beschlußfassung des BeschwG. (VollstrG. s. 3) vorliegen. Beim Vorhandensein einer oder mehrerer Beschwerden braucht die Einleg. noch anderer nicht abgewartet zu werden (Fischer-Schäfer 347, Jaeckel-Güthe A. 7); es kann dies aber, wenn solche zu erwarten sind, zweckmäßig sein, um widersprech. Entsch. zu vermeiden (Reinhard-Müller A. 3).

---

[3]) Sie kann nicht schon wegen verspät. oder unricht. Mitteilung durch den ZustellVertreter verlangt werden (ZBlFG. 4, 416), wohl aber z. B. wegen unricht. Sachbehandlung durch das ZustellOrgan (RG. 91, 26). Zuständig zur Entsch. über die Wiedereinsetzung ist das in § 237 ZPO. bezeichnete Gericht (BBlFR. 1918, 218).

[1]) Als Gegner werden hauptsächlich diej. anzusehen sein, die durch eine Abänderung der Entsch. des Notars bzw. VollstrG. benachteiligt würden. Dies sind im Falle der Anfechtung des VersagBeschl. nicht ohne weiteres alle Beteiligten (ebenso Reinhard-Müller A. 1a; a. M. Jaeckel-Güthe A. 3); wird der erteilte Zuschlag angefochten, so erscheinen als Gegner der Ersteher, der VollstrSch., zum Zuge kommende Berechtigte u. der Bieter, dessen Gebot nicht erloschen ist.

Nichtbeachtung der Vorschrift des Abs. 2 begründet allein nicht die Beschwerde (Jaeckel-Güthe A. 7; a. M. OLG. 25, 262).

3. Was hier vom Verf. vor dem BeschwG. gesagt ist, gilt auch für dasj. des **VollstrG.** im Falle des § 13 Abs. 2 EG., obwohl dieses nicht über eine „Beschwerde" zu entscheiden hat, letztere vielmehr erst gegen seine Entsch. zulässig ist.

§ 100.

Die Beschwerde kann nur darauf gestützt werden, daß eine der Vorschriften der §§ 81, 83 bis 85 verletzt oder daß der Zuschlag unter anderen als den der Versteigerung zugrunde gelegten Bedingungen erteilt ist.

Auf einen Grund, der nur das Recht eines Anderen betrifft, kann weder die Beschwerde noch ein Antrag auf deren Zurückweisung gestützt werden.

Die im § 83 Nr. 6, 7 bezeichneten Versagungsgründe hat das Beschwerdegericht von Amts wegen zu berücksichtigen.

E. I § 180 Abs. 2; Begr. 250, 251; D. 56, 57; KBer. 41.

Beschwerdegründe.

1. **Weitere Beschränkung der Beschwerde** gegen die Zuschlagsentsch. Ist schon durch § 97 der Kreis der beschwerdeberecht. Personen begrenzt, so beschränkt § 100 die Möglichkeit der Anfecht. der Entsch. über den Zuschlag noch weiter:

a) durch eine ausschließl. Bezeichnung derj. Tatsachen, auf die die Beschwerde (auch die weitere) gestützt werden kann (Abs. 1; s. § 83 A. 2). — Ein Verstoß gegen § 81 liegt z. B. vor, wenn der Zuschlag nicht demj. Gebot erteilt wurde, dem er allein nach den gesetzl. Vorschr. (s. auch § 81 A. 5) hätte erteilt werden sollen, oder wenn das Meistgebot unwirksam (§ 71) oder erloschen (§ 72) war u. der Zuschlag überhaupt hätte versagt werden müssen; gegen § 83, wenn der Zuschlag entgegen den dort gegeb. Vorschr. versagt oder erteilt worden ist; gegen § 84, wenn irrtümlich angenommen wurde, daß das Recht des Beschwerdeführers durch Erteilung des Zuschlags trotz Vorhandenseins eines VersagGrundes nach § 83 Nr. 1—5 nicht beeinträchtigt werde oder die Heilung eines Mangels gegeben sei oder ein unheilbarer Mangel vorliege; gegen § 85, wenn dessen Voraussetz. nicht gegeben waren u. trotzdem der Zuschlag versagt, oder wenn zu Unrecht dem Antrag auf Anberaumung eines neuen VersteigTermins keine Folge gegeben wurde; gegen § 100 Abs. 1 Satz 2, wenn der Zuschlagsbeschluß nicht die nach § 59 ZVG. oder § 9 Abs. 2 EG. etwa vereinb. oder zu Unrecht andere als die gesetzl. VersteigBeding. wiedergibt (vgl. § 82 A. 3d, § 83 5a, d); letzterer BeschwGrund ist deshalb gegeben, weil nur die im Zuschlagsbeschluß festgelegten VersteigBeding. für die Rechte der Beteiligten maßgebend sind (RG. 60, 48, 52).

Auch in den Fällen der außerordentl. Beschwerde, wo die Voraussetz. der Restitutions- u. Nichtigkeitsklage (§§ 577 Abs. 2 S. 3, 579 ff. ZPO.) gegeben sind, muß ein BeschwGrund nach § 100 Abs. 1 vorliegen, wenn eine Abänderung der Entsch. über den Zuschlag erfolgen soll (Fischer-Schäfer 349, Reinhard-Müller A. 2; vgl. § 98 A. 2); sie steht ebenfalls nicht nur dem Gl. u. VollstrSch., sondern auch jedem Beteiligten zu.

Die Beschwerde kann nicht auf neue, dem Notar beim Zuschlag unbekannte Tatsachen (z. B. die Befried. des Gl. vor der Versteig. oder das angebliche, bisher nicht bekannte Eigentum des Beschwerdef. an bewegl. Sachen) gestützt werden (vgl. c); denn von einer Verletzung von Gesetzesvorschr. kann nur dann gesprochen werden, wenn der Notar auf den ihm unterbreit. Tatbestand oder bei einer ihm oblieg. Ermittlung des Tatbestandes die betreff. Gesetzesvorschr. nicht oder nicht richtig angewendet hat (Recht 08, 114, BlfRA. 73, 471, OLG. 16, 338; 17, 387).

b) Durch das Erfordernis eines rechtl., eigenen Interesses des Beschwerdef. an der Abänderung der Zuschlagsentsch. (Abs. 2; Ausnahme Abs. 3).

α) Wenn auch eine die Beschwerde begründende Verletzung förml. Vorschr. vorliegt, so ist die Beschwerde doch zurückzuweisen, wenn die Entsch. den Beschwerdef. überhaupt nicht beeinträchtigt, weil z. B. sein Recht bestehen bleibt u. er auf Zahlung keinen Anspruch hat, oder wenn der Verstoß nur das Recht eines anderen als des Beschwerdef. betrifft (so, wenn nur jenem die Terminsbestimmung nicht gemäß § 43 Abs. 2 zugestellt war, OLG. 30, 128, vgl. auch § 70 Fußn. 1) oder wenn es für ihn, der als Gl. den Zuschlag einem anderen Gebote zuwenden will, das ihm keine anderen Vorteile bietet als das angefochtene, gleichgültig sein kann, ob der Beschwerde stattgegeben würde oder nicht.

Ist ein Beteiligter Ersteher geworden u. ist die BeschwFrist für ihn in seiner Eigenschaft als Beteiligter bereits abgelaufen (vgl. § 88 A. 2b), so kann die Beschwerde nur auf Verletzung der Rechte des Erstehers gestützt werden (OLG. 13, 8, 9; 14, 203; s. § 98 A. 1b).

Der Ersteher ist überhaupt nur beschwert, wenn ein Meistgebot von ihm nicht abgegeben ist oder wenn der ihm erteilte Zuschlag den VersteigBeding. nicht entspricht, unter denen er geboten hatte oder wenn ihm statt dem Dritten des § 81 Abs. 2, 3 der Zuschlag erteilt wurde; er kann den Zuschlag also nicht deshalb anfechten, weil das g. G. anders hätte festgestellt werden sollen oder im Falle des Gesamtgebots nicht deshalb, weil die G. nach § 63 einzeln hätten ausgeboten werden müssen (Recht 07, 259, OLG. 14, 202; 27, 211, SeuffA. 62, 253, Jaeckel-Güthe A. 6).

β) Die Beschränkung des Abs. 2 gilt auch für den Gegner des Beschwerdef., der der Beschwerde nicht um eines dem Rechte eines anderen entnomm. Grundes willen entgegentreten kann (Reinhard-Müller A. 3b, Wolff § 100 A. 4). Hieraus darf jedoch nicht geschlossen werden, daß das BeschwG. die Beschwerde nicht abweisen dürfte, wenn es aus anderen Gründen als der VersteigBeamte bezw. das Untergericht dessen Entsch. billigen müßte (Jaeckel-Güthe A. 7; bestr., s. Reichard-Müller A. 3b); nur darf die ErstEntsch. nicht aufgehoben werden, wenn zwar nicht der Beschwerdef., aber ein anderer in seinen Rechten verletzt ist — ausgen. die Fälle des § 100 Abs. 3.

γ) Eine Ausnahme bildet Abs. 3. Hier wird die Verletzung eines eigenen Rechtes des Beschwerdef. nicht gefordert, so daß bei Verletzung des § 83 Nr. 6, 7 der Beschwerde immer stattgegeben werden muß, wenn sie im übr. formell zulässig (insbes. rechtzeitig u. von einem BeschwBerechtigten, §§ 98, 97 eingelegt) ist; es kann hier die Zuschlagsversag. überhaupt die Folge sein, auch wenn nur der Zuschlag für einen anderen angestrebt wurde (v. d. Pfordten 297, 298).

c) Daß die Beschwerde sich nicht auf Vorgänge im Versteig. bezw. VerkündTermine stützen kann, die aus dem Prot. nicht ersichtlich sind, ergibt sich aus § 80 mit § 87 Abs. 3 (Abw. von § 570 ZPO.; vgl. oben a). Eine Nachholung der spätestens im VerkündTermine beizubring. Genehmigung nach § 84 ist also ausgeschlossen; auch eine nachträgl. Beibringung der in §§ 71 Abs. 2, 81 Abs. 2, 3 genannten urkundl. Erklärungen ist unstatthaft, u. zwar ohne Unterschied, ob der Zuschlag wegen des Mangels derselben versagt (bzw. einem anderen erteilt) oder trotz des Mangels erteilt worden ist (v. d. Pfordten. 295; bestr.)[1]. Wg. § 75 s. JW. 1929, 1670. Dagegen ist die Anführung neuer Tatsachen u. Beweismittel zulässig, die nicht einen „Vorgang" im VersteigTermin, d. h. eine dort vorgekomm. Tatsache betreffen, z. B. der Nachweis der Geschäftsunfähigkeit des Meistbiet. (Jaeckel-Güthe A. 5, Recht 09 Nr. 1040).

2. In gleicher Weise wie die Beschwerde ist auch der vom VollstrG. zu verbescheidende Antrag auf Änderung der Zuschlagsentsch. des **VersteigBeamten** (§ 13 Abs. 2 EG.) beschränkt.

§ 101.

Wird die Beschwerde für begründet erachtet, so hat das Beschwerdegericht unter Aufhebung des angefochtenen Beschlusses in der Sache selbst zu entscheiden.

Wird ein Beschluß, durch welchen der Zuschlag erteilt ist, aufgehoben, auf weitere Beschwerde aber für begründet erachtet, so ist unter Aufhebung des Beschlusses des Beschwerdegerichts die gegen die Erteilung des Zuschlags erhobene Beschwerde zurückzuweisen.

E. I § 132; Begr. 252, 258; D. 57; KBer. —.

Entscheidung des Beschwerdegerichts.

1. Inhalt der BeschwEntsch. Im Interesse der Beschleunig. des Verf. hat das BeschwG. — ebenso das VollstrG. im F. des § 13 Abs. 2 EG. — wenn die Beschwerde gegen die Zuschlagsentsch. für begründet erachtet wird, abw. von § 575 ZPO., stets in der Sache selbst zu erkennen, also auch ohne förml. Antrag (OLG. 2, 509) durch Beschluß nicht nur den Zuschlag aufzuheben (bei teilw. Begründetheit der Beschwerde geeignetenfalls die Zuschlagsentsch. abzuändern), sondern, soferne dies möglich und nicht das Verf. zu wiederholen[1]) ist, auch zu erteilen, sei es einer anderen Person oder unter anderen Beding.; denn das Sachverhältnis, auf Grund dessen zu entscheiden ist, muß ihm ja vollständig vorliegen (s. § 100).

Im F. des § 64 Abs. 2 kann die BeschwEntsch. hinsichtl. des einen Grundstücks wegen § 83 Nr. 3 auch eine Änderung der Entsch. hinsichtl. der anderen G. im Gefolge haben (s. § 83 A. 5c).

---

[1]) Fischer-Schäfer 348, Jaeckel-Güthe A. 5, Reinhard-Müller A. 1a halten im Hinblick auf Entw. I § 131 Abs. 2 die Nachholung für zulässig, wenn der Zuschlag trotz fehlenden oder mangelhaften Nachweises erteilt worden war.

[1]) Z. B. wegen eines Verstoßes gegen § 43 Abs. 1 oder 2; oder weil zwar die Aufheb. des Zuschlags mit Recht gefordert wird, seine Erteil. aber, wie beantragt, wegen eines von Amts wegen zu berücksichtig. Mangels nicht ausgesprochen werden kann; oder weil die Gebote gemäß § 72 Abs. 3 erloschen sind. Wg. Übertragung der Wiederholung des Verf. an ein anderes Notariat s. § 4 Bek. v. 30. 3. 21 JMBl. 33.

Ist die Beschwerde (Erinnerung) unzulässig (§§ 97, 98), so ist eine sachl. Würdigung zu unterlassen (§ 574 ZPO.). Unzulässig ist sie in der Regel auch im Falle des § 97, wenn der BeschwFührer nicht zu den beschwberecht. Personen gehört (vgl. Stein-Jonas § 567 IV 2, v. d. Pfordten 299).

Über Aussetzung des Vollzugs der angegriff. (gemäß §§ 793, 794 Nr. 3 ZPO. sofort vollstreckb.) ZuschlagsEntsch. s. §§ 108 Abs. 2, 116, 130 ZVG., § 572 Abs. 2, 3 ZPO., sowie § 95 Fußn. 4, § 105 A. 1.

2. Weitere Beschwerde. Abs. 2 will klarstellen, daß die Wirkungen des Zuschlags (§ 90) schon mit der Verk. des ersten Beschl., der den Zuschlag erteilt hatte, eingetreten waren, weshalb es nicht einer neuerl. Zuschlagserteilung bedarf; ist aber letzteres trotzdem geschehen, so ist es im Hinblick auf § 90 Abs. 1 unschädlich (Reinhard-Müller A. 2, v. d. Pfordten 300; a. M. Jaeckel-Güthe A. 3). Abs. 2 gilt sinngemäß auch, wenn der Zuschlag durch den Notar erteilt u. durch das VollstrG. versagt war, obwohl hier das LG. nicht über eine weitere Beschwerde entscheidet (§ 13 Abs. 2 EG.).

Im umgekehrten Fall (Versagung des Zuschlags, Erteilung durch Vollstreck.- oder BeschwG.) kann die Entsch. des Obergerichts, wenn es die Vorentsch. aufhebt, entweder auf Versagung des Z. oder auf Zurückweisung der ersten Beschwerde (Erinnerung) lauten.

3. Zustellung der BeschwEntsch. s. § 103.

4. Kostenpflicht: § 97 Abs. 1 ZPO.; **Gerichtsgebühren** im Beschwerderechtszug (neben den Zuschlagskosten): § 38 GKG., Art. 7 BayKG.; die Entsch. über die Erinnerungen nach § 13 Abs. 2 EG. wird durch die Gebühr des Art. 9 Abs. 1 Nr. 1 KG. mit abgegolten (Meyer A. 1; s. § 13 EG. A. 6). Ist der Beschwerde stattgegeben u. ein bestimmter Gegner als unterlieg. Teil i. S. des § 91 ZPO. nicht vorhanden, so bleiben Kosten außer Ansatz (Fischer-Schäfer 352, v. d. Pfordten 301); bei Zuschlagsaufhebung treffen sie nicht den Ersteher, sondern den betreib. Gl., der sie gem. § 788 ZPO. v. VollstrSch. beitreiben muß (Recht 1920 Nr. 2170).

§ 102.

Hat das Beschwerdegericht den Beschluß, durch welchen der Zuschlag erteilt war, nach der Verteilung des Versteigerungserlöses aufgehoben, so steht die weitere Beschwerde auch denjenigen zu, welchen der Erlös zugeteilt ist.

E. I § 184; Begr. 254, 255; D. 57; KBer. —.

Weitere Beschwerdeberechtigte.

1. Allg. Voraussetzung der weiteren Beschwerde ist ein neuer selbständiger BeschwGrund (s. § 95 A. 2d). Außerdem gelten hiefür die beschränk. Vorschr. der §§ 97 ff., insbes. § 100 (BeschwGründe).

2. Erweiterung des Kreises der BeschwBerechtigten. Da im F. der Zuschlagsversagung den Beteiligten in § 97 kein BeschwRecht eingeräumt ist (s. § 97 A. 1b), gewährt das Gesetz aus Billigkeitsrücksichten auch denj. [1]) ein Recht zur weiteren Beschwerde, die auf Grund eines erteilten (später wieder

---

[1]) Die Befugnis zur weit. Beschwerde steht auch demj. Beteiligten (§ 97 Abs. 1) zu, der die erste Beschwerde (Erinnerung) nicht eingelegt hatte oder nicht mehr einlegen kann, weil ihm gegenüber die Frist zur Einleg. der ersten Beschwerde abgelaufen ist. Insoweit ist durch die seitens einzelner Beteiligter gegen den erstangefocht. Beschluß eingelegte Beschwerde dessen Rechtskraft für alle ausgesetzt (OLG. 13, 10, 12; SeuffA. 62, 428).

aufgehobenen) Zuschlags bereits aus dem Erlöse etwas (gleichgültig ob durch Barzahlung, Hinterlegung oder Übertragung, §§ 117, 118; auch 143, 144) erhalten hatten; dies kann, da die Verteil. des Erlöses nicht von der Rechtskraft des Zuschlags abh. ist, nicht nur bei unterblieb. Zustellung an einen Beteiligten (§ 98 Satz 2), der nachträgl. Beschwerde (Erinnerung nach § 13 Abs. 2 EG.) einlegt, sondern auch bei eingelegter Beschwerde vorkommen (§ 105 ZVG., § 572 ZPO.). Auch diej., deren Rechte infolge Vereinb. mit dem Ersteher (§ 91 Abs. 2, 3; nicht infolge besond. VersteigBeding. oder Aufnahme in das g. G.) bestehen blieben, sind beschwberechtigt (Jaeckel-Güthe A. 1, Reinhard-Müller A. 1).

§ 102 trifft auch zu, wenn der Zuschlag vom BeschwG. (VollstrG.) einem anderen Bieter erteilt, nicht aber, wenn er nur abgeändert wird (Wolff A. 4).

3. Unter **Zuteilung** des Erlöses im S. des § 102 ist nicht, wie sonst (§§ 109ff., 119, 123), die Einstellung eines Anspruchs in den TeilPlan zu verstehen, sondern die wirkl. Zuweisung eines Erlösteils an die Berechtigten bei Ausführung des Plans. Denn § 102 will einen Schutz gegen die Notwendigkeit der Rückerstattung des Empfang. gewähren; daher kein BeschwRecht, wenn die Ausführung des Plans ausgesetzt wurde (§ 116, Fischer-Schäfer 353, Reinhard-Müller A. 2, Wolff A. 2; bestr.). Ein etwaiger Widerspruch gegen die Einstell. in den TeilPlan (§ 115) hindert die Beschwerde allein nicht. Im F. des § 144, wo eine amtl. Verteil. unterbleibt, dürfte wohl die Zuteilung schon vor Ablauf der zweiwöch. Erinnerungsfrist als geschehen anzusehen sein, wenn der Beteiligte Zahlung erhalten oder den Ersteher als Alleinsch. übernommen hat (v. d. Pfordten 302).

4. **Rückgewähr des Geleisteten.** Das auf Grund eines aufgehob. Zuschlagsbeschl. bereits vom Ersteher an das Notariat Gezahlte ist ersterem von Amts wegen zurückzuerstatten. Um die vom Notariat (oder vom Ersteher im F. des § 144 unmittelbar) an die Berechtigten abgeführten Beträge zurückzuerhalten, ist der Ersteher auf den Klageweg zu verweisen. Entsprech. gilt hinsichtl. der Eintrag. im GBuch nach § 130. Soweit sie bereits vollzogen sind, haben die Beteiligten selbst für die Berichtigung zu sorgen (durch Vorlage der BeschwEntsch., nötigenfalls Klage nach § 894 BGB.; Jaeckel-Güthe A. 2, 3, Reinhard-Müller A. 3; s. auch § 130 A. 5). Über Aussetz. der Verteilung, insbes. der Auszahlung s. § 572 ZPO., §§ 108 Abs. 2, 116 ZVG.

§ 103.

Der Beschluß des Beschwerdegerichts ist, wenn der angefochtene Beschluß aufgehoben oder abgeändert wird, allen Beteiligten und demjenigen Bieter, welchem der Zuschlag verweigert oder erteilt wird, sowie im Falle des § 61 dem für zahlungspflichtig erklärten Dritten und in den Fällen des § 81 Abs. 2, 3 dem Meistbietenden zuzustellen. Wird die Beschwerde zurückgewiesen, so erfolgt die Zustellung des Beschlusses nur an den Beschwerdeführer und den zugezogenen Gegner.

E. I § 185; Begr. 255, 256; D. 57; KBer. —.

Zustellung des Beschlusses des Beschwerdegerichts.

1. Die in § 103 vorgeschrieb. **Zustellung** hat stets, ohne Rücksicht darauf, ob eine mündl. Verhandlung stattfand oder nicht, ob der Zuschlag erteilt, ver-

sagt oder abgeändert wurde, zu erfolgen (Abw. von § 88 ZVG., § 329 Abs. 3 ZPO.). Sie ist deshalb vorgeschrieben, weil die bez. Beteiligten nicht nur ein BeschwRecht nach §§ 97, 102 (s. § 102 Fußn. 1), sondern überhaupt ein Interesse an der durch die Entsch. veränd. Rechtslage haben können.

Die Zustellung geschieht von Amts wegen nach §§ 3 ff. durch das Beschw.-(Vollstr.-)G. Verzicht auf Zustellung ist, außer im Falle des § 104, zulässig, muß aber zu den Akten nachgewiesen werden (Reinhard-Müller A. 3).

2. Beginn der weiteren **BeschwFrist.** Mit der Zustellung beginnt die zweiwöch. Notfrist zur Einlegung der weiteren Beschwerde (vgl. BZfR. 1929, 63), bzw. da § 103 auch für die Entscheid. des VollstrG. auf die Erinnerung nach § 13 Abs. 2 EG. gilt, zur Einlegung der (ersten) Beschwerde gegen diese Entsch. (vgl. § 98 A. 1 b).

§ 104.

Der Beschluß, durch welchen das Beschwerdegericht den Zuschlag erteilt, wird erst mit der Zustellung an den Ersteher wirksam.

E. I § 142 Abs. 1; Begr. 268, 269; D. 57; KBer. —.

Wirksamkeit des Zuschlags des Beschwerdegerichts.

1. Die Wirksamkeit des nicht vom Notar erteilten Zuschlags tritt im Gegensatze zu § 89 immer, also auch im Falle der Verkünd. des Beschl. des BeschwG., mit der Zustellung an den Ersteher ein.

Dies gilt auch von dem Zuschlagsbeschluß des **VollstrG.**, der nach § 13 Abs. 2 EG. erfolgt. Verzicht des Erstehers auf Zustellung ist unbeachtlich, weil sie Wirkungen für alle Beteiligten erzeugt (v. d. Pfordten 303). War der Zuschlag schon vom Notar erteilt, so verbleibt es gemäß § 101 Abs. 2 im Falle der Bestätigung des Zuschlags bei der Regel des § 89.

Wird der Zuschlagsbeschluß des Untergerichts (Notars) vom BeschwG. nur abgeändert, so gilt er hinsichtl. des nicht geänderten Teils bereits mit der Verkündung durch den Notar, bzw. mit der Zustellung durch das VollstrG. (vgl. §§ 89, 98), hinsichtl. des abgeänderten Teils aber mit der Zustellung durch das BeschwG. als wirksam geworden (Jaeckel-Güthe A. 1, Reinhard-Müller A. 2).

2. Wirkungen. Mit der Wirksamkeit des Zuschlagsbeschl. beginnt die Verzinsungspflicht für das Bargebot (§ 49) u. vollzieht sich der Übergang des Eigentums, der Gefahr, Nutzungen u. Lasten (§§ 53, 56, 90, 91).

VIII. Verteilung des Erlöses.

§ 105.

Nach der Erteilung des Zuschlags hat das Gericht einen Termin zur Verteilung des Versteigerungserlöses zu bestimmen.

Die Terminsbestimmung ist den Beteiligten und dem Ersteher sowie im Falle des § 61 dem für zahlungspflichtig erklärten Dritten und in den Fällen des § 81 Abs. 2, 3 dem Meistbietenden zuzustellen. Als Beteiligte gelten auch diejenigen, welche das angemeldete Recht noch glaubhaft zu machen haben.

Die Terminsbestimmung soll an die Gerichtstafel angeheftet werden.

Ist die Terminsbestimmung dem Ersteher und im Falle des § 61 auch dem für zahlungspflichtig erklärten Dritten sowie in den Fällen des § 81 Abs. 2, 3 auch dem Meistbietenden nicht zwei Wochen vor dem Termine zugestellt, so ist der Termin aufzuheben und von neuem zu bestimmen, sofern nicht das Verfahren genehmigt wird.

E. I § 147; Begr. 278, 276 ff.; D. 57; KBer. —.

Bestimmung des Verteilungstermins.

1. Einleitung des **amtlichen** (gerichtl.) **VerteilVerf.**[1]). Wenn auch die Verteilung des VersteigErlöses, die nun gemäß Art. 25 BayAG. v. 2. 2. 21 wie die Verst. Sache des Notariats ist, gleichfalls von dem Grundsatze des Amtsbetriebs beherrscht wird, so braucht doch nicht sofort nach Erteilung des Zuschlags der VerteilTermin anberaumt zu werden. Es soll vielmehr, wenn sich nicht von vornherein (z. B. wegen bestritt. Hyp.-Verhältnisse) die Notwendigkeit amtl. Verteilung (d. h. des förmlichen, im Wege des VertTermins durchzuführ. Verf.) ergibt, dem Ersteher die Möglichkeit gewähren, den Strichschilling außeramtlich auszuweisen u. so überflüssige Kosten zu ersparen (§§ 143, 144)[2]). Während der Zwischenzeit können sich die Beteiligten durch Antrag nach § 94 schützen.

Erklärt nun ein Beteiligter, daß er auf amtl. Verteilung des Erlöses besteht (§ 144), oder verzögert der Ersteher die außeramtl. Regelung, oder ist von vornherein keine Aussicht auf eine solche[3]), so beraumt das Notariat den VerteilTermin an. Es braucht nicht die Rechtskraft des Zuschlags (auch nicht die erfolgte Zustellung des Zuschlagsbeschl.) abgewartet zu werden; es darf dies aber geschehen, wenn die Anfecht. des Zuschlags erfolgt ist. Anderseits kann im Falle der Einlegung der Beschwerde (Erinnerung) gegen den Zuschlag der angesetzte VerteilTermin sowohl vom Vollstr.-, wie vom BeschwG. (auch gegen den Willen der Beteiligten) aufgehoben u. die Aussetzung der Verteil. angeordnet werden (§ 572 Abs. 2, 3 ZPO.; vgl. §§ 108 Abs. 2, 116 ZVG.). Die GBuchberichtigung (§ 130) darf dagegen nicht vor Rechtskraft des Zuschlags erfolgen.

2. Terminsfrist. Eine solche ist nicht vorgeschrieben. Sie ist jedoch so zu be-

---

[1]) Ein gerichtl. (amtl.) VerteilVerf. nach den Vorschr. des ZVG. findet auch außerhalb der ZwVollstr. im Falle der ZwEnteignung statt, in der die EntschSumme an die Stelle des enteigneten G. tritt (ZwEG. v. 17. 11. 37/13. 8. 10/9. 5. 18 Art. XI mit Art. 24, 25 BayAG. ZPO. v. 9. 5. 18; s. § 2 EG. ZVG. A. 4). Im ZwVersteigVerf. wird die EntschädSumme von der Beschlagn. mit ergriffen u. von besond. VersteigBeding. abges., mitversteigert (s. § 21 A. 2C, § 107 A. 2a); ist das G. vor dem Zuschlag enteignet, so ist der Zuschlag zu versagen (§ 56 A. 2).

[2]) Dies ergibt sich aus der Einfügung der §§ 143, 144, die dem früh. bayr. Recht entsprechen. Den Ersteher auf die Vereinfachung des Verf. hinzuweisen u. ihm eine angemessene Frist zur außeramtl. Einigung mit den Beteiligten zu gewähren, bevor das amtl. VerteilVerf. in Angriff genommen wird, hat sich in Bayern durchaus bewährt (in der Regel vermittelt der Notar für den Ersteher auch diese außeramtl. Regelung der Verteilung).

[3]) Es steht auch nichts im Wege, das Verf. nach §§ 143, 144 durchzuführen, obwohl aus der Masse zu befriedigende Ford. bestritten sind, z. B. wenn sich die Beteiligten einigen, daß der bestrittene Betrag hinterlegt, der Streit außerhalb des VerteilVerf. ausgetragen u. im übrig. die Berichtigung des GBuchs bewilligt wird.

messen, daß der Zahlpflichtige von der Zustellung bis zum Termine wenigstens 2 Wochen Zeit[4]) zur Bereitstellung der ZahlMittel hat (Abs. 4).

Nichteinhaltung dieser Frist berechtigt den ZahlPflichtigen zur Erinnerung nach § 13 Abs. 2 EG. u. sodann zur sof. Beschwerde (§ 793 ZPO.), hat aber die Unwirksamkeit einer erfolgten Zahlung oder nach § 118 erfolgten Übertragung nicht zur Folge (Jaeckel-Güthe A. 5, Reinhard-Müller A. 4). Letztere ist vom Vollstr.(Beschw.)G. aufzuheben u. gegebenenfalls vom Notariat im neuen Termine zu wiederholen. Auch gegen Verzögerung des Termins ist (außer Dienstaufsichtsbeschwerde) Erinnerung u. sof. Beschwerde statthaft (RG. 55, 100; vgl. § 87 Fußn. 2).

Die Nichteinhaltung der Frist des Abs. 4 kann ausdrücklich (formlos) oder stillschweigend genehmigt werden; letzteres liegt auch dann vor, wenn der Beteiligte erscheint u. verhandelt. Wird ein neuer Termin bestimmt, so ist auch die 2wöch. Frist von neuem einzuhalten (Reinhard-Müller A. 2; bestr.).

3. Zweck des Termins ist Entgegennahme der Zahlung des Erstehers oder sonstigen ZahlPflichtigen (§§ 49, 82), die Aufstellung u. Verhandlung über den TeilPlan u. die Verteil. (Aushändigung) des Erlöses (§§ 107 ff.). Zweckmäßig wird der Ersteher aufgefordert, das Bargebot samt Zinsen auf das Postscheck- oder Girokonto des Notariats so zeitig einzuzahlen, daß dieses im VerteilTermin darüber verfügen kann (vgl. § 49 A. 3c, Bek. v. 13. 7. 17 JMBl. 65 § 10).

4. Zustellung u. Bekanntmachung. Erstere erfolgt nach §§ 3 ff. an die nach §§ 9, 10 Beteiligten (auch an diej., die bei der Verteilung voraussichtl. leer ausgehen), den Ersteher, den nach § 61 für zahlpflichtig erklärten Dritten u. den Meistbiet. des § 81 Abs. 2, 3 (nicht Bürgen). Zustellung hat auch an denj. zu erfolgen, der ein angemeldetes Recht noch glaubhaft zu machen hat oder ein solches erst nach der Terminsbestimmung anmeldet (Jaeckel-Güthe A. 3, bestr.). Ist eine Ehefrau Beteiligte (Ersteherin), so ist auch dem Mann zuzustellen, wenn nicht lediglich Vorbehaltsgut in Frage kommt (s. § 8 Fußn. 1). Verzicht auf Zustell. ist zulässig (Reinhard-Müller A. 3). Unterlassung der Zustell. kann eine Schadensersatzpflicht des Notars begründen, insbes. im Falle des Abs. 4 vgl. § 3 A. 2). Nichtordnungsmäßige Zustellung an einen Beteiligten, der diesen Mangel nicht genehmigt, muß ebenfalls zur Terminsaufhebung führen (Fischer-Schäfer 357, v. d. Pfordten 308).

Die Anheftung der Terminsbestimm. an die Gerichtstafel ist ordnungshalber vorgeschrieben (vgl. § 40). Sie soll auch bei den beteiligten Gerichten des § 2 Abs. 2 Satz 2 geschehen. Eine Ladung unter Androhung von Rechtsnachteilen erfolgt nicht mehr (anders § 874 Abs. 3 ZPO.), ebensowenig eine Veröffentlichung; doch ist es sehr zweckmäßig, die voraussichtl. Bedingtberechtigten[5]) zum Erscheinen zu veranlassen (vgl. auch § 106).

5. Über **Gebühren** des Gerichts im VerteilVerf. s. Art. 9, 12, 15, 20 BayKG., sowie § 65 A. 5; des Notars für die gesamte Tätigkeit im VerteilVerf.: Art. 52 Abs. 1 Nr. 4 NotGebO.; des Rechtsanwalts: Art. 17, 18, (22, 23), 25, 27 mit Art. 5 BayRAGebO. (JMBl. 02, 427).

---

[4]) Mit Zustimmung der Beteiligten wäre allerdings auch eine Verteil. im Versteig.-Termin zulässig (vgl. ZBlFG. 20, 333). Jedenfalls kann der ZahlPflichtige im Voraus auf die Frist verzichten (Reinhard-Müller A. 2).

[5]) Schuldner (wenn es sich z. B. um Feststellung des FordBetrags handelt), Widerspruchs- u. VormerkBerechtigte (besonders bei LöschVormerkung). Durch die Einigung dieser Beteiligten lassen sich viele verwickelte u. unnütze bedingte Verteilungen vermeiden.

§ 106.

Zur Vorbereitung des Verteilungsverfahrens kann das Gericht in der Terminsbestimmung die Beteiligten auffordern, binnen zwei Wochen eine Berechnung ihrer Ansprüche einzureichen. In diesem Falle hat das Gericht nach dem Ablaufe der Frist den Teilungsplan anzufertigen und ihn spätestens drei Tage vor dem Termin auf der Gerichtsschreiberei zur Einsicht der Beteiligten niederzulegen.

E. I —; Begr. 288, 290; D. 58; RBer. 42.

Vorbereitung des Verteilungstermins.

1. Bedeutung der Vorschrift. Sie entspricht dem § 62 (vgl. §§ 873, 874 ZPO.); ihre Anwendung ist freigestellt, unrichtige Handhabung ohne Einfluß auf das Verf.; es besteht keine Pflicht zur Einreichung der Berechnung, wie nach § 37 Nr. 4. Der dort angedrohte Rechtsverlust kann nicht durch Anmeldung nach § 106 (z. B. von Kosten, Zinsrückständen) nachträgl. beseitigt werden. Dagegen kann eine Anmeldung des Wertes erlöschender Rechte hier nachgeholt werden (§§ 92, 114).

Die Einreichung der Berechnung hat nur die Bedeutung eines Widerspruchs gegen den Plan, wenn der Anspruch nicht, wie angemeldet, eingesetzt wurde (§ 115 Abs. 2). Die Aufford. (ohne Androhung eines Rechtsnachteils) ist in die Terminsbestimm. aufzunehmen.

2. Die Anfertigung des Plans im Falle des § 106 ist bedingt durch die Befolg. der Aufford. u. kann unterbleiben, wenn die eingereichten Berechnungen unzureichend sind[1]). Immer jedoch bleibt der vor dem Termin (nach Maßgabe der §§ 107, 109 ff.) angefertigte Plan ein Entwurf, der der Änderung unterliegt (§ 113; Jaeckel-Güthe A. 2). Ist eine Abänderung im Termine nicht vorzunehmen, so ist es zulässig, ihn einfach zu einem Bestandteil des Terminsprotokolls zu machen (anschein. a. M. v. d. Pfordten 333).

Von dem Entwurfe sind auf Antrag Abschriften zu erteilen (§ 299 ZPO.).

3. Die Niederlegung des Plans erfolgt auf der Amtsstube des Notariats (Art. 25 Abs. 2 BayAG. v. 2. 2. 21), nicht mehr bei Gericht.

§ 107.

In dem Verteilungstermine ist festzustellen, wieviel die zu verteilende Masse beträgt. Zu der Masse gehört auch der Erlös aus denjenigen Gegenständen, welche im Falle des § 65 besonders versteigert oder anderweit verwertet sind.

Die von dem Ersteher im Termine zu leistende Zahlung erfolgt an das Gericht.

Ein Geldbetrag, der zur Sicherheit für das Gebot des Erstehers hinterlegt ist, gilt als gezahlt.

E. I §§ 148, 188; Begr. 278, 279, 321; D. 58; RBer. —.

---

[1]) Infolge der Androhung der Nachteile des § 37 Nr. 4 (§ 110) werden die Anmeldungen schon zum VersteigTermin zahlreich einlaufen, so daß der Plan häufig, auch ohne daß von § 106 Gebrauch gemacht wird, vor dem Termin entworfen werden kann.

Feststellung und Zahlung der Teilungsmasse.

1. Gegenstand [1]) **der Verteilung** (Teilungs-, Aktivmasse; über die Schuldenmasse s. § 114) sind

a) das Bargebot des § 49 Abs. 1 zuzüglich 4% Zinsen von dem Tage der Wirksamkeit des Zuschlags an (§§ 89, 101 Abs. 2, 104; diesen Tag mitgerechnet) bis zum Tage des VerteilTermins (diesen nicht mitgerechnet, § 49 A. 3b). Die Verpflichtung des Erstehers zur Zinszahlung hört mit der Hinterlegung des Bargebots nach § 49 Abs. 3 auf; von da an wachsen der Masse nur die Hinterlegungszinsen zu (s. § 49 A. 3b, c).

Ist vom Ersteher (oder dem Dritten des § 61, vgl. § 134) ein Geldbetrag nur zur Sicherheit hinterlegt worden (§ 69), im VerteilTermin aber der entspr. Betrag nicht bezahlt, so daß gemäß § 107 Abs. 3 vom VerteilTermin an die Sicherheit als Zahlung gilt, so sind der Masse auch hieraus 4% Zinsen hinzuzurechnen [2]), also vom Ersteher bei 2% HinterlegZinsen noch weitere 2% zu zahlen. Die hinterlegte bare Masse (Bargebot, Barsicherheit) braucht nicht notwendig zum VerteilTermin beigeschafft zu werden; der Notar kann hierüber durch Weisung an die HinterlegStelle (Bek. v. 13. 1. 22 JMBl. 21) verfügen (s. § 117 A. 1). Bis zur Wirksamkeit des Zuschlags gebühren an sich die Zinsen aus der Sicherheit dem Ersteher, sie sind ihm aber nicht herauszugeben, sondern ebenfalls als Teil des bezahlten Bargebots zu behandeln (Jaeckel-Güthe A. 1, Reinhard-Müller A. 7, v. d. Pfordten 310). Eine in Wertpapieren geleistete Sicherheit (§ 108) fällt nicht unter § 107 Abs. 3. Hatte der Meistbiet. Sicherheit geleistet, aber nicht den Zuschlag erhalten, so ist die Sicherheit von Amts wegen zurückzugeben (s. § 69 A. 3d); dies gilt insbes. im Fall der Ausübung des Vorkaufsrechts der Siedlungsbank u. des Heimstättenausgebers (s. § 81 A. 5).

Über Höhe der HinterlegZinsen vgl. HinterlegO. §§ 8, 47 (JMBl. 99, 1060ff.), Bek. d. Staatsbank v. 11. 5. 87 (JMBl. 124) u. 15. 3. 07 (JMBl. 97), mit 10. 2. 09 (JMBl. 121).

Das Bargebot mindert sich, wenn das Bestehenbleiben eines Rechtes nach § 91 Abs. 2, 3 zwischen dem Ersteher u. dem Berechtigten vereinbart wurde, um den auf letzteren treffenden Betrag. Im Falle des § 61 kann sich endlich das Bargebot um den dem „Dritten" gestatteten Abzug mindern.

Soweit das Bargebot von dem Ersteher im VerteilTermine nicht bezahlt, bzw. als bezahlt oder hinterlegt nicht nachgewiesen wird, bildet die zu übertragende Forderung (des VollstrSch.) gegen den Ersteher oder den Dritten des § 61 den Gegenstand der Verteilung.

---

[1]) Die Teilungsmasse deckt sich nicht mit dem Meistgebote, aus dem gemäß Art. 9 BayKG. die Gerichtsgebühren, gemäß Art. 18 RAGebO. gewisse Anwaltsgebühren zu berechnen sind. Zum Meistgebot in diesem Sinne gehören: das Bargebot ohne Zinsen, die bestehenbleib. Rechte (nicht diej. nach § 52 Abs. 2 ZVG., § 9 EG., Art. 27 BayAG., wenn sie nicht in die VersteigBeding. eingestellt waren), auch die nicht auf Geldleistung gerichteten Ansprüche u. die gemäß § 91 Abs. 2 bestehenbleib. Rechte, endlich die Sondererlöse des § 65 (v. Schmidt BayKG. Art. 9 A. 5).

[2]) Wenz-Wagner A. 4 wollen auch den zur Sicherheit hinterlegten Betrag als im Augenblick des Zuschlags hinterlegt erachten. Will der Ersteher vermeiden, daß aus diesem Betrag bis zum Zuschlag 4% Zinsen berechnet werden, so braucht er nur zu erklären, daß der Betrag als gemäß § 49 Abs. 3 hinterlegt gelten solle; solange das aber nicht geschehen ist, dient der Betrag lediglich als Sicherheit.

b) der Erlös aus einer besond. Versteig. oder Verwertung nach § 65 (dessen Verteil. nicht nach §§ 872 ff. ZPO. erfolgt); bei Sonderversteig. nach dem VerteilTermin hat nötigenfalls Nachtragserteilung zu erfolgen (Jaeckel-Güthe A. 2, Wenz-Wagner A. 1 b).

c) die Ersatzsumme im Falle der §§ 50, 51. Da diese aber in der Regel nicht im VerteilTermine bezahlt wird (§ 50 Abs. 1 Satz 2), so ist insoweit nur die Ford. (des VollstrSch.) gegen den Ersteher zu verteilen bzw. zu übertragen (§ 125).

2. Nicht zur Teilungsmasse gehören:

a) Versicherungs-[3]) u. Entschädigungsansprüche (für Grundstück oder Zubehör), die nach §§ 20 Abs. 2, 21, 55 mitversteigert u. so dem Ersteher zugeschlagen wurden. Soweit sie gesondert für die Masse[4]) verwertet wurden, fällt ihr Erlös unter 1 b;

b) der SchadensEAnspruch u. eine etwaige Sicherheit für diesen nach § 85;

c) die bestehenbleib. Rechte, die nur mit Rücksicht auf die Möglichkeit eines Widerspruchs u. der dadurch etwa notwendig werdenden Mehrzahlung des Erstehers (s. 1 c) in den Plan aufgenommen werden müssen (§ 113 Abs. 2);

d) die Einkünfte der ZwVerwaltung (JW. 1913, 55; 1918, 520); ihre Verteil. erfolgt vollständig unabhängig von derj. des VersteigErlöses (nur eine etwaige Befriedigung ist hier wie dort zu berücksichtigen, vgl. §§ 156 A. 5, 161 A. 2 b); zur Vermeidung einer Bevorzugung nachsteh. Gl. ist jedoch tunlichst zuerst die VerwaltMasse zu verteilen[5]).

e) Die Aufwertung des VerstErlöses kann nur im Prozeßweg durchgeführt, auch nicht durch nachträgl. Verteil. verwirklicht werden (Stillschweig, JW. 1925, 1788, Ring 1, 668, 730; 3, 845).

3. Anfechtung. Die Feststellung der Teilungsmasse kann nicht mit dem Widerspruch gegen den Plan bekämpft werden; ist sie vorschriftswidrig erfolgt, so ist Erinnerung (§ 13 Abs. 2 EG.) u. dann sof. Beschwerde zulässig (§ 113 A. 3); ein Widerspruch gegen den Teilungsplan, der sich gegen die Heranziehung eines nicht zur Masse gehörigen Gegenstandes richtet, ist nicht von der Geltendmach. im VerteilTermin (u. der Einhaltung der Klagefrist des § 878 ZPO.) abhängig, sondern kann schon vorher nach § 771 ZPO. (gg. den betreib. Gl.) oder nachher auf dem Wege der Feststell- bzw. Leistungs- oder BereichKlage (gg. den zu Unrecht aus dem Gegenstand befriedigten Beteiligten) verfolgt werden (RG. 51, 318; 76, 212; 88, 356, BayObLG. 7, 93; vgl. § 55 A. 3, § 115 A. 2 a, § 156 Fußn. 1). Über den Widerspruch gegen ein bestehenbleib. Recht s. §§ 115 A. 2 a, 125 A. 1 b.

---

[3]) Wegen der VersichGelder für Früchte s. § 152 A. 2 b.

[4]) Über Verteilung der EnteignEntschäd. außerh. der ZwVerst. s. § 105 Fußn. 1.

[5]) Einkünfte, die in der ZwVerw. unverteilt bleiben, werden nicht mehr zur VersteigMasse abgeführt, fallen vielmehr dem Sch. (bzw. seiner Konkursmasse, PfandGl., AbtretEmpfängern) zu (RG. 59, 90; 60, 362; 64, 418, GruchBeitr. 57, 727, Recht 1914 Nr. 435, ZBlFG. 14, 209; 15, 172, Jaeckel-Güthe A. 5, s. § 155 A. 7 u. Fußn. 3, § 156 A. 5). Wurde der betreib. Teil in der ZwVerst. befriedigt, statt zunächst aus der VerwMasse, so haben die HypGl., wenn sie nicht ebenfalls die ZwVerw. betrieben haben, nur Anspruch auf Deckung ihrer laufenden Zinsen usw. aus der VerwMasse, können also einen Ausfall erleiden; der HypGl., der die ZwVerw. nicht betreibt, kann dort nicht wegen seines Hauptanspruches befriedigt werden (OLG. 37, 220).

4. Die Zahlung erfolgt nun an das **Notariat** (Art. 25 BayAG. v. 2. 2. 21) im VerteilTermin oder durch Hinterlegung gemäß § 49 Abs. 3, soferne nicht abweich. VersteigBeding. aufgestellt wurden. Das Notariat ist aber nicht Gl. des Erstehers, dieser auch nicht Sch. der Gl. (s. § 81 A. 1, § 82 A. 1), solange diesen nicht die Ford. des VollstrSch. (auf Berichtigung des Bargebots durch den Ersteher) übertragen wurde (§§ 118, 125; RG. 64, 311; 84, 12). Der Anspruch auf Bezahlung des VerstErlöses gehört vielmehr zum Vermögen des VollstrSch. (RG. 64, 311; 71, 411; 72, 344); dieser erlangt das (mit dem Pfandrechte der Beteiligten belastete, RG. 74, 108) Eigentum an den bezahlten Geldstücken, bzw. die (belastete) Forderung auf Zahlung der Geldsumme gegen die Staatskasse (HinterlegStelle, RG. 40, 398; 64, 311). Auch steht das Notariat nicht in einem bürgerlichrechtl. Schuldverhältnis zu den Beteiligten; es handelt auch bei der Verteilung nicht als Vertreter des Sch. (BayObLG. 14, 649).

Die Zahlung im VerteilTermin (Nachweis der Hinterlegung) kann solange erfolgen, als nicht die Übertragung der entspr. Forderung auf den Ersteher stattgefunden hat (§ 118). Die Auszahlung (§ 117) an die Beteiligten erfolgt entweder im Termine oder durch Ausstellung von ErhebAnweisungen an die HinterlegStelle; letzteres auch, wenn ein Termin nicht abgehalten wurde (§ 143). Teilzahlungen werden zunächst auf die Verzugszinsen aus dem Bargebote verrechnet (§ 367 Abs. 1 BGB.). Zahlung u. Auszahlung unterbleiben, soweit der Ersteher selbst mit einer Forderung zum Zuge gekommen ist u. sich für befriedigt erklärt oder seine Hyp. usw. gem. § 91 Abs. 2, 3 bestehen läßt (Reinhard-Müller A. 5; v. d. Pfordten 313); über Aufrechnung des Erstehers s. § 117 A. 3.

5. Pfändung. Das Notariat ist nicht Drittschuldner, wenn es sich (nach dem Zuschlag) um Pfändung des Anspruchs des VollstrSch. auf den Überschuß aus dem VerstErlös u. seines Anspruches aus einer Eigentümerhyp. oder eines Beteiligten auf einen Teil des Erlöses handelt. Was die ersten beiden (die des VollstrSch.) betrifft, so ist zu beachten, daß ihm zwar der Anspruch auf Zahlung des VerstErlöses gegen den Ersteher gehört, daß dieser aber nicht an ihn, sondern an das Notariat behufs Verteilung unter die Beteiligten zu zahlen verpflichtet ist, u. daß dem VollstrSch. eine Ford. auf Zahlung an ihn selbst erst zusteht, wenn ihm ein Teil des Erlöses (als Überschuß oder für seine Eigentümerhyp.) im VerteilVerf. zugewiesen (übertragen) wurde (nach a. M. bedarf es hinsichtl. des Überschusses keiner Übertragung der Ford. gg. den Ersteher, vgl. Reinhard-Müller A. 2 u. unten § 117 A. 3). Bis zur Verteilung ist auch der Ersteher nicht Drittschuldner. Daher sind die Ansprüche des VollstrSch. gemäß § 857 ZPO. zu pfänden (RG. 43, 427; 64, 216; 75, 316; Jaeckel-Güthe A. 6; a. M. OLG. 20, 355).

Vor dem Zuschlag kann nicht der (künftige) aus einer Hyp. usw. sich ergebende Anspruch des VollstrSch. (bisher Eigentümers) gegen den Ersteher auf Zahlung des Bargebots, sondern nur die Hyp. selbst (also unter Eintragung bzw. Briefübergabe) gepfändet werden (RG. 63, 217; 70, 278; 72, 345, JW. 09, 167, Recht 1915 Nr. 2408); eine nach dem Zuschlag bewirkte Pfändung der Hyp. usw. (statt des Anspr. auf den Erlös) ist aber nicht schlechthin unwirksam, auch ohne Eintragung bzw. Briefübergabe gültig, wenn nur dem bish. Eigentümer als Drittschuldner zugestellt ist (RG. 64, 216, 311; 70, 279; 71, 179; 75, 313; vgl. JW. 1927, 2643 u. § 50 Anh. I d).

Für die Pfändung der Anspr. der übr. Beteiligten auf die Masse gelten dagegen die §§ 829 ff. ZPO. (vor dem Zuschlag Pfändung der Hyp. usw. unter Eintragung bzw. Briefübergabe, nach dem Zuschlag Pfändung des Anspr. auf Zahlung aus dem Erlös); als Drittschuldner erscheint bis zur Übertragung im VerteilTermine (§ 118) der VollstrSch., nachher der Ersteher.

Vgl. ferner Jaeckel-Güthe A. 6, 7, Reinhard-Müller A. 3, 4; RG. 40, 395; 55, 264, 378; 56, 13, 184; 63, 214; SeuffA. 59, 120; 60, 51, 83; BlfRA. 72, 47; GruchBeitr. 54, 1022; 62, 478.

Nach der Hinterlegung des verteilten Betrags ist der Pfändungsbeschluß der Hinterlegungsstelle bzw. der Staatsbank (beide Vertreter des Staatsärars als Drittschuldner) zuzustellen (BZfR. 05, 110, 117 ff.).

6. Die Verhandlung im VerteilTermin ist in einem **Protokoll** niederzulegen (§§ 159 ff. ZPO.; vgl. § 78 A. 1). Den Hauptbestandteil dieses Protokolls bildet der Teilungsplan (§§ 113, 114) u. die sich daran anschließenden Verhandlungen (§§ 115 ff.).

§ 108.

Soweit das Bargebot nicht berichtigt wird, hat das Gericht, wenn Wertpapiere zur Sicherheit für das Gebot des Erstehers hinterlegt sind, die Veräußerung der Papiere nach Maßgabe der Vorschriften über die Zwangsvollstreckung anzuordnen. Der Erlös ist nach Anordnung des Gerichts auszuzahlen oder zu hinterlegen.

Ist der Beschluß, durch welchen der Zuschlag erteilt wird, noch nicht rechtskräftig, so soll auf Antrag desjenigen, welcher die Sicherheit geleistet hat, die Veräußerung bis zur Rechtskraft ausgesetzt werden.

E. I § 149; Begr. 279, 280; D. 58; KBer. 48.

Verwertung hinterlegter Wertpapiere.

1. Voraussetzung. Die Veräußerung der hinterlegten Wertpapiere ist nur zulässig, wenn sie zur Sicherheit für das Gebot des Erstehers bestimmt sind, u. erfolgt nur, wenn u. soweit das Bargebot, d. h. der im VertTermine zu zahlende Teil des VerstErlöses, nicht berichtigt wird (der Zahlung steht die Barsicherheit gleich, § 107 Abs. 3). Sind ZahlFristen bewilligt, so darf die Sicherheit nur zur Deckung des im Termine bar zu zahlenden (nicht des befristeten) Teils des Meistgebots (§ 60 Satz 1) veräußert werden. Dagegen fällt auch die nach § 61 von dem Dritten geleistete Sicherheit unter § 108, da sie dazu bestimmt ist, die Zahlung seitens des Dritten im Termine zu gewährleisten (vgl. § 134); die nach § 85 zu leistende Sicherheit dient nicht der Erfüllung des Bargebots u. kann daher nicht nach § 108 vom Notariat versilbert werden (§ 107 A. 2 a, Jaeckel-Güthe A. 1).

Ein Antrag ist nicht erforderlich. Wem das Eigentum an den Wertpapieren zustand, ist für § 108 gleichgültig. Die Veräußerung darf nur bis zur Deckung des noch unbezahlten Teils des Bargebots, für den die Sicherheit bestimmt war (§ 69 A. 3) erfolgen (§ 818 ZPO.). Ein Mehrerlös ist dem Eigent. der Wertpapiere zurückzugeben (Reinhard-Müller A. 1, Jaeckel-Güthe A. 2); das gleiche gilt von der Sicherheit selbst, wenn das Bargebot bezahlt wird.

2. Die **Verwertung** der Wertpapiere selbst erfolgt auf Anordnung des Notariats (Art. 25 BayAG. v. 2. 2. 21) durch den GVollz. (§§ 819, 821—823 ZPO.). Mit der Empfangnahme des Erlöses durch den GVollz. wird der Ersteher in Höhe des Erlöses befreit (§ 819 ZPO.).

3. **Zahlung** mit dem Erlös der Sicherheit erfolgt — vorausgesetzt, daß der Ausführung des Plans nichts im Wege steht — im Termine, soweit er zur Stelle geschafft ist, an die zunächst zum Zuge kommenden, durch den bar vorhand. VerstErlös nicht gedeckten Beteiligten (§ 117) nach Abzug der Kosten des Verf. (§ 109). Andernfalls wird der Plan zunächst nach § 118 durch Übertragung (Überweisung) der Ford. des VollstrSch. gegen den Ersteher auf die Berechtigten ausgeführt, u. der Erlös nachträglich (ohne neuen Termin), sobald er in die Hände des Notariats gelangt, verteilt oder der GVollz. mit Auszahlung (bzw. Hinterlegung) nach Maßgabe des Plans u. der ihm zu erteil. Anweisungen beauftragt (Jaeckel-Güthe A. 4, Reinhard-Müller A. 2). Gleichzeitig ist dann im Plan zu vermerken, um welchen Betrag die Ford. sich dadurch gemindert hat u. die Übertragung hinfällig geworden ist[1]).

Steht der Auszahlung ein Hindernis im Wege (z. B. Widerspruch gegen die betr. Ford. oder §§ 116, 120, 124, 126), so ist der betr. Betrag zu **hinterlegen**, in welchem Falle die Übertragung der Ford. gegen den Ersteher unterbleibt; denn insoweit ist das Bargebot berichtigt (§ 118).

4. Die **Aussetzung der Veräußerung** (Abs. 2) ist nur ordnungshalber vorgeschrieben zum Schutz des Bestellers der Sicherheit (vgl. § 102 A. 4). Der Besteller hat nötigenfalls den Nichteintritt der Rechtskraft glaubhaft zu machen. Wird der Zuschlag rechtskräftig, so ist die Veräußerung u. Auszahlung nachträglich vorzunehmen (vgl. § 116, Jaeckel-Güthe A. 5, Wolff A. 4). Unterlassung der Aussetzung begründet die Erinnerung (§ 13 Abs. 2 EG.) u. sof. Beschwerde (Reinhard-Müller A. 3).

5. Die Verwertung der durch Stellung eines **Bürgen** (Art. 31 BayAG.) geleisteten Sicherheit ist Prozeßsache (vgl. § 82 A. 3e, § 132 Fußn. 3); die Verwertung einer a n d e r e n, nicht unter § 108 fallenden Sicherheit erfolgt gleichfalls außerh. des VerteilVerf. nach Maßgabe der §§ 1228 ff., 1233, 1293 BGB.

§ 109.

Aus dem Versteigerungserlöse sind die Kosten des Verfahrens vorweg zu entnehmen, mit Ausnahme der durch die Anordnung des Verfahrens oder den Beitritt eines Gläubigers, durch den Zuschlag oder durch nachträgliche Verteilungsverhandlungen entstehenden Kosten.

Der Überschuß wird auf die Rechte, welche durch Zahlung zu decken sind, verteilt.

E. I § 151, Begr. 282, 288; D. —; KBer. —.

Verteilung der Masse. Vorrecht der Kosten.

1. **Vorrecht der Staatskasse.** Diese gehört bezgl. der Kosten des ZwVersteigVerf., die gem. § 1 RGK. landesrechtl. geregelt sind (s. § 58 A. 1) und

[1]) Würde der Erlös (z. B. wenn die Veräußerung im Wege der Beschwerde ausgesetzt worden wäre) erst nach Eintrag. der SichHyp. für die übertrag. Ford. (§ 128) zur Verteil. gelangen, so wäre es Sache der Beteiligten, die Löschung der Hyp. herbeizuführen (ebenso v. d. Pfordten 317).

gem. § 788 ZPO. dem Sch. (nicht dem Ersteher, BayObLG. 25 A 448) zur Last fallen, nicht zu den beteiligten Gl.; sie wird vor ihnen befriedigt, da diese Kosten im Interesse aller Beteiligten entstanden sind.

Zu diesen Verfahrenskosten gehören die Gebühren des Gerichts (Art. 8, 9, 13 BayKG.) u. des Notariats (nach Art. 52 Abs. 1 Nr. 1, 2, 4 nicht Nr. 3 NotGebO.)[1]), sowie deren Auslagen (Schreib- u. Postgebühren bzw. Pauschsatz, GVollzieher-, Ausrufer-, Reise- u. Einrückungskosten, auch SachverständGebühren, z. B. für Schätzung des Grundstückswerts s. § 11 EG., ferner Art. 7 Bay.-KG., Art. 69, 80, 85, 86, 90 ff., 93 ff. NotGebO.; vgl. § 3 A. 4, § 66 A. 4 u. § 13 EG. A. 6), endlich die Kosten der Hinterlegung des VerstErlöses (nicht der Sicherheit, s. §§ 49 A. 3 c, 58 A. 2).

Mangels barer Masse haftet für alle diese Kosten der betreib. Gl.[2]), mehrere nach Art. 14 Abs. 2, 17 Abs. 2 BayKG., § 77 RGKG. (vgl. Schmitt NotGebO. Art. 2 A. 1 A f); überdies ist diesfalls die Forderung der Staatskasse (u. des Notariats) wegen der Kosten durch Übertragung u. Eintragung einer SichHyp. (§§ 118, 128, 130) an erster Stelle sicherzustellen (Fischer-Schäfer 364, Gutmann BNotV. 1926, 363) u. auf Grund Zuschlagsbeschlusses (§ 132; s. § 89 A. 3 u. § 13 EG. A. 6) beizutreiben.

Die VerfKosten sind auch, wenn ein Vorschuß hiefür erlegt ist, in den TeilPlan einzusetzen; forderungsberechtigt ist der Masse gegenüber insoweit derj., der den Vorschuß erlegt hat, aber im Rang nach der Staatskasse u. dem Notariat (Reinhard-Müller A. 2). Nichtberücksichtigung von Kostenbeträgen im TeilPlan berechtigt die Staatskasse zur Erinnerung (§ 13 Abs. 2 EG.) u. sof. Beschwerde gegen den Plan (Jaeckel-Güthe A. 1); auch die Beteiligten können gegen den Kostenansatz nicht Widerspruch, sondern nur Erinnerung u. Beschwerde erheben (Art. 7 BayKG., §§ 4, 16 RGKG., Art. 55 ff., 57 ff. NotG.). Dem Ersteher als solchem steht aber dieses Erinnerungs- u. Beschwerderecht bzgl. der Kosten des Verf. nicht zu (v. Schmidt BayKG. Art. 7 A. 3, Art. 17 A. 3). Über die Berechtigung der Kostenforderung des Notars entscheidet im VertVerf. das Vollstr.- bzw. BeschwerdeG. (JW. 1927, 1427, vgl. BZfR. 1929, 78 a. E.), sonst das Landgericht (Art. 50 NotG.; abw. BayObLG. 13, 756, Schmitt Not.-GebO. Art. 2 A. 1 A f, Art. 52 A. 2 u. 3. Aufl.).

2. Nichtbevorrechtigt sind:

a) die Kosten der Anordnung des Verf. u. des Beitritts, die dem betreib. Gl. zur Last fallen u. ebenso wie die durch Beteiligung am Verf. dem einzelnen Berechtigten erwachsenden Kosten als Kosten der Rechtsverfolgung (§ 10 Abs. 2, § 12 Nr. 1) nur im Range des diesem zusteh. Hauptanspruchs (vom AblösBerechtigten im Rang nach dem betreib. Gl.) verlangt werden können. Ein für das eigentl. Verf. von letzterem gemäß Art. 14 BayKG. (§ 81 RGKG.) geleisteter Vorschuß würde jedoch unmittelbar hinter der Staatskasse u. dem Notariat stehen (Jaeckel-Güthe A. 2, Wolff A. 1; s. oben 2).

---

[1]) Die Gebühr für die Bestimm. eines weiteren VerstTermins (Art. 52 I 1) fällt nicht dem VollstrSch. zur Last, sondern demj., der die Verlegung des Termins beantragt, es müßte denn sein, daß die Verlegung zur zweckentsprech. Rechtsverfolgung im Sinne des § 10 Abs. 2 diente (vgl. § 85 A. 5).

[2]) Gegen den Ersteher besteht bis zur Übertrag. der Ford. kein Anspruch der Staatskasse; vor dem VerteilTermine können daher die Kosten nur vom Antragsteller eingefordert werden (v. Schmidt BayKG. Art. 17 A. 3).

b) die Kosten der Erinnerung u. Beschwerde (§§ 13 Abs. 2 EG., 95 ff. ZVG.), wenn sie dem Beschwerdeführer oder Gegner auferlegt sind (die Entsch. des VollstrG. über die Erinnerung ist gebührenfrei) u. sonstige, einem bestimmten Beteiligten zur Last fallende Kosten (z. B. Schreibgebühren für Abschriften, Kosten ergebnisloser Vollstr., Gebühren für Beurkundung der Erkl. nach §§ 81 Abs. 2, 3 u. 91 Abs. 2, Schmitt NotGebO. Art. 52 A. 7);

c) die Kosten des Zuschlags, nämlich die Grunderwerbsteuer mit landesrechtl. u. gemeindl. Zuschlägen, sowie die Gebühr des Notariats auf Grund Art. 52 Abs. 1 Nr. 3 (nicht Nr. 1, 2, 4) mit Art. 23 (1½ fache Wertgebühr des Art. 12) NotGebO., die dem Ersteher zur Last fallen (vgl. § 58 A. 3);

d) die Kosten einer nachträgl. Verteilung, die aus der betr. Sondermasse vorweg zu entnehmen sind (§§ 139, 141 ZVG.; Art. 12 BayKG., Jaeckel-Güthe A. 4).

3. Die übrige Teilungsmasse dient zur Befriedig. der nicht bestehenbleib., sondern durch Zahlung zu deckenden Rechte u. Ansprüche (§ 49) nach Maßgabe der §§ 10—12, 37 Nr. 4, 110.

Ist der Beteiligte durch Rechte Dritter (Nießbrauch, Pfandrecht u. dgl.) in der Verfügung über sein Recht beschränkt, so erfolgt zwar die Zuteilung (Übertragung) an ihn, die Auszahlung aber, da diese Rechte ebenfalls am Erlöse fortdauern (RG. 60, 221; 75, 316), unter Berücksichtigung der §§ 1073—1079, 1281—1285 BGB. (s. § 117 A. 1, Jaeckel-Güthe A. 6, Reinhard-Müller A. 4, Wolff A. 4). Über die Eintragung der Rechte Dritter s. § 128 Abs. 1 Satz 2.

Ein nicht von den Berechtigten beanspruchter Überschuß (hyperocha) gebührt dem VollstrSch. bzw. denen, die hieran Rechte erworben haben, bei herrenlosen Grundstücken dem Landesfiskus (§ 928 Abs. 2 BGB., s. auch § 787 ZPO., Staudinger-Keidel § 129 EG. A. 4).

In gewissen Fällen ist ein Masseteil doppelt zu verteilen, nämlich wenn der Berechtigte nicht endgültig feststeht (bedingte Verteilung: §§ 115, 119, 120; 121 Abs. 2; 123; 124; 126).

§ 110.

Rechte, die ungeachtet der im § 37 Nr. 4 bestimmten Aufforderung nicht rechtzeitig angemeldet oder glaubhaft gemacht worden sind, stehen bei der Verteilung den übrigen Rechten nach.

E. I § 152; Begr. 283, 254; D. —; KBer. —.

Rangverlust verspäteter Anmeldungen.

1. Die von der Vorschrift betroffenen Rechte. Sie bezieht sich nur auf die anmeldungsbedürftigen Rechte, gleichgültig, ob sie dem betreib. Gl. vorgehen oder nicht (vgl. § 114) u. enthält die Ausführung des in § 34 Nr. 4 angedrohten Rechtsnachteils.

§ 110 gilt besonders auch für die Nebenansprüche, deren Höhe nicht aus dem GBuch ersichtlich ist (z. B. Zinsrückstände[1]), Kosten), auch wenn sie erst

[1]) Auch die rückst. Zinsen eines aufgewert. Rechtes, die erst nach dem VerstTermin angemeldet werden, unterliegen dem Rechtsverlust (Reinhard, Einl. S. 272, Daimer, BNotV. 1927, 439, s. § 37 A. 2 d α; abw. für d. Fall des § 20 DurchfVO. v. 12. 9. 27 Mügel S. 1265).

nach dem VersteigTermine erwachsen (Fischer-Schäfer 367), ferner für die überhaupt nicht eingetrag. Ansprüche (z. B. öffentl. Lasten) u. die erst nach Eintrag. des VersteigVermerks eingetrag. Rechte.

2. Nicht unter § 110 fallen: die in § 37 Nr. 5 bez., der ZwVollstr. entgegensteh. Rechte, die ihrem Rang gemäß am Erlös auch bei Nichtanmeldung jederzeit geltend gemacht werden können (vgl. § 37 A. 2e); ebensowenig die kraft Ges. (ohne Anmeldung) oder infolge ihrer ordnungsm. Anmeldung in das g. G. aufzunehm. Rechte, die an der ihnen gebühr. Rangstelle in den Plan einzustellen sind, auch wenn sie bei Festst. des g. G. unberücksichtigt geblieben sind (vgl. § 45 ZVG.); nur sind letztere, weil durch den — nicht angefochtenen — Zuschlag erloschen (§§ 52, 91), bar zu zahlen (nötigenfalls sogar aus dem barzuzahl. Teil des g. G. u. vor den im g. G. bereits berücksichtigten, aber im Range nachsteh. Ansprüchen), auch wenn sie bei richtigem Verf. bestehen geblieben wären (Jaeckel-Güthe A. 3, RG. 59, 269). Ist auch im VerteilTermine das Versehen des Notars nicht berichtigt worden, so ist der Berechtigte auf die BereichKlage angewiesen (ebenso v. d. Pfordten 321). Ist der wahre Rang eines Rechtes rechtzeitig angemeldet, so ist dieser bei der Verteilung auch dann zu berücksichtigen, wenn er erst nach der Versteig. eingetragen wurde (nur am g. G. u. den VerstBeding. kann nichts mehr geändert werden, wenn der Zuschlag rechtskr. ist, BZfR. 1929, 91; vgl. § 37 Fußn. 10).

3. Voraussetzung des Rangverlustes ist die Androhung nach § 37 Nr. 4 u. die Unterlassung der Anmeldung oder Glaubhaftm. Ist jene Androhung unterblieben u. der Zuschlag nicht wegen § 83 Nr. 1, 7 angefochten worden, so können die Anmeldungen noch im VerteilTermine nachgeholt werden u. müssen dann gemäß dem Range der Ansprüche, also u. U. vor demj. des betreib. Gl., berücksichtigt werden. Der VersteigBeamte kann schadensersatzpflichtig sein.

4. Der Rangverlust ist **endgültig** (kein BereichAnspruch, vgl. § 37 A. 2d δ). Unter mehr. verspätet angemeld. Rechten entscheidet wieder das Rangverhältnis nach §§ 10—12 (der Eingang ist zu beurkunden, vgl. § 37 A. 2d γ).

5. § 110 findet keine Anwendung in der **ZwVerw.** (s. § 156 A. 3).

§ 111.

Ein betagter Anspruch gilt als fällig. Ist der Anspruch unverzinslich, so gebührt dem Berechtigten nur die Summe, welche mit Hinzurechnung der gesetzlichen Zinsen für die Zeit von der Zahlung bis zur Fälligkeit dem Betrage des Anspruchs gleichkommt; solange die Zeit der Fälligkeit ungewiß ist, gilt der Anspruch als aufschiebend bedingt.

E. I § 154; Begr. 285; D. —; KBer. —.

Behandlung betagter Ansprüche.

1. Anwendbarkeit der Vorschrift. Sie bezieht sich

a) nur auf betagte Ansprüche; die bedingten werden in §§ 119, 120 behandelt;

b) nur auf Rechte, die auf eine Kapitalzahlung gerichtet sind, also Hyp. u. Grundschulden, Ablösungssumme bei Rentenschuld u. Reallast;

nicht auf die Rechte, die gemäß § 92 sich in den Anspruch auf Zahlung des Wertes oder einer Geldrente verwandeln; der Anspruch auf Ersatz des Wertes eines erlosch. Rechtes (§ 92 Abs. 1, z. B. einer Grunddienstbarkeit, eines ErbbR.) ist vielmehr ohne weiteres fällig; hinsichtl. der in § 92 Abs. 2 bez. Rechte s. § 121;

c) nur auf die aus dem Bargebote zu befriedig. Hyp. usw., nicht auf die bestehenbleibenden, auch nicht auf die durchgefallenen, wohl aber auf die nach § 91 Abs. 2, 3 übernommenen Rechte. Sind diese z. B. unverzinslich u. betagt, so ist, um den Betrag des § 91 Abs. 3 S. 1 zu finden, die Berechnung der Zwischenzinsen (s. 3) vorzunehmen (Wolff § 111 A. 2, Jaeckel-Güthe A. 3);

d) nur auf den dingl. (nicht persönl.) Anspruch auf Befriedig. aus dem Erlös.

2. Die Fälligkeit gilt nur als eingetreten, soweit es sich um Befriedig. aus dem VerstGegenstand handelt, d. h. der Berechtigte erhält bei der Verteilung des Erlöses Befriedig. seines Anspruchs, auch wenn er solche außerh. des Verf. zurzeit noch nicht verlangen könnte[1]). Hinsichtl. der persönl. Haftung des Sch., Mithaftung Dritter (Bürgen) oder anderer Grundstücke ist die Frage der Fälligkeit nach d. ursprüngl. Schuldverh. zu beurteilen (Jaeckel-Güthe A. 2, Recht 07 Nr. 1073; 08 Nr. 1205, BZfR. 07, 438).

3. Unverzinsliche Anspr. Bei betagten unverzinsl.[2]) Anspr. sind Zwischenzinsen nach der sog. Hoffmannschen Berechnung (vgl. §§ 1133, 1217 BGB., § 65 KO.)[3]) in Abzug zu bringen, wenn der Fälligkeitstermin sowohl gewiß als bestimmt (dies certus, an et quando) ist. Dies gilt auch von dem erst nach Kündigung fälligen unverzinsl. Anspruch, in welchem Falle die Zwischenzinsen für die Zeit vom VerteilTermine bis zu dem Tag, für den der Gl. hätte kündigen können, zu berechnen sind (Fischer-Schäfer 368, v. d. Pfordten 322).

Ist der Fälligkeitstermin ungewiß (z. B. fällig mit dem 21. Lebensjahr) oder unbestimmt (z. B. fällig mit dem Tode) oder beides (z. B. fällig mit der Verehelich.), so ist der unverzinsl. Anspruch teils bedingt, teils wird er nach § 111 (Schlußsatz) als bedingt behandelt; er wird daher

---

[1]) Die Fälligkeit kann aber dem Ersteher gegenüber nicht geltend gemacht werden, wenn die Kündigung durch einen nach § 57 übernomm. Mietvertrag ausgeschlossen ist (JW. 09, 506, RG. 71, 404). Sie kann auch durch Vertrag mit dem Ersteher ausgeschlossen werden (Recht 1915 Nr. 1434).

[2]) d. h. grundbuchmäßig unverzinsl. Ansprüchen; denn für nicht eingetrag. Vertragszinsen besteht kein Recht auf Befriedig. aus dem G. (§§ 1115, 1118, 1146, 1191, 1192 BGB.).

[3]) Nach der Formel: $x = \frac{100 \times k}{100 + (p \times z)}$, wobei k = Kapital, p = Zinsfuß, z = Anzahl der Jahre vom Verteil.- bis zum Fälligkeitstermine, x = gegenw. Wert des Kapitals ist. Angenommen, der VerteilTermin findet am 1. 10. 1929 statt, ein unverzinsl. Kapital von 1000 Mk. ist am 1. 7. 1931, also nach 1¾ Jahren zahlbar, so ist beim gesetzl. Zinsfuß von 4% (§ 246 BGB.) ein Betrag von $x = \frac{100 \times 1000}{100 + (4 \times \frac{7}{4})}$ = 934 Mk. 58 Pf. in den Plan einzusetzen. Für die Berechnung nach Tagen kann die bei Reinhard-Müller A. 2 angegebene Formel $x = \frac{90 \times k}{90 + \frac{n}{100}}$, wobei n die Anzahl der Tage vom Verteil.- bis zum Fälligkeitstermine bedeutet, benützt werden. Der Tag des VerteilTermins wird nicht mitgerechnet, § 187 BGB., das Jahr zu 360 Tagen gezählt (Recht 04, 161, Jäger, KO. § 65 A. 5ff., Staudinger-Werner § 272 A. 3, Bleyer § 65 A. 1c).

gemäß § 119 nach seinem vollen Nennbetrag in den Plan eingestellt, aber nicht ausbezahlt, sondern nach § 120 entweder hinterlegt oder bedingt übertragen.

4. Betagte **verzinsl.** Anspr. werden, auch wenn sie nicht fällig sind (weil z. B. noch nicht gekündigt ist), als mit dem VerteilTermine fällig behandelt (s. oben 2), aber ihrem vollen Betrage nach mit den vertragsm. Zinsen bis zum VerteilTermin in den Plan eingesetzt u. ausbezahlt, bzw. durch unbedingte Fordübertragung gedeckt (§ 111 Satz 1). Hieran ändert auch nichts die Unbestimmtheit des Zeitpunktes der Fälligkeit (dies incertus, quando, z. B. fällig mit dem Tode); denn der Schlußsatz des § 111 bezieht sich nur auf die unverzinsl. Ansprüche.

Ist dagegen die Fälligkeit ungewiß (dies incertus, an, z. B. fällig mit der Verehelich.), so ist auch der verzinsl. Anspruch bedingt u. wird zwar mit dem vollen Betrag in den Plan eingesetzt, aber sodann nach §§ 119, 120 behandelt (Jaeckel-Güthe A. 1, Reinhard-Müller A. 3).

5. Aufwertungsrecht. Der AufwBetrag des Kapitals einer Hyp. u. Grundsch. ist in der Regel (s. RG. 121, 51, BayObLG. 26 A 262, Mügel S. 1101 f.) erst am 1. 1. 1932 fällig (§§ 25, 31 Abs. 1 AufwG.); das gleiche gilt bei Schiffs- u. Bahnpfandrechten (§ 32 AufwG.) u. für die Ablösungssumme bei Rentenschulden u. Reallasten (Mügel S. 834). Vom AufwBetrag des Kapitalbetrags sind von Amts wegen Zwischenzinsen auch bei verzinsl. Anspr. abzuziehen (Mügel S. 1107); diese Zinsen betragen z. B. 7% (Art. 21, 22, 27 DurchfVO. z. AufwG. mit VO. vom 20. 1. 1927 RGBl. I 49 u. Anl.). Im Falle der Nichtzahlung des VerstErlöses ist die Forderung gg. den Ersteher in Höhe des hienach sich ergebenden Barwerts samt 4% Zinsen zu übertragen (vgl. Reinhard, Einl. S. 153, 243, Wiesinger, BNotZ. 1926, 363). Verlangt der Gl. den Nichtabzug der Zwischenzinsen, so muß er dies anmelden (s. § 37 Fußn. 5). Unverzinsl. Ford. werden durch die Aufw. nicht zu verzinsl. (RG. 121, 150, Ring 4, 169).

Eine Aufwertung für Altenteils-Leistungen kommt nicht in Frage (§ 1 Abs. 2 AufwG.), da ihre anderweitige Festsetzung durch RG. v. 18. 8. 23 (RGBl. 815) u. VO. v. 14. 12. 23 (GVBl. 390) geregelt ist (s. § 9 EG. A. 6).

§ 112.

Ist bei der Versteigerung mehrerer Grundstücke der Zuschlag auf Grund eines Gesamtausgebots erteilt und wird eine Verteilung des Erlöses auf die einzelnen Grundstücke notwendig, so wird aus dem Erlöse zunächst der Betrag entnommen, welcher zur Deckung der Kosten sowie zur Befriedigung derjenigen bei der Feststellung des geringsten Gebots berücksichtigten und durch Zahlung zu deckenden Rechte erforderlich ist, für welche die Grundstücke ungeteilt haften.

Der Überschuß wird auf die einzelnen Grundstücke nach dem Verhältnisse des Wertes der Grundstücke verteilt. Dem Überschusse wird der Betrag der Rechte, welche nach § 91 nicht erlöschen, hinzugerechnet. Auf den einem Grundstücke zufallenden Anteil am Erlöse wird der Betrag der Rechte, welche an diesem Grundstücke bestehen bleiben, angerechnet. Besteht ein solches Recht an mehreren der versteigerten Grundstücke, so ist bei jedem von ihnen nur ein dem Verhältnisse des Wertes der Grundstücke entsprechender Teilbetrag in Anrechnung zu bringen.

Reicht der nach Abs. 2 auf das einzelne Grundstück entfallende Anteil am Erlöse nicht zur Befriedigung derjenigen Ansprüche aus, welche nach

Maßgabe des geringsten Gebots durch Zahlung zu berichtigen sind oder welche durch das bei dem Einzelausgebote für das Grundstück erzielte Meistgebot gedeckt werden, so erhöht sich der Anteil um den Fehlbetrag.

E. I § 150; Begr. 280, 281; D. 59; KBer. 44.

Verteilung eines Gesamterlöses.

1. Allgem. § 112 trifft eine besondere Regelung der Verteilung desj. VerstErlöses, der auf Grund eines Gesamtausgebots erzielt wurde. Um die Schwierigkeit dieser Verteilung tunlichst zu vermindern, schreibt § 112 zunächst vor, daß gewisse Ansprüche aus dem ungeteilten Gesamterlös befriedigt werden sollen, daß also nicht der ganze Erlös auf die einzelnen Grundstücke zu verteilen ist, sondern nur der nach Abzug gewisser Ansprüche verbleibende Überschuß. Sodann bestimmt § 112 den Maßstab für die Verteilung des Überschusses unter Berücksichtigung eines bestehenbleib. Gesamtrechtes u. des Ergebnisses eines Einzelausgebots.

Die Vorschrift behandelt nur die Verteil. eines Gesamterlöses auf die einzelnen im näml. Verf. versteig. Grundstücke; die Verteil. der Einzelmassen auf die einzelnen Rechte ist in §§ 113 ff. geregelt, die Verteil. auf ein Gesamtrecht in § 122.

2. Anwendungsfälle. Die Bildung von Einzelmassen im Falle des Gesamtausgebots (§§ 63, 64) ist inbes. erforderlich, wenn Gesamtbelastungen, die möglicherweise zum Zuge gelangen, vorliegen, u. die GesamtGl. ihr Recht nicht nach § 1132 Abs. 1 Satz 2 BGB. verteilt haben (§ 122); wenn die G. oder GBruchteile (auch Raumteile des G., RG. 101, 117, ZBlFG. 6, 408, s. auch Einl. III, 2, § 63 A. 1 a) verschiedenen Eigentümern gehört hatten oder verschieden[1]) belastet sind; wenn der Erlös eines der mehreren G. von einem Dritten in Anspruch genommen wird, weil die Geltendmachung nach § 37 Nr. 5 unterblieben ist (Jaeckel-Güthe A. 4).

3. Bildung der Einzelmassen. Hierzu ist eine dreifache rechnerische Tätigkeit notwendig:

a) Abzug (Abs. 1) der Kosten u. der im g. G. berücksicht., bar zu befriedigenden Gesamtbelastungen (§§ 49, 109). Sie werden entspr. der Gesamthaftung der G. aus dem noch unverteilten (baren) Gesamterlös gedeckt (die Einzelbelastungen erst aus den zu ermitt. Einzelmassen).

An der Rangordnung der §§ 10—12 wird hierdurch nichts geändert: Hat der Ersteher nicht das ganze Bargebot berichtigt u. reicht die Barzahlung nicht zur Deckung aller im g. G. steh. Anspr. aus, so sind trotz des § 112 zunächst die etwa den Gesamtbelastungen vorgeh., bar zu zahl. Einzelansprüche zu befriedigen u. zwar nach dem Werte der einzelnen G.

Sind z. B. im g. G. bar zu decken 100 Mk. Kosten, ferner 20 Mk. bei Grundstück A u. 30 Mk. bei B, beide im Range des § 10 Nr. 2, hierauf 40 Mk. einer Gesamtbelastung nach § 10 Nr. 4 u. sind von dem Bargebote zu 400 Mk. nur 130 Mk. gezahlt, so sind zwar zur Ermittlung der Einzelmassen 100 + 40 vorwegzunehmen, aber von den bar bezahlten 130 sind zunächst zu berichtigen: 100 Mk. Kosten u. (bei einem Wertverhältnis von 1:2) die Anspr. aus § 10 Nr. 2 mit 10 bei A u. 20 bei B, während der Rest dieser Anspr., sowie die Gesamtbelastung durch Fordübertragung zu decken sind (Jaeckel-Güthe A. 5, Reinhard-Müller A. 4, Wolff A. 2, Lersch GruchBeitr. 51, 478 ff.).

---

[1]) Vgl. Lersch GruchBeitr. 51, 470, Voß ZBlFG. 9, 773, Reinhard ZBlFG. 19, 41. Bei gleichmäßiger Belastung wird die Befriedig. der GesamtGl. gewöhnlich ohne weiteres aus dem Gesamterlös möglich sein, außer wenn die Gr. verschied. Eigentümern gehörten. Verteil. des Gesamterlöses ist in der Regel auch unnötig, wenn aus den Gr. des näml. Eigentümers außer den dem betreib. Teil vorgeh. Anspr. nur Gesamtrechte zum Zuge kommen.

b) Verteilung (Abs. 2) des hiernach verbleib. **Überschusses** des Gesamterlöses auf die einzelnen G. nach deren Wertverhältnis. Hierzu ist die Ermittlung des lastenfreien Wertes nötig. Sie geschieht in der Weise, daß dem nach Abs. 1 verbleib. Überschusse die sämtl., auf Grund der VersteigBeding. (§§ 52, 59) bestehenbleib. Rechte (Kapital, Ablösungssumme, Wertbetrag) zuerst hinzugerechnet werden (Gesamtbelastungen mit dem einmaligen Betrag), u. daß dann diese Summe auf die einzelnen G. nach dem Verhältnis ihres Wertes verteilt u. von den sich ergebenden Einzelmassen die an dem betreff. einzelnen G. bestehen bleib. Rechte wieder abgezogen werden (Gesamtbelastungen unter Teilung nach dem Wertverhältnis).

Die Grundstückswerte sind (vorbehaltl. Einigung der Beteiligten, einschl. des Sch.) ohne Rücksicht auf die Belastungen zu ermitteln (anders § 64) u. zwar durch das Notariat nach den auf Grund § 11 EG., Art. 29 BayAG. aufgestellten Grundsätzen (s. A. zu § 11 EG.); in der Regel wird es bei der vom Notariat nach § 64 vorgenomm. Ermittlung verbleiben (Wolff A. 4).

Die Wertfeststellung ist keine endgültige; sie kann im Wege der Erinnerung nach § 13 Abs. 2 EG. u. sof. Beschwerde (RG. 101, 121, s. § 113 A. 1) oder des Widerspruchs gegen den TeilPlan (§ 115) angefochten u. im Rechtsstreit geändert werden (ZBlFG. 6, 408, Peiser ZZP. 35, 267, Jaeckel-Güthe A. 8, 12).

Beispiel: 2 Grundstücke, die im näml. Verf. auf Betreiben eines Gl. E versteigert wurden, sind belastet mit:

I	II
100 Mk. des A	500 Mk. des B
150 Mk. des C	—
270 Mk. Gesamtrecht des D	
50 Mk. des E	250 Mk. des E.

Wert der G. 300 bzw. 900 Mk., Gerichtskosten 80 Mk., Kosten des VersteigBeamten 24 Mk., rückständige Zinsen des D 16 Mk.
Meistgebot bei der Gesamtversteig.: 400 Mk.
(unter Bestehenbleiben von
100 + 150 + 500 + 270 = 1020 Mk.)
Abzug nach Abs. 1: 80 + 24 + 16 = 120 Mk.
Überschuß nach Abs. 2 Satz 2: 280 Mk. + 1020 Mk. = 1300 Mk.
Einzelmassen nach Abs. 2 Satz 1 (Verhältnis 1:3): I = 325 Mk.
II = 975 Mk.
u. nach Anrechnung der bestehenbleib. Rechte gem. Abs. 2 Satz 3 u. 4:

$$I = 325 - (\overset{A}{100} + \overset{C}{150} + \overset{1/4\,D}{67{,}50}) = 7{,}50 \text{ Mk.}$$

$$II = 975 - (\overset{B}{500} + \overset{3/4\,D}{202{,}50}) = 272{,}50 \text{ Mk.}$$

280.— Mk.

Aus den Einzelmassen zu 7 Mk. 50 Pfg. bzw. 272 Mk. 50 Pfg. ist E zu befriedigen.

Ob zu den nach § 91 nicht erlösch., also nach Abs. 2 Satz 2 dem Überschusse zuzuzählenden Anspr. nicht bloß diej. zu rechnen sind, die nach den Versteig.-Beding. bestehen bleiben (§ 91 Abs. 1), sondern auch diej., die auf Grund Vereinbarung zwischen Ersteher u. Berechtigten nicht erlöschen sollen (§ 91 Abs. 2), ist zweifelhaft (Jaeckel-Güthe A. 7, Reinhard-Müller A. 5 a, Fischer-Schäfer 371, v. d. Pfordten 330, Lersch GruchBeitr. 51, 482). Da aber in der Regel derj. Betrag, der nach § 91 Abs. 3 infolge der Vereinbarung vom Ersteher weniger bar zu zahlen ist, vor der Verteil. noch nicht feststeht, ist es einfacher, bei der nach § 112 Abs. 2 vorzunehm. Berechnung jene Vereinbarung ganz außer Betracht zu lassen (RG. 101, 121). Zu beachten ist dann nur, daß die ausgerechneten Einzelmassen nicht ganz bar zu zahlen sind, daß vielmehr der nach § 91 Abs. 3 dem Berechtigten gebühr. Betrag von der Bezahlung ausgenommen ist.

Würde im vor. Beispiele E mit dem Ersteher eine solche Vereinbarung getroffen haben, so hätte dieser bei I die Summe von 7 Mk. 50 Pfg., bei II die Summe von 250 Mk. weniger bar zu zahlen, also insgesamt nur 120 Mk. (Kosten u. Zinsen des D) u. den Betrag von 22 Mk. 50 Pfg. (der auf den VollstrSch. II träfe).

Die Berechnung der Einzelmassen ändert natürlich nichts an der Befugnis des GesamthypGl., für seine Hyp. nach § 1132 Abs. 1 Satz 2 BGB. aus jedem G. beliebig Befriedig. zu suchen; denn sie bleibt Gesamthyp., solange sie nicht nach § 1132 Abs. 2 BGB. verteilt ist.

c) **Ergänzung der Einzelmassen** in den Fällen des Abs. 3. Die Bildung der Einzelmassen wird beeinflußt

α) durch den Grundsatz des § 63 Abs. 4, der diej. Anspr. vor Beeinträchtigung schützt, die beim Einzelmeistgebot[2]) Deckung gefunden hatten;

β) durch den Deckungsgrundsatz des § 44, der verhindern soll, daß durch die Verteilung nach Abs. 1 u. 2 die im geringsten Gebot (sei es beim Einzel- oder Gesamtausgebot) gedeckten Rechte eine Beeinträchtigung erfahren.

Der auf das einzelne G. entfall. Anteil am Gesamterlös muß also mindestens den Betrag erreichen, um den beim Einzelausgebot das g. G. überschritten wurde; andernfalls muß eine Erhöhung der notleidenden Einzelmasse unter Heranziehung der übrigen stattfinden.

Abs. 3 hat zunächst nur diej. Fälle im Auge, in denen die bar zu zahl. Anspr. des g. G. aus den Einzelmassen keine volle Befriedigung finden; es ist aber auch möglich, daß die eine oder andere der nach Abs. 2 gebild. Einzelmassen nicht einmal zur Deckung der auf dem betr. Grundstücke bestehen bleib. Rechte ausreicht. In diesen Fällen sind die übr. Einzelmassen nach Verh. ihrer Höhe (nicht nach dem Werte der Grundstücke; a. M. Lersch GruchBeitr. 51, 496, Reinhard ZBlFG. 19, 41) zur Deckung heranzuziehen, sie müssen hierzu ausreichen, wenn § 63 Abs. 4 S. 2 beobachtet wurde (Fischer-Schäfer 372, Jaeckel-Güthe A. 10, 13).

Beispiele:

a) Angenommen, die G. I u. II im Werte von 1:3 sind belastet mit

I	II
400 Mk. des A	1000 Mk. des B

Für A sind 16 Mk. Zinsen rückständig; betreib. Teil ist ein persönl. Gl.; Kosten 40 Mk.; g. G. für I: 10 Mk. (Kostenanteil) + 16 Mk. = 26 Mk., für II: 30 Mk. (Kostenanteil); ebenso bares Meistgebot bei der Einzelversteig. u. g. G. bei der Gesamtversteig.

Gesamterlös jedoch : 240 Mk.
Abzug : 40 Mk.

Überschuß : 200 Mk. + 1400 = 1600 Mk.
Einzelmassen I = 400 Mk.
II = 1200 Mk.

---

[2]) Im Verhältnis zum Gesamtausgebot sind auch Ausgebote einzelner Grundstücksgruppen Einzelausgebote im Sinne des § 112 Abs. 3 (RG. 66, 391, Recht 07, 1413 JW. 07, 751).

Bei I wird zwar das bestehenbleib. Kapital des A zu 400 Mk. gedeckt, nicht aber die in das g. G. fallenden, bar zu zahl. Zinsen zu 16 Mk. Um diesen Betrag mindert sich die Einzelmasse II.

β) Angenommen, der Erlös beim Einzelausgebote betrug im Beispiel zu 3b für G. I um 40 Mk. mehr als das g. G. hierfür (20 Mk. + 6 Mk. Kostenanteil + 4 Mk. Zinsen des D), also 70, statt 30 Mk.; das g. G. bei der Gesamtversteig. also 160 Mk., statt 120 Mk.; das Meistgebot bei der letzteren aber wieder 400 Mk. u. die Einzelmassen 7 Mk. 50 Pf. bzw. 272 Mk. 50 Pf., so ist mit Einzelmasse I derj. Betrag nicht erreicht, um den das Meistgebot bei der Einzelversteig. von I das g. G. überstiegen hatte, nämlich 70 — 30 = 40 Mk. Mit diesem Betrage wäre E bei I noch zum Zuge gekommen, wenn dem Einzelgebote der Zuschlag erteilt worden wäre; er darf nicht durch das gemäß § 63 Abs. 4 erfolgte Gesamtausgebot u. daher auch nicht durch die Verteil. nach § 112 benachteiligt werden, weshalb der Einzelmasse I aus II ein Betrag von 40—7.50 = 32.50 Mk. hinzuzufügen ist, so daß sich als bare, zur Befriedigung des E vorhandene Massen ergeben: I 40 Mk., II 240 Mk. = 280 Mk.

γ) Angenommen, in dem zu 3b geget. Beispiel betrage die Hyp. des C 230 Mk. statt 150 Mk., der Überschuß nach § 112 Abs. 2 Satz 2 also 280 + (bestehenbleib. Rechte =) 1100 Mk. = 1380 Mk., die Einzelmassen nach Abs. 2 Satz 1 demnach 345 bzw. 1035 Mk., so reicht die erstere nicht zur Deckung der bestehenbleib. Mk. 100+230+67.50 = 397.50 u. nicht zur Deckung des bar zu zahl. g. G. bei I = 30 aus, vielmehr sind hierzu die fehlenden Mk. 82.50 von Masse II zu 1035 Mk. zu entnehmen; es verbleiben also als bare Massen zur Befriedigung des E nach Deckung des bar zu zahlenden g. G. bei I : 0, bei II : 280 Mk. Oder:

δ) Angenommen, 3 G. im Werte von 1 : 3 : 6 seien im g. G. belastet, wie folgt: I mit 100 des A u. 400 des B, II mit 500 des C, III mit 600 des D, außerdem alle drei mit der Gesamthyp. 1000 des E. Der Überschuß aus § 112 Abs. 1 betrage 1400, so daß zu verteilen sind: 1400 + (100+400+500+600+1000) = 4000. Als Einzelmassen ergeben sich hieraus

I : 400	II : 1200	III : 2400
und nach Anrechnung der bestehenbleib. Rechte:		
— 100	— 500	— 600
400	300 (3/10 E)	600 (6/10 E)
100 (1/10 E)		
— 200	+ 400	+ 1200

Da die Einzelmasse I die bestehenbleib. Rechte des G. I nicht deckt, haben hierzu die Einzelmassen II u. III im Verh. ihrer Größe, nämlich (400 : 1200 =) 1 : 3, also mit 50 bzw. 150 beizutragen, so daß verbleiben als bare Massen: I : 0, II : 350, III : 1050, Sa. 1400.

§ 113.

In dem Verteilungstermine wird nach Anhörung der anwesenden Beteiligten von dem Gerichte, nötigenfalls mit Hilfe eines Rechnungsverständigen, der Teilungsplan aufgestellt.

In dem Plane sind auch die nach § 91 nicht erlöschenden Rechte anzugeben.

E. I § 155; Begr. 286, 287; D. 58; KBer. —.

Aufstellung des Teilungsplans.

1. Inhalt des TeilPlans. Der Plan hat festzustellen nicht nur

a) die **Höhe der verfügbaren Masse (Aktiv- oder Teilungsmasse**, bestehend aus Bargebot, Zinsen, Erlös aus abgesond. Versteig., § 107),

b) die hieraus bar zu befriedig. (wenn auch tatsächl. ausfallenden) **Ansprüche (Schuldenmasse)** u. deren **Rangfolge** (§ 114), sondern auch

c) die **bestehenbleib. Rechte** (§§ 52, 59, 91, 113 Abs. 2) (auch den Grund des **Bestehenbleibens**), da auch sie bestritten werden können, ihr Wegfall (§§ 50, 51), eine Erhöhung des Bargebots u. die Verteilung der Ersatzzahlung (§ 125), der Wegfall der Vereinbarung (§ 91 Abs. 2) aber die Verteilung des in § 91 Abs. 3 bez. Betrags nötig macht; eine Übernahmeerklärung ist nicht erforderlich, da der Eintritt des Erstehers in die dingl. oder persönl. Haftung nicht hiervon abhängig ist (vgl. § 53 A. 1); ebensowenig erfolgt eine Zuteilung des Erlöses auf die bestehenbleib. Rechte, da nur der Barerlös verteilt wird (RG. 59, 273). Endlich ist anzugeben,

d) ob ein Anspruch zum Zuge kommt u. wie seine Befriedigung erfolgen soll (Barzahlung, Übertragung, Vereinbarung nach § 91 Abs. 2); dies ist die sog. **Zuteilung** der Masse auf die Ansprüche (Jaeckel-Güthe A. 6 ff.).

2. Die **Aufstellung** der Plans erfolgt nicht, wie im FahrnisZwVollstr.-Verf. (§§ 872 ff. ZPO.) vor, sondern in dem Termin (vgl. jedoch § 106). Anmeldungen sind bis zum Schluß des VerteilTermins zulässig (jedoch unbeschadet der Nachteile einer etwaigen Verspätung, s. § 110). Mit Schluß des Termins sind Änderungen des Plans auf Grund neuer Anmeldungen oder Widersprüche für das Verfahren ausgeschlossen (§ 114, Jaeckel-Güthe A. 1, 2; wegen Nachtragsverteilung s. §§ 139, 141).

Bei Aufstell. des Plans werden die Beteiligten (§ 9) mit ihren Einwendungen u. etwaigen Vereinbarungen gehört; inwieweit letztere zulässig, u. wessen Zustimmung hierzu erforderlich ist, ist nach dem einzelnen Fall zu beurteilen; die Zustimmung Abwesender wird öffentl. beglaubigt sein müssen (Jaeckel-Güthe A. 3). Mangels Einigung oder Anwesenheit ist der Plan der gesetzl. Vorschrift entsprechend aufzustellen u. zwar vom Notar (s. unten 3 a, 4).

Der TeilPlan bildet einen Teil des Terminsprotokolls[1]); er kann diesem als Anlage beigefügt werden. Die Kosten eines Rechnungssachverständigen gehören zu den VerfKosten des § 109.

3. Rechtl. Natur des TeilPlans, **Rechtsbehelfe.**

a) Der Plan trifft nur formelle, keine sachl. Entscheidung, stellt aber immerhin eine auf vorausgegang. Prüfung beruhende Feststellung der am Erlöse beteiligten Ford. u. der Art der Verteilung der Masse, somit eine, wenn auch nur vorläufige Entsch. des Notars (Art. 25 BayAG. v. 2. 2. 21) innerh. des ZwVollstrVerf. dar (SeuffA. 66, 124), die auf ihre Gesetzmäßigkeit hin durch Erinnerung nach § 13 Abs. 2 EG. u. sof. Beschwerde[2]) der Nachprüfung unterworfen werden kann (bestr., vgl. RG. 101, 121, OLG. 20, 384, 391; 25, 254, SeuffA. 60, 381; Stillschweig JW. 1927, 2745, 2944, Stein-

[1]) Formale Vorschriften über den Abschluß des Plans sind als entbehrlich erachtet worden, da sich solcher zugleich aus dem Protokollsabschluß ergibt (Begr. 290).

[2]) Erinnerung u. Beschwerde beschränken sich auf Einwendungen prozeßrechtl. Natur, auf die Rüge der Verletzung von Verfahrensvorschr. (SeuffA. 57, 214; 59, 339, OLG. 9, 121; 10, 394; 11, 326). Sie ist z. B. zulässig wegen Nichtbeachtung der Rangordnung des § 10, unricht. Behandlung eines Anspruchs nach § 14, Nichtaufnahme einer richtig angemeldeten u. glaubhaft gemachten Kostenforderung (SeuffA. 66, 126), Nichtberücksichtigung einer Vereinbarung nach § 91 Abs. 2 (OLG. 20, 384), eines Widerspruchs gegen eine vereinbarungsgemäß bestehenbleib. Hyp. (OLG. 6, 98), Zugrundelegung eines unrichtigen Meistgebots (OLG. 20, 391), unrichtiger Behandlung der SichHyp. (OLG. 9, 381), Unterlassung der bedingten Zuteilung bei Widerspruch (OLG. 9, 121), Nichtberücksichtigung einer Verfüg.-Beschränkung (SeuffA. 67, 385), unrichtige Anwendung der §§ 50 Abs. 2 Nr. 2, 125 auf ein Nicht-Gesamtrecht (OLG. 25, 254).

Jonas § 876 A. 1). Beschwerde u. Widerspruch nach § 115 können nebeneinander zulässig sein, wenn formelle u. sachl. Unrichtigkeit des Plans behauptet wird (Jaeckel-Güthe A. 5); Änderungen des Plans, an denen die Gesamtheit der Gl. gleichmäßig beteiligt ist, kann auch der einzelne Gl. nur mit Beschwerde (Erinnerung) herbeiführen (OLG. 39, 81). Über Anfechtung der Feststell. der Teilungsmasse s. § 107 A. 3.

Die Frist für die Einlegung der Erinnerung (§ 13 Abs. 2 EG.) läuft von der Aufstellung (Verkündung) des Plans im Termin an (BlfRA. 72, 49, OLG. 20, 391; a. M. 384), für die Einlegung der sof. Beschwerde gg. die Entsch. des VollstrG. in der Regel von der Zustellung an (§ 577 ZPO.). Die Erinnerung bzw. Beschwerde hat keine aufschieb. Wirkung; das Notariat braucht die Ausführung des Plans nicht auszusetzen (§ 572 Abs. 2 ZPO.); Erinnerung u. Beschwerde ist auch nach Ausführung des Plans noch zulässig (ZBlFG. 10, 40). Auch der Ersteher kann beschwerdeberechtigt sein, wenn der TeilPlan seine Verbindlichkeiten nicht richtig regelt (BlfRA. 72, 49). Wird die Erinnerung bzw. Beschwerde für begründet erachtet, so wird zweckmäßig die Aufstellung eines neuen Plans dem Notariat übertragen, da neue Widersprüche gegen ihn möglich sind, die nur in einem neuen VerteilTermin erhoben werden können (SächsA. 08, 215).

b) Die sachl. Unrichtigkeit des Plans (z. B. wenn dem § 1163 Abs. 1 Satz 2 BGB. zuwider der Erwerb der Hyp. durch den Eigentümer nicht im Plan berücksichtigt wurde) kann nur im Wege des Widerspruchs u. der Klage (nicht Beschwerde) angefochten werden (Jaeckel-Güthe A. 5, OLG. 11, 326; 25, 254, SeuffA. 60, 381). Aber auch die Unterlassung des Widerspruchs hindert die Geltendmach. besserer Rechte außerh. des VerteilVerf. nicht (RG. 58, 156; 64, 194; 72, 346; Recht 05, 138, Jaeckel-Güthe A. 1). War jedoch das angeblich bessere Recht von der rechtzeit. Anmeldung (Glaubhaftm.) abhängig, dann ist durch § 37 Nr. 4, § 110 auch ein BereichAnspruch ausgeschlossen (s. § 37 A. 2d δ).

4. **Haftung.** Für die dem Gesetz entspr. Aufstellung des Plans haftet der Notar (u. U. auch der Rechnungsverständige, dieser aber nur für die richtige rechnerische Behandlung) nach § 839 BGB. (Jaeckel-Güthe A. 4, Reinhard-Müller A. 3b).

5. Die **Ausführung** des Plans besteht entweder in der Auszahlung (bzw. Hinterlegung) oder Übertragung. Bei der Ausführung ist auch eine etwaige Beschränkung des Berechtigten in der Verfüg. über den ihm zugeteilten Betrag (besonders Pfandrecht) zu berücksichtigen (vgl. §§ 114 A. I 3, 115 A. 3a, 117 A. 1, 118 A. 2, 128 A. 4).

§ 114.

In den Teilungsplan sind Ansprüche, soweit ihr Betrag oder ihr Höchstbetrag zur Zeit der Eintragung des Versteigerungsvermerkes aus dem Grundbuch ersichtlich war, nach dem Inhalte des Buches, im übrigen nur dann aufzunehmen, wenn sie spätestens in dem Termin angemeldet sind. Die Ansprüche des Gläubigers gelten als angemeldet, soweit sie sich aus dem Versteigerungsantrag ergeben.

Laufende Beträge wiederkehrender Leistungen, die nach dem Inhalte des Grundbuchs zu entrichten sind, brauchen nicht angemeldet zu werden.

E. I § 156; Begr. 287, 288; D. —; KBer. —.

In den Teilungsplan aufzunehmende Ansprüche.

I. **Schuldenmasse.** Wie die Feststell. der Aktiv- oder TeilMasse nach § 107, so ist auch die Feststellung der Schuldenmasse, d. h. *der aus dem G.* (Versteig.-Erlös) *zu befried. Anspr.* (§§ 10ff., 37 Nr. 4, 110) u. ihrer *Rangordnung* (§§ 10—13) Zweck des VerteilTermins. Ob ein solcher zur Aufnahme in den TeilPlan geeigneter Anspr. vorliegt, u. welcher Rang ihm zukommt, hat der Notar (VollstG.) von Amts wegen zu prüfen u. zu entscheiden (SeuffA. 66, 63, ZBlFG. 11, 443, vgl. § 113 A. 3a).

Die Einstellung eines Anspr. in den TeilPlan erfolgt entweder auf Grund der Eintragungen im GBuch oder der Anmeldungen (vgl. die entspr. Vorschr. des § 45). Wg. Verfolgung der der ZwVerst. *entgegensteh.* Rechte s. § 37 Nr. 5, § 55 A. 3, § 107 A. 3.

1. Von Amts wegen sind in den TeilPlan aufzunehmen (außer den vorweg zu nehmenden Kosten, § 109):

a) die *Hauptforderung*, näml. die z. Z. der Eintragung des VersteigVermerks aus dem GBuch ersichtlichen Geld- oder Höchstbeträge. Maßgebend ist die Eintragung im *GBuch*, nicht die Abschrift des GBBlatts (§ 19 Abs. 2); doch darf sich der VollstrR. (Notar) auf deren Richtigkeit verlassen; bei Unrichtigkeit der letzteren ist außer Schadensersatz- u. BereichKlage auch sof. Beschwerde gegen den TeilPlan zulässig (Jaeckel-Güthe A. 2; s. oben § 113 A. 3a). Eine Bezugnahme auf die EintragBewilligung bzw. Satzung ist bei Hyp., Grund- u. Rentenschulden nur in dem in § 1115 BGB. bezeichneten Umfange zu berücksichtigen (vgl. §§ 874, 877 BGB., § 50 GBO., § 254 DA.).

Ein *Gewinn*[1]) des Gläubiger-Erstehers aus dem Weiterverkauf des G. hindert nicht die Einstellung seiner HypFord. in den TeilPlan.

Auch *vorgemerkte* oder durch *Widerspruch* gesicherte Beträge sind aufzunehmen (§§ 119, 120, 125, vgl. § 14). Über Behandlung der *Lösch.-Vormerkung* s. § 50 A. 3Bd u. Anh. II.

α) Nach Eintragung wieder *gelöschte* (nicht durch Widerspruch oder neuerl. Anmeldung aufrecht erhaltene) Beträge sind unberücksichtigt zu lassen, wenn die Löschung zur Kenntnis des Notariats gelangt ist; auf den LöschGrund kommt

---

[1]) Der Zuschlag bildet für den Erwerb des Erstehers einen selbständigen Rechtsgrund, so daß er hiedurch nicht grundlos bereichert wird (RG. 69, 279). Dem HypGl., der den in der Zw.-Versteig. ausgefallenen Teil seiner HypFord. beitreibt (Rückgriff gegen den persönl. Sch. aus dem *Vertrag*) kann *nicht* entgegengehalten werden, daß er das G. unter seinem Wert erstanden oder beim Weiterverkauf einen Gewinn erzielt habe (RG. 65, 57; 73, 340; 80, 153, JW. 07, 133; 1913, 19; 1916, 400; 1919, 571; 1921, 268; LZ. 1919, 435; a. M. OLG. Bamberg in BayObLG. 21 B 17; vgl. RG. 74, 224; 89, 77; 100, 88; 101, 90; 103, 408, SeuffA. 63, 339; 67, 51; 69, 3, GruchBeitr. 55, 669; 56, 902; 57, 150; 63, 479). Ob dagegen eine *Vorteilsausgleichung* im Klageweg durchgesetzt werden kann, hängt davon ab, ob Vorteil u. Nachteil durch ein u. dasselbe Ereignis herbeigeführt wurden (RG. 80, 155: Klage gegen einen Beauftragten; 84, 386: gegen Rechtsanwalt und Notar; JW. 1916, 1016: gegen Verwalter; GruchBeitr. 57, 150: gegen den früh. Eigentümer; RG. 69, 277: Klage wegen Arglist; SeuffA. 68, 49, RG. 100, 88, JW. 1928, 2478: wegen Nichterfüllung einer Ausbietungsgarantie). Über Berechnung des Vorteils s. RG. 80, 155, OLG. 32, 389; 34, 77. Über die Einrede der Vorteilsausgleichung vgl. auch Reinhard Recht 1921, 58.

es nicht an; gleiches gilt, wenn dem Notariat die zur Löschung erforderl. Urkunden übergeben sind (Jaeckel-Güthe A. 2, Wolff A. 1a).

β) Nur der eingetragene Geldbetrag ist maßgebend; dies gilt auch für SichHyp. (s. § 119 A. 2b). Bei den Höchstbetrags- u. Arresthyp. (vgl. § 50 A. 3Ad u. Bc) u. im Falle des § 882 BGB. (ErbbRecht, Dienstbarkeiten, Nießbrauch, Reallast, Vorkaufsrecht für mehrere Fälle) ist ausschlaggebend der Höchstbetrag (OLG. 9, 382, Recht 05, 112), im Falle des § 1199 BGB. u. Art. 85 Abs. 2 BayAG. BGB. i. d. F. v. 23. 7. 21, 11. u. 17. 4. 23 (s. § 384 DA.) die Ablösungssumme der Rentenschuld u. Reallast (vgl. § 92 A. 5), nicht der zum Zwecke der Feststell. des g. G. ermittelte Wert (§ 51 Abs. 2); bei Pfandbriefdarlehen der Nennbetrag[2]), bei Tilgungshyp. der Nennbetrag nicht neben den TilgBeträgen (Jaeckel-Güthe A. 4); zur Aufnahme der Höchstbetragshyp. in den TeilPlan ist ein besonderer Nachweis des Anspr. nicht erforderlich[3]).

γ) Der Geldbetrag ist in Reichsmark in den Plan einzustellen. Deshalb sind umzurechnen (soweit Zahlung zu erfolgen hat): die in ausländ. Währung eingetrag. Rechte (AuslHypVO. v. 13. 2. 20 § 8, s. oben § 10 Fußn. 23, SchwZusAbk. v. 25. 3./23. 6. 23 RGBl. II 284 Art. 25; Kursermittlung s. § 44 II 2d), wertbeständige Hyp. (Ges. v. 23. 6. 23 RGBl. I 407 §§ 4, 8 mit VO. v. 29. 6., 5. 10., 2. u. 6. 11. 23 RGBl. I 482, 933, 1075, 1082, VO. v. 17. 4. 24 RGBl. I 415 u. Ges. v. 2. 2. 28 RGBl. I 11), die Anspr. aus wertbeständ. Schuldtiteln (EntlVO. v. 13. 5. 24 RGBl. I 552 §§ 9, 14—17, AusfVO. v. 27. 6. 24 RGBl. I 660. Ist auf Grund der letzteren eine Höchstbetragshyp. in Papier-Mk. eingetragen, so ist 1 Bill. PMk. 1 Reichsmark gleichzusetzen (MünzGes. v. 30. 8. 24 RGBl. II 254 § 5 Abs. 2); lautet der Schuldtitel schlechtweg auf Goldmark, so wird darunter Steuergoldmark verstanden, die jetzt der Reichsmark gleichgesetzt ist (§ 2 AusfVO. v. 12. 12. 24 z. Münzges.

---

[2]) Auf den Kursunterschied, der bei Rückzahlung in Pfandbriefen unter dem Nennbetrag dem Sch. zugute käme, haben die ausfall. Gl. auch dann keinen Anspruch, wenn die Hyp. gemäß § 91 Abs. 2 bestehen bleibt (GruchBeitr. 36, 1094, Jaeckel-Güthe A. 4; vgl. dagegen BayObLG. alte S. 7, 894). Ob der nachfolg. G. vor der Verteilung die Ablösung der Pfandbriefhyp. (§§ 268, 1150 BGB.) auch mit Pfandbriefen vornehmen darf, ist nach dem Inhalt des Vertrags zu beurteilen; bejahendenfalls erwirbt er die Hyp. (nach dem Zuschlag das Recht auf Befriedigung aus dem Erlös, s. aber § 91 Fußn. 2) in Höhe des Nennbetrags, ohne daß dem Sch. ein BereichAnspruch hinsichtl. des Kursunterschieds zusteht. Der Anspr. der Pfandbriefbank geht regelmäßig nicht auf Rückgabe von Pfandbriefen, sondern auf Zahlung einer Geldsumme, an deren Stelle der Sch. Pfandbriefe geben kann; der Anspr. unterliegt daher der Aufwertung (Ring 3, 521, 524; 4, 1, 305; JW. 1928, 2836; 1929, 208); ob diese AufwHyp. der HypBanken in LiquidGoldpfandbriefen (Art. 84 Z. 7 DurchfVO. z. AufwG.) zurückbezahlt werden können (u. zwar auch vom Ersteher und ablösungsweise von den nachsteh. Gl.) ist bestritten (Weinberg JW. 1929, 163); diese Befugnis wird aber nur dem Sch. (bis zur Befriedig. der HypBank) u. dem ablösungsberechtigten Dritten (diesem auch im Falle des § 75, im übr. nur bis zur Rechtskraft des Zuschlags), dagegen nicht dem Ersteher einzuräumen sein, vorbehaltl. besond. VerstBeding. nach § 59 (vgl. Friedenthal JW. 1929, 715).

[3]) Wohl aber (im Gegensatz zur gewöhnl. SichHyp.) zur Zuteilung, Übertragung u. Auszahlung. Diese kann an den Gl. einer Höchsthyp. nur erfolgen, wenn die Ford. durch Urteil, Einigung nachgewiesen ist oder der Sch. sie anerkennt u. sonst kein Widerspruch erfolgt (vgl. RG. 51, 115; 55, 217; 56, 322, JW. 08, 556); andernfalls ist der auf die Hyp. entfallende Betrag für Gl. und Sch. (Widersprechenden) zu hinterlegen. Der Gl. der HöchstHyp. hat das Vorhandensein der Ford. zu beweisen (Recht 08, 539, Jaeckel-Güthe A. 6; vgl. § 119 A. 2b). Anderseits genügt im Falle der Nichtbeleihung (-valutierung) der Höchsthyp. zur Zuteilung auf den Eigent. (Besteller) die Zustimmung des eingetrag. HypGl. (Warn. ErgBd. 1917, 432). Über Ablösung der aufgew. Höchsthyp. s. RG. 123, 149.

RGBl. I 775). Kursminderung seit dem VerstTermin gereicht den nachfolg. Berechtigten zum Vorteil, Kurssteigerung zum Nachteil (LeipzZ. 1920, 428). Die Goldmark des AufwBetrags ist in Feingoldmark zu zahlen (Art. 1 Durchf.-VO. z. AufwG.); maßgebend ist der Londoner Goldpreis; die Umrechnung in RM. erfolgt gem. § 2 VO. v. 29. 6. 23 RGBl. I 482.

δ) Bei eingetrag. Papier-MkHyp. (Grund- u. Rentenschuld, Reallast, Schiffs- u. Bahnpfandrecht §§ 31, 32 AufwG., Grund- u. Zusatzgrundsch. §§ 4, 6 AufwNov.) ist von Amts wegen der AufwBetrag (des Kapitals bzw. der Ablösungssumme oder des Ersatzbetrags nach § 92) in den Plan einzustellen, u. zwar entweder der eingetragene oder durch rechtskr. Entsch. (der AufwStelle §§ 68 ff., 75 AufwG., des Prozeßgerichts § 77 AufwG.) oder durch Vergleich u. Vereinbarung zw. Eigent. u. AufwGl. (in öffentl. oder öffentl. begl. Urkunde, auch zu Protokoll des Notariats, jedoch in den Grenzen des § 67 AufwG.), nachgewiesene oder der angemeldete (25% des GMkBetrags nicht übersteigende), sonst der sich nach §§ 2, 3, 4 AufwG. auf 25% berechnende u. in Reichsmark nach Art. 1 DurchfVO. umgerechnete Betrag. Liegt weder Eintragung noch Nachweis der endgültigen Feststellung vor oder ist ein Widerspruch eingetragen, so ist der AufwBetrag als aufschiebend bedingt zu behandeln (§§ 119, 120, 125; Reinhard, Einl. S. 246 ff.). Der AufwAnspr. aus einer gelöschten PMkHyp. oder des früheren Gl. einer umgeschrieb. PMkHyp. bedarf in der Regel (s. A. 2) der Anmeldung. Vom Hauptsachebetrag der aufgewert. Hyp. (Grundschuld, Schiffs- u. Bahnpfandrechts, der Ablösungssumme der Rentenschuld u. Reallast) ist bis 1. 1. 32 der Zwischenzins abzuziehen (s. § 111 A. 5).

ε) Ist ein geringerer als der eingetrag. Betrag angemeldet, so ist die Anmeldung maßgebend, soweit nicht die Restford. dem Eigent. oder einem Ersatzberecht. zusteht (vgl. § 50 A. 3c, § 51); durch eine irrtümlich niedrigere Anmeldung des FordBetrags geht aber der Gl. nicht seines Rechtes gegenüber dem Sch. (Eigent.) u. dessen Rechtsnachfolgern (insbes. PfändGl.) verloren (RG. 64, 194).

b) Nebenansprüche. Mit den Kapitalsbeträgen (u. den nach § 882 BGB. eingetrag. Höchstbeträgen) sind auch die lauf. wiederkehr. Leistungen, falls solche eingetragen, von Amts wegen zu berücksichtigen (vgl. § 13); bestehen sie nicht in Geld, so bedürfen sie der Anmeldung des Geldbetrags; die Schätzung nach § 46 ist hier nicht maßgebend (Jaeckel-Güthe A. 7, bestr.; Reinhard-Müller § 46 A. 3 u. a. halten die Schätzung auch für das VertVerf. als ausreichend). Zinsen aus einer Eigentümerhyp. des VollstrSch. kommen in der Zw.-Versteig. nicht in Frage (§ 1197 Abs. 2 BGB., RG. 60, 359).

Von bestehenbleib. Rechten sind Zinsen nur bis zum Zuschlag (ausschließl. s. § 56 A. 4), bei freiwillig liegen gelassenen (§ 91 Abs. 2) u. erlösch. Rechten bis zum VerteilTermine (ausschließl.) zu berechnen (Reinhard-Müller A. 10).

Die Verzinsung des AufwBetrags einer PMHyp. (= Grund-, Rentenschuld, Reallast) beginnt am 1. 1. 25 (§ 28 AufwG., wo auch die Höhe der Zinsen bestimmt ist), desj. einer gelöschten (BayObLG. 27 A 221) PMHyp. oder -Grundschuld, sowie der AufwHyp. des gelöschten Zedenten (JW. 1928, 3040) am 1. 4. 26 (§§ 1—3 AufwNov.; diese Zinsen bedürfen aber der Anmeldung, §§ 14 ff. DurchfVO. z. AufwNov.), die des Mehrbetrags der umgewandelten Grundschuld u. der Zusatzgrundschuld am 1. 4. 27 (§ 6 Abs. 3 AufwNov., § 24 DurchfVO. hierzu). Unverzinsl. PMHyp. werden durch die Aufwertung nicht verzinslich (bestr.; RG. 121, 150, Ring 3, 487). Verzugszinsen (Zinszuschläge) sind neben den in § 28 AufwG. bestimmten Zinsen zu entrichten (Ring 3,

733), ebenso vertragsmäßige Zinseszinsen (BNotV. 1928, 134); § 28 AufwG. gilt nur für vertragsmäßige Zinsen (JW. 1928, 2816, a. M. Neukirch dort). Über den Abzug der Zwischenzinsen bis 1. 1. 32 s. oben a u. § 111 A. 5.

2. Nur auf **Anmeldung** werden in den TeilPlan eingestellt:

die nicht eingetrag. oder z. Z. der Eintrag. des VersteigVermerks aus dem GBuch nicht ersichtlichen Anspr. (z. B. nach § 10 Nr. 1—3, nicht eingetrag. gesetzl. oder Verzugs-Zinsen[4]), Kosten; über letztere vgl. § 10 A. 8);

die Rückstände wiederkehr. Leistungen nach § 13 (sei es des eingetrag. Berechtigten oder eines Dritten[5]) auf Grund Abtretung oder Ablösung, vgl. BNotZ. 08, 241);

ein nicht eingetrag. u. nicht (aus der Eintragung von Einzelleistungen) berechenbarer Geldbetrag (insbes. bei den nicht auf Geldleistung gerichteten, durch den Zuschlag erlösch. Rechten, vgl. §§ 46, 92, 121 u. oben a);

der AufwBetrag einer gelöschten PMkHyp. usw. (samt Zinsen), sowie der AufwAnspr. eines früh. Gläubigers derselben (§§ 17, 20, 21 AufwG., §§ 14ff. DurchfVO. z. AufwNov.), falls sie nicht schon z. Z. der Eintrag. des VerstVermerks durch eingetrag. Widerspruch gesichert sind (der Anmeldung ist hier die nach §§ 16, 17, 78 AufwG. erforderl. Bescheinigung der AufwStelle beizufügen, Art. 126 DurchfVO.; vgl. Reinhard, Einfl. S. 101, 249);

endlich die Ersatzansprüche aus § 37 Nr. 5.

Die Anmeldung hat (schriftl. oder mündl.) spätestens im Verteil-Termine, vor Ausführung des Plans, u. zwar nach Betrag, Grund u. Rang des Anspr. zu erfolgen. Ob Glaubhaftm. auf Verlangen des Notariats oder eines Beteiligten, wie im Falle des § 9 Nr. 2, erforderlich ist, kann zweifelhaft sein. Die überwieg. Meinung bejaht diese Frage, da sonst auch die eingetrag. Realberechtigten zum Widerspruch genötigt wären, wenn ein Anspr. aus § 37 Nr. 5 (auf den § 110 keine Anwendung findet) im Range vor ihnen geltend gemacht würde (Fischer-Schäfer 378, Jaeckel-Güthe A. 11, Reinhard-Müller A. 15a). Unterbleibt die geforderte Glaubhaftm., so hat der Anmeldende auch kein Widerspruchsrecht. Glaubhaftm. ist also auch erforderlich für geltend gemachte Kosten; nicht aber für Rückstände wiederkehr. Leistungen (vgl. § 45 u. DurchfVO. z. AufwNov. §§ 14, 20).

Bei Nichtaufnahme des angemeld. Rechtes in den Plan ist Erinnerung u. dann sof. Beschwerde bzw. Widerspruch zu erheben (s. § 113 Fußn. 2), Anmeldung vor dem Termin gilt als Widerspruch (§ 115 Abs. 2); die früheren, insbes. im VerstTermine erfolgten Anmeldungen bedürfen nicht der Wiederholung. Als angemeldet gilt auch der Anspr. des (der) betreib. Gl. (Kap., Zinsen, Kosten), soweit ersterer aus dem VersteigAntrag ersichtlich ist. Nachträgl. Mitteilungen des GBAmts ersetzen die Anmeldung nicht.

Die erst nach dem in § 37 Nr. 4 bez. Zeitpunkt angemeld. Anspr. kommen an letzter Stelle zu stehen, unter sich in dem ihnen nach §§ 10ff. gebühr.

---

[4]) Nicht eingetrag. Vertragszinsen einer Hyp. u. Grundschuld kommt überhaupt kein Recht auf Befriedig. aus dem G. zu (§§ 1115, 1118, 1146, 1191, 1192 BGB., RG. 113, 229).

[5]) § 10 Nr. 4 ZVG. mit §§ 398, 1115, 1150, 1159 BGB. (Die Abtretung rückständiger HypZinsen u. ein Rangverhältnis derselben wird nicht eingetragen; s. § 10 A. 4c); auch der Nießbraucher kann sich die HypZinsenford., die er gem. § 1047 BGB. zahlt, abtreten lassen (Recht 07, 379, BZfR. 07, 212, SeuffA. 62, 318). Über Zinsen aus einer gelöschten Hyp. s. § 10 A. 4c.

Rang (§ 110). Auf die Anmeldung der Person des Berechtigten bezieht sich § 37 Nr. 4 nicht (OLG. 14, 205; s. oben 3).

Persönliche, nicht unter § 10 bzw. § 37 Nr. 5 fall. Anspr., für die kein Recht auf Befriedig. aus dem VersteigErlös besteht (z. B. Kosten der Eintrag. einer Hyp., SeuffA. 66, 124, § 10 A. 8 b), eignen sich niemals zur Aufnahme in den TeilPlan u. begründen nicht die Zulassung zum Verf. (§ 9; Jaeckel-Güthe A. 1); s. jedoch § 115 A. 1, 2.

Nach Ausführung des TeilPlans im Termin (vgl. § 116) angemeldete Anspr. können, wie nicht angemeldete, in der Regel auch nicht außerh. des Verf. im Klagewege gegen den zuletzt zum Zuge gekommenen Beteiligten verfolgt werden (s. § 37 A. 2 d δ, § 113 A. 3 b).

3. Die Person des **Berechtigten** wird zwar in der Regel gleichfalls im Teil.-Plan bestimmt; doch erfolgt ihre endgültige Feststellung erst bei Ausführung des Plans (§§ 117 ff.); insbes. ist es für die Einstellung eines Anspr. in den Plan u. die Zuteilung eines Betrags auf den Anspr. (s. § 113 A. 1 d) ohne Belang, ob er auf den Eigentümer oder einen sonstigen Dritten (Bürgen, Ablösungs-, Ersatzberechtigten) übergegangen ist (SeuffA. 61, 254, Recht 06, 1146; vgl. § 50 A. 3 A c, d, e). Auch VerfügBeschränkungen (insbes. Pfandrechte[6])) sind erst bei der Ausführung des TeilPlans zu berücksichtigen; die Zuteilung eines Massebetrags auf den in der Verfügung Beschränkten hindern sie nicht (SeuffA. 63, 484; 73, 27; s. §§ 109 A. 3, 113 A. 1 d, 5, 117 A. 1, 118 A. 2, 128 A. 4). Dagegen ist im Falle des nachgewiesenen Übergangs eines Anspr. (Abtretung, Überweisung z. Einziehung oder an Zahlungs Statt) der darauf entfallende Betrag natürlich dem neuen Gl. zuzuteilen.

In jedem Fall muß aber der Plan ersehen lassen, welche Person zunächst als berechtigt erscheint u. wer auf den Widerspruch bzw. die Hilfsverteilung (§§ 115, 119 ff.) verwiesen wird (Reinhard-Müller A. 1 b). Erstberechtigter ist bei Buchrechten der eingetrag. Inhaber (über die Vermutung des § 891 BGB. u. ihre Widerlegung s. RG. 49, 6; 57, 321; 60, 247, BZfR. 1921, 18), bei Briefrechten der (durch Brief u. Urkunden nach §§ 1155 ff. BGB.) ausgewiesene Inhaber (s. § 117 A. 1). Wer dessen Recht bestreitet (insbes. der VollstrSch., der die Entstehung einer EigentGrundsch. behauptet) ist als Bedingtberechtigter zu behandeln.

II. Die **Rangordnung** der in den Plan aufzunehm. Anspr. bestimmt sich nach §§ 10 ff., bzw. 109, 110. Soweit sie von Amts wegen zu berücksichtigen sind, ist für die Reihenfolge zunächst der Inhalt des GBuchs maßgebend (s. §§ 44, 45); die Geltendmach. eines anderen als eingetrag. Ranges hat (mangels Nachweises durch rechtskr. Urteil oder Zustimmung des im Rang Vorgehenden) durch Widerspruch zu geschehen.[7]).

---

[6]) Vgl. hiezu Werneburg, Die privatschriftl. verpfänd. Hyp. in der ZwVerst., Jherings J. 30, 58.

[7]) Z. B. wenn trotz eingetrag. Vorrechtseinräumung der zurückgetretene Gl. Vorrang beansprucht, wie es insbes. gegenüber der dem Eigent. zusteh., nicht erschöpften Baugelder-SichHyp. möglich ist (RG. 61, 37; 76, 373; 83, 126; 86, 221; 92, 212; 93, 114).

Infolge Löschung der VorHyp. rückt der Nachmann im Range vor, auch wenn er kein Recht auf Löschung hatte; kein BereichAnspruch gegen den Nachmann, auch nicht bei irrtümlich bewill. Löschung (RG. 69, 245; 73, 174; 88, 278, DJZ. 08, 1282; vgl. § 11 A. 3 A u. über die Anfechtbarkeit der LöschErklärung RG. 88, 278). Über die gelöschten AufwHyp. s. § 44 Anh. 3.

Kein Rangverhältnis besteht zwischen dem der Verst. entgegensteh. Recht (§ 37 Nr. 5) u. den übr. am Erlös Berechtigten; es schließt vielmehr die letzteren, soweit sie ihm gegenüber unwirksam sind (z. B. den persönl. BeschlagnGl.) überhaupt aus (vgl. § 37 A. 2 e ε, § 55 A. 3).

Wie bei Feststell. des g. G. (s. § 44 A. IV ff.) sind auch bei der Aufstellung des TeilPlans die möglichen Rangverschiebungen zu beachten (s. III ff.).

III. Die Rangänderung nach § 880 BGB. (s. § 44 A. V): Die Rechte werden in der durch den Rangtausch sich ergebenden Reihenfolge befriedigt.

In dem zu § 44 A. V a gegeb. Beisp. I erhalten demnach von einem Barerlös zu 110 bei Versteig. für **A**: A 70, B 40; für **B**: B 60, A 30, Schuldner 20; für **C**: C 30, A 70, B 10; im Beisp. II bei Versteig. für **A**: A 30, Schuldner 80; für **B**: B 60, C 50; für **C**: C 30, B 60, C 20.

Im Gleichrang stehende Rechte teilen sich nach dem Verhältnis ihrer Beträge in den auf sie treffenden Erlös. Betreibt also in dem zu § 44 A. V d geg. Beisp. V a der Gl. C das Verf. u. werden 9300 erlöst, so erhält C: 3000 vorweg; 6300 sind unter (2000 des C + 3000 des A =) 5000 u. 4000 des B zu teilen, so daß auf B $^4/_9$ = 2800, auf C u. A zus. $^5/_9$ = 3500 treffen; von letzteren erhält C 2000, A den Rest zu 1500. Vgl. Eckert BZfR. 06, 449.

IV. Der Rangvorbehalt nach § 881 BGB. (s. § 44 A. VI): Hier ist davon auszugehen, daß das Zwischenrecht (b) vom Erlös (e) erst etwas zu erwarten hat, wenn er größer ist als das vorbehaltbelastete Recht (a); andernfalls konkurrieren nur das vorbehaltbelastete (a) u. das vorbehaltene Recht (c) u. zwar so, daß der Erlös zunächst dem letzteren (c), erst der Rest (e—c) dem ersteren (a) zufällt, während das Zwischenrecht (b) ganz ausfällt.

Über die Ähnlichkeit der Rangordnung im Falle des § 20 AufwG. s. § 44 Anh. 3 b; in jenen Fällen erhalten die **C**-Rechte erst etwas, wenn b gedeckt ist; insolange konkurrieren nur die A- u. **B**-Rechte. Vgl. Reinhard, Einfl. S. 123 u. JW. 1923, 262. Über Behandlung der Rangvorbehalte, mit denen mehrere Hyp. belastet sind, vgl. Fuchs JW. 1910, 58, Breit Grundbuchrang S. 153.

Beispiele:

1. Wurde also das Verf. von einem den 3 Rechten vorgehenden Gl. betrieben u. ist a = 1000, b = 400, c = 1000, **e = 1000**, so erhält:

B : e — a = 0 (β)
A : e — c = 0 (α)
C : e = 1000 (γ).

Das gleiche gilt, wenn a = 1000, b = 1000, c = 1000, e = 1000 beträgt.

Ist a = 1000, b = 400, c = 800, **e = 900**, so erhält:

B : e — a = 0 (β)
A : e — c = 100 (α)
C : e — α = 800 (γ).

Ist dagegen der Erlös größer als das vorbehaltbelastete Recht (e > a), so ist der Mehrbetrag (e—a) dem Zwischenrecht (b) zuzuteilen; vom Rest entfällt auf das vorbehaltene Recht (c) der um die auf das Zwischenrecht (b) entfallene Summe gekürzte Betrag des vorbehaltenen Rechtes (c), der übrigbleibende Teil auf das vorbehaltbelastete Recht (a).

Ist also in obigem Fall a = 1000, b = 400, c = 1000, **e = 1300**, so erhält:

B : e — a = 300 (β)
C : c — β = 700 (γ)
A : e — β — γ = 300 (α).

Wird im obigen Fall e > a + b, so kommt die Mehrung zunächst dem vorbehaltbelasteten Recht zugute, bis es ganz gedeckt ist; ist z. B. a = 1000, b = 400, c = 1000, **e = 1500**, so erhält:

B : e — a = 400 (β) statt 500; denn b beträgt nur 400
C : c — β = 600 (γ)
A : e — β — γ = 500 (α).

Ist e = 2100, so trifft auf
B : e — a = 400 (β) statt 500; denn b beträgt nur 400
C : c — β = 600 (γ)
A : e — β — γ = 1100.

Da a aber nur 1000 beträgt, erhält A : 1000 (α) u. C weitere 100, zus. 700 (γ).

2. Wurde das Verf. von einem der 3 Gl. A, B oder C betrieben, so ist bei der Verteilung des Erlöses der Betrag anzurechnen, der gegeb. Falls für sie im g. G. bestehen bleibt.

Betrieb im obigen Beispiel (a = 1000, b = 400, c = 1000) C die Versteig., so bleibt keines der 3 Rechte bestehen; die Verteilung ergibt sich aus der zu § 44 A. VI 1 beigefügten Tabelle (Beisp. VIII); beträgt z. B. der Erlös (e =) 1800 bar, so erhält
B : e — a = 400 (β), statt 800; denn b beträgt nur 400
C : c — β = 600 (γ)
A : e — β — γ : 800 (α).

Betrieb A die Verst. u. betragen die 3 Rechte

a = 1000	Hauptsache	b = 400	Hauptsache	c = 1000	Hauptsache
50	Zinsen	20	Zinsen	40	Zinsen
20	Kosten	10	Kosten	20	Kosten
Sa 1070		Sa 430		Sa. 1060	;

g. G. also (s. § 44 A. VI 1 b) c — b = 630 für C (wovon 60 bar für Zinsen u. Kosten u. 570 bestehenbleibend), der Barerlös 600, also der Wert des Gesamterlöses (e) 600 + 630 = 1230, so erhält hiervon
B : e — a = 1230 — 1070 = . . . 160 (β)
C : c — β = 1060 — 160 = . . . 900 (γ), davon 570 bestehen bleib. u. 60 bar im g. G.
A : e — β — γ = 1230 — 160 — 900 = 170 (α)
Sa. 1230.

Betrieb B die Verst., g. G. also im vor. Beisp. (s. § 44 A. VI 1 c), weil a > c:
C mit c — b = 630 (60 + 570 besteh.bl.) und
A mit a — c = 10 (für Kosten), ferner a — 640 = 430 bar, Sa. 1070 = a,

Barerlös: 600, Wert des Gesamterlöses (e) also 600 + 1070 = 1670, so erhält hiervon
B : e — a = 1670 — 1070 = 600, vermindert auf b = 430 (β)
C : c — β = 1060 — 430 = ... 630 (γ), hiervon 60 bar u. 570 besteh. bleib.
A : e — β — γ = 1670 — 430 — 630 = ... 610 (α).
Sa. 1670

Beträgt der Barerlös im vor. Beispiel 1200, der Wert des Gesamterlöses (e) also 2270, so erhält hiervon
B : e — a = 2270 — 1070 = 1200, vermindert auf b = 430 (β)
C : c — β = 1060 — 430 = 630 (γ), hiervon 60 bar u. 570 besteh. bleib.
A : e — β — γ : 2270 — 430 — 630 = 1210 (α)
Sa. 2270.

Anhang zu § 114.

Die Rangverschiebungen des Aufwertungsrechtes.

1. Die Mehraufwertung des § 6 II AufwG., § 13 AufwNov. (vgl. § 44 Anh. 1).

a) Sie tritt (mit $^2/_5$ des AufwBetrags) nur im Verhältnis zu den in der Zeit vom 14. 2. 24 bis 1. 10. 24 erworbenen (vorgemerkten) Rechten im Rang zurück, während im Verh. zu anderen Rechten der ganze AufwBetrag ($^5/_5$) seinen urspr. Rang behält (relative Rangänderg.). Ist z. Zt. der Verteilung der AufwBetrag noch nicht endgültig festgestellt, so ist nach §§ 119. 120, 125 zu verfahren, s. § 44 Anh. 1c. Bzgl. der Rangordnung vgl. §§ 44 Anh. 1 d.

b) Verteilung beim Vorhandensein von Zwischenrechten (Quassowski S. 116, Mügel S. 476, Reinhard, Einl. S. 55; dagegen Breit, Grundbuchrang S. 41 ff.).

α) Angen. in dem zu § 44 Anh. 1 d γ angegeb. Beisp. betrieb A die Verst., so entfallen von einem

Erlös zu	auf A	B	C
10000	10000	—	—
15000	10000	5000	—
16000	9000	6000	1000
19000	6000	9000	4000
23000	6000	9000	8000
27000	10000	9000	8000

Betrieb B die Versteig., so entfallen von einem

Barerlös zu	unter Bestehenbl. von	auf A	B	C
mindestens 4000	6000 des A	4000	—	—
9000	" " "	4000	5000	—
10000	" " "	3000	6000	1000
13000	" " "	—	9000	4000
17000	" " "	—	9000	8000
21000	" " "	4000	9000	8000

Betrieb C die Versteig., so entfallen von einem

Barerlös zu	unter Bestehenbleiben von	auf A	B	C
1000	6000 des A + 9000 des B	—	—	1000
4000	" " " " " "	—	—	4000
8000	" " " " " "	—	—	8000
12000	" " " " " "	4000	—	8000

β) Verteilung des Erlöses in dem zu § 44 Anh. 1 d δ angegeb. Beispiel:
Wenn A die Versteig. betrieb, so entfallen von einem

Erlös zu	auf: A	B	C
800	800	—	—
1000	810	—	190
1250	600	210	440
5500	600	210	4690
6000	790	210	5000
6300	1000	300	5000

Wenn B die Versteig. betrieb, so entfallen von einem

Barerlös zu	unter Bestehenbleiben	auf: A	B	C
mindestens 400	von 600 des A	210	—	190
650	"	—	210	440
4900	"	—	210	4690
5400	"	190	210	5000
5700	"	400	300	5000

Wenn C die Versteig. betrieb, so entfallen von einem

Barerlös zu	unter Bestehenbleiben	auf: A	B	C
400	von 600 des A und 210 des B	—	—	400
5000		—	—	5000
5300		300	—	5000
5500		400	100	5000

2. Der **Rangvorbehalt** des § 7 AufwG., §§ 11, 12 AufwNov. (vgl. § 44 Anh. 2).

Ist der Rangvorbehalt vom Eigentümer (in einer dem BeschlgnGl. gegenüber wirksamen Weise) ausgenützt (§ 7 Abs. 1) oder sind wertbeständige Rechte in die dem Eigentümer vorbehaltene Rangstelle eingerückt (§ 7 Abs. 4), so richtet sich die Verteilung nach der hierdurch geschaffenen Rangordnung, wobei nur zu beachten ist, daß von dieser Rangänderung Rechte, die nach dem 14. 7. 25 eingetragen sind, nicht berührt werden (relative Rangwirkung).

a) In dem zu § 44 Anh. 2 e α gegeb. Beisp. bietet die Verteilung keine Besonderheiten.

b) Betrieb in dem zu § 44 Anh. 2 e β gegeb. Beisp. der Gl. A die Versteig., so entfallen von einem

Erlös zu	auf A	B	C	D
14 000	10 000	—	4000	—
16 000	10 000	1000	5000	—
18 000	10 000	2500	5500	—
20 000	10 000	2500	6500	1000
22 000	10 000	2500	6500	3000

Betrieb B die Versteig., so entfallen von einem

Barerlös zu	unter Bestehenbleiben	auf A	B	C	D
1000	von 10 000 des A	—	1000	—	—
3000	u. 5000 des C	—	2500	500	—
5000	„	—	2500	1500	1000
7000	„	—	2500	1500	3000

Betrieb C die Versteig., so entfallen von einem

Barerlös zu	unter Bestehenbleiben	auf A	B	C	D
4 000	von 10 000 des A	—	—	4000	—
6 000		—	1000	5000	—
8 000	„	—	2500	5500	—
10 000	„	—	2500	6500	1000
12 000	„	—	2500	6500	3000

Betrieb D die Versteig., so entfallen von einem

Barerlös zu	unter Bestehenbleiben	auf A	B	C	D
500	von 10 000 des A,	—	—	500	—
2500	5000 des C u. 2500	—	—	1500	1000
4500	des B	—	—	1500	3000.

c) Betrieb in dem zu § 44 Anh. 2 e γ gegeb. Beisp. A die Versteig., so entfallen von einem

Erlös zu	auf A	B	C	D	E
14 000	6 000	—	8000	—	—
15 000	6 000	—	9000	—	—
20 000	10 000	—	9000	—	1000
22 000	10 000	2000	9000	—	1000
24 000	10 000	2500	9000	1500	1000

Entsprechendes gilt für die Verteilung, wenn die übr. Gl. das Verf. betreiben.

3. Wieder eingetrag. AufwHyp. (§§ 20, 21 AufwG., § 14 AufwNov.). Vgl. § 44 Anh. 3 Die Verteilung des Erlöses bietet nur dann Schwierigkeiten, wenn vor Wiedereintragung der gelöschten AufwHyp. (a) bzw. vor Wiedereintragung des früh. Gl. u. einem nach der Löschung gutgläubig erworbenen neuen Hyp. (c) ein Zwischenrecht (b) eingetragen worden war. In diesen Fällen erfolgt die Verteilung nach den zu § 44 Anh. 3 b gegeb. Regeln, deren Anwendung die dort angefügte Tabelle zeigt.

4. Zusammentreffen mehrerer Rangverschiebungen nach dem AufwG. (vgl. § 44 Anh. 4).

a) § 6 Abs 2 mit § 7 Abs. 1, 4 AufwG.

α) In dem zu § 44 Anh. 4 a α gegeb. Beisp. entfallen bei der Verteilung, wenn A die Versteig. betrieb, von einem

Erlös zu	auf A	B	C	Eigent.
8 000	6 000	—	2000	—
16 000	8 000	—	8000	—
21 000	10 000	1000	8000	2000

Entspr. gilt, wenn die anderen Gl. das Verf. betreiben u. die vorgeh. Rechte bestehen bleiben.

β) In dem zu § 44 Anh. 4 a β gegeb. Beisp. entfallen bei der Verteilung, wenn A die Verst. betrieb, von einem

Erlös zu	auf A	B	C
21 000	6 000	1000	14 000
23 000	6 500	2500	14 000
27 000	10 000	2500	14 500

Entspr. gilt, wenn die anderen Gl. das Verf. betreiben u. die vorgeh. Rechte bestehen bleiben.

γ) In dem zu § 44 Anh. 4 a γ gegeb. Beisp. entfallen bei der Verteilung, wenn A die Versteig. betrieb, von einem

Erlös zu	auf A	B	C	D	E
7 000	6 000	—	—	1000	—
16 000	6 000	—	—	9000	1000
21 000	6 000	1000	—	9000	5000
23 000	7 000	1500	—	9000	5500
26 000	7 000	1500	1000	9000	7500
28 000	8 000	1500	2000	9000	7500
31 200	10 000	2500	2000	9000	7700

Entspr. gilt, wenn die anderen Gl. das Verf. betreiben u. die vorgeh. Rechte bestehen bleiben.

δ) In dem zu § 44 Anh. 4 a δ gegeb. Beisp. entfallen bei der Verteilung, wenn A die Versteig. betrieb, von einem

Erlös zu	auf A	B	C	D	E
7 000	6000	—	—	1000	—
11 000	6000	—	—	5000	—
16 000	6000	—	—	9000	1000
19 000	6000	—	—	9000	4000
21 000	6000	1000	—	9000	5000;

im übr. nach der im Beisp. genannten Reihenfolge.

War D betreib. Gl., so entfallen von einem

Erlös zu	unter Bestehenbleiben	auf A	B	C	D	E
4 000	von 6000 des A	—	—	—	4000	—
5 000		—	—	—	5000	—
10 000		—	—	—	9000	1000
13 000		—	—	—	9000	4000
15 000		—	1000	—	9000	5000;

im übr. nach der im Beisp. genannten Reihenfolge.

b) § 6 Abs. 2 mit §§ 7 u. 20 AufwG.

α) In dem zu § 44 Anh. 4 b α gegeb. Beisp. entfallen (unter Anwendung der zu § 44 Anh. 3 b, c gegeb. Regeln) bei der Verteilung, wenn D die Versteig. betrieb, von einem

Erlös zu	auf A	B	C	D	E
9 100	—	5000	—	3600	500
10 600	1500	5000	—	3600	500
11 500	1500	5000	—	3600	1400
13 100	1400	5000	100	3600	3000
14 500	—	5000	1500	3600	4400
16 100	—	5000	1500	3600	6000
16 200	100	5000	1500	3600	6000

Wenn A die Versteig. betrieb, entfallen von einem

Barerlös zu	unter Bestehenbleiben	auf A	B	C	D	E
1500	von B, D u. 500	1500	—	—	—	—
4000	des E	1400	—	100	—	2500
5400		—	—	1500	—	3900
7000		—	—	1500	—	5500
9000		2000	—	1500	—	5500

Entspr. gilt, wenn die anderen Gl. das Verf. betrieben.

β) In dem zu § 44 Anh. 4 b β gegeb. Beisp. entfallen (unter Anwendung der zu § 44 Anh. 3 b c aufgestellten Regeln) bei der Verteilung, wenn D die Versteig. betrieb, von einem

Erlös zu	auf A	B	C	D	E
15 000	1 000	—	—	9000	5000
16 500	2 500	—	—	9000	5000
17 000	2 500	—	—	9000	5500
19 000	2 500	—	—	9000	7500
20 000	3 500	—	—	9000	7500
21 000	3 500	1000	—	9000	7500
22 500	3 500	2500	—	9000	7500
26 000	6 000	2500	1000	9000	7500
28 000	6 000	2500	3000	9000	7500
30 000	7 500	2500	3000	9000	8000
32 500	10 000	2500	3000	9000	8000

Hatte B die Versteig. betrieben, so entfallen von einem

Barerlös zu	unter Bestehenbleiben von D u. 5000 des E	auf A	B	C	D	E
6000		3500	—	—	—	2500
7000		3500	1000	—	—	2500

usw., wie oben nach 21 000 Erlös.

c) § 7 Abs. 1, 4 mit §§ 20, 23 AufwG.

In dem zu § 44 Anh. 4 c gegeb. Beisp. entfallen (unter Anwendung der zu § 44 Anh. 3 b, c aufgestellten Regeln) bei der Verteilung, wenn A die Versteig. betrieb, von einem

Erlös zu	auf A	B	C
1500	1500	—	—
2500	2000	—	500
3100	2000	—	1100
4000	2000	—	2000
4100	2000	100	2000
5000	2000	1000	2000
5100	1900	1100	2100
6000	1000	2000	3000
7000	1000	3000	3000
8000	2000	3000	3000
9000	2000	3000	4000

d) §§ 7 Abs. 4, 21 AufwG.

α) In dem zu § 44 Anh. 3 d gegeb. Beisp. entfallen bei der Verteilung, wenn D die Versteig. betrieb, von einem

Erlös zu	auf A	B	C	D	N
500	112,5	350	—	37,5	—
1000	612,5	350	—	37,5	—
1500	962,5	350	—	37,5	150
2500	962,5	350	187,5	37,5	962,5

β) In dem zu § 44 Anh. 4 d gegeb. Beisp. entfallen bei der Verteilung, wenn D die Versteig. betrieb, von einem

Erlös zu	auf A	B	C	D
400	—	325	37,5	37,5
1400	—	350	1012,5	37,5
3400	12,5	350	3000	37,5

e) §§ 6 Abs. 2, 7, 21 AufwG.

In dem zu § 44 Anh. 4 e gegeb. Beisp. entfallen bei der Verteilung, wenn D die Versteig. betrieb, von einem

Erlös zu	auf A	B	C	D	E
500	—	350	112,5	37,5	—
3000	—	350	2612,5	37,5	—
3300	—	210 87,5 }	2912,5	22,5	67,5
3400	—	297,5	2912,5	22,5	167,5
5300	—	210 67,5 }	3000	22,5	2000
5400	12,5	350	3000	37,5	2000

Hat C die Versteig. betrieben, so entfallen von einem

Barerlös zu	unter Bestehenbleiben	auf A	B	C	D	E
500	von 22,5 für D	—	350	112,5	15	—
3000	"	—	350	2612,5	15	—
3300	"	—	210 } 87,5 }	2912,5	—	67,5
3400	"	—	297,5	2912,5	—	167,5
5300	"	—	277,5	3000	—	2000
5400	"	12,5	350	3000	15	2000.

§ 115.

Über den Teilungsplan wird sofort verhandelt. Auf die Verhandlung sowie auf die Erledigung erhobener Widersprüche und die Ausführung des Planes finden die §§ 876 bis 882 der Zivilprozeßordnung entsprechende Anwendung.

Ist ein vor dem Termin angemeldeter Anspruch nicht nach dem Antrag in den Plan aufgenommen, so gilt die Anmeldung als Widerspruch gegen den Plan.

Der Widerspruch des Schuldners gegen einen vollstreckbaren Anspruch wird nach den §§ 767, 769, 770 der Zivilprozeßordnung erledigt.

Soweit der Schuldner durch Sicherheitsleistung oder Hinterlegung die Befriedigung eines solchen Anspruchs abwenden darf, unterbleibt die Ausführung des Planes, wenn die Sicherheit geleistet oder die Hinterlegung erfolgt ist.

E. I § 157; Begr. 288, 289; D. 58; KBer. —.

Verhandlung über den Plan; Widerspruch.

1. Gegenstand u. allg. Verlauf der Verhandlungen über den TeilPlan. Da dessen Aufstellung nach § 113 schon unter Anhörung der Beteiligten erfolgt, so ist unter der Verhandlung im S. des § 115 die Erörterung der förml. Widersprüche gegen den (festgestellten u. bekanntgegeb.) Plan zu verstehen (§§ 876 ff. ZPO.) Im Falle eines W. sind zunächst die hieran Beteiligten, d. h. diej., deren Rechte beeinträchtigt würden, falls der W. berechtigt erschiene, zur Erklärung über diesen aufzufordern. Wird eine Erklärung über den W. nicht abgegeben (ist insbes. der Beteiligte abwesend, § 877 Abs. 2 ZPO.), so gilt der W. nicht als begründet anerkannt, in welchem Falle der Widersprechende Klage zu erheben hat.

Mangels Widerspruches wird sofort zur Planausführung (§§ 117, 118) geschritten, vorbehaltl. § 116. Wird aber der erhob. W. von dem dadurch betroff. Beteiligten anerkannt (ganz oder teilweise), oder eine anderweitige Einigung (wozu Prozeßvollmacht genügt, vgl. SeuffA. 63, 376) erzielt, so ist der Plan entsprechend (durch einen Nachtrag) zu berichtigen u. insoweit als dadurch der W. erledigt erscheint, gemäß §§ 117 ff. zur Ausführung zu bringen (§ 876 ZPO.). Die Erledigung des W. (durch Zurücknahme oder Einigung) erfolgt häufig nach dem VerteilTermin, ohne daß es zu einer Entsch. des ProzeßG. kommt; ob sich der Notar (VollstrRichter) diesfalls mit privatschriftl. Erklärungen begnügen kann oder öffentl. Beglaubigung fordern soll, ist seinem

Ermessen überlassen (§ 84 Abs. 2 ist nicht anwendbar; ebenso Jaeckel-Güthe A. 12, abw. v. d. Pfordten 340; vgl. § 416 ZPO.).

2. Widerspruch.

a) Ziel. Der W. richtet sich im Gegensatz zur Erinnerung nach § 13 Abs. 2 EG. u. nachfolg. Beschwerde (s. § 113 A. 3a u. unten A. 8) gegen die sachliche Unrichtigkeit des TeilPlans (Schuldenmasse), bestreitet dessen Richtigkeit aus Gründen des materiellen Rechts u. bezweckt, aus diesen Gründen eine anderweitige Verteilung des VersteigErlöses (SeuffA. 72, 272). Kein W. ist daher das Bestreiten der Zugehörigkeit eines Gegenstandes (Erlösteils) zur Teilungsmasse; dieses Aussonderungsrecht (§ 37 Nr. 5) ist im Wege der gewöhnl. Klage (in der Regel nach §§ 771, 769 ZPO.) geltend zu machen (RG. 51, 318; vgl. BayObLG. 7, 93; § 55 A. 3, § 107 A. 3, § 156 Fußn. 1); ist aber die Teilungsmasse vorschriftswidrig festgestellt, so ist Erinnerung u. dann sof. Beschwerde zulässig (s. §§ 107 A. 3, 113 A. 3a).

Der W. muß sich gegen einen bestimmten Anspruch, oder das dafür geltend gemachte Vor- oder Realrecht (Bestand, Höhe, Rang oder Befriedig. aus der VersteigMasse) richten (RG. 51, 320); ein W. gegen den Plan „überhaupt" bleibt unberücksichtigt, weil darüber nicht verhandelt werden kann (§ 876 ZPO., Jaeckel-Güthe A. 7, Reinhard-Müller A. 2f; OLG. 16, 341); wer nur eine andere Art der Berücksichtigung seines eigenen Rechtes verlangt (Barzahlung statt Bestehenbleiben oder umgekehrt), muß Erinnerung u. Beschwerde einlegen (s. § 113 A. 3a).

Der W. kann sich auch gegen ein auf Grund der VersteigBeding. bestehenbleib. Recht wenden; dieser W. erstrebt aber nicht eine andere Verteilung der vorhand. Masse, sondern deren Vermehrung durch Feststellung einer Zuzahlungspflicht (§§ 50, 51); er fällt also nicht unter § 115; wird diesem W. stattgegeben, so ist nach § 125 Abs. 1, 2 zu verfahren, andernfalls muß der Widersprechende Erinnerung (§ 13 Abs. 2 EG.) u. sof. Beschwerde gg. den Plan einlegen (vgl. §§ 107 A. 3, 125 A. 1b, RG. 51, 320, Reinhard-Müller A. 4). Unter § 115 fällt dagegen der W. gg. ein Recht, das nur vereinbarungsgemäß bestehen bleiben soll (§ 91 Abs. 2, OLG. 6, 98). Über den W. gg. einen öffentl. rechtl. Anspruch (§ 10 Nr. 3) s. unten 7a.

b) Eigenes Interesse. Der W. kann dagegen nicht die Aktivlegitimation allein bestreiten, wenn das Recht als solches von dem Widersprech. anerkannt wird oder werden muß; es ist also ein rechtl. Interesse an der Änderung des Plans Voraussetzung. Es fehlt, wenn das bestrittene Recht auch bei begründ. W. nicht dem Widersprech., sondern einem anderen, z. B. dem Eigent. oder einem vorgeh. Dritten, zufallen würde[1]). Anders dagegen, wenn der Widersprech. auch das Recht des Eigent. bestreitet u. daher den völligen Wegfall des Rechtes behauptet (z. B. auf Grund Nichtigkeit der Hyp. oder Lösch.-Vormerkung; RG. 63, 157; 73, 52).

Andrerseits hindert aber das Vorhandensein von Zwischenberechtigten nicht den W. (anders BereichKlage, s. unten), wenn ZwBerechtigte zwar ihr besseres Recht auf den bestritt. Erlösteil vor dem Widersprech. hätten geltend

[1]) RG. 15, 221; 55, 217, 260; 62, 171; 71, 426; 78, 63; 104, 75, JW. 1910, 1010; 1911, 953, SeuffA. 61, 254; 70, 329, OLG. 14, 205; 15, 288, Recht 1916 Nr. 340; 1919 Nr. 509, GruchBeitr. 52, 1072; 58, 461. Der Hauptfall des früh. Rechts (Nichtbestehen der HypFord.) ist infolge der Bestimmungen über die Eigentümerhyp. ausgeschaltet.

machen können, aber keinen W. erhoben haben (JW. 1911, 954, Recht 08 Nr. 1053, RG. 99, 203; s. auch A. 6, 8); dies gilt auch, wenn ein W. gegen den eigenen Anspruch notwendig gewesen wäre (OLG. 6, 441).

Über das Interesse des VollstrSch. am W. s. 3b.

Ein bloßer BereichAnspruch kann mittels W. nicht verfolgt werden; ersterer kann nur außerh. des VerteilVerf. geltend gemacht werden (RG. 59, 276; s. aber 3a!); wohl aber kann bei gleichem Gerichtsstand die BereichKlage mit der Widerspruchsklage verbunden werden, s. A. 7d. Der BereichKlage stehen die Zwischenberechtigten im Wege, wenn und soweit diese vor dem Kläger Deckung aus dem Erlös hätten beanspruchen können, aber ausgefallen sind (RG. 42, 245, Recht 1921 Nr. 740, Reinhard-Müller A. 10).

3a. Widerspruchsberechtigt ist jeder Beteiligte (§ 9, auch Rechtsnachfolger, PfandGl., Nießbraucher des Rechtes eines Beteiligten)[2]), der ein Recht auf Befriedig. aus dem Erlöse hat, aber durch einen anderen verdrängt wird (RG. 71, 426; nicht Mieter, Pächter, Bürge). Der W. kann zwar auch auf ein persönl. Recht[3]) gegründet werden; es muß aber geeignet sein, die Geltendmachung des dingl. Rechts eines anderen zu beschränken oder auszuschließen, d. h. diesen anderen zu verpflichten, sein dingl. Recht zugunsten des Widersprechenden aufzugeben bzw. diesem den hierauftreffenden Erlösteil zu überlassen (z. B. auf Grund AbtretVertrags, RG. 65, 62, PfandentlassVerpfl., RG. 101, 117); aber auch in diesem Falle ist Erfordernis, daß dem Widersprech. außerdem ein Recht auf Befriedig. aus dem Erlöse zusteht, das durch die Zuteilung an den Gegner beeinträchtigt wird; denn die persönl. Verpflichtung eines Beteiligten auf Überlassung seines dingl. Rechtes an einen anderen gewährt allein diesem noch keinen Anspruch auf den Erlös (JW. 02, 170; 06,

---

[2]) Soweit der Eigent. selbst Hyp-(Grundschuld-)Gl. ist, kann auch der Gl., der z. Z. des VerteilTermins bereits die Eigentümerhyp. bzw. den hierauf entfall. Teil des VersteigErlöses (s. § 107 A. 4, 5) gepfändet hat, W. erheben (RG. 62, 171; 65, 66, ZBlFG. 4, 628); ebenso derj., der den Anspruch eines Beteiligten auf den Erlös (auch des Eigentümers auf den Überschuß) gepfändet hat (Jaeckel-Güthe A. 5, ZBlFG. 4, 628, SeuffA. 59, 120, Recht 1915 Nr. 2408; abw. SeuffA. 63, 484, 486).

Dagegen ist ein Streit unter mehreren Pfandgläubigern hinsichtl. der näml. Ford. nicht im Wege des W. zu verfolgen; denn nicht ihnen, sondern dem Pfandschuldner als beteiligten Realberechtigten ist die Ford. gegen den Ersteher zuzuteilen (§ 109 A. 3, auch bei Überweisung z. Einziehung). Die Pfandrechte sind erst bei Ausführ. des Plans in der Weise zu berücksichtigen, daß der auf den Pfandsch. treff. Betrag, wenn er nicht für alle ausreicht, hinterlegt, allenfalls als SichHyp., belastet mit den Pfandrechten (§ 128), eingetragen wird; der Streit über die Rangordnung der Pfandrechte ist im Prozeß auszutragen; es kann deshalb auch nichts über das Rangverhältnis der Pfandrechte im GBuch verlautbart werden (§§ 853, 856, 872 ZPO.; vgl. SeuffA. 63, 484, BlfRA. 73, 27; 76, 157, ZBlFG. 12, 404; 13, 734; a. M. BayObLG. 17 A 7, das einen VerteilStreit zwischen 2 PfändPfandGl. zuläßt).

Entspr. ist bei einem hinsichtl. eines dingl. Rechtes eingetrag., mit Pfandrechten zusammentreff. VeräußVerbot zu verfahren (SeuffA. 67, 385).

[3]) Solche persönl. Rechtsbeziehungen können nicht nur durch Vertrag, sondern z. B. auch durch arglistiges Verhalten des vorgeh. Gl. geschaffen werden (JW. 02, 170, LZ. 1918, 326 = ZBlFG. 19, 107); der W. kann auch auf die Behaupt. gestützt werden, die bestritt. Ford. unterliege der Anfechtung (RG. 52, 337, vgl. 86, 99, LZ. 07, 667); über Rückgewähr anfechtb. Hyp. (Einwilligung in die Auszahlung des VersteigErlöses, soweit er auf die angefocht. Hyp. entfällt, ev. auf Wertersatz) s. JW. 1928, 1346, auch Meikel BBfR. 1913, 285. Die persönl. Verpflichtung eines HypGl. zur Überlassung des Erlöses an einen Nachmann kann der letztere aber nicht auch dem Pfänd.- u. ÜberweisGl. entgegenhalten (Recht 1916 Nr. 579).

29; 1911, 160; RG. 52, 337; 64, 314; 65, 64; 71, 426; GruchBeitr. 55, 675; 60, 346, ZBlFG. 17, 25, Recht 1911 Nr. 613; 1916 Nr. 342). Kein W. eines Gl. weg. Verjährung eines vorgehenden Anspr. (Stillschweig JW. 1921, 1341 u. E.).

b) Der **VollstrSchuldner** ist an der Zuteilung des VersteigErlöses nicht nur dann interessiert u. zum W. berechtigt, wenn er einen Erlösteil für sich beansprucht (Eigentümerhyp., Überschuß); vielmehr ist er auch berechtigt, zu verlangen, daß nur bestimmte Berechtigte zum Zuge kommen; er kann daher gegen eine nichtige Hyp. auch W. erheben, wenn dieser nur den nachfolgenden Gl. zugute käme (Jaeckel-Güthe A. 2 u. 11c, sowie § 124 A. 1, RG. 63, 157; 73, 50, Recht 1912 Nr. 3205, JW. 1929, 248); im letzteren Fall ist der bestrittene Betrag demj. bedingt zuzuteilen (§ 124), zu dessen Gunsten der Sch. W. erhebt; der Sch., wie der bedingt Berechtigte, können hier den W. durch Klage verfolgen.

Der W. des VollstrSch. gegen einen nicht vollstreckb. Anspruch (auch gegen eine Hyp., die kraft Vereinbarung mit dem Ersteher bestehen bleibt; OLG. 6, 98, Recht 03, 160) wird ebenso behandelt, wie der eines anderen Beteiligten (§ 124), d. h. er hindert die sof. Ausführung des Plans (s. A. 6); sein W. gegen einen (wenn auch nur vorläufig) vollstreckb. Anspruch (z. B. des betreib. Gl.) wird jedoch nur beachtet, wenn er gemäß §§ 767 ff., 794 ff. ZPO. Klage beim ProzeßG. erhoben (bzw. fortgesetzt) u. die einstw. Einstellung der Vollstr. bezügl. dieses Anspruchs nach §§ 769 Abs. 1, 719, 767 ZPO. erwirkt hat, oder wenn er (im Verf. vor dem VollstrG.) solche nach § 769 Abs. 2 ZPO. vom VollstrG. erwirken kann. Ist dem Sch. im VollstrTitel nachgelassen, die Vollstr. durch SicherhLeistung oder Hinterlegung abzuwenden (§ 713 Abs. 2 ZPO.) und ist SicherhLeistung oder Hinterlegung nachgewiesen (abw. von § 720 ZPO.), so ist sein W., wie jeder andere zu beachten (Abs. 4). Das gleiche gilt, d. h. Abs. 3 trifft nicht zu, wenn er nur den Rang des vollstreckb. Anspruchs bestreitet (Jaeckel-Güthe A. 3).

Ist der VollstrSch. im Konkurs, so ist der KVerwalter widerspr.berechtigt, wenn er nicht das G. aus der KMasse freigegeben hat[4]).

c) Der im Laufe des Verf. eingetretene **neue Eigentümer** ist widerspr.-berechtigt, wenn er beteiligt ist (§ 9 Nr. 2); richtet sich der VollstrTitel auch gegen ihn, so ist sein W. wie der des Sch. zu behandeln (Jaeckel-Güthe A. 4, Reinhard-Müller A. 3d).

d) Der **Ersteher** oder Dritte u. Meistbiet. des § 82 (wenn sie nicht gleichzeitig Gl. sind) haben kein Interesse an der Verteilung u. sind deshalb nicht widerspr.berechtigt[5]). Eine etwaige Gegenforderung des Erstehers, mit der er die Aufrechnung erklären könnte (s. § 117 A. 3), berechtigt nicht zum W. Dieser ist das gerade Gegenteil der AufrechnErklärung, die nicht wie der W. bezweckt, an die Stelle des Rechtes des anderen das eigene zu setzen (vgl. SeuffA. 67, 211); ein

---

[4]) Vgl. JW. 01, 287. Der KVerwalter kann eine EigentGrundschuld auch dann geltend machen, wenn sie nach KEröffnung entstanden ist (BBfR. 05, 457); er ist dagegen an ein Übereinkommen des GSch. wegen Überlassung der EigentGrundschuld gebunden, wenn die KEröffnung erst nach dem VerteilTermin erfolgte (RG. 65, 62, DJZ. 1912, 1530).

[5]) Jaeckel-Güthe A. 6, Reinhard-Müller A. 2d, Wolff A. 1a, RG. 71, 424, OLG. 5, 210, ZBlFG. 11, 550, SeuffA. 67, 211, LZ. 1915, 585. Der Ersteher kann aber einem gegenüber einem formell unrichtigen Plan ein Recht zur Erinnerung u. Beschwerde haben (§ 113 Fußn. 2).

solches eigenes Recht am Erlös hat der Ersteher nicht. Die Frage der Aufrechnung ist daher außerhalb des Vollstr.-Verf. auszutragen.

4. Form des W. Die Erhebung des W. ist an keine Form gebunden (der Ausdruck „Widerspruch" ist nicht wesentlich, OLG. 16, 341), bedarf keiner Begründung (Recht 08, 21; 09 Nr. 2021, ZBlFG. 19, 107, OLG. 27, 217), auch keiner Glaubhaftmachung des WidersprRechtes (außer wenn sie, wie im Fall des § 37 Nr. 5 Vorauss. der Beteiligung ist, Jaeckel-Güthe A. 5) u. ist bis zur Planausführung möglich. Ein späterer W. ist für das VerteilVerf. bedeutungslos (s. A. 6, 9). Die Erhebung kann auch, wie in der Fahrniserlösverteilung nach § 877 Abs. 1 ZPO., vor dem Termin erfolgen (Jaeckel-Güthe A. 7, Reinhard-Müller A. 2 b).

Als Widerspruch gilt auch die Anmeldung vor dem Termin (auch wenn von § 106 kein Gebrauch gemacht wurde), falls der Anspruch nicht, wie angemeldet, in den Plan aufgenommen wurde[6]). Auch wenn bereits Klage über das Recht anhängig ist, muß förml. W. erfolgen, wenn die Planausführung beeinflußt werden soll (vgl. A. 6).

5. Entscheidung über den W. Der Notar (Vollstr.-, BeschwG.) hat nur die Zulässigkeit des W. zu prüfen (s. A. 2—4). Er darf den W. nicht einfach unberücksichtigt lassen; abgesehen von der Notwendigkeit der Ergänzung im Beschwerdeweg würde dadurch der Lauf der Frist für die Widerspruchsklage verhindert (BZfR. 06, 440). Ein unzulässiger W. (z. B. weg. Mangels der Beteiligung) ist vielmehr ausdrücklich zurückzuweisen.

6. Wirkung des zulässigen Widerspruchs. Er hat entweder die Berichtigung des Plans zur Folge, wenn der W. von den hieran Beteiligten als begründet anerkannt, bzw. eine anderweitige Einigung der Beteiligten zustande kommt (§ 876 ZPO.), oder die Aussetzung seiner (endgültigen) Ausführung, soweit der Plan von dem W. betroffen wird; letzteres besonders, wenn nicht alle am W. Beteiligten anwesend sind. Der streitige Teil des Bargebots wird dann hinterlegt, soweit er gezahlt ist; soweit letzteres nicht der Fall ist, erfolgt bedingte Übertragung der Ford. gegen den Ersteher auf den Berechtigten und Widersprechenden, bei W. gegen bestehenbleib. Rechte gegebenenfalls nur auf den Widersprech. (§§ 120, 124 Abs. 2, 125), u. Eintrag. einer bedingten SichHyp. in das GBuch (§ 128).

Die bedingte Zuteilung (insbes. auch die Person des Eventualberechtigten)[7]) ist nach § 124 Abs. 1 im Plane festzustellen.

7. Widerspruchsklage. Darüber, ob der W. sachlich begründet ist, entscheidet das ProzeßG.

[6]) Die Anmeldung muß also erkennen lassen, daß für den Anspruch unter allen Umständen u. in welcher Höhe Befriedig. aus dem Erlöse verlangt wird; sie ist nicht als W. (meist gegen den zuletzt zum Zuge Gekommenen) aufzufassen, wenn nur für den Fall angemeldet wird, daß der Erlös auch ausreicht (Reinhard-Müller A. 2 b); um unnütze Weiterungen zu vermeiden, wird der Anmeldende zweckmäßig zur Aufklärung über den Sinn seiner Anmeldung veranlaßt werden müssen (vgl. BZfR. 07, 126). Betrifft die Anmeldung einen Anspruch, der überhaupt im Verf. nicht geltend gemacht werden kann (§ 114 A. I, 2), so kann ihr auch die Eigenschaft eines W. nicht zukommen; der Berechtigte ist diesfalls auf Erinnerung u. Beschwerde beschränkt, wenn er seine Zurückweisung für unzulässig hält (vgl. oben A. 8). Anders, wenn sich der persönliche Anspruch auf ein dingl. Recht bezieht.

[7]) Die Zuteilung erfolgt in erster Linie an den, dessen Berechtigung nach Sachlage am begründetsten erscheint; der andere ist auf den W. zu verweisen u. durch die Hilfsverteilung sicherzustellen (Reinhard-Müller A. 2 h).

a) Ausschließlich zuständig ist das in § 879 bzw. § 767 ZPO. (mit § 2 ZVG.) bez. Gericht (anders bei der Klage außerh. des VerteilVerf. s. § 113 A. 3 b).

Einwendungen gg. einen öffentl.-rechtl. Anspruch sind zwar, soweit es sich um Bestand u. Höhe (im Gegensatz zur rechtswirksamen Veranlagung, Vorrecht u. a.) handelt, bei der zuständ. VerwBehörde zu verfolgen. Wird aber W. gg. den Plan hierwegen erhoben, so ist auch hier Klage[7a]) beim ProzeßG. zu erheben, dem es überlassen bleibt, nötigenfalls den Rechtsstreit nach § 148 ZPO. auszusetzen (Jaeckel-Güthe A. 14 b, Reinhard-Müller A. 9 b).

Der Widersprechende (Anmeldende im Falle des § 115 Abs. 2) hat die Klageerhebung innerh. eines Monats ab VerteilTermin nachzuweisen. Für die Berechnung der Frist gelten die §§ 187 Abs. 1, 188 BGB.; sie kann durch Vereinbarung der Parteien verlängert oder verkürzt werden (RG. 99, 205), ihr Lauf wird durch die Gerichtsferien nicht gehemmt (§§ 222—224 ZPO., § 202 GVG.). Über die Frist zur Klageerhebung im Falle des § 135 s. §§ 137 Abs. 2, 139 Abs. 2. Hat der Notar (VollstrR.) den W. nicht beachtet u. die Hilfsverteilung nach § 124 unterlassen, so kann die Frist erst durch Wiederholung des Verf. d. h. durch Herbeiführung der Ergänzung des TeilPlans, nötigenfalls im Beschwerdewege, in Lauf gesetzt werden (BZfR. 06, 440); das ProzeßG. kann die Nachholung auch im Wege des § 880 ZPO. anordnen (Recht 09 Nr. 1042).

b) Kläger ist der Widersprechende, Beklagte sind diej. Beteiligten[8]), die ein Interesse an der Aufrechterhaltung des Plans haben; die Parteien können aber auch vereinbaren, daß der Prozeß in umgekehrten Parteirollen geführt werden soll; an der Beweislast wird hierdurch nichts geändert, ebensowenig an dem ausschließl. Gerichtsstand (RG. 52, 336, JW. 1911, 334, OLG. 11, 120; 13, 215, SeuffA. 67, 340; Jaeckel-Güthe A. 13 a, Reinhard-Müller A. 8 b). Im Verteil.-Verf. ist eine solche Vereinbarung nur dann zu beachten, wenn sie innerh. Monatsfrist nachgewiesen wird. Über die Parteien beim W. gg. die außeramtl. Verteilung s. § 144 A. 7.

Der Nachweis der Klagerhebung ist durch Vorlage der Urschrift der Klage mit Zustell-Urkunden[9]) zu erbringen. Der Klageantrag (nicht auch die Begründung, OLG. 31, 127, GruchBeitr. 60, 345) muß sich mit dem W. decken; soweit dies nicht der Fall ist, gilt der W. mit Fristablauf als für das Verteil.-Verf. erledigt u. zurückgenommen, weshalb insoweit die endgültige Planausführung zu erfolgen hat. Soweit aber der rechtzeitige Nachweis der Klageerhebung geliefert ist, bleibt das weitere Verf. einfach ausgesetzt (Jaeckel-Güthe A. 13 c, 17; vgl. Recht 07 Nr. 1728, OLG. 15, 288).

c) Wird die Frist[10]) für den Nachweis der Klageerhebung versäumt

---

[7a]) Vgl. RG. 56, 396; 116, 368, ZBlFG. 8, 401, Recht 1911 Nr. 3122; BayObLG. a. F. 7, 612; 15, 527; auch §§ 227, 345 Abs. 4 RAbgO., § 48 BeitrO., Art. 7, 8 BayAG. ZPO. mit Art. 39 VollzG. z. FinAGes. v. 28. 4. 24 (GVBl. 156) u. § 44 AusfAnw. v. 5. 4. 22 (GVBl. 225); §§ 31 ff. AusfVO. v. 14. 11. 23 z. RentBVO. (RGBl. I 1092); §§ 11 ff. DurchfVO. v. 28. 4. 24 (II 421), 5. 12. 25 (II 1156) z. IndBelGes. (Reinhard Einl. S. 256, Wünschmann JW. 1924, 122).

[8]) Ist eine im gesetzl. Güterstande lebende Ehefrau Beklagte, so ist die Klage auch gegen den Mann zu richten (OLG. 16, 314).

[9]) Ob die Klage dem Prozeßbevollm. (z. B. dem RA., der die Vollstr. betrieben hat), zugestellt werden kann oder muß, ist bestr. (Stein-Jonas § 178 Fußn. 5, SeuffA. A. 39, 277).

[10]) Kann die Frist bei öffentl. Zustellung der Klage nicht eingehalten werden, so wird eine einstweil. Verfügung nach § 940 ZPO. zu erwirken sein (ZPO. 47, 194).

(was auch der Fall ist, wenn die Klage innerh. der Frist nicht beim zuständ. Gericht, § 879 ZPO., oder nicht formgerecht erhoben ist, § 253 ZPO., OLG. 14, 186), so wird der Plan ohne Rücksicht auf den erhob. W. weiter nach §§ 117 ff. ausgeführt (§ 878 Abs. 1 Satz 1 ZPO.), der hinterlegte Betrag an den Erstberechtigten ausbezahlt bzw. im Falle der Nichtzahlung, da die Fordübertragung nunmehr unbedingt geworden ist, die Eintrag. im GBuch nach § 128 auf den unbedingt Berechtigten berichtigt (§ 124); die endgültige Planausführ. kann diesfalls auch durch Erinnerung nach § 13 Abs. 2 EG. u. Beschwerde nicht aufgehalten werden (OLG. 8, 9, RG. 99, 207; vgl. JW. 1914, 298).

Ebenso ist zu verfahren, wenn sich der W. durch Urteil, Vergleich, Zurücknahme erledigt, in welchem Falle die Parteien entspr. Nachweis beim Notariat zwecks weiterer Planausführung zu erbringen haben (s. A. 1).

Die WKlage selbst ist auch nach Ablauf der Frist bis zur endgült. Planausführung zulässig, nachher nur noch die BereichKlage; von ersterer kann aber zur letzteren übergegangen werden; ist auch nach Entsch. über die Klage der Plan noch nicht endgültig ausgeführt, so ist für die Planausführung natürl. das Urteil maßgebend (RG. 99, 207, JW. 1921, 242).

d) Eine Widerklage ist nur soweit angängig, als § 33 Abs. 2 ZPO. nicht entgegensteht (RG. 51, 218); doch ist der Antrag des Beklagten, es beim Teilungsplan zu belassen, keine Widerklage (Stein-Jonas § 33 A. I 3, § 878 II 5). Die Verbindung der WidersprKlage mit einer Klage nach bürgerl. Recht ist zulässig; letztere kann auch gegen solche Personen erhoben werden, die zum VerteilVerf. nicht zugezogen waren (RG. 84, 8, ZBlFG. 9, 528, Jaeckel-Güthe A. 14, Reinhard-Müller A. 8e); ebenso kann mit der WidersprKlage bei gleichem Gerichtsstand die Klage auf Zahlung einer Geldsumme (z. B. als Schadensersatz oder grundlose Bereicherung) verbunden werden (GruchBeitr. 54, 1059, RG. 84, 10, Jaeckel-Güthe a. a. O.; s. auch oben 2b a. E.).

e) Das ProzeßG. kann, wenn es den W. für begründet erklärt, in seinem Urteil entweder den streitigen Betrag selbst verteilen, d. h. anordnen, was u. an wen auszuzahlen bzw. zu übertragen ist (Ausführung des Plans sodann durch das Notariat mittels Auszahlung des hinterlegten Betrags an den Obsiegenden oder endgültige Fordübertragung u. GBuchberichtigung) oder eine neue Verteilung anordnen (§ 800 ZPO.). Dadurch wird die bedingte Verteilung des Notariats außer Kraft gesetzt (Jaeckel-Güthe A. 15, Wolff A. 1e). In dem neuen VerteilPlan (der auf Grund rechtskr. Urteils anzufertigen ist) hat ledigl. der bestrittene Betrag (Forderung) die Teilungsmasse zu bilden; zuzuziehen sind nur die Prozeßparteien (auch der Ersteher bzw. ZahlPflichtige, wenn der Betrag nicht hinterlegt ist), nicht etwaige Zwischenberechtigte, die sich dem W. nicht angeschlossen oder keine Klage erhoben (nachgewiesen) haben. Letzteren kommt der durchgesetzte W. nicht zugute (Jaeckel-Güthe A. 15, RG. 26, 420, JW. 88, 69, SeuffA. 47, 117, OLG. 15, 288; vgl. auch oben A. 2b).

Wird der W. vom ProzeßG. für unbegründet erklärt, die Klage also abgewiesen, so ist er als nicht erhoben anzusehen (JW. 07, 106).

Maßgebend für das Recht des Widersprech. ist die Rechtslage z. Z. des VerteilTermins, nicht des Urteils im WidersprProzeß; war der W. z. Z. des VertTermins unbegründet, so sind spätere Ereignisse unbeachtlich (RG. 65, 66; 75, 313; 84, 10, SeuffA. 67, 211, Recht 1916 Nr. 291, Stein-Jonas § 878 II 4).

Über Aussetzung eines Aufwertungsstreits s. §§ 69, 77 AufwG.

f) Der Berechtigte, der infolge eines ungerechtfert. W.s Schaden erleidet (z. B. durch Zinsverlust im Falle der Hinterlegung der Streitmasse), kann Ersatz nur beanspruchen, wenn der Widersprech. schuldhaft gehandelt hat (§ 826 BGB., DJZ. 07, 242, Recht 07, 974, SeuffA. 75, 90, OLG. 28, 233; verneinend LZ. 1919, 284, dagegen Berolzheimer, Recht 1920, 210).

8. Erinnerung nach § 13 Abs. 2 EG. u. sodann sof. **Beschwerde** ist nicht nur bei formell unrichtiger Aufstellung des Plans (z. B. auf Grund irriger Anwendung des § 110; vgl. § 113 A. 3a), sondern auch gegenüber den auf Grund der Verhandlung über den Plan ergeh. Verfügungen zulässig (z. B. wenn behauptet wird, ein Vorbringen sei zu Unrecht als W. behandelt oder ein W., z. B. eine Anmeldung, unzulässigerweise unberücksichtigt geblieben u. infolgedessen die Ausführung des Plans zu Unrecht unterlassen oder angeordnet worden; vgl. §§ 116, 113).

9. Unterlassung des W. schließt die BereichKlage gegen denj., der zu Unrecht aus der Masse Befriedigung erhalten hat (§ 878 Abs. 2 ZPO.), nicht aus (anders, wenn sein Recht bestehen blieb, s. § 52 A. 3a); diese Klage braucht nicht beim Gericht des § 879 bzw. § 767 ZPO. erhoben zu werden; vorausgesetzt ist hierbei jedoch, daß der WiderspBerechtigte sein Recht, soweit erforderl., gemäß § 37 Nr. 4 angemeldet hatte, u. nicht mit der anderweitigen Verteilung einverstanden war (vgl. § 110, § 113 A. 3b, § 114 A. I 2; RG. 58, 156; 64, 196) u. nicht durch Besserberechtigte von der Befriedigung ausgeschlossen worden wäre (s. oben 2b a. E.). Die Unterlassung des W.s ist jedenfalls außerh. des VerteilVerf. unschädlich, wenn zwischen den Parteien zur Zeit des VerteilTermins über das Recht schon ein Prozeß anhängig ist (SeuffA. 62, 379).

Durch Unterlassung von Beschwerde (Erinnerung) u. Widerspruch gg. den Plan wird aber die Verteil. u. FordÜbertragung, Eintragung der SichHyp. u. der sich auf §§ 118, 132 gründende VollstrTitel rechtswirksam (JW. 1928, 2818).

10. Mit dem W. gegen den TeilPlan ist nicht der **im GBuch eingetrag. Widerspruch** gegen das Bestehen des Rechtes selbst (§ 899 BGB., z. B. gg. den eingetrag. AufwBetrag einer PapierMkHyp.) zu verwechseln. Ein derartiger W. ist gemäß §§ 48, 114, 119, 120 zu behandeln, im VerteilVerf. also durch bedingte Zuteilung, Hinterlegung, nötigenfalls Eintrag. bedingter SichHyp. zu erledigen. Die endgültige Erledigung ist aber hier nicht Sache des Notars, sondern der Beteiligten (vgl. § 120 A. 1a, b, BlfRA. 72, 606; SeuffA. 66, 167).

§ 116.

Die Ausführung des Teilungsplans soll bis zur Rechtskraft des Zuschlags ausgesetzt werden, wenn der Ersteher oder im Falle des § 61 der für zahlungspflichtig erklärte Dritte sowie in den Fällen des § 81 Abs. 2, 3 der Meistbietende die Aussetzung beantragt.

E. I § 147 Abs. 5; Begr. 277; D. —; KBer.—.

Aussetzung der Planausführung.

1. Aussetzung. Das Notariat (auch Vollstr.- u. BeschwG.) kann von Amts wegen nicht nur die Verteil. des Erlöses aufschieben, sondern auch den Verteil.-

Termin selbst aufheben, wenn Einlegung der Beschwerde (Erinn. nach § 13 Abs. 2 EG.) gegen den Zuschlag erfolgt ist, das Notariat auch, wenn die Zuschlagsanfechtung droht (vgl. § 105 A. 1, § 572 Abs. 2, 3 ZPO.). Die in § 116 Genannten (nicht die übr. Beteiligten) haben außerdem ein Recht auf Aussetzung der Ausführung des Plans (d. h. der sich sofort an die Verhandlung über den Plan — unbeschadet etwaigen Widerspruchs — anschließ. Auszahlung oder Fordübertragung, §§ 117, 118) bis zur Rechtskraft des Zuschlags. Der Antrag ist an keine Form und Frist gebunden.

Voraussetz. ist, daß gegen den Zuschlag Beschwerde (Erinn. nach § 13 Abs. 2 EG.) erhoben oder noch zulässig ist, was nötigenfalls der Antragsteller darzutun hat (z. B. wenn eine Zustellung an eine falsche Adresse gelangt ist).

Der VerteilTermin selbst braucht (wenn es nicht von Amts wegen für zweckmäßig erachtet wird, s. oben) nicht ausgesetzt zu werden; die Frist zur Erhebung der WiderspKlage wird in Lauf gesetzt (Jaeckel-Güthe A. 3, Reinhard-Müller S. 1).

2. Beschwerde. Die Nichtbeachtung eines Antrags nach § 116 hat keinen Einfluß auf die Gültigkeit des Verf., begründet aber für die Berechtigten das Recht zur Erinnerung nach § 13 Abs. 2 EG. u. sodann zur sof. Beschwerde, ebenso wie umgekehrt für jeden Beteiligten die unbegründete Anwendung des § 116. Das Vollstr.- bzw. BeschwG. kann zwar eine Auszahlung nicht rückgängig machen, wohl aber die Vollstreckung einer Fordübertragung (§§ 132, 133) einstw. einstellen. Wird der Zuschlag aufgehoben, so ist das hinterlegte Bargebot an den Ersteher zurückzugeben; ausgezahlte Beträge kann er zurückfordern (vgl. § 90 A. 5, § 144 A. 7).

3. Die **Ausführung** des Plans erfolgt im Falle des § 116 nach Rechtskraft des Zuschlags in einem neuerlich anzuberaum. Termin, in dem die bis dahin erlaufenen Zinsen der Teilungs- wie Schuldenmasse des Plans hinzugerechnet werden. Erstere erhöhen sich, falls der VerstErlös schon vorher hinterlegt wurde, nur um die HinterlegZinsen, so daß der letzte Bezugsberechtigte den Ausfall zu tragen hat. Der neue Termin ist als Fortſ. des früheren anzusehen, daher können neue Anmeldungen entgegengenommen u. neue Widersprüche erhoben werden (überwieg. M., s. Jaeckel-Güthe A. 3, Reinhard-Müller A. 2).

4. Über **Aussetzung** der Verwertung der Sicherheit u. der GBuchbericht. s. §§ 108 Abs. 2, 130.

§ 117.

Soweit der Versteigerungserlös in Geld vorhanden ist, wird der Teilungsplan durch Zahlung an die Berechtigten ausgeführt.

Die Auszahlung an einen im Termine nicht erschienenen Berechtigten ist von Amts wegen anzuordnen. Die Art der Auszahlung bestimmt sich nach den Landesgesetzen. Kann die Auszahlung nicht erfolgen, so ist der Betrag für den Berechtigten zu hinterlegen.

Im Falle der Hinterlegung des Erlöses kann statt der Zahlung eine Anweisung auf den hinterlegten Betrag erteilt werden.

E. I § 158; Begr. 290, 291; D. 58; KBer. —.

Ausführung des Plans durch Auszahlung.

1. Auszahlung des Erlöses. Steht der Ausführung des Plans ein Hindernis (§§ 115, 116) nicht mehr im Wege[1]), so geschieht sie teils mittels Auszahlung (Hinterlegung), teils mittels Übertragung, je nachdem das Bargebot im Termine bezahlt wurde oder nicht (§§ 117, 118). Beide AusführArten unterliegen einer Sonderregelung, wenn sie nicht unbedingt angewendet werden können (§§ 119 ff., 135 ff.).

Die Auszahlung erfolgt durch das Notariat nach Maßgabe des Teilungsplans an die wirklich Berechtigten, auch wenn sie ihr Recht nicht angemeldet haben (nicht an die beteiligten B.), also an den eingetrag. Inhaber der Buchhyp. (-grundsch.) u. an den, der sich ausweist als Inhaber der Briefhyp. durch Vorlage des Briefes u. der Urkunden des § 1155 BGB. (RG. 73, 298)[2]), bei Inhaberhyp. (-grund-, rentensch., §§ 1187, 1195, 1199 BGB.) durch Vorlage des Inhaber- bzw. Orderpapiers mit Indoss. (ZBlFG. 20, 302 ff.). Auch die Abtretung nach dem Zuschlag ist (obwohl formlos, RG. 84, 12) in der Regel durch öffentl. begl. AbtretErklär. (§§ 1154, 1155 BGB.), bei Briefrechten außerdem durch Vorlage des Briefes nachzuweisen (RG. 86, 262; 93, 44, ZBlFG. 12, 412; 16, 580, Jaeckel-Güthe § 118 A. 3, Reinhard-Müller § 114 A. 3, 4).

Ist der Berechtigte (zum Geldempfang Ermächtigte) im Termin erschienen u. über seine Person kein Zweifel (vgl. § 126), so erhält er, wenn der Erlös in Geld vorhanden (bzw. auf das Postscheck- oder Girokonto des Notariats eingezahlt ist, vgl. § 49 A. 3c), Zahlung durch das Notariat (bar bzw. mittels Überweisung oder Scheck), andernfalls (Abs. 2) durch dieses mittels Übersendung auf seine Gefahr u. Kosten (Art. 32 BayAG. v. 2. 2. 21). In gleicher Weise geschieht die Ausantwortung (Übersendung) der Anweisung an die Hinterleg.-Stelle[3]), falls der Ersteher schon vor dem Termine das Bargebot dort hinterlegt hatte (§ 49 Abs. 3). Das Nichterscheinen eines Empfangsberechtigten im Termin begründet keinen Annahmeverzug (BayObLG. 14, 659). Die Auszahlung erfolgt stets in deutscher Währung (Reinhard, Einl. S. 257); anders § 118 A. 2d.

Bei Zahlung an einen gesetzl. Vertreter ist die Vertretungsmacht, bei einem Bevollmächtigten die GeldempfVollmacht zu prüfen[4]).

---

[1]) Die Ausführung eines unwidersprochen geblieb. Plans wird nicht durch Erinnerung u. Beschwerde aufgehalten (OLG. 8, 9). Notar, Vollstr.- wie BeschwG. können aber die Aussetzung der Ausführung anordnen (§ 572 Abs. 2, 3 ZPO.).

[2]) Aus dem Schlußsatz dieser Entsch. darf nicht gefolgert werden, daß der Notar vor Auszahlung das GBuch einsehen müßte, um mit Sicherheit die zuletzt Eingetragenen zu erfahren (vgl. § 130 A. 4).

[3]) Der Anweisung an die HinterlegStelle steht die Anweisung an die Gerichtskasse gleich, wenn hier die Hinterlegung gemäß BRBO. vom 24. 5. 17 (RGBl. 432) erfolgte (s. § 49 A. 3c).

[4]) Die Prozeßvollmacht als solche berechtigt nicht zum Empfang der Hauptsache (§ 81 ZPO.); Nichtbeachtung begründet SchadensEPflicht (BayObLG. 14, 649). Über die Berechtigung des Vormunds u. Pflegers zum Geldempfang (bei Anspr. über 300 Mk.) s. §§ 1812, 1813, 1852, 1903, 1904, 1915 BGB. u. unten § 126 Fußn. 1; Vater (bzw. Mutter) als gesetzl. Vertreter ihrer minderj. Kinder haben nachzuweisen, daß sie in der Vermögensverw. nicht beschränkt sind (§§ 1638, 1687, 1690 BGB.); die im gesetzl. Güterstand leb. Ehefrau bedarf der Zustimmung des Mannes (§ 1395 BGB., Krafft BZfR. 1912, 274, Jaeckel-Güthe A. 3). Die gesetzl. Vertret. der Handelsgesellsch. ist durch Handelsregisterauszug nachzuweisen. Bei Hyp. der in § 1187 BGB. bez. Art muß sich die VertretBefugnis

Ist dem Richter bekannt, daß der Berechtigte in der Verfügung über den Anspruch beschränkt ist (z. B. durch Pfandrecht[5]) oder Nießbrauch), so kann Zahlung in der Regel nur an ihn u. den Dritten gemeinsam, an einen nur mit Zustimmung des anderen erfolgen (vgl. §§ 1073—1079, 1281—1285 BGB., BayObLG. 13, 66, SeuffA. 63, 485); zur Einziehung der Zinsen ist der Nießbraucher (Ehemann § 1383, Vater § 1649 BGB.) allein befugt (RG. 74, 81, KGJ. 40, 142). Ist die Ford. eines Beteiligten (Schuldners) gepfändet u. (an Zahl. Statt oder z. Einziehung) überwiesen, so ist der PfändGl. allein zur Empfangnahme (Quittungserteilung) berechtigt[6]).

Zur Auszahlung des auf eine Höchsthyp. entfall. Betrags ist Nachweis der Ford. notwendig (vgl. § 119 A. 2 b).

Im Falle des Verzichts des HypGl. auf den VersteigErlös erwirbt dessen Ford. der z. Z. des Zuschlags letzte Eigent.; dieser ist also empfangsberechtigt (RG. 88, 300; bestr. s. Staudinger-Kober § 1168 A. 8, RGRK. A. 1, Reinhard LZ. 1925, 761 u. oben § 91 Fußn. 2). Über Verzicht auf den auf die Grundschuld entfall. Erlösteil s. § 50 Fußn. 9. Wg. der Rentenschuld s. § 1200 BGB. — In anderen Fällen des Verzichts des Berechtigten auf einen Erlösteil rücken die nachstehenden Berechtigten auf (Reinhard-Müller A. 3 d; s. unten § 118 A. 4).

2. Hinterlegung. Kann die Auszahlung (Übersendung) überhaupt nicht erfolgen (z. B. wegen Widerspruchs gegen den Plan, wenn die EmpfBerechtigung des Erschienenen bestritten oder zweifelhaft, weil nicht genügend nachgewiesen, die Adresse des Berechtigten unbekannt, der gesetzl. Vertreter nicht ermittelt ist usw. vgl. §§ 120, 124, 126), so ist der Betrag für den Berechtigten u. gegebenenfalls für die Bedingtberechtigten bei der gerichtl. HinterlegStelle zu hinterlegen, bzw. er bleibt hinterlegt, beides auf Kosten des Berechtigten. Mit der Hinterlegung ist die Tätigkeit des Notariats als VersteigBehörde beendet, falls nicht noch die Person des Berechtigten nach §§ 135 ff. zu ermitteln ist (SeuffA. 63, 119, OLG. 15, 292; 36, 247); die seinerzeitige Auszahlung ist bei der Hinterleg.-Stelle zu beantragen (vgl. §§ 23 ff., 34, 46 ff. HinterlegO. v. 18. 12. 99, OLG. 36, 247, SeuffA. 63, 119, Reinhard-Müller A. 4 b). Über Erlöschen des Rechtes auf den hinterlegten Betrag s. § 142.

3. Aufrechnung. Soweit der Ersteher selbst (als Real- oder Beschlagn.-Gläubiger) eine zum Zuge kommende Ford. hat u. diese nicht mit dem Recht eines Dritten belastet ist, kann er sich insoweit für befriedigt erklären u. dadurch entspr. seine ZahlPflicht mindern (Jaeckel-Güthe A. 4, Reinhard-Müller

---

des Treuhänders aus dem GBuch ergeben (§ 1189 BGB.). Bei privatschriftl. Vollmachten kann öffentl. Beglaubigung verlangt werden (§§ 416, 437 ZPO., Fischer-Schäfer 388, Jaeckel-Güthe A. 3).

[5]) Auch eine PfändAnkündigung (§ 845 ZPO.) ist zu berücksichtigen (RG. 71, 179, BlfRA. 75, 721). Vgl. auch Werneburg, Die privatschriftl. verpfändete Hyp. in der ZwVerst. IheringsJ. 30, 58.

[6]) Stein-Jonas §§ 835 V, VIII, 836 I, Jaeckel-Güthe A. 2, OLG. 15, 377; 41, 179, RJA. 17, 146, BlfRA. 73, 27, SeuffA. 63, 484, ZBlfG. 12, 395. — Zum Nachweis der Berechtigung dient der VollstrTitel in Verb. mit dem ÜberweisBeschluß u. den Urkunden über Zustellung an Sch. u. Drittsch. (wg. des VollstrTitels vgl. § 127 Abs. 2, Stein-Jonas § 836 Fußn. 13, Jaeckel-Güthe § 118 A. 3; der § 836 Abs. 1 ZPO. gilt nur für den Drittsch., nicht für die VollstrBehörde). Wegen der Pfändung u. Überweisung vor dem Zuschlag s. §§ 830 Abs. 1, 837 ZPO.

§ 107 A. 5 b, v. d. Pfordten 313, 354; vgl. § 118 A. 2 c). Der Ersteher kann gemäß § 91 Abs. 2 auch das Bestehenbleiben seines dingl. Rechtes (als Grundschuld, § 1177 BGB., samt etwaiger Belastung, wenn deren Inhaber zustimmt) beantragen, wodurch sich gleichfalls seine ZahlPflicht entspr. mindert (§ 91 Abs. 3). Erklärt er weder seine Befriedigung noch das Bestehenbleiben seines Rechtes, so ist ihm im Falle der Nichtzahlung die Ford. gg. ihn selbst zu übertragen u. sicherzustellen (§§ 118, 128); ist das Recht des Erstehers belastet, so ist im Falle der Nichtzahlung Übertragung der Ford. an ihn u. Miteintragung des Rechtes des Dritten nötig (OLG. 30, 115). SichHyp. für den Ersteher selbst ist aber auch in anderen Fällen nicht unzulässig (OLG. 30, 118), z. B. wenn sein Recht mit Widerspruch belegt ist (s. §§ 124 A. 1, 128 A. 2).

Dagegen kann der Ersteher zunächst nicht gegenüber der zum Zuge gekommenen Ford. eines anderen Beteiligten, der sein Sch. ist, aufrechnen; denn der Ersteher schuldet den VersteigErlös nicht den Beteiligten, sondern dem VollstrSch., wenigstens solange die Ford. noch nicht übertragen ist (s. § 118 A. 3; Jaeckel-Güthe § 115 A. 6 u. § 118 A. 4, RG. 84, 11, JheringsJ. 59, 156). Ebenso verhält es sich mit der Aufrechnung des Erstehers gegenüber einer zum Zuge gekommenen Ford. des VollstrSch. aus einer Eigent.-Grundschuld (RG. 64, 308; 72, 346; 84, 8, SeuffA. 67, 211, vgl. ArchZivPr. 1921, 424). Denn vor der gemäß § 118 erfolgten Übertragung hat auch der VollstrSch. jedenfalls keine Ford. gegen den Ersteher, die seiner Verfügung untersteht (wenn man ihn auch als Inhaber des Rechtes auf den VersteigErlös bezeichnen kann). Eine Aufrechnung des Erstehers mit einer ihm zusteh. Ford. gegen einen andern Beteiligten (VollstrSch.) kann daher erst nach der Übertragung erklärt werden (RG. 84, 8; a. M. Berolzheimer BZfR. 1914, 379; an dieser Aufrechnungsmöglichkeit hindert auch die Übertragung auf Grund einer unwirksamen Abtretung nicht). Aber auch nach der Übertragung ist die Aufrechnung ausgeschlossen, wenn das dingl. Recht schon vorher beschlagnahmt (z. B. die EigentGrundschuld gepfändet) war, RG. 64, 311.

Da auch ein etwaiger Übererlös zunächst nicht zur freien Verfüg. des VollstrSch. steht, kann auch insoweit der Ersteher vor der Übertragung nach § 118 nicht aufrechnen (a. M. Jaeckel-Güthe a. a. O.)[7]).

4. Wirkung der Planausf. Der Ersteher (ZahlPflichtige) wird, soweit es nicht schon infolge der Hinterlegung des Bargebots nach § 49 Abs. 3 geschehen ist, durch die Zahlung an das Notariat bzw. AufrechnErklärung befreit. Der Berechtigte dagegen erlangt seinerseits die Befriedig. aus dem G. u. der Schuldner Befreiung von seiner persönl. Schuld erst durch Zahlung seitens des Notariats oder durch Ausantwortung der ErhebAnweisung im Termin, im Falle der Übersendung des Geldes oder der ErhebAnweisung mit der Übergabe an die Postanstalt (Art. 32 BayAG., Becher Mat. VI, 31), im Falle des § 117 Abs. 2 S. 3 mit der Hinterlegung für den Berechtigten (Jaeckel-Güthe A. 4, Reinhard-Müller A. 2).

---

[7]) Eine eigentl. Übertragung findet allerdings hier nicht statt, sondern nur ein „Freimachen von den Wirkungen der Beschlagnahme" (Jaeckel-Güthe § 128 A. 3, Reinhard-Müller § 107 A. 2, 6 b, § 118 A. 1 d), wohl aber die Eintragung einer SichHyp. für den VollstrSch. bzw. Eigent. z. Z. des Zuschlags, soweit die Ford. „unverteilt bleibt" (§ 128 Abs. 2). Eine ähnl. Rechtslage ergibt sich, wenn der VollstrSch. selbst Ersteher wird u. nicht zahlt (s. § 118 Fußn. 3).

§ 118.

Soweit das Bargebot nicht berichtigt wird, ist der Teilungsplan dadurch auszuführen, daß die Forderung gegen den Ersteher auf die Berechtigten übertragen wird; die Übertragung erfolgt durch Anordnung des Gerichts. Das Gleiche gilt, soweit Zahlungsfristen festgesetzt worden sind.

Die Übertragung wirkt wie die Befriedigung aus dem Grundstücke. Diese Wirkung tritt jedoch im Falle des Abs. 1 Satz 1 nicht ein, wenn vor dem Ablaufe von drei Monaten der Berechtigte dem Gerichte gegenüber den Verzicht auf die Rechte aus der Übertragung erklärt oder die Zwangsversteigerung beantragt. Wird der Antrag auf Zwangsversteigerung zurückgenommen oder das Verfahren nach § 31 Abs. 2 aufgehoben, so gilt er als nicht gestellt. Im Falle des Verzichts soll das Gericht die Erklärung dem Ersteher sowie demjenigen mitteilen, auf welchen die Forderung infolge des Verzichts übergeht.

E I. § 159; Begr. 291—294; D. 58; KBer. —.

Planausführung durch Forderungsübertragung.

1. Allgem. Wenn der bare VersteigErlös im VerteilTermin nicht zur Verfügung steht, kann an seiner Stelle nur die Ford. (des VollstrSch.) gg. den Ersteher verteilt werden. Diese Überlassung eines entspr. Teils der Ford. des VollstrSch. aus dem Meistgebot an die Beteiligten nennt das Gesetz im Anschluß an die Ausdrucksweise des BGB. (§§ 398 ff.) u. abw. von §§ 835, 836 ZPO. wg. der verschiedenen Wirkung (vgl. GruchBeitr. 57, 727) nicht „Überweisung", sondern „Übertragung". Diese Übertrag. persönl. Ford. wird dann gem. §§ 128, 130 mit einer neuen dingl. Sicherheit ausgestattet.

2. Verfahren bei der **Übertragung.**

a) Soweit[1]) Barzahlung (bzw. Hinterlegung §§ 49, 50, 51) durch den Ersteher oder zahlpflicht. Dritten (§§ 61, 82) im VerteilTermine nicht erfolgt oder (§ 60) nicht zu erfolgen braucht, wird die Ford. des VollstrSch. (bisher. Eigent.) gegen den Ersteher oder Dritten (die eine bloße Geldford. ist, RG. 84, 11) verteilt u. dem Berechtigten hinsichtl. des auf ihn treffenden planmäßigen Betrags samt 4% Zinsen vom VerteilTermin (einschließl.) an[2]) übertragen; auch der Staatskasse (dem Notariat) hinsichtl. der

---

[1]) Aus dem baren Erlös werden zunächst die besser Berechtigten ihrem Range nach befriedigt. Im Falle außeramtl. Zahlung an einen Berecht. (die unter der Voraussetzung erfolgt, daß ihm eine Ford. übertragen werden wird), macht der Umstand, daß der Ersteher „Zahlung" nachweist, die Übertragung (wenn es doch zur amtl. Verteil. kommt) nicht überflüssig; der Berechtigte darf auch in solchem Falle nicht hierauf verzichten, weil sonst die Ford. kraft Ges. auf den Nächstberechtigten überginge (Abs. 2); er gilt vielmehr „als nach Übertragung befriedigt" (was er in öffentl. begl. Urkunde auch vor dem Termin erklären kann). Auf die dann dem Ersteher zufallende SichHyp. kann dieser verzichten. Vgl. hierzu § 143 A. 2, § 144 A. 7, BZfR. 1912, 409, OLG. 27, 216, Recht 1913 Nr. 428).

[2]) Wer nicht aus der Hauptsache, sondern aus den Zinsen des Bargebots (§ 49 Abs. 2) zu decken ist, erhält natürlich nur eine unverzinsl. Ford. auf Zahlung dieser Zinsen übertragen; beträgt z. B. die Teilungsmasse 1000 Mk. + 50 Mk. Zinsen nach § 49 Abs. 2 u. sind hievon 2 Gl. mit Anspr. zu 1000 Mk. u. 50 Mk. nacheinander zu befriedigen, so erhält der erstere eine Ford. von 1000 Mk. samt 4% Zinsen hieraus seit dem VerteilTermin, der zweite aber die unverzinsl. Ford. zu 50 Mk. übertragen; ebenso ist nur eine unverzinsl. Ford. zu übertragen, wenn zwar das Bargebot im VerteilTermine bezahlt, die bis dahin angefallenen Zinsen aber nicht entrichtet wurden (§ 289 BGB., Fischer-Schäfer 390). Daß

Kosten des Verf. u. dem VollstrSch. selbst hinsichtl. des auf seine etwaige Eigent.-Grundsch. entfall. Betrags u. des Übererlöses[3]).

Die Übertragung vollzieht sich durch Anordnung (Beschluß) u. Verkündung[4]) im Termin, in welchem Falle sie im Protokolle festzustellen ist, außerhalb desselben entw. kraft Ges. (s. Abs. 2 Satz 4) oder im Falle des § 137 durch Zustellung an den Ersteher u. den Berechtigten (Jaeckel-Güthe A. 2; keine formlose oder stillschw. Übertragung, Recht 1917 Nr. 517).

b) Die Übertragung hat auch ein etwaiges Recht Dritter (Nießbrauch, Pfandrecht) an dem zu deck. Anspruch zu berücksichtigen; bei Pfändung u. Überweisung zur Einziehung wird die Ford. (belastet mit dem Pfandrecht, s. § 115 Fußn. 2) an den Pfandschuldner übertragen (anders bei Auszahlung § 117 A. 1, 3; Jaeckel-Güthe A. 3, bestr.); eine Empfangsberechtigung braucht letzterenfalls natürlich nicht nachgewiesen zu werden.

c) Eine Übertragung findet nicht statt im Falle der §§ 143, 144, auch nicht, soweit der Ersteher selbst einen Anspruch auf Befriedig. aus dem G. hat u. aufrechnet, außer wenn das dingl. Recht des Erstehers mit dem Recht eines Dritten (z. B. Nießbrauch, Pfandrecht) belastet ist (vgl. § 117 A. 3, § 128 A. 2); eine Mitübertrag. der Ford. gegen einen Bürgen ist nicht vorgeschrieben (s. § 132 Fußn. 2).

Die Übertragung erfolgt bedingt in den Fällen der §§ 119 bis 121, 123 bis 126.

d) Erfolgt für eine Valutahyp. (-grundschuld) die Übertragung der Ford. gegen den Ersteher auf den Gl. des in ausländ. Währung (auch SchweizFrankGSchuld) eingetrag. Rechtes, so hat sie in ausländ. Währung zu erfolgen. In dieser Währung ist auch ein etwaiger Ausfall festzustellen, so daß sich die Haftung der mitbelast. Grundstücke, des persönl. Sch. u. die Geltendmachung des Ausfalls im Konkurs des VollstrSch. nach ausländ. Währung bestimmt (§ 10 Abs. 2, 3 VO. vom 13. 2. 20 RGBl. 231). Auch die SichHyp. für die übertrag. Ford. (§ 128) wird in ausländ. Währung eingetragen (LZ. 1920, 428). Entspr. gilt für die SchweizFrankenGSch. (Art. 25 SchwZusAbk.), für die wertbest. Hyp. (§ 6 WertbestHypG.) u. für die SichHyp. aus einem wertbest. Schuldtitel (§ 14 EntlVO.); war aus letzterem eine Höchstbetragshyp. in PM. eingetragen, so ist nach Umrechnung in RM. wie bei einer anderen Höchstbetragshyp. zu verfahren (s. § 14 A. 3 d); war aus dem wertbest. Schuldtitel keine Hyp. eingetragen (also für den persönl. BeschlagnGl.), so ist nach § 15 Abs. 2 EntlVO. zu verfahren (Reinhard Einfl. S. 257 ff.; s. § 10 Fußn. 20 ff., § 114 A. I 1 a).

Dagegen wird die in Reichsmark umgerechnete Goldmark des AufwBetrags (s. § 114 A. I 1 a) gem. § 118 in Reichswährung übertragen u. hiefür auch eine auf RM. lautende SichHyp. gem. § 128 eingetragen (Reinhard, Einfl. S. 259). Ist eine nach § 118 übertragene Ford. gg. den Ersteher aufzuwerten, so ist für die Berechnung des Goldmarkbetrags der Erwerb der alten (erlosch.) Friedenshyp. maßgebend (JW. 1929, 515).

3. Wirkung der Übertragung.

a) Erst durch die Übertragung tritt der Berechtigte in ein Gläubigerverhältnis zum Ersteher (ZahlPflichtigen). Daher ist erst von diesem Zeit-

---

die Ford. des Gl. an den VollstrSch. eine Zinsenforderung war, hindert dagegen nicht, daß ihm hieraus wieder Verzugszinsen vom VerteilTermin an zugesprochen werden. Denn übertragen wird nicht die Zinsenforderung, sondern die Ford. auf Zahlung des (verzinsl.) Bargebots. Sind ZahlFristen bewilligt (§ 60), so ist die Ford. als befristete zu übertragen.

[3]) Diese Übertragung hat nur die Bedeutung der Überlassung zur freien Verfügung an den Sch., da seine Ford. gegen den Ersteher bis dahin mit den Rechten seiner Gl. belastet war (RG. 72, 346; vgl. § 117 Fußn. 7). Eine eigentl. Übertragung findet auch nicht statt, wenn der VollstrSch. selbst Ersteher wird u. nicht zahlt; trotzdem sind hier die Berechtigten gleichfalls durch SichHyp. nach § 128 sicherzustellen (Binder BNotV. 1928, 289).

[4]) Die Feststellung des genauen Zeitpunkts der Übertragung kann wegen inzwischen erfolgter Pfändungen von Bedeutung sein; sie ist jedoch nicht vorgeschrieben.

punkt an eine Aufrechnung des Erstehers als Sch. des VersteigErlöses gegenüber einem RealGl. möglich (s. § 117 A. 3, § 144 A. 2a). Im Falle der Wiederversteig. haftet numehr der Ersteher dem Berechtigten aus dem Gebote für den Mindererlös (§ 133).

b) Anderseits erlischt die bish. Ford. des Berechtigten gegen den VollstrSch. mit allen Nebenrechten (Bürgschaft, Pfandrecht, vgl. §§ 1181, 1182 BGB., Gesamthyp.), während nach §§ 52, 91 Abs. 1 nur das dingl. Recht des Berechtigten am G. erloschen war. Dieser gilt nunmehr als aus dem Grundstücke befriedigt. Diese Folge kann jedoch der Berechtigte abwenden, wenn ihm (z. B. wg. der Nebenrechte) die Ford. gg. den VollstrSch. vorteilhafter erscheint (s. c). Damit die dem Berechtigten eingeräumte (neue) Ford. gegen den Ersteher nicht der dingl. Sicherheit entbehre, wird sie mit einer SichHyp. im entsprech. Rang ausgestattet (§§ 128, 130).

c) Eintritt der Befriedigung. Die Übertragung bewirkt jedoch die Befriedigung aus dem G. ohne weiteres nur hinsichtl. desj. Betrages, für den nach § 60 Zahlfristen bewilligt sind (Abs. 1 Satz 2); bezüglich der gemäß §§ 50, 51 nachzuzahl. Ersatzsumme tritt diese Wirkung überhaupt nicht ein (§ 125 Abs. 3). Im übr. hängt der Eintritt dieser Wirkung davon ab, daß nicht rechtzeitig auf die Rechte aus der Übertragung verzichtet oder ZwVersteig. nach §§ 132, 133 beantragt wurde (Abs. 2). Bis zum Ablaufe der 3 Monate besteht das ursprüngl. Schuldverhältnis zwischen dem Berechtigten u. dem VollstrSch. u. die Mithaftung von Bürgen, Pfändern u. weiteren Grundstücken fort[5]); es bleibt auch weiter bestehen, wenn der Berechtigte vor Ablauf jener Frist auf die Rechte aus der Übertragung verzichtet (s. A. 4) oder ZwVersteig. gegen den Ersteher beantragt u. den Antrag nicht zurückgenommen bzw. das Verf. über 6 Monate eingestellt hat (s. A. 5).

4. Verzicht. Dieser ist dem Notariat gegenüber (§ 3 Bek. v. 30. 3. 21 JMBl. 34) zu erklären (formlos; Fischer-Schäfer 391, Jaeckel-Güthe A. 8), u. zwar dem Notariat, das mit dem VerteilVerf. befaßt war[6]). Ist der Berechtigte nicht befugt, über die Rechte aus der Übertragung zu verfügen (z. B. infolge Nießbrauchs, Pfändung, Verpfändung), so bedarf es der Zustimmung dieser Mitberechtigten. Infolge des Verzichts bleibt das ursprüngl. Schuldverhältnis zwischen dem VollstrSch. u. dem Berechtigten in allen Beziehungen bestehen; dieser verliert seine Gläubigerrechte gegenüber dem Ersteher, insbes. die Sich.-Hyp. des § 128 u. die Befugnis, gegen ihn die ZwVersteig. nach §§ 132, 133 zu betreiben (vgl. A. 3c). Die Rechte gehen vielmehr (kraft Gesetzes) auf den im Range nachfolg. Beteiligten, der einen Ausfall erlitten hat, zuletzt auf den VollstrSch., dem dann seine ursprüngl. Ford. gegen den Ersteher verbleibt, über. Einer neuerl. Übertragung der durch den Verzicht frei geword. Ford. gegen den Ersteher bedarf es nicht (Jaeckel-Güthe A. 8; Reinhard-Müller A. 4a); die Her-

---

[5]) Solange ist die Übertragung nur eine Befriedigung zahlungshalber (Jaeckel-Güthe A. 6, Reinhard-Müller A. 3b). Natürlich bleibt das „Schuld“verhältnis nur in der Gestalt bestehen, die es vorher hatte (Binder BNotZ. 1928, 27; vgl. RGRK. § 1163 A. 6). Dagegen wird an der durch den Zuschlag gem. §§ 52, 91 eingetretenen Rechtsfolge des Untergangs des dingl. Rechts am versteig. G. nichts geändert (Hieber BNotZ. 1927, 483; 1928, 77).

[6]) Nicht demj. Not., dem die Wiederversteig. übertragen ist (a. M. Binder BNotZ. 1928, 22); denn insoweit ist das alte Verf. noch nicht „erledigt“; sind die Akten schon an das Gericht zurückgegeben, so sind diese nötigenfalls zurückzuholen.

beiführung der Umschreibung der nach § 128 eingetrag. SichHyp. auf den Nächstberechtigten ist die Sache der Beteiligten. Der Verzicht kann sich auf einen Teil der Ford. beschränken.

Der nächste Berechtigte erhält aber infolge des Übergangs der Ford. auf ihn nicht den Rang des Verzichtenden[7]).

Beispiel: Dem A, B u. C werden Ford. gegen den Ersteher übertragen u. SichHyp. eingetragen; D fällt aus. Wenn B nun verzichtet, rückt D, auf den die Ford. kraft Ges. übergeht, nicht an seine Stelle, sondern C hat Anspruch auf den Vorrang vor D. Dementsprechend ist das GBuch zu berichtigen.

Von dem beim Notariat einlauf. Verzicht soll dieses dem Ersteher u. dem Nächst-Berechtigten Mitteilung machen; auch dem sonst Interessierten (dem C im vor. Beispiel) wird Mitteilung zu machen sein (Jaeckel-Güthe A. 8). Für den Nächst-Berechtigten läuft dann vom Empfang der Mitteilung an wieder die 3 monat. Frist, innerh. der er seinerseits den Eintritt der Befriedigung aus dem G. auszuschließen vermag. Der Verzicht auf die Rechte aus der Übertragung wird häufig vom GesamthypGl. erklärt werden, um sich die Hyp. an den mithaft. G. zu erhalten (s. § 123).

5. ZwVersteigAntrag. Damit macht der Berechtigte die ihm aus der Übertragung zukomm. Rechte gegen den Ersteher geltend; er hört also nicht, wie im Falle des Verzichts, auf, Gl. des Erstehers zu sein, behält vielmehr die übertrag. Ford. nebst SichHyp. gg. den Ersteher (das ursprüngl. dingl. Recht am G. ist erloschen, §§ 52, 91). Außerdem aber schützt er sich auch gegen die Annahme der Befriedigung aus dem G.; er erhält sich also in der Richtung gg. den VollstrSch. das ursprüngl. Schuldverhältnis samt dessen Nebenrechten. Voraussetzung hierfür ist, daß der Antrag nicht wieder zurückgenommen, daß das Verf. nicht nach § 31 Abs. 2 aufgehoben oder daß der VersteigAntrag innerh. der 3 Monate wieder erneuert wurde.

Diese Wirkungen hat aber nur der Antrag auf Versteig. des Grundstücks (§§ 132, 133), nicht etwa eine sonstige, in das übrige Vermögen des Erstehers nach § 132 betriebene Vollstreckung. Das neue ZwVersteigVerf. ist ein selbständiges, gegen den Ersteher oder späteren Eigentümer, nicht gegen den VollstrSch. VollstrTitel hierzu ist der Zuschlagsbeschluß (§ 132 Abs. 2 Satz 1), nicht der ÜbertragBeschluß[8]).

Über das Rangverhältnis bei der Wiederversteig. s. § 129.

6. Die **3 monatige Frist** (Berechnung: §§ 187 Abs. 1, 188 Abs. 2 BGB.), innerh. der der Verzicht erklärt oder Versteig. beantragt sein muß, läuft von Verkünd. der Übertragung im VerteilTermine, bzw. von Zustell. (A. 2a) oder von der Mitteilung (A. 4) an den Berechtigten an, im Falle bedingter Übertragung (§§ 119, 120, 123, 124, 126) mit Zustell. des Beschlusses des Notariats, durch den nach Beseitigung der Ungewißheit (z. B. infolge rechtskr. Entsch. über den Widerspruch) die endgültige Planausführung angeordnet wird (Jaeckel-Güthe A. 10, Reinhard-Müller A. 6, Wolff A. 8; bestr.).

7. Gegen die Übertragung, wie gegen ihre Ablehnung ist Erinnerung nach § 13 Abs. 2 EG. u. dann sof. **Beschwerde** zulässig (§ 793 ZPO., OLG. 20, 388).

---

[7]) Jaeckel-Güthe A. 8, Reinhard-Müller A. 4a; a. M. Binder BNotZ. 1928, 22.

[8]) Dieser ist auch kein vollstreckb. Schuldtitel im Sinne des § 2 AnfechtGes. (LZ. 09, 313, Hartmann-Meikel 100).

8. Eine besondere **Gerichts- u. Notariatsgebühr** wird für die Übertragung der Ford. nicht erhoben (Art. 9 BayKG., v. Schmidt A. 1 hierzu, Art. 52 Abs. 1 Nr. 4 NotGebO.).

§ 119.

Wird auf einen bedingten Anspruch ein Betrag zugeteilt, so ist durch den Teilungsplan festzustellen, wie der Betrag anderweit verteilt werden soll, wenn der Anspruch wegfällt.

E. I § 160; Begr. 294; D. 58; KBer. —.

Planaufstellung bei bedingten Ansprüchen; Hilfsverteilung.

1. § 119 behandelt die **Aufstellung**, § 120 die **Ausführung** des Plans bei bedingten Anspr. Diese werden bei Feststell. des g. G. wie unbedingte behandelt (§ 48); dementspr. werden auch die nicht im g. G. berücksichtigten (bar zu zahlenden) Anspr. nach § 114, wie unbedingte, in den Plan eingestellt, hierbei jedoch gemäß § 119 der Berechtigte, wie der Zweit-(Eventual-)Berechtigte für den Fall bestimmt, daß die aufschieb. Beding. ausfällt oder die auflösende eintritt. Zweitberechtigt ist meist derj., der zuerst einen Ausfall erleidet, bei bedingten HypFord. (Grund- u. Rentenschulden) der Eigentümer oder Ersatzberechtigte (Fischer-Schäfer 394). Unter Umständen (z. B. bei unverzinsl. Anspr.) ist auch die Möglichkeit zu berücksichtigen, daß durch Anwachsen des nach § 120 hinterlegten Betrags weitere Beteiligte Zweitberechtigte werden.

Gleichgültig ist für die Anwendung der §§ 119, 120, ob nur die Forderung (wie bei Höchsthyp. u. Anspr. von unbestimmtem Betrag einschl. Aufw.-Anspr., § 14) oder die dingl. Sicherung (wie bei Vormerkung oder Widerspruch) bedingt ist (Jaeckel-Güthe A. 2, HRR. 1929, 45; vgl. § 50 A. 3 Ad, B, § 14).

Ist die dem dingl. Recht anhaftende Bedingung bereits z. Z. des Verteil.-Termins (nach der Versteig.) ausgefallen (die auflösende eingetreten), so wird lediglich. die für diesen Fall zu zahl. Ersatzsumme verteilt (§§ 50, 51, 125 A. 1 a).

2 a. Die **Vormerkung** zur Sich. des Anspr. auf Einräumung (Übertragung) eines Rechts steht einem (durch das Bestehen des gesich. Anspr. oder durch endgültige Eintragung) aufschiebend bedingten, die z. Sich. des Anspr. auf Aufhebung (Änderung) eines Rechtes einem auflösend bedingten, umgekehrt der **Widerspruch** gegen eine Eintragung einem (durch die Berechtigung des Widerspruchs) auflösend bedingten, der gegen eine Nichteintragung (Löschung) einem aufschiebend bedingten Rechte gleich (RG. 63, 152; 78, 75, ZBlFG. 3, 466, SeuffA. 60, 21, 248; 63, 167, Jaeckel-Güthe A. 2; vgl. 48 A. 3). Über die Behandlung der LöschVormerkung s. § 50 A. 3 B d u. Anh. II zu § 50, der AuflassVormerkung s. § 48 A. 3.

b) Während bei der gewöhnl. **Sicherungshyp.** (§ 1184 BGB., §§ 866, 867 ZPO.) die Ford. des Gl. in der Regel nachgewiesen sein wird (durch Schuldurkunde, VollstrTitel), so daß die Anwendung des § 119 (126), solange nicht Widerspruch nach §§ 115, 124 vorliegt, nicht erforderlich wird (OLG. 9, 381, Jaeckel-Güthe § 114 A. 5; a. M. Recht 06 Nr. 997, ZBlFG. 10, 40), ist bei der **Höchstbetrags-** (Maximal-, Kautions-)Hyp. des § 1190 BGB. (ebenso Arresthyp. § 932 ZPO.) der dem Gl. zusteh. Anspr. auf den nach § 114 in den Plan aufgenommenen Höchstbetrag durch die Feststellung seiner Ford. bedingt (vgl. § 50 A. 3 A d). Diese kann schon im VerteilTermine erfolgen (Nachweis durch Urteil, Anerkenntnis des Bestellers der Hyp.; RG. 55, 217; 56, 322, OLG. 15, 386; 18, 182; 20, 415); auch in diesem Fall erübrigt sich — von einem Widerspruch abgesehen — die Anwendung des § 119, da der Betrag, soweit festgestellt, dem Gl., im übr. dem Besteller der Hyp. (§ 1163 Abs. 1 BGB.) zugeteilt werden kann. Mangels Feststellung aber ist die Ford. gegen den Ersteher bedingt dem Gl. zuzuteilen, für den Fall, daß er die Feststellung seiner Ford. herbeiführt (die Beweislast obliegt dem Gl.), u. gleichzeitig dem Besteller bzw. Sch. für den entgegengesetzten Fall. (So ist insbes. zu verfahren, wenn das Rechtsverhältnis, das der Hyp. zugrunde liegt, zur Zeit des VerteilTermins noch nicht beendigt ist; vgl. OLG. 31, 194).

Hat ein Eigentumswechsel nach der Bestellung der HöchstHyp. stattgefunden, so können als Zweitberechtigte auch die früh. Eigentümer in Frage kommen, soweit sie einen Anspruch auf die Hyp. (nach § 1163 Abs. 1 Satz 2 BGB.) angemeldet u. glaubhaft gemacht haben; das Anerkenntnis des VollstrSch. allein wäre hier ungenügend.

Hiernach erfolgt die Ausführung des Plans, entweder durch unbedingte Übertragung u. Auszahlung oder durch bedingte Übertragung u. Hinterlegung für beide. Vgl. Jaeckel-Güthe § 114 A. 5, 6, BlfRA. 72, 44, Recht 08, 539; 1918, 218 ff., 357 ff., ZBlFG. 15, 37 ff.

3. Die **Person** des Zweitberechtigten bestimmt sich in der Regel nach der Art der Bedingung u. der Natur des Rechtes; ist die Hyp. selbst (nicht die Ford.) bedingt, so ist der Betrag dem zunächst ausfall. Berechtigten, schließlich dem VollstrSch. bedingt zuzuteilen; das gleiche gilt bei Vormerkung u. Widerspruch [1]), soweit nicht aus der Eintragung selbst ein anderer Zweitberechtigter sich ergibt

Ist nicht die Hyp., sondern die Ford. des HypGl. bedingt, so ist der Zweitberechtigte entweder der VollstrSch. (Eigent.) oder der Besteller der Hyp. (s. oben 2 b u. § 50 A. 3 A).

Ist ein Erlösteil auf einen noch nicht feststeh. AufwBetrag (s. § 14 A. 1 a) zuzuteilen, so ist Zweitberechtigter der zunächst ausfall. Beteiligte (nicht der VollstrSch., da die Entstehung einer EigentGrundsch. ausgeschlossen ist; Reinhard, Einfl. 259, Mügel § 4 A. 8).

4. §§ 119, 120 gelten nur für den Fall, daß der Anspruch bar zu bezahlen ist (auch, wenn nachträgl. das Bestehenbleiben nach § 91 Abs. 2 vereinbart wird; vgl. § 120 Fußn. 1); für die kraft VerstBeding. **bestehenbleib.** bedingten Anspr. sind §§ 50 Abs. 2 Satz 1, 51, 125 maßgebend, für die **betagten** § 111.

5. Über **weitere Fälle** der bedingten Verteilung s. §§ 121, 123—126; über die Behandlung der Gesamthyp. s. § 123.

6. Unterlassung oder unrichtige Anwendung der bedingten (Hilfs-) Verteilung kann sowohl im Wege des Widerspruchs (so Jaeckel-Güthe A. 2 a α) als auch der Erinnerung (§ 13 Abs. 2 EG.) u. sodann der sof. Beschwerde bekämpft werden (s. § 113 A. 3).

§ 120.

Ist der Anspruch aufschiebend bedingt, so ist der Betrag für die Berechtigten zu hinterlegen. Soweit der Betrag nicht gezahlt ist, wird die Forderung gegen den Ersteher auf die Berechtigten übertragen. Die Hinterlegung sowie die Übertragung erfolgt für jeden unter der entsprechenden Bedingung.

Während der Schwebezeit gelten für die Anlegung des hinterlegten Geldes, für die Kündigung und Einziehung der übertragenen Forderung sowie für die Anlegung des eingezogenen Geldes die Vorschriften der §§ 1077 bis 1079 des Bürgerlichen Gesetzbuchs; die Art der Anlegung bestimmt derjenige, welchem der Betrag gebührt, wenn die Bedingung ausfällt.

E. I §§ 161, 162; Begr. 294, 295; D. 58; KBer. —.

[1]) D. h. bei dem im Grundbuch (auch dem nach §§ 8 Abs. 2, 16 Abs. 3 AufwG.) eingetrag. Widerspruch. Seine Erledigung ist nach Eintragung der SichHyp. Sache der Beteiligten. Anders beim Widerspruch gegen den Plan (s. § 124 A. 3, SeuffA. 63, 167).

Planausführung bei bedingten Ansprüchen.

1. Ausführung bei aufschieb. Bedingung. a) Sie geschieht, falls das Bargebot **bezahlt**, bzw. hinterlegt ist, dadurch, daß der nach § 119 bedingt zugeteilte Betrag, statt ausbezahlt, hinterlegt wird bzw. bleibt[1]), für den einen unter der Bedingung des Eintritts, für den andern unter der Bedingung des Nichteintritts des entscheid. Ereignisses (beide sind die Berechtigten im S. des § 120). Mit der Hinterleg. gilt der Anspruch als aus dem G. befriedigt; die Tätigkeit des Notariats als VerteilBehörde ist hinsichtl. dieses Betrags beendet (Sächs. OLG. 26, 250, Reinhard-Müller A. 1a). Nach Beseitigung der Ungewißheit ist die Abhebung des Betrags bei der HinterlegStelle (auf Grund Zustimmung des andern Teils oder Urteils) Sache der Beteiligten. Diese u. die Bedingung sind daher der HinterlegStelle genau zu bezeichnen.

Die verzinsl. Anlegung des hinterlegten Betrags u. die Verfügung hierüber ist der Einigung der Beteiligten (des Erst- u. Zweitberechtigten) überlassen; mangels solcher sind die §§ 1077—1079 BGB. mit § 120 Abs. 2 Satz 2 ZVG. maßgebend.

Wem die Zinsen während der Zwischenzeit gebühren, bestimmt sich nach dem dem Anspruch zugrunde lieg. RVerhältnis; mangels einer solchen Bestimmung stehen sie dem Zweitberechtigten zu, d. h. demj., dem die Hauptsache zufallen würde, wenn die Bedingung nicht eintritt (§ 158 BGB.)[2]). Daß die Hauptsache ganz zum Zuge gekommen ist, ist nicht Voraussetzung seines Zinsgenußrechtes (a. M. v. d. Pfordten 362, Wolff A. 1, welche Ansammlung der Zinsen bis zur Erreichung des Kapitalbetrags für erforderlich halten).

Nach 30 J. erlöschen die Rechte auf den hinterlegten Betrag (§ 142).

b) Wird der zur Befriedigung des bedingten Anspruchs dienende Teil des Bargebots **nicht bezahlt**, so wird der Plan gemäß §§ 118, 128 durch Übertragung (mit SichHyp.) ausgeführt, der entspr. wie bei der Hinterlegung die Bedingung für den Erst- u. Zweitberechtigten beigefügt wird; mit der Übertragung tritt die Wirkung der Befriedigung aus dem G. ein (§ 118). Für Einziehung u. verzinsl. Anlegung gelten die §§ 1077—1079 BGB.; auch die erforderl. GBuchBerichtigung nach Beseitigung der Ungewißheit ist Sache der Beteiligten.

2. Ausführung bei auflös. Bedingung. Entgegen § 119 trifft § 120 für die Ausführung des Plans bei auflös. Bedingung keine Bestimmung. Es erfolgt daher zwar bedingte Zuteilung an beide Berechtigte, dagegen Zahlung bzw. Übertragung mit Eintragung der SichHyp., wie wenn der Anspruch unbedingt wäre, also nur an den Erstberechtigten (Fischer-Schäfer 395, Reinhard-Müller A. 3, teilw. abw. Jaeckel-Güthe A. 6). Gegen die Gefahr, die dem Zweitberechtigten dadurch droht, daß der Erstberechtigte über Betrag oder Ford. verfügt u. im Falle des Eintritts der auflös. Bedingung nicht zur Rückgewähr des Empfangenen imstande ist, kann sich ersterer, soweit vertragsmäßig

---

[1]) Es ist aber nicht ausgeschlossen, daß der Berechtigte unter Zustimmung des Zweitberechtigten das Bestehenbleiben des Rechtes mit dem Ersteher vereinbart (Jaeckel-Güthe A. 5, Reinhard-Müller § 119 A. 2b).

[2]) Hierüber ist zweckmäßig in der HinterlegAnordnung u. im Plane Bestimmung zu treffen (Jaeckel-Güthe A. 5, Reinhard-Müller A. I 1b). Tritt die Bedingung ein, so hat der Zweitberechtigte unter Umständen die Zinsen zurückzuzahlen (§ 159 BGB.).

nicht ein Anspruch auf SichLeistung besteht, nur außerh. des Verf. im Wege des Arrestes u. der einstw. Verfügung schützen (Jaeckel-Güthe A. 6, Reinhard-Müller A. 3).

§ 121.

In den Fällen des § 92 Abs. 2 ist für den Ersatzanspruch in den Teilungsplan ein Betrag aufzunehmen, welcher der Summe aller künftigen Leistungen gleichkommt, den fünfundzwanzigfachen Betrag einer Jahresleistung jedoch nicht übersteigt; zugleich ist zu bestimmen, daß aus den Zinsen und dem Betrage selbst die einzelnen Leistungen zur Zeit der Fälligkeit zu entnehmen sind.

Die Vorschriften der §§ 119, 120 finden entsprechende Anwendung; die Art der Anlegung des Geldes bestimmt der zunächst Berechtigte.

E. I § 163; Begr. 296, 297; D. 58; KBer. —.

Planaufstellung und -Ausführung bei Rentenansprüchen.

1. Das zur Leistung der Geldrenten des § 92 Abs. 2 (nur im Falle des Erlöschens der dort bezeichneten Rechte) erforderliche, in den Plan einzustell. **Deckungskapital** beziffert, wenn die Bezugs dauer bekannt ist, die Summe der Jahreswerte der einzelnen Leistungen (= Summe der Jahresrenten), höchstens aber deren 25 fachen Betrag (ohne Einrechnung von Zinsen, Jaeckel-Güthe A. 2, Reinhard-Müller A. 2a); wenn aber die Dauer des Rechtes ungewiß ist (z. B. bei Auszugsrechten auf Lebenszeit, in der Regel auch bei Nießbrauch, beschr. persönl. Dienstbarkeiten, §§ 1061, 1090 Abs. 2 BGB.), die Summe der der wahrscheinl. Dauer entsprech. Jahresleistungen, höchstens ebenfalls deren 25fachen Betrag. Wurde z. B. für das WohnRecht einer 20jähr. Person, das bis zu ihrem 30. Lebensjahr zu gewähren war, ein Jahreswert von 60 Mk. angemeldet, so beträgt das in den Plan einzustell. Deckungskapital 60×10 = 600 Mk. (die inzwischen etwa erwachsenden Zinsen bleiben bei Feststellung des Kapitals unberücksichtigt).

Hängt das Bezugsrecht von der Lebenszeit einer Person ab, so darf wohl eine von den VersichAnstalten benützte Durchschnittsberechnung[1]) zugrunde gelegt werden (Jaeckel-Güthe A. 2, Wolff A. 1; bestr.).

Im Streitfall ist der von dem Berechtigten angemeldete Gesamtbetrag (bzw. ein etwa eingetrag. Höchstbetrag) in den Plan einzusetzen u. die Entsch. auf Widerspruch dem ProzeßG. zu überlassen.

2. Bedingte (Hilfs-)Verteilung. Im Plan ist aber nicht nur die Rente u. das Deckungskapital, sondern gem. § 121 Abs. 2 auch die Person des Zweitberechtigten zu bestimmen, an den der Rest des Deckungskapitals fällt, wenn das Bezugsrecht aufhört (z. B. der Rentenberechtigte stirbt), bevor jenes aufgezehrt ist; zugleich ist zu bestimmen, daß die Rente (§ 92 Abs. 2 Satz 2) aus Kapital und Zinsen zu entnehmen ist.

3. Die **Ausführ.** des Plans hinsichtl. des Deckungskapitals (Abs. 2) erfolgt bei Zahlung des Bargebots (§ 117) durch Hinterlegung auf den Namen des Renten-(Erst-) und Zweitberecht. mit der Maßgabe, daß der erstere die Rente

---

[1]) Vgl. JMBek. v. 6. 12. 86 (JMBl. 279).

vierteljährig voraus (§ 92 Abs. 2) erheben darf[2]) u. der Rest nach Wegfall des Rechtes dem Zweitberecht. gehören soll. Zur anderweit. verzinsl. Anlegung des hinterlegten Betrags, Kündigung usw. haben beide gemeinsch. mitzuwirken (§§ 1077—1079 BGB.); die Art der Anlegung bestimmt aber hier der Erst-berechtigte (anders § 120). Über Erlöschen der Rechte auf den hinterlegten Betrag s. § 142.

Entspr. gilt für die Übertragung der Ford. gegen den Ersteher, falls dieser das Bargebot nicht bezahlt hat (§ 118), sowie für die Eintrag. der Sich.-Hyp.; beide müssen die Person des Renten-(Erst-) u. Zweitberechtigten u. die entspr. Bedingungen enthalten. Zur Beitreibung der einzelnen Renten vom Ersteher bedarf der Rentenberechtigte auch hier nicht der Zustimmung des Zweitberechtigten (Reinhard-Müller A. 4b). Ist das Rentenrecht erloschen, so vollzieht sich die Einziehung des Restkapitals durch den Zweitberechtigten, sowie die Umschreibung der SichHyp. auf ihn außerh. des Verf. (vgl. § 120 A. 2, Jaeckel-Güthe A. 4, 6).

§ 122.

Sind mehrere für den Anspruch eines Beteiligten haftende Grundstücke in demselben Verfahren versteigert worden, so ist, unbeschadet der Vorschrift des § 1132 Abs. 1 Satz 2 des Bürgerlichen Gesetzbuchs, bei jedem einzelnen Grundstücke nur ein nach dem Verhältnisse der Erlöse zu bestimmender Betrag in den Teilungsplan aufzunehmen. Der Erlös wird unter Abzug des Betrags der Ansprüche berechnet, welche dem Anspruche des Beteiligten vorgehen.

Unterbleibt die Zahlung eines auf den Anspruch des Beteiligten zugeteilten Betrags, so ist der Anspruch bei jedem Grundstück in Höhe dieses Betrags in den Plan aufzunehmen.

E. I § 164; Begr. 297—300; D. —; KBer. —.

Verteilung von Gesamtbelastungen.

1. Allg. Während § 112 die Verteilung des Gesamterlöses mehrerer Grundstücke (Bruchteile, s. Einl. III 2) auf die einzelnen derselben regelt (also die Ermittlung der jedem G. entsprech. Einzelmassen, da solche nicht wie bei der Einzelversteig. ohne weiteres bekannt sind), handelt es sich in § 122 um die Verteilung eines Gesamtrechtes auf die den einzelnen haftenden Grundstücken entsprech. Einzelerlöse oder auf die nach § 112 ermittelten Einzelmassen.

Hiebei geht § 122 von dem Regelfall des ungleichmäßigen Werts der G. u. damit der Erlöse aus u. schreibt vor, daß das Gesamtrecht nach dem Verhältnis dieser Erlöse zu teilen ist. Denn da Grundstücke nicht wie Personen behandelt werden können, kann auch der für das Gesamtschuldverhältnis geltende Grundsatz des § 426 BGB. (gleichheitl. Haftung der Gesamtschuldner untereinander) nicht entspr. angewendet werden; Grundstücke sind vielmehr nach ihren Kräften zur Befriedigung der Gesamtschuld heranzuziehen (Begr. 300).

2. Voraussetzung der Verteil. der Gesamtschuld (auch Ansprüche nach § 10

[2]) Die Rente wird aus dem Kapital und den Zinsen bezahlt. Zweckmäßig wird die HinterlegStelle ersucht, die Rentenzahlung jeweils vom Nachweis des Lebens des Erstberechtigten abhängig zu machen (Jaeckel-Güthe A. 6). Über den Fall, daß das Kapital nicht ganz aus der Masse gedeckt werden kann, s. § 92 A. 6.

Nr. 1—3, 5) nach § 122 ist einmal, daß die mehreren[1]), rechtlich selbständigen, mithaftenden G. (Bruchteile) oder einzelne von ihnen in dem näml. Verf. versteigert wurden (§ 18); sodann, daß entweder bloß Einzelversteig. stattgefunden hatten oder daß sich eine Teilung des Gesamtgebots (§§ 63, 64) als nötig erwies (§ 112 A. 2), daß also z. B. das Gesamtrecht sich nicht ohne Beeinträchtigung der übr. Beteiligten aus dem Gesamterlös befriedigen läßt; des weiteren, daß es sich um eine bar zu zahlende Gesamtschuld handelt (die Verteil. der bestehenbleib., sei es im g. G. enthaltenen oder nach § 59 aufrecht erhaltenen, Gesamtschuld erfolgt, soweit nötig, nach § 112); ferner, daß der Erlös bezahlt wurde, also keine Übertragung notwendig ist (Abs. 2, s. A. 4); endlich, daß der GesamtGl. nicht selbst eine andere Verteilung nach § 1132 Abs. 1 Satz 2 BGB. getroffen hat.

Dieses Verteilungsrecht des GesamtGl. selbst[2]) kann ohne Rücksicht auf nachstehende Gl. ausgeübt werden (nur böswillige Ausübung ist ausgeschlossen, RG. 36, 313, Jaeckel-Güthe A. 4), auch noch im VerteilTermine (durch mündl. oder schriftl. Erklärung), und ohne daß der Berechtigte selbst die Zw.-Vollstr. betreibt (BayObLG. 4, 506); § 91 Abs. 1 steht nicht entgegen, da das am G. erlosch. Recht sich am Erlös fortsetzt.

3. Die verhältnism. Verteilung der Gesamtschuld erfolgt, wenn sie der GesamtGl. nicht selbst vorgenommen hat (s. oben 2) von Amts wegen in der Weise, daß von den Einzelerlösen der G. (bzw. den nach § 112 ermitt. baren Einzelmassen) zunächst die dem GesamtGl. vorgehenden (bar zu zahl.) Anspr. (Kosten verhältnismäßig) abgezogen werden u. die Gesamtschuld nach Verhältnis der für sie verbleib. Reste der Einzelmassen verteilt wird; auf die der Gesamtschuld nachfolg. Rechte kommt es nicht an. Nicht versteigerte mithaft. G. bleiben außer Betracht.

Beispiel: Zwei Grundstücke sind, wie folgt, belastet:

I		II
1000 M. für A		500 M. für B
	600 M. Gesamtrecht des C	
5000 M. für D		800 M. für E.

C betrieb das Verf., die Hyp. des A u. B blieben also bestehen; Kosten bei I u. Zinsen für A 75 M., Kosten bei II u. Zinsen für B 55 M.; Barerlös I 2575 M., Barerlös II 555 M. Für C verbleiben bei I 2500 M., bei II 500 M., so daß er, dem Verhältnis dieser Erlösreste entsprechend, aus I mit 500 M., aus II mit 100 M. befriedigt wird; die Reste entfallen auf D u. E.

4. Verteilung im Falle der Nichtzahlung (vgl. A. 2).

a) Insoweit aus einer Einzelmasse der auf den GesamtGl. treff. Betrag nicht bar bezahlt (bzw. hinterlegt) wird, haben die übr. Einzelmassen hierfür im Verhältnis der aus ihnen für den GesamtGl. verfügb. Beträge aufzukommen.

Hat in ob. Beispiel der Ersteher von I außer Zinsen u. Kosten nur 100 M. bar bezahlt (statt 2575 M.), aber der Ersteher von II die vollen 555 M., so ist C mit 500 M.

---

[1]) Bei der Versteig. eines G. ist ein (zum Zuge gekommenes) Gesamtrecht zum vollen Betrag in den TeilPlan einzustellen u. aus der Masse zu befriedigen oder sicherzustellen (vgl. § 123); dasselbe gilt beim Zuschlag für ein Gesamtgebot, wenn eine Teilung nach § 112 nicht nötig ist. Bei getrennter Versteig. der mehreren G. wird vor Aufstellung des Plans zweckmäßig eine Erklärung des GesamtGl. nach § 1132 Abs. 1 Satz 2 BGB. einzufordern sein.

[2]) Es steht den Berechtigten des § 10 Nr. 1—3 nicht zu (Jaeckel-Güthe A. 4; a. M. 2. Aufl. u. v. d. Pfordten 366).

aus II zu befriedigen (obwohl auf II zunächst nur 100 M. verteilt waren; auf die nachfolg. Gl. bei II wird keine Rücksicht genommen, da sie es sich auch gefallen lassen müssen, wenn C selbst auf II 500 M. verteilt hätte; sie können auch den säumigen Ersteher von I nicht auf Ersatz der ihnen entgangenen 400 M. belangen, wenn nicht § 826 BGB. vorliegt, (Fischer-Schäfer 399, Jaeckel-Güthe A. 7, Reinhard-Müller A. 5). Wären für die 600 M. des C drei reine Massen von 2500 bei I, 250 bei II u. 250 bei einem Grundstück III zur Verfügung, bei I aber nur 100 M. bar bezahlt, bei II 555 M., so wären die restigen 500 M. für C im Verh. von 1:1 bei II u. III zu decken.

b) Wird das Bargebot bei keinem der Grundstücke bezahlt oder reichen die Barzahlungen zusammen nicht zur Deckung des GesamtGl. aus, so ist der ungedeckte (u. U. also der ganze) Betrag der Gesamthyp. bei jedem G. in den Plan aufzunehmen (Abs. 2) u. sodann nach §§ 118, 123, 128 zu verfahren, d. h. die Ford. gegen den Ersteher in Höhe des ganzen ungedeckten Betrages der Gesamthyp. auf den GesamtGl. u. gem. § 123 bedingt auf die Nächstberechtigten zu übertragen u. dementspr. SichHyp. auf den einzelnen G. einzutragen. Diese SichHyp. sind zwar keine Gesamthyp. im S. des § 1132 BGB. (da sie nicht für die ursprüngl. einheitl. Ford. sondern für die übertrag. Forderungen eingetragen werden), aber sie sind auch keine voneinander unabhängige Einzelhyp., da der Gl. nicht die Summe der Einzelbeträge fordern kann; die übertrag. Ford. gegen den Ersteher ist vielmehr bei jedem G. auflösend bedingt dadurch, daß der früh. GesamtGl. nicht aus einem der anderen G. (durch Zahlung oder ZwVollstr.) befriedigt wird (Fischer-Schäfer 398, 399, Jaeckel-Güthe A. 7, Reinhard-Müller A. 6, bestr.)[3]).

Wurden in ob. Beispiel bei I nur 100 M. (außer Zinsen u. Kosten) bar bezahlt; bei II aber gar nichts, so sind bei I u. II je 500 M. für C einzusetzen u. diese bei I dem C unbedingt, dem D aber unter der Bedingung, daß die übertrag. Ford. aus dem anderen G. befriedigt wird, zu übertragen, ebenso aber mit den 500 M. bei II für C u. E zu verfahren (s. § 123 A. 4). Bei Eintragung der beiden SichHyp. ist zweckmäßig zu vermerken, daß sie an Stelle der ursprüngl. Gesamthyp. zu 600 M. getreten sind.

c) Der aus der Einzelmasse für die Gesamtschuld verfügbare Betrag bildet die Höchstsumme, bis zu der auf dem einzelnen G. eine Übertragung stattfinden kann (Fischer-Schäfer 398, Reinhard-Müller A. 5).

Hat im Beispiel zu Bem. 3 weder bei I noch bei II eine Barzahlung (abges. von Zinsen u. Kosten stattgefunden, so wären nach der Regel zu b bei jedem G. für C 600 M. einzustellen; das ist aber nur bei I möglich, weil der Ersteher von II nur für 500 M. haftet: C erhält daher für die ihm übertrag. Ford. gg. die Ersteher zu insges. 600 M. eine SichHyp. von 600 M. bei I, von 500 M. bei II (unter der zu b erwähnten Bedingung).

d) Nach Übertragung der auf den einzelnen G. dem früh. GesamtGl. verblieb. Forderungen ist es diesem überlassen, gegen welchen Ersteher oder bei welchem G. er die Ford. beitreiben will; sowit Zahlung nach der Übertragung erfolgt, wird sie auf die einzelnen G. (Erlöse) ebenso verrechnet, wie wenn sie im Termine erfolgt wäre (A. 3 u. 4a).

Zahlt also im vor. Beispiel der Ersteher von II später 300 M., so mindert sich die Haftung von II nicht auf 200 M., sondern beide G. haften weiter für 300 M. (Reinhard-Müller § 123 A. 3).

---

[3]) Der Streit betrifft die Zerlegung des Gesamtgebots u. die Sicherung des Gesamtrechts im Falle der Nichtzahlung. Die unbefriedigenden Lösungen veranlassen Wenz-Wagner (A. IV 2), die Eintragung von Gesamtsicherungshyp. nicht nur für das Gesamtrecht, sondern für den ganzen Gesamterlös (ohne Rücksicht auf dessen Verteilung nach § 112) an allen versteig. Grundstücken vorzuschlagen. Dies widerspricht jedoch, wie Jaeckel-Güthe a. a. O. (5. Aufl. S. 531) einwenden, dem § 128: Die SichHyp. des § 128 sichert nicht die Ford. des VollstrSch. aus dem Gesamtgebot, sondern die des Berechtigten aus der Übertragung, also auch nur in deren Höhe.

§ 123.

Soweit auf einen Anspruch, für den auch ein anderes Grundstück haftet, der zugeteilte Betrag nicht gezahlt wird, ist durch den Teilungsplan festzustellen, wie der Betrag anderweit verteilt werden soll, wenn das Recht auf Befriedigung aus dem zugeteilten Betrage nach Maßgabe der besonderen Vorschriften über die Gesamthypothek erlischt.

Die Zuteilung ist dadurch auszuführen, daß die Forderung gegen den Ersteher unter der entsprechenden Bedingung übertragen wird.

E. I § 165; Begr. 301; D. 58; KBer. —.

Bedingte (Hilfs-) Verteilung bei Gesamtansprüchen.

1. Allg. Die Vorschrift ist durch die besond. Bestimmungen des BGB. über das Erlöschen der Gesamthyp. u. die Übertragung der Ford. gegen den Ersteher veranlaßt.

2. Voraussetzung des § 123 ist, daß der auf einen GesamtGl. (der Hyp., Grund- oder Rentensch.) zugeteilte Betrag ganz oder teilweise nicht[1]) im VerteilTermine bezahlt wird (§ 118 A. 2). Gleichgültig ist, ob das mithaft. G. mitversteigert wurde (§ 122 Abs. 2) oder nicht; es ist also nach § 123 zu verfahren, wenn getrennte oder gemeinsame Versteig. der G. erfolgte, sowie, wenn nur eines oder einzelne der Verbandgrundstücke versteigert wurden. Gleichgültig ist auch, ob für den zugeteilten Betrag eine ZahlFrist bewilligt ist (§§ 60, 61) oder ob er eine Zuzahlung nach §§ 50, 51 darstellt (Reinhard-Müller A. 1).

3. Die **bedingte Zuteilung** hat hier, wie bei bedingten Anspr., in allen Fällen die Möglichkeit zu berücksichtigen, daß das Gesamtrecht nicht vom Ersteher befriedigt wird, sondern nach den besond. Vorschr. über die Gesamthyp. an dem versteigerten G. wegfällt, z. B. weil es aus einem mithaft. G. Befriedigung findet oder der GesamtGl. bei dem versteig. G. auf den zugeteilten Betrag verzichtet. Diese Möglichkeit besteht auch in den Fällen des § 122 Abs. 2, wo von einem eigentl. Gesamtrechtsverhältnis infolge der Zerteilung in einzelne Ford. nicht mehr gesprochen werden kann (vgl. § 122 A. 4b, c).

Sie erfolgt in der Weise, daß die Ford. gegen den (die) Ersteher in erster Linie dem GesamtGl. (richtiger: dem früh. GesamtGl.) in Höhe des auf das Gesamtrecht entfall. Betrags und sodann unter der Bedingung, „daß u. soweit dessen Anspruch auf Befriedigung aus dem zugeteilten Betrag nach Maßgabe der besond. Vorschr. über die Gesamthyp. erlischt", dem Nächstberechtigten (leer Ausgegangenen, zuletzt dem VollstrSch.) zugeteilt wird.

4. Die **Ausführung** der Verteilung geschieht dann durch entspr. Übertragung der Ford. gegen den (oder die) Ersteher auf den GesamtGl. (unbedingt) u. gleichzeitig bedingungsweise auf den Zweitberechtigten, sowie durch Eintragung der entspr. SichHyp. für beide unter Beifügung des neuen Rangverhältnisses (§ 128).

Die bedingte Zuteilung bedeutet für das Recht des GesamtGl. gegenüber dem Ersteher die Beifügung einer auflösenden Bedingung. Deshalb erfolgt für ersteren (wie im Falle des § 120 A. 2) die Ausführ. des Plans durch un-

[1]) Zahlt der Ersteher den auf den GesamtGl. treff. Betrag, so erlischt das Gesamtrecht auch an den anderen G., soweit es nicht dort auf den ersatzberecht. Eigent. oder dessen Rechtsvorgänger (persönl. Sch.) übergeht (§§ 1181, 1182 BGB.).

bedingte Übertragung. Er ist allein zur Einziehung[2]) der Ford. gegen den Ersteher berechtigt, solange nicht das (aufschiebend bedingte) Recht des Zweitberechtigten wirksam geworden ist. Mit dem Eintritte dieser Bedingung wird letzterer allein verfügungsberechtigt.

Die später etwa erforderl. GBuchberichtigung (Eintragung des Alleinberechtigten) ist beim GBuchamte von den Beteiligten selbst herbeizuführen, nötigenfalls nach Klage (JW. 1916, 1039, OLG. 34, 169; Jaeckel-Güthe A. 3). Zu beachten ist, daß die Befriedigung aus dem versteig. G. (u. damit das Erlöschen des Gesamtrechts an den mithaft. G., also die Unwirksamkeit der bedingten Übertragung) auch nach § 118 Abs. 2 infolge Unterlassung des Versteig.-Antrags eintreten kann (Jaeckel-Güthe A. 3).

5. Über die **Fälle des Erlöschens** der Gesamthyp. s. § 50 A. 3C; über bedingte Zuteilung für das im **geringsten Gebot** steh. Gesamtrecht s. § 125.

§ 124.

Im Falle eines Widerspruchs gegen den Teilungsplan ist durch den Plan festzustellen, wie der streitige Betrag verteilt werden soll, wenn der Widerspruch für begründet erklärt wird.

Die Vorschriften des § 120 finden entsprechende Anwendung; die Art der Anlegung bestimmt derjenige, welcher den Anspruch geltend macht.

Das Gleiche gilt, soweit nach § 115 Abs. 4 die Ausführung des Planes unterbleibt.

E. I § 167; Begr. 301, 302; D. 58; KBer. —.

Bedingte (Hilfs-) Verteilung bei Widerspruch gegen den Plan.

1. Eine **bedingte Verteilung** ist auch in allen Fällen vorzunehmen, in denen der Widerspruch im Termin (§ 115) nicht durch Einigung der Beteiligten beseitigt wird, auch wenn W. gegen ein vereinbarungsgemäß (§ 91 Abs. 2) bestehenbleibendes[1]) Recht erhoben wird; sie soll möglichst einem, durch die Entsch. über den W. nach § 880 ZPO. notwendig werdenden neuerl. VerteilVerf. vorbeugen[2]), indem der bestrittene Betrag schon im VerteilTermine für den Fall, daß sich der W. als begründet erweist, auch einem Zweitberechtigten zugeteilt

---

[2]) Verfügungen anderer Art als Einziehung, die der GesamtGl. während der Schwebezeit vornimmt, sind dem Zweitberechtigten gegenüber insoweit unwirksam, als sie die von der Bedingung abhängige Wirkung vereiteln oder beeinträchtigen würden [§§ 161, 163 BGB.); diese durch die auflös. Bedingung begründete VerfügBeschränkung (RG. 76, 91) hindert aber die Eintragung einer weiteren Verfüg. des GesamtGl. nicht; nur die Löschung der SichHyp. erfordert die öffentl. begl. Zustimmung (§§ 182, 183 BGB.) des Zweitberechtigten (Reinhard-Müller A. 5, Güthe-Triebel Vorbem. 80 vor § 13 GBO.).

[1]) Bei der hier einzutrag. bedingten SichHyp. muß aber vermerkt werden, daß nur eine einmalige Belastung vorliegt, d. h. entweder mit dem (vereinbarungsgemäß) bestehenbleib. Recht für den Fall des Unterliegens des Widersprechenden oder mit der SichHyp. für den entgegengesetzten Fall (OLG. 20, 384 = ZBlFG. 11, 37).

[2]) Was aber nicht immer möglich ist, z. B. wenn auch die bedingte Verteilung angefochten wird (Wolff § 115 A. 1e, Jaeckel-Güthe § 115 A. 15).

Wurde die bedingte Verteilung unterlassen (u. nicht auf dem Weg der Erinnerung nach § 13 II EG. bezw. Beschwerde herbeigeführt, s. § 113 A. 3a, § 115 A. 5, 8, ZBlFG. 10, 40, SeuffA. 83, 159), so ist sie vom ProzeßG. nachzuholen (Recht 09 Nr. 1042).

wird (dem zunächst Berechtigten ebenfalls nur bedingt, für den entgegengesetzten Fall).

Als Zweitberechtigte kommen nur diej. in Betracht, die dem Plane widersprochen haben (OLG. 6, 441; 15, 288); dies gilt auch vom VollstrSch. selbst (ebenso PfändGläubigern). Wird der W. im Rechtsstreit für begründet erklärt, so haben diej., die nicht widersprochen haben, auf den frei werd. Betrag keinen Anspruch, es müßte denn sein, daß der VollstrSch. zu ihren Gunsten W. erhoben hat (f. § 115 A. 3b, Jaeckel-Güthe A. 3); letzterenfalls ist der betreff. (ausfallende) Gl. als Zweitberechtigter zu behandeln. Wird gegen den näml. Anspruch von mehreren W. erhoben, so ist zu bestimmen, wer berechtigt ist u. allenfalls in welcher Reihenfolge (§§ 10 bis 12), wenn der eine oder andere oder wenn beide Widersprüche begründet sind. Mehrfache bedingte Verteilung kann auch nötig werden, wenn gegen einen bedingten Anspruch W. erhoben wird (Jaeckel-Güthe § 120 A. 3).

2. Die **Ausführung** des Plans erfolgt, wie bei § 120, je nachdem der Ersteher gezahlt hat oder nicht, durch Hinterlegung bzw. bedingte Übertragung auf den Erst- und Zweitberechtigten samt entsprech. SichHyp. für beide. Ersterer, gegen dessen Anspruch sich der W. richtet, bestimmt die Art der Anlegung. Zinsen während der Schwebezeit sind mangels Einigung anzusammeln (Reinhard-Müller A. 2). Auszahlung des hinterlegten Betrags, Kündigung u. Einziehung der übertragenen Forderung gegen den Ersteher können beide nur zusammen betreiben, solange nicht das alleinige Recht des einen oder anderen feststeht.

Der W. hindert nunmehr weder die (vorläufige) Ausführung des Plans noch die GBuchberichtigung. Es ist Sache des Widersprech., eine Vormerkung gemäß §§ 883, 885 BGB. herbeizuführen, wenn ihm die Eintragung der SichHyp. des § 130 nicht genügt.

3. Die **endgültige** Ausführung des Plans durch Aushändigung einer Erhebungsanweisung auf den hinterlegten Betrag oder unbedingte Übertragung der Ford. gg. den Ersteher, nötigenfalls auch die Berichtigung des GBuchs (§§ 128, 130) erfolgt hier nach Erledigung des W.s durch das Notariat, also nicht durch die Beteiligten selbst (anders § 120; vgl. § 115 ZVG. mit § 882 ZPO., Jaeckel-Güthe A. 6). Ein neuer VerteilTermin ist hierzu nur dann nötig, wenn das ProzeßG. eine neue Verteilung angeordnet hat. Der Erledigung des W. durch prozeßricht. (rechtskr.) Entsch. steht die Einigung, Zurücknahme des W.s, Ablauf der Klagefrist (§ 878 ZPO., f. § 115 A. 7c) gleich.

4. Abs. 3 betrifft den Fall, wo der **Widerspruch des VollstrSch.** auch gegenüber einer vollstreckungsreifen Ford. zu berücksichtigen ist (f. § 115 A. 3b). Zweitberechtigt ist hier immer der Sch. (wobei auch Pfändungen u. andere VerfügBeschränkungen hinsichtl. des schuldnerischen Anspruchs zu berücksichtigen sind). Gleiches gilt, wenn die Vollstr. eines Anspruches gegen den Sch. nach §§ 769, 770 ZPO. eingestellt ist.

§ 125.

Hat der Ersteher außer dem durch Zahlung zu berichtigenden Teile des Meistbebots einen weiteren Betrag nach den §§ 50, 51 zu zahlen, so ist durch den Teilungsplan festzustellen, wem dieser Betrag zugeteilt werden soll. Die

Zuteilung ist dadurch auszuführen, daß die Forderung gegen den Ersteher übertragen wird.

Ist ungewiß oder streitig, ob der weitere Betrag zu zahlen ist, so erfolgt die Zuteilung und Übertragung unter der entsprechenden Bedingung. Die §§ 878 bis 882 der Zivilprozeßordnung finden keine Anwendung.

Die Übertragung hat nicht die Wirkung der Befriedigung aus dem Grundstücke.

E. I § 168; Begr. 302—304; D. 59, 60; RBer. —.

Bedingte (Hilfs-) Verteilung bei Erhöhung des Bargebots.

1. Verteilung in den Fällen der §§ 50, 51. Hat der Ersteher die für den Wegfall eines im g. G. berücksicht. Rechtes bestimmte Ersatzsumme (Zuzahlung zum Bargebot) im VerteilTermine geleistet (was zulässig ist, § 271 Abs. 2 BGB., Reinhard-Müller A. 4), so wird sie, wie die übr. Barbeträge (§§ 107, 117) verteilt u. ausbezahlt. Ist die Ersatzsumme nicht schon bei Feststell. des g. G. bestimmt worden (welche Bestimmung im Falle der Rechtskraft des Zuschlags unabänderlich ist), so hat dies nun nachträglich im TeilPlan zu geschehen; die Beteiligten können die nachträgl. Feststellung der Höhe der Ersatzsumme nur außerh. des Verf. bekämpfen (Jaeckel-Güthe A. 2, Reinhard-Müller A. 3).

Wegen § 50 Abs. 1 Satz 2 wird aber die Ersatzsumme in der Regel nicht im Termin bezahlt werden, so daß dem hieraus zu befriedig., nächsten (sonst leer ausgeh.) Gl. u. zuletzt dem VollstrSch. die Ford. des letzteren gegen den Ersteher mit den ihr nach § 50 Abs. 1 Satz 2 anhaftenden Zins- u. ZahlBestimmungen zu übertragen ist.

a) Wenn das Nichtbestehen (oder der Wegfall) des berücksicht. Rechts zweifellos feststeht (z. B. auf Grund Sterbeurkunde über das Ableben des Auszugsberechtigten nach dem Zuschlag), so daß dieses gemäß § 130 gelöscht werden kann, so ist die Ersatzsumme nicht nur dem nächsten (sonst leer ausgeh.) Gl. zuzuteilen, sondern die Ford. gegen den Ersteher in dieser Höhe auch unbedingt zu übertragen (Abs. 1) u. nach § 128 zu verfahren[1]). Die dann einzutrag. (unbedingte) SichHyp. erhält natürlich den Rang des nunmehr (sonst bedingt) Berechtigten, also die letzte Stelle (Jaeckel-Güthe A. 8; vgl. aber OLG. 20, 384 für den Fall des § 91 Abs. 2). Ist die Ersatzsumme noch nicht fällig, so ist nach §§ 111, 118, 128 zu verfahren.

b) Wenn das Nichtbestehen des Rechtes nicht so zweifellos nachgewiesen ist, daß seine Löschung vom Notariat veranlaßt werden kann, insbes., wenn es bestritten wird (der betreff. Berechtigte nicht erschienen ist), so hat die Zuteilung u. Übertragung der Ersatzsumme, sowie die Eintragung der Sich.-Hyp. (§ 128) für den oder die zunächst ausfallenden Gl. (zuletzt VollstrSch.; anders im Falle des förmlichen Widerspruchs, s. unten), nur unter der Bedingung zu erfolgen, daß das im g. G. berücksichtigte, also bestehen bleib. Recht z. Z. des Zuschlags nicht bestanden hat, bzw. daß es nach Maßgabe der be-

---

[1]) Erhebt sich über die Person oder den Anspruch des Bedingtberechtigten Streit, so ist dieser Widerspruch natürlich nach der Regel der §§ 115, 124 zu erledigen (Fischer-Schäfer 485). Ohne solchen Widerspruch genügt es aber, als Bedingtberechtigte nur die zunächst aus dem frei werdenden Betrage zu befriedigenden, nicht auch alle ausgefallenen Gl. einschl. des Sch. zu bezeichnen (s. Fußn. 2).

sond. Vorschr. über das Erlöschen der Gesamthyp. am versteig. G. erlischt bzw. erloschen ist, daß die auflös. Bedingung eintritt bzw. eingetreten ist, daß die aufschieb. Bedingung ausfällt bzw. ausgefallen ist; bei bestehenbleib. AufwHyp.: daß ein niedrigerer AufwBetrag festgestellt wird (Jaeckel-Güthe A. 4—6, Reinhard-Müller A. 6a). Die bedingte Sicherungshyp. erhält wieder den Rang des Bedingtberechtigten, wobei zu vermerken ist, daß nur eine einmalige Belastung in Frage steht (s. § 124 Fußnote 1). Die endgültige Herbeiführung der Löschung des Rechtes oder der bedingten SichHyp. ist dann Sache der Beteiligten (§§ 894ff. BGB., 22 GBO.; Jaeckel-Güthe A. 8, Reinhard-Müller A. 6).

Häufig wird eine solche bedingte Zuteilung durch einen förml. Widerspruch gegen den Plan (d. h. gegen das im g. G. stehende Recht) veranlaßt werden. Dieser W. ist aber nicht nach § 115 zu behandeln; vielmehr ist ihm durch bedingte Zuteilung stattzugeben (sonst Erinnerung u. Beschwerde; s. § 115 A. 2a); um die Austragung des Streites hat sich das Notariat nicht zu kümmern (§ 125 Abs. 2 S. 2). Die Zuteilung selbst aber hat in diesem Falle, wie in demj. des § 124, an den Widersprechenden als solchen, nicht an den zunächst Berechtigten, sonst leer ausgeh. Beteiligten[2]) zu erfolgen (Jaeckel-Güthe A. 5, Fischer-Schäfer 405; bestr.; s. Reinhard, Recht 1923, 173).

Zu beachten ist, daß Sich.- u. Höchsthyp. nicht zu den bedingten Rechten gehören (s. § 14 A. 3d); sie erfordern daher im g. G. nicht von Amts wegen eine bedingte Verteilung nach § 125 (sondern nur auf Widerspruch hin, Jaeckel-Güthe A. 4); außerh. des g. G. kann die Höchsthyp. von Amts wegen die bedingte Verteilung nötig machen (s. § 119 A. 2b); über die Kautionshyp. alten Rechts s. § 50 A. 3Ad, über die Behandlung der LöschVormerkung Anh. II zu § 50, der AufwertAnspr. § 50 A. 3Bb.

c) Wird das Nichtbestehen des Rechtes, obwohl bereits z. Z. des Zuschlags gegeben, erst nach Ausführung des Plans bekannt u. erwiesen, so ist der Bedingtberechtigte auf den BereichAnspr. gegen den Ersteher beschränkt; eine nachträgl. Zuteilung in einem wieder aufzunehmenden Verf. ist ausgeschlossen (Fischer-Schäfer 405, Jaeckel-Güthe A. 9, Reinhard-Müller A. 7; bestr.).

2. Wirkung der bedingten Übertragung. Diese hat im Falle der §§ 50, 51 weder die Wirkung der Befriedigung des Beteiligten aus dem G. (Abs. 3; anders § 118 Abs. 2), noch der Vollstreckbarkeit der Ford. auf Zahlung der Ersatzsumme (§ 132 Abs. 1 Satz 2). Sie verschafft nur dem Bedingtberechtigten die Berechtigung zur Geltendmachung der Ford. des VollstrSch. gegen den Ersteher, wie die Überweisung auf Grund der Pfändung (§ 836 ZPO.); mit der Geltendmach. gegen den Ersteher kann aber der Bedingtberechtigte erst durchdringen, wenn das eingetragene Recht beseitigt ist (Jaeckel-Güthe A. 7, ZBlFG. 6, 467). Erst mit der Zahlung an den Bedingtberechtigten auf Grund der Beseitigung des Rechtes tritt die Wirkung der Befriedigung aus dem G. ein.

Die bedingte SichHyp. (§ 128) für die Ersatzsumme ersetzt nicht die Eintragung eines Widerspruchs gegen die Richtigkeit des GBuchs hinsichtl. des bestritt. Rechtes (LZ. 1917, 1011).

---

[2]) Sonst müßte der Widersprechende erst wieder Widerspruch gg. die bedingte Zuteilung an den bedingt Berechtigten erheben, während doch der Streit über die Löschung des Rechtes mit dem Erstberechtigten auszutragen ist (s. Fußn. 1).

§ 126.

Ist für einen zugeteilten Betrag die Person des Berechtigten unbekannt, insbesondere bei einer Hypothek, Grundschuld oder Rentenschuld der Brief nicht vorgelegt, so ist durch den Teilungsplan festzustellen, wie der Betrag verteilt werden soll, wenn der Berechtigte nicht ermittelt wird.

Der Betrag ist für den unbekannten Berechtigten zu hinterlegen. Soweit der Betrag nicht gezahlt wird, ist die Forderung gegen den Ersteher auf den Berechtigten zu übertragen.

E. I § 181; Begr. 315, 316; D. 60; KBer. —.

Verteilung u. Planausführung bei Ungewißheit über die Person eines Berechtigten.

1. Die **bedingte Verteilung** eines bar zu zahl. Betrags wird auch notwendig **bei Ungewißheit des Berechtigten** (vgl. § 117 A. 1). Der auf ihn entfall. Betrag wird im TeilPlan auf seinen Anspruch unbedingt, zugleich aber dem nächstberechtigten (leer ausgeh.) Beteiligten (zuletzt dem VollstrSch.) unter der Bedingung zugeteilt, daß der Erstberechtigte nicht ermittelt wird.

Die Ausführung des Plans geschieht aber — je nachdem der Ersteher im Termin gezahlt hat oder nicht — durch Hinterlegung bzw. unbedingte Übertragung der Ford. gegen den Ersteher nur auf den noch unbekannten Berechtigten u. Eintragung einer unbedingten SichHyp. für ihn (nicht auch für den Bedingtberechtigten); diese SichHyp. wird später auf den Ermittelten umgeschrieben (§§ 135ff.; s. A. 4).

Ergibt sich die Ungewißheit erst nach dem Termine, so ist eine Nachtragsverteilung in einem neuen Termin erforderlich, zu dem außer den als Bedingtberechtigte in Frage kommenden ausgefall. Gl. auch der Ersteher (ZahlPflichtige) — wenn das Bargebot nicht berichtigt wurde — u. der VollstrSch. zuzuziehen sind (Jaeckel-Güthe A. 5, Reinhard-Müller A. 3).

2. Die **Person** des Berechtigten ist auch **unbekannt**, wenn er gestorben[1]) u. seine Erben nicht ermittelt sind, ferner wenn bei einer Briefhyp. (-grund- u. -rentenschuld) der Brief nebst AbtretErklärungen[2]) nicht vorgelegt wird (§§ 1144, 1154, 1155; 1160, 1192, 1199 BGB.). Der Vorlage des Briefes aber bedarf es auch, wenn nur Rückstände von Zinsen u. anderen Nebenleistun-

---

[1]) Eine erteilte Vollmacht erlischt im Zweifel nicht mit dem Tode des Vollmachtgebers (§§ 168, 672 mit 133 BGB.); ist ein zur Empfangnahme berechtigter Vertreter vorhanden (vgl. § 117 Fußn. 4; auch Nachlaßpfleger oder -verw. §§ 1960ff., 1975ff., Test.-Vollstrecker §§ 2205, 2208f. BGB.), so liegt der Fall des § 126 nicht vor; anders, wenn der Berechtigte noch nicht erzeugt oder geboren ist (§§ 1912, 1913, v. d. Pfordten S. 380, Wolff A. 2; a. M. Fischer-Schäfer 406, Jaeckel-Güthe A. 1). Der Nachlaßpfleger (Verw.) bedarf, wenn der Anspruch über 300 M. beträgt, zur Annahme der Genehmigung des NachlaßG. (§§ 1813 Abs. 1 Nr. 2, 1915 BGB.).

[2]) Die Vorlage der in § 1155 BGB. bez. Urkunden (Abtret.-, VerpfändErkl., Nießbrauchsbestellung, Pfänd- u. Überweisungsbeschl.) ist zwar nicht ausdrücklich vorgeschrieben, aber zum Nachweis der Berechtigung nicht zu entbehren (Fischer-Schäfer 406, v. d. Pfordten 380). Ist der Nachweis nicht erbracht (z. B. eine der Abtretungserklärungen nicht öffentl. beglaubigt), so ist der Gl. als unbekannt zu behandeln, bis dem Mangel abgeholfen ist (allenfalls Urteil nach § 894 ZPO. auf Abgabe der AbtretErkl.; Reinhard-Müller A. 1 b, OLG. 23, 21). Wird gleichzeitig Widerspruch gg. den Anspr. erhoben, so ist nach §§ 120, 124 zu verfahren.

gen (Kosten) aus der Hyp. usw. zur Auszahlung gelangen (§§ 1159, 1160 Abs. 3 BGB. sind nicht anwendbar; a. M. 3. Aufl., vgl. ZBlFG. 5, 843). Die Vorlage des Ausschlußurteils ersetzt die des Briefes (§ 1018 Abs. 1 ZPO.). Entspr. gilt für Inhaberhyp., wenn kein Treuhänder vorhanden ist. Bei Buchhyp. gilt der letzte im GBuch eingetrag. Gl. als der Berechtigte (§§ 891, 1138, 1154 III BGB., § 114 ZVG.). Höchst- u. Arresthyp. werden, solange die Ford. nicht feststeht, nach § 119 behandelt (§§ 14 A. 3d, 114 A. I 1a, 119 A. 2b).

3. § 126 findet **keine Anwendung**, wenn nur der Aufenthalt oder der gesetzl. Vertreter des Berechtigten unbekannt (vgl. §§ 1912, 1913, 1813, 1915 BGB.), die Vertretungsmacht oder die Personengleichheit eines Erschienenen mit dem Berechtigten zweifelhaft ist; hier wird nur der auszuzahl. Betrag hinterlegt, die Übertragung aber unbedingt vorgenommen (§ 117 Abs. 2 Satz 3, Jaeckel-Güthe A. 1). § 126 liegt auch nicht vor, wenn mehrere bekannte Personen Anspr. auf den näml. Betrag erheben (§ 115 Fußn. 7). § 126 ist endlich unanwendbar auf bestehenbleib. Rechte (s. § 135 A. 2).

4. **Die endgültige Ausführ.** des Plans erfolgt nach §§ 135ff., 137, 141; Auszahl. des hinterlegten Betrags u. Umschreib. der SichHyp. kann hier der angeblich Berechtigte nur durch Vermittlung des Notariats, nicht etwa durch den Nachweis seiner Berechtigung bei der HinterlegStelle oder dem GBuchamt erlangen (RJA. 15, 83). Wird der hinterlegte Betrag nicht abgehoben, so erlöschen die Rechte hieran nach 30 Jahren (§ 142).

§ 127.

Wird der Brief über eine infolge der Versteigerung erloschene Hypothek, Grundschuld oder Rentenschuld vorgelegt, so hat das Gericht ihn unbrauchbar zu machen. Ist das Recht nur zum Teil erloschen, so ist dies auf dem Briefe zu vermerken. Wird der Brief nicht vorgelegt, so kann das Gericht ihn von dem Berechtigten einfordern.

Im Falle der Vorlegung eines vollstreckbaren Titels über einen Anspruch, auf welchen ein Betrag zugeteilt wird, hat das Gericht auf dem Titel zu vermerken, in welchem Umfange der Betrag durch Zahlung, Hinterlegung oder Übertragung gedeckt worden ist.

Der Wortlaut der Vermerke ist durch das Protokoll festzustellen.

E. I § 169; Begr. 304, 305; D. —; KBer. —.

Behandlung vorgelegter Urkunden.

1. **Hypotheken-, Grund- u. Rentenschuldbriefe** sind nach Ausführung des Plans durch das Notariat (s. § 3 Bek. v. 30. 3. 21 JMBl. 34) unbrauchbar zu machen, wenn das dingl. Recht durch den Zuschlag (§ 91) erloschen (kraft gesetzl. oder nach § 59 vereinbarter VersteigBeding. nicht in das g. G. aufgenommen u. auch nicht nach § 91 Abs. 2 durch Vereinbarung[1]) mit dem Ersteher aufrecht erhalten) ist. Sie sind dagegen nur mit einem entsprech. — im Terminsprot. festzustell. — Vermerke zu versehen, wenn das dingl. Recht

[1]) Wird diese Vereinbarung erst nach Unbrauchbarmachung nachgewiesen, so ist vom GBuchamt ein neuer Brief zu bilden (Reinhard-Müller A. 1).

nur zum Teil erloschen ist, z. B. wenn es nur teilweise im g. G. berücksichtigt wurde (insbes. nur die Mehraufwertung des § 6 Abs. 2 AufwG., s. Anh. zu § 44 A. 1) oder nach § 91 Abs. 2 teilweise bestehen bleiben soll (OLG. 37, 218); aber auch, wenn der Brief eine Gesamthyp. (§ 59 Abs. 1 GBO.) oder nach § 66 GBO. mehrere Hyp. betrifft.

Außer der Angabe des teilw. Erlöschens bedarf es keines Vermerks über etwaige Zahlung, Übertragung oder Vereinbarung nach § 91 Abs. 2, § 144 Abs. 1 (Jaeckel-Güthe A. 2, 5; s. unten A. 3).

Die Unbrauchbarmachung geschieht in der Regel durch Vernichtung des Briefes (vgl. § 500 DA.), bei dem nach § 59 Abs. 2 GBO. (§ 488 Abs. 2 DA.) erteilten GesamthypBrief nach vorh. Abtrennung des über die erlosch. Hyp. am versteig. G. bestehenden Briefes (Fischer-Schäfer 409, Jaeckel-Güthe A. 5).

Unbrauchbar zu machen, bzw. mit dem Vermerke zu versehen ist nur die Urkunde über das dingl. Recht, nicht über die persönl. Forderung.

2. Eine **vollstreckbare Urkunde** darf in keinem Falle unbrauchbar gemacht, sondern mit einem Vermerke über Zahlung[2]), Hinterleg. oder Übertrag. versehen werden (vgl. § 757 Abs. 1 ZPO.). Ist der Brief mit dem VollstrTitel verbunden, so ist ersterer abzutrennen u. unbrauchbar zu machen, letzterer mit dem Vermerke zu versehen. — Der Wortlaut des Vermerks ist gleichfalls im Terminsprot., bei nachträgl. Vorlage der Urkunde zu den Akten festzustellen. Eines Vermerkes bedarf es hier nicht, wenn das Recht ganz ausgefallen ist.

Wie vollstreckb. Urkunden sind auch die HypUrkunden alten Rechtes zu behandeln (Art. 192 EG.BGB.; vgl. Einl. II 1 A).

3. Die **Vorlegung** des Briefes (nicht des Schuldtitels) kann das Notariat verlangen; mit Rücksicht darauf aber, daß es diesem Verlangen ebenso wie das GBAmt (RG. 83, 290) durch keinerlei Zwangsmittel Nachdruck verleihen kann (OLG. 37, 218), wird es sich mit einer diesbezügl. Aufforderung begnügen; ist auf das Briefrecht ein Erlösteil entfallen, so ist mangels Vorlegung nach § 126 zu verfahren; ein gutgl. Erwerb der erloschenen Briefhyp. ist schon durch den VersteigVermerk bzw. nach GBuchberichtigung durch die Löschung ausgeschlossen (§ 892 BGB., Jaeckel-Güthe A. 6, Wolff A. 8). Das Notariat ist auch bei Teillöschung nicht verpflichtet, den ihm etwa vorgelegten Brief dem GBuchamte zuzuleiten, da durch den Vermerk nach § 127 der LöschVermerk nach § 62 GBO. ersetzt wird (Meikel GBO. § 62 A. 1); zweckmäßig ist auch der durch § 499 DA. vorgeschr. Vermerk über den noch gültigen Betrag der Hyp. durch das Notariat anzubringen (bestr., s. OLG. 37, 218).

4. Die **Rückgabe** der unbrauchbar gemachten Urkunden ist reichsges. nicht vorgeschrieben; an ihre Stelle tritt wohl die gänzl. Vernichtung (A. 1); die Rückgabe der VollstrTitel erfolgt in der Regel an diej., die sie vorgelegt haben; eine vollstreckb. Urkunde ist aber im Falle der vollständigen Zahlung dem Vollstr.-Sch. auszuhändigen (§ 757 ZPO.).

5. Über Rückgabe der **Akten** an das VollstrG. s. § 3 Bek. v. 30. 3. 21 JMBl. 33; über Ausscheidung der erledigten Akten s. Bek. v. 9. 5. 70 (JMBl. 61), 2. 5. 97 (JMBl. 53), 28. 2. 05 (JMBl. 365), 30. 11. 25 (JMBl. 103).

---

[2]) Soweit der Berechtigte Zahlung nicht erhalten u. auch nicht durch Hinterleg. oder Übertrag (nach § 118 Abs. 2) gedeckt, also ausgefallen ist, kann er weitere Vollstr. gegen den Sch. betreiben; in der Regel kann dieser gegen den Gläubiger-Ersteher nicht einwenden, daß er durch den Erwerb oder Weiterverkauf einen Gewinn erzielt habe (s. § 114 Fußn. 1).

§ 128.

Soweit für einen Anspruch die Forderung gegen den Ersteher übertragen wird, ist für die Forderung eine Sicherungshypothek an dem Grundstücke mit dem Range des Anspruchs einzutragen. War das Recht, aus welchem der Anspruch herrührt, nach dem Inhalte des Grundbuchs mit dem Rechte eines Dritten belastet, so wird dieses Recht als Recht an der Forderung miteingetragen.

Soweit die Forderung gegen den Ersteher unverteilt bleibt, wird eine Sicherungshypothek für denjenigen eingetragen, welcher zur Zeit des Zuschlags Eigentümer des Grundstücks war.

Mit der Eintragung entsteht die Hypothek. Vereinigt sich die Hypothek mit dem Eigentum in einer Person, so kann sie nicht zum Nachteil eines Rechtes, das bestehen geblieben ist, oder einer nach Abs. 1, 2 eingetragenen Sicherungshypothek geltend gemacht werden.

Wird das Grundstück von neuem versteigert, so ist der zur Deckung der Hypothek erforderliche Betrag bar zu berichtigen.

E. I § 170; Begr. 305–307; D. 60; KBer. 45.

Sicherungshypothek für die Forderung gegen den Ersteher.

1. Allgem. Die Nichtzahlung des VerstErlöses durch den Ersteher erfordert eine Sicherstellung der auf den Erlös statt des Grundstücks angewiesenen Ansprüche. Diesem Zweck dient die SichHyp. des § 128. Sie ist eine Art von ZwHyp.[1]), die an die Stelle des mit dem Zuschlag erlosch. Rechtes am G. oder des Rechtes auf Befriedigung aus ihm tritt u. von Amts wegen eingetragen wird.

2. Eintragung der SichHypothek. a) Soweit die Ausführung des Plans mangels Barmasse durch Übertragung (§§ 118, 120—126) eines entsprech. Teils der Ford. des VollstrSch. gegen den Ersteher auf einen Gl. (Anspruch) erfolgt, wird er durch eine im Range seines Anspruchs (in Höhe der Hauptsache, Zinsen u. Kosten) an Stelle des Rechtes auf Befriedigung aus dem G. bzw. des zu lösch. dingl. Rechts neu einzutrag. Hyp. am VersteigGrundstück sichergestellt. Soweit aber die Ford. gg. den Ersteher „unverteilt" bleibt, d. h. in Höhe eines etwaigen Masse-Überschusses wird gleichfalls eine SichHyp. eingetragen, u. zwar für den Eigent. z. Z. des Zuschlags (VollstrSch. oder neu eingetret. Eigent.); vgl. § 118 Fußn. 3.

Bei Versteig. eines Bruchteils ist die SichHyp. entgegen § 1114 BGB. auch dann nur auf diesem Bruchteil einzutragen, wenn der andere Miteigentümer Ersteher u. Alleineigentümer wird. Denn der Bruchteil ist hier das G., das nach § 128 zu belasten ist; auf die nicht versteig. Anteile kann sich das Ersuchen des Notariats um Eintragung nicht erstrecken (RG. 94, 154, JW. 1914, 9, BayNotZ. 04, 220, OLG. 25, 257; abw. OLG. 4, 482; 6, 438; anders § 180 A. 3b); dagegen kann der Ersteher die bish. Bruchteilshyp. auf das ganze G. erstrecken (RG. 68, 79, OLG. 18, 160).

b) Die SichHyp. entsteht mit der nach § 130 von Amts wegen zu veranlassenden Eintrag. (wie § 867 Abs. 1 ZPO.). Sie dient nicht zur Sicherung

[1]) Die Vorschriften der §§ 866 Abs. 3, 867 ZPO. über die Beschränkung der Zwangshyp. finden keine Anwendung (Recht 06, Nr. 3450).

der ursprüngl. (durch Zuschlag erlosch.) Ansprüche gg. den Sch. (§ 10), sondern der den Gl. gem. §§ 118ff. übertragenen Ford. gegen den Ersteher (wenn auch materiell keine Verschiedenheit der Anspr. vorliegt, so daß dem Ersteher die dem ursprüngl. Anspruch anhaft. Einwendungen gewahrt bleiben, RG. 71, 413); ihr Umfang bestimmt sich nach § 1184 BGB. durch die ihr zugrunde liegende (übertrag.) Ford., vorausgesetzt, daß sie als SichHyp. im GBuch bezeichnet ist; die Übertrag. bezeichnet also nur den Höchstbetrag, zu dem noch die vom VerteilTermine (einschl.) „laufenden" (s. § 13 A. 1) 4% Zinsen u. Kosten (§ 10 Abs. 2) kommen, u. für den das G. fernerhin haftet.

Nach Eintrag. der SichHyp. steht der weitere rechtsgeschäftl. Erwerb u. die weitere Belastung derselben unter dem Schutz des öffentl. Gl. des GBuchs (Staudinger-Kober § 892 II A 1 a; s. aber auch § 129 A. 3 a. E.).

c) Ist die Übertrag. nur bedingt erfolgt (§§ 119—121, 123—125), so ist auch bei der Hyp. die entspr. Bedingung einzutragen. Bedingt ist aber die SichHypothek selbst nur im Falle des § 125 Abs. 2; in allen übr. Fällen ist sie eine endgültige neue Belastung des G., wobei nur die Person des Gl. noch ungewiß sein kann (ebenso v. d. Pfordten 386).

d) Hat der Ersteher selbst ein zum Zuge gekomm. Recht, das mit demj. eines Dritten (z. B. Nießbrauch, Pfandrecht) belastet ist u. wird dieses nicht weggefertigt, so muß auch für die Ford. des Erstehers gegen sich selbst unter Berücksichtigung des Rechtes des Dritten SichHyp. errichtet werden (OLG. 30, 115; s. § 117 A. 3, § 118 A. 2 c; Fischer-Schäfer 412, Jaeckel-Güthe A. 3, Reinhard-Müller A. 2). SichHyp. ist ferner einzutragen, wenn das Recht des Erstehers bedingt oder bestritten ist, sowie bezügl. des Überschusses zugunsten des letzten (wenn auch erst in das Verf. eingetretenen) Eigentümers (Abs. 2).

Auch für nichtbezahlte, durch Übertrag. gedeckte Verfahrenskosten (§ 109) u. in das g. G. eingestellte Zinsen, Kosten u. andere Nebenleistungen aus bestehenbleib. Rechten ist SichHyp. einzutragen.

e) Wurde die Übertrag. an Stelle eines Gesamtanspruchs notwendig, so entstehen keine Gesamthyp., weil jedes der versteig. G. für einen andern Teil der Schuld des Erstehers zu haften hat (bestr.; vgl. § 122 A. 4 b).

f) Über SichHyp. im Fall außeramtl. Verteilung s. §§ 143, 144.

3. Form der Eintragung, **Rangverhältnis.** Die SichHyp. sind zwar an nächst offener Stelle einzutragen, erhalten aber den nach dem TeilPlan[2]) ihnen zuerkannten, mit einzutragenden Rang; dieser ist vom Notariat zu bezeichnen (§ 130 ZVG., § 39 GBO., §§ 129, 139, 281 ff. DA.), wobei zu beachten ist, daß Gerichts- u. NotKosten (auch die vom betreib. Teil vorgeschoss. Verfahrenskosten), Liedlohnford. u. dgl. Rang vor den bestehenbleib. Rechten erhalten (s. jedoch A. 5 u. § 129; Reinhard-Müller A. 6 a). Bei fehlerhafter Eintrag. der SichHyp. gilt zwischen den ursprüngl. Beteiligten das wirkl. Rangverhältnis (SeuffA. 67, 378; s. oben 2 b a. E.).

Die Eintrag. der SichHyp. erfolgt nach Löschung der durch den Zuschlag erlosch. Rechte; denn das G. kann nicht für den näml. Betrag doppelt belastet[3])

---

[2]) Für die bestehenbleib. Rechte ist das im GBuch eingetrag. Rangverhältnis maßgebend; Zinsen u. Kosten eines bestehenbleib. Rechtes teilen also dessen Rang (unter sich nach § 12); im übr. entscheiden aber nicht die §§ 10—12, 110 sondern lediglich der Plan, soweit er unwidersprochen geblieben ist.

[3]) Eine Doppelbelastung liegt auch im Falle des § 125 Abs. 2 nicht vor, da hier die SichHyp. nur eine bedingte Belastung darstellt (s. oben A. 2 c).

werden (BlfRA. 71, 457). Mehrere SichHyp. erhalten gesonderte Nummern im GBuch (§ 404 Abs. 3 DA.). Bei Eintrag. ist ausdrücklich zu vermerken, daß sie auf Grund eines ZwVerstVerf. erfolgt ist (§ 431 DA., s. oben 2b). Über Eintrag. von SichHyp. in ausländ. Währung, für wertbeständ. u. AufwAnspr. s. § 118 A. 2d. Die Einholung der Zustimmung der Landeszentralbehörde zur Eintrag. der SichHyp. in ausländ. Währung ist nicht erforderlich; auch kann diese Eintrag. noch nach dem 31. 12. 28 erfolgen (Reinhard, Einf. S. 260).

4. Belastungen (z. B. Nießbrauch, Pfandrecht, VerfügBeschränkung) an grundbuchmäßigen Rechten sind, falls sie sich aus dem GBuch ergeben, wieder miteinzutragen (bestr., vgl. ZBlFG. 12, 415; 13, 743 u. oben A. 2c). Das Recht des Dritten an der Hyp. usw. setzt sich kraft Ges. an der übertrag. Ford. u. der SichHyp. fort (s. § 91 Fußn. 2).

Ein nicht eingetrag. Vertragspfandrecht an einer Briefhyp. verpflichtet das Notariat nicht, von Amts wegen die Eintrag. des Pfandrechts an der an die Stelle der BriefHyp. getretenen SichHyp. herbeizuführen (RG. 60, 223; Begr. 306); dagegen ist einem vom Pfandgl. gestellten Antrag auf Eintrag. seines Pfandrechts nachzukommen, um ihn vor den Wirkungen des § 892 BGB. zu schützen, obwohl das Pfandrecht an der (früh. Brief-, nun) SichHyp. auch ohne Eintragung fortbesteht u. einem nicht rechtsgeschäftl. Erwerb gegenüber voll wirksam bleibt (s. oben 2b a. E.).

Mit einzutragen ist auch, wenn nachgewiesen, das PfändPfandrecht an der einem Gl. oder dem VollstrSch. zugeteilten u. übertragenen Ford., insbes. aus einer EigentGrundschuld oder auf einen Übererlös (BlfRA. 72, 27, Fischer-Schäfer 415); bei mehreren Pfandrechten wird das Rangverhältnis, wenn bestritten, nicht eingetragen (s. § 115 Fußn. 2, Jaeckel-Güthe A. 5).

5. Besonderheiten der SichHyp. des § 128.

a) Im Falle ihrer Vereinigung mit dem Eigentum, insbes. nachträgl. Befriedigung durch den Ersteher (§§ 889, 1143, 1153, 1163, 1168, 1170, 1171, 1177 BGB., EigentGrundschuld) kann sie nicht zum Nachteil eines bestehenbleib. Rechtes oder einer anderen SichHyp. des § 128 (auch des Sch.) geltend gemacht werden. Es ändert sich also das Rangverhältnis dergestalt, daß der Ersteher, dem eine SichHyp. des § 128 zufällt, u. derj., der sie von ihm erwirbt[4]), Befriedig. aus ihr erst hinter den bestehenbleib. Rechten und den übr. SichHyp. beanspruchen kann (relative Rangänderung). Hierdurch ist verhindert, daß der Ersteher einen Vorteil aus seiner eigenen Zahlungssaumsal zieht. Gleiches gilt auch in den übr. Fällen der Vereinigung, z. B. wenn der HypGl. Eigentümer wird (Fischer-Schäfer 414).

Diese Beschränkung bleibt auch bestehen, wenn die SichHyp. nach §§ 1186, 1198 BGB. in eine gewöhnl. Hyp. bzw. Grundschuld umgewandelt[5]) wurde (vgl. § 132 A. 3). Belastungen der SichHyp. zugunsten Dritter (A. 4) werden von der Beschränkung mitbetroffen, soferne sie nicht schon vor der Vereinigung bestanden hatten (Jaeckel-Güthe A. 8, Wolff A. 5).

[4]) Voraussetzung ist im Falle der Einzelrechtsnachfolge jedoch, daß die Eintragung der SichHyp. im GBuch den Vermerk „auf Grund des ZwVersteigVerfahrens" (§ 130 Abs. 1 Satz 2) enthält, da ein gutgl. Erwerber an die Beschränkung des § 128 Abs. 3 sonst nicht gebunden wäre (Jaeckel-Güthe A. 8, Wolff A. 5, Reinhard-Müller A. 8b).

[5]) Löschung im Wege der einstw. Verfüg. gegen anderweitige Sicherheit ist nicht zulässig (OLG. 23, 238).

b) Im Falle abermaliger Versteig. ist die durch die SichHyp. gedeckte Ford. abw. von § 49 Abs. 1 auch dann durch Barzahlung zu befriedigen, wenn sie in das g. G. fällt (Vereinbarung nach § 59 jedoch nicht ausgeschlossen). Daß die SichHyp. in eine andere umgewandelt wurde (A. 5a) macht keinen Unterschied (Fischer-Schäfer 415, Jaeckel-Güthe A. 9, Reinhard-Müller A. 6c). Hierdurch soll eine dauernde Belastung des G. mit der SichHyp. hintangehalten werden.

c) Der Anspruch aus der SichHyp. ist auf Grund Zuschlagsbeschlusses vollstreckbar (§§ 132, 133); auch hierzu ist Voraussetzung, daß sie „auf Grund ZwVersteigVerfahrens" eingetragen ist.

d) Siehe im übr. § 129.

§ 129.

Die Sicherungshypothek für die im § 10 Nr. 1 bis 3 bezeichneten Ansprüche, für die im § 10 Nr. 4 bezeichneten Ansprüche auf wiederkehrende Leistungen und für die im § 10 Abs. 2 bezeichneten Kosten kann nicht zum Nachteile der Rechte, welche bestehen geblieben sind, und der übrigen nach § 128 Abs. 1, 2 eingetragenen Sicherungshypotheken geltend gemacht werden, es sei denn, daß vor dem Ablaufe von sechs Monaten nach der Eintragung derjenige, welchem die Hypothek zusteht, die Zwangsversteigerung des Grundstücks beantragt. Wird der Antrag auf Zwangsversteigerung zurückgenommen oder das Verfahren nach § 31 Abs. 2 aufgehoben, so gilt er als nicht gestellt.

E. I § 170 Abs. 3; Begr. 306; D. 60; KBer. —.

Sicherungshypothek für bevorrechtigte und Nebenansprüche.

1. Rangverlust gewisser SichHyp. Außer den in § 128 Abs. 3 u. 4 bez. Besonderheiten enthält § 129 eine weitere Rangbestimmung zur Vermeidung einer dauernden Belastung des G. mit den nur zur vorübergeh. Sicherung gewährten Hyp. u. zum Schutze der übr. Rechte. Die SichHyp. für Anspr. der Nr. 1—3 des § 10, für wiederkehr. Leistungen (besonders Zinsen) des § 10 Nr. 4 (nicht 6—8; bestr.) u. Kosten des § 10 Abs. 2 (richtiger: für die hierwegen übertrag. Ford. gegen den Ersteher), sollen nämlich nach Ablauf von 6 Monaten nach der Eintrag., falls nicht auf Grund dieses Anspruchs die ZwVersteig. des G. (gegen den Ersteher oder Rechtsnachfolger) beantragt wurde, im Range hinter die bestehengeblieb. Rechte u. die übr. SichHyp. des § 128 Abs. 1 u. 2 (für Hauptansprüche) zurücktreten (relative Rangänderg.). Der Rangverlust ist aber nicht davon abh., daß tatsächlich eine dauernde Benachteiligung der bestehengeblieb. Rechte eingetreten ist (OLG. 16, 342). Er trifft auch Anspr. aus der Rentenbankgrundsch. u. IndBelast. (Reinhard, Einfl. S. 261).

Beispiel: I. Bei der Versteig. blieben bestehen: eine altrechtl. Grunddienstbarkeit (gemäß § 9 EG.) u. die Hyp. Nr. 1/I zu 12000 M. des A. Der Ersteher hatte nur teilweise das Bargebot berichtigt, so daß als SichHyp. in folg. Rangordnung (je nebst 4% Zinsen ab Zuschlag) eingetragen wurden:

1. 35 M. des H für Liedlohn		im Range vor der Hyp. Nr. 1/I
2. 120 M. der Staatskasse für Steuern		
3. 80 M. des A für Zinsen aus seiner Hyp. Nr. 1/I zu 12000 M.		
4. 25 M. für Kosten	aus der ursprüngl. Hyp. des B Nr. 2/II	im Range nach der Hyp. Nr. 1/I und den SichHyp. 1—3.
5. 70 M. „ Zinsen		
6. 2000 M. „ Hauptsache		
7. 900 M. „	die ursprüngl. Hyp. des C Nr. 3/III	

a) **Angenommen, es betreibt nun H allein (rechtzeitig) das Verf. gegen den Ersteher aus der Hyp. zu 35 M., so besteht das g. G. nur aus den Kosten des neuen Verf.,** etwaigen neuen (d. h. nach dem Zuschlag erwachsenen) VerwaltAusgaben (§ 10 Nr. 1), neuen Löhnen (§ 10 Nr. 2), neuen öffentl. Lasten (§ 10 Nr. 3)[1]), sowie der Grunddienstbarkeit (§ 9 EG.); die übrigen Hyp. haben Nachrang.

b) Betreibt nur A (rechtzeitig) das Verf. aus der Hyp. zu 80 M., so sind im g. G. zu berücksichtigen: die Kosten des neuen Verf. u. die neuen Anspr. aus § 10 Nr. 1—3; bestehenbleibt die Grunddienstbarkeit nach § 9 EG.

Nicht zu berücksichtigen sind: die Posten 1 u. 2 (weil sie gegenüber A, B u. C wegen § 129 nicht geltend gemacht werden können), die Post 3 (als BeschlagnFord. § 44), die Hyp. Nr. 1/I u. die Posten 4—7 als nachstehend (§ 44).

c) Betreibt B allein (rechtzeitig) das Verf. aus den Hyp. zu 25 M. u. 70 M., so sind im g. G. zu berücksichtigen:

die Kosten des neuen Verf. neue Anspr. aus § 10 Nr. 1—3 neue Kosten u. Zinsen des A aus 12000 M.	bar zu zahlen
die Hyp. des A zu 12000 M. Nr. 1/I die Grunddienstbarkeit nach § 9 EG.	bestehenbleibend

d) Betreibt C das Verf. allein (rechtzeitig) aus der Hyp. zu 900 M., so sind im g. G. zu berücksichtigen:

die Kosten des neuen Verf. neue Anspr. aus § 10 Nr. 1—3 neue Kosten u. Zinsen des A aus 12000 M. neue Kosten u. Zinsen des B aus 2000 M. die Hyp. des B zu 2000 M. Nr. 2/II (§ 128 Abs. 4)	bar zu zahlen
die Hyp. des A zu 12000 M. Nr. 1/I die Grunddienstbarkeit nach § 9 EG.	bestehenbleibend

II. Verlieren die Inhaber solcher SichHyp. für vorübergeh. Ansprüche (aus § 10 Nr. 1—4 u. § 10 Abs. 2) ihren Rang nicht bloß gegenüber bestehenbleib. Rechten u. den SichHyp. für Hauptansprüche, sondern auch gegenüber solchen SichHyp. für vorübergeh. Anspr., deren Inhaber rechtzeitig ZwVersteig. beantragt hat? Dies ist zu verneinen; denn unter den „übrigen" SichHyp. des § 129 sind diej. für die vorübergeh. Ansprüche selbst nicht mitverstanden (Jaeckel-Güthe A. 10, Reinhard-Müller A. 1; a. M. Binder BNotV. 1928, 27). Dies ist von Bedeutung für das VerteilVerf.

In obigem Beispiel a werden bei der Verteilung gedeckt:
zuerst die Kosten des neuen Verf., die neuen VerwaltAusgaben, die neuen Löhne u. die neuen öffentl. Lasten, dann 35 M. des H (vgl. Fußn. 1), 12000 M. des A, 2000 M. des B, 900 M. des C, dann erst die Posten 2—5 (weil den Hyp. für die Hauptsache gemäß § 129 nachstehend).

Im Beispiel b werden gedeckt:
zuerst die Kosten des neuen Verf. u. die neuen Anspr. aus § 10 Nr. 1—3, sodann 80 M. (die dem B u. C vorausgehen, aber nicht an A gezahlt werden können, sondern in Höhe von 35 M. an H, in Höhe von 45 M. an die Staatskasse abgeführt werden müssen), hierauf 12000 M. des A, 2000 M. des B, 900 M. des C (je samt neuen Kosten u. Zinsen), endlich 75 M. Rest der Staatskasse, 80 M. des A, 25 u. 70 M. des B.

Im Beispiel c werden gedeckt:
zuerst die Kosten des neuen Verf. u. die neuen Anspr. aus § 10 Nr. 1—3, die neuen Kosten u. Zinsen aus den bestehenbleib. 12000 M., sodann 95 M. des B (die dem C vorgehen, aber auf H u. Staatskasse entfallen), hierauf 2000 M. des B u. 900 M. des C (je samt neuen Kosten u. Zinsen), endlich 60 M. Rest der Staatskasse, 80 M. des A u. 25 u. 70 M. des B.

2. Die Verhinderung des Rangverlustes kann nur durch rechtzeitigen ZwVerstAntrag herbeigeführt werden, u. zwar wegen der übertrag. Ford. gg. den Ersteher, also in der Regel auf Grund des in §§ 132, 133 bez. Zuschlagsbeschlusses (s. § 132 A. 4).

---

[1]) Es ist nicht außer acht zu lassen, daß H für 35 M. keinen Lohnanspruch (§ 10 Nr. 2), sondern nur eine Hyp. (§ 10 Nr. 4) hat; dasselbe gilt für die Post zu 120 M.

Im Falle der Bewill. von Zahlfristen muß sich der Gl. durch Antrag nach § 61 gg. den Rangverlust schützen, der während des Laufs der Frist eintreten kann (Reinhard-Müller A. 3).

Der Rang geht auch verloren, wenn der ZwVerstAntrag abgewiesen oder zurückgenommen u. nicht vor Ablauf der 6 Monate erneuert wird oder wenn im Falle bewilligter Einstellung die Fortsetz. des Verf. nicht rechtzeitig beantragt wird (§ 31 Abs. 2). Dasselbe gilt, wenn der Inhaber eines im § 129 bez. Anspruchs es versäumt, sich bis zum Zuschlag dem von einem andern betrieb. Verf. anzuschließen, auch wenn z. Z. des Zuschlags die Frist von 6 Monaten noch nicht verstrichen ist (OLG. 16, 342, Jaeckel-Güthe A. 10). Auch eine Umwandlg. der SichHyp. (s. § 128 A. 5a) hält den Rangverlust nicht auf (Reinhard-Müller A. 1).

3. Bei Eintragung der unter § 129 fall. SichHyp. wird zweckmäßig nicht nur ihr Entstehungsgrund (s. § 128 Fußn. 4), sondern auch die Art des Anspruchs, an dessen Stelle die übertrag. Ford. getreten ist (Zinsen, Liedlohn, Ersatzsumme nach §§ 50, 51, Gesamthyp. u. dgl.) bezeichnet; vorgeschrieben ist aber nur das erstere; der erwerbende Dritte ist, wenn nur auf das ZwVerstVerf. verwiesen ist, nicht durch § 892 BGB. gg. den Rangverlust geschützt; er muß die VerstAkten einsehen (bestr., s. Jaeckel-Güthe A. 10, Reinhard-Müller A. 2, Güthe-Triebel GBO. § 39 A. 10, § 46 A. 27 u. Denkschr. S. 60 zu § 130).

§ 130.

Ist der Teilungsplan ausgeführt und der Zuschlag rechtskräftig, so ist das Grundbuchamt zu ersuchen, den Ersteher als Eigentümer einzutragen, den Versteigerungsvermerk sowie die durch den Zuschlag erloschenen Rechte zu löschen und die Eintragung der Sicherungshypotheken für die Forderung gegen den Ersteher zu bewirken. Bei der Eintragung der Hypotheken soll im Grundbuch ersichtlich gemacht werden, daß sie auf Grund eines Zwangsversteigerungsverfahrens erfolgt ist.

Ergibt sich, daß ein bei der Feststellung des geringsten Gebots berücksichtigtes Recht nicht zur Entstehung gelangt oder daß es erloschen ist, so ist das Ersuchen auch auf die Löschung dieses Rechtes zu richten.

Hat der Ersteher, bevor er als Eigentümer eingetragen worden ist, die Eintragung eines Rechtes an dem versteigerten Grundstücke bewilligt, so darf die Eintragung nicht vor der Erledigung des im Abs. 1 bezeichneten Ersuchens erfolgen.

E. I § 172; Begr. 308—310; D. 60; RBer. 40, 46.

Grundbuchberichtigung.

1. Amtspflicht. Die Herbeiführung der Richtigstellung des durch den Zuschlag (§§ 90, 91) unrichtig geword. GBuchs ist in Bayern die Aufgabe des Notariats (Art. 25 AG. v. 2. 2. 21). Nur nach der Eintrag. des Erstehers können die Beteiligten oder Dritte etwa weiterhin erforderl. Berichtigungen unmittelbar beim GBA. beantragen; die Berichtigung des § 130 kann dagegen nicht etwa im Wege des § 14 GBO. geschehen (SeuffA. 56, 429, Recht 01, 495,

ZBlFG. 2, 723; vgl. auch BlfRA. 71, 455). Ein Dritter (Nichtbeteiligter), der aus einem VollstrTitel gegen den Ersteher in das G. vorgehen will, muß daher die Tätigkeit des Not. nach § 130 abwarten, u. der GBuchR. hat einen Antrag nach § 14 GBO. (etwa auf Grund des vom Dritten erholten Zuschlagsbeschl.) abzulehnen, da der Ersteher nur gleichzeitig mit der übr. GBuchberichtig. eingetragen werden kann (vgl. BlfRA. 71, 455).

Anderseits erstreckt sich die Amtspflicht des Not. auch nach der Eintrag. des Erstehers auf solche Berichtig., die durch Erledigung von Widersprüchen (§ 124) oder nachträgl. Ermittlung (§ 126) eines unbek. Berechtigten oder dessen Ausschließung (§§ 115, 137, 141) erforderlich werden. In sonst. Fällen der bedingten Verteilung haben nach Eintrag. des Erstehers die Beteiligten selbst die Berichtigung des GBuchs beim GBA. herbeizuführen (s. § 123 A. 4, § 125 A. 1 b).

2. Voraussetzung des Ersuchens um Bericht. ist (vollständige) Ausführung des Plans (der Verteil.) durch Auszahlung (Hinterleg.) oder Übertragung (bedingte oder unbedingte), vgl. §§ 117, 118, 119—126; sowie Rechtskraft des Zuschlagsbeschl. Zur Feststellung der letzteren ist zu prüfen, ob für sämtl. beschwerdeberecht. Beteiligten die Beschwerdefrist abgelaufen, bzw. eine eingelegte Beschwerde erledigt ist (§§ 87, 88, 98 ZVG., 706 ZPO.). Über Haftung für fehlerhafte Zustellung s. § 3 A. 2 a. E., § 36 A. 1.

Voraussetzung ist weiter die Sicherstellung, Stundung oder Nichterhebung der GErwAbgaben (s. A. 6).

Wegen der außeramtl. Verteilung des Erlöses s. §§ 143, 144.

Vor Ausführung des Plans bzw. Ablauf der Frist des § 144 u. vor Zuschlagsrechtskraft ist die Berichtigung auch dann nicht mehr zulässig, wenn der ganze (bar zu zahlende) VerstErlös nach § 49 Abs. 3 erlegt ist (ebenso Jaeckel-Güthe A. 3); wohl aber ist Ausführung der Verteilung vor Zuschlagsrechtskraft statthaft (§ 116) u. ebenso GBuchberichtigung bei Nichtzahlung des Erlöses.

3. Gegenstand des Ersuchens (insbes. um Löschung, s. 4 c) können nur Rechtsänderungen sein, die auf der ZwVerst. beruhen u. das versteig. Grundstück (Bruchteil s. § 128 A. 2 a) betreffen (BayObLG. 11, 663); das gilt besonders, wenn es sich um Gesamthyp. handelt, bei denen nur die Löschung des MitbelastVermerks des nichtversteig. G.s nach § 49 Abs. 2 GBO. erfolgt, während sonstige Änderungen daselbst wegen § 1182 BGB. von den Beteiligten im BerichtigVerf. (§§ 22, 27 GBO.) oder im Wege der Klage herbeizuführen sind (Recht 02, 206, OLG. 4, 376; 14, 124, Jaeckel-Güthe A. 11; s. § 122 A. 4 b).

4. Form u. Inhalt des Ersuchens. Das Ersuchen muß die vom GBA. verlangte Tätigkeit im einzelnen bezeichnen; es muß im VollstrAkt vollständig niedergelegt sein.

Unzulässig ist eine Bezugnahme auf den VollstrAkt; Grundlage der grundbuchrichterl. Tätigkeit ist nur das Ersuchen (nicht das VersteigProt., der Zuschlagsbeschluß oder der TeilPlan). Das Ersuchen ist in einem eigenen Schreiben, das zu den GBuchanlagen genommen wird, niederzulegen und muß hinsichtl. der Bezeichnung des G. mit dem GBuchblatt übereinstimmen (§§ 28, 39 GBO., §§ 129, 137, 139 Abs. 2, 294 ff., 528 DA.). Zweckmäßig ist die vorh. Einsicht des GBuchs, damit Berichtigungen vermieden werden (vgl. § 117 Fußn. 2).

Nachzusuchen ist:

a) die Eintrag. des Erstehers als Eigentümers (auch wenn der bish. Eigent. Ersteher ist, vgl. § 37 Nr. 5, Jaeckel-Güthe A. 9a, Reinhard-Müller A. 4b, RJA. 8, 65, ZBlFG. 7, 713). Sie ist Voraussetzung für die Eintrag. der SichHyp. der §§ 128, 129 u. für den Vollzug der vom Ersteher bewill. Eintragungen (Abs. 3); sie erfolgt auch, wenn neuerl. Versteig. beantragt u. sof. Neueintrag. des VersteigVermerks notwendig ist.

Bei mehreren Erstehern ist das GemeinschVerhältnis anzugeben (OLG. 4, 191; 23, 335, BayObLG. 3, 687; 9, 103, §§ 48 GBO., 269—273, 344ff. DA.); bei allg. GG. bedarf es zur Miteintrag. der Ehefrau deren EintragBewilligung nicht[1]); auch Mitteilung u. Eintrag. des Datums des Zuschlags ist für GBA. u. Dritte von Bedeutung (OLG. 6, 438, RJA. 8, 65, ZBlFG. 7, 713, BayObLG. 14, 262; §§ 353ff., 355 DA, s. unten c). In der Regel ist die Angabe des Namens (Stands u. Wohnorts) der Ersteher erforderlich (§§ 262, 273 DA.; vgl. ZBlFG. 5, 81, 456, § 81 A. 2); ist der Ersteher gestorben (vgl. § 81 A. 2) so ist um Eintragung des Verstorb. zu ersuchen u. ein etwaiger BerichtigAntrag der Erben beizufügen (BayObLG. 14, 258, 442; vgl. RG. 72, 40, JW. 1926, 1955); die Zweigniederlassung eines Einzelkaufmanns kann nicht als Eigent. eingetragen werden (Güthe-Triebel GBO. 1579, Meikel 44, 260).

b) die Löschung des Versteig.- (u. ZwVerw.-)Vermerks, auch wenn dieser nach § 133 gegen den Ersteher neuerlich einzutragen ist; auch der Konkursvermerk ist von Amts wegen zu löschen, wenn dies nicht nach § 114 KO. geschehen ist (Fischer-Schäfer 419, Recht 08 Nr. 1054, OLG. 16, 343).

c) die Löschung aller durch den Zuschlag erlosch. Rechte, also der nicht im g. G. berücksichtigten, der zwar dort berücksichtigten, aber nachgewiesenermaßen erloschenen (§§ 50, 51), der nicht auf Grund Vereinbarung nach § 59 oder gesetzlich (s. § 52 A. 2) bestehen bleibenden, endlich der nicht nach § 91 Abs. 2 aufrecht erhaltenen Rechte. Auch der RangeinräumVerzicht u. die Lösch.-Vormerkung (§ 1179 BGB.) erlöschen, wenn das damit belastete Recht erlischt (s. § 50 Anh. II a, g); ebenso eine etwa eingetrag. Verschuldungsgrenze (Art. 8, 12 BayAnsiedlG. vom 15. 7. 16, GVBl. 135, §§ 13, 14 JMBek. vom 25. 7. 17 JMBl. 70, Schelhorn 364; § 18 Abs. 1 RHeimstG. v. 10. 5. 20, RGBl. 962).

Auch die Löschung der nach Eintrag. des VersteigVermerks u. vor dem Zuschlag (s. unten) eingetrag. Rechte ist nachzusuchen, wobei es gleichgültig ist, ob der Ersteher der VollstrSch.[2]) oder ein Dritter, ob er HypGl. ist oder nicht (s. § 91 A. 1—3). Sie einzeln zu bezeichnen, ist unnötig, wenn nur aus dem Ersuchen klar hervorgeht, welche Rechte bestehen bleiben u. daß alle übrigen, vor dem Zuschlag eingetragenen zu löschen sind (Jaeckel-Güthe A. 11); die Verantwortung für ihre Löschung trägt immer das Notariat; die nach Eintrag. des VersteigVermerks eingetrag. Berechtigten können sich nicht auf § 892 BGB. berufen (s. § 9 Nr. 2).

---

[1]) RG. 84, 71, 326; BayObLG. 14, 418; vgl. oben § 71 A. 4a, § 264 Abs. 2 DA.; das Not. kann aber diese Miteintrag. der Ehefrau, wenn sie nicht schon im Zuschlagsbeschluß als Mit-Ersteherin genannt ist, nicht veranlassen; vielmehr ist die Miteintrag. dem GBA. gegenüber zu beantragen.

[2]) Auch der VollstrSch. als Ersteher hat Anspruch auf ein reines GBuchblatt; denn auch für ihn gilt der § 91 Abs. 1 (Jaeckel-Güthe A. 11, a. M. Wolff A. 6).

Die Zuständigkeit des Not. erstreckt sich auch auf das Ersuchen um Löschung solcher Rechte, zu deren Begründung die Eintragung nach dem Zuschlag auf Bewilligung des VollstrSch. oder auf Grund VollstrTitels gg. ihn erfolgt ist (bestr.); sie sind zwar nicht durch den Zuschlag erloschen, aber mangels Eigentums des VollstrSch. nicht entstanden. Diese nach dem Zuschlag eingetrag. Rechte sind im Ersuchen ausdrücklich zu bezeichnen; andernfalls ist das Ersuchen zurückzugeben (Zwischenverfüg.). Bestehen Zweifel über den Bestand dieser Rechte (z. B. wenn sie auf Grund Bewilligung des Schuldner-Erstehers entgegen § 130 Abs. 3 eingetragen wurden), so ist statt ihrer Löschung die Eintragung des Vorrangs der SichHyp. des § 130 vor jenen Rechten nachzusuchen (bestr.; s. RJA. 8, 65, OLG. 30, 119, ZBlFG. 7, 713; 15, 737, Jaeckel-Güthe A. 11); die Löschung solcher Rechte hat dann der Ersteher selbst beim GBA. herbeizuführen, wozu in der Regel der Zuschlagsbeschluß als Nachweis nach § 22 GBO. genügen wird (Reinhard-Müller A. 4c, 6c).

Die Löschung eines im g. G. berücksicht., aber nicht entstand. oder wieder erloschenen Rechtes (§§ 50, 51, 130 Abs. 2)[3]) kann, weil das Erlöschen hier nicht auf dem Zuschlag beruht, nur nachgesucht werden, wenn die hierzu erforderl. Urkunden (z. B. LöschBewill., Zustimmung des Eigent., Sterbeurkunde), insbes. der Brief bei BriefHyp. (-grund- u. -rentensch.) dem Not. vorliegen (anders bei den Löschungen des Abs. 1); diese Urkunden sind dem GBA. zu übersenden (§ 42 GBO.; § 131 ZVG. betrifft nur die durch den Zuschlag erlosch. Rechte, vgl. Jaeckel-Güthe A. 13, 14). Ist der Nichtbestand des Rechtes nicht urkundlich belegt, so ist die Herbeiführung der Löschung u. der Eintrag. eines Widerspruchs nach § 899 BGB. Sache des Erstehers bzw. des Zweitberechtigten (Reinhard-Müller A. 4e); die SichHyp. des § 125 Abs. 2 besteht dann neben jenem Rechte (s. § 128 A. 2c). Auch die Berichtig. des GBuchs durch Eintrag. einer bestehen geblieb. Eigentümerhyp. (z. B. im Falle der Zahlung von Tilgungsbeträgen durch den Schuldner-Eigentümer) ist zunächst nicht Sache des Not. Die Eintrag. des richtigen Gläubigers ist von diesem selbst zu veranlassen.

Nicht zu löschen sind alle zu einem bestehen bleib. Recht gehörigen Eintragungen, insbes. Abtretungen, Pfändungen, Verpf., VerfügBeschr. (Reinhard-Müller A. 4c). Ein LöschGrund ist nicht anzugeben; denn dies ist immer der Zuschlag (außer bei den etwa trotz Berücksichtigung im g. G. zu lösch. Rechten, s. o.), auch wenn das Recht ganz oder teilweise durchgefallen ist.

Über die Eintrag. des LöschVermerks s. §§ 404, 453ff. DA.; über versehentl. Löschung s. A. 5; über Einreichung des Briefs s. § 131.

d) die Eintrag. der SichHyp. für die übertrag. Forderungen der Beteiligten gegen den Ersteher samt grundbuchmäßigen Belastungen (§ 128); hierbei ist anzugeben das Rangverhältnis untereinander (vgl. § 44 A. IVff., § 114 A. IIff.), sowie zu den bestehenbleib. Rechten (wozu Vorlage des Briefes abw. von §§ 42, 43 GBO. nicht erforderlich ist, § 131), bei mehreren Berechtigten das GemeinschVerh., die etwaigen, der Übertragung anhaft. Bedingungen u. die Bedingt-(Zweit-)Berechtigten (§§ 119—126), insbes. die etwaige Mithaftung anderer Grundstücke (§ 122 A. 4b), die Bezeichnung als SichHyp. (§ 1184 Abs. 2 BGB.) u. der Vermerk, daß sie auf Grund eines ZwVersteigVerf. einge-

[3]) Sie ist deshalb vorgeschrieben, weil der Ersteher das Recht hat, die dafür eintret. Ersatzsumme im VerteilTermine zu entrichten, oder weil an Stelle des zu lösch. Rechtes bei Nichtzahlung der Ersatzsumme eine SichHyp. im Range des Nächstberecht. tritt (s. § 125 A. 1a).

tragen wurden (s. § 128 A. 5, § 129 A. 3, § 132 A. 3; § 431 DA.). Sind SichHyp. für mehrere Beteiligte einzutragen, so soll dies nicht unter einer Nummer geschehen (§§ 404 Abs. 3, 431 DA.). Auf die Eintrag. der SichHyp. finden die Beschränkungen der §§ 866, 867 ZPO. keine Anwendung.

Über SichHyp. an einem versteig. Bruchteil s. § 128 A. 2a.

e) Um Eintrag. anderer Rechte kann das Not. nicht ersuchen, selbst dann nicht, wenn sie etwa in Form einer VersteigBedingung vereinbart sind (vgl. § 59 A. 2a). Hier ist EintragBewill. des Erstehers bzw. sonst Berechtigten erforderlich (A. 8).

5. Eine Berichtigung u. Ergänzung des Ersuchens (z. B. zwecks weiterer Löschung, Eintrag. einer SichHyp., einer VerfügBeschränkung hierzu, Wiedereintrag. zu Unrecht gelöschter, Löschung zu Unrecht eingetrag. Rechte) ist nach dessen Vollzug nur unter Wahrung der Rechte Dritter zulässig; steht ein solches im Wege, weil z. B. ein durch § 892 BGB. geschützter Erwerb stattgefunden hat oder stattgef. haben kann, so ist statt der Richtigstellung (ev. unter Eintrag. des Rechtes im Rang nach dem Zwischenrecht, RJA. 16, 148) ein Widerspruch gemäß § 899 BGB. einzutragen (Recht 08 Nr. 2972, ZBlFG. 5, 349, OLG. 3, 339; 6, 99, 437, Meyer BlfRA. 69, 230; 73, 154; vgl. A. 6, 7).

6. Tätigkeit des Grundbuchamtes. Dieses hat gegenüber dem Ersuchen des Notariats nur ein formelles, kein sachl. Prüfungsrecht (§§ 39, 48 GBO., § 139 DA.), d. h. es kann den Vollzug nur ablehnen, wenn ihm der Inhalt des GBuchs, die Vorschr. der GBO., entgegenstehen oder das Ersuchen nicht das versteig. G. (Bruchteil, s. § 128 A. 2a) u. die durch das ZwVerstVerf. herbeigeführten RÄnderungen betrifft[4]); es hat dagegen nicht zu prüfen, ob es sachlich richtig, z. B. der Zuschlag rechtskräftig, das zu lösch. Recht erloschen, zu lösch. Rechte mit Unrecht aufrecht erhalten sind (OLG. 3, 340; 15, 30; BayOb.-LG. 14, 258, Jaeckel-Güthe A. 8; abw. Güthe-Triebel GBO. § 39 A. 51 a. E.). Dies gilt natürlich auch von einem etwaigen, an sich zulässigen Nachtrag zum Ersuchen (s. A. 5). Hierdurch ist selbstverstdl. nicht ausgeschlossen, daß das Notariat auf offensichtl. Irrtümer aufmerksam gemacht u. das Ersuchen zur Aufklärung zurückgeleitet wird.

Die Eintrag. von SichHyp. hat immer (auch wenn das Ersuchen dies nicht verlangt) unter Bezugnahme auf das ZwVersteigVerf., die Eintrag. des Erstehers unter Angabe des Erwerbsgrundes zu erfolgen (§ 130 Abs. 1 Satz 2, vgl. §§ 128, 129 ZVG., §§ 343 ff., 353 ff. DA.). Von der Eintrag. sind die Beteiligten durch das GBA. zu benachrichtigen (§ 55 GBO., §§ 56 ff. DA.). Die Herbeiführung der Berichtigung des GSteuerkatasters ist nunmehr Sache des GBA. (§ 193 Abs. 1 Nr. 1, §§ 578, 579 DA.).

Die Erledigung des Ersuchens kann nicht teilweise erfolgen u. teilweise ausgesetzt oder abgelehnt werden. Es muß bei Meidung der Haftung abgelehnt werden (allenfalls nach Zwischenverfüg., § 18 GBO., § 139 Abs. 1 DA.), wenn das Not. nicht die Bescheinigung über Sicherstellung (Zahlung), Stundung oder Nichterhebung der GErwAbgaben beigelegt hat (s. § 58 A. 3b; Recht 1920,

---

[4]) Das Ersuchen ist z. B. abzulehnen, wenn ein Recht für mehrere ohne Bezeichnung des GemeinschVerhältnisses (s. A. 4a) eingetragen, wenn ein nach dem Zuschlag auf Bewillig. des Erstehers eingetrag. Recht gelöscht (s. A. 4c), ein anderer Ersteher, als im Zuschlag bezeichnet, eingetragen werden soll (BayObLG. 14, 258). Selbständig hat das GBA. auch die in Abs. 3 bez. Anträge zu prüfen (s. A. 8).

9, JFG.1, 406, RJA. 17, 133); zuständig zur Ausstellung dieser Bescheinigung ist das Finanzamt bzw. Notariat (s. § 58 Fußn. 1). Das GBA. ist nicht verpflichtet, die Bescheinigung beizuschaffen (OLG. 41, 147 Anm., RJA. 17, 134). Solange die GErwSteuer nicht bezahlt (sichergestellt) ist, kann gg. den Ersteher nur mit Wiederversteig.[5]) vorgegangen werden (s. § 132 Fußn. 1).

Über Eintrag Bestätigung s. § 55 DA., über GBuchanlagen s. A. 4.

7. Rechtsbehelfe gegen die Verfüg. des Not. u. GBA. gelegentlich des Ersuchens. Die ersteren sind jetzt mit Erinnerungen nach § 13 Abs. 2 EG. (Art. 25 BayAG. v. 2. 2. 21) u. sodann mit sof. Beschwerde anfechtbar (§ 793 ZPO., § 95 ZVG., Reinhard-Müller A. 2d). Hierdurch kann aber eine unterblieb. Eintrag. oder Löschung nur nachgeholt oder eine versehentl. Löschung wieder beseitigt werden, wenn nicht inzwischen ein nach § 892 BGB. geschützter gutgl. Erwerb stattgefunden hat u. nicht (wie bei BriefHyp.) möglich gewesen ist, in welchem Falle nur die Eintrag. eines Widerspruches nach § 899 BGB. nachgesucht bzw. angeordnet werden könnte. Unter der gleichen Voraussetzung kann dann wohl auch die auf Grund des Ersuchens vorgenomm. Eintrag. eines Rechtes vom Notariat wieder beseitigt werden (Jaeckel-Güthe A. 6, Wolff A. 5 u. oben 5). Ist die Herbeiführung einer Löschung rechtskr. abgelehnt, so kann sie nur mit Zustimmung des Gl. u. Erstehers erfolgen (HRR. 1929, 46).

Gegen die Ablehnung des Vollzugs des Ersuchens durch das GBA. steht auch dem Not. (neben den betroff. Beteiligten u. dem Ersteher) die Beschwerde der §§ 71 ff. GBO. zu (RJA. 17, 133); im Falle des Vollzugs aber kann nur die Verfüg. des Not. bekämpft werden (s. oben u. OLG. 3, 340; 6, 437, BayObLG. 14, 258, Jaeckel-Güthe A. 7).

8. Eintragungen auf Grund Bewilligung des Erstehers (z. B. Bestellung einer Hyp. zwecks Erwerbs des G., Vereinbarungen hinsichtl. bestehen bleib. Rechte, Auflassungen) dürfen, obwohl der Ersteher zur Auflassung u. Belastung des G. vom Zuschlag an (auch vorher für den Fall des Erwerbs, vgl. §§ 19, 40 GBO.) berechtigt ist (§ 90), vor Erledigung des Ersuchens nach § 130 nicht durch das GBA. vorgenommen werden (Abs. 3). Die SichHyp. des § 130 müssen also stets Rang vor neubewilligten Rechten erhalten, da sie ja den Rang derj. Rechte behalten, an deren Stelle sie getreten sind (vgl. Bay.-ObLG. 4, 599, 608). Die vor dem Ersuchen des Notariats beim GBA. eingeh. EintragAnträge des Erstehers (bzw. Rechtsnachfolgers) oder Dritter gegen ihn (z. B. auf Eintrag. einer ZwHyp., § 866 ZPO.) dürfen aber nicht zurückgewiesen werden, sondern müssen (mit dem Eingangsvermerk versehen) zurückbehalten u. im unmittelb. Anschluß[6]) an die GBuchberichtig. (also im Rang nach

[5]) Das Finanzamt selbst kann die GErwSteuer im Zwangsverf. zwar auch aus dem unbewegl. Vermögen beitreiben u. die Eintrag. einer Zwangshyp. gegen den Ersteher auch schon vor der GBuchberichtig. beantragen (RAbgO. §§ 345, 346 mit 298 ff.); das GBA. hat den Antrag aber bis zur GBuchbericht. aufzubewahren (BayObLG. 18 A 260; vgl. unten Fußn. 6.

Wiederversteig. (§§ 132, 133) weg. der GErwSteuer ist nicht möglich (§ 133 A. 6).

[6]) Die vor dem Ersuchen des Not. oder gleichzeitig mit ihm eingeh. EintragAnträge sind als unmittelbar nachfolgend zu behandeln; es findet also § 46 Abs. 1 GBO. keine Anwendung; vielmehr ist, soweit der Rang sich nicht schon aus der Reihenfolge der Eintrag. ergibt, zu vermerken, daß die als später eingegangen zu behandelnde Eintrag. der andern im Range nachgeht. Ist das Rangverhältnis unrichtig beurkundet, so greifen

den SichHyp. des § 130, auch wenn das Not. nicht darum ersucht) erledigt werden (RG. 62, 144, RJA. 6, 268, Recht 05, 66, 67, BayObLG. 18 A 260 gegen 4, 608).

Über Vollzug von EintragBewill. des Erstehers nach seinem Tode vgl. JW. 1926, 1955.

Nichtbeachtung des § 130 Abs. 3 hat die Nichtigkeit der Eintragung nicht zur Folge; es ist Sache der Beteiligten, die Herstellung des richtigen Rangverh. zu betreiben (RJA. 8, 65, OLG. 27, 220, Jaeckel-Güthe A. 15).

9. Gebühren werden nur für die Eintrag. des Erstehers, nicht für das Ersuchen des Notariats u. die sonstige, durch § 130 veranlaßte Tätigkeit des GBA. (insbes. Löschungen u. Eintrag. der SichHyp.) erhoben (Art. 7 Abs. 2, 18, 106, 107 BayKG., Art. 52 I Nr. 4 BayNotGebO.); erstere fallen dem Ersteher zur Last (§ 58 A. 3).

§ 131.

In den Fällen des § 130 Abs. 1 ist zur Löschung einer Hypothek, einer Grundschuld oder einer Rentenschuld, im Falle des § 128 zur Eintragung des Vorranges einer Sicherungshypothek die Vorlegung des über das Recht erteilten Briefes nicht erforderlich.

E. I § 174 Abs. 2; Begr. 310, 311; D. 60; KBer. —.

1. Weder das Notariat noch das GBA. können die Eintrag. der nach § 130 Abs. 1 vorgeschr. Löschungen von der **Vorlage der Hypotheken-, Grund- u. Rentenschuldbriefe** abhängig machen, da hierdurch das Verf. der GBuchbericht. verzögert würde u. der Ersteher ein Recht auf Berichtigung hat (s. § 127 A. 3); dasselbe gilt von der Eintrag. des Rangverh. bei solchen BriefHyp. usw. gegenüber den SichHyp. (Ausnahme von §§ 42, 43, 44, 62, 70 GBO.; vgl. § 157 Abs. 1, 2, § 492 DA.). Für SichHyp. ist die Erteilung eines Briefes ausgeschlossen (§ 1185 Abs. 1 BGB.).

Die Unbrauchbarmach. des (gegenstandslosen) Briefes ist Sache des Notariats (§ 127); dagegen hat das GBA. den Brief nachträgl. einzufordern, um den Vorrang der SichHyp. darauf zu vermerken (§ 62 GBO., Reinhard-Müller A. 2).

2. § 131 gilt nach Grund u. Zweck auch für die Urkunden des § 44 GBO. bei **Inhaber- u. OrderHyp.** (Fischer-Schäfer A. 3c, Jaeckel-Güthe A. 14, Reinhard-Müller A. 2, Güthe-Triebel § 44 A. 13).

3. Die Ausnahme des § 131 bezieht sich jedoch nicht auf die Löschung der aus einem anderen Grund als infolge des Zuschlags erlosch. Rechte (§ 130 Abs. 2, s. A. 4c hierzu); einem etwaigen Ersuchen um Löschung dieser Rechte müssen also die erforderl. Briefe beigefügt werden.

§ 132.

Nach der Ausführung des Teilungsplans ist die Forderung gegen den Ersteher und im Falle des § 81 Abs. 4 auch gegen den für mithaftend erklärten Meistbietenden, der Anspruch aus der Sicherungshypothek gegen den Ersteher

---

§§ 879, 892, 899 BGB. ein. Das Gesagte gilt auch von Anträgen auf Eintrag. von Zwangsverfüg. (Zw.- u. ArrestHyp., Veräuß.- u. BelastBeschränkungen gegen den Ersteher, Jaeckel-Güthe A. 15, ZBlFG. 7, 647, BayObLG. 18 A 260).

und jeden späteren Eigentümer vollstreckbar. Diese Vorschrift findet keine Anwendung, soweit der Ersteher einen weiteren Betrag nach den §§ 50, 51 zu zahlen hat.

Die Zwangsvollstreckung erfolgt auf Grund einer vollstreckbaren Ausfertigung des Beschlusses, durch welchen der Zuschlag erteilt ist. In der Vollstreckungsklausel ist der Berechtigte sowie der Betrag der Forderung anzugeben; der Zustellung einer Urkunde über die Übertragung der Forderung bedarf es nicht.

E. I § 178; Begr. 312—314; D. 59; KBer. —.

Zwangsvollstreckung gegen den Ersteher im allgemeinen.

1. Allg. Die §§ 132—134 regeln die zwangsweise Beitreibung des unbezahlten VerstErlöses. Das früh. bayr. Recht gestattete zu diesem Zweck nicht bloß die ZwVollstr. in das Vermögen des Erstehers u. in das versteig. G., sondern auch die nochmalige Versteig. des G. in der Richtung gegen den VollstrSchuldner.

Letztere Art der Wiederversteig. hat das Gesetz, ausgehend von dem Gedanken, daß der Ersteher das G. mit dem Zuschlag ohne Rücksicht auf die Zahlung oder Nichtzahlung des Erlöses endgültig u. bedingungslos zu Eigentum erwirbt, gänzlich beseitigt (E. I §§ 159, 178)[1]. Die Wiederversteig. findet nunmehr nur gegen den Ersteher u. auf Grund des ausgeführten TeilPlans, also nicht zur Beitreibung einer Ford. gegen den VollstrSch., sondern gegen den Ersteher statt[2]).

Die Geltendmachung der auf Grund der VersteigBedingungen oder Vereinbarung bestehen bleib. Rechte dagegen fällt unter die allg. Regeln. Sie ist auch zeitlich nicht von einem bestimmten Abschnitt des VerteilVerf. abhängig (s. § 53 A. 1, § 133 A. 2a).

2. Arten der ZwVollstr. Auf Grund des vollstreckb. Zuschlagsbeschl. kann sowohl die dem Beteiligten (nach § 118) übertragene, persönl. Ford. gegen den Ersteher (bzw. den Meistbiet. des § 81 Abs. 4)[3]), auf Zahlung des entsprech.

---

[1]) Wenn der Ersteher die GErwSteuer nicht bezahlt, kann daher der Gl. eines bestehen bleib. Rechtes nicht auf Grund des § 17 ein neues Verf. gg. den noch eingetragenen VollstrSch. betreiben, auch nicht (a. M. Binder BNotV. 1929, 33), wenn er gleichzeitig einen VollstrTitel gg. den Ersteher (§§ 727, 800 ZPO.) beibringt. Das ist allerdings eine (von der Denkschr. S. 59 nicht erwartete) Erschwerung der Rechtsverfolgung gegenüber der früh. landesgesetzl. Wiederversteigerung. Soweit dem Gl. auch die Vollstr. nach § 133 unmöglich ist (z. B. wg. seiner Hauptsache oder wg. der nach dem VerteilTermin fällig geword. wiederkehr. Leistungen), bleibt ihm nichts übrig, als die GErwSteuer vorzuschießen u. im neuen Verf. gem. § 10 Abs. 2 als notwendige Kosten geltend zu machen. Vgl. JW. 1920, 769; 1921, 101; 1928, 2426; 1929, 712, Ott GErwStG. S. 369, 476, 484, ferner § 130 A. 6, § 133 A. 6.

[2]) Für den Fall der Unterlassung des amtl. VerteilVerf. s. §§ 143, 144.

[3]) Gegen Bürgen des Art. 31 BayAG. kann aus dem Zuschlagsbeschl. m. E. nicht mit ZwVollstr. vorgegangen werden; ihm gegenüber ist Klage notwendig. Die gegenteilige, auch in § 121 GSchrGeschA. zum Ausdruck gekommene Meinung scheint mir durch Art. 31 BayAG. nicht begründet; denn Voraussetzung der Vollstreckbarkeit ist die Übertragung der Ford. gegen den Bürgen (an bestimmte Berechtigte u. in bestimmter Rangordnung), sowie die Erklärung des Bürgen als „mithaftend" im Zuschlagsbeschluß (vgl. §§ 82, 134); beides ist in Art. 31 (anders Art. 10 pr. AG.) nicht vorgeschrieben (ebenso OLG. 30, 104 für das

Teils des VerstErlöses als auch der dingl. Anspruch des Beteiligten aus der (nach § 128) eingetrag. SichHyp. verfolgt werden (§ 132 Abs. 1 S. 1). Ersterenfalls kann das gesamte Vermögen, einschließl. des G., des Erstehers bzw. Meistbiet. u. ihrer allg. Rechtsnachfolger, letzterenfalls nur das Grundstück u. die der SichHyp. haft. Gegenstände, aber ohne Rücksicht auf den Eigentümer, in Anspruch genommen werden. — Über die ZwVollstr. gg. den zahlpflicht. Dritten des § 61 s. 134. Im Falle des § 65 (Sonderversteig.) kommt eine ZwVollstr. wegen des Erlöses nicht in Frage (§ 817 Abs. 2, 4 ZPO.).

3. Voraussetzung der persönl. wie dingl. Vollstreckbarkeit ist die Ausführ. des TeilPlans durch Übertragung (an die Gl. u. bezgl. eines etwaigen Überschusses an den VollstrSch.). Abweich. gilt für das außeramtl. VerteilVerf. (§§ 143, 144). Weiter ist für die Geltendmachung des dingl. VollstrAnspr. vorausgesetzt die Eintrag. der durch das Not. auf Grund des VersteigVerf. erwirkten SichHyp., die nach § 130 von der Rechtskraft des Zuschlagsbeschlusses (u. GBuchbericht.) abhängig ist. Der persönl. Anspruch ist, falls die Ausführ. des Plans nicht nach § 116 ausgesetzt ist, schon vor dem Eintritte der Rechtskraft vollstreckbar, in das G. gegen Ersteher u. seine Gesamtrechtsnachfolger auch schon vor Eintragung (§ 133). Wird im Falle solcher Vollstr. der Zuschlag später aufgehoben, so ist der Vollstr. mit §§ 775 Nr. 1, 776 ZPO. zu begegnen u. das Geleistete vom Ersteher mittels Klage zurückzuverlangen[4]).

Mit der Umwandlung der SichHyp. in eine gewöhnl. Hyp. oder Grundsch. (§§ 1186, 1198 BGB.; vgl. § 128 A. 5a) wird nach dem Willen der Vertragsteile in der Regel der Ausschluß der Vollstreckbarkeit aus §§ 132, 133 verbunden sein (Jaeckel-Güthe A. 4, Reinhard-Müller A. 1b). Wird die SichHyp. zur EigentGrundsch., so entfällt auch die Vollstreckbarkeit.

Im Falle der Bewill. von ZahlFristen (§ 60) ist der Beginn der Vollstr. vom Ablaufe der Fristen abhängig (§ 751 ZPO.).

In formeller Beziehung setzt die ZwVollstr. die Zustellung des Zuschlagsbeschl. u. der nach § 132 Abs. 2 erteilten VollstrKlausel, im Falle der Rechtsnachfolge auch der Urkunden, auf Grund deren die VollstrKlausel erteilt wurde, voraus (§§ 727, 750 ZPO., Jaeckel-Güthe A. 8, Wolff A. 5; Fischer-Schäfer 428 halten §§ 799, 800 ZPO. für anwendbar). Eine Ausnahme gilt nur für die von dem Beteiligten, dem eine Ford. gegen den Ersteher übertragen wurde, gegen diesen selbst betrieb. ZwVollstr. in das Grundstück (§ 133). Der Zustell. einer Urkunde über die (nach § 118 erfolgte) Übertrag. der Ford. bedarf es auch im Falle der Rechtsnachfolge nicht. Im übr. vollzieht sich die Zw.-Vollstr. aus dem Zuschlagsbeschluß, von § 133 abges., nach den gewöhnl. Regeln; insbes. ist auch gegen die Ehefrau als Ersteherin beim gesetzl. Güterstand Duldungstitel gegen den Mann nach § 739 ZPO. erforderlich[5]).

---

meckl. Recht; vgl. § 69 A. 1b, § 82 A. 3e). Soweit der Bürge einen Berechtigten befriedigt, geht auf ihn die Ford. gegen den Ersteher u. die SichHyp. über (§§ 774, 401, 412 BGB., v. d. Pfordten AG. 20).

[4]) Ob der Gl. dem Ersteher auch den durch die Vollstr. erlittenen Schaden zu ersetzen hat, bemißt sich nach § 823 BGB. (§ 717 Abs. 2 ZPO. ist nicht anwendbar, Stein-Jonas A. VI, Reinhard-Müller A. 2, Wolff A. 2). Ein SchadensEAnspr. wird möglicherweise durch das Mitverschulden des Erstehers (Nichtzahlung) ausgeschlossen (§§ 254, 846 BGB.). — Auch der SchadensEAnspr. kann nur im Klagewege verfolgt werden.

[5]) Dieser Titel kann im Wege des §§ 727, 325, 742 ZPO. durch Beifügung der Vollstr.-Klausel gegen den Mann beschafft werden (§§ 724 Abs. 2, 730, 795 ZPO.); sie ist auch im

4. Vollstreckungstitel ist die Ausfertigung des Zuschlagsbeschlusses[6]), die vom Notariat, nach Aktenrückgabe vom Urkundsbeamten der Geschäftsstelle des VollstrG. mit der VollstrKlausel (§§ 724, 725 ZPO., GSchrGeschA. §§ 118ff., 123) zu versehen ist (vgl. § 93 A. 1, § 78 Fußn. 1). Liegt (nach der Übertragung) auf seiten des Gl. oder Erstehers eine Rechtsnachfolge vor, so kann die VollstrKlausel vom Urkundsbeamten die Vollstr. nur auf Grund richterl. Anordnung erteilt werden (§§ 727, 730 ZPO.), wenn er nicht gem. Art. VI § 1 Nr. 1 EntlVO. hiezu besonders ermächtigt ist. Der Sondernachfolger hinsichtl. des G. des Erstehers haftet nur mit dem G. u. den von der Hyp. erfaßten Gegenständen, was zweckmäßig in der Klausel erwähnt wird (Kretzschmar 222, Jaeckel-Güthe A. 7).

In der VollstrKlausel ist weiterhin der Berechtigte u. der Betrag der übertrag. Ford. (beides ergibt sich nicht aus dem Zuschlagsbeschluß selbst, sondern aus dem VerteilTerminsprot.), im Falle der Rechtsnachfolge auch die sie begründenden Urkunden (u. allenfalls die Anordnung des Gerichts) im Falle der Bewill. von ZahlFristen (§ 60) der Zeitpunkt der Fälligkeit (Reinhard-Müller A. 3) zu erwähnen; dagegen bedarf es der Ausfertigung der im VerteilProt. enthalt. Übertragung nicht.

Im Falle der Eventualverteilung (§§ 119, 120, 124) sind beide Berechtigte in der VollstrKlausel zu bezeichnen u. zu vermerken, daß der beizutreib. Betrag für beide zu hinterlegen ist (Jaeckel-Güthe A. 7, Reinhard-Müller A. 3).

5. Dem Zuschlagsbeschluß kommt trotz seiner Vollstreckbarkeit **keine materielle Rechtskraft** zu, vermöge deren es den Parteien verwehrt wäre, über den übertrag. Anspruch nochmalige richterl. Entscheidung zu verlangen (OLG. 2, 332). Über **Einwendungen** gegen die ZwVollstr., die den Anspruch betreffen, s. §§ 767, 769, 797 ZPO. (nur § 767 Abs. 2 ist unanwendbar, RG. 71, 413, Deumer ZBlFG. 9, 180); Einwend. gegen die Klausel des Urkundsbeamten sind nach § 732 ZPO. beim VollstrG. zu erheben (Fischer-Schäfer 428, Jaeckel-Güthe A. 10); solche gg. die Klausel des Notariats sind nach § 797 Abs. 3 ZPO. zu behandeln.

6. Ausgeschlossen ist die ZwVollstr. aus dem Zuschlagsbeschl. (außer wegen der bestehenbleib. Rechte, §§ 52, 91 Abs. 2, auch) hinsichtl. der nach §§ 50, 51 zu zahl. Ersatzsumme, einmal weil meist die Übertrag. der Ford. nach § 125 eine bedingte sein wird, sodann weil der Ersteher nicht durch den (von ihm vielleicht nicht vorausgeseh.) Wegfall eines im g. G. berücksicht. Rechtes der Gefahr als-

---

Falle des § 133 ZVG. zuzustellen (§ 750 Abs. 2 ZPO.). So Becker JW. 1916, 1447, 1449, Reinhard-Müller A. 3; abw. Kurnik Recht 1912, 751, Markus ZBlFG. 14, 593; 17, 210, Jaeckel-Güthe § 132 A. 6, 10, § 71 A. 4, die die VollstrKlausel gegen den Mann zum Teil wenigstens im Falle des § 133 für entbehrlich halten. Vgl. auch Einl. II 1 B a, § 71 A. 4 a.

[6]) Die Geltendmach. der SichHyp. auf Grund Urteils ist zwar nicht ausgeschlossen, doch wäre eine Klage aus der Hyp. nur beim Nachweis eines besond. Interesses zulässig (SeuffA. 71, 380, WarnErgBd. 1917, 46; 1918, 36, Reinhard-Müller A. 1). Dagegen sind die Finanzämter in der Lage, auch einen dingl. Anspruch für vollstreckbar zu erklären (§§ 303, 346 RAbgO., Art. 4ff. BayAG.ZPO.); sie könnten also auch auf Grund eines Ausstandsverzeichnisses gg. den Ersteher die Wiederversteig. betreiben u. sich dadurch den in § 129 bez. Rang des § 10 Nr. 3 erhalten, vorausgesetzt, daß vom Ersteher die Zahlung auf Grund der Übertragung der Ford. u. der SichHyp. verlangt wird (vgl. Hieber, Binder BNotV. 1927, 483; 1928, 20, 77).

bald. ZwVollstr. ausgesetzt werden soll (§ 132 Abs. 1 S. 2). Die Geltendmach. des nach § 125 übertrag. Anspruchs hat daher im Klagewege zu erfolgen (Jaeckel-Güthe A. 2, Reinhard-Müller A. 5).

§ 133.

Die Zwangsvollstreckung in das Grundstück ist gegen den Ersteher ohne Zustellung des vollstreckbaren Titels oder der nach § 132 erteilten Vollstreckungsklausel zulässig; sie kann erfolgen, auch wenn der Ersteher noch nicht als Eigentümer eingetragen ist. Der Vorlegung des im § 17 Abs. 2 bezeichneten Zeugnisses bedarf es nicht, solange das Grundbuchamt noch nicht um die Eintragung ersucht ist.

E. I § 179; Begr. 314; D. 59; KBer. —.

Die Zwangsvollstreckung in das versteigerte Grundstück.

1. Allg. Vgl. § 132 A. 1. — § 133, der lediglich einige Erleichterungen der Vollstr. gegen den Ersteher selbst (die Wiederversteig. des ZVG.) gewährt, findet keine Anwendung auf die von einem Dritten (Nichtbeteiligten) oder von einem Beteiligten wg. einer anderen als der übertrag. Ford. zu betreibende ZwVollstr.

2. Die **ZwVollstr. in das G.** der §§ 132, 133 (ZwVersteig. u. ZwVerw.), mag sie auf Grund des persönl. oder dingl. Anspruchs aus der Übertragung erfolgen (§ 132 A. 2, 3), ist ein neues selbständiges Verf. gegen den Ersteher oder seine Nachfolger im Eigentume des G. (§ 17); nicht, wie die Wiederversteig. des früh. bayr. Rechts eine Fortsetzung des Verf. gegen den VollstrSch. (daher neue Aktenbildung!).

a) Die Anordnung der Wiederversteig. (ZwVerw.) setzt einen Antrag voraus, dem die vollstreckb. Ausfertigung des Zuschlagsbeschl. (bei Eigentumswechsel Rechtsnachfolgeklausel, § 132 A. 3), in der Regel auch ein Zeugnis des GBuchamtes u. der Nachweis der erfolgten Zustellung des VollstrTitels (Ausnahme s. A. 4) beigefügt sein muß. Die Vollmacht im Verf. gegen den VollstrSch. genügt nicht in dem Verf. gegen den Ersteher (Wolff A. 1). Eine zeitliche Grenze für die Zulässigkeit des Antrags besteht nicht mehr.

Antragsberechtigt sind diej. bei der ersten Versteig. Beteiligten, denen eine Ford. gegen den Ersteher übertragen wurde, also auch der VollstrSch. (z. B. wg. eines etwaigen Überschusses), sowie ihre Rechtsnachfolger; ferner die Staatskasse (Notar) wegen der Kosten; diej., die eine Ford. unter den Zahl.-Fristen des § 60 übertragen erhielten, nach Ablauf der Frist (§ 118 A. 2a, § 132 A. 3, Reinhard-Müller A. 1b); sowie diej., denen nur die Ford. gegen den Dritten des § 61 übertragen wurde, wenn hierwegen auf dem versteig. G. eine Sich.-Hyp. eingetragen ist (§ 134). — Beteiligte, deren Rechte bestehen blieben (auch nach § 91 Abs. 2), können wegen der nach dem VerteilTermine fällig werdenden Ford. hieraus nur auf Grund besond. VollstrTitels die Versteig. beantragen, die dann aber nicht unter §§ 132, 133 fällt u. vorherige GBuchbericht. voraussetzt (Jaeckel-Güthe A. 13, Peters JW. 1928, 2426; s. § 132 A. 1 u. Fußn. 1). Ausgeschlossen ist die ZwVollstr. aus dem Zuschlagsbeschl. ferner für die nach §§ 50, 51 zu zahlende Ersatzsumme (§ 132 Abs. 1 Satz 2); auch hierzu bedarf es eines anderen VollstrTitels (Fischer-Schäfer 430; s. § 132 A. 6).

Beitrittsberechtigt sind auch solche, die einen anderen VollstrTitel gegen den Ersteher haben; diese aber erst, wenn der Ersteher im GBuch als Eigent. eingetragen ist (Reinhard-Müller A. 1b).

VollstrSch. ist der Ersteher oder (bei Vollstr. der SichHyp.) der spätere Eigent. des G. Ihm gebühren die Nutzungen bis zum neuen Zuschlag u. der etwaige Mehrerlös bei der Wiederversteig.; auch trägt er bis dahin die Lasten des G.; der Ersteher haftet auch persönlich auf Grund seines Gebotes u. der Übertragung für den Mindererlös; der ursprüngl. VollstrSch. ist aus dem Verf. ausgeschieden (Jaeckel-Güthe A. 12).

b) Auf Grund des Antrags ergeht ein neuer ZwVersteig.- (-Verwaltungs-, Beitritts-)beschluß, es erfolgt die Eintrag. eines neuen Versteig.- (Verwaltungs-)Vermerks (auch wenn der alte noch nicht gelöscht u. der Ersteher noch nicht eingetragen ist, § 22, vgl. unten A. 4, 6) u. die Mitteilung einer neuen beglaub. Abschrift des GBuchblattes, auch wenn die GBuchbericht. noch nicht erfolgt ist (ein Eigentumswechsel der §§ 23, 26 kann erst nach der GBuchbericht. in Frage kommen, § 130 Abs. 3).

c) Auch das Verf. der Wiederversteig. vor dem Notariat ist ein selbständiges; die Terminsbestimmung darf nicht bis zur GBuchBericht. aufgeschoben werden (Reinhard-Müller A. 1d; Dittmar BNotV. 1928, 253; a. M. Jaeckel-Güthe A. 16; wg. Nichtzahlung der GErwSteuer s. § 130 A. 6, § 132 Fußn. 1 u. unten A. 6); über das g. G. u. die Verteilung s. §§ 128 Abs. 4, 129 (vgl. § 129 A. 1, 2). Für das Rangverhältnis u. die Beteiligung (in der Wiederversteig.) ist vor GBuchberichtig. des § 130 der Teilungsplan (des ersten VersteigVerf.) maßgebend; die nach Eintragung des neuen VersteigVermerks zur Eintragung gelang. SichHyp. der §§ 128, 130 sind daher nicht als dem die Wiederversteig. betreib. Teil gegenüber unwirksam (§ 23) zu behandeln; vielmehr ist die Sachlage so anzusehen, als ob der neue VersteigVermerk erst unmittelbar nach dem Ersuchen des § 130 vollzogen worden wäre (Fischer-Schäfer 429, v. d. Pfordten 408). Als Beteiligte scheiden diej. aus, deren Rechte durch den Zuschlag erloschen u. nach § 130 gelöscht sind, soweit sie nicht eine SichHyp. erlangt haben; das gleiche gilt vom VollstrSch.; sie haben insbes. keinen Anspruch auf den Mehrerlös (s. oben)[1]. Endlich sind auch die Kosten des WiederversteigVerf. selbständige (Jaeckel-Güthe A. 16); die rückständ. Kosten des alten Verf. behalten den ihnen auf Grund ihrer SichHyp. zukommenden Rang (§§ 118, 128 Abs. 4).

3. Besondere Wirkungen der Wiederversteig. ergeben sich aus §§ 118 Abs. 2, 128 Abs. 4, 129 (insbes. die Barzahlung der SichHyp. des § 128).

4. Die ZwVollstr. in das G. ist gegenüber dem **Ersteher erleichtert** dadurch, daß die Zustellung (nicht bloß die vorgängige) des Zuschlagsbeschl. u. der VollstrKlausel denj. erlassen ist, denen die Ford. gegen den Ersteher übertragen wurde[2]. Diese bedürfen auch nicht der Vorlage des Zeugnisses des GBuchamtes

[1]) Diese sind aber, soweit sie Anspruch auf eine SichHyp. hätten, ohne Anmeldung als Beteiligte zu erachten, auch wenn die Berichtigung des GBuchs nach § 130 noch nicht beantragt ist; das gleiche gilt von denen, deren Rechte bestehen geblieb. sind (Reinhard-Müller A. 1c). Im übr. bedarf es neuerlicher Anmeldung, Zustellung, Bestellung von ZustellVertretern, Verbindung usw. (Jaeckel-Güthe A. 16).

[2]) Also nicht denj., deren Rechte bestehen blieben (s. oben A. 2a); aber auch nicht dem Dritten des § 61 für seine Ford. gegen den Ersteher (die mit der Eintragung der SichHyp. gegen diesen vollstreckbar ist), da § 133 nicht im Falle des § 134 Satz 2, 3 für anwendbar erklärt ist; für die Rechtsnachfolger des Gl. gilt § 750 Abs. 2 ZPO.

nach § 17 Abs. 2, solange das Ersuchen nach § 130 nicht ergangen ist. Endlich können sie den WiederversteigAntrag (auf Grund des persönl. Anspruchs) auch stellen, wenn der Ersteher noch nicht im GBuch als Eigent. u. damit auch noch keine SichHyp. eingetragen ist (s. A. 6).

Diese Erleicht. gelten auch gegenüber dem allg. **Rechtsnachfolger** des Erstehers (§ 17 Abs. 1, 3); sie kommen in Wegfall, sobald ein Sondernachfolger des Erstehers im GBuch als Eigent. eingetragen ist.

Wenn auch der Ersteher in der Wiederversteig. nicht zahlt, so daß gegen ihn das G. zum drittenmal versteigert werden muß, so braucht der erste Ersteher nicht eingetragen zu werden, da er endgültig sein Eigentum verloren hat (Jaeckel-Güthe A. 15, BNotB. 1928, 253; a. M. 3. Aufl.).

5. Die **Aufhebung des** (ersten) **Zuschlags**, die auch nach Ausführung der Verteilung u. nach GBuchbericht. möglich ist (s. § 90) zieht die Aufhebung eines vor Eintritt seiner Rechtskraft angeordneten WiederversteigVerf. u. wenn es schon zum zweiten Zuschlag gekommen ist, auch dessen Anfechtung u. Aufhebung nach sich (§§ 775, 776 ZPO., § 83 Nr. 6 ZVG.); ist aber der zweite Zuschlag bereits rechtskräftig geworden, so ist die Anfechtung des ersten gegenstandslos geworden (Fischer-Schäfer 429, Reinhard-Müller A. 1e, Wolff A. 1).

6. Mangel der Zahlung (Sicherstellung) der **Grunderwerbs-Abgaben** durch den Ersteher ist auf das Verf. ohne Einfluß u. hindert nur die Eintragung des Erstehers als Eigent. (s. § 130 A. 6, § 132 Fußn. 1). Diese Abgaben können gegen den Ersteher zwar nicht auf Grund Zuschlagsbeschl. (anders Gerichts- u. Notarskosten für das Verf.), wohl aber gemäß §§ 298 ff., 345 RAbgO. beigetrieben werden (s. § 130 Fußn. 5).

7. Die **Gerichts- u. Anwaltsgebühr** für die Anordnung bzw. den Antrag auf Wiederversteig. u. das weitere Verf. sind dieselben, wie bei der ZwVersteig. bzw. -Verw. (vgl. v. Schmidt, BayKG. Art. 8 A. 3, Meyer, BayKG. Art. 8 A. 4b).

§ 134.

Im Falle des § 61 tritt für das Verteilungsverfahren an die Stelle der Forderung gegen den Ersteher die Forderung gegen den für zahlungspflichtig erklärten Dritten. Wird von dem Dritten die ihm obliegende Zahlung im Verteilungstermine bewirkt, so ist für seine Forderung gegen den Ersteher eine Sicherungshypothek an dem versteigerten Grundstück einzutragen. Auf die Hypothek finden die Vorschriften des § 128 Abs. 3 Satz 1, des § 130 Abs. 1 und des § 132 entsprechende Anwendung.

E. I § 180; Begr. 314, 315; D. 59; KBer. 47.

Behandlung der Forderung gegen den zahlungspflichtigen Dritten und dessen Forderung gegen den Ersteher.

1. VerteilVerfahren im Falle des § 61. Soweit bei einem Ausgebote mit u. ohne ZahlFristen ein Dritter sich nach § 61 zur Zahlung im VerteilTermin an Stelle des Erstehers verpflichtet hatte u. demgemäß bei der Erteilung des Zuschlags für zahlpflichtig erklärt worden war (§ 82), bildet nicht die Ford. des VollstrSch. gegen den Ersteher, sondern seine Ford. gegen den Dritten den VersteigErlös u. den Gegenstand der Verteilung (§ 61 Abs. 3).

Das vom Dritten auf Grund seiner Verpflichtung im VerteilTermine Bezahlte wird nach § 117 ebenso, wie das vom Ersteher Geleistete ausbezahlt (abgesandt) bzw. hinterlegt. Dasselbe gilt von der seitens des Dritten geleisteten Sicherheit (§§ 107 Abs. 3, 108). Soweit auf diese Weise der Barerlös nicht beschafft ist, erfolgt Übertragung auf die Beteiligten gemäß §§ 118 bis 126 u. zwar gegen den Dritten, soweit seine Verpflichtung geht, gegen den Ersteher bezgl. des nicht von dem Dritten übernomm. Betrags; hierbei ist jedoch zu beachten, daß der Dritte in der Regel (falls er nicht seine ZahlPflicht auf den das g. G. übersteig. Teil des Bargebots beschränkt hat) für die ganze, sonst dem Ersteher obliegende ZahlVerpflichtung aufzukommen hat (Fischer-Schäfer 252, Jaeckel-Güthe § 61 A. 6); der vom Dritten gemachte Abzug steht aber den Gl. nicht zu (Fischer-Schäfer A. 2a, Jaeckel-Güthe A. 2).

Beispiel: Der bar zu zahl. Teil des g. G. betrug 500 M. (nämlich 200 M. Kosten u. 300 M. Zinsen der stehenbleib. Post X); das Meistgebot des A betrug 2500 M., dem für 2000 M. nach § 60 eine sechsmon. ZahlFrist bewilligt wurde. Gemäß § 61 versprach B hinsichtl. des befrist. Bargebots Zahlung im VerteilTermine, machte aber einen Abzug von 200 M. Da ohne ZahlFristen zusammen nur 2200 M. geboten wurden u. B 1000 M. Sicherheit leistete, erhielt A den Zuschlag u. wurde B bezügl. 1800 M. für zahlpflichtig erklärt. Im VerteilTermine zahlt weder A noch B, so daß die versilb. Sicherheit zu etwa 1010 M. an den betreib. Teil[1]) ausbezahlt wird u. sodann übertragen werden: 200 M. der Staatskasse, 300 M. dem X gegen Ersteher A, dagegen 790 M. dem betreib. Teil gegen den Dritten B. Die Ford. gegen den Ersteher zu 1800 M. + 200 M. steht dem Dritten zu.

Die Wirkungen der Übertrag. gegen den Dritten sind dieselben, wie diej. der Übertrag. gegen den Ersteher. Insbes. gelten also die Beteiligten durch die ihnen übertrag. Ford. gegen den Dritten nach Maßgabe des § 118 Abs. 2 als aus dem G. befriedigt[2]).

2. Sicherungshypothek

a) der Gläubiger. Für die gegen den Dritten übertrag. Ford. ist eine SichHyp. (nach §§ 128—132) auf dem versteig. u. dem Ersteher zugeschlag. G. einzutragen (bestr.). Daß dieser Hyp. nicht eine Ford. gegen den Ersteher zugrunde liegt, hängt eben mit § 134 Satz 1 zusammen[3]).

Obliegt ausnahmsweise auch dem Ersteher gegenüber den Gl. hinsichtl. eines (nicht vom Dritten übernomm.) Teils des Bargebots eine ZahlPflicht (im Beispiel unter 1 hinsichtlich 200 + 300 M.), so ist insoweit Übertragung gegen den Ersteher u. SichHyp. nach den gewöhnl. Regeln zu bewirken.

b) des Dritten. Soweit der Dritte für zahlpflichtig erklärt wurde, steht ihm (nicht dem VollstrSch.) die (befristete) Ford. gegen den Ersteher zu (§ 61 Abs. 3 Satz 2). Zu ihrem Schutze wird aber eine SichHyp. auf dem Versteig.-G. nur eingetragen, wenn der Dritte im VerteilTermine seiner ZahlVerbindlichkeit (vollständig) nachgekommen ist (da sonst doppelte SichHyp. entstünden). Erfüllt er diese Pflicht nur teilweise oder nicht rechtzeitig, so hat er auf die SichHyp.

---

[1]) Der Barerlös der Sicherheit kommt nicht, wie sonst, zunächst den Forderungen besseren Rangs zugute, wenn die Sicherheit des Dritten nur zur Deckung des das g. G. übersteig. u. von ihm zu zahlenden Teils des Bargebots dient.

[2]) Ein Verzicht auf die Rechte aus der Übertragung gegen den Dritten ist auch diesem mitzuteilen (Jaeckel-Güthe A. 3).

[3]) Die Gl. würden ihre Hyp. verlieren, ohne dafür den vom Gesetz mittelst der Sich.-Hyp. geschaffenen dingl. Ersatz zu erlangen. Die Sicherheit des Dritten nach § 61 bietet diesen Ersatz nicht, da sie nicht in voller Höhe seiner Verpflichtung zu leisten ist. Ist sie aber in voller Höhe geleistet worden, so entfällt wegen § 107 Abs. 3, § 108 überhaupt die Notwendigkeit einer SichHyp. der Gl. (vgl. 61 A. 4; Jaeckel-Güthe A. 4; a. M. Fischer-Schäfer 431, 253, Wolff A. 1 u. § 61 A. 5).

keinen Anspruch (§ 134 Satz 2); der Ersteher kann sie aber bewilligen (§ 130 Abs. 3).

Für die Entstehung u. Eintragung der SichHyp. des § 134 gelten die §§ 128 Abs. 3 Satz 1 und 130 Abs. 1; die Anwendbarkeit der übr. Bestimm. der §§ 128, 130 über die SichHyp. ist ausgeschlossen. Bei der SichHyp. des Dritten sind die ZahlFristen mit einzutragen (der das bare g. G. betreff. Teil ist nach § 60 unbefristet); ferner ist wieder ersichtlich zu machen, daß die Eintrag. auf Grund eines ZwVersteigVerf. erfolgt (Jaeckel-Güthe A. 8, Wolff A. 3).

3. Zwangsvollstreckung:

a) Der Berechtigten gegen den Dritten u. den Ersteher. Nach Ausführung des TeilPlans (Übertrag. der Ford. gegen den säumigen Dritten) kann auf Grund des Zuschlagsbeschl. (§ 132 Abs. 2, GSchrGeschA. §§ 122, 123) die ZwVollstr. zugunsten des persönl. Anspruchs in das gesamte Vermögen des Dritten u. seiner allg. Rechtsnachfolger, nach Eintrag. der SichHyp. der Berechtigten aber auch zugunsten des dingl. Anspruchs in das G. des Erstehers u. der spät. Eigent. des G. betrieben werden. Die Geltendmach. des dingl. Anspruchs (ZwVerst. oder -Verw., § 133) ist also von der GBuchberichtt. (§ 130) abhängig. Dagegen bedarf es für die Gl. in der Richtung gegen den Ersteher als Eigent. nicht der Zustellung des VollstrTitels (§ 133 mit § 134 Satz 1).

Wenn man annimmt, daß der Dritte nach § 61 Sicherheit in voller Höhe zu leisten hat, so entfällt natürlich insoweit auch die Notwendigkeit der ZwVollstr. zugunsten der Berechtigten. Der Dritte haftet schließlich für den durch Nichtzahlung (insbes. Wiederversteig.) dem Ersteher entstehenden Schaden (§ 286 BGB., Reinhard-Müller A. 4).

b) Des Dritten gegen den Ersteher. Eine Übertrag. der Ford. gegen den Ersteher auf den Dritten findet nicht statt; sie geht auf ihn mit dem Zuschlag nach § 61 Abs. 3, also kraft Ges., über. Eine ZwVollstr. auf Grund des Zuschlagsbeschl. ist aber nur in das Grundstück des Erstehers u. spät. Eigent. aus der SichHyp. zulässig[4]), während die persönl. Ford. des Dritten gegen den Ersteher im Klagewege zu verfolgen ist[5]).

Die ZwVollstr. des Dritten kann selbstverständl. erst nach Ablauf der dem Ersteher gewährten ZahlFristen betrieben werden (§ 751 ZPO., Jaeckel-Güthe A. 8 u. § 132 A. 3).

§ 135.

Ist für einen zugeteilten Betrag die Person des Berechtigten unbekannt, so hat das Vollstreckungsgericht zur Ermittelung des Berechtigten einen Vertreter zu bestellen. Die Vorschriften des § 7 Abs. 2 finden entsprechende

[4]) § 133 ist hierbei nicht für anwendbar erklärt, weshalb besonders Zustellung des VollstrTitels notwendig ist (anders A. 3a).

[5]) Denn § 132 ist nur auf die „Hypothek" des Dritten anwendbar. Während der Entwurf I die Vollstreckbarkeit der Ford. des Dritten gegen den Ersteher ablehnte, wollte die Reichstagskommission nur die Sicherstellung seiner Ford. einführen. Wenn sie überdies diese Sicherstellung durch Hyp. ausdrücklich von der vollständigen Erfüllung der Zahl.-Pflicht des Dritten im Termin abhängig machte, so ist nicht anzunehmen, daß die Vollstr. der persönl. Ford. des Dritten gegen den Ersteher ohne Rücksicht auf Zahlung oder Nichtzahlung seitens des Dritten zugelassen werden wollte. (Fischer-Schäfer 255, 432, Jaeckel-Güthe A. 7; Reinhard-Müller A. 3b; a. M. Wolff A. 3).

Anwendung. Die Auslagen und Gebühren des Vertreters sind aus dem zugeteilten Betrage vorweg zu entnehmen.

E. I § 182; Begr. 315, 316; D. 60, 61; KBer. —.

Ermittlung eines unbekannten Berechtigten.

1. Allg. Im Falle der Ungewißheit eines Berechtigten erfolgt gem. § 126 die Ausführung des TeilPlans durch unbedingte Hinterlegung bzw. Übertragung; der Möglichkeit, daß der Berechtigte nicht ermittelt wird, ist nur durch bedingte Zuteilung im Plan selbst Rechnung getragen. Im Interesse einer schleunigen u. vollständigen Verteil. des VerstErlöses erschien es nötig, dem Zweitberechtigten die Ausschließung des unbek. Erstberechtigten u. damit die Beseitigung jener Ungewißheit zu erleichtern. Dies geschieht durch die §§ 135—141.

2. Vertretung eines unbekannten Berechtigten. Die Ausführung des Teil.-Plans bezügl. des einem unbek. Berechtigten zugeteilten Betrages nach § 126 Abs. 2 ist nur eine vorläufige. Zur Ermöglichung der endgültigen Ausführung (Auszahlung an den Ermittelten bzw. Umschreibung der SichHyp. auf den Bedingtberechtigten) ist zunächst von Amts wegen durch das Notariat (Art. 25 BayAG. v. 2. 2. 21, Bek. v. 30. 3. 21 JMBl. 34 § 3) ein Vertreter für den Unbekannten zu bestellen (als welcher auch der ZustellVertreter des § 7 ernannt werden kann) u. sodann nach §§ 137 ff. zu verfahren.

Nicht erforderlich ist die Bestellung, wenn ein allg. Vertreter, z. B. Nachlaßpfleger (vgl. §§ 1912, 1913, 1960, 1971, 1975, 1984 BGB.) vorhanden ist. Ist die Person des Berechtigten für ein bestehenbleib. Recht unbekannt (§§ 50, 51, 125), so finden die §§ 135 ff. gleichfalls keine Anwendung; der Streit um dieses Recht (Löschung) bzw. um die an seine Stelle getretene Ersatzsumme (Auszahlung an den Bedingtberechtigten) vollzieht sich außerhalb des Verf. (bestr.; ebenso, ob der letztere diesfalls das entgegensteh. Recht im Wege der §§ 984 Abs. 2, 988 ZPO., oder des § 1913 BGB. beseitigen kann, vgl. OLG. 33, 378, KGJ. 28 A 11; 45 A 106, Jaeckel-Güthe A. 3, Reinhard-Müller A. 2).

3. Rechte u. Pflichten des Vertreters. a) Er ist nur zur Ermittlung u. Benachricht. des unbek. Berechtigten befugt u. verpflichtet. Im Falle der Nichtvorlage des Hyp.- (Grundsch.-, Rentensch.-) Briefes hat er für dessen Beischaffung zu sorgen. Im weiteren Verf. ist er zwar zuzuziehen (§§ 139, 140 Abs. 4, 141), aber nicht berechtigt, die Ford. des Vertretenen gg. den Ersteher einzuziehen, Gelder in Empfang zu nehmen oder die Kraftloserklärung von Urkunden (§ 136) oder die Ausschließung des Unbekannten zu beantragen (Fischer-Schäfer 435, Jaeckel-Güthe A. 5 u. § 136 A. 1, Reinhard-Müller A. 3; abw. Denkschr. 61).

Der Vertreter steht unter der Aufsicht des Notariats.

b) Seine Gebühren u. Auslagen, die glaubhaft zu machen u. vom Not. nach freiem Ermessen festzusetzen sind, werden aus dem zugeteilten Betrage vorweg genommen, also im Falle der Hinterleg. an ihn ausgezahlt, im Falle der Übertrag. aber auf ihn im Vorrange vor dem Reste übertragen (auch wenn der Betrag nicht dem Vertretenen zufällt, Reinhard-Müller A. 4). Ein besond. Termin ist hierzu nicht erforderlich. Festsetz.- u. ÜbertragBeschluß sind dem Vertreter u. Vertretenen (nötigenfalls im Wege der öffentl. Zustellung), der ÜbertragBeschluß auch dem Ersteher zuzustellen. Es findet hiergegen Erinnerung nach § 13 Abs. 2 EG. u. sodann sof. Beschwerde statt, die, wenn der Unbekannte mit seinem Rechte ausgeschlossen ist, auch dem Bedingtberechtigten zusteht (vgl. Fischer-Schäfer 435, Jaeckel-Güthe A. 5).

Auf Grund der Übertrag. auf den Vertreter ist vom Not. die Umschreibung der SichHyp. zu dem ihm überwiesenen Betrage im Vorrange vor dem Reste herbeizuführen.

Er kann den festges. Betrag gegen den Vertretenen auf Grund des KostenfestsetzBeschl. (§ 7 Abs. 2), gegen den Ersteher u. seine Gesamtrechtsnachfolger nach der Übertrag. u. gegen Ersteher (oder spät. Eigent.) nach der Umschreib. der SichHyp. durch Vollstr. in das G. selbst auf Grund des Zuschlagsbeschl. (§§ 132, 133) beitreiben (Jaeckel-Güthe A. 5, Reinhard-Müller A. 4).

4. Die Vertretung **endigt**, wenn der Vertretene nicht ermittelt wurde, nicht schon infolge der einem BedingtBerechtigten erteilten Ermächtigung nach § 138; die Ermittlungstätigkeit ist vielmehr bis zur Erlassung des Ausschlußurteils fortzusetzen (Jaeckel-Güthe A. 5, Reinhard-Müller A. 4).

5. Eine besond. **Notariatsgebühr** wird für die Bestellung des Vertreters nicht erhoben (Art. 52 Abs. 1 Nr. 4 NotGebO.). Für die Tätigkeit eines Rechtsanwalts als Vertreters ist eine Gebühr nicht festgesetzt, die Vergütung daher vom Not. nach freiem Ermessen zu bestimmen (Art. 4 Abs. 2 BayRAGebO., JMBl. 02, 457).

§ 136.

Ist der Nachweis des Berechtigten von der Beibringung des Briefes über eine Hypothek, Grundschuld oder Rentenschuld abhängig, so kann der Brief im Wege des Aufgebotsverfahrens auch dann für kraftlos erklärt werden, wenn das Recht bereits gelöscht ist.

E. I § 188 Abs. 1 Satz 2; Begr. 317; D. 61; KBer. —.

Kraftloserklärung des Briefs.

1. Vgl. § 135 A. 1.

2. Zur Herbeiführung der **Kraftloserklärung von Hyp.-** (Grundsch.-, Rentensch.-) **Briefen** (§§ 1162, 1192, 1200 BGB.) ist der nach §§ 126, 135 bestellte Vertreter nicht befugt (s. § 135 A. 3a). Dies ist Sache des Gl. selbst, der den Brief nicht vorzulegen vermochte. Der Antrag ist an das ProzeßG. zu stellen; für das Verf. sind die §§ 1003 ff. ZPO. mit Art. 30, 31 BayAG. ZPO., nicht §§ 138 ff. ZVG. (mit Art. 33 BayAG.ZVG.) maßgebend (Becher Mat. VI, 31, 32; 88, 145, 146). § 136 bestimmt nur, daß dem Aufgebote des Gl. u. der Kraftloserklärung des Briefes der Umstand nicht entgegenstehen soll, daß das Recht im GBuch nach §§ 91, 130, 131 bereits gelöscht ist. Daher bleibt auch die in § 1005 Abs. 2 ZPO. bestimmte ausschl. Zuständigkeit des Gerichts der beleg. Sache bestehen (Fischer-Schäfer 436).

Das vom Gl. erwirkte Ausschlußurteil ersetzt die Vorlage des Briefes (§ 1018 Abs. 1 ZPO.). Die weit. Ausführung des Plans erfolgt entweder nach § 137 oder § 139.

Neben dem vom HypGl. wg. des Briefes betrieb. Aufgebotsverf. kann das vom Bedingtberechtigten wg. des Rechtes selbst nach §§ 138, 140 beim Notariat u. VollstrG. eingeleitete einhergehen (Fischer-Schäfer 440, Wolff A. 2; bestr.; vgl. § 140 Fußn. 2); jedenfalls muß der erstere im Verf. des letzteren seine Rechte anmelden (Reinhard-Müller A. 3).

§ 137.

Wird der Berechtigte nachträglich ermittelt, so ist der Teilungsplan weiter auszuführen.

Liegt ein Widerspruch gegen den Anspruch vor, so ist derjenige, welcher den Widerspruch erhoben hat, von der Ermittelung des Berechtigten zu benachrichtigen. Die im § 878 der Zivilprozeßordnung bestimmte Frist zur Erhebung der Klage beginnt mit der Zustellung der Benachrichtigung.

E. I § 183 Abs. 1 Satz 1, Abs. 2; Begr. 317; D. 60, 61; KBer. —.

Planausführung im Falle der Ermittlung des Berechtigten.

1. Vgl. § 135 A. 1.

2. Ermittlung vor Erteilung der Ermächtigung nach § 138. Ob der Berechtigte ermittelt ist, sei es, daß er sich selbst als solcher ausweist oder daß seine (oder die seines Vertreters) Berechtigung (Legitimation) von dem nach § 135 bestellten Vertreter dargetan wird, entscheidet das Notariat, nötigenfalls nach Anhörung der Beteiligten (des Berechtigten, Vertreters nach § 135, Bedingtberechtigten u. VollstrSch.; s. § 139). Ein Antrag an die HinterlegStelle oder an das GBuchamt genügt nicht (RJA. 15, 83). Die Anerkennung des Ermittelten seitens des nächsten Bedingtberechtigten ist nicht ausreichend (Jaeckel-Güthe A. 2, Reinhard-Müller A. 2). In der Regel wird sich an die Entscheid. sofort die weit. Planausführung reihen; in zweifelhaften Fällen, bes. bei Ablehnung der weit. Planausführ., ist Beschluß erforderlich. Gegen die Entscheid. steht dem Sch. u. dem Bedingtberechtigten, wenn aber die Berechtigung nicht als erbracht angesehen wird, auch dem angeblich Ermittelten (nicht dem Vertreter, Wolff A. 2, a. M. Jaeckel-Güthe A. 4, Reinhard-Müller A. 2) die Erinnerung nach § 13 Abs. 2 EG. u. sodann sof. Beschwerde offen (§ 793 ZPO.). Es kann aber auch jeder die Berechtigung im Klagewege feststellen lassen, wenn ihr die Anerkennung seitens der übr. Beteiligten (u. des Not. bzw. Vollstr. u. BeschwG.) versagt wird (Jaeckel-Güthe, Reinhard-Müller a. a. O.).

3. Weitere Ausführung des Plans. Sie geschieht, wenn ein begründeter Zweifel an der Berechtigung des Ermittelten nicht mehr möglich (der Nachweis der Berechtigg. rechtskräftig als erfolgt anzusehen) ist, durch Auszahlung (Anweisung, § 117) bzw. durch endgültige (unbedingte) Übertrag. der Ford. gegen den Ersteher u. dementsprech. Umschreib. der SichHyp. (§§ 118, 126, 128, 130) auf den Namen des ermittelten Berechtigten. Der Bedingtberechtigte scheidet aus. Hierbei sind die Ansprüche des Vertreters u. deren Vorrang zu berücksichtigen (§§ 109, 135; eine Gerichtsgebühr fällt nur für Termine an, Art. 12 KG.). Die hierwegen ergeh. Beschlüsse sind den betreff. Beteiligten, einschließl. des Vertreters des Unbekannten (A. 2), von Amts wegen zuzustellen. Erfolgt die Planausführung ohne Beschluß, so ist wenigstens der Bedingtberechtigte hiervon zu benachrichtigen (Jaeckel-Güthe A. 5). Beschwerderecht, wie A. 2.

Die Anberaumung eines Termins zur weit. Ausführ. u. die Zustell. der Terminsbestimm. an die Beteiligten (A. 2) ist nicht vorgeschrieben (anders § 141), aber auch nicht ausgeschlossen, wenn eine Verhandlung mit ihnen sich als notwendig erweist (s. § 139).

4. Falls **Widerspruch** gegen den Anspruch des unbek. Berechtigten erhoben war (§ 115), kann die weit. Ausführ. des Plans nicht schon nach Ermittlung des Berechtigten, sondern erst nach Erledigung des Widerspruchs erfolgen. Da die WidersprKlage erst nach Ermittlung des bisher Unbekannten erhoben werden kann, ist nach Abs. 2 der Widersprech. von der (rechtskräftigen) Ermittlung zu benachrichtigen (s. § 139 Abs. 2; im Falle der Abhaltung eines Termins enthält die Zustell. der Terminsbestimm. noch nicht jene Benachricht.). Wird innerh. eines Monats von der Zustellung der Benachricht. an[1]) die Erhebung der Klage nachgewiesen, so bleibt die weit. Ausführ. des Plans ausgesetzt, andernfalls gilt der Widerspruch für das VerteilVerf. als erledigt u. wird nach § 137 Abs. 1 verfahren (Fischer-Schäfer 438, Jaeckel-Güthe A. 6).

§ 138.

Wird der Berechtigte nicht vor dem Ablaufe von drei Monaten seit dem Verteilungstermin ermittelt, so hat auf Antrag das Gericht den Beteiligten, welchem der Betrag anderweit zugeteilt ist, zu ermächtigen, das Aufgebotsverfahren zum Zwecke der Ausschließung des unbekannten Berechtigten von der Befriedigung aus dem zugeteilten Betrage zu beantragen.

Wird nach der Erteilung der Ermächtigung der Berechtigte ermittelt, so hat das Gericht den Ermächtigten hiervon zu benachrichtigen. Mit der Benachrichtigung erlischt die Ermächtigung.

E. I § 184, 185 Abs. 2; Begr. 317—319; D. 60, 61; KBer. —.

Ermächtigung zum Aufgebot; Ermittlung des Berechtigten nach der Ermächtigung.

1. Vgl. § 135 A. 1.

2. Zulässigkeit des Aufgebots bei Nichtermittlung des Berechtigten. Im Interesse des Bedingtberechtigten des § 126 ist die Ausschließung des unbek. Berechtigten (mit seinem Rechte selbst) im Wege des öffentlichen Aufgebots erleichtert. Voraussetzung ist die Ermächtigung des Bedingtberechtigten hierzu, die nur auf (formlosen) Antrag u. nicht vor Ablauf von 3 Monaten seit dem VerteilTermine erteilt werden darf. Antragsberechtigt ist nur der Bedingtberechtigte, nicht der dem Unbekannten nach § 135 bestellte Vertreter. Wird der Antrag nicht gestellt, so verbleibt es bei der Hinterlegung bzw. bedingten Übertrag. u. SichHyp. (s. § 142).

3. Die Ermächtigung erfolgt durch das Notariat (Art. 25 BayAG. v. 2. 2. 21, Bek. v. 30. 3. 21 JMBl. 34 § 3); sein Beschluß ist dem Antragsteller, dem Vertreter des § 135 u. etw. anderen angeblich Berechtigten zuzustellen (§ 329 Abs. 3 ZPO., §§ 4 ff. ZVG.); den letzteren u. dem Vertreter (Jaeckel-Güthe A. 3, Reinhard-Müller A. 3; a. M. 3. Aufl., s. 5) steht im Falle der Erteilung, dem ersteren im Falle der Abweisung des Antrags die Erinnerung nach § 13 Abs. 2 EG. u. sodann die sof. Beschwerde zu (§ 793 ZPO.). Die Ermächt. kann nicht deshalb versagt werden, weil die Ermittl. des Unbekannten noch mit Wahrscheinlichkeit zu erwarten ist; insbes. auch dann nicht, wenn der unbekannte Berechtigte bloß die Kraftloserklärung des Briefes nach § 136 herbeizuführen

[1]) Vorausgesetzt, daß im TeilPlan der Widerspruch ordnungsmäßig durch bedingte Verteilung berücksichtigt ist, widrigenfalls die Frist erst von der Ergänzung des Plans an laufen könnte (BZfR. 06, 440).

hat u. dies bei Fristablauf noch nicht geschehen ist (Fischer-Schäfer 440; a. M. Jaeckel-Güthe A. 1). Die Ermächt. gibt dem Bedingtberechtigten das Recht zur Beantragung des Aufgebots (§ 140).

4. Von mehreren Bedingtberechtigten (auch PfandGl., Nießbraucher, vgl. § 115 A. 3a, § 117 A. 1) ist jeder für sich antragsberechtigt: die Ermächt. ist jedem einzelnen zu erteilen, u. zwar hinsichtl. des ganzen Betrages der Ford. des Unbekannten. Die Ausschließung wirkt aber nur für denj., der sie betrieben hat, u. nur soweit er Befriedig. aus der bedingten Zuteilung beanspruchen kann. Mehrere Anträge sind tunlichst im näml. Aufgebotsverf. zu erledigen (Fischer-Schäfer 439, Jaeckel-Güthe A. 2, Reinhard-Müller A. 2; teilw. abw. Wolff A. 4).

5. Ermittlung des Berechtigten **nach Erteilung der Ermächt.** Mit der Erteilung der Ermächt. des § 137 hört die Ermittlungstätigkeit des Vertreters nicht auf. Der Unbekannte kann auch selbst seine Berechtigung nachweisen, insbes. wenn er Urteil über die Kraftloserklärung des Briefes (§ 136) inzwischen erwirkt hat. Infolge der Ermittlung wird die Ermächt. gegenstandslos; hiervon ist, nötigenfalls in Form eines Beschlusses, der die Ermittl. als erfolgt erklärt, der Bedingtberechtigte unter Mitteil. der Person des Ermittelten zu benachrichtigen (§§ 4ff.). Ersterem steht gegen den Beschluß die Erinnerung u. sof. Beschwerde zu (Jaeckel a. a. O.).

Mit der Benachricht. erlischt die Ermächt.; ein etwa schon eingeleit., noch nicht bis zur Erlassung des Ausschlußurteils gediehenes Aufgebotsverf. (§ 140) ist einzustellen. Zur weit. Ausführung des Plans auf Grund der Ermittl. kann, falls erforderlich, ein Termin anberaumt werden (§ 139, s. § 137 A. 3, 4).

6. Für die Erteilung der Ermächt. ist keine besond. **Notariatsgebühr** zu erheben; sie wird vielmehr durch die allg. Verfahrensgebühr mit vergütet (Art. 52 I Nr. 4 NotGebO.). Ebenso wird die Tätigkeit des **Rechtsanwalts** zur Erlangung der Ermächtigung durch die Gebühr für das Aufgebotsverf. (§ 40 Nr. 1 RRAGO.) entschädigt.

§ 139.

Das Gericht kann im Falle der nachträglichen Ermittelung des Berechtigten zur weiteren Ausführung des Teilungsplans einen Termin bestimmen. Die Terminsbestimmung ist dem Berechtigten und dessen Vertreter, dem Beteiligten, welchem der Betrag anderweit zugeteilt ist, und demjenigen zuzustellen, welcher zur Zeit des Zuschlags Eigentümer des Grundstücks war.

Liegt ein Widerspruch gegen den Anspruch vor, so erfolgt die Zustellung der Terminsbestimmung auch an denjenigen, welcher den Widerspruch erhoben hat. Die im § 878 der Zivilprozeßordnung bestimmte Frist zur Erhebung der Klage beginnt mit dem Termine.

E. I § 185 Abs. 1, 3; Begr. 318, 319; D. —; KBer. —.

Weitere Planausführung bei Ermittlung des Berechtigten nach erteilter Ermächtigung.

1. Vgl. § 135 A. 1.

2. Die weit. Ausführ. des Plans im Falle der Ermittl. des Berechtigten **nach** Erteilung **der Ermächt.** (u. vor Erlassung des Ausschlußurteils) unterscheidet sich von derj. des § 137 nur dadurch, daß sie in der Regel einen besond. Termin notwendig macht (z. B. wegen Bestreitung der vom Bedingtberecht. nach § 140 Abs. 6 beanspr. Kosten oder weil die Ford. in der Person des Ermittelten nicht anerkannt wird). Ob ein solcher Termin anzuberaumen ist, entscheidet das Notariat nach freiem Ermessen (Jaeckel-Güthe A. 2). Verfährt es nach § 137, also ohne Termin, so steht den Beteiligten die Erinnerung (§ 13 Abs. 2 EG.) u. sof. Beschwerde gegen die hiernach ergeh. Beschlüsse offen (§ 793 ZPO.).

3. Zweck des Termins ist die weitere Ausführ. des TeilPlans, wozu eine nochmalige Prüfung der Berechtigung des Ermittelten vorgenommen werden kann (wenn auch diese nicht durch Erhebung eines Widerspruchs im Termine, sondern nur durch Erinnerung u. sof. Beschwerde gegen den die Ermittl. feststell. Beschluß anzufechten ist, Reinhard-Müller A. 3 a; a. M. Jaeckel-Güthe A. 5), sowie die Feststellung der Kosten des Vertreters u. des Bedingtberecht. (§§ 135 Satz 3, 140 Abs. 6).

Widersprüche, die bereits im früh. Termin erhoben werden konnten, können nicht nachgeholt werden (Wolff A. 1, v. d. Pfordten 419, Reinhard-Müller A. 3 b, gegen Jaeckel-Güthe A. 5; s. aber A. 4).

Die weit. Ausführ. des Plans erfolgt, wenn die Berechtigung des Ermittelten als nachgewiesen angesehen wird, nach §§ 117 ff., 109, 135; 130, 137 Abs. 1, unter Vorwegnahme der Kosten nach §§ 135 Satz 3 u. 140 Abs. 6; andernfalls ist die Ermächt. nach § 138 zu erneuern u. das Aufgebotsverf. fortzusetzen (s. § 138 A. 5 a. E.).

4. Zustellung der Terminsbestimm. erfolgt an den Ermittelten, dessen Vertreter (§ 135), die Bedingtberecht. (auch an diej., welche die Ermächt. nicht nachgesucht haben), den letzten Eigent. (z. Z. des Zuschlags) u. diej., die im ersten Termine Widerspruch erhoben hatten (§ 115). War die bedingte Zuteilung mangelhaft, so sind auch die ausgefall. Gl. nochmals zuzuziehen (Jaeckel-Güthe A. 3), in welchem Falle zweifellos **neue Widersprüche** zugelassen werden müssen (a. M. Fischer-Schäfer 439). Vgl. im übr. § 105. Die Frist zur Klageerhebung (§ 878 ZPO.) beginnt auch für diej., die im ersten Termine Widerspruch erhoben hatten, mit dem neuen Termin, nicht mit der Zustell. der Terminsbestimm., auch wenn in dieser die Person des Ermittelten ihnen zur Kenntnis kommt (anders in dem Falle, wo die Planausführung ohne Termin, wie nach § 137 Abs. 2, erfolgt).

5. Gebühren für den weit. VerteilTermin, des Gerichts: Art. 12 BayKG., des Rechtsanwalts: Art. 5, 17, 18, 25 BayRAGO. Der RA., der einen Beteiligten schon im ersten VerteilTermine vertreten hatte, erhält keine besond. Gebühr für den weit. Termin. Auch eine besond. NotariatsGebühr fällt nicht an (Art. 52 I Nr. 4 NotGebO.).

§ 140.

Für das Aufgebotsverfahren ist das Vollstreckungsgericht zuständig.

Der Antragsteller hat zur Begründung des Antrags die ihm bekannten Rechtsnachfolger desjenigen anzugeben, welcher als letzter Berechtigter ermittelt.

In dem Aufgebot ist der unbekannte Berechtigte aufzufordern, sein Recht spätestens im Aufgebotstermin anzumelden, widrigenfalls seine Ausschließung von der Befriedigung aus dem zugeteilten Betrag erfolgen werde.

Das Aufgebot ist demjenigen, welcher als letzter Berechtigter ermittelt ist, den angezeigten Rechtsnachfolgern sowie dem Vertreter des unbekannten Berechtigten zuzustellen.

Eine im Vollstreckungsverfahren erfolgte Anmeldung gilt auch für das Aufgebotsverfahren.

Der Antragsteller kann die Erstattung der Kosten des Verfahrens aus dem zugeteilten Betrage verlangen.

E. I § 186; Begr. 319, 320; D. 60, 61; KBer. —.

Aufgebotsverfahren.

1. Vgl. § 135 A. 1.

2. Das Aufgebotsverf. des § 138 (nicht des § 136) vollzieht sich, soweit nicht § 140 (mit § 12 EG., Art. 33 BayAG.) Abweichungen bestimmen, nach den **Vorschr. der §§ 946 ff. ZPO.** Die sonstigen im ZVG. enthalt. Vorschr. über das Verf. des VollstrG. (z. B. über die Zustell., §§ 4 ff.) finden keine Anwendung; ebensowenig die Vorschr. der ZPO. über die ZwVollstr. (z. B. § 793). Das VollstrG. ist hier ProzeßG. (Begr. 319, Jaeckel-Güthe A. 1)[1]), daher das Notariat nicht zuständig (vgl. Bek. v. 30. 3. 21 JMBl. 34 § 3: „Verrichtungen des VollstrG."). Das VollstrG. hat die Akten des Notariats beizuziehen.

Zweck des Verf. ist die Ermittl. oder Ausschließung des unbek. Berechtigten von der Befriedig. aus dem diesem im Plane zugeteilten Betrag.

Voraussetz. der Erlassung des öffentl. Aufgebots ist außer der Ermächt. des § 138 ein weit. Antrag (§ 947 ZPO.). In diesem sind, soweit bekannt, die Rechtsnachfolger des letztbek. Berechtigten anzugeben.

Die Entscheid. über den Antrag erfolgt im Falle der Abweisung durch Beschluß, der nach §§ 329 Abs. 3, 208 ff. ZPO. zuzustellen ist; gegen den abweis. Bescheid steht dem Antragsteller einfache Beschwerde zu (§§ 567 ff. ZPO.); ist der Antrag begründet, so wird das Aufgebot (§ 947 ZPO.) angeordnet. In das Aufgebot ist insbes. die Aufford. nach Abs. 3 aufzunehmen.

Das Aufgebot ist zuzustellen (Abs. 4 mit §§ 208 ff. ZPO.) u. durch Anheftung an die Gerichtstafel u. einmalige Einrückung in das Amtsblatt des Gerichtes bekannt zu machen (§ 12 EG., Art. 33 BayAG.). Die Aufgebotsfrist ist die sechswöch. des § 950 ZPO. u. beginnt mit der Einrückung in das Amtsblatt (Art. 33 BayAG.).

Im Aufgebotstermin ist auf Antrag (u. U. nach Beweiserhebung) das Ausschlußurteil zu erlassen (§ 952 ZPO.) oder der Antrag mit Beschluß abzuweisen. Gegen die Abweisung u. die dem Ausschlußurteile beigefügten Beschränkungen u. Vorbehalte findet sof. Beschwerde statt (§ 952 Abs. 4 ZPO.). Das Urteil selbst kann nur im Wege der Klage angefochten werden (§§ 957, 958 ZPO.). Eine Zustellung findet nicht statt. Die BeschwFrist beginnt mit der Verkündung (§ 577 Abs. 2 ZPO.). Das Urteil kann öffentl. bekannt gemacht werden (§ 956 ZPO.). Die Anmeldungen, die nicht vom Vertreter des § 135 ausgehen können, nur bis zur Erlassung des Urteils zulässig sind (§ 951 ZPO.)

[1]) Für das Aufgebotsverf. ist ein besonderer Akt zu bilden (§§ 75, 88 GSchrGeschA., JMBl. 02, 59, 74 u. 1910, 250). Mehrere Aufgebote sind zweckmäßig zu verbinden (§ 959 ZPO.).

u. als welche auch die im VollstrVerf. (vor dem Not.) erfolgten berücksichtigt werden müssen (Abs. 5), können zur Abweisung des Antrags, zur Beschränkung des Ausschlußurteils oder zur Aussetz. des Aufgebotsverf. [2]) führen (§§ 952, 953 ZPO.). Soweit Rechte nicht vorbehalten wurden, ist durch das Ausschlußurteil das alleinige Recht des Bedingtberecht. festgestellt. Vgl. RG. 67, 95, Jaeckel-Güthe A. 10, Reinhard-Müller A. 3, 4.

3. Die weit. Ausführ. des Plans durch das Notariat erfolgt entweder nach § 139 oder § 141, je nachdem es zur Erlassung eines Ausschlußurteils gekommen ist oder nicht.

4. Die Kosten des Aufgebotsverf. hat der Antragsteller zu tragen; er kann jedoch deren Erstattung aus dem zugeteilten (aufgebot.) Betrage verlangen (Abs. 6), u. zwar ohne Rücksicht darauf, ob ihm dieser infolge des Aufgebots zufällt oder nicht. Sein Erstatt.-Anspruch geht jedoch den Kosten der nachträgl. Verteil. (§ 109, Art. 12 BayAG.) u. des Vertreters (§ 135 Satz 3) im Range nach (Riedner 214, Reinhard-Müller A. 3, 4).

5. Gebühren im Aufgebotsverf., des Gerichts: § 33 Nr. 6 GKG., des Rechtsanwalts: § 40 RRAGO. (Merzbacher S. 4, 38 A. 5, 58).

§ 141.

Nach Erlassung des Ausschlußurteils hat das Gericht einen Termin zur weiteren Ausführung des Teilungsplans zu bestimmen. Die Terminsbestimmung ist dem Antragsteller und den Personen, welchen Rechte in dem Urteile vorbehalten sind, dem Vertreter des unbekannten Berechtigten sowie demjenigen zuzustellen, welcher zur Zeit des Zuschlags Eigentümer des Grundstücks war.

E. I § 187; Begr. 320, 321; D. —; KBer. —.

Planausführung auf Grund Ausschlußurteils.

1. Vgl. § 135 A. 1.

2. Die weit. Ausführ. des Plans hinsichtl. des aufgebot. Betrags kann **nach** Erlassung des Ausschlußurteils nur auf Grund eines **neuen Termins** erfolgen. Die Anberaum. u. Durchführ. des letzteren erfolgt durch das Notariat ohne Rücksicht [1]) auf die Möglichkeit der Anfechtung des Urteils nach § 957 Abs. 2 ZPO. Zu diesem Zweck sind ihm vom VollstrG. von Amts wegen alsbald die Akten mit einer Ausfertigung des Urteils zuzuleiten (BZfR. 1921, 112).

Zustell. der Terminsbestimm. (nach §§ 4 ff.) erfolgt nur an die in § 141 bez. Personen, insbes. nicht an den ausgeschloss. Unbekannten (wenn ihm nicht Rechte vorbehalten wurden) u. nicht an denj., der nur im allgem. VerteilTermin gegen die Ford. des Unbekannten Widerspruch erhoben hatte; denn diese Ford. ist durch das Urteil ausgeschlossen. — § 105 Abs. 4 kommt nicht mehr zur Anwendung.

3. Zum Zweck der Verteil. des aufgebot. Betrags ist u. U. ein **weiterer Teilungsplan** (Ergänzung) im Termin anzufertigen. In diesen sind nämlich die Kosten der nachträgl. Verteilung (§§ 109, 139; s. unten A. 6), sodann die Anspr. des Vertreters (§ 135 Satz 3), u. an dritter Stelle die des Antragstellers (auch, wegen § 140 Abs. 6, dessen Aufgebotskosten), die Anspr. mehrerer Antragsteller nach der Rang-

[2]) Z. B. wenn der Erstberecht. das Aufgebot nach § 136 betreibt (Fischer-Schäfer 442).

[1]) Vorbehaltl. einstw. Verfüg. des ProzeßG. (s. oben A. 5 a. E.).

ordnung des TeilPlans, nicht aber die vorbehalt. Rechte einzustellen, wobei die bisher (nach § 126) bedingte Zuteilung an den oder die Bedingtberechtigten (soweit sie Aufgebot bewirkt haben) nun zu einer unbedingten wird (Fischer-Schäfer 444). Bleibt nach Deckung dieser (u. etwa im Ausschlußurteil vorbehalt. u. anerkannter) Anspr. noch ein Überschuß aus dem aufgebot. Betrag, so bleibt dessen Schicksal in der Schwebe, bis sich seiner weitere Bedingtberechtigte (zuletzt der Eigent. z. Z. des Zuschlags) im Wege des Aufgebots bemächtigen oder der Unbekannte ermittelt wird (s. § 138 A. 4, § 142 A. 2).

4. Über die Planergänzung wird gemäß § 115 **verhandelt**. Als Widerspruch (§ 124) ist auch der im Ausschlußurteil gemachte Vorbehalt anzusehen (§ 953 ZPO., § 115 Abs. 2 ZVG.), wobei jedoch zu beachten ist, daß der Vorbehaltsberechtigte auf Verlangen gemäß § 9 Nr. 2 sein Recht (soweit nicht geschehen) glaubhaft zu machen hat, widrigenfalls der Vorbehalt bei Planausführ. unberücksichtigt bleibt (Begr. 321, Fischer-Schäfer 444, Jaeckel-Güthe A. 3, Reinhard-Müller A. 4; s. § 114 A. I 2). Im übr. ist aber die Erhebung eines Widerspruches nur möglich, soweit dieser nicht schon im allgem. Verteil.-Termin hätte erhoben werden können u. sollen (ebenso Jaeckel-Güthe A. 3; s. § 139 A. 3). Rechtzeitige Klage (§ 878 ZPO.) hat insbes. derj. zu erheben, dessen Rechte vorbehalten wurden u. im Termine nicht anerkannt werden. Unterläßt er dies, so erhält den Betrag bzw. die Ford. endgültig der früh. Bedingtberechtigte (Antragsteller des § 140 Abs. 2), dem der zugeteilte Betrag nur außerh. des VerteilVerf., im Wege der BereichKlage, entrissen werden könnte (vgl. § 115 A. 7c).

5. Auf Grund der Verhandlung wird, wenn kein Widerspruch vorliegt (s. A. 4), der **Plan ausgeführt** durch Auszahlung bzw. durch endgültige Übertrag. (§§ 117 ff.) u. Umschreib. der SichHyp. (§§ 128, 130), um die das GBuchamt zu ersuchen u. wobei die unter 3 angegeb. Rangordnung zu beachten ist. Die endgültige Ausführ. des Plans ist auch hier, wie in § 126, soweit ein Betrag auf eine BriefHyp. (-grund-, -rentensch.) zugeteilt wird, von Vorlage des Briefes u. der in § 1155 BGB. bez. Urkunden abhängig (s. § 126 A. 2).

Im Falle neuerl. Widerspruchs (s. A. 4) ist weitere bedingte Verteilung mit bedingter Hinterlegung bzw. Übertrag. u. bedingter Umschreib. der SichHyp. (§§ 124, 120) erforderlich (Jaeckel-Güthe A. 5).

Im Falle der Anfechtung des Ausschlußurteils (§ 957 Abs. 2 ZPO.) könnte dagegen die Planausführ. nur durch einstw. Verfüg. des ProzeßG. aufgehalten werden. Wird das Ausschlußurteil noch vor dem Termin aufgehoben, so ist dieser abzusetzen (Jaeckel-Güthe A. 1, im übr. s. Stein-Jonas § 957 IV).

6. Gerichtsgebühr: Art. 12 BayKG.; **Anwaltsgebühr:** Art. 5, 17, 25 BayRAGebO. Eine besond. **Notariats**gebühr fällt nicht an (Art. 52 I Nr. 4 NotGebO.).

§ 142.

In den Fällen des § 117 Abs. 2 und der §§ 120, 121, 124, 126 erlöschen die Rechte auf den hinterlegten Betrag mit dem Ablaufe von dreißig Jahren, wenn nicht der Empfangsberechtigte sich vorher bei der Hinterlegungsstelle meldet; derjenige, welcher zur Zeit des Zuschlags Eigentümer

des Grundstücks war, ist zur Erhebung berechtigt. Die dreißigjährige Frist beginnt mit der Hinterlegung, in den Fällen der §§ 120, 121 mit dem Eintritte der Bedingung, unter welcher die Hinterlegung erfolgt ist.

E. I —; Begr. —; D. 61; KBer. —.

Erlöschen der Rechte auf hinterlegte Beträge.

1. Vgl. § 135 A. 1.

2. Die Vorschrift ist im Anschluß an §§ 382, 1171 Abs. 3, 1269 BGB. aufgestellt. **Der nicht erhobene Betrag fällt nach Ablauf von 30 Jahren nicht dem Ersteher, sondern demj. zu, der z. Z. des Zuschlags Eigentümer des G. war;** der Betrag wird also behandelt wie ein Überschuß aus dem VerstErlöse; die Rechte derer, denen der Betrag zugeteilt war, erlöschen, ohne daß ein Bereich-Anspr. gg. den Eigent. (Fiskus) übrig bleibt (Reinhard-Müller A. 4).

Die Frist (§§ 187, 188 BGB.) ist keine Notfrist (§ 223 Abs. 3 ZPO.), sondern eine Ausschlußfrist (vgl. § 901 BGB., RGRK. § 186 A. 1), Wiedereinsetz. in d. v. Stand gegen deren Ablauf nicht zulässig (Jaeckel-Güthe A. 4, Reinhard-Müller A. 3). Die Frist beginnt in der Regel mit der Hinterlegung (Aufgabe zur Post, § 375 BGB.), in den Fällen der §§ 120, 121 mit dem Zeitpunkt, in dem das Bezugsrecht unbedingt wird (Fischer-Schäfer 445, Wolff A. 2).

Die Empfangsberechtigung ist von der HinterlegStelle auf Grund der die Hinterleg. anordnenden Verfügung des Notariats zu prüfen; hierzu gehört, abges. von der Berechtigung (§ 117 Abs. 2), z. B. der Nachweis, daß die Bedingung eingetreten oder ausgefallen ist (§ 120), daß das Bezugsrecht fortdauert (§ 121), daß der Empfänger Eigent. z. Z. des Zuschlags war u. die Frist des § 142 abgelaufen ist.

In den Fällen der §§ 124, 126 (Hinterleg. wegen Widerspruchs u. Unbekanntsein des Berechtigten) ist jedoch die Feststell. des Empfangsberechtigten (u. Auszahlungsersuchen) Sache des Notariats (nicht der HinterlegStelle; Jaeckel-Güthe A. 3, RJA. 15, 83).

Über das Verf. der HinterlegStelle bei der Herausgabe s. HinterlegO. (JMBl. 99, 1057 ff.) §§ 23, 25, 27 bzw. 49, 50 mit Art. 145 EG.BGB., § 2 EG.ZVG.

3. Nach Ablauf von 31 Jahren erlischt auch der Anspruch des VollstrSch. auf Herausgabe (§ 382 Halbs. 2, § 1171 Abs. 3 Halbs. 2, § 1269 BGB.) u. verfällt der hinterlegte Betrag dem **Fiskus** (Staatsbank); über Beginn dieser Frist, insbes. in den Fällen der §§ 120, 121 s. HinterlegO. §§ 34, 37 bzw. 52.

4. Die **Verjährung der übertrag. Ford.** gegen den Ersteher (wenn dieser das Bargebot nicht bezahlt bzw. hinterlegt hat) bestimmt sich nach §§ 195 ff., 218 ff., 223 BGB., das **Aufgebot der SichHyp.** nach §§ 1170, 1171, 1188 BGB., §§ 982 bis 987 ZPO.

§ 143.

Die Verteilung des Versteigerungserlöses durch das Gericht findet nicht statt, wenn dem Gerichte durch öffentliche oder öffentlich beglaubigte Ur-

kunden nachgewiesen wird, daß sich die Beteiligten über die Verteilung des Erlöses geeinigt haben.

E. I —; Begr. 274 f.; D. 61; KBer. 48.

Außeramtliche Einigung über die Verteilung.

1. Allg. Die in §§ 143, 144 zugelassene Umgangnahme vom amtl. VerteilVerf. ist dem bayer. u. mecklenb. Rechte nachgebildet. Zweck der §§ 143, 144 ist Beschleunigung des Verf., Kostenersparung u. Geschäftsvereinfachung. Das in § 143 geregelte (wenig gebräuchliche) Verf. unterscheidet sich von demj. des Art. 95 BayGO. dadurch, daß hier das Gericht die Verteilung nach Maßgabe der Übereinkunft vorzunehmen hatte, während nach § 143 das Gericht (Notariat) mit der Ausführ. der Einigung nichts zu tun hat.

2. § 143 setzt die **Einigung der Beteiligten** über die Verteil. des Erlöses u. den **Nachweis** der Einigung voraus. Die Einigung muß den ganzen Erlös (einschl. desj. nach § 65) bzw. die ganze Ford. gegen den Ersteher umfassen, wie sich auch die amtl. Verteil. nur mit dem ganzen VerstErlös befassen kann (Jaeckel-Güthe A. 3). Eine Einigung über die Verteil. eines Teils des Erlöses könnte nur bei der amtl. Verteil. berücksichtigt werden (vgl. § 118 Fußn. 1).

Gleichgültig ist aber, wie der Erlös verteilt wird; es können z. B. auch Nichtbeteiligte dabei berücksichtigt sein (BZfR. 1913, 404). Dagegen muß die Art. u. Weise der Verteil. dem Notariat mitgeteilt werden, da der Ersteher vom Not. verlangen kann, daß ihm dieses (zweckmäßig abschriftl.) eröffnet, wie u. an wen er zu zahlen hat, u. damit, wenn er nicht zahlt, vollstreckb. Ausfertigungen des Zuschlagsbeschl. nach Maßgabe des Übereinkommens erteilt werden können (Jaeckel-Güthe A. 5; bestr.). Erklären sich freilich alle Beteiligte als befriedigt, so braucht sich auch das Not. um den Inhalt der Einigung nicht weiter zu kümmern. Der Nachweis ist in öffentl. oder öffentl. begl. Urkunde (§§ 129 BGB., 415 ZPO., 183 FGG.) zu liefern; von wem, ist gleichgültig[1]); der Nachweis kann bis zum Schlusse des VerteilTermins erbracht werden; Rechtskraft des Zuschlags ist nur Voraussetzung der spät. GBuchberich t.

3. Die **Zahlungspflicht** des Erstehers nach Zeit u. Ort ist für den Fall des § 143 nicht bestimmt[2]). Ohne seine Zustimmung werden jedoch die Beteiligten Zahlung nicht vor Ablauf der in § 105 Abs. 4 bez. Frist (von dem Zeitpunkt an gerechnet, in dem ihm das Übereinkommen mitgeteilt wurde) verlangen, also auch nicht eher mit ZwVollstr. gemäß §§ 132, 133 vorgehen können.

4. Die Einigung muß von **sämtl. Beteiligten** (§ 9) ausgehen, die einen Anspr. auf Befried. aus dem VersteigErlöse haben, also insbes. auch von denen, die einen Ausfall erleiden, u. vom VollstrSch., bzw. neu eingetret. Eigent.; auch die bis zur Vorlage der Übereinkunft eingegang. Anmeldungen sind zu berücksichtigen (§§ 145, 105 Abs. 2 Satz 2, Fischer-Schäfer 448, Jaeckel-Güthe A. 2); ebenso der Anspruch eines Dritten auf den Erlös auf Grund entgegensteh.

[1]) Leidet der Nachweis an einem Mangel, so kann das Not. eine Frist zu dessen Beseitigung setzen, bevor es das amtl. VerteilVerf. in die Wege leitet, vorausgesetzt, daß durch die Verzögerung niemand geschädigt wird.

[2]) Der Ersteher (zahlungspfl. Dritte) hat kein Recht auf einen amtl. VerteilTermin (§ 49 Abs. 1; Jaeckel-Güthe A. 2, 7; a. M. bes. Wolff A. 2, 3). Will er nicht nach Maßgabe der Einigung zahlen, so muß er hinterlegen (§ 49 Abs. 3). Natürlich dürfen dem Ersteher ohne seine Zustimmung keine anderen als die VersteigBedingungen auferlegt werden.

Rechtes (§ 37 Nr. 5, BayZf R.06, 329). Beteiligt ist auch die Staatskasse (Fiskus)[3]; bestritten ist, ob nicht der Nachweis der Zahlung der Kosten genügt.

Nicht erforderlich ist die Zuziehung des Erstehers, zahlungspfl. Dritten nach § 61, Meistbiet. nach § 81, Mieters u. Pächters, desj., dessen Recht bestehen bleibt, falls er nichts aus dem Bargebote zu fordern hat; ebensowenig des etwaigen Mitverpflichteten eines Gl. (z. B. Bürgen), wohl aber des Mitberechtigten (z. B. Nießbrauchers, PfändGl.).

Damit geprüft werden kann, ob eine gültige Einigung zustandegekommen, müssen die zum Nachweis der Berechtigung (Legitimation) dienenden Urkunden, z. B. Vollmacht, Genehmigung, Erbschein, HypBrief samt den in § 1155 BGB. bez. Urkunden in öffentl. oder öffentl. begl. Form beigefügt sein (Fischer-Schäfer 449, Jaeckel-Güthe A. 5).

5. Verfahren, Wirkung. Auch in den Fällen der §§ 143, 144 vollzieht sich die Erledigung der ZwVollstr. nicht ohne Mitwirkung des Gerichts (Notariats). Das Verf. ist jedoch wesentlich abgekürzt.

Es unterbleibt bei Vorlage des (ordnungsmäßigen) Nachweises der Einigung die Anberaumung eines VerteilTermins; der anberaumte wird unter Einstellung (vgl. Art. 9 Abs. 2 BayKG.) des amtl. VerteilVerf. abgesetzt (was den Beteiligten durch Zustell. bekannt zu geben ist). Denn da der Termin nur zur amtl. Verteil. bestimmt ist, entfällt er, wenn diese selbst unnötig wird (Fischer-Schäfer 447, 450, Jaeckel-Güthe A. 6; bestr.). Weiter unterbleibt eine amtl. Übertragung der Ford. gegen den Ersteher auf diej. Beteiligten, die er nicht nach Maßgabe der Übereinkunft bezahlt hat (§ 118); an die Stelle der Übertragung tritt die vertragsmäßige Aufteilung der Ford. gegen den Ersteher, durch die die Beteiligten Gläubigerrechte diesem gegenüber erlangen (Jaeckel-Güthe A. 8). Ferner unterbleibt die Sicherstellung durch (sonst von Amts wegen nach §§ 128, 130 zu veranlass. Eintrag. von) SichHyp. für die vertragsm. überwiesenen FordBeträge; für diese Sicherstellung haben die Beteiligten selbst zu sorgen (Reinhard-Müller A. 3, 5c, Krech Recht 02, 527); dagegen ist für den zahlenden Dritten nach §§ 61, 134 von Amts wegen die Eintrag. einer SichHyp. zu veranlassen, da ihm die Ford. gegen den Ersteher nicht übertragen zu werden braucht, sondern im Falle des § 61 Abs. 3 kraft Ges. zusteht. Voraussetzung der Eintrag. dieser SichHyp. ist natürlich, daß sich die Beteiligten in dem Übereinkommen als durch den Dritten vollständig befriedigt erklären (Jaeckel-Güthe A. 8 a. E., Reinhard-Müller A. 3; abw. Fischer-Schäfer 455).

Endlich bedarf es auch einer Beschlußfassung oder Einvernahme der Beteiligten nicht (abges. von dem Falle, daß eine Aufhebung des VerteilTermins erforderlich ist). Denn sämtliche Beteiligte, die zu hören wären, müssen bereits zum Übereinkommen zugezogen sein[4]). Auch mit der Auszahlung des etwa hinterlegten VerstErlöses oder einer Sicherheit an die Gl. hat das Not. nichts zu tun (vgl. unten c).

Die Tätigkeit des letzteren beschränkt sich daher im Falle des § 143 auf:

a) die Prüfung der vorgelegten Einigung, sowie nötigenfalls deren Mitteilung an den Ersteher oder zahlpfl. Dritten;

---

[3]) Auch wegen der Kosten des Verf., die beim VersteigBeamten erwachsen sind, nicht aber wegen der GrundErwAbgaben (vgl. die A. zu §§ 58, 109).

[4]) Dagegen ergeht (gleichzeitig mit der Bestimmung des VerteilTermins) abweisender Beschluß, wenn keine genügende Einigung nachgewiesen ist.

b) die Veranlassung der Bericht. des GBuchs (falls der Zuschlag rechtskräftig u. die Einigung in Ordnung ist)[5]), der Löschung der nicht bestehenbleib. Rechte sowie des VersteigVermerks u. der allenfallsigen Eintrag. einer SichHyp. für den Dritten, der seiner ZahlPflicht nachgekommen ist. Etwa vom Ersteher vorgelegte EintragBewilligungen sind gemäß § 130 Abs. 3 an das GBuchamt weiterzugeben (Jaeckel-Güthe A. 8).

c) die Rückgabe der Bietungssicherheit; soll diese als ZahlMittel verwendet werden, so ist die Auszahlung bei der HinterlegStelle durch die Beteiligten nachzusuchen (da §§ 107, 108 nicht für anwendbar erklärt sind); gibt der Hinterleger seine Zustimmung zur Auszahlung nicht, so ist die Befried. aus der Sicherheit nach §§ 1228 ff., 1273 ff. BGB. zu betreiben (Fischer-Schäfer 450, 451, Jaeckel-Güthe A. 9, Wolff A. 9).

d) die Unbrauchbarmach., Ergänzung, Rückgabe der Urkunden (§ 127).

Die Einigung wirkt wie die Befriedigung aus dem G., so daß Pfandrechte, Bürgschaften, Haftung mitbelasteter, nicht versteig. G. erlöschen (Jaeckel-Güthe A. 8, Reinhard-Müller A. 6, v. d. Pfordten 432).

6. Die Beteiligten haben ein **Recht auf die Unterlassung** des amtl. Verteil.-Verf. (anders § 144 A. 11). Sie können wg. der Verringerung der VerfKosten, die die Masse schmälern, wg. der bald. GBuchbericht. oder des Vollzugs ihrer Vereinbarungen ein großes Interesse an der Beachtung des § 143 haben. Gegen die Einleitung des amtl. VerteilVerf. ist daher Erinnerung nach § 13 Abs. 2 EG. u. sodann sof. Beschwerde (§ 793 ZPO.) möglich (Jaeckel-Güthe A. 6).

7. Gemäß § 145 ist die den Beteiligten auf Grund des Übereinkommens gegen den Ersteher (bzw. Meistbiet. des § 81 u. zahlpfl. Dritten der §§ 61, 134) verblieb. Ford. vollstreckbar. Die **Zwangsvollstr.** (Wiederverst.) nach §§ 132, 133 erfolgt auch hier auf Grund vollstreckb. Ausfert. des Zuschlagsbeschl. Zum Zwecke der Erteil. der VollstrKlausel muß das Übereinkommen vorgelegt werden, da die Höhe der Ford. des einzelnen Beteiligten in der Klausel festzustellen ist.

Da keine SichHyp. nach § 128 eingetragen wird, kann aus dem Zuschlagsbeschl. nur der persönl. Anspruch verfolgt werden, also in das G. nur, solange der Ersteher oder sein Gesamtrechtsnachfolger Eigentümer ist. Anders ist natürlich die Rechtslage des Dritten nach § 61, der eine SichHyp. von Amts wegen erhält (s. oben 5).

Der auf Grund Zuschlagsbeschl. gemäß §§ 866, 867 ZPO. durch die Berechtigten selbst erwirkten ZwSichHyp. kommt die Vollstreckbarkeit aus § 132 nicht zu; § 866 Abs. 3 ZPO. findet Anwendung.

8. Gebühren des Gerichts: Art. 9 I Nr. 2 BayKG.; wird die Einigung nachgewiesen, bevor der VerteilTermin bestimmt u. bekanntgegeben ist, so wird eine Gebühr für das VerteilVerf. überhaupt nicht erhoben, dagegen $^1/_{10}$, wenn die Einigung nach der Bestimmung, aber vor dem Beginn des Termins nachgewiesen wird, u. $^2/_{10}$ nach Beginn des VerteilTermins (v. Schmidt Art. 9 A. 2 B, BZfR. 06, 426, Meyer Art. 9 A. 5, Lehmer-Weitze S. 145); des Notariats: $^5/_{10}$ der Wertgebühr (Art. 52 I Nr. 4 NotGebO.); des Rechtsanwalts: Art. 5, 17 Abs. 4, Art. 18, 25 BayRAGebO. (JMBl. 02, 441, 471; Merzbacher Art. 17 A. 8).

---

[5]) Voraussetz. der GBuchberichtig. ist außerdem Sicherstellung (Zahlung, Stundung, Richterhebung) der GrundErwAbgaben (§ 130 A. 6). Über den Inhalt des Ersuchens um GBuchbericht. s. § 130 A. 4.

§ 144.

Weist der Ersteher oder im Falle des § 61 der für zahlungspflichtig erklärte Dritte dem Gerichte durch öffentliche oder öffentlich beglaubigte Urkunden nach, daß er diejenigen Berechtigten, deren Ansprüche durch das Gebot gedeckt sind, befriedigt hat oder daß er von ihnen als alleiniger Schuldner angenommen ist, so sind auf Anordnung des Gerichts die Urkunden nebst der Erklärung des Erstehers oder des Dritten zur Einsicht der Beteiligten auf der Geschäftsstelle niederzulegen. Die Beteiligten sind von der Niederlegung zu benachrichtigen und aufzufordern, Erinnerungen binnen zwei Wochen geltend zu machen.

Werden Erinnerungen nicht innerhalb der zweiwöchigen Frist erhoben, so beschränkt sich das Verteilungsverfahren auf die Verteilung des Erlöses aus denjenigen Gegenständen, welche im Falle des § 65 besonders versteigert oder anderweit verwertet worden sind.

Wg. des Wortes „Geschäftsstelle" s. Ges. v. 9. 7. 27 (RGBl. I 175).

§ 145.

Die Vorschriften des § 105 Abs. 2 Satz 2 und der §§ 127, 130 bis 134 finden in den Fällen der §§ 143, 144 entsprechende Anwendung.

E. I —; Begr. —; D. 61; KBer. 48.

Außeramtl. Befriedigung.

1. Allgem. Vgl. § 143 A. 1. — Da der Ersteher bzw. ZahlPflichtige eine (stillschw.) Einigung der zum Zuge gekommenen Beteiligten naturgemäß leichter erzielt, als ein übereinkommen aller, so ist die Anwendung des § 144 eine weitaus häufigere als diej. des § 143 (die ohne Zuziehung des Erstehers überhaupt kaum vorkommen wird). Bei Anwendung des § 144 ist aber zu beachten, daß jede Erinnerung gegen den Versuch des Erstehers, die amtl. Verteil. zu umgehen, für hinreichend erklärt ist, die außeramtl. Verteil. umzustoßen u. das regelmäßige amtl. VerteilVerf. herbeizuführen [1]).

2. Voraussetzung des Verf. nach § 144 ist ein bestimmter, durch öffentl. oder öffentl. begl. Urkunden vom Ersteher oder zahlpfl. Dritten zu liefernder Nachweis. Ein förml. Antrag ist nicht erforderlich.

a) Der Nachweis kann die **Befriedigung** (§ 267 BGB.) durch Zahlung [2]),

---

[1]) DerBöswilligkeit des VollstrSch., der nichts mehr zu verlieren hat, oder des ausgefall. Gl., ist damit allerdings ein freies Feld geöffnet. § 226 BGB. kann aber dem, der offensichtl. unbegründete Erinnerungen nach § 144 erhebt, nicht entgegengehalten werden, da es sich hier um eine Verfahrens-Vorschrift handelt. Durch Hinterlegung des vom Gegner bestritt. oder in Anspruch genomm. Erlösteils kann zwar der Ersteher (Dritte) seiner Zahlpflicht genügen (insbes. auch in Fällen der §§ 120, 121, 126) u. so die Voraussetzungen des § 144 schaffen, nicht aber die Erinnerungen u. damit die amtl. Verteil. abwenden (vgl. Fischer-Schäfer 451, Jaeckel-Güthe A. 14 u. oben A. 7).

[2]) über Zahlung an Bevollmächtigte, PfändGl. s. § 117 Fußn. 4 ff. Bei Höchstbetragshyp. genügt Nachweis der Zahlung des vom HypGl. verlangten Betrags u. Geltendmach. des LöschAnspruchs auf Grund LöschVormerkung bzgl. des etwaigen Mehrbetrags. Die Bestreitung der Höhe der Ford., wie des Rechtes auf Löschung ist den Erinnerungen vorzubehalten (BNotZ. 1914, 296; vgl. § 50 A. 3 A d, § 50 Anh. II, § 119 A. 2 b).

Empfangsbestätigungen müssen nunmehr öffentl. beglaubigt sein, soweit sie nicht (wie behördl. Erklärungen) zu den öffentl. Urkunden zählen (vgl. §§ 415 ff., 435 ZPO.). Quittungen einer gemeindl. oder Bezirks-Sparkassenverwaltung sind öffentl.

Aufrechnung[3]), Vereinigung, Verzicht gegenüber dem Ersteher (Dritten) oder Hinterlegung gemäß § 378 BGB. (z. B. wegen Widerspruchs, Unbekanntseins des HypInhabers, § 372 BGB.; nicht beim Notariat) enthalten; er braucht die Art der Befriedigung nicht anzugeben, wenn nur feststeht, daß sie durch den Ersteher (Dritten) oder auf seine Rechnung (z. B. durch den Meistbiet. des § 81) erfolgt ist (Fischer-Schäfer 451, 452, Jaeckel-Güthe A. 13, 14). Infolge der Befriedigung erlischt die persönl. Schuld des VollstrSch. u. die Mithaft dritter Personen u. Pfandobjekte (§§ 362, 767, 1181 Abs. 2, 1252 BGB.).

b) Der Nachweis der Befreiung des VollstrSch. von seiner Schuld kann aber auch durch Vorlage einer (öffentl. oder öffentl. begl.) Urkunde über **Annahme** des Erstehers (Dritten) **als Alleinschuldners** geführt werden. Es muß jeder Zweifel ausgeschlossen sein, daß nicht eine gemeinschaftl. (kumulative) Schuldübernahme (§§ 328, 329, 414, 421 BGB.; RG. 59, 233; 64, 318, BlfRA. 72, 941) gewollt war; die Erklärung des Gl., daß er den Ersteher (Dritten) als „persönl." Schuldner annehme, wäre daher ungenügend. — Dagegen braucht in der Urkunde keine Erklärung über die Entlassung etwaiger Mitverpflichteten (Bürgen) des VollstrSch. oder die Bewilligung der Löschung der (Gesamt-)Hyp. auf den mitbelast. G. enthalten zu sein. Beides kann der VollstrSch., wenn der Gl. den Ersteher als Alleinschuldner annimmt, wie im Falle a verlangen, aber nur außerh. des Verf. (§ 418 BGB.); er kann dies innerh. des Verf. auch nicht durch die an sich zulässigen Erinnerungen nach § 144 u. darauffolg. Widerspruch nach § 115 erzwingen (s. unten). — Notarielle Beurkundung der Schuldübernahme ist nicht erforderlich (BayObLG. 1, 125; 3, 793).

Urkunden; sie müssen in der satzungsgemäßen Form ausgestellt sein; es kann die Vorlegung der Satzung zwecks Prüfung verlangt werden (Art. 44 GdeO. v. 17. 10. 27, 34 BezO., vgl. BayObLG. 7, 250, BZfR. 05, 475, Helmreich-Rock Art. 44 A. 5). Die Sparkassen der Gemeinden u. Bezirke sind keine selbständigen Rechtspersönlichkeiten, das Vermögen der Anstalten ist Gemeinde- bzw. Bezirksvermögen (BZfR. 06, 249; Grundbestimmungen v. 1. 6. 11 JMBl. 240, 24. 1. 23 MABl. 1 u. 9. 5. 24 MABl. 95). Die Gemeinde wird vom Gemeinderat, der Bezirk vom Bezirksamt vertreten (Art. 16 GdeO., 6 III BezO.); zur Erledigung der Angelegenheiten der Bezirkssparkassen können besond. Ausschüsse gebildet werden (Art. 24 BezO.); sie können sich, wie die Gemeinderäte, durch Bevollmächtigte vertreten lassen (Helmreich-Rock Art. 16 A. 2, vgl. BayObLG. 20 A 427). Über Abquittierung von Hyp. der Gemeinden u. Stiftungen s. Ziff. 14 Bek. v. 13. 5. 05 MABl. 203 über Angel. v. Gemeinde- u. Stiftungsgeldern, Bek. v. 30. 8. 22 GVBl. 532, 7. 9. 23 MABl. 71; zuständig zur Beschlußfassung ist nun der Stadt- bzw. Gemeinderat (Art. 13 V, 16, 17 GdeO. v. 17. 10. 27); seine Beschlüsse werden durch den 1. Bürgermeister oder seinen Stellvertreter (Art. 18 GdeO.) vollzogen; er muß Ausfertigung oder begl. Abschrift des Gemeinderatsbeschlusses vorlegen, die vom Bürgermeister u. 2 Gemeinderatsmitgl. unterzeichnet sein muß (Helmreich-Rock Art. 17 A. 3, Wörner A. 11; über die Auslegung des Art. 17 Abs. 3 GdeO., die VertretMacht des 1. Bürgermeisters u. genehmigungspfl. Rechtsgeschäfte der Gemeinden s. Dittmar BNotV. 1928, 100 ff., 125, 271, Lehner, Hieber u. Bourier ebenda 1929, 96 ff., auch BayObLG. 13, 441).

Postaufgabescheine sind keine Quittungen.

Die Kosten der Quittungen u. die notwendigen Auslagen hierfür hat der Grundstückseigentümer (Masse) zu tragen (§ 10 Abs. 2, § 12; OLG. 6, 271); über die Quittungs-Stempelpflicht s. Tarifst. 12, 28, BayObLG. 18 B 135, auch Art. 34 NotGebO.

[3]) Zu beachten ist, daß der Ersteher vor Übertrag. der Ford. nicht persönl. Schuldner der RealGl. (u. des VollstrSch. als EigentGrundschuldGl.) ist; die Aufrechnung kann daher nach § 387 BGB. als vom Ersteher nur unter der Voraussetzung u. für den Fall erklärt gelten, daß gegen das Verf. nach § 144 keine Erinnerung erhoben u. damit das Einverständnis des Berechtigten mit der Aufrechnung bekundet wird (vgl. Planck § 387 A. 2 a. E.). Eine während der ErinnFrist erfolgende Pfändung der Ford. des Beteiligten (VollstrSch.) würde die Aufrechnung wirkungslos machen (vgl. § 117 A. 3).

Durch die Schuldübernahme tritt der Ersteher (Dritte), der durch den Zuschlag allein noch nicht Sch. der RealGl. wird (s. § 118 A. 3) in die Verbindlichkeit des Schuldners ein (§ 414 BGB.)[4]). Sie muß, wenn sie im Verf. berücksichtigt werden soll, eine durch das VersteigErgebnis (in Höhe des übernomm. Betrags) gedeckte Verbindlichkeit des Sch. betreffen. Dem wirkl. Berechtigten gegenüber, der die Vereinbarung nicht getroffen hat, kann sich der Ersteher (zahlpfl. Dritte) auf die Zahlung an einen anderen bzw. auf die Übernahme als Alleinschuldner durch einen anderen erst berufen, wenn keine Erinn. erhoben werden (s. A. 7).

Die Übernahme des Erstehers als Alleinschuldners ist anderseits ohne Rücksicht auf die etw. Mitverpflichteten oder mithaft. Gegenstände hinsichtl. des ganzen, durch das VersteigErgebnis gedeckten Betrags zulässig.

Beispiel: Auf den beiden Grundstücks-Hälften des M u. N lastet eine vom Rechtsvorgänger bestellte Hyp. des A, der Beschlagn. gegen M erwirkt; der Anteil M wird von N eingesteigert; N kann von A hinsichtl. der ganzen (zum Zuge gekomm.) Hyp. als Alleinschuldner übernommen werden, obwohl er möglicherweise schon vorher Gesamtschuldner des ganzen Betrags gemeinsam mit M war. Gemäß § 1182 BGB. erwirbt aber M die beim Anteil M ganz gedeckte Hyp. des A auf dem Anteil N in Höhe seines Ersatzanspruches an N (ein Vorgang, der nur im Verf. M außer Betracht bleibt, s. § 91 A. 4a).

Daß gelegentl. der Schuldnerannahme auch das Bestehenbleiben des dingl. Rechtes (§ 91 Abs. 2) vereinbart wird, ist nicht erforderlich; dieses ist jedoch vom Notariat nur dann zur Löschung zu bringen, wenn die Bewilligung hierzu ausdrücklich erklärt ist. Zweifel hierüber lassen sich durch Anfrage bei den Beteiligten oder durch die Benachrichtigung nach § 144 beheben (Jaeckel-Güthe A. 14). — Zur Eintragung etwaiger, auf Grund der Schuldnerannahme neu bestellter oder abgeänderter Rechte hat der Notar als VerstBeamter jedoch nicht mitzuwirken (§ 130 A. 8).

Dagegen braucht hinsichtl. der nach den VersteigBeding. bestehenbleib. Hauptrechte eine Übernahme des Erstehers als Alleinschuldners nicht nachgewiesen zu werden; denn hierwegen erfolgt eine Schuldübernahme nur nach Maßgabe des § 53 (s. A. 3).

3. Zu den **Berechtigten**, deren Erklärungen nachzuweisen sind, gehören (anders § 143!) nur diej., welche nach dem Ergebnisse der Versteig. aus dem Bargebot (§ 49) Befriedig. zu beanspruchen haben, da die übrigen (denen nur Zustell. zu machen ist) an der Verteil des Erlöses nicht beteiligt sind, also nicht: Mieter u. Pächter, diej., deren Rechte bestehen bleiben (falls nicht Nebenleistungen zu decken sind), sowie die mit ihren Ansprüchen Ausgefallenen. Dagegen müssen auch Nachweise für angemeldete u. zum Zuge gelangte Anspr., die noch glaubhaft zu machen sind, vorgelegt werden (§§ 145, 105 Abs. 2 Satz 2); dazu gehört insbes. der Anspruch auf einen auszuscheid. Erlösteil auf Grund eines Rechtes nach § 37 Nr. 5 (Jaeckel-Güthe A. 12, Reinhard-Müller A. 3, BZfR. 06, 329, s. § 55 A. 3); wer nach Eingang des Nachweises anmeldet, ist auf die Erinnerung (Abs. 2) beschränkt.

Was die Staatskasse anlangt, so ist auch wegen der Kosten des Verf. (§ 109) eine Schuldnerannahme zulässig u. genügend.

Dem Nachweis sind auch die zur Prüfung der Legitimation der einzelnen Berechtigten erforderlichen Urkunden (Vollmachten, PfändBeschlusse, Briefe u. dgl.) beizufügen (s. § 143 A. 4 u. oben Fußn. 2).

---

[4]) Der Ersteher vereinbart nicht eine neue (Darlehens-)Schuld (Recht 01, 280, BayObLG. 3, 793; 13, 455).

4. Verfahren. Wie in § 143 entfällt der VerteilTermin. Bevor ein solcher anberaumt wird, kann der Notar dem Ersteher (Dritten) Gelegenheit u. angemessene Frist geben, um die Nachweise nach § 144 zu erbringen. Er kann aber auch nach Ermessen alsbald zur Terminsanberaumung schreiten, s. § 105 A. 1 (Beschwerde s. A. 11 u. § 143 A. 6).

Ergibt die Prüfung des Nachweises, daß der VerstErlös ausgewiesen ist, d. h., sind Befriedigungs- oder Übernahmeerklärungen aller nach Aktenlage (Planentwurf) zum Zuge gekomm. Berechtigten (A. 3) vorgelegt, so wird zunächst von Anberaumung des VerteilTermins abgesehen (bzw. der angesetzte Termin unter Aussetzung des amtl. VerteilVerf. aufgehoben), die Niederlegung des Nachweises samt Beilagen auf der Amtsstube des Notariats (BayAG. v. 2. 2. 21 Art. 25 Abs. 2) angeordnet u. die Beteiligten (§ 9) unter Auffordd. zur rechtzeit. Geltendmach. ihrer Erinnerungen verständigt[5]). Zustellung (§§ 3 ff.) hat vor allem auch an die ausgefall. Beteiligten (auch Sch., ferner diej., deren Rechte bestehen bleiben oder denen Rechte an einem Recht zustehen; nicht Mieter u. Pächter) zu erfolgen. Glaubhaftmach. ist nicht erforderlich (§§ 105 Abs. 2 Satz 2, 145).

Der Nachweis des § 144 kann bis zum Schlusse des VerteilTermins erbracht werden. Rechtskraft des Zuschlags ist nur Voraussetzung der spät. GBuchbericht.

Die Frage, ob die irrige Annahme des Notars, daß der Nachweis des § 144 vorliegt, von Amts wegen berichtigt werden kann, ist für den Fall zu bejahen, daß die ErinnFrist noch nicht abgelaufen ist. Denn in diesem Falle steht § 144 Abs. 2 nicht der nachträgl. Einleitung des VerteilVerf. entgegen (s. dagegen A. 5 a. E.). Gegen die Einleitung des VerteilVerf. (trotz Nachweises) ist Erinnerung u. Beschwerde zulässig (s. A. 7, 11).

Das weit. Verf. ist verschieden, je nachdem Erinn. auf Grund der Auffordd. erhoben werden oder nicht.

5. Die Erinnerungsfrist (vgl. §§ 187, 188 BGB.; 222, 223 ZPO.) berechnet sich für jeden Beteiligten von der an ihn erfolgten Zustell. an; mit ihrem Ablaufe verliert er lediglich die prozessuale Befugnis, die amtl. Verteil., sowie eine von derj. des Erstehers (Dritten) abweich. Verteil. verlangen zu können; ein Anerkenntnis dieser selbst oder der hierbei berücksichtigten Forderungen ist nicht die Folge unterlassener rechtzeitiger Erinnerung (s. auch A. 7). Ob das amtl. VerteilVerf. unterbleibt, steht jedoch erst nach Ablauf der von der letzten Zustellung an sich berechnenden Frist fest.

Eine verspätete Erinn. ist zurück-, der Einwendende auf den Klageweg zu verweisen (Reinhard-Müller A. 4). Wird gegen den abweisenden Beschluß Erinnerung nach § 13 Abs. 2 EG. u. sodann sof. Beschwerde (§ 793 ZPO.) eingelegt, so kann die GBuchbericht. ausgesetzt werden, wenn sie noch nicht veranlaßt ist (§ 572 Abs. 2 ZPO.). Wiedereinsetz. in d. v. Stand gegen Fristversäumung

[5]) Die abschriftl. Mitteilung des Nachweises ist nicht vorgeschrieben. Da dieser Nachweis eine rechnerische Zusammenstellung der aus dem VerstErlöse befriedigten Forderungen enthalten muß, u. Erinnerungen hiergegen sich häufiger einstellen werden, wenn diese Zusammenstellung nur beim Notariat aufliegt, als wenn sie den Beteiligten auch mitgeteilt wird, so wird zweckmäßig der Ersteher (Dritte) die abschriftl. Mitteilung besonders beantragen. Ebenso empfiehlt es sich, wie früher, den Beteiligten den Inhalt des (auf Grund des Nachweises beabsichtigten) Ersuchens an das GBuchamt bekannt zu geben, damit sie über den künftigen Stand des GBuchs unterrichtet sind u. unrichtige Veränderungen rechtzeitig bekämpfen können.

findet nicht statt, da es sich nicht um eine Notfrist handelt (§§ 223, 233 ZPO.; s. auch A. 9 u. BZfR. 06, 212).

Ist die ErinnFrist abgelaufen, ohne daß ein Beteiligter Erinn. erhoben hat, so kann das Notariat auch nicht von Amts wegen das VerteilVerf. einleiten, weil es nachträglich erkennt, daß es irrtümlich die Voraussetzungen des § 144 als gegeben erachtet hat; die außeramtl. Verteil. ist vielmehr dem Ersteher gegenüber für alle Beteiligten, auch die ausgefallenen, bindend (Reinhard-Müller A. 4; a. M. BlfRA. 71, 70, s. A. 4 a. E. u. 9, 11).

6. Verzicht auf Zustellung, auf Abgabe einer Erinn. u. auf Einhaltung der ErinnFrist ist zulässig. Es wird jedoch verlangt werden müssen, daß er in öffentl. oder öffentl. begl. Urkunde niederzulegen ist (vgl. § 3 A. 3; Fischer-Schäfer 453, Jaeckel-Güthe A. 18).

7. Die innerh. der Frist erhob. **Erinnerung** braucht sich nicht gegen bestimmte Ford. zu richten; es genügt, wenn amtl. Verteil. verlangt wird. Eine Begründung dieses Verlangens ist nicht erforderlich. Das Not. hat (abges. von der Fristeinhaltung) lediglich zu prüfen, ob der Einwendende zu den Beteiligten gehört. Ist dies nicht der Fall (z. B. das eingetrag. Recht auf Verfüg. des ProzeßG. gelöscht worden), so sind die Erinn. beschlußmäßig zurückzuweisen. Die Erinn. werden in der Regel dem Ersteher (Dritten) bekanntzugeben sein, um ihm Gelegenheit zu bieten, sie außeramtl. zu beseitigen. Ist dies unmöglich oder aussichtslos, so wird VerteilTermin anberaumt. Die Terminsbestimm. erfolgt in Form eines Beschlusses, gegen den dem Ersteher (Dritten) die Erinn. nach § 13 Abs. 2 EG. u. sodann die sof. Beschwerde offen stehen (§ 793 ZPO.).

Das amtl. VerteilVerf. unterliegt durchaus den Regeln der §§ 105 ff.; der TeilPlan ist unabhängig von der außeramtl. Verteil. aufzustellen u. auszuführen. Hierbei kann ein Gl. als zum Zuge gekommen erachtet werden, der bei der außeramtl. Teilung leer ausgegangen ist u. umgekehrt. Das Recht des Widerspruchs gegen den Plan steht auch demj. zu, der keine Erinn. erhoben hat. Soweit amtl. u. außeramtl. Verteil. sich decken, ist auch bei der ersteren die nachgewiesene Befriedigung oder Annahme des Erstehers als Alleinschuldners, falls sie unwidersprochen bleibt, zu berücksichtigen; insoweit unterbleibt also Übertrag. der Ford. gegen den Ersteher u. Eintrag. einer SichHyp. (Fischer-Schäfer 453, Jaeckel-Güthe A. 13 u. 19, Reinhard-Müller A. 5; s. § 118 Fußn. 1). Während der Ersteher (Dritte, § 61) durch außeramtl. Zahlung (Verteil.) mit dem Ablaufe der ErinnFrist den Gläubigern (richtiger dem VollstrSch.) gegenüber befreit wird, so daß, wer nichts erhalten hat, sich nur an den VollstrSch. u. an den etwa zu Unrecht Bereicherten halten kann, ist dies im amtl. VerteilVerf. nur der Fall, wenn seine bereits erfolgte Zahlung (Verteil.) auch dem anerkannten (oder rechtskräftig festgestellten) Plan entspricht. Der Ersteher (Dritte) trägt also bei außeramtl. Verteil. die Gefahr der Doppelzahlung u. kann sich den in den Plan eingestellten Besserberechtigten gegenüber nicht darauf berufen, daß er bereits einem anderen gezahlt habe (Jaeckel-Güthe A. 16). Das diesem zu Unrecht Geleistete zurückzufordern, ist hier Sache des Erstehers (Dritten). Natürlich kann der Widersprech. nicht seinen Widerspruch darauf stützen, daß durch die Zahlung ein ihm vorgehender Anspruch weggefallen sei (OLG. 27, 216).

Wird gegen einen bereits befriedigten Anspruch im Termine Widerspruch erhoben u. der Widersprech. nicht vom Ersteher befriedigt, so ist ersterem die Ford. gegen den Ersteher nach §§ 118, 124 bedingt zuzuteilen u. zu übertragen u. dem Widersprechenden hiefür bedingte SichHyp. (für den Fall, daß sich der Widerspruch als begründet erweist) nach § 128 zu erwirken. Bestritten ist, ob die Widerspruchsklage auch hier gegen den (befriedigten) Erstberechtigten, oder gegen den Ersteher zu erheben ist; RG. 101, 117 nimmt das letztere an, bezweifelt aber mit Recht, ob die Klage gg. den Ersteher eine WiderspKlage im Sinne des § 878 ZPO. ist; jedenfalls sei sie als solche zu behandeln[6]). Erkennt der Beklagte den Widerspruch an oder unterliegt er im Prozesse, so erhält der Widersprech. eine unbedingte SichHyp.; die Ford. auf Rückzahlung gegen den Erstberechtigten verbleibt dem Ersteher. Unterliegt der Widersprech., so wird seine bedingte SichHyp. gelöscht. Das gleiche gilt, wenn nicht rechtzeitig die Erhebung der WiderspKlage nachgewiesen wird (§ 115 A. 7c).

8. Zurücknahme der Erinn. ist zulässig. Erfolgt sie erst, nachdem auf Grund der Erinn. das amtl. VerteilVerf. eingeleitet (das ausgesetzte wieder aufgenommen) war (§ 105), so sind die Voraussetzungen des § 144 als wieder hergestellt zu erachten.

Einer neuerl. Benachricht. der Beteiligten unter wiederholter Wahrung der zweiwöch. ErinnFrist bedarf es aber nur dann, wenn zur Zeit der Anberaumung des VerteilTermins die erstmals in Lauf gesetzte ErinnFrist noch nicht abgelaufen war. War diese Frist schon damals (für alle Beteiligten, die keine Erinn. erhoben hatten) verstrichen, so genügt es, wenn die Beteiligten von der Zurücknahme der Erinn. u. der endgültigen Unterlassung der amtl. Verteilung (also von dem Wegfall des Termins) in Kenntnis gesetzt werden.

9. Sind keine Erinn. erhoben (die erhobenen zurückgenommen, als unzulässig oder verspätet rechtskräftig zurückgewiesen) worden und ist der Zuschlag rechtskräftig, so erfolgt die **GBuchberichtigung**[7]), die Löschung der nach der Verteil. des Erstehers ausgefall. oder zur Löschung bewill. Rechte (s. A. 2b) u. des VersteigVermerks, die Rückgabe der Sicherheit (soweit sie nicht den Gl. überwiesen ist) u. der Urkunden (soweit sie nicht unbrauchbar zu machen sind)[8]), endlich, wenn der Dritte des § 61 den Nachweis nach § 144 erbracht hat, die gleichzeitige Veranlassung der Eintragung einer SichHyp. für seine Ford. gegen den Ersteher (Jaeckel-Güthe A. 25, 26, Reinhard-Müller § 145 A. 5; vgl. oben § 143 A. 5).

Die Auszahlung eines nach §§ 372, 378 BGB. (z. B., weil ein Anspruch mit Widerspruch belastet war) hinterlegten Erlösteils ist nicht Sache des Notars als VerstBeamten (s. oben 2a); die §§ 135 ff. sind in § 145 nicht angeführt; die vom Ersteher auf den hinterlegten Betrag verwiesenen Gl. werden zwecks Anwendung der §§ 135 ff. Erinn. zu erheben haben (s. Fußn. 1).

---

[6]) Gegenstand dieser Klage ist das bessere Recht zur Teilnahme an der ZwVollstr. (Stein-Jonas § 878 III Note 37, RG. 65, 66), das allerdings, da dieses Recht an der Ford. gg. den Ersteher sich fortgesetzt hat, auch gg. den letzteren festgestellt werden kann. Mit Reinhard-Müller A. 6 wird aber dann anzunehmen sein, daß der bekl. Ersteher dem von ihm befriedigten Gl. den Streit zu verkünden hat (§§ 72, 74, 75 ZPO.) für den Fall, daß er unterliegt u. nochmal zahlen muß.

[7]) Nachweis der Sicherstellung (Zahlung, Stundung, Nichterhebung) der GrundErw.-Abgaben ist dem Ersuchen an das GBuchamt beizufügen (s. § 130 A. 6).

[8]) Vgl. §§ 127, 145. Quittungen, Schuldnerannahmeerklärungen u. dergl. sind dem Ersteher zurückzugeben, wenn er sie herausverlangt. — Die Vermerke nach § 127 sind zu den Akten festzustellen (Jaeckel-Güthe a. a. O.).

Eine Wiederaufnahme des Verf. nach Fristablauf ist ausgeschlossen, auch wenn der vom Ersteher geführte Nachweis unrichtig war u. der Berechtigte trotz Zustell. keine Erinnerung erhob (vgl. v. d. Pfordten 437 u. oben A. 4, 5 a. E.), nach GBuchbericht. auch wenn einem Beteiligten zu Unrecht keine Benachricht. zuging. In beiden Fällen ist der Geschädigte auf den Prozeßweg (Bereich.-Klage) angewiesen (Jaeckel-Güthe A. 16 a. E., 20); letzterenfalls kann aber auch eine Schadensersatzpflicht des Notars (s. § 3 A. 2) begründet sein.

Würde auf Erinnerung hin das amtl. VerteilVerf. durchgeführt, so erfolgt die GBuchbericht. nach Ausführ. des TeilPlans (§ 130).

10. Der **Sondererlös nach § 65** ist stets amtlich zu verteilen, so daß also zwei verschied. VerteilVerf. nebeneinander durchzuführen sind. Dagegen wird sich häufig hinsichtlich des Verwaltungserträgnisses die außeramtl. Teilung nach § 160 mit derj. nach § 144 verbinden lassen (Begr. 335), da auch im Falle der Erhebung von Erinn. eine Trennung dieser Massen bzw. ihre gesonderte Behandlung ohne weiteres möglich ist. Vgl. BayObLG. 2, 355 u. §§ 107 A. 2d, 156 A. 5.

11. Ein **Recht auf das Verfahren nach § 144** hat nur der Ersteher u. der Dritte des § 61 (s. oben A. 4, 7 u. § 143 A. 6).

12. Über **ZwVollstreckung** aus dem Zuschlagsbeschl. (§ 145) s. § 143 A. 7. Ob bei Annahme des Erstehers als Alleinschuldners die Ford. gegen ihn sofort vollstreckbar ist, muß nach dem in der Erklärung niedergelegten Parteiwillen beurteilt werden; im Zweifel ist der Ersteher auf die Einwendungen nach § 767 ZPO. zu verweisen (Jaeckel-Güthe A. 22, Reinhard-Müller § 145 A. 4b).

13. Über die **Gebühren** bei außeramtl. Verteilung s. § 143 A. 8; als Gerichtsgebühr werden $^2/_{10}$ der Sätze des § 8 RGKG. erhoben, wenn der Nachweis erst nach Beginn des VerteilTermins vorgelegt wird (v. Schmidt, BayKG. Art. 9 A. 2Bb, BZfR. 1914, 227). Notariatsgebühr: $^5/_{10}$ der Wertgebühr (Art. 52 I Nr. 4 NotGebO.).

Der Ersteher hat kein Erinn.- u. Beschwerderecht wegen des Gebührenansatzes, da er bis zur Übertrag. der Ford. auf die Staatskasse nicht deren Schuldner ist (s. § 58 A. 2, § 109 Fußn. 2).

Dritter Titel.

Zwangsverwaltung.

§ 146.

Auf die Anordnung der Zwangsverwaltung finden die Vorschriften über die Anordnung der Zwangsversteigerung entsprechende Anwendung, soweit sich nicht aus den §§ 147 bis 151 ein Anderes ergibt.

Von der Anordnung sind nach dem Eingange der im § 19 Abs. 2 bezeichneten Mitteilungen des Grundbuchamts die Beteiligten zu benachrichtigen.

E. I § 189; Begr. 321—323; D. 61; KBer. 49.

Anordnung der Zwangsverwaltung.

1. Allgem., Zweck der ZwVerw. Das reichsgesetzl. Verf. bei der ZwVerw. ist gegenüber dem früh. bayr. Recht vielfach vereinfacht. Die ZwVerwaltungen gehen nunmehr regelmäßig, da die VersteigBeschlagn. nicht mehr die Erträgnisse ergreift, neben dem VersteigVerf. einher.

Die ZwVerw. ist diejenige Art der ZwVollstr. in das unbewegl. Vermögen, die die Befriedig. des betreib. Gl. mittels zwangsweiser Bewirtschaftung (nicht Veräußerung) bezweckt. Dieser Zweck wird entweder unmittelbar durch Vereinnahmung (Verwertung) der Erträgnisse oder mittelbar durch Instandhaltung des G. bis zur Ermöglichung der Fruchtziehung u. der unmittelb. Befriedigung des Gl. zu erreichen gesucht[1]).

Da das G. selbst nicht in Geld umgesetzt wird, daher alle vorhand. Rechte daran unberührt bleiben (gegen § 91), braucht der (reine, nach Abzug der Kosten verbleib.) Nutzungswert des G. nur zur Deckung der lauf. wiederkehr. Leistungen der dingl. Berechtigten (einschl. des betreib. Teils) verwendet zu werden; der sich hiernach ergeb. Überschuß dient zur Deckung des Kapitals u. der Rückstände des betreib. Gl., u. was hierauf noch aus den Erträgnissen übrig bleibt, gebührt dem VollstrSch., ohne daß auf Rückstände der nicht betreib. Gl. Rücksicht zu nehmen ist (§ 155; Abweichung: Art. 35 BayAG.).

2. Sequestration u. a. Die in §§ 146 ff. geordnete ZwVerw. ist nicht mit der der §§ 848, 855, 857 Abs. 4, 938 Abs. 2 ZPO. (insbes. Sequestration) zu verwechseln, die sich lediglich nach den durch den Vollstr.- bzw. Prozeßrichter angeordneten, je nach dem Zweck verschied. Maßnahmen vollzieht (Peiser S. 51, Recht 03, 204, ZBlFG. 4, 358, 402, 446). Der Vollstr.- u. Prozeßrichter kann aber auch anordnen, daß die Verw. nach §§ 146 ff. auszuführen sei, in welchem Falle insbes. auch die Eintragung des VerwVermerks zu erfolgen hat; es entfällt nur (entspr. dem bloßen Sicherungszweck) die Anwendbarkeit des § 158, also die Befriedigung des Kapitalsanspr. des Antragstellers (RJA. 9, 130, Recht 03, 204; 08, 635, Stein-Jonas § 938 II 1, Jaeckel-Güthe A. 1); die Kosten dieser Verw. genießen dann auch das Vorrecht nach § 10 Nr. 1 (BZfR. 08, 479). Eine solche Anordnung kann auch durch einstw. Verfügung getroffen werden (vgl. §§ 1134, 1135 BGB., RG. 52, 138; 92, 18, JW. 1913, 1028, BZfR. 1914, 118; 1929, 164, OLG. 26, 142). — Auch die nach § 94 anzuordnende Verwaltung ist eine ganz andere als diej. nach §§ 146 ff. — Eine nichtgerichtl. ZwVerw. ist der Deutschen Rentenbank gestattet (§ 6 VII RBankVO. v. 15. 10. 23 RGBl. I 963; vgl. Reinhard, Einl. S. 184, 262). — Die von der Verwaltungsbehörde der Gemeinde oder dem Kommunalverband übertragene Notverwaltung z. Sich. der Landbewirtschaftung ist eine öffentlrechtl. Maßregel s. VO. v. 4. 2. 19 RGBl. 177, Goldberger JW. 1918, 494, Recht 1919, 79; sie gewährt die rechtl. u. tatsächl. VerfügMacht des Eigent. u. verpflichtet zu dessen Entschädigung (BayObLG. 28 A 233); die VO. ist nun mit einigen Vorbehalten aufgehoben (G. v. 13. 3. 29 RGBl. I 77).

3. Gegenstand der ZwVerw. sind Grundstücke u. grundstücksgleiche Berechtigungen (§§ 864 Abs. 1, 870 Abs. 1 ZPO.), nicht Schiffe (§ 870 Abs. 2 ZPO.); dagegen auch Grundstücksbruchteile (s. A. 4 a. E.) in den Fällen des § 864 Abs. 2 ZPO., in denen der Verwalter die dem Sch. zusteh. Mitverwaltungsrechte in Ansehung des Anteils u. der hierauf treff. Erträgnisse nach Maßgabe der unter den Teilhabern besteh. Vereinbarungen, mangels solcher gemäß §§ 743 ff. BGB. ausübt (vgl. § 150 A. 4, § 152 A. 4); die Aufhebung der Gemeinschaft kann der ZwVerw. jedoch nicht betreiben, ebensowenig der Sch. nach Beschlagn. seines Anteils (Fischer-Schäfer 458, Jaeckel-Güthe A. 2, Reinhard-Müller A. 6, GruchBeitr. 59, 883; abw. Kretzschmar 281).

4. Zulässigkeit. a) Die ZwVerw. ist vielfach auch da zulässig, wo eine Veräußerung verboten ist, so in den Fällen der §§ 772, 773 ZPO.; auch ein eingetrag. VeräußVerbot nach §§ 135, 136 BGB. steht der ZwVerw. also nicht entgegen (OLG. 30, 336); hinsichtlich der bisherigen Lehen, Fideikommisse u. Erbgüter s. Art. 34—36 BayAG.

b) Der Nießbrauch (oder ein anderes dingl. NutzRecht, wie ErbbR.) steht der Anord. u. Durchführ. der ZwVerw. auch dann nicht entgegen, wenn der NutzBerechtigte sich im Besitze des G. befindet. Sie dient dann nur der mittelbaren Befriedigung des Gl. u. läßt die Rechte des NutzBerecht. unberührt; in

---

[1]) KBer. 49, Reinhard-Müller A. 1. — Im zweiten Falle ist die ZwVerw. mehr Vorbeugungs- als Befriedigungsmittel. Dagegen bedarf es da, wo überhaupt keine Nutzungen erwartet werden, keiner ZwVerw., da in der Regel § 25 ausreicht; sie kann aber auch in solchem Falle zur Verhinderung der Verfügung des Sch. über künftige Erträgnisse notwendig sein (vgl. oben A. 4).

diesem Falle verbleibt dem NutzBerecht. der unmittelb. Besitz u. die Nutzung, der ZwVerw. ist auf die Ausübung der Befugnisse des Eigent. gegenüber dem Nutz.-Berecht. u. Dritten (§§ 907, 909, 919; 1037 ff., 1047 ff. BGB.), auf den mittelb. Besitz u. die Überwach. des G. u. des NutzBerecht. beschränkt[2]). Auch die so beschränkte ZwVerw. erzeugt BeschlagnWirkung, hindert also insbes. die Vorausverfüg. des VollstrSch. über Miet- u. Pachtzinse (Abtretung, Pfändung, Verpfändung, Einziehung, Aufrechnung, s. RG. 81, 146), bestimmt den Zeitpunkt für die Berechnung der wiederkehr. Leistungen (§ 13) u. gewährt das Vorrecht des § 155 Abs. 2.

Die Besitzentsetzung gegen den (nicht zustimm.) NutzBerechtigten (Entziehung der Nutzung) ist dagegen nur auf Grund eines gegen diesen gericht. Duldungstitels (neben dem VollstrTitel gegen Eigent. oder Eigenbesitzer) möglich, u. zwar auch wenn der betreib. Gl. dem NutzBerechtigten vorgeht (OLG. 20, 389; 25, 264; 26, 90; 35, 188, Recht 1912 Nr. 700, RG. 93, 121); hat der Gl. einen nach § 800 ZPO. vollstreckb. Titel, so kann er die weit. Vollstr.-Klausel gegen den ihm im Rang nachsteh. NutzBerecht. im Wege der §§ 727, 730, 325 Abs. 1 ZPO. erlangen[3]); andernfalls muß er klagen, wenn der Nutz.-Berecht. die unbeschränkte ZwVerw. nicht freiwillig duldet (OLG. 20, 390); der dem NutzBerecht. nachsteh. Gl. ist auf die etwaige Anfechtung des Nutz.-Rechts angewiesen.

Beim Mangel eines DuldTitels kann der NutzBerecht. die in sein Nutz.-Recht eingreif. VerwHandlungen im Wege des § 766 oder § 771 (769) ZPO. abwehren; eine Aufhebung der ZwVerw. selbst gemäß § 28 ist nicht erforderlich, vielmehr ist dem betreib. Gl. eine Frist zur Beibringung des DuldTitels zu setzen u. nach deren fruchtlosem Ablauf die ZwVerw. nur „unbeschadet der Rechte des NutzBerechtigten" durchzuführen (s. § 153). Eine Klage wegen Besitzstörung gegen den ZwVerw. ist ausgeschlossen (s. § 147 A. 2).

c) Das Vorgesagte gilt auch, wenn am G. ein Altenteils- oder Wohn.-Recht bzw. eine beschr. persönl. Dienstbarkeit besteht, mit denen der Besitz verbunden ist (Jaeckel-Güthe A. 5, JW. 1917, 741; abw. Kretzschmar 280).

d) Das elterl. NutznießRecht gehört nicht zu den dingl. Rechten u. bildet kein Hindernis für die Vollstr. in das G. des Kindes (§ 1659 BGB., § 746 ZPO., Jaeckel-Güthe a. a. O.); wohl aber erfordert das Verwalt.- u. NutznießRecht des Ehemannes einen DuldTitel gegen diesen (s. Einl. II 1 B).

e) Unzulässig ist die ZwVerw. in den (nicht vorhandenen) Anteil an einem zu einem Gesamthandsverhältnis (s. Einl. III, 2) gehörigen G. (§§ 859, 860 ZPO.). Sie ist ferner unzulässig zur Arrestvollziehung (§ 932 ZPO., OLG. 1, 374) u. zwecks Aufhebung der Gemeinschaft (Recht 09 Nr. 734, Jaeckel-Güthe A. 1).

5. Über das **Verhältnis zur ZwVersteig.** s. Vorbem. zu § 1; zur Fahrnis-Vollstr. s. Einl. IV.

---

[2]) RG. 56, 388; OLG. 11, 134; 20, 389, 390; 39, 81; SächsA. 08, 168; SeuffA. 69, 340; DJZ. 06, 175, 707; Fischer-Schäfer 459, Jaeckel-Güthe A. 5, Reinhard-Müller A. 4., Rodewald, Nießbrauchsrecht S. 68 ff.; bestr., vgl. Kretzschmar SächsA. 1920, 183, JW. 1921, 1355, Stillschweig JW. 1921, 201, 204.

[3]) SächsA. 06, 414, LZ. 1910, 760, ZBlFG. 11, 35; 13, 533, BNotZ. 1913, 184, JW. 1916, 1444 ff. — Das gleiche gilt gemäß § 738 ZPO. für den persönl. Gl. des § 1086 BGB. im Falle des Nießbrauchs am Vermögen des VollstrSch.

6. Die Anordnung der ZwVerw. ist wie diej. der ZwVersteig. Sache des VollstrG. (nicht Notars, § 13 Abs. 1 EG., Art. 25 BayAG.) u. vom Nachweis der allg. Voraussetz. der ZwVollstr. abhängig (vgl. Einl. II u. §§ 15 ff.). Genügend ist insbes. auch ein VollstrTitel wegen einer persönl. Ford.; ebenso genügt einstw. Verfüg. (RG. 52, 138). Wg. des Konkurses s. § 23 A. 3.

Die Anordnung kann nicht mehr mit Rücksicht auf die Kosten abgelehnt oder von vorherigem Erlage eines Vorschusses abhängig gemacht werden (v. Schmidt BayKG. Art. 14 A. 3; s. auch § 161 Abs. 3). Die Benennung einer taugl. Person als Verw. ist nicht mehr erforderlich, aber selbstverständl. zweckmäßig.

Der VollstrSch. muß, von §§ 133, 147 abges., als Eigentümer im GBuch eingetragen oder dessen Erbe sein (§ 17). Die Anordnung (ZwVerw.-Vermerk) ist in das GBuch einzutragen[4]) u. zuzustellen (§§ 19, 22).

Gleichzeitig mit der Anordnung überträgt das VollstrG. die ZwVerw. einem (bei ZwVerst. dem nämlichen) Notariat seines Bezirks, übersendet diesem Notariat Ausfertigung des Beschlusses samt Antrag u. Belegen u. benennt das Notariat auch dem GBA. Dieses benachrichtigt das VollstrG. von der Eintragg. u. macht dem Notariat unmittelbar die in § 19 Abs. 2 vorgeschr. Mitteilungen (GBuchblattabschrift, Urkunden, Zeitpunkt des Eingangs, s. Bek. v. 30. 3. 21 JMBl. 33 §§ 1, 2, 6, 7). Diese Mitteilungen des GBuchamtes nach § 19 Abs. 2 haben auch bei bereits anhäng. VersteigVerf. zu erfolgen u. umgekehrt. Über Umfang u. Wirkung der VerwBeschlagn. s. §§ 20 bis 24, 148, 149, 152 Abs. 2; Wirksamkeit, ZahlVerbot: § 22 mit § 151; SichMaßregeln: §§ 25, 149 Abs. 2; Eigentumswechsel nach der VerwBeschlagn.: §§ 23 Abs. 2, 26; Beitritt: §§ 27, 151 Abs. 2; Einwendungen u. Beschwerde: § 15 A. 5, § 28 u. Vorbem. hierzu.

Außer der Zustellung (§§ 3 ff.) des AnordnBeschl. an Gl. u. Sch. (durch das VollstrG.) ist in § 146 Abs. 2 die dem Notariat oblieg. Benachrichtigung der übr. Beteiligten (auch der Mieter, Pächter u. MietzinspfändGl. im Falle des § 9, s. ZBlFG. 13, 707, OLG. 30, 123; im Falle des § 147 u. der Vollstr. in ein ErbbRecht auch des Eigentümers; ferner der D. Rentenbank u. der Bank f. IndOblig., § 9 A. 2b, § 10 A. 3 Ab, c, § 41 A. 2) vorgeschrieben[5]).

7. Gebühren des Gerichts: Art. 8, 10 BayKG.; letztere werden, wenn das Verf. ein Jahr (ab Anordnung) oder weniger als ein Jahr dauert, nach dem Werte (§§ 9, 15 II RGKG., § 4 ZPO.) der BeschlagnForderungen, bei läng. Dauer nach dem Betrage berechnet, der in jedem VerwaltJahre nach § 155 Abs. 2 verteilt wird; $^3/_{10}$ der Sätze des § 8 RGKG. kommen zur Erhebung, wenn das Verf. vor dem VerteilTermin sich erledigt; Vorschuß: Art. 14 KG.; Abschlagszahlungen: Art. 15 KG.; Haftung: Art. 17 KG. Die Gebühr für die Anordnung der ZwVerw. wird neben derj. für die Anordn. der ZwVersteig. gesondert erhoben, auch wenn sie im näml. Beschluß erfolgen (v. Schmidt Art. 8 KG. A. 2, Meyer Art. 8 A. 4 d).

Gebühren des Notariats: Art. 53, 86 II NotGebO. (Zinsen werden mitgerechnet, wenn für sie auch Beschlagn. erfolgt, ebenso Beträge, die der Verw. ohne weiteres Verf. bezahlt, Schmitt Art. 53 A. 3, 4).

Gebühren des Rechtsanwalts: Art. 5, 19—21, 25 BayRAGebO. v. 26. 3. 02 (Begr. im JMBl. 02, 441 ff., 476, 479).

---

4) Auch bei FFideikommissen (Art. 34 Abs. 1 Satz 2 BayAG.).

5) §§ 2, 3 Bek. v. 30. 3. 21 JMBl. 33. Über Mitteilung an andere Behörden s. Art. 34 Abs. 2, 43 Abs. 2 BayAG.; eine Zustellung an die Steuer- u. Gemeindebehörden erfolgt ohne Anmeldung nicht mehr (s. § 9 Fußn. 15 u. § 156 Abs. 1).

§ 147.

Wegen des Anspruchs aus einem eingetragenen Rechte findet die Zwangsverwaltung auch dann statt, wenn die Voraussetzungen des § 17 Abs. 1 nicht vorliegen, der Schuldner aber das Grundstück im Eigenbesitze hat.

Der Besitz ist durch Urkunden glaubhaft zu machen, sofern er nicht bei dem Gericht offenkundig ist.

E. I § 190; Begr. 323, 324; D. 61; KBer. —.

Zwangsverwaltung gegen den Eigenbesitzer.

1. Zulässigkeit. Die ZwVerw. ist in Abw. von § 17 auch zulässig, wenn der VollstrSch. nicht als Eigent. im GBuch eingetragen oder nicht Erbe des Eingetrag. ist, wenn nur

a) der VollstrSch. das G. im (mittelb. oder unmittelb.) Eigenbesitze hat, d. h. es wie ein ihm gehörendes besitzt (§ 872 BGB., JW. 1916, 39; z. B. als Käufer, dem das G. übergeben, aber noch nicht aufgelassen ist, nicht: als Nießbraucher, Mieter, Pächter);

b) der Gläubiger einen Anspruch aus einem auf dem G. eingetrag.[1]) Rechte (Hyp., Grund-, Rentenschuld, Reallast) verfolgt. Denn kraft seines dingl. Rechtes kann er Befriedig. auch aus den Erträgnissen des G. fordern (§§ 1147, 1120, 1123 ff. BGB.), soweit nicht etwa das eingetrag. Recht des Besitzers[2]) besseren Rang genießt (vgl. Fischer-Schäfer 464, Jaeckel-Güthe A. 5). Der persönl. Gl. kann nur ZwVerw. gg. den Eigent. betreiben (§ 17).

Die Anordnung gg. Eigenbesitzer setzt aber noch weiter voraus:

c) einen dingl. VollstrTitel gegen den Eigenbesitzer (allenfalls Verurteilung zur Duldung der ZwVerw.);

d) die Glaubhaftmach. des Eigenbesitzes durch (öffentl. oder private) Urkunden, falls er nicht gerichtsbekannt ist (polizeil., gemeindl. Bescheinigung, Bestätigung Dritter können ausreichen).

Die Eintrag. des VerwVermerks in das GBuch erfolgt ohne Rücksicht auf den eingetrag. Eigent. Zustell. des Anordnungsbeschl. an diesen ist nicht vorgeschr. (s. § 146 A. 6); er ist aber zum weit. Verf. zuzuziehen (§ 9 Nr. 1).

2. Geltendmach. entgegenstehender Rechte. Die Durchführ. der ZwVerw. (Besitzentsetzung § 150 Abs. 2) ist nur möglich, wenn der VollstrSch. (d. h. der, auf dessen Namen der VollstrTitel lautet) Besitzer ist. Der besitzende Nichtschuldner kann die Räumung des G. verweigern — in welchem Falle das Gericht die Verw. unter Wahrung der Rechte des Besitzers einschränken u. den Gl. auf die Beschaffung eines vollstreckb. Titels gegen den Besitzer verweisen muß[3]) — oder, wenn er den Besitz freiwillig aufgegeben hat, die Aufhebung der ZwVerw. im Wege des § 771 ZPO. (einstw. Einstellung: §§ 769, 770 ZPO.)

---

[1]) Vormerkung nach § 883 BGB. genügt nicht, wohl aber SichHyp. (Peiser 47, Jaeckel-Güthe A. 4).

[2]) Auch der Eigenbesitzer muß der Duldungsklage des älteren RealGl. unterliegen (OLG. 35, 188).

[3]) Vgl. § 146 A. 4 b. — Auf die Mitteilung des GBuchamtes, daß der Sch. nicht als Eigent. eingetragen ist, wäre daher die Verw. nur dann aufzuheben, wenn der Gl. nur eine persönl. Ford. hat. Im übr. ist abzuwarten, ob der VollstrSch. sich der Besitzentziehung widersetzt.

erzwingen (keine Klage wegen Besitzentziehung nach §§ 858, 861, 862 BGB. gegen den Verwalter, GruchBeitr. 33, 1109; Jaeckel-Güthe A. 5 a. E.).

Der Eigent. selbst kann der gegen den Eigenbesitzer betrieb. Verw. in der Regel nicht widersprechen (§ 1147 BGB.), es müßte denn sein, daß er das eingetrag. Recht des Gl. zu bekämpfen vermöchte; letzterenfalls ist auch er auf die WidersprKlage des § 771 ZPO. angewiesen (Jaeckel-Güthe A. 1 a. E., 5, Reinhard-Müller A. 3).

Auch das Recht des Nießbrauchers kann der Durchführ. der ZwVerw. nach § 147 entgegenstehen (s. § 146 A. 4); nicht aber der Umstand, daß das G. einem Mieter oder Pächter überlassen ist (vgl. JW. 1912, 1016); denn diesfalls genügt für die Zwecke der ZwVerw. der mittelb. Besitz des Verw.s (§ 152 Abs. 2 ZVG., § 868 BGB.). Zur Besitzentsetzung des Mieters u. Pächters auf Grund Anfechtung des Miet- oder Pachtvertrags ist allerdings wieder ein gegen diesen gerichteter VollstrTitel erforderlich. Sie ist deshalb Sache des Gl., nicht Verw.s (anders bei Räumung auf Grund Miet- oder Pachtvertrags).

Ebensowenig können Besitzdiener (§ 855 BGB.) die Besitzentsetzung hindern (Fischer-Schäfer 465, Jaeckel-Güthe A. 2, Reinhard-Müller § 150 A. 3b).

Hat der Gl. nur einen vollstreckb. Anspruch gegen unmittelb. Besitzer (Mieter, Pächter, Nießbraucher, § 868 BGB.), nicht aber gegen den Eigentümer (bzw. Eigenbesitzer), so kann er nicht ZwVerw. in das G. (da dieses nicht zu deren Vermögen gehört), betreiben, sondern nur — soweit angängig — Vollstr. in deren Recht nach § 857 ZPO. (Fischer-Schäfer 465, Jaeckel-Güthe A. 2, Peiser 48).

§ 148.

Die Beschlagnahme des Grundstücks umfaßt auch die im § 21 Abs. 1, 2 bezeichneten Gegenstände. Die Vorschrift des § 23 Abs. 1 Satz 2 findet keine Anwendung.

Durch die Beschlagnahme wird dem Schuldner die Verwaltung und Benutzung des Grundstücks entzogen.

E. I § 192 Abs. 1—3; Begr. 324, 325; D. 62; KBer. —.

Umfang und Wirkung der Verwaltungsbeschlagnahme.

1. Der Umfang der ZwVerwBeschlagn. ist größer als derj. der Verst.-Beschlagn. Die ZwVerwBeschlagn. umfaßt näml. sämtliche Gegenstände, auf die sich die Hyp. erstreckt, also:

a) das Grundstück u. seine Bestandteile, insbes. seine z. Z. der Beschlagn. noch nicht getrennten Erzeugnisse u. die mit dem Eigentum verbund. Rechte (§§ 93 ff. BGB.); wie die G. werden die Bruchteile u. grundstücksgleichen Berechtigungen behandelt (s. Einl. III 2, 3 u. IV 1 b);

b) die vom Boden getrennten Erzeugnisse (land- u. forstwirtsch. auch, wenn sie nicht Zubehör sind) u. getrennten Bestandteile, soweit sie nicht z. Z. der Beschlagn. bereits nach §§ 1121, 1122 BGB. von der Pfandhaftung frei geworden oder gemäß §§ 954—957 BGB. mit der (wenn auch nach der Beschlagn. erfolgten) Trennung in das Eigentum eines anderen als des VollstrSch. (z. B. Nießbrauchers, Pächters) übergegangen sind, vorausgesetzt, daß der Nutz.-Berecht. im unmittelb. Besitz des G. u. sein Recht dem betreib. Teile gegenüber nicht unwirksam ist (s. § 21 A. 2Bb, c, § 146 A. 4b, § 152 Abs. 2 u. Einl. IV 1 u. 3);

c) das Zubehör gemäß §§ 97, 98, 1120—1122 BGB., § 20 Abs. 2 ZVG.[1]); nicht: Zubehörstücke, die einem Dritten gehören (anders in der Zw.-Verst., § 55 Abs. 2, s. bes. A. 2b); wg. der Pfändung s. Einl. IV 2;

d) die Miet-[2]) u. Pachtzinsforderungen, u. zwar die fälligen, nicht eingezogenen nach Maßgabe des § 1123 Abs. 2 Satz 1 (also nur die innerh. des letzten Jahres vor der Beschlagn. fällig geword. Rückstände), die vorauszahlbaren nach § 1123 Abs. 2 Satz 2 BGB. (i. d. F. v. 8. 6. 15 RGBl, 327, s. Vorb. vor § 57), die im Zeitpunkte der Beschlagn. laufenden[2a]), jedoch vorbehaltl. der Vorausverfügungen nach Maßgabe des § 1124 (in d. F. v. 8. 6. 15) u. des § 1125 BGB.

α) Hiernach steht dem HypGl. nunmehr in der Regel (wenn nicht die Beschlagn. erst im letzten halben Monat des KalVierteljahrs erfolgte) gegenüber Vorausverfügungen der Zugriff auf den Miet- u. Pachtzins für das der Beschlagn. folg. KalVierteljahr frei; für das zu dieser Zeit laufende muß er (u. der ZwVerw.) die Vorausverfüg. gelten lassen.

Der Vorausverfüg. i. S. des § 1124 Abs. 1, 2 BGB. (Einziehung, Aufrechnung gemäß § 389 BGB., Erlaß, Übertragung, Belastung u. dgl., s. § 57b Fußn. 1a) steht eine durch ZwVollstr. (Pfändung) erwirkte gleich (RG. 58, 181; 59, 177; 64, 418, OLG. 10, 122; 39, 251).

Die Vorausverfüg. ist im Wege des § 771 ZPO., während des ZwVerwVerf. gegen den ZwVerw., nach Hinterleg. der Streitmasse aber gegen den betreib. Gl. geltend zu machen (OLG. 12, 69, RG. 68, 10; 80, 315; vgl. § 156 Fußn. 1, § 155 A. 2).

Die Unwirksamkeit der Verfügung i. S. des § 1124 Abs. 2 BGB. ist nur eine relative, hört also auf, wenn die der HypGl. genehmigt, wenn sein BeschlagnAnspr. befriedigt wird, wenn er auf die Hyp. verzichtet, oder wenn die Beschlagn. wegfällt (RG. 64, 420); die Verfügung ist wirksam, wenn sie nach Aufhebung u. vor Wiederherstell. der Beschlagn. erfolgte (s. A. 3c).

β) Keine Verfügung über Mietzinsen (sondern über das G.) enthält die Einräumung eines Nießbrauchs am G.; der Nießbraucher hat also nicht das in § 1124 BGB. eingeräumte Recht, so daß die ihm zustehende Mietzinsford. dem Zugriff der HypGl. erst dadurch entzogen wird, daß er selbst über sie durch Einziehung, Übertragung usw. verfügt (OLG. 14, 129, DJZ. 06, 960, RG. 68, 10; 81, 149; 88, 101; 93, 121; 101, 5, Warn. 15 Nr. 67, JW. 1914, 679, 761, Recht 1916 Nr. 685). Der Nießbraucher kann seinerseits die Mietzinsen pfänden (RG. 64, 415; 86, 135; vgl. LZ. 1915, 958); denn sonst muß er dem die Mietzinsen pfändenden voreingetrag. HypGl. im Range weichen (RG. 81, 146; 93, 121; 101, 5); der letztere bedarf zur Pfändung der Mietzinsen des Nießbrauchers nicht auch noch eines DuldUrteils gegen den Nießbraucher (RG. 81, 150, GruchBeitr.

---

[1]) Kein Unterschied, wenn die Hyp. vor GBuchanlegung begründet wurde (Art. 192 EG.BGB., OLG. 6, 273).

[2]) Einschließl. der Zuschläge der Mietgesetzgebung (JW. 1922, 760).

[2a]) Die Miet- und Pachtzinsford. werden, soweit ein HypGl. die ZwVerw. betreibt, nicht erst von der Beschlagn. an von der Hyp. erfaßt, sondern mit dem Augenblicke der hypothek. Belastung des G. oder der späteren Entstehung des Miet- u. Pachtverhältnisses (OLG. 29, 246). Die Haftung erstreckt sich daher auf alle Zinsbeträge, welche für die Zeit nach der Bestellung der Hyp. (nicht auf alle zu dieser Zeit überhaupt aussteh. Beträge) zu entrichten sind, auf diese noch nicht fälligen Beträge aber auch für die Zeit vor der Beschlagn. (§ 101 Nr. 2 BGB.; bestr.; vgl. Planck § 1123 A. 2, RGRK. A. 1, Staudinger-Kober A. I, 2).

Die hypothek. Haftung der Miet- u. Pachtzinsford. („Beschlagnahme") wird aber nicht nur durch ZwVerw., sondern auch durch Pfändung (des HypGl.) mittels dingl. VollstrTitels zur Geltung gebracht (RG. 76, 116; 81, 146; 88, 101; 93, 121; 101, 5; 103, 138; vgl. hierzu JW. 1916, 314). Diese Art der Beschlagn. der Mietzinsen ist dem HypGl. (ebenso wie die ZwVerw.) auch nach Konkurseröffnung möglich (Jaeger KO. § 14 A. 10, OLG. 29, 245).

58, 1031; 60, 860, OLG. 26, 141, ZBlFG. 22, 354; a. M. RG. 93, 121: nach Eintrag. des Nießbrauchs könne die ZwVollstr. in die Miet- u. Pachtzinsford. nur noch gg. den Nießbraucher, nicht mehr gg. den Eigent. sich richten). Im übr. vgl. Planck Vorb. 5 vor § 1030, Staudinger-Kober § 1030 A. I 6 u. Vorb. 6, Stillschweig u. Kretzschmar JW. 1921, 201, 1355, 1595. Über die Wirkung der Überlassung der Ausübung des Nießbrauchs s. RG. 101, 5.

γ) Im Falle der dingl. Mietzinspfändung durch mehrere HypGl. entscheidet zwischen ihnen nicht die Reihenfolge der Pfändungen, auch nicht schlechthin der Rang der dingl. Rechte (ZBlFG. 19, 126); vielmehr ist die früh. Pfändung die (in gewissem Umfang wirksame), „Verfügung", die spätere die „Beschlagnahme" i. S. des § 1124 BGB., so daß die ältere Vorausverfügung (s. § 57 b) des rangschlechteren HypGl. wenigstens für ¼ (½) Jahr wirksam sein kann (OLG. 26, 143; 39, 251, Stillschweig JW. 1916, 314; vgl. auch RG. 103, 140, GruchBeitr. 58, 1032). Die Mietzinsen eines im Miteigentum stehenden G. unterliegen nicht dem Zugriff der Gl. des einzelnen Miteigentümers (RG. 89, 176).

δ) Die an sich wirksam vorgenomm. Mietzinspfändung schließt die Anfechtung durch den dingl. Gl. nicht aus, auch wenn das dingl. Recht durch den Zuschlag erloschen ist (JW. 1917, 478; 1918, 176; vgl. LZ. 1909, 422, 838). Über Anfechtung der Abtretung zum Nachteil der HypGl. s. OLG. 26, 145, 408 Anm., GruchBeitr. 57, 1005, RG. 86, 365.

ε) Über Schadensersatzpflicht bei ungerechtfert. Mietzinspfändung s. LZ. 1917, 404. Über Pfändung, Abtretung u. Verpfändung vor u. nach Anordnung der ZwVerw. s. Einl. IV 4 a, b; über die Frage, ob § 1124 Abs. 2 BGB. auch dem persönl. BeschlagnGl. nach Einl. der ZwVerw. zugute kommt, s. Einl. IV 4 a Fußn. 11.

ζ) Über den Zeitpunkt der Wirksamkeit der Beschlagn. gegenüber dem Mieter u. Pächter, s. §§ 22 Abs. 2, 151 Abs. 3.

Hiernach wird er, soweit nach §§ 1123 ff. BGB. eine Vorausverfüg. über den Miet- u. Pachtzins wirksam erfolgen kann, auch durch Zahlung (Aufrechnung) nach der ZwVerwBeschlagn. befreit, wenn er diese nicht kannte oder ein ZahlVerbot ihm noch nicht zugestellt war (anders im Verh. zw. Gl. u. VollstrSch. s. § 22 Abs. 1, 151).

Ist vor der Beschlagn. über Miet- u. Pachtzinsen (oder wiederkehr. Leistungen) über den in §§ 1124 Abs. 2, 1125, 1126 Satz 3 BGB. bez. Zeitpunkt hinaus verfügt (durch Einziehung seitens des VollstrSch., AbtretEmpfängers, PfändGl., oder durch Aufrechnung), so ist die Unwirksamkeit dem Drittschuldner gegenüber geltend zu machen (der möglicherweise doppelt zahlen muß); ist die Verfügung zwar nach der Beschlagn., aber bevor diese dem Drittschuldner gegenüber wirksam wurde (s. § 151 A. 1 e), geschehen u. betrifft sie keine spätere Zeit, als in §§ 1124 Abs. 2, 1125, 1126 BGB. bezeichnet, so haftet nur der Dritte (AbtretEmpfänger usw.) für Rückzahlung (Planck § 1124 Anm. 2, 3). — Zahlt der Mieter an den Verw. ohne Kenntnis der BeschlagnAufhebung, so ist diese Zahlung wirksam (OLG. 2, 478).

Die auf die Zeit nach dem Eigentumserwerbe des Erstehers (§ 90) treffenden Miet- und Pachtzinsbeträge (§ 101 Nr. 2 BGB.) gebühren dem Ersteher (§ 56, RG. 64, 419); s. jedoch § 57 b A. 2 b). Über die Auseinandersetzung zwischen Ersteher u. Verwalter bezgl. der Zeit des Zuschlags s. § 161 A. 2 b.

e) die wiederkehr. Leistungen aus einem, mit dem Eigentum am G. verbund. Rechte (z. B. aus einer Reallast) nach Maßgabe des § 1126 BGB. (nicht: Anspruch auf einmalige Gemeinschaftsmauerentschäd., OLG. 9, 139, BZfR. 1914, 292; s. § 90 Fußn. 3);

f) die Ford. aus einer Versicherung, nach §§ 1127—1130 BGB., ohne die Beschränkung des § 21 Abs. 1 ZVG. Die VersichGelder sind an den Verw. zu zahlen u., soweit sie an Stelle von Erzeugnissen treten, zu verteilen, im übr. zweckentsprechend zu verwenden (Fischer-Schäfer 466, Jaeckel-Güthe A. 3, Peiser 82, Reinhard-Müller A. 7); dies gilt auch für die Erwerbspreise für Zubehörstücke, die nach Art. 2, 4 der BRVO. v. 11. 4. 18, RGBl. 183, veräußert wurden (JW. 1918, 468).

g) Eine ZwVerw. unter Beschränkung auf einen Teil der Nutzungen ist ausgeschlossen (Jaeckel-Güthe A. 6, Peiser 85), dagegen eine Freigabe einzelner, von der Beschlagnahme erfaßter Gegenstände durch den betreib. Gl. zulässig (Fischer-Schäfer 467, Jaeckel-Güthe a. a. O.).

2. Der **Fahrnisvollstreckung** unterliegen demnach vor der VerwBeschlagn.: die vom Boden getrennten Bestandteile u. Erzeugnisse, sowie das Zubehör, soweit sie nicht mehr von der Hyp. ergriffen werden (§§ 1120 ff. BGB., 865 ZPO.), die noch nicht getrennten Früchte nach Maßgabe des § 810 ZPO., die Miet- u. Pachtzinsen nach §§ 1123, 1124 Abs. 2 BGB., wiederkehr. Leistungen nach § 1126 Satz 3 BGB., VersichFord. für Gebäude nach §§ 1127 Abs. 2, 1128, für andere Gegenstände nach §§ 1127 Abs. 2, 1129 BGB. (s. Einl. IV u. § 21 A. 2 C).

Inwieweit der Fahrnisvollstr. die besseren Rechte der HypGl. oder des betreib. Teils entgegenstehen u. durch Widerspruchsklage nach § 771 ZPO. (Einstellung § 769) u. Einwendungen nach § 766 ZPO. verfolgt werden können, darüber s. Einl. IV 1—6.

3. Wirkungen der ZwVerwBeschlagn. **a)** Sie enthält ein VeräußVerbot zugunsten des BeschlagnGl. (vorbehaltl. § 23 Abs. 2), hindert also die Einleitung einer ZwVersteig. (Fahrnis-, wie Liegenschaftsvollstr.) für einen Anspruch, der demj. nachsteht, zu dessen Gunsten die Verw. betrieben wird (§ 772 ZPO.); das VeräußVerbot ergreift nicht bloß die z. Z. der VerwAnordnung vorhand., sondern auch die während der Verw. aus dem G. gewonnenen Gegenstände (z. B. Ziegelsteine, OLG. 14, 10).

b) Die VerwBeschlagn. entzieht dem VollstrSch. auch die tatsächl. VerfügGewalt (Verw. u. Benützung, unmittelb. Besitz) im vollsten Umfange, so daß er auch nicht innerh. der Grenzen einer ordnungsm. Wirtschaft verfügberechtigt ist[3]) — anders § 23 Abs. 1 Satz 2, § 24 — u. läßt ihm nur die Wohnung (§§ 149, 152). Sie begründet ein Recht auf Befriedig. aus dem G. (§ 10 Nr. 5 ZG., §§ 13, 47 KO.), kein Pfandrecht (vgl. § 20 A. 1, § 23 A. 3a). Auf die Prozeßfähigkeit des Sch. ist auch die ZwVerw. ohne Einfluß (s. § 152 A. 3c).

c) Dem VollstrSch. gegenüber (anders dem Mieter u. Pächter, Drittschuldner gegenüber, s. oben 1 d—f) ist der Eintritt der (bürgerlichrechtl.) Beschlagn.-Wirkung nicht von seiner Kenntnis der Beschlagn. oder der Besitzergreifung durch den Verw. abhängig (Wolff A. 4). Nach Aufhebung der Beschlagn. kann der Sch. dem HypGl. gegenüber wirksam über die Miet- u. Pachtzinsen verfügen, auch wenn die Aufhebung zu Unrecht erfolgt ist (ZBlFG. 4, 90, RG. 84, 200); er ist auch an solche Rechtsgeschäfte gebunden, die nur dem betreib. Gl. u. ZwVerw. gegenüber unwirksam sind (Recht 06 Nr. 1109, Jaeckel-Güthe A. 7, Reinhard-Müller A. 9).

Über gutgl. Erwerb Dritter s. § 23 Abs. 2.

§ 149.

Wohnt der Schuldner zur Zeit der Beschlagnahme auf dem Grundstücke, so sind ihm die für seinen Hausstand unentbehrlichen Räume zu belassen.

Gefährdet der Schuldner oder ein Mitglied seines Hausstandes das

[3]) Er kann aber bis zu Besitzergreifung durch den Verw. unaufschiebbare Verfügungen treffen (Jaeckel-Güthe A. 7, Wolff A. 4).

Grundstück oder die Verwaltung, so hat auf Antrag das Gericht dem Schuldner die Räumung des Grundstücks aufzugeben.

E. I § 194; Begr. 327; D. 62; KBer. —.

Wohnungsrecht des Schuldners; Räumung des Grundstücks.

1. Voraussetzung des Abs. 1. Das WohnRecht des VollstrSch. (u. seiner Familie, im Falle des § 147 des Eigenbesitzers) setzt voraus, daß er z. Z. der Zw.-VerwBeschlagn. schon auf dem G. wohnte. Wer das G. nach der Beschlagn. erwirbt, kann also keine Wohnung unentgeltlich eingeräumt erhalten, auch nicht, wenn er vorher schon (etwa als Mieter) darin wohnte; der Veräußerer wiederum hat dieses Recht nur, solange gegen ihn das Verf. betrieben wird (Reinhard ZBl.-FG. 10, 709; abw. Jaeckel-Güthe A. 1).

Durch § 149 ist an dem Recht der KonkursGl. nach §§ 129, 132 KO., über die Überlassung einer Wohnung an den Gemeinsch. zu befinden, nichts geändert (Jaeckel-Güthe A. 1, Wolff A. 2a, Jaeger KO. § 126 A. 13).

2. Umfang des WohnRechtes. Das Recht beschränkt sich auf die unentbehrl. (Wohn- u. Neben-, nicht Geschäfts-) Räume. Über den Umfang entscheidet nötigenfalls das Vollstr.- u. BeschwG. (§ 13 Abs. 2 EG., §§ 766, 793 ZPO.); der Verw. hat kein BeschwRecht (Jaeckel-Güthe A. 2, Reinhard-Müller A. 1c). Räumungsklage ist ausgeschlossen (LZ. 1917, 1285; 1918, 257, Gruch.-Beitr. 62, 401). Ausschlaggebend ist das Bedürfnis (Vermögenslage) des Sch., nicht der Verwaltung (unbeschadet des § 149 Abs. 2).

Werden bewegl. Sachen als Zubehör von der Beschlagn. ergriffen, so ist dem Sch. das zur Ausstattung der Räume Unentbehrliche zu belassen (Fischer-Schäfer 469, Jaeckel-Güthe A. 2).

3. Wenn die Entfernung des VollstrSch. vom G. (Abs. 2) nötig wird, ist auf Antrag die **Räumung** vom Notariat anzuordnen (Art. 25 BayAG. v. 2. 2. 21, Bek. v. 30. 3. 21 JMBl. 33 §§ 3, 6); eine Gefährdung liegt nur vor, wenn durch das „Verhalten" (nicht bloß vorübergeh. Ungehörigkeit, Altmann A. 2) des Sch. oder eines Mitglieds seines Hausstandes eine Beeinträchtigung der Verw. oder Wertsminderung zu befürchten ist. Verschulden ist nicht Voraussetzung (a. M. Reinhard-Müller A. 3). Der Mieterschutz des RG. v. 13./17 2. 28 (RGBl. I 17, 38) kommt dem Sch. selbst nicht zugute (vgl. § 93 A. 1).

Der Antrag nach § 149 Abs. 2 kann vom betreib. Gl. oder Verw. (nicht sonstigen Beteiligten, a. M. Jaeckel-Güthe A. 4) gestellt werden; der Sch. ist darüber zu hören.

Der Räumungsbeschluß unterliegt der Erinnerung nach § 13 Abs. 2 EG. u. sodann der sof. Beschwerde (§ 793 ZPO.); der Verw. hat kein Beschwerderecht. Die Ausführung des (vollstreckb.) RäumAuftrags wird in der Regel dem G.-Vollzieher zu übertragen sein (vgl. § 25 A. 3). Die Räumung kann auch angeordnet werden, wenn das ProzeßG. die ZwVollstr. aus dem VollstrTitel des betreib. Gl. einstw. eingestellt hat (Recht 1914 Nr. 1367). Wird von Abs. 2 Gebrauch gemacht oder verläßt der Sch. freiwillig das G., so steht ihm selbstverständlich kein EntschädAnspr. gegen die Masse zu (Jaeckel-Güthe A. 3). Der Verw. kann natürlich mit dem VollstrSch. auch Mietverträge abschließen (Recht 1913 Nr. 2013).

Anderweitige SichMaßregeln zu treffen, gestattet § 25 mit § 146.

4. Der VollstrSch. (u. Familie) hat kein Recht mehr auf **Unterhalt** aus den Nutzungen (OLG. 22, 373, ZBlFG. 11, 658). Der Verw. kann sich aber seiner Dienste bedienen u. ihn dafür entlohnen (s. § 150 A. 2). Die PfändBeschränkungen des § 811 Nr. 2, 3 ZPO. greifen hier nicht Platz (Reinhard-Müller A. 4, OLG. 22, 273, vgl. 17, 196; bestr.).

§ 150.

Der Verwalter wird von dem Gerichte bestellt.

Das Gericht hat dem Verwalter durch einen Gerichtsvollzieher oder durch einen sonstigen Beamten das Grundstück zu übergeben oder ihm die Ermächtigung zu erteilen, sich selbst den Besitz zu verschaffen.

E. I §§ 193 Abs. 1, 196 Abs. 1; Begr. 325, 328; D. 62; KBer. —.

Aufstellung des Verwalters.

1. Allgem. Die Ernennung des Verw., seine Besitzeinweisung u. die Regelung seiner Geschäftsführung erfolgten früher in einem besonderen Termin. Wie weit das Notariat sich nunmehr eines solchen bedienen will, ist seinem Ermessen überlassen; es kann zur Erledigung der VerwAngelegenheiten jederzeit die Beteiligten hören u. hierzu einen Termin bestimmen. Vgl. § 153.

2. Die **Bestellung** des Verw. ist Sache des Notariats (Art. 25 BayAG. v. 2. 2. 21, Bek. v. 30. 3. 21 JMBl. 33 § 6). Dieses ist bei der Auswahl an die Vorschläge der Beteiligten nicht gebunden. Der Notar kann durch Aufstellung eines untaugl. Verw. schadensersatzpflichtig werden (§ 839 BGB., Art. 126 NotG.).

Der VollstrSch. wird in der Regel nicht als geeignete Person in Betracht kommen (die KriegsVO. v. 22. 4. 15 RGBl. 233 ist aufgeh., RGBl. 1920, 2166); dagegen kann der Gläubiger nicht grundsätzlich von der Bestellung als Verw. ausgeschlossen werden, zumal da manchmal eine geeignetere Persönlichkeit nicht zu finden sein wird (vgl. OLG. 30, 124: Ehemann einer HypGl.); auch der Verw. im Konkurse des Sch. kann als ZwVerw. bestellt werden (Jaeckel-Güthe A. 2, Peiser 94, BZfR. 1913, 309). Soweit sich der Verw. der Dienste des Sch. bedient, finden auf seine Haftung für das Verschulden des letzteren die §§ 278, 831 BGB. Anwendung (Fischer-Schäfer 470).

Die Bestellung erfolgt nunmehr, sobald dem Not. vom VollstrG. die Mitteilung von der Anordnung der ZwVerw. zugeht (Bek. v. 30. 3. 21 § 7).

Hiergegen: Erinnerungen (§ 13 Abs. 2 EG.) u. sodann sof. Beschwerde (§ 793 ZPO.) der Beteiligten, da ihnen allen der Verw. verantwortlich ist (§ 154), auch des entlassenen Verw. u. des Gemeinsch. gegen Aufstellung des KVerw. (BZfR. 1913, 309); im übr. kein Recht auf Ernennung u. keine Pflicht zur Übernahme der Verw., wohl aber zur Fortsetzung bis zur Entlassung (Jaeckel-Güthe A. 2, 4, Reinhard-Müller A. 1 d).

Die erfolgte Bestellung ist vom Notariat unverzüglich dem VollstrG. mitzuteilen (Bek. v. 30. 3. 21 § 8)[1].

3. Bestallungsurkunde. Das Notariat teilt dem ZwVerw. bei oder nach seiner Bestellung den Anordnungsbeschluß mit u. händigt ihm eine Urkunde als

---

[1]) Weitere Mitteilung bei Fideikommissen u. Bergwerken, s. Art. 34 Abs. 2, 43 Abs. 2 BayAG.

Ausweis [2]) seiner Bestellung aus, die nach der Beendigung der Verw. zurückzugeben ist (Bek. v. 30. 3. 21 § 8); eine eidl. oder eidesstattl. Verpflichtung findet nicht statt, der Verw. erhält lediglich Anweisungen (teils bei der Bestellung, teils während der Verw., § 153).

4. Besitzeinweisung des Verw. Sie ist ebenfalls Amtspflicht des Notariats, das entweder den Verw. ermächtigt, sich selbst in den Besitz des G. zu setzen oder sich zur Übergabe der Hilfe des GVollz. bedient [3]); zur Besitzergreifung soll der Sch. zugezogen werden (Bek. v. 30. 3. 21 § 9). Der GVollz. hat nach §§ 758 Abs. 2, 3, 759—763 ZPO. zu verfahren; auch der Verw. kann sich auf Grund der „Ermächtigung" des GVollz. bedienen, namentl. zur Beseitigung von Widerstand [4]) (§§ 885, 892 mit § 794 Nr. 3 ZPO.; § 188 Abs. 4 GVollzGeschA., § 6 Abs. 1 BayGVollzGebO. v. 18. 2. 24 GVBl. 58). Ein Recht des betreib. Gl. auf Anwesenheit bei der Besitzübergabe besteht nicht; seine Zuziehung kann aber nötig sein (vgl. Peiser 109, Stein-Jonas § 758 IV). § 150 Abs. 2 ist auch anwendbar, wenn der Schuldner zum Verw. bestellt wird (ZBlFG. 19, 134).

Über die Hindernisse der Besitzübergabe s. § 147 A. 2.

Der Verw. wird durch die Verschaffung der tatsächl. Gewalt über das G. unmittelb. Besitzer (§ 854, Besitzschutz §§ 859 ff. BGB.), der VollstrSch. mittelbarer (§ 868 BGB.). Ist das G. einem Mieter oder Pächter überlassen u. richtet sich der VollstrTitel nicht auch gegen sie, so erlangt der Verw. nur mittelb. Besitz; zu ihrer Besitzentsetzung ist Räumungsklage des Verw. nötig (§ 152). Der betreib. Teil erlangt keinen Besitz, also auch keinen Anspruch auf Besitzesschutz (Jaeckel-Güthe A. 7, Peiser 113).

Ist der Gegenstand der Beschlagn. ein GBruchteil, so tritt der Verw. in den Mitbesitz an Stelle des Sch. ein (s. § 146 A. 3, § 152 A. 4).

5. Bericht über die Besitzergreifung des Verw. s. Bek. v. 30. 3. 21 § 10.

§ 151.

Die Beschlagnahme wird auch dadurch wirksam, daß der Verwalter nach § 150 den Besitz des Grundstücks erlangt.

Der Beschluß, durch welchen der Beitritt eines Gläubigers zugelassen wird, soll dem Verwalter zugestellt werden; die Beschlagnahme wird zugunsten des Gläubigers auch mit dieser Zustellung wirksam, wenn der Verwalter sich bereits im Besitze des Grundstücks befindet.

---

[2]) Sie ist nur eine Bestätigung darüber, daß ein Verw. aufgestellt wurde, keine Ermächtigung (Vollmacht) zur Vornahme von Rechtshandlungen; dem Dritten obliegt deshalb die Prüfung, ob der Verw. zur Vornahme eines bestimmten Rechtsgeschäftes im Namen der Masse befugt, insbes., ob das Amt des Verw. nicht erloschen ist; die §§ 169, 172 Abs. 2, 174 BGB. finden keine Anwendung (Fischer-Schäfer 470, Jaeckel-Güthe A. 3, Reinhard-Müller A. 2 b; vgl. RG. 74, 263 über Bestallung des Vormunds).

[3]) Es kann auch zweckmäßig sein, daß der Notar persönlich hierbei mitwirkt, z. B., wenn die zu erteil. Anweisungen (§ 153) gleichzeitig oder möglichst rasch erfolgen sollen u. nur an Ort und Stelle richtig erteilt werden können; die Kosten der Besitzeinweisung fallen der Masse zur Last.

[4]) Der Verw. ist nicht selbst VollstrBeamter i. S. des § 113 StGB., wenngleich ihm (als einem Organ der Obrigkeit) gegenüber kein Recht der Notwehr gegeben ist (vgl. RG. Strfs. 25, 150); er ist auch nicht Beamter i. S. des § 839 BGB. (s. § 152 A. 1, Reinhard-Müller § 153 A. 1).

Das Zahlungsverbot an den Drittschuldner ist auch auf Antrag des Verwalters zu erlassen.

E. I §§ 192 Abs. 4, 195; Begr. 325, 327, 328; D. 62; KBer. 50.

Wirksamkeit der Beschlagnahme.

1. Die Verwaltungs-Beschlagnahme wird **wirksam:**

a) mit Zustellung des Anordnungs-(Beitritts-)Beschl. an den VollstrSch. (Eigenbesitzer im Falle des § 147), § 22 Abs. 1 Satz 1, § 8, § 27;

b) mit Eingang des Ersuchens um Eintrag. des VerwVermerks beim G.-Buchamte, falls Eintragung erfolgt, § 22 Abs. 1 Satz 2;

c) mit Erlangung des Besitzes durch den Verw., § 151 Abs. 1 (gemeint ist wohl hier nur der unmittelb., nach außen erkennbare Besitz, Fischer-Schäfer 474, v. d. Pfordten 456; bestr.);

d) für den beitret. Gl. auch mit der Zustell. (§§ 3 ff.) des Beitrittsbeschl. an den Verw., wenn dieser bereits im Besitze des G. ist, § 151 Abs. 2 (nicht nur mit Zustell. des Beitrittsbeschl. an den Sch.);

e) Drittschuldnern (auch Mietern, Pächtern) gegenüber lediglich mit deren Kenntnis vom BeschlagnAntrag oder mit Zustell. eines Zahl.-Verbots bzw. einer Benachricht. hiervon (§ 22 Abs. 2, § 23 Abs. 2 Satz 1 mit § 151 Abs. 3).

In den zu a—c bez. Fällen entscheidet diej. Tatsache, die die Beschlagn. zuerst herbeigeführt hat.

2. Das **ZahlVerbot** (auch auf Antrag des Verw.) kann nur vom Notariat ausgehen (Bek. v. 30. 3. 21 § 3), die Benachricht. nach § 845 ZPO. nur vom betreib. Gl.; ersteres ist nach §§ 3 ff. zuzustellen (Reinhard-Müller A. 3).

Im Falle der ersatzweisen Zustell. der Benachricht. oder des ZahlVerbots ist zwar mit der Zustellung bereits die Beschlagn. bewirkt; falls aber der Drittsch. nachträgl. zahlt, kommt es darauf an, daß er auch wirklich von der Beschlagn. Kenntnis erlangt hat (s. § 22 A. 2 c, § 148 A. 1 d; anders im Verhältnis zum Ersteher s. § 57 b Fußn. 4). Das ZahlVerbot ist dem Drittsch. gegenüber solange wirksam, bis ihm dessen Aufhebung zur Kenntnis gebracht wurde (OLG. 2, 478).

§ 152.

Der Verwalter hat das Recht und die Pflicht, alle Handlungen vorzunehmen, die erforderlich sind, um das Grundstück in seinem wirtschaftlichen Bestande zu erhalten und ordnungsmäßig zu benutzen; er hat die Ansprüche, auf welche sich die Beschlagnahme erstreckt, geltend zu machen und die für die Verwaltung entbehrlichen Nutzungen in Geld umzusetzen.

Ist das Grundstück vor der Beschlagnahme einem Mieter oder Pächter überlassen, so ist der Miet- oder Pachtvertrag auch dem Verwalter gegenüber wirksam.

E. I §§ 193 Abs. 2 Satz 2, 197; Begr. 326, 329; D. 62; KBer. 51.

Rechte und Pflichten des Verwalters.

1. Allg. Das ZVG. hat die rechtl. Stellung des ZwVerw. nur durch Umgrenzung seiner Rechte u. Pflichten bestimmt. Die GesBegründung nennt ihn zwar einen Vertreter des VollstrSch. in der Verw. des G. Indem aber das Gesetz ihm auch die Wahrung der Interessen der Gl. gegenüber dem Sch. zur Aufgabe setzt, weist es ihm eine von dem Willen der Beteiligten unabhängige Stellung zu. Der ZwVerw. ist, ähnlich wie der KVerw., weder Beamter (im Verh. zum Staate), noch privatrechtl. Stellvertreter (der Gl. oder des Sch.), noch Rechtsnachfolger des letzteren. Er muß vielmehr als amtlich Beauftragter (nicht VollstrBeamter, wie der GVollz.; s. § 150 Fußn. 4) angesehen werden, der in der gesetzlich vorgeschr. Weise das von der Verw. ergriffene Vermögen des Sch. auf dessen Rechnung[1]), aber selbständig u. kraft eigenen Rechtes (s. § 153 A. 1) im Interesse der Beteiligten verwaltet u. verwertet (Amtslehre)[2]).

2. Verwaltung u. Nutzung[3]). **a)** Aufgabe (Recht u. Pflicht) des Verw. ist zunächst die Erhaltung des wirtschaftl. Bestandes der BeschlagnGegenstände. Hierunter fällt die Überwachung, Instandhaltung, Ausbesserung, Beseitigung polizeiwidr. Zustände (RG. 93, 1), Abhaltung von Besitzstör., Versicherung (Ausübung der aus dem VersichVerhältnis sich ergeb. Befugnisse, insbes. des KündigRechtes, RG. 86, 187), Wiederherstellung zerstörter oder beschädigter Gebäude (nicht: Neubauaufführung, wesentl. Veränderung, wohl aber Ausbau, der nur geringe u. vorhandene oder durch Vorschüsse des Gl. gedeckte Mittel erfordert; über Vervollständigung eines Neubaues s. § 10 A. 1 a), Geltendmach. unwirksamer Verfügungen des Sch. oder Dritter, insbes. Pfändungen (SeuffA. 67, 121, RG. 89, 176; nicht Anfechtung auf Grund AnfechtGes., Recht 05 Nr. 2717; 1915 Nr. 1435, OLG. 25, 265, Jaeckel-Güthe A. 2), Rückschaffung der nach der Beschlagn. veräußerten Zubehörstücke (SeuffA. 74, 213) sowie Geltendmach. der Anspr. wg. Beschädigung des G. (z. B. aus dem pr. TumultschadG., RG. 103, 244, JW. 1922, 579).

Der Verw. ist in dem einmal erlangten Besitz geschützt u. berechtigt, soweit es die ordnungsm. Benutzung oder die Erhaltung des wirtschaftl. Bestandes des G. erfordert, Besitzesstörungen hintanzuhalten u. zu beseitigen (§§ 858 ff. BGB.), die Anspr. aus den nachbarrechtl.[4]) Beschränk. des Eigentums (§§ 906 ff., 919, 1004 BGB., Art. 124 EG., Art. 62—80 BayAG.GB.) u. der Beeinträchtigung einer Grunddienstbarkeit oder eines anderen mit dem GEigentum verbund. Rechtes (§§ 96, 1027 BGB.) geltend zu machen (Fischer-Schäfer 481, Peiser 113, OLG. 11, 134).

---

[1]) Dritten gegenüber wird aus den Rechtsgeschäften des Verw. allein die Masse (der Sch.), nicht der Verw. persönlich berechtigt u. verpflichtet, soweit dieser nicht erkennbar seine Befugnisse überschritten oder seine Pflichten vernachlässigt hat (§§ 164, 166 BGB., Jaeckel-Güthe A. 1, RG. 80, 418; 93, 1; 97, 12, GruchBeitr. 63, 96, ZBlFG. 20, 125, OLG. 15, 33, 34; 16, 344; a. M. 31, 197; vgl. oben A. 3c, auch § 150 Fußn. 2, § 154 A. 1 u. über Pflichtwidrigkeiten des Verw. ZBlFG. 16, 202 f.).

[2]) RG. 24, 304 (29, 29); 80, 315; 416, SeuffA. 58, 427; 67, 121, JW. 1915, 1035, ZBlFG. 10, 639; 20, 125 = GruchBeitr. 63, 93, Fischer-Schäfer 456, 475, Jaeckel-Güthe A. 1, RGRK. Vorb. 2, Planck Vorb. 2b vor § 164. — Dagegen die Vertretungslehre, die in dem ZwVerw. den gesetzl. Vertreter des Sch. kraft Amtes erblickt; s. insbes. Reinhard ZBlFG. 20, 105 ff., Männer LZ. 1916, 504, Jaeger KO. § 6 A. 1 ff., 17.

[3]) Peiser 123 ff. — Die Vorschr. über die Rechte u. Pflichten des Nießbrauchers (§§ 1036 ff. BGB.) dürfen entspr. Anwendung finden.

[4]) Der Verw. kann daher das Anbauen an einer auf dem G. stehenden Mauer verbieten, auch wenn der Sch. sich vor der Beschlagn. schon zur Gestattung verpflichtet hatte, wenn dies nicht in dingl., dem betreib. Teile gegenüber wirksamen Weise geschehen ist (§ 23). Anders in der ZwVersteig. (§§ 24, 25, vgl. § 90 Fußn. 3).

Dagegen steht dem Verw. die rechtliche Verfügung über das G. selbst (Veräußerung, Belastung) nicht zu (s. § 23 A. 1, § 148 A. 3; wg. des Zubehörs s. unten c); wohl aber hat er darüber zu entscheiden, ob die Geltendmach. einer öffentl. Last zu beanstanden ist (RG. 83, 93).

Streitigkeiten zwischen Zw.- u. KVerw. hinsichtl. eines Massegegenstandes sind nicht im Wege der Erinnerung u. Beschwerde (§§ 766, 793 ZPO., § 95 ZVG., § 13 Abs. 2 EG.), sondern der Klage auszutragen (JW. 1915, 1035, ZBlFG. 16, 583, RG. 92, 18; a. M. OLG. 15, 33).

b) Des weiteren ist Sache des Verw. die Geltendmachung der beschlagnahmten Anspr., also insbes. die Beitreibung der von der Beschlagn. ergriff. Miet- u. Pachtzinsen (RG. 53, 263; 59, 88), der wiederkehr. Leistungen u. VersichGelder [5]), Geltendmach. unwirksamer Zahlungen an Dritte oder Sch. Er ist aber nicht verpflichtet, der Versteig. entgegensteh. Rechte Dritter zu wahren (ZBlFG. 4, 358).

c) Endlich obliegt dem Verw. die Bewirtschaftung, Fruchtziehung u. Verwertung, wobei in der Regel die bish. Benutzungsart beizubehalten sein wird. Hierher gehört die Bestellung der Felder, Einerntung der Früchte, deren Verwertung in den Grenzen einer ordnungsm. Wirtschaft (§§ 1036 ff. BGB.), Zahlung der lauf. Löhne, Abgaben, VersichPrämien, Abschluß der erforderl. Dienst-, Werk-, Miet-, Pacht-, Versich.-, Kaufverträge (hinsichtl. der Nutzungen). Die Nutzungen sind in Geld umzusetzen, sowie sie zur Fortbewirtschaftung nicht erforderlich sind. Entbehrl. Zubehörteile (z. B. Vieh) dürfen zwar verkauft werden, wenn es zur ordnungsmäß. Bewirtsch. notwendig ist, der Erlös gehört aber nicht zur VerwMasse (§ 155), ist vielmehr verzinsl. anzulegen; nur die Zinsen sind zu verteilen (Jaeckel-Güthe A. 7, Reinhard-Müller A. 8; vgl. unten Fußn. 5).

Die Fortsetz. eines auf dem G. betrieb. Gewerbes (Apotheke, Gastwirtschaft, Hotel, Fabrik, Heilanstalt) ist regelmäßig nicht Sache des Verw., zumal wenn hierzu besondere persönl. (technische, kaufmänn.) Kenntnisse erforderlich sind. An ihre Stelle tritt zweckmäßig die Verpachtung (vgl. Mathiessen, Schultzenstein ZZP. 31, 315 ff., 33, 447 ff.; Recht 04, 67; 05, 67, DJZ. 04, 607, SächsA. 08, 468). Für rechtl. unzulässig ist aber die Fortsetz. eines Gewerbes durch den ZwVerw. nicht zu erachten (RG. 93, 1, Jaeckel-Güthe A. 4); denn wenn auch die Einnahmen aus dem durch Warenumsatz oder persönl. Leistungen des Sch. betrieb. Gewerbe nicht Nutzungen des G. sind (soweit die Waren nicht Zubehör darstellen, s. § 20 Fußn. 3), so kann doch auch der Sch. das G. nicht zur Fortsetz. des Gewerbes benutzen (§ 149 A. 2); hierzu ist nur der ZwVerw. berechtigt, soweit ihm dies mittels der von der Beschlagn. ergriff. oder selbst beschafften Gegenstände möglich ist (abw. BZfR. 1913, 309; vgl. auch GruchBeitr. 54, 132).

Über Fortsetz. eines Bankgeschäftes s. JW. 1912, 1123; 1913, 286, DJZ. 1914, 751.

3. Vertragserfüllung u. Prozeßführung. a) Der Verw. ist nicht Rechtsnachfolger des VollstrSch., auch nicht in Ansehung der Verw. (OLG. 9, 144); er tritt weder in die persönl. Rechte noch Pflichten des Sch. ein (GruchBeitr. 45,

---

[5]) Diese gehören aber nicht zur Teilungsmasse in der ZwVerw., soweit sie nicht an die Stelle der Früchte getreten sind. Werden sie nicht zur Wiederherstellung des G. oder Zubehörs verwendet, so sind sie verzinslich anzulegen u. die Zinsen zu verteilen (Fischer-Schäfer 476, Jaeckel-Güthe A. 5, Reinhard-Müller A. 7; abw. Peiser 141).

330, OLG. 27, 221; auch nicht, wenn hierüber bereits Urteil gegen den Sch. ergangen ist (v. d. Pfordten A. 5, Jaeckel-Güthe A. 3; s. Fußn. 9). Der Verw. kann also nicht auf Erfüllung der schuldn. Verträge (z. B. Herausgabe der vom Sch. veräußerten Erzeugnisse, Bezahlung der von diesem gekauften u. ihm gelieferten Viehstücke), auch nicht auf Schadensersatz wegen Nichterfüllung verklagt werden (SächsA. 08, 468; über Eideszuschiebung bezgl. Handlungen des Sch. s. SeuffA. 58, 337). Ebensowenig entstehen aus den Handlungen des Verw. Rechte u. Pflichten für den Ersteher[6]), wohl aber für den Sch. (s. Fußn. 1). Über den Eintritt des Verw. in lauf. VersichVerträge s. LZ. 1912, 737, JW. 1916, 1144.

Er kann u. wird jedoch persönl. Verträge des Sch. erfüllen, soweit dadurch dem Zwecke der Verw. gedient ist[6]). Dies gilt sowohl für Kauf- u. Werkverträge, wie für Dienstverträge (Jaeckel-Güthe A. 3, Reinhard-Müller A. 3b, Peiser 132ff., OLG. 5, 337; 27, 221; auch ein Kauf unter Eigentumsvorbehalt gehört hieher, vgl. LZ. 1914, 1356).

b) Abweichendes gilt nur für Miet- u. Pachtverträge des Vollstr.-Sch. (§ 152 Abs. 2; Art. 28, 36 BayAG., Art. 6 BayÜB.BGB.). Miete u. Pacht werden durch die ZwVerw. nicht berührt; der Verw. erlangt insoweit nur den mittelb. Besitz des VollstrSch. (§ 868 BGB.; s. § 147 A. 2); dem Pächter gebühren auch die Früchte des gepacht. G.; zur Masse fließt lediglich der Miet- u. Pachtzins. Das vertragsm. KündigRecht übt der Verw. aus; das gesetzliche des § 57a steht ihm jedoch nur im Falle des Art. 36 BayAG. (Lehen, Fideikommisse) zu. War aber das G. z. Z. der Beschlagnahme dem Mieter (Pächter) noch nicht überlassen, so kann auch hier weder von diesem, noch vom Verw. Erfüllung verlangt werden[7]). Über den Begriff „Überlassung" s. § 57 A. 2. Durch den Jagdpachtvertrag wird zwar das G. nicht überlassen, sondern nur eine aus dem Eigentum herzuleit. NutzBefugnis übertragen; aber man wird den ZwVerw. trotzdem an diese Art der wirtschaftl. Verwertung des G. gebunden erachten müssen, so daß nur der Pachtschillung zur Masse zu ziehen ist[8]).

Gegen ordnungswidrige Nutzung des Pächters ist aber der Verw. einzuschreiten berechtigt (s. § 24 Fußn. 2).

An die vom Verw. ordnungsmäßig geschloss. Miet- u. Pachtverträge ist der VollstrSch. gebunden (nicht Ersteher), ohne ein besond. KündigRecht (wie z. B. dem Nießbraucher gegenüber nach § 1056 Abs. 2 BGB.) beanspruchen zu können (Fischer-Schäfer 479, Reinhard-Müller A. 4b, s. oben Fußn. 1, 6).

---

[6]) Ob die Vertragserfüllung im Interesse der Verw. gelegen ist, kann auf Erinnerung u. Beschwerde hin nur vom Vollstr.- (nicht Prozeß-)Gericht entschieden werden (Jaeckel-Güthe A. 3, Wolff A. 11). Um die Einreden aus der Person des Sch. auszuschließen, wird der Verw. zweckmäßig neue Verträge schließen. Unzulässig wäre z. B. der Eintritt in einen Vertrag, laut dessen der Sch. für die Erfüllung durch seine Rechtsnachfolger haftet, da der Verw. die Masse nicht insoweit verpflichten kann, es müßten denn alle Beteiligten zustimmen u. der Eintritt des Rechtsnachfolgers (Erstehers) in den Vertrag durch besondere Vereinbarung (VersteigBedingung, § 59) gesichert sein. Bei Miet- u. Pachtverträgen wird der Verw. zweckmäßig jede Haftung für den Nichteintritt des künftigen Erstehers in den Vertrag (§§ 571 Abs. 2, 581 Abs. 2 BGB.) ausschließen; doch ist ein über die Dauer der ZwVerw. hinaus geschlossener Pacht-Vertrag gültig (Recht 1916 Nr. 2156 = LZ. 1917, 194).

[7]) Vgl. Burchard ZZP. 32, 141. — Wg. der Fideikommisse usw. s. Art. 36 BayAG. (Becher Mat. VI, 33, 89).

[8]) So Jaeckel-Güthe A. 3, RG. 70, 70, Wolff A. 12a, Behr, BayJagdges. S. 72; a. M. Fischer-Schäfer 479.

c) Trotz Einleitung der ZwVerw. bleibt der VollstrSch. prozeßfähig. In Gegenständen der Verw. ist aber nur der Verw. Partei (aktiv u. passiv zur Prozeßführung berechtigt; Jaeckel=Güthe A. 7, Peiser 174; kein Armenrecht, Wendlandt JW. 1926, 755, vgl. RG. 33, 36). Der Verw. ist z. B. als Kläger (im eigenen Namen, SeuffA. 67, 121; a. M. die Vertretungslehre, s. Fußn. 2) befugt zwecks Beitreibung der Mietzinsen unwirksame Vorausverfügungen zu bekämpfen (RG. 89, 176; s. § 148 A. 1 d), auch Ersatzansprüche gegen Mieter für Beschädigungen geltend zu machen (LZ. 1919, 825); er ist insbes. als richtiger Beklagter (gegebenenfalls neben dem BeschlagnGl.) anzusehen bei Streitigkeiten über GZubehör u. Mietzinsen, die er zur Masse ziehen will oder die von ihm z. B. seitens eines AbtretEmpfängers herausverlangt werden (JW. 02, 318; 1915, 1033, Recht 1911 Nr. 614; 1915 Nr. 2373, GruchBeitr. 55, 679, RG. 80, 311; 92, 18, BZfR. 1919, 186; vgl. auch § 21 A. 5), nicht aber in einem Streit über ein dingl. Recht am G., der sich nicht gg. das Recht des Verw. richtet (z. B. ggüber der dingl. HypKlage, RG. 99, 201) oder darüber, an wen der bereits flüssig gemachte, für die Berechtigten von ihm hinterlegte Masseteil auszuzahlen ist (OLG. 12, 69; 25, 264; 39, 80, RG. 68, 10); ebensowenig kann er als Kläger hinsichtl. der nach Beendigung der ZVerw. anfall. Erträgnisse auftreten (ZBlFG. 14, 167).

Der Verw. haftet nicht mit seinem, sondern mit dem von ihm verwalteten Vermögen (RG. 80, 418, OLG. 15, 33; s. aber Fußn. 1); das Urteil in solchen Prozessen wirkt sachlich für u. gegen die Masse (Schuldner), ist aber für u. gegen den Sch. (bzw. für den bei der Verteilung auf die Ford. verwiesenen Gl.) erst nach Umstellung der VollstrKlausel (§§ 727 ff., 750, 325 ZPO.) vollstreckbar[9]). Hinsichtl. der den Gl. zustehenden Anspr. auf die zu verteil. Masse ist der Verw. Drittschuldner (GruchBeitr. 31, 1163, Jaeckel=Güthe A. 7; s. § 155 Fußn. 3).

Einen bereits anhäng. Prozeß des VollstrSch. kann der Verw. nur mit Zustimmung des Gegners übernehmen; außerdem kann er als Nebenintervenient beitreten, in welchem Falle § 69 ZPO. gilt. Das Verf. vor dem ProzeßG. wird weder unterbrochen noch ausgesetzt. Macht der Gegner den infolge der Beschlagn. eingetret. Mangel der Prozeßführungsbefugnis des Sch. geltend (was nur geschehen kann, wenn es sich um einen Gegenstand der Verwaltung handelt), so kann sich die Notwendigkeit der Änderung der Klagebitte (z. B. Zahlung an den Verwalter) ergeben (vgl. Fischer=Schäfer 482, Jaeckel=Güthe A. 8, Reinhard=Müller A. 9 e, teilw. abw. Hähn, LZ. 1916, 353 ff.).

Mit Aufhebung der Verw. hat die Aufgabe des Verw. nicht ohne weiteres ihr Ende erreicht; er hat vielmehr die in Ansehung der Verw. schweb. Geschäfte (z. B. Einziehung aussteh. Mietzinsen bis zum Zuschlag, angefang. Prozesse, Verteilung) zu Ende zu führen, auch neue Prozesse hierwegen anzustrengen, bis die ganze Masse verteilt oder überwiesen ist, also auch noch nach Befriedigung des betreib. Teils; die Mittel hierzu sind aus der Masse zurückzubehalten[10]). Ergibt sich nach Verteilung der VerwMasse eine vom Verw. nicht gedeckte Ausgabe, so haftet hierwegen der ungerechtfertigt bereicherte, zuletzt zum Zuge

[9]) Letzteres ist auch nötig, wenn ein für oder gegen den VollstrSch. ergang. Urteil für oder gegen den Verw. vollstreckt werden soll (OLG. 15, 34; 23, 204, vgl. Fischer=Schäfer 481 f., Jaeckel=Güthe A. 8 u. § 161 A. 12; a. M. die Vertretungslehre s. Fußn. 2).

[10]) JW. 02, 318, RG. 53, 263; 59, 90, OLG. 5, 336; 9, 144; 11, 328; 15, 32, 33, Recht 02, 170, 215; 03, 15, 177, ZBlFG. 4, 90; 13, 770, SeuffA. 65, 17, GruchBeitr. 56, 1099; LZ. 1919, 825, Jaeckel=Güthe § 161 A. 7, 12, Peiser 174).

gekommene Gl. (nicht Ersteher), u. U. der Schuldner; der Verw. nur bei Vorsatz oder Fahrlässigkeit (Peiser 170). Durch Entlassung verliert der Verw. die Befugnis zur Fortführung eines die Verw. betreff. Prozesses (OLG. 35, 203).

4. War der VollstrSch. nur **Miteigentümer**, so erlangt der Verw. Mitbesitz u. Mitverwaltung. Ihre Regelung unterliegt, soweit die Miteigent. hierüber nichts vereinbart haben, den §§ 743 ff. BGB. (Fischer-Schäfer 473, Jaeckel-Güthe § 150 A. 6); einen Mitbesitz nach Bruchteilen gibt es nicht (RG.-RK. § 866 A. 1); an den Miet- u. Pachterträgnissen steht dem Miteigent. ein dem Bruchteile seines Eigentumsrechts entspr. Anteil zu, über den er frei verfügen, der daher auch gepfändet werden kann, ohne Rücksicht auf die etwaigen Ersatzford. der anderen Miteigent. (OLG. 12, 66). Über Verteil. der Nutzungen s. § 155 A. 3, 4.

Zur Aufheb. der Gemeinschaft (§ 749 BGB.) ist der Verw. nicht befugt; einer vom Sch. beabsichtigten Aufhebung stünde der VerwVermerk entgegen (§ 772 ZPO.). Dagegen bleibt das Recht der übr. Teilhaber, Aufheb. der Gemeinschaft zu verlangen, unberührt.

§ 153.

Das Gericht hat den Verwalter nach Anhörung des Gläubigers und des Schuldners mit der erforderlichen Anweisung für die Verwaltung zu versehen, die dem Verwalter zu gewährende Vergütung festzusetzen und die Geschäftsführung zu beaufsichtigen; in geeigneten Fällen ist ein Sachverständiger zuzuziehen.

Das Gericht kann dem Verwalter die Leistung einer Sicherheit auferlegen, gegen ihn Ordnungsstrafen [bis zu zweihundert Mark] verhängen und ihn entlassen.

E. I §§ 196 Abs. 2, 198 Abs. 1; Begr. 328—330; D. 62; KBer. —.

Stellung des Verwalters gegenüber Notariat u. VollstrGericht.

1. Allgem. Der Verw. ist zwar ein dem Notariat (Gericht) untergeordnetes Organ zur Ausführung der Verw. (s. § 152 A. 1; Bek. v. 30. 3. 21 §§ 6, 10), wird jedoch innerh. der ihm durch das Gesetz u. die Aufträge des Not. (Gerichts) gezogenen Grenzen selbständig u. in eigener Verantwortlichkeit (§ 154) tätig. Die „Anweisung" des Not. (s. 2) wird sich daher in der Regel auf eine Belehrung des Verw. über seine gesetzl. Befugnisse u. Pflichten beschränken können. Sind aber besondere, in die Ausführung der Verw. selbst eingreif. Weisungen notwendig (z. B. wegen Änderung der Bewirtschaftung, Fortsetzung oder Erfüllung wichtiger Verträge, Aufwendungen außerord. Natur), so sind vorher Gl. u. Sch. zu hören (Bek. v. 30. 3. 21 § 10)[1]), auch im Laufe des Verf., erforderlichenfalls Sachverständige zuzuziehen. Gegen die Entsch. des Not. ist Erinnerung nach § 13 Abs. 2 EG. u. sodann sof. Beschwerde (nicht des Verw.) zulässig (§§ 793, 577 ZPO.; RG. 73, 401, Jaeckel-Güthe A. 1, Reinhard-Müller A. 2 b); die Beteiligten können jederzeit die Verw. betreffende Anträge stellen (ZBlFG. 13, 707).

---

[1]) Hierzu kann ein Termin (auch an Ort u. Stelle) anberaumt werden (vgl. § 150 Fußn. 3).

2. Anweisungen. Der Verw. ist an die Anweisung gebunden; doch kann er u. U. nicht bloß befugt, sondern auch verpflichtet sein, hiervon abzugehen (z. B. bei veränd. Sachlage, die dringende Stellungnahme erfordert, ohne daß vorher die Genehmigung des Not. bzw. die Aufhebung der Weisung herbeigeführt werden kann; vgl. §§ 665, 675 BGB.). Pflichtwidrige Verletzung der amtl. Anweisung kann zu Ordnungsstrafen Veranlassung geben, auch die SchadensEPflicht nach § 154 begründen. Dritten Personen gegenüber sind die Rechtshandl. des Verw., soweit sie innerh. seiner Zuständigkeitsgrenzen liegen, auch dann rechtsgültig (unbeschadet der SchadensEPflicht des Verw.), wenn er eine besondere Weisung des Not. nicht befolgt hat, es müßte denn der Dritte von ihr Kenntnis gehabt haben (Jaeckel-Güthe A. 1, Reinhard-Müller A. 2c, LZ. 1917, 194; vgl. § 152 Fußn. 1). Für das ProzeßG. ist die Weisung des Not. (VollstrG.) nicht maßgebend (RG. 73, 400).

Weisungen der Beteiligten sind für den Verw. unverbindlich; sie zu befolgen ist seinem Ermessen überlassen. Die Beteiligten können dagegen die Entsch. des Not. u. des VollstrG. anrufen (s. A. 1).

Verschieden von der Anweisung des § 153 sind die Anordnungen der Justizverw. nach § 14 EG., die auch die Gerichte binden. Derartige Anordn. sind in Bayern nicht ergangen (Bek. v. 30. 3. 21 § 10).

3. Aufsichtsrecht u. -pflicht. Das Notariat hat nicht bloß die Gesetzmäßigkeit, sondern auch die Zweckmäßigkeit der Geschäftsführung des Verw. fortlaufend zu überwachen (Jaeckel-Güthe A. 3, Peiser 96). Zur Zweckmäßigkeit ist auch die Unterlassung jeglicher Ausgaben, die nicht durch laufende oder sicher zu erwartende Einnahmen gedeckt sind, zu rechnen, weshalb der Verw. strengstens anzuhalten ist, rechtzeitig die Notwendigkeit von Vorschüssen zu melden (vgl. Fußn. 3). Es wäre z. B. unzulässig, weil dem Zweck u. der Aufgabe der Verw. zuwiderlaufend, einen Bauplatz erst während der Verw. zu einem Miethaus umzugestalten (s. § 152 A. 2a, § 161 Abs. 3). Der Verw. kann für einen durch Unterlassung der Erholung der Vorschüsse einem Dritten (z. B. Lieferanten) verursachten Schaden persönlich haftbar werden (s. § 152 Fußn. 1).

Das Notariat kann jederzeit (meist periodische) Berichterstattung, Vorlage der Bücher, Ablieferung der Gelder, Richtigstellung der Rechnung, Einreichung der Belege u. dgl. fordern, nach Anhörung auf Antrag oder von Amts wegen **Ordnungsstrafen** (nunmehr in Höhe von 1—**1000 RM.**, Art. II VO. v. 6. 2. 24 u. § 2 VO. v. 12. 12. 24 RGBl. I 44, 775), auch mehrmals, verhängen [2]) u. den Verw. entlassen. Nach Entlassung (oder Amtsniederlegung) kann nicht mehr mit Ordnungsstrafen eingeschritten werden (s. aber § 154 A. 3). Die Entlassung kann auch im Interesse der Verw. erfolgen, wenn keine Pflichtwidrigkeit oder Untüchtigkeit des Verw. vorliegt. Über das Beschwerderecht des Verw. s. A. 5.

Der entlassene Verw. kann keine für die Masse wirksamen Rechtshandlungen mehr vornehmen (LZ. 1912, 381, OLG. 35, 203; s. § 152 Fußn. 1).

Haftung des Notars für unterlassene Aufsicht: § 839 BGB.

4. Vergütung, Sicherheit. Das Notariat bestimmt nach freiem Ermessen die Vergütung des Verw. (nicht Auslagen; vgl. § 14 EG., § 6 Bek. v. 30. 3.

---

[2]) Zur Verhütung von Pflichtwidrigkeiten u. Erzwingung von Handlungen, wie zur Bestrafung (Jaeckel-Güthe A. 5, Reinhard-Müller A. 5). Umwandlung in Haft unzulässig, Androhung u. vorh. Gehör nicht durchaus erforderlich.

21; für die Tätigkeit des Rechtsanwalts als ZwVerw. ist eine Gebühr nicht festgesetzt, Art. 4 Abs. 2 BayRAGebO., JMBl. 02, 457) u. entscheidet über die Auflage einer Sicherheit, beides in der Regel nach Anhör. des Verw., Gl. u. Sch.; ein Zeitpunkt für die Festsetzung ist nicht vorgeschrieben (Friedrich BZfR. 1907, 127). Für Vergütung u. Auslagen haftet zunächst die ZwVerwMasse (§ 155, nicht der VersteigErlös), sodann der Antragsteller, nicht VollstrSch.[3]). Der FestsetzBeschluß ist nicht vollstreckbar, da er die Verurteilung einer bestimmten Person nicht enthält (Fischer-Schäfer 485, Jaeckel-Güthe A. 2, Reinhard-Müller A. 7b). Gegen die Festsetzung der Vergütung steht allen dadurch betroffenen Beteiligten, sowie dem Verw. die Erinnerung nach § 13 Abs. 2 EG. u. sodann die sof. Beschwerde zu (OLG. 22, 414 f.; 33, 30; Nachprüfung durch das ProzeßG. ausgeschlossen, OLG. 30, 128); den betroff. Beteiligten (insbes. Gl., Sch., Verw.) ist daher der Beschluß zuzustellen.

Die Sicherheit, für deren Anordnung, Art u. Höhe die Person des Verw., die Höhe der Einnahmen, die Dauer der Rechnungszeiträume u. dgl. entscheidend sind, haftet (§ 233 BGB.) den Beteiligten (§ 9), nicht bloß dem Gl. u. Sch. (da sie nicht nur zur Sich. der Rechnungslegung, sondern aller aus der VerwTätigkeit sich ergebenden Ansprüche dient, § 154; (Fischer-Schäfer 486, Jaeckel-Güthe A. 4, Reinhard-Müller A. 4 b, BZfR. 06, 428; a. M. Peiser 166). Die Beteiligten können die Auferleg. einer Sicherheit beantragen; gg. die Entsch. Erinnerung nach § 13 Abs. 2 EG. u. sof. Beschwerde (§ 793 ZPO.). Die Sicherheit ist jeweils für eine bestimmte Verw., nicht nur allgemein zu leisten (Peiser 168). Sie ist nach Beendigung der Verw. zurückzugeben; die Beteiligten sind darüber zu hören; bei Versteig. geschieht dies im Wege der §§ 105 bzw. 144, 160, im übr. bei Abnahme der Schlußrechnung. Werden gegen die Rückgabe der Sicherheit von einem Beteiligten Einwendungen erhoben, so ist die Rückgabe zu verweigern u. der Verw. auf den Klageweg zu verweisen (BayZfR. 06, 428); die Geltendmach. etwaiger Anspr. auf die Sicherheit hat außerh. des Verf. zu erfolgen.

5. Beschwerderecht des Verwalters. Gegen die ihn persönlich treff. Entsch. des Notariats (die von Amts wegen zuzustellen sind) steht dem Verw. die Erinnerung nach § 13 Abs. 2 EG. u. sodann die sof. Beschwerde zu, so z. B. gegen die Festsetz. seiner Vergütung, Verhängung von Ordnungsstrafen, Entlassung (OLG. 30, 124), Nachforderung einer Sicherheit[4]), deren unberechtigte Zurückbehaltung. Hinsichtl. der die Verw. selbst betreff. amtl. Verfügungen steht dagegen dem Verw. kein Beschwerderecht zu.

6. Niederlegung der Verw. Der Verw. kann sein Amt nicht ohne Genehmi-

---

[3]) Auch die Staatskasse haftet nicht (OLG. 2, 239), wohl aber der betreib. Gl.; dieser kann dann seinerseits die aufgewend. Kosten gemäß § 788 ZPO. vom VollstrSch. ersetzt verlangen u. gemäß § 10 Nr. 1 bzw. § 10 Abs. 2, §§ 12, 155 Abs. 2 gegenüber der VerwMasse geltend machen (SeuffA. 69, 299, OLG. 22, 414 Jaeckel-Güthe A. 2, Fischer-Schäfer 485 f., Peiser 161, Reinhard-Müller A. 7 a, c). Dagegen haftet der betreib. Teil nicht für die Aufwendungen des § 161 Abs. 3; hier ist es Sache des Verw., bei Unzulänglichkeit der Masse Vorschußleistung herbeizuführen (ZBlFG. 13, 193; Klage des Verw. auf Leistung eines Vorschusses ausgeschlossen, OLG. 25, 266; bei Nichtleistung des Vorschusses erübrigt nur die Aufhebung des Verf., KGBl. 18, 54).

[4]) Der Verw. hat kein Recht auf Zuteilung der Verw. oder auf Umgangnahme von einer Sicherheit (hierwegen also auch kein Beschwerderecht, Reinhard-Müller A. 4 a; a. M. Fischer-Schäfer 486), wohl aber auf Belassung in dem ihm einmal übertragenen Amt; er ist also auch durch nachträgl. Auflage einer Sicherheit beschwert.

gung des Notariats niederlegen, aber jederzeit seine Entlassung nachsuchen; für einen durch unzeitigen Rücktritt entstand. Schaden ist er verantwortlich (§§ 627, 671 BGB., § 154 ZVG., Fischer-Schäfer 471).

§ 154.

Der Verwalter ist für die Erfüllung der ihm obliegenden Verpflichtungen allen Beteiligten gegenüber verantwortlich. Er hat dem Gläubiger und dem Schuldner jährlich und nach der Beendigung der Verwaltung Rechnung zu legen. Die Rechnung ist dem Gericht einzureichen und von diesem dem Gläubiger und dem Schuldner vorzulegen.

E. I § 199; Begr. 330, 331; D. 62; KBer. —.

Verantwortlichkeit des Verwalters. Rechnungslegung.

1. Die persönliche Haftung des ZwVerw. aus § 154 ist beschränkt auf den Kreis der in § 9 bez. Beteiligten (RG. 74, 258; 97, 11; bestr., vgl. OLG. 16, 344, Jaeckel-Güthe A. 1, Stillschweig JW. 1920, 52). Zu diesen Beteiligten gehören nicht: Dritte, die durch Pflichtwidrigkeiten des Verw. zu Schaden gekommen sind, auch nicht Mieter u. Pächter, die ihr Recht nicht angemeldet haben; sie können sich nur an die ZwVerwMasse halten (in der Regel an den dort zuletzt zum Zuge gelang. Berechtigten), die ihrerseits gemäß § 154 erst Rückgriff gegen den Verw. nehmen kann (RG. 97, 11). Auch der Ersteher gehört nicht zu den Beteiligten des § 9 (vgl. §§ 88, 97; a. M. Jaeckel-Güthe a. a. O., Recht 1921 Nr. 2061) u. der neu eingetret. Eigentümer erst nach Anmeldung (u. Glaubhaftmach.) seines Rechtes.

Durch § 154 ist natürlich eine Haftung des Verw. aus anderen (nicht mit seinen Pflichten als Verw. zusammenhäng.) Gründen, z. B. aus §§ 823 ff. BGB., nicht ausgeschlossen, ebensowenig die Haftung aus Vertrag (z. B. Bestellern gegenüber, wenn er nicht rechtzeitig für Vorschuß des betreib. Teils gesorgt hat, § 157 BGB.; OLG. 16, 344; 31, 197, SächsA. 1910, 286, Recht 1911 Nr. 1622; dagegen Reinhard, Recht 1920, 223).

Die persönl. Haftung des Verw. kann nur durch Klage geltend gemacht werden.

2. Den Umfang der persönl. Haftung aus § 154 bestimmen die §§ 276, 278, 831 BGB. Der ZwVerw. ist nicht Beamter im Sinne des § 839 BGB.; er steht aber zu den Beteiligten in einem vertragsähnl. Verhältnis. Soweit er zur Erfüllung seiner VerwAufgaben sich anderer Personen bedienen darf (z. B. bei dring. Geschäften, an deren Vornahme er verhindert ist), haftet er nach § 278, für das Dienstpersonal nach § 831 BGB. Er hat bei seiner Tätigkeit die im Verkehr erforderl. Sorgfalt anzuwenden u. für Vorsatz u. Fahrlässigkeit einzustehen (Fischer-Schäfer A. 1, Jaeckel-Güthe A. 2, 3, Peiser 170, Reinhard-Müller A. 1 a, Recht 01, 299 ff.).

3. Rechnungslegung. Sie kann vom Notariat jederzeit verlangt u. erzwungen werden (§ 153, Bek. v. 30. 3. 21 §§ 6, 10) u. geschieht im übr. jährlich u. nach Beendigung der Verw. Andere Beteiligte als der betreib. Gl. u. VollstrSch. haben, auch wenn sie SchadensEAnspr. aus § 154 erheben, kein Recht auf Rechnungslegung (Jaeckel-Güthe A. 6, Fischer-Schäfer 489). Das Notariat hat in Erfüllung seiner Aufsichtspflicht (§ 153) die Rechnung in rechnerischer u. sachl. Beziehung[1]) zu prüfen (zu welchem Zweck es sich eines Sachverständigen bedienen kann), auf ihre Richtigstellung hinzuwirken (Ordnungsstrafen: § 153) u. sie dem betreib. Gl. u. Sch. vorzulegen (zur Einsicht), nötigenfalls unter Anberaumung eines Verhandlungstermins. Soweit das Notariat auf deren Erklärungen hin gegen die Rechnungslegung nicht einschreitet, bleibt ihnen Erinnerung u. sodann sof. Beschwerde, auch Rechtsweg offen[2]). Die Einreichung der Schlußrechnung kann gleichfalls durch OrdStrafen erzwungen werden, da erstere noch zum Verf. gehört, auch wenn dieses vorher aufgehoben sein sollte (anders nach Entlassung; Jaeckel-Güthe A. 9; teilw. abw. Fischer-Schäfer 487, 488; LZ. 1914, 1797).

Einen Anspruch auf Entlastung (Anerkennung der Richtigkeit der Rechnung, JW. 1922, 143) hat der Verw. nicht (Recht 04, 356; a. M. Reinhard a. a. O.).

Verzicht des Gl. u. Sch. auf Rechnungslegung ist zulässig.

Im Falle der Versteig. des VerwGegenstandes ist die Rechnung für den Tag des Zuschlags zu stellen (§§ 56, 90, 161 A. 2b).

§ 155.

Aus den Nutzungen des Grundstücks sind die Ausgaben der Verwaltung sowie die Kosten des Verfahrens mit Ausnahme derjenigen, welche durch die Anordnung des Verfahrens oder den Beitritt eines Gläubigers entstehen, vorweg zu bestreiten.

Die Überschüsse werden auf die im § 10 Nr. 1 bis 5 bezeichneten Ansprüche verteilt, auf die Ansprüche der zweiten, dritten und vierten Klasse jedoch nur insoweit, als laufende Beträge wiederkehrender Leistungen zu berichtigen sind.

E. I § 200 Abs. 1, 2; Begr. 331—333; D. 62; KBer. 52.

Verteilung der Nutzungen.

1. Allgem. Bei der Verteil. der VerwÜberschüsse tritt die Befriedigung wegen des Kapitals (des betreib. Teils) in den Hintergrund; im Interesse des VollstrSch. ist zunächst auf die Deckung aller laufenden (auch der dem betreib. Gl. im Rang nachstehenden) Leistungen Bedacht genommen, um die Gl. möglichst davon abzuhalten, die ZwVerst. zu betreiben.

2. Rangordnung. Verwaltungsmasse. Da die ZwVerw. Befriedigung des betreib. Gl. aus den Nutzungen bezweckt, wobei das G. selbst dem Sch. möglichst erhalten bleiben soll, hat § 155 insofern eine von § 10 abweich. Verteilung vorgeschrieben, als den laufenden wiederkehr. Leistungen (§ 13) ein Vorrang vor Rückständen u. Kapitalsford. eingeräumt u. diese beiden überhaupt nur gedeckt werden, wenn hierwegen Beschlagnahme erwirkt ist (wodurch sie immer in die 5. Klasse verwiesen sind, RG. 59, 90), sowie insoferne als die Ansprüche der Nr. 6—8 des § 10 überhaupt außer Betracht bleiben. Dies gilt auch, wenn gleichzeitig Versteig. betrieben wird; ein bei der ZwVerst. ausfall. Gl., der nicht die ZwVerw. betrieben hat, kann also wg.

[1]) Vgl. §§ 259 ff., 1843 BGB. — Besonderer Beachtung bedürfen z. B. Unterschiede zwischen den Soll- u. Ist-Einnahmen u. -Ausgaben, Mangel an Belegen u. dgl.

[2]) Die Leistung des Offenbarungseides kann vom Notariat (VollstrG.) nicht erzwungen werden (§§ 259, 261 BGB., § 889 ZPO.; Jaeckel-Güthe A. 4, 7, Peiser 152, Reinhard-Müller A. 2b, a. M. Wolff § 154 A. 4).

Kapital u. Zinsrückständen sich nicht an die VerwMasse halten; er muß vielmehr den etwaigen Überschuß der letzteren pfänden (s. unten A. 7, § 156 Fußn. 4).

Zur Teilungsmasse gehören alle Einnahmen aus den natürl. u. bürgerl. Früchten der BeschlagnGegenstände, s. § 152 A. 2b, c, dagegen nicht die Beträge, die auf Grund wirksamer Vorausverfüg. auszuscheiden sind (z. B. wirksam abgetretene, gepfändete oder verpfändete Mietzinsen, vgl. § 148 A. 1d, § 156 Fußn. 1).

3. Vorweg zu decken sind

a) die VerwaltAusgaben (Wirtschafts- u. Prozeßkosten, s. § 152 A. 2, 3; VerwVergütung u. -auslagen, s. § 153 A. 4) u.

b) die Kosten des VerwVerf. (gerichtl. u. notarielle Gebühren u. Auslagen, BayKG. 7, 10, 12, 14, 15, NotGebO. Art. 53),

beide im Gleichrang (bestr., s. Reinhard-Müller A. 3).

Zu den Wirtschaftskosten (a)[1]) gehören auch die auf die Zeit der Verw. treff. Arbeitslöhne (die im übr. unter Nr. 2 des § 10, § 155 Abs. 2 fallen), sowie die dem Verw. gegeb. Vorschüsse (s. auch 4); nicht aber die lauf. Beträge öffentl. Lasten (Nr. 3 des § 10 mit §§ 155 Abs. 2, 156 Abs. 1; Jaeckel-Güthe A. 2, 3, 4, Reinhard-Müller A. 5c, GruchBeitr. 47, 378).

Nicht unter b, sondern § 10 Nr. 5 fallen die Kosten des betreib. Teils für Anordnung oder Beitritt (Art. 8 BayKG., Art. 19 BayRAGebO.), ebenso die Kosten einer erfolglosen Versteig. im Falle des § 77 Abs. 2; wohl aber ein Vorschuß des betreib. Gl. für die Kosten des VerwVerf. (Art. 14 BayKG.), wenn auch im Nachrang nach Staatskasse u. Notariat.

4. Aus dem hiernach verbleib. **Überschuß** werden der Reihe nach gedeckt:

die Anspr. aus § 10 Nr. 1 (Vorschüsse s. oben unter 3a);

sodann die laufenden (§ 13) Beträge aus § 10 Nr. 2 für die Zeit vor der Verw. (für die Zeit der Verw. s. oben unter 3a);

weiter die laufenden aus § 10 Nr. 3 u. 4; die laufenden (§ 13) wiederkehr.[2]) Leistungen (insbes. Nebenleistungen, wie Zinsen u. TilgBeträge) auch aus Rechten, die demj. des jeweiligen BeschlagnGl. nachgehen (einschl. des Zinsrechtes des Eigentümers, §§ 1177, 1197 Abs. 2 BGB., RG. 60, 362)[2a]), nicht aber aus Rechten, die jenem gegenüber infolge der Beschlagn. unwirksam sind (§ 10 Nr. 6); bei Verw. eines Bruchteils kann der Gl. einer auf dem ganzen G. last. Hyp. seine ganzen Zinsen vom Verw. verlangen (Henle A. 6, Jaeckel-Güthe A. 9); Zinsen einer Höchsthyp. können wegen § 1190 Abs. 2 BGB. nur in der 5. Klasse, also erst nach urteilsm. Feststellung der Gesamtford., Befriedigung gemäß § 158 ZVG. finden (Jaeckel-Güthe a. a. O.);

---

[1]) Darunter sind nur solche Kosten zu verstehen, die aus Rechtshandl. des Verw. erwachsen; deshalb fallen z. B. hierunter nicht VersichBeiträge, die vor der VerwBeschlagn. fällig wurden, wenn der Verw. nicht in den VersichVertrag eintritt, auch nicht, wenn sich die Versich. auf die Zeit nach der Beschlagnahme erstreckt (JW. 1916, 1144).

[2]) Öffentl. Lasten, die nicht in wiederkehr. Leistungen bestehen, sondern in einer einmaligen sich erschöpfen, sind als rückständig anzusehen, wenn sie vor der Beschlagn. fällig wurden; solche werden also bei der ZwVerwaltung nicht berücksichtigt, auch wenn sie innerh. zweier Jahre vor der Beschlagn. fällig geworden sind (anders in der ZwVersteig. nach § 10 Nr. 3; s. § 13 A. 2, Fischer-Schäfer 492, Jaeckel-Güthe A. 9).

[2a]) Die Beschränkung des Vollstreckungs-, wie des Zinsenbezugsrechtes des Eigent fällt überhaupt weg, wenn er seine Grundschuld überträgt. Über Zulässigkeit der Unterwerfungs- u. VollstrKlausel hinsichtl. der EigentGrundschuld s. HRR. 1928, 2318, Dittmar BNotZ. 1929, 116.

endlich der Gesamtanspruch der BeschlagnGl. aus Nr. 5, soweit er nicht wegen ihrer Vorschüsse u. wg. lauf. Leistungen an früh. Stelle (s. 3a u. Nr. 4) zu befriedigen ist, mag er in Kosten, rückständ. Nebenleistungen oder Kapitalien bestehen.

Über die Rangordnung der Anspr. der Nr. 4 u. 5 unter sich s. § 11.

5. Im Falle **mehrfacher Beschlagnahme** erlangt zwar der zweite, persönl. BeschlagnGl. (ebenso wie ein nachträgl. eingetrag. HypGl.) auch keine lauf. wiederkehr. Leistungen, bis nicht der erste BeschlagnGl. voll befriedigt ist. Die Streitfrage aber, ob innerh. der Klasse 5 unter mehreren betreib. Gl. auch bei dingl. Anspr. der Zeitpunkt der Beschlagn. entscheidet, oder, wie bei der ZwVersteig., der Rang ihrer Rechte, ist nun in letzterem Sinn entschieden (RG. 89, 147 u. Verw., Kretzschmar JW. 1918, 498, Heine ZBlFG. 21, 13, Reinhard-Müller § 157 A. 2b). Der erste BeschlagnGl. steht also mit seinem Anspruch an Hauptsache u. rückst. Zinsen dem Hauptanspruch des zweiten, besser berechtigten dingl. BeschlagnGl. nach (s. § 156 A. 4).

6. **Kosten der Rechtsverfolgung.** Gleichzeitig mit dem Anspruch auf lauf. Leistungen sind gemäß § 12 Nr. 1 auch die Kosten des § 10 Abs. 2, die den Beteiligten für die Teilnahme am Verf. erwachsen, zu befriedigen; diese Kosten berechnen sich für die nicht betreib. Gl. natürlich nur aus den lauf. Leistungen, nicht aus dem Hauptanspruch (Fischer-Schäfer 491, Jaeckel-Güthe A. 9, Art. 20 Bay.-RAGebO.).

7. Sind die BeschlagnFord. gedeckt, so ist das Verf. aufzuheben (§ 161 Abs. 2), ein **weiterer Überschuß** also nicht an die ZwVersteigMasse abzuführen u. nach § 10 Nr. 6—8 zu verteilen, sondern (soweit nicht wirksam übertragen, verpfändet, gepfändet)[3]) dem Schuldner (KVerwalter) auszuhändigen (Reinhard-Müller A. 4c, s. § 107 Fußn. 5); wurde der Überschuß im ZwVerstVerf. einem Beteiligten zugeteilt, der in der ZwVerw. keine Befriedigung zu erwarten hatte (z. B. einem nicht betreib. HypGl. wg. seiner Kapitalsford.), so ist Erinnerung (Beschwerde) gg. den TeilPlan, Widerspruch, schließlich BereichKlage gegeben; an einen Nichtberechtigten kann auch eine Übertragung (§ 118) nicht wirksam erfolgen, da diese nicht der Überweisung (§ 836 ZPO.) gleichsteht (GruchBeitr. 57, 727).

8. Über **Abweichungen** bei Fideikommissen u. Bergwerken s. Art. 34 ff. BayAG.[4]).

9. Durch **Vereinbarung** sämtlicher Beteiligten kann natürlich die Verteilung auch abw. von § 155 geregelt werden (BZfR. 08, 279).

§ 156.

Die laufenden Beträge der öffentlichen Lasten sind von dem Verwalter ohne weiteres Verfahren zu berichtigen.

---

[3]) Drittschuldner ist der Verw. bzw. die HinterlegStelle; die Rangordnung dieser Pfandrechte richtet sich nach dem Zeitpunkte der Pfändung, denn mit der Aufhebung der Verw. ist auch eine Verteilung nach der in § 155 festgesetzten Rangordnung ausgeschlossen (Fischer-Schäfer 491, a. M. Jaeckel-Güthe A. 8, v. d. Pfordten 479).

[4]) Die FideikommißGl. 2. Kl. erhalten in der ZwVerw. für rückständige Leistungen u. Kapitalien Befriedig. nicht an 5. Stelle, sondern im Rang ihrer Rechte, vorausgesetzt, daß sie Beschlagn. hierwegen erwirkt hatten (Art. 35 BayAG.). — Über Anspr. der Bergleute usw., öffentl. Lasten des Bergwerks, Beiträge der Gewerken, vgl. Art. 38, 39 BayAG.

Ist zu erwarten, daß auch auf andere Ansprüche Zahlungen geleistet werden können, so wird nach dem Eingange der im § 19 Abs. 2 bezeichneten Mitteilungen des Grundbuchamts der Verteilungstermin bestimmt. In dem Termine wird der Teilungsplan für die ganze Dauer des Verfahrens aufgestellt. Die Terminsbestimmung ist den Beteiligten sowie dem Verwalter zuzustellen. Die Vorschriften des § 105 Abs. 2 Satz 2, des § 113 Abs. 1 und der §§ 114, 115, 124, 126 finden entsprechende Anwendung.

E. I §§ 201, 202; Begr. 333–335; D. 63; KBer. —.

Verteilungsverfahren in der Zwangsverwaltung.

1. Allg. Der VerteilTermin des Abs. 2 ist nicht mehr, wie früher, zur Rechnungsabhör bestimmt, da er nicht erst nach Ablauf des VerwJahres abgehalten wird u. auch dann, wenn noch keine Erträgnisse vorhanden sind. Der Termin, wie der VerteilPlan ist nunmehr ein einmaliger, für die Zukunft berechneter. Der Plan wird nicht vom Notariat u. nicht im Termin ausgeführt.

2. Die laufenden Beträge der **öffentl. Grundstückslasten** (deren Rang sich nach § 155 Abs. 2, § 10 Nr. 3 bestimmt) hat der Verw., ohne den VerteilTermin abzuwarten, nach Vorwegnahme der zur Bestreitung der VerwAusgaben u. Kosten (§ 155 A. 3a, b) nötigen Summe u. unter der weiteren Voraussetzung zu berichtigen, daß die Erträgnisse auch zur Deckung der den öffentl. Lasten im Range vorgeh. Anspr. (§ 155 Abs. 1, 2, § 10 Nr. 1 u. 2) ausreichen (Fischer-Schäfer 494, Jaeckel-Güthe A. 1, Reinhard-Müller A. 1). Welche öffentl. Lasten aus dem G. zu entrichten sind, hat der Verw. zu ermitteln, soweit sie nicht angemeldet sind (Lafrenz GruchBeitr. 47, 376; s. § 10 A. 3). Die rückständ. öffentl. Lasten gehören zur Klasse 5 (s. § 155 A. 2, 4).

3. Die Befriedigung anderer Ansprüche (z. B. § 10 Nr. 1) erfordert amtl. Verteilung durch das Notariat (Ausnahme: § 160). Der Bestimmung des **VerteilTermins** geht die Prüfung der Frage voraus, ob für solche Ansprüche überhaupt Masse vorhanden sein wird (Bericht des Verw., § 10 Bek. v. 30. 3. 21). Daß der BeschlagnGl. Deckung findet, ist nicht erforderlich. — Ist eine Befriedig. irgendwelcher Beteiligter überhaupt nicht zu erwarten, so unterbleibt der Termin; die Verw. selbst dauert fort (§ 161). Vor der Terminsanberaumung wird auch die Möglichkeit eines Verf. nach § 160 zu berücksichtigen sein. Eine bestimmte Frist für den Termin ist nicht vorgeschrieben; ebensowenig Veröffentlichung oder Anheftung der Terminsbestimm. an die Gerichtstafel.

Über Beteiligte s. §§ 9, 105 Abs. 2 Satz 2; Zustellung der Terminsbestimm., auch an Verw., §§ 3ff., 19 Abs. 2, 156 Abs. 2. Auch PfändGläubiger[1]) sind zu den Beteiligten zu zählen, wenn sie im Grundbuch einge-

[1]) Am ZwVerwVerf. beteiligt ist auch der PfandGl. u. AbtretEmpfänger, der an der Miet- oder Pachtzinsford. ein der ZwVollstr. entgegensteh. Recht angemeldet hat (§§ 9 Nr. 2, 105 Abs. 2 S. 2, OLG. 30, 123, ZBlFG. 13, 707; abw. OLG. 12, 69 hinsichtl. des AbtretEmpfängers; vgl. Stein-Jonas § 771 A. II 1 a Note 26, 31). Ihnen ist also zuzustellen. Ihr Anspruch ist dagegen nicht aus der Masse nach § 155 zu befriedigen, auch nicht durch Widerspruch gegen einen der Berechtigten gemäß § 115 ZVG., §§ 876ff. ZPO. zu verfolgen, sondern durch Widerspruch u. Klage nach § 771 ZPO. gegen den ZwVerw., wenn dieser den entspr. Betrag zur Masse zieht (OLG. 12, 69, RG. 51, 318, JW. 02, 318, 401, GruchBeitr. 55, 679), nach Hinterlegung der Masse aber gegen den betreib. Teil; sie können nicht auf die künftige Verteilung verwiesen werden (RG. 80, 311). Vgl. § 148 A. 1 d, § 152 A. 3 c, § 155 A. 2.

tragen sind oder gemäß § 9 Nr. 2 ihr Recht angemeldet haben. Die Anmeldungen (§ 114), die zur ZwVersteig. erfolgt sind, müssen zur ZwVerwaltung besonders betätigt werden; der Anspruch des betreib. Gl. gilt als angemeldet, soweit er aus dem VerwAntrag sich ergibt (Lafrenz, GruchBeitr. 47, 377, Jaeckel-Güthe A. 4). Ein Rangverlust ist mit einer nicht rechtzeitig erfolgten Anmeldung nicht verbunden (Reinhard-Müller A. 5a; anders § 37 Nr. 4, § 110; vgl. § 159 A. 3).

4. Der **Teilungsplan** enthält nur die Feststellung der nach § 155 zu befriedig. Ford. der Beteiligten nach Rang, Höhe u. Fälligkeit (Schuldenmasse) ohne Rücksicht auf gegenw. oder zukünftige Teilungsmasse; es wird also so verfahren, als wenn diese für alle Anspr. nach § 155 ausreichen würde. Naturalleistungen (aus Reallasten, z. B. Altenteile, s. § 46) sind nicht in Geldwert umzuwandeln, sondern als solche vom Verw. zu entrichten (soweit die Naturalbezüge nicht zur Deckung vorgeh. Ansprüche verwendet werden müssen). Auch die bedingten u. betagten Anspr. sind mit der entsprech. Bedingung (Beschränkung) in den Plan aufzunehmen (s. § 157 A. 1).

Die Beträge, die auf ein in ausländ. Währung eingetrag. Recht (Valutahyp., -grundschuld) entfallen, sind in der eingetrag. (also der ausländ.) Währung festzustellen (§ 11 VO. v. 13. 2. 20 RGBl. 231; die Feststell. in ausländ. Währung ist maßgebend für die Haftung mitbelast. Grundstücke, die Verbindlichkeit des persönl. Sch. u. die Geltendmach. des Ausfalls im Konkurs). Entspr. ist zu verfahren bei wertbest. Hyp. u. Ford. aus wertbest. Schuldtiteln (Reinhard Einl. S. 264).

Über Auszahlung s. §§ 157 A. 3, 158 A. 1.

Über Behandlung der PapierMHyp. s. §§ 14 A. 1, 114 Anm. I 1a u. Anh. zu § 44.

Im Falle des Beitritts eines weiteren Gl. ist der Plan zu ergänzen[2]). Hierbei ist zu beachten, daß auch in der ZwVerw. unter den persönl. Beschlagn.-Gl. das Alter der Beschlagn. entscheidet, im übr. aber der Rang des dingl. Rechtes; dem persönl. BeschlagnGl. gehen nicht nur die lauf. wiederkehr. Leistungen für die dinglich Berechtigten, sondern auch der Kapitalsanspruch eines solchen vor, auch wenn dieser erst nach jenem Beschlagn. erwirkt hat (s. oben § 155 A. 5).

Sind aber nach Anordnung der ZwVerw. u. vor dem Beitritt eines anderen Gl. neue Rechte in das GBuch eingetragen worden, so können die lauf. wiederkehr. Leistungen hieraus erst nach (vollständiger) Befriedigung des ersten BeschlagnGl. gedeckt werden (§ 10 Nr. 6).

Eine Planänderung kann auch bei Wegfall eines Anspruchs (z. B. durch anderweitige Befriedigung), durch Ausschluß eines unbekannten Berechtigten (§ 157 Abs. 2) oder auf Grund Urteils im Widerspruchsprozesse notwendig werden (s. § 159). Der Verw. kann natürlich für einen Beteiligten weder Widerspruch noch Klage erheben (RG. 68, 10).

---

[2]) Ohne Termin. Zustellung des Ergänzungsbeschl. (mit der Zahlungsanordnung, s. § 157 A. 2) an Beitretenden, Sch., Verw. u. die etwa durch die Ergänzung betroff. Beteiligten; hiergegen Erinnerung u. sof. Beschwerde wegen förmlicher Verstöße, im übr. Widerspruchsklage, § 159; gegen Auszahlung einstw. Anordnung nach §§ 767, 769, 771 ZPO., bzw. einstw. Verfügung nach § 935 ZPO. (Jaeckel-Güthe A. 5, Reinhard-Müller § 157 A. 2).

Im übr. s. über Planaufstellung u. Beschwerde §§ 113 Abs. 1, 114, 124; Termin, Widerspruch u. Hilfsverteilung[3]) 115, 124, 126; Hinterlegung 126; Ausführung 157, 158; Klage auf Planänderung 159.

5. Bei gleichzeitig schweb. **ZwVersteigerung** wird häufig (soweit keine Verzögerung damit verbunden ist) der VerteilTermin in beiden Verf. zusammengelegt[4]), auch mit dem Schlußrechnungstermine (§ 154) u. dem Auszahlungstermin (§ 158) verbunden werden können. Im Termine wird dann zunächst der Plan über die VerwaltMasse festgestellt u. (vom Verw.) ausgeführt u. das Ergebnis bei der Verteilung der VersteigMasse berücksichtigt; dagegen dürfen nicht die beiden Massen zusammengeworfen werden, da jede nach anderen Grundsätzen zu verteilen ist[5]).

§ 157.

Nach der Feststellung des Teilungsplans hat das Gericht die planmäßige Zahlung der Beträge an die Berechtigten anzuordnen; die Anordnung ist zu ergänzen, wenn nachträglich der Beitritt eines Gläubigers zugelassen wird. Die Auszahlungen erfolgen zur Zeit ihrer Fälligkeit durch den Verwalter, soweit die Bestände hinreichen.

Im Falle der Hinterlegung eines zugeteilten Betrags für den unbekannten Berechtigten ist nach den Vorschriften der §§ 135 bis 141 zu verfahren. Die Vorschriften des § 141 finden Anwendung.

E. I § 202; Begr. 334, 335; D. 63; KBer. 52.

Zahlung der laufenden Beträge wiederkehrender Leistungen.

1. Ausführ. des Plans durch **Zahlungsanordnung.** Da der VerteilTermin nicht mehr am Ende des Rechnungszeitraums abgehalten, also regelmäßig noch keine Masse vorhanden sein wird, geschieht hier (anders §§ 117, 118) die Ausführung des Plans durch Anordnung künftiger Zahlung, während diese selbst dem Verw. überlassen wird (Ausnahme: § 158). Dieser hat mit Eintritt der Fälligkeit (auf die die ZwVerw. keinen Einfluß hat, anders

---

[3]) Die Vorlage des Briefes (samt AbtretUrkunden) an den Verw. ist zur Zahlung nicht erforderlich (§ 126 A. 2, Reinhard-Müller A. 1b; anders oben § 157 A. 1).

[4]) Dies läßt sich jedoch nicht immer ermöglichen, so z. B. nicht, wenn die Abwicklung der VerwaltGeschäfte noch längere Zeit in Anspruch nimmt. In solchen Fällen kann es vorkommen, daß bei vorangeh. Verteil. im ZwVersteigVerf. der betreib. Teil (u. die ihm vorgeh. Berechtigten) befriedigt werden, so daß die Verw. gemäß § 161 Abs. 2 aufzuheben u. die VerwMasse nach Deckung der etwaigen, dem Anspruch des Betreibenden nachfolg. lauf. Leistungen dem Schuldner auszuhändigen ist, obwohl noch Hauptansprüche im VersteigVerf. ungedeckt blieben. Dieses Ergebnis kann nur durch Verzicht der vorgeh. Gl. auf Befriedig. ihrer lauf. wiederkehr. Leistungen aus der VersteigMasse bzw. durch Pfändung des Verwüberschusses hintangehalten werden (Lafrenz Recht 02, 171 ff., Reinhard Recht 1922, 133, Landauer ZBlFG. 5, 523 ff.; s. auch SächsA. 08, 342, JW. 1918, 520 Nr. 8, OLG. 33, 172; 37, 220). Ein Verbot, laufende wiederkehr. Leistungen der ZwVersteigMasse gegenüber geltend zu machen, besteht nicht (Jaeckel-Güthe § 146 A. 6; a. M. Rodewald ZBlFG. 14, 212).

[5]) RG. 59, 88, BZfR. 1913, 71, BlfRA. 76, 774, OLG. 33, 172; Freund 211; Lafrenz Recht 02, 170, ZBlFG. 18, 310, GruchBeitr. 47, 383; Landauer ZBlFG. 5, 519; Rodewald ZBlFG. 14, 209; Gerner ZBlFG. 15, 172; Reinhard Recht 1922, 134, Reinhard-Müller § 161 A. 12. Vgl. oben § 107 A. 2d, § 155 A. 7, § 161 A. 2b.

§ 111) nach Maßgabe des Plans u. der vorhand. Mittel die einzelnen Leistungen zu erfüllen.

Die Zahlungsanordnung hat auf Grund des Teilungsplans (§ 156 Abs. 2) anzugeben, an wen, wieviel, wann u. in welcher Reihenfolge der Verw. zu zahlen hat; ebenso, ob statt Zahlung (Naturalleistung) Hinterlegung (§§ 124, 126) erfolgen soll. Dem Verw. steht eine Entsch., an wen die flüssig gemachte ZwVerwMasse auszuzahlen sei, natürlich nicht zu (RG. 68, 15). Die Prüfung der Bezugsberechtigung (auf Grund HypBriefs, VollstrTitels, Erbscheins, Vollmacht, Bestallung) ist Sache des Notariats, die Prüfung der Personengleichheit des Empfängers Sache des Verw. (Peiser 185). Die einmal festgestellte Bezugsberechtigung dauert solange, bis der Rechtsnachfolger sich gemeldet hat; eine Ausnahme gilt nur für Briefhyp.(=grund- u. -rentenschulden), auf die Zahlungen am Kapital nur geleistet werden dürfen, wenn der Brief u. die etwaigen AbtretErklärungen vorgelegt sind (s. § 126 A. 2). Bei aufschiebend bedingten Anspr. (§§ 119, 120) unterbleibt zweckmäßig die Anordnung überhaupt bis zum Eintritte der Bedingung; bis dahin ist Hinterlegung anzuordnen; auflösend bedingte Ansprüche sind als unbedingte zu behandeln (s. § 120 A. 2; bei Gesamthyp. usw. bleibt die Mithaft anderer G. unberücksichtigt, bis die anderweitige Befriedig. bekannt wird (Reinhard-Müller A. 1 c).

Gegen die Anordnung steht den Beteiligten (nicht Verw.) Erinnerung nach § 13 Abs. 2 EG. u. sodann sof. Beschwerde zu (§§ 793, 577 ZPO.). Über Widerspruch u. Planänderung s. A. 2 u. § 159.

2. Die Notwendigkeit einer **Änderung** der Anordnung kann sich ergeben durch Beitritt (§ 156) anderer Gl., Erledigung eines Widerspruchs gegen den Plan (§§ 156 Abs. 2, 159), Ermittlung des bisher unbek. Berechtigten, Rechtsnachfolge, Wegfall eines Anspruchs, Eintritt des Zuschlags in der ZwVerst. (ZBlFG. 5, 518; s. § 156 Fußn. 4, § 161 A. 2 b). Die Änderung erfolgt (in der Regel) ohne Abhaltung eines Termins.

Von der Änderung sind die betroff. Beteiligten durch Zustellung in Kenntnis zu setzen (Jaeckel-Güthe A. 2; s. oben A. 1 a. E.).

3. Die **Zahlung** nach Maßgabe der gerichtl. Anordnung ist Sache des Verwalters (Mitwirkung des Notariats nur im Falle des § 158); sie darf nur unter Berücksichtigung der bis zur Fälligkeit der vorgehenden Ansprüche jeweils verfügb. Mittel erfolgen; wenn also zur Wegfertigung eines vorgeh. Anspruchs bis zum Eintritte seiner Fälligkeit Einnahmen nicht zu erwarten sind, so sind bis dahin die verfügb. Mittel zurückzubehalten u. nicht etwa für einen gerade fälligen nachgeh. Anspruch zu verwenden (Fischer-Schäfer 496, Lafrenz GruchBeitr. 47, 376); anders, wenn bei Aufhebung der Verw. nachgeh. Anspr. fällig sind u. aus den vorhand. Mitteln bezahlt werden können, während vorgehende noch nicht fällig sind (Landauer ZBlFG. 5, 514).

Wiederkehr. Leistungen aus Valutahyp. (=grundsch.) sind vom Verw. nach dem Kurswert des Fälligkeitstags in Reichswährung auszuzahlen (§ 11 VO. v. 13. 2. 20, s. § 156 A. 4). Ebenso hat der Verw. den Kurswert bei Zahlungen auf eine wertbest. Hyp. oder einen wertbest. Schuldtitel erst bei Auszahlung zu berechnen (Reinhard Einl. S. 265).

Dem Verw. obliegt auch die Erfüllung etwaiger Naturalansprüche nach dem Range dieser Rechte (§ 156 A. 4).

Gegen Auszahlung oder Weigerung des Verw. Anrufung der Entsch. des Notars (§ 153), hiegegen Erinnerung nach § 13 Abs. 2 EG. u. sof. Beschwerde[1]).

Zahlungen an den betreib. Gl., über die der Verw. zu berichten hat, sind auf dem VollstrTitel zu vermerken (§ 127 ZVG. mit § 757 ZPO.)[2]).

4. Über Ermittlung des unbekannten Berechtigten[3]) s. §§ 135—142. Der Verw. ist wegen des Widerstreits der Interessen nicht als Vertreter nach § 135 zu bestellen (Jaeckel-Güthe A. 6).

§ 158.

Zur Leistung von Zahlungen auf das Kapital einer Hypothek oder Grundschuld oder auf die Ablösungssumme einer Rentenschuld hat das Gericht einen Termin zu bestimmen. Die Terminsbestimmung ist von dem Verwalter zu beantragen.

Soweit der Berechtigte Befriedigung erlangt hat, ist das Grundbuchamt von dem Gericht um die Löschung des Rechtes zu ersuchen. Eine Ausfertigung des Protokolls ist beizufügen; die Vorlegung des über das Recht erteilten Briefes ist zur Löschung nicht erforderlich.

Im übrigen finden die Vorschriften der §§ 117, 127 entsprechende Anwendung.

E. I § 203; Begr. 336; D. 63; KBer. —.

Zahlungen des Verwalters auf eingetragene Kapitalsansprüche.

1. Ausführ. des Plans durch **Zahlung unter Mitwirkung des Notariats** findet nur statt (Ausnahme: § 160), wenn aus den Erträgnissen auf eine Hyp., Grund- oder Rentenschuld des betreib. (dingl.) Gl. eine Kapitalzahlung[1]) erfolgen kann (also nach Deckung der vorgeh. laufenden wiederkehr. Ansprüche, § 155), weil hiedurch das Recht ganz oder teilw. erlischt u. das GBuch berichtigt werden muß. Der Verw. hat hierüber in seinem Antrage zu berichten, wobei Nachweis der Zahlung der vorgeh. Anspr. zu erbringen ist. Die Auszahlung des Hauptanspruchs des persönl. Gl. erfolgt dagegen durch den Verw. (s. § 157 A. 3).

Zu dem hierauf anzuberaumenden Termin ist der betreib. Gl. u. Verw. zu laden. In diesem erfolgt lediglich die Zahlung durch den Verwalter an den empfangsberechtigten Gl.; bei dessen Abwesenheit zweckmäßig an das Not., das sodann nach § 117 Abs. 2 verfährt. Ist die Person des Berechtigten unbekannt, insbes. der Brief nicht vorgelegt (§ 126), so erfolgt gleichfalls Hinterlegung

---

[1]) Keine Klage (gegen den Verwalter), wie bei der Übertragung nach §§ 118, 132 (OLG. 39, 80, Reinhard-Müller A. 3 d).

[2]) Daher Mitteilung an Verw., falls der VollstrTitel nicht beim Akte sich befindet (Fischer-Schäfer 498). Rechtsnachfolger des betreib. Teils bedürfen der Rechtsnachfolgeklausel u. deren Zustellung (§§ 727, 750 Abs. 2 ZPO.).

[3]) An Stelle des Eigentümers z. B. des Zuschlags tritt da, wo keine Versteig. stattgefunden hat, der letzte Eigent. während der Verw. (Reinhard-Müller A. 5).

[1]) Tilgungsbeträge fallen, obwohl Kapitalsteile, nicht hierunter, weil wiederkehr. Leistungen (§ 10 Nr. 4, § 12); wohl aber Zinsen einer Höchstbetragshyp. (§ 1190 Abs. 2 BGB.; s. § 155 A. 4).

(durch Not. oder Verw.). Zahlung vor dem Termine oder Übersendung an das Not. bei Verhinderung des Verw. ist aber nicht unzulässig[2]). Terminsprotokoll (§§ 159 ff. ZPO.), keine Verhandlung über den Plan. Bei Valutahyp. (-grundsch.) usw. setzt das Not. den zu zahl. Kapitalsbetrag in Reichswährung fest (s. § 156 A. 4, § 157 A. 3).

2. Die **Befriedigung** tritt ein mit Aushändigung des Geldes an den Gl. im Termine, bei dessen Ausbleiben mit der Absendung an ihn oder der Hinterlegung (s. § 117 A. 4). Geschieht sie vorher durch den Verw., so hat dieser Empfangsbestätigung in beglaub. Form vorzulegen (Jaeckel-Güthe A. 2, Wolff §§ 117, 158 A. 2).

3. Nach erfolgter Befriedigung hat das Notariat die **GBuchberichtigung** (ganze oder teilw. Löschung[3]) des Rechts) zu veranlassen. Abw. von § 130 ist eine Protokollsausfertigung beizufügen, obwohl auch hier das GBuchamt kein sachl. Prüfungsrecht hat (Fischer-Schäfer 498, Jaeckel-Güthe A. 3). Wird der Brief samt den nach § 1155 BGB. erforderl. Urkunden nicht vorgelegt, so erfolgt die Löschung auf Grund der Hinterlegung (§ 126 Abs. 2, §§ 135 ff.).

Vermerk auf dem Brief u. VollstrTitel, Unbrauchbarmach.: §§ 127, 158 Abs. 3; im übr. s. §§ 39, 49, 55 GBO. (§§ 129, 139; 275—279; 56—62 DA.).

§ 159.

Jeder Beteiligte kann eine Änderung des Teilungsplans im Wege der Klage erwirken, auch wenn er Widerspruch gegen den Plan nicht erhoben hat.

Eine planmäßig geleistete Zahlung kann auf Grund einer späteren Änderung des Planes nicht zurückgefordert werden.

E. I § 202 Abs. 3; Begr. 385; D. 68; KBer. —.

Änderung des Verteilungsplans.

1. Der **Grund** der Vorschrift liegt darin, daß der Plan meist künftige, nicht gegenwärtige Erträgnisse zum Gegenstande hat u. nur ein einmaliger VerteilTermin stattfindet.

2. **Änderung des Plans im Klagewege** ist nicht nur (wie gem. § 115) auf Grund eines im VerteilTermine (§ 156 Abs. 2, nicht in dem Termine des § 158) erhobenen Widerspruchs, sondern auch ohne solchen jederzeit zulässig, auch seitens eines Berechtigten, der erst nach dem VerteilTermine Beteiligter wird (Fischer-Schäfer 499, Jaeckel-Güthe A. 1). Der Verw. ist weder widerspruchs- noch klageberechtigt (RG. 68, 10). Über die Beteiligten s. § 156 Fußn. 1.

Aber nur der Widerspruch gegen den Plan (in Verb. mit der Widerspruchsklage der §§ 878 ff. ZPO.) hindert die Ausführung des Plans (§§ 115 Abs. 1, 124, 156 Abs. 2). Die Klage nach § 159 ist dagegen für das Verf. bedeutungslos; sie unterliegt nicht den Vorschr. der §§ 878 ff. ZPO., kann

---

[2]) Das Notariat ist jedoch nicht verpflichtet, die Zahlung an den Gl. zu vermitteln; es kann das Erscheinen des Verw. verlangen (Fischer-Schäfer 529).

[3]) Also keine Umwandlung in eine EigentGrundschuld (§§ 1147, 1181 BGB.). — Handelt es sich um eine Gesamthyp., so bezieht sich das Ersuchen an das GBuchamt nur auf das beschlagnahmte, nicht auf die mithaft. G. (vgl. § 130 A. 3 u. §§ 1181 Abs. 2, 1182 BGB.).

also nur zur urteilsmäßigen Abänderung des Plans bzw. der Zahlungsanordnung führen, nicht zu einer Anordnung nach § 880 Satz 2 ZPO. Die Verteil. wird hier erst beeinflußt durch Vorlage des vollstreckb., den Plan abändernden Urteils bzw. einer prozeßrichterl. Verfügung, die die weitere Auszahlung einstellt (einstw. Verfügung nach § 935 ZPO.; dem betreib. Gl. gegenüber einstw. Anordnung nach §§ 767, 769, 771 ZPO.). Auf Grund der Abänderung des Plans hat das Notariat die Zahlungsanordnung (§ 157) zu berichtigen; ist die Auszahlung nur einstw. eingestellt, so hat der Verw. zu hinterlegen (§ 126).

3. Rückforderung einer planmäß. Zahlung ist nur auf Grund bess. Rechtes möglich (vgl. § 115 A. 9); die Tatsache der Planänderung allein begründet den ErstattAnspruch nicht (Abs. 2, Jaeckel-Güthe A. 2).

4. Änderung des Plans auf dem **Beschwerdewege** (nach Erinnerung) wg. formeller Mängel ist durch § 159 nicht ausgeschlossen (Recht 04, 226, vgl. § 113 A. 3). Die Beschw. hat regelmäßig keine aufschieb. Wirkung (§ 572 Abs. 1, 2 ZPO.).

5. Selbstverständl. ist eine Planänderung auch auf Grund ausreichend nachgewiesenen **Übereinkommens** der betroff. Beteiligten zulässig.

§ 160.

Die Vorschriften der §§ 143 bis 145 über die außergerichtliche Verteilung finden entsprechende Anwendung.

E. I —; Begr. —; D. —; KBer. —.

Außeramtl. Verteilung der Erträgnisse.

1. Allg. Die erst in den Entw. II eingefügte Vorschrift hat kein Vorbild im Landesrecht. Die Art ihrer praktischen Anwendung ist sehr bestritten (vgl. Lafrenz Recht 01, 133). Die BayGO. (Art. 155 Abs. 1) kannte zwar eine Art „Einigung der Beteiligten"; sie war jedoch erst im VerteilTermine zulässig. Das dem § 144 entsprech. Verf. war unbekannt[1]).

2. Außeramtl. Einigung (§ 143) wird um so seltener erfolgen, je größer die Zahl der Beteiligten ist. Die Einigung hinsichtl. der zu verteil. Überschüsse ist in öffentl. oder öffentl. begl. Urkunden beim Notariat einzureichen. Ist sie in Ordnung, so erläßt das Not. ihr entsprechende Zahlungsanordnung an den Verw. Es unterbleibt zwar u. U. der VerteilTermin (§ 156 Abs. 2; Gerichtsgebühr: Art. 10 BayKG.; Notariatsgebühr: Art. 53 Abs. 2 BayNotGebO.), nicht aber Termin u. Verf. nach § 158 (Jaeckel-Güthe A. 1).

3. Außeramtl. Befriedigung (§ 144) wird nur in den Fällen vorkommen, wo die Verw. neben der Versteig. betrieben wird (Jaeckel-Güthe A. 2, bestr.). Denn nur hier kann die Verw. in dem Zeitpunkte, wo das Not. nach § 156 Abs. 2 zur Terminsanberaumung schreiten müßte, schon beendigt sein u. damit feststehen, ob u. in welchem Betrage die Beteiligten Ansprüche auf die Verw.-Masse haben. In allen anderen Fällen, wo dies im Zeitpunkte des § 156 Abs. 2 noch nicht feststeht, wird es niemand einfallen, einen Beteiligten zu befriedigen, der nach dem Ergebnisse der Verw. vielleicht niemals zum Zuge kommen wird (vgl. v. d. Pfordten 492).

---

[1]) Wenigstens im ZwVerwVerf. Die während des VersteigVerf. angefall. Erträgnisse wurden vielfach zus. mit dem Strichschillinge verteilt (vgl. aber BayObLG. 2, 349 ff.).

Als Antragsteller kann sowohl der Ersteher (oder zahlungspfl. Dritte) als der Verw.[2]), dieser namens des VollstrSch., zugelassen werden (bestr.). Beide können ein Interesse an der schleunigen u. billigeren Erledigung des Verf. haben, z. B. wenn sie Hyp.= oder BeschlagnGl. sind. Auf Grund der vorgelegten Empfangsbestätigungen oder sonstigen Nachweise nach § 144 verfährt das Not. ebenso, wie bei der Versteig. Zu beachten ist jedoch, daß immer nur der Verwalter gegenüber den Beteiligten zahlungspflichtig ist u. daß dieser nicht an das Not. zu zahlen hat. Infolgedessen ist, wenn der Ersteher (zahlungspfl. Dritte) den Antrag nach §§ 144, 160 stellt, in die Aufforderung zweckmäßig der Hinweis aufzunehmen, daß die Zahlungsanordnung an den Verw. dahin ergehen wird, daß dieser die Ertragsüberschüsse an den Ersteher (Dritten) abzuliefern hat.

In der Regel werden Antrag u. Aufford. die beiden (Versteig.= u. Verw.=) Massen betreffen; eine Erinnerung gegen die außeramtl. Verteilung der einen Masse kann, muß aber nicht die amtl. Verteilung der beiden zur Folge haben, weil die Verteil. nach § 155 zum Teil eine andere ist als in der Versteig.

Wenn z. B. eine Hyp. bestritten wird, die nur aus dem VerstErlös Deckung fand, so ist nur die amtl. Verteilung dieser Masse notwendig.

Anders, wenn z. B. der 3. u. 4. HypGl. bei der VerwMasse mit ihren lauf. Zinsen ausfallen, aus dem VerstErlöse aber der 3. noch Deckung findet u. nun der 4. die lauf. Zinsenforderung des 2. bestreitet u. behauptet, aus der VerwMasse werde noch der 3. gedeckt, so daß für ihn, den 4., aus dem VerstErlöse etwas abfalle.

Die Bildung einer gemeinschaftl. Masse ist nicht mehr zulässig (s. § 156 A. 5). Werden die Erinn. nicht auf die Verteil. der einen Masse beschränkt, sondern allg. erhoben, so erübrigt nichts als die Einleitung der amtl. Verteilung sowohl der Versteig.= wie der VerwMasse.

Werden keine Erinn. erhoben, so wird das Verf. aufgehoben, vorausgesetzt, daß sämtliche VerwGeschäfte erledigt sind (§ 161; für den Fall des Zuschlags s. § 161 A. 1 g, 2 b).

Zweckmäßig wird die Schlußrechnung (§ 154) bei Stellung des Antrags nach § 144 eingereicht, bzw. eingefordert, in der Aufforderung gleichzeitig die dem Verw. zu erteilende Entlastung (§ 154 A. 3), die Rückgabe einer etwaigen Sicherheit (§ 153 A. 4) u. die Aufhebung des Verf. (§ 161 Abs. 2) angekündigt u. nach Ablauf der zweiwöch. Frist antragsgemäß verfügt, ohne daß es einer nochmaligen Zustell. des Aufhebungsbeschl. bedarf (Zahlungsanordnung, GBuchberichtigung, Unbrauchbarmach. der Urkunden, soweit veranlaßt).

§ 161.

Die Aufhebung des Verfahrens erfolgt durch Beschluß des Gerichts.

Das Verfahren ist aufzuheben, wenn der Gläubiger befriedigt ist.

Das Gericht kann die Aufhebung anordnen, wenn die Fortsetzung des Verfahrens besondere Aufwendungen erfordert und der Gläubiger den nötigen Geldbetrag nicht vorschießt.

Im übrigen finden auf die Aufhebung des Verfahrens die Vorschriften der §§ 28, 29, 32, 34 entsprechende Anwendung.

E. I § 205; Begr. 337; D. 63; KBer. 58.

Aufhebung und Einstellung der Zwangsverwaltung.

1. Aufhebungsgründe:

a) Diej. des § 775 Nr. 1—3 mit § 776 der ZPO., §§ 32, 33 Ver=

[2]) Der Ersteher hat als solcher keinen Anspruch auf die VerwErträgnisse; er kann aber die Ansprüche der Berechtigten auf die Masse gegen Übertragung derselben befriedigen u. hiernach der Verw. an ihn zahlen. Letzterer kann auch die Berechtigten unmittelbar befriedigen. Immer aber trägt er die mit der vorh. Zahlung verbund. Gefahr (§ 144 A. 7).

gleichsO., neben der durch das VollstrG. gemäß § 766 ZPO. wegen des Mangels der allg. Voraussetzungen der ZwVollstr. getroff. Entscheidung (vgl. Vorbem. vor § 28);

b) die Befriedigung der sämtl. betreib. Gl. durch den Verw. (oder aus der ZwVersteigMasse, s. § 156 A. 5); der Verw. hat die Befriedig. anzuzeigen; soweit solche durch den Sch. oder Dritte erfolgt u. sich der Gl. nicht selbst für befriedigt erklärt, ist eine Aufhebung nur im Wege der §§ 767, 775, 776 mit 769, 770 ZPO. möglich (vgl. ZBlFG. 13, 770); wird nur einer von mehreren Gl. befriedigt, so wird nur das von ihm betrieb. Verf. aufgehoben u. sodann die Zahlungsanordnung an den Verw. entspr. geändert (§§ 156, 157 A. 2);

c) Antragszurücknahme seitens der betreib. Gl. (§ 161 Abs. 4, s. § 29 A. 2); nimmt nur einer von mehreren den Antrag zurück, so gilt das zu b Gesagte;

d) Bekanntwerden entgegenstehender eingetrag. Rechte (§§ 28, 161 Abs. 4); über den Einfluß des Besitzes eines Dritten s. §§ 146 A. 4, 147 A. 2;

e) Mangelnder Vorschuß (§ 161 Abs. 3), von dessen Notwendigkeit der Verw. Mitteilung[1]) machen soll u. zu dessen Zahlung angemessene Frist zu setzen ist; gegen die Vorschußauflage sind Erinnerungen nach § 13 Abs. 2 EG. u. sodann sof. Beschwerde zulässig (§ 793 ZPO., Jaeckel-Güthe A. 2, a. M. v. d. Pfordten A. I 2); Nichtzahlung des Gebührenvorschusses (Art. 14 BayKG.) ist dagegen kein AufhebGrund (v. Schmidt KG. Art. 14 A. 3);

f) Untergang des G. (ob derj. von Gebäuden eine Nutzbarmachung ausschließt, ist Tatfrage; vgl. § 161 Abs. 3), Enteignung, Zusammenlegung (Art. 52, 53, 109, 113 EG., 139, 171 BayAG. z. BGB.), Erlöschen des Erbb.-Rechts durch Zeitablauf (§§ 24, 27 VO. v. 15. 1. 19, Glaß-Scheidt Erbbaurecht § 24 A. II c);

g) Zuschlag in der ZwVersteig. (§§ 56, 90; RG. 64, 415); die Einleitung der Verw. nach § 94 ändert nichts an der Notwendigkeit der Aufhebung der Verw. nach §§ 146 ff.; die Aufhebung erfolgt auch im Falle des Zuschlags an den Sch. (OLG. 5, 336, Recht 03, 22); wird der Zuschlag im Beschwerdeweg aufgehoben, so ist die ZwVerw., wenn sie noch nicht aufgehoben ist (was in der Regel nicht vor Zuschlagsrechtskraft u. vor Abnahme der Schlußrechnung zu geschehen braucht), ohne weiteres fortzusetzen, außerdem auf Antrag neu einzuleiten[2]); über die Schlußrechnung s. A. 2a.

2. Verfahren.

a) Die Aufhebung erfolgt durch Beschluß des VollstrG., nicht des Notariats (auch wenn sie durch das ProzeßG. verfügt wurde, §§ 775 Nr. 2, 776 ZPO., § 13 Abs. 1 EG.; vgl. § 28 Vorbem., § 30 A. 4). Er ist dem Sch. u.

---

[1]) Die Einforderung eines Vorschusses ist insbes. als Mittel zur Herbeiführung einer glatten Abwicklung der VerwGeschäfte in allen Fällen erforderlich, in denen aus dem G. erst mit Hilfe von Aufwendungen Nutzungen erzielt werden sollen (vgl. § 153 A. 3, § 154 A. 1). Die Anordnung der ZwVerw. selbst kann von solchem Vorschuß nicht abhängig gemacht werden (Fischer-Schäfer 502). Vgl. § 94 Abs. 2, § 170.

[2]) Inzwischen erfolgte Rechtshandlungen des Erstehers werden mit der Aufheb. des Zuschlags hinfällig (vgl. § 89 A. 4; § 90 A. 5); vom Ersteher gezogene Früchte sind seitens des Verw. zurückzufordern. Dagegen sind die vom VollstrSch. vor Wiedereinleitung der ZwVerw. vorgenomm. Rechtshandlungen gültig (s. § 95 Fußn. 4, ZBlFG. 4, 90).

betreib. Teil (wenn ein Dritter die Aufheb. beantragt hat, auch diesem) nach §§ 3ff., 32 zuzustellen; dem Verw. u. denj., denen ein ZahlVerbot nach § 151 Abs. 3 zugestellt wurde, ist durch das *Notariat* Mitteilung zu machen (s. § 146 A. 6); auch die Beteiligten haben ein rechtl. Interesse hieran (Jaeckel-Güthe A. 9). Der Beschluß unterliegt der sof. *Beschwerde* des betreib. Teils (§ 793 ZPO., Jaeckel-Güthe A. 9, Reinhard-Müller A. 2; a. M. JW. 1918, 516, dagegen Stillschweig dortselbst; vgl. § 28 A. 3, § 29 A. 3, § 30 A. 4); sie hat keine aufschieb. Wirkung (§ 572 ZPO.).

Das Gericht hat gleichzeitig mit der Beschlußfassung die *Löschung* des VerwVermerks zu veranlassen (§ 34).

Erst mit der Aufheb. (Zustellung, nicht Rechtskraft des Beschlusses; s. OLG. 39, 79) *erlöschen die Wirkungen* der Beschlagn., auch wenn die Aufheb. zu Unrecht[2]) erfolgt ist; dies gilt auch im Falle der Antragszurücknahme (anders in der ZwVersteig.; bestr., s. § 29 A. 2). *Zahlungen der Drittschuldner* (Mieter) an den Verw., die in Unkenntnis der BeschlagnAufhebung erfolgten, sind wirksam (§ 148 A. 1d).

Nach Mitteilung von der Aufheb. hat der Verw. das G. zu *übergeben*[3]) — an den VollstrSch. bzw. im Falle der Versteig. an den Ersteher — u. die vorhand. Erträgnisse abzuliefern u. zwar an die jeweils Berechtigten (wobei dem Sch. gegenüber mit einer Vorausverfügung, auch Pfändung, nach § 1124, dem Ersteher gegenüber nach § 573 BGB. zu rechnen ist)[4]).

Zur Deckung der *VerwaltAusgaben* u. der *Kosten* des Verf. ist ein entsprech. Betrag zurückzubehalten, von den Naturalerträgnissen, wenn nötig, ein entsprech. Teil zu versilbern (Jaeckel-Güthe A. 11, Reinhard-Müller A. 9a; teilw. bestr.). Eine Berichtigung der *öffentl. Lasten* nach Aufheb. ist nicht mehr zulässig, da sie der Verteilung nach § 155 Abs. 2 gleichstünde (bestr., vgl. Lafrenz, Recht 02, 171).

Endlich ist *Schlußrechnung* u. Bestallung einzureichen (§ 154); dies kann auch nach Aufheb. der Verw. mit Ordnungsstrafen gegen den Verw. erzwungen werden (s. § 154 A. 3).

Über *Fortdauer* der VerwTätigkeit nach Aufheb. s. b.

b) Im Falle der *Versteig.* sind vor Aufheb. der ZwVerw. die Überschüsse nach §§ 155, 156, 160 zu verteilen (u. zwar ohne Rücksicht auf die Fälligkeitstermine, vielmehr unter Zugrundelegung des Zeitpunktes des *Zuschlags* als Endtermins[4]), von welchem an der Ersteher für die Lasten, also auch für die lauf. Leistungen der bestehenbleib. Rechte nach § 56 aufzukommen hat u. mit welchem die nicht bestehenbleib. Rechte gemäß §§ 92, 111, 121 als fällig geworden gelten; ZBlFG. 5, 517); bei dieser Verteilung ist auf eine in der ZwVersteig. erfolgte Zahlung (nicht Übertragung) Rücksicht zu nehmen (Begr. 335; vgl. § 156 A. 5, § 107 A. 2).

---

[3]) Annahmeverzug: BGB. § 303, unaufschiebbare Geschäfte: § 672, Umfang der Herausgabe: § 667, Zurückbehaltungsrecht: §§ 273, 274.

[4]) Vom Zuschlag ab gebühren die Nutzungen dem Ersteher (§ 56, RG. 64, 420, Gruch.-Beitr. 56, 1099), bei Miet- u. Pachtzinsen jedoch nur vorbehaltlich einer (für das z. Z. der Beschlagn. laufende, u. U. auch folg. KalVierteljahr wirksamen) Vorausverfügung des VollstrSch. (s. § 57b A. 2); die Beschlagn. selbst ist keine solche Vorausverfügung zugunsten des betreib. Teils, wohl aber eine Pfändung; abges. von einer wirksamen Vorausverfügung darf der ZwVerw. Miet- u. Pachtzinsen, die auf die Zeit *nach* dem Zuschlag entfallen, nicht mehr einheben bzw. verteilen (§ 57b Abs. 3, ZBlFG. 16, 201, BlfRA. 77, 330, Recht 1912 Nr. 948; 1913 Nr. 1828, Jaeckel-Güthe § 148 A. 4; § 161 A. 7, 11).

An den Ersteher sind die Naturalbestände, soweit sie zur ordnungsm. Fortführ. der Wirtschaft nötig sind (§ 90 Abs. 2), ferner etwaige Miet- u. Pachtvertragsurkunden auszuliefern.

Der Verw. hat, auch wenn das Verf. auf Grund Zuschlags aufgehoben ist, die noch nicht erledigten VerwGeschäfte, insbes. die etwa unterblieb. Verteilung, sowie die Prozesse, zu Ende zu führen; solange noch eine unverteilte Masse vorhanden ist, dauert die ZwVerw. u. das Amt des Verw. trotz Aufheb. fort; daher empfiehlt sich entsprech. Vorbehalt im AufhebBeschluß (Reinhard, Recht 1922, 133, s. § 152 A. 3c a. E.).

3. Die einstw. **Einstellung** des Verf. berührt nur die Befriedigung des betreib. Teils, nicht die Beschlagn. u. deren Wirkungen (OLG. 16, 347, Reinhard-Müller A. 1c). Die Verw. nimmt also ihren Fortgang, nur die Zahlung[5]) an den betreib. Gl. unterbleibt (ob Zahlung der Hauptsache oder auch der lauf. Zinsen, hängt vom EinstellGrunde ab).

Auch hier ergeht ein besonderer Beschluß des Notariats (neben dem etwaigen prozeßrichterl.), der die Einstell. anordnet u. den Verw. mit den nötigen Weisungen versieht. Er ist zuzustellen an betreib. Gl., Sch., etwaigen Dritten, der die Einstell. veranlaßt hat (§§ 32, 3 ff.) u. unterliegt der Erinnerung nach § 13 Abs. 2 EG. u. sodann der sof. Beschwerde (§ 793 ZPO.; s. oben A. 2a; nicht durch Verw.).

Die Fortsetz. des Verf. erfordert, wenn die Einstell. nur auf bestimmte Zeit angeordnet wurde, weder einen Antrag des Gl. noch einen besond. Beschluß (Fischer-Schäfer 506, Jaeckel-Güthe A. 15).

Einstellungsfälle: Antrag des Gl. (zweifelhaft, da §§ 30, 31 nicht für anwendbar erklärt sind), Anordnung des ProzeßG. (z. B. §§ 767 ff. ZPO.), des VollstrG. bzw. Notariats selbst (§ 28 ZVG., §§ 766, 769 Abs. 2, 775 Nr. 2, 4, 5, 776 ZPO.).

4. Für die Aufheb. des Verf. wird keine besondere **Gerichtsgebühr** erhoben, wohl aber für die Löschung des VerwVermerks (s. § 34 A. 5).

Zweiter Abschnitt.

Zwangsversteigerung von Schiffen im Wege der Zwangsvollstreckung.

§ 162.

Auf die Zwangsversteigerung eines im Schiffsregister eingetragenen Schiffes finden die Vorschriften des ersten Abschnitts entsprechende Anwendung, soweit sich nicht aus den §§ 163 bis 170 ein Anderes ergibt.

E. I §§ 206, 207; Begr. 338; D. 61; KBer. —.

Anwendung des Zwangsversteigerungsgesetzes.

1. Vorbem. Für die ZwVollstr. in eingetrag. Binnenschiffe waren vor dem 1. 1. 00 in Bayern die §§ 136, 138 des BinnSchGes. v. 15. 6. 95

[5]) Es erfolgt auch nicht (anders §§ 124, 126) Hinterlegung des auf ihn treff. Betrags, falls diese nicht etwa durch das ProzeßG. angeordnet ist.

maßgebend[1]). **Die ZwVollstr. in nicht eingetrag. Schiffe erfolgt nach wie vor nach den Bestimm. der ZPO.** (§ 864 Abs. 1).

Von der Behandlung der für Seeschiffe (d. h. die zum Erwerbe durch die Seefahrt bestimmten Fahrzeuge) **gelt. materiellen Vorschr.** der §§ 474, 482, 486, 489, 510, 679, 696, 751 ff. HGB. **ist im nachfolgenden abgesehen.**

2. Als Gegenstand der §§ 162 ff. werden für Bayern wohl nur Binnenschiffe, u. zwar die im Schiffsregister eingetragenen, in Betracht kommen, §§ 119, 128 des BinnschG. i. d. F. v. 20. 5. 98 (RGBl. 868, JMBl. 1899, 1000, 1009). Nicht eingetrag. (wenn auch eintragfähige), im Bau begriffene u. Anteile an Schiffen (Schiffsparte) unterliegen der ZwVollstr. in das bewegl. Vermögen (§§ 808 ff., 857, 858, 864 Abs. 1 ZPO. mit § 5 Ges. v. 4. 7. 26, RGBl. I 367); die Vollstr. in das ganze Schiff u. in die Schiffspart können nebeneinander betrieben werden; durch den Zuschlag in der ZwVerst. erlischt das Recht an der Schiffspart, dagegen läßt die Versteig. der Schiffspart die Rechte am ganzen Schiff unberührt (Fischer-Schäfer 517, Jaeckel-Güthe A. 1, 3, Wolff A. 2, Stein-Jonas § 858 I 2).

Als unbeweglich u. daher von der Beschlagn. u. Versteig. umfaßt, gilt[2]) auch das Zubehör eingetragener Schiffe (§§ 97, 1265 BGB., 865 ZPO.), nicht aber Mietforderungen, Fracht u. VersichGelder[3]).

Über die Frage, ob eingetrag. Schiffe selbst Zubehör eines Grundstücks sein können, u. das Zusammentreffen der Pfandrechte an solchen Schiffen mit den Rechten am G. s. Recht 06, 214 ff.; über Eintrag ausländ. Binnenschiffe, wenn sie einen inländ. Heimathafen erhalten s. OLG. 42, 191.

3. Die Vollstr. ist bei eingetrag. Schiffen auf **die Versteigerung** beschränkt (§ 870 Abs. 2 ZPO.). ZwVerw. u. SichHyp. sind ausgeschlossen, Arrest[4]) zulässig (§§ 930, 931 ZPO.). Befriedigung aus eingetrag. Schiffen im Wege des Privatverkaufs (§§ 1233 ff. BGB.) ist unmöglich, ein solcher wäre wirkungslos (ZBlFG. 5, 430).

4. Gebühren des Gerichts: Art. 19 BayKG.; des Notariats: Art. 52 NotGebO. (Schmitt A. 1); des Rechtsanwalts: Art. 5, 17—21, 25 Bay.-RAGebO. (JMBl. 02, 441 ff.).

§ 163.

Als Vollstreckungsgericht ist das Amtsgericht zuständig, in dessen Bezirke sich das Schiff befindet.

---

[1]) RGBl. 1895, 301, GVBl. 421, JMBl. 297 ff. — § 1 EG.ZVG., Art. 1 EG.BGB., Art. 12 EG.HGB.

[2]) Die eingetrag. Schiffe werden dadurch, daß sie der Liegenschaftsvollstr. unterworfen sind, nicht zu unbewegl. Sachen (Recht 06, 216); insbes. vollzieht sich also die Eigentumsübertragung (§§ 929 ff. BGB.) ohne Eintrag. (anders die Verpfändung, §§ 1260 ff. BGB.).

[3]) Fischer-Schäfer 93, Jaeckel-Güthe A. 5, Reinhard-Müller § 165 A. 2 c, Planck § 1265 A. 3, RGRK. A. 3, Staudinger-Kober A. 1, Stein-Jonas § 865 A. II; teilw. abw. (wegen der VersichFord.) Wolff A. 5, Henle § 165 A. 1. — Die Fracht (d. h. das Frachtgeld, nicht Frachtgut) wird nur vom (gesetzl.) Pfandrechte der SchiffsGl. erfaßt (§ 104 BinnschiffG.), nicht vom eingetr. Pfandrechte (§ 1265 BGB.) u. daher gemäß § 865 Abs. 1 ZPO. auch nicht von der Beschlagn. Die Anwendbarkeit des § 20 Abs. 2 ZVG. ist durch § 865 Abs. 1 ZPO. ausgeschlossen.

[4]) Versteig. im Arrestverf. erfolgt nicht nach den Vorschr. des ZVG., sondern durch FahrnisVerst. (ZBlFG. 12, 53); auch durch diese Verst. erlöschen die eingetrag. Schiffspfandrechte u. der Erlös tritt an die Stelle des Schiffes, wie in § 169 (JW. 1922, 1339).

Für das Verfahren tritt an die Stelle des Grundbuchs das Schiffsregister.

Die Berufsgenossenschaft für die Unfallversicherung und die Versicherungsanstalt für die Invaliditäts- und Altersversicherung gelten als Beteiligte, auch wenn sie eine Forderung nicht angemeldet haben.

E. I §§ 208, 209, 213; Begr. 339, 342; D. 64; RBer. 54.

Zuständigkeit, Schiffsregister, Beteiligte.

1. Vgl. § 162 A. 1.

2. Zuständig ist ausschl. (§ 802 ZPO.) dasj. Amtsgericht, in dessen Bezirke das Schiff z. Z. der Anordnung des Verf. (§ 15) sich befindet (vgl. § 165). Nicht entscheidend ist die Zeit der Antragstellung oder der Wirksamkeit der Beschlagn. (§ 22; Begr.). VersteigBehörde ist das Notariat (§ 35 ZVG., § 13 EG., Art. 25 BayAG., § 180 NotGeschO.). Unzuständigkeit hat Nichtigkeit des Verf. zur Folge (Aufhebung der Anordnung, Versagung bzw. Aufhebung des Zuschlags); daß sich das Schiff im Bezirke des angegang. Gerichts befindet, ist daher nötigenfalls vom Antragsteller urkundlich glaubhaft zu machen (§ 164 S. 2); die Bestimmung des zuständ. Gerichts (§ 2) wird nur in den Fällen des § 36 Nr. 1, 5, 6 ZPO. nötig werden (Jaeckel-Güthe A. 1).

3. Das Schiffsregister (§ 120 BinnschG.) vertritt für das Verf. die Stelle des GBuchs, das **Registergericht** die Stelle des GBuchamtes (§§ 110, 125 FGG., JMBl. 1899, 1000 ff.). Das Schiffsregister ist nicht mit dem Schiffsbauregister (RG. v. 4. 7. 26 RGBl. I 367, Bek. v. 14. 7. 26 StA. 160) zu verwechseln. Im übr. vgl. bezgl. des Kreises der Beteiligten A. 4, bezgl. der Eintrag. u. Löschung des VersteigVermerks in das Schiffsregister §§ 19, 34, der Mitteilungen des RegisterG. § 19 Abs. 2, der Wirksamkeit der Beschlagn. §§ 22, 23, der Berücksichtig. der eingetrag. Anspr. §§ 37 Nr. 4, 114, der Registerberichtig. §§ 130, 169 Abs. 2 ZVG.

Im Falle der Belastung mit einem Schiffspfandrecht in ausländ. Währung (RG. v. 26. 1. u. 29. 3. 23 RGBl. I 90, 232, VollzBek. v. 13. 5. 25 JMBl. 48), mit einem wertbeständ. Schiffspfandrechte (RG. v. 12. 2. u. 17. 4. 24 RGBl. I 65, 415) gelten die Vorschr. über ausländ. WährHyp., bzw. wertbest. Hyp.[1]) entsprechend; ebenso sind auf die Beitreibung eines Anspr. aus einem wertbest. Schuldtitel die §§ 16, 17 EntlVO. v. 13. 5. 24 RGBl. I 552 entspr. anzuwenden. Für die aufzuwertenden Schiffspfandrechte gilt § 32 AufwG. u. Art. 27, 33 Abs. 2 DurchfVO. hierzu. Vgl. Reinhard, Einl. S. 265 u. oben §§ 4 A. 4, 14 A. 2a, 37 A. 1, 44 A. II 2d, 114 A. I 1, 118 A. 2d, 128 A. 3.

4. Beteiligte (§ 9) sind:

a) Gl. u. Sch. (§§ 164, 166); im Schiffsregister eingetrag. (durch Eintrag. gesicherte) Berechtigte (§ 9 Nr. 1, besonders Eigentümer u. vertragsm. SchiffspfandGl.[2]), §§ 1259 ff. BGB.); die Berufsgenoss.- u. VersichAnstalt des § 163

---

[1]) Die Entstehung eines Eigentümer-Schiffspfandrechts ist ausgeschlossen (§ 1259 BGB., Reinhard-Müller Abs. 1 f).

[2]) Auch das Pfandrecht an einer Schiffspart (§ 858 ZPO., § 1272 BGB.) gewährt die Stellung eines Beteiligten (a. M. Wolff § 167 A. 2).

Abs. 3 u. § 102 Nr. 6 BinnschG. (deren Ford. auf Grund der RVersO. § 537 Nr. 6, §§ 623 ff., 1226 Nr. 3, 1326 jedoch der Anmeldung bedürfen, s. § 167 Abs. 2, Jaeckel-Güthe A. 3).

b) Auf Anmeldung u. allenfalls. Glaubhaftm. hin (§ 9 Abs. 2; für das VerteilVerf. vgl. § 167 A. 2): diej., welche ein der Vollstr. entgegensteh. Recht haben (besonders nicht eingetrag. Eigentum); die nicht eingetrag. (zu Unrecht gelöschten) oder erst nach dem VersteigVermerk eingetragenen (gesetzl.) PfandGl. (SchiffsGl., §§ 102 ff. BinnschG.; ArrestpfandGl. §§ 826 Abs. 2, 931 ZPO.); Mieter.

5. Rangordnung (abw. von § 10) bei Versteig. von Binnenschiffen: §§ 102, 104 Abs. 3, 105—109 BinnschG.; 1261 BGB. Hiernach kommen zur Befriedig. in den ersten 6 Klassen die SchiffsGl. der Nr. 1—6 des § 102 BinnschG. (§ 10 Nr. 1 kommt nicht zur Anwendung, RG. 97, 61, s. § 165 A. 2), in der 7. Kl. die eingetrag. PfandGl., soweit sie nicht auf Grund früher entstand. Pfandrechts Vorrang vor Kl. 4—6 genießen (§ 109 BinnschG.); in der 8. Kl. der betreib. Gl., soweit sein Anspruch nicht in eine früh. Kl. gehört (§ 10 Nr. 4—8 ZVG.). Für das Rangverhältnis der Gläubiger der 7. Kl. ist nach § 1261 (mit §§ 879 ff.) BGB. die Eintrag. im Schiffsregister, für das der BeschlagnGl. unter sich § 10 Nr. 4, 5, § 11 ZVG. maßgebend (Jaeckel-Güthe § 10 A. 2, § 169 A. 2, 3). Die Kosten des Verf. (§§ 109, 165 ZVG.) sind vorweg aus dem Erlöse zu decken. Über den Rang ausländ. SchiffsGlRechte s. RG. 77, 1; 81, 283; über Rangänderungen s. § 44 IV ff. u. Anh., § 114 II ff. u. Anh.

§ 164.

Die Zwangsversteigerung darf, soweit sich nicht aus den Vorschriften des Handelsgesetzbuchs oder des Gesetzes, betreffend die privatrechtlichen Verhältnisse der Binnenschiffahrt, ein Anderes ergibt, nur angeordnet werden, wenn der Schuldner das Schiff im Eigenbesitze hat. Die hiernach zur Begründung des Antrags auf Zwangsversteigerung erforderlichen Tatsachen sind durch Urkunden glaubhaft zu machen, soweit sie nicht bei dem Gericht offenkundig sind. Dem Antrag auf Zwangsversteigerung ist ein Zeugnis der Registerbehörde über die Eintragung des Schiffes in das Schiffsregister beizufügen.

E. I §§ 211, 212; Begr. 340—342; D. 65; KBer. —.

Voraussetzung der Anordnung, Antragsbegründung.

1. Vgl. § 162 A. 1.

2. Abges. von den allg. **Voraussetzungen** (Zuständigkeit, Geldanspruch, VollstrTitel, Zustellung usw.) erfordert die Anordnung der Versteig. auf seiten des VollstrSch. weder wahres noch eingetrag. Eigentum[1]), sondern Eigenbesitz (§§ 872, 868, 1006 BGB., vgl. § 147 ZVG.). Dieser ist, soweit nicht gerichts-

[1]) Weil sich der Eigentumsübergang bei Schiffen als bewegl. Sachen außerh. des Schiffsregisters nach §§ 929 ff. BGB. (§ 474 HGB.) vollzieht, wird durch die Eintrag. nicht die Vermutung wahren Eigentums (§ 891 BGB.) begründet. Der VersteigVermerk wird also auch eingetragen, wenn der Sch. selbst im Register nicht eingetragen ist; § 28 ist insoweit nicht anwendbar (Jaeckel-Güthe A. 1, Reinhard-Müller § 163 A. 3 b).

bekannt, durch Urkunden glaubhaft zu machen (§§ 16, 17, 147); öffentl. oder öffentl. begl. Urkunden sind nicht erforderlich. Ein Zeugnis der Registerbehörde über die Eintrag. des Eigentümers (§ 17 Abs. 2) ist belanglos; doch kann die Eintrag. des Eigenbesitzers als Glaubhaftm. des Eigenbesitzes dienen (Jaeckel-Güthe A. 1). Der Eigent. (Schiffseigner bei Binnenschiffen) ist, selbst wenn er eingetragen ist, auf die WiderfprKlage des § 771 ZPO. verwiesen (§§ 37 Nr. 5, 90 ZVG.); dem wahren Eigenbesitzer stehen, wenn der VollstrSch. nicht Eigenbesitzer, die Erinnerungen nach § 766 ZPO. u. die WidersprKlage nach § 771 ZPO. zu (Jaeckel-Güthe a. a. O., v. d. Pfordten A. 1).

Die Eintragung des Schiffes selbst (§ 162) ist durch ein Zeugnis des RegisterG.[2]) nachzuweisen, soweit letzteres nicht das VollstrG. ist (§ 17 Abs. 2). — Einfluß eines Eigentumswechsels nach d. Beschlagn. s. § 26.

3. Ausnahmsweise ist Eigenbesitz nicht erforderlich bei Vollstr. zugunsten der SchiffsGl. gegen den sog. Ausrüster (§ 2 BinnschG.), gegen jeden Besitzer (§§ 102, 103 Abs. 2 BinnschG.) u. gegen den Schiffer (Schiffsführer §§ 2, 3, 7, 15 BinnschG.) im Falle des § 97 Abs. 2 BinnschG.; in diesen Fällen genügt VollstrTitel gegen diese Personen u. Nachweis ihres Besitzes; dann muß auch in der Regel der Eigent. bzw. Eigenbesitzer die ZwVollstr. gg. sich gelten lassen. Auch die die Ausnahme begründ. Tatsachen sind urkundlich glaubhaft zu machen (Jaeckel-Güthe A. 6).

§ 165.

Bei der Anordnung der Zwangsversteigerung hat das Gericht zugleich die Bewachung und Verwahrung des Schiffes anzuordnen. Die Beschlagnahme wird auch mit der Vollziehung dieser Anordnung wirksam.

E. I §§ 215, 216; Begr. 343—345; D. 64; KBer. —.

Sicherungsmaßregeln, Wirksamkeit der Beschlagnahme.

1. Vgl. § 162 A. 1.

2. Bewachung u. Verwahrung des Schiffes sind, um die rechtsgeschäftl. Veräußerung zu verhindern, immer u. von Amts wegen gleichzeitig mit dem Verst.-Beschluß durch das VollstrG. (nicht Notariat)[1]) anzuordnen; die Kosten hierfür gehören zu den Kosten des Verf. (§ 109), nicht zu den Anspr. des § 10 Nr. 1 (RG. 97, 61); der Gl. ist vorschußpflichtig (RG. 97, 64); wird der Vorschuß nicht geleistet u. dem Gl. nicht etwa das Armenrecht bewilligt (OLG. 19, 179), so ist (da hierdurch die Versteig. unmöglich werden kann) das ganze Verf. aufzuheben (§§ 25, 170 Abs. 2; Jaeckel-Güthe A. 1, Reinhard-Müller A. 1; bestr.). Über weitere, auf Antrag anzuordnende SichMaßregeln s. § 25.

Die SichMaßregeln sind mit Erteilung des Zuschlags (§§ 89, 104) wieder aufzuheben (durch das VollstrG., dem die Zuschlagserteil. mitzuteilen ist), vorbehaltl. §§ 170 Abs. 1, 171 Abs. 3 (Fischer-Schäfer 514, Jaeckel-Güthe A. 1).

Dem auf dem Schiffe wohnenden Sch. mit Familie ist die Wohnung zu belassen (§§ 24, 25).

---

[2]) Z. B. Schiffsbrief (§ 125 Abs. 3 BinnschG., JMBl. 99, 1012).

[1]) Die Anordnung der SichMaßregel ist hier (anders § 25 u. § 170) Bestandteil des BeschlagnBeschlusses selbst (BZfR. 1921, 109).

3. Die Beschlagn. wird **wirksam** mit Vollzug der Verwahrung u. Bewachung (§ 165 S. 2, vgl. § 151 Abs. 1), mit Zustellung des BeschlagnBeschl. an den VollstrSch. (Eigenbesitzer, Schiffer usw., § 164 A. 3, § 22 Abs. 1 S. 1) oder mit dem Eingange des Ersuchens um Eintrag. des VersteigVermerks bei dem RegisterG. (§§ 22 Abs. 1 S. 2, 163 Abs. 2).

4. Wirkungen der Beschlagn. im allg. (s. § 162 A. 2). Sie wirkt wie ein VeräußVerbot zugunsten des betreib. Gl. (§§ 20, 23) u. ergreift das Schiff mit dem, dem Schiffseigentümer (Schiffseigner) gehörigen Zubehör (§§ 865 Abs. 1 ZPO., 1265, 97, 98 BGB., 103 BinnschG.); das Zubehör darf nicht gepfändet werden (§ 865 Abs. 2 ZPO.). Erweiterter Umfang der Versteig.: § 55 Abs. 2; Aufhebung der Pfandhaftung: §§ 1121, 1122 BGB.; Beschlagn. gg. den Schiffer: § 166; Recht auf Befriedig. aus dem Schiffe: § 10 Nr. 5 (§ 21 A. 1a).

Die Beschlagn. ergreift nicht: Miet- u. Pachtzinsford. (§ 21 Abs. 2), Fracht- u. VersichGelder (§§ 104, 115 BinnschGes., s. oben § 162 Fußn. 3); sie unterliegen der Pfändung.

5. Für die Anordnung der Bewachung u. Verwahrung werden besondere **Gebühren** nicht erhoben (Art. 19 BayKG., v. Schmidt KG. Art. 9 A. 1).

§ 166.

Ist gegen den Schiffer auf Grund eines vollstreckbaren Titels, der auch gegenüber dem Reeder oder Schiffseigner wirksam ist, das Verfahren angeordnet, so wirkt die Beschlagnahme zugleich gegen den Reeder oder Schiffseigner.

Der Schiffer gilt in diesem Falle als Beteiligter nur so lange, als er das Schiff führt; ein neuer Schiffer gilt als Beteiligter, wenn er sich bei dem Gerichte meldet und seine Angabe auf Verlangen des Gerichts oder eines Beteiligten glaubhaft macht.

E. I § 217; Begr. 341, 343—346; D. 64; KBer. —.

Beschlagnahme gegen den Schiffer.

1. Vgl. § 162 A. 1.

2. Die **Beschlagnahme gegen den Schiffer** (Schiffsführer §§ 2, 3, 7 Binnsch.-G.) als VollstrSch., die in den Fällen der §§ 102, 103, 97 BinnschG. möglich ist (s. § 164 A. 3), **wirkt** infolge der aus §§ 15 ff. BinnschG. sich ergeb. Haftung des Schiffseigners (Eigentümers) für gewisse Rechtsgeschäfte des Schiffers **auch gegen den Dienstherrn, den Schiffseigner.**

Der Schiffseigner ist Beteiligter, wenn sein Eigentum z. B. der Eintrag. des VersteigVermerks im Schiffsregister eingetragen oder angemeldet bzw. glaubhaft gemacht ist (§ 9, s. § 163 A. 4). Diesfalls ist für die Wahrnehmung der Rechte des Sch. lediglich sein Wille maßgebend (Begr.); der Schiffer ist Beteiligter neben ihm, solange er das Schiff führt. Tritt nach der Beschlagn. ein neuer Schiffer gemäß §§ 9 Abs. 2, 166 Abs. 2 in das Verf. ein (Eigentumswechsel nach § 26 hier bedeutungslos), so nimmt dieses ohne weiteres seinen Fortgang; es bedarf (zur Forts., anders zur Einleitung oder zum Beitritt) keiner neuen VollstrKlausel; der neue Schiffer wird nur durch Zustellung zugezogen (Jaeckel-Güthe A. 4, Reinhard-Müller A. 2).

Auf Grund des gegen den Schiffer als solchen gericht. VollstrTitels kann aber auch gegen den Schiffseigner selbst vorgegangen werden (§ 97 BinnschG.), wozu es nur einer weit. VollstrKlausel[1]) u. deren Zustellung (§ 750 Abs. 2 ZPO.) bedarf.

3. Beitritt. Ein nach der Beschlagn. gegen den Schiffer beantragtes Verf. gegen den Schiffseigner oder umgekehrt ist als Beitritt zu behandeln; beide sind dann VollstrSch. (Fischer-Schäfer 515, Jaeckel-Güthe A. 3, Reinhard-Müller A. 3).

§ 167.

Die Bezeichnung des Schiffes in der Bestimmung des Versteigerungstermins soll nach dem Schiffsregister erfolgen.

Die Terminsbestimmung muß die Aufforderung an die Schiffsgläubiger und die sonstigen Berechtigten enthalten, ihre Rechte, soweit sie zur Zeit der Eintragung des Versteigerungsvermerkes aus dem Schiffsregister nicht ersichtlich waren, spätestens im Verteilungstermine anzumelden, widrigenfalls die Rechte bei der Verteilung des Versteigerungserlöses nicht berücksichtigt werden würden.

§ 168.

Befindet sich der Heimatshafen oder Heimatsort des Schiffes in dem Bezirk eines anderen Gerichts, so soll die Terminsbestimmung auch durch das für Bekanntmachungen dieses Gerichts bestimmte Blatt bekannt gemacht werden.

Die im § 39 Abs. 2 vorgesehene Anordnung ist unzulässig.

E. I §§ 219, 220; Begr. 346—348; D. —; KBer. —.

Terminsbestimmung und Bekanntmachung.

1. Vgl. § 162 A. 1.

2. Inhalt der Terminsbestimmung. § 167 ändert nur entspr. die §§ 37 Nr. 4, 38; im übr. sind die §§ 35 ff. unverändert anzuwenden (§ 162; Jaeckel-Güthe A. 1, teilw. abw. hinsichtl. § 41 Abs. 2 Fischer-Schäfer 517). Die genaue Bezeichnung des Schiffes ist wesentlich (§ 37 Nr. 1), die Bezeichnung nach dem Schiffsregister nur Ordnungsvorschrift; wg. der Bekanntgabe ausländ. WährPfandrechte s. § 37 A. 1.

§ 167 Abs. 2 unterscheidet sich von § 37 Nr. 4 hinsichtl. der Anmeldefrist (Ablauf des VerteilTermins), durch den Wegfall der Glaubhaftm. (bis zum VersteigTermin, im übr. gilt aber § 9 Nr. 2) u. die Folgen der Nichtanmeldung. § 110 ist gegenstandslos. Diese Abweichungen hängen mit dem Wegfall eines g. G. zusammen (§ 169). Nichtbeachtung der (wesentl.) Vorschrift des § 167 Abs. 2: §§ 83 Nr. 7 mit 43 Abs. 1, 100 Abs. 3, 162.

Beteiligte: § 163 A. 4. — Zustellung u. Fristen: §§ 41—43.

---

[1]) Ob für die Erteilung dieser weit. VollstrKlausel auch §§ 727, 730 ZPO. anzuwenden sind, ist bestritten (Fischer-Schäfer 512, Jaeckel-Güthe A. 2, Wolff A. 1, v. d. Pfordten 505, Reinhard-Müller A. 2); ist freilich der Schiffseigner im Urteil namentlich festgestellt, so kann dieses ohne weiteres auch gegen ihn vollstreckbar ausgefertigt werden.

3. Die Terminsbestimm. ist im Amtsblatte des VollstrG. zu **veröffentlichen** (§ 39 Abs. 1); im Falle des § 168 Abs. 1 soll dies auch im Amtsblatte des Heimatsortes (§ 6 BinnenschG.) geschehen. Anheftung: § 40 ZVG., § 7 EG., Art. 26 BayAG.

Die Anwendung des § 39 Abs. 2 ist ausgeschlossen, die Veröffentlichung im Amtsblatte darf also nie unterbleiben; Nichtbeachtung: §§ 83 Nr. 7, 43 Abs. 1, 100 Abs. 3, 162.

§ 169.

Die Vorschriften über das geringste Gebot finden keine Anwendung. Das Meistgebot ist in seinem ganzen Betrage durch Zahlung zu berichtigen.

Soweit die Berichtigung nicht im Verteilungstermine erfolgt, ist für die Forderung gegen den Ersteher ein Pfandrecht an dem Schiffe in das Schiffsregister einzutragen. Das Pfandrecht entsteht mit der Eintragung, auch wenn der Ersteher das Schiff inzwischen veräußert hat. Im übrigen finden die Vorschriften des Bürgerlichen Gesetzbuchs über das durch Rechtsgeschäft bestellte Pfandrecht an einem Schiffe Anwendung.

E. I §§ 221, 223 Abs. 1, 3; Begr. 348, 349; D. 65; KBer. 55.

Wegfall des geringsten Gebots, Berichtigung des Meistgebots.

1. Vgl. § 162 A. 1.

2. Gesetzl. VersteigBedingung ist **Barzahlung**[1]) **des ganzen Meistgebots** im VerteilTermin (Ausnahme: § 182 Abs. 3). Jeder Beteiligte hat hierauf ein Recht. Eine bestimmte Höhe des Gebots (geringstes Gebot) ist nicht Voraussetzung seiner Zulässigkeit (auch nicht wg. der Kosten, für deren Ausfall der betreib. Gl. haftet; auch die KriegsVO. v. 8. 10. 14, s. § 65 A. 2, gilt hier nicht). Abweichende VersteigBeding. können vereinbart werden (§§ 59 ff., 91); andernfalls erlöschen durch den Zuschlag (wie bei der Fahrnisversteig.; vgl. § 113 BinnschG.) alle (gesetzl., wie eingetrag.) Rechte am Schiff, auch die dem betreib. Gl. vorgeh. u. die nur an der Schiffspart bestehenden, u. können, wenn der Zuschlag rechtskräftig geworden ist, nur am VersteigErlöse geltend gemacht werden, vorbehaltl. der BereichKlage außerh. des Verf. (s. § 115 A. 9).

Über die **Rangordnung** der Rechte s. § 163 A. 5.

3. Die **Pfandrechte** für die nicht bezahlten, gegen den Ersteher übertrag. Ford. (§§ 118, 128, 130) entstehen mit der Eintrag. (anders Arrestpfandrecht § 931 ZPO.), auch wenn der Ersteher das Schiff vorher wieder veräußert hatte (§§ 929 ff. BGB.) u. der Erwerber im guten Glauben war; EintragBewillig. ist nicht erforderlich. Die Pfandrechte für die übertrag. Ford. erhalten, wie in § 128, den (im TeilPlan festgestellten) Rang der ursprüngl. Anspr. gegen den Sch. (Reinhard-Müller A. 7).

Nach der Eintrag. stehen die Pfandrechte den vertragsmäßig bestellten[2]) gleich, so daß sie den inzwischen entstand. u. später entsteh. gesetzlichen Pfand-

---

[1]) Die Mehrzahl der in Betracht komm. Gl. sind SchiffsGl., deren Ford. ihrer Natur nach Barzahlung erheischen; eine dauernde Belastung der Schiffe mit Pfandrechten aber erschien nicht wünschenswert (Denkschr. a. a. O.).

[2]) Die Schiffshyp. ist ein Fahrnispfandrecht, das mit der Ford., für die es bestellt ist, steht u. fällt (§§ 1252, 1259 BGB., GruchBeitr. 46, 336).

rechten der SchiffsGl. nachstehen (§ 1261 BGB., § 109 BinnschG., Jaeckel-Güthe A. 5, Wolff A. 6).

4. Auf das **Versteig.- u. VerteilVerf.**, die Ausführung des Plans, die Berichtigung des Schiffsregisters (durch Eintrag. des Erstehers als Schiffseigners u. der Pfandrechte für die Ford. gegen den Ersteher, Löschung des VersteigVermerks u. der erlosch., nicht durch Vereinbarung aufrecht erhalt. Rechte) u. die Wiederversteig. finden die Vorschr. des 1. Abschn. Anwendung, soweit sie nicht mit denj. über das g. G. (s. A. 2) u. die ZwVerw. (s. § 162 A. 3) zusammenhängen; unanwendbar sind: §§ 44—48, 50, 51, 52 Abs. 1 S. 1, Abs. 2; 53, 54, 63 Abs. 4 S. 1; 64, 65 Abs. 2; 68 Abs. 2; 77 Abs. 2 S. 2, 3; 83 Nr. 3, 4; 94 (s. § 170); §§ 110, 112 Abs. 2 S. 2 ff., Abs. 3; 125 (128), 129, 130 Abs. 2; 131, 132 Abs. 1 S. 2; 136 (Jaeckel-Güthe A. 1, 4, Reinhard-Müller A. 2, 7 ff.).

§ 170.

An die Stelle der nach § 94 Abs. 1 zulässigen Verwaltung tritt die gerichtliche Bewachung und Verwahrung des versteigerten Schiffes.

Das Gericht hat die getroffenen Maßregeln aufzuheben, wenn der zu ihrer Fortsetzung erforderliche Geldbetrag nicht vorgeschossen wird.

E. I § 22[2]; Begr. 848; D. —; KBer. —.

Sicherungsmaßregeln gegen den Ersteher.

1. Vgl. § 162 A. 1 u. 3.

2. Die **Bewachung u. Verwahrung** des Schiffs nach dem Zuschlag (die an die Stelle der ZwVerw. tritt) ist dieselbe, wie die (mit dem Zuschlag beendigte) des § 165, u. erfolgt nur für Rechnung des Erstehers u. gegen diesen unter den Voraussetz. des § 94 Abs. 1. Vorschußpflichtig ist der Antragsteller. Von vorher. Einzahlung des Vorschusses darf die Anordnung nicht abhängig gemacht werden (s. § 25 A. 4; Jaeckel-Güthe A. 1; bestr.).

Die Anordnung der Bewachung u. Verwahrung erfolgt hier (anders § 165 Fußn. 1) wie im Falle des § 94 durch das Notariat. Gegen die Anordnung oder Ablehnung ist Erinnerung nach § 13 Abs. 2 EG. u. sodann sof. Beschwerde nach § 793 ZPO. zulässig (s. § 94 A. 3).

Bei ausländ. Schiffen: § 171 Abs. 3.

§ 171.

Auf die Zwangsversteigerung eines ausländischen Schiffes, das, wenn es ein deutsches Schiff wäre, in das Schiffsregister eingetragen werden müßte, finden die Vorschriften der §§ 162—167, 169, 170 insoweit Anwendung, als sie nicht die Eintragung in das Schiffsregister voraussetzen.

Die Terminsbestimmung soll, soweit es ohne erhebliche Verzögerung des Verfahrens tunlich ist, auch den aus den Schiffspapieren ersichtlichen Schiffsgläubigern und sonstigen Beteiligten zugestellt und, wenn das Schiff im Schiffsregister eines fremden Staates eingetragen ist, der Registerbehörde mitgeteilt werden.

Die Aufhebung der vom Gericht angeordneten Überwachung und Verwahrung des Schiffes sowie die Übergabe an den Ersteher darf erst erfolgen, wenn die Berichtigung des Meistgebots oder die Einwilligung der Beteiligten nachgewiesen wird.

E. I —; Begr. —; D. 65; KBer. —.

Versteigerung ausländischer Schiffe.

1. Vgl. § 162 A. 1.

2. Die Versteig. eines **ausländ.**, im Inlande befindl. Binnenschiffes findet nach § 171 nur statt, wenn es als deutsches Schiff unter §§ 119, 120 BinnschG. fallen würde; ist dies nicht der Fall, so ist nur Fahrnisvollstr. zulässig. Ausländisch ist ein Binnenschiff, wenn sein Heimatsort außerh. des Deutschen Reiches liegt (nicht, wenn es einem Ausländer[1]) gehört, Fischer-Schäfer 523, Jaeckel-Güthe A. 1; bestr.). Da aber die §§ 162 ff. ein deutsches Schiffsregister voraussetzen, sind sie nur beschränkt anwendbar. Es unterbleibt insbes. die Eintrag. des VersteigVermerks (§ 19 Abs. 1) u. des Erstehers (§ 130 Abs. 1); unanwendbar sind die §§ 163 Abs. 2, 3, 164 Satz 3, 167 Abs. 1, 168, 169 Abs. 2. Der ausländ. Registerbehörde wird nur die Terminsbestimm. mitgeteilt, ohne daß ihr irgend ein Einfluß auf das Verf. zugestanden wird. Als Beteiligte sind, soweit tunlich, alle Berechtigten zuzuziehen, die aus den Schiffspapieren, den Mitteilungen der ausländ. Registerbehörde, des Sch. oder Dritter bekannt werden[2]). Sie sind aufzufordern, ihre Rechte anzumelden u. glaubhaft zu machen. Abs. 2 ist nur Ordnungsvorschrift, ihre Verletzung ohne Einfluß auf das Verf. Über den Rang ausländ. SchiffsGl. s. RG. 77, 1; 81, 283.

Berichtigt der Ersteher das Meistgebot im VerteilTermine nicht, so wird die Ford. gegen ihn auf die Berechtigten übertragen (§ 118) u. vollstreckbar (§§ 132, 133); an Stelle der Eintrag.[3]) des Pfandrechts hierfür (§ 169 Abs. 2) tritt aber die Maßregel des § 171 Abs. 3 auf Kosten des Erstehers. Diese ist weder von einem Antrag, noch von Leistung eines Vorschusses abhängig. Für die Kosten der Maßregel haftet der betreib. Gl. als veranlassender Teil. Wohl aber wird ihre Aufhebung bzw. die Übergabe an den Ersteher auch bei vorlieg. Einwill. der (durch das Meistgebot gedeckten) Beteiligten von Zahlung der Kosten des Verf. abhängig gemacht werden können. Der erforderl. Nachweis ist durch öffentl. oder öffentl. begl. Urkunden zu liefern (Jaeckel-Güthe A. 5). Solange die Voraussetz. des § 171 Abs. 3 nicht erfüllt sind, darf dem Ersteher eine vollstreckb. Ausfert. des Zuschlagsbeschl. (§ 93) nicht erteilt werden (Reinhard-Müller A. 4 b). Gegen die Aufhebung der Maßregel ist Erinnerung u. sof. Beschwerde zulässig (§ 13 Abs. 2 EG., § 793 ZPO.).

---

[1]) Zu diesen zählen nun auch die Bewohner von Danzig (DJZ. 1920, 533).

[2]) Um der Gefahr vorzubeugen, daß die Versteig. im Auslande nicht anerkannt u. dort von den Gl. des VollstrSch. das Schiff mit Beschlag belegt wird (D. 65).

[3]) Diese ist, ebenso wie die Berichtigung des Registers, auch ausgeschlossen, wenn der Zuschlag einem Inländer erteilt wurde, obwohl das Schiff dadurch eintragungspflichtig geworden ist (Reinhard-Müller A. 5, Wolff A. 2).

Dritter Abschnitt.

Zwangsversteigerung und Zwangsverwaltung in besonderen Fällen.

Vorbemerkung.

Die besond. Fälle des 3. Abschn. haben keine ZwVollstr. (zwangsweise Beitreib. einer Geldford.) zum Gegenstande; Versteig. u. Verw. vollziehen sich zwar in der Form des rechtl. Zwanges, aber nicht auf Betreiben eines Gl.[1]). Die Bestimm. des 1. u. 2. Abschn. sind daher hier nur „entspr." anwendbar. Die §§ 172ff. kommen auch zur Anwendung, wenn es sich nicht um Grundstücke (Bruchteile), sondern um die Berechtigungen der §§ 864, 870 ZPO. oder um eingetrag. Schiffe handelt.

I. Zwangsversteigerung u. -Verwaltung auf Antrag des Konkursverwalters.

§ 172.

Wird die Zwangsversteigerung oder die Zwangsverwaltung von dem Konkursverwalter beantragt, so finden die Vorschriften des ersten und zweiten Abschnitts entsprechende Anwendung, soweit sich nicht aus den §§ 173, 174 ein Anderes ergibt.

E. I § 226; Begr. 356, 357; D. 66; KBer. —.

1. Die §§ 172—174 dienen dem **Rechte des KVerwalters**, die Verwertung des zur KMasse gehör. unbewegl. Vermögens (auch Grundstücksanteile, s. Einl. III 2) selbst in die Hand zu nehmen (§§ 1, 114, 117, 126 KO.). Er kann die ZwVerwertung zwar den (vor KEröffnung bereits vorhandenen) BeschlagnGl. (§ 23 ZVG., § 13 KO.), den AbsondBerechtigten u. MasseGl. (§§ 4, 14, 47ff., 57 KO.) überlassen[2]); er kann aber (abges. vom freihänd. Verkauf nach § 134 Nr. 1 KO.) auch vom § 126 KO. Gebrauch machen, wenn jene die Verwertung nicht betreiben.

Es geschieht dies mittelst Antrags des KVerw. auf Anordnung des Verf. (§§ 15, 146, 162) oder auf Zulassung seines Beitritts (§ 27).

2. Voraussetzungen: §§ 16, 17, 146, 164. Dagegen ist § 147 für den KVerw. nicht anwendbar (Jaeckel-Güthe A. 4). Dem Antrage ist auch die Bestallung beizufügen; vollstreckb. Ausfert. des KEröffBeschl. ist nicht erforderlich, weil keine ZwVollstr. vorliegt (so Jaeckel-Güthe A. 4, Jaeger, KO. § 126 A. 6; vgl. RG. 58, 17ff., LZ. 1911, 326 über die Form der vom KVerw. betrieb. Fahrnisvollstr.). Der Nachweis, daß das G. zur KMasse gehört (insbes., wenn der KVermerk infolge Freigabe gemäß § 114 KO. wieder gelöscht worden war)

---

[1]) Die Art. 34ff. BayAG. (Vollstr. in Lehengüter usw.) gehören also nicht in diesen 3. Abschnitt, wohl aber ist das Verf. der gerichtl. Versteig. von Bergwerken u. unbewegl. Kuxen der Art. 44ff. BayAG. dem 3. Abschnitte nachgebildet.

[2]) Zugunsten eines Gläubigers ist die Durchführung der Liegenschaftsvollstr. gegen den in Konkurs geratenen Sch. nur möglich, wenn jener entweder MasseGl. oder AbsondBerechtigter ist; zu letzteren zählt gemäß §§ 13, 47 KO. mit § 10 Nr. 5, 162 ZVG. auch derj., zu dessen Gunsten z. Zt. der KEröffnung (§ 108 KO.) bereits Beschlagn. wirksam geworden war (§§ 22, 27, 151 ZVG.; vgl. § 23 A. 3a); ihr Recht dringt, vorbehaltlich der Anfechtung, allen KGl. gegenüber durch (Jaeger, KO. § 14 A. 9, § 47 A. 10), so daß der KVerw. das von jenen eingeleitete Verf. nicht unter Berufung auf sein eigenes Verwertungsrecht (§§ 117, 126 KO., § 172 ZVG.) aufhalten kann; er wird lediglich Beteiligter an Stelle des GSch. u. muß das Verf. in der Lage annehmen, in der es sich bei KEröffnung befindet.

ist nicht erforderlich; der GSch. hat seinen etwaigen **Widerspruch** im **Klagewege** (§ 771 ZPO.; § 37 Nr. 5 ZVG.) zu verfolgen (Fischer-Schäfer 527, Jaeckel-Güthe A. 4, Reinhard-Müller A. 4).

3. Mit dem Antrag erlangt der KVerw. formell die **Rechtsstellung** eines betreib. Gl., ohne aufzuhören, die Rechte des GSch. wahrzunehmen (JW. 02, 402). Dieser gilt nicht als Beteiligter[3]); an seiner Stelle ist dem KVerw. zuzustellen (§ 6 KO., § 8 ZVG.). Dieser kann allein Erinnerung u. Beschwerde gegen den Zuschlag u. Widerspruch gegen den Plan erheben (Jaeckel-Güthe A. 5, Recht 03, 22); Erlösüberschüsse (nach Deckung der Anspr. der §§ 10, 155) fließen in die KMasse; Vorschüsse (§ 161 Abs. 3) hat der KVerw. zu leisten.

4. Das **Verfahren** vollzieht sich, soweit §§ 173, 174 nichts anderes vorschreiben, unter entspr. Anwendung der §§ 1—171.

Die Terminsbestimm. muß (wg. der Besonderheiten des Verf., §§ 173, 174) erkennen lassen, daß die Versteig. auf Betreiben des KVerw. erfolgt (§ 37 Nr. 3). Die Vorschr., die eine beizutreib. Ford. voraussetzen (z. B. § 76), sind unanwendbar (LZ. 1911, 101, Jaeckel-Güthe A. 3).

Auch der **Beitritt** von AbsondBerechtigten (u. MasseGl.) ist zugelassen. Hierzu ist aber immer ein (u. zwar dingl.) VollstrTitel[4]) erforderlich (vgl. § 174 A. 1). Umgekehrt kann auch der KVerw. dem von einem Gl. betrieb. Verf. (vgl. Fußn. 2) beitreten. Dementsprechend ist die etwa bereits erlassene Terminsbestimm. zu ergänzen (§ 37 Nr. 3). Auf Grund des Beitrittsbeschl. kann aber die Versteig. nur erfolgen, wenn die neuerl. Terminsbestimm. samt Beschl. rechtzeitig bewirkt u. zugestellt bzw. bekannt gemacht wurde (§ 43 Abs. 1 u. 2; Jaeckel-Güthe A. 5, Reinhard-Müller A. 6d; abw. 3. Aufl.); ist dies nicht geschehen u. kann auf Grund des ersten Beschl. die Versteig. durchgeführt werden, so bleibt der Beitritt außer Betracht (§ 44 Abs. 2), so daß insbes. der Feststellung des g. G. nur der erste Beschluß zugrunde gelegt wird (Fischer-Schäfer 528, Jaeckel-Güthe a. a. O., v. d. Pfordten 519, Reinhard-Müller A. 6d; abw. Wenz-Wagner § 174 A. 3).

Wg. des g. G. s. § 174; SicherhLeistung s. § 68 Fußn. 2 u. unten Fußn. 3; WohnRecht des GSch. s. § 149 A. 1.

5. Freigabe des G. Gibt der KVerw. das G. aus der KMasse frei (oder wird das KVerf. aufgehoben), so wird nicht nur sein Betreibungsrecht gegenstandslos, so daß das Verf. nach § 172 aufgehoben werden muß, sondern er scheidet auch in dem von anderer Seite betrieb. Verf. aus u. an seine Stelle tritt der GSch. als Beteiligter, der dieses Verf., soweit es gediehen ist, gegen sich gelten lassen muß (§ 6 KO., OLG. 4, 166). Die Freigabe kann nur dem GSch. gegenüber erklärt werden (RG. 94, 55).

6. Die §§ 172—174 finden auch bei ideellen **Anteilen** (Einl. III 2) Anwendung; der KVerw. kann aber auch von §§ 180ff. Gebrauch machen.

---

[3]) BlfRA. 68, 427, OLG. 16, 338, Jaeckel-Güthe A. 3; a. M. Reinhard-Müller A. 3b, BZfR. 1913, 309, LZ. 1911, 99; vgl. auch A. 5 u. § 9 Fußn. 1. Tritt der GSch. als Bieter auf, so kann auch der KVerw. von ihm Sicherheit in Höhe des ganzen Bargebots nach § 68 Abs. 3 verlangen (Fischer-Schäfer 527, abw. Jaeckel-Güthe A. 5; vgl. auch § 68 Fußn. 2).

[4]) Der VollstrTitel muß dem KVerw. zugestellt, die VollstrKlausel auf ihn umgestellt u. ebenfalls zugestellt sein (s. Einl. II 3bα, § 9 Fußn. 1, § 16 Fußn. 1, § 23 A. 3a).

7. **Gebühren** des Gerichts: Art. 20 Nr. 1 BayKG.; des Notariats: Art. 52 NotGebO., des Rechtsanwalts: Art. 17, 18, 25 mit 5 BayRA.-GebO. v. 26. 3. 02 (JMBl. 427, 411).

§ 173.

Der Beschluß, durch welchen das Verfahren angeordnet wird, gilt nicht als Beschlagnahme. Im Sinne der §§ 13, 55 ist jedoch die Zustellung des Beschlusses an den Konkursverwalter als Beschlagnahme anzusehen.

E I § 227; Begr. 356, 357; D. 66; KBer. —.

Beschlagnahme.

1. **Vgl.** § 172 A. 1.

2. **Wirkungen** des Einleitungsbeschlusses.

a) Er enthält kein Veräuß Verbot (§§ 23, 24); dem GSch. gegenüber liegt dieses schon im KEröffBeschlusse (§§ 6, 7 KO.); der KVerw. aber ist nach wie vor zur Verfügung (Veräußerung, Belastung) über die BeschlagnGegenstände berechtigt, solange nur er das Verf. betreibt u. nicht ein (AbsondBerechtigter oder Masse-) Gläubiger Beschlagn. erwirkt hat (§§ 6, 117 KO.; § 23 ZVG.)[1], da der EinlBeschluß keine Wirkungen zuungunsten des Antragstellers erzeugt (§ 20 Abs. 1); der neue Erwerber kann der Fortsetz. des Verf. widersprechen (§ 771 ZPO., § 37 Nr. 5 ZVG.) u. das VollstrG. hat, wenn ihm die Eintrag. eines neuen Eigentümers bekannt wird, nach § 28 zu verfahren (Jaeckel-Güthe A. 2); Rechte, die der KVerw. nach Eintrag. des ZwVermerks am G. bestellt, bedürfen der Anmeldung (s. 3).

Solange keine Beschlagn. (Beitritt) durch einen Gl. vorliegt, ist auch eine FahrnisVollstr. in die BeschlagnGegenstände (außer Zubehör) seitens der NichtkonkursGl. möglich (§ 865 ZPO., §§ 14, 15 KO.; Peiser 210). Da ferner die Anordnung der ZwVersteig. zugunsten eines (absondberecht. oder Masse)Gl. noch nicht die Miet- u. Pachtzinsen umfaßt (§ 21 Abs. 2, § 148 Abs. 1), so kann sowohl der KVerw. bis zur Anordnung einer ZwVerw. über jene verfügen (§ 148), u. zwar im Umfange des § 1124 Abs. 2 BGB. (RG. 42, 89; 64, 28, Jaeckel-Güthe A. 1; s. unten Fußn. 1), als auch durch die AbsondBerech-

---

[1]) Der RealGl. ist zur Verhinderung der Veräußerung des G. u. Zubehörs auf Beschlagn. u. §§ 1134, 1135 BGB. beschränkt (Klage, einstw. Verf.). Der KVerw. kann bis zur Beschlagn. durch den RealGl. grundsätzlich auch über Zubehör frei verfügen, hat aber kein Recht, durch eine die Grenzen ordnungsm. Wirtschaft überschreit. Wegschaffung u. Veräußerung von Zubehörstücken die Hyp. zu entwerten oder zu verschlechtern; auch das Verbot des § 865 Abs. 2 ZPO. stünde einer solchen Verwertung nach § 127 KO. entgegen. Der KVerw. wird durch solche widerrechtl. u. schuldhafte Verletzung des HypRechts schadensersatzpflichtig u. hat jedenfalls das Vorzugsrecht der RealGl. am Erlöse des Zubehörs anzuerkennen (RG. 42, 91; 69, 85; 73, 333; 74, 109, SeuffA. 65, 342, OLG. 15, 168; 19, 151; 37, 212, LZ. 09, 522; 1911, 593; 1919, 1149; abw. Recht 8, 607; 9, 112, OLG. 9, 383). Vgl. auch § 21 Fußn. 4, § 23 A. 3a. Nach der ZwVersteig Beschlagn. durch den RealGl. ist der KVerw. durch §§ 20 ff., 24 an die Grenzen einer ordnungsm. Wirtschaft gebunden, nach der ZwVerw.Beschlagn. ist ihm durch § 148 Abs. 2 die Verw. u. Benutzung des G. (insbes. also die Verfüg. über Miet- u. Pachtzinsen) überhaupt entzogen (vgl. Recht 1915 Nr. 2376).

Die Frage, ob auf dem G. befindl. Gegenstände zur KMasse oder als Zubehör zur Liegenschaftsmasse gehören, ist im Wege der Klage zwischen KVerw. u. betreib. RealGl., in der ZwVerw. zwischen KVerw. u. ZwVerw. auszutragen (RG. 80, 315, Recht 1915 Nr. 2373).

tigten u. MasseGl. deren Pfändung erfolgen (§ 865 Abs. 2 S. 2 ZPO., ebenso Fischer-Schäfer 530, Jaeckel-Güthe A. 2; abw. OLG. 8, 207). Entspr. gilt für die Anspr. auf wiederkehr. Leistungen nach § 1126 BGB.

b) Dagegen wirkt der Beschluß von der Zustellung[2]) an den KVerw. an nach zwei Richtungen wie eine Beschlagn., nämlich in Ansehung der Abgrenzung der lauf. u. rückständ. wiederkehr. Leistungen (§ 13), u. indem er bewirkt, daß nach § 55 als mitversteigert gilt, was die Beschlagn. zugunsten eines Gl. ergriffen hätte u. was nicht vom KVerw. in der Zeit bis zum Zuschlage veräußert u. entfernt wurde. Eine zwischen Versteig. u. Zuschlag von ihm vorgenomm. Veräußerung mithaft. Gegenstände wäre zwar dem gutgl. Erwerber gegenüber wirksam, der KVerw. aber dem Ersteher gegenüber zur Herausgabe der Bereicherung u. zum Schadensersatz verpflichtet (Fischer-Schäfer 529, Reinhard-Müller A. 2b; s. auch Fußn. 1).

3. Der **Versteig.- (Verwalt.-) Vermerk** ist in das GBuch (Schiffsregister) einzutragen (§ 19). Dies ist von Bedeutung für den Kreis der Beteiligten (§ 9 Nr. 1) u. der anzumeld. Rechte (§ 37 Nr. 4, §§ 45, 110, 114); auch schützt die Eintrag. den beitret. Gl. (§ 27) gegen eine, die Grenzen einer ordnungsm. Wirtschaft überschreit. Verfügung über mithaft. Gegenstände (insbes. Veräußerung) durch den KVerw. (§ 23 Abs. 2 S. 2, vgl. oben 2a, Jaeckel-Güthe A. 5, Reinhard-Müller A. 1f, 3); denn es wird nicht eingetragen, daß das Verf. gerade vom KVerw. betrieben wird.

§ 174.

Hat ein Gläubiger für seine Forderung gegen den Gemeinschuldner ein von dem Konkursverwalter anerkanntes Recht auf Befriedigung aus dem Grundstücke, so kann er bis zum Schlusse der Verhandlung im Versteigerungstermine verlangen, daß bei der Feststellung des geringsten Gebots nur die seinem Anspruche vorgehenden Rechte berücksichtigt werden; in diesem Falle ist das Grundstück auch mit der verlangten Abweichung auszubieten.

E. I § 228; Begr. 357–359; D. 67; RBer. —.

Geringstes Gebot.

1. **Zweck** der Vorschrift. § 174 dient zur Feststellung des Ausfalls eines RealGl. (AbsondBerechtigten), dem der GSch. zugleich persönlich haftet (§§ 64, 153 KO.). Während zu diesem Zweck Art. 169 BayGO. eine Beschlagn. auch für bedingte u. betagte Ford. (also auch ohne VollstrTitel) ermöglichte, ist nunmehr der RealGl. entweder auf die Erlangung eines VollstrTitels (u. ZwVollstr.) oder auf § 174 angewiesen; er kann, wenn ihm auf diese Weise die rechtzeitige Feststell. seines Ausfalls nicht gelingt (z. B. bei ergebnisloser Versteig.) u. er auf sein AbsondRecht nicht verzichtet, überhaupt keine Dekkung aus der Konkursmasse erlangen (vgl. § 23 A. 3).

2. **Abänderung des geringsten Gebots. a)** Das vom KVerw. allein betrieb. ZwVersteigVerf. läßt alle Rechte am G. (anders bei Schiffen, § 169) unberührt; diese Rechte sind daher (einschl. der Kosten des Verf. u. der Anspr. nach § 10

[2]) Nur diese, nicht der Zeitpunkt des Eingangs des Ersuchens um Eintrag. beim GBuchamte (RegisterG.; §§ 22 Abs. 1, 163 Abs. 2), auch nicht die Besitznahme (§ 151 Abs. 2, 165) ist maßgebend (Jaeckel-Güthe A. 3, Wolff A. 2).

Nr. 1—3) sämtlich im g. G. zu berücksichtigen, wie wenn ein persönl. Gl. das Verf. betreibt. Da unter diesen Umständen die Versteig. meist ergebnislos sein u. nicht festgestellt würde, wie weit der Wert des G. den RealGl. befriedigt, ist dieser berechtigt, zu verlangen, daß ein Ausgebot auch noch in der Art erfolgt, daß nur die ihm vorgehenden Anspr. (beim 1. HypGl. also nur die Kosten u. die Anspr. nach § 10 Nr. 1—3) in das g. G. aufgenommen werden, auch wenn seine Ford. nicht fällig, hierfür kein VollstrTitel vorhanden ist u. er das Verf. nicht betreibt (nicht beigetreten ist).

Der Antragsteller des § 174 verzichtet damit für seine Ford. auf Deckung durch das Mindestgebot, was ihm hier (im Gegensatze zum gewöhnl. Verf., vgl. Einl. V 2) ohne Rücksicht auf die späteren Gl. u. den GSch. gestattet ist.

b) Das Verlangen kann auch gestellt werden, wenn neben dem KVerw. ein Gläubiger (persönl. Gl. vor KEröffnung, Real- oder MasseGl.) das Verf. betreibt, der einen schlechteren Rang einnimmt, als der Gl. des § 174, vorausgesetzt, daß nach dem Beitritt des KVerw. § 43 Abs. 2 beobachtet, d. h. allen dort genannten Beteiligten rechtzeitig die abgeänderte Terminsbest. zugestellt wurde (s. oben § 172 A. 4); es kann nicht gestellt werden, wenn der KVerw. im Zeitpunkte der Feststell. des g. G. seinen VersteigAntrag zurückgenommen hat. Stellen mehrere Gl. einen zulässigen Antrag nach § 174, so ist derj. maßgebend, der das niedrigste g. G. ergibt (Jaeckel-Güthe A. 9, Reinhard-Müller A. 2f).

c) Voraussetzung ist weiterhin, daß dem RealGl. der GSch. zugleich persönlich haftet, sowie daß sein dingl. (§ 47 KO.) u. persönl. Recht vom KVerw. (nicht GSch.) ganz oder teilweise (ausdrücklich oder stillschweigend) anerkannt wird; gleichgültig ist, ob dies im Prüfungstermin oder außerhalb desselben, z. B. im VersteigTermine geschieht (Fischer-Schäfer 532); die Feststell. in der KTabelle (§§ 144, 145 KO.) u. Fälligkeit ist nicht erforderlich.

d) Der Antrag ist bis zum Schlusse der Verhandlung im Versteig.-Termine (§ 74; also auch noch nach dem Schlusse der Versteig., § 73) zulässig; ein schriftl. Antrag bedarf öffentl. Beglaubigung (bestr., s. § 59 A. 2c); der Antrag kann bis zur Zuschlagsverkündung zurückgenommen werden (Reinhard-Müller A. 4c) u. wird gegenstandslos (u. damit auch ein etwa bereits erfolgtes Doppelausgebot), wenn der KVerw. den VersteigAntrag noch vor dem Zuschlage zurücknimmt (oder solange er einstw. Einstellung des Verf. bewilligt, §§ 29—31, 33)[1]). Durch die Antragstellung wird der Gl. weder betreib. noch beitretender Teil (RG. 75, 138).

e) Ist das dingl. Recht des Antragstellers mit dem Rechte eines Dritten belastet, so ist dessen Zustimmung zum Antrag nach § 174 erforderlich; die Zustimmung anderer Beteiligter, besonders der gleich- u. nachberecht. Gl., ist dagegen nicht erforderlich, da sie auch das Verf. auf Grund VollstrTitels des Gl. nicht verhindern könnten (Reinhard-Müller A. 2e); steht das Recht mehreren zu, so kann jeder den Antrag stellen (§§ 420, 428 BGB.), nicht aber der einzelne Miterbe vor der Auseinandersetzung (§ 2039 BGB., Jaeckel-Güthe A. 6, Wolff A. 3, Reinhard-Müller A. 2f).

3. Doppelausgebot. Infolge eines nach § 174 gestellten Antrags ist das G. sowohl mit allen dingl. Rechten (wobei Abweichungen nach § 59 zulässig

[1]) Geschieht dies erst nach Schluß der Versteig. u. wurde das Verf. allein vom KVerw. betrieben, so ist nach § 33 zu verfahren.

sind), als auch mit den nur dem Antragsteller (allenfalls dem bestberechtigten) vorgehenden Rechten auszubieten.

Bestritten ist, welchem Gebote der Zuschlag zu erteilen ist (wenn auf beide Ausgebote ein zuläss. Gebot gelegt wurde), ob dem höh. Gebote (wobei die bestehenbleib. Rechte einzurechnen wären) oder schlechthin dem auf Antrags des Gl. erzielten. Die Entsch. der Frage hängt davon ab, ob der Zweck des § 174 auch als erreicht anzusehen ist, wenn auf das erstere Ausgebot ein alle Rechte deckendes Gebot gelegt wurde, oder ob in diesem Falle noch nicht behauptet werden kann, daß der Antragsteller keinen Ausfall erlitten hat. Dieser steht aber erst fest, wenn das AbsondRecht keine oder nicht vollständige bare „Befriedigung" verschafft hat, also nicht schon, wenn es bestehen bleibt (§ 64 KO.). Es ist daher auf Antrag des Gl. des § 174 demj. zulässigen Gebote der Zuschlag zu erteilen, das nach § 174 gelegt wird (vgl. § 176 A. 3, Fischer-Schäfer 532, Jaeckel-Güthe A. 10, Reinhard-Müller A. 4c; abw. Wolff A. 6).

4. Über Sicherheitsleistung s. §§ 67ff. Der Antrag nach § 174 berechtigt nicht den Antragsteller, gemäß § 68 Abs. 3 Sicherheit wie ein betreib. Gl. zu verlangen; denn betreib. Teil ist der KVerw. Einem beitret. Gl. gegenüber stehen jedoch Gebote des KVerw. u. des GSch. im Sinne der §§ 67 Abs. 2, 68 Abs. 3 einander gleich.

II. Zwangsversteigerung eines Nachlaßgrundstücks.

§ 175.

Hat ein Nachlaßgläubiger für seine Forderung ein Recht auf Befriedigung aus einem zum Nachlasse gehörenden Grundstücke, so kann der Erbe nach der Annahme der Erbschaft die Zwangsversteigerung des Grundstücks beantragen. Zu dem Antrag ist auch jeder Andere berechtigt, welcher das Aufgebot der Nachlaßgläubiger beantragen kann.

Diese Vorschriften finden keine Anwendung, wenn der Erbe für die Nachlaßverbindlichkeiten unbeschränkt haftet oder wenn der Nachlaßgläubiger im Aufgebotsverfahren ausgeschlossen ist oder nach den §§ 1974, 1989 des Bürgerlichen Gesetzbuchs einem ausgeschlossenen Gläubiger gleichsteht.

E. I —; Begr. 855; D. 67; KBer. —.

Zulässigkeit.

1. Zweck der Vorschrift. Die §§ 175—179 ermöglichen dem Erben die Feststell. des Umfangs seiner persönl. Haftung für Nachlaßverbindlichkeiten, die zugleich auf einem Nachlaßgrundstücke (grundstücksgleichen Berechtigung, Schiffe, § 176) lasten, durch Herbeiführung der Versteig. (nicht ZwVerw.), während hier das Aufgebot der NGläubiger (§§ 1970—1974 BGB., 989—1000 ZPO.), das sich nur mit den rein persönl. Ford. an den Nachlaß befaßt, versagt. — Vgl. Vorbem. zum 3. Abschnitt.

2. Voraussetzung des Verf. nach §§ 175—179 ist (wie für den Aufgebotsantrag) beschränkte Haftung des oder der Erben für eine NVerbindl. (§§ 1994, 2005, 2006 Abs. 3 BGB.; Beweislast: § 177 ZVG.); Vorhandensein eines Rechtes des NGläubigers, für dessen Ford. der Erblasser auch persönlich haftete (§ 1967 BGB.), auf Befriedigung aus einem NGrundstück (Bruchteil; vgl. Einl. III 2); Nichteröffnung des Konkurses (§ 178); Annahme der Erbschaft durch den antragstell. Erben, Miterben oder Nacherben (§§ 1942 ff. BGB.) — soweit nicht das Verf. vom NPfleger (=verwalter) betrieben wird —, im übr. s. §§ 15 ff.

Die beschränkte Haftung liegt auch dann vor, wenn der Antragsteller nur einzelnen NGläubigern unbeschränkt haftet (z. B. § 2006 Abs. 3 BGB.), dagegen nicht, wenn er allgemein unbeschränkt, nur einzelnen gegenüber beschränkt haftet (z. B. § 2063 Abs. 2 BGB.; Fischer=Schäfer 536, Jaeckel=Güthe A. 6, Reinhard=Müller A. 4 a, Wolff A. 3 c).

Der Antrag ist auch zulässig, wenn einzelne Miterben unbeschränkt, der Antragsteller aber beschränkt haftet. Haften alle unbeschränkt, so kann der Antrag auch nicht von einem TestVollstrecker oder NPfleger gestellt werden (Jaeckel=Güthe A. 7).

Die persönl. Haftung des Erben (u. damit die Voraussetzung des § 175 u. die Notwendigkeit der NVersteig.) entfällt, wenn der dingl. berechtigte NGläubiger mit seinem persönl. Anspruche bereits im Aufgebotsverf. ausgeschlossen ist oder doch als ausgeschlossen gilt (§§ 1970 bis 1974, 1989 BGB., § 995 ZPO.).

3. Antragsberechtigt ist neben dem Erben (Miterben; auch Nacherben, § 2144 BGB.) jeder, der das Aufgebot der NGläubiger verlangen kann: NPfleger (=verwalter), TestVollstrecker (wenn ihnen die Verw. des NGrundstücks zusteht, § 991 Abs. 2 u. 3 ZPO.), Ehemann im Falle des § 999 ZPO. (wegen §§ 1411, 1459, 1549 BGB.), Erbschaftskäufer gemäß § 1000 ZPO. (wegen §§ 2382, 2383, 2385 BGB.).

Glaubhaftm. der Antragsberechtigung: § 177 ZVG.

4. Beitritt. Die Antragsberechtigten des § 175 können einem auf Betreiben eines Gläubigers eingeleit. Verf., umgekehrt ein Gl. dem Verf. nach § 175 beitreten (vgl. § 172 A. 4).

5. Gebühren des Gerichts: Art. 20 Nr. 2 BayKG.; des Notariats: Art. 52 NotGebO.; des Rechtsanwalts: Art. 17, 18, 25 mit 5 BayRA.-GebO. v. 26. 3. 02 (JMBl. 427, 441).

§ 176.

Wird die Zwangsversteigerung nach § 175 beantragt, so finden die Vorschriften des ersten und zweiten Abschnitts sowie der §§ 173, 174 entsprechende Anwendung, soweit sich nicht aus den §§ 177, 178 ein Anderes ergibt.

D. 67, 68.

Anwendung der Vorschriften über die ZwVollstreckung auf die Nachlaß-ZwVersteigerung.

1. Vgl. § 175 A. 1.

2. Das **Verfahren** ist im wesentl. der Versteig. auf Antrag des Konkursverw. (§§ 172—174) gleich. Der Antragsteller ist betreib. Teil u. Vollstr.-Schuldner[1]) in einer Person (vgl. § 172 A. 3); ihm wird der Anordnungs-

[1]) Der Antragsteller hat daher Sicherheit für seine Gebote gleich dem GSch. zu leisten (§ 67 Abs. 2 S. 2, § 68 Abs. 3; vgl. § 174 A. 4).

beschluß zugestellt (nicht den Miterben, welche den Antrag nicht gestellt haben); der VersteigVermerk ist einzutragen; der Beschluß, welcher das Verf. anordnet, wirkt nicht als VeräußVerbot (§ 173)[2]), die Wirkungen des Beschlusses, wie die der Eintrag. des VersteigVermerks sind vielmehr dieselben wie im Falle des § 173; die Erben, welche den Antrag nicht gestellt haben, sind Beteiligte, entweder auf Grund Eintrag. im GBuch oder nach Anmeldung (§ 9); die Terminsbestimm. (§ 37 Nr. 3, 4) muß erkennen lassen, daß ein Verf. nach § 175 vorliegt (zweckmäßig wird ausdrücklich auf die Folgen des § 174 wie § 179 hingewiesen; an Stelle des Gl. in Nr. 4 ist der Antragsteller zu setzen); das geringste Gebot wird zunächst, wie wenn die ZwVersteig. von einem persönl. Gl. betrieben würde, unter Berücksichtigung aller Anspr., für die ein Recht auf Befriedigung aus dem G. besteht (§§ 9, 10 Nr. 1 ff.; Kosten: § 109), u. sodann auf Verlangen eines Gl. (vgl. § 179) nach § 174 festgestellt; stellen mehrere NGläubiger den Antrag nach § 174, so ist derj. maßgebend, der das niedrigste g. G. ergibt (§ 174 A. 2 b).

Der Antrag nach § 174 setzt (ausdrückl. oder stillschw.) Anerkennung des persönl. u. dingl. Rechtes des Gl. seitens des betreib. Teils[3]) — Erben usw. — voraus; wird das Verlangen nach § 174 nicht gestellt, so kann der betreib. Teil von § 179 Gebrauch machen, also die Befriedigung des betr. Gl. aus dem übr. Nachlaß verweigern (anders, wenn er den Anspruch bestreitet, s. § 179 A. 3 a).

3. Beim **Doppelausgebote** wird der Zuschlag wieder dem auf Grund des § 174 erzielten (zulässigen) Gebot erteilt, wobei es jedoch dem Antragsteller des § 174 freisteht, sich für das andere Gebot zu entscheiden, d. h. seinen Antrag vor dem Zuschlag wieder zurückzunehmen (vgl. § 174 A. 2 d, 3). Wird das Verf. zugleich von einem Gläubiger betrieben, so ist ein Doppelausgebot nur erforderlich, wenn seine Ford. schlechteren Rang einnimmt, als diej. des Gl. des § 174, wobei aber § 44 Abs. 2 beobachtet sein muß. Tritt der Antragsberechtigte des § 175 dem von einem Gl. betrieb. Verf. bei, so ist § 43 Abs. 1 u. 2 zu beachten, also besonders den Beteiligten rechtzeitig die abgeänderte Terminsbestimm. zuzustellen u. bekannt zu machen (vgl. oben 2 u. § 172 A. 4 Jaeckel-Güthe A. 8).

§ 177.

Der Antragsteller hat die Tatsachen, welche sein Recht zur Stellung des Antrags begründen, durch Urkunden glaubhaft zu machen, soweit sie nicht bei dem Gericht offenkundig sind.

D. 67.

Begründung des Antrags.

1. Vgl. § 175 A. 1.

2. Der Antrag hat den Nachweis nach § 17 Abs. 2 (bei Schiffen: § 164) zu enthalten. Die Notwendigkeit eines VollstrTitels entfällt.

---

[2]) Veräußert der Erbe das G., so ist das Verf. aufzuheben (§ 28; vgl. § 173 A. 2 a); veräußert er einzelne mithaft. Gegenstände, so werden diese nicht vom Zuschlag ergriffen (Jaeckel-Güthe A. 4).

[3]) Wenn mehrere das Verf. nach § 175 betreiben, ist die Anerkennung durch sämtl. Betreibenden erforderlich (Jaeckel-Güthe A. 6, Wolff A. 3; a. M. Fischer-Schäfer 542). Der Widerspruch der Nichtbetreibenden ist belanglos; er würde sonst wegen § 179 den ganzen Zweck vereiteln, um dessentwillen der eine das Verf. betreibt.

Dagegen ist weiterhin nötigenfalls **glaubhaft zu machen**: der Tod des Erblassers; die Eigenschaft des Antragstellers (als Erbe, Miterbe, Nacherbe, NPfleger usw. durch Erbschein, Testament, Bestallung; beim Ehemann durch Heiratsurkunde, Ehevertrag, Auszug aus dem Güterrechtsregister, wobei für die nach dem 1. 1. 00 geschloss. Ehen die Vermutung des gesetzl. Güterstandes gilt; im Falle des Erbschaftskaufs durch die im § 2371 BGB. bez. Urkunde); Vorhandensein einer Forderung, für die neben dem NGrundstücke der Erblasser persönlich haftete (§ 17 Abs. 2, allenfalls Bezugnahme auf das GBuch); Annahme der Erbschaft (falls nicht der Antrag vom NPfleger gestellt wird) durch Erbschein, Ablauf der Ausschlagungsfrist (§§ 1942 ff. BGB.)[1]).

Als GlaubhaftmachMittel (§ 294 ZPO.) sind nur Urkunden (auch private) zugelassen (Jaeckel-Güthe A. 1, Reinhard-Müller A. 1 b).

Die Ausschließungsgründe des § 175 Abs. 2 bedürfen nicht der Glaubhaftm. durch den Antragsteller, sind vielmehr, soweit sie nicht gerichtsbekannt, von den Beteiligten geltend zu machen u. nachzuweisen u. daraufhin das Verf. aufzuheben (Erinnerung u. sof. Beschwerde, §§ 766, 793, 577 ZPO.; Jaeckel-Güthe § 175 A. 6, § 177 A. 1, 2).

3. Die **Aufhebung** des Verf. hat auch zu erfolgen, wenn die Voraussetzungen der Antragsberechtigung (§ 175 Abs. 1) nachträgl. wegfallen, also z. B. die unbeschränkte Haftung des Erben eintritt (s. auch § 178 A. 2). Wechselt nur die Person des Antragstellers, so wird das Verf. für den Nachfolger (neuen NPfleger, TestVollstrecker, KVerw., Erben) fortgesetzt; eine einstw. Einstellung (§ 31) findet nicht statt (überw. Meinung, s. Jaeckel-Güthe A. 2, Reinhard-Müller A. 3).

§ 178.

Die Zwangsversteigerung soll nicht angeordnet werden, wenn die Eröffnung des Nachlaßkonkurses beantragt ist.

Durch die Eröffnung des Nachlaßkonkurses wird die Zwangsversteigerung nicht beendigt; für das weitere Verfahren gilt der Konkursverwalter als Antragsteller.

D. 68.

Einfluß des Nachlaßkonkurses.

1. **Vgl.** § 175 A. 1.

2. Die Eröffnung des Konkurses über den Nachlaß (§§ 214 ff. KO.) sichert bereits die beschränkte Haftung des Erben (§ 1975 BGB.); dieser bedarf infolgedessen nicht mehr des Verf. nach §§ 175 ff.

Die bereits erfolgte **KEröffnung** macht daher die Einleitung der NZw.-Versteig. unzulässig (ein trotzdem eingeleit. Verf. ist gemäß § 28 oder auf Erinnerung u. Beschwerde des KVerw. nach §§ 766, 793 ZPO. wieder aufzuheben); der KVerw. kann aber seinerseits von §§ 172—174 Gebrauch machen u. dem Verf. beitreten. Ist die Eröffnung des NK. beantragt, so ist die Entsch. über die Einleitung der NZwVersteig. aufzuschieben, bis feststeht, ob KEröffnung erfolgt (Fischer-Schäfer 539, Jaeckel-Güthe A. 10, Reinhard-Müller A. 1 c); wird der NK. erst nach Einleitung der NZwVersteig. eröffnet

[1]) In der Regel wird schon in der Stellung des VersteigAntrags die Annahme der Erbschaft zu erblicken sein (Jaeckel-Güthe § 175 A. 5, Reinhard-Müller § 175 A. 3 b).

(§ 178 Abs. 2), so wird das Verf. für u. gegen den KVerw. im Wege der §§ 172 bis 174 fortgesetzt. Er ist nunmehr zur Ausübung des Rechte des bish. Antragstellers, insbes. zur Anerkennung des AbsondRechtes u. zur Zurücknahme des Antrags des Erben usw., befugt.

3. Wird das KVerf. (infolge Schlußverteil., ZwVergleich, mangels Masse) vor der Versteig. wieder **aufgehoben** oder das G. vom KVerw. aus der Masse freigegeben, so kann die NZwVersteig., weil zwecklos, nicht für den Erben usw. fortgesetzt, muß vielmehr ebenfalls aufgehoben, u. U. muß nach § 33 der Zuschlag versagt werden (§ 175 Abs. 2 ZVG. mit §§ 1989, 1990 BGB.; Fischer-Schäfer 540, Jaeckel-Güthe A. 10, Reinhard-Müller A. 3).

4. Die Einleitung der **Nachlaßverwaltung** (§ 1975 BGB.) hindert die NZwVersteig., die der Erbe wie der NVerw. selbständig zu beantragen berechtigt ist, nicht (§ 175 A. 3, Jaeckel-Güthe A. 10, Reinhard-Müller A. 4).

5. Über den Einfluß der NKEröffnung auf die von einem NGläubiger betriebene **ZwVollstr.** s. § 221 KO., § 784 ZPO.

§ 179.

Ist ein Nachlaßgläubiger, der verlangen konnte, daß das geringste Gebot nach Maßgabe des § 174 ohne Berücksichtigung seines Anspruchs festgestellt werde, bei der Feststellung des geringsten Gebots berücksichtigt, so kann ihm die Befriedigung aus dem übrigen Nachlasse verweigert werden.

D. 68.

Beschränkung der Befriedigung des Nachlaßgläubigers.

1. Vgl. § 175 A. 1.

2. Zweck der Vorschrift. Der RealGl. ist nicht verpflichtet, in der NZw.-Versteig. das g. G. u. damit seinen Ausfall gemäß §§ 174, 175 feststellen zu lassen. Wenn er dies unterläßt, so bleibt sein Recht bestehen (mit der sich aus § 53 ergebenden Wirkung, daß der Ersteher die NSchuld übernimmt); es wird dann aber so behandelt, als wenn es nicht ausgefallen, sondern durch das G. voll gesichert wäre, u. dem RealGl. (auf Einrede hin) der Zugriff auf die übrige NMasse versagt. Die Vorschrift zwingt ihn also im Interesse des Erben, von §§ 174, 175 Gebrauch zu machen.

3. Voraussetzungen der Einrede. § 179 setzt voraus,

a) daß der NGläubiger berechtigt u. in der Lage war, das Verlangen nach § 174 zu stellen; dies ist nicht der Fall, wenn sein dingl. oder persönl. Recht von dem Antragsteller bestritten wurde (vgl. § 176 Fußn. 3), oder wenn die Terminsbestimm. (§ 37 Nr. 3) nicht erkennen ließ, daß es sich um eine NZw.-Versteig. handelte (Fischer-Schäfer 542, Jaeckel-Güthe A. 1, Reinhard-Müller A. 2);

b) daß der NGläubiger es unterlassen hatte, von § 174 Gebrauch zu machen (oder seinen Antrag zurücknahm);

c) daß sein Anspruch im geringsten G. berücksichtigt worden, also bestehen geblieben ist. Ob ein zulässiges Meistgebot erzielt wird oder das Verf. infolge der Höhe des g. G. ergebnislos bleibt, ist gleichgültig, wenn nur nicht der Zuschlag vom Erben usw. durch Zurücknahme des VersteigAntrags verhindert wurde; es kommt hier nicht, wie bei der KonkursZwVersteig. (§§ 172 bis 174), auf die tatsächlich erfolgte Feststellung des Ausfalls eines RealGl. an (Fischer-Schäfer 541, Jaeckel-Güthe A. 2). Soweit ein Anspruch des NGläubigers im g. G. nicht berücksichtigt wurde (z. B. weil ein vorgeh. Anspruch maßgebend war), haftet die übrige NMasse, auch wenn ersterer das Verlangen nach § 174 nicht gestellt hat (Jaeckel-Güthe A. 1, Reinhard-Müller A. 3 e).

4. Wirkung. Im Falle des § 179 ist der NGl. lediglich auf Befriedig. aus dem ihm haft. NGegenstande angewiesen, wenn der Erbe oder Erbenvertreter sich der Einrede aus § 179 bedient; BereichAnspruch des Erben im Falle der Leistung: §§ 813, 814 BGB. — Auch der Bürge des verstorb. Hauptschuldners kann sich der Einrede des Erben aus § 179 bedienen, da sie ihm, wenn er den Gl. befriedigt, vom Erben entgegengehalten werden kann; §§ 768 Abs. 1 S. 2 BGB. trifft nicht zu (Reinhard-Müller A. 4; bestr.).

5. Nicht anwendbar ist § 179 wg. § 169 auf die Versteig. eines zum Nachlaß gehörigen **Schiffes**; der ausfallende Gl. kann sich also hier ohne weiteres an den übr. Nachlaß halten (Jaeckel-Güthe § 175 A. 3).

III. Zwangsversteigerung behufs Gemeinschaftsaufhebung.

§ 180.

Soll die Zwangsversteigerung zum Zwecke der Aufhebung einer Gemeinschaft erfolgen, so finden die Vorschriften des ersten und zweiten Abschnitts entsprechende Anwendung, soweit sich nicht aus den §§ 181 bis 184 ein Anderes ergibt.

E. I § 229; Begr. 359—363; D. 68; KBer. 57.

Zulässigkeit. Verfahren.

1. Vgl. **Vorbemerkung** zum 3. Abschnitt.

2. Die **TeilungsZwVersteig.** der §§ 180 ff. ist die in § 753 BGB. für den Fall, daß Teilung in Natur nicht möglich ist, vorgesehene ZwVersteig.

a) Ihr unterliegen Grundstücke, wie grundstücksgleiche Berechtigungen (insbes. ErbbRecht) u. eingetrag. Schiffe.

Sie setzt eine Gemeinschaft mehrerer Personen, u. zwar ideelle Anteile voraus (ZBlFG. 07, 708), sei es an dem einzelnen Gegenstande (Miteigentum, § 1008 BGB.)[1]) oder an einem gemeinschaftl. Vermögen (Gesellschaft

---

[1]) Bei Stockwerkseigentum ist die TeilungsZwVerst. gesetzlich ausgeschlossen u. nur Anteilsversteig. zulässig: Art. 42 BayÜB. z. BGB. (Pfalz: Art. 20 LiegenschG. v. 1. 7. 98); vgl. Henle-Schneider Art. 42 A. 9, 10, OLG. 15, 292.

Dagegen ist TeilZwVerst. zulässig, soweit nicht Vereinbarungen entgegenstehen, bei gemeinsch. Hofräumen, Einfahrten, Backöfen, Wechselgrundstücken, falls sie eigene Plannummern im Grundsteuerkataster bilden (vgl. Art. 43 BayÜB. z. BGB., Henle-Schneider A. 2, 3, §§ 173 Abs. 1, 190 Abs. 1, 220 Abs. 1 DA.). Uneigentl. Stockwerkseigent. kann nach § 1010 BGB. begründet werden; hierbei kann auch vereinbart werden, daß die Aufheb. der Gemeinsch. nicht unter einem bestimmten Preis erfolgen dürfe; dem Zuschlag zu einem geringeren Preis können die Teilhaber widersprechen (KGJ. 33 A 225, OLG. 43, 5, Merzbacher Recht 1924, 382; vgl. auch oben b).

Auch das Miteigentum der im gesetzl. Güterstande leb. Ehegatten an einem gemeinschaftl. G. ist der TeilungsZwVerst. zugänglich; die Frau bedarf hier nicht der Zustimmung des Mannes zum Antrag auf TeilungsVerst. (RG. 67, 396, JW. 08, 199; 1925, 2160; a. M. OLG. 22, 416, BNotZ. 1911, 408).

§ 731, Gütergemeinschaft § 1477, fortges. GG. § 1498, ErrungenschG. § 1546, ErbenG. § 2042 BGB., Jaeckel-Güthe A. 2, 3, Drescher 2 ff.); die TeilungsZwVerst. ist also in gleicher Weise bei Gemeinschaften nach Bruchteilen, wie zur gesamten Hand zulässig; nicht aber, wenn der Alleineigentümer nur schuldrechtlich verpflichtet ist, einen Teil des Erlöses abzugeben (JW. 08, 314, Recht 1914 Nr. 706). Wird die Gemeinschaft nicht hinreichend dargetan, so ist der Antrag abzuweisen (Recht 03, 215; vgl. § 181 A. 1 a).

b) Die TeilungsZwVerst. kann gesetzlich ausgeschlossen sein (vgl. Fußn. 1 u. § 181) u. ist unzulässig bzw. nur beschränkt zulässig, wenn das Recht, die Aufhebung der Gemeinschaft zu verlangen, durch Vereinbarung ausgeschlossen oder von vorh. Kündigung abhängig ist u. kein wichtiger Grund vorliegt (§§ 749, 750 BGB.; über die Wirkung der Vereinbarung gg. den Sondernachfolger s. unten); wenn die Veräußerung nur unter den Teilhabern statthaft ist (§ 753 Abs. 1 S. 2 BGB.; über Ausschluß von Geboten Dritter, welcher durch besond. VersteigBeding. festzusetzen u. durch Zuschlagsanfechtung erzwingbar ist, vgl. RG. 52, 177); wenn die Auseinandersetz. unter den Miterben (abw. von § 2042 BGB.) nicht erfolgen kann (§§ 2043 ff., 2204 BGB.) oder vom Erblasser besonders geregelt ist (§ 2048 BGB., RG. 110, 270, JW. 1925, 2120); solange das GesellschVerhältnis oder die ehel. Gütergemeinsch.[2]) fortdauert (§§ 719, 730, 731; 1442, 1471, 1477; 1487, 1497, 1498; 1519, 1546; 1549 BGB.).

Ein dingl. Vorkaufsrecht (§§ 1094 ff. BGB.) wirkt, wenn es gemäß § 182 bestehen bleibt, auch gg. den Ersteher, hindert also die TeilungsZwVerst. nicht (§ 1098 BGB., Fischer-Schäfer 546, Jaeckel-Güthe A. 11, Reinhard-Müller A. 7 f; vgl. Recht 1924, 386).

An eine Vereinb. der Teilhaber über den Ausschluß der Teilung ist der Konkursverwalter, der das Recht auf Auseinandersetzung auszuüben hat, überhaupt nicht gebunden (§ 16 Abs. 2 KO., SeuffA. 74, 121, BZfR. 1919, 37, Jäger A. 12, 14, Bleyer A. 5), der Sondernachfolger eines Teilhabers nur dann, wenn sie als Belastung im GBuch eingetragen ist (§ 1010 BGB.), der PfändungsGl. nur, wenn sein Schuldtitel bloß vorläufig vollstreckbar ist (§ 751 S. 2 BGB.).

Über die Geltendmachung der Unzulässigkeit s. § 181 A. 2.

Unzulässig ist (zwecks Aufheb. der Gemeinschaft) die ZwVerwaltung (§§ 146 ff.), vorbehaltl. § 25 (Recht 09 Nr. 734, OLG. 19, 200).

3. a) VerstVerfahren. Entspr. Anwendung des 1. u. 2. Abschnittes ist nur soweit möglich, als die dortigen Vorschr. nicht unmittelbar mit der zwangsweisen Beitreibung einer Ford. des Gl. (an der es hier fehlt) zusammenhängen. Es entfallen daher z. B. § 10 Nr. 1, 5, 6; § 11 Abs. 2; §§ 44 Abs. 2; 75, 76, 77 Abs. 2 S. 2. §§ 20, 23 sind zwar anwendbar, da auf § 173 nicht verwiesen ist (s. Stillschweig JW. 1926, 2226); die Wirkungen der Beschlagnahme sind aber gering, insbes. sind die Teilhaber nach wie vor zur Veräußerung (vorbehaltl. § 26) u. Belastung ihrer Anteile, sowie zur gemeinsamen Verfügung

[2]) Der gütergemeinschaftl. Ehegatte, der ein G. eingebracht hat, kann nach Scheidung der Ehe der Teilungs-Verst. in der Regel nicht unter Berufung auf § 1477 Abs. 2 BGB. widersprechen (RG. 73, 41, JW. 1910, 290).

über das G. befugt (Fischer-Schäfer A. 3, Jaeckel-Güthe A. 6, Reinhard-Müller A. 7 c). §§ 13 u. 55 sind anwendbar.

Dem Antragsteller (der auch ein Dritter sein kann, s. § 181 A. 1 c) fällt die Rolle des betreib. Teils, den Miteigentümern (Gesamthändern) die Rolle der Schuldner zu (vgl. BZfR. 1919, 37). Der VersteigVermerk[3] wird eingetragen; hiernach bestimmen sich die Beteiligten (§ 9). Die Verbindung der TeilVersteig. mehrerer gemeinsch. Grundstücke der Teilhaber ist zulässig (ZBlFG. 20, 326, OLG. 40, 424). Die Terminsbestimm. muß zum Ausdruck bringen, daß die Versteig. zum Zwecke der Aufheb. der Gemeinschaft erfolgt (§ 37 Nr. 3; in § 37 Nr. 4 sind die Worte „dem Anspruch des Gläubigers und" wegzulassen). Wegen § 182 Abs. 1 ist der Antragsteller gemäß § 41 Abs. 2 bekanntzugeben (Jaeckel-Güthe A. 8). Eine Abkürzung der Frist des § 43 Abs. 1 ist auch hier, selbst mit Zustimmung aller Teilhaber, nicht zulässig (bestr.; s. Jaeckel-Güthe A. 8). Über geringstes G. s. § 182, Beitritt § 182 A. 4, Sicherheit § 184. Anzuwenden sind ferner insbes. die Bestimm. über die Anrufung der Entsch. des VollstrG. bzw. sof. Beschwerde (§§ 95 ff., § 13 EG., Art 25 AG.; Recht 03, 215, OLG. 19, 200; 40, 424) u. Wiederversteig. (§§ 132 ff.). Der Eigentumserwerb durch den Zuschlag erfolgt auch hier ohne Rücksicht auf die bish. Eigentumsverhältnisse (§ 90; Recht 09 Nr. 571).

b) **VerteilVerfahren.** Nur die Versteig. (Versilberung) des G., nicht die Auseinandersetzung (Teilung) unter den Teilhabern ist der Zweck des Verf. (§ 753 BGB.); daher beschränkt sich das VerteilVerf. auf die Verteilung des Erlöses unter die RealGl.; dagegen ist die Verteilung des Überschusses des VerstErlöses unter die einzelnen Teilhaber in der Regel (wenn keine Einigung vorliegt) nicht Sache des Notariats als VerstBehörde (Recht 09 Nr. 733, BZfR. 1919, 37, SeuffA. 74, 121; RG. 119, 321, JW. 1928, 2817, Ring 3, 263), sondern nötigenfalls im Klagewege auszutragen (vgl. §§ 86 ff. FGG.).

Im VerteilTermin ist wie sonst ein TeilPlan aufzustellen (§ 113), der die Teilungs- u. Schuldenmasse, insbes. die nach Vorwegnahme der Kosten des Verf. (§ 109) bar zu befriedig. Anspr. enthält u. die bestehenbleib. Rechte angibt. Sind Anteile verschieden belastet u. Anteilsbelastungen nicht im g. G. berücksichtigt, sondern aus dem Erlös zu decken, so ist nach §§ 112, 122 zu verfahren. Verhandlung, Zuteilung u. Ausführung des Plans hinsichtl der Anspr. der Gl. vollziehen sich nach den gewöhnl. Regeln (§§ 115 ff.).

Soweit die Anteile der Teilhaber am Überschuß nicht feststehen (z. B. bei Gemeinschaft zu gesamter Hand) oder bestritten sind, ist er (nach Befriedigung der nicht bestehenbleib. Rechte der RealGl. u. der Anspr. nach § 10 Nr. 1—3) zu hinterlegen (OLG. 36, 247) oder, wenn er nicht bezahlt ist, gemeinsam die Ford. gegen den Ersteher (die den Teilhabern vom Zuschlag an ohne eigentl. Übertragung zusteht), sicherzustellen (Eintrag. von SichHyp. für die Teilhaber unter Angabe des GemeinschVerhältnisses). Vgl. Fischer-Schäfer 547, Jaeckel-Güthe A. 9, Reinhard, Recht 1910, 361, Reinhard-Müller A. 8, Drescher 95 ff.). Zur Verfügung über die Ford. sind dann nur alle Teilhaber gemeinschaftlich berechtigt, ebenso zur Betreibung der Wiederversteig. (Jaeckel-Güthe, Reinhard-Müller a. a. O. gegen Wolff A. 13).

---

[3]) Daß der VersteigVermerk zum Ausdruck bringen müsse, daß die Versteig. zu Teilungszwecken erfolgt, ist nicht vorgeschrieben (anders Terminsbestimmung).

Auch bei Gemeinschaften nach Bruchteilen ist der Überschuß nur dann den Anteilen entspr. an die Teilhaber auszuzahlen bzw. durch einzelne SichHyp. sicherzustellen, wenn kein Streit über die Höhe der auf die Teilhaber treff. Beträge, insbes. keine Ersatzansprüche bestehen (§§ 755, 756 BGB.).

Ist die SichHyp. zur Deckung eines Anspr. bestimmt, der nur auf einem Anteil lastete, so ist sie im Falle des Zuschlags an einen Teilhaber wg. § 1114 BGB. auf dem nunmehrigen Anteil desselben (u. U. dem ganzen Grundstück) einzutragen (Drescher 103, Reinhard-Müller A. 8e; anders § 128 A. 2a).

Ein PapierM.-Anspr. der Teilhaber auf den Überschuß des VerstErlöses ist als Kaufgeldford. i. S. des § 10 Abs. 1 Nr. 5 AufwG. anzusehen u. aufzuwerten (JW. 1926, 2690, 2772, Ring 3, 263).

4. Verhältnis der TeilungsZwVersteig. zu den übr. Arten des Verfahrens.

a) Solange ein Gläubiger die Vollstr. in das ganze G. betreibt, ist die TeilVersteig. infolge der Beschlagn. ausgeschlossen (§ 28); ist sie aber bereits anhängig, so genügt ihre Einstellung, sobald ein Gl. dem Verf. beitritt (Blf.-RA. 71, 426); die Terminsbestimm. (§ 37 Nr. 3, 4) ist entspr. zu ändern (vgl. oben 3a), § 43 zu beachten; durch den Zuschlag in der VollstrVersteig. findet dann auch die TeilVerst. ihre Erledigung, andernfalls kann diese nach § 31 Abs. 2 fortgesetzt werden (Jaeckel-Güthe A. 16 halten den Beitritt für unzulässig, wollen vielmehr beide Verf. selbständig einleiten u. durchführen, zwei VersteigVermerke eintragen u. die Vollstr. auch nach dem Zuschlag in der TeilVersteig. fortsetzen; vgl. über die verschied. Meinungen Fischer-Schäfer A. 8, Reinhard-Müller A. 9, v. d. Pfordten A. 4d, Wolff A. 6, Drescher 55ff., Brüll GruchBeitr. 55, 53ff.).

b) Vollstr. in einen Anteil am G. kann dagegen neben der TeilVersteig. (hinsichtl. des ganzen G.) einhergehen. Erstere hebt nicht die Gemeinschaft auf, sondern ändert nur die Teilhaber; §§ 749ff. BGB. finden auf sie keine Anwendung[4]).

---

[4]) In welcher Weise die Durchführung dieser beiden Arten der Versteig. erfolgen soll, ist sehr zweifelhaft. Ihre Verbindung, u. damit ein Doppelausgebot, ist unzulässig; denn es handelt sich um zwei verschiedene Gegenstände der Versteig. (Anteil u. ganzes G.); § 18 ist nicht gegeben, ebensowenig § 27; beide Verf. laufen daher nebeneinander (v. d. Pfordten 543, Jaeckel-Güthe A. 17; a. M. Reinhard-Müller A. 10).

Im übr. ist zu unterscheiden:

a) Der Antrag des VollstrGl. betrifft den Anteil des Antragstellers des § 180. Die Beschlagn. zugunsten des ersteren steht dem Recht des letzteren, die Aufhebung der Gemeinschaft zu verlangen u. damit auch seinen Anteil zu veräußern, entgegen (§ 23); die TeilungsVerst. ist daher einstw. einzustellen (abw. 3. Aufl.).

Erfolgt nun der Zuschlag in der Anteilsversteig. (des Gl.), so hört damit der Sch. auf, Miteigentümer zu sein u. die TeilungsVersteig. weiterführen zu können; das ist vielmehr Sache des Erstehers in der Anteilsversteig.

b) Der Antrag des VollstrGl. betrifft den Anteil eines anderen als des Antragstellers des § 180. Geht hier die Anteilsversteig. (des Gl.) voraus, so ist sie ohne Einfluß auf die TeilungsVersteig. zugunsten des anderen Teilhabers; letztere wird gegen den Ersteher in der Anteilsversteig. (der sein Eigentum gemäß § 9 Nr. 2 anzumelden hat) fortgesetzt. Erfolgt aber zuerst die TeilungsVersteig., so ist hier der VollstrGl. gemäß § 9 Nr. 1, bzw. Nr. 2 mit § 10 Nr. 5 zuzuziehen; ist er dinglich Berechtigter, so bleibt sein Recht gemäß § 182 bestehen u. kann gegen den Ersteher in der TeilungsVersteig. in Ansehung des (früheren) Anteils weiter verfolgt werden; aber auch, wenn er nur persönl. Gl. ist, kann er die Anteilsversteig. weiter betreiben, soweit er nicht in der Teilungsverst. Befriedigung erhält; er hat ein Recht auf Befriedigung im VollstrVerf. (Jaeckel-Güthe A. 17; abw. Reinhard-Müller A. 10b, v. d. Pfordten 544).

c) Die TeilungsVersteig. kann auch nach Einleitung der NachlaßVersteig. (§§ 175 ff.) angeordnet werden u. umgekehrt; ein Antrag nach § 174 (176) ist aber nur dann zulässig, wenn die Fristen des § 43 bei der durch den Beitritt veranlaßten Terminsbestimm. eingehalten worden sind (s. § 172 A. 4; Drescher 62).

d) Wird über das Vermögen des die TeilungsVersteig. betreib. Teilhabers der Konkurs eröffnet, so tritt der KVerw. in dessen Rechte ein (§§ 6, 16 KO.); gehört das ganze G. zur KMasse (z. B. Nachlaßkonkurs), so kann das Verf. nur vom KVerw. u. nur nach §§ 172 ff. fortgesetzt werden (Drescher 59, Reinhard-Müller A. 12 a, Jaeckel-Güthe A. 14, Wolff A. 12).

5. Die **Kosten**, die den einzelnen Teilhabern durch Wahrnehmung ihrer Rechte erwachsen, fallen zwar nicht unter § 109, auch nicht unter § 10 Abs. 2, da eine beizutreib. Ford. nicht vorhanden ist, aber sie sind zugunsten aller Teilhaber aufgewendet (vom Beitritt abgesehen) u. daher von allen nach Verhältnis der Anteile zu tragen (§§ 753 Abs. 2, 756 BGB., Fischer-Schäfer 548, Jaeckel-Güthe A. 10); der Erstattungsanspr. ist jedoch bei Streit außerh. des Verf. geltend zu machen (Reinhard-Müller A. 8 b; s. oben 3 b).

6. Gebühren des Gerichts: Art. 20 Nr. 3 BayKG.; sie sind gem. Art. 9 II BayKG. wenn es nicht zum Zuschlage kommt, nach dem Werte des ganzen G. (nicht demj. des Anteils des Antragstellers) u. ohne Abzug der Lasten zu berechnen, da das Verf. die Ausscheidung aller Anteilsrechte betrifft; Art. 9 Abs. 4 BayKG. ist unanwendbar, da es an einer beizutreib. Ford. fehlt u. der Wert des Anteils des Antragstellers ihr nicht gleichgestellt ist (v. Schmidt Art. 9 A. 4, v. d. Pfordten AG. 76, BlfRA. 75, 755; a. M. BlfRA. 73, 281); auch wenn der Antragsteller als PfändGl. das Recht des Eigent. oder Erben auf Teilung ausübt (§ 181 Abs. 2), ist eine „entsprechende“ Anwendung des Art. 9 Abs. 4 KG. ausgeschlossen[5]).

Gebühren des Notariats: Art. 52 BayNotGebO. Ist der Ersteher ein bish. Teilhaber, so bleibt bei der Berechnung der GErwSteuer der auf seinen bish. Anteil treffende Teil des Meistgebots in der Regel außer Betracht (§§ 8, 15 GErwStG., Ott § 15 A. 6 ff., Götz BNotV. 1928, 96; s. oben § 58 Fußn. 1). Dies gilt jedoch nicht für die Notariatsgebühr, gleichgültig, ob es sich um Gesamthands- oder Bruchteilsgemeinschaft handelte (Schmitt NotGebO. Art. 52 A. 7, abw. BayObLG. 10, 580).

Gebühren des Rechtsanwalts: Art. 17, 18, 25 mit 5 BayRAGebO. v. 26. 3. 02 (JMBl. 427, 441).

§ 181.

Ein vollstreckbarer Titel ist nicht erforderlich.

Die Zwangsversteigerung eines Grundstücks darf nur angeordnet werden, wenn der Antragsteller als Eigentümer im Grundbuch eingetragen oder Erbe eines eingetragenen Eigentümers ist oder wenn er das Recht des Eigentümers oder des Erben auf Aufhebung der Gemeinschaft ausübt. Von dem

[5]) Denn auch die Pfandforderung wird hier nicht, wie Art. 9 Abs. 4 BayKG. voraussetzt, im Zwangswege beigetrieben, das Verf. beschränkt sich auf die Aufhebung der Gemeinschaft; es fehlt also auch in diesem Falle an einer Forderung, „wegen deren die ZwVersteig. angeordnet ist“, obwohl diese mittelbar der Befriedig. des PfandGl. dient.

Vormund eines Miteigentümers kann der Antrag nur mit Genehmigung des Vormundschaftsgerichts gestellt werden.

Betrifft der Antrag ein Schiff, so ist durch Urkunden glaubhaft zu machen, daß das Eigentum dem Antragsteller und denjenigen, gegen welche sich der Antrag richtet, gemeinschaftlich zusteht und daß einer von ihnen im Besitze des Schiffes ist.

Die Vorschrift des § 17 Abs. 3 findet auch auf die Erbfolge des Antragstellers Anwendung.

E. I § 230; Begr. 363; D. 68; KBer. —.

Voraussetzungen der Teilungs-Versteigerung.

1. Ein **Nachweis** der Zulässigkeit der Teilung u. insbes. der Teilungsversteig ist nur erforderlich, soweit gesetzl. oder aus dem GBuch ersichtl. Hinderungsgründe entgegenstehen; der Teilhaber, der die Unzulässigkeit behauptet, ist auf die Einwendungen beschränkt (s. A. 2). Zur Anordnung der Teilungsversteig. bedarf es auch keines VollstrTitels (Teilungsurteils, durch das die Teilhaber zur Duldung der Teilung verpflichtet würden)[1]).

Erforderlich u. genügend ist vielmehr

a) im **allg.** der Nachweis des Bestehens einer Gemeinschaft (§ 180; ZBlFG. 7, 708), der Beendigung des zugrunde liegenden Gesellschafts- oder Güterverhältnisses (s. b) u. der in § 181 Abs. 2, 3 mit § 17 bez. Voraussetzungen. Dieser Nachweis ist teils durch Bezugnahme auf das GBuch (§ 17), teils durch Urkundenvorlage[2]) zu erbringen. Bei Schiffen genügt urkundl. Glaubhaftm. des Eigentums der Teilhaber u. des Besitzes (s. § 164), ebenso bei Erbfolge (Abs. 3, 4).

Vormundschaftsgerichtl. Genehmigung (auch für den Antrag eines Pflegers oder Beistands, §§ 1821 Nr. 1, 1915 mit 1693 BGB.) ist nur bei Grundstücken (grundstücksgl. Berechtigungen, z. B. ErbbRecht), dagegen nicht für den Inhaber der elterl. Gewalt notwendig (Abs. 2; abw. Wolff A. 8); Zurücknahme der Genehmigung ist nur bis zum Zuschlag möglich (RJA. 6, 9, ZBl.-FG. 6, 267). Vgl. Drescher 25, Fischer-Schäfer 550, Jaeckel-Güthe A. 6.

Die im gesetzl. Güterstand lebende Ehefrau bedarf zum Antrag nach § 180 in der Richtung gg. ihren Mann als Miteigent. nicht dessen Zustimmung (s. § 180 Fußn. 1), ebensowenig der Mann im Falle der Gütergemeinsch. der Zustimmung der Frau (bestr.; Jaeckel-Güthe A. 6, Planck § 1445 A. 3, Staudinger-Engelmann II 1 b γ).

b) Eintragung. Die Teilungsversteig. ist zulässig, wenn der Antragsteller im GBuch als Eigentümer (Miteigent.) eingetragen oder Erbe (Miterbe)[3]) des eingetrag. Eigent. oder Miteigent. ist.

---

[1]) Klage auf Feststellung der Zulässigkeit der Teilung, insbes. bei Widerspruch der Teilhaber bzw. auf Einwilligung in die Teilungsverst. ist dadurch nicht ausgeschlossen (Wolff A. 1, BayObLG. 24 A 19, GruchBeitr. 54, 632).

[2]) Z. B. Zeugnis des GBuchamts u. Registergerichts, Erbschein, Testament, Bestallung des KVerwalters, Pfändungsbeschluß mit VollstrTitel u. ZustellUrkunden, Scheidungsurteil.

[3]) Vgl. Reinhard, Recht 1910, 361 ff. — Der einzelne Miterbe kann in der Regel Aufheb. der Gemeinsch. hinsichtl. eines einzelnen Nachlaßgrundstücks nicht betreiben; doch hat dies der VollstrR. nicht zu prüfen, sondern dem Widerspruch zu überlassen (BZfR.

Dies gilt auch für die *Antragsgegner* (§§ 17, 180); sie müssen natürlich im Antrag so genau bezeichnet sein, daß ihre Zuziehung zum Verf. möglich ist (Jaeckel-Güthe A. 10). Unzulässig ist z. B. die Teilungsversteig., solange ein Gesellschaftsgrundstück noch auf den Namen des geschäftsführ. Gesellschafters eingetragen ist (Recht 1914 Nr. 706).

Dagegen braucht in den Fällen, wo laut GBuch das G. zu einem GesellschVermögen oder zum ehel. Gesamtgut gehört, die *Auflösung* der Gesellschaft (§§ 719, 730, 731 BGB.) bzw. die *Beendigung* der Gütergemeinschaft (§§ 1442, 1477 BGB.) *nicht eingetragen* zu sein, es genügt urkundl. Nachweis (Jaeckel-Güthe A. 2, Reinhard-Müller A. 2c, 5e; a. M. Fischer-Schäfer 50).

c) Ausübung des Teilungsrechtes durch einen **Dritten.** Die Teilungsversteig. ist *auch* zulässig, wenn der Antragsteller das Recht des (eingetrag.) Eigent. oder des Erben auf Aufhebung der Gemeinschaft ausüben kann; er braucht selbst nicht eingetragen zu sein (OLG. 11, 329, JW. 1919, 1063)[4]).

Hierher gehört:

α) der *PfändungsGl.* Zulässig ist die *Pfändung* des *Anteils* des Sch. am GesellschVermögen oder *Nachlaß* (§§ 857, 859 ZPO., §§ 725, 751 S. 2, 2033 BGB., 105 Abs. 2, 135, 146ff. HGB.), sowie am ehel. *Gesamtgut* nach[4a]) Beendigung der Gemeinschaft (§ 860 Abs. 2 ZPO.), ferner des *Anspruchs* auf Auseinandersetz. (§ 749 BGB.) bei einer Gemeinsch. nach *Bruchteilen* (die Vollstr. in den *Grundstücks-Anteil* dieses Miteigentümers selbst erfolgt durch Liegenschaftsvollstr. nach §§ 864 Abs. 2, 866 ZPO., sie ermöglicht nur die Anteils-, nicht die Teilungsversteig.; Fischer-Schäfer 551, Jaeckel-Güthe A. 7, Recht 07, Nr. 3013). Anspruchspfändung ist insbes. geboten für den Fall der *Anfechtung* einer Bruchteilsveräuß. (s. unten *γ*); Pfändung des Anspr. auf den *Erlös* bei der Auseinandersetz. wird der Pfändung des Rechtes auf die Auseinandersetz. gleichzusetzen sein (Stein-Jonas § 864^{II}, vgl. RG. 67, 331).

Der Gläubiger, der hiernach den Vermögens- (Nachlaß-, Gesamtguts-) Anteil gepfändet hat, bedarf, wenn sein Schuldtitel *nicht bloß vorläufig* voll-

1919, 36, SeuffA. 74, 121, JW. 1919, 42; über den bis zur Auseinandersetz. „still gelegten" Anteil des Miterben an den einzelnen Nachlaßgegenständen s. BayObLG. 6, 660, BZfR. 05, 34; 11, 365, RJA. 4, 183). Der Gl. eines Miterben kann die TeilungsZwVersteig. auch hinsichtl. eines *einzelnen* Nachlaßgrundstücks betreiben (OLG. 25, 269). Der einzelne Miterbe eines *Miteigentümers* kann nicht nur TeilungsZwVerst. des zum Nachlaß gehörigen *Anteils*, sondern auch des *ganzen* Grundstücks betreiben (RG. 108, 422, JW. 1925, 609). Der *Miterbe eines Ehegatten*, der in Gütergemeinsch. lebte oder eines Erblassers, der an einer Gesellschaft beteiligt war, steht in einem *doppelten* Gesamthandsverhältnis; er kann Auseinandersetz. sowohl des Nachlasses, wie des Gesamtguts verlangen (ZBlFG. 19, 135).

[4]) Die Eintrag. der Pfändung u. Verpfänd. des Anteils eines Miterben am *Nachlaß* (auf dem Blatt eines Nachlaßgrundstücks) ist zulässig, weil dadurch der Miterbe in der Verfüg. über das G. selbst beschränkt wird (BlfRA. 72, 456, RG. 90, 232, RJA. 16, 109, Stein-Jonas § 859 Fußn. 15, 49). Dagegen ist die Eintrag. der Pfändung des Anteils am *GesellschVermögen* (Verpfänd. ist ausgeschlossen, §§ 719 Abs. 1 mit 725 BGB.) auf dem Blatt eines GesellschGrundstücks unzulässig (SeuffA. 64, 248). Über das Gesamthandsverhältnis der Gesellschafter vgl. RG. 65, 231; 68, 410.

[4a]) Während des Bestehens der fortges. GG. kann auch der Anteil des Abkömmlings am Gesamtgut *nicht* gepfändet werden (Stein-Jonas § 860 A. 1, vgl. aber JW. 1926, 2470).

streckbar ist, zum Antrag auf Teilungsversteig. des ganzen G. nicht der Überweisung (§§ 751 S. 2, 2044 Abs. 1 S. 2 BGB.); dagegen ist hierzu Überweisung z. Einziehung oder an ZahlStatt (§§ 835, 836, 857 ZPO.) notwendig, wenn der Schuldtitel nur vorläufig oder nur der Anspruch auf Auseinandersetz. gepfändet ist.

β) Der PfandGl. Der Verpfändung ist aber nur der Erbteil zugänglich (§ 2033 Abs. 1 BGB.), nicht der Anteil am GesellschVermögen (§ 719 Abs. 1 BGB.) u. am Gesamtgut einer Gütergemeinsch. (§§ 1442 Abs. 1, 1471 Abs. 2, 1519 Abs. 2 BGB.); vor Fälligkeit der Pfandford. bedarf der Gl., dem der Erbteil verpfändet ist, zum Antrag der Zustimm. des Sch. (§§ 1228 Abs. 2, 1258 Abs. 2, 1273 BGB.). Bei der Bruchteilsgemeinsch. bedarf der Gl., dem ein Grundstücksanteil verpfändet ist (in Form der Hyp. usw.) zur Antragstellung der Verpfänd. oder Pfändung u. Überw. des Anspruchs auf Auseinandersetz. (s. oben *α*; Jaeckel-Güthe A. 8, Fischer-Schäfer 551).

γ) Der Konkursverw. eines Miteigentümers, wobei eine die Aufhebung der Gemeinsch. ausschließ. Vereinbarung der Teilhaber oder Anordnung des Erblassers unbeachtlich ist (§ 16 Abs. 2 KO.). Der KVerw. kann das Recht auf Aufhebung der Gemeinsch. auch hinsichtl. eines in anfechtbarer Weise veräußerten Anteils (nach dessen Rückgewähr) ausüben (§§ 29 ff., 37 KO.)[5].

δ) Die Liquidatoren einer Handelsgesellsch. (§§ 145 ff. HGB.); sie können den Antrag nach § 180 in der Regel nur gemeinschaftl. stellen (§ 150 HGB.).

ε) Der Erbschaftskäufer (§§ 2371, 2033, 2042 BGB., OLG. 6, 400), der TestVollstrecker im Falle des § 2204 BGB. (Jaeckel-Güthe A. 6, Planck A. 3 d, 9, RGRK. A. 1; RG. 108, 289, JW. 1925, 785).

ζ) Der am Anteil Nießbrauchsberechtigte kann die Aufhebung der Gemeinschaft nur gemeinschaftl.[6]) mit dem Miteigentümer (Miterben) beantragen (§ 1066 Abs. 2 BGB., Jaeckel-Güthe A. 9, Reinhard-Müller A. 5 g; abw. Fischer-Schäfer 552, Recht 07 Nr. 2879); im Verf. sind beide beteiligt im Sinne des § 9 u. je nach Sachlage beide zuzuziehen; der Nießbrauch wird nicht im g. G. berücksichtigt (§ 1066 Abs. 3 BGB., §§ 92, 121 ZVG.).

2. Die **Einwendungen** der Teilhaber gegen die Anordnung, sei es daß sie die Unzulässigkeit der Teilung überhaupt (z. B. nach §§ 749 ff., 1010; 719, 730 ff.; 1442 ff., 1487, 1497; 1546; 2042 ff. BGB.) oder nur der zwangsweisen Teilung behaupten, sind nach § 37 Nr. 5 ZVG. mit §§ 768, 771 ZPO. im Klageweg (einstw. Einstellung nach §§ 769, 770 ZPO.; nicht einstw. Verfüg.,

---

[5]) Zweifelhaft ist, ob auch der AnfechtungsGl. außerhalb des Konkurses das Recht auf Aufhebung der Gemeinsch. hat. Im Anteilsrecht ist auch der persönl. Anspr. aus § 749 Abs. 1 BGB. enthalten; beide sind daher „als noch zum Vermögen des Veräußerers gehörig" zurückzugewähren; der AnfechtGegner hat also nicht nur die ZwVollstr. in den Anteil (Anteilsversteig.; Stein-Jonas § 864 Fußn. 38), sondern auch die Pfändung des Anspr. auf Aufheb. der Gemeinsch. zu dulden; der Gl. kann dann auf dem oben zu c α gezeigten Weg auch die Teilungsversteig. betreiben (Jaeger AnfechtG. § 1 A. 42 mit § 9 A. 9, 10, anschein. abw. von Jaeger KO. § 29 A. 38, § 37 A. 13 u. von Hartmann-Meikel 88[5], 237[2]; a. M. ZZP. 38, 217; 39, 124, Jaeckel-Güthe A. 6). Über Anfechtung der im g. G. berücksicht. Hyp. s. § 50 Fußn. 3 A b.

[6]) Besteht der Nießbrauch am ganzen G., so bedarf es zum Antrag der Teilhaber auf TeilungsVersteig. nicht der Zustimmung des Nießbrauchers, da dessen Recht bestehen bleibt (§§ 52, 91, 182 ZVG.).

OLG. 40, 405) geltend zu machen (Jaeckel-Güthe A. 4, BNotZ. 08, 7, LZ. 1919, 36, JW. 1919, 42; 1927, 2473)[7]).

Erinnerung nach § 766 ZPO. (u. sodann sof. Beschwerde) ist nicht zulässig[8]); anders, wenn die Teilungs-ZwVersteig. gesetzlich ausgeschlossen, die Unzulässigkeit also von Amts wegen zu beachten ist (z. B. bei Stockwerkseigentum, s. § 180 Fußn. 1 u. Einl. III 2 a. E.; oder bei den Realverbänden des Art. 164 EG.BGB., wie Alpengenossenschaften BlfRA. 70, 647; 75, 82, BZfR. 05, 453); hier einstw. Einstellung nach §§ 766, 732 Abs. 2 ZPO.

Weitere Ausnahme: Wenn sich das der Anordnung entgegensteh. Recht aus dem GBuch ergibt (z. B. gem. § 1010 BGB. oder beim GesellschVermögen nach §§ 719, 731, ehel. Gesamtgut nach §§ 1442, 1519, 1546, 1549 BGB.), ist nach § 28 zu verfahren (JW. 1927, 2473; Abweichung: § 16 Abs. 2 KO., § 751 S. 2 BGB., wonach die Eintrag. nicht gg. den KVerw. eines Teilhabers u. den PfändGl. wirkt). Über den Nachweis der Auflösung der Gesellschaft u. der Beendigung der Gütergemeinsch. s. oben 1 b a. E.

Ist die Veräußerung gem. § 753 Abs. 1 S. 2 BGB. an einen Dritten unstatthaft, so kann diese Beschränkung (die in die Versteig.-Beding. aufzunehmen ist) nicht gegen die Anordnung der Teilungsversteig. selbst, sondern erst im Falle des Zuschlags an einen anderen als die Teilhaber gemäß §§ 96, 100 geltend gemacht werden (Fischer-Schäfer 546, RG. 52, 174).

§ 182.

Bei der Feststellung des geringsten Gebots sind die den Anteil des Antragstellers belastenden oder mitbelastenden Rechte an dem Grundstücke sowie alle Rechte zu berücksichtigen, die einem dieser Rechte vorgehen oder gleichstehen.

Ist hiernach bei einem Anteil ein größerer Betrag zu berücksichtigen als bei einem andern Anteile, so erhöht sich das geringste Gebot um den zur Ausgleichung unter den Miteigentümern erforderlichen Betrag.

Auf die Versteigerung eines Schiffes finden die Vorschriften über das geringste Gebot entsprechende Anwendung.

E. I § 231; Begr. 363, 364; D. 68, 69; KBer. 56.

Geringstes Gebot.[1])

1. Auch für die Teilungsversteig. gilt der **Deckungsgrundsatz**. Er bedeutet hier, wo ein betreib. Gl. nicht vorhanden ist, das Bestehenbleiben aller derj. Rechte, die stärker sind, als der Auseinandersetzungsanspr. des Antragstellers. Sodann steht die Feststell. des g. G. unter der weiteren Regel, daß das Recht jedes Teilhabers auf Teilung nicht durch einseitige Rechtshandlungen des andern

[7]) Klage gem. § 767 ZPO. (Einwendung gg. den Teilungsanspr.) wird für zulässig erachtet von BlfRA. 75, 82 = OLG. 20, 386, Steinhaus GruchBeitr. 63, 712 (s. auch OLG. 3, 47).

[8]) Ebenso Fischer-Schäfer 550, Reinhard-Müller A. 3 b, v. d. Pfordten A. 4, Recht 07, 260, OLG. 40, 405; abw. Jaeckel-Güthe A. 4, Kretzschmar 344, Wolff A. 1, OLG. 3, 47; 20, 386.

[1]) Vgl. Recht 01, 156 ff.; 02, 68 ff.; Freund, Zur ZwVerst. zwecks Aufh. der Gemeinschaft; Drescher, Die ZwVerst. z. Zweck der Aufh. der Gemeinschaft; GruchBeitr. 45, 333 u. 577.

(z. B. Belastung seines Anteils) beeinträchtigt werden darf (§ 749 BGB.), ferner daß die auf die einzelnen Grundstücksanteile treff. Bruchteile des g. G. (trotz etwaiger verschiedener Belastung) einander gleich sein müssen.

2. Das g. G.[2]) in der ein Miteigentum nach Bruchteilen[3]) betreffenden Teilungsversteig. setzt sich daher zusammen aus:

a) den Anspr. aus Rechten, die den Anteil des Antragstellers belasten oder mitbelasten (aus letzteren auch, wenn sie nicht auf allen Anteilen ruhen; ebenso aus Rechten, die erst nach Eintrag. des VersteigVermerks vom Antragsteller bestellt worden waren, wenn sie eingetragen u. angemeldet wurden), sowie aus den diesen Rechten vorgehenden oder gleichstehenden Ansprüchen. Zu diesen gehören besonders die Anspr. des § 10 Nr. 1—3, die Kosten des Verf. nach §§ 44 Abs. 1, 109, ferner diej. Sonderbelastungen des Anteils eines Nichtantragstellers, die Vorrang vor oder Gleichrang mit den den Anteil des Antragstellers mitbelastenden Rechten genießen. Natürlich ist auch eine dem Antragsteller selbst zustehende Eigentümerhyp. usw. im g. G. zu berücksichtigen (Wolff A. 4, Jaeckel-Güthe A. 2).

Ein Rangverhältnis zwischen Sonderbelastungen zweier Anteile kann ohne Gesamtbelastung nicht gedacht werden; fehlt eine solche, so werden die Belastungen der Anteile der Nichtantragsteller überhaupt nicht berücksichtigt (ZBlFG. 6, 528, Jaeckel-Güthe A. 2, Reinhard-Müller A. 1); sie sind der Gefahr des Ausfalls ausgesetzt u. in letzterem Fall auf den Beitritt angewiesen; das gleiche gilt von den Sonderbelastungen der Anteile der Nichtantragsteller, die der jüngsten Gesamtbelastung im Range nachgehen. Daß die einer Gesamtbelastung vor- oder gleichstehenden Sonderbelastungen berücksichtigt werden, ist nur die Folge der Berücksichtigung der (nach- oder gleichsteh.) Gesamtbelastung.

Über den Fall der Belastung des Anteils mit einem Leibgeding s. § 9 EG. A. 5.

b) der Ausgleichungssumme des § 182 Abs. 2, die erforderlich wird, wenn die nach a) ermittelten Belastungen der einzelnen Anteile nicht (verhältnismäßig) deren Größe entsprechen; zum Ausgleiche sind hier dem g. G. (a) „diejenig. Beträge hinzuzurechnen, um die die Belastungen des am stärksten belasteten Anteils die Belastungen eines jeden der Anteile verhältnismäßig übersteigen" (Denkschr. 69).

Für die Beträge des § 182 Abs. 2 gilt als gesetzl. VersteigBedingung die Barzahlung (s. §§ 49, 180; Jaeckel-Güthe A. 4).

Das g. G. ist nach den zur Zeit seiner Feststellung vorhand. Belastungen zu berechnen (soweit sie von Amts wegen zu berücksichtigen oder angemeldet sind).

3. Beispiele: Auf den Anteilen des A u. B an einem G. lasten folg. Hyp. (u. vorgeh. Rechte):

I. A ½	B ½	II. A ⅓	B ⅔
20 (§ 10 Nr. 3)	—	—	50 (Hyp.)
80 (Hyp.)	—	100	—
200 (Gesamtrecht)		150 (Gesamtrecht)	
—	30	—	230 (Hyp. v. 1. 1. 02)
		20 (Hyp. v. 1. 10. 02)	—

A ist Antragsteller.

---

[2]) Wird dies nicht erzielt, so ist § 77 anzuwenden; muß dann das Verf. als ergebnislos aufgehoben werden, so bleibt dem Teilhaber, um von der Gemeinsch. loszukommen, nur der Verzicht (§ 928 BGB.).

[3]) Bei Aufheb. einer Gemeinschaft zur gesamten Hand entfällt die Anwendung des § 182, da Anteile am G. selbst nicht vorhanden sind; es bleiben hier also alle Rechte am G. bestehen.

G. G. im Beisp. I: Kosten + 20 (bar) + 80 + 200 (bestehen bleibend nach Abs. 1) + 100 (bar nach Abs. 2) = 400 + Kosten. Wird um das bare g. G. von: Kosten + 20 + 100 der Zuschlag erteilt, so bleiben die Hyp. 80 u. 200 bestehen, während die nach Deckung der 20 des § 10 Nr. 3 (u. der Kosten) übrigen baren 100 auf die Hyp. 30, sowie auf B mit 70 entfallen.

G. G. im Beisp. II: Kosten + 100 + 150 + 20 + 50 (bestehen bleibend nach Abs. 1) + 190 (bar nach Abs. 2) = Kosten + 510; die nach Abs. 1 ermittelte Belastung, abges. von den Kosten, beträgt nämlich 320, wovon auf A 100 + 50 (= 1/3 von 150) + 20 = 170, auf B 50 + 100 (= 2/3 von 150) = 150 treffen, während auf B, dessen Anteil doppelt so groß ist als der des A, auch 2 × 170 = 340, also um 190 mehr als 150 treffen sollten. Im Falle des Zuschlags um das bare g. G. von Kosten + 190 bleiben bestehen 100, 150, 20 u. 50, während die restigen baren 190 auf die Hyp. zu 230 entfallen, deren Rest ausfällt.

Beisp. III:	A 1/8 (= 3/24	B 5/12 (= 10/24)	C 1/4 (= 6/24)	D 5/24
	30 (Hyp.)	180	150	120
	—	96 (Gesamtrecht) (B + C)		—
	240 (Gesamtrecht) (A + B + C + D)			
	72	—	(60)	(90)

A ist Antragsteller. Hier enthält das g. G. (abges. von Kosten u. einschl. der bestehen bleib. Posten) zunächst nach § 182 Abs. 1: 30 + 180 + 150 + 120 + 96 + 240 + 72 = 888. Die Gesamtbelastungen verteilen sich, dem Verhältnisse der Anteile entspr., wie folgt:

	A	B	C	D
	30	180	150	120
	—	60	36	—
		(96)		
	30	100	60	50
		(240)		
	72	—	—	—
Sa.	132 +	340 +	246 +	170 = 888,

während sie nach Verh. der Größe der Anteile (1/24 = 888 : 24 = 37) wie nachstehend verteilt sein sollten:

A 3/24 = 111 B = 370 C = 222 D = 185; Sa. = 888.

Verhältnismäßig zu hoch belastet ist also A um (132 — 111 =) 21 u. C um 24 (oder 1/24 Anteil des A um 7, des C um 4), während die Belastung von B u. D unter der verhältnismäßigen um 30 bzw. 15 zurückbleibt. Zur Ausgleichung sind daher noch erforderlich:

bei B: 30 (nämlich 370 — 340) + (10 × 7) = 100 ⎫
„ C: 6 × (7 — 4) = 18 ⎬ Sa. 168, demnach:
„ D: 15 (nämlich 185 — 170) + (5 × 7) = 50 ⎭

Geringstes Gebot: 168 + 888 = **1056**.

Oder (nach Jaeckel-Güthe):

Je 1/24 ist belastet von A mit (132 : 3 =) 44, von B mit (340 : 10 =) 34, von C mit (246 : 6 =) 41, von D mit (170 : 5 =) 34; es haben also zur Ausgleichung zu erhalten:

B 10 × (44 — 34 =) 10 = 100
C 6 × (44 — 41 =) 3 = 18
D 5 × (44 — 34 =) 10 = 50
Sa. 168
dazu 888
Sa. 1056.

Oder (nach Freund):

132 (= verhältnismäßige Meistbelastung): 3 (= Zahl der Anteile des Meistbelasteten) × 24 (= Gesamtzahl der Anteile) = 1056.

Bleibt nun dieses g. G. auch Meistgebot, so ist dieses zu verteilen auf:

A	B	C	D
mit 132	440	264	220
(= 1056 : 24 × 3)	(= 1056 : 24 × 10)	(= 1056 : 24 × 6)	(= 1056 : 24 × 5)

Sa. 1056, so daß von der bar zu zahl. Ausgleichungssumme zu 168 auf A nichts entfällt, während auf

	B: 100	C: 18	D 50,

weshalb die Hyp. 60 u. 90 bei C u. D teilweise ausfallen.

4. Beitritt. Jeder Miteigentümer kann dem von einem anderen betrieb. Verf. beitreten, wie auch mehrere von Anfang an die TeilungsZwVerst. gemeinschaftlich betreiben können (unbeschadet der Vorschr. des § 44 Abs. 2).

Wie das geringste Gebot in diesem Falle zu bestimmen sei, ist bestritten (vgl. Fischer-Schäfer 557, Jaeckel-Güthe A. 6, Reinhard-Müller A. 5 u. ZBlFG. 7, 675, v. d. Pfordten 557 u. BZfR. 08, 103). Man wird einerseits davon ausgehen müssen, daß jeder der Betreibenden verlangen kann, daß sein Recht auf Teilung nicht durch die Mehrbelastung des anderen beeinträchtigt wird, anderseits aber im Interesse der RealGl. zwischen den mehreren Mindestgeboten nicht dasj. entscheiden lassen können, das nur die, die Anteile der betreib. Teilhaber belastenden Gesamt-, sowie die vor- u. gleichstehenden Posten enthält. Man wird vielmehr, um eine unbillige Schädigung der RealGl. zu vermeiden, das g. G. für jeden Antragsteller gesondert berechnen u. der Versteig. zunächst dasj. g. G. zugrunde legen müssen, welches das höhere ist (hierdurch werden diej. Einzelbelastungen auf dem anderen Anteil, die in keiner Beziehung zu den bestehenbleib. Belastungen stehen, zwar nicht vor dem Erlöschen, aber wenigstens vor dem Ausfall bewahrt, weil sie in der Ausgleich.-Summe des § 182 Abs. 2 Deckung finden). Wenn jedoch die Zugrundelegung des höheren Mindestgebots zur Ergebnislosigkeit des Termins führen u. dadurch das Recht (auf Teilung) des anderen Teilhabers, dessen Anteil geringer belastet ist, beeinträchtigen würde, so ist gemäß § 59 auf seinen Antrag das G. auch unter dem niederen geringsten Gebot auszubieten.

Im Beisp. zu Bem. 3 III würde, wenn B dem Verf. beitritt, das seinem Antrag entsprech. g. G. sich zusammensetzen:

a) aus den bestehenbleib. Hyp. zu 30 (A) + 180 (B) + 150 (C) + 120 (D) + 96 + 240 (Gesamthyp.) . . . . = 816

b) der AusgleichSumme nach § 182 Abs. 2 (da nun C verhältnismäßig am meisten, nämlich mit 246 belastet ist) . . . . = 168

Sa. 984

(oder 246 : 6 × 24 = 984, näml. um die Hyp. zu 72 bei A weniger als 1056).

Es ist daher zunächst die Versteig. bei einem g. G. von **1056** vorzunehmen, die, wenn sie ein zulässiges Gebot ergibt, auch dem Interesse des B gerecht wird; für den Fall, daß hierbei ein zulässiges Gebot nicht erzielt wird, ist das G. — die Beobachtung des § 44 Abs. 2 vorausgesetzt[4]) — mit dem für B ermittelten g. G. zu **984** auszubieten (da das Recht des B auf Teilung nicht durch die Mehrbelastung des Anteils A mit der Hyp. 72 beeinträchtigt werden kann).

Treten auch C u. D dem Verf. bei (oder betreiben alle das Verf.), so ist zunächst das g. G. D zu (260 : 5 × 24 = 906 + 342 bar =) **1248**, dann dasj. des C zu (306 : 6 × 24 = 876 + 348 bar =) **1224**, hierauf das des A zu **1056** u. des B zu **984** maßgebend.

5. Über den Beitritt eines Gläubigers, das Verhältnis der Teilungsversteig. zur Anteilsversteig. usw. s. § 180 A. 4.

---

[4]) Die entsprech. Anwendbarkeit des § 44 Abs. 2 ist bestritten (vgl. Jaeckel-Güthe A. 6).

6. Schiffsversteig. zwecks Gemeinschaftsaufhebung. Auch hier findet abw. von § 169 Abs. 1 die Vorschrift des § 182 Anwendung.

§ 183.

Im Falle der Vermietung oder Verpachtung des Grundstücks finden die in den §§ 57a und 57b vorgesehenen Maßnahmen keine Anwendung.

E. I —; II § 183; D. 68, 69; KBer. —.

Änderung durch Art. 1 des RG. v. 8. 6. 15 (RGBl. 327) zur Einschränkung der Verfügungen über Miet- u. Pachtzinsforderungen (s. Vorbem. vor § 57).

Einfluß der TeilungsZwVersteig. auf Miet- u. Pachtverhältnisse.

1. Der Ersteher hat in der TeilungsZwVerst. (von einer Vereinbarung zwischen dem Mieter oder Pächter u. den Beteiligten nach § 59 abgesehen) in die besteh. Miet- u. Pachtverträge **wie bei freiw. Veräußerung** einzutreten, ohne von dem besonderen KündRechte des § 57a Gebrauch machen zu können. Anwendbar bleiben dagegen gem. § 180 die in § 57 erwähnten Vorschr. der §§ 571, 572, des § 573 S. 1 (nicht 2) u. der §§ 574, 575 BGB. Hinsichtl. des Rechtes des Erstehers auf die Nutzungen (Miet- u. Pachtzinsen) s. § 56 A. 4; wegen der entspr. Anwendung der §§ 571, 572 BGB. s. § 57 A. 1—3. Für die Anwendung der §§ 573 S. 1, 574, 575 BGB. ist hier jedoch der Zuschlag (nicht die Beschlagn., wie in § 57b), bzw. die Kenntnis vom Zuschlag maßgebend.

2. § 183 findet **keine Anwendung**, wenn die Teilungsversteig. in eine Vollstr.-, Konkurs- oder Nachlaßversteig. übergegangen ist (§§ 15, 172, 175; vgl. § 180 A. 4); in diesem Fall steht also dem Ersteher das gesetzl. KündRecht des § 57a zu u. hinsichtl. der Verfügungen u. Rechtsgeschäfte über den Miet- u. Pachtzins gilt § 57b. Dagegen ist § 183 anzuwenden, wenn ein Dritter nur das Recht auf Teilung ausübt (s. § 181 A. 1c; Jaeckel-Güthe A. zu § 183, v. d. Pfordten 558).

§ 184.

Ein Miteigentümer braucht für sein Gebot keine Sicherheit zu leisten, wenn ihm eine durch das Gebot ganz oder teilweise gedeckte Hypothek, Grundschuld oder Rentenschuld zusteht.

E. I § 233; Begr. 365; D. —; KBer. —.

Sicherheitsleistung des Miteigentümers.

1. Für Gebote des Miteigentümers (Gesamthänders, auch des Antragstellers) enthält § 184 eine **Ausnahme** von §§ 67 Abs. 2 S. 2, da weder der Antragsteller wahrer Gl., noch der andere Teilhaber wahrer Sch. ist. Die Befreiung gilt auch für denj. Teilhaber, der nur eine (ganz oder teilweise gedeckte) Hyp. usw. auf seinem eigenen Anteil hat, sowie dann, wenn die Hyp. usw. bestehen bleibt, ohne daß dem Miteigentümer ein Recht auf Barzahlung, wie z. B. nach § 12 Nr. 1, 2, § 49 zusteht (Wolff A. 2, Fischer-Schäfer 559; Reinhard-Müller A. 3b; a. M. Jaeckel-Güthe A. 2). Auch eine SichHyp., eine Vormerkung zur Sich. des Anspr. auf Einräumung einer Hyp. oder ein durch Widerspruch gesich.

Recht genügt für § 184; eine Belastung der Hyp. hindert daran nicht (Jaeckel-Güthe a. a. O.).

2. Unanwendbar ist § 68 Abs. 3, da in der Teilungsversteig. ein zu deckender Anspruch des betreib. Antragstellers nicht in Frage steht. Wenn also der Miteigent. nicht gem. § 184 von der Verpfl. zur SicherhLeistung ganz befreit ist, braucht er nur Sicherheit gem. §§ 67 Abs. 1, 68 Abs. 1 u. 2 zu leisten (Jaeckel-Güthe a. a. O., Reinhard-Müller A. 3c).

Die Sicherheit kann auch durch Bürgschaftsstellung geleistet werden (Art. 31 BayAG.).

Einführungsgesetz

zu dem

Gesetz über die Zwangsversteigerung und die Zwangsverwaltung.

Vom 24. März 1897.

(RGBl. 1898 S. 750 ff.)

Vorbemerkung.

Das EG. enthält die Bestimmung des Zeitpunktes, in dem das ZVG. in Kraft treten soll (§ 1 Abs. 1), Vorbehalte für die Landesgesetzgebung (§§ 2, 3, 4 Abs. 1, §§ 5, 6, 10—13, 14), die Regelung des Verhältnisses der neuen Vorschr. zum bish. (Reichs- u. Landes-) Recht (§ 1 Abs. 2, § 4 Abs. 2, § 7) u. Übergangsvorschr. (§§ 8, 9, 15). Denkschr. 69.

§ 1.

Das Gesetz über die Zwangsversteigerung und die Zwangsverwaltung tritt, soweit es die Schiffe betrifft, gleichzeitig mit dem Bürgerlichen Gesetzbuch, im übrigen für jeden Grundbuchbezirk mit dem Zeitpunkt in Kraft, in welchem das Grundbuch als angelegt anzusehen ist.

Die Artikel 2 bis 5, 32, 55 des Einführungsgesetzes zum Bürgerlichen Gesetzbuche finden entsprechende Anwendung.

E. I § 234; Begr. 366; D. 69; KBer. —.

Inkrafttreten des Gesetzes.

1. Das Gesetz, das ein fertiges GBuch u. Schiffsregister voraussetzt, ist in Ansehung der **Schiffe** schon seit 1. 1. 00 (Art. 1 EG.BGB.) in Kraft; hinsichtl. der **Grundstücke** u. der ihnen gleichgestellten **Berechtigungen**, für die der Zeitpunkt des Inkrafttretens in Bayern gem. Art. 186 Abs. 1 EG.BGB., VO. v. 23. 7. 98 § 26 (GVBl. 493) bzw. 28. 8. 98 § 37 (Pfalz) durch das Staatsministerium der Justiz bestimmt wurde, ist das GBuch gleichfalls in ganz Bayern als angelegt erklärt (wg. des rechtsrh. Bayern s. JMBl. 1910, 1042, wg. der Pfalz JMBl. 02, 957; 08, 233, 333; 1910, 747, wg. der Bergwerke in der Pfalz s. JMBl. 1923, 1; Henle-Schneider 381 A. 5, BZfR. 1910, 323, 324). Wg. Coburg s. Vorbem. zum AG.

Auch die gemäß § 90 GBO., VO. v. 1. 7. 98 (JMBl. 255) vom Buchungszwang befreiten Grundstücke unterliegen hinsichtl. der Vollstr. dem ZVG. (Planck zu Art. 186 Abs. 2 EG.BGB., § 503 DA.). Da jedoch gemäß

§§ 17, 147 die Anwendung des ZVG. voraussetzt, daß das G. auch tatsächlich ein GBuchblatt erhalten hat, ist auch das buchungsfreie G. vor Einleitung der Liegenschaftsvollstr. erst zu buchen (§§ 14, 90 GBO., § 504 DA.).

Vom Zeitpunkte des Inkrafttr. des ZVG. für G. u. selbständige Berechtigungen gelten die diesrh. HypBücher als Grundbücher im Sinne des BGB. (§ 24 VO. v. 23. 7. 98; v. Henle, GBuchanl. 183).

2. Abs. 2 bringt im allg. hinsichtl. des **Verhältnisses des ZVG. zum Reichs- u. Landesrecht** zum Ausdruck, daß das Landesrecht insoweit außer Kraft tritt, als es nicht besonders aufrecht erhalten ist (§§ 2—14 EG., Art. 52, 53 BayAG.), da das ZVG. seinen Rechtsstoff vollständig regeln wollte (Art. 55 EG.BGB.); daß umgekehrt bish. reichsrechtl. Vorschr. in Kraft bleiben, soweit sie nicht durch das ZVG. aufgehoben sind (Art. 32 EG.BGB.); daß endlich die Landesgesetzgeb. auf dem ihr vorbehalt. Rechtsgebiet auch neue Vorschriften erlassen kann, soferne nicht (wie im § 7 EG.ZVG.) ausdrücklich bestimmt ist, daß nur die „bestehenden" Vorschriften unberührt bleiben (Art. 3 EG.BGB.). Denkschr. 69.

Soweit in Reichs- oder Landesges. auf Vorschr. verwiesen ist, die durch das ZVG. oder das EG. aufgehoben sind, treten die entsprech. Bestimmungen dieser Gesetze an die Stelle (Art. 4 EG.BGB.).

§ 2.

Soweit in dem Einführungsgesetze zum Bürgerlichen Gesetzbuche zugunsten der Landesgesetze Vorbehalte gemacht sind, gelten sie auch für die Vorschriften der Landesgesetze über die Zwangsversteigerung und die Zwangsverwaltung. Den Landesgesetzen stehen nach Maßgabe der Artikel 57, 58 des Einführungsgesetzes zum Bürgerlichen Gesetzbuche die Hausverfassungen gleich.

Es treten jedoch die landesgesetzlichen Vorschriften außer Kraft, nach welchen den landschaftlichen und ritterschaftlichen Kreditanstalten für den Anspruch auf ältere als zweijährige Rückstände wiederkehrender Leistungen ein Vorrecht vor den im § 10 Nr. 1 bis 6 des Gesetzes über die Zwangsversteigerung und die Zwangsverwaltung bezeichneten Ansprüchen beigelegt ist.

E. I § 235 Abs. 2, 243; Begr. 367, 374—376; D. 69; KBer. 59.

Allgemeine Vorbehalte für die Landesgesetzgebung.

1. § 2 gestattet die **landesrechtl. Regelung des Verf. der ZwVersteig. u. -Verw.** solcher Gegenstände des unbewegl. Vermögens, deren bürgerlichrechtl. Verhältnisse überhaupt landesgesetzl. geregelt werden dürfen (Art. 57—59, 62 bis 64, 67, 171, 172 EG.BGB.). Beim Mangel besond. (bestehender oder nachträgl. erlassener) landesrechtl. Vorschr. gilt auch hinsichtl. dieser Gegenstände das Reichsrecht (§ 1 Abs. 2 EG.ZVG. mit Art. 4 EG.BGB.).

2. In **Bayern** vollzieht sich noch auf Grund dieses Vorbehalts die Liegensch.-Vollstr. in Lehen, soweit die Ges. v. 28. 3. 19 GVBl. 114 u. 30. 8. 20 GVBl. 417 Rechte an Lehen aufrecht erhalten haben (früher auch in FamFideikommisse u. Erbgüter, s. Art. 34—36 BayAG.ZVG.), Bergwerke u. unbewegl. Kuxe (Art. 37—51 AG.), auf die im übr. die Bestimmungen des ZVG. Anwendung finden, unbeschadet der Sondervorschr. des Lehen- (u. Fideikommiß-) Rechts

(IV. u. VII. Beil. z. früh. VU., Edikt v. 20. 12. 1811 mit Ges. v. 11. 9. 1825; Lehenedikt v. 7. 7. 1808 u. 15. 8. 1828, LehenablösGes. v. 4. 6. 1848), des Ges. über die landwirtschaftl. Erbgüter v. 22. 2. 1885 u. des Berggesf. v. 13. 8. 10/17. 8. 18/10. 10. 19[1]).

Die Art. 34—51 BayAG.ZVG. sind an die Stelle der diesbezgl. Vorschr. der Art. 4, 174—188 SO. mit 38, 39 Nov. getreten[2]). Das Nähere s. im AG.ZVG.

Auf dem § 2 EG. (mit §§ 171, 172 EG.BGB.) beruht auch die hinsichtl. der Miet- u. Pachtverhältnisse getroff. Übergangsbestimm. des Art. 28 BayAG.

3. Abs. 2 enthält eine Ausnahme von Art. 167 EG.BGB. u. kommt für Bayern nicht in Betracht.

4. Auf Grund eines weit. Vorbehalts in Art. 109 EG.BGB. ist in Bayern das VerteilVerf. hinsichtl. der EntschädSumme, die nach dem **Zwangsenteignungs(=abtretungs)gesetze** v. 17. 11. 37/13. 8. 10/9. 5. 18 (GVBl. 1918, 289) zu leisten ist, nach den für die Verteil. des Erlöses im Falle der ZwVerst. geltenden Vorschr. u. nach dem Vorbilde der für die reichsgesetzl. Fälle der Enteignung maßgeb. Art. 52 ff. EG.BGB. geregelt (Art. 24, 25, 27 BayAG. ZPO. i. d. F. v. 26. 6. 99, GVBl. 401).

Dieses VerteilVerf. findet nur auf Antrag des vor der ZwEnteignung Eigentümer gewesenen u. der übr. Berechtigten, deren Rechte nach Art. XI ZwEG. auf die EntschädSumme übergegangen sind, statt; zuständig zur Eröffnung des Verf. ist dasj. Amtsgericht, das im Falle der ZwVersteig. zuständig gewesen wäre. Das Gericht hat, wenn die in Art. XI ZwEG. bez. Voraussetzungen erfüllt sind, von Amts wegen das GBAmt um die Mitteilungen nach § 19 Abs. 2 ZVG. zu ersuchen u. ihm gleichzeitig das mit der Durchführ. des VertVerf. betraute Notariat zu[3]) benennen. Dieses hat die Terminsbestimm. (§§ 105 ff. ZVG.) den z. Z. der Erteilung der begl. Abschrift des GBuchblatts im GBuch eingetrag. oder durch Eintrag. gesicherten Beteiligten, sowie den nach § 9 Nr. 2 ZVG. zu berücksichtigenden u. den in Art. XI, XV ZwEG. (i. d. F. des Art. 139 BayAG.BGB.) genannten[4]) Beteiligten zuzustellen. Die infolge der ZwAbtretung erfolgten Rechtsänderungen (Löschungen) bleiben außer Betracht. Als Beschlagn. im Sinne des § 13 ZVG. gilt die ZwAbtretung bzw. Besitzeinweisung (Art. 22 BayAG.ZPO.). Die EntschädSumme ist, da sie in der Regel (insbes. im F. des Art. 22 AG.ZPO.) bei Gericht hinterlegt ist, zum VerteilTermin beizuschaffen u. bar zu verteilen oder durch Ausantwortung von ErhebAnweisungen auf die HinterlegStelle nach Maßgabe des Plans auszuteilen, soweit aber Widerspruch gegen den Plan erhoben ist, hinterlegt zu lassen. Eine Ausführung des Plans durch Fordübertragung (§ 118 ZVG.) kann nicht in Frage kommen[5]), da das Eigentum an den AbtretBerechtigten erst mit Hinterlegung der EntschädSumme übergeht u. erst mit diesem Zeitpunkte das

---

[1]) BayAG. BGB. Art. 1, 135 Abs. 2; 152, 157 (vgl. Becher, LZR. I, 922 bis 1034).

[2]) Becher, Mat. VI S. 32—37, 88—95, 146—150, Ortenau-Henle zu oben bez. Artikeln.

[3]) Die Zuständigkeit des Notariats beruht nicht unmittelbar auf Art. 25 Abs. 1 BayAG.; letzterer ist vielmehr erst auf Grund der im Art. 24 AGZPO. herangezogenen Vorschr. über die ZwVerst. anzuwenden.

[4]) Diese Berechtigten sind wohl den im VersteigVerf. aufgetretenen Beteiligten gleich zu erachten u. daher auch ohne nochmalige Anmeldung zuzuziehen.

[5]) Ebensowenig eine Sicherstellung durch Hyp. oder eine ZwVollstr., da die Voraussetzung des VerteilVerf. die Hinterlegung der EntschädSumme ist (vgl. Becher, LZR. I 608).

Erlöschen der Rechte am G. bzw. der nach Art. XI ZwEG. sich vollziehende Übergang auf die EntschädSumme eintritt. Die Herbeiführung der G B Bericht. ist Sache des AbtretBerechtigten (vgl. v. Henle-Habel Bem. zu Art. 22, 24 BayAG.ZPO.; Becher LZR. I, 605 ff., Staudinger-Keidel Art. 109 EG. mit Verw.).

5. Entspr. dem VerteilVerf. nach dem ZwEnteignG. vollzieht sich auch das. nach Art. 189, 190, 206 **Berggeſ.** v. 13. 8. 10/17. 8. 18/10. 10. 19 (Art. 157 Nr. XIII—XV BayAG.BGB.); nach Art. 13 Abs. 3 **Ehehaftenablösungsgeſ.** (Art. 153 Nr. III BayAG.BGB.) u. nach Art. 27 des BayAG.ZPO. (Art. 166 Nr. XII BayAG. BGB.) im Falle der **Ablösung eines mit dem Eigentum verbundenen Rechtes**; ferner nach Art. 5 **AnsiedlZwEG.** v. 28. 3. 19 (GVBl. 117), Art. 165 Abs. 3 **WassG.** v. 23. 3. 07, 25. 6. 26 (GVBl. 157/327), Art. 75 Abs. 6 **FischG.** v. 15. 8. 08 (GVBl. 527), Art. 9 **FlurbereinG.** v. 5. 8. 22 (GVBl. 433), Art. 50 Abs. 4 **ÖdlandG.** v. 6. 3. 23 (GVBl. 89), Art. 42 Abs. 1 **BaugeländeG.** v. 4. 7. 23 (GVBl. 273). In allen diesen Fällen erfolgt die Zahlung, soweit nicht Hinterleg. erfolgt ist, an das Notariat, wie im Falle des § 107 Abs. 2 ZVG.

6. Über **Gebühren** des Gerichts: Art. 22 Abs. 3 BayKG.; des Rechtsanwalts: Art. 17 Abs. 1 Nr. 2, Art. 18 mit 5, 25 BayRAGebO. v. 26. 3. 02 (JMBl. 02, 427 ff., 441); des Notariats: Art. 52 Abs. 1 Nr. 4 NotGebO.

§ 3.

Die im Artikel 113 des Einführungsgesetzes zum Bürgerlichen Gesetzbuche bezeichneten Vorschriften bleiben auch insoweit unberührt, als sie für den Anspruch des Entschädigungsberechtigten oder des Dritten, welcher die Entschädigung geleistet hat, ein Recht auf Befriedigung aus dem Grundstücke gewähren und den Rang dieses Rechtes bestimmen. Jedoch kann dem Anspruch auf Rückstände wiederkehrender Leistungen ein Vorrecht nur mit der im § 2 Abs. 2 bezeichneten Einschränkung beigelegt werden.

E. I § 237; Begr. 369; D. —; KBer. —.

Besondere agrarrechtliche Vorbehalte.

1. Art. 113 EG.BGB. hat verschiedene landesrechtl. Vorschr. auf dem Gebiete des Agrarrechts, insbes. die Regelung der gutsherrlich-bäuerl. Verhältnisse u. der Ablösung, der Umwandlung oder Einschränkung von Dienstbarkeiten u. Reallasten, aufrecht erhalten.

Im Anschlusse hieran gestattet § 3 **EG.ZVG.** dem Landesrechte, für die Anspr. des infolge der Ablösung Ersatzberechtigten oder des Dritten (meist des Staats), der die Entschädigung für die Rechtsänderung an Stelle des Pflichtigen geleistet hat, ein **Recht auf vorzugsweise Befriedigung** aus dem entlasteten G. im Falle der ZwVollstr. zu gewähren u. (auch abw. von § 10 ZVG.) den **Rang** dieser **Rechte** zu bestimmen.

Dieses Vorrecht kann jedoch für rückständige wiederkehr. Leistungen nur nach Maßgabe des § 2 Abs. 2 EG.ZVG. zugebilligt werden, d. h. die älteren als zweijähr. Rückstände derselben können nur den Rang nach den in Nr. 1—6 des § 10 ZVG. bez. Anspr. eingeräumt erhalten.

2. Auf Grund dieses reichsrechtl. Vorbehaltes genießen in **Bayern** ein derartiges Vorzugsrecht:

a) die Bodenzinskapitalien u. Tilgungsbeträge nach Art. 29, 30 Grundlasten-AblösG. v. 4. 6. 48 u. Art. 141, 177 BayAG.BGB.; sie behalten den Rang, den die Grundrenten bzw. Gefälle, an deren Stelle sie getreten sind, eingenommen haben, d. h. sie haben Rang innerh. des § 10 Nr. 4 ZVG. u. werden, soweit sie der Staats- u. GrundrentenablösKasse zustehen, von der ZwVersteig. nicht berührt[1]) — vorbehaltl. § 9 Abs. 2 EG.ZVG. — (vgl. § 22 Nr. 5 BayHypG.; Art. 114 EG., 128 BayAG.BGB., Art. 27 Abs. 2 BayAG.ZVG.), haben aber im übr., da sie zum Schutze gegen die aus der Öffentlichkeit des HypBuches entstehenden Rechtsfolgen der §§ 25, 26 BayHypG. eingetragen werden mußten, Rang nach den gutgläubig erworb. u. vor ihnen eingetrag. Hyp. (s. ZVG. § 10 A. 4, § 11 A. 2; Ortenau-Henle 213, 214, Henle-Schneider 238, Becher LZR. I 642 ff., Roth-Becher T. II Abt. 2, 140 ff., 162 ff.); die Rückstände berechnen sich nach § 13 Abs. 1 ZVG. (im Unterschiede zu Art. 108 Nr. 1, Art. 151 Nr. 1 SO.).

Die zur Staats- u. Grundrentenablös Kasse[2]) geschuldeten Leistungen werden jedoch nicht mehr erhoben (Bek. v. 26. 3. 23 StAnz. Nr. 72; vgl. ZVG. § 66 Fußn. 2 u. weg. der Gültigkeit des Landtagsbeschl. v. 21. 5. 20 Staudinger-Kober § 1105 II a β);

b) die Jahresabgaben u. AblösRenten, die an die Stelle der Weiderechte getreten u. deren Rang behalten; die AblösKapitalien, die an die Stelle der Jahresabgaben getreten u. gleichfalls deren Rang haben sollen, gemäß Art. 17—22, 42—45 d. WeiderechtsG. v. 28. 5. 52 u. Art. 150, 177 BayAG.BGB. (Henle-Schneider 251; vgl. Becher LZR. I, 622 ff., Roth-Becher a. a. O. 108 ff.); über die Notwendigkeit ihrer Eintrag. gilt das zu a Bemerkte; Einführung in den ehemals coburg. Landesteilen durch Bek. v. 11. 4. 21 (GVBl. 288).

c) die Baupflicht-Reallasten nach Art. 8 Abs. 2, Art. 9 Abs. 3 des Zehntbaupflicht-G. v. 28. 5. 52 (mit Art. 184 EG., 151, 177 BayAG.BGB.), die den ihnen im Zeitpunkte des Inkrafttr. des GBuchrechts zukomm. Rang behalten (Henle-Schneider 251; Becher LZR. I 652, Roth-Becher a. a. O. 192 ff.; Heitzer BZfR. 1920, 318 Nr. 2).

d) die für die Ablösung des Ehehaftsverhältnisses geschuldeten AblösSummen nach Art. 12 EhehaftenablösG. v. 23. 2. 68 (Art. 153, 177 BayAG.BGB.), die den Rang der Reichnisse (Reallasten, s. BNotZ. 1914, 304) behalten, an deren Stelle sie treten (Henle-Schneider 256; vgl. Becher LZR. I, 1087 ff.); im übr. gilt das zu a Bemerkte.

e) die auf Grund des GrundentlastG. v. 28. 4. 72/2. 2. 98/12. 12. 99/10. 8. 04 geschuld. Leistungen, die den Rang der Grundabgaben genießen, an deren Stelle sie treten (Art. 163, 173 BayAG.BGB.; Henle-Schneider 292); im übr. s. Bem. a.

f) die als Reallast bestellten Kulturrenten u. AblösSummen nach Art. 8 früh. LandeskulturrentenG. v. 24. 3. 08 (GVBl. 235) mit Art. 28, 31 des neuen LKRG. v. 15. 3. 29 (GVBl. 25) haben Rang nach Maßgabe der Bestellung vor den Hyp., Grund- u. Rentenschulden; die Teilrenten des Art. 9 des früh. LKRG. (i. d. F. des Art. 87 Oblandgesf. v. 6. 3. 23 GVBl. 89, 31. 12. 23 GVBl. 411 u. 27. 11. 24 GVBl. 235 Art. VI) sind aber öffentl. Lasten, genießen also den Rang des § 10 Nr. 3 ZVG. (Henle-Schneider 348).

Solche öffentl. Lasten der beteiligten Grundstücke bilden gem. Art. 17 Abs. 1 des neuen LKRG. auch die Verpflichtungen zur Rückzahlung des dort bez. Darlehens, zur Entrichtung der Kulturrenten (Art. 24) u. Verzugszinsen u. zum Ersatz von vorgeschoss. BrandversichBeiträgen u. VollstrKosten.

---

[1]) In der Regel sind aus der Masse nur die wiederkehr. Leistungen zu befriedigen; die Last selbst bleibt bestehen, auch wenn sie im g. G. nicht berücksichtigt ist.

[2]) Die nach Art. 3 des G. v. 10. 8. 04 (GVBl. 297) von der Gemeinde für die Bodenzinspflichtigen übernommene Last ist als öffentl. Grundstückslast (§ 10 Nr. 3 ZVG.) erklärt; die hieraus geschuldeten Leistungen werden nach den für Gemeindeumlagen gelt. Vorschr. beigetrieben, soweit sie nicht ebenfalls von der Staatskasse übernommen u. aufgehoben sind.

§ 4.

Durch Landesgesetz kann bestimmt werden, daß gewisse öffentliche Lasten anderen im Range vorgehen.

In denjenigen Bundesstaaten, in welchen die Besteuerung des inländischen Bieres der Landesgesetzgebung vorbehalten ist, bleiben auch die Vorschriften unberührt, nach welchen bei der Zwangsvollstreckung in ein der Brauerei dienendes Grundstück oder in ein mit diesem räumlich verbundenes Grundstück die zum Zwecke der Besteuerung des Bieres zu entrichtenden Abgaben den öffentlichen Lasten des Grundstücks gleichstehen.

E. I §§ 10 Abs. 2, 238; Begr. 96, 870; D. 37, 69; KBer. —.

Vorbehalt hinsichtlich öffentlicher Lasten.

1. Der Begriff der öffentl. Lasten bestimmt sich nach Landesrecht (s. § 10 ZVG. A. 3B); deshalb ermächtigt § 4 Abs. 1 EG. die Landesgesetzg., innerh. des § 10 Nr. 3 ZVG. eine **Rangordnung** unter den öffentl. Lasten zu schaffen. Dies ist in Bayern nicht geschehen (Becher Mat. VI 23), weshalb jene Lasten unter sich (wenn die Masse nicht ausreicht) nur nach dem Verhältnis ihrer Beträge Befriedigung finden (§ 10 Abs. 1 ZVG.).

2. Abs. 2 des § 4 mit Art. 24 BayAG., betr. das Vorrecht des **Malzaufschlags**, ist gegenstandslos (s. ZVG. § 10 A. 3d); damit entfallen die vorgeschrieb. Mitt. u. Zustellungen an das Hauptzollamt.

3. Den in § 10 Nr. 3 ZVG. bestimmten **zeitl. Umfang** des Vorrechts der öffentl. Lasten kann das Landesrecht nicht ändern (Begr. 96, D. 37). Es ist deshalb das Notges. v. 13. 3. 17 (GVBl. 58), das „bis auf weiteres" eine länger als 2 Jahre dauernde Haftung des G. für nicht wiederkehr. landesrechtl. öff. Lasten festgesetzt hatte, u. das entspr. Ges. v. 17. 2. 18 (GVBl. 61), das die Haftung auch für wiederkehr. Leistungen solcher Lasten für den Fall ausdehnte, daß für sie die zuständige Behörde Ausstand bewilligt hatte, mit Aufhebung der BRVO. v. 22. 4. 15 (RGBl. 235), erfolgt durch RG. v. 8. 7. 24 (RGBl. I 663), ohne weiteres außer Kraft getreten.

§ 5.

Durch Landesgesetz kann bestimmt werden, daß dem Antrag auf Zwangsversteigerung ein Auszug aus einem Steuerbuche beigefügt werden soll.

E. I § 29 Abs. 3; Begr. 128; D. 69; KBer. —.

Steuerbuchsauszug.

In **Bayern** ist von dem Vorbehalte des § 5 kein Gebrauch gemacht, da dem Zwecke der Glaubhaftmach. des Eigentums des Sch. nunmehr § 17 ZVG. dient (Becher Mat. VI, 24). Die Beischaffung eines Auszugs aus dem GSteuerkataster (zwecks Aufklärung der Beteiligten u. Kauflustigen über Wert, Flächenumfang, Besteuerung, Lage, Kulturart u. dgl.) ist jedoch durch § 3 JMBek. v. 31. 3. 05 (JMBl. 588) dem Notar zur Pflicht gemacht. Die Unterlassung dieser Ordnungsvorschrift ist ohne Einfluß auf das Verf. selbst.

Über Einsicht des GSteuerkatasters s. Art. 134 BayAG.BGB., über dessen Einrichtung §§ 159ff. DA., über die Kosten der Auszüge u. Abschriften Art. 171 Abs. 2, 3 BayKG.

§ 6.

Durch die Landesjustizverwaltung kann angeordnet werden, daß die Bestimmung des Versteigerungstermins noch andere als die im § 38 des Gesetzes über die Zwangsversteigerung und die Zwangsverwaltung vorgeschriebenen Angaben über das Grundstück enthalten soll.

E. I § 45 Abs. 2; Begr. 152; D. 69; KBer. —.

Weiterer Inhalt der Terminsbestimmung.

Eine diesbezügl. **Ordnungs-Vorschrift** enthält § 5 JMBek. v. 31. 3. 05 (JMBl. 589) hinsichtl. der Grundstücke (s. §§ 37, 38 A. 2a ZVG.), ferner Art. 42 BayAG.ZVG. bei der ZwVollstr. in Bergwerke mit Rücksicht auf die Natur des Bergwerkseigentums (Becher Mat. VI, 34, 92, 147). Nichteinhaltung dieser Bestimmungen ist ebenfalls ohne Einfluß auf das Verf. selbst, solange die genaue Kennzeichnung der VersteigGegenstände dadurch nicht beeinträchtigt wird.

§ 7.

Unberührt bleiben die bestehenden landesgesetzlichen Vorschriften, nach welchen noch andere als die in den §§ 39, 40 des Gesetzes über die Zwangsversteigerung und die Zwangsverwaltung bezeichneten Veröffentlichungen der Terminsbestimmung zu erfolgen haben.

E. —; Begr. —; D. 70; KBer. —.

Weitere Veröffentlichung der Terminsbestimmung.

Durch § 7 ist die Aufrechterhaltung des Art. 64 Abs. 1 Nr. 1 mit Art. 66 Abs. 2 BaySO. ermöglicht, wonach in allen Fällen die **Anheftung der Terminsbestimmung** des Notariats an die Gemeindetafel vorzunehmen ist (Art. 26, 55 BayAG.ZVG.). Die Anheftung an die Gemeindetafel kann auch durch andere Beamte als den GVollzieher (s. aber § 39 ZVG. Fußn. 2) erfolgen; ihre Unterlassung — „soll" — zieht nicht mehr die Versagung (bzw. Aufhebung) des Zuschlags nach sich; für die Dauer der Anheftung (wenn es sich nicht um einen Fall des § 39 Abs. 2 ZVG. handelt) ist eine Zeit nicht mehr vorgesehen; die Anheftung soll auch dann wiederholt werden, wenn der ursprüngl. VersteigTermin aufgehoben u. ein neuer bestimmt wird (Becher Mat. VI 26, 80, 137—142, 152).

§ 40 Abs. 2 ZVG. wird durch Art. 26 AG.ZVG. nicht berührt; es ist daher dem Ermessen des Notars überlassen, die Bekanntmach. dem gemeindl. Gebrauch entspr. auch noch durch die Schelle oder in anderer Weise vornehmen zu lassen.

§ 8.

Durch Landesgesetz kann für die Zwangsversteigerung bestimmt werden, daß die vor dem Inkrafttreten des Bürgerlichen Gesetzbuchs eingetragenen Hypotheken bei der Feststellung des geringsten Gebots und bei der Aufstellung des Teilungsplans nur auf Grund einer Anmeldung zu berücksichtigen sind.

In einem solchen Falle muß die im § 37 Nr. 4 des Gesetzes über die Zwangsversteigerung und die Zwangsverwaltung vorgeschriebene Aufforderung auf die Anmeldung der Ansprüche aus den bezeichneten Hypotheken ausgedehnt werden.

E. I § 239; Begr. 370; D. 71; KBer. 60.

Anmeldungszwang für Hypotheken.

In **Bayern**, das von § 8 keinen Gebrauch gemacht hat, verbleibt es bei bei §§ 45, 114 ZVG., wonach Hyp., die z. Z. der Eintrag. des VersteigVermerks aus dem GBuch ersichtlich sind, ohne Anmeldung berücksichtigt werden müssen (Becher Mat. VI 27).

§ 9.

Soweit ein nach Landesgesetz begründetes Recht an einem Grundstücke, das nicht in einer Hypothek besteht, zur Wirksamkeit gegen Dritte der Eintragung nicht bedarf oder soweit eine Dienstbarkeit oder eine Reallast als Leibgedinge, Leibzucht, Altenteil oder Auszug eingetragen ist, bleibt das Recht nach Maßgabe des Landesgesetzes von der Zwangsversteigerung unberührt, auch wenn es bei der Feststellung des geringsten Gebots nicht berücksichtigt ist.

Das Erlöschen eines solchen Rechtes ist auf Verlangen eines Beteiligten als Versteigerungsbedingung zu bestimmen, wenn durch das Fortbestehen ein dem Rechte vorgehendes oder gleichstehendes Recht des Beteiligten beeinträchtigt werden würde; die Zustimmung eines anderen Beteiligten ist nicht erforderlich.

E. I § 240; Begr. 371; D. 70, 74; KBer. 21—23.

Befreiung anderer Rechte vom Anmeldungszwang, insbesondere Altenteile.

1. Während § 8 der Landesgesetzgeb. gestattet, die Rechtslage gewisser Hyp. zu erschweren, ermöglicht § 9 eine erleichternde Vorschrift für bestimmte, nicht in Hyp. besteh. Rechte, nämlich eine von §§ 37 Nr. 4, 44, 45, 52 ZVG. abweich. Regelung ihrer Behandlung im Verf. Vgl. § 52 A. 2, 3.

In Bayern bleiben von der Versteig. unberührt (vorbehaltl. § 9 Abs. 2):

a) Nach Art. 27 Abs. 1 BayAG.[1]) die als Leibgedinge (Leibzucht, Altenteil, Auszug) bestellten Dienstbarkeiten u. Reallasten, soferne[2]) sie eingetragen sind (Art. 96 EG., 32ff., 41, 85 BayAG.BGB.;

---

[1]) Becher Mat. VI, 28, 82, 142.

[2]) Nichteingetragene, altrechtl. (Art. 184 EG.BGB.) persönl. Dienstbarkeiten (auch Leibgedinge) könnten nur im Wege des § 59 ZVG. (nach Anmeldung u. allenfalls. Glaubhaftmach.) aufrecht erhalten werden, wenn sie nicht ausnahmsweise dem BeschlagnGl. vorgehen u. deshalb gemäß §§ 44ff. bestehen zu bleiben haben; hier ist zu beachten, daß die beschr. persönl. Dienstbarkeiten zu ihrer Erhaltung gegenüber dem öffentl. Gl. des GBuchs der Eintrag. bedurften (vgl. ZVG. § 11 A. 2b). — Auch das Recht auf Beschaffung einer Wohnung kann als Altenteilsbelastung eingetragen werden (JW. 1922, 1513).

§ 50 GBO.; hinsichtl. der Umwandlung der z. Z. der GBuchanleg. als Hyp. eingetrag. Leibgedingsrechte s. Art. 48, 116—118 ÜB.BGB.)[3]).

Unter dem Begriff „Leibgeding, Leibzucht, Altenteil oder Auszug" werden nur die dem Gutsübergeber oder seiner Familie mit Rücksicht auf die Übergabe zu ihrem Unterhalt vorbehalt. Nutzungsrechte u. Leistungen verstanden[4]). Auch ein WohnRecht allein kann als Leibgeding bestellt werden (BlfRA. 73, 589). Die Familienangehörigen[5]) des Übergebers haben kein selbständ. Recht auf das Leibgeding, soweit es ihnen nicht besonders bestellt ist.

In welchem Zeitpunkte das Altenteilsrecht eingetragen sein muß, um ohne weiteres gegen den Ersteher zu wirken, ist nicht bestimmt. Man wird jedoch einem Altenteil, das nach dem VersteigVermerk eingetragen, also meist dem betreib. Gl. gegenüber unwirksam ist (§ 10 Nr. 4, 6, § 23 ZVG.), auch dem Ersteher gegenüber die Wirksamkeit versagen[6]) müssen (Fischer-Schäfer 569, Jaeckel-Güthe A. 5, Reinhard-Müller A. 4).

b) Nach Art. 27 Abs. 2 BayAG. auch ohne Eintragung: Die Grunddienstbarkeiten, die zu der Zeit bestehen, zu der das GBuch als angelegt anzusehen ist (§ 873 BGB., Art. 187, 191 EG.BGB., Art. 10, 44 ÜB.)[7]), sowie die Grundgefälle des Staats u. der Ablösungskasse u. die an deren Stelle getret. Lasten (Art. 114 EG., 128 BayAG.-BGB.; s. § 3 EG.ZVG. A. 2 u. § 123 DA.).

2. Behandlung im Verf. Alle diese Rechte bleiben bestehen (fallen dem Ersteher neben seinem Gebote zur Last), auch wenn sie (nämlich die unter 1 b bez., nicht eingetrag. Rechte oder ein trotz Eintrag.[7]) unbekanntes Leibgeding) nicht angemeldet (nicht glaubhaft gemacht) u. nicht im g. G. be-

---

[3]) Über das Erlöschen von WohnRechten, die früher als Hyp. eingetragen waren, durch Abschreibung einzelner Grundstücke s. BNotZ. 09, 492 ff.

[4]) Vgl. Fischer-Schäfer 569, Henle-Schneider Vorb. zu Art. 32 BayAG.BGB., Böhm-Klein Art. 32 A. 1, Planck zu Art. 96 EG.BGB.; BZfR. 08, 129, GruchBeitr. 54, 551 ff.; 56, 75 ff., Recht 1910, 399 ff., BNotZ. 1918, 126. — Über Pfändbarkeit von Altenteilsleistungen s. Recht 1911, 155; über den Unterschied zw. Altenteil u. Leibrente s. RG. 104, 273, ArchZivPrax. 1921, 407.

[5]) Soweit sie nur am Leibgeding des Übergebers teilnehmen (Art. 38 BayAG.BGB.), erlischt ihr Recht mit dem Tode des letzteren (vorbehaltl. § 1969 BGB.; Henle-Schneider zu Art. 38). Ist ihnen aber ein anderes selbständ. Recht nicht als ein Leibgeding, wenn auch gelegentlich der Gutsübergabe, eingeräumt, so fällt es nicht unter § 9 EG., erlischt also, wenn es nicht im g. G. berücksichtigt oder gemäß § 59 ZVG. aufrecht erhalten wird. Vereinzelte wiederkehr. Leistungen (z. B. Krankenpflegerecht) können als Reallast nur bestellt werden, wenn sie zu einem Leibgeding oder einer Leibrente gehören (BZfR. 08, 208, BlfRA. 73, 636).

[6]) Deshalb ist in der Regel ein nach dem VersteigVermerk eingetrag. Altenteilsrecht gem. § 130 von Amts wegen zu löschen; anders, wenn das Recht wenigstens dem beigetret. Gl. (der allein das Verf. fortgesetzt hat) gegenüber wirksam war, so daß es nach den gesetzl. VersteigBedingungen bestehen bleiben mußte (abw. Jaeckel-Güthe A. 5).

[7]) Die in Art. 10 Abs. 2 ÜB. vorbehalt. BO. ist bis jetzt nicht erlassen, Eintragung daher zur Erhaltung für die dort bez. Dienstbarkeiten nicht erforderlich, auf Antrag des Berechtigten oder Eigentümers des belast. G. zulässig. Vgl. JMBek. v. 11. 7. 01 § 4 (JMBl. 489, 492), DA. § 613, Henle-Schneider 405, 470; ferner zu Art. 44 ÜB. die JMBek. v. 2. 7. 99 (JMBl. 165). Eine altrechtl. Grunddienstbarkeit wird aber auch durch Eintrag. nicht den Vorschr. über den öffentl. Glauben des GBuchs unterworfen; der Erwerber des belasteten G. kann sich also nicht auf die Richtigkeit der Eintrag. (oder Löschung) verlassen (vgl. RG. 62, 99; 93, 63, OLG. 10, 198).

rücksichtigt sind (ebenso wie die Überbau- u. Notwegrente des § 52 Abs. 2 ZVG.; Jaeckel-Güthe A. 6).

a) Gehen sie dem betreib. Teile vor, so müssen sie, soweit bekannt, ohnedies in das g. G. aufgenommen u. ein Ersatzbetrag für den Wegfall vor dem Zuschlag bestimmt werden (§§ 44, 45, 83 Nr. 1, §§ 50, 51 ZVG.), wenn sie angemeldet (glaubhaft gemacht) bzw. eingetragen sind (Reinhard-Müller A. 6 h); ihre Nichtaufnahme in das g. G. ist aber nicht bedeutungslos, da zwar ihr Bestehenbleiben nicht von der Berücksichtigung im g. G. abhängig ist, wohl aber die Nichtanwendbarkeit des § 9 Abs. 2 EG.; denn ein nach §§ 44, 45, 52 Abs. 1 ZVG. im g. G. zu berücksichtigendes Recht von der in EG. § 9 Abs. 1 bez. Art kann nicht im Wege des Abs. 2 (höchstens gemäß § 59 ZVG. unter Zustimmung des Berechtigten) beseitigt werden (Fischer-Schäfer 569, Jaeckel-Güthe A. 8, Reinhard-Müller A. 5, v. d. Pfordten 570).

b) Stehen jene Rechte aber hinter dem Anspr. des betreib. Gl., so muß sich der Ersteher ihr Bestehenbleiben auch dann gefallen lassen (ohne Anspruch auf Gewährleistung, § 56 ZVG.), wenn sie der VersteigBeamte (aus Versehen) nicht als neben dem g. G. zu berücksichtigen bezeichnet hat[8]); letzterenfalls findet auch § 51 ZVG. keine Anwendung (Wolff A. 6 b, Jaeckel-Güthe A. 7; s. aber unten 3 b). Infolge des Erlöschens anderer vorgeh. Rechte können so die bestehen bleibenden eine Rangverbesserung erfahren (RG. 60, 48, 55).

Damit der Ersteher jedoch möglichst vor unbekannten, nach dem Zuschlag erst bekannt werd. Rechten am G. (s. 1 b) geschützt wird, soll der Notar auf deren Bekanntgabe hinwirken (§ 3 JMBek. v. 31. 3. 05, JMBl. 588).

3. a) Die **Beseitigung** dieser Rechte (A. 2 b) ist nur nach § 9 Abs. 2 EG., Art. 27 BayAG. möglich durch Feststell. einer besond., das Erlöschen aussprechenden (auch in den Zuschlagsbeschluß aufzunehm.) VersteigBedingung (RG. 60, 48; vgl. auch 62, 99); erfordert ist ein Antrag desj. Beteiligten, dessen Anspruch gleichen oder besseren Rang hat, wie ein Recht nach Abs. 1, u. der einen Ausfall erleiden würde, falls jenes Recht bestehen bliebe (u. deshalb für das G. weniger geboten würde). Wer im g. G. berücksichtigt ist, erleidet keinen Ausfall, ist also nicht antragsberechtigt; ebensowenig der VollstrSch. (Fischer-Schäfer 570, Jaeckel-Güthe A. 9). Über Antragstellung (formlos) s. § 59 A. 2 c; sie ist bis zum Schlusse der Versteig. (§ 73 Abs. 2) zulässig; Zustimmung eines anderen Beteiligten ist (abw. von § 59) nicht erforderlich (Reinhard-Müller A. 6 d).

b) Der Antrag nach § 9 Abs. 2 EG. ist nur dann zulässig, wenn feststeht, daß das Recht des Beteiligten nach Abs. 2 demj. nach Abs. 1 im Range mindestens gleichsteht. Ist das Rangverhältnis nicht aus dem GBuch ersichtlich (z. B. gegenüber nicht eingetrag., altrechtl. Grunddienstbarkeiten) oder sonst zweifelhaft, so ist der Antrag nach Abs. 2 abzulehnen, das Recht des Abs. 1 also als bestehenbleibend zu behandeln (was aber keiner besond. VersteigBeding. bedarf), die Feststell. des Rangverh. den Beteiligten zu überlassen (s. § 11 ZVG. A. 2 b; BayObLG. 1, 22) u. § 51 anzuwenden (Reinhard-Müller A. 6 h).

c) Ergibt das Meistgebot mit dem Rechte nicht unzweifelhafte Deckung des Anspruchs des in Abs. 2 des § 9 EG. bez. Beteiligten, dann ist auf seinen Antrag zu einem zweiten Ausgebot ohne das Recht zu schreiten (sonst kein Doppel-

---

[8]) Kein Grund zur Anfechtung u. Aufhebung des Zuschlags.

ausgebot) u. der Zuschlag demj. Meistgebote zu erteilen, das dem Antragsteller am günstigsten ist (bei gleichem Ausfall oder gleicher Deckung seines Anspr. aber dem Gebot mit dem Rechte (OLG. 25, 269)[9]). Sind mehrere Beeinträchtigte die Antragsteller, so hat ein mehrfaches Ausgebot zu erfolgen (Jaeckel-Güthe A. 10).

d) Wenn das Recht gem. § 9 Abs. 2 EG. erlischt, so tritt an seine Stelle der Anspruch auf Ersatz des Wertes bzw. Höchstbetrags nach Maßgabe seines Ranges (§§ 92, 110, 114 ZVG.); der Wert bzw. Höchstbetrag muß, wenn das Recht selbst nicht eingetragen, rechtzeitig (im VerstTermin, § 37 Nr. 4 ZVG.) angemeldet bzw. glaubhaft gemacht sein; von diesem Erfordernis macht § 9 EG. im Falle des Abs. 2 keine Ausnahme; der etwa eingetrag. Anschlag zum Zwecke der Gebührenbewertung ist ohne Bedeutung (Henle-Schneider Art. 48 ÜB.). Das beseitigte Recht kann dem Ersteher gegenüber auch nicht dadurch geltend gemacht werden, daß auf den Entstehungsgrund (z. B. Ersitzung) zurückgegangen wird (OLG. 8, 8).

4. Beschwerde. Verletzung des § 9 Abs. 2 (durch unrichtige oder unterlass. Anwendung oder Nichterwähnung des Erlöschens im Zuschlagsbeschluß) ist ein Grund zur Versagung bzw. Aufhebung des Zuschlags nach §§ 83 Nr. 1, 100 ZVG. (vgl. OLG. 2, 509, RG. 60, 48, 55). Die Beschwerde (nach Erinnerung des § 13 Abs. 2 EG.) steht auch dem Dritten, der ein in § 9 Abs. 1 EG. genanntes Recht beansprucht, zu; denn auch er ist Beteiligter (§ 9 ZVG.) oder kann es wenigstens durch Nachholung der Anmeldung u. Glaubhaftm. werden (§ 97 Abs. 2). Wird der Zuschlag rechtskräftig[10]) u. hatte der Notar unrichtigerweise einem nach § 9 Abs. 2 EG. gestellten Antrag Folge gegeben, so kann das erlosch. Recht dem Ersteher gegenüber (am Grundstück) nicht mehr geltend gemacht werden; denn es bleibt nur dann von der Versteig. unberührt, wenn von § 9 Abs. 2 EG. nicht Gebrauch gemacht wird (§§ 52, 92 ZVG.).

5. Zweifelhaft ist die Anwendung des § 9 EG. in der **Teilungsversteigerung** (§§ 180 ff.). Ist hier der Anteil des nicht betreib. Miteigent. mit einem Leibgeding belastet (in Frage kann nur die Reallast kommen, § 1106 BGB.), so kann durch dessen Fortbestehen das Recht des betreib. Teils auf Teilung (§ 749 BGB.) beeinträchtigt werden (s. § 182 A. 2). Kommt also das Leibgeding nicht gem. § 182 in das g. G. zu stehen (z. B. weil der Anteil des betreib. Miteigent. unbelastet ist), so wird man das Leibgeding als dem Miteigentumsrecht des letzteren nachstehend zu behandeln haben (vgl. Jaeckel-Güthe § 182 A. 1), obwohl kein eigentl. Rangverhältnis zwischen beiden besteht, u. dem betreib. Teil das Antragsrecht nach § 9 Abs. 2 EG. einräumen müssen.

---

[9]) Wird unter der Bedingung des Bestehenbleibens des Rechtes gar kein zulässiges Gebot gelegt, so daß die Versteig. ergebnislos bleibt, dann ist ein nicht betreib. Gl. überhaupt nicht beeinträchtigt; auf den nach Abs. 2 gestellten Antrag eines nicht betreib. Gl. müßte dem weit. Ausgebot ohne das Recht der Zuschlag versagt werden (ZBlFG. 14, 520, Jaeckel-Güthe A. 10, Reinhard-Müller A. 6 f.).

[10]) Daß der gemäß § 9 Abs. 2 EG. um sein Recht gekommene Dritte nicht Gelegenheit zur Anfechtung des Zuschlags erhalten würde, könnte wegen § 88 mit § 9 ZVG. nur vorkommen, wenn es weder eingetragen noch angemeldet worden wäre. In diesem Falle wird aber wohl niemals das Rangverhältnis nach § 9 Abs. 2 EG. feststehen, also auch der dort bez. Antrag nicht zugelassen werden dürfen; ist dies trotzdem geschehen, so muß der Notar, um sich vor Schadensersatzanspr. zu sichern, dem Dritten die Zuschlagsentsch. zustellen (vgl. RG. 60, 53).

6. Die Aufwertung der Altenteilsleistungen ist abw. vom AufwG. geregelt durch RG. v. 18. 8. 23 (RGBl. I 815) u. VO. v. 14. 12. 23 (GVBl. 390). Auch die hiernach anderweitig, durch Amts- bzw. FKommiß-Gericht festgesetzten Leistungen (in der Regel Naturalwertrente) unterliegen dem § 9 EG., Art. 27 BayAG.ZVG. (§ 4 Abs. 4 VO.). Vgl. Mügel S. 348, Reinhard, Einf. S. 165, Fabisch JW. 1924, 776, Sellner BZfR. 1924, 69.

§ 10.

Unberührt bleiben die landesgesetzlichen Vorschriften, nach welchen bei der Zwangsversteigerung

1. **für Gebote kommunaler Körperschaften sowie gewisser Kreditanstalten und Sparkassen Sicherheitsleistung nicht verlangt werden kann;**
2. **die Sicherheit auch durch Stellung eines Bürgen nach § 239 des Bürgerlichen Gesetzbuchs geleistet werden darf.**

E. I § 90 Abs. 2, § 94 Abs. 2; Begr. 200, 206; D. —; KBer. —.

Sicherheitsleistung.

1. Befreiung von der Pflicht der Sicherheitsleistung. Nr. 1 gestattet eine Ergänzung zu § 67 Abs. 3, die Bayern in Art. 30 AG. getroffen hat[1]). Die Befreiung gilt auch im Falle des § 61 Abs. 1 S. 2 (§ 61 Abs. 2 S. 2), sowie des § 85 Abs. 1 S. 2 (s. dort Fußn. 3).

2. Die Sicherheitsleistung durch Bürgschaft gestattet in den Fällen der §§ 67, 85 der Art. 31 BayAG. in Ergänzung des § 69 (s. Art. 55 Nr. 4 BaySO.). Für Gebote des VollstrSch. u. des neu eingetret. Eigent. ist in Bayern die Bürgschaftsleistung nicht zugelassen; ebensowenig im Falle des § 61, weil die Gründe, die die Erleichterung der SicherhLeistung angezeigt erscheinen lassen, auch für den Dritten nicht zutreffen; diese müssen also bereite Zahlungsmittel haben (Becher Mat. VI 30, 84, 144).

Über den Umfang der Haftung des Bürgen s. § 68 A. 1, § 69 A. 1 b, 2, § 70 A. 1, § 132 Fußn. 3.

§ 11.

Durch Landesgesetz kann für die Zwangsversteigerung, unbeschadet des § 112 Abs. 2 Satz 4 des Gesetzes über die Zwangsversteigerung und die Zwangsverwaltung, bestimmt werden, daß und nach welchen Grundsätzen der Wert des Grundstücks festgesetzt werden soll.

E. I §§ 150, 241; Begr. 281, 372; D. —; KBer. —.

Feststellung des Wertes der Grundstücke.

§ 11 gestattet der Landesgesetzg. die Erlassung einer Ordnungsvorschrift, daß der Versteig. von G. eine Feststellung des Wertes vorausgehen u. die Wertsermittlung nach bestimmten Grundsätzen vorgenommen werden soll.

---

[1]) Becher Mat. IV 30. — „Gemeinde", d. h. politische, auch Ortsgemeinde, Stadt, Bezirk, Kreis. Unter öffentl. Sparkassen sind die von jurist. Personen des öffentl. Rechtes (Gemeinden, Bezirken, Stiftungen) erricht. Sparkassen verstanden (vgl. Henle-Schneider zu Art. 109 BayAG.BGB.). Daß die Sparkasse wieder eine selbständige jurist. Person bildet, ist nicht erforderlich (vgl. BayObLG. 7, 250).

Bayern hat in Art. 29 AG. nur von dem letzteren Vorbehalte für die Fälle der §§ 64 u. 112 ZVG. Gebrauch gemacht[1]) u. die Bestimmung der Grundsätze, nach denen der Grundstückswert festgestellt werden soll, den Staatsministerien der Justiz u. des Innern überlassen. Eine solche Bestimmung ist zunächst in Ausführung des Art. 87 Abs. 2 BayAG.BGB. durch die Anweisung v. 14. 7. 09 (JMBl. 307, Abänd. JMBl. 1923, 35; 1928, 29)[2]) für die amtl. Feststellung des Wertes der G. mit Rücksicht auf die hyp. Sicherheit getroffen worden.

In den Fällen der §§ 64, 112, in denen das ZVG. allein eine Wertsermittlung vorschreibt, bildet diese lediglich einen Bestandteil des Versteig.- bzw. VerteilVerf.; sie ist gem. § 8 JMBek. v. 31. 3. 05 (JMBl. 590) Sache des Notars. Bei der Feststellung des Wertes können die früh. Kaufpreise, die etwa vorhand. Schätzungen aus jüngster Zeit u. ähnl. Behelfe[3]) als Anhaltspunkte dienen; der Notar kann aber auch das Gutachten eines oder mehrerer (in der Regel 2) amtlich verpflicht. Schätzmänner[4]), die dann bei ihrer Schätzung nach der oben bez. Anweisung (§§ 12ff., 30) zu verfahren haben, einholen; letzteres immer, wenn ein Beteiligter es beantragt, die Kosten übernimmt u. sie vorschießt oder sicherstellt. Die Gebühren der Schätzmänner (§ 28 der Anweisung) sind (soweit sie nicht von einem Beteiligten übernommen wurden, der sie dann nur nach § 10 Abs. 2 ZVG. geltend machen kann, § 8 Abs. 3 S. 2 a. a. O., a. M. v. d. Pfordten AG. 57) vor Feststellung des g. G. festzusetzen; sie fallen dann unter die Kosten des Verf. (§§ 44 Abs. 1, 109 ZVG., s. dort A. 1).

Die Schätzungen gehören zu den Nachweisungen im Sinne der §§ 42, 66 (Jaeckel-Güthe A. 1, Reinhard-Müller A. 2d, Wolff A. 1; a. M. v. d. Pfordten 572).

§ 12.

Die Landesgesetze können für die Fälle, in welchen bei der Zwangsversteigerung oder der Zwangsverwaltung ein Aufgebotsverfahren erforderlich wird, die Art der Bekanntmachung des Aufgebots und die Aufgebotsfristen abweichend von den Vorschriften der §§ 948, 950 der Zivilprozeßordnung bestimmen.

E. I § 186 Abs. 6, 202 Abs. 4; Begr. 320; D. —; KBer. —.

Aufgebotsverfahren.

1. Das Aufgebotsverfahren zur **Ausschließung unbekannter Berechtigter** (§§ 138, 140, 157 Abs. 2 ZVG.) ist durch Art. 33 BayAG.[1]) in teilw. Abweich. von §§ 948, 950 (956) ZPO. geregelt (vgl. § 1024 ZPO.).

---

[1]) Becher Mat. VI, 29, 144. — Jeder Beteiligte kann aber nach § 42 Abs. 2 Privatschätzungen einreichen u. bekannt geben lassen.

[2]) Eingeführt in den vorm. coburg. Landesteilen s. Bek. v. 30. 1. 22 (GVBl. 153) A Nr. 9.

[3]) Z. B. Miet- u. Pachtzinsen. Auch die im Falle der Enteignung in Betracht komm. Gesichtspunkte (Art. V ZwEntG. v. 17. 11. 37) können berücksichtigt werden (Recht 07, 838); ebenso der vom Finanzamt ermitt. Wert (§§ 152, 155 RAbgO.).

[4]) Über Haftung der Schätzmänner s. Art. 88 BayAG.BGB., Becher Mat. IV Bd. I 101, Anweisung v. 14. 7. 09 § 29, Henle-Schneider a. a. O., BlfRA. 72, 1107, BZfR. 1911, 123. Vgl. auch OLG. 20, 281.

[1]) Becher Mat. VI 31, 32; 88; 145, 146.

Die öffentl. Bekanntm. des Aufgebots erfolgt hiernach durch Anheftung an die Gerichtstafel u. einmalige Einrückung in das Amtsblatt. Die Aufgebotsfrist beginnt mit der Einrückung in dieses Blatt.

2. Über das Aufgebot zur **Kraftloserklärung** von Hyp.-, Grund- u. Rentenschuldbriefen (§ 136 ZVG.) s. §§ 1162 (1192, 1199) BGB., 1024 ZPO., Art. 166 Nr. XIV BayAG.BGB. u. Art. 30, 31 BayAG.ZPO.

§ 13.

Durch Landesgesetz kann bestimmt werden, daß die in dem Gesetz über die Zwangsversteigerung und die Zwangsverwaltung dem Vollstreckungsgerichte zugewiesenen Amtshandlungen, soweit nicht über die Anordnung, Aufhebung oder Verbindung des Verfahrens oder über die Zulassung des Beitritts eines Gläubigers zu entscheiden ist, von einer anderen Behörde oder einem Beamten oder einem Notar ganz oder teilweise wahrzunehmen sind.

Wird die Änderung einer Entscheidung der Behörde, des Beamten oder des Notars verlangt, so ist die Entscheidung des Vollstreckungsgerichts nachzusuchen; auf das Verfahren finden die Vorschriften der §§ 96 bis 104 des bezeichneten Gesetzes entsprechende Anwendung. Die Beschwerde findet gegen die Entscheidung des Vollstreckungsgerichts statt.

E. I § 242; Begr. 373, 374; D. 70; KBer. 61.

Übertragung der Amtshandlungen des VollstrGerichts an andere Behörden.

1. Umfang des Vorbehalts. Zu den Amtshandlungen, die auf Grund des § 13 EG. einer anderen Behörde usw. übertragen werden können, gehören nicht:

a) diej., welche dem VollstrG. durch die ZPO. zugewiesen sind (§§ 766, 767—769 Abs. 2, 771 Abs. 3); von § 13 EG. werden überhaupt nicht berührt solche Maßnahmen, die (wie z. B. die einstw. Einstellung nach § 775 ZPO.) nicht ausschließlich dem VollstrG., sondern jedem VollstrOrgane (GVollzieher; also auch dem Notar) obliegen.

b) diej., welche die Anordnung, Aufhebung, Verbindung des Verf. u. die Zulassung des Beitritts betreffen. Zu diesen zählen aber nicht die Anordnungen nach §§ 25, 65 u. 94 ZVG. (s. § 3 Bek. v. 30. 3. 21 JMBl. 33).

2. Bayern hat nunmehr durch Art. 25 AG. v. 2. 2. 21 (GVBl. 29) den Vorbehalt des § 13 Abs. 1 EG. voll ausgenützt u. demgemäß (abges. von den dem VollstrG. vorbehaltenen Amtshandlungen) das gesamte eigentl. Versteig.-, Verteil.- u. VerwaltVerf., einschl. der hierbei erforderl. Zustellungen, dem Notariat[1]) übertragen. In den vorm. coburg. Landesteilen ist das BayAG. u. a. gleichzeitig mit dem BayNotG. eingeführt durch Ges. v.

[1]) VersteigBeamter ist, wie die Fassung des Art. 25 I AG. ergibt, der jeweilige Inhaber des Notariats (NotG. v. 9. 6. 99 Art. 2, 6, 95). — Über die Verteilung der anfallenden Versteigerungen unter die Notare (das Gericht ist an Anträge der Beteiligten nicht gebunden) s. nun JMBek. v. 30. 3. 21 JMBl. 33 § 1 II; über den Umfang des Amtsbezirks des Notars s. Art. 6 NotG. (mit der Versteig. könnte nur ausnahmsweise auch ein Notar des Landgerichtsbezirks, zu dem das VollstrG. gehört, betraut werden, JMBek. v. 30. 3. 21 a. a. O.); über Registerführung u. Aktenbehandlung s. §§ 44 ff., 59, 60, 270, 272, 296 NotGeschO. (JMBl. 1913, 231 ff.), §§ 11, 12 JMBek. v. 30. 3. 21.

18. 12. 20 u. Bek. v. 27. 4. 21, 30. 1. 22 (GVBl. 498/307/135), s. Vorbem. z. AG.

3. Sonach umfaßt die **Aufgabe des Notariats** (vgl. JMBek. v. 30. 3. 31 JMBl. 33):

a) Das eigentl. VersteigGeschäft, vor allem die Ausführung u. Sicherung der Beschlagnahme (ZahlVerbot § 22 Abs. 2, SichAnordnung § 25 ZVG.); die Bestimmung des VersteigTermins, dessen Bekanntmachung u. Zustellung[2]), einschl. der Bestellung von ZustVertretern u. der Zustellung an Mieter u. Pächter (ZVG. §§ 6, 36, 39—41, 43); die Entgegennahme von Schätzungen u. die Ermittlung des Grundstückswertes (§§ 42 Abs. 2, 64, 112); die Feststellung des g. G. u. der VersteigBeding. (§§ 45 bis 48, 51 Abs. 2, 59—64), das Ausgebot mit der Entsch. über SicherhLeistungen u. unwirksame Gebote (§§ 61 Abs. 2, 66, 69 Abs. 2, 70 Abs. 1, 71, 73—74); die Entgegennahme u. Ablieferung einer Zahlung nach § 75; die einstw. Einstellung u. Forts. des Verf. auf Grund der §§ 30, 32, 33, 75, 76, 77 Abs. 1 (neben derj. auf Grund des § 775 ZPO., die dem Notariat, wie dem GVollzieher obliegt; s. A. 1 u. Vorbem. vor § 28); die Entsch. über den Zuschlag (§§ 81—85, 87ff.)[3]).

Das eigentl. VersteigVerf. u. damit die Tätigkeit des Notariats beginnt also nicht mehr (s. Becher Mat. VI 25) mit der Bestimmung des VersteigTermins (§ 36 ZVG.) u. endigt nicht mit der Erteilung des Zuschlags. Zum VersteigVerf. gehört vielmehr noch die Anordnung der SichVerwaltung nach § 94 (s. § 94 Fußn. 4), sowie die Zustellung u. Ausfertigung der Zuschlagsentsch. (nach der Rückgabe der Akten erteilt der UBeamte der Geschäftsstelle des VollstrG. Ausfertigungen u. Abschriften des Zuschlagsbeschlusses, s. § 88 A. 4).

b) Das VerteilGeschäft in der ZwVerst., beginnend mit der Bestimmung u. Zustellung der Terminsbestimmung und ihrer Vorbereitung (ZVG. §§ 105, 106, s. oben § 105 Fußn. 2), die Aufstellung des Teilungsplans, die Verhandl. hierüber, die Verteil. der Masse, die Auszahlung derselben bzw. die Sicherstellung der den Berechtigten übertrag. Ford. gg. den Ersteher u. die Herbeiführung der GBuchBerichtigung (§§ 107—130, 134 S. 2, 3), die Entgegennahme der Verzichtserklärung (§ 118 Abs. 2), die Behandlung der Briefe u. Schuldtitel (§ 127), die zur Ermittlung der Person eines unbek. Berechtigten u. zur weiteren Ausführung des Teilplans nötigen Maßnahmen (§§ 135ff.), endlich eine beschränkte Tätigkeit im Falle der außeramtl. Verteilung (§§ 143 bis 145).

c) Die Durchführung der ZwVerwaltung, insbes. Bestellung u. Entlassung, Besitzeinweisung, Beaufsichtigung des ZwVerwalters (ZVG. §§ 149, 150, 153), die Festsetzung seiner Vergütung (§ 153), die Entgegennahme u. Prüfung seiner Rechnungen (§ 154), das VerteilVerf. im Falle der §§ 156 Abs. 2 bis 158, 160 (s. JMBek. v. 30. 3. 21 JMBl. 33 §§ 6ff.).

4. Verhältnis zwischen Notariat und Gericht.

a) Innerhalb der dem Notariat überwiesenen Zuständigkeit (s. 3) tritt es an die Stelle des VollstrGerichts. Seine Tätigkeit ist zwar von der Be-

[2]) Hier kommen nur die dem Urkundsbeamten nach §§ 209ff. ZPO. oblieg. Amtshandlungen in Frage; zu Zustellungen mittels Ersuchschreibens (§§ 199—202 ZPO.) u. öffentl. Zustellungen (§ 204 ZPO., vgl. §§ 4, 8 ZVG.) ist für den Notar kein Anlaß (Becher Mat. VI, 26).

[3]) Auch wenn sie aus einem Aufhebungsgrund erfolgt (bestr., s. § 86 A. 1 u. § 33 A. 4).

stimmung (Art. 25 Abs. 3 AG.)[4]) durch das Gericht abhängig, im übr. aber eine selbständige, die durch keinerlei Aufträge des Gerichts (abgesehen von Entsch. nach § 13 Abs. 2 EG., §§ 766, 769 Abs. 2, 771 Abs. 3 ZPO.) begrenzt u. nur in eigener Verantwortlichkeit ausgeübt werden kann (BayObLG. 15, 667; vgl. Ortenau-Henle SO. 17, 114).

Obwohl Abs. 4 des Art. 25 BayAG. dem VollstrG. die Entsch. über Ausschließung u. Ablehnung des Notars (Notariatsverwesers) überträgt (Verf. s. §§ 41—48 ZPO.; bei Verstoß nur Zuschlagsanfechtung, nicht Klage, s. § 771 A. 2c, § 96), sollte durch diese Bestimmung die Gleichberechtigung beider Organe nicht geändert werden (vgl. Bem. zu §§ 2, 79 ZVG.). Die Geltendmach. der Haftpflicht des Notars (Verwesers) für schuldhafterweise verursachte Kosten kann (da § 102 ZPO. nicht anwendbar; anders Art. 85 Abs. 4 SO.) nur im Klagewege erfolgen. Im Verf. werden sie nach §§ 44, 109, 155 ZVG. behandelt, also vom Ersteher (Gl., Verw.) eingehoben u. an der Masse abgerechnet.

Über die Gründe, aus denen der Notar die Vornahme von Amtsgeschäften verweigern kann, s. noch NotG. v. 9. 6. 99 Art. 15ff.

b) Innerhalb des Verf. obliegen dem Notariat auch die Aufgaben des Urkundsbeamten der Geschäftsstelle des VollstrG. bei Ausführung der Zustellungen (s. § 3 ZVG. A. 2) u. Erteilung der Ausfertigung des Zuschlagsbeschl. (§§ 93, 132 Abs. 2 ZVG.); diese Zuständigkeit beruht jedoch (anders a) nicht auf § 13 Abs. 1 EG., sondern nur auf Art. 25 Abs. 2 AG. bzw. 39ff. NotGes., §§ 283ff., 302 NotGeschO.

c) Gegenüber allen Entsch. des Notariats (als einer „Vorinstanz") ist die „Anrufung" des VollstrG. (hier kurz „Erinnerung" genannt, vgl. §§ 104 III, 576 ZPO.) zulässig (keine Beschwerde zum Landgericht BZfR. 1928, 212); ihre Zulässigkeit ist nicht beschränkt auf die Fälle der §§ 95, 96 ZVG., in denen das Notariat über einstw. Einstellung, Forts. des Verf. u. Zuschlag entscheidet, vielmehr auch auf andere Entsch., die vor der Beschlußfassung über den Zuschlag zu treffen sind (z. B. über Terminsbestimm., VersteigBedingungen, g. G., VersteigArten, SicherhLeistung) oder im Verlaufe des Verteil.- oder VerwVerf. ergehen, ausgedehnt[6]). Eine Nachprüfung der Entsch. des Notariats durch das Gericht von Amts wegen (ohne daß eine Rüge nach § 13 Abs. 2 EG. vorliegt) ist ausgeschlossen. Berechtigt zur Anrufung des VollstrG. gegen die Zuschlagsentsch. sind nur die in § 97 bez. Personen, gegen Einstellung des Verf. der betreib. Gl., gegen Forts. der VollstrSch., gegen andere Entsch. vor oder nach dem Zuschlag, im Vert.- u. VerwVerf. jeder in seinen Interessen verletzte Beteiligte, einschl. des Erstehers.

---

[4]) Das Ges. vermeidet nunmehr den Ausdruck „Übertragung" u. bringt damit deutlicher zum Ausdruck, daß die Zuständigkeit des Notariats unmittelbar auf dem Gesetz beruht (BZfR. 1929, 78; vgl. aber JMBek. v. 30. 3. 21 §§ 1 Abs. 2, 4). Das Notariat erwirbt mit der Bestimmung kein Recht auf die Durchführung der Versteig.; sie darf aber (im Interesse des Notars wie der Beteiligten) auch nicht beliebig widerrufen werden, sondern nur wenn dringende Belange es erfordern (Art. 25 Abs. 3 AG., JMBek. v. 30.3.21 § 4); Hauptfälle: Art. 25 Abs. 4 AG., §§ 2, 18 ZVG.; durch den Widerruf werden die Kosten des früher bestimmten Notariats nicht berührt (BNotZ. 1922, 50). Das von einem nicht beauftragten Notar vorgenommene Verf. ist nichtig (§ 83 Nr. 6 ZVG.).

[6]) Diese Ausdehnung hat praktische Bedeutung (wegen der mangelnden aufschieb. Wirkung der Anrufung) während des VerstVerf. allerdings nur für die Fälle, in denen die Entsch. vor dem VersteigTermin ergangen oder in diesem nicht eine Entsch. über den Zuschlag erfolgt ist (vgl. v. d. Pfordten AG. 7).

Die „Anrufung" des Gerichts ist aber, da die Vorschr. der §§ 793, 577 ZPO. gem. § 13 Abs. 2 EG., § 96 ZVG. auf das Verf. überhaupt (nicht bloß im Falle der Anfechtung der Zuschlagsentsch.)[7]) entspr. anzuwenden sind, nur binnen einer 2wöch. Frist zulässig, die mit der Verkündung (bzw. Zustellung) der Entsch. beginnt (BNotZ. 1918, 210) u. durch Einlegung der Anrufung (zu Protokoll, schriftl., telegraphisch) beim Notariat, wie beim VollstrG. gewahrt wird (§ 577 ZPO.). Einlegung vor Zustellung ist zulässig (§ 98 A 1 b).

Die Anrufung (Erinnerung) hat keine aufschieb. Wirkung, vorbehaltl. der Aussetzung des Vollzugs (§ 572 Abs. 2, 3 ZPO.); sie wird sich daher, soweit die Entsch. im VerstTermin vor dem Zuschlag erfolgte, gleichzeitig gegen die Entsch. über den Zuschlag richten.

Der VersteigBeamte ist zu einer Änderung seiner Entsch. (abges. vom Falle des § 79 ZVG.) nicht befugt, wenn sie, vom VollstrG. erlassen, nur mit sof. Beschwerde anfechtbar wäre. Die im Laufe des Verf. häufigen Verfügungen (z. B. Terminsbestimm.) sind keine Entsch., können also auf Antrag oder von Amts wegen jederzeit (z. B. um die Versagung des Zuschlags zu verhüten, § 43 ZVG.) auch vom Notar selbst abgeändert werden (Jaeckel-Güthe A. 3, Reinhard-Müller A. 3b). — An die auf Anrufung (Erinnerung) hin ergangenen Entsch. der Gerichte ist der Notar selbstverstdl. gebunden, u. zwar auch im Falle des § 79 ZVG.

Ist die Frist zur Anfechtung einer Vorentscheidung (§ 95 ZVG.) versäumt, so kann immer noch die Entsch. über den Zuschlag angefochten werden (allerdings beschränkt durch §§ 97 ff., besonders § 100 ZVG.); ist auch hiergegen nicht rechtzeitig Abhilfe bei Gericht nachgesucht, so geht die Zuschlagsentsch. in Rechtskraft über.

Beschwerde findet erst gegen die auf die Anrufung (Erinnerung) hin ergehende Entsch. des VollstrG. statt; sie ist aber (im Gegensatze zu der Anrufung) nur in den Fällen der §§ 95, 96 ZVG. zulässig, so daß über eine nicht unter diese Vorschr. fall. Entsch. des Notariats das VollstrG. endgültig befindet[8]); doch gilt letzteres nicht für das Verteil.- u. VerwVerf.

Die weitere Beschwerde ist nicht deshalb unstatthaft, weil die Entsch. des VollstrG. u. des Notariats sachlich übereinstimmen (da das über die Anrufung entscheid. VollstrG. nicht BeschwerdeG. i. S. des § 568 Abs. 2 ZPO. ist).

Im übr. s. die Bem. zu §§ 79 u. 95 ZVG.

5. Soweit das Verf. des Notariats nicht durch das ZVG. (ZPO.), das AG. u. die hierzu ergang. VollzVorschr. (s. JMBek. v. 31. 3. u. 2. 11. 05 JMBl. 587, 828, 15. 5. 06 JMBl. 74, 30. 3. 21 JMBl. 33 u. 3. 1. 28 JMBl. 11) geregelt ist, finden die Bestimmungen der **Notariats-Geschäftsordnung** v. 30. 10. 13 (JMBl. 231 ff.) Anwendung; s. daselbst §§ 44^5, 59 (Verzeichnis), 180 (Anheftung der Terminsbestimm., Aktenrückgabe), 272 (Aktenbehandlung), 302 (Zustellungen).

6. Wg. der **Gebühren des Notars** s. NotGebO. v. 19. 5. 26 (JMBl. 321) u. 29. 4. 27 (GVBl. 127) Art. 1—21 (allg. Vorschr.), Art. 52, 53 mit 12, 23 (Geb. für die Tätigkeit in

[7]) Denkschr. a. a. O., ebenso Fischer-Schäfer 573, Jaeckel-Güthe A. 3, Reinhard-Müller A. 3, Betzinger-Mainhard § 95 A. II A 2, RG. 73, 197; a. M. Wolff A. 4, 6, sowie v. d. Pfordten BZfR. 05, 209.

[8]) Denkschr. a. a. O., Recht 1916 Nr. 773, Fischer-Schäfer 573, Reinhard-Müller A. 3 b; a. M. Wolff A. 5. Den Beteiligten ist lediglich derj. Rechtsmittelzug eröffnet, der ihnen zustände, wenn das Gericht (wie nach Reichsrecht) im ersten Rechtszug mit der Sache befaßt gewesen wäre. § 13 Abs. 2 S. 2 lautet nicht: „Gegen die Entsch. des Gerichts findet Beschwerde statt", sondern „die Beschwerde (wie sie in §§ 95, 96 zugelassen) findet (erst) gegen die Entsch. des Gerichts statt".

der ZwVerst., Verteilung u. Verw.), Art. 15, 19 (Zeitgebühr), 69 (Zustellungen von Amts wegen), 80 (Schreibgebühren), 85, 86 (Auslagen u. Pauschsatz), 90—92 (Auslagen für Zeugen u. Hilfspersonen), 93 ff. (Entfernungsgebühren u. Reisekosten), 107 ff. (Hinterlegungsgebühren).

Vgl. Schmitt BayNotGebO., Drescher BNotV. 1926, 197.

Für die Geltendmach. u. Beitreibung der Gebühren u. Auslagen des Notars gelten §§ 49 ff. NotG. v. 9. 6. 99 (Art. 2 NotGebO.); über ihre Geltendmach. im Verst.- u. VerwVerf. gegenüber der Masse s. ZVG. §§ 109 A. 1, 113, 114, 155 (Schmitt NotGebO. Art. 2 A. 1 A f); über Erinnerungen gegen den Kostenansatz s. § 109 A. 1. Beitreibung durch vollstreckb. Ausfertigung des Zuschlagsbeschl. ist erst nach Übertrag. der Ford. gegen den Ersteher zulässig (vgl. § 109 A. 1; s. aber OLG. 27, 21, 22).

Gerichtsgebühr im Falle des § 13 Abs. 2 EG. Die Entsch. des VollstrG. ist nun gebührenfrei (Art. 7 BayKG.); die Gebührenbestimmung des Art. 9 Abs. 5 KG. v. 16. 2. 21 ist mit dem Wegfall des entspr. § 45 Abs. 2 RGKG. (durch Ges. v. 21. 12. 22 RGBl. 1923 I 1) gleichfalls beseitigt worden; im übr. s. § 101 A. 4.

Der **Rechtsanwalt** erhält für einen Antrag nach § 13 Abs. 2 EG. keine besondere Gebühr neben der des Art. 17 BayRAGebO., sonst die Beschwerdegebühr (Art. 25, 27 Abs. 2 daselbst, § 41 RRAGebO.; vgl. Merzbacher Art. 27 A. 5).

§ 14.

Die Landesjustizverwaltung kann für die Geschäftsführung der Verwalter, welche bei der Zwangsverwaltung bestellt werden, und für die den Verwaltern zu gewährende Vergütung allgemeine Anordnungen treffen.

E. I § 198 Abs. 2; Begr. 330, D. —; KBer. —.

Allg. Anordnungen für die ZwVerwalter.

Solche Anordnungen über die **Geschäftsführung der Verwalter**, welche die dem Notariat nach § 153 ZVG. oblieg. Anweisungen umgrenzen (vgl. Preuß. JMVerf. v. 8. 12. 99, Jaeckel-Güthe 836 ff., Reinhard-Müller A. zu § 14) sind in Bayern nicht ergangen. Die **Vergütung** des Verw.s soll möglichst bei Beginn der Verw. u. nach Anhörung des betreib. Gl., VollstrSch. u. Verw.s festgesetzt werden (JMBek. v. 31. 3. 05 § 10, JMBl. 591); eine Gebühr für den Rechtsanwalt als ZwVerw. ist nicht bestimmt, auch seine Vergütung daher vom Notariat festzusetzen (Art. 4 Abs. 2 BayRAGebO., JMBl. 02, 457).

§ 15.

Ein vor dem Inkrafttreten des Gesetzes über die Zwangsversteigerung und die Zwangsverwaltung beantragtes Verfahren ist nach den Landesgesetzen zu erledigen.

E. I § 244; Begr. 376, 377; D. 69; KBer. —.

Anhängige Verfahren.

Da diese Übergangsbestimmung in Bayern (ebenso wie die Art. 54—56 AG.) kaum noch eine praktische Bedeutung hat (s. § 1 A. 1 EG.), sei hier auf die Bem. zur 2. Aufl. (auch BZfR. 05, 161; 06, 127, Recht 1911 Nr. 3862) verwiesen.

Ausführungsgesetz

zur

Grundbuchordnung und zu dem Gesetz über die Zwangsversteigerung und die Zwangsverwaltung.

Vom 9. 6. 1899 (GVBl. 125—136) u. 2. 2. 1921 (GVBl. 29).

Vorbemerkung.

Das BayAG.GBO. u. ZVG. ist mit Ausnahme der Art. 13—16, 52, 53, 56, 57 in den vorm. coburgischen Landesteilen eingeführt durch Ges. v. 18. 12. 20 (GVBl. 498), Bek. v. 27. 4. 21 (GVBl. 307); in Kraft sind dort geblieben die Art. 3, 4 des CobAG.ZVG. (GesS. Nr. 1303) gem. Bek. v. 30. 1. 22 (GVBl. 153) B II f.

(I. Ausführungsvorschriften zu der Grundbuchordnung Art. 1—22.)

II. Ausführungsvorschriften zu dem Gesetz über die Zwangsversteigerung und die Zwangsverwaltung.

Öffentliche Lasten.

Artikel 23.

Zu den öffentlichen Lasten des Grundstücks gehören bei einem landwirtschaftlichen Grundstücke die Beiträge, welche für die öffentliche Versicherung des zum Zubehöre gehörenden Viehes zu entrichten sind, bei einem mit Gebäuden versehenen Grundstücke die Kaminkehrerlöhne.

Vgl. Erl. zu ZVG. § 10 A. 3 B c.; über Mitt. der Terminsbestimm. an Kaminkehrer s. Bek. v. 2. 11. 05 (JMBl. 828).

Artikel 24.

Bei der Zwangsvollstreckung in die dem Betriebe der Bierbrauerei dienenden Brauhäuser, Malzhäuser, Gär- und Lagerkeller steht der Ararial- und Lokalmalzaufschlag für das im letzten Jahre vor der Beschlagnahme steuerbar gewordene Malz (Art. 3 des Gesetzes über den Malzaufschlag) den öffentlichen Lasten dieser Grundstücke gleich.

Auf Gebote des Schuldners oder eines neu eingetretenen Eigentümers des Grundstücks findet diese Vorschrift keine Anwendung.

Becher Mat. VI 30, 31; 84—87; 144, 145; 181 zu Entw. Art. 31, 32.

Vgl. Erl. zu EG. § 10.

Auszahlung des Erlöses.

Artikel 32.

Wird die Auszahlung des Versteigerungserlöses oder der bei einer Zwangsverwaltung erzielten Überschüsse an einen im Verteilungstermine nicht anwesenden Berechtigten angeordnet, so ist der auszuzahlende Betrag dem Berechtigten auf dessen Gefahr und Kosten durch das Notariat zu übersenden.

Becher Mat. VI 31; 87; 145; 181 zu Entw. Art. 33; Änderung durch Ges. v. 2. Febr. 1921 GVBl. 29 mit 98.

Vgl. Erl. zu ZVG. § 117 A. 1, § 158 A. 1.

Aufgebotsverfahren.

Artikel 33.

Die öffentliche Bekanntmachung des im § 138 des Gesetzes über die Zwangsversteigerung und die Zwangsverwaltung bezeichneten Aufgebots erfolgt durch Anheftung an die Gerichtstafel und einmalige Einrückung in das für die Bekanntmachungen des Gerichts bestimmte Blatt. Die Aufgebotsfrist beginnt mit der Einrückung in dieses Blatt.

Becher Mat. VI 31, 32; 88; 145, 146; 181 zu Entw. Art. 34.

Vgl. Erl. zu ZVG. §§ 140 A. 2, 157 A. 4 u. EG. § 12.

Lehen, Familienfideikommisse, Erbgüter.

Artikel 34.

Bei der Zwangsvollstreckung in ein Familienfideikommiß finden die für Hypotheken geltenden Vorschriften auf die Fideikommißschulden entsprechende Anwendung. An die Stelle der Eintragung im Grundbuche tritt die Eintragung in der Fideikommißmatrikel.

Von der Anordnung der Zwangsversteigerung oder der Zwangsverwaltung, von der Aufhebung des Verfahrens und von dem rechtskräftigen Zuschlage hat das Vollstreckungsgericht dem Fideikommißgerichte Mitteilung zu machen. Im Falle der Bestellung eines Verwalters hat das Vollstreckungsgericht dem Fideikommißgerichte die Person des Verwalters zu bezeichnen.

Becher Mat. VI 32—34, 88, 89, 146, 181 zu Entw. Art. 35.

1. Früherer Rechtszustand. a) Das ZVG. fand gem. § 2 EG. hierzu auch auf die ZwVollstr. in Lehen, FFideikommisse (FFK.) u. landwirtsch. Erbgüter Anwendung, soweit nicht das Lehen- u. Fideikommißrecht, sowie das Gesetz über die landwirtsch. Erbgüter (s. A. 2 zu § 2 EG.) u. das vorliegende AG. Sondervorschriften enthielten.

Die Zulässigkeit der ZwVersteig. bzw. -Verw. in Lehen- u. FKGüter sowie landwirtsch. Erbgüter war in §§ 39, 58 ff. der VII. Beil. zur früh. VU. (Fideikommißedikt; s. § 2 EG. A. 2; Ortenau-Henle 44 ff., Roth-Becher, BZR. T. II Abt. 3, 38, 88, 95, Becher, LZR. Bd. I, 930, 957, 964) geregelt. Die Rolle des Eigentümers nahm der Lehensmann,

Fideikommißbesitzer bzw. der zur Verwaltung u. Nutzung Berechtigte ein (DA. §§ 350 ff., BNotZ. 1914, 25). Auf die ZwVollstr. gegen den Rechtsnachfolger des Sch. fanden die für die ZwVollstr. gegen den Erben des Sch. gelt. Vorschr. entspr. Anwendung (Art. 28 BayAG.ZPO.).

b) Für die Schulden des Lehenmannes haftete das Lehengut nur ausnahmsweise, nämlich primär für Lehenschulden 1. Kl. mit dem Grundstock u. den Früchten, dagegen für Lehenschulden 2. Kl. nur primär mit den Früchten u. subsidiär mit dem Grundstock, für Erbschulden aber nur mit den Früchten. ZwVersteig. war also nur zulässig wg. solcher Schulden, die auf dem Lehensgrundstock lasteten, ZwVerw. wg. solcher Schulden, für die nur die Lehenfrüchte hafteten (Becher LZR. I 930 ff.). Die Lehengläubiger standen im Verf. den HypGl. gleich; Lehenschulden, die nicht Hyp.- oder FKSchulden waren, wurden nur berücksichtigt (insbes. bei Feststellung des g. G.), soweit sie gem. §§ 9 Nr. 2, 37 Nr. 4, 45, 50, 110, 114, 146 ZVG., angemeldet bzw. glaubhaft gemacht waren (vgl. Art. 4 S. 2 SO., 38 Abs. 2 NovSO., Becher Mat. 32, 89).

c) Für Fideikommisse (FFK.) bestimmte Art. 34, daß FKSchulden im Verf. der gleichen Behandlung unterliegen, wie die Hypotheken (obwohl sie nicht die rechtl. Natur von Hyp. hatten; BayObLG. 18 A 91); soweit für letztere Eintragung erforderlich ist (z. B. §§ 9, 10, 37 Nr. 4, 45, 114, 146 ZVG.), galt dies auch von den ersteren, nur trat hier an die Stelle des GBuchs die FKMatrikel (§ 16 FKEdikt, § 303 Abs. 2 DA.). FKSchulden wurden erst mit der Eintrag. gültig. Für den Rang war zunächst entscheidend die Eigenschaft des Anspruchs als FKSchuld 1. oder 2. Kl. (für letztere hafteten nur die Früchte, für erstere auch der Grundstock des FK.), sodann der Zeitpunkt der Eintrag. in die Matrikel (§ 55 FKEdikt, BlfRA. 78, 350, v. d. Pfordten, AG. Bem. 4). Nur die FK.-Gläubiger 1. Kl. konnten (unter gewissen Beschränkungen) ZwVersteig. beantragen (s. Art. 35 Abs. 1). Das FKGericht (Oberlandesgericht gemäß Art. 36 Nr. 1 BayAG.GVG.), das gemäß Art. 34 Abs. 2 AG. von Anordnung u. Aufhebung des Verf., Rechtskraft des Zuschlags u. Person des Verwalters zu verständigen war, trat hinsichtl. der nach § 19 Abs. 2 ZVG. vorgeschrieb. Mitteilungen neben das GBAmt. Der Versteig.- u. VerwVermerk wurde nicht in die Matrikel, sondern in das GBuch [1]) eingetragen.

d) Wg. der landwirtsch. Erbgüter s. Ges. v. 22. 2. 1855, Roth BZR. II § 257.

2. Familienfideikommisse (adelige Stamm- u. Hausgüter, Familiengüter, die im Erbverbande stehen, allodifizierte Lehen) u. **landwirtsch. Erbgüter sind nunmehr aufgehoben** (AufhebGes. v. 28. 3. 19, GVBl. 114) [2]).

a) Mit dem 1. 10. 19 ist das FFK., bei dem die Nachfolge nach den §§ 87, 89—91 d. Ediktes über die FFK. geregelt war, als Allod an den FKBesitzer gefallen, d. h. sein freies, nur durch die Rechte der Anwärter noch beschränktes Eigentum geworden; die Anwärter wurden (vorbehaltl. abweichender Vereinbarung der Beteiligten) nachfolgeberechtigt (§§ 1—3, 48 AusfVO. v. 26. 9. 19 GVBl. 647, JMBl. 359 ff., 379 ff.). Der FKBesitzer gilt nun als Vorerbe, die Anwärter gelten als Nacherben (für die vom FKGericht ein Pfleger zu bestellen ist), die FKGläubiger gelten als NachlaßGl., das FKVermögen als Nachlaß, der FKVermerk im GBuch als Vermerk über die Nacherbfolge (§§ 8, 9, 10, 12, 30 Satz 2 AusfVO.); für die ZwVerst. zugunsten anderer als FKGl. (NachlaßGl.) gilt das VeräußVerbot des § 773 ZPO. (s. ZVG. § 28 A. 2). Die Einverleibung von Vermögensstücken in ein früh. FFK. bestimmt

---

[1]) Vgl. Art. 13—16 BayAG.GBO.; §§ 303 Abs. 2, 306 Abs. 2, 365 Nr. 12 DA.; über die Einrichtung der FKMatrikel s. VO. v. 3. 5. 57 (RBl. 253).

[2]) Vgl. hierzu: v. Unzner, Aufhebung der FFK. in Bayern, BZfR. 1919, 367 ff.; 1920, 40 ff. (insbes. über Verfügungen gegen den FKBesitzer im Wege der ZwVollstr. S. 401 f., die Reallast der FKBeamten S. 40 ff., Zuständigkeit der FKGerichte S. 42 ff.); ferner Bauer, Das FKGericht als VormundschGericht, BZfR. 1920, 92 ff.; auch Schanz in BNotZ. 1920, 140 ff. u. Heitzer FK.- u. Komplexlasten BZfR. 1920, 291, 316. Über die Rechtsgültigkeit der AufhebVorschr. s. BayObLG. 28 A 117.

sich nunmehr ausschließl. nach § 6 (9) AusfVO. (BayObLG. 20 A 380, BayZfR. 1921, 184).

Das FKVermögen haftet für die FKSchulden u. die Lasten des FK. Die FKSchulden 2. Kl. haften vom 1. 10. 19 ab auch auf dem Grundstock (nicht nur den Früchten) des FK.; die Gl. solcher Schulden können nun auch ZwVersteig. betreiben, die Gl. 1. Kl. können aber Widerspruch gg. die ZwVersteig. nach §§ 771, 773 ZPO. erheben (§ 23 AusfVO.). Die FKSchulden gelten nunmehr auch ohne Eintrag. im GBuch als Sicherungshyp.[3]) mit dem früh. Rang (s. oben A. 1 c); die Eintrag. der SichHyp. erfolgt auf Ersuchen des FKGerichts (§ 25 AusfVO.; über die Art der Eintrag. s. BayObLG. 20 B 498). Für die FKSchulden (1. u. 2. Kl.) haftet der FKBesitzer u. sein Nachfolger (§ 1 Abs. 2, §§ 2, 3 AusfVO., im Falle des § 5 auch der Anfallberechtigte) persönlich; sie sind aber berechtigt, die Haftung auf das FKVermögen zu beschränken (§§ 27—30 AusfVO.). Den Allodgläubigern des FKBesitzers ist zu seinen Lebzeiten der Zugriff zum FK. versagt (§ 8 AusfVO., § 2115 BGB., §§ 773, 771 ZPO.).

Das FKVermögen haftet vom 1. 10. 19 ab auch für die bis dahin entstandenen Gehalts- u. Versorgungsanspr. der FKBeamten u. ihrer Hinterbliebenen[4]); hierfür entsteht (BayObLG. 20 B 525) auch ohne Eintrag. im GBuch eine Reallast im Rang nach den SichHyp., die am 1. 10. 19 aus FKSchulden entstehen; die Anspr. müssen aber bis 1. 4. 20 angemeldet sein; die Eintrag. der Reallast erfolgt auf Ersuchen des FKGerichts (§ 32 AusfVO.). Über Art der Eintrag. s. BayObLG. 22 A 81, BZfR. 1921, 269; über Sicherstellung der Pensionsanspr. BayObLG. 20 B 498. Die nach dem 1. 10. 19 entstand. Anspr. sind rein persönl. Natur (BZfR. 1922, 209).

Auf Antrag hat das FKGericht über die Berechtigung des FKBesitzers vom 1. 10. 19 (Nachfolgers, Anfallberechtigten) ein Zeugnis, über die Nichtzugehörigkeit eines Grundstücks oder Grundstücksrechts zum FKVermögen oder über das Erlöschen der Gebundenheit eine Bescheinigung auszustellen, auf die die Vorschr. über den Erbschein entspr. Anwendung finden (§ 34 AusfVO.; vgl. Art. 16 BayAG.GBO.).

Über die sonstigen FK. u. gebund. Güter[5]) s. §§ 40, 42 ff. AusfVO.; über Vollstreckbarkeit der Beschl. der FKGerichte u. des ObLG. in FK.-Sachen s. VO. v. 23. 1. 24 (GVBl. 27).

b) Die landwirtsch. Erbgüter gingen am **1. 10. 19** in das freie Eigentum des letzten Besitzers über; die in Art. 20, 24 des Ges. v. 22. 2. 55 bezeichneten, im Zeitpunkte der Aufhebung dieses Gesetzes (d. i. 1. 6. 19; s. § 4 FKAufhebG.) bereits erworb. Ansprüche bleiben unberührt (§§ 47, 48 AusfVO.).

3. Lehen dürfen nicht mehr neu verliehen werden (Ges. v. 28. 3. 19 GVBl. 114).

---

[3]) Art. 34 Abs. 1 S. 1 AG.ZVG. ist durch § 25 AusfVO. v. 26. 9. 19 gegenstandslos geworden; Satz 2 u. Abs. 2 haben aber jedenfalls noch so lange praktische Bedeutung, als die FKSchulden noch nicht in das GBuch übertragen sind. Bis dahin ist ein gutgl. Erwerb in Ansehung der FKGrundstücke durch den FKVermerk ausgeschlossen.

[4]) Vgl. auch Becher, Unwiderrufl. Dienstverträge der FKBesitzer, BlfRA. 78, 345 ff., 398 ff.

[5]) Familienstiftungen privatrechtl. Art fallen nicht unter das FAufhGes. (BayObLG. 20 B 480); über den Unterschied zw. Familienstiftung u. FFideikommiß s. BayObLG. 20 B 490.

Die bisher noch bestehenden Lehen (Becher LZR. 1923) sind durch das Lehenauflösungsges. v. 30. 8. 20 (GVBl. 417; VollzVorschr. v. 23. 10. 20 FinMBl. 134) umgewandelt in volles Eigentum, u. zwar teils unentgeltlich, teils gg. Heimfall von Lehensbestandteilen, teils gg. Barerlegung einer Ablösungssumme (§ 1 a—c Ges.). Binnen 4 Monaten nach Anerkennung der besonderen Leheneigenschaft (§ 1 a), nach Durchführung des Heimfalls (§ 1 b) oder nach Erfüllung der Gegenleistung (§ 1 c) ist eine „Eignungsurkunde" auszuhändigen; **bis dahin** bemessen sich alle im Lehenverband begründeten Rechtsverhältnisse, soweit nicht das LehenAuflG. Abweichungen bestimmt, **nach bisherigem Recht**; nach Ablauf der 4 Monate oder mit der früh. Aushändigg. der Eignungsurkunde wird das geeignete Lehenvermögen Allod in der Hand dessen, der das Lehen in diesem Zeitpunkt besitzt; die im bish. Lehenverband begründeten Rechtsverhältnisse (darunter die Rechte der LehenGl.) bleiben unberührt; bis zu ihrer Neuregelung bedürfen Veräußerungen u. Belastungen vorm. Lehenbestandteile der staatl. Genehmigung; diese Verf.-Beschränkung ist in das GBuch einzutragen (§ 5 Ges.). Eine weitere Verf.-Beschr. ist hinsichtl. der Dotationslehen (§ 1 b) getroffen (§ 7 Ges.); sie gilt auch für die aus einer Königl. Dotation herrührenden FKommisse u. FKBestandteile (§§ 9 Ges., §§ 7, 45 AusfVO. z. FKAufhG.).

Wg. der Neuregelung der in § 5 Abs. 3 Ges. bez. Rechtsverhältnisse u. über den Rechtsweg der LehenGl. s. noch VO. v. 4. 6. 28 (GVBl. 339).

Artikel 35.

Ist die Zwangsverwaltung auf den Antrag eines Fideikommißgläubigers zweiter Klasse angeordnet, so findet bei der Verteilung der Überschüsse die im § 155 Abs. 2 des Gesetzes über die Zwangsversteigerung und die Zwangsverwaltung bestimmte Beschränkung auf den Anspruch des Gläubigers keine Anwendung.

Becher Mat. VI 88; 89; 146; 181 zu Entw. Art. 36.

1. Abweich. Verteilung in der ZwVerwaltung. Die Vorschrift erschien mit Rücksicht auf die vom früh. bayer. Recht abweich. Bestimm. des ZVG. über die Verteilung der Verwaltungserträgnisse erforderlich (vgl. § 146 A. 1, § 155 A. 1, 3, 4).

Der FKGläubiger 2. Kl. (§§ 39, 54, 58—60 der VII. Beil. z. früh. VU.; vgl. Ortenau-Henle 45, Roth-Becher a. a. O. 88, Becher, LZR. a. a. O. 957) war nämlich nur berechtigt, Befriedig. aus den Früchten des FK. zu suchen, während die Beitreib. seiner Ford. mittelst ZwVersteig. des G. selbst ihm verwehrt war. Da nun gem. § 155 ZVG. die Erträgnisse zunächst zur Deckung der lauf. wiederkehr. Leistungen zu verwenden sind, der Hauptanspruch sowie die sämtl. rückständ. wiederkehr. Leistungen aber erst in der 5. Kl. zum Zuge kommen, bestand die Gefahr, daß diese, soweit sie einem solchen FKGl. 2. Kl. zustanden, überhaupt niemals Befriedigung aus dem Gute finden konnten. Deshalb gestattete Art. 35 (im Anschlusse an Art. 145, 150, 151 SO.) auch die Befriedig. seines ganzen (nicht bloß Zinsen- u. anderen Neben-) Anspruchs im Range seines Rechtes, wenn er auch wegen des Hauptanspruchs u. der Rückstände die ZwVerw. betrieb. Unter sich regelte sich der Rang der Haupt- u. Nebenanspr. wieder nach § 12 ZVG. (v. d. Pfordten, AG. Bem. 2, 3).

2. Von Aufhebung der FKommisse an (s. Art. 34 A. 2) haften die FKSchulden 2. Kl. auch auf dem Grundstock des FK., so daß sie an sich auch durch ZwVersteig. beigetrieben werden können; da dieser jedoch die FKGl. 1. Kl. widersprechen können (§ 23 Abs. 2 AusfVO. z. FKAufhG., s. Art. 34 A. 2a), muß es für die ZwVerw. bei der Vorschrift des Art. 35 verbleiben.

Artikel 36.

Ist ein zu einem Lehen, einem Familienfideikommiß oder einem landwirtschaftlichen Erbgute gehörendes Grundstück einem Mieter oder Pächter überlassen, so steht, wenn die Zwangsverwaltung auf den Antrag eines Gläubigers, der zu dem Antrag auf Zwangsversteigerung nicht berechtigt ist, angeordnet oder der Beitritt eines solchen Gläubigers zugelassen ist, dem Verwalter das im § 57 [nun 57 a] des Gesetzes über die Zwangsversteigerung und die Zwangsverwaltung bestimmte Kündigungsrecht zu. Die Vorschriften des Artikel 28 finden entsprechende Anwendung.

Becher Mat. VI 33, 34; 89; 146; 181 zu Entw. Art. 37.

Abweich. Regelung des Kündigungsrechts des Verwalters. Die Vorschrift enthält eine Ausnahme von § 152 Abs. 2 ZVG. (s. A. 3b daselbst); da den in Art. 36 genannten Gl. die ZwVersteig. als BefriedMittel nunmehr zwar zu Gebote steht, diese aber gegen den Widerspruch der FKGl. 1. Kl. nicht durchgeführt werden kann (s. Art. 34 A. 2a, 35 A. 2), wären ihre Rechte der Gefahr einer Beeinträchtigung durch ein unvorteilhaftes Miet- oder Pachtverhältnis ausgesetzt, wenn der ZwVerw., wie in § 155 Abs. 2 ZVG., an die Einhalt. des Miet- u. Pachtvertrags gebunden sein würde. Die Ausübung des gesetzl. KündRechtes (neben dem vertragsmäßigen) ist nach dem Zwecke der Bestimmung, wie der Verw. davon abhängig, daß sie für die Masse Vorteile mit sich bringt; sie ist ferner (wie das KündRecht des Erstehers, § 57a A. 6) an die Beschränkungen des Mieterschutzgesetzes gebunden, wenn u. soweit dieses auf den vermieteten Raum Anwendung findet (§§ 1 ff. MSchG. v. 17. 2. 28 RGBl. I 25; s. aber wg. der Neubauten usw. § 33 daselbst u. § 28 VO. v. 29. 3. 28 GVBl. 179).

Der Satz 2 des Art. 36 dehnt die Vorschrift auf die vor dem 1. 1. 00 erfolgte Überlassung des G. aus.

Zwangsvollstreckung in Bergwerke und unbewegliche Kuxe.

Artikel 37.

Für die Zwangsversteigerung und die Zwangsverwaltung von Bergwerken mit Einschluß der Anlagen, auf welche die Vorschrift des Artikel 221 [nun 281] des Berggesetzes vom 20. März 1869 [nun 13. August 1910] Anwendung findet, und von unbeweglichen Kuxen gelten die besonderen Vorschriften der Artikel 38 bis 43.

Becher Mat. VI 34, 90; 89; 147; 181 zu Entw. Art. 38.

1. Anwendung des ZVG. Der ZwVersteig. u. ZwVerw. nach den für G. gelt. Vorschr. des ZVG. (als *Vollstreckungsmaßregel*) unterliegen auch das *Bergwerkseigentum* u. die (unbewegl.) *Kuxe* (Bergwerksanteile) des älteren[1]) Bergrechtes (vgl. Einl. III 3b), sowie Bergwerke, Steinbrüche u. Gräbereien, die nach den älteren Vorschr. berechtigt sind, Mineralien zu gewinnen, die nicht mehr Gegenstand des Bergwerkseigentums sind — BergG. v. 13. 8. 10/21. 7. u. 17. 8. 18/10. 10. 19 (GVBl. 815/377/551/676): Art. 44, 45, 281, 286 Abs. 2; vgl. Art. 17, 18 BayAG.GBO. u. § 2 EG.ZVG.

Die besond. Vorschr. der Art. 37 ff. AG. bringen das früh. ZwVersteigRecht (Art. 174—181 BaySO.) mit den Bestimm. des ZVG. in Einklang. Die Art. 174, 175 Abs. 1, 176, 179 Abs. 3 Satz 2 SO. mußten mit der Anlegung des GBuchs wegfallen (Mat. a. a. O.).

Vgl. zum folgenden: Ortenau-Henle 512 ff.; Roth-Becher, BZR. T. II Abt. 3, 163, 188; Becher, LZR. I, 992, 1023; II, 1577, 1579.

2. Zuständig zur Anordnung des Verf. (Aufhebung, Verbindung, Beitritt) ist das Amtsgericht, in dessen Bezirke die Berechtigung ausgeübt wird, nicht das Gericht, bei dem das GBuch geführt wird (vgl. ZVG. §§ 1, 2 A. 1, DA. § 592); auch für die Vollstr. in unbewegl. Kuxe (Art. 286 BergG.) ist die Zuständigkeit des betr. Bergwerks maßgebend (v. d. Pfordten AG. A. 2).

Der **Versteig.- u. VerwVermerk** ist in das gemäß Art. 17, 18 BayAG.GBO., §§ 591 ff. DA. gebildete BergwerksGBuch einzutragen.

Im übr. sind auf das Verf. die Bestimm. des ZVG. mit EG. u. BayAG. (insbes. über Beschlagnahme, Zuständigkeit des Notariats z. Ausführung der Versteig., g. G., Zuschlag, Verteil., Wiederversteig., ZwVerw.) anzuwenden, soweit nicht die folg. Art. 38—43 eingreifen.

3. Über die **gerichtl.** Versteig. von Bergwerken u. unbewegl. Kuxen s. Art. 44 A. 1 u. 2.

Artikel 38.

Die Ansprüche der zum Betriebe des Bergwerkes angenommenen, in einem Dienst- oder Arbeitsverhältnisse stehenden Personen, insbesondere der Bergleute und Betriebsbeamten, auf Lohn und andere Bezüge gewähren wegen der laufenden und der aus dem letzten Jahre rückständigen Beträge ein Recht auf Befriedigung in der zweiten Klasse.

Die von dem Werksbesitzer zu leistenden Beiträge zu der Knappschaftskasse und einer nach den Vorschriften des Berggesetzes errichteten Krankenkasse gehören zu den öffentlichen Lasten des Bergwerkes.

Becher Mat. VI 35; 90, 91; 147; 181 zu Entw. Art. 39.

1. Bevorrechtigte Lohnforderungen u. öffentl. Lasten. Die Vorschrift war dem früh. bayer. Rechte fremd; sie schließt sich an § 10 Abs. 1 Nr. 2, 3, § 156 ZVG. an u. bezieht sich nur auf den Fall der ZwVollstr. in Bergwerke.

Nicht bevorrechtigt sind die Anspr. des Repräsentanten u. Grubenvorstandes (Art. 168 BergG. n. F.) als der gesetzl. Vertreter der Gewerkschaft; wohl aber, wenn u. soweit sie gleichzeitig Betriebsbeamte sind (vgl. Art. 170 Abs. 2 BergG. n. F., auch Fischer-Schäfer, Jaeckel-Güthe A. 1 zu Art. 17 pr. AG., v. d. Pfordten AG. A. 5). Nicht bevorrechtigt sind auch die Beiträge des Werksbesitzers zur

[1]) Die Kuxe (Anteile am Bergwerk) des neueren Bergrechts unterliegen der ZwVollstr. in das bewegl. Vermögen (Art. 145 Abs. 3, 153, 174 BergG., §§ 821, 857 ZPO., Stein-Jonas § 857 A. II 1).

Knappschaftsberufsgenossenschaft (vgl. RG. 63, 190, Recht 1911 Nr. 1977, ZBlFG. 12, 202).

Nicht in Geld bestehende Bezüge sind nach § 46 ZVG. zu schätzen (v. d. Pfordten, AG. A. 4).

2. Beteiligung. Die in Art. 38 genannten Berechtigten werden zum Verf. nur auf Grund Anmeldung bzw. Glaubhaftm. zugezogen (§ 9 Nr. 2 ZVG.). Doch soll gemäß § 6 JMBek. v. 31. 3. 05 (JMBl. 590) die Terminsbestimm. des Notariats wg. der (früher gem. Art. 174, 176, 177 Abs. 2, später Art. 229, 231, 232 Abs. 2 des BergG. i. d. F. des Art. 48 AG.RVersO. v. 2. 11. 12 GVBl. 1135, nun gem. §§ 111 ff., 130 RKnappschG. v. 1. 7. 26 RGBl. I 369 mit Art. 54, 55 EG. hierzu v. 23. 6. 23 RGBl. I 454) zu leist. Beiträge[1]) auch der Knappschafts- bzw. Krankenkasse von Amts wegen mitgeteilt werden.

Artikel 39.

Der Anspruch auf die zur Zeit der Beschlagnahme auf den Kux ausgeschlagenen Beiträge (Art. 92 [nun 146] des Berggesetzes) gewährt ein Recht auf Befriedigung aus dem Kuxe mit dem Range hinter den in der zweiten und vor den in der dritten Klasse zu befriedigenden Ansprüchen.

Der zur Deckung des Anspruchs bestimmte Teil des geringsten Gebots ist im Verteilungstermine bar zu berichtigen.

Becher Mat. VI 35; 91; 147; 181 zu Entw. Art. 40.

1. Rang der Beiträge zu den Betriebskosten. Die Vorschrift bezieht sich, wie der nachfolg. Art. 40, nur auf den Fall der ZwVollstr. in unbewegl. Kuxe u. entspricht dem Art. 179 Abs. 3 Satz 1 SO. nebst Art. 39 Abs. 1 Nov. hierzu.

2. Das Erfordernis der **Barzahlung** dieses Anspruchs (falls er in das g. G. fällt u. eine Vereinbarung nach § 59 ZVG. nicht erfolgt ist), wurde der Bestimmung des § 49 Abs. 1 ZVG. entspr. aufgestellt, da die Beiträge (Zubuße) der einzelnen Gewerken (Kuxeigentümer) dazu dienen, die Kosten des Bergwerksbetriebs u. die Schuldverbindlichkeiten der Gewerkschaft zu decken, wozu Barmittel erforderlich sind.

3. Anmeldung. Der Anspruch der Gewerkschaft (d. h. der am Bergwerk Beteiligten, Art. 139 BergG.) auf diese Beiträge bedarf (wie früher, vgl. Ortenau-Henle 517) der Anmeldung bzw. Glaubhaftm. (§ 37 Nr. 4, § 45 ZVG.); die Gewerkschaft ist aber als Beteiligte (§ 9 ZVG.) zuzuziehen, auch wenn sie keine Ford. angemeldet hat (Art. 40).

Über die Eingliederung des Anspruchs in die Rechte auf Befriedigung aus dem Kuxe s. § 10 ZVG. A. 2B.

Artikel 40.

Bei der Zwangsversteigerung oder Zwangsverwaltung eines unbeweglichen Kuxes gilt die Gewerkschaft als Beteiligter, auch wenn sie eine Forderung nicht angemeldet hat.

Becher Mat. VI 35; 91; 147; 181 zu Entw. Art. 41.

---

[1]) Dagegen genießen in Bayern die Beiträge der Versicherten selbst, die der Werksbesitzer (früher gem. Art. 178, dann Art. 211, später Art. 233 BergG., nun gem. §§ 111 ff., 130 [83 ff. alt] RKnappschG.) abzuliefern hat, nicht das Vorrecht des Art. 38 (Becher Mat. VI, 35, Hundemer BZfR. 1926, 81).

1. Beteiligung der Gewerkschaft. Art. 40 hängt mit der in Art. 39 aufgestellten Bestimmung zusammen. Die (unbewegl.) Kuxe des älteren Rechtes stellen die Anteilsrechte der Gewerken (Kuxeigentümer) an dem Bergwerkseigentum dar (Becher LZR. I, 1011); die ZwVollstr. in den Kux entspricht also bei Grundstücken der Vollstr. in den Grundstücksanteil (§ 864 Abs. 2 ZPO.). Da diese Kuxe gemäß Art. 146 BergG. n. F. mit den auf sie ausgeschlag. Beiträgen zugunsten der Gewerkschaft (Art. 39 AG.) belastet sind, ist letztere im Verf. gg. den Eigent. des unbewegl. Kuxes ohne weiteres (in Abw. von § 9 Nr. 1 ZVG.) zu den Beteiligten gezählt; sie ist also im g a n z e n Verf. zuzuziehen (insbes. durch Zustellung der Terminsbestimmungen u. des Zuschlagsbeschl. im Falle des § 88 ZVG.), auch wenn sie nichts angemeldet hat. Ob sie im einzelnen Fall antrags- (u. insbes. beschwerde-) berechtigt ist, hängt davon ab, ob sie interessiert ist (Fischer-Schäfer u. Jaeckel-Güthe zu Art. 16 pr. AG., v. d. Pfordten AG. A. II 3). Die übr. Kuxeigentümer (Gewerken) sind als solche nicht Beteiligte (§ 9 Nr. 2 ZVG.; Ortenau-Henle 516, v. d. Pfordten AG. A. II 2).

2. Vertretung. Die Gewerkschaft wird durch ihren Repräsentanten oder den Grubenvorstand vertreten; Zustellung (§§ 41, 43 Abs. 2, 88, 105, 113, 156 ZVG.) kann an jedes Mitglied des Grubenvorstandes erfolgen (Art. 166 BergG. n. F.).

3. Die **ZwVerw.** des Kuxes entspricht ebenfalls derj. eines Grundstücksanteils. Der Verwalter übt die dem Kuxeigentümer zusteh. Rechte am Bergwerke aus.

Artikel 41.

Im Falle der Zwangsversteigerung umfaßt die Beschlagnahme des Bergwerkes nicht die bereits gewonnenen Mineralien.

Becher Mat. VI 85; 91, 92; 147; 181 zu Entw. Art. 42.

1. Umfang der VersteigBeschlagnahme des Bergwerks. Die Vorschrift entspricht dem § 21 Abs. 1 ZVG. u. betrifft nur den Fall der Zw V e r s t e i g. (nicht -Verw.) eines B e r g w e r k s (nicht Kuxes); sie regelt wie § 21 Abs. 1 ZVG. den Umfang der Beschlagn. a b w e i c h e n d von § 20 Abs. 2 ZVG. mit §§ 1120 bis 1122 BGB., da der Sch. im ZwVerstVerf. den Betrieb des Bergwerks behält, die Entziehung der Verfügung (Veräußerung) über die getrennten Mineralien ihn aber zur Einstellung des Betriebs nötigen würde. „Gewonnen" dürften die Mineralien schon mit ihrer mechanisch herbeigeführten Trennung sein (Becher Mat. VI 92, abw. v. d. Pfordten, AG. A. 1; vgl. Jaeckel-Güthe zu Art. 19 pr. AG.).

Dem Zweck der Vorschrift entspr. muß diese auch auf die V e r s i c h G e l d e r für gewonnene Mineralien angewendet werden (Fischer-Schäfer, Jaeckel-Güthe a. a. O.).

Die n a c h der Beschlagn. getrennten Mineralien können nur gem. § 23 Abs. 1 S. 2 ZVG. innerh. der Grenzen einer ordnungsm. Wirtschaft veräußert werden (v. d. Pfordten AG. A. 2).

Über den Umfang der V e r s t e i g. s. ZVG. §§ 55 Abs. 1, 90 Abs. 2.

2. Die **VerwBeschlagnahme** ergreift auch die in Art. 41 erwähnten Gegenstände. Der Weiterbetrieb des Bergwerks einschl. der Nutzbarmachung der Mineralien ist hier allein Sache des Verw. (§ 148 Abs. 2 ZVG.).

Artikel 42.

Die Terminsbestimmung soll außer der Angabe des Grundbuchblatts auch den Namen des Bergwerkes, die Angabe der Mineralien, für welche das Bergwerkseigentum verliehen ist, den Flächeninhalt des verliehenen Feldes und die Bezeichnung der Gemeindebezirke, in denen das Feld liegt, enthalten.

Die Vorschrift des Artikel 26 findet keine Anwendung.

Becher Mat. VI 34, 35; 92; 147; 181 zu Entw. Art. 43.

Art. 42 entspricht dem Art. 175 Abs. 2 SO. (Ortenau-Henle 515) u. enthält eine weitere, die §§ 37 Nr. 1, 38 ZVG. ergänz. Ordnungsvorschrift über den **Inhalt der Terminsbestimmung** des Notars (vgl. § 595 DA.). Die Angabe der Zahl der Kuxe, in die das Bergwerkseigentum geteilt ist, wurde, als bei der Vollstr. in unbewegl. Kuxe selbstverständlich, nicht besonders vorgeschrieben. Eine unrichtige Bezeichnung der Mineralien kann einen wesentl. Mangel der Terminsbestimm. bilden (vgl. Jaeckel-Güthe A. 1 zu Art. 20 pr. AG., v. d. Pfordten, AG. A. 3).

Die Anwendung des Art. 26 AG. wurde als entbehrlich erachtet, da die Anheftung der Terminsbestimm. in der Gemeinde hier keine praktische Bedeutung hat u. die Veröffentlichung nach §§ 39 ff. ZVG. genügt.

Artikel 43.

Das Vollstreckungsgericht hat der Bergbehörde von der Anordnung der Zwangsversteigerung oder der Zwangsverwaltung und von der Aufhebung des Verfahrens Mitteilung zu machen. Von der Anordnung von Maßregeln, durch die der Schuldner oder der Ersteher in der Verwaltung des Bergwerkes beschränkt wird, und von dem rechtskräftigen Zuschlage ist die Bergbehörde durch das Notariat in Kenntnis zu setzen.

Im Falle der Bestellung eines Verwalters hat das Notariat der Bergbehörde die Person des Verwalters zu bezeichnen.

Becher Mat. VI 34; 92; 147; 148; 181 zu Entw. Art. 44; Änderung durch Ges. vom 2. Febr. 1921 GVBl. 29.

Mitteilungen an die Bergbehörde. Art. 43 enthält die gleichen Bestimmungen, wie Art. 178 Abs. 1 u. 2 SO. Unter den SichMaßregeln gegen den Sch. sind diej. des § 25 (§ 146) ZVG., gegen den Ersteher diej. des § 94 ZVG. verstanden.

Da gemäß §§ 76, 77 BergG. n. F. der Verw. die technische (nicht kaufmännische) Leitung des Bergwerksbetriebs erst übernehmen darf, wenn die Bergbehörde seine Befähigung anerkannt hat, so ist diese schon vor seiner Bestellung durch die Bergbehörde zu prüfen, während die in Art. 43 Abs. 2 AG. vorgeschr. Anzeige genügt, wenn (wie es regelmäßig der Fall sein wird) der technische Leiter vom Verw. beibehalten wird (vgl. Art. 178 Abs. 3 SO., der als entbehrlich angesehen wurde).

Über die Bergbehörden, deren Organisation u. Wirkungskreis s. Art. 247 BergG. n. F., VO. v. 30. 7. 00 (GVBl. 839), 10. 11. 04 (GVBl. 567), 7. 12. 08 (GVBl. 1083), 9. 4. 24 (GVBl. 142). Die Mitteilungen haben an die zuständige Berginspektion (früher Bezirksbergamt, Art. 178 Abs. 1 SO., Rauck, BergG. Art. 247 A. 1) zu erfolgen.

Gerichtliche Versteigerung von Bergwerken und unbeweglichen Kuxen.

Artikel 44.

Auf die in den Artikeln 161, 163, 164 [nun 216, 218] des Berggesetzes zugelassene gerichtliche Versteigerung eines Bergwerkes oder einer Anlage, auf welche die Vorschrift des Artikel 221 [nun 281] des Berggesetzes Anwendung findet, sowie auf die im Artikel 232 Abs. 2 [nun 290 Abs. 2] des Berggesetzes vorgeschriebene Zwangsversteigerung eines unbeweglichen Kuxes finden die Vorschriften über die Zwangsversteigerung Anwendung, soweit sich nicht aus den Artikeln 45 bis 51 ein Anderes ergibt.

Becher Mat. VI 85—87; 92—95; 148—150; 181 zu Entw. 45—52.

1. Allgem. Auch die Art. 44—51 beruhen auf Art. 67 EG.BGB., § 2 EG.ZVG. u. halten im wesentl. den früh. Rechtszustand (Art. 182 ff. SO.) aufrecht; vgl. Becher, LZR. II 1579.

Die „gerichtl." Versteig. in den vorgedachten Fällen ist (anders wie diej. der Art. 37—43) keine ZwVollstreckung zum Zwecke der Beitreibung einer Ford. (vgl. jedoch Art. 47). Sie ermöglicht zwar, wie die Versteig. in den besond. Fällen der §§ 175, 180 ZVG., die Befriedigung der RealGl.; ihr Zweck ist aber deren Beseitigung um jeden Preis (Ortenau-Henle 35, 522).

Die gerichtl. Versteig. des Bergwerks kann erfolgen, wenn der Eigent. entweder den Betrieb nicht ordnungsmäßig beginnt oder fortsetzt, so daß die Entziehung (Aufhebung) des Bergwerkseigentums im öffentl. Interesse droht, oder wenn er auf dasselbe vor der Bergbehörde verzichtet (Art. 161, 163 ä. F., 194, 196 sp. F., 216, 218 n. F. des BergG.); diej. eines unbewegl. Kuxes, wenn sein Eigent. den Verkauf der Gewerkschaft anheimstellt (Art. 232 ä. F., 267 sp. F., 290 Abs. 2 n. F. des BergG.; vgl. auch Ortenau-Henle 521).

Der Fall der Versteig. eines Kuxes, auf den der Gewerke nach Art. 175 BergG. n. F. verzichtet hat, scheidet nunmehr aus; hier verbleibt es bei der Überlassung des Kuxes an die Gewerkschaft (Art. 175 Abs. 2, 290 Abs. 3 BergG. n. F.; Becher Mat. II 75; VI 36, Rauck Art. 290 A. 1)[1]).

2. Verfahren. Für die Zuständigkeit, auch des Notariats (vgl. Art. 183 S. 2 SO.) u. die Anordnung des Verf. (Aufhebung, Verbindung, Beitritt) gilt das zu Art. 37 Bemerkte; über den Antrag u. seine Beilagen s. Art. 45, 46. Der VersteigVermerk ist, wie in den verwandten Fällen der §§ 172, 175, 180 ZVG. (abw. von Art. 183 Satz 3 SO.) einzutragen, u. zwar, auch wenn die Anordnung des Verf. nicht als Beschlagnahme gilt (Art. 47); über die Bedeutung der Eintrag. vgl. § 173 ZVG. A. 3. Über Beitritt s. Art. 48.

Die Bestimmungen des ZVG. über die Feststellung eines geringsten Gebots sind in Art. 49 AG. geändert. Ein VerteilVerf. i. S. des ZVG. findet (ähnlich, wie in den Fällen der §§ 180 ff. ZVG., vgl. § 180 A. 3 b) nur in beschränktem Maße statt, d. h. nur soweit RealGl. (deren Rechte erlöschen) aus dem Erlös zu befriedigen sind; die übr. Beteiligten sind im Streitfalle auf

---

[1]) Ebenso scheidet der Fall des früh. Art. 164 BergG. (Verzicht auf einzelne Teile des Feldes) aus; es ist nur mehr der Verzicht auf das ganze Bergwerk zulässig (Rauck Art. 218 A. 2).

den Klageweg verwiesen (vgl. Art. 48, v. d. Pfordten AG. A. 5), weil es sich hier nicht, wie im Falle der Art. 37—43 AG. um eigentl. ZwVollstr. handelt.

Über den Fall des Zusammentreffens von gerichtl. Versteig. u. ZwVollstr. (Art. 44—51 u. 37—43 AG.), den das BayAG. ebensowenig ausdrücklich regeln wollte als das ZVG., vgl. unten Art. 48 u. § 172 A. 4, § 176 A. 2, 3, § 180 A. 4 ZVG. (Ortenau-Henle 35, 36).

3. Gebühren: Art. 20 Nr. 4, 5 BayKG.; im übr. s. ZVG. § 66 A. 4.

Artikel 45.

Der Antragsteller hat die Tatsachen, welche sein Recht zur Stellung des Antrags begründen, durch Urkunden glaubhaft zu machen, soweit sie nicht bei dem Gericht offenkundig sind.

Auf Antrag des Bergwerkseigentümers darf die Versteigerung nur angeordnet werden, wenn der Antragsteller als Eigentümer im Grundbuch eingetragen oder wenn er Erbe des eingetragenen Eigentümers ist. Die Versteigerung des Kuxes darf nur angeordnet werden, wenn der Gewerke als solcher im Grundbuch eingetragen oder wenn er Erbe des eingetragenen Gewerken ist.

Becher Mot. VI 36; 93; 148; 181 zu Entw. Art. 46.

1. Inhalt des Antrags. Die Vorschrift gibt den Inhalt des Art. 184 Abs. 2 SO. in vereinfachter Fassung wieder; sie ist derj. des § 177 ZVG. nachgebildet; Art. 184 Abs. 2 Nr. 2 b SO. ist mit Anlegung des GBuchs gegenstandslos geworden; Nr. 3 a ist weggefallen, weil es bei unbewegl. Kuxen einen Kuxschein im Sinne des Art. 147 BergG. nicht gibt (Begr.).

Bei Antragstellung ist, soweit erforderlich, urkundlich glaubhaft zu machen, daß einer der Fälle der Art. 216, 218 bzw. 173, 290 BergG. n. F. (s. Art. 44 A. 1) vorliegt, also daß die Entziehung des Bergwerkseigentums droht (Beschluß des Oberbergamtes), daß die Frist des Art. 216 BergG. in Lauf gesetzt ist, daß das Bergwerk bzw. der Kux mit dingl. Rechten belastet ist, bzw. daß der Antragsteller eine Ford. gegen den Eigent. des Bergwerks hat, daß der Eigent. des Kuxes dessen Verkauf der Gewerkschaft anheimgestellt hat. Nur im letzteren Fall (Art. 173 mit 290 Abs. 1 BergG. n. F.) müssen die Urkunden öffentl. oder öffentl. begl. sein (v. d. Pfordten AG. A. II 2, Rauck Art. 290 A. 1). VollstrTitel für den den Antrag stell. Gl. ist nicht erforderlich (Becher Mat. VI 36).

2. Besondere Voraussetzung. Der Antrag auf gerichtl. Versteig. des Bergwerks kann vom Eigentümer oder seinen (persönl., wie dingl.) Gläubigern gestellt werden (Art. 216, 218 BergG. n. F.); nur für den ersteren Fall ist in Anlehnung an § 181 Abs. 2 ZVG. ausdrücklich vorgeschrieben, daß der Antragsteller als Eigent. im GBuch eingetragen oder Erbe des eingetrag. Eigent. sein muß (Zeugnis des GBuchA., Bezugnahme auf GBuch, Glaubhaftm. der Erbfolge, § 17 Abs. 2, 3 ZVG.). Ebenso ist für den Fall der Versteig. des unbewegl. Kuxes, die überhaupt nur mehr auf Antrag der Gewerkschaft erfolgt (Art. 173, 174, 290 BergG. n. F.) erforderlich, daß der Gewerke, der der Gewerkschaft den Verkauf seines Kuxes anheimgestellt hat, als Gewerke eingetragen oder Erbe der eingetrag. Gewerken ist. Daß die Eintrag. der Eigent. des Bergwerks oder seine Erbeneigenschaft Voraussetzung des Antrags (wie der Eintrag. des VersteigVermerks) ist, wenn ein Gläubiger die Versteig. verlangt, ergibt sich schon aus § 17 ZVG. mit Art. 44[1]).

Nichtbeachtung des Art. 45 Abs. 2: §§ 766, 793, 577 ZPO., §§ 28, 83 Nr. 6, 84, 96 ZVG., § 13 Abs. 2 EG.

Artikel 46.

Ist der Antrag von einem nach Artikel 161 [nun 216] Abs. 1 des Berggesetzes Berechtigten gestellt, so sind mit dem Beschlusse, durch den die Zwangsversteigerung angeordnet wird, der Antrag und, wenn der Berechtigte nicht im Grundbuch eingetragen ist, die im Artikel 45 Abs. 1 bezeichneten Urkunden dem Bergwerkseigentümer zuzustellen.

Becher Mat. VI 86; 93; 149; 181 zu Entw. Art. 47.

1. Zustellung des Antrags u. seiner Beilagen. Die Vorschrift betrifft nur den Fall der Versteig. eines Bergwerks, nicht eines unbewegl. Kuxes u. entspricht im ersten Halbsatze dem Art. 34 SO.; der zweite Halbsatz erschien wegen des Mangels eines VollstrTitels notwendig.

Eine nochmalige Zustellung des Beschlusses der Bergbehörde wird aber wegen Art. 215 BergG. n. F. unterbleiben können.

Die Zustellung an den Eigent. des Bergwerks erfolgt im übr. nach § 8 ZVG. Dem Antragsteller wird nur der Beschluß über Anordnung des Verf. oder Ablehnung des Antrags zugestellt. Die Bergbehörde (Berginspektion) ist gemäß Art. 43 AG. zu verständigen.

2. Nichtbeachtung des Art. 46 begründet nicht Zuschlagsversagung bzw. -aufhebung nach §§ 43, 83 Nr. 1 (oder 6), 84 ZVG., wenn nur der Beschluß selbst ordnungsgemäß zugestellt ist (a. M. v. d. Pfordten, AG. A. II 1, da Beschluß, Antrag u. Urkunden als ein Ganzes zu erachten seien)[2]).

Vgl. auch ZVG. § 16 A. 4.

Artikel 47.

Ist die Versteigerung des Bergwerkseigentums auf Antrag des Bergwerkseigentümers oder die Versteigerung des Kuxes auf Antrag der Gewerkschaft angeordnet oder hat der Bergwerkseigentümer nach Artikel 163 [nun 218] des Berggesetzes auf das Bergwerkseigentum verzichtet, so gilt der Beschluß, durch welchen das Verfahren angeordnet wird, nicht als Beschlagnahme.

[1]) Irrig 2. Aufl. (vgl. Jaeckel-Güthe zu Art. 25 pr. AG., Fischer-Schäfer 602); abw. für den Fall der Antragstellung durch einen Gl. des Bergwerkseigent. auch v. d. Pfordten AG. A. III 1; vgl. Becher Mat. VI 93 zu Art. 46.

[2]) Antrag u. Urkunden sind wesentl. Voraussetzungen der Anordnung des Verf., nicht wesentl. Bestandteile der Zustellung des Anordnungsbeschl. Wenn die Zustellung des letzteren unterblieben ist, kann der Eigent. vom Zuschlag überrascht werden (daher ZVG. § 42 Abs. 2, § 83 Nr. 1); sind aber nur Antrag u. Urkunden nicht zugestellt, so kann der Eigent. diesen Mangel jederzeit rügen; ein Zuschlagsanfechtungsrecht braucht er nicht (vgl. Ortenau-Henle SO. Art. 34 A. 4, Art. 82 A. 2).

Im Sinne der §§ 13, 55 des Gesetzes über die Zwangsversteigerung und die Zwangsverwaltung ist jedoch die Zustellung an den Antragsteller als Beschlagnahme anzusehen.

Becher Mat. VI 36; 94; 149; 181 zu Entw. Art. 48.

Wirkung des Anordnungsbeschlusses. Der Art. 47 entspricht teilweise dem Art. 183 Satz 1, 2 SO.; für den Fall jedoch, daß die Anordnung der gerichtl. Versteig. des Bergwerks auf Antrag eines nach Art. 216 n. F. (161 ä. F., 194 sp. F.) BergG. Berechtigten erfolgt ist, wurde ihr die Bedeutung der Beschlagnahme (§ 20 Abs. 1, § 23 ZVG.) belassen, da in diesem Falle dem Antragsteller der Eigent. als Sch. (trotz mangelnden VollstrTitels) gegenübersteht. In den übr. Fällen ist für eine Beschlagnahme kein Raum.

Satz 2 des Art. 47 entspricht dem § 173 Satz 2 ZVG. u. gilt nur für die im Satz 1 bez. Fälle, wo ein eigentl. Sch. nicht gegeben ist.

Artikel 48.

Wird der Beitritt eines weiteren Gläubigers zugelassen, so findet die Vorschrift des § 11 Abs. 2 des Gesetzes über die Zwangsversteigerung und die Zwangsverwaltung keine Anwendung.

Becher Mat. VI 37; 94; 149, 150; 181 zu Entw. Art. 49.

Rangverhältnis mehrerer Beschlagnahmen. Auch in den Fällen, in denen die Anordnung der gerichtl. Versteig. des Bergwerks als Beschlagn. behandelt wird (Art. 47), begründet sie für den Antragsteller keinen Vorrang vor anderen, i. S. des Art. 216 BergG. n. F. Berechtigten; diese erhalten vielmehr, gleichgültig, ob sie das Verf. beantragt haben oder nicht, verhältnismäßige Befriedigung, soweit ihr Anspruch nicht einer vorhergeh. Klasse (§ 10 Nr. 1—4 ZVG.) angehört. Das Verf. gleicht einem Liquidationsprozeß, in dem neue Vorrechte nicht entstehen können.

Anders natürlich, wenn es sich um einen Beitritt auf Grund Vollstr.-Titels handelt, weil hierdurch ein Verf. nach Art. 37—43 beantragt wird (vgl. Art. 44 a. E.).

Der Beitritt vollzieht sich nach § 27 ZVG. Für den Antrag gilt besonders Art. 45, für die Zustellung des Beitrittsbeschl. Art. 46.

Artikel 49.

Die Vorschriften über das geringste Gebot finden keine Anwendung. Das Meistgebot ist in seinem ganzen Betrage durch Zahlung zu berichtigen.

Becher Mat. VI 37; 95; 149; 181 zu Entw. Art. 50.

1. Diese Ausnahmebestimmung über den **Wegfall eines geringsten Gebots** entspricht dem Art. 39 Abs. 2 Nov. SO. u. erklärt sich aus dem Zwecke des Verf., das den Untergang aller dingl. Rechte am Bergwerke bzw. Kuxe herbeiführen soll, damit ersteres von der Bergbehörde neu verliehen, letzterer von der Gewerkschaft anderweitig verteilt werden kann (vgl. Art. 44 A. 1, Ortenau-Henle 35).

Die Festsetzung einer besond. VersteigBedingung über das Bestehenbleiben eines Rechtes (§ 59 ZVG.) ist durch Art. 49 nicht ausgeschlossen

(v. d. Pfordten, AG. A. 4); wird der VersteigGegenstand hierdurch unverkäuflich, so greift Art. 51 ein.

2. Das Meistgebot ist (von § 59 ZVG. abges.) abw. von § 49 ZVG. vollständig im VertTermin zu bezahlen, bis dorthin zu verzinsen u. zu verteilen. Die §§ 60, 61 (ZahlFristen), §§ 68, 85 (SicherhLeistung) gelten entsprechend (v. d. Pfordten AG. A. 3, 5).

Artikel 50.

Gebote des Bergwerkseigentümers oder des Gewerken sind unwirksam.

Becher Mat. VI 87, 95; 149; 181 zu Entw. Art. 51.

Unwirksamkeit der Gebote. Die Vorschrift ändert die §§ 70, 71 ZVG. u. entspricht dem Art. 188 Abs. 1 SO.; indem sie den Eigent. des Bergwerks oder des Kuxes nicht als Bieter zuläßt, hat sie einen im Art. 73 SO. ausgesproch. (dem ZVG. fremden) Grundsatz aufrecht erhalten; er erklärt sich aus dem Verzichte des Eigent., bzw. der Untätigkeit des Bergwerksbesitzers.

Artikel 51.

Wird ein Gebot nicht abgegeben oder sind sämtliche Gebote erloschen, so wird das Verfahren aufgehoben.

Becher Mat. VI 87; 95; 149; 181 zu Entw. Art. 52.

Art. 51 ist eine von § 77 ZVG. abweich. Bestimmung u. entspricht dem Art. 188 Abs. 2 SO. Schon mit der einmaligen **Ergebnislosigkeit** des Termins steht die Unverkäuflichkeit des Bergwerkseigentums u. Kuxes fest. Ersteres kann nun von der Bergbehörde aufgehoben werden, wodurch alle Ansprüche auf dasselbe erlöschen (Art. 217, 218 BergG. n. F.); letzterer wird der Gewerkschaft lastenfrei im GBuche zugeschrieben (Art. 290 Abs. 3 BergG. n. F.).

Wg. der Aufhebung des Verf. u. Löschung des VerstVermerks s. § 32, 34 ZVG. Die weitere GBuchbericht. wird hier nicht durch das VollstrG. oder das Notariat (§ 130 ZVG.), sondern im ersteren Fall durch das Oberbergamt veranlaßt (Art. 217 Abs. 3, 218 Abs. 2, 40 Abs. 2 BergG.), im letzteren durch die Gewerkschaft (§§ 13, 22 GBO.).

Übergangs- und Schlußbestimmungen.

Artikel 52.

Das Gesetz vom 23. Februar 1879, die Zwangsvollstreckung in das unbewegliche Vermögen wegen Geldforderungen betreffend, und das Gesetz vom 29. Mai 1886, Änderungen der Bestimmungen über die Zwangsvollstreckung in das unbewegliche Vermögen betreffend, werden aufgehoben.

Die Vorschrift des Artikel 42 des Gesetzes vom 29. Mai 1886 bleibt jedoch für die Hypotheken in Kraft, welche schon zu der Zeit bestehen, zu welcher das Grundbuch als angelegt anzusehen ist.

Becher Mat. VI 87; 95, 96; 150; 181 zu Entw. Art. 53. — Art. 52 gilt nicht in den vorm. coburg. Landesteilen, s. Vorb. z. AG.

1. Zu **Abs.** 1 vgl. §§ 1 u. 15 EG.

2. Vollstreckbarkeit von ZwHypothekenbriefen. Abs. 2 hält (auf Grund Art. VIII EG.ZPO. v. 17. 5. 98) die Bestimmung des Art. 42 Nov. SO., wonach die ZwVollstr. (ZwVersteig. u. -Verw. des Grundstücks) auch aus einem vom Hypothekenamte über eine Zwangshyp. gebildeten u. mit dem Schuldtitel verbund. HypBriefe gegen jeden dritten (nicht schuldnerischen) Besitzer (nach Erteilung der weiteren VollstrKlausel; Art. 128 ff. BayAG.ZPO.) stattfindet, für die zur Zeit des Inkrafttretens des GBuchrechts bestehenden (eingetrag.) ZwHyp. aufrecht (Ortenau-Henle 535, Becher, LZR. II 1317, 1585 ff.).

Über Vollstreckbarkeit der HypBriefe alten Rechtes im allg. s. Einl. II 1 A e, 3 b, Kaisenberg, NotG. 142 ff., 146 ff.

3. Die **nach dem bez. Zeitpunkt entsteh. ZwHyp.** sind SichHyp. (§ 866 ZPO.); ihre Eintrag. ist auf dem vollstreckb. Titel zu vermerken (§ 867 ZPO.); die Erteilung eines HypBriefes ist ausgeschlossen (§ 1185 Abs. 1 BGB.); die Vollstr. kann auch nach Eintrag. der SichHyp. nur aus dem ursprüngl. Schuldtitel erfolgen (vgl. §§ 794 ff. ZPO.), gegen den Besitzer des G., der nicht persönl. Sch. ist, also nur nach §§ 325, 727, 750 ZPO., da § 800 ZPO. hier nicht zutrifft.

Artikel 53.

Die Vorschriften der Artikel 1 bis 52 treten für jeden Grundbuchbezirk mit dem Zeitpunkt in Kraft, in welchem das Grundbuch als angelegt anzusehen ist.

Becher Mat. VI 39, 40, 103, 104, 105; 151; 181 zu Entw. Art. 56. — Art. 53 gilt nicht in den vorm. coburg. Landesteilen, s. Vorb. z. AG.

Inkrafttreten des Ausführungsgesetzes.

Artikel 54.

Von dem Inkrafttreten des Bürgerlichen Gesetzbuchs an erfolgt die nach Artikel 55 Abs. 1 Ziff. 1 des Gesetzes vom 23. Februar 1879 als gesetzliche Versteigerungsbedingung geltende Verzinsung des Kaufpreises mit vier vom Hundert.

Becher Mat. VI 96; 151; 181.

Verzinsung des VersteigErlöses. Art. 54 wurde erst als Art. 53 b dem Entw. beigefügt u. ändert für die Übergangszeit (§§ 1, 15 EG.) die Vorschrift des Art. 55 Abs. 1 Nr. 1 SO., entspr. dem § 246 BGB. (vgl. § 49 ZVG.).

Artikel 55.

Von der Verkündung dieses Gesetzes an soll in dem Falle des Artikel 66 Abs. 2 des Gesetzes vom 23. Februar 1879 die in dem Artikel 64 Abs. 1 Ziff. 1 desselben Gesetzes vorgeschriebene Anheftung wiederholt werden.

Becher Mat. VI 138—142; 152, 156; 181 zu Entw. Art. 27 Abs. 2.

Anheftung der Versteig.-Terminsbestimmung. Art. 55 wurde als Art. 53 c dem Entw. angefügt u. entspricht dem Art. 26 AG., der auch im Falle der Wiederholung des VersteigTermins während der Übergangszeit (§§ 1, 15 EG.) für anwendbar erklärt wurde (vgl. ZVG. § 39 A. 4 u. EG. § 7).

Artikel 56.

Nach dem Inkrafttreten des Bürgerlichen Gesetzbuchs findet, solange das Grundbuch noch nicht als angelegt anzusehen ist, die Vormerkung einer Hypothek nach Artikel 40 des Gesetzes vom 29. Mai 1886 sowie die Einschreibung einer gerichtlichen Hypothek des Pfälzischen Rechtes auf Grund eines Vollstreckungsbefehls nicht mehr und auf Grund eines anderen Schuldtitels nur noch für eine den Betrag von dreihundert [Reichs-]Mark übersteigende Forderung statt; die Vorschriften der §§ 4, 5 der Zivilprozeßordnung finden entsprechende Anwendung.

Soll nach dem Inkrafttreten des Bürgerlichen Gesetzbuchs, solange das Grundbuch noch nicht als angelegt anzusehen ist, in den Landesteilen rechts des Rheins im Wege der Zwangsvollstreckung oder der Arrestvollziehung die Vormerkung einer Hypothek an mehreren Grundstücken des Schuldners erfolgen, so ist der Betrag der Forderung oder der in dem Arrestbefehle festgestellte Geldbetrag auf die einzelnen Grundstücke zu verteilen; die Größe der Teile bestimmt der Gläubiger, die Bestimmung ist unwiderruflich. Das Gleiche gilt in der Pfalz, wenn in dem bezeichneten Zeitraum eine gerichtliche Hypothek an mehreren Grundstücken des Schuldners oder eine Beschlagnahme mehrerer Grundstücke des Schuldners zur Sicherung der Zwangsvollstreckung eingeschrieben werden soll.

Soweit nach diesen Vorschriften eine gerichtliche Hypothek des Pfälzischen Rechtes nicht eingeschrieben werden kann, gilt sie als nicht entstanden.

Becher Mat. VI 88, 96—103. 105; 152, 153, 156; 181 zu Entw. Art. 54. — Statt Mark ist Reichsmark zu lesen gem. VO. v. 25. 11. 25 (GVBl. 265). — Art. 56 gilt nicht in den vorm. coburg. Landesteilen, s. Vorb. z. AG.

Beschränkung der Zwangs- u. Arrest-, sowie gerichtl. Hypotheken. Die Vorschrift änderte für die Zeit nach dem 1. 1. 00 u. bis zur GBuchanlegung (vgl. EG. § 1 A. 1) die Art. 40 u. 44 Nov. SO. u. Art. 12, 14 pfälz. LiegG. v. 1. 7. 98 in Anlehnung an §§ 866, 867, 932 ZPO.

Die Beschränkung des Abs. 1 auf Ford. über 300 Mk. galt jedoch nicht für die Arresthyp. (anders Abs. 2 u. für die Zeit nach GBuchanlegung, RG. 60, 279; vgl. BayObLG. 7, 422, BZfR. 06, 405, BlfRA. 72, 209).

Die auf die Pfalz bezügl. Bestimmungen bezweckten die Herstellung eines gleichheitl. Rechtszustandes auch für diej. G., für die das Reichsrecht noch nicht galt. Die Beschränkung betraf nur die gerichtl., d. h. die unmittelbar mit Erlassung des Urteils, des VollstrBefehls oder der Feststellung im Konkurse entst. Hyp. (nicht: die vertragsm. u. gesetzl. Hyp., sowie die Privilegien).

Artikel 57.

Eine Hypothekenvormerkung, die zu der Zeit, zu welcher das Grundbuch als angelegt anzusehen ist, im Wege der Zwangsvollstreckung oder der Arrest-

vollziehung eingetragen ist, verwandelt sich in eine Sicherungshypothek, sofern nicht in diesem Zeitpunkte die Umwandlung in eine Hypothekeneintragung zulässig und beantragt ist.

Becher Mat. VI 38, 39; 103; 153; 181 zu Entw. Art. 55. — Art. 57 gilt nicht in den vorm. coburg. Landesteilen, s. Vorb. z. AG.

Umwandlung der Zwangs- u. Arresthypotheken. Diese Hyp. alten Rechtes (Art. 40, 41, 44 Nov. SO.) waren, im Gegensatze zu der SichHyp. des neuen Rechtes (§ 866 ZPO.), nur vorläufige Eintragungen, die erst nach fruchtlosem Ablauf der dort bestimmten Frist zu endgültigen HypRechten wurden; war letzteres z. Z. des Inkrafttretens des GBuchrechts (vgl. § 1 EG.) noch nicht geschehen, so verwandelten sie sich in SichHyp. neuen Rechtes (§§ 1184 ff. BGB., Art. 192 Abs. 1 EG. hierzu; vgl. §§ 866—868, 932 ZPO., §§ 605, 606 DA., ferner Art. 52 oben); andernfalls wurden sie, wie andere Hyp. alten Rechtes, in Buchhyp. des BGB. (§ 1116 Abs. 2 BGB.) übergeleitet.

Über Berücksichtigung der Vormerkungen alten Rechtes im Verf. vgl. ZVG. § 10 A. 4a, § 11 A. 2, § 14 A. 3d, § 50 A. 3Bc.

Anhang A.

Bayerische Vollzugsvorschriften.

Bekanntmachungen des Staatsministeriums der Justiz.

I.

die Zwangsvollstreckung in das unbewegliche Vermögen betr., vom 31. März 1905 (JMBl. S. 587 ff.).

Zur Ausführung der gesetzlichen Vorschriften über die Zwangsvollstreckung in das unbewegliche Vermögen wird für die Bezirke, in denen das Grundbuch als angelegt anzusehen ist, hiermit folgendes bestimmt:

§ 1.

Die Zustellungen im Zwangsversteigerungsverfahren und im Zwangsverwaltungsverfahren werden nach den Vorschriften der §§ 4 bis 41, 69 bis 72 der Bekanntmachung vom 16. Dezember 1899 (JMBl. S. 475)*) und nach den Vorschriften der Bekanntmachungen vom 26. Dezember 1899 (JMBl. 1900 S. 110), 1. März 1900 (JMBl. S. 582), 16. März 1900 (JMBl. S. 591), 8. Januar 1902 (JMBl. S. 305), 26. März 1902 (JMBl. S. 519), 16. März 1903 (JMBl. S. 102), 7. Juni 1903 (JMBl. S. 308) ausgeführt. Für die Ausführung von Zustellungen durch den Notar als Versteigerungsbeamten gelten außerdem die Vorschriften des § 203 der Geschäftsordnung für die Notariate vom 24. Dezember 1899 (JMBl. S. 591)**).

Die Zustellung durch Aufgabe zur Post ist in den im § 4 des Gesetzes über die Zwangsversteigerung und die Zwangsverwaltung bezeichneten Fällen zulässig ;die Postsendung muß mit der Bezeichnung „Einschreiben" versehen werden. Die an den Schuldner zu bewirkende Zustellung des Beschlusses, durch den die Zwangsvollstreckung angeordnet oder der Beitritt eines Gläubigers zugelassen wird, darf nicht durch Aufgabe zur Post ausgeführt werden (§ 8 des ZVG.).

§ 2.

Als Zustellungsvertreter (§§ 6, 7 des ZVG.) oder als Vertreter eines unbekannten Berechtigten (§ 135 des ZVG.) kann, wenn eine andere, zur Übernahme der Vertretung bereite und geeignete Person nicht vorhanden ist, mit Genehmigung des Vorstandes des Amtsgerichts ein Urkundsbeamter der Geschäftsstelle oder ein stellvertretender Urkundsbeamter der Geschäftsstelle bestellt werden.

§§ 2 a, b, c, s. unter II.

§ 3.

Der Versteigerungsbeamte soll den Eigentümer zur Vorlegung eines Auszugs aus dem Grundsteuerkataster veranlassen und sich, soweit es nötig ist, bei dem Rentamte darüber vergewissern, daß der Auszug dem neuesten Stande des Grundsteuerkatasters entspricht. Verweigert der Eigentümer die Vorlegung, so soll der Versteigerungsbeamte das Rentamt um die Übersendung eines Auszugs aus dem Grundsteuerkataster ersuchen. Ferner soll er die Brandversicherungssumme beschlagnahmter Gebäude ermitteln. Zweckmäßig ist es, die

---

*) Nun: Bek. v. 2. 3. 10, JMBl. 195; s. oben ZVG. § 3 A. 2.
**) Nun: § 302 NotGeschO. v. 30. 10. 13, JMBl. 231; s. oben ZVG. § 3 A. 2.

Beteiligten zu fragen, ob Rechte an dem beschlagnahmten Grundstücke bestehen, die nicht in das Grundbuch eingetragen sind (Art. 27 des AG. z. GBO. u. z. ZVG.), ob dem jeweiligen Eigentümer des beschlagnahmten Grundstücks Rechte an anderen Grundstücken zustehen, die im Grundbuche bei dem herrschenden Grundstücke nicht vermerkt sind, und ob die auf die Bezeichnung des Grundstücks sich beziehenden Angaben im Grundbuche mit der Wirklichkeit übereinstimmen.

§ 4.

Ist ein beschlagnahmtes Gebäude durch Brand beschädigt, so soll der Versteigerungsbeamte den Versteigerungstermin, wenn es tunlich ist, erst nach der Festsetzung der Brandentschädigungssumme bestimmen.

Ist zur Zeit des Brandes der Termin schon bestimmt, so soll der Versteigerungsbeamte der Versicherungskammer, Abteilung für Brandversicherung, von dem Termine Kenntnis geben und sie ersuchen, die Entschädigungssumme sobald als möglich festzusetzen und von der Festsetzung ihm Mitteilung zu machen. Kann die Entschädigungssumme vor dem Termine nicht mehr festgesetzt werden, so soll der Termin aufgehoben und ein neuer Termin bestimmt werden.

§ 5.

In der Terminsbestimmung soll das Grundstück ebenso bezeichnet werden, wie es im Grundbuche bezeichnet ist. Bei Anwesen mit einer großen Zahl von Grundstücken kann die Angabe der Benennung und der Kulturart unterbleiben. In die an die Gemeindetafel anzuheftende Terminsbestimmung soll die Angabe der Benennung und der Kulturart immer aufgenommen werden.

Nach dem Ermessen des Versteigerungsbeamten können auch sonstige zur näheren Bezeichnung des Grundstücks dienende Angaben in die Terminsbestimmung aufgenommen werden. Insbesondere kann, wenn die Beschreibung des Grundstücks im Grundsteuerkataster von den Angaben im Grundbuch abweicht oder der Versteigerungsbeamte Kenntnis davon hat, daß die Angaben im Grundbuche mit der wirklichen Beschaffenheit des Grundstücks nicht übereinstimmen, z. B. weil ein als Bauplatz bezeichnetes Grundstück ganz oder teilweise überbaut ist oder weil das Gebäude nicht mehr besteht, dies in der Terminsbestimmung kurz erwähnt werden.

§ 6.

Die Terminsbestimmung soll dem Rentamte, der Verwaltung der Gemeinde, in deren Bezirke das Grundstück liegt, und bei Grundstücken, die dem Betrieb einer Brauerei dienen, dem Hautzollamte mitgeteilt werden. Ist dem Versteigerungsbeamten bekannt oder kann er ohne weitläufige Nachforschungen ermitteln, daß das Grundstück für öffentliche Lasten haftet, deren Erhebung einer anderen Behörde, Kasse oder Anstalt obliegt, so soll die Terminsbestimmung auch dieser mitgeteilt werden. Die Mitteilung erfolgt durch die Übersendung einer Abschrift der Terminsbestimmung.

(Wg. der Mitt. an das Hauptzollamt s. ZVG. § 10 A. 3d; über Mitt. an Kaminkehrer s. Bek. v. 2. 11. 05, JMBl. 828 u. 1910, 172; über weitere Mitt. an die gelöschten AufwertGläubiger s. Bek. v. 7. 12. 25 Nr. 48842).

§ 7.

Alle Bekanntmachungen, die in die Blätter eingerückt werden, sind zur Ersparung von Kosten so kurz als möglich zu fassen und nicht unnötigerweise in Absätze zu teilen.

Bei der Erteilung des Auftrags zur Einrückung der Terminsbestimmung in ein Blatt (§ 39 des ZVG.) soll, sofern es mit dem Blatte nicht schon allgemein vereinbart ist, bestimmt werden, daß

1. ein Belegblatt sechs Wochen vor dem Termin an den Versteigerungsbeamten abzuliefern ist;
2. der Anspruch auf Zahlung der Kosten der Einrückung erlischt, wenn ihr Betrag dem Versteigerungsbeamten nicht so rechtzeitig mitgeteilt wird, daß er bei der Feststellung des geringsten Gebots berücksichtigt werden kann.

Die Belege für die Einrückungen und für die Anheftung der Terminsbestimmung sind zu den Akten zu nehmen.

(Über Zusammenfassung mehrerer Terminsbestimm. im näml. Blatt s. Bek. v. 14. 9. 16, JMBl. 43).

§ 8.

In den Fällen der §§ 64, 112 des Gesetzes über die Zwangsversteigerung und die Zwangsverwaltung hat der Versteigerungsbeamte den Wert der Grundstücke festzustellen. Anhaltspunkte für die Feststellung des Wertes können ihm die früheren Kaufpreise der Grundstücke, die etwa vorhandenen amtlichen Schätzungen aus der jüngsten Zeit und ähnliche Behelfe bieten. Er kann auch vor der Feststellung des Wertes einen oder mehrere amtlich verpflichtete Schätzmänner zur Abgabe von Gutachten veranlassen, wenn er nicht selbst imstande ist, die Schätzung vorzunehmen. Solche Gutachten sollen immer eingeholt werden, wenn ein Beteiligter es beantragt, die Tragung der Kosten übernimmt und entweder ihren Betrag vorschießt oder für ihre Deckung sonst genügend Sicherheit leistet.

Gegen die Feststellung des Wertes durch den Versteigerungsbeamten findet eine selbständige Beschwerde nicht statt (§ 95 des ZVG.).

Die Gebühren der Schätzmänner sind gleich denen der Sachverständigen in bürgerlichen Rechtsstreitigkeiten zu behandeln. Ihr Betrag ist, soweit sie nicht von einem Beteiligten zu tragen sind (Abs. 1 letzter Satz), vor der Feststellung des geringsten Gebots festzusetzen.

§ 9.

Die Urkunden, die das Grundbuchamt dem Vollstreckungsgerichte mit der beglaubigten Abschrift des Grundbuchblatts übersendet hat (§ 19 Abs. 2 des ZVG.; § 548 Abs. 4 der GDA.)*), sind nach der Beendigung des Verfahrens dem Grundbuchamte zurückzugeben.

§ 10.

Der Verwalter (§§ 94, 150 des ZVG.) erhält als Bestallung eine Ausfertigung des Beschlusses, durch den das Gericht**) ihn als Verwalter bestellt hat.

Die dem Verwalter zu gewährende Vergütung wird vom Gerichte festgesetzt (§ 153 des ZVG.). In der Regel wird es zweckmäßig sein, sie schon bei der Bestellung nach Anhörung des Verwalters, des Gläubigers und des Schuldners festzusetzen. Hierdurch wird übrigens nicht ausgeschlossen, daß die Gebühr erhöht wird, wenn eine bei ihrer Festsetzung nicht vorhergesehene und deshalb unberücksichtigt gebliebene Mühewaltung erforderlich wird.

II.

die Ausführung des Gesetzes über die Zwangsversteigerung und die Zwangsverwaltung betr., vom 27. Juli 1915 (JMBl. S. 58 ff.).

In die Bekanntmachung vom 31. März 1905 (JMBl. S. 587) zur Ausführung des Gesetzes über die Zwangsversteigerung und die Zwangsverwaltung werden aus Anlaß des Gesetzes vom 8. Juni 1915 zur Einschränkung der Verfügungen über Miet- und Pachtzinsforderungen (RGBl. S. 327) nachstehende Vorschriften eingestellt:

§ 2a.

Das Gericht**) hat den Beschluß, durch den die Zwangsversteigerung des Grundstücks angeordnet worden ist, auf Antrag des Gläubigers den von diesem bezeichneten Mietern oder Pächtern des Grundstücks zuzustellen. Die Zustellungsnachweise sind zu den Akten zu nehmen.

Dem Beschluß ist eine Belehrung (s. unten) über die Bedeutung der Beschlagnahme für den Mieter oder Pächter beizufügen. Für die Belehrung ist das nachstehende Muster zu verwenden. Die Formblätter nach dem Muster werden den Amtsgerichten**) durch das Geheime Expeditionsamt des Staatsministeriums der Justiz geliefert; die Amtsgerichte**) geben diesem ihren Bedarf unmittelbar an.

---

*) Dienstanweisung für die Grundbuchämter in den Landesteilen rechts des Rheins (im Vorausgegangenen angeführt als „DA.“).

**) Nun Notariat (§§ 3, 8, 11 Bek. v. 30. 3. 21 JMBl. 34).

§ 2b.

Um festzustellen, ob und an wen das Grundstück vermietet oder verpachtet ist, kann der Gläubiger bei dem Gerichte*) die Veranstaltung von Ermittelungen beantragen. Das Gericht*) beauftragt damit den Gerichtsvollzieher oder Gerichtswachtmeister; es kann auch die Gemeindebehörde, in München die Polizeidirektion, um Mitteilung der ihr bekannten Mieter oder Pächter ersuchen.

§ 2c.

Sobald der Zuschlag erteilt ist, hat der Gerichtsschreiber*) dies unverzüglich, [nachdem die Akten von dem Versteigerungsbeamten an das Gericht zurückgelangt sind]**) den Mietern oder Pächtern mitzuteilen, denen der Beschluß über die Anordnung der Zwangsversteigerung zugestellt worden ist.

Das gleiche gilt von der Aufhebung des Zuschlags.

Belehrung über die Bedeutung der Beschlagnahme für Mieter und Pächter eines beschlagnahmten Grundstücks.

(§ 57b des Gesetzes über die Zwangsversteigerung und die Zwangsverwaltung in der Fassung des Gesetzes vom 8. Juni 1915).

Das an Sie vermietete (verpachtete) Grundstück ist, wie sich aus dem mitfolgenden Beschlusse ergibt, zum Zwecke der Zwangsversteigerung beschlagnahmt worden.

I.

Die Beschlagnahme eines Grundstücks zum Zwecke der Zwangsversteigerung läßt ein an dem beschlagnahmten Grundstücke bestehendes Miet- oder Pachtverhältnis unberührt. Führt die Beschlagnahme zur Zwangsversteigerung, so tritt derjenige, dem in der Zwangsversteigerung der Zuschlag erteilt wird (der Ersteher), in das Miet- oder Pachtverhältnis ein.

Der Miet- oder Pachtzins gebührt für die Zeit bis zum Zuschlage dem bisherigen Vermieter oder Verpächter, für die Zeit vom Zuschlag an dem Ersteher. Der Mieter oder Pächter kann daher den Teil des Miet- oder Pachtzinses, der auf die Zeit nach dem Zuschlage trifft, wirksam nur an den Ersteher entrichten.

Hiervon bestehen jedoch Ausnahmen:

1. Rechtsgeschäfte, die der Mieter oder Pächter in Unkenntnis der Beschlagnahme nach dieser gegenüber dem bisherigen Vermieter oder Verpächter oder seinem Rechtsnachfolger vorgenommen hat, z. B. die Zahlung des Mietzinses, bleiben auch für die Zeit nach dem Zuschlage wirksam, jedoch nur soweit sie sich auf die Miete oder den Pacht für das jeweils laufende Kalendervierteljahr beziehen. Erlangt der Mieter oder Pächter erst innerhalb der letzten 15 Tage eines Kalendervierteljahres von der Beschlagnahme Kenntnis, so erstreckt sich die Wirksamkeit gutgläubig vorgenommener Rechtsgeschäfte noch auf das folgende Vierteljahr.

Beispiel: Für eine Wohnung ist der Mietzins jeweils am ersten eines Kalendervierteljahrs im voraus zu bezahlen. Das Haus, in dem sich die Wohnung befindet, wird am 20. September beschlagnahmt und am 10. Dezember versteigert. Den am 1. Oktober fälligen Mietzins kann der Mieter, wenn er am Zahlungstage von der Beschlagnahme noch keine Kenntnis hat, dem bisherigen Vermieter wirksam zahlen; hat er dagegen am Zahlungstage von der Beschlagnahme Kenntnis, so ist die Zahlung des Mietzinses an den bisherigen Vermieter insoweit unwirksam, als sie sich auf die Zeit nach dem Zuschlage bezieht; da nun am 1. Oktober der Mieter noch nicht wissen kann, ob und wann die Zwangsversteigerung stattfindet, so geht er am sichersten, wenn er den Mietzins bei der gerichtlichen Hinterlegungsstelle hinterlegt.

Wäre in dem vorstehenden Beispiele der Mietzins nachträglich zu zahlen, so hätte der Mieter ihn an den Vermieter zu zahlen. Würde der Vermieter den Mieter am 21. September ersuchen, ihm nicht nur den am 1. Oktober, sondern auch den am 1. Januar

---

*) Nun Notariat (§§ 3, 11 Bek. v. 30. 3. 21, JMBl. 34).
**) Gegenstandsloser Nebensatz.

fälligen Mietzins zu zahlen, so wäre die Zahlung wirksam, wenn der Mieter am Zahlungstage von der Beschlagnahme noch keine Kenntnis hat.

2. Ist vor der Beschlagnahme über den Miet- oder Pachtzins durch Abtretung oder Pfändung oder in anderer Weise verfügt worden, so ist die Verfügung auch für die Zeit nach dem Zuschlage wirksam, soweit sie sich auf den Miet- oder Pachtzins für das zur Zeit der Beschlagnahme laufende Kalendervierteljahr bezieht. Ist die Beschlagnahme erst innerhalb der letzten 15 Tage eines Kalendervierteljahrs erfolgt, so erstreckt sich die Wirksamkeit der Verfügung auf das folgende Vierteljahr. Soweit hiernach die Verfügung wirksam ist, kann der Mieter oder Pächter den Miet- oder Pachtzins an den aus der Verfügung Berechtigten (z. B. den Pfändungsgläubiger) entrichten. Für Rechtsgeschäfte, die er diesem gegenüber in Unkenntnis der Beschlagnahme vorgenommen hat, gilt das zu 1 Gesagte entsprechend.

Beispiel: Der Mietzins für eine Wohnung ist vierteljährlich im voraus zu zahlen. Ein Gläubiger des Vermieters hat den für die Wohnung am 1. Januar 1916 und 1. April 1916 geschuldeten Mietzins pfänden und die Pfändung am 9. Dezember 1915 dem Mieter zustellen lassen. Am 17. Dezember 1915 erfolgt die Beschlagnahme des Hauses, in dem sich die Wohnung befindet. Am 15. Januar 1916 wird der Zuschlag erteilt. Der Mieter hat den am 1. Januar 1916 geschuldeten gepfändeten Mietzins dem Pfändungsgläubiger zu zahlen. Dagegen kann der für den 1. April geschuldete Mietzins von dem Pfändungsgläubiger nicht mehr verlangt werden.

II.

Mit Rücksicht auf die vorstehenden Rechtsgrundsätze empfiehlt sich folgendes Verhalten des Mieters oder Pächters, dem die Anordnung der Zwangsversteigerung zugestellt worden ist, bei der Entrichtung des Miet- oder Pachtzinses.

A. Falls keine Verfügung über den Miet- oder Pachtzins getroffen ist.

1. Wenn der Miet- oder Pachtzins nachträglich zu zahlen ist.

a) Der Miet- oder Pachtzins, der zu der Zeit rückständig ist, zu der der Mieter oder Pächter von der Beschlagnahme Kenntnis erlangt, ist an den Vermieter oder Verpächter zu entrichten.

b) Der später fällig werdende Miet- oder Pachtzins ist nur dann an den Vermieter oder Verpächter zu zahlen, wenn die Fälligkeit vor dem Zuschlag eintritt. Ist dem Mieter oder Pächter nicht bekannt, ob und wann die Zwangsversteigerung stattfindet, so empfiehlt sich für den Mieter oder Pächter den Miet- oder Pachtzins bei der gerichtlichen Hinterlegungsstelle des Zahlungsorts zu hinterlegen; Hinterlegungsstelle ist das Amtsgericht, in den Orten aber, wo die K. Bank oder eine Filiale derselben ihren Sitz hat, die K. Bankanstalt*). Sobald dem Mieter oder Pächter bekannt wird, daß der Zuschlag rechtskräftig erteilt ist, hat er den Miet- oder Pachtzins für die Zeit bis zum Zuschlag an den Vermieter oder Verpächter, für die spätere Zeit an den Ersteher zu zahlen.

2. Wenn der Miet- oder Pachtzins im voraus zu zahlen ist:

a) Der Miet- oder Pachtzins, der zu der Zeit rückständig ist, zu der der Mieter oder Pächter Kenntnis von der Beschlagnahme erlangt, ist an den Vermieter oder Verpächter zu zahlen, soweit er für die Zeit bis zu dieser Kenntnis zu entrichten ist.

b) Den Miet- oder Pachtzins für die spätere Zeit hinterlegt der Mieter oder Pächter am zweckmäßigsten bei der gerichtlichen Hinterlegungsstelle des Zahlungsorts. Sobald dem Mieter oder Pächter die Rechtskraft des Zuschlags bekannt ist, hat er den Miet- oder Pachtzins für die Zeit bis zum Zuschlag an den Vermieter oder Verpächter, für die spätere Zeit an den Ersteher zu zahlen.

Von der Erteilung des Zuschlags erhält der Mieter oder Pächter durch den Urkundsbeamten der Geschäftsstelle des Vollstreckungsgerichts**) Mitteilung.

B. Falls über den Miet- oder Pachtzins verfügt (der Mietzins z. B. abgetreten oder verpfändet oder gepfändet) und dies dem Mieter oder Pächter bekannt ist.

---

*) Nun: Bayer. Staatsbank (VO. v. 24. 8. 20, GVBl. 86).
**) Nun: Notariat (§ 8 Bek. v. 30. 3. 21, JMBl. 84).

1. Der Miet- oder Pachtzins für das zur Zeit der Beschlagnahme laufende Kalendervierteljahr und, wenn die Beschlagnahme in den letzten 15 Tagen des März, des Juni, des September oder des Dezember erfolgt, auch der Miet- oder Pachtzins für das folgende Kalendervierteljahr ist an denjenigen zu zahlen, zu dessen Gunsten über den Miet- oder Pachtzins verfügt ist (dem z. B. der Mietzins abgetreten ist).
2. Der Miet- oder Pachtzins für spätere Kalendervierteljahre ist nach den unter A angegebenen Grundsätzen zu zahlen oder zu hinterlegen; der Miet- oder Pachtzins ist also, wenn er nachträglich zu entrichten ist, an den Pfändungsgläubiger zu zahlen, sofern die Fälligkeit vor dem Zuschlage eintritt; dagegen ist der Miet- oder Pachtzins, wenn er im voraus zu entrichten ist, zu hinterlegen.

III.

Ist die Zwangsverwaltung angeordnet, so ist der Miet- oder Pachtzins an den Verwalter zu zahlen. Diese Verpflichtung des Mieters oder Pächters wird dadurch nicht berührt, daß während der Dauer der Zwangsverwaltung die Zwangsversteigerung angeordnet wird.

III.

die Zwangsvollstreckung in das unbewegliche Vermögen betr., vom 15. Mai 1906 (JMBl. S. 74).

Im Anschluß an die Bekanntmachung vom 31. März 1905 (JMBl. S. 587) wird hiermit folgendes vorgeschrieben:

1. Die Beteiligten, für die eine Hypothek der im Art. 1 des Gesetzes vom 15. Mai 1906 (G.- u. VBl. S. 190) bezeichneten Art im Grundbuch eingetragen ist, sollen bei der Zustellung der Terminsbestimmung (§ 41 Abs. 1 des ZVG.) veranlaßt werden, spätestens im Versteigerungstermine vor der Aufforderung zur Abgabe von Geboten sich darüber zu erklären, ob und in welchem Betrage Ansprüche auf Zinsen, Kosten und andere Nebenleistungen, zu deren Sicherung die Hypothek eingetragen ist, bestehen.

2. In den Fällen, in denen nach § 44 des Gesetzes über die Zwangsversteigerung und die Zwangsverwaltung eine Hypothek der im Art. 1 des Gesetzes vom 15. Mai 1906 bezeichneten Art bei der Feststellung des geringsten Gebots zu berücksichtigen wäre, wird es zumeist im Interesse der Beteiligten liegen, daß die Berücksichtigung vollständig oder teilweise unterbleibt. Trifft dies zu, so wird es sich für den Versteigerungsbeamten empfehlen, darauf hinzuwirken, daß die Beteiligten eine entsprechende Änderung der Versteigerungsbedingungen (§ 59 des ZVG.) beantragen.

IV.

die Zahlung des Bargebots betr., vom 13. Juli 1917 (JMBl. S. 65).

Auf Grund der Bundesratsverordnung vom 24. Mai 1917 über die Zahlung des Bargebots (RGBl. S. 432) werden folgende Ausführungsvorschriften erlassen:

§ 1.

I. Zahlung des Bargebots im Verteilungstermin oder durch Hinterlegung.

I. Das Bargebot kann wie bisher vom Ersteher im Verteilungstermine bar berichtigt werden (§ 49 Abs. 1 ZVG.).

II. Auch wird der Ersteher durch Hinterlegung von seiner Verbindlichkeit befreit, wenn die Hinterlegung und die Ausschließung der Rücknahme im Verteilungstermine nachgewiesen werden (§ 49 Abs. 3 ZVG.).

§ 2.

II. Zahlung des Bargebots durch Einzahlung beim rechnungsführenden Urkundsbeamten.

I. Der Hinterlegung steht die Einzahlung bei dem rechnungsführenden Urkundsbeamten der Geschäftsstelle des Vollstreckungsgerichts*) gleich. Die Einzahlung kann nur vor dem Verteilungstermine geschehen.

*) Über sinngemäße Anwendung auf das Notariat s. ZVG. § 49 A. 3c.

II. Durch diese Einzahlung wird der Ersteher von seiner Verbindlichkeit, insbesondere auch von der Verpflichtung, das Bargebot von dem Zuschlag an zu verzinsen, vom Zeitpunkte der Einzahlung an befreit, wenn die Einzahlung im Termine nachgewiesen wird.

§ 3.

1. **Art und Weise der Einzahlung.**

I. Die Einzahlung des Bargebots mit Zinsen bei dem rechnungsführenden Urkundsbeamten der Geschäftsstelle des Vollstreckungsgerichts kann geschehen:

1. durch Einzahlung von Bargeld,
2. durch Bareinzahlung oder Überweisung auf das Postscheckkonto des rechnungsführenden Urkundsbeamten der Geschäftsstelle (vgl. Bek. vom 11. August 1910, JMBl. 681),
3. durch Bareinzahlung oder Überweisung auf das Girokonto des rechnungsführenden Urkundsbeamten der Geschäftsstelle bei der K. Bankanstalt*) (vgl. Bek. vom 12. Mai 1911, JMBl. S. 207)**),
4. durch Übergabe eines bestätigten Reichsbankschecks oder eines anderen Schecks (Bar- oder Verrechnungsschecks), der durch Verrechnung mit der K. Bankanstalt*) eingelöst werden kann.

II. Die Bareinzahlung oder Überweisung auf das Postscheckkonto oder Girokonto des Urkundsbeamten der Geschäftsstelle muß so rechtzeitig geschehen, daß die Mitteilung des Postscheckamts oder der K. Bankanstalt*) dem Urkundsbeamten der Geschäftsstelle noch vor dem Verteilungstermine zugeht. Der Ersteher soll den rechnungsführenden Urkundsbeamten der Geschäftsstelle von der Einzahlung oder Überweisung sofort benachrichtigen.

III. Auch die Übergabe eines Bar- oder Verrechnungsschecks muß so rechtzeitig erfolgen, daß sich der Urkundsbeamte der Geschäftsstelle noch vor dem Verteilungstermin über die Einlösung des Schecks vergewissern kann.

§ 4.

2. **Vermerk der Einzahlung in den Akten.**

Der rechnungsführende Urkundsbeamte der Geschäftsstelle nimmt die Einzahlung ohne besondere Weisung an, erteilt Empfangsbestätigung und vermerkt die Einzahlung unverzüglich in den Zwangsversteigerungsakten. Er ist für die Vollständigkeit und Richtigkeit des Vermerks verantwortlich.

§ 5.

3. **Ausführung des Verteilungsplans.**

I. Ist das Bargebot bei dem rechnungsführenden Urkundsbeamten der Geschäftsstelle eingezahlt (§§ 2, 3), so führt der Vollstreckungsrichter, von besonderen Ausnahmefällen abgesehen, den Teilungsplan nicht durch Barzahlung, sondern durch Anweisung auf den eingezahlten Betrag aus.

II. In der Anweisung wird angegeben, ob der rechnungsführende Urkundsbeamte der Geschäftsstelle den eingezahlten Betrag in bar oder im Wege des Scheck- und Giroverkehrs auszahlen soll.

§ 6.

a) **Auszahlung an einen Kontoinhaber.**

I. An einen Empfangsberechtigten, der sich brieflich oder sonstwie als Inhaber eines Bank- oder Postscheckkontos bekennt, sollen die auszuzahlenden Beträge grundsätzlich durch Überweisung auf das Konto übermittelt werden, sofern er nicht ausdrücklich etwas anderes verlangt oder Bareinzahlung aus besonderen Gründen veranlaßt ist.

II. An Kontoinhaber sollen nur Verrechnungsschecks (Überweisungsschecks), die nicht bar eingelöst werden können, hinausgegeben werden. Schecks, die bar eingelöst werden können, dürfen, wenn sie nicht persönlich ausgehändigt werden, nur als Wertbriefe versendet werden.

§ 7.

b) **Auszahlung an Nicht-Kontoinhaber.**

I. An Empfangsberechtigte, die nicht Inhaber eines Bank- oder Postscheckkontos sind, ist die Zahlung mittels Schecks zulässig, wenn nicht widersprochen wird.

---

*) Nun: Bayer. Staatsbank (VO. v. 24. 3. 20, GVBl. 86).
**) Nun: Bek. v. 7. 7. 19, JMBl. 227.

II. Will der Empfangsberechtigte den Betrag an einen Gläubiger, der Inhaber eines Bank- oder Postscheckkontos ist, abführen oder bei einer Sparkasse oder einer anderen an den Scheckverkehr angeschlossenen Kasse einlegen, so kann der Betrag mit Zustimmung des Empfangsberechtigten unmittelbar auf das Konto des Gläubigers oder der Kasse überwiesen werden.

§ 8.

4. Mitwirkung der Beamten zur Förderung des bargeldlosen Zahlungsverkehrs.

Den Beamten wird zur Pflicht gemacht, tunlichst darauf hinzuwirken, daß die Einzahlung und Auszahlung des Bargebots auf bargeldlosem Wege geschieht.

§ 9.

a) Belehrungspflicht der Notare.

I. Die Notare belehren schon im Versteigerungstermin oder im Termine zur Verkündung des Zuschlagsbeschlusses den Ersteher und die anwesenden Gläubiger, soweit sie aus dem Bargebote zu befriedigen sind, über die Befugnis zur Einzahlung des Bargebots bei dem rechnungsführenden Urkundsbeamten der Geschäftsstelle und über die Möglichkeit und Zweckmäßigkeit der Benützung des Scheck- und Giroverkehrs. Bei der Belehrung des Erstehers ist auf § 3 Abs. 2 Satz 2 ausdrücklich hinzuweisen. Die Belehrung der Gläubiger kann auch schon bei der Anmeldung der Forderungen geschehen.

II. Die Notare ermitteln insbesondere

a) welche Gläubiger Inhaber eines Bank- oder Postscheckkontos sind,

b) welche Gläubiger die ihnen zukommenden Beträge an Inhaber eines Bank- oder Postscheckkontos abführen oder bei einer Sparkasse oder einer anderen an den Scheckverkehr angeschlossenen Kasse einlegen wollen, und vermerken das Ergebnis in den Akten.

III. Kommen größere Beträge in Frage, so belehren sie die Beteiligten auch über die Befugnis zur Einzahlung und Auszahlung mittels bestätigten Reichsbankschecks, die auf jede beliebige Summe und bei einer Mehrzahl von Empfangsberechtigten, insbesondere auch von Drittberechtigten auf die den einzelnen Berechtigten zukommenden Teilbeträge ausgefertigt werden können.

§ 10.

b) Übersendung einer Zahlkarte an den Ersteher.

Dem Ersteher, der nicht Inhaber eines Bank- oder Postscheckkontos ist, wird mit der Zustellung der Bestimmung des Verteilungstermins (§ 105 ZVG.) eine Zahlkarte mit der Aufforderung überschickt, das Bargebot — mit Zinsen für die Zeit vom Zuschlag an bis zur Einzahlung — auf das Postscheckkonto des rechnungsführenden Urkundsbeamten der Geschäftsstelle einzuzahlen.

§ 11.

c) Nachfrage des rechnungsführenden Urkundsbeamten über die Gutschrift einer Einzahlung oder Überweisung.

Hat der Ersteher das Bargebot auf das Bank- oder Postscheckkonto des rechnungsführenden Urkundsbeamten der Geschäftsstelle eingezahlt oder überweisen lassen (s. o. § 3 Abs. 2 Satz 2), so hat der rechnungsführende Urkundsbeamte der Geschäftsstelle im Falle der Verzögerung der Benachrichtigung von der Gutschrift bei dem Postscheckamt oder bei der K. Bankanstalt*) in geeigneter Weise nachzufragen, soweit dies die Verhältnisse zulassen.

§ 12.

d) Nachfrage über die Einlösefähigkeit eines Schecks.

Geschieht die Einzahlung durch Übergabe eines anderen Schecks als eines bestätigten Reichsbankschecks, der vor dem Verteilungstermine nicht mehr verrechnet werden kann, so hat sich der rechnungsführende Urkundsbeamte der Geschäftsstelle durch geeignete Nachfrage ohne weiteres darüber zu vergewissern, ob der Scheck zuverlässig eingelöst wird.

*) Nun: Bayer. Staatsbank (VO. v. 24. 3. 20, GVBl. 86).

§ 13.

III. Zahlungsweise im Falle der nichtamtlichen Verteilung des Versteigerungserlöses.

Wenn sich die Beteiligten durch Vermittlung eines Notars, eines Richters oder Urkundsbeamten der Geschäftsstelle über die außeramtliche Verteilung des Versteigerungserlöses einigen (§ 143 ZVG.), ist in jedem Falle darauf hinzuwirken, daß Zahlungen im Wege des bargeldlosen Verkehrs erfolgen. Das gleiche gilt, wenn der Ersteher oder der zahlungspflichtige Dritte auf das Verfahren nach § 144 ZVG. verwiesen wird.

§ 14.

IV. Einzahlung des Erlöses aus der selbständigen Verwertung einer Forderung oder einer Sache.

Die Vorschriften über die Einzahlung oder Auszahlung des Bargebots gelten auch für die Einzahlung und Auszahlung des Erlöses, der sich aus der selbständigen Verwertung einer Forderung oder einer beweglichen Sache gemäß § 65 ZVG. ergibt.

V.

zur Ausführung der Nr. 2 des Art. III des Gesetzes vom 2. Februar 1921 (GVBl. 29) **zur Änderung einiger Justizgesetze, vom 30. März 1921** (JMBl. 33).

§ 1.

Mit der Anordnung der Zwangsversteigerung ersucht das Vollstreckungsgericht das Grundbuchamt um Eintragung der Anordnung in das Grundbuch und benennt ihm das mit der Durchführung betraute Notariat.

Das Vollstreckungsgericht überträgt die Zwangsversteigerung in der Regel einem Notariat im Bezirke des Amtsgerichts. Sind in einem Amtsgerichtsbezirke mehrere Notariate, so werden sie gleichmäßig berücksichtigt, soweit nicht das Staatsministerium der Justiz ausnahmsweise etwas anderes anordnet. Zu diesem Zwecke führt der Vorstand des Amtsgerichts oder ein von ihm bestellter Vertreter eine Liste über die den Notariaten übertragenen Zwangsversteigerungen. Die Notare dürfen die Liste am Gerichtssitze jederzeit einsehen.

§ 2.

Das Grundbuchamt benachrichtigt das Vollstreckungsgericht von der Eintragung in das Grundbuch, macht die in § 19 Abs. 2 ZVG. bezeichneten Mitteilungen unter Übersendung einer beglaubigten Abschrift des Grundbuchblattes und der Urkunden, auf welche im Grundbuch Bezug genommen ist, unmittelbar an das Notariat und gibt diesem zugleich den Zeitpunkt bekannt, in welchem das Ersuchen um Eintragung des Zwangsversteigerungsvermerks bei ihm eingegangen ist.

§ 3.

Dem Notariat obliegen alle in Art. 25 Abs. 1 AG.GVO. und ZVG. in der Fassung des Gesetzes vom 2. Februar 1921 nicht ausdrücklich aufgeführten Verrichtungen des Vollstreckungsgerichts, also insbesondere auch die Bestellung eines Zustellungsvertreters (§ 6 ZVG.), die Erlassung von Zahlungsverboten (§ 22 Abs. 2), die Sicherungsanordnungen (§ 25), die Anordnung der Sicherungsverwaltung (§ 94), die Entgegennahme der Verzichtserklärung (§ 118 Abs. 2), die Unbrauchbarmachung des Hypothekenbriefs (§ 127), das Ersuchen um Grundbuchberichtigung (§ 130), die Bestellung eines Vertreters für einen unbekannten Empfangsberechtigten (§ 135), die Ermächtigung zur Beantragung des Aufgebotsverfahrens und die in §§ 2a und 2c der Bekanntmachung vom $\frac{\text{31. März 1905 (JMBl. S. 587)}}{\text{27. Juli 1905 (JMBl. S. 58)}}$ die Ausführung des Gesetzes über die Zwangsversteigerung und die Zwangsverwaltung betreffend, angeführten Zustellungen und Mitteilungen.

§ 4.

Das Vollstreckungsgericht kann dem Notariate die ihm übertragene Zwangsversteigerung in jeder Lage der Verfahrens wieder entziehen, wenn dringende Belange der Beteiligten oder der Rechtspflege dies erfordern, und sie einem anderen Notariate übertragen. Über Entziehung und die Gründe, welche sie veranlaßt haben, wird dem Staatsministerium der Justiz auf dem Dienstwege berichtet.

§ 5.

Nach Erledigung des Verfahrens gibt das Notariat die bei ihm erwachsenen Akten an das Vollstreckungsgericht ab, das den Empfang bestätigt und sie in die gerichtlichen Vollstreckungsakten einlegt.

§ 6.

Die Vorschriften in den §§ 1 bis 5 gelten entsprechend auch für die Zwangsverwaltung. Zu den dem Notariate in diesem Verfahren obliegenden Verrichtungen gehört insbesondere auch die Bestellung und die Beaufsichtigung des Zwangsverwalters (§§ 150, 153 ZVG.), die Festsetzung der diesem zu gewährenden Vergütung (§ 153) und die Entgegennahme der Rechnungen (§ 154).

Wird über ein und dasselbe Grundstück Zwangsversteigerung und Zwangsverwaltung angeordnet, so werden beide Maßnahmen dem gleichen Notariate übertragen.

§ 7.

Das Vollstreckungsgericht gibt dem mit der Zwangsverwaltung betrauten Notariate von der Anordnung der Zwangsverwaltung so rechtzeitig Kenntnis, daß das Notariat den Zwangsverwalter bereits in dem Zeitpunkt ernannt hat, in welchem dem Schuldner der Beschluß über die Anordnung der Zwangsverwaltung zugestellt wird. Zu diesem Zwecke kann das Vollstreckungsgericht dem Notariat die Ausfertigung des Beschlusses über die Anordnung der Zwangsverwaltung und über die Übertragung der Zwangsverwaltung an das Notariat sowie den Antrag auf Anordnung der Zwangsverwaltung samt Belegen schon vor dem Eingange der Nachweise über die Zustellung des Beschlusses übersenden.

§ 8.

Das Notariat teilt dem Zwangsverwalter bei oder nach der Bestellung den Beschluß über die Anordnung der Zwangsverwaltung mit und händigt ihm eine Urkunde als Ausweis seiner Bestellung aus, die nach der Beendigung der Verwaltung zurückgegeben wird. Das Notariat gibt dem Vollstreckungsgerichte von der Bestellung des Verwalters unverzüglich Kenntnis.

§ 9.

Das Notariat kann den Verwalter ermächtigen, sich selbst in den Besitz des Grundstücks zu setzen oder ihm das Grundstück durch einen Gerichtsvollzieher übergeben lassen. Zur Besitzergreifung soll der Schuldner zugezogen werden.

§ 10.

Das Notariat hat sich durch den Zwangsverwalter über den Zustand des Grundstücks, die Art seiner bisherigen Benützung, die bestehenden Miet- und Pachtverhältnisse, die öffentlichen Lasten, die voraussichtlichen Ausgaben für seine Erhaltung und seinen Bestand und über die sonstigen für die Verwaltung wesentlichen Verhältnisse, insbesondere über den Umfang der Gegenstände, auf die sich die Beschlagnahme erstreckt, sowie über die voraussichtlich zu erwartenden Einnahmen und Ausgaben der Verwaltung tunlichst bald zu unterrichten. Es versieht den Verwalter nach Anhörung des Gläubigers und des Schuldners mit den erforderlichen Weisungen für die Verwaltung, beaufsichtigt fortlaufend die Geschäftsführung des Verwalters und läßt sich die Abrechnungen samt Belegen vorlegen.

§ 11.

Die bei den Gerichten vorrätigen Formblätter, die infolge der Übertragung der Zwangsversteigerung und Zwangsverwaltung an die Notariate nicht mehr benötigt werden, sind zum Selbstkostenpreise an die Notariate abzugeben. Die Formblätter für die Belehrung der Mieter und Pächter nach § 2a der Bekanntmachung vom $\frac{\text{31. März 1905}}{\text{27. Juli 1915}}$ werden vom Geheimen Expeditionsamt des Staatsministeriums der Justiz, solange der Vorrat reicht, auf Ersuchen an die Notariate kostenlos übersendet werden.

§ 12.

Nr. IV der nach der Bekanntmachung vom 4. Januar 1910, die Statistik der Geschäfte der Notariate betreffend (JMBl. S. 21), alljährlich vorzulegenden Übersicht der Notariatsgeschäfte erhält folgende Fassung:

„VI. Zwangsversteigerungen und Zwangsverwaltungen:
1. Zwangsversteigerungen:
a) anhängig gewordene Sachen
b) durchgeführte Versteigerungen
c) durchgeführte Verteilungen
2. Zwangsverwaltungen:
a) anhängig gewordene Sachen
b) durchgeführte Zwangsverwaltungen."

Unter Nr. 1c sind nur die amtlichen Verteilungsverfahren, unter Nr. 2b nur diejenigen Zwangsverwaltungen einzutragen, in denen eine Verteilung an die Gläubiger stattgefunden hat.

VI.

Über die Beteiligung der Deutschen Rentenbank im Zwangsversteigerungs- und Zwangsverwaltungsverfahren vom 22. Januar 1927 (JMBl. 3).

Die Gerichte und Notariate werden wiederholt auf § 42 der vorläufigen Durchführungsbestimmungen vom 14. November 1923 zur VO. über die Errichtung der Deutschen Rentenbank vom 15. Oktober 1923 (RGBl. I S. 1092) hingewiesen. Diese Vorschrift ist nach § 25 der Durchführungsbestimmungen vom 31. Januar 1925 zum Gesetz über die Liquidierung des Umlaufs von Rentenbankscheinen (RGBl. II S. 29) noch in Geltung. Darnach gilt die Deutsche Rentenbank in dem Verfahren der Zwangsversteigerung oder der Zwangsverwaltung eines zu ihren Gunsten belasteten Grundstücks als Beteiligte ohne Rücksicht auf die Eintragung oder Anmeldung des Rechtes. Durch das Gesetz über die Liquidierung des Umlaufs an Rentenbankscheinen vom 30. August 1924 (RGBl. II S. 252) wurde die Belastung zugunsten der Deutschen Rentenbank auf Grundstücke beschränkt, die dauernd landwirtschaftlichen, forstwirtschaftlichen oder gärtnerischen Zwecken dienen. Auch für solche Grundstücke sind aber verschiedene Ausnahmen vorgesehen. Die Frage, ob ein bestimmtes Grundstück mit der Rentenbankgrundschuld belastet ist, wird häufig nicht ohne weiteres zu beantworten sein. Um weitläufige Ermittelungen zu vermeiden, empfiehlt es sich daher, in allen Fällen der Zwangsversteigerung oder Zwangsverwaltung von land-, forst- oder gartenwirtschaftlichen Grundstücken, soweit nicht die Freiheit des Grundstücks von der Grundschuld ohne weiteres festgestellt werden kann, mit der Möglichkeit einer Beteiligung der Deutschen Rentenbank von vornherein zu rechnen und ihr insbesondere die im Gesetz über die Zwangsversteigerung und die Zwangsverwaltung für Beteiligte vorgeschriebenen Zustellungen und Benachrichtigungen (vgl. insbesondere §§ 41, 146 ZVG.) zukommen zu lassen.

Die Anschrift der Deutschen Rentenbank lautet nunmehr Berlin W 8, Wilhelmstr. 67.

Anhang B.

Beispiele

zur Veranschaulichung des Verfahrens der Zwangsversteigerung und der Zwangsverwaltung.

Vgl. hierzu: Fischer, Das Verfahren der ZwVersteig. an einem Rechtsfall dargestellt; Lorenz, Formularbuch z. RG. über ZwVersteig. und ZwVerw.; Samter, Handbuch zum Verfahren der ZwVersteig. und ZwVerw.; Wenz-Wagner, Die ZwVersteig. und die ZwVerw., und Dispeker, Die Praxis der ZwVersteig. und ZwVerw.).

I. Einleitung des Verfahrens.

A. Versteigerungsantrag.

Hallstadt, 25. September 1928.

Zum
ZVG. § 1. EG. § 13. AG. Art. 25. Amtsgerichte Mühlheim.
Antrag
des Rechtsanwalts N. in Hallstadt
zur Sache
Meier Friedrich, Rentner in Hallstadt,
gegen
Müller Johann, Gastwirt in Auborf,
wegen Zwangsversteigerung.

Vgl. ZVG. § 71 Abs. 2. Unter Vorlage der mir von dem Rentner Friedrich Meier in Hallstadt erteilten Prozeßvollmacht und des Schuldbekenntnisses zu Urkunde des Notars Grün in Mühlheim vom 1. August 1926 GRNr. 410, vollstreckbar ausgefertigt am 10. September 1928, nebst Zustellungsurkunde vom 15. desselben Mts., beantrage ich die Anordnung der Zwangsversteigerung des auf den Namen des Schuldners Johann Müller eingetragenen, im Bezirke des Amtsgerichts Mühlheim gelegenen ZVG. §§ 15 bis 17. Anwesens HsNr. 4 in Aubdorf. Dieses besteht aus Wohnhaus mit Gastwirtschaft, Stall, Scheune u. Hofraum, PlNr. 60 zu 0,080 ha, PlNr. 410 zu 1,010 ha, Wald am Höselberg, sämtl. StGde. Aubdorf.

Die ZwVersteig. wird beantragt wegen des dem Gläubiger zustehenden Anspruchs (allenfalls: für den auf dem Anwesen Hypothek besteht) von 3000 *RM* Hauptsache u. 4% Zinsen hieraus seit 1. Dezember 1926, 42 *RM* 80 *Rpf* Anwaltsgebühren u. der weiter entstehenden Kosten.

Wegen der Eintragung des Schuldners als Eigentümers wird Bezug genommen auf das Grundbuch für Audorf Bd. I Bl. 5 S. 10.

Als Mieter (Pächter), denen der Anordnungsbeschluß zugestellt werden wolle, kommen folgende Personen in Betracht ..... (allenfalls: Die Namen der Mieter u. Pächter ersuche ich durch die Gemeindebehörde Audorf feststellen zu lassen).

Der Rechtsanwalt N.

B. Versteigerungsbeschluß.

Vollstr.-R. Nr. 11/1928 H. Mühlheim, 26. September 1928.

In der Sache
des Rentners Friedrich Meier in Hallstadt, Gläubigers,
vertreten durch RA. N. dortselbst,
gegen
den Gastwirt Johann Müller in Audorf, Schuldner,
nicht vertreten, wegen Zwangsversteigerung

wird auf den Antrag des Gläubigers Meier vom 25., eing. 26. ds. Mts., auf Grund der in vollstreckbarer Ausfertigung vom 10. September 1928 vorgelegten, mit dem Nachweise rechtsförmlicher Zustellung versehenen Schuldurkunde des Notars Grün dahier vom 1. August 1926 GRNr. 410 die Zwangsversteigerung des in der StGde. Audorf gelegenen, auf den Schuldner Müller als Eigentümer im diesgerichtlichen Grundbuch für Audorf Bd. I Blatt 5 S. 10 (allenfalls als ein Grundstück) eingetragenen Anwesens HsNr. 4 in Audorf angeordnet.

Dieses Anwesen besteht aus ... [wie Antrag].

Die Anordnung erfolgt wegen des dem Gläubiger zustehenden Anspruchs von 3000 *RM* Hauptsache, 4% Zinsen hieraus ab 1. Dezember 1927, 42,80 *RM* Anwaltsgebühren, sowie wegen der weiteren Kosten der die Befriedigung aus den vorbezeichneten Grundstücken bezweckenden Rechtsverfolgung. ZVG. § 10 Z. 5, § 10 Abs. 2.

Die Versteigerung erfolgt durch das Notariat Mühlheim. [Dieser Beschluß gilt zugunsten des Gläubigers als Beschlagnahme des Anwesens.][1] §§ 15—18 § 20 ff. EG. § 18 AG. Art. 25

Amtsgericht M.
O.

[Versteigerungsbeschluß in den Fällen der §§ 172 ff. ZVG.:

Auf Antrag des RA. N. in Hallstadt als Verwalters im Konkursverfahren über das Vermögen — den Nachlaß — des ... (Zum Zwecke der Aufhebung der Gemeinschaft hinsichtlich des nachbezeichneten Grundstücks ...) wird die Zwangsversteigerung des (zur Konkursmasse gehörigen) in der StGde. M. gelegenen, im diesgerichtlichen Grundbuch für .... auf den Namen des ... (und des ... als Miteigentümer zu gleichen Drittelsanteilen) eingetragenen Anwesens HsNr. ..., bestehend aus ... (auf Antrag des Miteigentümers ...) angeordnet usw.]

C. Ersuchen an das Grundbuchamt; Zustellung.

VRNr. 11/1919 H. M., 26. September 1928.

Verfügung: 1. Ersuchen an das Grundbuchamt Mühlheim. ZVG. § 19 Abs. 1.

Die Zwangsversteigerung des im Grundbuch für Audorf Bd. I Bl. 5 S. 10 eingetragenen Anwesens HsNr. 4 daselbst, bestehend aus .. (wie bei A), ist (durch Beschluß vom ...)[2] angeordnet. Ich ersuche um Eintragung dieser Anordnung in das Grundbuch und Benachrichtigung hiervon. Die Versteigerung erfolgt durch das Notariat Mühlheim. (Diesem sind die begl. Abschrift des GBBlatts, die Urkunden u. Mitteilungen des § 19 Abs. 2 ZVG. unmittelbar zuzuleiten, auch die nach Eintragung des VerstVermerks erfolgten Veränderungen auf Ersuchen, allenfalls durch Ergänzung der GBBlattabschrift, bekanntzugeben; s. auch DurchfVO. z. IndBelG. v. 5. 12. 24 RGBl. II 427, § 20.)

---

[1] Ausnahme: §§ 173, 176 ZVG., Art. 47 BayAG.

[2] Die Erwähnung des vollstreckungsrichterlichen Beschlusses ist, weil nicht Grundlage der Eintragung, nicht erforderlich (§ 19 Abs. 1 ZVG., § 39 GBO.; abw. DA. S. 367, vgl. §§ 129, 139 daselbst).

ZVG. §§ 3 ff., 8, 22. 2. Zustellung je einer Ausfertigung des Beschlusses unter B. an a) RA. N. in Hallstadt, β) Gastwirt Joh. Müller in Audorf.

3. Die Akten samt Zustellungsnachweisen u. Bestätigung des GVA. sind an das Notariat Mühlheim zur weiteren Amtshandlung zu leiten[3]).

Amtsgericht M.
O.

D. Mitteilungen des Grundbuchamtes.

ZVG. § 19 Abs. 2, Bek. v. 30. 8. 21 JMBl. S. 84 § 2. 1. An das Amtsgericht M., VollstrGericht. M., 28. Septbr. 1928.

Zur Sache ....

Auf das Ersuchen vom 26. ds. Mts. wurde folgendes in das Grundbuch für Audorf Bd. I Bl. 5 S. 12 eingetragen:

EG. § 2, GBO. § 38, DA. § 56, Bek. v. 7. 12. 25 Nr. 48842. Abt. II Nr. 6. Die Zwangsversteigerung (der im Titel bezeichneten Grundstücke) ist (durch Beschluß des AG. M. vom ...)[2]) angeordnet; eingetragen am 27. Septbr. 1928.

2. An das Notariat Mühlheim.

Zur Sache ....

Auf das Ersuchen des Amtsgerichts M. vom .... wurde folgendes in das Grundbuch für Audorf Bd. I Bl. 5 S. 12 eingetragen:

Abt. II Nr. 6. Die Zwangsversteigerung (der im Titel bezeichneten Grundstücke) ist (durch Beschluß des AG. M. vom ....)[2]) angeordnet; eingetragen am 27. Septbr. 1928.

Das Ersuchen um Eintragung ist am 27. Sept. 1928 vorm. 3/4 9 Uhr beim Grundbuchamt eingegangen.

Beglaubigte Abschrift des Grundbuchblattes (in die auch die der Aufwertung unterliegenden gelöschten Rechte aufgenommen sind) liegt bei; ebenso eine beglaubigte Abschrift der bei den Grundbuchanlagen befindlichen Urkunde ..... Als Inhaber der Briefhypothek .... hat sich am ..... der Gutsbesitzer ..... ausgewiesen. Über Änderungen des Wohnsitzes der Beteiligten u. deren Vertreter ist hier nichts bekannt.

3. Benachrichtigung des Eigentümers u. der gelöschten Aufwertungsgläubiger.

Amtsgericht M., Grundbuchamt.
P.

E. Beitritt, Verbindung.

1. Protokoll des Urkundsbeamten der Geschäftsstelle des Amtsgerichts Mühlheim in der Sache Mühlheim, 1. Oktober 1928.

des Händlers Otto Überall dahier, Gl.,
gegen
den Gastwirt Johann Müller in Audorf, Sch.,
wegen Zwangsversteigerung.

Es erscheint der Händler Otto Überall hier u. erklärt:

Inhaltlich der von mir hiermit übergebenen Schuld- u. Hypothekenurkunde des Notars Grün hier vom 20. April 1926 GRNr. 111 schuldet mir der Gastwirt Johann Müller in Audorf ein infolge nicht rechtzeitiger Zinszahlung fällig gewordenes Kapital von 1800 RM. Aus diesem Kapital sind vertragsmäßig 4% Zinsen fürs Jahr zu bezahlen u. seit 1. Januar 1928 rückständig. Das Kapital ist auf dem schuldnerischen, der Zwangsversteigerung bereits unterstellten Anwesen HsNr. 4 in Audorf an 4. Stelle u. auf dem gleichfalls dem Schuldner gehörigen, auf ihn als Eigentümer im diesgerichtl. Grundbuch für Audorf Bd. II Bl. 50 S. 55 eingetragenen landwirtschaftl. Anwesen HsNr. 13 in Audorf [bestehend aus Wohnhaus, Stallung, 2 Scheunen, Remise u. Hofraum, PlNr. $68\frac{1}{2}$ zu 0,092 ha; ferner Acker in der Läng',

[3]) Über Aktenabgabe s. ZVG. § 36 A. 1.

PlNr. 304 zu 0,110 ha; Wiese dortselbst, PlNr. 305 zu 0,322 ha u. Wald am Gehäng' PlNr. 411 zu 1,650 ha, sämtlich in der Steuergemeinde Audorf, Amtsgerichts Mühlheim gelegen] an 5. Stelle hypothekarisch verbandweise sichergestellt. Der Schuldtitel ist allgemein für vollstreckbar erklärt u. dem Schuldner rechtsförmlich am 28. vor. Mts. zugestellt worden. Der Nachweis der eingetretenen Fälligkeit der Hauptsache ergibt sich aus dem Inhalte der Hypothekurkunde im Zusammenhalte mit dem von mir weiter übergebenen Pfändungsprotokoll des Gerichtsvollziehers Schnell hier vom 28. vor. Mts.

Ich beantrage unter Bezugnahme auf das vorbezeichnete Grundbuch, meinen Beitritt zu dem, bezüglich HsNr. 4 in Audorf eingeleiteten Zwangsversteigerungsverfahren zugunsten meiner oben genannten Forderung u. der entstehenden Kosten der Rechtsverfolgung zuzulassen u. hierwegen weiterhin die Zwangsversteigerung ZVG.
des Anwesens HsNr. 13 in Audorf anzuordnen. § 27.

Mit Rücksicht darauf, daß die beiden Anwesen rückwärts aneinander grenzen u. durch Niederlegung der trennenden Hofmauer im Laufe des heurigen Sommers zu einem wirtschaftlichen Ganzen verbunden worden sind, beantrage ich weiter, die Verbindung der beiden Verfahren zu beschließen, um die Versteigerung zu einem Gesamtpreis zu ermöglichen. § 18.

Lt. U.
Otto überall.

Klug, Urkundsbeamter.

2. Beschluß. VRNr. 11 u. 12/1928 H.

Mühlheim, 2. Oktober 1928.

In der Sache (wie unter 1)
wird auf den, am 1. ds. Mts. gestellten Antrag des Gläubigers überall hier auf Grund . . . . . wegen des diesem zustehenden Anspruchs von 1800 *RM* Hauptsache, 4% Zinsen hieraus ab 1. Januar 1928 sowie der durch die Rechtsverfolgung in nachstehende Grundstücke entstehenden Kosten

a) der Beitritt des Antragstellers zu dem mit Beschluß vom 26. vor. Mts. angeordneten Zwangsversteigerungsverfahren bezüglich des in der StGde. Audorf gelegenen, im diesgerichtlichen Grundbuch für Audorf Bd. I Bl. 5 S. 10 auf Schuldner Müller als Eigentümer eingetragenen Anwesens HsNr. 4 in Audorf zugelassen; § 27.

b) die Zwangsversteigerung des gleichfalls in der StGde. Audorf gelegenen u. auf den Namen des Schuldners Müller als Eigentümers im diesgerichtlichen Grundbuch für Audorf Bd. II Bl. 50 S. 55 eingetragenen landwirtschaftl. Anwesens HsNr. 13 in Audorf angeordnet. §§ 20 ff.

Das Anwesen HsNr. 4 in Audorf besteht aus . . . . [wie A];

das Anwesen HsNr. 13 in Audorf besteht aus . . . . . [wie E 1].

Die Versteigerung erfolgt durch das Notariat Mühlheim.

c) Mit Rücksicht darauf, daß die Voraussetzungen des § 18 ZVG. gegeben sind, die beiden genannten Anwesen wirtschaftlich zusammenhängen u. aus ihrer gemeinsamen Versteigerung ein höherer Erlös erwartet werden darf, während anderseits das zuerst eingeleitete Verfahren noch nicht weit gediehen ist, wird endlich die Verbindung der beiden Zwangsversteigerungsverfahren angeordnet. § 18.

[Vorstehender Beschluß zu a u. b gilt zugunsten des Gläubigers überall als Beschlagnahme der beiden vorgenannten Anwesen.]

3. Verfügungen (s. oben C).

a) Ersuchen an das diesgerichtliche Grundbuchamt bezügl. 2 b.

b) Zustellung je einer Ausfertigung des Beschlusses unter 2 an:

α) Gl. überall, §§ 19, 22, 27.

β) Sch. Müller. §§ 3 ff., 8.

c) Aktenabgabe an das Notariat M. (wie C 3).

Amtsgericht M.
O.

II. Einstellung und Aufhebung des Verfahrens.

A. Einstweilige Einstellung.

1. Des VollstrGerichts.

a) Beschluß.[1])

VRNr. 12/1928 H. M., 4. Oktober 1928.

In der Sache (wie I E 1)

ZVG. §§ 19, 28; 161. wird das mit Beschluß vom 2. ds. Mts. angeordnete Verfahren der Zwangsversteigerung des in der StGde. Audorf gelegenen, im diesgerichtlichen Grundbuch für Audorf Bd. II Bl. 50 S. 55 jetzt auf den Namen des Fuhrwerksbesitzers Hans Schnell, vorher auf denjenigen des Schuldners Müller, eingetragenen landwirtsch. Anwesens HsNr. 13 in Audorf, bestehend aus . ., einstweilen eingestellt,

da ausweislich der (durch das Notariat an das VollstrG. zurückgegebenen) Mitteilungen des Grundbuchamts vom 3. ds. Mts. als Eigentümer des beschlagnahmten Anwesens seit 2. ds. Mts. vor dem Eingang des Ersuchens um Eintragung des Versteigerungsvermerks der Fuhrwerksbesitzer Hans Schnell im Grundbuch eingetragen war. Zur Vorlage eines Vollstreckungstitels gegen den nunmehrigen Eigentümer Schnell (Rechtsnachfolgeklausel mit Zustellungsnachweis §§ 726, 727, 750 Abs. 2 ZPO). wird eine Frist von 10 Tagen gesetzt. Nach Ablauf dieser Frist wird das Verfahren aufgehoben, wenn nicht inzwischen die Vorlage erfolgt ist.

[Beispiel einer Einstellung auf Grund der Zivilprozeßordnung:

VRNr. 40/1928 K. M., 15. Dezember 1928.

In der Sache (wie I E 1)

wird auf den am 14. ds. Mts. gestellten Antrag der Maschinenfabrik Hammer u. Amboß in N. die einstweilige Einstellung des mit Beschluß vom 2. Oktober 1928 angeordneten Verfahrens der Zwangsversteigerung, betr. das in der StGde. Audorf gelegene, im diesgerichtlichen Grundbuch für Audorf Bd. II Bl. 50 S. 55 auf den Namen des Schuldners Müller eingetragene Anwesen HsNr. 13 in Audorf, hinsichtlich der hierzu gehörigen, mit der Firma der Antragstellerin gekennzeichneten Dreschmaschine samt Lokomobile, einer Grasschneidemaschine u. eines Heuwenders angeordnet, da durch vorgelegten Vertrag vom 1. Juni 1928 u. Buchauszug vom 14. ds. Mts. das Eigentum der Antragstellerin an diesen landwirtschaftlichen Maschinen auf Grund Eigentumsvorbehalts glaubhaft gemacht u. Dringlichkeit angesichts der nahen Versteigerung gegeben ist. Gleichzeitig wird der Antragstellerin Frist bis . . . bestimmt, innerhalb welcher die Entscheidung des Prozeßgerichts beizubringen ist. Nach fruchtlosem Ablauf dieser Frist wird die ZwVollstreckung fortgesetzt. (§§ 764, 771 Abs. 2, 769 Abs. 2, 294 ZPO.).]

b) Verfügungen (zu VRNr. 12/1928 H.)

ZVG. § 32. ZPO. § 829 Abs. 3. a) Zustellung je einer Ausfertigung des Beschlusses unter A an Gl. überall, Sch. Müller u. Eigentümer Schnell!

[Im Falle der Einstellung auf Antrag eines Dritten ist auch diesem zuzustellen.]

b) WV. mit Zustellungsnachweisen!

2. Des Notariats.

a) Beschluß.

VRNr. 12/1928 H. M., 28. Oktober 1928.

In der Sache (wie I E 1)

wird auf Antrag des RA. Listig als Prozeßbevollmächtigten des Schuldners Müller das Zwangsversteigerungsverfahren, betr. das Anwesen des letzteren HsNr. 13 in Audorf — eingetragen im Grundbuch des Amtsgerichts M. für Audorf Bd. II Bl. 50 S. 55 —, einstweilen eingestellt u. der auf Mittwoch, 20. Dezember 1928 vormittags 10 Uhr festgesetzte Versteigerungstermin aufgehoben,

ZVG. Vorbem. zu § 28. nachdem vom Antragsteller die Ausfertigung eines Beschlusses des Landgerichts O. vom 25. ds. Mts. vorgelegt worden ist, aus welchem sich ergibt, daß die einstweilige Einstellung der Vollstreckung angeordnet ist (§§ 767, 769, 775 Nr. 2, 776 ZPO.);

oder: da Gläubiger mit Schreiben vom . . . die einstweilige Einstellung des Verfahrens bewilligt hat;

da durch Postschein die Einzahlung der zur Befriedigung des Gläubigers

[1]) Das Formular kann unter entspr. Änderung auch für die Zwangsverwaltung benützt werden.

erforderlichen Summe von . . . RM Hauptsache, . . . RM Zinsen, . . . RM festgesetzte Kosten u. . . . RM bisherige Vollstreckungskosten nachgewiesen ist; ZVG. § 30. ZPO. § 775 Nr. 5.

oder: (wenn die einstweilige Einstellung nur hinsichtlich eines Zubehörstücks angeordnet ist; hier genügt Aufnahme des Beschlusses in das Versteigerungsprotokoll u. Verkündung ohne Zustellung): In der Sache . . . wird auf Antrag der Maschinenfabrik Hammer u. Amboß in N. das Zwangsversteigerungsverfahren, betr. . . ., hinsichtlich der zu diesem Anwesen gehörigen, mit der Firma der Antragstellerin gekennzeichneten Dreschmaschine samt Lokomobile . . . einstweilen eingestellt, da nun von der Antragstellerin die Ausfertigung des Beschlusses des Amtsgerichts M. vom . . . vorgelegt worden ist, aus welchem sich ergibt, daß die einstweilige Einstellung der Vollstreckung hinsichtlich der vorbezeichneten Gegenstände angeordnet ist. Demgemäß wird als besondere Versteigerungsbedingung festgesetzt, daß diese Gegenstände von der Versteigerung des Anwesens ausgenommen sind.

b) **Verfügungen.** 1. Zustellung je einer Ausfertigung des Beschlusses unter a) an Gläubiger, Schuldner u. Antragsteller!

2. Mitteilung von Aufhebung des Termins an die Beteiligten (mittels einfachen Briefs)!

3. WV. nach 6 Mt. (im Falle des § 31)!

Das Notariat M.

R.

B. Aufhebung.

1. Beschluß[2]).

VRNr. 12/1928 H. M., 18. Oktober 1928.

In der Sache (wie II A 1 a)

wird das mit Beschluß vom 2. ds. Mts. angeordnete Verfahren der Zwangsversteigerung des in der StGde. Audorf gelegenen, im diesgerichtlichen Grundbuch für Audorf Bd. II Bl. 50 S. 55 auf den Namen des Fuhrwerkbesitzers Hans Schnell seit 2. ds. Mts. eingetragenen landwirtsch. Anwesens HsNr. 13 in Audorf, bestehend aus . . ., wieder aufgehoben,

da ausweislich der Mitteilungen des Grundbuchamtes vom 3. ds. Mts. als Eigentümer des beschlagnahmten Anwesens zur Zeit des Eingangs des Ersuchens um Eintragung des Versteigerungsvermerks nicht mehr der Schuldner Müller im Grundbuch eingetragen war u. die dem Gläubiger zur Beibringung eines Vollstreckungstitels gegen den nunmehrigen Eigentümer Schnell gesetzte Frist am gestrigen unbenutzt verstrichen ist, weshalb das mit Beschluß vom 4. ds. Mts. einstweilen eingestellte Verfahren wieder aufzuheben war (. . . . in der Erwägung, daß der Versteigerungsantrag von sämtlichen betreibenden Gläubigern am . . . zurückgenommen wurde). ZVG. §§ 19, 28, 32, 161.

Gleichzeitig wird die mit Beschluß vom 2. ds. Mts. angeordnete Verbindung gegenwärtigen Verfahrens mit dem zu VRNr. 11/1928 H anhängigen aufgehoben. Der Beitrittsbeschluß vom gleichen Tage hinsichtlich des schuldnerischen Anwesens HsNr. 4 in Audorf bleibt unberührt.

[Würde die Beseitigung des Hindernisses rechtzeitig nachgewiesen, so wäre Beschluß dahin zu erlassen, daß das gegen Müller eingeleitete Verfahren gegen Schnell fortzusetzen ist. Dieser Beschluß wäre wie der Aufhebungsbeschluß zuzustellen.]

2. Verfügungen.

a) Zustellung je einer Ausfertigung des Beschlusses unter 1 an Gl. überall, Sch. Müller u. neuen Eigentümer Schnell. § 32.

b) Ersuchen an das Grundbuchamt M. Auf Grund diesgerichtlichen Ersuchens vom 2. ds. Mts. wurde im Grundbuch für Audorf Bd. II Bl. 50 S. 55 bei dem nunmehr auf den Namen des . . . eingetragenen Anwesen HsNr. 13 in Audorf . . . in Abt. II unter Nr. 7 der Zwangsversteigerungsvermerk eingetragen. Ich ersuche, denselben zu löschen u. das Geschehene hierher mitzuteilen. § 34.

[Allenfalls zu b: Die am . . . an das Notariat geleiteten Grundbuchanlagen (Urkunden) folgen zurück.]

---

[2]) Das Formular kann unter entsprechender Änderung auch für die Zwangsverwaltung benützt werden.

c) Mitteilung von der Aufhebung zu 1 an das Notariat M. (dem die Benachrichtigung der Mieter und Pächter [3]), sowie die Aufhebung der etwaigen Sicherungsmaßregeln obliegt, s. III B 5).

Amtsgericht M.

O.

III. Versteigerungsverfahren des Notariats.

ZVG. § 36. ES. § 13. AG. Art. 25. [Nach Eingang der Akten, nämlich der Versteigerungsanträge samt Beilagen, Versteig.- u. Beitrittsbeschlüsse, ZustellNachweise, Mitteilungen des Grundbuchamtes].

A. Benachrichtigung der Mieter und Pächter

durch Zustellung des Versteigerungsbeschlusses vom 26. Sept. 1928 (s. IB) unter Belehrung gem. Bek. vom 27. 7. 15 JMBl. 58 u. 30. 3. 21 JMBl. 34 § 3 (s. Anhang A).

B. Sicherungsmaßregel.

ZVG. § 25. **1. Protokoll.** M., 2. Oktober 1928.

Es erscheint der Händler Otto Überall hier u. erklärt:

Der Schuldner Johann Müller läßt seit 2 Tagen in der zum Anwesen HsNr. 4 in Audorf gehörigen Waldung durch mehrere Knechte Holz fällen u. hat laut beiliegender Bestätigung des Bürgermeisters von Audorf bereits 1 Fuhr Langholz nach Bernheim zu seinem Schwager Schlecht schaffen lassen. Ich beantrage, dem Schuldner jedes weitere Holzfällen in jener Waldung u. die Wegschaffung des bereits gefällten Holzes unter Haftandrohung zu verbieten u. den Waldaufseher Xaver Vornbran in Leiten, Gemeinde Audorf, mit der Bewachung der Waldung zu beauftragen. Ich erbiete mich zur Vorschußleistung. Lt. U. Otto Überall.

2. Beschluß.

Im Hinblick auf die durch den Antragsteller Ü. glaubhaft gemachte Gefahr der Verschleppung von Beschlagnahmegegenständen wird dem Schuldner Müller bei Meidung einer für jeden Fall der Zuwiderhandlung auszusprechenden Haftstrafe von 3 Tagen verboten, in der zum Anwesen HsNr. 4 in Audorf gehörigen Waldung am Höselberg, PlNr. 410 StGde. Audorf Holz zu fällen oder das gefällte wegzuschaffen, soweit dies nicht zur Fortführung der Wirtschaft in dem genannten Anwesen erforderlich ist. Gleichzeitig wird der Waldaufseher Xaver Vornbran in Leiten mit der Bewachung dieser Waldung beauftragt.

3. Ermächtigung.

Auf Antrag des . . . werden Sie hiermit ermächtigt u. ersucht, die dem Schuldner Müller Johann, Gastwirt in Audorf, gehörige Waldung am Höselberg, PlNr. 410 StGde. Audorf, zu überwachen u. von einer durch den Schuldner oder andere Personen versuchten Holzfällung oder Wegschaffung gefällten Holzes hierher unverzüglich Anzeige zu erstatten.

4. Verfügung.

a) Zustellung von 2) an Antragsteller Überall u. Sch. Müller, an ersteren mit dem Beifügen, daß die Anordnung der Sicherungsmaßregel wieder aufgehoben wird, wenn nicht innerhalb 3 Tagen ein Vorschuß von . . . *RM* beim Notariat M. einbezahlt wird.

b) Zustellung von 3) an Vornbran.

[**5. Aufhebung** (vgl. II B 2c).

a) Beschluß. Nach Mitteilung des VollstrGerichts ist das ZwVersteigVerfahren betr. das Anwesen HsNr. 4 in Audorf mit Beschluß vom . . . . aufgehoben. Es wird deshalb auch die mit Beschluß v. 2. 10. 28 angeordnete Bewachung der schuldnerischen Waldung am Höselberg PlNr. 410 StGde. Audorf wieder aufgehoben.

b) Schreiben an Waldaufseher Vornbran: Die mit Beschluß vom 2. 10. 28 angeordnete Bewachung der schuldnerischen Waldung ist wieder aufgehoben. Sie werden ersucht, binnen 8 Tagen hierher mitzuteilen, welche Vergütung Sie für Ihre Tätigkeit beanspruchen, widrigenfalls der vom Gläubiger erlegte Vorschuß zurückgegeben wird.

[3] Im Falle der Zwangsverwaltung sind auch die Drittschuldner der §§ 22 Abs. 2, 151 Abs. 3 zu benachrichtigen.

c) Zustellung von a) an RA. N. in Hallstadt u. Sch. Müller, von b) an Vornbran.
d) Benachrichtigung der Mieter u. Pächter von der Aufhebung des Verfahrens.]

Das Notariat M.
R.

C. Terminsbestimmung.

VRNr. 11/1928 H. M., 10. Oktober 1928.

Im Wege der Zwangsvollstreckung (auf Antrag des K.-Verwalters, des Testamentsvollstreckers, behufs Aufhebung der Gemeinschaft) soll das im Bezirke des Amtsgerichts M., Steuergemeinde Audorf, gelegene, im Grundbuch für Audorf Bd. I Bl. 5 S. 10 eingetragene Anwesen HsNr. 4 in Audorf, (ZVG. §§ 37, 172, 175, 180.) am **Mittwoch, den 20. Dezember 1928, vormittags 10 Uhr** im Amtszimmer des Notariats Mühlheim HsNr. 123 durch den unterfertigten Notar versteigert werden. (§ 38.) Das Anwesen besteht [1]) aus . . ., zu . . . . ha. Der Versteigerungsvermerk ist am 27. September 1928 in das Grundbuch eingetragen worden. Z. Z. der Eintragung des Versteigerungsvermerks war das Anwesen auf den Namen des Gastwirts Johann Müller in Audorf eingetragen.

Es ergeht die Aufforderung . . . (§ 37 Nr. 4). Ferner werden diejenigen . . . (§ 37 Nr. 5) aufgefordert. . . . [2]).

Das Notariat M.
R.

D. Verfügungen zu C.

1. Schreiben an die Geschäftsstelle des Amtsblatts des AG. Mühlheim:

Die beigefügte Terminsbestimmung ersuche ich, einmal in das Amtsblatt aufzunehmen u. zwar so zeitig, daß von dem Tage, an dem die betreffende Nummer des Amtsblattes erscheint, (ZVG. §§ 39, 43.) bis zum Tage des Versteigerungstermins volle 6 Wochen verstrichen sein werden.

Des weiteren wird ersucht:
a) ein Belegblatt 6 Wochen vor dem Termine hierher gelangen zu lassen,
b) die Kosten gleichzeitig mit der Übersendung bekannt zu geben.

Sollten die Kosten nicht so rechtzeitig mitgeteilt werden, daß sie bei Feststellung des geringsten Gebots im Termine berücksichtigt werden können, so erlischt der Anspruch auf Zahlung derselben. Gegenwärtiger Auftrag gilt daher nur als unter dieser Bedingung erteilt [3]).

2. Schreiben an den Gerichtsvollzieher L. in Mühlheim (Stadtrat . . . .):

Als Anlage übersende ich eine Ausfertigung der Terminsbestimmung vom heutigen (EG. § 7) mit dem Ersuchen, sie an der für die amtlichen Bekanntmachungen bestimmten Stelle (AG. Art. 26) der Gemeinde Audorf anzuheften u. den Vollzug unter Kostenbekanntgabe zu bestätigen.

3. Desgl. an die Geschäftsstelle des AG. Mühlheim, wegen Anheftung der Terminsbestimm., (ZVG. § 40.) an die Gerichtstafel u. Bekanntgabe der voraussichtl. Kosten des Verfahrens.

4. Anfrage bei der Aufwertungsstelle des AG. Mühlheim, ob die in der GBBlatt-Abschrift bezeichneten gelöschten HypGläubiger gem. § 16 AufwG., Art. III AufwNov. einen Anspruch auf Aufwertung bis 1. 1. 26 (bzw. 1. 10. 27) angemeldet haben.

5. Zustellung je einer Ausfertigung der Terminsbestimmung an:
a) Gläubiger (zu Händen des Prozeßbevollmächtigten),
b) Schuldner, (ZVG. §§ 41, 43 Abs. 2; §§ 3 ff.)
c) Deutsche Rentenbank in Berlin W 8, Wilhelmstr. 67, u. Bank f. deutsche Industrieobligationen in Berlin SW 68, Feilnerstr. 5 a,
d) Grundstückseigentümer bei Verst. eines ErbbR.,
e) die übrigen Beteiligten des § 9 (aus Grundbuchblattsabschrift, Mitteilungen des Grundbuchamtes, Anmeldungen, deren Glaubhaftmachung hier nicht erforderlich).

6. [An die Inhaber von altrechtl. Zinsen- u. Kostenkautionshypotheken ist gleichzeitig Aufforderung nach JMBek. v. 15. Mai 06 (JMBl. 74) zuzustellen].

7. Übersendung je einer Abschrift der Terminsbestimmung an:
a) Finanzamt M.,
b) Gemeindeverwaltung Audorf,

---

1) Vgl. JMBek. v. 31. März 1905, §§ 3 ff., § 5.
2) Entsprechend zu ändern in den Fällen der §§ 172 ff. ZVG.
3) Vgl. JMBek. v. 31. März 1905 §§ 6 ff.

c) Brandversicherungskammer, Landeskulturrentenanstalt, Viehversicherungsanstalt M [3]),
d) Kaminkehrer K. in M.,
e) Gelöschte Aufwertungsgläubiger . . . . . .

8. Beischaffung eines Grundsteuerkatasterauszugs, sowie einer Bestätigung über
§ 6 Belastung mit Rentenbankgrundschuld u. Industrielast vom Finanzamt M., einer Be-
JMBek. v. scheinigung über die Brandversicherung von der Versicherungskammer, allenfalls von
31. März 05 Gutachten über den Grundstückswert u. Ermittlung nicht eingetragener Rechte (insbes. Vorkaufsrecht der Siedlungs- u. Landbank), etwaiger Neubauten u. anderer Bestandsänderungen.

9. WV. 6. Nov. 28 wegen § 43 Abs. 1 u. am 5. Dez. 28 wegen §§ 43 Abs. 2 u. 41 Abs. 2 ZVG.

Das Notariat M.
R.

E. Mitteilungen zu C.

VRNr. 11/1928 H. M., 8. Dezember 1928.

An die Beteiligten (s. D 5a—e): In dem Verfahren zum Zwecke der Zwangsversteigerung des in . . . . gelegenen . . . ., im Grundbuch . . . auf den
ZVG. Namen des . . . . . . eingetragenen Anwesens . . . . . . wird den Beteiligten mitgeteilt,
§§ 41 Abs. 2, daß die auf 20. Dez. 28 anberaumte Versteigerung auf Grund der bis 5. Dez. 28 dem
3, 44 Abs. 2. Schuldner zugestellten Beschlüsse des AG. Mühlheim über Anordnung der Versteigerung u. Zulassung des Beitritts stattfindet

a) auf Antrag des (Meier) wegen dessen im Grundbuch für Audorf Bd. I Bl. 5 S. 13 Abt. III Nr. 5 eingetragenen Anspruchs von . . . . . . samt 4% Zinsen hieraus vom . . . . . . u. der Kosten,
b) auf Antrag des . . . . . . wegen dessen im Grundbuch nicht eingetragenen Anspruchs von . . . . . .

(Maßgebend für die Bildung des geringsten Gebots wird daher voraussichtlich der erstbezeichnete Anspruch [4]) sein).

Das Notariat M.
R.

F. Bestellung eines Zustellungsvertreters. Festsetzung seiner Gebühren und Auslagen.

1. Beschluß.

VRNr. 11/1928 H. M., 14. Oktober 1928.

In der Sache (wie I B) wird,
ZVG. da die Postsendung (z. B. Terminsbestimmung) an den beteiligten Gläubiger, Altsitzer
§§ 6–8. Johann Spät in Audorf, als unbestellbar zurückgekommen u. dessen jetziger Wohnort
JMBek. v. 30. 3. 21 § 3. unbekannt ist, der Notariatssekretär Karl Jung in M. als Zustellungsvertreter des Spät bestellt.

2. Verfügung.

Zustellung an Jung!

Notariat M.
R.

3. Beschluß VRNr. 11/1928 H. M., 10. November 1928.

[Jung hat mitgeteilt, daß Spät nunmehr in . . . . wohnt, von ihm die Terminsbestimmung übersandt u. auch wirklich erhalten hat; Jung ersucht, seine Auslagen auf 2 *RM* 40 *₰* u. seine Vergütung auf 10 *RM* festzusetzen u. ihm, da Spät den Ersatz verweigert, vollstreckbare Ausfertigung zu erteilen.]

ZVG. § 7. In der Sache (wie oben) werden antragsgemäß die Auslagen des dem Altsitzer Spät in . . . bestellten Zustellungsvertreters, des Notariatssekretärs Jung in M., auf 2 *RM* 40 *₰* u. seine Vergütung auf 10 *RM* festgesetzt.

4. Verfügung.

a) Beschluß ist für Jung vollstreckbar auszufertigen!
b) Zustellung an Jung u. Spät!

Notariat M.
R.

[4]) Angenommen, daß der Beitritt des vorgehenden HypGl. überall wieder weggefallen ist.

IV. Versteigerungsprotokoll.

A. Für Einzelversteigerung.

Zw.-Verst. Reg.-Nr. 21.

Heute, den 20. Dezember 1928, wurde von mir, A. R., Notar in Mühlheim in dem ZVG.
Verfahren der Zwangsversteigerung des in der StGde. Audorf, AG. Mühlheim, gelegenen, §§ 66ff., 78, 80.
im Grundbuch für Audorf Bd. I Bl. 5 S. 10 auf den Namen des Gastwirts Johann Müller in Audorf eingetragenen Anwesens HsNr. 4 in Audorf, bestehend aus ......, die Versteigerung im Amtszimmer des Notariats Mühlheim dahier HsNr. 123, wie folgt, vorgenommen:

1. Nach dem zur festgesetzten Stunde, d. i. um 10 Uhr vormittags, erfolgten Aufruf der Sache sind folgende Beteiligte **erschienen**:

(Die Erschienenen haben sich über ihre Persönlichkeit bzw. Vertretungsbefugnis § 43.
ausgewiesen durch .... Den Erschienenen wurde bekannt gegeben, daß der heutige Termin in der Nummer 305 des hiesigen Amtsblattes vom 4. Nov. 28 veröffentlicht u. die Terminsbestimmung den damals bekannten Beteiligten ordnungsmäßig bis längstens 5. Nov. 28 zugestellt worden ist).

2. Sodann wurden die den Versteigerungsgegenstand betreffenden **Nachweisungen**, nämlich die begl. Abschrift des Grundbuchblatts vom 28. Sept. 28 u. die übrigen Mitteilungen des Grundbuchamts, der Grundsteuerkatasterauszug, die Mitteilungen des Finanzamts bzw. der Deutschen Rentenbank, der Bank f. deutsche Industrieobligationen, der Bayer. Siedlungs- u. Landbank, der Aufwertungsstelle, der Brandversicherungskammer, die vom Hypothekgläubiger Meier eingereichte Abschätzung, bekannt gemacht.

[Die Abschrift des Grundbuchblatts[1]) enthält folgende Eintragungen:

In Abt. II Nr. 1: Fahrtrecht der jeweiligen Eigentümer der PlNr. 5 StGde. Audorf an PlNr. 8.

" 2: Wohnungsrecht des Vorbesitzers Spät an PlNr. 9, im Gleichrang mit Abt. III Nr. 5.

" III " 1: 12000 *GM* (à $^1/_{2790}$ kg Feingold) Kapital des Kreditvereins Mühlheim, zu 4% verzinslich; Rangeinräumungsverzicht.

" 2: Austragsansprüche (alten Rechts) des Vorbesitzers Spät im (aufgewert.) Höchstbetrag zu 400 *GM*.

" 3: 6000 *RM* Kapital der Aktienbrauerei Mühlheim, zu 4% verzinslich; Rangeinräumungsverzicht bei Löschungsreife dieser u. der Vorhypotheken.

" 4: 1800 *RM* Kapital des Händlers Überall, zu 4% verzinslich; Gesamthypothek.

" 5: 3000 *RM* Kapital des Beschlagnahmegläubigers Meier, zu 4% verzinslich, im Gleichrang mit Abt. II Nr. 2.

" 6: 2700 *RM* Buchhyp. u. 100 *RM* Höchstbetragshyp. (neuen Rechts) für Zinsen u. Kosten des Privatiers Pfiffig, erstere zu 6% verzinslich, beide im Gleichrang.]

3. Des weiteren wurde den Erschienenen eröffnet, daß die Zwangsversteigerung **betrieben** wird a) auf Antrag des ..... wegen eines (allenfalls: hypothekarisch am Anwesen sicher gestellten) Anspruchs von ..... b) auf Antrag[2]) ..... wegen ....., ZVG.
u. daß die Beschlagnahme des Anwesens am ..... durch Eingang des Ersuchens um §§ 22, 27.
Eintragung des Versteigerungsvermerks beim Grundbuchamt u. darauf folgende Eintragung (allenfalls: durch Zustellung des Anordnungs- bzw. Beitrittsbeschlusses an den Schuldner am ....) wirksam geworden ist.

4. Mitgeteilt wurden folgende **Anmeldungen** u. Anzeigen:

a) der Gerichtskasse über ... *RM* (voraussichtl.) Kosten des Verfahrens;
b) des betreibenden Gläubigers Meier über 64 *RM* Verwaltungskosten;
c) des Altknechts Frühauf über 35 *RM* Lohnrückstand;
d) des Finanzamts Mühlheim über 120 *RM* Grund- u. Haussteuer, Umlagen;
e) des Kaminkehrers Schwarz über 43 *RM* Kaminkehrlöhne; AG.
f) des Hyp.-Gl. Pfiffig über 324 *RM* rückständige Zinsen für 2 Jahre; Art. 23, 24.
g) des Hyp.-Gl. Überall über Fälligkeit seines Hyp.-Kapitals zu 1800 *RM* wegen ZVG.
Verzögerung der Zinszahlung, sowie 36 *RM* rückständige Zinsen; §§ 45, 13, 54.

---

[1]) Nicht Bestandteil des Protokolls, hier nur des Beispiels halber beigefügt.
[2]) Hier ist angenommen, daß der Beitritt des HypGl. Überall wieder weggefallen ist.

ZVG. § 57. EG. § 9.

h) des Pächters Stark über den mit Schuldner hinsichtlich der Teichwiese PlNr. 18 geschlossenen Pachtvertrag;
i) des Wagners Hammer über Eigentumsvorbehalt hinsichtlich des neuen Lastwagens;
k) des Pfiffig über Pfändung der dem VollstrSchuldner an der Hyp. des Überall zustehenden Rechte;
l) des Gl. Meier über 27 *RM* weitere Kosten der dingl. Rechtsverfolgung;
m) des Hyp.-Gl. Lustig über Erwerb der in Abt. III Nr. 7 nach dem Versteigerungsvermerk eingetragenen Briefhyp. zu 1000 *RM*;

ZVG. §§ 55 Abs. 2, 65, 37 Nr. 5.

n) des Viehhändlers Kalb über Eigentumsvorbehalt hinsichtlich der im Anwesen befindlichen 2 Pferde, samt Einstellungsbeschluß des Amtsgerichts Mühlheim vom 18. ds. Mts.;
o) des Landwirtes Langsam über eine (dinglich nicht gesicherte) Darlehensforderung zu 300 *RM*.

Hiergegen wurde nichts erinnert. [Allenfalls: Gläubiger Meier verlangt Glaubhaftmachung von Frühauf u. Lustig. Ersterer legt Bescheinigung des Schuldners u. des Bürgermeisters von Audorf, Lustig den Hypothekenbrief vor.]

5. Es wurde hierauf folgender **Beschluß** verkündet:

Die dem Viehhändler Kalb gehörigen 2 Pferde werden von der Versteigerung ausgenommen. Der Eigentumsvorbehalt des Wagners Hammer bleibt unberücksichtigt, ebenso die Anmeldung des Gl. Langsam. [Die Anmeldungen des Frühauf u. Lustig werden zugelassen.]

6. Nunmehr wurde nach Anhörung der anwesenden Beteiligten zur **Feststellung des geringsten Gebots** u. der **Versteigerungsbedingungen** geschritten, nachdem trotz Anfrage weitere Angaben über nicht eingetragene Rechte oder über solche, die dem VollstrSchuldner als Eigentümer anderen Grundstücken gegenüber zustünden, sowie über Änderung des Beschriebs der Grundstücke nicht gemacht wurden.

[Als maßgebend für die Feststellung des geringsten Gebots wurde gemäß § 44 Abs. 2 ZVG. erachtet der Anspruch des Gl. M e i e r, hypothekarisch auf dem Versteigerungsgrundstück a n 5. S t e l l e sicher gestellt. Der Antrag des früheren, für die I. Hypothek angeblich persönlich forthaftenden Eigentümers Spät (der wegen der von ihm bezahlten rückständigen Zinsen für 1. Juli 28 zu 105 *RM* dem Verfahren beigetreten ist), die von ihm gemäß §§ 1164, 1176 BGB. erworbene Zinsenhypothek der Feststellung des g. Gebots zugrunde zu legen, wurde abgelehnt, da der von ihm erwirkte Beitrittsbeschluß nicht mehr innerhalb der Frist des § 44 Abs. 2 ZVG. zugestellt werden konnte.]

Geringstes Gebot.

I. Über die **bestehenbleibenden Rechte** siehe Versteigerungsbedingungen.

II. **Bar zu zahlen sind** nachstehende Ansprüche:

ZVG. §§ 47, 49, 109.

a)	Staatskasse,	an Kosten des Versteigerungsverfahrens, beiläufig	*RM*	200.—
b)	Notariat,	desgl.	*RM*	240.—
c)	Gl. Meier,	Verwaltungskosten, § 10 Nr. 1 ZVG.	*RM*	64.—
d)	Frühauf,	Liedlohn, § 10 Nr. 2	*RM*	35.—
e)	Finanzamt Mühlheim,	Steuern usw., § 10 Nr. 3	*RM*	120.—
	Schwarz,	Kaminkehrlöhne, Art. 23 AG.	*RM*	43.—
f)	Spät,	Zinsrückstand[a]) aus der I. Hyp. des Kreditvereins Mühlheim, § 10 Nr. 4, §§ 12, 13	*RM*	106,05
	Kreditverein Mühlheim,	laufender Zins[a]), § 47	*RM*	246,45
g)	Spät,	Altenteilsanspruch, laufender aus der Hyp. (a l t e n Rechtes) Nr. II, geschätzt gemäß §§ 46, 47 auf	*RM*	25.—
h)	Aktienbrauerei Mühlheim,	laufender Zins aus Hyp. Nr. III, § 47	*RM*	122.—
i)	Überall,	rückständiger u. laufender Zins aus Hyp. Nr. IV	*RM*	72.50
		Sa.	*RM*	1274.—

m. W. zwölfhundertvierundsiebzig *RM*.

[a]) Der Zinsrückstand beträgt 105 GM., der laufende Zins 244 GM. Der Londoner Preis an der Berliner Börse beträgt lt. Reichsanzeiger vom 19. Dez. 1928: 1 g Feingold = 32,7777 Pence = 2.810 RM. 1 kg also = 2810 RM. u. 1 GM. = $\frac{2810}{2790}$ RM. = 1,01 RM.; 105 GM. also = 106,05 RM. u. 244 GM. = 246.45 RM.

Versteigerungsbedingungen.

a) Bestehen bleiben folgende, als Teil des geringsten Gebots zu berücksichtigende Rechte und Ansprüche:

α) die Dienstbarkeit z. G. des Eigentümers der PlNr. 5 in Audorf, Abt. II Nr. 1, auf Grund des § 44 ZVG., gewertet gemäß § 51 Abs. 2 ZVG. auf 500 *RM*;

β) das Wohnungsrecht des Vorbesitzers Spät, gewertet auf 200 *RM*, Abt. II Nr. 2, dieses auf Grund des § 9 Abs. 1 EG.ZVG.;

γ) die Hypothek des Kreditvereins Mühlheim zu 12000 *GM* samt Rangeinräumungsverzicht, Abt. III Nr. 1; Wert[4]) gem. § 5 WertbestHypG.: 12120 *RM*;

δ) Altenteilshypothek (alten Rechtes) des Spät zu 400 *GM* Höchstwert, Abt. III Nr. 2; Wert[4]) gem. § 5 WertbestHypG.: 404 *RM*;

ε) die Hypothek der Aktienbrauerei Mühlheim zu 6000 *RM* samt Rangeinräumungsverzicht bei Löschungsreife derselben u. der vorgehenden Hypotheken, Abt. III Nr. 3;

ζ) die Gesamthypothek des Händlers überall zu 1800 *RM*, Abt. III Nr. 4.

b) Eine Erhöhung des Bargebots tritt ein:

α) Falls die Dienstbarkeit Abt. II Nr. 1 nicht besteht, hat der Ersteher außer dem Bargebot, weitere 500 *RM* bar zu zahlen, vom Zuschlag ab mit 4% zu verzinsen u. 3 Monate ab Kündigung an den nach § 125 ZG. Berechtigten zu entrichten; ZVG. §§ 50, 51.

β) wenn das Wohnungsrecht des Vorbesitzers Spät Abt. II Nr. 2 bis zur Verkündung des Zuschlags wegfällt, hat der Ersteher weitere 200 *RM* bar zu zahlen, diese mit 4% ab Zuschlag zu verzinsen u. die Summe 3 Monate ab Kündigung zu entrichten;

γ) das gleiche gilt bzgl. 400 *RM*, wenn das als Hypothek Abt. III Nr. 2 eingetragene Auszugsrecht des Spät zu 400 *RM* bis zur Verkündung des Zuschlags wegfällt; ÜG. z. BGB. Art. 48 Abs. 1, 3.

δ) wenn die Gesamthypothek des Händlers überall zu 1800 *RM* Abt. III Nr. 4, welche verbandweise auch auf dem früher schuldnerischen Anwesen HsNr. 13 in Audorf ruht, an dem Versteigerungsgegenstand nach den Vorschriften über die Gesamthypothek erlischt, hat der Ersteher noch 1800 *RM* bar zu leisten u. diese, als bereits fällig, mit den vertragsmäßigen 4% bis zur Zahlung zu verzinsen. ZVG. § 50 Abs. 2 Nr. 2.

c) Als besondere Versteigerungsbedingung wird festgestellt: §§ 59 ff.

α) auf Antrag des Gl. Meier, dessen Hypothek Abt. III Nr. 5 zu 3000 *RM* Gleichrang mit dem Wohnungsrechte des Spät in Abt. II Nr. 2 genießt, ist das Versteigerungsgrundstück mit u. ohne Übernahme des Wohnungsrechtes auszubieten; Gebote unter der Bedingung des Erlöschens des Wohnungsrechtes sind jedoch nur zulässig, wenn die Hypothek des Meier bei Übernahme der bezeichneten Last eine Beeinträchtigung erfährt; EG. § 9. AG. Art. 27

β) auf Antrag des Pächters Stark wird bestimmt, daß das Versteigerungsgrundstück mit u. ohne das dem Ersteher in § 57a ZVG. eingeräumte Kündigungsrecht gegenüber dem Pächter Stark auszubieten u. der Zuschlag dem unter der Bedingung des Wegfalls des Kündigungsrechts abgegebenen Gebote nur zu erteilen ist, falls der etwa hierdurch gegenüber dem anderen Gebote beeinträchtigte Beteiligte (einschließlich des Schuldners) zustimmt; ZVG. § 57a.

γ) auf Antrag des beteiligten Kaufmanns Pfiffig wird bestimmt, daß der das geringste Gebot übersteigende Betrag des Meistgebots erst nach vier Monaten ab Zuschlagsverkündung zu bezahlen u. von letzterer an mit 4% zu verzinsen ist; § 60.

δ) die angeblich dem Viehhändler Kalb gehörigen, beim Anwesen befindlichen 2 Pferde werden nicht mitversteigert.

d) Im übrigen gelten die gesetzlichen Versteigerungsbedingungen. §§ 49 ff., 52–56.

[Darunter insbesondere die Verpflichtung des Erstehers zur Verzinsung des durch Zahlung zu berichtigenden Betrags des Meistgebots mit 4% ab Zuschlagsverkündung u. zur Tragung der Kosten des Zuschlagsbeschlusses. § 58.

[4]) Feststellung des Kurswertes der Feingoldmark s. Fußn. 3.

Die Beteiligten werden darauf hingewiesen, daß nur Bargebote (zum Mindestbetrag von 1274 *RM*) zulässig sind und ziffernmäßig die bestehenbleibenden Rechte nicht enthalten dürfen.]

ZVG. 7. Die zu Nr. 6 erfolgten Feststellungen wurden verlesen und hierauf auf die be-
§ 66. vorstehende Ausschließung weiterer Anmeldungen hingewiesen. Weitere Anmeldungen erfolgten nicht.

Sodann **forderte der Versteigerungsbeamte um 10 Uhr 50 Minuten zur Abgabe von Geboten auf.**

Es boten nunmehr (nach Abgabe mehrerer gegenstandslos gewordener Gebote):	Übernahme des Wohnungsrechts		Gesetzliches Kündigungsrecht des Erstehers	
	mit	ohne	mit	ohne
	RM	*RM*	*RM*	*RM*
a) Der Gastwirt Xaver Lang in M. . . . . . Das Gebot wurde zugelassen.	3800	—	—	3800
b) Der Brauereibesitzer Karl Dick in N. . . . . Dieses Gebot wurde gleichfalls zugelassen.	4000	—	4000	—
c) Der Landwirt Hans Langsam in U. . . . . . Der Hyp.-Gl. Pfiffig verlangte Sicherheit §§ 67, 70. von diesem Bieter, da seine Hypothek zu 2700 *RM* Abt. III Nr. 6 durch dieses Gebot teilweise Befriedigung zu erwarten habe. Die Sicherheit wurde nicht für erforderlich erklärt (da Antragsteller durch das Gebot nicht gedeckt[5]), seine Bestreitung eines der vorgehenden Rechte aber hier unbeachtlich ist). Der Gl. Pfiffig widersprach sofort der Zulassung dieses Gebotes ohne Sicherheitsleistung.	—	4700	—	4700
d) Hierauf bot der Hyp.-Gl. Pfiffig seinerseits . . Der Gl. Meier verlangte Sicherheits- § 68. leistung, welche in Höhe von 450 *RM* für erforderlich erklärt wurde. Pfiffig war bereit, § 72. 300 *RM* zu hinterlegen, womit Meier jedoch nicht einverstanden war. Es wurde deshalb das Gebot des Pfiffig durch sofort verkündeten Beschluß zurückgewiesen. Pfiffig widersprach sofort der Zurückweisung seines Gebotes.	4500	—	4500	—
e) Endlich bot der Landwirt Langsam . . . . . Der Gl. Meier verlangte Sicherheitsleistung, welche in Höhe von 475 *RM* für erforderlich erklärt wurde. Langsam leistete Sicherheit durch Übergabe eines 4%-Pfandbriefs der südd. Grundschuldbank über 500 *RM* (Kurswert 490 *RM*).	—	4750	4750	—

8. Der Aufforderung des Versteigerungsbeamten ungeachtet, wurde ein Gebot nicht mehr abgegeben. Das letzte Gebot wurde durch dreimaligen Aufruf verkündet. So-
§ 73. dann wurde um 12 Uhr 5 Minuten (also nachdem mehr als eine Stunde seit der Aufforderung zur Abgabe von Geboten verflossen war) der **Schluß der Versteigerung** verkündet.

---

[5]) Denn es gehen ihm vor:
1274 RM. bares Mindestangebot
+ 200 „ für Wohnungsrecht (im Gleichrange mit Hyp.-Abt. III Nr. 5)
+ 3000 „ Kapital } Hyp.-Abt. III Nr. 5 des Gl. Meier
+ 315 „ Zinsen und Kosten }
Sa. 4789 RM.

9. Den anwesenden Beteiligten wurde Gelegenheit gegeben, sich über den Zuschlag zu äußern. Der Landwirt Langsam erklärte hierzu, daß er für den anwesenden Güterhändler Michael Reich dahier geboten habe, welcher seine Zustimmung zu dieser Erklärung abgab. ZVG. §§ 74, 81.

Die beiden letzteren Personen sind mir, dem Notar, persönlich und als verfügungsfähig bekannt. Reich lebt in gesetzl. Güterstande.

10. Nunmehr wurde folgender

Zuschlagsbeschluß

verkündet: §§ 87, 89

Das dem Verfahren zum Zwecke der Zwangsversteigerung unterstellte, im Grundbuch .... auf den Namen .... eingetragene Anwesen HsNr. 4 in Audorf, bestehend aus ...., wird, nachdem im heutigen Versteigerungstermine der Landwirt Hans Langsam in U. Meistbietender geblieben, dieser aber erklärt hat, daß er für den Güterhändler Michael Reich hier geboten habe, und nachdem des letzteren Zustimmung hierzu mündlich zu gegenwärtigem Protokoll erklärt wurde, dem vorgenannten Reich für den durch Zahlung zu berichtigenden Betrag von 4750 RM — m. W. .... — und unter folgenden Bedingungen zugeschlagen: § 82.

a) Der das geringste Gebot übersteigende Teil des Meistgebots zu 3476 RM ist vier Monate ab heute zahlbar und bis dahin mit 4% zu verzinsen;
b) bestehen bleiben die Dienstbarkeit in Abt. II Nr. 1 und die Hypotheken in Abt. III Nr. 1—4;
c) das Wohnungsrecht des Spät in Abt. II Nr. 2 erlischt;
d) der Ersteher ist verpflichtet, wenn die Dienstbarkeit Abt. II Nr. 1 nicht besteht, noch weitere 500 RM zu zahlen; ferner falls die Hypothek des Spät (Altenteil) Abt. III Nr. 2 noch vor Verkündung dieses Beschlusses weggefallen ist, noch weitere 400 RM zu leisten, diese beiden Summen mit 4% von heute an zu verzinsen und je drei Monate ab Kündigung zu entrichten;
e) der Ersteher ist verpflichtet, falls die Gesamthypothek Abt. III Nr. 4 des Händlers überall zu 1800 RM an dem Versteigerungsgrundstück nach den Vorschriften über die Gesamthypothek erlischt, weitere 1800 RM zu leisten und als fällig mit 4% bis zur Zahlung zu verzinsen;
f) vom Zuschlag ausgenommen sind die beim Anwesen befindlichen, angeblich dem Viehhändler Kalb gehörigen 2 Pferde;
g) im übrigen gelten die gesetzlichen Versteigerungsbedingungen[6]).

Der Meistbietende Hans Langsam, Landwirt in U., wird für mithaftend erklärt.

Gründe:

Das Gebot des Langsam zu 4750 RM erschien als das Meistgebot.

Denn es war zu berücksichtigen, daß im Falle der Nichtübernahme des Wohnungsrechtes für dieses gemäß §§ 92 Abs. 2, 121 ZVG. im Gleichrange mit dem Rechte des an 5. Stelle stehenden Hyp.-Gl. Meier ein Ersatzbetrag von 200 RM aus dem Meistgebote zu decken ist. Das Gebot des Hyp.-Gl. Pfiffig zu 4500 RM unter Aufrechterhaltung des Wohnungsrechtes, welches Gebot gemäß § 72 Abs. 2 ZVG. wirksam geblieben ist, stellt nur einen Wert von 4700 RM dar.

Es deckt aber auch anderseits nicht die Hypothek des Meier (welche 3000 RM Hauptsache, 251 RM gemäß §§ 10 Nr. 4, 47 ZVG. im Range des Rechtes zu berücksichtigende Zinsen vom 1. Dezember 26 bis 3. Januar 29 und 37 RM frühere, 27 RM weitere Vollstreckungskosten, also 3315 RM beträgt, daher erst bei einem Gebote von (3315 + 1274 =) 4589 RM mit Wohnungsrecht volle Befriedigung gefunden hätte),

---

[6]) Zuschlagskosten nach § 58 ZVG. aus:

Bargebot:	4750 RM.
Bestehen bleibende Rechte:	500 „
	12120 „
	404 „
	6000 „
	1800 „
Sa.	25574 RM.
Hieraus 3% GErwSt.:	763.5 RM.
ca. 2% gemeindl. Zuschlag:	509 „
NotGeb. f. VerstProt. (Art. 23, 52, I, 3 NotGebO.):	271.60 „
Stempel (StGes. Tarifst. 28):	2.— „
Auslagen (Art. 85 NotGebO.), angenommen:	1.— „
Pauschsatz (Art. 86 NotGebO.):	13.60 „

weshalb entsprechend den festgesetzten Versteigerungsbedingungen (oben Nr. 6 c α) das höhere Gebot zu 4750 *RM* unter der Bedingung des Erlöschens des Wohnungsrechtes zugelassen werden mußte.

Die gleichen Gesichtspunkte waren ausschlaggebend bei Vergleichung des unter der Bedingung des Wegfalls des gesetzlichen Kündigungsrechtes des Erstehers abgegebenen Gebots zu 4700 *RM* mit dem entgegengesetzten zu 4750 *RM*, nachdem weder Gl. Meier
ZPO. §§ 162, 163. noch der Schuldner hierzu eine Erklärung abgegeben haben (vgl. oben Nr. 6 c β).

Vorgelesen und genehmigt.

Notariat M.

R.

ZVG. §§ 93, 132. [Vollstreckungsklausel:

Ausfertigung vorstehenden Zuschlagsbeschlusses wird dem Rentner Friedrich Meier in Hallstadt zum Zwecke der Zwangsvollstreckung wegen des ihm nach dem Verteilungsprotokolle vom .... zustehenden Bargebots-Rückstandes in Höhe von .... (m. W.) nebst 4% Zinsen aus .... vom .... (Verteilungstermin) ab gegen Ersteher R und Meistbietenden L als Gesamtschuldner erteilt.

Mühlheim ......

Notariat M.

R.]

M., 20. Dez. 28.

§ 88. **11.** Verfügung: 1. Der Zuschlagsbeschluß ist in Ausfertigung zuzustellen an
a) Ersteher Reich u. Meistbietenden Langsam
b) die nicht anwesenden Beteiligten ....

2. WV. der Akten samt Zustellungsnachweisen am 6. Jan. 29, da Ersteher innerhalb 2 Wochen Antrag nach § 144 ZVG. stellen will.

Notariat M.

R.

B. Für Gruppen- und Gesamtversteigerung.

a) Nach § 63 ZVG.

[Zur Versteigerung sollen kommen die in einem Verfahren beschlagnahmten Grundstücke:

I belastet mit:

1. 3600 *RM* des A.
2. 3000 *RM* des B, Gesamthyp. mit II u. III
3. 900 *RM* des C, „ „ II u. III
4. 600 *RM* des D,

II belastet mit:

1. 3000 *RM* des B, Gesamthyp. mit I u. III
2. 900 *RM* des C, „ „ I u. III
3. 2100 *RM* des E, „ „ III

III belastet mit:

1. 2100 *RM* des E, Gesamthyp. mit II
2. 600 *RM* des F,
3. 900 *RM* des C, „ „ I u. II
4. 3000 *RM* des B, „ „ I u. II.

Das Verfahren wird von C betrieben wegen 900 *RM* Hypothekforderung, 90 *RM* laufenden u. rückständigen Zinsen u. 25 *RM* Kosten.]

Versteigerungsprotokoll, wie IV A 1—3.

4. Mitgeteilt werden folgende Anmeldungen:

a) des rechnungsführenden Urkundsbeamten über 120 *RM* voraussichtliche Gerichtskosten, wozu noch 48 *RM* Notariatskosten für das Verfahren kommen.

b) des Finanzamts Mühlheim über 54 *RM* Grundsteuer u. Umlagen, treffend auf Grundstück I mit 30 *RM*, II mit 12 *RM* u. III mit 12 *RM*.

Ferner wurde bekannt gegeben die amtliche Schätzung vom 8. Dezember 1928, die für das Grundstück I einen Wert von 7200 *RM*, für II einen solchen von 4200 *RM* und für III einen solchen von 3000 *RM* ermittelt hat.

5. Nunmehr wurde .... (wie IV A 6).

Der Gläubiger C u. der Schuldner bestanden auf dem Einzelausgebot der Grundstücke; Gesamtgläubiger E beantragte, auch die Grundstücke II u. III zusammen auszubieten; der Gesamtgläubiger B beantragte endlich auch das Gesamtausgebot der drei Grundstücke [7]). ZVG. § 63 Abs. 5, Abs. 2.

Ein Antrag nach § 64 ZVG. wurde von keiner Seite gestellt.

Geringstes Gebot.

1. Über die **bestehen bleibenden Rechte** siehe Versteigerungsbedingungen.
2. **Bar zu zahlen** sind:

α) Einzelausgebot:

bei Grundstück I: 84 RM (= 12/24 der Kosten, nach dem Wertsverhältnis)
30 RM (Steuern u. Umlagen)
Sa. 114 RM

„ „ II: 49 RM (= 7/24 der Kosten)
12 RM (Steuern u. Umlagen)
Sa. 61 RM

„ „ III: 35 RM (= 5/24 der Kosten)
12 RM (Steuern u. Umlagen)
Sa. 47 RM.

β) Gruppenausgebot:

bei II u. III zusammen: 84 RM (7/24 + 5/24 Kosten)
24 RM (Steuern u. Umlagen)
Sa. 108 RM.

γ) Gesamtausgebot:

bei I, II u. III zusammen: 168 RM (Kosten)
54 RM (Steuern u. Umlagen)
Sa. 222 RM.

Versteigerungsbedingungen.

a) **Bestehen bleiben** folgende Rechte:

α) Einzelausgebot:

bei I: 3600 RM (Hyp. A)
3000 RM („ B)
Sa. 6600 RM

bei II: 3000 RM (Hyp. B)

bei III: 2100 RM (Hyp. E)
600 RM („ F)
Sa. 2700 RM.

β) Gruppenausgebot:

bei II u. III zusammen: 3000 RM (Hyp. B)
2100 RM („ E)
600 RM („ F)
Sa. 5700 RM.

γ) Gesamtausgebot:

bei I, II u. III zusammen: 3600 RM (Hyp. A)
3000 RM („ B)
2100 RM („ E)
600 RM („ F)
Sa. 9300 RM.

b) Beim Gruppenausgebote der Grundstücke II u. III, sowie beim Gesamtausgebote der Grundstücke I, II u. III **erhöht** sich das geringste Gebot zu RM 108 bzw. 222 um denjenigen bar zu zahlenden Betrag der beim Einzel- bzw. Gruppen- § 63 Abs. 4.

7) Die Gläubiger B u. E haben ein Interesse am Gesamt- bzw. Gruppenausgebot, da der eine bei III, der andere bei II mit seiner Hypothek auszufallen droht.

ausgebot über das Einzel- bzw. Gruppenmindestgebot hinaus geboten werden wird.

Der Zuschlag wird auf Grund des Gruppen- bzw. Gesamtausgebots nur erteilt, wenn das Gruppen- bzw. Gesamt-Meistgebot höher ist als das Gesamtergebnis der Einzel- bzw. Gruppenausgebote.

ZVG. § 50 Abs. 1 u. Abs. 2 Nr. 2. c) Eine weitere **Erhöhung** des Bargebots tritt ein, wenn u. soweit die bestehen bleibenden Gesamthypotheken nach den besonderen Vorschriften über die Gesamthypothek erlöschen:

1. beim Einzelausgebot der Grundstücke I u. II je um 3000 *RM*;
2. „ „ des Grundstücks III um 2100 *RM*;
3. beim Gruppenausgebot der Grundstücke II u. III zusammen um 3000 *RM*.

Diese 3000 *RM* sind verzinslich u. zahlbar wie die Hypothek des B, die 2100 *RM* wie die Hypothek des E.

d) Im **übrigen** haben je die gesetzlichen Versteigerungsbedingungen zu gelten.

§ 64. **6.** Die zu Nr. 5 erfolgten Feststellungen wurden verlesen u. die Erschienenen darauf hingewiesen, daß Anträge nach § 64 ZVG. nur bis zur Aufforderung zur Abgabe von Geboten gestellt werden könnten u. daß die Ausschließung weiterer Anmeldungen bevorstehe. Solche erfolgten nicht.

Sodann **forderte der Versteigerungsbeamte um 10 Uhr 50 Minuten zur Abgabe von Geboten auf,** nachdem er noch darauf aufmerksam gemacht hatte, daß nur Bargebote zulässig sind und die Beträge der bestehen bleibenden Ansprüche in den Geboten ziffernmäßig nicht zum Ausdruck kommen.

Zunächst wurde mit dem Einzelausgebot begonnen.

Für Grundstück I boten: BetreibGläubiger C: 114 *RM*
HypGläubiger D: **314** *RM*

Für Grundstück II boten: Gläubiger C: 61 *RM*
Der Kommissionär Schlau für den HypGläubiger F: 420 *RM*.

Da dieser Bieter öffentlich beglaubigte Vollmacht nicht vorzulegen vermochte, wurde sein Gebot durch sofort verkündeten Beschluß zurückgewiesen.

Sodann bot HypGläubiger E: 361 *RM*

Für Grundstück III bot lediglich Gläubiger C: 47 *RM*

Sodann wurde zum Gruppenausgebot geschritten.

Für die Grundstücke II u. III zusammen bot zunächst Gläubiger C: 108 *RM*.

Dieses Gebot wurde durch sofort verkündeten Beschluß zurückgewiesen, da hier das geringste zulässige Gebot 61 + 47 + 300 = 408 *RM* beträgt.

Nun bot hierfür der HypGläubiger E: . . . . . **409** *RM*

Endlich wurden die Grundstücke I, II u. III zusammen ausgeboten.

Hierfür bot der Gläubiger C: 410 *RM*.

Auch dieses Gebot wurde sofort zurückgewiesen, da das geringste zulässige Gebot hier 114 + 61 + 47 + 200 + 300 + 1 = 723 *RM* beträgt.

Gläubiger C widersprach sofort dieser Zurückweisung.

Nunmehr bot C auf das Grundstück II allein **570** *RM*.

Endlich bot der Müller Johann Weiß in Schönau auf die Grundstücke I, II, III zusammen: **2000** *RM*.

7. Der Aufforderung ungeachtet wurde ein Gebot nicht mehr gelegt. Die letzten Gebote der einzelnen Versteigerungsarten zu 314 *RM* bei I, 570 *RM* bei II, 47 *RM* bei III, 409 *RM* bei II u. III, 2000 *RM* bei I, II u. III wurden durch dreimaligen Aufruf verkündet. Sodann wurde um 12 Uhr 5 Minuten (nachdem also mehr als eine Stunde seit der Aufforderung zur Abgabe von Geboten verflossen war) der **Schluß der Versteigerung** verkündet.

8. Den anwesenden Beteiligten wurde Gelegenheit gegeben, sich über den Zuschlag zu äußern. Der Gläubiger C erklärte, daß er den Zuschlagsbeschluß anfechten werde.

Die Bieter sind mir, dem Notar, persönlich u. als geschäftsfähig bekannt.

9. Nunmehr wurde folgender **Zuschlagsbeschluß** verkündet:

Die dem Verfahren zum Zwecke der Zwangsversteigerung unterstellten, im Grundbuch . . . auf den Namen . . . eingetragenen Grundstücke . . . werden den Meistbietenden, und zwar:

Grundstück I dem D um den durch Barzahlung zu berichtigenden Betrag v. 314 RM — m. W.... —
„ II dem C um den „ „ „ „ „ „ 570 RM — m. W.... —
„ III dem C um den „ „ „ „ „ „ 47 RM — m. W.... —
unter folgenden **Bedingungen** zugeschlagen:

a) Bestehen bleiben:

bei Grundstück I: 6600 RM, nämlich die Hypothek des A u. B
„ „ II: 3000 RM, „ „ „ „ B
„ „ III: 2700 RM, „ „ „ „ E u. F.

b) Eine Erhöhung des Bargebots tritt ein, wenn u. soweit die Gesamthypotheken des B u. E nach den besonderen Vorschriften über die Gesamthypothek erlöschen, und zwar bei I u. II u. U. je um 3000 RM, bei III um 2100 RM. Diese 3000 RM u. 2100 RM allenfalls. Mehrbetrag sind verzinslich u. zahlbar, wie die Hypothek des B bzw. E.

c) Im übrigen gelten die gesetzlichen Versteigerungsbedingungen.

Gründe:

Der Zuschlag war gemäß § 63 Abs. 4 ZVG. den Einzelmeistgeboten zu erteilen.
Der Wert derselben beträgt nämlich:

bei I:	a) bar	314 RM
	b) bestehen bleibend	6600 RM
	Sa.	6914 RM
bei II:	a) bar	570 RM
	b) bestehen bleibend	3000 RM
	Sa.	3570 RM
bei III:	a) bar	47 RM
	b) bestehen bleib.	2700 RM
	Sa.	2747 RM

Gesamtergebnis der Einzelausgebote also	6914 RM
	3570 RM
	2747 RM
Sa.	13231 RM
der Einzelausgebote für II u. III:	3570 RM
	2747 RM
Sa.	6317 RM

während der Wert des Gruppenmeistgebots für II u. III beträgt:	a) bar	409 RM
	b) bestehen bleibend	5700 RM
	Sa.	6109 RM
u. der Wert des Gesamtmeistgebots für I, II u. III:	a) bar	2000 RM
	b) bestehen bleibend	9300 RM
	Sa.	11300 RM

Es ist also einerseits das Gruppenmeistgebot niedriger als das Gesamtergebnis der Einzelausgebote für II u. III, anderseits das Gesamtmeistgebot niedriger als das Gesamtergebnis der Einzelausgebote für I, II u. III.

Vorgelesen u. genehmigt.

Notariat M.
R.

10. Verfügung, siehe oben IV A Nr. 11.

[**Bei der Verteilung würden treffen bei I: 314—114 RM = 200 RM auf Gläubiger C,** ZVG. § 122.
bei II: 570— 61 RM = 509 RM „ „ C,
während bei III die Barmasse zu 47 RM von den Kosten, Steuern u. Umlagen aufgezehrt wird; außerdem ist wegen der Gesamthypothek des B zu 3000 RM u. des E zu 2100 RM eine bedingte Verteilung nach §§ 50, 125 ZVG. erforderlich.]

b) Nach § 64 ZVG.

Sachlage und **Versteigerungsprotokoll** wie IV B 1—5.

[Beantragt ist nach Nr. 5 sowohl Einzel- wie Gruppen- u. Gesamtausgebot.]

Der HypGläubiger D verlangte des weiteren auch das Ausgebot der Gruppe I u. II. Der Schuldner beantragte seinerseits, die dem Anspruche des Gläubigers C vorgehende Gesamthypothek des B zu 3000 *RM*[8]) gemäß § 64 ZVG. nur zu den dem Wertverhältnis entsprechenden Teilbeträgen zu berücksichtigen.

Der GesamthypGläubiger B gab hierauf keine Erklärung ab.

ZVG. § 64 Abs. 1. Bei Grundstück I beträgt der Wert nach Abzug der der Gesamthypothek B vorgehenden u. bestehen bleibenden Hypothek A: 3600 *RM*, bei II: 4200 *RM*. Bei I ist daher die Gesamthypothek B zu 3000 *RM* nur zu berücksichtigen zum Teilbetrag von (3600 : 7800 = x : 3000; x =) 1384 *RM* 62 *Rpf*, bei II zum Teilbetrag von (4200 : 7800 = x : 3000; x =) 1615 *RM* 38 *Rpf*. Es wird daher festgestellt:

Geringstes Gebot.

1. Über die **bestehen bleibenden Rechte** siehe Versteigerungsbedingungen.
2. **Bar zu zahlen** sind — vgl oben VI B Nr. 5 — folgende Ansprüche:

α) Einzelausgebot:

bei Grundstück I: 84 *RM* (= 12/24 der Kosten)
30 *RM* (Steuern usw.)
Sa. 114 *RM*

bei II: 49 *RM* (= 7/24 der Kosten)
12 *RM* (Steuern usw.)
Sa. 61 *RM*

bei III: 35 *RM* (= 5/24 der Kosten)
12 *RM* (Steuern usw)
Sa. 47 *RM*.

β) Gruppenausgebot:

bei I u. II zusammen: 133 *RM* (= 12/24 + 7/24 Kosten)
42 *RM* (Steuern usw)
Sa. 175 *RM*

bei II u III zusammen: 84 *RM* (= 7/24 + 5/24 der Kosten)
24 *RM* (Steuern usw.)
Sa. 108 *RM*.

γ) Gesamtausgebot:

bei I, II u. III zusammen: 168 *RM* (Kosten)
54 *RM* (Steuern usw.)
Sa. 222 *RM*.

Versteigerungsbedingungen.

a) **Bestehen bleiben** folgende Rechte:

α) beim Einzelausgebot:

bei Grundstück I: 3600 *RM* (A)
1384 *RM* 62 *Rpf* (Teil der Gesamthyp. B)
Sa. 4984 *RM* 62 *Rpf*

bei II: 1615 *RM* 38 *Rpf* (Teil der Gesamthyp. B)

bei III: 2100 *RM* (E)
600 *RM* (F)
Sa. 2700 *RM*.

β) beim Gruppenausgebot:

bei I u. II zusammen: 3600 *RM* (A)
3000 *RM* (Gesamthyp. B)
Sa. 6600 *RM*

bei II u. III zusammen: 1615 *RM* 38 *Rpf* (Teil der auf II treffenden Gesamthyp. B)
2100 *RM* (E)
600 *RM* (F)
Sa. 4315 *RM* 38 *Rpf*

γ) beim Gesamtausgebot:

bei I, II u. III zusammen: 3600 *RM* (A)
3000 *RM* (B)
2100 *RM* (E)
600 *RM* (F)
Sa. 9300 *RM*.

[8]) Die Gesamthyp. des E zu 2100 RM. geht nur bei einem Grundstück dem C vor; sie kann daher nicht nach § 64 Abs. 1 ZVG. geteilt werden. Die Gesamthyp. des B wiederum geht nur bei I u. II dem C vor, kann also auch nur bei I u. II geteilt werden.

b) Beim Gruppenausgebot der Grundstücke I u. II, sowie II u. III u. beim Gesamtausgebot der Grundstücke I, II u. III **erhöht** sich das geringste Gebot zu 175 bzw. 108 bzw. 222 *RM* um denjenigen bar zu zahlenden Betrag, welcher beim Einzel- bzw. Gruppenausgebot über das Einzel- bzw. Gruppenmindestgebot hinaus geboten werden wird. ZVG. § 63 Abs. 4.

Der Zuschlag wird auf Grund des Gruppen- bzw. Gesamtausgebots nur erteilt, wenn das Gruppen- bzw. Gesamtmeistgebot höher ist als das Gesamtergebnis der Einzel- bzw. Gruppenausgebote.

c) Eine weitere **Erhöhung des Bargebots** tritt ein, wenn u. soweit die bestehen bleibenden Gesamthyp. B u. E nach den besonderen Vorschriften über die Gesamthyp. erlöschen, u. zwar § 50 Abs. 1 u. Abs. 2 Nr. 2.

1. beim Einzelausgebot der Grundstücke I u. II je um 3000 *RM*,
2. „ „ des Grundstücks III um 2100 *RM*.

Diese 3000 u. 2100 *RM* sind verzinslich und zahlbar, wie die Hyp. des B bzw. des E.

d) Im **übrigen** gelten je die gesetzlichen Versteigerungsbedingungen.

6. Die zu Nr. 5 erfolgten Feststellungen wurden verlesen und hierauf auf die bevorstehende Ausschließung weiterer Anmeldungen hingewiesen. Solche erfolgen nicht.

Sodann **forderte der Versteigerungsbeamte um 10 Uhr 50 Minuten zur Abgabe von Geboten auf,** nachdem darauf aufmerksam gemacht war, daß nur die bar zu zahlende Summe geboten werden darf.

a) Zunächst wurde mit dem Einzelausgebot begonnen.

Für Grundstück I boten: der Gläubiger C: 114 *RM*
B: 314 *RM*
D: **814** *RM*

Für Grundstück II boten: der Gläubiger C: 61 *RM*
E: **761** *RM*

Für Grundstück III wurde ein Gebot **nicht** gelegt.

b) Für die Gruppe I u. II bot: der Gläubiger C: 175 *RM*

Dieses Gebot wurde durch sofort verkündeten Beschluß zurückgewiesen, da hier das geringste zulässige Gebot 114 + 61 + 700 + 700 = 1575 *RM* beträgt.

Nunmehr bot hier der Gläubiger E: **1575** *RM*

Für die Gruppe II u. III bot lediglich der Gläubiger C: **808** *RM*

c) Nunmehr wurde das Gesamtausgebot vorgenommen:

Für die Grundstücke I, II u. III zusammen bot der Gläubiger C: **1622** *RM* (= geringstes Gebot, nämlich 222 + 700 + 700).

[Vergleicht man das bisherige Ergebnis der Versteigerung, so findet man:

α) Gesamtergebnis der Einzelausgebote:

bei I:	**bar**	814 *RM*	
	bestehen bleib.	4984 *RM* 62 ₰	(A u. Teil der Gesamthyp. B)
bei II:	**bar**	761 *RM*	
	bestehen bleib.	1615 *RM* 38 ₰	(Teil der Gesamthyp. B)
bei III:		—	
	Sa.	**8175** *RM*.	

β) Gesamtergebnis der Einzel- u. Gruppenausgebote:

I u. II zusammen:	**bar**	1575 *RM*	
	bestehen bleib.	6600 *RM*	(A u. B)
III	:	—	
	Sa.	**8175** *RM*.	

II u. III zusammen:	**bar**	808 *RM*	
	bestehen bleib.	4315 *RM* 38 ₰	(E u. F u Teil der Gesamthyp. B)
I	: **bar**	814 *RM*	
	bestehen bleib	4984 *RM* 62 ₰	(A und Teil der Gesamthyp. B)
	Sa.	**10922** *RM* — ₰	

γ) Gesamtmeistgebot:

bar	1622 *RM*	
bestehen bleib.	9300 *RM*	(A, B, E, F).
Sa.	**10922** *RM*	

Der Zuschlag wäre also gemäß § 63 Abs. 4 dem Gruppenmeistgebot für II, III zu 808 RM u. dem Einzelmeistgebot für I zu 814 RM zu erteilen, da das Gesamtmeistgebot nicht höher ist als das Gesamtergebnis der Gruppenausgebote.]

Nunmehr stellte der GesamthypGläubiger B Antrag nach § 64 Abs. 2 ZVG., der als noch zulässig erachtet wurde.

ZVG. § 64 Abs. 2 Infolgedessen wurden die Grundstücke I u. II unter der weiteren Versteigerungsbedingung aufgeworfen, daß im geringsten Gebote jeweils nur die seinem (des B) Anspruche vorgehenden Rechte berücksichtigt werden, d. h. daß bei I bestehen bleiben: 3600 RM des A, bei II: 0. (Bei Grundstück III ist die Hyp. des B nicht geteilt, weil sie hier dem betreibenden Gläubiger nachsteht).

Hierauf wurden geboten:

bei I	von C:	114 RM
	von B:	115 RM
	von D:	**2514** RM
bei II	von C:	61 RM
	von B:	62 RM
	von C:	1700 RM
	von E:	**2161** RM.

Endlich bot noch C für das Grundstück III (für welches bisher ein Einzelgebot nicht abgegeben war): **47** RM.

7. Der Aufforderung ungeachtet wurde ein Gebot nicht mehr abgegeben. Die letzten Gebote der einzelnen Versteigerungsarten zu 814 RM bei I, 761 RM bei II, 47 RM bei III, 1575 RM bei I u. II, 808 RM bei II u. III, 1622 RM bei I, II u. III, endlich die unter der weiteren Bedingung nach § 64 Abs. 2 ZVG. gebotenen 2514 RM u. 2161 RM für I bzw. II wurden durch dreimaligen Aufruf verkündet.

§ 73. Sodann wurde um 12 Uhr 50 Minuten (nachdem also mehr als 1 Stunde seit der Aufforderung zur Abgabe von Geboten abgelaufen war) der **Schluß der Versteigerung** verkündet.

§ 64 Abs. 2. **8.** Der GesamthypGläubiger B wurde aufgefordert, sich darüber zu erklären, ob das Ausgebot nach § 64 Abs. 1 oder Abs. 2 für die Erteilung des Zuschlags maßgebend sein soll. Er erklärte sich hierauf für das Ausgebot nach § 64 Abs. 2.

§ 74. Die anwesenden Beteiligten wurden zur Äußerung über den Zuschlag veranlaßt. Weitere Erklärungen wurden nicht abgegeben.

Die Bieter sind sämtlich dem Notar persönlich u. als geschäftsfähig bekannt.

9. Nunmehr wurde folgender

Zuschlagsbeschluß

verkündet:

Die dem Verfahren der Zwangsversteigerung unterstellten, im Grundbuch .... auf den Namen .... eingetragenen Grundstücke I, II u. III werden den Meistbietenden u. zwar

Grundstück I dem D um den durch Barzahlung zu berichtigend. Betrag v. 2514 RM — m. W.... —
" II " E " " " " " " " " 2161 RM — m. W.... —
" III " C " " " " " " " " 47 RM — m. W.... —

unter folgenden Bedingungen zugeschlagen:

a) **Bestehen bleiben: bei I: 3600 RM Hyp. des A**
bei III: 2100 RM " " E
600 RM " " F

b) Eine Erhöhung des Bargebots bei III zu 47 RM tritt ein, wenn u. soweit die Gesamthyp. des E zu 2100 RM am Grundstück III nach den besonderen Vorschriften über die Gesamthyp. erlischt. Der allenfalls. Mehrbetrag ist verzinslich u. zahlbar wie die Hyp. des E.

c) Im übrigen gelten die gesetzlichen Versteigerungsbedingungen.

Gründe:

Bei der Versteigerung der Grundstücke auf Grund des nach § 63 mit § 64 Abs. 1 ZVG. vorgenommenen Ausgebots wäre der Zuschlag dem Gruppenmeistgebot für II u. III zu 808 RM u. dem Einzelmeistgebot für I zu 814 RM zu erteilen (siehe die Vergleichung der Gebote Nr. 6 c α—γ oben). Hierbei würde aber die Gesamthyp. des B bei Grundstück I u. II nur zum Teilbetrage von 1384 RM 62 ₰ bzw. 1615 RM 38 ₰ berücksichtigt werden. Der Wahl des B entsprechend muß daher das Ausgebot nach § 64 Abs. 2 als maßgebend für den Zuschlag erachtet werden, nachdem sein Ergebnis auch die Hyp. des B deckt (§ 83 Nr. 3 ZVG.). Dem Gesamtmeistgebote zu 1622 RM konnte der Zuschlag nicht erteilt werden, da es dem Werte (= 10 922 RM) nach weder höher war, als das Gesamtergebnis der Einzel- u. Gruppenausgebote, noch als das Gesamtergebnis des nach § 64 Abs. 2 ZVG. vorgenommenen Ausgebots, das (2514 + 2161 + 47 + 3600 + 2700 =) 11 022 RM beträgt.

Vorgelesen u. genehmigt.
Notariat M.
R.

10. Verfügung, siehe oben IV A Nr. 11.

[Bei der Verteilung nach § 122 ZVG. wären zu decken:

bei I:	114 RM	Kosten u Steuern
	1600 RM	Hyp.-Teil des B (Verhältnis: 2400 : 2100)
	541 RM 34 ₰	(Teil der BeschlagnForderung des C zu 1015 RM)
	258 RM 66 ₰	(treffen auf D)
	Sa. 2514 RM — ₰	
bei II:	61 RM	Kosten u. Steuern
	1400 RM	Hyp.-Teil des B
	473 RM 66 ₰	(Teil der BeschlagnForderung des C zu 1015 RM)
	226 RM 34 ₰	(treffen auf E)
	Sa. 2161 RM — ₰	

bei III: 47 RM Kosten u. Steuern; hier ist jedoch wegen der Gesamthyp. des E zu 2100 RM wieder eine bedingte Verteilung nach §§ 50, 125 ZVG. vorzunehmen].

V. Verteilung des Erlöses durch das Notariat.

A. Einzelversteigerung.

(Vgl. Beispiel IV A).

[Angenommen, daß eine Verteilung nach § 144 ZVG. (vgl. unten VII) nicht versucht wurde.]

M., 4. Januar 1929.

1. Bestimmung des Verteilungstermins[1]).

Im Verfahren zum Zwecke der Zwangsversteigerung des im Grundbuch für . . . auf den Namen . . . eingetragenen Anwesens HsNr. 4 in Audorf wird Termin zur Verteilung des Versteigerungserlöses vor dem Notariat M. bestimmt auf ZVG. § 105.

Dienstag, 24. Januar 1929, vorm. 10 Uhr.

Die Berechnung der Ansprüche ist tunlichst schon vor dem Termine beim Notariat M. einzureichen. §§ 117, 126.

Eine Auszahlung erfolgt nur bei gehöriger Nachweisung der Berechtigung, weshalb die hierzu erforderlichen Urkunden (Hypothekenbriefe, Abtretungserklärungen, Geldempfangsvollmachten, Erbscheine u. dgl.) vorzulegen sind.

Wird die Auszahlung eines Betrages an einen im Verteilungstermine nicht erschienenen oder nicht ausgewiesenen Berechtigten angeordnet, so erfolgt Übersendung des Betrages an ihn durch die Post auf seine Gefahr u. seine Kosten. AG. Art. 32.

[Allenfalls. Zusatz: Zur Aufklärung, Herbeiführung einer Einigung bezügl. des Rechtes des . . ., Vereinfachung des Teilungsgeschäftes ist das Erscheinen des . . . dringend erwünscht. Oder: Zur Vorbereitung des VerteilVerfahrens werden die Beteiligten aufgefordert, binnen 2 Wochen eine Berechnung ihrer Ansprüche einzureichen. Nach Ablauf dieser Frist wird der Teilungsplan angefertigt u. spätestens am . . . . zur Einsicht der Beteiligten auf der Amtsstube des Notariats niedergelegt werden. Die endgültige Aufstellung des Teilungsplans erfolgt im Termine; Ansprüche, deren ZVG. § 106.

[1]) Auch für die Fälle der §§ 139, 144 ZVG. nach entsprechender Änderung zu verwenden.

Betrag oder Höchstbetrag zur Zeit der Eintragung des Versteigerungsvermerks aus dem Grundbuch ersichtlich war, werden nach dem Inhalt des Grundbuchs, im übr. nur dann in den Teilungsplan aufgenommen ... (s. § 114 ZVG.)].

Notariat M.
R.

Verfügung a) Ausfertigung der Terminsbestimmung ist an die Gerichtstafel anzuheften und
b) zuzustellen an die Beteiligten (auch an diejenigen, welche nunmehr Rechte angemeldet haben), Ersteher und Meistbietenden, nämlich .....;
c) Kostenberechnung;
d) WV. am 10. Jan. 29 wg. § 105 Abs. 4, sodann zum Termin.

2. Terminsprotokoll. M., 24. Januar 1929.

ZVG. §§ 107 ff. Zu dem auf heute anberaumten Verteilungstermin im Verfahren, betr. die Zwangsversteigerung des im Grundbuch .... auf den Namen des .... eingetragenen Anwesens HsNr. 4 in Audorf, sind bei Aufruf der Sache erschienen: ....

[Der gem. § 106 ZVG. zur Vorbereitung des Verteil.Verfahrens entworfene Teilungsplan[2]) war am 10. 1. 29. auf der Amtsstube des Notariats zur Einsicht der Beteiligten niedergelegt worden.]

I. Bestehen gebliebene Rechte.

Auf Grund Zuschlagbeschlusses vom 20. Dez. 28 (s. **oben IV A 10**) sind bestehen geblieben: die Dienstbarkeit Abt. II Nr. 1,
die Hypotheken Abt. III Nr. 1, 3 u. 4 zu 12000 RM, 6000 RM u. 1800 RM.

II. Feststellung der **Teilungsmasse.**

Als solche kommt auf Grund Zuschlagsbeschlusses vom 20. Dez. 28 in Betracht:

a) das Bargebot zu	RM	4750.—
b) 4% Zinsen aus 1274 RM gemäß § 49 Abs. 2, 3 ZVG. ab 20. Dezember 1928 (einschließlich) bis 31. Dez. 1928 [da laut vorgelegter Hinterlegungserklärung der Ersteher das bare Mindestgebot samt 4% Zinsen hieraus an diesem Tage hinterlegt hat]	„	1.35
c) 2% Hinterlegungs-Zinsen aus 1274 RM v. 1. Jan. bis 24. Jan. 1929 laut Erklärung der Hinterlegungsstelle	„	1.85
d) 4% Zinsen aus 3476 RM vom 20. Dezbr. 1928 (einschließlich) bis 24. Jan. 1929 (ausschließlich)	„	13.50
e) der Ersatzbetrag für das, laut vom Hyp.-Gl. Pfiffig übergebener Sterbeurkunde vor der Zuschlagsverkündung weggefallene Altenteilsrecht des Spät zu	„	400.—
f) 4% Zinsen hieraus vom 20. Dezbr. 1928 (einschließlich) bis 24. Jan. 1929 (ausschließlich)	„	1.30
	Sa. RM	5168.—

Hierzu wird bemerkt:

a) daß zur Verteilung heute zur Verfügung steht ein Betrag von	RM	1274.—
und Zinsen	„	1.35
	„	1.85
	Sa. RM	1277.20

b) daß der Rest laut Zuschlagsbeschluß befristet ist,
c) daß der Wegfall des Wohnungsrechts des Spät vor dem Zuschlag eine Erhöhung der Zahlungspflicht des Erstehers um deswillen nicht veranlaßt, weil dieser jene Last nach dem Versteigerungsergebnis nicht übernommen hat.

III. Feststellung der **Schuldenmasse.**

Auf Grund des Inhalts des GBuchs z. Zt. der Eintrag. des VerstVermerks bzw. der erfolgten Anmeldungen (s. **oben IV A 2. 4**) sind in Ansatz zu bringen:

---

[2]) Dieser Entwurf kann, wenn sich auf Grund der Verhandlung mit den Beteiligten wesentliche Änderungen nicht ergeben, dem Protokoll als Anlage beigefügt werden: es braucht dann nur das Ergebnis der Verhandlung, insbes. ein etwaiger Widerspruch festgestellt werden.

Nr.	Gläubiger	Forderung	Betrag RM	₰	ZVG. §§ 113, 114.
a)	α) Staatskasse	Kosten des Verfahrens[3])	188	20	
	β) Notariat	desgl. (angenommen)[4])	136	—	§ 109.
	γ) Meier Friedr.	Auslagenvorschuß[4])	30	—	
b)	Meier Friedrich	Gebühr aus Art. 8 BayKG. (für ZwVerw.) . . .	12	90	§ 10 Nr. 1.
		Verwaltungskosten	64	—	
c)	Frühauf	Lohnrückstand	35	—	§ 10 Nr. 2.
d)	Finanzamt M.	Grund- u. Haussteuer, nebst Umlagen (bis Zuschlag)	120	—	§§ 56, 47.
	Kaminkehrer	Kehrlöhne	43	—	§ 10 Nr. 3, AG. Art. 23.
e)	Spätsche Erben	Zinsrückstand } aus der bestehen bleib. Hyp. Abt. III Nr. 1 zu 12000 GM, nämlich 105 GM u. 230 GM; Wert[6]) in RM	106	05	ZVG. § 10 Nr. 4.
	Kreditverein Mühlheim	Lauf. Zinsen bis 20. Dez. 28 (ausschl. Zuschlag)[5]) }	232	30	Wertbest.-HypG. § 6.
f)	Spätsche Erben	Altenteilsanspruch, laufender bis Todestag, Abt. III Nr. 2	21	—	
g)	Aktienbrauerei Mühlheim	Laufende Zinsen aus Hyp. Abt. III Nr. 3 zu 6000 RM, die bestehen bleibt, bis 20. Dez. 28 (ausschließlich)	115	—	
h)	Händler Überall	Desgl. aus der bestehen bleib. Gesamthyp. Abt. III Nr. 4 zu 1800 RM, bis 20. Dez. 28 (ausschließlich)	70	—	
i)	Gl. Meier	Kosten der die Befriedigung aus dem G. bezweck. Rechtsverfolgung (s. auch unter b)	51	10	§ 12.
k)	Derselbe	4% Zinsen aus 3000 RM Hyp.-Ford. Abt. III Nr. 5 mit dem hier gemäß § 10 Nr. 4 anzusetzenden Teil aus der Zeit vom 1. Dezember 26 bis 24. Januar 29 (ausschließlich)	259	50	
l)	Derselbe	Hyp.-Ford. Abt. III Nr. 5 . . . . (Das mit i—l gleichrangige Wohnungsrecht des Spät ist erloschen durch den Tod des Berechtigten; ein Ansatz daher hier wegen §§ 114, 121 ZVG. nicht zulässig, da der Wegfall des Rechtes den Nachgläubigern unmittelbar zugute kommt).	3000	—	
m)	Pfiffig	6% Zinsen aus Hyp.-Ford. Abt. III Nr. 6 zu 2700 RM vom 1. Febr. 26 bis 24. Jan. 29 . .	484	—	
n)	Derselbe	Forderung aus Buchhyp. Abt. III Nr. 6	2700	-	
o)	Vollstr. Sch.	Eigentümergrundschuld Abt. III Nr. 6	100	—	
p)	Gl. Meier	Zinsrückstand aus Hyp. Abt. III Nr. 5 vom 1. Juni 25 bis 30. Novbr. 26	180	—	§ 10 Nr. 5.
q)	Lustig	Unverzinsl. Briefhyp. Abt. III Nr. 7 (dem Gl. Meier gegenüber unwirksam) zu	1000	—	§ 10 Nr. 6.
		Sa.	8948	05	

Weitere Forderungen sind nicht vorhanden, ebensowenig verspätete, gemäß §§ 37 Nr. 4, 110 ZVG. an letzter Stelle einzureihende Anmeldungen. § 10 Nr. 7 u. 8.

[3]) Sie sind zu berechnen aus: RM. 500 + 12 120 + 404 + 6000 + 1800 (bestehen bleib. Rechte bzw. Ersatzbeträge) + 4750 (Bargebot) = 25 574. Hieraus werden geschuldet $^{7}/_{10}$ der in Art. 9 I u. II BayKG. bez. Gebühr, von der hier jedoch $^{4}/_{10}$ der Gebühr des Art. 8 KG. für Anordnung und Beitritt (berechnet aus der Beschlagnahme- bzw. Beitrittsforderung) in Abzug kommen (§§ 109 I, 155 I ZVG.). Erstere beträgt also 210 RM., letztere 21,80 RM., Rest: 188,20 RM.

[4]) Notariatsgebühr gem. Art. 52 I 1 NotGebO.: . . . . . RM. 15.—
ferner $^{7}/_{10}$ gem. Art. 52 I 4 NotGebO.: . . . . „ 95.—
Bauschsatz gem. Art. 86 NotGebO.: . . . . „ 5.50
Auslagen gem. Art. 85 NotGebO. (angenommen): . . . . „ 30.50
Schreibgebühren gem. Art. 80 NotGebO. (angenommen): . „ 20.—
RM. 166.—

Weiter ist angenommen, daß vom Gläubiger Meier ein Auslagenvorschuß von 30 RM. eingefordert und bezahlt wurde (Art. 14 BayKG.).

[5]) Über den Endtermin der einzustellenden wiederkehrenden Leistungen s. §§ 47, 107, 155.

[6]) Londoner Preis an der Berliner Börse lt. Reichsanzeiger vom 23. Januar 1929: 1 g Feingold = 32,7736 Pence = 2,810 RM.; 1 kg also = 2810 RM. u. 1 GM. = $\frac{2810}{2790}$ RM. = 1.01 RM.

IV. Verteilung.

a) Die vorhandene Barmasse zu RM 1277.20 (vgl. II) wird zugeteilt auf die zu III a—i aufgeführten Forderungen zu RM 188.20 der Staatskasse usw. . . ., insgesamt RM 1224.55, der Rest zu RM 52.65 auf die Forderung des Meier zu III k zu RM 259.50 (die also hier mit RM 206.85 ausfällt), so daß

b) die Forderung gegen d. Ersteher in Ansehung des nicht berichtigten, 4 Monate ab Zuschlag zahlbaren, Bargebots zu 3476 RM nebst 4% Zinsen hieraus ab 24. Jan. 29 (einschließlich)
zunächst zuzuteilen ist
auf die Forderung des Meier zu III k mit Rest zu RM 206.85 (Ausfall bei a)
ferner " " " " " " III l " RM 3000.—
und " " " " Pfiffig " III m " Teil " RM 269.15
Sa. RM 3476.—
während

ZVG. § 125 Abs. 1. c) die Forderung gegen d. Ersteher in Ansehung des Ersatzbetrages für d. weggefallene Altenteilsrecht zu 400 RM nebst 4% Zinsen hieraus ab 24. Jan. 29, zahlbar 3 Monate ab Kündigung, zuzuteilen ist
auf die Forderung des Pfiffig zu III m mit noch RM 214.85 (Ausfall bei b)
ferner " " " " " " III n " " RM 185.15
Sa. RM 400.—

u. die Forderung gegen d. Ersteher auf Zahlung der bis 24. Jan. 29 erlaufenen Zinsen aus 3476 RM, fällig 4 Monate ab Zuschlag, sowie der gleichen Zinsen aus 400 RM, fällig 3 Monate ab Kündigung,
zuzuteilen ist auf die Forderung des Pfiffig zu III n mit weiteren RM 13.50 u.
" 1.30
Sa. RM 14.80.

§ 125 Abs. 2. § 128. d) Außer dieser unbedingten Zuteilung ist noch eine bedingte Verteilung gemäß § 125 Abs. 2 ZVG. (s. Zuschlagsbeschluß) vorzunehmen. Es wird deshalb die Forderung gegen den Ersteher zu 1800 RM nebst 4% Zinsen hieraus ab 20. Dez. 28, zahlbar für den Fall, daß die Hyp. des Händlers überall Abt. III Nr. 4 an dem Versteigerungsgrundstück nach Maßgabe der Vorschriften über die Gesamthypothek erlischt, zugeteilt auf die Forderung des Pfiffig zu III n mit weiteren 1800 RM. (Ausfall bei c).

e) Nach vorstehendem würden ausfallen:
die Forderung des Pfiffig III n mit RM (2700 — 185.15 — 14.80 — 1800 =) . . . . RM 700.05
die Forderung des VollstrSch. III o mit RM 100.—
" " " Meier III p " RM 180.—
" " " Lustig III q " RM 1000.—

V. Verhandlung über den Plan.

§ 115. Über den Teilungsplan wurde verhandelt. Zu II u. III wurde nichts erinnert. Dagegen wurde Widerspruch erhoben zu I u. IV:

a) vom Hyp.-Gl. Pfiffig gegen die bestehen bleibende Hyp. Abt. III Nr. 4 samt Zinsen III h des Überall zu 1800 RM u. 70 RM Zinsen (da in dieser Höhe eine Forderung nicht mehr zu Recht bestehe u. er die Rechte des VollstrSchuldners hierauf zugunsten weiterer Forderungen gegen letzteren gepfändet habe);

b) vom Schuldner Müller gegen die Verteilung unter IV c bezüglich des Ersatzbetrages zu 400 RM nebst 1.30 RM Zinsen (da er insoweit die Forderung des Pfiffig zu III m u. n bestreite).

VI. Bedingte Zuteilung infolge Widerspruchs.

Da eine Einigung hinsichtlich des Widerspruchs nicht zu erwarten, war der Plan, wie folgt, zu ergänzen:

124. a) der Barbetrag zu 70 RM (III h) wird für den Fall, daß der Widerspruch des Pfiffig als begründet erklärt wird, diesem zugeteilt; die Forderung gegen den Ersteher in Ansehung des Ersatzbetrages für die Hyp.

Abt. III Nr. 4 zu 1800 RM wird für den Fall, daß der Widerspruch des Hyp.-Gl. Pfiffig sich als begründet herausstellt, als bereits fällig und ab 20. Dez. 28 mit 4% verzinslich in Höhe von 1800 RM samt Zinsen auf die Forderung des Hyp.-Gl. Pfiffig zu III n zugeteilt (an der bedingten Zuteilung IV d wird hierdurch nichts geändert);

b) die zu IV c verteilte Forderung gegen den Ersteher zu 400 RM nebst 4% Zinsen hieraus ab 20. Dez. 28, zahlbar 3 Monate ab Kündigung, wird für den Fall, daß der Widerspruch des VollstrSchuldners Müller für begründet erklärt wird, diesem zugeteilt.

VII. **Ausführung** des Planes.

a) Der Ersteher hat bar hinterlegt: RM 1277.20. ZVG. §§ 116ff.

In Ansehung dieses Betrages erhalten **Zahlung** bzw. **Erhebungsanweisungen** auf die Hinterlegungsstelle die zu IV a bezeichneten Berechtigten, soweit anwesend; im übrigen wird die Auszahlung durch die Hinterlegungsstelle mittelst Postübersendung angeordnet, zurückbehalten aber der auf die noch unbekannten Spät'schen Erben entfallende und der vom Widerspruch betroffene Betrag. Hiernach sind ausgewiesen: § 117.

Nr.	Empfangsberechtigte	ausgezahlt bzw. angewiesen		durch Post zu übersenden		zu hinterlegen bzw. hinterlegt zu lassen	
		RM	₰	RM	₰	RM	₰
1	Gerichtskasse	188	20				
	Notariat	136	—				
2	Meier Friedrich	106	90				
3	Frühauf	—	—	35	—		
usw.	. . . . . .						
	Spät'sche Erben	—	—	—	—	} 106	05
						} 21	—
	überall (widersprochen)	—	—	—	—	70*)	—
	Sa						

§§ 124, 120

1277 RM 20 ₰

Die Anwesenden bestätigen durch Unterschrift den Empfang der Barbeträge bzw. Erhebungsanweisungen.

b) Im übrigen ist das Bargebot nicht berichtigt[7]), weil in Höhe von RM 3476 + 13.50 erst 4 Monate ab Zuschlag zahlbar, in Höhe von RM 400 + 1.30 erst 3 Monate ab Kündigung fällig.

Da hinsichtlich des Hypothekbetrages zu 3000 RM des Gl. Meier (III l) dieser durch öffentlich begl. Urkunde nachweist, daß zwischen ihm und dem Ersteher das **Bestehenbleiben** der Hyp. Abt. III Nr. 5 **vereinbart** worden ist, mindert sich der 4 Monate ab Zuschlag zahlbare Teil des Bargebots auf 476 RM nebst Zinsen hieraus + 13.50 RM. § 91 Abs. 2, 3.

c) Es ergeht daher Beschluß **(Übertragung)**:

Es wird die Forderung gegen den Ersteher auf Zahlung von

α) 476 RM nebst 4% Zinsen hieraus ab 24. Jan. 29, fällig 20. April 29, sodann die 13.50 RM Zinsen bis 24. Jan. 29, fällig gleichfalls am 20. April 29, § 118.
dem Gl. Meier in Höhe von RM 206.85 nebst Zinsen (III k mit IV b)
u. dem Hyp.-Gl. Pfiffig in Höhe von „ 269.15 „ „ (III m „ IV b)
„ „ „ „ 13.50 (unverzinslich) (III n „ IV c)
Sa. RM 489.50

unbedingt, dagegen von

*) als zwischen überall und Pfiffig streitig.

[7]) Eine Versilberung der Sicherheit für das Gebot ist unzulässig, da der nichtbezahlte Teil des Bargebots befristet ist; die Herbeiführung der Versilberung durch Geltendmachung des Pfandrechts hieran ist hier Sache der Berechtigten außerhalb des Verfahrens. § 108.

β) 400 *RM* nebst 4% Zinsen hieraus ab 20. Dez. 28, fällig 3 Monate ab Kündigung, samt 1.30 *RM* Zinsen bis 24. Jan. 29, fällig gleichfalls 3 Monate ab Kündigung,
dem Hyp.-Gl. Pfiffig in Höhe von *RM* 214.85 nebst Zinsen (III m mit IV c)
demselben " " " *RM* 185.15 " " (III n " IV c)
und *RM* 1.30 (unverzinslich) (III n " IV c)
Sa. *RM* 401.30

ZVG. §§ 124 mit 120. unter der Bedingung, daß der Widerspruch des Schuldners Müller nicht für begründet erklärt wird,
und dem Schuldner Müller unter der entgegengesetzten Bedingung (vgl. VI b) **übertragen.**

Nach vorstehenden sind im ganzen ausgewiesen:

RM 1277.20
" 3000.—
" 489.50
" 401.30
Sa. *RM* 5168.— (vgl. II).

§§ 124, 125 mit 120. γ) Endlich wird entsprechend der zu IV d u. VI a vorgenommenen bedingten Verteilung die Forderung gegen den Ersteher auf Zahlung einer bereits fälligen Summe von 1800 *RM* samt 4% Zinsen hieraus ab 20. Dez 28 dem Hyp.-Gl. Pfiffig in Höhe von 1800 *RM* samt Zinsen (III n mit IV d und VI a) unter der Bedingung **übertragen,** daß entweder der Widerspruch desselben gegen die Hyp. des überall Abt. III Nr. 4 für begründet erklärt wird oder diese Hyp. nach den Vorschr. über die Gesamthyp. am Versteigerungsgrundstück erlischt.

§ 128. d) Für die unter VII b, c übertragenen Forderungen gegen den Ersteher ist die Eintragung folgender **Sicherungshypotheken** zu veranlassen: . . . . . (vgl. unter 3 „Grundbuchberichtigung").

§ 127. e) Auf der vorliegenden Hypothekurkunde des Gl. Meier wird **vermerkt:**
„In der Zwangsversteigerungssache . . . ist die vorstehend beurkundete Forderung des Gl. Meier zum Zuge gekommen:
α) mit den Kosten der dinglichen Rechtsverfolgung zu *RM* 64.—
β) mit den vertragsmäßig. Zinsen v. 1. Dez. 26—24. Jan. 29 zu " 259.50
γ) mit der Hauptsache zu " 3000.—
Bezahlt wurden die Kosten und von den Zinsen ein Betrag von *RM* 52.65, hinsichtlich der Hauptsache zu 3000 *RM* wurde das Bestehenbleiben der Hypothek gemäß § 91 Abs. 2, 3 ZVG. vereinbart, während für den Zinsenrest zu *RM* 206.85 eine gleich große, mit 4% ab 24. Jan. 29 verzinsliche, am 20. April 29 zahlbare Forderung gegen den Ersteher dem Gläubiger übertragen wurde (vgl. oben VII b α). Mit den weiter verlangten 4% Zinsen vom 1. Juni 25 bis 30. Nov. 26 zu 180 *RM* (vgl. oben III p) ist der Gläubiger ausgefallen."

f) Der vom Hyp.-Gl. Lustig vorgelegte Brief zu Hyp. Abt. III Nr. 7 über 1000 *RM* (vgl. oben III qu, IV e) wurde vernichtet.

g) Die Widersprechenden wurden auf §§ 878 ff. ZPO. aufmerksam gemacht.

Vorgelesen u. genehmigt.

Notariat M.
R.

3. Grundbuchberichtigung.

§ 130. Ersuchen an das Grundbuchamt Mühlheim. Im Zwangsversteigerungsverfahren, betr. das Anwesen Hs.-Nr. 4 in Audorf, bisher eingetragen im Grundbuch für Audorf . . . auf den Namen des . . ., ersuche ich (unter Beifügung der Bescheinigung über Sicherstellung der Grunderwerbsabgaben) auf Grund rechtskräftigen Zuschlags vom . . . und nach Ausführung des Teilungsplans vom . . .

a) den Ersteher, Güterhändler Michael Reich hier, als Eigentümer einzutragen;

b) zu löschen den Versteigerungsvermerk Abt. II Nr. 3, das Wohnungsrecht Abt. II Nr. 2, ferner die Posten Abt. III Nr. 2 (Altenteilshyp. Spät), Abt. III Nr. 6
§ 131. (Hyp. des Pfiffig), Abt. III Nr. 7 (Briefhyp. des Lustig), sowie alle etwa nach dieser Post eingetragenen Rechte der Abt. III;

c) in Abt. III einzutragen auf Grund Zwangsversteigerungsverfahrens (vgl. oben 2 VII):

α) *RM* 206.85, mit 4% verzinslich[8]) ab 24. Jan. 29, am 20. April 29 fällig, Sicherungshypothek für Gl. Meier, bestimmt zur Sicherung der Zinsenforderung desselben gegen den Ersteher, im Range vor Abt. III Nr. 5 (oder: .... für die dem Gl. Meier übertragene Forderung gegen den Ersteher, bestimmt zur Sicherung eines Teilbetrags der Zinsen aus Hyp. Abt. III Nr. 5, im Range vor dieser Hyp.); ZVG. § 129.

β) *RM* 269.15, mit 4% verzinslich ab 24. Jan. 29, am 20. April 29 fällig, u. *RM* 13.50, unverzinslich, fällig gleichfalls am 20. April 29, Sicherungshypothek für Gl. Pfiffig, bestimmt zur Sicherung der Zinsenforderung desselben gegen den Ersteher, im Range nach α u. nach Abt. III Nr. 5;

γ) *RM* 401.30, fällig 3 Monate ab Kündigung, nebst 4% Zinsen aus 400 *RM* ab 24. Jan. 29, Sicherungshypothek für Gl. Pfiffig, wenn und soweit[9]) der Widerspruch des VollstrSchuldners Müller hiergegen nicht für begründet erklärt wird, sowie für VollstrSchuldner Müller, wenn und soweit sein Widerspruch sich als begründet herausstellt; diese Sicherungshyp. hat (vgl. oben 2 IV c) Rang nach α, β und Abt. III Nr. 5 und im Teilbetrage von *RM* 214.85 Rang vor dem Reste.

δ) 1800 *RM* nebst 4% Zinsen hieraus ab 20. Dez. 28, bereits fällig, Sicherungshypothek für Gl. Pfiffig, wenn und soweit entweder der Widerspruch desselben gegen die Hyp. des Gl. Überall Abt. III Nr. 4 für begründet erklärt wird oder diese Hyp. nach den Vorschr. über die Gesamthyp. an gegenwärtigem Grundstück erlischt, im Rang nach den übrigen Rechten;

d) über den Vollzug hierher Mitteilung zu machen.

[Die am ... hieher geleiteten Grundbuchanlagen (Urkunden ...) folgen zurück.]

4. Sonstige Verfügungen.

a) Zu übersenden sind durch die Post auf Kosten der Empfänger .... (s. VII a), allenfalls entsprechende Weisung an die Hinterlegungsstelle; § 117.

b) zu hinterlegen (hinterlegt zu lassen) sind *RM* 127.05 für die Spät'schen Erben und 70 *RM* für Gl. Überall, wenn und soweit ... (s. VII a und c);

c) zurückzugeben Hypothekurkunde des Gl. Meier über nicht erloschene Hyp. Abt. III Nr. 5 (die Schuldurkunden u. Vollstreckungstitel, letztere, soweit sie nicht wegen Vollzahlung an den VollstrSchuldner auszuhändigen sind). § 127.

d) WV. nach 1 Mt. wegen § 115 ZVG.

[e) Behufs Ermittlung des Empfangsberechtigten zu Abt. III Nr. .... wird der Gerichtsassistent Fleißig hier als Vertreter bestellt.] §§ 135 ff.

Notariat M.

R.

5. Über endgültige Ausführung des Plans auf Grund **Erledigung des Widerspruchs** s. § 124 A. 3 ZVG.

6. Aktenrückgabe an das VollstrGericht s. § 5 JMBek. v. 30. 3. 21 (JMBl. 33).

B. Verteilung des Erlöses im Falle einer Gesamtversteigerung.

[Angenommen, die im gemeinschaftlichen Verfahren versteigerten Grundstücke seien, wie folgt, belastet: §§ 112, 122.

Grundstück I:

Abt. III Nr. 1: 9000 *RM* des A
2: 1400 *RM* des B, Höchstbetragshyp., mit Vormerkung wegen Löschungsanspr. für C
3: 2000 *RM* des C, Gesamthyp. auf II
4: 2700 *RM* des E, Zwangshyp.

Grundstück II:

Abt. III Nr. 1: 4000 *RM* des D, Höchstbetragshyp. mit Vormerkung wegen Löschungsanspr. für C
2: 2000 *RM* des C, Gesamthyp. auf I
3: 1400 *RM* des F, Arresthyp.

---

[8]) Die Beifügung der Zinsen ist nicht unbedingt erforderlich, da die der Sicherungshyp. auf Grund Zwangsversteigerung zugrunde liegende Forderung gegen den Ersteher kraft Gesetzes verzinslich ist (§ 49 Abs. 2 ZVG., §§ 288, 1118 BGB.; so auch Wenz-Wagner S. 322).

[9]) Oder (vgl. Jäckel-Güthe § 130 A. 12, Reinhard-Müller A. 4 d): „401 *RM* 30 ₰ nebst ... Zinsen, Sicherungshyp. für die dem ... übertragene Forderung gegen den Ersteher im Range vor ...; die Übertragung an ... ist unter der Bedingung erfolgt, daß ...; für den Fall, daß diese Bedingung ausfällt, ist die Forderung dem ... übertragen; in diesem Fall hat die Sicherungshyp. Rang ..."

Das Verfahren wurde von C betrieben; bares Einzelmeistgebot bei I: 2550 RM, bei II: 1110 RM; bares Gesamtmeistgebot: 4700 RM; Wert des Grundstücks I: 14000 RM, des Grundstücks II: 7000 RM.

Aus der Hyp. des B sind 1000 RM als Guthaben angemeldet; D hat durch Urteil nachgewiesen, daß seine Forderung aus dem Grundstücke II 3900 RM beträgt; die der Arresthyp. des F zu 1400 RM zugrunde liegende Forderung ist nicht festgestellt.]

1. **Terminsbestimmung**
2. **Terminsprotokoll**

} siehe V A.

A. Bestehen gebliebene Rechte.

Auf Grund Zuschlagsbeschl. sind bestehen geblieben: Abt. III Nr. 1 zu 9000 RM bei I
„ III „ 2 „ 1400 RM „ I
„ III „ 1 „ 4000 RM „ II

B. Teilungsmasse.

1. Bargebot laut Zuschlagsbeschlusses:	4700 RM	— ₰
2. 4% Zinsen hieraus vom Zuschlag (einschl.) bis Verteilungstermin (ausschließl.), angenommen	15 RM	30 ₰
Zu zahlen u. zu verteilen sind daher:	**4715 RM**	**30 ₰**

C. Hieraus zu tilgende Schuldenmasse.

Bei I:	1. Kosten des Verfahrens (2/3 nach dem Wert der Grundstücke), angenommen a) Gericht:	96 RM	— ₰
	b) Notariat:	31 RM	50 ₰
	2. Finanzamt für Grund- u. Haussteuern u. Umlagen:	6 RM	— ₰
	3. A aus den bestehen bleib. 9000 RM:		
	a) Kosten:	4 RM	— ₰
	b) rückständige Zinsen:	22 RM	— ₰
	c) laufende Zinsen bis Verteilungstermin (ausschl.)	108 RM	— ₰
	4. Gesamthyp. des C zu 2000 RM		
	a) Kosten:	48 RM	— ₰
	b) rückständige Zinsen:	120 RM	— ₰
	c) laufende Zinsen:	102 RM	— ₰
	d) Hauptsache:	2000 RM	— ₰
	5. Hyp. des E:	2700 RM	— ₰
	Sa. I:	5237 RM	50 ₰
Bei II:	1. Kosten des Verfahrens (1/3 nach dem Wert der Grundstücke), angenommen a) Gericht:	48 RM	— ₰
	b) Notariat:	15 RM	75 ₰
	2. Finanzamt für Grund- u. Haussteuern:	5 RM	— ₰
	3. Gesamthyp. des C zu 2000 RM wie bei I:	48 RM	— ₰
		120 RM	— ₰
		102 RM	— ₰
		2000 RM	— ₰
	4. Hyp. des F:	1400 RM	— ₰
	Sa. II:	3738 RM	75 ₰

D. Verteilung des Gesamterlöses auf die Grundstücke[10]).

Gesamterlös einschließlich Verzugszinsen (siehe B):	4715 RM	30 ₰
Abzug der Kosten bei I u. II nach § 112 Abs. 1 ZVG.:	191 RM	25 ₰
Überschuß:	**4524 RM**	**05 ₰**
Hierzu bestehen bleib. Rechte nach § 112 Abs. 2 S. 2 ZVG.:	9000 RM	— ₰
	1400 RM	— ₰
	4000 RM	— ₰
	18924 RM	05 ₰
Hiervon entfallen nach dem Wertverhältnis 2:1 auf das Grundstück I:	12616 RM	03 ₰
II:	6308 RM	02 ₰

[10]) Sie wäre nicht erforderlich, wenn die Grundstücke dem nämlichen Schuldner gehörten u. hinter C nicht noch die Einzelbelastungen E u. F stünden, die nicht ganz zum Zuge kommen.

Einzelmassen also nach Anrechnung der bestehen bleib. Rechte gemäß § 112 Abs. 2 S. 3 ZVG.:

bei I: 12616 RM 03 Rpf; bei II: 6308 RM 02 Rpf
— 10400 „ — „ — 4000 „ — „

I: 2216 RM 03 Rpf II: 2308 RM 02 Rpf

4524 RM 05 Rpf.

E. Ergänzung der Einzelmassen gemäß § 112 Abs. 3 ZVG.

Aus dem Einzelmeistgebot bei I zu 2550 RM hätten Befriedigung gefunden (nach Abzug der Kosten zu 96 RM + 31 RM 50 Rpf): 2422 RM 50 Rpf; die Einzelmasse zu 2216 RM 03 Rpf bei I weist also einen Fehlbetrag von (2422.50—2216.03 =) 206 RM 47 Rpf auf, der aus II zu ergänzen ist.

Es sind daher zu verteilen bei I: 2216 RM 03 Rpf; bei II: 2308 RM 02 Rpf
+ 206 „ 47 „ — 206 „ 47 „

I: 2422 RM 50 Rpf II: 2101 RM 55 Rpf

4524 RM 05 Rpf.

F. Zuteilung der Einzelmassen.

1. Im Falle der Zahlung des Bargebots:

(Gem. § 122 ZVG. ist die Forderung des C aus seiner Gesamthyp. zu insgesamt 2270 RM zu verteilen im Verhältnis von (2422.50—140 =) 2282 RM 50 Rpf : (2101.55—5 =) 2096 RM 55 Rpf (d. h. im Verh. der um die dem C vorgeh. Beträge verkürzten beiden Einzelmassen zu einander), also von ungefähr 12:11, so daß sie hier bei I mit 1184 RM 35 Rpf, bei II mit 1085 RM 65 Rpf zu befriedigen ist).

a) Die Masse I zu . . . . 2422 RM 50 Rpf
wird zugeteilt (nachdem die Kosten oben bereits vorweggenommen sind)

1. dem Finanzamt in Höhe von	6 RM — Rpf	
2. „ A „ „ „	134 RM — Rpf	
3. „ C „ „ „	1184 RM 35 Rpf	
4. „ E „ „ „ noch	1098 RM 15 Rpf	
		2422 RM 50 Rpf

Die Masse II zu . . . . 2101 RM 55 Rpf
wird zugeteilt (gleichfalls nach Deckung der Kosten)

1. dem Finanzamt in Höhe von	5 RM — Rpf	
2. „ C „ „ „	1085 RM 65 Rpf	
3. „ F „ „ „ noch	1010 RM 90 Rpf	
		2101 RM 55 Rpf

b) Die Zuteilung an F erfolgt jedoch nur unter der Bedingung, daß seine Forderung in dieser Höhe festgestellt wird; wenn u. soweit diese Feststellung nicht erfolgt, wird der Betrag von 1010.90 RM dem Schuldner Müller zugeteilt. Eine bedingte Zuteilung wegen der Vormerkung des Löschungsanspruchs ist dagegen hier nicht erforderlich, da C voll befriedigt ist.

2. Falls das Bargebot nicht berichtigt, aber bare Sicherheit zu 470 RM geleistet ist:

a) Aus der Barmasse zu 470 RM werden die Kosten bei I u. II zu 191 RM 25 Rpf vorweg genommen, der Rest zu 278 RM 75 Rpf entfällt im Verhältnis von 2422.50 : 2101.55 (siehe E) mit 148 RM 68 Rpf auf Grundstück I, mit 130 RM 07 Rpf auf Grundstück II.

Bei I wird sodann der Betrag von noch . . . 148 RM 68 Rpf
zugeteilt:

α) dem Finanzamt in Höhe von	6 RM — Rpf	
β) „ A „ „ „	134 RM — Rpf	
γ) „ C „ „ „ noch	8 RM 68 Rpf	
		148 RM 68 Rpf

Bei II wird der Betrag von noch . . . 130 RM 07 Rpf
zugeteilt:

α) dem Finanzamt in Höhe von	5 RM — Rpf	
β) „ C „ „ „ noch	125 RM 07 Rpf	
		130 RM 07 Rpf

Gläubiger C erhält also Barzahlung in Höhe von 8 RM 68 Rpf + 125 RM 07 Rpf = 133 RM 75 Rpf, seine Restforderung beträgt demnach noch (2270—133 RM 75 Rpf =) 2136 RM 25 Rpf.

b) Die nicht berichtigte Forderung des VollstrSchuldners gegen den Ersteher: bei I zu (2422 RM 50 Rpf — 148 RM 68 Rpf =) . . . . 2273 RM 82 Rpf (nebst 4% Zinsen ab Verteilungstermin einschl.) wird zugeteilt

α) dem C in Höhe von noch 2136 RM 25 Rpf (siehe a)	je nebst Zinsen	
β) „ E „ „ „ noch 137 RM 57 Rpf		
		2273 RM 82 Rpf.

Außerdem wird gem. § 123 ZVG. der dem C zugeteilte Betrag von 2136 RM 25 Rpf (nebst Zinsen) bedingt, nämlich für den Fall, daß u. soweit das Recht des C auf Befriedigung aus diesem Betrage nach Maßgabe der besonderen Vorschriften über die Gesamthyp. erlischt, dem E (der noch über 2136 RM 25 Rpf zu fordern hat, siehe C 5) in ganzer Höhe zugeteilt.

Die nicht berichtigte Forderung gegen den Ersteher bei II zu (2101 RM 55 Rpf — 130 RM 07 Rpf =) . . . . 1971 RM 48 Rpf (nebst 4% Zinsen ab Verteilungstermin einschl.) wird zugeteilt dem C in ganzer Höhe (da dieser nach a noch 2136 RM 25 Rpf zu fordern hat). Außerdem aber wird gem. § 123 ZVG. dieser Betrag zu 1971 RM 48 Rpf (nebst Zinsen) bedingt zugeteilt, nämlich für den Fall . . . (wie vor)

α) dem F in Höhe von	1400 RM	je nebst Zinsen
β) dem VollstrSchuldner in Höhe von	571 RM 48 Rpf	
	1971 RM 48 Rpf.	

Der Betrag von 1400 RM wird ferner gem. § 119 ZVG. dem F nur unter der weiteren Bedingung zugeteilt, daß seine Forderung in dieser Höhe festgestellt wird; wenn u. soweit dies nicht der Fall ist, wird der Betrag dem VollstrSchuldner zugeteilt.

c) Endlich wird gem. § 125 ZVG. derj. Betrag, den der Ersteher mehr zu zahlen hat bei I, wenn u. soweit die bestehenbleib. Hyp. des B, u. bei II, wenn u. soweit die Hyp. des D (bzw. die hieraus entstandenen Eigentümerhyp.) infolge der Löschungsvormerkung des C wegfallen, zugeteilt bei I dem E, bei II dem F (soweit sie nicht durch die bedingte Zuteilung bei b Befriedigung finden); die Zuteilung an F erfolgt wiederum nur unter der weiteren Bedingung, daß seine Forderung in dieser Höhe festgestellt wird; wenn u. soweit dies nicht geschieht, wird der Betrag dem VollstrSchuldner zugeteilt.

G. Verhandlung über den Plan.

Ein Widerspruch gegen diesen Teilungsplan wurde nicht erhoben. Gegenteilige Anmeldungen liegen nicht vor (§ 115 Abs. 2 ZVG.). Daher

H. Ausführung des Plans.

1. Im Falle F 1 erfolgt Auszahlung (bzw. Aushändigung von Erhebungsanweisungen) an

	RM	Rpf
a) den rechnungsführ. Urkundsbeamten in Höhe von	144 RM	— Rpf
b) das Notariat „ „ „	47 „	25 „
c) das Finanzamt „ „ „	11 „	— „
d) den A „ „ „	134 „	— „
e) „ C „ „ „	2270 „	— „
f) „ E „ „ „	1098 „	15 „
g) dagegen Hinterlegung für F u. Sch. Müller in Höhe von	1010 „	90 „
Sa.	4715 RM	30 Rpf

2. Im Falle F 2 wird

a) die beigeschaffte (bare) Sicherheit zu 470 *RM* **ausbezahlt** an

den rechnungsführ. Urkundsbeamten in Höhe von		**144 *RM* — ₰**
das Notariat	" " "	**47 " 25 "**
das Finanzamt	" " "	**11 " — "**
den A	" " "	**134 " — "**
den C	" " "	**133 " 75 "**
		Sa. 470 *RM* — ₰

b) die Forderung gegen den Ersteher wird **unbedingt übertragen**

bei I dem C in Höhe von 2136 *RM* 25 ₰ ⎫ **je nebst 4% Zinsen hieraus ab**
" E " " " 137 " 57 " ⎭ **Verteilungstermin (einschl.)**
bei II dem C " " " 1971 " 48 " **(nebst Zinsen wie vor)**

Sa. a+b: 4715 *RM* 30 ₰

c) die dem C übertragene Forderung gegen den Ersteher bei I in Höhe von 2136 *RM* 25 ₰ (nebst Zinsen) wird **bedingt** dem E **übertragen**, nämlich, wenn u. soweit . . . . (wie F 2 b)

bei II in Höhe von 1971 *RM* 48 ₰ (nebst Zinsen) **bedingt**, nämlich wenn u. soweit . . . . (wie vor)

α) dem **F** in Höhe von 1400 *RM* — ₰ ⎫ je nebst Zinsen.
β) " VollstrSchuldner " " " 571 *RM* 48 ₰ ⎭

Die Übertragung an **F** erfolgt aber nur unter der oben (F 2 b) bez. **weiteren** Bedingung; wenn u. soweit seine Forderung nicht festgestellt wird, wird auch dieser Betrag dem VollstrSch. übertragen.

d) die Forderung gegen den Ersteher hinsichtlich des zu F 2 c bezeichneten Betrags (für dessen Zahlung die Bestimmungen der Hyp. B u. D gelten) wird **übertragen** bei I dem E in Höhe von 1400 *RM* (Hyp. B),
bei II dem **F** " " 1400 *RM* (Hyp. F), wenn u. soweit diese Gläubiger nicht durch die bedingte Übertragung bei c Befriedigung finden.

Die Übertragung an **F** erfolgt wieder nur unter der oben (F 2 c) bez. **weiteren** Bedingung; wenn u. soweit seine Forderung nicht festgestellt wird, wird der Betrag dem VollstrSch. übertragen.

e) Es wird angeordnet, daß nach Sicherstellung der Grunderwerbsabgaben (unter Löschung der Hyp. des C, E u. F) folgende **Sicherungshypotheken auf Grund Zwangsversteigerungsverfahrens** eingetragen werden:

bei Grundstück I: α) 2136 *RM* 25 ₰ nebst 4% Zinsen hieraus seit Verteilungstermin (einschl.) für **C** zur Sicherung seiner Forderung gegen den Ersteher aus der bisherigen Gesamthyp. Nr. 3 zu 136 *RM* 25 ₰ Zinsen u. 2000 *RM* Hauptsache, im Range nach der Hyp. Nr. 2; diese Sicherungshyp. steht dem **E** zu zur Sicherung seiner Forderung gegen den Ersteher aus der bisherigen Hyp. Nr. 4 zu 2700 *RM*, wenn u. soweit das Recht des C auf Befriedigung aus dieser Sicherungshyp. am versteigerten Grundstücke nach Maßgabe der besonderen Vorschriften über die Gesamthyp. erlischt;

β) 137 *RM* 57 ₰ nebst 4% Zinsen (wie vor) für **E** zur Sicherung seiner Forderung gegen den Ersteher aus der bisherigen Hyp. Nr. 4 zu 2700 *RM*, im Range nach der Sicherungshyp. Nr. α;

γ) 1400 *RM* für **E** zur Sicherung seiner Forderung gegen den Ersteher aus der bisherigen Hyp. Nr. 4 zu 2700 *RM*, wenn u. soweit die aus der Hyp. des B Nr. 2 zu 1400 *RM* etwa entstandene Eigentümergrundschuld infolge der Löschungsvormerkung des C wegfällt, u. soweit E nicht für seine Forderung zu 2700 *RM* bereits aus der Sicherungshyp. Nr. α und β Befriedigung erhält.

Diese Sicherungshyp. hat Rang nach derjenigen unter Nr. α u. β u. ist mit 4% verzinslich vom Zeitpunkte der Fälligkeit der Eigentümergrundschuld an.

Bei Grundstück II: α) 1971 *RM* 48 ₰ nebst 4% Zinsen für **C** (wie bei I, für 136 *RM* 25 ₰ Zinsen u. 1835 *RM* 23 ₰ Hauptsacherest), im Range nach der Hyp. Nr. 1 zu 4000 *RM*; die Sicherungshyp. steht dem **F** zu in Höhe von 1400 *RM* u. im Nachrang dem VollstrSchuldner in Höhe von

571 *RM* 48 *Rpf* (je nebst Zinsen) zur Sicherung ihrer gleich großen Forderungen gegen den Ersteher, wenn u. soweit ... (wie vor, bei I α) sowie wenn u. soweit die Forderung des F festgestellt wird; soweit letzteres nicht geschieht, steht die Sicherungshyp. dem VollstrSch. zu.

β) 100 *RM* für F zur Sicherung seiner Forderung gegen den Ersteher aus der bisherigen Hyp. Nr. 3 zu 1400 *RM*, falls die in Höhe von 100 *RM* aus der Hyp. des D Nr. 1 zu 4000 *RM* entstandene Eigentümergrundschuld (siehe Eingang des Protokolls) infolge des Löschungsanspruchs des C wegfällt u. soweit F nicht aus der Sicherungshyp. Nr. α Befriedigung erhält; wenn u. soweit die Forderung des F nicht festgestellt wird, steht die Sicherungshyp. dem VollstrSch. zu. Rang nach Nr. α u. verzinslich mit 4% vom Verteilungstermin an.

J. Vermerke auf den Urkunden.

Vgl. Beispiel V A 2 am Ende.

K. Grundbuchberichtigung und sonstige Verfügungen.

Vgl. Beispiel V A 3—6.

Vorgelesen u. genehmigt.
Notariat M.
R.

VI. Aufgebotsverfahren.

1. Antrag auf Ermächtigung
ZVG. § 138 Abs. 1. des Landwirts N. N. in M. M., 25. April 29.
an das Notariat M.

Im Verfahren der ZwVersteig. des auf den Namen .... im Grundbuch ... eingetragenen Anwesens .... ist bei der Erlösverteilung ein Betrag von 3000 *RM* Hauptsache samt 85 *RM* Zinsen auf die Hyp. Abt. III Nr.... (die im Grundbuch auf den Namen des .... eingetragen war), entfallen. Genannter Betrag ist mir, da der Brief nicht vorgelegt war (die Erben nicht ermittelt wurden u. dgl.) gemäß § 126 ZVG. für den Fall zugeteilt worden, daß der Berechtigte nicht ermittelt würde.

Da letzteres innerhalb der Frist des § 138 Abs. 1 ZVG. nicht geschehen ist (als Vertreter des unbekannten Berechtigten ist .... aufgestellt), stelle ich das Ersuchen, mich zu ermächtigen, das Aufgebotsverfahren zum Zwecke der Ausschließung des unbekannten Berechtigten von der Befriedigung aus dem zugeteilten (hinterlegten bzw. mir bedingt übertragenen Forderungs-) Betrage zu beantragen.

Lt. U.
N. N.

2. Ermächtigungsbeschluß
in der Sache, betr. die ZwVerst. .... M., 26. April 29.

Dem Landwirt N. N. wird auf seinen gestern gestellten Antrag die nachgesuchte Ermächtigung erteilt, das Aufgebotsverfahren zum Zwecke der Ausschließung des unbekannten Berechtigten von der Befriedigung aus dem ihm zugeteilten, auf die Hyp. .... (eingetragen ....) entfallenen Betrage von ... zu beantragen.

Zuzustellen an N. N. u. den Vertreter nach § 135 ZVG.

Notariat M.
R.

3. Aufgebotsantrag des Landwirts N. N. M., 28. April 29.
an das Amtsgericht (Vollstreckungsgericht) M.

Unter Vorlage der mir am 26. ds. Mts. erteilten Ermächtigung beantrage ich, das Aufgebotsverfahren zum Zwecke ... (wie bei 2) ein-
§ 140. zuleiten; Rechtsnachfolger des eingetragenen Berechtigten Z. sind mir nicht bekannt geworden; ich bin bereit, hierüber eine eidesstattliche Versicherung abzugeben.

N. N.

4. Aufgebot. M., 29. April 29.

Im Verfahren der ZwVersteig. des . . . (aus 1 Abs. 1). ZVG. § 140.

Da innerhalb der Frist von 3 Monaten ab Verteilungstermin der Berechtigte nicht ermittelt wurde, ist dem Landwirt N. N. die Ermächtigung erteilt worden, das Aufgebotsverfahren zum Zwecke . . . (aus 2) zu beantragen. EG. § 12. BayAG. Art. 38.

Auf dessen Antrag werden hiermit die unbekannten Berechtigten aufgefordert, ihre Ansprüche u. Rechte spätestens im Termine vom
Mittwoch, 27. Juni 1929, vorm. 10 Uhr, ZNr. 3
anzumelden, widrigenfalls ihre Ausschließung von der Befriedigung aus dem zugeteilten Betrag (u. dessen endgültige Zuteilung an den Antragsteller oder die sonst nachgewiesenen Berechtigten) erfolgen wird.

Verfügung: Das Aufgebot ist an die Gerichtstafel anzuheften u. durch einmalige Einrückung in das Amtsblatt bekannt zu machen, sowie zuzustellen an Antragsteller N., eingetragenen Berechtigten Z. bzw. dessen letzten Rechtsnachfolger u. den Vertreter nach § 135 ZVG.

Amtsgericht M.
O.

5. Ausschlußurteil. (M., 27. Juni 29).

(Im Aufgebotstermin ist erschienen der Antragsteller, der die Erlassung des Ausschlußurteils beantragte, u. der eingetragene Berechtigte Z., der erklärte, daß er zwar das Aufgebot in Ansehung seines von ihm verlorenen Briefes noch nicht betrieben habe, aber trotzdem seinen Anspruch auf den zugeteilten Betrag aufrecht erhalte; dem Antragsteller wurde die eidesstattliche Versicherung darüber abgenommen, daß er von der Person des derzeitigen, in Ansehung der fraglichen Post Berechtigten keine Kenntnis habe). Es wurde folgendes Urteil verkündet: ZPO. §§ 952, 953.

In der Sache
betr. das Aufgebot der unbekannten Berechtigten hinsichtlich des in der Zwangsversteigerung . . . . . auf die Hyp. Abt. III Nr. . . . zugeteilten Betrags von . . . .
erkennt das Amtsgericht M. durch Amtsrichter O. auf Grund öffentlicher Verhandlung vom 27. Juni 1929 zu Recht:

I. Die unbekannten Berechtigten werden von der Befriedigung aus dem auf die Hyp. Abt. III Nr. . . . (eingetragen . . . .) zugeteilten Betrage von . . . ausgeschlossen.
II. Dem Hyp.-Gläubiger Z. werden seine Rechte auf vorbezeichneten Betrag vorbehalten.
III. Dem Antragsteller N. fallen die Kosten des Aufgebotsverfahrens, vorbehaltlich § 140 Abs. 6 ZVG., zur Last.

Tatbestand . . . . Gründe . . . .

Der Amtsrichter O.

Verkündet am 27. Juni 1929.

Der Urkundsbeamte K.

6. Weitere Planausführung. M., 1. Juli 29.

a) Terminsbestimmung.

Im Verfahren der Zwangsversteigerung des . . . . wird nach der am 27. vor. Mts. erfolgten Erlassung des Ausschlußurteils hinsichtlich des auf die Hyp. Abt. III Nr. . . . entfallenen Betrags zur weiteren Ausführung des Teilungsplanes Termin bestimmt auf ZVG. § 141.

Samstag, 21. Juli 1929 vormittags 10 Uhr,
im Amtszimmer des Notariats Mühlheim, HNr. 123.

Zuzustellen dem Antragsteller N. N., dem Vorbehaltsberechtigten Z., dem Vertreter nach § 135 ZVG. u. dem Schuldner Müller.

Das Notariat M.
R.

M., 21. Juli 29.

b) Verhandlung im Termin.

Erschienen sind .... Gegenstand der weiteren Planausführung ist der hinterliegende Betrag von 3085 *RM* (s. oben 1) (die übertragene Forderung von ...). Derselbe ist zuzuteilen (unbedingt):

α) der Staatskasse[1]) wegen der Kosten der nachträglichen Verteilung zu . . . . 18 *RM* 30 *Rpf*
ferner dem Notariat für Schreibgebühren . . 2 *RM* 70 *Rpf*
β) dem Vertreter nach § 135 ZVG. wegen dessen Gebühren u. Auslagen zu . . . . 33 *RM* 50 *Rpf*
γ) dem Antragsteller N. wegen der Kosten des Aufgebotsverfahrens[2]) zu . . . . 30 *RM* 50 *Rpf*
δ) demselben als früheren Bedingtberechtigten . . . 3000 *RM* — *Rpf*
Sa. 3085 *RM* — *Rpf*

Der Gl. Z. erhebt Widerspruch gegen die Zuteilung zu δ, weshalb der Betrag zu 3000 *RM* ihm nunmehr bedingt, d. h. für den Fall zugeteilt wird, daß sein Widerspruch sich als begründet herausstellt.

c) Ausführung.

Alsdann erhalten die zu α—γ Genannten Erhebungsanweisungen auf die Hinterlegungsstelle (angenommen, daß insoweit bare Hinterlegung erfolgt ist), während im übrigen die Forderung gegen den Ersteher in Höhe von 3000 *RM* in erster Linie dem N., bedingt aber dem Z. übertragen u. dementsprechende Umschreibung der eingetragenen Sicherungshyp. veranlaßt wird (vgl. oben V A 3, 4 u. 5).

Notariat M.
R.

VII. Außeramtliche Verteilung nach § 144 ZVG.

1. Antrag (vgl. VIII Nr. 11)
des RA. Huber für Ersteher
Reich zum Notariat M. M., 4. Jan. 1929.

Das auf den Namen des ... im Grundbuch ... eingetragene Grundstück PlNr. .... hat der Güterhändler Michael Reich hier, für den ich Prozeß- u. Geldempfangsvollmacht beifüge, am 20. Dez. 28 für das Bargebot von 7100 *RM* u. a. unter folgenden Versteigerungsbedingungen erworben:

a) Bestehen bleiben die Baubeschränkung zugunsten der Stadtgemeinde M. Abt. II Nr. 2 u. die Gesamthyp. der Deutschen Bank in B. Abt. III Nr. 1 zu 5000/500 *RM* samt Rangeinräumungsverzicht.

b) Der Ersteher hat, wenn u. soweit die Gesamthyp. Abt. III Nr. 1 an dem versteig. Grundstücke nach den besonderen Vorschriften über die Gesamthyp. erlischt, außer dem Bargebote noch 5500 *RM* zu leisten, mit 4½% halbjährig am ... zu verzinsen u. nach vorausgegangener ¼ jähriger Kündigung heimzuzahlen (wie bei Hyp. Abt. III Nr. 1).

Hiernach hat der Ersteher zu zahlen 7100 *RM* samt 4% Zinsen hieraus vom Zuschlag bis zum Zahltage[1]), d. h. hier bis 3. Jan. 29 = **7112** *RM*. Durch die beigefügten, nachstehend bezeichneten, öffentlichen bzw. öffentlich beglaubigten Urkunden u. Erklärungen weise ich nach, daß der Ersteher unten bez., aus dem Meistgebote zu befriedigende Gläubiger bezahlt hat bzw. von ihnen als Alleinschuldner übernommen worden ist.

Hinsichtlich der Gesamthypothek der Deutschen Bank Abt. III Nr. 1 haben die an der bedingten Verteilung Beteiligten, nämlich der VollstrSchuldner u. der 5. HypGl. Pfiffig (dessen Forderung 3500 *RM* beträgt, während nach obigem der Antragsteller noch mit mindestens 3000 *RM* ausfällt) auf Sicherstellung verzichtet — Beleg Nr. 13.

[1]) Gebühren: Art. 12 BayKG. aus 3085 RM. = 18 RM. 30 Pfg.
[2]) Gebühr nach § 33 Nr. 6 GKG.
[1]) Bei einfachen Verhältnissen wird sich häufig die Verteilung auf den Tag des Zuschlags abstellen lassen, ohne daß Teilungs- u. Schuldenmasse dadurch unrichtig werden.

Rang	Berechtigte	Anspruch	Betrag		Zahlung und anderweitige Tilgung		Alleinschuldnerannahme		Beleg-Nr.
			RM	₰	RM	₰	RM	₰	
ZVG. § 109	Staatskasse[2])	Kosten des Verfahrens	64		64	—	—	—	1 Quittung
	Notariat[3])	desgl.	70	10	70	10	—	—	2 Quittung
§ 10 Nr. 1	Antragsteller Reich	Nichterstattete Verwaltungsausgaben	11	—	11	—	—	—	3 Aufrechnungserklärung (s. unten)
Nr. 2	Dienstmagd Klein	Dienstlohn für die Zeit vom ... bis 20. Dez. 28 (ausschließl.)[4])	8	—	8	—	—	—	4 Quittung
Nr. 3	Finanzamt M.	Grundsteuern für die Zeit v. 1. April 26—20. Dez. 28 (ausschließl.)	45	—	43	—	—	—	5 "
	Stadtgemeinde M.	Umlagen für die gleiche Zeit	40	—	40	—	—	—	6 "
	Versicherungskammer	Hagelversicherungsbeiträge für 1928	12	—	12	—	—	—	7 "
Nr. 4	a) Deutsche Bank	4½% Zinsen aus 5000 RM (Hyp. Abt. III Nr. 1) v. 1. Juli 28 — 20. Dez. 28 (ausschließl.)	106	—	106	—	—	—	8 "
	b) Antragsteller Reich	Höchstbetragshypothek Abt. III Nr. 2 zu 4000/200 RM. Guthaben hieraus an Hauptsache	3520	–	3520	–	—	—	3 Aufrechnungs- (Befriedigungs-) erklärung u. Schuldanerkenntnis (s. unten)
		u. Kosten	58	80	58	80	—	—	
	c) Wagner Hämmerle	Eigentümergrundschuld des Vollstr.-Schuldners aus Abt. III Nr. 2, gepfändet von Hämmerle	480	–	480	—	—	—	9 Quittung; Pfändungs- u. Ueberweisungsbeschluß, Vollstreckungs-Titel, Zustellungsnachweise
			200	—	200	—	—	—	
	d) Altsitzer Spät	Wohnungsrecht, Abt. II Nr. 3 Ersatzbetrag nach §§ 92 II, 121 ZVG.	—	—	—	—	—	–	10 Verzicht zugunsten der Masse[5])
	e) Kaufmann Rührig	Kosten des Beitritts, soweit nicht gemäß Art. 8 II Bay.-KG. schon in den Kosten des Verfahrens enthalten	31	90	31	90	—	—	11 Quittung
		5% Zinsen aus Hyp. Abt. III Nr. 3 zu 1000 RM vom 1. Juli 26 — 20. Dez. 28 (ausschließl.)	123	20	123	20	—	—	11 Quittung
		Hypothek Abt. III Nr. 3 samt	1000	—	—	—	1000	—	12 Übernahmeerklärung (s. unten)
		den Zinsen vom 20. Dez. 28 — 3. Januar 29 einschließl.	2	10	—	—	2	10	12
	f) Antragsteller Reich	Hypothek Abt III Nr. 4 zu 5000 RM kommt noch zum Zuge mit	1344	90	1344	90	—	—	3 Aufrechnungs- (Befriedigungs-) erklärung (s. unten)
		Sa.	7112	–	6109	90	1002	10	

[2]) $^{6}/_{10}$ Gerichtsgebühr gem. Art. 9 I u. II BayKG. aus: a) 5 500 RM., b) 7 100 " } Meistgebot (ohne Zinsen) = 12 600 RM.

Sie beträgt also RM. 85.80. Hiervon sind $^{4}/_{10}$ der Gebühr des Art. 8 KG. für je einen Anordnungs- u. Beitrittsbeschluß (angenommen, s. oben V A Fußn. 3) mit RM. 21.80 in Abzug zu bringen; Rest: 64 RM.

[3]) Notariatsgebühr gem. Art. 52 I 1 NotGebO.: . . . RM. 15.—
ferner $^{5}/_{10}$ gem. Art. 52 I 4 NotGebO.: . . . " 31.50
Pauschsatz gemäß Art. 86 NotGebO.: . . . " 2.35
Auslagen gem. Art. 85 NotGebO. (angenommen): . . . " 10.65
Schreibgebühren gem. Art. 80 NotGebO. (angenommen): . . . " 10.60
Sa.: RM. 70.10

[4]) Über die Endtermine der einzustellenden wiederkehrenden Leistungen s. A. zu §§ 47, 107, 155.

[5]) Ein Verfahren nach § 121 Abs. 2 ZVG. ist mit § 144 nicht vereinbar; hierzu wäre ein Übereinkommen nach § 143 nötig.

Die Grunderwerbsabgaben sind sichergestellt — Beleg Nr. 14. Der über die Hyp. Abt. III Nr. 3 erteilte Brief liegt gegen Rückgabe an mich bei — Beleg Nr. 15. Diese Hypothek zu 1000 *RM* bleibt infolge Vereinbarung gleichfalls bestehen.

Die vom Ersteher hinterlegte Sicherheit beantrage ich, an mich herauszugeben. Ich lege die erforderliche Anzahl Abschriften dieser Erklärung bei, zwecks Mit-Zustellung an die Beteiligten, u. beantrage nach § 144 ZVG. zu verfahren.

RA. Huber.

[Erklärung über Annahme als Alleinschuldner (Beleg Nr. 12):

Im Grundbuch für ... ist an dem Anwesen ... für den unterzeichneten Kaufmann N. Rührig in O. eine Briefhyp. zu 1000 *RM* für einen mit 5% verzinslichen Kaufpreisrest eingetragen. Das Anwesen ist am 20. Dez. 28 im Wege des Zuschlags auf den Güterhändler Michael Reich in M. übergegangen. Die vorbezeichnete Hypothekforderung wurde in Haupt- und Nebensache durch das Bargebot des Erstehers gedeckt.

In Erfüllung dieses Gebots hat dieser an den Gläubiger bezahlt:

1. die Kosten des Beitritts (sowie die Auslagen für Wahrnehmung des Versteigerungstermins) mit (angenommen) . . . . . 38 *RM* 50 *ℛ*
2. die 5% Zinsen aus 1000 *RM* vom 1. Juli 26 bis 20. Dez. 28: 123 *RM* 20 *ℛ*
(oder: über die bezahlten Nebenforderungen ist gesonderte öffentlich beglaubigte Quittung erteilt).

Hinsichtlich der Hauptsache zu 1000 *RM* — eintausend Mark — u. der vom Zuschlag an laufenden Zinsen wird der Ersteher (unbeschadet der bereits eingetretenen Fälligkeit) unter Fortdauer der dinglichen Sicherheit als Alleinschuldner angenommen.

M., 2. Januar 1929.
Nikolaus Rührig.

Die Echtheit der Unterschrift des ... wird beglaubigt.

M., 2. Januar 1929.
R. Notar.

Aufrechnungserklärung (Beleg Nr. 3):

Im Grundbuch für ... ist an dem Anwesen ... für den unterzeichneten Güterhändler M. Reich in M. in Abt. III unter Nr. 2 eine Höchstbetragshyp. zu 4000/200 *RM* u. unter Nr. 4 eine Buchhyp. zu 5000 *RM* eingetragen. M. Reich hat am 20. Dez. 28 das Anwesen durch Zuschlag erworben. Durch das Versteigerungsergebnis sind seine Ansprüche in folgender Höhe gedeckt worden:

1. Verwaltungsausgaben mit . . . . 11 *RM* — *ℛ*
2. Wechselforderung aus der Hyp. Nr. 2 . . . . 3520 *RM* — *ℛ*
3. Kosten der dinglichen Rechtsverfolgung . . . . 53 *RM* 80 *ℛ*
4. Darlehensteil aus der Hyp. Nr. 4 . . . . 1344 *RM* 90 *ℛ*

Der mitunterzeichnete VollstrSchuldner Johann Müller anerkennt die Höhe des Guthabens aus der Hyp. Nr. 2 (oder: Die Höhe des Guthabens ist in dem beiliegenden Urteil festgestellt).

Mit der hiernach zum Zuge gekommenen Forderung zu 4929 *RM* 70 *ℛ* — m. W. . . . . . — rechnet hiermit der Gläubiger gegen den für Rechnung des Vollstr.-Schuldners an das Gericht zu zahlenden Teil des Bargebots in gleicher Höhe auf u. erklärt sich zu diesem Betrage — die Durchführung der außeramtl. Verteilung vorausgesetzt — als durch den Schuldner befriedigt.

M., 1. Januar 1929.
M. Reich.
Johann Müller.

Beglaubigung, wie oben.]

M., 5. Jan. 29.

2. Verfügung: a) Obiger Antrag ist samt Urkunden auf der Amtsstube des Notariats zur Einsicht der Beteiligten niederzulegen;
b) Zustellung von 3 an die Beteiligten . . . . .

3. Benachrichtigung u. Aufforderung.

Im Verfahren der ZwVersteig. des auf den Namen ...... im Grundbuch .... eingetragenen Grundstücks ...... erhalten anliegend die Beteiligten je eine Abschrift der namens des Erstehers Reich von RA. Huber am 4./5. ds. Mts. eingereichten Erklärung, mit welcher durch öffentl. u. öffentl. begl. Urkunden der Nachweis geliefert ist, daß diejenigen Berechtigten, deren Ansprüche durch das Gebot des Erstehers gedeckt sind, befriedigt wurden oder den Ersteher als Alleinschuldner angenommen haben. Gleichzeitig werden die Beteiligten davon benachrichtigt, daß die Erklärung samt Urkunden zur Einsicht der Beteiligten auf der Amtsstube des Notariats niedergelegt ist, u. aufgefordert, etwaige Erinnerungen binnen 2 Wochen ab Zustellung beim unterfertigten Notariat geltend zu machen.

Werden Erinnerungen innerhalb dieser Frist nicht erhoben, so ergeht

a) Ersuchen an das GBA. um Umschreibung des Versteigerungsgrundstücks auf Ersteher Reich u. Löschung des Versteigerungsvermerks u. aller Hypotheken mit Ausnahme von f. oben V A 3, 4. u. 6.
5000/500 *RM* der Deutschen Bank in B. (Abt. III Nr. 1) u.
1000 *RM* des Kaufmanns Rührig in D. (Abt. III Nr. 3);

b) Ersuchen an die Hinterlegungsstelle um Rückgabe der Sicherheit für das Gebot an RA. Huber.

c) Soweit nötig, erfolgt Vernichtung der Briefe oder Vermerk auf denselben u. den Vollstreckungstiteln nach §§ 127, 145 ZVG.

Notariat M.
R.

VIII. Zwangsverwaltung.

1. a) Anordnungsbeschluß. M., 26. Sept. 1928.

In der Sache ... (wie bei I B) ZVG. § 146.
wird auf den am 25. ds. Mts. gestellten Antrag des Gläubigers .... auf Grund der in vollstreckbarer Ausfertigung vom 10. September 1928 vorgelegten, mit dem Nachweise rechtsförmlicher Zustellung versehenen Schuldurkunde ... die Zwangsverwaltung des in der StGde. Audorf gelegenen, auf den Namen des Schuldners ..... im diesgerichtlichen Grundbuch für .... eingetragenen (oder allenfalls: im Eigenbesitze des Schuldners .... befindlichen) Anwesens HsNr. 4 in Audorf, angeordnet. § 147.

Dieses Anwesen besteht aus ....

Die Anordnung erfolgt wegen des dem Gläubiger zustehenden Anspruchs von 3000 *RM* Hauptsache .....

Mit der Durchführung der ZwVerwaltung wird das Notariat Mühlheim betraut. § 148.

[Dieser Beschluß gilt zugunsten des Gläubigers .... als Beschlagnahme des Anwesens; durch die Beschlagnahme wird dem Schuldner die Verwaltung u. Benutzung des Anwesens, einschließlich der Verfügung über die Einkünfte hieraus entzogen.] JMBek. v. 30. 3. 21 §§ 6 ff.

b) Verfügung: α) Zustellung an Gl. u. Sch.
β) Ersuchen an das Grundbuchamt[1]) (unter Benennung des mit der Durchführung der ZwVerw. betrauten Notariats) — wie bei I C.
γ) Übersendung einer Ausfertigung des Anordnungsbeschl. sowie des Antrags samt Belegen (vor Eingang der ZustellNachweise) an das Notariat Mühlheim.

Amtsgericht M.
O.

2. Verwalterbestellung. M., 27. Sept. 1928.

a) Beschluß: In der Sache .... (wie oben) wies in Ausführung des Beschlusses des VollstrGerichts vom 26. 9. 28 der Gutspächter Karl Schneidig in A. als Verwalter des schuldnerischen Anwesens HsNr. 4 in Audorf bestellt. Er wird ermächtigt, sich selbst in den Besitz des Anwesens zu setzen. ZVG. § 150.

b) Verfügung: α) Zustellung an Gl. u. Sch.

---

[1]) Die Mitteilungen nach § 19 Abs. 2 ZVG. können hier, wenn sie gleichzeitig zum Versteigerungsakt erfolgen, entfallen.

β) Mitteilung an das VollstrGericht.

c) Bestallungsurkunde (Schreiben an den Verwalter).

Mit Beschluß des Amtsgerichts M. v. 26. 9. 28 in der Sache .... wurde die Zwangsverwaltung des Anwesens HsNr. 4 in Audorf angeordnet. In Ausführung dieses Beschlusses wurden Sie zum Verwalter bestellt. Ausfertigung der Bestellung liegt zu Ihrem Ausweis (gg. Rückgabe nach Beendigung der Verwaltung) bei.

Sie sind ermächtigt, sich selbst den Besitz des Anwesens zu verschaffen und sich hierzu der Hilfe eines Gerichtsvollziehers zu bedienen. Zur Besitzergreifung soll tunlichst der Schuldner zugezogen werden.

Als Termin für die erste Rechnungslegung wird der 5. Oktober 29 bestimmt (vorbehaltlich Zuschlags in der Zwangsversteigerung).

Über die Besitzergreifung, deren Zeitpunkt, die vorgefundenen Gegenstände, deren Zustand, die Art der bisherigen u. künftig erforderlich erscheinenden Bewirtschaftung, die getrennten Erzeugnisse und sonstigen Bestandteile, sowie das Zubehör des Grundstücks, die bestehenden Miet- u. Pachtverhältnisse, die Versicherungsverhältnisse, die etwaigen Pfändungen u. andere Verfügungen über Forderungen, die Höhe u. Art der öffentlichen Lasten, die voraussichtlichen Ausgaben u. Einnahmen, die erforderlich erscheinenden Maßregeln und Vorschüsse, endlich über die Höhe der von Ihnen beanspruchten Vergütung, ist zwecks Erteilung weiterer Anweisungen tunlichst bald Bericht zu erstatten.

d) Zustellung von c) an Verwalter.

e) WV. mit Einlauf der Mitteilungen des Grundbuchamtes.

Notariat M.
R.

3. Benachrichtigung der Beteiligten. M., 1. Oktober 1928.

ZVG. § 146 Abs. 2

a) Mit Beschluß des Amtsgerichts M. vom 26. vor. Mts. ist auf Antrag des ... die Zwangsverwaltung des in der StGde. .... gelegenen, im Grundbuch für ... auf den Namen des ... eingetragenen (allenfalls im Eigenbesitze des ... befindlichen) Anwesens ..., bestehend aus ..., angeordnet worden. Die Anordnung erfolgte wegen .... Hiervon werden sie als Beteiligter mit dem Beifügen benachrichtigt, daß als Verwalter der ... bestellt ist.

b) Zustellung von a an die nach § 9 ZVG. Beteiligten.

4. Zahlungsverbot.

§§ 22 Abs. 2, 146, 148, 151 Abs. 3.

a) Mit Beschluß des Amtsgerichts M. vom 26. vor. Mts. ist die Zwangsverwaltung des ... (wie 3) angeordnet. Hiermit ist dem VollstrSchuldner die Verwaltung u. Benutzung dieses Anwesens entzogen. Da von der Beschlagnahme auch die dem Schuldner zustehenden Miet- u. Pachtzinsforderungen aus dem bezeichneten Anwesen ergriffen werden, wird Ihnen auf Antrag des Gläubigers (Verwalters) verboten, Zahlungen solcher Miet- u. Pachtzinsen an den Schuldner zu leisten. Zur Empfangnahme derselben ist nur mehr der als Verwalter bestellte .... berechtigt.

b) Zustellung je einer Ausfertigung von a an die Mieter u. Pächter. ....

Notariat M.
R.

5. Beitrittsbeschluß. M., 5. Oktober 1928.

§§ 27, 146, 151 Abs. 2.

a) In der Sache ... wird auf den Antrag des Gläubigers N. vom .... (vgl. VIII 1a) der Beitritt des Gläubigers zu der angeordneten Zwangsverwaltung des .... zugelassen. Das Anwesen besteht aus ....

Die Zulassung des Beitritts erfolgt wegen ....

Mit der Durchführung der ZwVerwaltung ist das Notariat M. betraut. Als Verwalter ist der .... bestellt.

Dieser Beschluß gilt zugunsten des Gläubigers N. als Beschlagnahme des Anwesens.

b) Zustellung an Gl. N., Sch. und Verwalter.

Amtsgericht M.
O.

6. Verwalterbericht an das Notariat M. A. 29. September 1928.

a) Auf Grund Beschlusses vom 27. ds. Mts. habe ich mich sofort nach Empfang der Ermächtigung am 28. ds. Mts. vormittags 9 Uhr in das schuldnerische Anwesen HsNr. 4 in Audorf begeben u. nach Verständigung des VollstrSchuldners von den in der Anlage aufgeführten unbeweglichen u. beweglichen Gegenständen der Beschlagnahme Besitz ergriffen.

Der Schuldner bewohnt mit seiner Familie . . . .; diese Räumlichkeiten wurden ihm als unentbehrlich zur Benützung überlassen.

Die Felder u. Wiesen sind sämtlich bis auf Kartoffel u. Rüben abgeerntet; ebenso 20 kleine Obstbäume; in dem beim Hause befindlichen Gemüsegarten ist nur noch wenig Kraut u. anderes Gemüse vorhanden.

Die Gebäude sind in leidlichem Zustande; sie bestehen aus . . . u. enthalten folgende Räumlichkeiten . . . .; diese sind vermietet an . . . . um . . .

Größere, dringende Reparaturen sind zunächst nur in dem zur Unterbrinbringung der Erntekartoffeln allein geeigneten u. verfügbaren Keller der Scheune vorzunehmen, da er infolge des jüngsten Hochwassers verschlammt ist. Hier ist vor allem die Trockenlegung des Kellerbodens notwendig. Der von mir zu Rate gezogene Baumeister Fix schätzt die Kosten dieser Arbeiten auf 250 *RM*. Da ich einen Teil der Kartoffeln auf dem Felde zu veräußern vermag, bedarf ich eines sofortigen Vorschusses von 100 *RM*.

An Zubehör sind vorhanden . . . (Vieh, Gerätschaften, Erträgnisse, s. Anlage). Die übrigen Ernteerträgnisse sind bereits vom Schuldner versilbert u. fortgeschafft. Gebäude, Vieh u. Mobiliar sind versichert durch Vertrag mit . . . . Die Prämien sind fällig am . . . . Versicherungs-, Miet u. Pachtzinsforderungen stehen dem Schuldner nicht zu (rückständig u. beizutreiben sind . . . .; voraussichtlich uneinbringlich sind . . .; es liegen folgende Pfändungs- u. Überweisungsbeschlüsse vor . . .; Mieter u. Pächter sind von der Beschlagnahme persönlich verständigt; Zahlungsverbot wird erbeten an . . .).

An Dienstboten habe ich nur den Oberknecht Ruhig u. zwei Mägde im Dienste behalten, da diese zur Bewältigung der Herbstarbeiten ausreichen; von den beiden Knechten habe ich den einen entlassen, den andern zunächst nur gegen Taglohn weiter beschäftigt. Die bisherige Art der Bewirtschaftung der Felder u. Wiesen kann beibehalten werden; einen Teil der Grundstücke zunächst auf ein Jahr zu verpachten, wird aber zweckmäßig sein.

An öffentlichen Lasten sind zu berichtigen . . ., an Löhnen . . . Ertragsüberschüsse sind für die nächste Zeit nicht zu erwarten; möglich ist jedoch, daß während des Winters ein Teil des schlagbaren Holzes im Wald am Gehäng abgeforstet u. verwertet werden kann, worüber ich den Förster Rauh zu Rate ziehen werde.

Als Vergütung beanspruche ich einen Betrag von 5 *RM* für den Tag.

Verwalter M.

b) Verfügung:

M., 30. September 1928.

α) Schreiben an Gläubiger Meier. Nach Bericht des Verwalters ist zur Vornahme dringender Reparaturen . . . . ein sofortiger Vorschuß von 100 *RM* notwendig. Zu dessen Einzahlung beim Notariat oder Verwalter wird Ihnen eine Frist von 2 Tagen ab Zustellung gesteckt, nach deren fruchtlosen Ablauf die Aufhebung der Verwaltung herbeigeführt werden müßte. — ZVG. § 161 Abs. 3.

β) Mitteilung an Gl. Meier u. VollstrSchuldner vom Eingang des Verwalterberichts zur alsbaldigen Rückäußerung; [geeignetenfalls ist ein Hörtermin anzuberaumen, zu welchem auch der Verwalter zugezogen werden kann; auch über die Höhe der Verwaltervergütung können in demselben Bestimmungen getroffen werden]. — JMBek. v. 30. 3. 21 § 10.

γ) Aufforderung an Verwalter zum Bericht über Vorschußeinzahlung.

Notariat M.

R.

7. Anweisung an den Verwalter, Festsetzung seiner Vergütung.

M., 5. Oktober 1928.

a) Beschluß.

ZVG. § 153. JMBek. v. 30. 8. 21 § 10.

Nach Anhörung des Gläubigers u. Schuldners u. Einsicht des von beiden vorgelegten, von dem Förster Rauh aufgestellten Wirtschaftsplans wird der Verwalter angewiesen, die in diesem Plane begutachtete Ab- u. Aufforstung der Waldung am Gehäng unverzüglich in Angriff zu nehmen, vorausgesetzt, daß der Gläubiger, soweit erforderlich, ihm die Mittel hierzu je auf 2 Wochen im Voraus zur Verfügung stellt. Die Vergütung des Verwalters wird auf täglich 5 *RM* festgesetzt.

b) Zustellung an Gl., Sch. u. Verwalter.

Notariat M.
R.

8. Verteilungstermin.

a) Anberaumung.

(Nachdem der Verwalter berichtet hat, daß aus den Holzverkäufen ein Ertragsüberschuß von 500 *RM* zur Verteilung gelangen kann.)

ZVG. §§ 155, 156.

M., 5. Januar 29.

In dem Verfahren zum Zwecke der Zwangsverwaltung des in der StGde. Audorf gelegenen, im diesgerichtlichen Grundbuch für .... auf den Namen des .... eingetragenen Anwesens .... soll für die Dauer des Verfahrens der Plan über die Verteilung der Ertragsüberschüsse des Anwesens aufgestellt werden.

Zu diesem Zweck wird Termin auf ... vor dem Notariat M. bestimmt.

Zuzustellen an die betreibenden Gläubiger, Schuldner, Verwalter u. die übrigen Beteiligten des § 9, nämlich ...

M., 20. Januar 1929.

b) Terminsprotokoll.

In dem zur Aufstellung des Teilungsplans in der Zwangsverwaltung des Anwesens ... auf heute anberaumten, ordnungsmäßig durch Zustellung an die Beteiligten mitgeteilten Termine sind erschienen: ...

Es wurde bekannt gegeben, daß die Beschlagnahme zuerst durch Besitzergreifung des Verwalters (Eingang des Ersuchens um Eintragung des Verwaltungsvermerks beim Grundbuchamt), also am 28. Sept. 28 vorm. 9 Uhr, wirksam geworden ist, so daß die laufenden Beträge der wiederkehrenden Leistungen ihren Anfang nehmen jeweils vom letzten Fälligkeitstermin vor dem 28. Sept. 28; ferner:

a) der Inhalt des Grundbuchblatts,
b) die nach der Ermittlung des Verwalters bzw. nach Anmeldung zu berücksichtigenden öffentlichen Lasten,
c) die Ansprüche der betreibenden Gläubiger,
d) die übrigen Anmeldungen,
e) der Verwalterbericht.

Hierauf wurde folgender (für die ganze Dauer des Zwangsverwaltungsverfahrens maßgebende) Teilungsplan aufgestellt: Zu berichtigen sind aus den Erträgnissen des Grundstücks in folgender Rangordnung, bei Gleichrang nach dem Verhältnis der Beträge:

1. die Ausgaben der Verwaltung, insbes. ... (Löhne für die beibehaltenen Arbeiter ab 28. Sept. 28; Vergütung des Verwalters; Vorschuß des betreib. Teils gemäß ZVG. § 161 Abs. 3); die Kosten des Verfahrens[2]), ausgenommen die für Anordnung oder Beitritt entstandenen oder noch entstehenden;
2. die Ansprüche der betreibenden Gläubiger aus § 10 Nr. 1 ZVG. (soweit nicht in 1 enthalten);

---

[2]) Gerichtsgebühr: $^{5}/_{10}$ gem. Art. 10 I Nr. 1 BayKG. (hier aus 3000 RM.), unter Anrechnung von $^{2}/_{10}$ gem. Art. 8 BayKG.; nach 1 Jahr jährl. weitere $^{3}/_{10}$ gem. Art. 10 I Nr. 2 BayKG. aus der jährl. Teilungsmasse.

Notariatsgebühren: Art. 12, 53 I Nr. 1 NotGebO. (hier aus 3000 RM. samt Zinsen); nach einem Jahr jährl. weitere $^{5}/_{10}$ gem. Art. 12, 53 I Nr. 2 NotGebO. aus der jährl. Teilungsmasse; d zu jeweils der Pauschsatz gem. Art. 86 NotGebO., die Schreibgebühren nach Art. 80, und die baren Auslagen nach Art. 85 NotGebO.

3. die laufenden Arbeitslöhne für die Zeit vom 1. Sept. 28 (letzter Fälligkeitstermin vor Beschlagnahme) bis 27. Sept. 28 (einschließlich), nach § 10 Nr. 2;
4. die je vom letzten Fälligkeitstermine von der Beschlagnahme an laufenden Beträge öffentlicher Lasten, nach § 10 Nr. 3 nämlich: . . . (Grund- u. Haussteuer, Umlagen, Brandversicherungsbeiträge, Kaminkehrlöhne u. dgl., u. zwar ab . . .);
5. desgl. nach § 10 Nr. 4 aus der Hyp. Abt. III Nr. 1 zu . . . an Gläubiger X.
a) an Kosten für Vertretung im Verteilungsverfahren . . . b) 4½% Zinsen, zahlbar am . . . . .;
6. desgl. aus der Hyp. Abt. III Nr. 2 zu . . . an betreibenden Gl. Meier: a) Kosten der dingl. Rechtsverfolgung . . . b) 4½% Zinsen, zahlbar am . . .
7. desgl. aus der Hyp. Abt. III Nr. 3 zu . . . an Gläubiger Z, 5% Zinsen, zahlbar am . . . . .
8. rückständige Zinsen des betreibenden Gl. Meier laut Beschlagnahmebeschlusses, § 10 Nr. 5, zu . . .
9. dessen Hauptanspruch laut Beschlagnahmebeschlusses, § 10 Nr. 5, zu . . .
10. Kosten, rückständige Zinsen u. Hauptanspruch des persönl. Beschlagnahmegläubigers laut Beitrittsbeschlusses, § 10 Nr. 5, zu . . .

Widerspruch wurde hiergegen nicht erhoben [. . . . erhoben gegen die Hyp. Abt. III Nr. 3 von Gl. Meier; der Gläubiger der widersprochenen Hypothek Z wurde zur Erklärung über den Widerspruch aufgefordert; er erkannte denselben nicht als begründet an; eine Einigung wurde nicht erzielt, weshalb festgestellt wurde, daß die auf 7 treffenden Beträge auf die Ansprüche 8 u. 9 entfallen, wenn der Widerspruch als begründet erklärt wird]. Es wurde daher nachstehende Anweisung an den Verwalter erlassen. [Dem Gl. Meier wurde eröffnet, daß der Teilungsplan, soweit er vom Widerspruch nicht betroffen wird, durch den Verwalter ausgeführt wird, u. daß er selbst seinen Widerspruch im Wege der Klage gemäß § 878 ZPO. zu verfolgen habe.]

Notariat M.
R.

9. Planausführung.

a) Schreiben an den Verwalter. Anbei erhalten Sie Abschrift des Protokolls von heute mit der Anweisung, nach Maßgabe des aufgestellten Teilungsplans u. der darin festgestellten Rangordnung die bereits eingenommenen u. künftigen Ertragsüberschüsse auszuzahlen (die auf 7 treffenden Beträge wegen Widerspruchs zunächst zu hinterlegen), vor Auszahlung des unter 9 aufgeführten Anspruchs aber hierher Bericht zu erstatten u. weitere Terminsbestimmung zu beantragen. ZVG. § 157. § 158.

Notariat M.
R.

M., 21. Februar 29.

b) Änderung der Anweisung an Verwalter.

Nachdem der im Verteilungstermine vom 20. Jan. 29 erhobene Widerspruch infolge Ablaufs der Frist des § 878 ZPO. erledigt ist, werden Sie angewiesen, die auf Nr. 7 des Plans treffenden Beträge an Gläubiger Z. auszuzahlen. § 157.

c) Zustellung hiervon an Gl. Z. u. Meier.

Notariat M.
R.

10. Nach Schlußrechnung. M., 4. März 29.

a) Schreiben an betreibende Gläubiger u. Schuldner: § 154.

Der Verwalter hat am 1. ds. Mts. Schlußrechnung eingereicht, die samt Belegen zu Ihrer Einsicht beim Notariat bereit liegt. Die Rechnung hat zu einer Beanstandung von Amts wegen keine Veranlassung gegeben.

Als Vergütung für seine Tätigkeit beansprucht der Verwalter den Betrag von . . . Allenfallsige Erinnerungen gegen diesen Anspruch u. die Schlußrechnung sind binnen einer Woche von Zustellung dieses Schreibens an zu erheben.

b) Zustellung von a.

c) Nach Fristablauf: Beschluß (falls nicht schon zu 7 geschehen).

Die Vergütung des Verwalters wird festgesetzt auf den Betrag von . . .

d) Zustellung von c an betreibende Gläubiger, Schuldner u. Verwalter.

e) Aufhebung des Verfahrens siehe 12.

ZVG. § 160. **11. Außeramtliche Befriedigung** (siehe VII).

Antrag des RA. Huber für Ersteher Reich. M., 4. Jan. 29.

Im Verfahren der ZwVerw. des im Grundbuch für .... auf den Namen .... eingetragenen Anwesens HsNr. 4 in Audorf, das am 20. Dez. 28 von meinem Vollmachtgeber Reich erstanden wurde, ist nach der vom Verwalter eingereichten Schlußrechnung, ausweislich deren die Verwaltungsausgaben, die Kosten des Zwangsverwaltungsverfahrens u. die laufenden Beträge der öffentlichen Lasten bereits gedeckt sind, ein Überschuß von *RM* 435.20 zu verteilen.

Hiervon wären gemäß § 155 Abs. 2 ZVG. zu befriedigen,

Vgl. oben unter VII. da eine Forderung nach § 10 Nr. 1 nicht vorhanden ist:

a) Arbeitslöhne für die Zeit vom 1. Sept. bis 27. Sept. 28 an ... zu insgesamt	65 *RM* — ₰
b) 4½% Zinsen aus Hyp. Abt. III Nr. 1 zu 5000 *RM* für die Zeit[3]) v. 1. Juli 28 bis 20. Dez. 28 an Deutsche Bank in B.	106 *RM* — ₰
c) 5% Zinsen aus Hyp. Abt. III Nr. 3 zu 1000 *RM* für die Zeit vom 1. Juli 28 bis 20. Dez. 28 an Kfm. Rührig	23 *RM* 60 ₰
d) 4% Zinsen aus Hyp. Abt. III Nr. 4 zu 5000 *RM* für die Zeit vom 1. April 28 bis 20. Dez. 28 an Antragsteller	144 *RM* 50 ₰
e) 5% Zinsen aus Hyp. Abt. III Nr. 5 zu 3500 *RM* (die bei der Erlösverteilung ausgefallen ist!) für die Zeit vom 1. April 28. bis 20. Dez. 28 an Pfiffig zu 110 *RM* 75 ₰ (kommen hier noch zum Zuge mit)	96 *RM* 10 ₰
	Sa. 435 *RM* 20 ₰

Die Beträge zu a, b u. e hat Ersteher bezahlt (Beleg Nr. 1—3); hinsichtlich des Betrages zu c wurde der Ersteher von Gl. Rührig als Alleinschuldner übernommen (Beleg Nr. 4), bezüglich desjenigen zu d hat der Ersteher dem VollstrSchuldner gegenüber aufgerechnet (Beleg Nr. 5). Die Berechtigten zu a, b, c u. e haben, wie die Urkunden ersehen lassen, ihr Einverständnis zur Hinausgabe der Verwaltungsmasse an den Ersteher erklärt (ihren Anspruch hierauf abgetreten).

Ich ersuche nunmehr nach §§ 160, 144 ZVG. zu verfahren u. nach Ablauf der dort bezeichneten Frist den Verwalter anzuweisen, den Ertragsüberschuß zu *RM* 435.20 an mich als Geldempfangsbevollmächtigten des Erstehers auszubezahlen.

[Hieran kann sich dann gleichzeitig der zu VII ausgeführte Antrag anschließen, natürlich mit der sich infolge der Verteilung der Verwaltungsmasse bei den entsprechenden Posten ergebenden Änderung].

RA. Huber.

Verfügungen, Benachrichtigung u. Aufforderung, wie bei VII Nr. 2, 3 mit dem Zusatze:

Werden Erinnerungen nicht erhoben, so wird

die Schlußrechnung des Verwalters als genehmigt angesehen, das (durch den Zuschlag beendigte) Verwaltungsverfahren aufgehoben (falls noch nicht geschehen) u. der Verwaltungsvermerk im Grundbuch gelöscht[4]), die Sicherheit des Verwalters zurückgegeben u. endlich die Auszahlung des Verwaltungsüberschusses zu ... an den Ersteher, zu Händen des ....., angeordnet werden.

12. Einstellung und Aufhebung des Zwangsverwaltungsverfahrens.

A. Einstweilige Einstellung.

a) Beschluß des Notariats M. wie II A 2a ... „einstweilen eingestellt, da die Einstellung der Vollstreckung durch Beschluß des Landgerichts O. vom ... angeordnet ist (vom Gläubiger bewilligt ist usw.)".

Die Verwaltung selbst nimmt ihren Fortgang, die Zahlung an den betreibenden Gläubiger unterbleibt (auf den betreibenden Gläubiger treffende Beträge sind bei der gerichtlichen Hinterlegungsstelle zu hinterlegen).

b) Zustellung von a an Gläubiger, Schuldner, Verwalter, Dritten.

[3]) Endtermin für die Zinsenberechnung ist der Zuschlag, s. § 161 A. 2 b.

B. Aufhebung.

a) Beschluß des VollstrGerichts (dem zwecks Aufhebung die Akten zurückzuleiten sind), wie II B 1 . . . . . „aufgehoben, da der Zwangsverwaltungsantrag von den sämtlichen (betreibenden) Gläubigern zurückgenommen worden ist (da das Grundstück rechtskräftig dem Ersteher zugeschlagen u. Schlußrechnung gestellt; da trotz Aufforderung der verlangte, notwendige Vorschuß nicht erlegt ist; da die sämtlichen betreibenden Gläubiger befriedigt sind u. dgl.)".

b) Zustellung von a an Gläubiger u. Schuldner, Dritten.

c) Ersuchen an das Grundbuchamt um Löschung des Verwaltungsvermerks[4]).

C. Schlußtätigkeit des Notariats.

a) Mitteilung von B a an Verwalter (gleichzeitig mit b), an Mieter, Pächter, Drittschuldner, Beteiligte.

b) Aufforderung an Verwalter zur Übergabe des G. an Schuldner (bzw. Ersteher), Einholung der Schlußrechnung und Bestallung des Verwalters, Vorlegung der Rechnung gem. § 154 ZVG..

18. Rückgabe der Akten an das VollstrG. s. § 5 JMBek. v. 30. März 21 JMBl. 33.

---

[4]) Im Falle des Zuschlags ist das Notariat gem. Art. 25 I BayAG. auch zur Herbeiführung der Löschung des ZwVerwaltungs-Vermerks zuständig, wenn sie gleichzeitig mit dem Ersuchen nach § 130 ZVG. veranlaßt wird.

Wortverzeichnis.

(Die Zahlen bedeuten die Seiten.)

A.

B.

F.

G.

H.

L.

M.

N.

S.

T.

U.

V.

Z.

www.ingramcontent.com/pod-product-compliance
Lightning Source LLC
LaVergne TN
LVHW080749300926
849162LV00008BA/1778